CONSEIL DE GUERRE DE RENNES

LE

PROCÈS DREYFUS

DEVANT LE CONSEIL DE GUERRE DE RENNES

(7 août — 9 septembre 1899)

Compte rendu sténographique

« in-extenso »

TOME TROISIÈME

PARIS

P.-V. STOCK, Éditeur

8, 9, 10, 11, GALERIE DU THÉÂTRE-FRANÇAIS, 8, 9, 10, 11

1900

LE PROCÈS DREYFUS

DEVANT

LE CONSEIL DE GUERRE DE RENNES

HISTOIRE DOCUMENTAIRE DE L'AFFAIRE DREYFUS

PAR LE
Capitaine PAUL MARIN

Cet ouvrage se compose de 10 forts volumes in-18 à 3 fr. 50 l'un; ils exposent, au fur et à mesure de leur succession, les tragiques événements qui ont marqué les étapes principales de l'affaire Dreyfus.

Le tome I*er*, *Dreyfus ?* raconte la condamnation de Dreyfus et les origines de l'affaire, jusqu'à la fin du mois de novembre 1897.

Le tome II, *Esterhazy ?* expose l'acquittement d'Esterhazy puis l'intervention de Zola et le développement de l'affaire, jusqu'au milieu du mois de janvier 1898.

Le tome III, *Le Lieutenant-colonel Picquart ?* est consacré aux troubles qui ont précédé le procès Zola devant le jury de la Seine et qui ont marqué les six premières audiences de ce procès. Il précise l'attitude de Picquart dans ses confrontations avec Gonse, Henry, Lauth et Gribelin.

Le tome IV, *Le Capitaine Lebrun-Renault ?* raconte les neuf dernières audiences du procès Zola, puis la cassation de la sentence prononcée par la Cour d'assises contre Zola, enfin le premier procès de Zola devant les jurés versaillais. Il précise les sources de la légende dite des « aveux de Lebrun-Renault ».

Le tome V, *Le Lieutenant-Colonel du Paty de Clam ?* précise les événements de juillet et août 1898. Il s'attache particulièrement aux ordonnances de Bertulus et aux faux relevés par ces ordonnances, à la charge du lieutenant-colonel du Paty de Clam.

Le tome VI, *Le Lieutenant-Colonel Henry ?* expose le mystérieux suicide du lieutenant-colonel Henry et les événements décisifs qui ont marqué les mois de septembre et octobre 1898. Il s'arrête à la revision du procès Dreyfus.

Le tome VII, *Rochefort ?* est consacré aux audiences d'octobre 1898 de la Cour de cassation où fut proclamée la nécessité d'une enquête sur la recevabilité de la demande de revision introduite par le cabinet Brisson.

Le tome VIII, *Drumont ?* raconte le dessaisissement du Conseil de guerre qui était convoqué le 12 décembre 1898, à l'effet de condamner le lieutenant-colonel Picquart. Il se termine sur la séance historique du 23 décembre 1898, où la Chambre des députés refusa de se solidariser avec les crimes de l'antisémitisme algérien.

Le tome IX, *Q. de Beaurepaire ?* expose les machinations qui aboutirent au dessaisissement de la Chambre criminelle de la Cour de cassation et à l'investiture des trois Chambres de la Cour suprême.

Le tome X, *Félix Faure ?* continue l'histoire de la procédure de revision; il raconte le brusque coup de théâtre qui remplaça Félix Faure par le Président Loubet à l'Elysée, et précise les événements qui marquèrent la fin du mois de février 1899.

MENTEUR IMMONDE. — Une brochure in-18 . . . . . . 0 50

Cette brochure complète le dixième volume de l'histoire documentaire de l'affaire Dreyfus. *Félix Faure ?* s'ouvre par une lettre à Drumont, où le capitaine Marin n'a pas mâché ce qu'il croit la vérité à son confrère. Cette lettre, le capitaine Marin l'a complétée dans *Menteur Immonde*, brochure où il a réuni comme en un faisceau les jugements successifs prononcés par lui sur le rédacteur en chef de la *Libre Parole*.

Ces jugements ont pour dernier terme les deux mots qui servent de titre à la brochure.

HISTOIRE POPULAIRE DE L'AFFAIRE DREYFUS
Par le capitaine PAUL MARIN

Dans cet ouvrage sont retracés les principaux incidents qui font la matière de l'*Histoire documentaire de l'affaire Dreyfus* : la documentation y a été réduite au strict nécessaire, et la synthèse de l'affaire y a été établie de la façon la plus complète et la plus claire.

ÉMILE COLIN, IMPRIMERIE DE LAGNY (S.-ET-M.)

CONSEIL DE GUERRE DE RENNES

LE

PROCÈS DREYFUS

DEVANT LE CONSEIL DE GUERRE DE RENNES

(7 août — 9 septembre 1899)

Compte rendu sténographique
« in-extenso »

TOME TROISIÈME

PARIS

P.-V. STOCK, Éditeur

8 A 11, GALERIE DU THÉATRE-FRANÇAIS, 8 A 11

1900

CONSEIL DE GUERRE DE RENNES

LE

PROCÈS DREYFUS

SEIZIÈME AUDIENCE

Mercredi 30 août.

La séance est ouverte à six heures et demie.

LE PRÉSIDENT. — Introduisez le témoin.

SOIXANTE-QUINZIÈME TÉMOIN

M. PAUL MEYER, *membre de l'Institut.*

M. PAUL MEYER, 59 ans, membre de l'Institut, professeur au Collège de France, directeur de l'Ecole des Chartes, 16, avenue de La Bourdonnais, à Paris (*prête serment*).

LE PRÉSIDENT. — Vous avez été appelé par la Cour de cassation à faire l'expertise de la pièce dite le bordereau. Je vous prierai de vouloir bien faire connaître au Conseil le résultat de votre expertise.

M. PAUL MEYER. — Monsieur le président, j'ai fait déjà deux dépositions au sujet du bordereau. La première fois, devant la Cour d'assises ; la deuxième fois, devant la Cour de cassation. Ces deux dépositions n'ont point été identiques et je dois dire pourquoi.

A la Cour de cassation je n'avais à ma disposition qu'un fac-similé dont la valeur était contestée, à tort, comme je l'ai vu plus tard, mais enfin dont la valeur était contestée et qui, de plus, était empâté comme sont tous les fac-similés produits par un cliché en relief qui a subi un tirage prolongé.

J'ai dû régler ma déposition sur l'état du document que j'avais sous les yeux.

J'ai pu dire devant la Cour de cassation, me fondant sur ce fac-similé, que l'écriture du bordereau était absolument et certainement celle du commandant Esterhazy. Sur ce point, aucun doute n'est possible. (*Mouvement.*)

Mais j'ai dû faire une réserve. A cette époque-là, courait le bruit que le bordereau avait été obtenu, fabriqué par le procédé du calque, en tout ou en partie. Je le savais d'une manière un peu vague, mais enfin on le disait.

Je n'étais pas en état — avec le fac-similé dont je disposais — de déterminer si véritablement telle ou telle partie ou la totalité du fac-similé avait été calquée.

En effet, messieurs, on a les moyens de distinguer assez bien une écriture calquée. Il y a sur ce sujet un travail bien fait, œuvre d'un physiologiste distingué, M. le docteur Héricourt, qui est un ancien médecin de l'armée et qui a établi dans un mémoire scientifique en quoi l'écriture calquée se distingue de l'écriture naturelle et courante. Sans entrer dans cette démonstration, je noterai, d'après M. le docteur Héricourt, que la main qui calque est agitée d'une légère oscillation, et cette oscillation se traduit dans les traits que l'on trace par de légères dentelures, ce qui n'a pas lieu quand on écrit vite, à main courante. Cela est illustré dans le travail de M. Héricourt par des diagrammes. Cette particularité n'est guère visible qu'à la loupe.

Vous comprenez, messieurs, qu'il faut avoir l'original pour voir ces choses-là, parce que dans un report, surtout dans un report fait par le procédé qu'on appelle vulgairement le gillottage, ces détails disparaissent.

J'ai donc, à la Cour d'assises, déclaré que c'était l'écriture du commandant Esterhazy, mais que je ne pouvais pas affirmer que c'était sa main qui avait tracé cette écriture.

A la Cour de cassation, où j'ai été appelé, je dois le dire en passant, comme témoin et non comme expert, on nous a mis sous les yeux l'original et on nous a dit : « Vous avez déjà porté témoignage au sujet du bordereau, mais vous n'aviez pas l'original. Le voici. Examinez-le et dites-nous votre avis. »

C'était de la part de la Chambre criminelle une invitation évidente à revenir sur ce qu'il pouvait y avoir d'incomplet ou d'insuffisant dans ma première déposition.

La Cour nous faisait l'honneur de croire que nous apportions un esprit de complète impartialité dans ces questions. Pour moi, comme pour mes deux collègues de l'Ecole des Chartes, c'était une question scientifique à étudier avec les procédés connus et admis en critique. Je pouvais d'autant mieux revenir sur l'opinion que j'avais tout d'abord exprimée, que j'avais, devant la Cour d'assises, réservé la question de savoir si le document était écrit par celui dont l'écriture apparaissait ou par une autre personne qui aurait imité son écriture.

Eh bien ! je me suis convaincu que c'était une écriture parfaitement courante, ne comportant aucune trace visible d'imitation. J'ai employé la loupe. J'ai donc pu apporter un témoignage plus complet qu'à la Cour d'assises, et dire : « C'est l'écriture et c'est la main du commandant Esterhazy. » (*Mouvement.*)

Pour moi, c'est d'une évidence absolue. Et ici se pose la question de savoir dans quelle mesure les expertises permettent d'arriver à la certitude.

J'ai entendu dire bien des fois et je crois que vous l'avez entendu dire aussi, ces jours derniers, que la science des experts est chose vaine, que c'est tout au plus si les experts peuvent arriver à des probabilités.

Je crois, messieurs, que cette assertion, comme toutes les assertions générales, en dehors bien entendu des axiomes des sciences exactes, contient une part d'erreur avec une grande part de vérité.

Voici comment.

Dans la plupart des cas, les experts ont à opérer sur des documents qui sont, comme écriture, dénaturés, soit que l'auteur du document ait cherché à dissimuler sa personnalité en changeant son écriture afin de n'être pas découvert, soit qu'il ait cherché à imiter l'écriture d'autrui pour faire porter une certaine responsabilité sur autrui. Vous comprenez que, dans ces deux cas, il y a de graves difficultés. On peut arriver à voir qu'il y a imitation, quel'écriture est dénaturée ; mais de là à conclure quel est l'auteur de l'écrit, il y a de la marge et, par conséquent, dans ce cas qui est extrêmement fréquent, les expertises ne peuvent aboutir qu'à des conjectures.

Mais messieurs, il est un cas où l'on peut arriver à la certitude absolue ; c'est un cas tellement simple qu'en vérité l'on ne sait si l'on doit se servir du terme d'expertise. Ce cas est celui où vous avez devant vous un document anonyme non signé. Vous ne savez pas de qui il est. Vous avez tout lieu de croire à première vue, sauf vérification, qu'il est d'une écriture naturelle. Le problème à résoudre consiste en ceci : « Chercher une écriture pareille. » Dès que vous avez trouvé cette écriture pareille, le problème est résolu.

Prenons un exemple : Si, parmi des centaines d'écritures, on glisse quelques papiers écrits par des personnes que je connais très bien, vous ne faites pas de doute, messieurs, que j'arriverai très facilement à démêler les écritures que je connais, de celles que je ne connais pas.

Le cas est exactement le même ici.

La seule difficulté était de trouver l'écriture semblable à celle du bordereau. Cette découverte a été faite aussitôt que le journal le *Matin*, par une heureuse indiscrétion, en eut publié, au mois de novembre 1896, le fac-similé.

Vous savez certainement, messieurs, que, par suite, un banquier, M. de Castro, qui était en rapport avec Esterhazy, comme beaucoup d'autres banquiers, coulissiers ou agents d'affaires, est venu déposer à la Cour d'assises que, ayant acheté un numéro du journal le *Matin*, il reconnut de prime abord l'écriture de son client. Et, quoique le fac-similé en question fût assez imparfait, (on est allé jusqu'à soutenir que c'était un faux), l'écriture a été reconnue sans hésitation.

Je prétends donc, messieurs, qu'il y a ici évidence complète.

L'évidence, malheureusement, — je serai obligé de le dire dans la seconde partie de ma déposition — ne se manifeste pas à tous les yeux. Je dois donc entreprendre de démontrer l'évidence en vous présentant quelques observations techniques que je restreindrai le plus possible; je prierai M. le président de m'arrêter quand je parlerai de choses qui sont déjà connues.

Je rappelle d'abord qu'il a été établi par les témoignages qui ont précédé le mien, notamment par M. l'ingénieur Bernard, que c'est une écriture simple et naturelle.

Aux raisons qui ont été données, j'ajoute celle-ci :

S'il faut trois quarts d'heure pour écrire, d'après les procédés de M. Bertillon, une page comme le bordereau, quel temps ne faudrait-il pas pour copier les notes et documents dont on annonce l'envoi ? Mais il n'y aurait pas de quoi gagner sa vie !

L'auteur cherchait d'autant moins à cacher son écriture qu'il propose de copier tout un manuel. Il ne s'attendait pas à être pris et, sûrement, il a dû y avoir beaucoup de documents de ce genre.

J'ai sous les yeux, messieurs, un fac-similé en photogravure qui est bien fait. Je le citerai par recto et verso et par ligne. J'ai aussi des écritures du commandant Esterhazy ; les autographes d'Esterhazy ne sont pas chose rare. Je n'ai aucun autographe quelconque du capitaine Dreyfus. J'en ai vu à la Cour d'assises et je les ai étudiés. Je tiens à dire que je ne crois pas avoir lu en entier une seule des lettres manuscrites du capitaine Dreyfus. Il m'a semblé qu'il y aurait eu là une indication étant donné que ces lettres avaient un caractère intime. Cependant j'ai pu, sans les lire, en étudier l'écriture.

D'ailleurs, dans la brochure de M. Bernard Lazare, il y a des fac-similés qui sont bien faits. On peut s'y fier.

Commençons par quelques observations générales. En voici une sur laquelle je ne veux pas insister : c'est l'usage du capitaine Dreyfus de faire une sorte de retrait au commencement de chaque alinéa. Cet usage ne s'observe ni dans le bordereau, ni dans aucune des lettres que nous avons du commandant Esterhazy.

Pour le dire en passant, j'ai reçu hier à Rennes, d'une personne que je ne connais pas — un conseiller général de la Meuse, — des lettres du commandant Esterhazy qui m'ont servi à vérifier quelques points. Ces lettres n'ont pas d'intérêt par elles-mêmes ; elles se rapportent à un tableau que le commandant Esterhazy voulait faire copier au musée de Bar-le-Duc. Elles sont de 1892 et fournissent un utile élément de comparaison.

On a fait remarquer, si je ne me trompe, que ni le capitaine Dreyfus ni le commandant Esterhazy n'aiment à couper leurs mots en fin de lignes par un trait d'union. Il y a donc là une coïncidence. Mais en même temps, il y a une différence : le capitaine Dreyfus laisse volontiers un blanc dès qu'il prévoit qu'il n'aura pas assez de place pour écrire tout un mot. Dans le bordereau comme dans l'écriture du commandant Esterhazy, le mot qui termine la ligne est resserré ou allongé, selon le cas, ce qui n'a pas lieu dans l'écriture de Dreyfus.

Cela n'a pas grande importance ; je n'insiste pas.

J'arrive maintenant à des observations de détail portant sur quelques formes de lettres.

Le commandant Esterhazy a l'habitude de séparer les *i* pointés et les lettres accentuées de la syllabe suivante. Quelques personnes le font ; cela tient à ce que, quand on met le point sur l'*i* ou l'accent sur l'*é*, on reprend le cours de l'écriture sans lier ; ce cas est très fréquent et presque constant dans le bordereau comme dans les lettres du commandant Esterhazy. Vous rencontrerez très souvent cette particularité dans les lettres originales que j'ai en ce moment sous les yeux.

Or, il n'y a rien de tel dans les lettres du capitaine Dreyfus.

Le président. — Plusieurs experts nous ont déjà fait remarquer cela. Nous l'avons vérifié nous-mêmes. (*Mouvement.*)

M. Paul Meyer. — Le point est quelquefois joint à la lettre suivante, mais je n'insiste pas.

Prenons quelques consonnes. Le *d* se présente dans l'écriture de Dreyfus et dans le bordereau sous deux formes : le *d* droit, dit anglais, et le *d* à volute. Ceci m'amène à faire une observation générale : à savoir que, dans l'examen comparatif de deux écritures, il faut tenir grand compte de la fréquence relative des formes qu'on prend en considération. Presque toutes les écritures sont irrégulières, excepté l'écriture des écrivains de profession, des expéditionnaires, des maîtres d'école, des comptables, etc. Il y a dans chaque écriture souvent deux ou trois manières de faire la même lettre ; chacun peut le vérifier sur sa propre écriture.

Il faut donc avoir soin, quand on examine des lettres qui, dans les deux écritures comparées, se présentent sous deux formes, d'établir quelle est dans chaque écriture la forme la plus habituelle. Si on compare une forme qui est rare dans l'une avec une forme qui est fréquente dans l'autre, on fait un rapprochement dont la portée générale est médiocre.

Je dis cela en réponse à certaines remarques de M. Teyssonnières qui a pris comme exemple de similitude des cas exceptionnels qui ne prouvent pas grand' chose. Sans insister davantage sur ce point, je dis donc que le capitaine Dreyfus fait ses *d* de deux manières ; il fait le plus souvent ce qu'on appelle le *d* anglais droit, qui se compose, comme le disent les paléographes, d'une *panse* et d'une *haste ;* il fait aussi le *d* à volute, mais plus rarement.

Dans le bordereau, vous avez deux *d* droits ; *désirez* au recto, l. 2, et *détenteur* au verso, l. 3. Les autres *d* sont des *d* à volute ; le *d* droit est donc exceptionnel dans l'écriture du bordereau.

Il est exceptionnel aussi dans l'écriture d'Esterhazy. Je le constate notamment dans les lettres que j'ai ici. Chez le capitaine Dreyfus, c'est l'inverse : c'est le *d* droit qui est le plus fréquent et l'autre qui est le plus rare.

En outre, je vous ferai remarquer que Dreyfus en général, autant que j'ai pu le vérifier à la Cour de cassation, ne fait pas la panse de son *d* droit de la même manière que le commandant Esterhazy ou l'auteur du bordereau.

Dans le bordereau ou chez le commandant Esterhazy, la panse est plus complètement accolée à la barre. Dans l'écriture du capitaine Dreyfus, il semble que ce soit une espèce d'*o* très ovale et incliné vers la droite, qui touche par son extrémité supérieure à la haste.

Voici un autre petit fait. Le commandant Esterhazy met des traits d'union là où nous n'en mettons pas. Par exemple, tout au bas du recto, vous avez *très-peu* avec un trait d'union entre les deux mots. Quand j'étais jeune, cela était permis. Mais, depuis la dernière édition du dictionnaire de l'Académie française, cela ne l'est plus (*Rires.*), de sorte qu'il y a dans l'usage actuel un peu d'hésitation. Le commandant Esterhazy met un trait d'union dans ce cas. J'ai ici une lettre que je puis mettre sous les yeux du Conseil, si M. le président me le permet...

Le président. — C'est inutile.

M. Paul Meyer. — ... Où il y a : « J'ai reçu vos tableaux, ils sont *très-bien* », avec un trait d'union. Notons en passant que le mot *très* est identique comme forme au même mot dans le bordereau, recto, ligne 17, comme vous pouvez le vérifier.

Le capitaine Dreyfus n'emploie pas ce trait d'union ; il se conforme à l'usage actuel.

Autre détail : considérez la façon dont les *f* sont formées dans le bordereau. C'est une espèce de bâton placé de biais, dont la partie supérieure est quelquefois un peu recourbée sans qu'il y ait une grande régularité. Ainsi, au recto, ligne 4, *le frein ;* à la ligne 11, *formation ;* à la première ligne du verso, vous voyez dans la partie inférieure de l'*f* une boucle rudimentaire, mais c'est exceptionnel. Dans *officier*, où il y a deux *f* de suite, la seconde est un peu plus courte. Si vous regardez les *f* du capitaine Dreyfus, ce n'est pas cela du tout. L'*f* du capitaine Dreyfus est bouclée doublement en haut et en bas (vous pouvez le voir) ; en tout cas en bas, pas toujours en haut.

Puis un autre caractère de l'écriture du capitaine Dreyfus c'est qu'il a, dans beaucoup de ses lettres initiales, un trait de liaison, un trait initial qui ne sert à rien, bien entendu, mais enfin qui, je crois, est admis par les maîtres d'écriture anglaise.

Il n'en est pas de même dans l'écriture du bordereau ni dans celle du commandant Esterhazy. J'en ai là bien des exemples sous les yeux.

Voyez un peu comment est fait le *g* dans le bordereau. Vous avez le mot *guerre* en bas de la première page ; cela a l'air d'un *y*. Il y en a un autre exemple.

Le président. — *Madagascar.*

M. Paul Meyer. — Oui, *Madagascar*, c'est encore la forme d'un *y*. Or, la même forme est absolument constante dans les lettres du commandant Esterhazy. Ainsi, j'ai là le mot *gare (je n'ai pas encore reçu l'avis de la gare)*, c'est tout à fait le *g* en forme d'*y* du bordereau.

Si vous prenez le *g* de l'écriture du capitaine Dreyfus, il se présente sous des aspects différents, parce que l'écriture n'est pas uniforme, mais il ne se présente jamais sous la forme d'y. Il a quelquefois une petite ouverture, mais elle est de côté. En outre, le capitaine Dreyfus a une manière de faire le *g* qui n'est pas très répandue et que je ne recommande pas. (*Rires.*) Il n'y a pas de panse en haut mais une sorte de boucle. De plus, dans l'écriture du capitaine Dreyfus, le *g* est très allongé du bas et largement bouclé, ce qui ne s'observe ni dans le bordereau ni dans l'écriture d'Esterhazy.

Le *j*, duquel on peut rapprocher le *p* pour le détail que je vais dire, est une lettre, comme nous disons en paléographie — je vous demande pardon d'employer ce terme barbare — une lettre à *haste* (1) descendante. La partie supérieure du *j* normal ne doit pas dépasser le calibre de la ligne. Le capitaine Dreyfus a des *j* qui remontent d'une façon excessive; il ne les pointe pas ; peut-être, s'il les pointait, le point viendrait-il se perdre dans la ligne supérieure parce que le *j* est très haut. Cela n'a aucun rapport avec le *j* du bordereau ni avec le *j* du commandant Esterhazy. Dans les documents que vous avez sous les yeux, et que j'ai vus à la Cour de Cassation, c'est toujours le même petit *j* qui est pointé et qui n'arrive même pas à la partie supérieure de ce que j'appelle le calibre de la ligne.

En outre, dans l'écriture du capitaine Dreyfus, le *j* est toujours lié à la lettre suivante. Chez le commandant Esterhazy, il ne l'est pas, par suite de l'habitude que je vous ai indiquée, qui consiste à mettre un point et à s'arrêter pour reprendre ensuite.

Le *J* majuscule, par exemple dans la phrase : *Je vais partir*, à la fin du bordereau, est un peu allongé du bas. J'en ai d'autres qui sont un peu différents, mais qui toujours descendent en bas. Au contraire, le *J* majuscule du capitaine Dreyfus ne descend guère au-dessous de la ligne. Cela a l'air d'un *I* majuscule plutôt que d'un *J*. C'est la manière de faire le *J* majuscule dans l'impression.

Pour l'*m* et l'*n*, vous remarquerez que dans le bordereau les jambages des *m* et des *n* sont égaux. Ils ne sont pas très réguliers; ils manquent un peu de parallélisme, mais ils sont égaux. Voyez le mot *m'indiquant* de la première ligne.

Il arrive quelquefois que le commandant Esterhazy fait ses *u* d'une manière un peu vague, qui fait penser plutôt à un *n*. Il n'en est pas de même dans l'écriture du capitaine Dreyfus, qui tend à faire l'*n* comme un *u*, usage extrêmement répandu. Dans la même

(1) *Haste* : terme d'épigraphie. — La barre verticale dans les *f*, les *t*, les *r*, etc.

écriture, si vous prenez un *m* ou un *n* initial, vous verrez que le premier jambage monte plus haut que les autres, ce qui n'a jamais lieu dans le bordereau ni chez Esterhazy.

Parlons de l'*M* majuscule. Vous me dispenserez, monsieur le président, de parler de l'*M* majuscule de *Madagascar ;* du reste, dans la lettre que j'ai eu l'honneur de vous mettre entre les mains, on voit l'*M* habituelle du commandant Esterhazy. Il fait l'*M* majuscule à trois jambages, quand il écrit, par exemple, *Monsieur,* et vous pouvez voir tout de suite que le capitaine Dreyfus ne fait pas ainsi l'*M ;* le capitaine Dreyfus, dont l'écriture n'est pas très régulière, fait quelquefois son *M* majuscule comme une *m* minuscule aux dimensions exagérées, et quelquefois un M majuscule droit. Aucune de ces deux formes ne se retrouve ni dans le bordereau ni dans les écrits du commandant Esterhazy.

Les *p* dans le bordereau sont très petits; ils sont très courts, ils ne sont pas bouclés : voyez *pièce,* ligne 6 du recto; voyez *apportées,* deux lignes plus bas; tandis que le *p* du capitaine Dreyfus est tout à fait différent. Il n'y a pas, dans l'écriture du bordereau ni dans celle d'Esterhazy, de boucle aux *p,* ou bien la boucle est tout à fait rudimentaire. Dans l'écriture du capitaine Dreyfus, on n'observe pas non plus, à proprement parler, de boucle aux *p,* mais il y a une ligature montante, partant de la base du *p* et formant avec la haste un angle très aigu. De plus, le *p* initial du capitaine Dreyfus commence par ce trait de liaison dont j'ai déjà parlé.

Je supprime une partie de mes notes et j'arrive à l's.

L's initiale, médiale ou finale est extrêmement courte et mal formée dans le bordereau, et vous pouvez le vérifier dans les lettres du commandant Esterhazy; c'est un signe vraiment presque indistinct. L's se rattache par le bas à la lettre suivante. Voyez par exemple, au recto, le mot *sur.* Il n'est pas très habituel de lier l's de cette manière. Jetez les yeux sur n'importe quel écrit du capitaine Dreyfus, et vous verrez qu'il ne fait pas ce petit trait en bas de l's qui est tout à fait anormal. Il lie bien l's, mais tout autrement. Chez le capitaine Dreyfus, l's initiale est extrêmement haute et s'élève au-dessus de la ligne; l's finale aussi quelquefois. Voyez, par exemple, les mots que voici : *un de mes amis.* L's finale d'*amis* s'élève en forme de clocher incliné. L's finale du commandant Esterhazy — vous en avez des quantités dans les lettres que je vous ai fait passer, — est très particulière, surtout dans des mots comme *vous.*

Si vous prenez dans le bordereau le mot *vous* de la première ligné, et puis au verso, lignes 5, 6, 7, l'*u* est combiné avec l's d'une façon des plus curieuses. J'ai remarqué cela dans toutes les lettres du commandant Esterhazy que j'ai vues. En voilà encore une : voyez cette *s*, c'est la même chose que dans le bordereau.

Le *t* est, dans le bordereau, barré assez régulièrement, mais en général d'une façon horizontale ; le *t* de la fin n'est pas barré.

Prenez maintenant l'écriture du capitaine Dreyfus : le *t* est barré autrement, plutôt en biais ; il y a aussi dans le corps des mots quelques *t* anglais qui ne sont pas barrés du tout.

Je me rappelle qu'on a fait remarquer un certain rapport entre le mot *par* écrit dans une lettre du capitaine Dreyfus et le mot *par* du bordereau. Je vous avoue que je doute de l'exactitude de ce rapprochement que je n'ai pu vérifier : tout ce que je puis dire, c'est que du *par* que nous avons dans le bordereau à la ligne 8, *par le nouveau plan*, j'ai des spécimens dans toutes les lettres que j'ai vues du commandant Esterhazy. Tenez, en voici encore un :

M. Paul Meyer présente une pièce au Conseil.

Messieurs, comme mes deux collègues de l'Ecole des Chartes ont l'intention de vous faire des observations du même genre, je ne veux pas vous fatiguer par la démonstration plus longue de ce que je considère comme étant l'évidence même.

Mais, comme je vous le disais, l'évidence ne frappe pas tout le monde. Je demanderai la permission à M. le président de vous présenter quelques remarques, avec toute la modération possible, au sujet de l'opinion de ceux que j'appellerai les dissidents, c'est-à-dire ceux qui pensent : soit — car il y a ces deux thèses — que le bordereau est du capitaine Dreyfus, soit qu'il est d'un X quelconque, mais qu'il n'est pas du commandant Esterhazy.

Je diviserai ces dissidents en trois catégories :

Il y a d'abord ceux qui disent d'une manière générale qu'ils sont convaincus que le bordereau représente pleinement l'écriture même du capitaine Dreyfus. On a même dit — j'ai lu cela dans les dépositions de la Cour de cassation — que c'était l'écriture courante et naturelle du capitaine Dreyfus.

Voilà qui me paraît étrange et on peut dire vraiment de ceux-là qu'ils n'ont pas le compas dans l'œil. Toujours est-il qu'ils prétendent, pour une raison ou pour une autre, que c'est l'écriture du capitaine Dreyfus. Ces opinions n'étant pas appuyées de preuves, nous pouvons les négliger : dans la science, les affirmations, les convictions, les présomptions, tout cela et rien, c'est la même chose ; il n'y a que les preuves qui comptent.

J'arrive aux dissidents des deux autres catégories, et d'abord au système de M. Bertillon, que je ne veux pas discuter, le tenant pour suffisamment réfuté dans son principe et dans son application. Mais j'ai à présenter un argument tiré de la simple logique.

L'idée de M. Bertillon, c'est que ce document a été conçu selon un certain plan géométrique. Ce n'est pas moi qui suis en état de le vérifier. Cela a été vérifié ici. C'est un procédé lent et qui se comprend mal de la part de quelqu'un qui annonçait d'autres papiers envoyés en même temps que le bordereau. Mais il y a une autre chose sur laquelle on n'a pas fait de remarque.

Qu'est-ce qui vous frappe quand vous comparez deux écritures? C'est la forme des lettres. Que les mots soient disposés d'une manière ou d'une autre, cela ne change rien à la figure même des lettres. Que j'écrive, par exemple, sur le papier télégraphique dont on se sert en Angleterre, qui est divisé en parallélogrammes, où la personne qui envoie une dépêche est obligée de mettre un mot dans chacun des parallélogrammes, j'obtiendrai une disposition géométrique, mais mon écriture n'en sera pas modifiée.

Tout au plus, si, avec mon écriture, je m'applique à faire des dessins, des pyramides, par exemple (on a fait au seizième siècle des pièces de vers dans ces conditions), tout au plus pourra-t-on dire que mon écriture perdra quelques-uns de ses caractères distinctifs. C'est comme quand j'écris une lettre à un ministre, au lieu de la faire écrire par un secrétaire. Je m'appliquerai et mon écriture perdra quelques-uns de ses caractères distinctifs. Ce ne seront plus mes pattes de mouche ordinaires. On arrive ainsi à une écriture un peu blanche, mais qui ne ressemble pas du tout à une écriture déterminée, autre que l'écriture de celui qui tient la plume. Nous pouvons donc formuler cet axiome que la position des mots sur une feuille de papier, dans une page d'écriture, est sans influence sur la forme des lettres.

Or, la seule chose qui importe ici, c'est la forme des lettres.

Donc, il n'y a aucun intérêt à considérer la disposition des mots, l'ordre plus ou moins spécial selon lequel les mots sont rangés. Cela me paraît l'évidence même. Si cette idée si simple était venue à l'esprit des témoins — et ce ne sont pas les moindres — qui ont escompté d'avance le succès de la démonstration de M. Bertillon, ils se seraient bien gardés de s'appuyer sur une autorité aussi fragile. Comme dit le prophète : « Ils se sont appuyés sur un roseau et le roseau en se brisant leur a percé la main. »

Il y a une autre observation à faire.

M. Bertillon est obligé, — et ceci est très curieux au point de vue psychologique, parce que c'est la manifestation d'une idée fixe, — il est obligé d'en revenir à son idée de 1894 : qu'il y a dans cette écriture forgée une imitation d'une autre écriture et particulièrement de l'écriture de M. Mathieu Dreyfus, ce qu'au moment du procès Zola je ne comprenais pas du tout, parce que je n'avais jamais vu l'écriture de M. Mathieu Dreyfus.

Mais depuis, j'ai vu, dans un numéro du *Gaulois*, que je crois avoir ici, un fac-similé d'une lettre avec les réticules. — Vous connaissez bien cette lettre de Mathieu Dreyfus. J'ai constaté qu'en effet il y avait par-ci par-là quelques lettres qui ressemblent plus à l'écriture d'Esterhazy et du bordereau que ne le fait l'écriture du capitaine Dreyfus. Car, pour moi, je ne trouve pas qu'il y ait de ressemblance entre l'écriture du capitaine Dreyfus et celle du commandant Esterhazy, comme certaines personnes le disent. J'ai même vu avec étonnement, en lisant à la Cour de cassation son interrogatoire par M. du Paty de Clam, une phrase dans laquelle l'accusé semble convenir qu'il y a certaines ressemblances entre son écriture et celle du commandant Esterhazy. Cela prouve qu'on ne se connaît pas soi-même. Moi, je n'en vois pas. Mais il y a par-ci par-là dans l'écriture de Mathieu Dreyfus quelques légères ressemblances avec l'écriture d'Esterhazy, de sorte qu'à certains égards l'hypothèse de M. Bertillon n'est pas aussi déraisonnable que je le croyais... (*Rires.*)

Seulement, messieurs, je vous ferai remarquer que venir nous présenter cet argument-là maintenant, c'est présenter ce qu'on appelle un argument antédiluvien, un argument représentant un état de nos connaissances extrêmement arriéré. Passe encore en 1894, quand on cherchait partout, sauf au bon endroit, des éléments de comparaison ; mais maintenant, cela ne peut plus se faire. Nous avons l'écriture du commandant Esterhazy, qui est la chose même que nous cherchions. C'est là l'élément de comparaison.

C'est ce que M. Bertillon n'a pas fait. Il a simplement oublié de nous expliquer : 1° comment son système, une fois admis, pouvait amener un changement complet dans l'écriture du capitaine Dreyfus ; 2° comment ce changement a pu s'opérer non pas en un sens quelconque, mais dans une telle direction que l'écriture du capitaine Dreyfus devînt celle du bordereau, laquelle est évidemment celle du commandant Esterhazy.

Notez bien, messieurs, que si je parle d'évidence, ce n'est pas le moins du monde parce que la Cour de Cassation l'a dit. Je ne me sers jamais d'un argument d'autorité. Les arguments d'autorité ne comptent pas dans la science. (*Mouvement*.) Il n'y a de certain que ce qu'on peut vérifier par soi-même ; mais c'est parce que le fait était évident que la Cour de cassation n'a pu se dispenser de le déclarer tel.

Voilà ce qu'on peut objecter, au point de vue du simple bon sens, au système de M. Bertillon. C'est à ce point, messieurs, que s'il était prouvé que quelqu'un eût employé ce système, ce quelqu'un ne serait pas un homme à condamner, ce serait un homme au sujet duquel un jury anglais rendrait un verdict d'esprit dérangé. (*Rires*.) Pourquoi ? Parce que cet homme aurait fait, en se donnant beaucoup de mal, une chose qui ne pouvait, à aucun moment, le rapprocher du but à atteindre.

Maintenant, je passe au troisième groupes de dissidents. Il s'agit d'un autre système dont on parla beaucoup au procès Zola et qui, permettez-moi l'expression, tenait la corde à ce moment-là : c'est le système de l'imitation de l'écriture du commandant Esterhazy, soutenu par les experts Belhomme, Couard et Varinard.

Je ne m'y appesantirai pas, parce que je crois qu'il n'est plus guère défendu que par ses auteurs ; mais il faut en dire quelques mots parce qu'il soulève des questions intéressantes.

Le système consiste à dire que l'auteur quelconque du bordereau a imité, fort bien du reste, la plus grande partie du document au courant de la plume, mais que pour quatre ou cinq mots (qu'on ne nous a pas désignés sauf un), il s'est trouvé dans l'impossibilité de les copier et qu'il les a calqués, le mot *manœuvres* notamment. Voilà le système.

Il y a deux objections préalables.

D'abord, vous représentez-vous, messieurs, l'individu qui a ce talent d'imiter au courant de la plume une écriture, et qui reste en arrêt devant quatre ou cinq mots qu'il est obligé de calquer. Supposition peu probable assurément !

Ensuite, il y a une autre objection à faire, et elle est capitale. C'est qu'il faudrait, si on appliquait cette théorie au cas du capitaine Dreyfus, (ce que du reste ces messieurs ne font pas, car il ne faut pas leur prêter des choses déraisonnables qu'ils n'ont pas dites), il faudrait trouver le lien, le point de jonction entre lui et le commandant Esterhazy : c'est-à-dire comment le capitaine Dreyfus aurait pu connaître l'écriture du commandant Esterhazy.

Et cela, messieurs, est si nécessaire que, lors du procès Esterhazy, lors de l'enquête faite par le général de Pellieux, on a in-

venté une histoire qui est, je crois, tombée dans l'eau : le commandant Esterhazy fournissant à un officier qui aurait pu communiquer ce papier à Dreyfus un récit de la bataille d'Eupatoria à
laquelle n'assistait pas le commandant Esterhazy, mais où commandait son père.

L'idée en elle-même est bizarre ; on sait bien quels sont les deux
régiments de cavalerie qui étaient à ce combat ; j'ai été moi-même
en relation avec des officiers qui y avaient assisté ; il semble que
c'est plutôt à un ancien officier de ces régiments qu'il fallait
s'adresser.

Aussi cette légende, dont on connaît l'auteur, a-t-elle été abandonnée depuis l'acquittement d'Esterhazy. Le commandant Esterhazy, qu'on peut croire quand il dit des choses vraisemblables,
l'a trouvée improbable.

Vous voyez donc qu'on reconnaissait la nécessité d'établir un lien
entre le capitaine Dreyfus et le commandant Esterhazy, pour
expliquer cette imitation d'écriture.

Du reste, je critiquerais d'autant plus difficilement le système de
ces messieurs que je ne sais pas dans le détail sur quoi il se fonde.
On a publié quelques extraits de leur rapport dans la *Fronde*, et
j'ajoute que ces extraits, par leur rapprochement, m'ont frappé
de stupeur.

Voici ce qu'on dit au commencement : « Ce qui frappe tout
d'abord, c'est le contraste que nous constatons entre l'homogé-
néité de chacun des écrits de M. Esterhazy pris à part, où le même
type d'écriture se conserve d'un bout à l'autre sans différence ; et
les incohérences de toutes sortes relevées dans le bordereau » ; et
plus loin ceci : « Tandis qu'Esterhazy varie incessamment les
formes des caractères et n'écrit jamais deux fois le même mot de
la même façon. »

La contradiction est flagrante.

LE PRÉSIDENT. — Ceci n'a pas trait à l'affaire. Donnez-nous votre
opinion.

M. PAUL MEYER. — Bien ; je rappelle que l'un des trois experts
déjà nommés a cité ici le mot *manœuvres*, qui se trouve deux fois
au verso. Je ne comprends pas ce que l'on veut dire quand on dit
que ce mot est calqué. Je le mesure au compas, et je constate que
le mot *manœuvres*, dans le premier cas, a un millimètre et demi
de moins que dans le second.

Voulez-vous me permettre de vous le faire vérifier ? Voici le
compas ?

Si vous y regardez de près, vous verrez, en outre, que le mot *manœuvres* n'est pas écrit pareillement dans les deux cas : dans le milieu, vous avez l'*œ* qui diffère notablement d'un exemple à l'autre ; il est donc impossible que ces deux mots soient calqués, à moins de supposer qu'il y aurait eu deux types différents. Eh bien ! on ne calque pas dans ces conditions. Je ne sais pas quels sont les autres mots, mais, pour celui-ci, il n'y a aucun doute.

Le système de ces messieurs, par lui-même, a le mérite, que n'a pas le système Bertillon, de reposer sur une comparaison d'écriture. Seulement la comparaison n'est pas bien faite, et, du reste, dans le cas présent, ne peut aboutir à rien, puisque ces messieurs ne savent pas quel est l'auteur de cette prétendue imitation.

En terminant, je déclare une fois de plus que l'identité de l'écriture du bordereau et de l'écriture d'Esterhazy est d'une évidence absolue, et je conclurai en disant que s'il vous reste quelques doutes, vous pourrez prendre autant d'experts que vous voudrez en les choisissant, comme ceux que j'ai eu récemment l'occasion d'indiquer au capitaine rapporteur du 2ᵉ Conseil de guerre à Paris, parmi des personnes placées par leur caractère et par leur situation au-dessus de tout soupçon. On pourra dire dans certains journaux qu'ils sont vendus, mais on est habitué à ces basses insinuations et on les repousse du pied. Il arrivera ceci : Tous ces nouveaux experts, quel qu'en soit le nombre, seront uniformément d'accord avec moi pour dire que le bordereau est certainement d'une écriture naturelle, et certainement d'Esterhazy, et vous n'en verrez aucun se joindre au groupe très limité de ceux qui croient que le bordereau est de Dreyfus.

Vous remarquerez que ces derniers ont formé leur opinion à une époque déjà ancienne, peu après 1894, et dans un milieu où abondaient les préjugés et les faux rapports. Leur nombre ne croîtra pas.

Le président. — C'est tout ce que vous avez à dire ?

M. Paul Meyer. — J'ai terminé ma déposition.

Le président. — Je désirerais vous poser une question. Vous avez fait votre deuxième expertise à la Cour de cassation ?

M. Paul Meyer. — Oui, monsieur le président.

Le président. — Combien de temps avez-vous eu à votre disposition pour faire cette expertise ?

M. Paul Meyer. — On nous a donné trois heures.

Le président. — Et vous étiez assez nombreux ?

M. Paul Meyer. — Nous étions trois et nous avons pu travailler simultanément, parce que nous avions beaucoup d'éléments de comparaison que nous nous sommes partagés.

LE PRÉSIDENT. — Croyez-vous que cet intervalle de temps qui est assez court — surtout quand on est plusieurs — a été suffisant ?

M. PAUL MEYER. — Grandement suffisant, monsieur le président, parce que nous pouvions travailler simultanément. On nous a priés, à la Cour de cassation, de ne pas toucher au bordereau, mais nous avons eu là des photographies très bonnes. J'ai été surpris de voir ces photographies, parce qu'on nous avait dit à la Cour d'assises que le papier était trop mince pour qu'on pût faire de bonnes photographies.

LE PRÉSIDENT. — Vous estimez que vous avez eu bien le temps de vous faire une conviction ?

M. PAUL MEYER. — Parfaitement.

LE PRÉSIDENT. — Un temps largement suffisant pour vous faire une conviction fixe, ferme ?

M. PAUL MEYER. — Parfaitement. D'autant plus que, précédemment, j'avais étudié la question avec des fac-similés.

LE CAPITAINE BEAUVAIS. — La pièce sur laquelle vous avez travaillé est un fac-similé de journal ou une photographie ?

M. PAUL MEYER. — Il y a deux espèces de fac-similés. En voici un qui a paru dans le *Gaulois* et qui est fait, ce qu'on appelle, en simili. La base est très exacte, mais c'est nécessairement flou et cela ne supporte pas l'examen à la loupe.

J'en ai un là qui est en photogravure, et qui est très bien fait.

Mais, à la Cour de cassation, j'ai eu de vraies photographies, très finement exécutées, et que j'ai pu comparer avec l'original. A la Cour d'assises, j'avais un fac-similé qui était fait honnêtement, comme je l'ai dit et prouvé. Mais cela ne veut pas dire qu'il fût bon. Il y avait des mots entiers dont on ne pouvait réellement rien tirer.

LE CAPITAINE BEAUVAIS. — Votre fac-similé, en principe, ne ressemble pas du tout au bordereau ?

M. PAUL MEYER, *s'approchant du Conseil.* — Pardon. Si vous prenez ce fac-similé-ci, vous voyez qu'il est pareil au bordereau. Je vous assure qu'il est bien fait et je m'y connais, je fais de la photographie moi-même et je fais faire constamment des reproductions.

LE CAPITAINE BEAUVAIS. — Je vous dis cela parce que j'en ai vu un qui était écrasé.

M. Paul Meyer. — Oh! oui, il y en a eu qui étaient écrasés au point de n'en pouvoir rien tirer.

Le président. — Monsieur le commissaire du gouvernement, avez-vous des observations à présenter?

Le commissaire du gouvernement. — Aucune.

Le président. — Et la défense?

Me Demange fait un signe négatif.

Le président. — C'est bien de l'accusé ici présent que vous avez entendu parler?

M. Paul Meyer. — Parfaitement.

Le président. — Accusé, levez-vous. Avez-vous des observations à faire sur la déposition du témoin?

Le capitaine Dreyfus. — Aucune, mon colonel.

On introduit M. Molinier.

SOIXANTE-SEIZIÈME TÉMOIN

M. MOLINIER, *professeur à l'École des Chartes.*

M. Molinier (Auguste-Emile-Louis-Marie), quarante-sept ans.

Le président. — Quelle est votre profession?

M. Auguste Molinier. — Professeur à l'Ecole des Chartes.

Le président. — Connaissiez-vous l'accusé avant les faits qui lui sont reprochés?

M. Auguste Molinier. — Non.

Le président. — Vous n'êtes ni son parent ni son allié; vous n'êtes pas à son service et il n'est pas au vôtre?

M. Auguste Molinier. — Non.

Le président. — Vous avez, n'est-ce pas, examiné le bordereau à la Cour d'assises? Combien de fois?

M. Auguste Molinier. — Je l'ai examiné deux fois : à la Cour d'assises et à la Cour de cassation.

Le président. — Voulez-vous faire votre déposition?

M. Auguste Molinier. — Est-ce que je pourrai avoir à ma disposition le bordereau *original?*

Le président. — Parfaitement.

On fait présenter le bordereau à M. Molinier.

M. Auguste Molinier (*après cet examen*). — C'est bien cela.

Le président. — C'est bien celui qui vous a été présenté?

M. Auguste Molinier. — C'est celui qui m'a été présenté à la Cour de cassation.

En somme, monsieur le président, j'ai eu à examiner deux fois le bordereau et les pièces annexes, c'est-à-dire les pièces de comparaison, et à donner deux fois mon opinion en public. A chaque fois, les éléments de certitude que je possédais se sont multipliés.

La première fois, au procès Zola, je ne connaissais que le fac-similé du bordereau, très suffisant, à mon sens, pour déterminer ma conviction, mais qui ne me permettait pas d'étudier certains détails de l'écriture.

Je connaissais également des lettres du capitaine Dreyfus, et des lettres du commandant Esterhazy, et c'est d'après cette comparaison que j'avais dit, dès cette époque, en février 1898, que le bordereau était de la main du commandant Esterhazy.

Un an plus tard juste, au mois de février 1899, la Chambre criminelle de la Cour de cassation m'a convié avec mes collègues pour savoir si l'examen du bordereau original, et l'examen de certaines pièces de comparaison découvertes depuis, m'amèneraient à maintenir ou à retirer ma première affirmation.

Cet examen, qui s'est prolongé dans la chambre du Conseil de la Chambre criminelle pendant plus de trois heures, et la conférence que j'ai eue alors avec mes confrères, MM. Meyer et Giry, nous a amenés, ainsi qu'on vous l'a déjà expliqué et qu'on vous l'expliquera encore, à maintenir mes premières conclusions et à les renforcer encore pour ainsi dire.

En effet, parmi les pièces de comparaison qui nous avaient été soumises, se trouvait une lettre extrêmement importante, la lettre du 17 août 1894, écrite par Esterhazy à son retour du camp de Châlons, d'une graphie absolument semblable à celle du bordereau, écrite comme ce dernier sur du papier pelure quadrillé à 4 millimètres d'intervalle, et dans laquelle se trouvait la justification de cette phrase énigmatique du bordereau, si souvent discutée ; je veux parler de la dernière phrase : *Je vais partir en manœuvres.*

Je sais qu'on a discuté l'authenticité de cette lettre du 17 août 1894.

Je crois que la lecture des pièces judiciaires qui a été faite il y a deux jours, si je ne me trompe, détermine la conviction définitive.

Il est impossible d'élever le moindre doute sur l'authenticité de cette pièce.

Depuis, un dernier élément de conviction s'est présenté : c'est l'aveu même du commandant Esterhazy.

Je sais très bien que cette personne est un peu suspecte, et que, dans ses nombreuses interviews, elle a émis des assertions dont beaucoup ne paraissent pas être acceptables.

Toutefois, il est de règle en critique historique, c'est ma profession, de toujours examiner soigneusement non seulement la valeur d'un témoignage en bloc, mais aussi les différentes assertions d'un témoin. Or, quand, dans le témoignage d'une personne suspecte d'altérer la vérité, il se trouve une particularité qui a été justifiée par d'autres éléments extérieurs à la vérité elle-même, il me semble qu'on peut accepter sur ces points son témoignage.

En un mot, je crois qu'en avouant qu'il était l'auteur du bordereau, le commandant Esterhazy a fini par se rendre, pourrait-on dire, à la force de la vérité, et surtout par faire un aveu qui, pour ma part, était inutile pour former ma conviction.

Je me permettrai même à ce sujet de vous rappeler que ces règles de critique historique, que j'applique au témoignage du commandant Esterhazy, sont celles que les historiens appliquent tous les jours aux mémoires historiques des derniers siècles.

Je ne vous en citerai qu'un exemple. Il est certain qu'on aurait tort de rejeter en bloc tous les récits de l'historien Casanova, au dix-huitième siècle, parce qu'il nous raconte des histoires plus ou moins admissibles et des exploits dignes d'Hercule.

Il est parfaitement sûr, en effet, que nous perdrions ainsi une source très précieuse pour l'histoire des mœurs au dix-huitième siècle. Il est prouvé sans doute que ce Casanova a menti dans beaucoup de cas, mais il a dit aussi parfois des vérités. Je crois que voilà un exemple historique à retenir.

J'arrive maintenant aux opinions émises sur l'écriture du bordereau. Je serai ici extrêmement bref, car vous avez déjà entendu beaucoup de longues dissertations et je ne veux pas vous fatiguer.

On a fait remarquer que, parmi les experts dont l'opinion a été émise et imprimée entre le procès de 1894 et la découverte de l'écriture d'Esterhazy, beaucoup regardaient l'écriture du bordereau comme une écriture simulée.

Je ferai remarquer, en premier lieu, qu'à ce moment on n'avait pas entre les mains l'écriture d'Esterhazy, par conséquent la comparaison ne pouvait qu'être incomplète. En second lieu, je vous ferai remarquer encore que la plupart de ces experts se référaient à une opinion aujourd'hui abandonnée par son auteur, à celle de M. Charavay, expert en 1894, qui, partant de ce principe que le document d'espionnage est généralement en écriture simulée et contrefaite, avait appliqué ce principe à l'étude du bordereau. Vous savez que M. Charavay a abandonné cette opinion aujourd'hui.

Je ferai remarquer en outre, que la plupart des experts qui ont émis leur opinion entre 1894 et 1897, ont aujourd'hui renoncé à la première opinion émise par eux, depuis qu'ils ont pu voir l'écriture d'Esterhazy.

Après cette digression, je fais remarquer que les systèmes émis sur le bordereau se réduisent à trois : celui de M. Teyssonnières, celui de MM. Couard, Varinard et Belhomme, et enfin celui de M. Bertillon.

Du système de M. Teyssonnières, je dirai peu de chose pour le moment. En effet, M. Teyssonnières déclare que l'écriture du bordereau est l'écriture naturelle du capitaine Dreyfus simulée, mais avec une tendance à revenir à l'écriture naturelle.

Quant aux autres arguments de M. Teyssonnières, c'est-à-dire le rapprochement des lettres, je les laisse de côté pour y revenir en terminant ma déposition.

J'arrive à l'opinion de MM. Couard, Varinard et Belhomme. Si j'ai bien compris, ces messieurs admettent que le bordereau est d'une écriture en partie courante, mais avec des mots rapportés, ou peut-être calqués.

Au procès de 1897, ces messieurs avaient admis que ces mots rapportés et calqués dans l'intérieur du bordereau étaient calqués sur l'écriture d'Esterhazy. Je crois ne pas me tromper.

Aujourd'hui, ils sont plus prudents et ils déclarent qu'ils ne se prononcent point sur l'écriture dans laquelle ces mots ont été pris.

Je crois que ces mots sont, entre autres, *manœuvres*. Je n'ai pas la déposition de M. Couard sous les yeux, je crois me la rappeler. Si j'ai bien compris cette déposition, les deux mots *manœuvres* seraient calqués l'un sur l'autre. Je ne sais pas si c'est bien là le fait matériel...

LE PRÉSIDENT. — Vous êtes censé ne pas connaître les dépositions des autres témoins, car vous n'étiez pas dans la salle au moment où ils ont déposé.

M. AUGUSTE MOLINIER. — Eh bien ! je ferai remarquer d'abord que les deux mots *manœuvres* représentent une graphie absolument différente, dans un cas comme dans l'autre, et que de plus ils n'ont pas la même longueur, c'est-à-dire qu'à la ligne 22, le mot *manœuvres* a en tout 21 millimètres, et qu'à la dernière ligne il en a

23. Par conséquent, ils n'ont pas pu être calqués l'un sur l'autre.

De plus, je peux montrer au Conseil, d'après le fac-similé, que ces deux mots *manœuvres* n'ont pas la même graphie. Je sais bien que ce mot a attiré l'attention à cause de la composition particulière du mot, en deux parties de calibres différents; en tout cas, au point de vue moral, je ne vois pas pourquoi l'auteur du bordereau aurait écrit le bordereau de son écriture naturelle, en y intercalant deux ou trois mots empruntés à une autre écriture.

C'est une hypothèse qui dépasse mon intelligence, et j'avoue que jusqu'ici je n'ai pas trouvé d'explication à ce système. (*Mouvement.*)

J'arrive au système de M. Bertillon.

Je ne suis pas mathématicien, c'est vous dire que je n'entreprendrai pas l'étude de ce système que j'ai compris avec l'aide de spécialistes et qui m'a paru ingénieux. Evidemment, il a été inspiré à l'auteur par le souvenir du testament de La Boussinière, œuvre d'un faussaire ingénieux et qui avait passé plus de six mois à composer ses épures.

Je ferai seulement remarquer que M. Bertillon est arrivé à ce système compliqué après bien des hésitations.

Quand, en 1894, on lui soumit le bordereau, il déclara du premier coup, après quelques heures d'examen, que ce bordereau était l'écriture naturelle, courante du capitaine Dreyfus.

Ce n'est qu'après des réflexions nombreuses qu'il est arrivé à imaginer ce système compliqué dont la critique scientifique a été faite devant vous.

Toutefois, si je ne puis discuter le système de M. Bertillon au point de vue scientifique, au point de vue mathématique, au point de vue du calcul des probabilités, il m'est permis d'opposer à ce système et surtout à son application au bordereau quelques objections pour ainsi dire philosophiques.

Suivant M. Bertillon, en employant ce truquage de son écriture, le capitaine Dreyfus aurait voulu se préparer ce que M. Bertillon appelle un « alibi de persécution ». Je n'ai compris cette expression qu'après quelques réflexions un peu longues. J'ai cru comprendre que se préparer un alibi de persécution, c'était se préparer un alibi dans le cas de poursuites, en prenant le mot persécution dans le sens de poursuites.

Je ferai remarquer que cette raison donnée par M. Bertillon est faible, puisqu'en 1894, lors du procès de novembre et de décembre,

le capitaine Dreyfus n'a jamais essayé de démontrer que le bordereau fût une écriture simulée.

Il abandonnait donc de lui-même un moyen de défense que,
suivant M. Bertillon, il se serait préparé de longue main.

Voilà une raison de bon sens. Je la livre à vos réflexions.

Une seconde raison également forte est la suivante : quand un
espion compose un document en écriture simulée, il est amené
naturellement à rédiger ce document de la manière la plus brève
possible. Il fait autant que possible économie de mots et de lettres.

Or, si vous lisez le bordereau, vous vous apercevez que l'auteur
non seulement répète à chaque instant des mots qu'il pourrait se
dispenser d'écrire, mais qu'encore il a des phrases d'une longueur
étonnante.

Je vous citerai notamment la dernière phrase où il revient plusieurs fois sur la même idée, supposant toutes les hypothèses possibles à propos de son correspondant : « Si vous voulez que j'en
prenne copie, je pourrai le faire copier... » etc.

En un mot, si vous étudiez le bordereau au point de vue de la
grammaire et de l'écriture, vous verrez que l'auteur aurait pu faire
l'économie d'un grand nombre de mots, de syllabes et de lettres.

Et puis si, en somme, il a employé une écriture très longue à
tracer, suivant M. Bertillon lui-même, on ne comprend pas que
l'auteur du bordereau se soit imposé ce travail supplémentaire.
Voilà une raison de simple bon sens qui me semble assez forte.

En voici une troisième : c'est le temps nécessaire pour tracer le
bordereau dans cette écriture truquée. En effet, nous savons, par
le contexte même du bordereau, que ce mince feuillet de papier
était accompagné de quatre notes écrites, notes dont l'étendue
nous reste inconnue, puisqu'elles ne sont pas entre nos mains, mais
qui étaient certainement, dans leur ensemble, assez considérables.

Nous savons, d'autre part, par la première phrase même du bordereau, que ce n'était pas la première fois que l'auteur du bordereau correspondait avec l'agent A ; par conséquent, on doit supposer que X, auteur du bordereau, a toujours employé pour correspondre avec l'agent A une écriture truquée, sans quoi, puisque
le bordereau n'est pas signé, cet agent A n'aurait pas pu savoir de
qui venait la pièce.

Il faut donc supposer que ce singulier espion X aurait passé son
temps, non pas à recueillir des renseignements, mais à écrire
quelques lettres en écriture truquée.

C'est là un argument matériel qui me semble extrêmement fort.

Enfin, il y a un dernier argument psychologique :

Comment ? voilà, pour entrer dans l'hypothèse Bertillon, le capitaine Dreyfus qui emploie, pour modifier son écriture, des moyens extraordinaires, qui établit un gabarit, qui prend toutes ses mesures d'après le kutsch, et quel est le résultat étonnant de ce travail multiple, complet ?

C'est d'arriver à reproduire l'écriture du commandant Esterhazy d'une façon tellement extraordinaire, que vous savez la phrase échappée au commandant quand on lui montra le bordereau en 1897 : « C'est effrayant comme cette écriture ressemble à la mienne ! »

Voilà un véritable miracle : un espion contrefaisant son écriture, essayant de la modifier, et arrivant à tracer l'écriture du commandant Esterhazy, c'est-à-dire d'un homme dont je n'ai pas à parler, mais qui, nous le savons, était en correspondance journalière — il l'avoue lui-même — avec l'agent A, correspondant prétendu du capitaine Dreyfus. (*Mouvement.*)

Voilà une raison qui me semble assez forte et que je me permets de vous soumettre.

J'écarte cette hypothèse et j'en reviens à celle que j'ai émise deux fois devant des Cours judiciaires, à savoir que le bordereau est d'une écriture franche et naturelle, sans trace de reprises, et pourtant il est écrit sur un papier extrêmement léger, d'un usage très difficile, et qu'il est de l'écriture du commandant Esterhazy.

Je ferai remarquer en effet que, dans ce bordereau, nous avons des marques d'écriture courante. Tout d'abord, une chose qu'il est assez difficile d'indiquer d'une manière précise, c'est la nature, l'aspect général de l'écriture. De plus, je vous ferai remarquer qu'à plusieurs endroits, nous avons des liaisons entre les mots qui se suivent, notamment les mots *le tenir*, à la cinquième avant-dernière ligne, deuxième page du bordereau, liaisons qui sont familières au commandant Esterhazy, et que vous trouverez également dans une grande lettre du commandant Esterhazy, qu'on appelle la lettre Decrion, que je me permets de vous soumettre.

J'ai marqué en marge au crayon les liaisons entre deux mots qui se suivent. Je trouve également ces liaisons singulières dans la fameuse déclaration toute récente du commandant Esterhazy, déclaration par laquelle il reconnaît être l'auteur du bordereau : elle se trouve à l'avant-dernière ligne et le fait est extrêmement curieux, car à mon sens l'écriture est courante et non truquée.

M. Molinier fait passer le fac-similé de cette pièce à M. le Président.

LE PRÉSIDENT. — Nous avons l'original de cette pièce, elle se trouve dans les pièces saisies au bureau du *Matin*.

M. AUGUSTE MOLINIER. — En tout cas, je retrouve le fait dans la lettre dont je vous parlais tout à l'heure, et il y en a un grand nombre.

Je trouve encore la preuve de l'écriture courante dans la manière dont les lignes sont inclinées, dans l'alignement des lignes, qui est absolument irrégulier, et dans toutes sortes d'autres détails sur lesquels il est difficile d'insister, parce qu'il faudrait un tableau et que je ne suis pas très habile à démontrer au tableau.

On verrait, par exemple, que le bordereau est écrit d'une façon courante par une personne qui, quelquefois, oublie les finales, et qui a une tendance à tasser les syllabes sur les autres.

J'arrive maintenant à l'étude des lettres elles-mêmes, à la comparaison des lettres, et c'est ici que j'aurai à parler de la déposition de M. Teyssonnières.

Autant que j'ai pu le remarquer, M. Teyssonnières, dans sa déposition de 1894 et aujourd'hui encore, s'est appliqué surtout à étudier les lettres elles-mêmes. La méthode est un peu dangereuse dans toute écriture cursive.

Depuis qu'il y a une écriture cursive, c'est-à-dire depuis l'origine, entre les écritures d'une même époque et d'un même milieu social, il y a des probabilités de ressemblance étonnantes.

Si vous prenez les écritures cursives des grands personnages du seizième siècle, chacun a son écriture ; mais en général chacun fera la lettre *a*, la lettre *e*, à peu près de la même façon. Il peut y avoir des rapprochements qui prouvent non pas que des pièces sont de la même main, mais qu'elles sont du même milieu social.

C'est ainsi que, dans les documents que nous avons sous les yeux, nous pouvons remarquer aisément qu'ils émanent de deux personnages vivant à peu près dans le même milieu, à la fin du dix-neuvième siècle, et ayant reçu à peu près la même éducation.

Néanmoins, en étudiant, non pas les lettres isolées, mais particulièrement les rapports de ces lettres entre elles et leurs liaisons, on peut arriver à distinguer d'une manière étonnante des écritures qui, en apparence, sont semblables.

Je vais, si vous le voulez bien, relever un certain nombre de cas où l'écriture du bordereau s'écarte absolument de celle du capitaine

Dreyfus, et se rapproche d'une manière étonnante de celle du commandant Esterhazy.

Il y a un point assez important également, c'est la façon de marquer les alinéas. L'auteur du bordereau ne les indique pas par un retrait. Ils se trouvent sur la ligne verticale ou sont censés s'y trouver, parce qu'il a une tendance à ne pas tracer ses lignes sur la ligne droite.

Au contraire, le capitaine Dreyfus, à la première ligne d'un nouvel alinéa, laisse pour commencer un petit blanc.

C'est, je le répète, un point extrêmement important, contre lequel M. Teyssonnières, je le crois, d'après son rapport, s'est élevé en citant la dictée faite au capitaine Dreyfus en octobre 1894, et il a fait remarquer qu'au second paragraphe il y a un alinéa comprenant les articles 1°, 2°, 3°, où il n'y a pas de blanc en commençant la ligne.

Mais ici je crois que M. Teyssonnières se trompe. Le tout forme un seul paragraphe; c'est une série de numéros compris dans un paragraphe, et je crois que c'est une raison qui est à repousser.

Voici maintenant un argument dont j'ai déjà parlé, qu'on vous a cité, qui est extrêmement important : c'est la question des doubles s :

L'auteur du bordereau fait ses doubles ss en commençant par la lettre basse à la mode allemande, et le commandant Esterhazy fait de même : il met toujours le petit s d'abord.

C'est, au premier abord, une minutie et cela paraît ne pas avoir une grande importance, mais il y a là une habitude physiologique de la main et, pour moi qui fais les s à la mode du capitaine Dreyfus, si je les faisais à la mode du commandant Esterhazy, on trouverait des traces d'hésitation.

Si on objecte que l'auteur du bordereau a voulu contrefaire son écriture et renverser l'ordre des lettres, on peut répondre qu'il serait assez étonnant, en admettant que ce soit Dreyfus, qu'il n'ait pas fait remarquer ces différences en 1894.

La chose me semble absolument essentielle.

Un autre fait très curieux, c'est la lettre *i*. L'auteur du bordereau la coupe d'une manière singulière.

Le président. — Il n'y a pas besoin d'insister sur ce point qui a déjà été signalé.

M. Auguste Molinier. — Le cas contraire se présente chez le capitaine Dreyfus.

Il y a aussi la lettre *M* capitale dans le mot *Madagascar* et dans le mot *Monsieur* du bordereau qui est absolument conforme à l'*M* capital qui se trouve dans les lettres des 17 avril 1892 et 17 août 1894.

C'est là un signe extrêmement curieux et très important.

Puis un signe de graphisme singulier, c'est l'habitude qu'a le commandant Esterhazy et qu'a l'auteur du bordereau de mettre un accent grave sur la préposition capitale en tête de phrase.

Vous le trouvez à l'avant-dernière ligne dans les mots *A moins que*.

Or, c'est une habitude qui décèle des usages étrangers, qui est extrêmement rare en France et que vous ne retrouverez pas chez le capitaine Dreyfus.

Je citerai encore la forme caractéristique du *g* qui a la forme d'un *y* ouvert par le haut et qui, d'après ce que disent les physiologistes, indique une certaine manière de tenir la plume. Ce *g*, au contraire, chez le capitaine Dreyfus est toujours bouclé, fermé, tandis que, dans le bordereau aussi bien que dans l'écriture du commandant Esterhazy, il est toujours ouvert et a la forme d'un *y*.

Voici maintenant un trait assez curieux : c'est la liaison des deux *ff*. Je ne sais pas si on vous en a parlé.

LE PRÉSIDENT. — Oui, dans le mot *officier*.

M. AUGUSTE MOLINIER. — Le fait est important à signaler, à cause de la tenue de la plume.

Je citerai encore le *j* qui, chez le commandant Esterhazy, est une simple barre. On le retrouve dans le bordereau et, chez Esterhazy comme dans le bordereau, ce *j* porte un point.

Au contraire, chez le capitaine Dreyfus, il ne prend pas de point et est bouclé ; c'est encore un fait extrêmement important.

Puis le *t* double. Quand nous voyons dans le bordereau deux *t* se suivant comme dans le mot *cette*, premier paragraphe, les deux *t* sont séparés l'un de l'autre. La première barre est au premier *t* et puis le second *t* coupe celle-ci.

Le fait est extrêmement caractéristique et se retrouve plusieurs fois dans le bordereau.

Il se retrouve également, constamment, dans l'écriture du commandant Esterhazy, et on ne le retrouve pas dans l'écriture du capitaine Dreyfus.

En un mot, j'ai étudié à peu près toutes les lettres de l'alphabet dans les différentes écritures qui m'étaient soumises. J'ai eu également entre les mains un travail que quelques-uns d'entre vous, messieurs, ont peut-être eu sous les yeux, travail de décomposition des trois écritures en présence, travail scientifique qui forme un vaste album, et de cette étude comparée, très longue, pour laquelle je me suis entouré des lumières de beaucoup de mes amis, experts comme moi dans les questions d'écritures anciennes, il est résulté la conviction qu'il est matériellement impossible d'attribuer le bordereau au capitaine Dreyfus et que ce bordereau est de l'écriture courante du commandant Esterhazy.

Vous me direz peut-être que je ne suis pas expert. C'est la troisième fois, en effet, que je viens déposer, et c'est la première affaire pour laquelle je me présente en justice pour des expertises d'écriture.

Mais si je me permets d'affirmer ainsi cette opinion avec tant de force devant vous, messieurs, c'est à la suite de très longues études personnelles.

Voilà déjà 28 ans, depuis ma sortie de l'Ecole des chartes, que j'étudie des manuscrits de toutes époques, non pas seulement, comme on pourrait l'insinuer, du moyen âge, du quinzième siècle, mais beaucoup de manuscrits modernes. C'est ainsi que j'ai eu l'occasion d'étudier très longuement des écritures du dix-septième siècle, entre autres celle du célèbre Pascal.

J'ai donc contracté à la suite de cette longue étude de très grandes habitudes d'examen, et je me suis formé une méthode assez complète pour l'étude et la comparaison des écritures. Je crois aujourd'hui, sauf erreur, *errare humanum est*, qu'en présence d'écritures depuis les temps les plus anciens jusqu'au dix-neuvième siècle, je puis dire, après une étude suffisante : c'est une écriture de tel ou tel quart de siècle, ou telle écriture émane d'un Allemand, d'un Anglais, d'un Italien, d'un Français.

C'est donc au nom de cette très longue étude formée par vingt-huit ans de travail que je viens renouveler devant vous cette affirmation un peu audacieuse à première vue.

Je vais même plus loin, et je soutiens, étant données les habitudes que doivent contracter les savants, qu'un savant qui, ayant entre les mains un recueil de lettres autographes d'Esterhazy et un recueil de lettres signées en même temps que le bordereau anonyme, le savant qui hésiterait à attribuer au commandant Esterhazy la paternité du bordereau serait à jamais disqualifié dans tous les cercles érudits.

Le lieutenant-colonel Brongniart. — Indépendamment de toutes les formes que vous avez examinées, les experts de 1897 se sont appuyés, pour établir leurs conclusions, sur des retouches dans les mots du bordereau, ou sur l'écriture anguleuse du commandant Esterhazy et sur l'écriture plus arrondie du bordereau.

Avez-vous examiné les écritures à ce point de vue ?

M. Auguste Molinier. — J'ai examiné les écritures à ce point de vue, et je l'ai fait non seulement avec mon lorgnon, mais aussi avec mes yeux de myope qui, vous le savez, sont moins sujets à l'erreur.

Or, je n'ai trouvé aucune trace de retouche.

Est-ce que les experts de 1897 ont indiqué des mots en particulier ?

Le lieutenant-colonel Brongniart. — Ils ont été signalés dans leurs dépositions.

M. Auguste Molinier. — Mais sans particularités. Mon attention a été naturellement attirée sur ce point. Mais comme j'ai voulu être consciencieux, j'ai voulu voir s'il y avait des traces de retouches. Or, je n'ai pas pu trouver trace d'une seule retouche, ni sur l'original que j'ai eu sous les yeux pendant trois heures à la Cour de cassation, ni sur les fac-similés du bordereau, dont quelques-uns dérivent directement du bordereau.

Le lieutenant-colonel Brongniart. — On a fait une comparaison aussi entre l'écriture anguleuse du commandant Esterhazy et l'écriture plus arrondie du bordereau. Avez-vous remarqué quelque chose à ce point de vue ?

M. Auguste Molinier. — J'ai examiné cette question, mais je retrouve des mots d'Esterhazy qui, sauf une question de dimension, à un millimètre près, se superposent complètement à l'écriture du bordereau.

Je ne vois donc pas ce que l'on appelle écriture anguleuse et écriture cursive. Et d'ailleurs, il est évident que le commandant Esterhazy, ou plutôt l'auteur du bordereau, a changé d'allure aux mots : *ce dernier document,* c'est une question d'allure. Dans une lettre que nous écrivons, la seconde page peut être d'une écriture différente de la première page, par suite de la rapidité.

Le capitaine Beauvais. — A la Cour de cassation, vous avez dit que vous aviez remarqué que l'écriture du commandant Esterhazy s'était modifiée depuis 1894.

M. Auguste Molinier. — C'est une impression, une impression générale.

Le capitaine Beauvais. — Dans quel sens s'est produite cette modification ?

M. Auguste Molinier. — Dans le sens de l'altération de m.

LE CAPITAINE BEAUVAIS. — Pour se rapprocher ou s'éloigner du bordereau ?

M. AUGUSTE MOLINIER. — Pour s'en éloigner. C'est une impression qui m'est restée. Seulement, il faudrait que j'eusse entre les mains quelques-unes des très nombreuses lettres d'Esterhazy, car il y en a partout, chez tous les agents d'affaires. C'est une impression. Je n'insiste pas.

LE CAPITAINE BEAUVAIS. — Avez-vous remarqué le mot *manœuvres* dans la lettre d'Esterhazy ?

M. MOLINIER. — Oui, parfaitement.

LE CAPITAINE BEAUVAIS. — Vous avez dans le bordereau, dans les dernières lignes, le mot *en*, avez-vous étudié ce mot ?

M. AUGUSTE MOLINIER. — Je le vois ici : *en voyant*, puis : *en sont responsables*. Il est quatre fois dans cette page.

LE CAPITAINE BEAUVAIS. — L'avez-vous comparé au mot *en* d'Esterhazy ?

M. AUGUSTE MOLINIER. — Je puis les comparer immédiatement. (*Il cherche dans une lettre d'Esterhazy.*) Je n'en trouve pas dans la lettre que j'ai sous la main.

LE GÉNÉRAL MERCIER. — Je demande la parole, monsieur le président.

LE CAPITAINE BEAUVAIS. — Dans : *Je pars en manœuvres ?*

M. AUGUSTE MOLINIER. — Dans la lettre du 7 août, j'ai ici : *en revenant*.

LE CAPITAINE BEAUVAIS. — Voulez-vous comparer ?

M. AUGUSTE MOLINIER. — Je trouve qu'il ressemble énormément au même mot *en* de *en sera responsable*. Vous avez la même lettre *e* aveuglée et le même *n*.

LE CAPITAINE BEAUVAIS. — Vous ne trouvez pas dans le bordereau que *e* a une forme bouclée ?

M. AUGUSTE MOLINIER. — Voyez au verso, *en sera responsable*. Ce *en* est absolument construit de la même façon que le *en* de *j'ai reçu en revenant*, à la deuxième ligne, deuxième page du bordereau. Remarquez, d'ailleurs, que dans le mot *en*, l'*n* est construit de même qu'à la première ligne, une sorte de boucle arrondie et un trait qui se relève et un *e* bouclé.

LE CAPITAINE BEAUVAIS. — Voulez-vous voir le dernier mot *en* dans *en même temps* et *en revenant* ? A l'avant-dernière ligne, l'*n* est le même, toujours composé de deux morceaux et un trait droit. Je crois que dans toute écriture cursive, l'*e* à première vue a l'air d'un *c* aveuglé. C'est le trait d'une écriture cursive. J'appelle toute votre attention sur ce mot, car je le crois assez curieux.

LE GÉNÉRAL MERCIER. — Je demande la parole.

LE PRÉSIDENT. — Je vous la donnerai tout à l'heure. (*S'adressant au témoin.*) C'est bien de l'accusé ici présent que vous avez entendu parler ?

M. AUGUSTE MOLINIER. — Oui.

LE PRÉSIDENT — Accusé, levez-vous. Avez-vous des observations à faire sur cette déposition ?

LE CAPITAINE DREYFUS. — Aucune, mon colonel.

LE PRÉSIDENT. — Monsieur le général Mercier, voulez-vous approcher ?

LE GÉNÉRAL MERCIER. — Monsieur le président, M. Molinier a dit qu'il avait eu l'impression que l'écriture du commandant Esterhazy avait changé depuis 1894. M. Bertillon avait, je crois, affirmé la même opinion. Il serait peut-être utile, pour éclairer le Conseil, de faire lire la déposition de M. Grenier devant la Cour de cassation.

M. Grenier a été en correspondance très suivie avec Esterhazy ; il a déposé devant la Cour de cassation que son écriture s'était très notablement modifiée depuis la dénonciation de M. Mathieu Dreyfus.

Je crois qu'il n'a pas renouvelé cette déclaration ici, probablement parce qu'on ne l'a pas interrogé là-dessus. Il serait donc peut-être utile de faire relire la déposition qu'il a faite devant la Cour de cassation.

LE PRÉSIDENT. — Veuillez, monsieur le greffier, lire, à la page 495, la déposition de M. Grenier.

M. LE GREFFIER COUPOIS donne lecture de la partie suivante de la déposition de M. Grenier :

D. — Esterhazy a dû vous écrire, étant donné vos relations avec lui. Quel papier employait-il, soit habituellement, soit exceptionnellement ? Et, d'autre part, son écriture a-t-elle été, de votre part, l'objet de remarques à un point de vue quelconque ?

R. — Il m'écrivait sur du papier ordinaire, et rien à cet égard ne m'a jamais frappé.

En ce qui touche l'écriture, il me semble qu'il y a un changement notable postérieurement à la dénonciation de M. Mathieu Dreyfus : son écriture anguleuse et fine auparavant s'est arrondie et corsée depuis.

Je n'ai plus à ma disposition actuellement que deux ou trois lettres relativement récentes qui sont absolument sans intérêt par rapport à l'affaire.

LE PRÉSIDENT. — C'est le passage qui est relatif à cette question. Veuillez maintenant introduire le témoin Giry.

Mᵉ LABORI, *se levant*. — Monsieur le président...

LE PRÉSIDENT, *à Mᵉ Labori*. — Avez-vous une observation à faire?

Mᵉ LABORI. — Oui, monsieur le président. Voulez-vous demander à M. le général Mercier quelle est la portée de sa question?

LE PRÉSIDENT. — C'est probablement pour faire constater qu'un autre témoin a affirmé la même chose.

Mᵉ LABORI. — Alors, c'est la confirmation de la déposition de M. Molinier?

LE PRÉSIDENT. — De M. Grenier.

Mᵉ LABORI. — M. le général Mercier veut faire confirmer la déposition de M. Molinier?

LE CAPITAINE BEAUVAIS. — Au contraire.

LE PRÉSIDENT. — N'interrompez pas. (*A Mᵉ Labori.*) Que voulez-vous dire?

Mᵉ LABORI. — Vous comprenez quelle est ma pensée. M. le général vient ici moins comme témoin que pour assister M. le commissaire du gouvernement. J'ai donc le droit de lui demander de préciser la portée de sa question.

En ce qui me concerne, je trouve qu'Esterhazy a changé son écriture en 1897, au moment de la dénonciation; c'est extrêmement intéressant: cela prouve qu'il voulait échapper aux poursuites qu'il pouvait prévoir en se faisant une écriture différente de celle du bordereau; si c'est là ce qu'a voulu dire M. le général Mercier, je serais heureux qu'il voulût bien le préciser en faisant connaître le but de la question.

LE PRÉSIDENT, *au général Mercier*. — Dans quel but avez-vous demandé la lecture de la déposition de M. Grenier?

LE GÉNÉRAL MERCIER. — J'ai fait cette observation pour confirmer la déposition de M. Molinier sur ce point particulier que l'écriture du commandant Esterhazy a changé en 1897 ou même peut-être avant.

LE PRÉSIDENT, *à Mᵉ Labori*. — C'est bien cela que vous vouliez faire préciser?

Mᵉ LABORI. — Parfaitement.

LE PRÉSIDENT. — Veuillez faire entrer le témoin suivant, M. Giry.

SOIXANTE-DIX-SEPTIÈME TÉMOIN

M. GIRY, *membre de l'Institut.*

M. Giry (Arthur), cinquante et un ans, membre de l'Institut, professeur à l'Ecole des chartes et à l'Ecole des hautes études.

Le Président. — Connaissiez-vous l'accusé avant les faits qui lui sont reprochés?

M. Giry. — Je le vois pour la première fois.

Le Président. — Vous avez été appelé devant la Cour de cassation et devant la Cour d'assises pour faire l'expertise de la pièce appelée bordereau. Voulez-vous nous faire connaître le résultat de votre examen?

M. Giry. — Monsieur le président, les études que j'ai été appelé à faire sur le document dont vous venez de parler peuvent se résumer aisément en quelques mots. Ces études m'ont conduit à la certitude que le document désigné sous le nom de bordereau était d'une écriture courante, naturelle, non déguisée, et que cette écriture ne présente avec celle du capitaine Dreyfus que des analogies absolument superficielles.

Tandis qu'au contraire elle est identique à celle d'Esterhazy.

Venant le dernier de tous les experts, je voudrais ménager autant que possible les instants du Conseil de guerre et ne pas répéter des observations qui ont dû déjà être faites en partie et qui pourraient paraître fastidieuses.

Cependant il est nécessaire que je justifie ma conviction et que je vous montre sur quoi elle se fonde.

Je vous demanderai, monsieur le président, l'autorisation de me servir de quelques notes et surtout de quelques documents, en particulier du fac-similé du bordereau; pour les observations précises et de détail comme celles que j'aurai à faire, ces notes me sont à peu près indispensables.

Le Président. — Ne lisez pas.

M. Giry. — C'est entendu.

Je vous dirai d'abord deux mots du document sur lequel j'ai opéré au début. Je n'ai eu que des fac-similés et naturellement des fac-similés assez défectueux, ceux qui avaient été publiés par divers journaux et notamment, le meilleur de tous, celui du journal *le Matin*. Il est imparfait, mais il est suffisant cependant si on l'interroge avec certaines précautions pour amener à des résultats, par exemple sur la forme des lettres; mais à une condition, c'est qu'on n'aille pas plus loin.

Une partie des erreurs des experts qui ont opéré sur ce fac-similé a tenu précisément à ce qu'ils ont voulu lui faire dire des choses qu'il ne pouvait pas dire.

Ainsi, les experts qui ont fait ces expertises qu'a publiées M. Bernard Lazare ont vu, dans le bordereau, des traces de déguisement, de dissimulation d'écriture, à des lignes ondulées, à des défectuosités qui tenaient à ce que le bordereau original avait été raccommodé d'une façon imparfaite, que les lignes en avaient été mal juxtaposées ; c'est ce qui avait produit ces défectuosités qu'ils croyaient exister dans l'écriture, alors qu'elles n'existaient que sur la reproduction dont ils disposaient.

Sans doute on peut se servir de ce fac-similé ; il est suffisant à condition qu'on ne lui demande que ce qu'il peut donner.

Du reste, après avoir travaillé sur des fac-similés de cette espèce, j'ai pu, lorsque j'ai été appelé par la Cour de cassation, contrôler et developper mes études sur les documents originaux eux-mêmes.

A la Cour de cassation on a mis à notre disposition l'original du bordereau ; on nous a montré les photographies qui avaient servi aux précédents experts, on nous a communiqué les pièces de comparaison sur lesquelles les experts précédents avaient opéré ; on nous a montré une liasse de documents considérable, écrits par le capitaine Dreyfus, et une liasse non moins considérable de documents écrits par le commandant Esterhazy.

Naturellement, le temps dont nous disposions à la Cour de cassation aurait été un peu court, si nous n'avions pas été déjà préparés à cette étude par l'examen antérieur que nous avions pu faire sur les fac-similés zincographiés.

Ce temps a été cependant suffisant. Monsieur le président Lœw nous avait annoncé que nous disposerions d'environ deux heures. Mais il n'avait pas prévu les longs développements que devait prendre la déposition de M. Bertillon, qui déposait pendant que nous travaillions, de sorte qu'à nous trois, M. Molinier, M. Meyer et moi, nous avons disposé à peu près d'un après-midi.

Nous avons eu à notre disposition, avec le bordereau, parmi les documents les plus caractéristiques, les deux lettres sur papier pelure que nous avons pu comparer au bordereau.

On a insinué que ces lettres pouvaient être suspectes, à cause de l'irrégularité de la saisie. Je ne comprends pas comment l'irrégularité d'une saisie, sur laquelle je ne sais rien, bien entendu, peut rendre suspect un document. Mais nous pouvons établir, je crois, l'authenticité de ces lettres par voie de critique.

Le commandant Esterhazy l'a reconnue, et je sais bien que tout aveu du commandant Esterhazy est suspect ; mais il faut cependant remarquer que cet aveu date d'une époque à laquelle il niait encore être l'auteur du bordereau ; par conséquent cet aveu peut être retenu. (*Mouvement.*)

Ainsi ces lettres dont le contexte s'encadre avec d'autres lettres d'Esterhazy, peuvent être considérées par nous comme absolument authentiques. Je me tiendrais, du reste, prêt à discuter cette authenticité, si elle était contestée.

Après avoir examiné ces documents à la Cour de cassation, j'ai poursuivi mon étude. J'ai eu alors à ma disposition d'excellentes photographies ; et, en particulier, celle-ci (je présume qu'elle est entre les mains de MM. les membres du Conseil), qui a l'avantage, — vous la connaissez sans doute, — de montrer le quadrillage du papier, et de permettre de faire des observations sur l'influence que ce quadrillage a pu avoir sur l'écriture.

Je me suis procuré de même, grâce à l'obligeance de M⁰ Mornard, un certain nombre de documents émanant du capitaine Dreyfus, et du commandant Esterhazy ; et c'est avec ces documents-là, venant après les originaux que j'avais vus à la Cour de cassation, que j'ai rédigé le mémoire supplémentaire que j'ai adressé à M. le président rapporteur Ballot-Beaupré.

J'arrive maintenant, messieurs, à la discussion.

Je n'ai pas besoin de vous dire que, cet examen, je l'ai fait absolument sans parti pris ; que j'ai opéré sur ce document sans tenir compte du fond du débat ; que j'ai abordé ce problème de l'attribution du bordereau comme je l'aurais fait d'un problème d'histoire.

Je vous ai dit que j'avais acquis la certitude que le bordereau était un document d'une écriture naturelle. En effet, rien, à mon avis, dans cette pièce, ne décèle ni la fabrique, ni la dissimulation. Elle est d'une écriture cursive assez rapide, ralentie par places pour des raisons qui m'échappent, et sur lesquelles on ne peut faire que des conjectures.

Il y a certains mots d'une écriture plus lente, certains mots appuyés surtout, certains mots qui paraissent avoir été tracés un peu plus lentement que le reste, comme, si, à certains moments, l'écrivain du bordereau avait un peu cherché son mot.

La seconde page est d'une écriture qui me parait un peu plus rapide que la première. Je me figure volontiers (ceci est une conjecture, mais je me permets d'en faire part au Conseil) que le début du bordereau a été écrit avec un dossier placé à côté du scripteur et qu'en énumérant les documents, il avait de sa main gauche à tourner les pages du dossier qu'il avait à côté de lui et que c'est cela qui a produit ce qu'on a remarqué d'un peu hésitant dans cette première partie du bordereau.

Après avoir écrit son énumération, il est allé plus vite, et plus rapidement encore lorsqu'il a tourné la page au verso. En somme l'écriture est naturelle.

Ensuite, il ne me paraît pas possible que cette pièce ait été forgée par aucun procédé de décalque.

On vous a peut-être fait déjà remarquer que la troisième ligne du verso recouvre sur ce papier transparent la première ligne du recto : cela exclut la possibilité du décalque. Il y a d'autres lignes qui sont à peu près dans le même cas. Les mots redoublés (il y en a un certain nombre) se ressemblent bien naturellement, mais, contrairement à ce qui a été dit, ils ne sont pas exactement superposables. Ce qui exclut toute possibilité de calque de ces mots sur une matrice commune.

De plus, permettez-moi de me reporter à ce propos au rapport de MM. Couard, Belhomme et Varinard, rapport que ces messieurs ont, je crois, maintenu dans leur déposition.

« Nous constatons, disons que les mots qui sont répétés dans le bordereau le sont d'une façon identique, comme si le second était calqué sur le premier, ce qui donne lieu de penser que l'un et l'autre sont calqués sur un troisième ».

Ils citent le mot *adresse*, lignes 2 et 28 ; le mot *manœuvres*, lignes 22 et 30 ; le mot *artillerie*, lignes 11 et 14.

« Si, comme l'un de nous l'a fait, ajoutent-ils, on prend un calque des deux parties de ce dernier mot *artillerie* qui ont été tracées chacune d'un seul trait, ou constate par superposition qu'elles sont identiques chacune à chacune. Cette reproduction exacte d'un même mot est une indication certaine de fraude. »

Eh bien, messieurs, il me semble que, sans même faire un calque, l'examen à l'œil nu ou, si vous voulez, à la loupe, suffit pour bien montrer que, entre les deux mots *adresse* de la ligne 2 et de la ligne 28, il y a des différences. Il y a des ressemblances, bien entendu ; ces deux mots sont du même écrivain au même moment ; mais il y a des différences qui excluent toute possibilité de calque.

Je ne vois pas très clair ici. Néanmoins, je constate que le pre-

mier *a* du mot *adresse* de la ligne 28 a une panse au milieu tandis
que le premier, celui de la ligne 2, selon l'habitude de l'écriture
d'Esterhazy, est au contraire formé d'un plein ; que le *d* est bien
un *d* à volutes dans les deux cas, mais la volute, vous le voyez
facilement sans avoir besoin de calque ni de superposition, n'a pas
du tout la même dimension, la même direction.

Il en est de même pour le reste du mot.

Pour les deux mots *artillerie*, c'est encore la même chose. Je
me borne à vous faire remarquer que les deux *l* du mot artillerie
de la ligne 11 sont beaucoup plus serrés que les deux *l* du mot
artillerie de la ligne 14 ; que le second *l* du mot artillerie de la
ligne 11 est de même longueur que le premier, tandis qu'au mot
artillerie de la ligne 14 le second *l* est plus court.

Je pourrais faire encore des observations de même nature pour
le mot *manœuvres*.

Je défie que par des procédés exacts on trouve la superposition
du premier *m* du mot *manœuvres* de la ligne 30 sur le premier *m*
du mot *manœuvres* de la ligne 22, de l'*a* sur l'*a*, de l'*n* sur l'*n*, et
ainsi de suite.

Ce sont de menues observations sur lesquelles il peut paraître un
peu fastidieux d'insister, mais qu'il faut faire cependant avec le
plus grand soin possible, parce qu'on a prétendu qu'il y avait là
un indice de fraude, ce que je conteste d'une façon absolue.

En outre, l'examen à la loupe, sur l'original bien entendu, ce
que j'ai pu faire à la Cour de cassation, ne révèle aucune de ces
reprises, de ces retouches, de ces bavures, de ces tremblements
qui sont toujours caractéristiques du calque.

Quant à une forgerie, par un procédé analogue à celui qu'a imaginé
M. Bertillon, je crois qu'elle s'exclut par son invraisemblance même.

S'il est naturel qu'un faussaire qui se trouve dans la nécessité de
reproduire dans le document qu'il fabrique l'écriture d'une personne
déterminée, et qui dispose pour cela de tout le temps nécessaire —
ce qui est le cas, par exemple, pour un testament ou pour un effet
de commerce, — s'il est naturel que ce faussaire ait recours à un
procédé très compliqué, c'est là une chose qui me paraît tout à fait
invraisemblable pour un traître qui aurait dû n'avoir en vue
qu'une chose : déguiser ou dissimuler son écriture.

Il disposait, pour cela, d'une foule de moyens plus sûrs que
celui que l'on prétend avoir été employé par le capitaine Dreyfus,
et qui aurait eu, en somme, pour conséquence, de le faire reconnaître dès le début.

Vous avez, dans le dossier de cette affaire, des pièces d'écriture dissimulée. Vous avez pu vous rendre compte, par exemple, par l'examen du faux Weill ou Weyler, combien une écriture dissimulée se décèle d'ordinaire à première vue.

Mais surtout, messieurs, la raison principale qui me paraît exclure toute possibilité de forgerie, c'est l'identité absolue de cette écriture du bordereau avec celle d'Esterhazy, identité que je vous démontrerai tout à l'heure.

Etant donné que le bordereau ne peut pas être un décalque, il me paraît absolument impossible qu'aucune combinaison d'écritures de diverses personnes ait abouti à créer l'écriture même du commandant Esterhazy. (*Mouvement.*)

Tant que l'écriture d'Esterhazy n'avait pas été soupçonnée, on pouvait certainement hésiter un peu sur le caractère du bordereau : le fait qu'il était écrit sur papier transparent, certaines de ces hésitations, de ces gaucheries d'écriture que j'ai signalées moi-même pouvaient donner quelques hésitations; et c'est pour cela qu'un certain nombre d'experts comme M. Crépieux-Jamin, comme M. Moriaud, ont pu croire qu'ils avaient affaire à une écriture dissimulée.

Il y en a certainement d'autres qui, comme M. Franck, comme M. Walter, s'étaient, dès le début, prononcés pour une écriture courante.

Mais j'ajoute qu'aussitôt qu'ils ont connu l'écriture d'Esterhazy, tous ceux qui s'étaient prononcés pour l'écriture contrefaite, se sont ralliés à cette idée que l'écriture n'était pas déguisée, qu'elle n'était autre que celle du commandant Esterhazy, qu'elle offrait, comme leurs collègues le reconnaissaient, toutes les particularités de l'écriture d'Esterhazy.

Je passe, messieurs, à l'examen de l'écriture du capitaine Dreyfus, sans entrer encore dans des détails de comparaison, et, tout d'abord, je crois devoir faire une observation sur cette écriture.

J'ai eu à ma disposition, tant à la Cour de cassation que depuis, des spécimens de l'écriture du capitaine Dreyfus, les uns antérieurs au procès de 1894, les autres postérieurs.

On a prétendu que, postérieurement au procès de 1894, le capitaine Dreyfus avait cherché à déguiser son écriture, à la contrefaire.

Je déclare, pour ma part, que je n'ai trouvé absolument aucun signe de cette tendance à contrefaire son écriture dans la série des spécimens d'écriture du capitaine Dreyfus que j'ai pu examiner.

Il peut y avoir naturellement certaines lettres, certains documents écrits soit avec une plume particulière, soit dans un moment particulier où l'écriture est plus ou moins modifiée, plus ou moins altérée.

Mais il ne faut pas s'en tenir à un document, il faut regarder un ensemble, une série; les documents que j'ai eus à ma disposition ont été nombreux, et je vous assure que je n'ai trouvé aucune trace de modification de l'écriture du capitaine Dreyfus dans la série des documents que j'ai examinés.

Son écriture, vous la connaissez, c'est une écriture cursive, élégante, fine, assez régulière, dont l'inclinaison varie beaucoup dans les divers spécimens que j'ai eus sous la main : il y a, en particulier, des minutes du ministère qui sont écrites d'une écriture assez droite; il y a des lettres qui sont écrites d'une écriture très penchée.

Mais la forme des lettres est assez constante et générale, sauf exception. Les mots dans cette écriture sont tracés tout d'un trait. Exceptionnellement, on trouve des mots coupés; on en trouve, bien entendu, mais exceptionnellement.

Messieurs, l'identification de l'écriture du bordereau avec celle de Dreyfus a été surtout faite au début au ministère de la guerre à cause de la ressemblance du mot *artillerie* sur sa feuille signalétique, je crois, ou sur une feuille d'inspection de 1892. Dans la déposition qu'il a faite ici même, M. le général Fabre a dit que ce qui l'a frappé, c'est que, sur cette feuille signalétique, le mot *artillerie*, qui se trouve également sur le bordereau, était écrit d'une façon particulière, que l'*i* du milieu du mot était sensiblement descendu au-dessous de la ligne horizontale formée par les autres lettres.

Cette première vérification d'écriture qui a eu lieu, si je ne me trompe, le 6 octobre 1894, a été faite, je vous prie de le remarquer et j'insiste sur ce point, à l'aide d'une photographie.

Oui, messieurs, cette particularité du mot *artillerie* constatée dans les deux pièces de la feuille signalétique et du bordereau a été faite à la suite d'une vérification sur une photographie où les déchirures étaient effacées.

Or, messieurs, remarquez-le, je vous en prie : sur le bordereau original, si l'*i* du milieu du mot *artillerie* descend au milieu de la ligne, c'est à cause de la déchirure, c'est parce que le bordereau a été mal raccommodé, c'est parce qu'on n'a pas juxtaposé exactement les lignes. (*Mouvement.*) Ainsi cette similitude, qui a frappé le général Fabre, provient tout simplement de ce que la photographie avait effacé la déchirure et qu'on ne voyait pas que cette particularité tenait à un raccommodage, à une restauration imparfaite.

Ce mot *artillerie*, messieurs, — je n'ai pas vu la feuille signalétique, je ne peux par conséquent pas discuter ce document et je le regrette beaucoup, — ce mot peut avoir eu à peu près la même disposition dans l'écriture de Dreyfus que dans l'écriture du bordereau. Mais je m'étonnerais bien que la forme des lettres fût semblable dans les deux documents, car il se compose précisément de lettres très particulières à l'écriture de Dreyfus et de lettres très particulières à l'écriture du bordereau.

Quand, tout à l'heure, j'esquisserai devant vous l'analyse comparée des écritures, je reviendrai, si vous me le permettez, sur ces caractères.

Je n'ai pas vu cette feuille, mais j'ai vu d'autres documents de Dreyfus dans lesquels est écrit ce mot *artillerie* qu'on a rapproché aussi du mot *artillerie* du bordereau. Par exemple la lettre, dont j'ai un fac-similé fort imparfait, qui est dite, je crois, du grand parc d'artillerie, qui porte dans les pièces de comparaison soumises aux experts le numéro 17.

Eh bien! il y a deux fois le mot *artillerie* dans cette lettre. Une première fois *artillerie* n'est pas coupé comme dans l'écriture du bordereau; une seconde fois il est coupé dans l'écriture de Dreyfus comme dans l'écriture du bordereau. Mais la forme des lettres est toute différente de celles du bordereau et une comparaison attentive entre ce mot *artillerie* de la lettre du grand parc et celui du bordereau suffit à prouver que ce ne doit pas être le même écrivain qui a tracé ce même mot.

Je passe, messieurs, à l'écriture d'Esterhazy sur laquelle je n'ai que deux mots à vous dire : L'écriture d'Esterhazy, comme celle de Dreyfus, est une écriture cursive, souvent très rapide, dont le mouvement est parfois ralenti, irrégulier, dont les lettres ont des formes très caractéristiques mais variées.

Les ressemblances de l'écriture du bordereau avec celle d'Esterhazy sont si frappantes qu'Esterhazy l'a reconnu lui-même.

Je ne parle pas de l'aveu, de la reconnaissance du bordereau dont je ne veux tenir aucun compte... Si on en avait tenu compte, la présence de Dreyfus ici n'aurait aucune raison d'être.

Mais je parle de ses aveux involontaires, de cette ressemblance effrayante, qu'il a reconnue, entre son écriture et celle du bordereau, et surtout de cette menace, lors de son procès de 1897, de recourir à l'hypothèse d'un décalque au cas où on n'aurait pas été sûr des experts.

A propos des similitudes de l'écriture de Dreyfus avec celle du bordereau, je vous ai parlé de la première vérification d'écriture en 1894, au ministère. Je voudrais vous dire aussi quelques mots des prétendues similitudes qui ont été relevées dans le rapport de l'expert Teyssonnières. D'après M. Teyssonnières, le mot *ma-nœuvres*, de la ligne 22 du bordereau, ressemblerait, au point de s'y superposer exactement, à un mot *manœuvres* d'une pièce du dossier : il l'a signalée dans son rapport ; c'est la pièce 11, ligne 10.

Je n'ai pas à ma disposition, en ce moment, de reproductions de ce document ; mais j'ai vu cette pièce à la Cour de cassation, et j'ai noté précisément la différence des deux mots. Je nie donc formellement cette ressemblance. Je désirerais que, s'il était possible, on pût me communiquer ce document, afin que je vous dise les différences sensibles que j'y trouve.

Le président donne l'ordre de rechercher cette pièce.

Le greffier la remet au président, qui la fait présenter au témoin.

LE PRÉSIDENT. — C'est bien cette pièce-là ?

M. GIRY. — Parfaitement. C'est bien cette pièce. Voici les mots : *base l'instruction au règlement de manœuvres de l'infanterie.*

Je regrette seulement un peu qu'il n'y ait qu'un exemplaire de cette pièce, car vous ne pourrez pas suivre mes explications au fur et à mesure.

LE PRÉSIDENT. — Faites vos observations, nous examinerons après.

M. GIRY. — Eh bien ! le premier *m* n'est en aucune façon semblable dans ces deux documents. Je parle de l'*m* initial. L'*a* dans l'écriture de Dreyfus a une forme un peu particulière. Ce n'est pas sa forme la plus habituelle ; cependant, c'est encore l'*a* ordinaire dans le corps des mots, un *a* ouvert, tandis qu'au contraire, dans le bordereau, comme presque toujours dans l'écriture d'Esterhazy, c'est un *a* aveugle représenté par un gros trait.

L'*n*, dans l'écriture de Dreyfus, ressemble à un *u*, tandis que dans le bordereau la liaison est faite par en haut comme un *n* ordinaire, et la lettre ne peut pas être prise pour autre chose que pour un *n*.

L'*œ* est tellement dissemblable que je n'insiste pas ; de même pour la fin du mot. Je me demande vraiment comment M. Teyssonnières a fait cette superposition à l'aide de calque sur gélatine, et je me demande comment il est possible que ce calque ait pu donner matériellement une superposition. Je n'ai pas vu les calques sur gélatine de M. Teyssonnières, mais c'est une chose que je serais très désireux de voir pour que l'expérience se puisse faire.

Le président. — Ce n'est pas sur cette pièce que s'est basé M. Teyssonnières dans ses explications.

M. Giry. — J'ai pris mes indications dans le rapport de M. Teyssonnières.

Si vous voulez, passons à une autre des prétendues superpositions de M. Teyssonnières : le mot *in extenso* sur la ligne 28 du bordereau, et le mot *in extenso* dans une pièce du dossier, le n° 17. J'avais fait la même réflexion que M. Teyssonnières : le mot *in extenso* est un mot rare, de sorte que, le voyant dans cette pièce du dossier de la Cour de cassation, je l'avais noté pour le comparer à l'écriture du bordereau.

M. Teyssonnières prétend que ce mot *in extenso* du bordereau se peut superposer exactement, au moins sur la partie médiane, au mot *in extenso* de la pièce de comparaison. Moi, j'avais pris une note toute différente.

J'avais pris note des deux mots parce que, au contraire, ils me paraissaient présenter des différences caractéristiques. Là encore, M. Teyssonnières a fait sa vérification à l'aide d'un décalque sur gélatine.

Permettez-moi d'insister, monsieur le président, pour que nous ayons communication de ce décalque sur gélatine, afin que nous puissions vérifier comment une contradiction pareille entre gens de bonne foi peut se trouver. Si vous voulez bien me passer la pièce 17...

D'après M. Teyssonnières, c'est à la ligne 13.

M. Giry s'approche des membres du Conseil et regarde la pièce.

Le président. — Mais vous ne nous dites pas ce que vous avez fait. Vous ne faites pas, à proprement parler, une déposition : vous faites la critique du rapport d'un expert.

M. Giry. — Je cherche, monsieur le président, à justifier les résultats auxquels je suis arrivé.

Le président. — Seulement, vous vous servez des pièces d'un autre expert et vous faites la critique de son expertise.

M. Giry. — Voici pourquoi, monsieur le président : c'est que j'avais fait personnellement des observations sur les mêmes pièces pour noter des différences ; un autre expert a fait des observations sur ces mêmes pièces pour noter des similitudes. Il me semble que c'est précisément le moyen de faire se manifester la vérité que de faire des observations sur les mêmes mots.

Le Président. — Cela peut nous amener des répliques et nous entraîner fort loin.

M. Giry. — Je suis tout disposé à passer à autre chose.

Je ne vais même pas faire la vérification de la gélatine dont je vous parlais et je me bornerai à vous rappeler combien ces deux mots *in extenso* de la ligne vingt-huit du bordereau et de la ligne treize de la pièce 17 présentent de différences. L'*i* initiale de l'un ne ressemble pas du tout à l'*i* initiale de l'autre, l'*n* non plus.

On a dit que la distance entre l'*n* et le *t* était la même ; mais cela dépend de la manière dont on mesure. Il n'y a coïncidence que si on prend la mesure à partir d'un simple trait allongé qui est à la suite de la lettre *n* de la pièce du bordereau et qui n'existe pas, car Dreyfus ne fait généralement pas cela à la fin de ses mots, dans la pièce similaire.

Par conséquent, cela exclut la possibilité de la superposition. L'*e* du bordereau est très bien formé, très bien bouclé : celui de Dreyfus ne l'est pas. L'*y* a une tout autre forme. Le *t*, l'*e*, l'*n* sont tout à fait différents, surtout à la fin des mots où ils le sont complètement.

Vous voyez bien qu'il y a des vraisemblances pour que les deux mots n'aient pas été écrits par la même personne.

Abandonnant donc cette étude des similitudes je vais passer, si vous le voulez bien, à l'analyse comparée de l'écriture du bordereau avec celle de Dreyfus et avec celle d'Esterhazy.

Tout d'abord, je vous dirai quelques mots des caractères généraux du bordereau, de l'écriture de Dreyfus et de l'écriture d'Esterhazy. Ce sont de petites observations de détail, de petites observations minutieuses auxquelles, je crois, on peut donner une importance, parce que ce sont ces petites habitudes d'écriture, ces particularités de graphisme qu'on ne peut que très difficilement dissimuler, dont on ne peut que difficilement se défaire lorsqu'on veut dissimuler son écriture.

La marge d'Esterhazy tend sans cesse à gagner un peu sur la droite, jusqu'à ce qu'une brusque reprise la ramène à gauche. Après quoi, elle recommence à venir à droite.

Eh bien ! je n'ai pas vu pour ma part une lettre d'Esterhazy dans laquelle on ne puisse constater cette tendance à faire ainsi une marge sinueuse, inclinée d'abord de gauche à droite, avec quelques reprises.

Dans les lettres du capitaine Dreyfus, au contraire, la ligne de marge va généralement vers la droite. Elle a parfois, parfois seulement, une tendance à s'incliner plutôt vers la gauche.

Ce sont là choses délicates que l'on peut constater sur une longue série de documents et sur la majorité des lignes du bordereau.

Cette observation est importante, lorsqu'on a cru voir là des indices, des traces de fausseté. La majorité des lignes du bordereau a une légère tendance à se creuser vers le milieu, mais, pour constater cette tendance, il faut avoir un bordereau très exactement restauré. Celui que nous avons entre les mains est trop mal raccommodé pour qu'on puisse constater partout cette tendance.

Au contraire, ne tenant pas compte de la manière dont le bordereau avait été raccommodé, les experts ont cru voir qu'il y avait tantôt convexité, tantôt concavité, et ils n'ont pu juger de la direction générale des lignes du bordereau.

Il y aurait fallu un raccommodage plus exact que celui qui a été fait.

J'ai fait ce raccommodage avec le plus grand soin et j'ai vu qu'il y avait tendance des lignes à se creuser vers le milieu.

La même observation peut se faire sur les lettres d'Esterhazy.

Chez le capitaine Dreyfus, au contraire, lorsqu'il écrit même sur du papier réglé ou autrement, je trouve une certaine sinuosité dans les lignes et jamais je ne trouve cette convexité.

Cette observation a de l'importance, parce qu'elle tient, à mon avis, à la disposition du corps, du bras et du papier en écrivant. Un physiologiste pourrait vous expliquer cela mieux que moi.

Si, au lieu de considérer des lignes entières, nous interrogeons les lettres d'un même mot, je ne tiens pas compte de ces sinuosités qui tiennent au raccommodage, je ne prends que les mots qui sont sur les parties entières du bordereau, sur les parties du papier non déchirées, nous voyons que les lettres des mots sont assez régulièrement alignées sur la ligne, à de rares exceptions près.

Je trouve la même chose chez Esterhazy.

Chez Dreyfus, vous trouverez qu'un certain nombre de lettres de son écriture courante ne sont pas alignées par le bas.

Je ne veux pas insister sur la particularité des alinéas, qu'on vous a déjà signalée. L'auteur du bordereau ne fait pas d'alinéa, sauf à la dernière phrase. Il suffit de jeter les yeux sur les lettres du capitaine Dreyfus, pour voir qu'il en fait souvent, et que son habitude est d'exagérer, au contraire, les alinéas.

Au contraire, il suffit de voir la série de documents écrits par Esterhazy pour s'apercevoir qu'il n'a pas l'habitude de faire d'alinéa, excepté, dans ses lettres comme dans le bordereau, à la dernière phrase.

En lisant attentivement le bordereau, on peut observer qu'à la fin de la phrase, après un point, par exemple à la ligne 18 et à la ligne 26, l'espace blanc entre ce point et les mots suivants est un peu plus large que l'espace qui est entre les autres mots, même lorsqu'il y a une ponctuation légère.

C'est là une particularité que vous connaissez, que l'on trouve dans les impressions allemandes, et qui est même enseignée, si je ne me trompe, dans certaines écoles de l'Allemagne. Je trouve la même chose dans l'écriture d'Esterhazy et je n'ai rien de semblable dans l'écriture du capitaine Dreyfus.

Je passe aux signes accessoires de l'écriture : la ponctuation, l'accentuation, les points sur les *i*, sur les *j*, les traits d'union.

Je remarque surtout que dans l'une et l'autre écriture, dans celle du bordereau comme dans celle d'Esterhazy, les points de l'*i* forment généralement le commencement de la lettre suivante.

Le Président. — On nous l'a déjà fait remarquer, nous l'avon constaté à plusieurs reprises.

M. Giry. — Parfaitement, monsieur le président ; vous n'avez d'ailleurs qu'à me faire un signe et je passerai.

Le Président. — Signalez-le pour le rappeler seulement et pour nous faire voir que cela n'a pas échappé à votre attention.

M. Giry. — Je ferai une observation, toutefois, sur ce que je viens de dire. Je ne veux pas dire que cette particularité ne se rencontre jamais dans l'écriture de Dreyfus — j'ai noté, au contraire, quelques exceptions — je dis seulement que ce n'est pas dans ses habitudes courantes. Je ne dis pas que jamais telle chose ne peut se trouver dans l'écriture de Dreyfus, je parle de ses habitudes courantes, d'après mes observations faites sur un grand nombre de documents.

Je vous parlerai, si vous me le permettez, des finales des mots en fin de ligne. L'auteur du bordereau n'a pas l'habitude de couper ses mots en fin de ligne, mais il a tendance à prolonger la lettre finale du mot de fin de ligne par un trait, lorsque cette lettre finale est un *t*, un *e*, ou même un *n* ou un *u*.

Je signalerai par exemple à la 4ᵉ ligne, *hydraulique*, à la

7ᵉ ligne, *ouverture*, à la 13ᵉ ligne, *de*, à la 15ᵉ **ligne**, *extrêmement*, à la 17ᵉ ligne, *très peu*, etc.

C'est une habitude bien constatée.

Je trouve ce caractère très accentué dans l'écriture d'Esterhazy. Vous pouvez particulièrement voir combien cela donne un caractère saisissant aux lettres sur papier pelure.

Le capitaine Dreyfus non plus ne coupe pas ses mots en fin de ligne, mais il me semble que jamais (je ne l'ai jamais constaté) il ne prolonge la lettre finale des mots fin de ligne par un trait final analogue à celui de l'écriture du bordereau et d'Esterhazy.

C'est encore là un caractère général.

Enfin, autre particularité que je tiens à signaler : c'est que certains mots du bordereau ont des lettres ou même des syllabes entières dont les caractères sont plus gros que le reste.

Eh bien! le même caractère — on a signalé cela comme un indice de suspicion et le mot *manœuvres*, par exemple, de la ligne 22 et de la ligne 30 est dans ce cas — eh bien! le même caractère se retrouve dans la correspondance d'Esterhazy. J'en ai noté maints exemples.

Dans une lettre d'Esterhazy qui figure en fac-similé à côté du bordereau dans une des publications qui en a été faite, je trouve le mot *signature* dont la finale *ure* est grossie, et le mot *constater* dont la dernière finale est également grossie.

Dans une lettre d'affaires d'Esterhazy, qui est en ma possession par hasard, je vois : « si vous voulez bien me faire l'amitié de manœuvrer ». Eh bien! ce mot *manœuvrer* a cette particularité dans sa finale qu'il présente une grande analogie avec le mot *manœuvres* redoublé dans le bordereau.

Après vous avoir montré les caractères généraux qui, à mon avis, comme je vous l'exposais tout à l'heure, ont une grande importance parce que se sont là des particularités dont il est difficile de se défaire, je passe, si vous me le permettez, à l'analyse des formes mêmes des lettres.

Il n'est pas douteux, quoi qu'en dise M. Bertillon, que cela a une très grande importance.

Dans une comparaison d'écritures on ne saurait s'en tenir à des mesures qui sont toujours très délicates à faire avec précision, et il faut faire entrer en ligne de compte les particularités de graphisme, la forme des lettres.

Examinons les chiffres du bordereau. Il y en a assez peu. Je n'attache d'ailleurs pas une très grande importance à la forme des chiffres.

Je me borne à vous signaler que le 2 de Dreyfus (je prends mon exemple dans ce qu'on appelle la lettre de la dictée) n'a pas la forme de celui du bordereau, que son 5 est d'une toute autre forme et fait, comment dirai-je ? en trois parties, tandis que le 5 du bordereau et d'Esterhazy est fait d'un seul trait. Le 9 du bordereau est également différent du 9 dont on trouve l'exemple dans la lettre de la dictée.

J'observe encore autre chose dans l'écriture de Dreyfus : c'est que, quand il fait une énumération par chiffres — à la différence de l'auteur du bordereau et d'Esterhazy — il ajoute presque toujours après son chiffre un petit trait penché.

Passons à la forme des lettres ; je puis prendre d'abord les voyelles.

La première lettre, la lettre *a* me semble des plus caractéristiques. L'*a* de Dreyfus, dans le corps des mots est en général régulièrement formé, large. L'*a* de Dreyfus calligraphié est très bien formé, et quand il dégénère, il s'ouvre par le haut ; Dreyfus écrit *a* comme il écrirait *ei*. Voilà la forme rapide de Dreyfus, en général.

Au contraire, l'*a* du bordereau, l'*a* d'Esterhazy me paraît procéder de la forme allemande de cette lettre, c'est-à-dire qu'il forme un cercle avec une liaison au haut de ce cercle, une barre qui ne touche pas à la panse de ce caractère.

Alors dans son écriture rapide, quand cet *a* dégénère — je regrette de n'avoir pas la possibilité de vous montrer cela au tableau noir — quand cet *a* dégénère, il y a un trait qui part en tête de la lettre, un gros trait au lieu de la panse, un *a* aveugle, et puis une barre qui est séparée de ce trait.

C'est là la forme habituelle ordinaire de l'*a* rapide dégénéré d'Esterhazy. Quand il est tracé lentement on y reconnaît la forme de l'*a* de l'écriture allemande.

Cette observation que je viens de faire sur la première des voyelles de l'alphabet, je pourrais la continuer sur les autres, je pourrais la faire sur les *e*, sur les *i* ; mais je crois qu'on vous a déjà très longuement parlé sur les *i* de Dreyfus, et que c'est une question vidée. A moins que vous n'y insistiez, je n'y reviendrai pas.

Je voudrais vous dire un mot des *y*. Les *y* du bordereau et d'Esterhazy sont caractérisés par une boucle à gauche de la queue de la lettre *y*. Cette forme, je la retrouve dans l'écriture d'Esterhazy, en même temps qu'une autre forme où le trait s'empâte.

Chez Dreyfus, la même lettre se termine généralement par un trait qui, au lieu de se recourber à gauche comme dans l'écriture d'Esterhazy, se recourbe à droite. C'est encore là ce qu'on rencontre le plus habituellement chez lui. Je ne voudrais pas jurer qu'il n'en est jamais autrement dans l'écriture de Dreyfus, mais habituellement la boucle se recourbe à droite.

Cette analyse, je l'ai poursuivie et je me permets de vous renvoyer pour plus de détails au rapport que j'ai déposé à la Cour de cassation sur toutes les lettres de l'alphabet qui se rencontrent dans le bordereau. Partout j'ai trouvé similitude entre les habitudes ordinaires de l'écriture d'Esterhazy et celles du bordereau ; différence entre les habitudes ordinaires du capitaine Dreyfus et celles du bordereau.

Je ne vous parlerai pas, bien entendu, d'une particularité d'écriture très frappante comme la double *s*. Je crois que cela a été suffisamment signalé pour qu'il soit nécessaire que j'y insiste. Je ne vous parlerai pas des lettres majuscules. Cependant, et quoiqu'on vous en ait déjà parlé probablement beaucoup, je vous demanderai la permission de faire une observation sur la lettre M. La lettre M est certainement une des lettres les plus caractéristiques du bordereau et de l'écriture d'Esterhazy ; elle saute aux yeux à cause de la réunion des deux premiers jambages et de l'arrondissement de la partie médiane, comme dans toutes les lettres d'Esterhazy. Parfois, il est vrai, le commandant Esterhazy a employé un M dérivé de l'écriture allemande. Le capitaine Dreyfus fait en général son M tout différemment ; c'est un *m* minuscule agrandi qui n'a pas du tout de ressemblance avec l'M un peu analogue d'Esterhazy.

Et puis on trouve aussi exceptionnellement dans l'écriture de Dreyfus la forme majuscule ; mais alors cette forme majuscule se différencie aussi de la forme analogue de l'écriture du bordereau et d'Esterhazy ; tandis que dans l'écriture du bordereau et dans l'écriture d'Esterhazy, les deux premiers jambages sont liés, se touchent, ne font qu'un, que la partie médiane est arrondie, dans l'M analogue de l'écriture du capitaine Dreyfus, généralement, les jambages sont plus ou moins séparés et la partie médiane se termine en pointe.

Cette analyse, je l'ai poursuivie non pas seulement dans les trois lettres ; j'ai étudié encore les groupes de lettres ; j'ai étudié encore les mots caractéristiques, les finales des lettres, et vous me permettrez de vous faire à ce sujet une dernière observation; c'est par là que je terminerai, pour ne pas abuser de vos instants. Les finales des mots en *ment*, et surtout au pluriel *ments*, me paraissent très caractéristiques de l'écriture du bordereau et de l'écriture d'Esterhazy.

A la ligne 3 du bordereau, vous voyez « quelques renseignements », vous voyez comme dans ce mot l'*e* est escamoté; regardez à la loupe, on le trouve, mais il est absolument escamoté, et à l'œil nu on croirait lire *mnts*. Eh bien, ce caractère si frappant, cette espèce d'escamotage de l'*e* dans les finales en *ments*, se retrouve d'une façon frappante dans beaucoup de lettres d'Esterhazy. Je me rappelle une lettre, — je ne peux malheureusement pas vous dire laquelle, — où « sentiment » est écrit *mnt*; et, dans la reconnaissance de l'écriture du bordereau dont lefac-similé a paru dans le journal « *le Matin* », il y a quelques semaines, je trouve également ce mot « renseignement » écrit de façon tout à fait analogue; tandis que dans l'écriture du capitaine Dreyfus je ne trouve absolument rien de semblable; je trouve son *e* souvent plus ou moins formé, mais on le voit toujours; tandis que dans l'écriture d'Esterhazy, si on regarde avec ses yeux, si on ne prend pas la peine d'avoir une loupe, on ne trouve pas ce petit trait qui est le reste, la survivance, en quelque sorte, de cette lettre *e*.

Soit que j'aie considéré le bordereau dans son ensemble et que j'aie mis en regard du bordereau l'écriture du capitaine Dreyfus et l'écriture du commandant Esterhazy — et cette impression générale n'est pas à dédaigner — soit que j'aie fait l'analyse du détail, je suis toujours arrivé au même résultat : l'écriture du bordereau est certainement une écriture naturelle, une écriture non déguisée; c'est une écriture qui ne présente avec l'écriture du capitaine Dreyfus que des ressemblances banales, superficielles; c'est au contraire l'écriture du commandant Estherhazy.

M. LE LIEUTENANT-COLONEL BRONGNIART. — N'avez-vous pas dit tout à l'heure, monsieur, que vous aviez constaté l'influence du quadrillage du papier sur l'écriture du bordereau? Vous n'avez pas développé cela.

M. GIRY. — En effet, je n'ai pas développé cela; mais, parler de l'influence du quadrillage serait peut-être dépasser ma pensée. Il faudrait dire seulement : de l'influence des lignes horizontales du quadrillage. Il est visible qu'elles ont une influence sur l'écriture. Sauf en une ou deux lignes, l'écrivain a suivi les lignes : il en a sauté quelquefois une, quelquefois deux, mais malgré cela il a suivi les lignes. Cependant l'écriture est légèrement incurvée parce que cela est dans les habitudes de l'écrivain. J'ai pu faire cette observation sur un fac-similé où les quadrillages apparaissent ; on voit pour la première ligne qu'on a certainement commencé entre deux lignes ; puis l'écriture s'est incurvée et s'est légèrement relevée. Je persiste à dire qu'il y a eu une certaine influence des lignes horizontales, et l'inégal espacement des lignes tient, à ce qu'il m'a semblé, au tracé horizontal des lignes du quadrillage.

M. LE CAPITAINE BEAUVAIS. — Un mot seulement. Vous avez porté votre attention sur le mot « renseignement » ?.....

M. GIRY. — Sur la finale du mot « renseignement ».

M. LE CAPITAINE BEAUVAIS. — Vous avez dit qu'on ne voyait pas très bien l'e et l'n. Vous avez dit qu'il y avait une lettre qui paraissait marquer que dans l'écriture du commandant Esterhazy les adverbes en ment sont mangés. Je vous demanderai si vous n'avez pas remarqué en plus la façon dont la lettre t qui suit l'n s'enlève par rapport à la ligne générale ?

M. GIRY. — Il est un peu plus haut que l'alignement horizontal.

M. LE CAPITAINE BEAUVAIS. — Je vous le signale particulièrement dans le mot « intéressant ». Avez-vous fait cette remarque ?

M. GIRY. — Je ne sais pas si j'ai fait cette remarque sur le bordereau ; mais si je l'ai faite, cela a été une observation sans conséquence pour moi, et je n'ai pas fait de rapprochement sur ce point entre l'écriture du commandant Esterhazy et celle du capitaine Dreyfus.

Mᵉ LABORI. — M. le Président, seriez-vous assez bon pour demander à M. Giry s'il s'est occupé de savoir si l'écriture du commandant Esterhazy a changé à un moment quelconque.

LE PRÉSIDENT. — Avez-vous constaté un changement à une date quelconque dans les différents spécimens de l'écriture d'Esterhazy que vous avez eu à examiner ?

M. GIRY. — Je me suis préoccupé, monsieur le président, de la question, mais je n'ai pas pu faire d'observation bien assurée à ce sujet.

Je n'ai pas pu, lorsque nous avons été convoqués à la Cour de cassation et qu'on nous a donné les dossiers considérables de l'affaire Esterhazy, je n'ai pas pu, à cause de la façon dont ces documents étaient répartis dans les dossiers, faire un classement chronologique, de sorte que je n'ai pas pu faire d'observations absolues à cet égard.

Cependant je dois dire que je ne crois pas qu'il y ait eu de modifications dans l'écriture d'Esterhazy, au moins d'intentionnelles; Il ne me semble pas. J'ai vu des lettres antérieures au procès de 1894, antérieures au procès de 1897, postérieures au procès de 1894 et au procès de 1897; j'ai vu des documents tout récents, j'ai toujours trouvé les mêmes caractéristiques; c'est une écriture qui est fantaisiste, qui est irrégulière, mais où il y a des formes bien caractéristiques, qu'on retrouve partout dans les pièces que j'ai vues.

Me LABORI. — Est-ce que M. Giry connaît la déposition de M. Grenier devant la Cour de cassation, dont je lirai trois lignes qui sont ainsi conçues :

« En ce qui touche l'écriture, il me semble qu'il y a un changement notable postérieurement à la dénonciation de M. Mathieu Dreyfus. Son écriture, très anguleuse et fine auparavant, s'est arrondie et corsée depuis. »

M. Giry n'a fait aucune remarque de ce genre?

M. GIRY. — Pour moi, non.

Me LABORI. — Je vous demande, monsieur le Président, la permission de revenir sur ce point, parce qu'il y aurait intérêt à savoir ce qu'a voulu dire exactement M. le général Mercier a cet égard; a-t-il voulu dire qu'à partir de 1897, l'écriture d'Esterhazy se soit rapprochée ou éloignée du bordereau?

LE PRÉSIDENT. — Général, avez-vous voulu dire que depuis 1897, l'écriture d'Esterhazy se soit éloignée ou rapprochée de celle du bordereau?

M. LE GÉNÉRAL MERCIER. — Je ne suis nullement compétent, mais M. Bertillon a déclaré qu'elle s'était rapprochée beaucoup de celle du bordereau. (Rumeurs.)

Me LABORI. — Par conséquent, la pensée du général Mercier est qu'elle se serait rapprochée? Alors, je crois qu'il n'y a pas à se servir dans le même sens de la déposition de M. Grenier qui dit, ainsi que je l'indiquais tout à l'heure: «Son écriture, très anguleuse et fine auparavant, s'est arrondie et corsée depuis ».

Or, si j'ai bien compris ce qui a été dit par les différents experts, on constate au contraire que l'écriture du bordereau serait plus fine et plus anguleuse que l'écriture actuelle du commandant Esterhazy.

En tout cas, je signale au Conseil ce point; il voudra bien faire la comparaison sur le bordereau et il fera l'observation que la déposition de M. Grenier serait en sens contraire de celle du général Mercier.

LE PRÉSIDENT. — C'est bien de l'accusé ici présent que vous avez entendu parler ?

M. GIRY. — Oui, monsieur le président.

M. BERTILLON. — Je demande la parole.

LE PRÉSIDENT, *au capitaine Dreyfus.* — Vous n'avez pas d'observation à faire ?

LE CAPITAINE DREYFUS. — Aucune, mon colonel.

LE PRÉSIDENT. — Nous allons suspendre la séance.

La séance est suspendue à neuf heures trente cinq.

La séance est reprise à dix heures.

LE PRÉSIDENT. — Faites entrer le témoin Picot.

SOIXANTE DIX-HUITIÈME TÉMOIN

M. ÉMILE PICOT, *membre de l'Institut.*

M. PICOT (Auguste-Émile), membre de l'Institut, 54 ans, à Paris, 135, avenue de Wagram et actuellement à Gouvieux (Oise), ne connaissait pas l'accusé avant les faits qui lui sont reprochés.

LE PRÉSIDENT. — Vous êtes cité par la défense pour déposer sur des faits que je ne connais pas...

Mᵉ DEMANGE. — Je vais vous indiquer ces faits, monsieur le président.

Le Conseil sait que M. le général Mercier a versé aux débats une pièce (c'est la première qu'il a versée); on l'a appelée un rapport; ce n'était pas un rapport, c'était une note qui aurait été écrite par un attaché militaire.

M. Picot a eu un entretien avec cet attaché militaire ; cet entretien est assez ancien, et je prie M. Picot de vouloir bien dire au Conseil ce qu'il sait au sujet de l'affaire Dreyfus.

M. le commissaire du gouvernement se lève pour parler.

LE PRÉSIDENT, *au témoin.* — Je vous prie de prendre toutes les précautions pour ne nommer personne.

C'est sans doute cela, M. le commissaire du Gouvernement, que vous vouliez dire ?

LE COMMANDANT CARRIÈRE. — Précisément, monsieur le président.

M. PICOT. — Vous pouvez être sûr que si j'ai prêté serment de dire la vérité tout entière, j'apporterai cependant dans ma déposition, qui d'ailleurs sera très courte, toute la prudence qui est nécessaire quand il s'agit de rapporter une conversation que l'on a pu avoir avec un agent qui appartient au monde diplomatique.

Voici les faits : « J'ai eu l'honneur, au mois de mai dernier, de rencontrer, dans une maison amie, l'attaché militaire d'Autriche-Hongrie, M. le colonel Schneider... »

LE PRÉSIDENT. — Si vous dites tout ! Vous ne tenez aucun compte de mon observation et de votre promesse de ne nommer personne !

LE COMMISSAIRE DU GOUVERNEMENT. — Ce n'est pas la discrétion voulue ! Je proteste.

LE PRÉSIDENT, à M. le commissaire du gouvernement. — Faites vos réserves.

LE COMMISSAIRE DU GOUVERNEMENT. — Je proteste au nom du gouvernement, au nom de l'Etat, contre l'indiscrétion commise par le témoin. (Rumeurs.)

M. PICOT. — Si M. le président veut bien m'indiquer une initiale...

LE PRÉSIDENT. — Mettez : un agent d'une puissance étrangère, tout simplement.

M. PICOT. — J'ai donc, au mois de mai dernier, rencontré dans une maison amie un agent d'une puissance étrangère, et mon impression, dès que la conversation s'est portée sur l'affaire qui nous préoccupe, a été que cet agent considérait comme un devoir de conscience de proclamer haut et ferme l'innocence, l'innocence complète et absolue du capitaine Dreyfus ; voilà quelle a été mon impression.

J'entre maintenant dans les détails de cette conversation ; ce ne sera pas long.

Tout d'abord, cet agent n'a pas su s'empêcher de relever, avec une certaine sévérité, l'incorrection commise par les officiers qui ont pu mettre en doute une parole donnée par d'autres officiers.

Abordant ensuite cette lettre-missive qui est généralement désignée sous le nom de « bordereau », ce même agent a déclaré franchement que Walsin-Esterhazy était, à ses yeux, surtout un escroc (mouvement), et il a insisté sur ce fait que, dans les cinq ordres de documents qui sont énumérés à ce bordereau, il n'y en avait en réalité que trois qui pussent paraître des réalités quelconques sans insister sur la valeur de ces réalités, ces trois documents ayant une valeur « telle quelle ».

Ce sont ceux qui portent les chiffres impairs 1, 3 et 5.

Au contraire, les documents numéros 2 et 4 semblent, d'après la conversation que j'ai eu l'honneur d'avoir avec ce personnage, avoir été mis là uniquement pour le remplissage, pour « grossir le paquet. » (Mouvement),

En ce qui concerne le premier ordre de documents, il y a un point qui m'a paru intéressant dans cette conversation. Il était question du frein; eh bien! j'ai été extrêmement frappé, quoique je sois complètement étranger aux questions militaires, j'ai été extrêmement frappé, dis-je, de voir que mon interlocuteur parlait d'une façon très nette, et évidemment très méthodique, du frein *hydraulique;* il n'a jamais prononcé le nom de frein hydro-pneumatique; je me suis demandé, en conséquence, si véritablement on n'allait pas chercher bien loin des raisonnements sur ce point; mais, c'est une question tout à fait en dehors de ma compétence, et je ne rapporte ici que des impressions; cependant, en ce qui concerne la façon dont ce mot « hydraulique » était formulé, elle m'a beaucoup frappé.

Passons maintenant au deuxième ordre de documents. Le même personnage, insistant sur ce qu'il avait dit précédemment et sur la nullité des renseignements qui avaient pu être livrés par l'auteur du bordereau, a fait remarquer, non sans une certaine ironie, que les seuls documents intéressant cette fameuse question des troupes de couverture qui eussent été livrées à ces attachés militaires, qui, par métier, se tiennent au courant des moindres détails de notre organisation et qui doivent tâcher de lire entre les lignes, il a fait observer avec une certaine pointe d'ironie que ces documents l'avaient été par M. Cavaignac, et je dois dire que j'ai été très surpris de cela.

Depuis, j'ai fait quelques recherches, et il m'a semblé constater, à la page 16 du tome Ier de l'Enquête de la Cour de cassation, qu'il y avait là, en effet, certains détails militaires, — je cite l'édition, la seule que j'aie pu naturellement consulter, l'édition qui est dans le commerce maintenant, — il m'a donc semblé qu'il y avait là certains détails qui pouvaient avoir effectivement de l'importance pour ceux qui, en tenant seulement entre les doigts un simple bouton de tunique, peuvent savoir quel est le corps d'armée qu'ils ont devant eux. (*Mouvement prolongé.*)

Je disais tout à l'heure que la déclaration de mon interlocuteur avait été extrêmement nette sur un point, à savoir: que Walsin-Esterhazy était surtout un escroc, et il l'a dit non seulement à propos des détails que je viens d'avoir l'honneur d'exposer au conseil, mais il a dit même que cette escroquerie avait été dévoilée d'assez bonne heure, et que la personne, — je ne la nommerai pas; on me comprendra sans doute — à qui ces documents étaient fournis, l'avait simplement cassé aux gages parce qu'il n'en donnait pas pour l'argent ; et c'est alors que ce même individu a commencé les démarches sur lesquelles nous avons été édifiés depuis, pour tâcher d'entrer au ministère de la guerre. Nous savons que ces démarches ont été tentées par lui à diverses reprises, nous savons même qu'elles ont été sur le point d'aboutir, et c'est alors que ce même personnage a tâché de renouer des relations avec celui dont il avait été précédemment le fournisseur, en lui disant que, maintenant qu'il serait dans la place, il aurait toute facilité pour lui faire des communications faciles ; et, au premier moment, cet autre agent étranger a cru qu'il y aurait peut-être lieu pour lui de renouer des relations qui pourraient être fructueuses. C'est alors qu'il a dicté à une dame qui se trouvait dans la chambre le document qui a été depuis versé aux débats sous le nom de petit bleu ; puis, tout à coup, se ressaisissant, il déchira ce papier en disant : « Non ! on n'a décidément pas affaire à un homme semblable ! ! ! »

Il jeta ce papier dans la cheminée. Ici s'arrête tout ce que j'ai pu avoir à dire au conseil ; ce n'est pas moi qui ai ramassé le papier et probablement on saura qui l'a été chercher ?

Je n'ai rien d'autre à dire, ma déposition est terminée.

Mᵉ DEMANGE. — Tout ce que vient de dire le témoin est le récit de ce qu'il a entendu ?

M. PICOT. — J'en ai prêté serment.

Mᵉ LABORI. — Est-ce que l'attaché militaire dont M. Picot vient de parler était présent quand le petit bleu a été déchiré ?

LE PRÉSIDENT, au témoin. — Cette personne était-elle présente lorsque le petit bleu a été déchiré en morceaux ?

M. PICOT. — Comme j'ai eu l'honneur de le dire au conseil, cette personne m'a dit comment les choses s'étaient passées, mais elle ne m'a pas dit qu'elle était présente. Je suis même bien aise que mon attention soit appelée sur ce point, car j'ai lu, il y a quelque temps, dans je ne sais plus quel journal, un récit qui n'était pas absolument conforme à celui que je viens de faire au conseil : on me mettait en cause pour dire que ce personnage étranger était présent au moment où le petit bleu avait été écrit ; cela est possible, mais je l'ignore, cela ne m'a pas été dit.

LE GÉNÉRAL ROGET. — Je demande la parole.

LE PRÉSIDENT. — Attendez. (Au témoin.) C'est bien de l'accusé ici présent que vous avez entendu parler ?

M. PICOT. — Certainement...

LE PRÉSIDENT. — Accusé, levez-vous. Avez-vous une observation à présenter au sujet de la déposition qui vient d'être faite ?

Le capitaine Dreyfus. — Aucune, mon colonel.

Le général Roget. — Je n'ai qu'un mot à dire. L'honorable témoin vient de dire qu'il s'étonnait que des officiers français ne croient pas à la parole de leurs camarades étrangers ; je vais lui demander simplement ce qu'il pense d'un attaché militaire étranger qui publie un démenti retentissant dans le *Figaro* et qui est obligé ensuite de reconnaitre que la pièce est de lui... Je demanderai également si cette conversation, si j'ai bien entendu, je crois, s'est passée au mois de mai dernier.

M. Picot. — Oui, au mois de mai dernier.

Le général Roget. — Par conséquent, au moment où avaient été publiées toutes les enquêtes de la Chambre criminelle. Je n'insiste pas sur ce point.

Le président, (à M. Picot). — Avez-vous des observations à faire?

M. Picot. — Je n'ai aucune espèce d'observation à faire ; j'ai rapporté les paroles que j'ai entendues et je me suis autant que possible abstenu de faire des commentaires.

Le général Roget. — Je ne suis intervenu que parce qu'on a parlé des officiers français ; c'est pour cela seulement que je suis intervenu.

Mᵉ Demange. — Voulez-vous, monsieur le président, me permettre de profiter de la présence de M. le général Roget pour lui poser sur ce point une simple question?

Le président. — Si la question a des rapports avec la déposition du témoin, oui ; sinon, non.

Mᵉ Demange. — Bien entendu. Voulez-vous avoir l'obligeance de demander à M. le général Roget s'il ne pense pas qu'une confusion a pu s'établir dans l'esprit de l'attaché militaire dont il vient de parler entre la pièce qui était signalée comme un rapport, qu'il a pu croire être un rapport à son gouvernement, et ce que nous savons, nous, être purement et simplement un memento?

Le général Roget. — Monsieur le défenseur, je n'ai ni à accuser ni à excuser cet agent; ce n'est pas mon rôle ici. Je me suis borné simplement à faire remarquer comment on avait mis en cause les officiers français, et j'ai répondu.

Mᵉ Demange. — Comme c'était sous cette forme: « Que pensez-vous de monsieur un tel? » j'ai pensé que cela pouvait se concilier...

Le général Roget. — Je suis persuadé que c'est un malentendu ; mais quant aux officiers français, puisqu'on conteste, ils ont le droit de contester quelquefois également.

Le président. — Appelez le témoin suivant.

SOIXANTE-DIX-NEUVIÈME TÉMOIN

M. LE GÉNÉRAL DELOYE

On introduit M. le général Deloye, Denis-François-Félix, gé-
néral de division, directeur de l'artillerie au ministère de la
guerre, 62 ans.

LE PRÉSIDENT. — Vous ne connaissiez pas l'accusé avant les
faits qui lui sont reprochés ?

LE GÉNÉRAL DELOYE. — Non.

LE PRÉSIDENT. — Vous n'êtes ni son parent ni son allié ; il
n'est pas à votre service et vous n'êtes pas au sien ?

LE GÉNÉRAL DELOYE. — Non.

LE PRÉSIDENT. — Voulez-vous nous donner des renseignements au sujet des documents relevant de votre service et qui sont
énumérés dans la lettre appelée le bordereau?

LE GÉNÉRAL DELOYE. — A raison des obligations de ma charge,
j'ai eu à m'occuper de l'affaire Dreyfus dans diverses circonstances
que je vais avoir l'honneur d'indiquer au Conseil. En fin septembre 1894, M. le général Gonse est venu me trouver dans mon
bureau et m'a apporté, de la part de M. le général de Boisdeffre,
la photographie d'une pièce qu'on a appelée plus tard le bordereau.

J'ai ici cette photographie, je l'ai conservée précieusement et je
suis absolument en mesure de certifier son authenticité. Elle est
absolument telle qu'elle m'a été remise dès le début de l'affaire et à
un moment où l'on n'avait aucune indication sur la personnalité
de l'auteur.

Si le Conseil juge utile que je la dépose entre ses mains...

LE PRÉSIDENT. — Nous avons la même.

LE GÉNÉRAL DELOYE. — M. le général Gonse m'indiqua comment on s'était procuré cette pièce et il m'invita, de la part de
M. le général de Boisdeffre, à chercher par le moyen des écritures
ou par d'autres moyens à en découvrir l'auteur. Il pensait que cet
auteur pouvait être recherché parmi les officiers du ministère ou
des services annexes.

J'ai le souvenir parfaitement net de mes impressions à cette
époque et je me rappelle très bien qu'à ce moment cette opinion
me parut être l'évidence même. Il y avait pour me donner cette
impression l'énumération des matières énumérées au bordereau et

une foule d'autres raisons. Le Conseil en connaît quelques-unes et j'en ai quelques autres que le Conseil ne connaît pas ; mais le temps du Conseil est précieux et je ne reviendrai pas là-dessus. Depuis, la réflexion m'a confirmé dans cette opinion ; je suis persuadé encore pour une foule de raisons qu'il fallait chercher l'auteur du bordereau au ministère ou dans ses environs immédiats. (*Mouvement.*) Avec cette conviction, je recherchais, j'ai fait même la comparaison des écritures de toutes les personnes sous mes ordres. J'allais de temps en temps rendre compte au général de Boisdeffre et j'étais obligé de lui dire : « Je n'ai rien encore. » Il m'engagea à continuer, puis, au bout d'un certain temps, j'ai appris qu'une arrestation avait été faite. Alors j'ai considéré ma mission comme terminée et, pour m'occuper de l'affaire, j'ai attendu d'y être appelé de nouveau. Au moment du procès Zola, j'ai eu à fournir, par ordre du ministre, diverses explications, soit verbales, soit écrites, au sujet de telles ou telles questions, entre autres sur le frein hydraulique, sur les obus et sur une foule d'autres questions qui n'ont pas une importance particulière.

Je passe à la dernière circonstance. Au mois de février de cette année 1899, j'ai été appelé par le ministre de la guerre qui était alors M. de Freycinet. Le ministre m'a communiqué un certain nombre de passages d'une déposition d'ordre technique, qui avait été faite devant la chambre criminelle ; il m'a demandé de lui rechercher, au moyen des documents que je pouvais posséder et des ressources qui étaient à mon service, ce qu'il fallait penser des diverses affirmations qui étaient contenues dans cette déposition.

Je me suis mis au travail, mais, pour ne pas me borner à mes seules ressources, j'ai fait adresser une lettre ministérielle au général Ligne... (nom mal entendu). Je l'ai invité à faire faire des recherches par la section technique. La section technique a procédé à ces recherches, son travail a été adressé par le général au ministre, et ses conclusions se sont trouvées absolument d'accord avec les miennes. J'ai donc été en mesure de donner au ministre mes appréciations et je les lui ai formulées en ces termes :

Dans la déposition dont il s'agit, il y a un certain nombre de points qui sont matériellement et manifestement inexacts : il y en a un plus grand nombre où les inexactitudes sont moins palpables, mais qui, telles qu'elles sont, sont de nature à donner à des esprits insuffisamment préparés sur ces matières, une impression qui n'est pas celle de la réalité, et qui est quelquefois opposée à celle de la réalité.

Ayant donné cette appréciation au ministre, en lui indiquant les passages de la déposition qui paraissaient critiquables, le ministre me donna l'ordre de faire une note sur ce point, note que je lui fournis et qu'il a jugé ensuite bon de faire communiquer à la Cour de cassation. Cette note doit être au dossier de l'enquête.

Je n'ai absolument qu'à m'y référer ; je n'ai rien à dire de plus, à moins que le Conseil ne juge utile de me questionner.

LE PRÉSIDENT. — Voulez-vous nous donner quelques explications sur les différentes questions de cette note ? Le canon de 120 court a-t-il a été connu de l'étranger dans tous ses détails, fin 1890, grâce à la trahison ?

LE GÉNÉRAL DELOYE. — J'ai indiqué dans cette note que le sieur B... avait été arrêté et condamné le 20 août 1890. Quand le bordereau est arrivé, il y avait longtemps que Boutonnet avait été mis hors d'état de nuire. A cette époque-là, il y avait à la section technique où était cet employé infidèle un très petit nombre de documents concernant le 120 ; ces documents n'étaient pas, dans tous les cas, des documents qui puissent donner des renseignements très positifs aux deux points de vue utiles, à savoir : d'une part, en quoi consistait bien le frein du 120 au point de vue de sa construction ; d'autre part, quelle était l'utilité que pouvait présenter au point de vue pratique une machine de cet ordre-là.

Vous savez qu'en définitive la question de l'utilité d'un frein au canon de campagne est à l'étude depuis ce temps-là et y est encore ; il y a des officiers d'artillerie qui pensent qu'il ne faut pas compliquer le matériel de guerre, qu'il faut le laisser absolument sans toutes ces complications qui sont des sujets de dérangement; il y en a d'autres, au contraire, qui disent : la série du matériel est maintenant épuisée, on est arrivé au bout de tous les perfectionnements ; avec le matériel rustique, il faut aller plus loin et accepter certaines complications comme rachat d'un perfectionnement plus grand et permettant de faire plus grand.

Mais à quelles conditions faut-il accepter ces inconvénients ? Quels sont-ils en réalité ? Quelle sujétion vous imposent-ils ? Pour quels avantages ? Voilà la question qui peut intéresser une puissance étrangère.

Eh bien, je dis que les documents que j'ai étudiés ne permettent pas à quelqu'un de répondre à cette question. Ce qu'on fait, ce sont des schémas, ce sont des principes du frein. Or cela est très joli, mais on vous donnera le principe de la machine à vapeur en vous disant qu'on fait venir de l'eau dans une machine bien fermée, qu'elle a des tuyaux, des pistons et une cheminée pour l'échappement de la vapeur. Mais vous pouvez chercher longtemps avant de l'avoir faite.

On en était à des questions purement théoriques. Les communications qui ont été faites aux corps et aux divers services pour les expériences ont été des communications générales : on donnait à chacun des notions, des renseignements sur la manière dont la pièce allait. Voilà tout ce qu'on a pu avoir comme renseignements, et pas autre chose.

En 1894, les expériences ont été faites sur une certaine étendue. Dans le printemps de 1894, à partir du mois d'avril, le frein du canon de 120 court avait été essayé dans huit écoles d'artillerie (j'ai les noms de ces écoles dans ma serviette, je ne m'en souviens pas de mémoire), d'après un programme qui avait été élaboré par le cours pratique de tir, au mois de février 1894.

Voilà à peu près la notoriété qu'avaient les affaires du 120 court à ce moment. Le Conseil a-t-il besoin d'autres explications sur le 120 court?

Je pourrais ajouter pourtant un mot. Il y a du matériel de 120 court à Rennes, il y en a des batteries en service ; il y a même, je crois, parmi les membres adjoints du Conseil de guerre, un officier qui commande une de ces batteries. Je donne ce renseignement à ses collègues. D'après les notions qu'il a aujourd'hui encore sur l'intérieur du frein, on verra bien ce qu'on pouvait en connaître en 1894.

Le PRÉSIDENT. — Voulez-vous passer à la question suivante, celle relative au frein hydro-pneumatique ?

Le GÉNÉRAL DELOYE. — J'ai, dans ma note, donné quelques indications sur ce qui s'était passé au sujet du secret du frein. Le frein est en effet de l'invention du commandant Locard ; le commandant tenait à ce secret d'une façon très nette ; il en avait fait une sorte de condition, il ne le donnait qu'à bon escient, et je crois que c'est le général Mercier qui l'a dit dans sa déposition ; je l'ai dit dans ma note aussi.

Lorsque plus tard, les études s'appliquant à d'autres matériels, on s'est reporté à d'autres précédents, aux solutions analogues du même problème, lorsque le colonel Debort a étudié le frein, il a fallu un ordre ministériel pour lui faire voir ce frein. Il est allé à Bourges en vertu d'un ordre donné par ordre du ministre. Un ordre corrélatif avait été donné à Bourges de le recevoir. Ce n'était pas une affaire de rituel ; c'est bien exactement comme cela : on ne voit pas les affaires dans nos établissements et les officiers sont invités à ne rien laisser sortir de leur service non seulement sans nécessité, mais sans ordre. C'est une chose certaine que personne n'a pu avoir connaissance du dispositif de ce frein alors qu'il n'était pas qualifié pour cela, qu'il n'avait pas des ordres pour en savoir plus.

Le Président. — Cette expression de frein hydro-pneumatique était-elle rigoureuse ou employait-on au besoin l'expression de « frein hydraulique ? »

Le Général Deloye. — Hydro-pneumatique est plus vrai, c'est certain. Vous savez qu'on lâche quelquefois une expression, un mot, qu'on peut faire un lapsus ; il est certain qu'hydro-pneumatique est la seule expression réelle. Pourtant il faut dire que nous sommes au début ; la pièce n'est pas beaucoup connue ; les théories sont à peine à l'état d'ébauche, un mot a pu passer pour un autre ; je n'en fais pas une grosse affaire, d'autant plus que dans la pratique courante on dit 120 aussi bien que 120 court, quand il est entendu qu'il s'agit d'un canon de campagne. Je relève dans ma note des cas d'officiers qui, sur des documents anciens, avaient dit 120, sans plus, pour dire 120 court, et même dans une note du Comité que j'ai eu l'occasion de voir hier ou avant-hier, et qui est, je crois, entre les mains de M. le général Chanoine, il y a le mot 120 pour désigner infailliblement le 120 court ; c'est dans un avis officiel du Comité. Ce sont des choses qui ne sont pas l'expression absolument rigoureuse, mais qui sont dans le domaine courant.

Le Président. — Le bordereau dit : « Le frein hydraulique du 120. » Des personnes ont cru qu'il s'agissait du frein du canon de campagne. Y avait-il longtemps qu'il était en service ?

Le Général Deloye. — Oh ! cela remonte jusqu'à 1883. C'est un frein qui n'est pas de l'artillerie ; il a été imaginé par la maison de Saint-Chamond. C'est un bon frein ; mais c'est autre chose ; il s'agit d'un canon de siège ; ce n'est pas difficile de constituer un frein de canon de siège. Vous avez le sol, vous y mettez un pivot, vous tirez dessus, vous êtes sûr que cela s'arrêtera puisque cela tient à la terre ; mais le problème est autre quand il s'agit d'avoir un canon qu'on doit transporter partout, qui doit sauter les fossés, et quand il faut trouver un organe qui le fixe au sol à un moment donné, quand vous voulez, et qui ne le fixe plus après : c'est tout-à-fait un autre problème. Celui-là a été résolu, et tous les canons de siège de toutes les puissances étrangères sont maintenant constitués avec des freins fixes. On n'en est pas encore là pour les canons de campagne.

LE PRÉSIDENT. — Le matériel Baquet a-t-il été adopté en 1890 sous le nom de matériel de 120 léger, modèle 1890 ?

LE GÉNÉRAL DELOYE. — Non, non ; il a été adopté, si je ne me trompe, à la suite d'un avis du Conseil supérieur de la guerre qui est du 5 octobre 1891, on lui a donné le nom de modèle 1890 ; c'est courant dans l'artillerie, et vous savez bien, vous autres qui en êtes pour la plupart, qu'à tort ou à raison nous ne travaillons pas vite ; nous avons quelquefois une idée creusée, étudiée en 1890 ; cela paraît à peu près arrêté, et cela n'a pourtant vraiment pas de figure, cela n'est définitif qu'en 1891, 1892, 1893, et même bien plus tard. Nous en avons un exemple récent dans le matériel qui vient d'être mis en service qui porte le titre de matériel modèle 1897 ; je m'adresse ici aux officiers du conseil qui savent bien ce qu'en 1897 on pouvait savoir de ce matériel. Assurément on n'en savait rien ; pourtant ce matériel est dit du modèle 1897.

LE PRÉSIDENT. — Le millésime qui entre dans l'indication d'un modèle d'arme ou de matériel implique-t-il l'idée que ce matériel ou cette arme étaient connus des officiers, à l'époque marquée par ce millésime ?

LE GÉNÉRAL DELOYE. — Je viens de répondre d'avance à cette question : Lorsque l'affaire est vérifiée dans ses grandes lignes, et qu'il n'y a plus qu'à la mettre au point, qu'il est inévitable qu'elle soit mise au point, que l'adoption en est prévue, dès cette époque on constitue un dossier et, pour le distinguer d'un autre peut-être similaire, on lui donne la date du millésime.

LE PRÉSIDENT. — La question suivante est celle-ci : « Quelles sont les tables de construction du matériel de 120 court distribuées aux établissements de l'artillerie en 1892 ? »

LE GÉNÉRAL DELOYE. — Ici il faut faire une distinction. Il y a dans le canon de 120 court, comme dans tout le matériel, des parties qui ont pu être faites avant d'autres. Il y a l'affût, il y a la roue ; tout cela était fait ; des tables de construction ont pu être faites en 1891 ou 1892, c'est bien possible ; pour l'affût du 120 court, modèle 1890, il y a pu avoir des tables de construction faites peut-être en 1891 ; mais les tables de construction de l'affût et de son frein n'ont jamais été faites, je peux le certifier au Conseil. Des dessins ont été demandés par le Président du comité, qui était alors M. le général Ladvocat, pour pouvoir étudier plus à l'aise le matériel, au moment où on allait prendre une détermination. On a demandé à Bourges des dessins comme ceux qui auraient été fournis pour établir les tables de construction. Ils ont été demandés, si je ne me trompe, en mars ou mai 1894, ils sont partis le 29 mai de la fonderie de Bourges, ils sont arrivés au ministère le lendemain ou le surlendemain, et donnés à la section technique de l'artillerie seulement le 7 juin 1894 ; ils n'en sont pas sortis pour aller dans les ateliers ; ils sont allés dans les bureaux du président et de ses adjoints immédiats pour être étudiés, et n'ont jamais été transformés en tables de construction, et n'ont pas paru dans les ateliers. Actuellement ils sont dans mon bureau ; il n'a jamais été établi de tables de construction.

A ce sujet je dois dire pourtant que dans l'artillerie nous sommes, si l'on peut s'exprimer ainsi, saturés de tables de construction ; nous en faisons pour tout, pour une brouette, pour un levier de pointage, et même lorsque les objets doivent être confectionnés dans un seul et même établissement, parce que les hommes se renouvellent, ils vont et viennent, et il faut un texte qui nous garantisse contre les désastres qui résulteraient en cas de guerre de parties du matériel qui ne s'assembleraient pas. C'est pour cela que l'on fait des tables de construction.

Le président. — Quels sont les renseignements donnés dans le cours de l'Ecole d'application professé en 1892-1893, au sujet du matériel de 120 court.

Le général Deloye. — J'ai relu ce cours ; ce sont des renseignements théoriques, généraux ; on indique les positions relatives du canon, du cylindre, du frein et du récupérateur dans un schéma. Mais sur la façon dont cela peut marcher, il n'y a rien, comme je le disais tout à l'heure, il n'y a rien ; la grosse question c'est toujours de savoir quelles sont les sujétions que l'introduction de ce nouvel engin va nous imposer pour faire la guerre. Or s'il est très joli d'avoir un perfectionnement, encore faut-il savoir ce qu'il coûtera.

Le président. — Est-il exact que dans une conférence faite à Saint-Cyr en 1892 se trouve une description du frein hydro-pneumatique du commandant Locard ?

Le général Deloye. — Je réponds absolument dans les mêmes termes que dans ma note ; j'ai vu cette conférence, je l'ai eue en mains ; je puis affirmer qu'il n'y a rien qui permette de répondre à la question comme je l'ai posée.

Le président. — A quelle époque le règlement du 120 court a-t-il été mis dans le commerce ?

Le général Deloye. — Je pense que c'est en 1895, mais j'aurais besoin de mes notes pour l'affirmer. Je suis, monsieur le Président, un peu *doctus cum libro*, j'ai des archives, je les consulte. Je crois pouvoir donner la date de 1895, sous réserve d'un défaut de mémoire.

LE PRÉSIDENT. — La publication du règlement est de 1895, mais les rapports sur les essais sont parvenus au ministre en octobre 1894.

La description du frein de 120 court figure-t-elle dans les règlements vendus dans le commerce?

LE GÉNÉRAL DELOYE. — La description y figure sous les réserves que je vous ai dites. On ne pourrait avec ces renseignements reconstituer le frein. D'ailleurs j'en reviens toujours au même point, ce qu'il importe de savoir, c'est à quoi une amélioration que vous réalisez va vous obliger, et ce que vous allez être obligé de subir, comme entretien, comme raccommodage, etc.

LE PRÉSIDENT. — Le règlement sur le matériel de 155 court contient-il des renseignements sur le frein hydro-pneumatique?

LE GÉNÉRAL DELOYE. — Ma réponse est dans le même ordre d'idées que précédemment.

LE PRÉSIDENT. — Le frein du canon de 120 court a-t-il été soumis en 1894 à des expériences qui auraient pu inspirer l'auteur de la note?

LE GÉNÉRAL DELOYE. — J'ai eu l'honneur de dire au Conseil tout à l'heure qu'en février 1894 il y a eu des cours pratiques de tir à Poitiers, où l'on a fait des expériences en vue de constituer une sorte de méthode de tir provisoire; sur cette méthode, des écoles à feu ont dû avoir lieu dans huit écoles d'artillerie, c'est-à-dire dans huit brigades. Elles ont eu lieu au Mans, à la sixième brigade, etc... je ne me souviens bien nettement que de celles du Mans.

Ces expériences-là ont eu lieu depuis le 20 avril 1894 jusqu'au mois d'août, je crois.

LE PRÉSIDENT. — Est-il vrai que des notes de la troisième direction ne vont jamais à l'État-major général?

LE GÉNÉRAL DELOYE. — Au contraire, monsieur le Président; je suis parti de Paris avant-hier, je suis sûr qu'il y en a qui sont déjà allées à l'État-major, sous la signature de mon suppléant; c'est courant, nous sommes en correspondance journalière avec l'État-major. Comment voulez-vous que les relations verbales sur les choses que nous avons à faire ensemble suffisent? Il y va des notes tous les jours.

LE PRÉSIDENT. — Comment expliquez-vous qu'un agent étranger n'ait pu avoir avant 1894 de renseignements sur le frein du 120?

LE GÉNÉRAL DELOYE. — Il faut distinguer; il y a renseignement et renseignement. L'étranger a une manière de demander ses renseignements; tantôt il les demande pour les connaître, tantôt il les demande aussi comme recoupements, pour juger son espion; c'est très fréquent, cela.

Quant aux espions, ils peuvent se ranger, comme tous les donneurs de renseignements, en trois catégories : d'abord celui qui ne sait pas ou qui ne sait presque rien, qui en tout cas ne sait pas où en est la question, c'est le plus grand nombre; celui-là donné des renseignements qui ne valent pas grand'chose, à moins que le hasard ne le serve; maintenant, il y a celui qui est en mesure par sa situation de vous donner un document officiel. Ah! c'est là une chose intéressante : le document officiel est fait pour le service, il doit être compris, il est plus clair, on le reconnait tout de suite; il peut être fourni par un planton, un scribe, un domestique à gages, un commis infidèle, même quelquefois par des personnes d'une situation plus relevée, mais enfin ce sont des gens qui ont accès auprès du document officiel. Mais le document officiel s'adresse à des services spéciaux, qui ont toutes facilités pour le comprendre; il ne traite qu'un point très limité, pour être précis. Pour le reste de la question, il ne sert à rien, il faut que vous interprétiez les trous, les lacunes par votre imagination; de là un danger.

Mais si vous avez quelqu'un qui soit placé à la source, qui puisse vous donner le fort et le faible, la substance, la moelle de ce qu'il y a dans ce document officiel, c'est le rêve. C'est un grand seigneur, celui-là; il est effectivement dangereux.

Comment se fait-il qu'avant 1894 une puissance étrangère n'ait pas pu se procurer un renseignement de cette sorte? C'est parce que les documents officiels n'étaient pas très nombreux. On a distribué quelques règlements, ce qu'il a fallu pour faire les manœuvres. Quant aux renseignements des petits malheureux, qui ne savent rien, qui vous vendraient la gachette d'un fusil, on n'en peut rien tirer et je ne sais pas si on n'avait pas encore trouvé le gros seigneur dont j'ai parlé.

LE PRÉSIDENT. — Le frein du canon du 120 court est-il le seul renseignement qui, en 1894, pouvait intéresser un officier étranger?

LE GÉNÉRAL DELOYE. — Non, il y a deux choses qui pouvaient

l'intéresser : 1° l'objet, 2° une appréciation indiquant les avantages et les charges que l'on va assumer. C'est là le point qui peut intéresser une puissance étrangère; voilà la solution dont elle a besoin et ce qui constitue le bon renseignement. Du moment qu'un problème technique a été résolu par une puissance ou par une personne, il est également soluble pour les autres et cela souvent de bien des manières. Mais le fait important à savoir, c'est si le problème a été bien résolu d'une façon pratique pour la guerre.

Le président. — Dans le langage courant des artilleurs, dit-on : « cette pièce s'est *conduite* de telle ou telle manière », ou bien : « s'est *comportée* »?

Le général Deloye. — Je ne fais pas de différence entre les deux expressions, et vous savez, monsieur le Président, que nous ne sommes pas des orateurs.

Le président. — L'artilleur a-t-il pu dire en 1894 *hydraulique* au lieu du mot *hydro-pneumatique*, en parlant du frein?

Le général Deloye. — Oui, c'est un lapsus. Je suis persuadé qu'il voulait dire hydro-pneumatique, et qu'il aurait mieux fait d'employer cette expression.

Le président. — Le bordereau parle de » formations d'artillerie »; de quelles formations s'agit-il?

Le général Deloye. — Dans ma réponse j'ai dit, si je m'en souviens bien, que pour répondre d'une façon tout à fait précise et certaine il fallait voir la pièce, mais que pourtant ce qui me paraissait le plus probable c'est qu'il s'agissait des formations nouvelles qui ont pu être faites dans les corps d'artillerie, dans la mobilisation, par suite de la suppression de batteries, et de la création de batteries correspondantes qui ont alors été réparties d'une autre manière, et qui ont amené une modification d'ordres tout à fait radicale.

Nous avons eu à ce propos une correspondance volumineuse avec l'Etat-major. C'est là qu'il en est arrivé des notes!

Et j'ai dit dans ma réponse au questionnaire qu'il fallait que par une note particulière tout soit bien arrêté, convenu; on m'a répondu : nous sommes bien d'accord, et alors on a fait une longue note qui énumérait toutes les formations, tous les changements. Cette note, c'est l'Etat-major qui nous l'a passée comme une sorte de certificat destiné à bien préciser la marche que nous devions suivre.

Si naturellement quelqu'un à l'Etat-major de l'armée a eu cette longue correspondance, cette correspondance présentait pour lui le plus grand intérêt, car la note en question indiquait la nouvelle manière dont l'artillerie allait être groupée.

LE PRÉSIDENT. — Le manuel d'artillerie (je parle naturellement de celui de 1894), était-il confidentiel et était-il destiné aux officiers dans les corps de troupe et à l'Etat-major de l'armée?

LE GÉNÉRAL DELOYE. — Le manuel de tir en question est un projet qui était fait sur des données toutes nouvelles; ces messieurs du conseil sont certainement au courant de ces questions. Et il a été envoyé en petite quantité dans les corps de troupe; si je me rappelle bien, c'était d'abord trois par batterie qu'on devait envoyer. On ne tenait pas à multiplier les documents, mais cependant on pensait bien qu'on en était un peu trop économe en procédant ainsi, mais il y avait impossibilité de fournir à l'impression, le manuel en temps utile, par suite de l'époque tardive à laquelle il avait été arrêté.

Eh bien, le manuel fut envoyé avec une lettre qui disait que ce document était confidentiel.

Les exemplaires ne furent pas numérotés; mais ce que je puis dire, c'est que le bordereau d'envoi portait « confidentiel » et, quand le manuel de 1895, qui présentait très peu de différence avec celui de 1894, fut envoyé, l'année d'après, on réclama les exemplaires de 1894.

LE PRÉSIDENT. — Avez-vous quelques renseignements à nous donner sur les projets de manuel de tir qui ont été mis à la disposition des bureaux de l'Etat-major?

LE GÉNÉRAL DELOYE. — Oui. Je sais que nous avons envoyé un très petit nombre de projets de manuel au bureau de l'Etat-major de l'armée.

Je sais ensuite, et j'ai retrouvé la trace de cet incident dans une mention au crayon sur un bordereau d'envoi, qu'un officier de l'Etat-major est venu nous dire : « Mais les stagiaires vont aller aux écoles à feu, et ils n'ont pas de manuel, vous ne nous en avez pas envoyé assez. »

On en avait adressé un pour le chef de l'Etat-major et un pour quelques personnages. Il y en avait donc très peu.

On en a alors envoyé dix, si je m'en souviens bien, pour une vingtaine de stagiaires.

Sur la minute du bordereau d'envoi, de ces dix exemplaires envoyés à l'Etat-major, il y a une mention inscrite au crayon de la main de l'officier qui était chargé de faire cet envoi et qui dit : « Sur la demande verbale de l'Etat-major. »

Il ne dit pas de qui, mais on a pensé que c'était du commandant Jeannel.

LE PRÉSIDENT. — Et pour les officiers de la réserve et de la territoriale?

LE GÉNÉRAL DELOYE. — Oh non, il n'y en avait pas assez.

LE PRÉSIDENT. — Est-il exact que le schrapnel allemand de 1891 ne présente aucune analogie avec l'obus Robin?

LE GÉNÉRAL DELOYE. — Ces projectiles étrangers présentent au contraire la plus grande analogie, une analogie telle, c'est qu'on ne connaît pas de projectiles d'autres puissances étrangères qui soient fondés sur le même principe.

Le principe de cet obus consiste essentiellement dans ce fait que les balles qui constituent la partie active du projectile sont maintenues dans le corps de l'obus, dans de la poudre comprimée ; il y a une certaine manière de fabrication ; on s'arrange pour qu'il n'y ait pas de danger ; on comprime ces balles pour qu'elles tiennent bien au moment du départ, et plus tard, lorsque le projectile est arrivé au but de sa course, la fusée met le feu et le projectile fonctionne bien ; en même temps le projectile, par suite de la grande quantité de poudre, fait une fumée abondante, ce qui fait que le réglage du tir est très perceptible. Dans le réglage de l'obus C 91 et l'obus C 96, il avait été indiqué que le projectile C 91 et le projectile C 96 ne contiennent pas de balles noyées dans de la poudre comprimée. C'est une erreur, une erreur absolue ; il est absolument certain, d'une façon indubitable, qu'il est comme je vous le dis ; ce qui a motivé cette erreur, c'est que les documents officiels destinés au grand public ne parlent pas de cette poudre; ils parlent d'une matière agglutinante et fumigène ; c'est certain, elle est agglutinante, elle tient bien, et fumigène elle l'est, mais cela ne veut pas dire que ce ne soit pas de la poudre ; c'en est, soyez-en bien certain.

LE PRÉSIDENT. — Avez-vous d'autres renseignements que vous croyiez utile de donner?

LE GÉNÉRAL DELOYE. — Je n'en vois pas d'autres, monsieur le président.

LE LIEUTENANT-COLONEL BRONGNIART. — A quelle époque a-t-on su que l'obus allemand C 91 était constitué?

LE GÉNÉRAL DELOYE. — Pas avant 1896. Je n'en ai pas eu connaissance avant. J'ai appris le renseignement tout d'une pièce sur la constitution de l'obus C 91, je l'ai appris tout en entier, pas par petits morceaux ; j'ai appris comment il était fait et c'est en 1896 que je l'ai appris ; le Conseil peut être sûr de cela.

Le lieutenant-colonel Brongniart. — Le règlement constitué sur le service du canon de 120 contient-il des renseignements sur le frein hydropneumatique? Pouvez vous nous dire si le règlement de 1894 contenait les mêmes renseignements?

Le général Deloye. — Je ne fais pas une grande différence ; certainement il y a eu des corrections.

Le lieutenant-colonel Brongniart. — Ce sont ces renseignements qui auraient été livrés, par exemple?

Le général Deloye. — Oui ! Oh ! cela oui !

Le capitaine Beauvais. — Pensez-vous qu'il était difficile pour un officier de l'Etat-major de l'armée de se procurer un manuel de tir?

Le général Deloye. — Mon Dieu non, pas trop ; seulement c'est possible dans le moment, quand la méfiance n'est pas éveillée : il est certain que si l'on peut tenir une hypothèse plausible et que si l'on demande un manuel pour ceci, cela, et que cela tienne bien, ça peut aller ; mais plus tard, on peut se dire : tiens ! tiens ! il m'a demandé ça ; eh ! eh ! pourquoi?

Je crois que le manuel de tir n'est pas une chose qu'un officier qui aurait pu avoir de la méfiance aurait refusé à quelqu'un qu'il connût bien et dont il crût les intentions louables. Si je ne craignais d'abuser des instants du Conseil, je lui dirais ce que je pense de ce manuel de tir.

Qu'est-ce qui est intéressant dans un manuel de tir ? Voilà un document qui sert à faire l'instruction technique des officiers ; la puissance étrangère a besoin de savoir quelle est la méthode de tir ; n'est-elle pas enfantine ? N'a-t-elle pas envisagé les problèmes d'ordre technique en usage à la guerre ? ou bien les envisage-t-elle et leur a-t-on donné une bonne solution ? C'est là la question intéressante. Après cela qu'on fasse manœuvrer la culasse de la main gauche, cela ne fait rien ; le point intéressant est celui-ci : quelle est leur instruction de tir, et comment vont-ils se présenter devant l'ennemi ? Avec quelles habitudes et quelles applications ?

Le capitaine Beauvais. — Vous personnellement, mon général, en 1894, parlant du frein de 120 court, auriez-vous eu quelquefois tendance à dire : « frein hydraulique » aussi bien que « frein hydro-pneumatique »?

Le général Deloye. — En parlant ainsi, cela aurait pu m'échapper ; mais certainement pour parler du 120 court on doit dire : « hydro-pneumatique ». Ce frein est composé de deux parties, une partie ferme et une partie liquide, ce n'est pas douteux, tandis qu'il y a des freins qui ne sont qu'hydrauliques : le frein de 120 long n'est qu'hydraulique, c'est certain.

LE PRÉSIDENT. — Monsieur le commissaire du gouvernement, avez-vous des observations à présenter ?

LE COMMISSAIRE DU GOUVERNEMENT. — Non.

LE PRÉSIDENT. — La défense a-t-elle des questions à poser ?

Mᵉ DEMANGE. — Voudriez-vous demander à M. le général Deloye où se fabriquait le frein du 120 à Bourges ?

LE GÉNÉRAL DELOYE. — A la fonderie.

Mᵉ DEMANGE. — Et où se fabriquait également l'obus du 120 ?

LE GÉNÉRAL DELOYE. — A l'école de pyrotechnie. Il faut cependant distinguer : une partie de la fabrication, celle de l'enveloppe, se faisait autre part, mais cela n'a pas d'importance.

Mᵉ DEMANGE. — L'école de pyrotechnie et la fonderie sont-elles séparées ?

LE GÉNÉRAL DELOYE. — Elles sont séparées ; il y a bien 500 mètres de l'une à l'autre, mais de pension à pension...

Mᵉ DEMANGE. — Enfin, les officiers qui sont à la pyrotechnie et à la fonderie...

LE PRÉSIDENT. — ... sont dans deux établissements distincts. (Au témoin.) C'est bien de l'accusé ici présent que vous avez entendu parler ?

LE GÉNÉRAL DELOYE. — Oui.

LE PRÉSIDENT. — Accusé, levez-vous. Avez-vous des observations à présenter sur la déposition qui vient d'être faite ?

LE CAPITAINE DREYFUS. — Mon colonel, il m'est très difficile de discuter le bordereau, puisque nous sommes absolument dans le domaine des hypothèses. Je voudrais savoir d'abord ce qu'il y a dans les notes, la nature des notes et leur valeur. Je crois que nous sommes tout-à-fait dans le champ des hypothèses. On a parlé du 120 court ; je résume une seconde fois ce que je connaissais en 1889 et 1890 pendant mon séjour à Bourges, sur le 120 court ; je connaissais le principe du frein hydro-pneumatique. M. le général Mercier a dit dans sa déposition qu'il avait été inspecteur général à Bourges en 1890 ; il doit se souvenir qu'une conférence a été faite à tous les officiers réunis, officiers de l'École de pyrotechnie, officiers de la fonderie, officiers de tous les services de Bourges, officiers également des deux régiments d'artillerie en garnison à Bourges.

Il a été fait une conférence finale ; dans cette conférence, quelqu'on a parlé du frein hydro-pneumatique. On en a donné le schéma habituel qui est dans tous les cours, dans les cours de l'Ecole d'application, dans les cours de Saint-Cyr, schéma que tout le monde connaissait. C'est toute la connaissance que j'ai du frein hydro-pneumatique. Le canon de 120 court, je l'ai vu à deux reprises différentes : la première fois dans la cour de la fonderie, à Bourges ; la seconde fois dans la cour de l'Ecole d'artillerie de Calais, quand j'y ai été comme élève de l'Ecole de guerre, avec mon groupe. Je n'ai jamais vu tirer le 120 court, je ne l'ai jamais vu manœuvrer, pendant les deux ans que j'ai été à l'Etat-major, je n'ai jamais assisté à des écoles à feu, et aucun stagiaire n'a jamais assisté à des écoles à feu ; je ne connais pas de stagiaires qui aient assisté à des écoles à feu.

On a parlé tout à l'heure du schrapnell, modèle 91. Je suis parfaitement convaincu que les connaissances du général Deloye sont plus complètes que les miennes. Ce qu'il a dit est parfaitement exact. En 1894, j'ai étudié le schrapnell modèle 91. Cette étude était forcément incomplète, puisque les documents que nous avions n'étaient pas aussi complets que ceux que M. le général Deloye a eus à sa disposition en 1896 et que le schrapnell modèle 91 était un schrapnell dans lequel les balles étaient maintenues par une substance destinée à produire immédiatement un gros nuage de fumée afin de faciliter le tir. Voilà la conclusion à laquelle j'étais arrivé en 1891, conclusion que j'ai relevée dans mon travail du premier semestre 1894, et au deuxième bureau de l'état-major de l'armée.

M. le commissaire du gouvernement demande la parole pour faire une communication.

Le commissaire du gouvernement. — J'ai reçu de M. le général Chamoin la lettre suivante :

« Mon cher commandant,

» Le ministre de la guerre m'écrit ce qui suit à la date du 23 courant :

« Général,

» Ainsi que je vous l'ai annoncé dans ma dépêche 314 du 26 courant, la troisième direction a réuni, en un dossier, tous les documents demandés par les défenseurs de l'accusé Dreyfus, le 25 août dernier, à l'exception toutefois de la pièce n° 1 qui n'a jamais existé. Ces documents vous seront remis par M. le général Deloye, directeur de l'artillerie. Cet officier général vous fournira tous les renseignements nécessaires sur la nature, l'origine et la signification des différentes pièces. Il pourra même, si vous le jugez utile, vous assister au point de vue technique au moment où le dossier sera communiqué au Conseil de guerre.

» Il reste d'ailleurs entendu que cette communication aura lieu sous les réserves formulées par les instructions écrites du 4 août dernier.

» J'ai l'honneur de vous prier de vouloir bien donner avis de cette décision à M. le président du Conseil de guerre et à la défense.

» Vous me ferez connaître, ainsi qu'à M. le général Deloye, qui assistera à la séance, l'heure et le jour fixés pour cette audience à huis clos.

» D'après les indications générales qui m'ont été données par M. le ministre, il ne devra pas être fait état de ce document en audience publique, sauf pour les exceptions qui seront indiquées en séance par M. le général Deloye.

Par suite de cette communication, j'ai l'honneur de prier le Conseil de vouloir bien délibérer sur l'opportunité qu'il y aurait de se constituer en séance de huis-clos demain matin à l'effet de prendre connaissance des documents qui sont envoyés par M. le Ministre de la guerre dans les conditions de la lettre dont je viens de donner lecture.

Mᵉ DEMANGE. — Monsieur le président, voici la seule observation que j'aie l'honneur de soumettre au Conseil à la suite de la communication de M. le Commissaire du Gouvernement.

Le jugement qui est requis de vous et par lequel vous prononcerez le huis-clos pour le dépouillement fixé par M. le Ministre de la guerre doit viser les personnes qui pourraient assister au huis-clos, comme il est dit dans la lettre, notamment M. le général Deloye. Je demanderai au Conseil de vouloir bien également, dans son jugement, ordonner que M. le commandant Hartmann et M. le commandant Ducros, qui doivent être entendus sur ces documents techniques, assisteront au dépouillement des pièces.

LE PRÉSIDENT, à M. le général Chamoin. — Général, voyez-vous un inconvénient à ce que ces officiers assistent à ce dépouillement?

LE GÉNÉRAL CHAMOIN. — Aucun, monsieur le président.

LE PRÉSIDENT, à M. le général Deloye. — Général, voyez-vous un inconvénient en ce qui vous concerne?

LE GÉNÉRAL DELOYE. — Aucun, monsieur le président.

LE PRÉSIDENT. — Le Conseil va se retirer pour délibérer.

L'audience est suspendue à onze heures.

L'audience est reprise à onze heures dix. M. le président donne lecture du jugement suivant :

«Au nom du Peuple Français,

» Cejourd'hui, 30 août 1899, le Conseil de guerre de la 10ᵉ région de corps d'armée, délibérant à huis clos, statuant sur les réquisitions du commissaire du gouvernement, relatives à la communication de documents secrets ;

» Ouï, le défenseur en ses conclusions tendant à ce que les témoins Hartmann et Ducros soient autorisés à assister au huis-clos ;

» Le président a posé la question suivante : « Y a-t-il lieu d'ordonner » le huis-clos sous la réserve : 1º qu'il ne sera pris copie ni extrait des » documents confidentiels ou secrets communiqués ; 2º que ces documents » ne seront pas joints à la procédure ; 3º qu'il n'en sera pas fait état en » audience publique ? »

» Les voix recueillies séparément en commençant par le grade inférieur et par le plus jeune dans le grade, le président ayant émis son opinion le dernier ;

» Le Conseil, considérant que la communication en audience publique de documents secrets pourrait être dangereuse au point de vue de la sûreté de l'Etat,

» Déclare à l'unanimité qu'il y a lieu d'ordonner le huis-clos par application de l'article 113 du Code de justice militaire, ainsi conçu :

« Les audiences sont publiques à peine de nullité ; néanmoins, si cette publicité paraît dangereuse pour l'ordre ou pour les mœurs, le Conseil ordonne qu'il y a lieu de prononcer le huis-clos ; en tout cas le jugement est prononcé publiquement ;

» Déclare aussi qu'il y a lieu d'admettre au huis-clos les témoins Hartmann et Ducros. »

En conséquence, le président ordonne que les assistants évacueront la salle d'audience et que les précautions nécessaires seront prises pour les empêcher d'entendre ce qui va être dit.

LE PRÉSIDENT. — Les débats sont suspendus jusqu'à demain matin six heures et demie.

La séance sera reprise à huis clos et suivie, s'il y a lieu, d'une séance publique.

L'audience est levée à onze heures quinze.

DIX-SEPTIÈME AUDIENCE

Jeudi, 31 août 1899.

La séance est reprise à neuf heures et demie.

LE PRÉSIDENT. — Veuillez faire entrer le capitaine Lebrun-Renault.

Le capitaine Lebrun-Renault se présente à la barre.

LE PRÉSIDENT. — Vous êtes cité en vertu du pouvoir discrétionnaire du Président. Je n'ai pas à vous faire prêter serment. Quels sont vos nom, prénoms, âge, profession?

LE CAPITAINE LEBRUN-RENAULT. — Lebrun-Renault (Charles-Gustave-Nicolas), 46 ans, capitaine à la Garde républicaine.

LE PRÉSIDENT. — Vous avez été chargé le 5 janvier 1895, jour de la dégradation de Dreyfus, de conduire l'accusé de la prison du Cherche-Midi à l'Ecole militaire, où il est demeuré quelque temps sous votre garde, avant la dégradation. Voulez-vous nous dire en détail ce qui s'est passé dans cette première partie de votre mission?

LE CAPITAINE LEBRUN-RENAULT. — Le samedi 5 janvier 1895, j'étais commandé pour aller chercher avec l'escadron de la garde républicaine que je commandais, le capitaine Dreyfus à la prison du Cherche-Midi. J'y arrivai à 7 heures et demie; j'allai le prendre au Greffe. Je le fis monter dans la voiture et je l'accompagnai jusqu'à la cour Morland, dans l'Ecole militaire où nous arrivâmes à 8 heures moins le quart.

Le capitaine descendit de voiture, et je restai préposé à sa garde jusqu'à 9 heures moins 5 environ, dans une des deux salles où travaillait l'adjudant de place. Nous étions dans la seconde salle.

Le capitaine Dreyfus me parla, il me dit qu'il avait dans l'armée un bel avenir, et qu'avec cet avenir et la fortune dont il disposait il ne comprenait pas qu'on l'accusât de trahison. Mais à un moment donné, vers 8 heures et demie, il fit entendre cette phrase : « Je suis innocent. Dans trois ans on reconnaîtra mon innocence. Le ministre le sait, il me l'a fait dire il y a quelques jours dans ma cellule par le commandant du Paty de Clam, et il sait que si j'ai livré à l'Allemagne des documents, ils étaient sans importance, et que c'était pour m'en procurer de plus sérieux, de plus importants. »

Lorsque le capitaine Dreyfus prononça ces mots, le capitaine d'Attel, qui était attaché à la place de Paris, se trouvait là. Il allait et venait, enfin à ce moment-là il se trouvait là. Quelque temps après, le capitaine Barbatte vint me trouver et me demanda si le capitaine Dreyfus voulait parler au public avant sa dégradation. Je le lui demandai, et le capitaine Dreyfus me répondit qu'il avait l'intention de proclamer son innocence au moment où on le dégraderait. Je répétai ce propos au capitaine Barbatte, qui me dit que l'on avait pris les mesures nécessaires.

Le capitaine Dreyfus me pria de dire à l'adjudant qui était chargé de le dégrader, de le faire le plus vite possible. Par une raison d'humanité que vous comprenez, je dis à l'adjudant Bouxins, qui appartenait à mon corps, de faire cette cérémonie le plus vite possible, car elle était très pénible pour le capitaine Dreyfus. A 9 heures moins 5, quatre artilleurs conduits par un brigadier vinrent chercher le capitaine Dreyfus.

Ma mission était terminée ; c'est alors que je sortis de la salle et que je rencontrai le colonel Guérin, qui était à cette époque commandant attaché au Gouverneur militaire de Paris. Je lui répétai à peu près textuellement les paroles que venait de me dire le capitaine Dreyfus.

Il me pria de les répéter tout haut à quelques officiers qui se trouvaient là. Et il y avait des officiers du 2e cuirassiers je crois, des officiers de réserve, de territoriale, en un mot à peu près de tous les corps.

Eusuite, après la dégradation, au moment où je rassemblais mes officiers, je parlai au lieutenant Philippe de la garde républicaine, et lui répétai ce que j'avais dit au commandant Guérin.

Je rentrai à la Garde, et vers 11 heures et demie, j'allai déjeuner au mess. Autour de moi se trouvaient le capitaine Grenier, le capitaine Duflot, le lieutenant Panzani, aujourd'hui capitaine, et un autre lieutenant. Je leur fis la même déclaration.

L'après-midi, me promenant sur les boulevards, je rencontrai le député Chaulin-Servinière. Je lui dis la même chose.

Enfin, les journaux, entre autres le *Temps*, imprimèrent, le soir, que le capitaine Dreyfus m'avait fait des aveux.

Le lendemain matin à sept heures, le général Gonse vint me chercher à la caserne des Célestins où j'habitais, et me demanda ce que le capitaine Dreyfus m'avait dit. Je lui dis toute la conversation du capitaine, et il m'emmena chez le ministre de la guerre, le général Mercier.

Je répétai au général Mercier ce que je venais de dire au général Gonse. Le général Mercier me dit : Rendez-vous à l'Elysée et vous raconterez au Président de la République ce que vous m'avez dit.

J'allai à l'Elysée, et pendant que j'attendais dans une espèce d'antichambre, j'entendis quelqu'un faire sur moi des réflexions plus que désagréables. Ces réflexions étaient grossières, insolentes. Je ne pouvais pas y répondre, ne pouvant entrer.

Et c'est sur ces entrefaites que M. Dupuy, président du Conseil vint me chercher pour entrer chez le Président de la République.

Le Président me dit : Vous avez eu des relations avec des journalistes, il y a eu des indiscrétions commises, il y a eu certains articles dans les journaux. Avez-vous vu des journalistes?

Je lui répondis : Monsieur le Président de la République, j'ai vu diverses personnes, j'ai peut-être vu des journalistes dans la journée parmi les personnes que j'ai rencontrées et j'ai rencontré beaucoup de monde, il y en avait peut-être dans les officiers de réserve ou de territoriale qui se trouvaient là, mais directement je n'ai pas parlé à des journalistes.

Je ne savais pas ce qu'il voulait me dire à ce moment ; je n'avais pas encore lu l'article dans les journaux.

Après cela il me dit : Vous n'avez pas vu de journalistes? Je lui dis : Je n'ai vu personne. — C'est bien, je n'ai rien d'autre à vous dire. Il ne m'interrogea nullement, que sur quelques petites choses que m'avait dites le capitaine Dreyfus ; mais il ne parla pas des aveux, il ne me parla de rien. Je sortis après avoir reçu de lui des reproches.

M. Dupuy me pria d'attendre ; on m'emmena alors dans une salle où M. Dupuy rédigea avec le général Mercier une dépêche à l'*Agence Havas* disant que je n'avais eu aucune relation avec la Presse.

Je me rendis à une heure chez mon colonel, le colonel Risbourg, qui me dit que j'avais été indiscret avec certains journalistes et qui me pria de me taire et de dire, quand on me parlerait des aveux du capitaine Dreyfus, que je ne savais rien.

A tous ceux qui m'interrogèrent depuis, je dis : Laissez-moi tranquille, ce sont des racontars de journaux, je ne sais rien.

Constamment on me l'a demandé depuis.

Deux ans après, en 1897, au mois d'octobre, le général Gonse me fit appeler, le général Billot étant ministre de la guerre. Le général Gonse me dit : « Vous vous rappelez ce que vous m'avez dit il y a deux ans ; voulez-vous le rédiger ? » Je rédigeai ce que je lui avais dit deux ans auparavant.

Enfin, au mois de juillet 1898, M. Cavaignac, alors ministre de la guerre, me fit appeler et me demanda de lui retracer ce que j'avais dit autrefois au général Mercier et au général Gonse. Je lui dis : « Monsieur le ministre, je vais vous dire ce qui m'a été dit; maintenant j'ai encore chez moi une petite feuille ; j'ai pris ces notes le lendemain de la dégradation, vers deux heures. Si vous voulez je vais vous les rapporter. » Je lui rapportai cette feuille et c'est cette copie qu'il lut dans sa déclaration à la Chambre des députés qui fut imprimée et affichée sur les murs de toutes les communes de France.

A partir de ce moment-là, je fus peut-être un peu moins discret avec ceux qui me parlaient, puisque sur les murs de toutes les communes de France s'étalait cette déclaration.

Le président. — Pendant le trajet, le capitaine Dreyfus ne vous a rien dit?

Le capitaine Lebrun-Renault. — J'étais à cheval entre un lieutenant et un maréchal des logis, le capitaine était dans la voiture.

Le lieutenant-colonel Brongniart. — Avez-vous encore la feuille du carnet?

Le capitaine Lebrun-Renault. — Non. Après avoir quitté M. Cavaignac, le ministre l'ayant copiée, cela devenait un document inutile. Je ne savais pas que plus tard on en aurait besoin; c'était une pièce qui m'appartenait. (Murmures.) J'avais fait ma déclaration ; le lendemain de la déclaration, je ne pensais pas que cette pièce aurait l'importance qu'on y attache maintenant.

Le président. — Vous avez écrit le jour même?

Le capitaine Lebrun-Renault. — Non, mon colonel, le lendemain vers trois heures en sortant de chez le colonel Risbourg. (Mouvement prolongé.)

Le lieutenant-colonel Brongniart. — L'accusé aurait-il donné une autre forme à ses paroles : « Si on a livré des documents, ce ne sont pas des originaux, mais seulement des copies » ? Vous n'avez pas entendu cette phrase?

Le capitaine Lebrun-Renault. — Je ne me rappelle pas cette phrase mais il peut l'avoir dite, pendant trois quarts d'heure que j'ai causé avec le capitaine Dreyfus, et ce qui m'a surtout frappé c'est la phrase que je vous ai citée tout à l'heure.

Le lieutenant-colonel Brongniart. — La phrase que vous avez citée est bien celle qui était sur votre carnet?

Le capitaine Lebrun-Renault. — Oui, mon colonel.

Le capitaine Beauvais. — Vous êtes allé à l'Elysée et vous avez eu un entretien avec M. le général Mercier?

Le capitaine Lebrun-Renault. — Oui.

Le capitaine Beauvais. — Cet entretien a porté sur la conversation que vous aviez eue avec le capitaine Dreyfus?

Le capitaine Lebrun-Renault. — Oui.

Le capitaine Beauvais. — Que vous a dit à ce moment M. le général Mercier?

Le capitaine Lebrun-Renault. — Il m'a demandé ce que m'avait dit le capitaine Dreyfus. Je le lui ai dit, puis il m'a donné l'ordre de me rendre à l'Elysée.

Le capitaine Beauvais. — Pourquoi faire?

Le capitaine Lebrun-Renault. — Pour y parler des aveux ; mais on ne m'a pas laissé le temps de parler. Le général Mercier m'a dit : « Allez répéter au Président de la République ce que vous a dit le capitaine Dreyfus. »

Le capitaine Beauvais. — Vous n'alliez à l'Elysée que pour cela?

Le capitaine Lebrun-Renault. — Oui, mais je n'ai pas eu le temps de parler.

Le capitaine Beauvais. — C'est fâcheux que vous ne l'ayez pas dit.

Le capitaine Lebrun-Renault. — Je crois qu'à cette époque le Président de la République s'occupait plus de l'article paru dans le *Figaro* où il y avait la phrase prononcée par le capitaine Dreyfus. C'est cela qui inquiétait le plus le Président de la République.

Le capitaine Beauvais. — Qu'est-ce qu'il vous a dit quand il vous a vu arriver?

Le capitaine Lebrun-Renault. — Il ne m'a pas demandé pourquoi j'étais venu.

Le capitaine Beauvais. — Etiez-vous ému en entrant?

Le capitaine Lebrun-Renault. — J'étais un peu ému parce que j'avais entendu un fonctionnaire dire des paroles grossières à mon adresse.

Le capitaine Beauvais. — Quelles sont ces paroles grossières?

Le capitaine Lebrun-Renault. — C'était des mots comme ceux-ci : « Canaille, misérable, » etc...

Le capitaine Beauvais. — Vous avez parfaitement entendu ce fonctionnaire?

Le capitaine Lebrun-Renault. — Oui!

Me DEMANGE. — Monsieur le président, voudriez-vous bien demander au capitaine Lebrun-Renault si c'était une conversation engagée entre lui et Dreyfus ou si ce n'était pas un monologue de Dreyfus, un monologue haché, comme l'a dit le général Gonse?

LE PRÉSIDENT, *au témoin*. — Etait-ce un entretien entre vous et Dreyfus? Etait-ce un échange de conversation ou un monologue de Dreyfus? L'accusé parlait-il tout seul?

LE CAPITAINE LEBRUN-RENAULT. — Nous causions ensemble; quelquefois il causait seul, je ne lui répondais pas. Ainsi nous avons parlé par exemple du lieu de déportation où il aurait pu être envoyé; je lui ai parlé de la Nouvelle-Calédonie parce que, y étant passé en allant à Taïti et y étant resté un mois, je pouvais lui donner quelques renseignements. En somme, vis-à-vis du capitaine Dreyfus, j'ai usé là de tous les moyens d'humanité que comportait la situation pénible où il se trouvait.

Me DEMANGE. — Ma seconde question est celle-ci : je vous prie de demander au capitaine Lebrun-Renault comment, dans son esprit, il a concilié qu'il y avait des aveux du capitaine Dreyfus dans une phrase où il y a : « Je suis innocent, dans trois ans on proclamera mon innocence » et « j'ai livré des documents »?

LE PRÉSIDENT, *au témoin*. — Comment conciliez-vous ces deux choses qui au premier abord paraissent contradictoires?

LE CAPITAINE LEBRUN-RENAULT. — Je n'ai pas à les concilier, je répète la phrase et c'est fini. Il n'y en a pas moins là le fait matériel de documents livrés. Je n'ai retenu que cela. C'est au capitaine Dreyfus et à la défense de l'expliquer. J'ai entendu cette phrase et c'est fini. (*Murmures.*) Je ne peux pas expliquer cette phrase; j'ai été absolument là comme une espèce de phonographe répétant ce qu'a dit le capitaine Dreyfus sans le commenter.

Me DEMANGE. — En prenant la phrase de M. le capitaine Lebrun-Renault, c'est-à-dire « J'ai été un phonographe », voulez-vous lui demander si, lui, a considéré cette phrase comme des aveux et s'il s'est représenté le capitaine Dreyfus comme ayant avoué son crime?

LE PRÉSIDENT, *au témoin*. — L'impression qui est restée pour vous a-t-elle été celle d'un aveu?

LE CAPITAINE LEBRUN-RENAULT. — Je n'ai aucune impression là-dessus. (*Mouvement prolongé.*) Le capitaine Dreyfus m'a dit beaucoup de choses pendant l'heure où je suis resté avec lui, des choses moins importantes que celle-là; entre autres choses, j'ai retenu cette phrase, je l'ai répétée à mes chefs.

On m'a reproché de ne pas en avoir fait un procès-verbal. J'étais chargé par mes chefs de prendre Dreyfus à sa prison et d'attendre neuf heures, c'est-à-dire le moment de l'exécution; je n'étais nullement chargé de l'interroger. C'est pour cela que je n'ai consigné l'incident sur aucune espèce de rapport. J'ai mis sur mon rapport : « Service commencé à telle heure, fini à telle heure », et voilà tout. Si on m'avait dit de prendre note de la conversation, si on m'avait dit : « Vous tâcherez de le faire avouer », j'aurais pu faire un procès-verbal qu'on a depuis, dans certains milieux, réclamé.

Mᵉ DEMANGE. — Une autre question. Si le capitaine Lebrun-Renault n'a pas eu d'impression, comment le général Gonse et le général Mercier, entendant le récit qu'il leur a fait à ce moment, ont-ils pu croire qu'il y avait des aveux, sortis de la bouche du capitaine Dreyfus, et ont-ils eu l'idée d'envoyer M. Lebrun-Renault chez M. le Président de la République ?

LE PRÉSIDENT. — C'est plutôt une question à poser à M. le général Gonse et à M. le général Mercier.

Mᵉ DEMANGE. — Non... mais comment a-t-il dit exactement, quelle était la phrase ?

LE CAPITAINE LEBRUN-RENAULT. — Je l'ai dite !

Mᵉ DEMANGE. — Si vous voulez bien vous reporter à la déposition du capitaine Lebrun-Renault devant la Cour de cassation, vous remarquerez une question, la dernière qui se trouve au bas de la page 187, 4ᵉ alinéa; c'est une demande de M. le président s'adressant au capitaine Lebrun-Renault :

D. — Quelle est la portée que vous attachez aux paroles de Dreyfus ? Les avez-vous considérées comme de véritables aveux d'un crime de haute trahison ?
R. — J'ai considéré cela comme des explications de sa condamnation, mais je n'en ai pas moins retenu qu'il avait avoué avoir livré les documents. Il s'excusait, il s'expliquait, mais la matérialité du fait n'en existait pas moins.
D. — Cependant vous nous avez dit, il n'y a qu'un instant : « Je ne m'en souviens pas. On peut très bien ne pas considérer la déclaration de Dreyfus comme des aveux; si l'on m'a parlé d'aveux, j'ai pu dire qu'il ne m'en avait pas été fait. J'ai considéré que c'était plûtot des excuses que présentait Dreyfus.

Voulez-vous demander au capitaine Lebrun-Renault si en effet il a prononcé cette phrase : « On peut très bien ne pas considérer la déclaration de Dreyfus comme des aveux ?

LE PRÉSIDENT. — Voulez-vous donner une explication à ce sujet. Vous avez dit à la Cour de cassation : « Je ne m'en souviens pas.

On peut très bien ne pas considérer la déclaration de Dreyfus comme des aveux... » ?

LE CAPITAINE LEBRUN-RENAULT. — C'est une question personnelle. Il m'a dit telle phrase, que l'on considère cela comme on voudra ! Cela peut être pour les uns des aveux, pour les autres une explication de sa conduite, c'est l'affaire de chacun. (*Murmures.*) Je ne veux pas donner d'opinion là-dessus, je ne juge pas la chose. Dreyfus m'a dit telle chose, voilà tout.

Me LABORI. — Le capitaine Lebrun-Renault ne s'est pas contenté de mettre dans son rapport : « Service commencé à telle heure, fini à telle heure », il a ajouté, dans la colonne d'observations : « Rien à signaler. » Comment a-t-il pu ajouter : « Rien à signaler » quand il s'était produit un incident de cette importance ?

LE PRÉSIDENT. — La réponse a déjà été faite, mais je veux bien poser la question. Veuillez répondre à la question.

LE CAPITAINE LEBRUN-RENAULT. — Ma mission consistait à prendre le capitaine Dreyfus à la prison, à l'amener vivement au lieu d'exécution ; c'est ce que j'ai fait, après cela c'était fini.

LE PRÉSIDENT. — Il n'avait rien à signaler en ce qui concernait sa mission.

LE CAPITAINE LEBRUN-RENAULT. — Je n'avais rien à signaler vis-à-vis de mon chef de corps, de mon colonel.

Me LABORI. — Monsieur le président, voulez-vous demander à M. Lebrun-Renault pourquoi il avait conservé la feuille de son calepin pendant quatre ans, si je ne me trompe ; car c'est au mois de juillet 1898 qu'il l'a montrée à M. Cavaignac.

LE CAPITAINE LEBRUN-RENAULT. — J'ai conservé celui-là ; j'en ai conservé bien d'autres ; j'aurais pu ne pas les conserver ; cela c'est un fait personnel.

Me LABORI. — Vous avez conservé le calepin avec sa feuille, ou bien la feuille était-elle déchirée et à part ?

LE CAPITAINE LEBRUN-RENAULT. — J'avais conservé celle-là et quelques autres feuilles dans mon buvard. J'aurais pu très bien ne pas les conserver, les déchirer un an après. Cela ne signifie rien.

Me LABORI. — Et le calepin, qu'est-il devenu ?

LE CAPITAINE LEBRUN-RENAULT. — Il était fini, je l'ai jeté au feu ; (*Murmures.*) mais que j'aie conservé ou non cette feuille du calepin cela ne signifie absolument rien, puisque le lendemain du jour où j'avais entendu les aveux du capitaine Dreyfus, j'avais dit ce qu'il y avait à dire, avant de rédiger ces lignes.

Mᵉ LABORI. — Pourquoi alors, ayant conservé cette feuille du calepin à part, et marqué ainsi qu'il y attachait de l'importance pendant quatre ans, M. Lebrun-Renault l'a-t-il détruite le jour où précisément la feuille prenait de l'importance, puisqu'elle était devenue un document montré à M. Cavaignac, et invoqué par lui ?

LE PRÉSIDENT. — Il me semble que le témoin en a déjà répondu ; mais puisque vous le demandez, je vais poser la question.

LE CAPITAINE LEBRUN-RENAULT. — M. Cavaignac, ministre de la guerre, copiant de sa main cette feuille, elle était authentifiée par cela même. Je ne sais même pas pourquoi j'ai conservé cette feuille jusque-là ; j'aurais pu la déchirer avant.

Mᵉ LABORI. — Le Conseil de guerre appréciera si la pièce n'avait pas plus de valeur le lendemain de sa lecture à la Chambre par M. Cavaignac qu'à tout autre moment et jugera comment cette pièce a pu être conservée quatre ans pour être ensuite détruite juste à ce moment.

Voudriez-vous, monsieur le président, demander quel fonctionnaire a prononcé les mots grossiers dont parlait tout à l'heure M. Lebrun-Renault quand il s'est rendu à l'Elysée ?

LE CAPITAINE LEBRUN-RENAULT. — Je n'en sais rien.

Mᵉ LABORI. — Comment M. Lebrun-Renault explique-t-il, monsieur le président, qu'on ait proféré à ce moment-là, à son adresse, des mots grossiers, insolents ?

LE CAPITAINE LEBRUN-RENAULT. — Je n'en sais rien. Je ne peux pas deviner comment quelqu'un s'est servi de ces expressions à mon égard ; je ne sais même pas qui. (*Rumeurs.*)

Mᵉ LABORI. — Pourquoi M. Lebrun-Renault n'en a-t-il pas parlé à la Cour de cassation ?

LE CAPITAINE LEBRUN-RENAULT. — Est-ce que je sais ? S'il m'avait fallu dire tout ce qui s'est passé depuis quatre ans à la Cour de cassation !

LE PRÉSIDENT. — N'avez-vous pas entendu également dire dans l'antichambre : « De quoi se mêle ce gendarme, il pourrait lui en cuire ! »

LE CAPITAINE LEBRUN-RENAULT. — Oui.

Mᵉ LABORI. — Est-ce que M. Lebrun-Renault n'a pas eu le 5 janvier au soir une conversation avec un rédacteur du *Figaro* ?

LE PRÉSIDENT. — Vous avez entendu la question ?

LE CAPITAINE LEBRUN-RENAULT. — Oui, monsieur le président ; je ne savais pas que c'était un rédacteur du *Figaro*.

Me LABORI. — A ce moment-là est-ce que M. le colonel Risbourg lui avait fait la défense qu'il lui a faite depuis?

LE CAPITAINE LEBRUN-RENAULT. — Ce n'est pas une raison pour que je parle de cela à ce rédacteur du *Figaro*.

Me LABORI. — Reconnaît-il avoir fait ce récit?

LE CAPITAINE LEBRUN-RENAULT. — Ce récit est plus ou moins exact; il y a beaucoup d'inexactitudes; et si j'avais été obligé de rectifier tous les récits qui ont été faits, je n'y aurais pas suffi.

LE PRÉSIDENT. — C'est bien de l'accusé ici présent que vous avez entendu parler?

LE CAPITAINE LEBRUN-RENAULT. — Oui, monsieur le président.

LE PRÉSIDENT. — Accusé, levez-vous. Avez-vous une observation à faire sur la déposition que vous venez d'entendre?

LE CAPITAINE DREYFUS. — Oui, mon colonel.

Il y a deux salles à l'École Militaire; j'étais dans la salle du fond, le capitaine Lebrun-Renault ne m'a pas quitté.

Il était seul avec moi. Que, dans la salle voisine, le capitaine d'Attel que je ne connaissais pas où d'autres officiers soient entrés, c'est possible; mais, dans la salle du fond, je puis presque affirmer — car au bout de cinq ans je ne puis affirmer que des choses dont je suis sûr — qu'aucun autre officier n'est entré.

LE PRÉSIDENT. — Le capitaine d'Attel est-il entré dans la chambre où vous étiez avec l'accusé?

LE CAPITAINE LEBRUN-RENAULT. — Le capitaine d'Attel est entré cinq minutes. Les deux salles étaient très petites; c'étaient des salles qui avaient trois mètres carrés.

LE CAPITAINE DREYFUS. — Je ne crois pas que le capitaine d'Attel ou un autre officier soit entré dans la salle du fond. En tout cas, je ne me souviens pas que lorsque j'ai parlé, il y ait eu un autre officier que le capitaine Lebrun-Renault. Quant aux paroles qui ont été prononcées, je ne veux pas revenir sur les conversations que M. Lebrun-Renault a eues avec moi et sur les paroles qu'il a prononcées lui-même. Je me contenterai de répéter devant le Conseil les paroles que j'ai prononcées et les explications que j'ai eu l'honneur de lui donner. Ces paroles sont les suivantes : « *Je suis innocent, je vais le dire à la face du peuple; le ministre le sait bien...* » J'ai déjà donné l'explication au Conseil de cette phrase : « *Le ministre le sait bien.* » C'était la réponse que j'avais faite à la visite de M. le commandant du Paty de Clam dans ma prison, au cours de laquelle j'avais déclaré que j'étais innocent. J'avais complété cette déclaration par la lettre que j'avais écrite au ministre en réponse à cette visite et dans laquelle j'avais déclaré encore au ministre que j'étais innocent.

Le commandant du Paty de Clam est venu me trouver dans la prison pour me demander si j'avais livré des pièces sans importance pour en obtenir de plus importantes. Voilà la phrase textuelle qui a été dite. J'ai répondu à M. du Paty de Clam que non, que je voulais toute la lumière, et j'ai terminé en disant, — je vous ai expliqué dernièrement ces paroles — qu'avant deux ou trois ans mon innocence serait reconnue. C'était un monologue. Le Conseil comprendra sans que j'aie besoin de lui expliquer autrement.

Permettez-moi, mon colonel, d'exprimer mon émotion de voir aujourd'hui qu'après cinq ans quelqu'un qui a entendu des paroles débutant par une protestation d'innocence, et finissant par une protestation d'innocence, paroles qu'il n'a pas comprises, se soit permis d'aller transformer ces paroles devant des chefs sans en demander à l'intéressé lui-même une explication franche et nette. Ce sont là des procédés devant lesquels tous les honnêtes gens ne peuvent que s'indigner ! (*Long mouvement.*)

LE PRÉSIDENT, *à M. le capitaine Lebrun-Renault.* — Avez-vous quelque chose à ajouter?

LE CAPITAINE LEBRUN-RENAULT. — Non, monsieur le président, je n'ai rien à ajouter à ma déclaration.

QUATRE-VINGT-UNIÈME TÉMOIN

M. LE CAPITAINE ANTHOINE (FRANÇOIS-PAUL),

Capitaine d'artillerie breveté, 39 ans, attaché à la personne du général Brugère.

LE PRÉSIDENT. — Connaissiez-vous l'accusé avant les faits qui lui sont reprochés?

LE CAPITAINE ANTHOINE. — Oui, je l'ai connu à l'École Polytechnique, à l'Ecole d'Application.

LE PRÉSIDENT. — Vous avez été signalé comme ayant reçu du capitaine Lebrun-Renault des confidences au sujet d'aveux que le capitaine Dreyfus lui aurait faits le jour de sa dégradation?

LE CAPITAINE ANTHOINE. — Non, monsieur le président, pas du capitaine Lebrun-Renault.

LE PRÉSIDENT. — Oui, en effet, du capitaine d'Attel.

LE CAPITAINE ANTHOINE. — Oui, mon colonel.

Le président. — Voulez-vous dire au Conseil quelles confidences vous avez reçues de lui, à ce sujet ?

Le capitaine Anthoine. — Au sortir même de la dégradation, dans l'intérieur de l'Ecole Militaire, au tournant d'un couloir, je me suis trouvé brusquement face à face avec mon ami le capitaine d'Attel qui avait été de service à la cérémonie en sa qualité d'attaché à l'Etat-Major de la place de Paris. D'après ce que j'ai pu voir, le capitaine d'Attel était extrêmement ému. Il m'a rapporté en quelques courtes phrases le propos qu'il avait recueillis de la bouche du capitaine Dreyfus. Ma mémoire des mots n'est pas assez fidèle pour que je sois capable de reproduire ici d'une manière absolûment certaine les expressions exactes dont le capitaine d'Attel s'est servi. Mais quant aux idées, c'est tout autre chose. J'en suis absolument sûr, et je viens vous apporter les trois idées que j'ai recueillies de ce propos. Elles sont les suivantes : la première est l'aveu formel du fait d'avoir livré des documents ; la deuxième est la négation que ces documents avaient de l'importance ; la troisième, le but poursuivi qui avait été d'obtenir des renseignements en échange. Voilà ce dont je me souviens.

Le président. — Vous tenez ces renseignements directement du capitaine d'Attel ?

Le capitaine Anthoine. — Oui, monsieur le président.

Le lieutenant-colonel Brongniart. — Le capitaine d'Attel vous a-t-il dit dans quelles conditions il se trouvait au moment où il a assisté à ces aveux ?

Le capitaine Anthoine. — Non, mon colonel.

Le capitaine Beauvais. — Vous avez dit que le capitaine d'Attel était d'ordinaire toujours très froid et que ce matin-là il vous avait paru extrêmement ému. En raison de cette émotion, est-ce vous qui lui avez adressé la parole le premier ou au contraire est-ce lui qui vous a mis spontanément au courant de la scène à laquelle il avait assisté ?

Le capitaine Anthoine. — C'est lui qui m'a parlé le premier ; je lui ai répondu à peine quelques monosyllabes. Comme je vous l'ai dit, nous nous sommes brusquement trouvés face à face au tournant d'un couloir. Il me dit ce qu'il avait à me dire et je crois lui avoir répondu à peine par une exclamation.

Le commandant Profillet. — Le capitaine d'Attel vous a-t-il dit qu'il avait entendu ce propos directement, qu'il se trouvait dans la salle ?

Le capitaine Anthoine. — Oui, directement. Il m'a donné le

propos comme l'ayant entendu lui-même. Je suis certain de cela parce que j'ai réfléchi souvent à cette scène et j'ai cherché dans mes souvenirs. Au moment où certains journaux ont parlé des aveux et ont dit qu'ils avaient été recueillis par le capitaine Lebrun-Renault, j'ai pensé qu'il y avait une confusion et que les propos avaient été tenus non pas à Lebrun-Renault mais au capitaine d'Attel.

Me DEMANGE. — Comment se fait-il que le capitaine n'ait pas eu l'idée de provoquer à ce sujet des explications de son ami le capitaine d'Attel?

LE PRÉSIDENT. — Vous n'avez pas eu l'idée de demander au capitaine d'Attel comment il avait su ce qu'il vous rapportait?

LE CAPITAINE ANTHOINE. — Aucunement. (Rumeurs.)

LE CAPITAINE DREYFUS. — J'affirme, et cela j'en suis sûr, que je n'ai pas parlé au capitaine d'Attel; je n'ai parlé absolument qu'au capitaine Lebrun-Renault.

LE PRÉSIDENT. — Mais personne ne dit le contraire.

LE CAPITAINE DREYFUS. — Dans les circonstances où je me trouvais, ce n'est pas moi qui puis dire si le capitaine d'Attel a réellement entendu la conversation que j'ai tenue avec le capitaine Lebrun-Renault. En tout cas, je n'ai rien à ajouter à ma déclaration de tout-à-l'heure. Je n'ai parlé qu'au capitaine Lebrun-Renault; je n'ai rien à modifier aux paroles que j'ai prononcées tout à l'heure et dont je vous ai donné déjà à plusieurs reprises l'explication.

LE PRÉSIDENT. — Monsieur Lebrun-Renault, veuillez vous approcher. Avez-vous jamais parlé de ces aveux au capitaine d'Attel? N'avez-vous jamais eu avec lui aucun échange de conversation?

LE CAPITAINE LEBRUN-RENAULT. — Jamais, mon colonel; je ne savais même pas son nom. Il était dans la salle et il en est reparti.

LE PRÉSIDENT. — Ce n'est donc pas vous qui avez dit cela au capitaine d'Attel.

LE CAPITAINE LEBRUN-RENAULT. — Non, mon colonel. Je ne savais même pas son nom.

LE CAPITAINE DREYFUS. — Je demande à M. Lebrun-Renault de dire si j'ai parlé au capitaine d'Attel. J'affirme que je n'ai parlé à personne autre que lui. (Mouvement.)

LE PRÉSIDENT. — On n'a jamais dit le contraire.

LE CAPITAINE LEBRUN-RENAULT. — Le capitaine Dreyfus n'a pas parlé au capitaine d'Attel; il a parlé à moi seulement. Le capitaine d'Attel se trouvait là au moment où Dreyfus a prononcé en s'adressant à moi la phrase dont je vous ai parlé. Il est resté là cinq ou six minutes. Cette pièce était excessivement petite. Nous étions presque contre le poêle ; car il y avait un poêle au milieu de la pièce : il faisait très froid. Mais je ne connaissais pas le capitaine d'Attel et je ne lui ai pas adressé la parole.

LE CAPITAINE PARFAIT. — La porte de communication entre les deux pièces était-elle ouverte ?

LE CAPITAINE LEBRUN-RENAULT. — Oui.

LE CAPITAINE PARFAIT. — Par conséquent on pouvait, de la pièce à côté, entendre ce qui s'y disait ?

LE CAPITAINE DREYFUS. — Je n'ai jamais parlé au capitaine d'Attel ; je ne le connaissais pas du tout et je ne l'ai pas vu.

LE CAPITAINE LEBRUN-RENAULT. — Ce n'est pas moi qui ai répété au capitaine d'Attel ce que m'a dit Dreyfus.

LE PRÉSIDENT. — Vous n'avez eu avec le capitaine d'Attel aucune conversation de quelque nature qu'elle soit ?

LE CAPITAINE LEBRUN-RENAULT. — Non, mon colonel.

LE CAPITAINE BEAUVAIS, *au témoin.* — Le capitaine d'Attel vous a dit en deux mots ce qui s'était passé, et vous avez poussé une exclamation, et continué, je crois, votre route ? Avez-vous continué votre route ? Est-ce que vous aviez un service pressant vous appelant quelque part ?

LE CAPITAINE ANTHOINE. — Non, je n'avais pas de service. Je suis sorti, et je crois même me souvenir qu'à ce moment-là, j'ai rencontré le commandant Guitry qui avait été avec moi à la dégradation, et nous sommes sortis ensemble de l'École Militaire. Nous avions hâte de nous débarrasser de l'endroit où nous nous trouvions. Nous étions trop émus l'un et l'autre pour causer.

Mᵉ LABORI. — Il est bien certain que le capitaine d'Attel n'en a pas rendu compte au ministre ou à un de ses chefs ?

LE GÉNÉRAL MERCIER, *consulté par le Président, répond de sa place :* — Non, monsieur le président.

LE PRÉSIDENT. — Faites entrer le témoin suivant.

QUATRE-VINGT-DEUXIÈME TÉMOIN

M. LE LIEUTENANT-COLONEL GUÉRIN

GUÉRIN (Pierre-René-Aurèle,) cinquante ans, lieutenant-colonel d'artillerie, hors cadre, sous-chef d'état-major du gouvernement militaire de Paris, connaissait de vue l'accusé avant les faits qui lui sont reprochés, mais n'a pas eu de rapports avec lui.

LE PRÉSIDENT. — Le 5 janvier 1895, jour de la dégradation de Dreyfus, le capitaine Lebrun-Renault vous a communiqué certains propos qu'il avait entendus de Dreyfus, et qu'il vous a répétés. Veuillez nous dire vos souvenirs à ce sujet.

LE LIEUTENANT-COLONEL GUÉRIN. — Je demanderai la permission de vous indiquer quel a été l'emploi de mon temps le 5 janvier.

LE PRÉSIDENT. — Dites ce qui vous paraîtra utile.

LE LIEUTENANT-COLONEL GUÉRIN. — Le 5 janvier, jour de la parade de dégradation de Dreyfus, j'ai été tenu, par le général Saussier, gouverneur de Paris, à la disposition du général Darras, qui commandait les troupes à la prise d'armes.

J'étais chargé de veiller aux détails d'exécution de l'ordre de parade et des instructions spéciales du gouverneur, afin de pouvoir lui rendre compte de tous les incidents qui surviendraient. En particulier, je devais assister à l'arrivée de Dreyfus à l'Ecole Militaire, à son entrée, à sa sortie du bureau de l'adjudant de garnison, où il devait être gardé jusqu'à l'heure de la parade, et enfin à sa remise au détachement de gendarmerie départementale formant son escorte jusqu'à la Préfecture de police, la parade terminée.

Deux officiers m'étaient adjoints.

L'un, de l'Etat-Major du gouvernement militaire de Paris, le capitaine Barbade, avait à diriger les officiers de réserve et de la territoriale, et les représentants de la presse française autorisés à assister à la parade.

Le second, de l'Etat-Major de la place de Paris, était le capitaine d'Attel.

Il devait s'assurer que les consignes relatives à l'accès dans la grande cour de l'Ecole Militaire, à la surveillance, à la garde et à l'escorte de Dreyfus, étaient strictement observées.

Son service devait donc l'obliger à entrer à une ou plusieurs reprises, ou au moins une fois, dans le bureau de l'adjudant de garnison où Dreyfus serait gardé, et y rester chaque fois pendant quelques instants. Je ne manquai pas de le lui rappeler le matin même à son arrivée à l'Ecole militaire.

Vers 7 heures 45 du matin, la voiture cellulaire amenant Dreyfus entra à l'Ecole Militaire. Elle était escortée par un demi-escadron de la garde républicaine, commandé par le capitaine Lebrun-Renault. Elle fut arrêtée devant le bureau de l'adjudant de garnison ; Dreyfus en descendit, entra dans le bureau avec le capitaine Lebrun-Renault qui le garda jusque vers 9 heures moins cinq.

La grande cour de l'Ecole Militaire était garnie de troupes, et quand les dispositions furent prises pour la parade, il était 8 heures 50. Je me trouvais près de la porte d'entrée du bureau de l'adjudant de garnison. A ce moment le capitaine Bourguignon, adjudant de garnison, disposa les quatre canonniers et le brigadier qui devaient accompagner Dreyfus, puis il entra dans son bureau et releva le capitaine Lebrun-Renault de son service.

Le capitaine Lebrun-Renault sortit et me trouva immédiatement devant lui ; il était très ému, il était encore sous le coup de l'impression profonde que lui avaient faite les déclarations de Dreyfus ; il m'en rendit compte aussitôt. Il y avait là, à proximité, un groupe d'officiers ; le compte-rendu que me faisait le capitaine Lebrun-Renault n'avait rien de confidentiel, et me parut ne pas devoir rester circonscrit entre nous ; nous savions d'autre part que le Conseil de revision n'avait eu, pour ainsi dire, pas à statuer, puisqu'aucune conclusion n'avait été déposée à l'appui de son pourvoi ; du moins je le savais, moi, à l'Etat-Major ; mais pour la masse de nos camarades, les aveux faits par Dreyfus devaient, il me semble, leur être communiqués à tous. Je priai donc le capitaine Lebrun-Renault de répéter à ce groupe d'officiers les confidences, la déclaration qu'il avait reçues de Dreyfus, et le capitaine Lebrun-Renault le fit.

Dans le long entretien de Dreyfus, il avait été question, en particulier, de la colonie où il serait probablement déporté, de son climat, de la possibilité de faire venir sa famille ; mais tout cela sont des détails. Ce que j'ai retenu, ce sont trois faits, trois déclarations importantes, à mon avis, et très caractéristiques ; je ne les oublierai jamais.

A un moment donné, Dreyfus avait montré au capitaine Lebrun-Renault les galons de son dolman, et lui avait déclaré que c'était l'orgueil de ses galons qui l'avait perdu ; puis il avait avoué avoir livré des documents à une puissance étrangère, et il s'était exprimé en ces termes — je répète les termes dont s'est servi le capitaine Lebrun-Renault avec moi : — « Si j'ai livré des documents, ces documents étaient sans valeur, et c'était pour en avoir d'autres plus importants des Allemands. » Enfin, il avait dit à plusieurs reprises, il avait répété que dans trois ans on lui rendrait justice.

Le capitaine d'Attel se trouvait précisément dans le bureau de l'adjudant de garnison où son service l'avait appelé, au moment même où Dreyfus avait avoué avoir livré des documents à l'étranger. Lui aussi a donc entendu ces aveux, et il les a répétés, il les a communiqués quelque temps après au capitaine Anthoine, et, dans les mêmes termes, à peu près dans les mêmes termes.

Le premier coup de 9 heures sonna, je quittai les officiers qui m'entouraient et entouraient le capitaine Lebrun-Renault, et dès que Dreyfus fut sorti du bureau pour être conduit à la place marquée pour la dégradation, j'allai me porter à la droite des troupes.

Après la dégradation, Dreyfus passa devant le front des troupes, et, devant l'endroit où je me trouvais, il protesta de son innocence ; puis, quand il fut revenu au même point, on le conduisit dans la cour voisine, où stationnait la voiture cellulaire et un détachement de gendarmerie qui devait le conduire au dépôt de la Préfecture de police et le remettre à l'autorité civile. Il y avait là quelques officiers. Dreyfus se tourna vers eux et il leur dit : « Je ne suis pas indigne de rester parmi vous ; dans trois ans je reviendrai et on me rendra justice. » Puis il monta dans la voiture et disparut.

Dès que la voiture eut quitté la cour, je me portai rapidement vers le bureau de l'adjudant de garnison, et rédigeai un télégramme pour le général Saussier, lui rendant compte que la parade était terminée, et que Dreyfus avait quitté l'Ecole Militaire.

Sur mon passage, je rencontrai le sous-intendant, qui est aujourd'hui contrôleur, Peyrolles ; je le mis au courant et lui communiquai ce que m'avait dit le capitaine Lebrun-Renault, notamment les trois faits relatifs à l'orgueil des galons, aux aveux, et l'échéance des trois ans. J'assistai ensuite au défilé des troupes devant le général Darras, quelques officiers me questionnèrent, me demandèrent des renseignements, et je ne me fis pas faute de leur dire ce que je savais. Lorsque les troupes eurent quitté l'Ecole Militaire, je revins à la place Vendôme et rendis compte immédiatement et verbalement de ce qui s'était passé au général Saussier, et des incidents de la matinée dont les seuls importants à mon avis étaient les aveux de Dreyfus et cette échéance qu'il avait dite, qu'il répétait qu'il ne demandait que trois ans pour qu'on lui rende justice. Voilà ce qui s'est passé.

Dans l'après-midi, le capitaine d'Attel, qui était de l'Etat-Major de la Place, vint demander un renseignement au bureau de la correspondance générale de l'Etat-Major militaire de Paris. J'étais chef de ce bureau. Tous les officiers du bureau avaient connaissance, soit directement, soit par le capitaine Barbade, qui était un des officiers de l'Etat-Major, des aveux de Dreyfus et de ce qui s'était passé le matin : d'Attel n'eut donc pas à le leur apprendre. Ils en parlèrent bien entre eux, mais absolument comme d'une chose courante, comme d'une chose qui était connue de tous, sans mettre les point sur les *i*, sans demander à d'Attel en particulier ce qu'il avait vu.

Mais, quand d'Attel quitta le bureau de la correspondance générale, il traversa le couloir et arriva près de la porte de communication qui existait entre les deux état-majors, lorsqu'ils étaient tous deux place Vendôme ; là il rencontra M. Munin-Burger, l'archiviste qui était affecté à un autre bureau et avec qui il causait volontiers.

M. Munin-Burger, sachant que d'Attel avait assisté à la dégradation du matin, lui demanda ce qui s'était passé. « Rien, » répondit d'Attel. « Il a avoué. » Puis, comme il était pressé par son service, tous les deux se séparèrent.

D'Attel, — j'entre un peu dans ces détails-là parce qu'il est mort et qu'il est bon que le Conseil connaisse son caractère — d'Attel était un garçon extrêmement réservé, très peu communicatif, parlant peu, n'échangeant certainement pas dix paroles par jour avec les officiers du bureau de l'archiviste ou du bureau qui lui était affecté ; il se livrait très rarement et à un petit nombre de ses camarades; en particulier, il se livrait plus volontiers à M. Munin-Burger, l'archiviste, qui pouvait même lui faire des observations sur les traitements qu'il suivait à cause de son état de santé. Eh bien, je suis persuadé, étant donné le caractère de d'Attel, que si Munin-Burger ne l'avait pas questionné sur la parade du matin, il ne lui aurait rien dit.

J'arrive maintenant à ce qui s'est passé dans la soirée. Il était vers six heures ou six heures et demie du soir, lorsque le commandant Picquart vint à mon bureau. Picquart avait suivi les débats du procès Dreyfus, et, le matin, il avait assisté à la parade d'exécution, à pied, en arrière du général Darras et du colonel Fayet, de l'Etat-Major de la place, qui, lui, était à cheval. Il avait su au ministère de la guerre que j'avais connaissance des aveux de Dreyfus ; il venait me demander des renseignements à ce sujet. Je lui répétai tout ce que je savais, mais je ne pus que lui dire que je tenais ces renseignements du capitaine de la garde-républicaine commandant l'escorte le matin, capitaine dont je ne savais pas encore le nom. Je ne m'en étais pas préoccupé : c'était le capitaine de service de la garde. Picquart insista et voulut avoir des renseignements un peu plus précis.

Il me demanda si le capitaine Dreyfus avait nettement spécifié la nature des documents qu'il avait livrés en vue de l'échange qu'il voulait obtenir et en dehors de ceux qui étaient déjà connus. Naturellement, je ne pus rien lui préciser à ce sujet ; mais je lui proposai de faire venir, non pas le soir même, parce qu'il était trop tard, mais le lendemain ou plutôt le surlendemain matin, car le lendemain était un dimanche, je lui proposai de faire venir le capitaine de la Garde républicaine et de l'interroger dans mon bureau et là, sans le presser, sans le bousculer, de lui faire écrire le résultat de l'entretien avec le capitaine Dreyfus, de manière qu'il ne puisse omettre aucun détail pouvant intéresser soit le ministre, soit l'Etat-Major général de l'armée. Naturellement cette convocation était subordonnée à un avis que me ferait parvenir Picquart, soit dans la soirée, soit dès le lendemain, après en avoir référé au ministre.

Il était tard, je quittai mon bureau avec Picquart. Ce dernier me conduisit dans sa voiture jusqu'au Cours la Reine. Nous parlâmes de l'affaire et au Cours la Reine nous nous séparâmes ; puis je rentrai chez moi, près du Trocadéro.

Je n'eus d'ailleurs pas à convoquer le capitaine Lebrun-Renault ; voici pourquoi. Le lendemain matin, dimanche 6 janvier, un peu avant six heures du matin, le général Gonse était venu à l'Etat-Major du gouvernement me demander et il désirait venir chez moi pour avoir des renseignements et en outre pour que je lui indique l'adresse et le nom du capitaine Lebrun-Renault. L'officier de service à l'Etat-Major, l'archiviste Dubard, lui fit observer que je ne pourrais que lui répéter ce que le capitaine Lebrun-Renault lui avait dit ainsi qu'à tous les autres officiers. Il lui proposa alors d'aller chercher le nom et l'adresse du capitaine Lebrun-Renault à l'Etat-Major de la Place. Le général Gonse alla à l'Etat-Major de la Place et, là, il s'adressa au capitaine Faguet, qui lui présenta le tableau de service de la Garde républicaine de la veille, et il lui indiqua la liste des adresses des officiers de la Garde républicaine. C'est ainsi que le général Gonse entra en rapports avec le capitaine Lebrun-Renault.

On alla donc chercher le capitaine Lebrun-Renault et le général Gonse le conduisit chez le ministre qui reçut ses déclarations. Puis le capitaine Lebrun-Renault fut envoyé chez le Président de la République.

Lorsque j'ai été convoqué devant la cour d'assises à Versailles le 18 juillet dernier, je voyageai avec le capitaine Lebrun-Renault ;

je lui demandai comment il se faisait qu'il n'avait pas donné connaissance des aveux au Président de la République. Le capitaine Lebrun-Renault me raconta qu'a son arrivée à l'Elysée, il avait été interloqué par des propos extrêmement vifs, extrêmement injurieux, qu'il avait entendus dans le cabinet voisin, propos qui venaient de personnes qui se trouvaient dans ce cabinet. Il ajouta qu'on l'avait ensuite introduit chez le Président de la République et que là, on lui avait fait des reproches extrêmement vifs à propos d'un article qui avait paru le matin dans le *Figaro*. Quand l'explosion de ces reproches fut terminée, le capitaine Lebrun-Renault n'avait rien dit et était parti.

Voilà tout ce que j'avais à dire.

M⁰ DEMANGE. — Voulez-vous demander à M. le colonel Guérin s'il n'a pas entendu pendant la parade, après son entretien avec le capitaine Lebrun-Renault, les protestations d'innocence de Dreyfus ?

LE LIEUTENANT-COLONEL GUÉRIN. — Je viens de dire que lorsque Dreyfus était passé devant moi, je l'avais entendu protester de son innocence.

M⁰ DEMANGE. — Bien ; cela m'avait échappé.

Alors, voulez-vous demander à M. le colonel Guérin comment, dans son esprit, à ce moment-là, il a concilié cette protestation d'innocence avec l'aveu qui venait de lui être rapporté que Dreyfus avait livré des documents ?

LE LIEUTENANT-COLONEL GUÉRIN. — Ce sont des impressions personnelles dans lesquelles je n'ai pas à entrer.

M⁰ DEMANGE. — Vous avez entendu la réponse. Le conseil appréciera ; il verra dans la discussion le but de la question. M. le colonel Guérin a rapporté à M. le général Saussier les incidents ; M. le général Saussier a-t-il donné des instructions, en sa qualité de gouverneur militaire et de chef de la justice militaire, pour recueillir ces aveux officiellement ?

LE PRÉSIDENT, *au témoin*.— A-t-on pris des mesures pour recueillir officiellement les aveux ?

LE LIEUTENANT-COLONEL GUÉRIN. — On n'a pas pris de mesures, parce que, le lendemain matin, M. le capitaine Lebrun-Renault a été conduit chez le ministre.

M⁰ DEMANGE. — Le jour même, monsieur le Président, après un fait de cette gravité, M. le général Saussier a été averti par M. le colonel Guérin de ce qui s'était passé. Eh bien, je demande si ce jour-là il a été question de prendre des mesures.

LE PRÉSIDENT, *au témoin*. — Le 5, a-t-il été question de prendre des mesures pour faire constater ces aveux ?

LE LIEUTENANT-COLONEL GUÉRIN. — Je ne me le rappelle pas, mais je ne crois pas.

Mᵉ DEMANGE. — Lorsque M. Lebrun-Renault a fait cette révélation au colonel Guérin, le colonel Guérin a-t-il donné au capitaine Lebrun-Renault des indications pour faire un rapport à ses chefs ?

LE PRÉSIDENT, *à M. le lieutenant-colonel Guérin*. — Avez-vous donné des ordres au capitaine Lebrun-Renault dans ce sens ?

LE LIEUTENANT-COLONEL GUÉRIN. — Non, je n'avais pas du tout à dire au capitaine Lebrun-Renault ce qu'il avait à faire. M. le capitaine Lebrun-Renault avait des chefs, il était sous les ordres du colonel commandant la Garde républicaine et, de plus, il était sous les ordres de la Place de Paris. Je n'avais pas à m'immiscer, moi, officier de l'Etat-Major du Gouvernement militaire de Paris, dans les détails d'un autre service.

Mᵉ DEMANGE. — Ainsi, on n'a jamais songé à interroger le capitaine Dreyfus sur ses aveux ?

LE LIEUTENANT-COLONEL GUÉRIN. — Dreyfus a été remis à l'autorité civile ce jour-là ; le gouverneur de Paris était complètement dessaisi, il n'avait plus rien à faire.

LE PRÉSIDENT. — L'autorité militaire était dessaisie.

Mᵉ DEMANGE. — Voilà la réponse de M. le colonel Guérin : « L'autorité militaire se trouvait dessaisie ». Nous discuterons cela plus tard.

LE PRÉSIDENT, *au témoin*. — Est-ce bien de l'accusé ici présent que vous entendez parler ?

LE LIEUTENANT-COLONEL GUÉRIN. — Parfaitement.

LE PRÉSIDENT, *au capitaine Dreyfus*. — Avez-vous des observations à faire sur la déposition du témoin ?

LE CAPITAINE DREYFUS. — Je n'ai rien à ajouter à ce que j'ai dit tout à l'heure en réponse au capitaine Lebrun-Renault. Mon appréciation sur ces propos qui ont été transformés, dénaturés, reste exactement la même. Je n'ai rien à ajouter.

LE PRÉSIDENT, *au capitaine Lebrun-Renault*. — Voudriez-vous revenir à la barre ?

Le capitaine Lebrun-Renault reprend sa place de témoin.

LE PRÉSIDENT. — Est-ce que dans la conversation entre Dreyfus et vous il a dit : « C'est l'orgueil de mes galons qui m'a perdu ? »

M. Lebrun-Renault. — Je ne me rappelle pas cette phrase, — la conversation a duré environ une heure, — mais il a pu la dire. (*Rumeurs.*)

Le Président. — C'est tout ce que je voulais vous demander. Je vous remercie.

Le lieutenant-colonel Brongniart, *à M. le lieutenant-colonel Guérin.* — M. Weill n'était-il pas attaché, comme officier de réserve, au gouverneur militaire de Paris ?

Le lieutenant-colonel Guérin. — C'est un chef d'escadron de cavalerie ; il a été pendant quelques années commandant territorial affecté au grand quartier général des armées et officier d'ordonnance ; il a fait des stages au Gouvernement de Paris, mais pendant que je n'y étais pas, c'est-à-dire entre 1890 et 1892.

Le lieutenant-colonel Brongniart. — Vous ne savez rien de ses relations avec Esterhazy ?

Le lieutenant-colonel Guérin. — Je sais qu'il connaissait Esterhazy depuis longtemps ; il l'appelait son ami de vingt-cinq ans. Il a déposé dans le procès Esterhazy qui a eu lieu en audience publique, dans la partie qui n'a pas eu lieu à huis clos.

Le Président. — Pensez-vous qu'il ait connu l'accusé ?

Le lieutenant-colonel Guérin. — Je n'en sais rien, je ne puis donner ce détail.

Le capitaine Dreyfus. — J'affirme que je n'ai jamais connu la personne dont on vient de citer le nom.

Me Demange. — Officier d'ordonnance de qui ?

Le Président. — Du généralissime.

Faites entrer le témoin suivant, le commandant de Mitry.

QUATRE-VINGT-TROISIÈME TÉMOIN

M. LE COMMANDANT DE MITRY

Le Président. — Vous êtes cité par la défense, vous n'avez pas à prêter serment. Quels sont vos nom, prénoms, âge et situation militaire ?

Le commandant de Mitry. — De Mitry (Etienne-Henry), 41 ans, chef d'escadron de cavalerie.

Le Président. — Connaissiez-vous l'accusé avant les faits qui lui sont reprochés ?

Le commandant de Mitry. — Nullement, mon colonel ; je ne l'avais jamais vu.

LE PRÉSIDENT. — Vous avez été signalé comme ayant eu une conversation avec le capitaine Anthoine au sujet d'aveux que lui-même tenait du capitaine d'Attel et qui auraient été faits par le capitaine Dreyfus après sa dégradation. Voulez-vous dire ce que vous savez à ce sujet.

LE COMMANDANT DE MITRY. — Aussitôt après la dégradation du capitaine Dreyfus, le capitaine Anthoine me raconta une conversation qu'il venait d'avoir avec le capitaine d'Attel, de l'Etat-Major de Paris. Le capitaine Dreyfus avait prononcé en présence du capitaine d'Attel des paroles desquelles il résultait qu'il avouait avoir livré des documents, dans le but, avait-il dit, de s'en procurer d'autres en échange. Ces paroles me furent répétées par le capitaine Anthoine, qui les tenait lui-même du capitaine d'Attel. Si je ne puis les répéter textuellement, j'en affirme le sens général et les idées qu'elles contiennent, à savoir : l'aveu et le mobile invoqué.

LE PRÉSIDENT. — Quel mobile ?

LE COMMANDANT DE MITRY. — Pour s'en procurer d'autres en échange.

LE PRÉSIDENT. — Vous ne savez rien autre ?

LE COMMANDANT DE MITRY. — Absolument rien.

LE PRÉSIDENT. — A quel moment le capitaine Anthoine vous a-t-il fait cette révélation ?

LE COMMANDANT DE MITRY. — Le matin même. Nous montions à cheval tous les jours ensemble.

LE PRÉSIDENT. — Le fait a été immédiat ? il venait de se passer ? la conversation venait d'avoir lieu avec le capitaine d'Attel ?

LE COMMANDANT DE MITRY. — Parfaitement.

LE PRÉSIDENT. — Accusé, avez-vous quelque observation à faire ?

LE CAPITAINE DREYFUS. — Aucune.

LE COMMANDANT DE MITRY. — Voulez-vous m'accorder la permission de m'absenter de Rennes, où je m'engage à revenir si on a besoin de moi ?

LE PRÉSIDENT. — M. le commissaire du Gouvernement, y voyez-vous un inconvénient ? La défense ?

LE COMMISSAIRE DU GOUVERNEMENT. — Je n'y vois pas d'inconvénient.

LE PRÉSIDENT. — La défense ?

Les avocats de la défense font un signe négatif.

LE PRÉSIDENT. — Vous pouvez vous retirer en laissant votre adresse au greffe.

Faites entrer le témoin suivant, le contrôleur Peyrolles.

QUATRE-VINGT-QUATRIÈME TÉMOIN

M. LE CONTROLEUR PEYROLLES

LE PRÉSIDENT. — Vous êtes cité comme témoin par la défense, par conséquent vous déposez sans prestation de serment. Quels sont vos nom, prénoms, âge et situation militaire ?

M. PEYROLLES. — André-François-Marie Peyrolles, 50 ans, contrôleur de première classe.

LE PRÉSIDENT. — Vous avez assisté le 15 janvier 1895 à la parade d'exécution du capitaine Dreyfus, et à la sortie vous avez été mis au courant de certains propos qui auraient été tenus dans la salle où il se trouvait avec le capitaine Lebrun-Renault.

M. PEYROLLES. — Après la parade d'exécution, accompagné d'un civil qui avait assisté à la dégradation, je traversais la cour, lorsque je rencontrai le commandant Guérin. Le commandant me dit : « Quel est donc ce civil ? » Je lui répondis : « Je l'ai rencontré par hasard. — Eh bien, me dit le commandant Guérin, Dreyfus vient de faire des aveux : il a livré des documents, mais c'était pour en avoir d'autres... » Je crois même que le commandant Guérin m'a dit : « Ils étaient peu importants. »

Le commandant Guérin a ajouté :

Il a mis la main sur ses galons en disant : « C'est l'orgueil qui m'a perdu ; dans trois ans, du reste, mon procès sera revisé. » M. Stevens, le civil qui était avec moi, a su ces propos immédiatement ; je ne sais s'il les a entendus ou si c'est moi qui les lui ai rapportés. Toujours est-il qu'ayant rencontré des amis, M. Stevens me dit : « Est-ce qu'il faut que je le leur dise ? » Je lui répondis : « Dites-le leur si vous voulez » et il leur raconta ce que le lieutenant-colonel Guérin venait de dire. Nous sommes allés prendre une tasse de thé dans un café et tout le monde a parlé des aveux. J'étais à cette époque employé comme sous-chef à la direction des services administratifs. En me rendant à mon bureau, je rencontrai des officiers d'Etat-major qui me dirent : « Eh bien, monsieur l'intendant, vous qui demeurez près de l'Ecole Militaire, quoi de nouveau ? » Je répondis : « Oh ! rien, rien de nouveau. Ah ! si, cependant : on dit que Dreyfus aurait fait des aveux. » Dans la même matinée, j'ai vu un officier supérieur — il me semble bien que c'était le commandant Picquart, mais je ne puis pas l'affirmer et peut-être bien est-ce le commandant Mercier-Milon — qui est venu me dire : « On prétend

que vous savez quelque chose sur les aveux de Dreyfus. » Je ra-
contai alors la conversation que j'avais eue avec Guérin en ajoutant : « Je ne sais pas autre chose ; allez l'interroger si vous voulez
en savoir davantage. » Ce n'est qu'en 1898 que j'ai fait ma déposition ; je l'ai faite d'une façon spontanée ou plutôt le mot n'est pas
tout à fait exact. Voici ce qui s'est passé. Après la séance où
M. Cavaignac avait été interpellé, je rencontrai des officiers et l'on
parla des aveux. Je dis alors : « Mais ces aveux, tout le monde les
connaît ; le général Saussier en a reçu le compte rendu par le colonel Guérin, Lebrun-Renault en a parlé ». On m'a dit alors : « Mais
votre déposition aurait une certaine importance » et immédiatement j'ai demandé à être entendu. Voilà pour le premier point.

J'ai maintenant à déposer sur un second point. Je ne connaissais
pas le capitaine Lebrun-Renault, je ne l'avais jamais vu lorsque
j'ai été convoqué comme témoin au deuxième procès Zola. Je me
suis embarqué à la gare Montparnasse et je suis monté dans un
wagon où se trouvaient deux officiers qui étaient, je crois, le capitaine Anthoine et le capitaine Boullenger. Avec eux se trouvait un
officier de gendarmerie que je ne connaissais pas. J'ai fait alors un
signe à Guérin pour lui demander : « Mais qui est-ce donc que cet
officier ? » Il m'a présenté alors le capitaine Lebrun-Renault. Je
m'étais souvent posé cette question : « Mais comment se fait-il que
ce capitaine n'ait pas rapporté au Président de la République et
au Président du Conseil les aveux de Dreyfus ? » Et, préoccupé de
ne pas trouver de réponse, je lui dis immédiatement : « Ah! capitaine, ce n'est pas trop tôt que je vous tienne ; dites-moi donc
pourquoi vous n'avez pas rapporté au Président de la République
ou au Président du Conseil les aveux du capitaine Dreyfus ? » Le
capitaine, sans prendre le temps de la réflexion, sans hésitation,
m'a répondu : « Ma foi, monsieur le contrôleur, je vais vous dire
ce que j'ai dit déjà à plusieurs personnes : Je n'en ai pas parlé
parce que, pendant que j'étais dans un salon à l'Elysée, à travers
une porte capitonnée, j'ai entendu dans une pièce voisine quelqu'un
qui disait : « Ah! ce sale gendarme, ce cogne qui commet des
« indiscrétions avec la presse, il pourrait lui en cuire. » C'est sur ces
derniers mots que j'ai été introduit. J'ai répondu aux questions
que l'on me posait et je suis parti. » Je répondis au capitaine
Lebrun-Renault : « Je n'aurais pas fait comme vous ; j'aurais raconté au Président de la République ce qui s'était passé ; j'espère
bien que vous allez le dire. » Le procès Zola n'a pas lieu ; le capitaine Lebrun-Renault est appelé devant la Chambre criminelle. Je

me trouvais là le jour où il a été entendu et je lui dis : « Eh bien ! avez-vous songé à le dire ? » Il me répondit qu'il n'y avait pas pensé et je repris : « J'en suis fâché, et puisque vous ne l'avez pas dit, c'est moi qui vais le dire. » J'ai déposé sur les aveux, puis j'ai dit au Président de la Chambre criminelle : « Voilà ce que je sais de la bouche du capitaine Lebrun-Renault, voilà ce que j'ai entendu lorsque j'ai été convoqué au procès Zola. » Je ne sais pas autre chose.

M⁰ LABORI. — Monsieur le président, voudriez-vous poser à M. le général Gonse une question se rattachant aux aveux ? Pourriez-vous lui demander si, quand M. le colonel Picquart l'a entretenu de l'innocence de Dreyfus, il lui a opposé les aveux rapportés par le capitaine Lebrun-Renault ?

LE PRÉSIDENT. — Quand nous aurons terminé la déposition de M. le contrôleur, nous entendrons M. le général Gonse. (Au témoin.) C'est bien de l'accusé ici présent que vous avez entendu parler ?

M. LE CONTROLEUR GÉNÉRAL PEYROLLES. — Je ne me rappelle pas avoir vu le capitaine Dreyfus.

LE PRÉSIDENT. — Accusé, levez-vous. Vous n'avez pas d'observation à faire ?

LE CAPITAINE DREYFUS. — Comme observation générale, je n'en ai pas à faire d'autre que celle que j'ai faite tout à l'heure. Seulement, j'ai entendu qu'on me prêtait ces paroles : « Dans trois ans, mon procès sera révisé. » Je ne comprends pas ; jamais je n'ai prononcé ces paroles, et jamais je n'ai pensé que mon procès serait révisé dans trois ans.

Je crois, mon colonel, que vous possédez des lettres de moi, adressées au chef d'état-major général de l'armée, dans lesquelles je rappelai cette conversation avec le commandant du Paty de Clam après ma condamnation, dans lesquelles j'explique précisément quelle était ma pensée sur ces deux ou trois ans au bout desquels j'espérais qu'on reconnaîtrait mon innocence, car, comme je le disais, j'espérais qu'on poursuivrait les recherches.

Dans l'intérêt de la vérité, je serais très heureux, mon colonel, si vous donniez connaissance de ces lettres, si c'était possible.

LE PRÉSIDENT. — On les recherchera. Mais enfin, pourquoi trois années ?

LE CAPITAINE DREYFUS. — Mais, mon colonel, c'est ce que je dis précisément dans ces lettres. Je vous ferai simplement remarquer que, lorsque j'ai demandé au commandant du Paty de Clam d'employer immédiatement tous les moyens d'investigation possibles dont il pouvait disposer, dont un gouvernement pouvait disposer pour faire immédiatement la lumière, il me répondit : « Il y a des intérêts supérieurs en cause ; on ne peut pas employer ces moyens d'investigation décisifs, parce que c'est une chose extrêmement délicate. » Les moyens d'investigation que je demandais, c'était, soit par les attachés militaires, soit par voie diplomatique. Il me répondit : « Je verrai le ministre, je lui demanderai de poursuivre les recherches ; je vous le promets. »

Le président. — Tout cela n'explique pas ces trois ans.

Le capitaine Dreyfus. — Voulez-vous me permettre ?... Quand il m'a répondu qu'on ferait des recherches, j'ai dit : « J'espère bien qu'avant deux ou trois ans, — je ne pouvais pas fixer de limites, j'ai dit cela absolument comme une chose quelconque, un, deux ou trois ans, — j'espère bien qu'avant deux ou trois ans, on reconnaîtra mon innocence. »

Je vous demanderai la permission de faire remarquer que, dans des lettres adressées au chef d'état-major général de l'armée, j'ai rappelé tous ces faits, et que, par conséquent, dans mon esprit, mes paroles n'avaient pas du tout le sens que la malveillance leur a prêté. Voilà, mon colonel, tout ce que j'avais à dire.

Le président. — Nous allons entendre maintenant M. le général Gonse. Me Labori, voulez-vous renouveler la question que vous m'avez prié tout à l'heure de lui poser ?

Me Labori. — Monsieur le président, je désirerais que vous demandiez à M. le général Gonse si, lorsque le colonel Picquart l'a entretenu des constatations qu'il avait faites à la fois sur le bordereau et sur le dossier secret, et qu'il lui a parlé de l'innocence possible du capitaine Dreyfus, M. le général Gonse a répliqué au colonel Picquart en lui parlant des aveux qui auraient été rapportés par le capitaine Lebrun-Renault ?

Le président. — Avez-vous opposé la question des aveux aux raisons du commandant Picquart en faveur de la revision du procès ?

Le général Gonse. — Non, monsieur le président. Je n'en ai pas parlé, parce que je n'avais pas à discuter la question de l'innocence ou de la culpabilité de Dreyfus. J'avais toujours dit au colonel Picquart, et je le lui ai toujours répété, qu'il fallait distinguer l'affaire Dreyfus avec l'affaire Esterhazy. Par conséquent, il n'était nullement dans ma pensée de discuter la question des charges plus ou moins graves qui avaient pu être relevées contre le capitaine Dreyfus. Par conséquent, je ne lui ai pas parlé de la question des aveux et je n'avais pas à en parler.

Me Labori. — Pour permettre au Conseil d'apprécier quel était exactement à ce moment l'état d'esprit du général, je vous prierai, monsieur le président, de vouloir bien ordonner, en vertu de votre pouvoir discrétionnaire, la lecture des quatre ou cinq lettres échangées à ce moment entre le général Gonse et le colonel Picquart.

LE PRÉSIDENT. — Voulez-vous bien indiquer les pages?

Mᵉ LABORI. — Elles sont dans le dossier de l'instruction Tavernier. Je les ai ici, si monsieur le greffier veut les lire sur le volume.

Mᵉ Labori fait passer au greffier le volume.

Elles sont dans le dossier, ou de l'instruction Tavernier ou de l'instruction Fabre. Du reste, je crois que le texte n'en sera pas contesté.

LE GREFFIER COUPOIS, *lisant.* — « Mon cher Picquart, j'ai reçu... »

LE GÉNÉRAL GONSE. — Il serait bon, monsieur le président, de relire les lettres du colonel Picquart, parce qu'il me semble qu'il serait intéressant que les lettres soient lues ensemble.

Mᵉ LABORI. — Elles y sont.

LE PRÉSIDENT. — Lisez par ordre chronologique.

LE GREFFIER COUPOIS. — Voici ce qui précède immédiatement cette lettre :

« Nous avons pu nous procurer la correspondance échangée entre le général Gonse... »

Il n'y a là, je crois, que les lettres de M. le général Gonse.

Mᵉ LABORI. — Il y a deux lettres du général Gonse et deux lettres du colonel Picquart ; je ne suis pas sûr qu'il n'y ait pas une lettre précédant celles-là. Si le général Gonse croit qu'il y a une lettre précédente, on pourrait la rechercher dans le dossier Fabre et Tavernier.

LE PRÉSIDENT. — Lisez les lettres dans l'ordre chronologique.

LE GREFFIER, *lisant :*

« Lettres du général Gonse :

« Mon cher Picquart,

» J'ai reçu votre lettre du 5... »

LE GÉNÉRAL GONSE. — Cette lettre indique qu'il y a une lettre de Picquart du 5, il faudrait la lire.

LE PRÉSIDENT. — Donnez-en lecture si cela est possible.

LE GREFFIER. — Je ne l'ai pas sous la main ; il faudrait que j'aille la rechercher dans le dossier Tavernier, que je n'ai pas là.

LE PRÉSIDENT. — Quand nous aurons les documents sous la main, nous les lirons ; nous en prendrons connaissance demain.

Mᵉ Demange. — Peut-être serait-il bon, monsieur le président, d'entendre maintenant le témoin Forzinetti, puisque nous en sommes à la question des aveux.

Le président. — Faites entrer le commandant Forzinetti.

QUATRE-VINGT-CINQUIÈME TÉMOIN

M. LE COMMANDANT FORZINETTI (Ferdinand),
60 ans, commandant en retraite.

Le président, à la défense. — Sur quels points désirez-vous entendre le témoin?

Mᵉ Demange. — A la Cour de cassation on a posé à M. le commandant Forzinetti la question de savoir s'il était au courant d'incidents postérieurs à la dégradation de Dreyfus, qui seraient parvenus à sa connaissance, se référant à un entretien qu'il a eu avec le capitaine Lebrun-Renault.

Le président. — Veuillez nous faire votre déposition sur ce point.

Mᵉ Demange. — Je veux parler de la conversation que le commandant Forzinetti aurait eue avec le capitaine Lebrun-Renault dans le courant de l'année 1897.

Le commandant Forzinetti. — En novembre 1897, j'ai rencontré le capitaine Lebrun-Renault. Je lui ai demandé s'il était exact que Dreyfus lui ait fait des aveux; il m'a dit qu'il n'en avait jamais fait, qu'il avait au contraire protesté de son innocence. (*Mouvement prolongé.*)

Il me répondit exactement ceci : « Jamais Dreyfus n'a fait aucun aveu. J'ai même été très ennuyé parce que j'ai été appelé au ministère de la guerre et à la présidence de la République où j'ai dit que Dreyfus ne m'a fait aucun aveu. »

Plus tard, lors du procès Zola, appelé à la barre des témoins, Mᵉ Labori voulut me faire poser une question par le président et me demander s'il était à ma connaissance que Dreyfus ait jamais fait des aveux. Le président ne voulut pas poser la question et c'est alors que Mᵉ Labori dit : « Dans ces conditions, je renonce à l'audition des autres témoins. »

Dans le couloir des témoins, je rencontrai M. Lebrun-Renault; je l'avisai et je lui dis en faisant allusion à un article qui avait paru dans le *Temps* et qui reproduisait une interview du député, M. Chaulin-Servinière : « Capitaine Lebrun-Renault, vous ne m'avez jamais rien dit ; est-il vrai que vous ayez dit à M. Chaulin-Servinière que vous m'aviez fait part des aveux de Dreyfus alors que vous ne m'avez absolument rien dit au sujet de Dreyfus ? » M. Lebrun-Renault ne répondit pas ; il s'en fut. Alors, le saisissant par le bras, je lui dis : « Si les propos que l'on vous prête sont exacts, vous êtes un infâme menteur. » (*Sensation.*)

Le général Gonse lui-même assistait à la scène.

Me DEMANGE. — Voulez-vous prier M. Forzinetti de renseigner le Conseil sur l'attitude et l'état d'esprit du capitaine Dreyfus pendant son séjour au Cherche-Midi avant et après la condamnation ?

M. FORZINETTI. — Avant de répondre à cette question, je désirerais parler du capitaine d'Attel que j'ai intimement connu.

On a prétendu qu'il avait dit avoir reçu des aveux, les avoir lui-même entendus. Or, j'étais intimement lié avec lui quand il était capitaine attaché au corps d'armée en Algérie où moi-même je commandais un établissement. Il venait souvent déjeuner chez moi. Nous nous sommes vus également plus tard à Paris quand il était attaché à l'Etat-Major général et que je commandais les prisons de la Seine. Nous avons souvent parlé ensemble de la condamnation de Dreyfus et jamais la capitaine d'Attel ne m'a dit avoir reçu ou entendu des aveux. Le capitaine d'Attel était d'un caractère excessivement froid, d'une intelligence remarquable, puisqu'il sortait de l'Ecole de guerre. Il est certain pour moi que s'il avait reçu des aveux, il les aurait communiqués par un rapport à ses chefs.

LE PRÉSIDENT. — Vous avez dit que jamais il ne vous avait parlé des aveux ; mais a-t-il protesté devant vous contre la scène des aveux ?

M. FORZINETTI. — Si les aveux avaient été réellement reconnus par lui, il me l'aurait dit et il aurait cherché à me détromper quand je lui disais ma conviction au sujet de Dreyfus.

LE PRÉSIDENT. — Mais vous a-t-il dit que Dreyfus n'avait pas fait d'aveux, que les bruits qui couraient à ce sujet étaient faux, que c'était faussement qu'on lui imputait des aveux ?

M. FORZINETTI. — Non, il ne m'a pas dit cela. Seulement, en raison de l'amitié qui existait entre nous, je suis convaincu qu'il aurait cherché à me détromper.

M. LE GÉNÉRAL ROGET, *de sa place.* — Je demanderais à être entendu. (*Rumeurs.*)

LE PRÉSIDENT. — Je vous donnerai la parole tout à l'heure.

LE PRÉSIDENT *rappelle la demande qu'il a faite au témoin de donner quelques indications sur le séjour de Dreyfus à la prison du Cherche-Midi.*

Me DEMANGE *prie le témoin de dire ce qu'il sait à ce sujet.*

LE COMMANDANT FORZINETTI. — Je vais faire l'historique de la question.

LE PRÉSIDENT. — Soyez le plus bref possible.

LE COMMANDANT FORZINETTI. — Je le serai.

Le 14 octobre 1894, je recevais un pli du ministre de la guerre m'informant que le lendemain 15, à sept heures du matin, se présenterait au Cherche-Midi un officier supérieur de l'état-major général de l'armée.

Le 15 au matin, à l'heure désignée, M. le lieutenant-colonel d'Aboville se présentait et me remettait un pli de service. Je vis que le capitaine Dreyfus (Alfred), du 14e régiment d'artillerie, stagiaire à l'Etat-Major de l'armée, serait amené au Cherche-Midi dans la matinée, comme étant inculpé du crime de haute trahison.

Le ministre de la guerre me rendait personnellement responsable de la personne du capitaine Dreyfus.

Le colonel d'Aboville me fit donner ma parole d'honneur d'exécuter les ordres tant écrits que verbaux qu'il m'avait communiqués de la part du ministre de la guerre.

Le capitaine Dreyfus devait être mis au secret le plus absolu.

Il ne devait sous aucun prétexte sortir de sa chambre ; il ne devait ni être rasé, ni se raser. Il ne devait avoir ni encre, ni plume, ni crayon.

LE PRÉSIDENT. — Vous pourriez, je crois, passer toutes ces choses et nous dire tout de suite quelle a été l'attitude, la manière d'être du prisonnier.

LE COMMANDANT FORZINETTI. — Il y a des détails qu'il est important de connaître. Le capitaine Dreyfus devait vivre à l'ordinaire des condamnés, mais, sur une observation de ma part, cette mesure fut rapportée.

Le colonel d'Aboville demanda à visiter les chambres et lui-même désigna la chambre que devait occuper Dreyfus.

Il m'enjoignit également de prendre des précautions pour que l'incarcération du capitaine Dreyfus fût tenue secrète, tant à l'intérieur de la prison qu'à l'extérieur.

Il me dit également de n'en parler à personne et me mit en défiance contre les démarches que tenterait la « haute juiverie ». Or, j'affirme n'avoir jamais vu personne.

Vers midi, le capitaine Dreyfus fut amené en fiacre, en tenue civile. Il était accompagné du commandant Henry et d'un agent de la Sûreté.

Le commandant Henry me remit l'ordre d'écrou signé de la main même du ministre. Cet ordre d'écrou était daté du 14.

LE PRÉSIDENT. — Ce que désire savoir la défense, c'est surtout l'attitude du prisonnier, ses propos, et ce que vous avez pu conclure de sa manière d'être à la prison du Cherche-Midi.

LE COMMANDANT FORZINETTI. — Il a toujours protesté de son innocence.

Me DEMANGE. — Le commandant Forzinetti a donné précisément à la Cour de cassation les détails de ses conversations avec Dreyfus, sur les entrevues du colonel du Paty de Clam avec Dreyfus, sur l'attitude de ce dernier au lendemain de la condamnation. C'est cela que nous lui demandons de nous répéter.

LE COMMANDANT FORZINETTI. — J'allais y arriver.

LE PRÉSIDENT. — Vous y arrivez un peu trop lentement.

LE COMMANDANT FORZINETTI. — Le colonel d'Aboville m'enjoignit également de ne pas rendre compte au gouverneur de Paris de l'incarcération de Dreyfus. Le 18, cependant, j'allai voir le gouverneur et je lui dis que j'avais un prisonnier d'État. — Le gouverneur me répondit : « Si vous n'étiez mon ami, je vous mettrais deux mois de prison pour avoir reçu un prisonnier sans mon ordre. » Je lui répliquai que j'étais couvert par l'ordre d'écrou du ministre.

Le 18 au soir, M. le commandant du Paty de Clam vint au Cherche-Midi porteur d'un ordre du ministre, m'enjoignant de le laisser pénétrer librement près du capitaine Dreyfus. Le commandant du Paty de Clam fit subir plusieurs interrogatoires à l'accusé.

Il demanda à le voir. Lorsqu'il était en sa présence, il lui montrait souvent des passages d'écriture en lui cachant le reste de la page et en lui disant : « Est-ce votre écriture ? »

Dreyfus niait toujours en disant : « Non, ce n'est pas mon écriture. »

Le 23, l'état mental du capitaine Dreyfus m'inspira de vives inquiétudes. J'écrivis au ministre de la guerre pour dégager ma responsabilité et le mettre au courant de la situation. Le 24, je fus appelé au cabinet du général de Boisdeffre; nous nous rendîmes ensemble, le général et moi, en traversant les cours du ministère, au cabinet du ministre. Le ministre ne put pas recevoir aussitôt le général de Boisdeffre. Nous nous assîmes sur un canapé, dans l'antichambre, et le général de Boisdeffre me dit alors : « Commandant Forzinetti, vous êtes depuis longtemps à la tête d'un établissement pénitentiaire, vous connaissez les prisonniers; que pensez-vous de Dreyfus ? » Je répondis : « Mon général, si vous ne me posiez pas la question, je me garderais bien de formuler mon avis ; mais du moment que vous me demandez mon opinion, je vous dis que Dreyfus est innocent. »

A cet instant, le ministre de la guerre appela le général de Bois-deffre. Je ne le suivis pas. Le général de Boisdeffre, sortant après, me dit, me paraissant très ennuyé : « Le ministre part ce soir pour aller assister au mariage de sa nièce. Il reviendra lundi. Il me donne carte blanche. Tâchez de me conduire Dreyfus jusque-là. Il se débrouillera ensuite avec son affaire Dreyfus. J'en conclus, dans ma pensée, que le général de Boisdeffre avait été opposé et n'avait pas contribué à l'arrestation de Dreyfus. Du moins, il me prescrivit de faire visiter...

LE PRÉSIDENT. — Parlez plus haut. Vous mettez en cause diverses personnes. Les témoins sont intéressés à savoir ce que vous dites.

LE COMMISSAIRE DU GOUVERNEMENT. — On n'entend pas.

LE COMMANDANT FORZINETTI. — Je ne puis pourtant pas parler plus fort.

LE COMMISSAIRE DU GOUVERNEMENT. — Il serait pourtant intéressant que tout le monde pût vous entendre. Vous faites une déposition ; ce n'est pas une déposition secrète, c'est une déposition publique. Il faudrait faire des efforts. (Rires.)

LE COMMANDANT FORZINETTI. — Le général de Boisdeffre me pres-crivit de faire visiter secrètement Dreyfus par le médecin de l'éta-blissement. Le lendemain, je fis appeler le docteur Defos du Rau ; je lui demandai sa parole d'honneur de tenir secrète la visite qu'il allait faire. Je le conduisis auprès de Dreyfus ; il l'examina, il me fit un rapport, prescrivit des potions calmantes et une surveillance de tous les instants.

LE PRÉSIDENT. — Ce n'est pas cela que la défense désire savoir.

Mᵉ DEMANGE. — Voulez-vous demander au témoin si le comman-dant du Paty de Clam ne lui avait pas demandé s'il y avait au Cherche-Midi des lampes à projection assez fortes pour pouvoir surprendre Dreyfus et le « démonter » ?

LE COMMANDANT FORZINETTI. — Parfaitement.

Mᵉ DEMANGE. — Quelle réponse a faite le commandant Forzinetti ?

LE COMMANDANT FORZINETTI. — M. du Paty de Clam, après m'avoir donné l'ordre du ministre, me demanda s'il ne pouvait pas péné-trer doucement dans la chambre et si je n'avais pas une lampe à projection assez forte pour jeter des flots de lumière à la figure de Dreyfus et le démonter. Je répondis que le local ne se prêtait pas à la chose, et que d'autre part je n'avais pas de lampe; et enfin je lui manifestai mon étonnement de le voir agir ainsi.

Mᵉ DEMANGE. — Tout à l'heure, le témoin a dit que, pendant tout le temps qui s'est écoulé avant la comparution de Dreyfus devant le Conseil de guerre, Dreyfus avait protesté constamment de son innocence. Quelle a été l'attitude et quelles ont été les paroles de Dreyfus quand il a été ramené de l'hôtel du Conseil de guerre au Cherche-Midi, après sa condamnation?

LE COMMANDANT FORZINETTI. — Je l'attendais dans sa chambre. A ma vue, il s'écria : « Mon seul crime, c'est d'être né juif. Pourquoi n'ai-je pas donné ma démission, démission tant désirée par les miens! » Et il eut une crise de désespoir. Je fis de mon mieux pour le consoler et restai avec lui jusqu'à trois heures du matin, heure à laquelle je fus remplacé par l'agent principal.

Mᵉ DEMANGE. — Dreyfus avait-il des idées de suicide?

LE COMMANDANT FORZINETTI. — Il avait demandé une arme. Après la lecture du jugement, Dreyfus avait été conduit dans la salle de l'infirmerie attenant au conseil de guerre, et l'agent principal Ménétrier eut toutes les peines du monde à l'empêcher de se jeter la tête contre les murs. Dans la chambre, quand il fut revenu le soir, quand la cour a été évacuée, Dreyfus a demandé une arme; j'ai fait ce que j'ai pu pour le consoler de mon mieux.

Etant fatigué, je me suis fait relever par l'agent principal parce que j'avais reçu l'ordre d'exécuter une surveillance des plus grandes vis-à-vis de Dreyfus parce qu'on craignait qu'il ne se portât à une extrémité quelconque.

LE PRÉSIDENT, à Mᵉ Demange. — Voulez-vous indiquer le point sur lequel vous désirez que le témoin dépose?

Mᵉ DEMANGE. — Ma dernière question est celle-ci : « M. le commandant Forzinetti peut-il renseigner le conseil sur la dernière visite de M. du Paty de Clam au capitaine Dreyfus? »

LE PRÉSIDENT, au témoin. — Avant la dégradation, le colonel du Paty de Clam est-il venu voir Dreyfus? Pouvez-vous nous donner quelques détails sur ce qui s'est passé à ce moment?

LE COMMANDANT FORZINETTI. — Parfaitement. Le commandant du Paty de Clam s'est présenté ce jour-là avec un ordre du ministre pour que je le laisse pénétrer librement auprès du capitaine Dreyfus; je n'ai pas assisté à cet entretien que je n'ai connu que par la lettre et le récit de Dreyfus. Dans cette entrevue, le commandant du Paty de Clam s'est efforcé d'arracher à Dreyfus un aveu de quelque chose qui fût au moins une tentative d'amorçage.

Le commandant du Paty de Clam n'y étant pas parvenu, il aurait dit en sortant : « Si véritablement vous êtes innocent, vous êtes le plus grand martyr du siècle. » Le soir, Dreyfus écrivit une lettre au ministre de la guerre en parlant de la visite du commandant du Paty de Clam ; il terminait cette lettre en disant : « Moi parti, qu'on cherche toujours le coupable ! »

LE CAPITAINE BEAUVAIS. — Vous avez non pas assisté aux interrogatoires du capitaine Dreyfus par le commandant du Paty de Clam, mais le capitaine Dreyfus vous en rendait compte le soir.

LE COMMANDANT FORZINETTI. — Oui, mon capitaine.

LE CAPITAINE BEAUVAIS. — Dans un de ses interrogatoires, Dreyfus n'a-t-il pas demandé à être entendu par le ministre pour lui proposer qu'on l'envoie n'importe où pendant un an sous la surveillance de la police, tandis qu'on procéderait à une enquête plus approfondie ?

LE COMMANDANT FORZINETTI. — Le capitaine Dreyfus me l'a dit.

LE CAPITAINE BEAUVAIS. — Bien.

LE PRÉSIDENT *au témoin*. — C'est bien de l'accusé ici présent, que vous avez entendu parler ?

LE COMMANDANT FORZINETTI. — Oui, mon colonel.

LE PRÉSIDENT. — Accusé, levez-vous ; avez-vous des observations à présenter sur la déposition qui vient d'être faite ?

LE CAPITAINE DREYFUS. — Je n'ai qu'une observation à faire sur la déposition qu'on vient de faire. Je crois que dans l'instruction de M. du Paty de Clam — je ne crois pas que ce soit dans celle de M. d'Ormescheville, — comme je ne pouvais pas résoudre cette énigme, je me trouvais en face de M. du Paty de Clam, qui me demandait toujours : « Comment expliquez-vous cela ? Reconnaissez-vous cette écriture ? » je disais : « Ce n'est pas mon écriture ! » Il me demandait une explication et je disais : Entre les quatre murs de ma prison, je ne peux pas vous donner d'explications ; je ne sais qu'une chose, c'est que ce n'est pas mon écriture. C'est alors que je lui ai dit : « Demandez au ministre qu'on m'envoie dans un endroit quelconque pendant un an, et pendant ce temps qu'on fasse une enquête approfondie. » Maintenant, il y a un point que le commandant Forzinetti a rappelé tout à l'heure, une séance qui m'a beaucoup émotionné et que je tiens à rappeler, car je tiens à rappeler à qui je dois d'avoir fait mon devoir, à qui je dois de l'avoir suivi pendant cinq ans : Après ma condamnation, j'étais décidé à me tuer, j'étais décidé à ne pas aller à ce supplice épouvantable d'un soldat auquel on allait arracher les insignes de l'honneur ; (*Mouvement.*) eh bien, si j'ai été au supplice, je puis le dire ici, c'est grâce à madame Dreyfus qui m'a indiqué mon devoir et qui m'a dit que si j'étais innocent, pour elle et pour mes enfants, je devais aller au supplice la tête haute ! Si je suis ici, c'est à elle que je le dois, mon colonel. » (*Sensation profonde.*)

(*Le capitaine Dreyfus se rassied en pleurant*). — *Vive émotion.*

LE COMMANDANT FORZINETTI. — C'est exact. Dans la dernière entrevue que le capitaine Dreyfus a eue avec madame Dreyfus, le capitaine Dreyfus lui a dit : Pour toi et pour mes enfants, je subirai le calvaire de demain. Ce sont là les propres paroles qu'a dites le capitaine Dreyfus, la dernière fois qu'il a vu sa femme au Cherche-Midi.

LE PRÉSIDENT. — Avez-vous nié avoir entendu les aveux de Dreyfus ?

LE CAPITAINE LEBRUN-RENAULT. — La déclaration du commandant Forzinetti est exacte. Je lui ai dit en effet : « Je ne sais rien, je ne puis vous dire si Dreyfus a fait des aveux. » (*Sensation.*)

M. Chaulin-Servinière s'était permis de faire un article de polémique, où il prétendait que M. Forzinetti avait menti et que je n'avais pas dit telle chose. Alors, M. Forzinetti est venu me trouver. Il m'a cherché et m'a rencontré sur le boulevard.

LE COMMANDANT FORZINETTI. — D'abord ce n'est pas sur le boulevard.

LE PRÉSIDENT. — Veuillez vous adresser à moi.

LE COMMANDANT FORZINETTI. — Ce n'est pas sur le boulevard que j'ai rencontré le capitaine Lebrun-Renault.

LE PRÉSIDENT. — Si ce n'est pas sur le boulevard, où était-ce ?

LE COMMANDANT FORZINETTI. — C'était au cercle de la rue Vivienne.

LE CAPITAINE LEBRUN-RENAULT. — Oui, mon colonel, M. Chaulin-Servinière ne savait pas que j'avais reçu l'ordre de me taire. Cela a fait un quiproquo et c'est alors que le commandant Forzinetti est venu me chercher querelle, je ne sais pourquoi.

LE PRÉSIDENT. — Vous deviez écouter les ordres de vos chefs.

LE GÉNÉRAL ROGET. — Monsieur le président, je pourrais peut-être expliquer les raisons du silence qu'a gardé le commandant d'Attel, vis-à-vis du commandant Forzinetti. Je vous prierai, monsieur le président, de demander à M. Forzinetti, qui était très lié avec le commandant d'Attel, s'il sait où le commandant d'Attel demeurait à Paris.

LE COMMANDANT FORZINETTI. — Je ne puis le dire.

LE PRÉSIDENT. — Vos liaisons n'étaient pas alors très intimes.

LE GÉNÉRAL ROGET. — J'étais très lié, moi, avec le commandant d'Attel.

LE COMMANDANT FORZINETTI. — J'étais aussi lié que vous avec le commandant d'Attel.

LE PRÉSIDENT. — Vous n'avez pas la parole.

LE GÉNÉRAL ROGET. — Je me suis trouvé à Alger en garnison avec le commandant Forzinetti et le capitaine d'Attel. Le commandant Forzinetti, commandait le pénitencier. Le capitaine d'Attel était officier d'ordonnance du général Delebecque, qui commandait le 19e corps d'armée. J'avais des relations personnelles avec le général Delebecque qui voulait bien m'honorer de son amitié. J'y voyais souvent le commandant d'Attel, car il était traité comme l'enfant de la maison. Or, jamais le commandant d'Attel ne m'a parlé du commandant Forzinetti. Jamais je n'ai su qu'il était en relations avec le commandant d'Attel. Je suis rentré en France en 1890 et j'ai été appelé peu après à Paris en 1891. J'habitais rue de Champigny, derrière l'église Sainte-Clotilde. Le commandant d'Attel, demeurait rue Casimir-Perier, presque à ma porte. Je rencontrais très souvent le commandant d'Attel, puisque nous avions les mêmes heures de bureau. Nous nous rencontrions souvent dans la rue Casimir-Périer qui était notre itinéraire commun. Nous avons eu souvent occasion de parler de nos relations d'Alger ; les officiers d'Alger étaient venus à Paris. Jamais il ne m'a parlé du commandant Forzinetti. Je dois ajouter que le commandant d'Attel était un officier très froid, extrêmement réservé, pas communicatif du tout ; c'est à peine s'il venait me saluer. Il ne se liait pas très facilement et il ne faisait de confidences à personne. C'est tout ce que j'avais à dire.

LE PRÉSIDENT, s'adressant au commandant Forzinetti. — Avez-vous quelques observations à présenter ?

LE COMMANDANT FORZINETTI. — Ce que M. le général Roget a dit par rapport au caractère du commandant d'Attel est exact. Je suis persuadé que si d'Attel, qui était un officier remarquable, d'une très grande intelligence, d'un esprit pondéré, je suis persuadé que s'il avait reçu des aveux, il se serait empressé de les consigner dans un rapport et de les signaler à ses chefs. Puisqu'on a parlé de ces aveux, je trouve étonnant qu'au ministère de la guerre on n'ait pas envoyé un officier à la prison de la Santé où était le capitaine Dreyfus pour l'interroger à ce sujet.

LE PRÉSIDENT. — C'est là une appréciation personnelle sur la manière de faire d'un ministre, ce n'est pas un témoignage.

LE COMMANDANT FORZINETTI. — On était intéressé à avoir la confirmation de ces aveux et je suis étonné que cela n'ait pas été fait car c'était le seul moyen d'arriver à connaître la vérité.

LE GÉNÉRAL DE BOISDEFFRE. — Je n'ai pas la prétention de me rappeler exactement la conversation que j'ai pu avoir il y a cinq ans et les paroles qui ont été prononcées, mais je suis absolument sûr de ce qu'a dit M. le commandant Forzinetti, que j'ai dit : « Quelle est l'attitude du capitaine Dreyfus ? » C'est tout à fait exact.

Maintenant, je suis également certain que le commandant ne m'a pas dit : « Le capitaine Dreyfus est aussi innocent que moi, il est innocent. » Le commandant Forzinetti (j'ai rappelé mes souvenirs avec le plus grand soin en lisant sa déposition à la Cour de cassation) ne m'a pas dit que Dreyfus fût coupable, il m'a laissé l'impression qu'il disait : « Je ne peux pas dire qu'il soit coupable. » Il y a peut-être une superposition de mémoire chez lui en ce moment-ci, mais jamais il ne m'a dit : « Le capitaine Dreyfus est aussi innocent que moi » ou « Je suis sûr qu'il est innocent ».

Second point. Je crois avoir retenu dans la déposition que je viens d'entendre du commandant Forzinetti l'impression que je lui ai produite en sortant du cabinet du ministre, alors qu'il est venu me dire que Dreyfus était gravement malade et qu'il m'a demandé quelle mesure il fallait prendre pour le soigner. Je suis sorti du cabinet du ministre qui allait partir, étant extrêmement préoccupé. J'avais des motifs pour cela, puisque le commandant Forzinetti était venu me déclarer que Dreyfus était en danger de mort. J'avais donc en présence de ma conscience le fait de faire respecter la décision de la justice militaire et le fait de faire donner au capitaine Dreyfus les soins dont il avait besoin. J'ai donc manifesté une très vive préoccupation pour concilier les deux choses ; mais le commandant Forzinetti n'a pas le droit de dire que j'étais opposé aux mesures prises ; c'est une appréciation qui lui appartient et devant laquelle je tiens à rétablir la vérité devant le conseil.

LE COMMANDANT FORZINETTI. — Je n'ai pas dit que vous étiez opposé aux décisions prises, j'ai indiqué que dans ma pensée...

LE PRÉSIDENT. — C'est une appréciation personnelle et non pas un fait.

LE COMMANDANT FORZINETTI. — Je maintiens ma déclaration.

M. le capitaine Anthoine revient à la barre sur sa demande.

LE CAPITAINE ANTHOINE. — Je désirerais dire un mot au sujet

de mes relations d'amitié avec le capitaine d'Attel. Voici dans quelles conditions je suis devenu l'ami du capitaine d'Attel. Nous étions ensemble dans une compagnie de la légion au Tonkin, et là, des relations ont existé entre nous. Nous avions dans le fond du cœur confiance l'un dans l'autre et de l'estime l'un pour l'autre. Je crains bien que M. le commandant Forzinetti n'ait jamais été dans les mêmes relations avec le capitaine d'Attel.

LE COMMANDANT FORZINETTI. — Je n'ai pas fait campagne avec lui, mais je vous affirme à nouveau que M. d'Attel venait souvent déjeuner chez moi. Nous nous sommes rencontrés à Saint-Denis où il était en garnison et où j'allais souvent pour voir ma fille à la Légion-d'Honneur. Nous avons déjeuné ensemble au Café Américain deux ou trois fois.

LE CAPITAINE ANTHOINE. — Ce sont des faits contre lesquels je n'ai rien à dire.

LE CAPITAINE BEAUVAIS. — Vous avez vécu avec le capitaine Dreyfus pendant deux ans à l'Ecole Polytechnique ?

LE CAPITAINE ANTHOINE. — J'ai vécu avec lui pendant un an à Polytechnique et un an à Fontainebleau.

Me DEMANGE. — Le général de Boisdeffre a indiqué qu'à un moment donné il avait été préoccupé de l'état de santé du capitaine Dreyfus.

Voulez-vous demander, monsieur le président, à M. Forzinetti s'il maintient ce qu'il a dit à la Cour de cassation au sujet de cet état de santé ? A la page 219, vous verrez les lignes que voici :

Du 15 au 24, le capitaine Dreyfus ne prit aucun aliment solide. Pendant ces quelques jours, il ne prit que du bouillon ou du vin sucré.

Pendant cette période de temps, on l'entendait du corridor pleurer, gémir, protestant à haute voix encore de son innocence ; il marchait dans sa chambre et se buttait contre le mur sans en avoir conscience, car à un moment il s'était abîmé le front.

Le 24, son état mental m'ayant paru très inquiétant, j'en rendis compte directement au ministre.

LE PRÉSIDENT, au commandant Forzinetti. — Maintenez-vous cette déposition ?

LE COMMANDANT FORZINETTI. — Parfaitement, c'est exact. J'ai été avisé par l'agent principal, dont la chambre était contiguë à celle de Dreyfus, qu'il l'entendait, sans même sortir dans le corridor, gémir et pleurer. C'est ce dont m'a rendu compte l'agent principal.

LE PRÉSIDENT. — C'est tout ce que vous désiriez, monsieur le défenseur ?

Me DEMANGE. — C'est tout.

LE PRÉSIDENT. — Les débats sont suspendus pour être repris demain à six heures et demie.

La séance est levée à onze heures et demie.

DIX-HUITIÈME AUDIENCE

Vendredi 1er septembre 1899.

L'audience est ouverte à six heures trente.

LE PRÉSIDENT. — Introduisez l'accusé.

L'accusé est introduit.

LE PRÉSIDENT. — Dans une séance précédente, Me Labori m'a demandé de faire prendre des renseignements sur la valeur morale d'un témoin ; je n'aurais pas accédé à ce désir si le témoin n'avait pas lui-même formellement demandé que ces renseignements fussent donnés. Ils me sont parvenus, nous allons en donner lecture.

Monsieur le greffier, veuillez donner lecture de cette pièce.

M. LE GREFFIER COUPOIS *donne lecture des pièces suivantes :*

Je soussigné, maire de la commune de Servigny, canton de Saint-Malo-de-la-Lande, déclare par les présentes que M. Charles du Breuil est un propriétaire habitant ma commune où il exploite une terre de 43 hectares. La Bergerie lui appartient. Il n'est et n'a jamais été marchand de chevaux ; comme tout agriculteur, il fait vendre les produits de son exploitation dans les foires du pays. J'ajoute que M. du Breuil est de la plus haute honorabilité ; sa famille est une des plus anciennes du pays, où elle jouit, comme lui, de l'estime et de la considération générale.

En foi de quoi je lui ai délivré le présent, etc...

LE PRÉSIDENT. — Donnez lecture de la lettre de M. le Procureur de la République.

M. LE GREFFIER COUPOIS *lit la lettre suivante :*

Monsieur le Juge de Paix, je vous communique la lettre ci-jointe, que M. le Président du Conseil de guerre m'a fait parvenir. Il demande des renseignements sur M. du Breuil, ancien magistrat, demeurant à Servigny ; je vous prie de vouloir bien m'adresser les renseignements demandés.

Réponse de M. le Juge de Paix :

L'an 1899, le 27 août,

A Servigny, Nous, François-Alphonse Delaunay, Juge de Paix du canton de Saint-Malo-de-la-Lande,

Vu la lettre de M. le Président du Conseil de guerre à la date du 24 août courant, adressée à M. le Procureur de la République de Coutances pour avoir des renseignements sur la valeur morale d'un témoin entendu au procès de Rennes,

Vu la lettre à nous adressée par M. le Procureur de la République de Coutances, en date du 25 courant, nous transmettant celle de M. le Président du Conseil de guerre siégeant à Rennes et nous demandant de fournir des renseignements, nous nous sommes transporté à la commune de Servigny, au domicile de M. Robert, maire de cette commune; nous l'avons trouvé chez lui; nous lui avons fait part de notre mission et, après lui avoir donné connaissance des deux lettres ci-dessus énoncées, il nous a fait les déclarations suivantes :

Il nous a d'abord déclaré s'appeler Emile-Eugène Robert, 52 ans, propriétaire, maire et demeurant à Servigny ensuite il nous a déclaré ce qui suit : « Depuis six ou sept ans, M. Charles du Breuil, ancien magistrat, est venu habiter la commune de Servigny où il exploite une terre appelée La Bergerie, d'une contenance de 43 hectares, 11 ares, 14 centiares. Il a acheté cette propriété de M. le comte de Morville. M. du Breuil est séparé de corps d'avec sa femme, et peut-être même divorcé ; n'a pas d'enfants.

» Je n'ai reçu contre lui, depuis qu'il habite la commune, aucune plainte ; il est honorable, il appartient à une très bonne famille ; il jouit de l'estime publique et on le considère comme incapable de ne pas dire la vérité devant la justice. »

M. le maire de Servigny a signé avec nous la présente déclaration qu'il affirme sincère et véritable.

Après lecture, comme suite à la déclaration qui précède, le Juge de Paix soussigné ajoute qu'il est à sa connaissance que la famille de M. du Breuil est très honorable, que son père a exercé la profession d'avocat à Coutances très dignement pendant plus de vingt ans.

Il a été non seulement membre du Conseil de l'ordre, mais encore plusieurs fois bâtonnier. Il était très estimé et populaire au palais. Il a quitté Coutances il y a vingt-trois ou vingt-quatre ans pour se retirer dans sa propriété de Monville, sa commune natale, dont il a été maire, fonction qu'il a conservée jusqu'en 1898, époque où il l'a résignée par suite de son âge avancé.

Fait et clos à Servigny les dits jours, mois et an que dessus.

Me DEMANGE. — Monsieur du Breuil avait dit qu'il ferait parvenir au Conseil l'arrêt de la Cour de Caen auquel j'avais fait allusion ; M. le Président ne l'a pas reçu ?

M. DU BREUIL. — Je demande la parole.

LE PRÉSIDENT. — Vous avez la parole pour faire une simple observation sur l'incident. Mais je vous prie de ne pas revenir sur le fond.

M. DU BREUIL. — Je n'abuserai pas des instants du Conseil. Je vais déposer ainsi que je l'ai promis, entre les mains du Conseil, le dossier complet de l'affaire, le jugement de Coutances et l'arrêt de la Cour de Caen. Permettez-moi en attendant, de vous donner lecture d'une lettre que j'ai reçue à ce sujet de mon adversaire, M. le comte de Morville :

> Monsieur,
>
> Je viens de voir votre nom dans les journaux au sujet du procès de Rennes. J'ai été fort étonné de voir la défense vous reprocher notre différend au sujet du cheval que vous m'aviez vendu. Je tiens à vous dire que je vous ai toujours considéré comme un adversaire loyal.
>
> Veuillez croire à mes sentiments très distingués.
>
> COMTE DE MORVILLE, maire de Fleury.

27 août 1899.

Je verse cette lettre au dossier.

Permettez-moi encore quelques mots. Je serai très bref.

LE PRÉSIDENT. — Je vous en prie, soyez bref sur cet incident, que quant à moi, je considère comme vidé.

M. DU BREUIL. — Je vous remercie de votre bienveillance. Me Labori, par un procédé que, par respect pour vous, je ne qualifierai pas ici, m'a très violemment interpellé et a voulu me faire passer pour un témoin de la dernière heure, ce qui veut dire pour un témoin qui ne dit pas la vérité.

Or, en 1885 et 1886, j'étais peut-être le seul qui pût avoir des soupçons sur les agissements criminels de Dreyfus.

En 1885 et 1886, j'ai fait part de ces soupçons à un de mes amis intimes. Cet ami est M. Leduc, sculpteur, domicilié à Paris, 72, rue Laugier, maire de la commune d'Asnières, dans le Calvados, arrondissement de Bayeux.

Voici la lettre que M. Leduc m'a adressée à ce sujet. Il est tout disposé, sur votre appel télégraphique, monsieur le président, à venir confirmer ces faits devant vous.

LE PRÉSIDENT. — Non, c'est inutile.

M. DU BREUIL. — Voici cette lettre :

> Je ne suis pas allé chercher ce matin L... et regrette bien que vous ne puissiez vous joindre à nous pour demain.
>
> En outre, nous avons parlé de votre déposition à Rennes et j'ai raconté à L... tout ce que je savais, comme depuis quelques jours je l'ai raconté à diverses personnes.
>
> En 1886, vous m'avez parlé de votre rencontre avec un certain M. Bodson et de la façon dont vous vous êtes liés.

Quelques jours après, vous êtes parti pour vous occuper d'une élection en Normandie et vous avez prié ce M. Bodson de monter votre cheval pendant votre absence.

A votre retour, vous avez constaté que la bouche du cheval avait été meurtrie par ce cavalier d'occasion.

Pendant une autre absence, vous m'avez prié de monter votre cheval, me disant que vous ne vouliez plus le confier à ce monsieur, quoique ce fût un homme charmant, auquel vous désiriez me présenter.

Quelques jours après, vous m'avez dit que non seulement vous ne me le présenteriez pas parce que madame Bodson n'était pas une honnête femme, mais que vous vous étiez aperçu qu'elle était la maîtresse d'un officier qui vous déplaisait à cause de ses relations trop intimes avec des Allemands qui fréquentaient cette maison, mais que vous ne vouliez plus y aller, ne comprenant pas toujours ce qui s'y disait... »

C'était en effet parce qu'on y parlait allemand.

... Voilà tout. Nous n'avons jamais plus parlé de cette affaire à laquelle je n'ai attaché à ce moment-là, pas plus que vous, aucune importance; cela eût été difficile, puisque depuis quatre ans à mon grand regret, les circonstances ont fait que je n'ai pas eu depuis le plaisir de vous voir.

Voilà ce que j'ai dit à L... ce midi, avant d'avoir votre lettre dans laquelle vous me demandez de préciser mes souvenirs. Je la trouve en rentrant et m'empresse d'y répondre par la seule relation de cette conversation. L... s'offre à signer et j'accepte. Quant à douter de votre loyauté et de votre véracité nous sommes tous indignés qu'on y ait jamais songé et surtout que ce soit du côté de ceux qui font état de la déposition de Weill que le doute se soit élevé. On ne se souvient donc plus de l'incident des courses de Trouville ?

Faites, cher ami, de cette lettre tel usage qu'il vous plaira. Je m'en voudrais d'avoir l'air de tenter de vous défendre. Vous avez comme toujours dit la vérité et j'affirme que vous m'avez, en 1886, tenu le propos que je rapporte plus haut.

LE PRÉSIDENT. — Veuillez verser cette lettre au dossier.

M. DU BREUIL. — J'en ai fini avec ma défense personnelle, et vous remercie du plus profond de mon cœur, monsieur le président, de m'avoir donné l'occasion de la fournir au grand jour de l'audience publique. Il me reste une prière, c'est de vouloir bien demander à l'accusé de préciser à quelle époque il a terminé ses relations avec la famille Bodson. Il nous a dit l'autre jour que par discrétion il ne voulait pas parler des relations qu'il avait eues avec madame Bodson, je le comprends; mais il n'en est pas de même pour M. Bodson.

LE PRÉSIDENT, *à l'accusé*. — Veuillez nous dire à quelle époque vous avez cessé vos relations avec la famille Bodson ?

LE CAPITAINE DREYFUS. — J'ai terminé mes relations avec la famille Bodson en 1886 ou 1887, je ne me rappelle plus exactement la date, certainement bien avant 1889. En 1888 je n'avais plus de relations avec eux.

M. DU BREUIL. — Dans le compte-rendu sténographique de ma déposition j'ai remarqué que le capitaine Dreyfus dans sa réponse avait dit qu'il avait cessé ses relations en 1886 ; or, dans un petit voyage que j'ai pu faire en Normandie, j'ai été mis en relations par des amis indignés, avec deux témoins nouveaux qui m'ont donné des renseignements précis au sujet des relations de Dreyfus avec la famille Bodson. Ces deux témoins sont deux anciens valets de chambre de la famille Bodson. (*Bruit.*)

Je n'apporterai pas ici, monsieur le président, des potins d'antichambre ; je laisserai de côté toutes les choses inutiles qui m'ont été dites par ces hommes, mais il m'a été affirmé par l'un d'eux que jusqu'en 1887, Dreyfus fréquentait la maison Bodson et surtout l'après midi, quand M. Bodson était absent. (*Rumeurs.*)

La véracité de ces témoins ne peut pas être mise en doute, monsieur le président...

LE PRÉSIDENT. — N'entrons pas dans des détails semblables !

M. DU BREUIL. — Et vous allez en avoir immédiatement la preuve : voici un certificat qui m'a été remis par un de ces hommes et qui lui avait été remis par M. Bodson lui-même :

« Je certifie que le sieur Alcide Guérin a été à mon service comme valet de chambre depuis le mois de septembre 1887.

» Je certifie également que j'ai obtenu sur son compte, dans la dernière maison où il est resté deux ans, de très bons renseignements.

» Paris, 27 novembre 1887,

» BODSON, 90, avenue Malakoff. »

LE CAPITAINE DREYFUS. — Je trouve indigne de venir ici parler de relations personnelles que j'ai pu avoir avec madame Bodson ! Je le déplore profondément : cela ne regarde personne !

LE PRÉSIDENT. — Il est inutile d'entrer dans des détails pareils, qui n'ont rien à voir avec l'affaire. L'incident est clos. Faites entrer le témoin suivant.

LE CAPITAINE DREYFUS. — J'affirme que je ne me suis pas rencontré chez cette personne avec des personnes étrangères. J'affirme encore une fois que je ne me suis pas rencontré chez cette personne avec des.personnes étrangères ; j'affirme encore une fois que je n'ai jamais rencontré de personnes étrangères chez madame Bodson, et je vous demande, mon colonel, de faire faire toutes enquêtes nécessaires pour faire éclater la vérité.

LE LIEUTENANT-COLONEL GENDRON. — Je demande la parole pour dire un mot seulement : Voulez-vous demander à l'accusé, en admettant les principes qu'il vient d'émettre, de quel droit il a indiqué mon nom ? Il ne me connaissait pas ! (*Rumeurs.*)

LE PRÉSIDENT. — C'est une affaire personnelle, cela n'a aucun intérêt ici ; d'ailleurs en voilà assez sur les questions personnelles. Je ne laisserai pas dévier le débat. Faites entrer le témoin suivant.

QUATRE-VINGT-SIXIÈME TÉMOIN

M. GERMAIN, *piqueur.*

On introduit M. Germain (Georges-Eugène), 34 ans, piqueur, 10 bis, avenue Mac-Mahon.

LE PRÉSIDENT. — Connaissiez-vous l'accusé avant les faits qui lui sont reprochés ?

M. GERMAIN. — Non.

LE PRÉSIDENT. — Vous n'êtes pas à son service et il n'est pas au vôtre, vous n'êtes ni son parent ni son allié ?

M. GERMAIN. — Non.

LE PRÉSIDENT. — Vous êtes cité en vertu du pouvoir discrétionnaire du président, je n'ai donc pas à vous faire prêter serment. Vous avez fait connaître que vous aviez des faits à indiquer au Conseil relativement à la présence du lieutenant Dreyfus, puisqu'il était lieutenant à cette époque, au mois de septembre 1887, aux manœuvres qui avaient lieu aux environs de Mulhouse ; veuillez faire votre déposition.

M. GERMAIN. — Quand j'ai vu qu'on discutait ma déposition, j'ai écrit à M. Kulmann pour lui demander son témoignage.

Je vous demanderai, monsieur le président, de vouloir bien faire venir aussi M. Kulmann.

LE PRÉSIDENT. — C'est à votre tour de déposer. M. Kulmann sera entendu lorsque son tour viendra.

M. GERMAIN. — En 1886, j'étais chez M. Kulmann, à Mulhouse ; j'avais reçu l'ordre, la veille au soir, de M. Kulmann, de préparer trois chevaux de selle : un cheval pour un de ses amis et un pour moi ; de plus, on devait emmener la jument de M. Kulmann, pour lui personnellement. Le lendemain, à 5 heures, M. Kulmann est arrivé avec un de ses amis qu'il ne m'a naturellement pas présenté, puisque je n'avais pas à être présenté, et nous sommes partis. Nous avons pris la route de Meienheim jusqu'à Ruxel. Nous sommes entrés dans la forêt de la Harpe et nous sommes tombés là dans l'infanterie allemande qui faisait des manœuvres sur le terrain de Habshein. Je me rappelle un fait qui m'a frappé : c'est que l'infanterie allemande faisait des feux de salve au sifflet.

Au bout de quelque temps que nous étions là, un officier allemand s'est approché et a salué M. Kulmann et l'ami qui était avec lui ; nous sommes restés assez longtemps, puis nous sommes revenus à Mulhouse.

Nous avons pris à travers champs et, à partir de ce moment, l'ami de M. Kulmann n'a parlé qu'allemand, de sorte que je n'ai pu comprendre un mot de sa conversation.

En reprenant la route de Meienheim, M. Kulmann avait pris la tête et avait sauté par-dessus le fossé qui séparait la route de la mairie. C'est à ce moment que le monsieur qui était à côté de moi m'a demandé en français : « Est-ce que le cheval saute ? » Je lui ai répondu : « Rendez-lui la main, le cheval va sauter. » La conversation, à partir de ce moment-là, a continué en français. Je me rappelle que ce monsieur a dit, en outre, à M. Kulmann, qu'il avait reçu du général allemand, la veille, une gracieuse réception. Je me rappelle encore un fait qui est absolument précis dans ma mémoire : c'est qu'il y a eu une discussion entre le général allemand et lui sur la façon de porter le fusil sur l'épaule, plus rationnelle chez les soldats allemands que chez les soldats français. Ce monsieur est descendu de cheval et M. Kulmann m'a dit : « Si ce monsieur-là revient, vous mettrez un cheval à sa disposition. » Ce monsieur n'est pas revenu.

Le Président. — Depuis, avez-vous reconnu ce monsieur ?

M. Germain. — Je l'ai reconnu au bois de Boulogne, dans l'allée des Poteaux ; je le voyais tous les jours, il était seul.

Le Président. — Qui était ce monsieur ?

M. Germain. — C'était le lieutenant Dreyfus.

Le Président. — Comment l'avez-vous su ?

M. Germain. — Parce que, j'ai demandé à un officier avec qui je montais à cheval et à qui j'ai dit : « J'ai assisté à des manœuvre allemandes avec ce monsieur. »

Le Président. — A quelle époque ?

M. Germain. — J'étais chez M. Kulmann, fin 1895 ; j'en suis parti en 1896.

Le président. — A quelle époque les manœuvres avaient-elles eu lieu ?

M. Germain. — En pleine chaleur, au commencement d'août.

Le président. — Et vous avez reconnu cette personne plus tard ?

M. Germain. — Je l'ai reconnue ; il était à l'Ecole de Guerre. Je l'ai vu aussi à un enterrement qui a eu lieu ; il était avec une batterie.

Le président. — Vous êtes sûr que c'était la même personne ?

M. Germain. — Oui.

Le président. — Et la personne qui vous l'a fait reconnaître, qui est-ce ?

M. Germain. — C'est le capitaine d'Apreville, autant que je puis m'en rappeler.

Maintenant, j'avais écrit une lettre pour protester contre ce qui avait paru dans les journaux à mon sujet ; je n'ai aucune attache avec les journaux.

J'ai écrit à M. Kulmann que si j'étais obligé de déposer dans un procès où j'aurais voulu rester étranger, si cela était nécessaire, j'en appellerais à son témoignage.

M. Kulmann m'a répondu que, malgré les efforts de mémoire qu'il avait faits, il ne pouvait se rappeler de rien. C'est pour cela que j'avais demandé qu'il fasse d'abord sa déposition.

Le président. — M. Kulmann est cité, il déposera à son tour.

Le capitaine Beauvais. — Quand vous avez revu à Paris, au Bois, cette personne rencontrée par vous en Alsace, n'avez-vous pas essayé de l'aborder ?

M. Germain. — Je l'avais salué une ou deux fois, mais il ne m'avait pas rendu le salut. Un jour, je l'ai abordé et lui ai dit : « Mon lieutenant, vous rappelez-vous de moi ? — Non. » — Je lui ai dit : « Pourtant, un jour, j'ai assisté avec vous aux manœuvres d'Habsheim. » Il m'a été dit : « Vous faites erreur ; ce n'est pas moi. »

Le capitaine Beauvais. — Quand vous l'avez revue, la personne était en tenue.

M. Germain. — Elle était en tenue.

Mᵉ Demange. — Monsieur le président, voudriez-vous bien demander à M. Germain ses prénoms.

M. Germain. — Eugène.....

Mᵉ Demange. — Est-ce que M. Germain est bien né le 23 septembre

1875 ? — Est-ce qu'il est bien fils de François-Philippe et de madame Elisabeth Robin?

M. GERMAIN. — Parfaitement. J'ai eu 200 fr. d'amende en 1891.

LE PRÉSIDENT. — Je vous prie de ne pas répondre à la défense, mais à moi-même. Laissez M. le défenseur formuler sa question ; je vous la poserai et vous répondrez.

Mᵉ DEMANGE. — Monsieur le président, je voulais demander à M. Germain de mettre à votre disposition son casier judiciaire. Puisqu'il vient de répondre à l'avance, voulez-vous lui demander, si, en effet, le 23 juillet 1891, il n'avait pas été poursuivi pour escroquerie et acquitté?

M. GERMAIN. — Non.

Mᵉ DEMANGE. — Si, le 17 juin 1893, il n'a pas été condamné à 200 fr. d'amende?

M. GERMAIN. — Je l'ai dit. C'est à la suite d'une affaire sur laquelle Mᵉ Navarre, 61, rue Croix-des-Petits-Champs, mon liquidateur, pourrait donner des renseignements..

Mᵉ DEMANGE. — Le fait n'était pas qualifié d'abus de confiance?

M. GERMAIN. — Je ne sais pas si on peut appeler cela abus de confiance ; je ne m'étais présenté ni à mon liquidateur, ni devant l'expert, et je crois que c'est un des motifs pour lesquels j'ai été condamné ; mais je pourrais avoir à ce sujet une lettre donnant l'appréciation de Mᵉ Navarre, sur le jugement qui m'a condamné.

Mᵉ DEMANGE. — Enfin, est-ce que, le 31 décembre 1898, le témoin n'a pas été condamné par défaut, pour abus de confiance, à six mois de prison, et est-ce que, sur son opposition, la peine n'a pas été réduite à trois mois?

M. GERMAIN. — La vérité, Monsieur le président, c'est que c'est un procès que j'ai actuellement pour une somme de 75 fr. ; j'ai fait défaut à toutes les choses et j'ai encore opposition actuellement à l'arrêt qui me condamne par défaut. C'est un procès qui dure depuis trois ans pour une somme de 75 fr. ; je me refuse absolument de payer à la personne qui me poursuit ; je laisse aller les choses jusqu'au bout. Voici, à ce sujet, la preuve de ce que j'avance.

M. LE GREFFIER COUPOIS *donne lecture de la lettre suivante :*

Étude de Mᵉ Georges Dupuis, huissier audiencier près la Cour d'appel de la Seine, le 23 août 1890.

Monsieur Georges Germain, avenue Mac-Mahon, 12, à Paris.

Je vous informe que j'ai formé opposition à l'arrêt par défaut rendu par la Chambre des appels correctionnels, à la date du 8 juillet 1899, qui vous condamne. Toutes choses sont remises en état. »

Vous recevrez une citation pour comparaître, afin qu'il soit statué à votre égard.

Recevez mes civilités.

M⁰ DEMANGE. — En autres termes, monsieur le président, il y avait eu une première poursuite devant le tribunal ; M. Germain a fait défaut, il a été condamné à six mois de prison ; il a fait opposition ; il s'est présenté ce jour-là et on a réduit la peine à trois mois. Il a interjeté appel, il ne s'est pas présenté devant la Cour : la Cour a confirmé, et il a fait opposition à l'arrêt de la Cour.

LE PRÉSIDENT. — Cette condamnation n'est pas définitive ?...

M. GERMAIN. — Non, monsieur le président... Vous pourriez demander des renseignements à mon avocat... C'est une somme de soixante-quinze francs pour laquelle on me poursuit, que je ne dois pas et c'est sur le conseil même de mon avocat que j'ai fait arriver l'affaire où elle en est.

M⁰ LABORI. — Voulez-vous, monsieur le président, demander au témoin s'il connaît M. Quesnay de Beaurepaire ?

M. GERMAIN. — Non, monsieur, je ne le connais pas. J'ai écrit à M. Quesnay de Beaurepaire à la suite de la déposition qu'il a publiée dans l'*Écho de Paris* et qui a été reproduite par tous les journaux. Je lui ai envoyé une lettre pour réfuter ce qu'il avait dit, prétendant que j'avais vu le lieutenant Dreyfus donnant une leçon de tir sur un canon allemand. Je lui ai envoyé une lettre pour protester contre ce langage et on n'a jamais fait la rectification. Je n'ai pas voulu entamer une polémique de presse ; c'est alors que je vous ai écrit, monsieur le président.

M⁰ LABORI. — Il est en effet certain que dans l'enquête que M. Quesnay de Beaurepaire a publiée dans l'*Écho de Paris* du 30 juillet 1899, sous la rubrique « Dixième témoin », les faits dont a déposé M. Germain et qui semblent être les mêmes que ceux dont il est question dans cette enquête sont rapportés dans des conditions absolument différentes de celles dans lesquelles les a rapportés le témoin.

LE PRÉSIDENT. — Cette enquête a été faite par un particulier ; elle n'a rien d'officiel et n'a rien à faire ici.

M⁰ LABORI. — En effet, monsieur le président, mais voulez-vous demander à M. Germain comment les faits rapportés par M. Quesnay de Beaurepaire sont arrivés à la connaissance de celui-ci ?

M. GERMAIN. — C'est un de mes amis à qui je les avais racontés qui est allé trouver M. Quesnay de Beaurepaire. Lequel des deux a enjolivé son récit, je ne puis le dire... Si vous voulez que je dise le nom de cet ami, je peux vous le donner.

M⁰ LABORI. — Le Conseil retiendra que dans cette enquête...

LE PRÉSIDENT. — Nous n'avons pas à faire état de cette enquête.

M⁰ LABORI. — Comme je sais que le Conseil a reçu des lettres répétées de M. Quesnay de Beaurepaire...

LE PRÉSIDENT. — En effet, j'ai reçu des lettres, mais elles n'ont rien à voir dans le débat.

M⁰ LABORI. — En ce qui me concerne, j'estimais nécessaire de faire constater cette différence.

LE CAPITAINE DREYFUS. — Mon colonel, avant 1886 ou 1887, date à laquelle le régime des passeports a été adopté, j'allais chaque année passer mes mois de congé à Mulhouse, tant lorsque je faisais mes études que lorsque j'étais à l'École Polytechnique ou à l'Ecole d'application, et lorsque j'étais lieutenant. Il est certain que je montais à cheval, puisque je montais à cheval depuis ma jeunesse. Mais ce que je puis affirmer, c'est que jamais je n'ai assisté ni officiellement ni officieusement aux manœuvres allemandes, c'est que jamais je n'ai été invité ni officiellement ni officieusement à y assister, c'est que jamais je n'ai déjeuné ou dîné avec aucun officier allemand, c'est que jamais je n'ai parlé à aucun officier allemand. J'allais simplement, comme j'étais obligé de le faire, présenter ma permission au général commandant la brigade à Mulhouse. C'était une obligation pour moi, c'était mon devoir.

Maintenant, permettez-moi de vous faire remarquer que le champ de manœuvres dont on vient de parler est le terrain de manœuvres de la garnison de Mulhouse. Ce n'est pas un endroit où l'on puisse manœuvrer. Autant que je me souvienne, il est en découpure de la forêt de la Harpe et il se trouve sur la route de Mulhouse à Bâle. En me promenant, j'ai pu voir manœuvrer des régiments. Mais, j'affirme, d'une façon absolue, que je ne suis allé à Mulhouse avec une permission régulière qu'avant le régime des passeports, qu'à partir de cette époque je n'ai jamais pu obtenir de passeport. Avant cette époque, — 1886-87 — je montais à cheval pour me promener pendant mon congé, mais je n'ai jamais assisté, je le répète, ni officiellement, ni officieusement, à des manœuvres allemandes, je n'ai jamais été invité à déjeuner ou à dîner par des officiers étrangers et je n'ai jamais parlé à aucun officier étranger à Mulhouse. D'ailleurs, les personnalités de Mulhouse sont prêtes à venir déposer à ce sujet.

LE PRÉSIDENT. — Etiez-vous à Mulhouse au mois d'août ou de septembre 1886 ?

LE CAPITAINE DREYFUS. — Mon colonel, mes souvenirs à ce sujet ne sont pas assez précis; il faudrait vérifier mes permissions.

LE PRÉSIDENT. — Voyons, étiez-vous à Mulhouse au mois de septembre 1886 ? Etes-vous allé en permission à Mulhouse cette année-là ?

LE CAPITAINE DREYFUS. — Il faudrait voir mes permissions ?

LE PRÉSIDENT. — Vous ne vous rappelez pas si vous y êtes allé en 1886.

LE CAPITAINE DREYFUS. — Non, mon colonel.

LE PRÉSIDENT. — Quand vous alliez à Mulhouse, aviez-vous l'habitude d'emprunter des chevaux à M. Kulmann ?

LE CAPITAINE DREYFUS. — Je montais d'ordinaire des chevaux appartenant à mon frère.

LE PRÉSIDENT. — Vous n'avez jamais loué de chevaux à M. Kulmann ?

LE CAPITAINE DREYFUS. — Je ne sais pas si les chevaux de mes frères étaient de chez Kulmann ; il est possible que les chevaux mis à ma disposition appartenaient à Kulmann.

LE PRÉSIDENT. — Etes-vous monté avec Kulmann ?

LE CAPITAINE DREYFUS. — Je ne m'en souviens pas, mon colonel. Je connaissais M. Kulmann ; je crois que je l'ai vu deux ou trois fois.

LE PRÉSIDENT. — Ne vous rappelez-vous pas si vous êtes monté à cheval avec lui ?

LE CAPITAINE DREYFUS. — Je ne me le rappelle pas.

LE PRÉSIDENT. — Vous ne vous rappelez pas si vous avez monté un cheval à lui ou si vous avez monté avec lui ?

LE CAPITAINE DREYFUS. — Je ne m'en souviens pas, mon colonel.

M. GERMAIN. — Un grand cheval bai-brun.

LE PRÉSIDENT. — Vous avez quelque chose à ajouter ?

M. GERMAIN. — Si le capitaine Dreyfus pouvait se rappeler ; il montait un cheval bai-brun de 1 mètre 65, qui avait énormément d'allure.

LE PRÉSIDENT. — Vous n'avez pas autre chose à ajouter ?

M. GERMAIN. — Non.

LE PRÉSIDENT. — Introduisez le témoin suivant, M. d'Infreville.

QUATRE-VINGT-SEPTIÈME TÉMOIN

M. LE COMMANDANT D'INFREVILLE, *chef de bataillon.*

On introduit M. d'Infreville (François), quarante-cinq ans, chef de bataillon, attaché à l'État-Major du 12° corps d'armée, qui prête serment.

LE PRÉSIDENT. — Un précédent témoin vous a cité comme lui ayant fait connaître le lieutenant Dreyfus en la personne d'un cavalier rencontré par lui au Bois de Boulogne. Pourriez-vous nous donner des détails à ce sujet?

LE COMMANDANT D'INFREVILLE. — Oui, mon colonel. Je connais Germain pour avoir essayé des chevaux avec lui plusieurs fois, en 1895, entre autres, quelque temps après la condamnation de Dreyfus, et, autant que je puisse préciser, vers le mois de janvier ou de février, j'ai eu l'occasion de monter à cheval deux ou trois fois avec Germain, pour voir ou essayer des chevaux.

Germain parlait volontiers; je n'écoutais pas toujours ses histoires, étant plutôt occupé du cheval que de ce qu'il me racontait. Pourtant, une fois, il m'a raconté une histoire qui m'a frappé, et dont je me souviens d'une façon assez précise. La conversation était venue à tomber sur l'affaire Dreyfus, sur la condamnation de Dreyfus. Il me dit que, quelques années auparavant, étant en Alsace, il avait été chargé par un marchand de chevaux d'aller à la gare avec deux chevaux de selle pour y prendre un voyageur et l'escorter. Le dit voyageur était descendu à la gare, était monté à cheval, et s'était dirigé sur un terrain des environs où avaient eu lieu les grandes manœuvres allemandes.

Germain fut très étonné de le voir circuler librement à travers les lignes, ne fit pas d'observation et le ramena ensuite en ville. Puis, quelque temps après, se trouvant à Paris, au Bois de Boulogne, en train d'essayer ou de monter un cheval, il fut très étonné de rencontrer le même individu en tenue d'officier d'artillerie.

Je me rappelle qu'il me dit l'avoir croisé deux ou trois fois et qu'il était bien sûr de la ressemblance. Puis, il se présenta à lui, salua, et comme l'autre faisait semblant de ne pas le reconnaître, il lui rappela dans quelle circonstance il l'avait vu quelque temps auparavant.

L'officier l'envoya promener en lui disant : « Vous vous trompez, je ne vous ai jamais vu. »

Voilà, mon colonel, ce que m'a raconté Germain.

LE PRÉSIDENT, *au capitaine Dreyfus*. — De quelle date est votre nomination au grade de capitaine?

LE CAPITAINE DREYFUS. — 12 septembre 1889.

LE PRÉSIDENT, *au commandant d'Infreville*. — Vous ne vous souvenez pas qu'avant cette date M. Germain vous ait demandé quel était le nom de l'officier d'artillerie qui passait?

LE COMMANDANT D'INFREVILLE. — Non, mon colonel. Il doit y avoir là dans la mémoire de Germain une confusion de nom.

J'ai vu Germain pour la première fois en 1894.

En revenant d'Algérie, j'étais allé pour l'achat d'un cheval chez Sortet, marchand de chevaux, avenue Malakoff; et c'est là que j'ai trouvé Germain qui pour la première fois m'a présenté un cheval.

LE PRÉSIDENT. — Vous ne connaissiez pas Dreyfus alors qu'il était lieutenant?

LE COMMANDANT D'INFREVILLE. — Non, mon colonel; je ne l'ai connu que quand j'ai été à l'Etat-Major de l'armée, et même au bout d'un certain temps après mon arrivée, au mois de décembre 1893.

LE PRÉSIDENT — Par conséquent, les faits qu'on rapporte et qu'on vous attribue, vous n'en avez pas connaissance?

LE COMMANDANT D'INFREVILLE. — Pour moi, c'est une confusion de noms, dans sa déposition; Germain voit beaucoup d'officiers au Bois, puisque c'est lui qui est chargé de présenter des chevaux de selle.

LE PRÉSIDENT. — Ce n'est donc pas vous qui avez reconnu Dreyfus et qui avez dit à Germain : « C'est le lieutenant Dreyfus » ?

LE COMMANDANT D'INFREVILLE. — Non, mon colonel. J'ai quelque chose à ajouter, si vous le permettez.

LE PRÉSIDENT. — Ajoutez.

LE COMMANDANT D'INFREVILLE. — Au sujet de cette reconnaissance du lieutenant Dreyfus par Germain, cette scène a dû avoir lieu avec une autre personne que je ne connais pas et dont je ne sais pas le nom.

Mais tout dernièrement, il y a quelques jours à peine, ayant eu l'occasion d'apprendre qu'un monsieur que je connais avait reçu de Germain une confidence pareille à la mienne, j'ai écrit à ce monsieur et l'ai prié de me répondre ce qu'il y avait d'exact.

Voici sa lettre que je vais lire, si vous me le permettez, et que je vais verser au dossier :

Vous me demandez ce que m'a dit Germain à propos de l'affaire Dreyfus. C'était au moment où le général X..., vous devez vous en souvenir, voulait acheter un alezan ayant appartenu à M. Casimir-Perier... Il faut, pour préciser, savoir la date ci-dessus; c'était peu de temps après la condamnation de Dreyfus, ce devait être au mois de janvier 1895. — Germain me dit qu'étant chez un ami de Mulhouse, cet ami l'avait chargé d'accompagner ou de conduire des chevaux à un individu devant se rendre aux manœuvres allemandes. En tout cas, Germain m'a dit l'y avoir vu. Etant de retour à Paris, Germain aurait revu l'individu des manœuvres allemandes en uniforme d'officier d'artillerie, en montant à cheval au Bois.

Très étonné, il aurait demandé à quelqu'un le nom de cet officier d'artillerie et la personne lui nomma le capitaine Dreyfus.

Voici ce qui m'a été dit par Germain et ce que je puis vous répéter.

LE PRÉSIDENT — Cela n'indique pas la personne.

Mᵉ DEMANGE. — C'est le même récit fait par une autre personne; mais quant au fait, énoncé par Germain, que le capitaine Dreyfus lui avait été désigné par M. le commandant d'Infreville...

LE COMMANDANT D'INFREVILLE. — Non, ce n'est pas moi.

Mᵉ LABORI. — Monsieur le président, voulez-vous demander à M. Germain comment il a su que c'était le capitaine Dreyfus?

LE PRÉSIDENT. — Veuillez nous faire connaître de nouveau, exactement, comment le lieutenant Dreyfus vous a été indiqué?

M. GERMAIN. — Il me semble bien que c'était par l'intermédiaire de M. le capitaine d'Infreville. J'ai demandé quel était le nom de cet officier. Probablement ma mémoire me fait défaut. M. le capitaine d'Infreville le dit.

LE PRÉSIDENT. — Vous ne vous rappelez pas le nom de la personne?

M. GERMAIN. — C'est certainement un officier, car à ce moment je faisais énormément d'affaires avec les officiers.

LE PRÉSIDENT. — Votre mémoire vous fait défaut, vous ne savez pas quel était cet officier?

M. GERMAIN. — Je ne m'étais jamais mêlé de cette affaire; je croyais bien ne m'en mêler jamais; mais j'ai toujours cru que c'était bien à M. le commandant d'Infreville que je l'avais demandé et c'est pour cela que...

LE PRÉSIDENT. — A quelle époque avez-vous reconnu le lieutenant Dreyfus?

M. GERMAIN. — En 1887. Quand je suis arrivé de Mulhouse, je suis entré chez M. Baillot, marchand de chevaux; j'allais tous les ours au Bois.

LE PRÉSIDENT. — Le reconnaissez-vous bien?

M. GERMAIN. — Je le reconnais bien. Il était beaucoup plus sanguin qu'actuellement; il avait le sang beaucoup plus porté à la figure.

Mᵉ DEMANGE. — Comment la mémoire de M. Germain a-t-elle pu lui faire penser que ce n'est pas à M. d'Infreville qu'il a pu demander, puisque M. d'Infreville vient de dire que ce n'est qu'en 1894 qu'il a connu Germain?

M. GERMAIN. — J'ai été mis en rapport avec M. d'Infreville par l'intermédiaire de M. le Gonidec de Traissan; j'ai eu deux fois des rapports avec M. d'Infreville. J'ai dû lui présenter un premier cheval d'armes; je ne sais pas si je le lui ai vendu ou non; et ensuite j'ai été mis en rapport avec M. d'Infreville pour vendre un cheval au général Delry, cheval qui appartenait à M. Casimir-Perier. Il me semble que, dans les deux cas, ma mémoire peut me tromper. J'ai dit à M. d'Infreville, il me semble que c'était la dernière fois que je l'ai vu : « Vous rappelez vous les incidents que je vous ai racontés? » C'est pourquoi je crois que c'est à M. d'Infreville que je l'ai demandé. Maintenant, sur des faits aussi éloignés que cela...

LE PRÉSIDENT. — C'est bien de l'accusé ici présent que vous entendez parler?

M. GERMAIN. — Oui, mon colonel.

LE CAPITAINE DREYFUS. — Mon colonel, il y a confusion évidemment. Je répète, qu'avant le régime des passeports, je montais à cheval quand j'allais à Mulhouse, pendant mon congé annuel, mais que je n'ai jamais assisté à des manœuvres allemandes, officieusement ni officiellement.

LE PRÉSIDENT. — Vous n'avez rien de spécial à dire sur cette déposition?

LE CAPITAINE DREYFUS. — M. d'Infreville dit que Germain lui aurait parlé d'un officier descendant d'une gare et auquel on aurait amené des chevaux; cela ne s'applique pas à moi : j'habitais à Mulhouse où j'avais des chevaux chez moi; j'habitais chez mes parents.

QUATRE-VINGT-HUITIÈME TÉMOIN

M. KULMANN, *industriel.*

On introduit M. Kulmann (Paul), quarante-quatre ans, industriel à Mulhouse.

Le président. — Connaissiez-vous l'accusé avant les faits qui lui sont reprochés?

M. Kulmann. — Il m'a été présenté il y a une quinzaine d'années environ; j'ai eu depuis l'occasion de le rencontrer à Paris une ou deux fois, mais je n'ai échangé que des paroles banales avec lui. Je ne le connaissais pas autrement.

Le président. — Vous n'êtes ni son parent ni son allié, il n'est pas à votre service et vous n'êtes pas au sien?

M. Kulmann. — Non.

Le président. — Vous avez été signalé par un précédent témoin comme ayant accompagné Dreyfus, lieutenant à cette époque, à des manœuvres dans les environs de Mulhouse; vous souvenez-vous de ce fait?

M. Kulmann. — Absolument pas! Je ne suis jamais monté à cheval avec le lieutenant Dreyfus, je ne suis jamais allé aux manœuvres aux environs de Mulhouse, et je donne le démenti le plus formel à l'assertion de Germain.

Le président. — Le lieutenant Dreyfus avait-il l'habitude de prendre des chevaux chez vous quand il allait à Mulhouse?

M. Kulmann. — Jamais.

Le président. — Vous n'avez jamais monté à cheval avec lui à Mulhouse?

M. Kulmann. — Jamais.

Le président. — Germain a été employé chez vous?

M. Kulmann. — Il a été employé à la Société dont j'étais administrateur, pendant un an, je crois.

Le président. — Vous rappelez-vous un fait qui pourrait donner lieu à une confusion chez lui avec une autre personne? Vous rappelez-vous avoir été avec une autre personne assister à des manœuvres ou faire une promenade aux environs en compagnie de Germain?

M. Kulmann. — C'est parfaitement possible.

Le président. — En cherchant dans votre mémoire, vous ne vous rappelleriez pas un fait qui pût concorder pour les circonstances avec celui dont il a parlé?

M. Kulmann. — Je ne m'en souviens absolument pas.

Le président. — Aviez-vous l'habitude de monter à cheval avec les clients?

M. Kulmann. — Cela m'est arrivé quelquefois. Mais jamais je ne suis sorti à cheval avec le lieutenant Dreyfus.

Le président. — Le connaissiez-vous?

M. Kulmann. — Je le connaissais très sommairement.

Le président. — Connaissiez-vous sa famille ?

M. Kulmann. — Très bien.

Le capitaine Beauvais. — La personne avec laquelle vous seriez monté à cheval, puisque vous dites que cela serait possible, vous a-t-elle parlé des manœuvres allemandes, de fusils allemands ou français? Y a-t-il eu une conversation échangée qui vous aurait frappé?

M. Kulmann. — Si vous voulez bien me le permettre, je voudrais relever un passage dans la lettre que M. Germain a écrite à M. le président. Il annonce que la personne qui était avec moi et qui parlait parfaitement le français aurait dit au moment où nous rentrions des manœuvres : « J'ai eu toutes les peines du monde à leur faire comprendre la supériorité du fusil français. » Il est possible qu'une personne, étant avec moi, ait prononcé ces paroles, je ne m'en souviens pas; mais en tout cas — je vous prie de me pardonner l'expression — il est absolument ridicule d'admettre que j'accompagne un officier français, que nous nous trouvions en rapport avec des officiers allemands, que nous assistions à des manœuvres autrement qu'à titre de curieux, et que nous discutions, que j'autorise même la personne étant avec moi à venir discuter un fusil après un entretien avec des officiers allemands.

Le président. — Vous ne vous rappelez pas ces faits ?

M. Kulmann. — Absolument pas.

Le président. — Avez-vous une observation à présenter, monsieur le commissaire du gouvernement ?

M. le commissaire du gouvernement. — Aucune.

Me Demange. — Voulez-vous me permettre une question, monsieur le président? Est-ce que dans la lettre que M. Kulmann vous a adressée, il ne fait pas allusion au colonel Sandherr, qui était l'ami de M. Kulmann? Est-ce que le colonel Sandherr n'a pas assisté officiellement à des manœuvres ?

Le président, au témoin. — Connaissiez-vous le colonel Sandherr?

M. Kulmann. — Très intimement.

Le président. — L'avez-vous vu à Mulhouse ?

M. Kulmann. — Oui, très souvent, quand il était autorisé à y venir.

Le président. — L'avez-vous vu assister à des manœuvres ?

M. Kulmann. — Non, mais il est venu me raconter qu'un jour, étant en permission à Mulhouse, il s'était présenté devant le

général, que le général avait été très aimable avec lui et l'avait
invité à assister le lendemain à des exercices de tir sur le champ
de manœuvres aux environs de Mulhouse. Le colonel Sandherr
m'a dit qu'il était très ennuyé d'être obligé d'y aller et qu'il tenait
à ne pas se faire voir dans son pays d'origine en compagnie des
officiers allemands. Il assista à ces exercices et me raconta qu'il
était obligé de visiter le casernement de Mulhouse, parce que le
général l'avait invité. Le soir, il vint encore me dire que le général l'avait invité à revenir le voir le lendemain et qu'il allait pré-
cipiter son départ et diminuer sa permission de trois jours. Il n'est
resté qu'un jour et demi.

Le président. — Vous n'étiez pas avec lui ?

M. Kulmann. — Non.

Le président. — Etait-il à cheval ?

M. Kulmann. — Non. Il y a été en chemin de fer et m'a raconté
la chose le soir.

Le président. — Germain était-il à votre service à ce moment-là ?

M. Kulmann. — Non, il n'était pas à mon service à ce moment-là.

Le président. — C'est bien de l'accusé ici présent que vous
entendez parler ?

M. Kulmann. — Parfaitement.

*M. Kulmann est autorisé, sur sa demande, à se retirer défini-
tivement.*

QUATRE-VINGT-NEUVIÈME TÉMOIN

M. LE CAPITAINE LEMONNIER

*M. Lemonnier (Auguste-Victor-Jean-Baptiste), 38 ans, capi-
taine d'artillerie.*

Le président. — Connaissiez-vous l'accusé avant les faits qui
lui sont reprochés ?

M. Lemonnier. — Oui, mon colonel. J'ai passé deux ans à l'Ecole
de Guerre avec le prévenu.

*Sur une observation de M. le greffier Coupois, M. le président
fait prêter serment au témoin.*

Le président. — Vous avez été signalé par le précédent témoin
comme lui ayant envoyé une lettre dans laquelle vous parlez
d'une conversation que Dreyfus aurait eue devant vous et dans

laquelle vous parlez aussi de manœuvres allemande auxquelles il aurait assisté. Dites ce que vous savez sur ce point.

M. Lemonnier. — En 1894, après avoir passé hors de Paris à peu près tout le mois de juillet, je suis rentré le 2 ou le 3 août au deuxième bureau de l'Etat-Major de l'armée, comme stagiaire ; j'y occupais une petite salle entre les sections allemande et autrichienne.

Dans les premiers temps de mon séjour au 2e bureau, une après-midi d'août, Dreyfus passa dans cette salle.

On causa. A un moment donné, la conversation a porté sur les troupes de couverture à la frontière des Vosges. On parla des projets prêtés jadis au général de Négrier, d'envahir la Haute-Alsace dès la déclaration de guerre. Cette idée de faire voir les trois couleurs aux populations alsaciennes avait un côté séduisant ; mais c'était là un hors-d'œuvre, c'était une dispersion, une dissémination des forces, que Dreyfus comme moi nous devions rejeter. D'ailleurs, me dit Dreyfus, l'Etat-Major allemand avait déjà paré le coup et il avait étudié la position d'arrêt pour s'opposer à une offensive des forces françaises débouchant de Belfort.

— Ah ! eh bien, cette position où ? — Nous n'avions sous les yeux aucune feuille au quatre-vingt millième, nous ne disposions que d'une carte à petite échelle ; du doigt, Dreyfus y montra sommairement la position dans la région à l'ouest de Mulhouse, puis il ajouta : « Je la connais fort bien, cette position. Un jour, j'y ai suivi à cheval des manœuvres exécutées par les Allemands. »

Je n'avais aucune défiance du capitaine Dreyfus. Je dois pourtant reconnaître que je ne pus me défendre alors de penser que le camarade avait eu un rude toupet ou bien avait dû montrer une grande habileté pour suivre de près, à cheval, sans être inquiété, des manœuvres en Alsace-Lorraine.

Je pensais aussi que cette participation aux manœuvres signifiait peut-être tout simplement l'excellence des relations de Dreyfus avec les autorités locales de Mulhouse : directeur de cercle, commissaire de police, peu importe.

Et justement, lorsque bien avant le 31 juillet dernier, pendant la campagne de revision, il m'est arrivé de parler de Dreyfus avec des officiers qui savaient que je l'avais connu (j'en parlais rarement, je n'aimais pas ce sujet-là), plusieurs fois j'ai cité à des officiers la participation de Dreyfus aux manœuvres de Mulhouse, non pas comme un acte de trahison, mais comme une simple démonstration de ses rapports très courtois avec les officiers allenands. Du reste, ce fait d'avoir cité cette démonstration depuis longtemps déjà sufût à établir que je n'ai eu aucun écart d'imagination et que je n'ai eu à emprunter rien du tout à personne.

Je le répéte, j'ai entendu Dreyfus me dire qu'il avait suivi à cheval des manœuvres aux environs de Mulhouse.

Devant les prétentions du prévenu, je me suis demandé pourquoi je m'étais toujours rappelé le propos en apparence si insignifiant. Je causais rarement avec Dreyfus, mais la raison, la voici :

Fin juin 1894, exactement le 30 juin, et le 1er juillet, je suis allé, moi aussi, en pays annexé, et je me rappelle combien, en défilant devant le commissaire allemand de Novéant, j'ai dû me faire petit : j'avais dû me débarrasser au préalable de tous mes papiers, et, pour passer une journée et demie à Metz et à Strasbourg, j'avais dû me cacher comme un malfaiteur. Et voilà que, quelques semaines après, mon camarade vient me conter (je ne pense pas qu'il ait menti ce jour là, il n'avait aucun intérêt à le faire) qu'il avait suivi à cheval des manœuvres en Alsace-Lorraine. Le contraste me parut violent et l'impression ne s'en est jamais effacée.

Le 7 août 1899, mon colonel, lorsque le prévenu vous a répondu qu'il n'avait jamais assisté à des manœuvres aux environs de Mulhouse, ce jour-là il n'a pas dit la vérité et, dès le lendemain de ce jour, j'ai senti que j'avais en main un élément matériel, petit en soi, mais établissant nettement la fausseté de sa réponse. J'ai achevé ma déposition.

Le président. — A quelle époque auraient eu lieu les manœuvres auxquelles aurait assisté Dreyfus?

Le capitaine Lemonnier. — Je n'ai pas demandé la date à Dreyfus. Ces manœuvres allemandes avaient un intérêt médiocre pour moi; c'est le cheval monté pour les suivre qui me frappa. Mais je puis faire un raisonnement bien court qui fixera le tribunal sur ce point chronologique.

L'Etat-Major allemand avait déjà paré le coup de cet envahissement; si cette parade visait seulement le cas du général Négrier, elle a pu être préparée avant 1889, parce que cet officier général a été nommé commandant de corps d'armée en septembre 1889 et qu'il a ainsi quitté la 14e division de couverture avec les troupes de Belfort. Si au contraire l'Etat-Major allemand avait préparé sa position d'arrêt d'une manière plus générale, d'une manière presque classique, cette préparation a pu se faire avant même l'arrivée du général de Négrier à la 14e division. Cette arrivée date de septembre 1886 et, dans ces conditions, ces manœuvres de Mulhouse qui nous intéressent auraient eu lieu en 1886 ou antérieurement.

LE CAPITAINE BEAUVAIS. — Vous êtes capitaine d'artillerie; pendant que vous étiez au bureau, avez-vous eu occasion de demander des manuels de tir?

LE CAPITAINE LÉMONNIER. — Non, jamais.

LE CAPITAINE BEAUVAIS. — Vous ne pensiez pas aller aux manœuvres en ce qui vous concerne?

LE PRÉSIDENT. — Etiez-vous stagiaire ou titulaire?

LE CAPITAINE LEMONNIER. — J'étais stagiaire; j'ai su à la fin du premier semestre que notre stage dans les troupes serait de trois mois et se ferait en octobre, novembre et décembre. Donc j'étais bien certain que je n'irais pas aux manœuvres avec un régiment; je ne voyais pas d'impossibilité à y aller avec un service d'état-major.

LE CAPITAINE BEAUVAIS. — D'autres de vos camarades pensaient-ils pouvoir aller aux manœuvres?

LE CAPITAINE LEMONNIER. — Peut-être.

LE PRÉSIDENT. — C'est bien de l'accusé ici présent que vous avez entendu parler?

LE CAPITAINE LEMONNIER. — Oui.

LE PRÉSIDENT. — Accusé, levez-vous.

Avez-vous des observations à faire sur la déposition que vous venez d'entendre?

LE CAPITAINE DREYFUS. — Oui, mon colonel. Ma première observation, c'est que le champ de manœuvres dont on vous a parlé tout à l'heure est situé sur la route de Mulhouse à Bâle; c'est le terrain de manœuvres habituel. La position d'Altkirch dont j'ai parlé avec le capitaine Lemonnier, et sur laquelle j'ai fait un travail que l'on pourrait retrouver pendant que j'étais à l'Ecole de Guerre, est sur la route de Mulhouse à Belfort, par conséquent à l'opposé précisément.

Ce sont deux situations tout à fait contradictoires. Je connaissais très bien la position d'Altkirch; je la connaissais d'autant mieux que, comme je vous l'ai raconté, mon colonel, étant né à Mulhouse, pendant que j'étais à l'Ecole Polytechnique et à l'Ecole d'Application, j'ai parcouru les environs de Mulhouse et je les connaissais admirablement, et en particulier cette position. Si vous tenez à être fixé sur mes idées là-dessus, je rappellerai simplement au Conseil que pendant mon séjour à l'Ecole de Guerre, j'ai aussi fait un travail sur ce sujet, et il doit pouvoir se retrouver, concernant la position d'Altkirch. Mais à partir des passeports, c'est-à-dire à partir de 1886-1887, je ne suis jamais rentré à Mulhouse d'une façon permise, en permission régulière ; par conséquent, je n'ai jamais pu — et personne ne peut dire que j'aie assisté à des manœuvres. A cette époque des passeports, pendant les mois de vacances, je montais à cheval presque tous les jours, sur des chevaux de mes frères ; je parcourais toutes les positions des environs et j'ai pu voir manœuvrer des régiments, comme cela a lieu dans toutes les garnisons ; mais je n'appelle pas cela assister à des grandes manœuvres, ou même à des manœuvres proprement dites. Toute personne qui se promène à cheval autour d'une ville peut voir des régiments manœuvrer, quand il y a un régiment en garnison dans cette ville.

Le Président. — Vous rappelez-vous avoir tenu le propos que vous prête le capitaine Lemonnier ?

Le capitaine Dreyfus. — Je crois que dans l'esprit du témoin il y a une confusion. Je lui ai certainement parlé de cette position d'Altkirch ; je la connaissais très bien puisque je vous rappelle que j'ai fait une étude sur cette position à l'Ecole de guerre ; j'ai pu lui dire que je la connaissais admirablement, que je l'avais parcourue à cheval...

Le Président. — Vous ne lui avez pas dit avoir assisté à des manœuvres de ce côté ?

Le capitaine Dreyfus. — Non, mon colonel, pas à des manœuvres ; j'ai pu dire que j'ai vu un régiment manœuvrer sur cette position, mais je n'ai jamais assisté ni officiellement, ni officieusement à des manœuvres allemandes. La vérité est que toute personne qui se promène à cheval autour d'une ville de garnison peut voir des troupes passer et manœuvrer.

Le Président. — Vous n'avez pas tenu le propos qu'on vous prête ?

Le capitaine Dreyfus. — Non, pas dans ces termes et avec l'idée que lui donne le capitaine Lemonnier.

QUATRE-VINGT-DIXIÈME TÉMOIN

M. VILLON, négociant.

Le témoin Villon (Claude-Émilien), âgé de 45 ans, négociant à Lyon, est appelé à la barre. Il ne prête pas serment.

Le Président. — Vous avez écrit pour faire savoir que vous

étiez à même de donner au conseil des renseignements au sujet d'une conversation que vous auriez entendue à Berlin entre deux officiers allemands et où il était question du capitaine Dreyfus.

M. VILLON. — Au printemps de 1894, j'étais en voyage pour mon commerce, de passage à l'Hôtel Central, où je déjeunais à la hâte à 10 heures et demie du matin, devant prendre le train à 11 heures pour Hambourg. J'étais installé seul dans le coin d'une petite salle. Dans la grande salle à manger faisant face à la salle du théâtre se trouvaient deux officiers supérieurs ou généraux allemands qui déjeunaient. Aucun voyageur n'était dans cette salle dans ce moment. Ces officiers ne m'avaient pas aperçu. Parlant de choses militaires, et notamment de l'armée française, ils causaient en français, sans doute pour ne pas être compris du garçon qui les servait. Leur conversation porta sur le frein hydraulique. Ayant été artilleur, cela frappa mon attention, et je suivis plus attentivement leur entretien. L'un de ces officiers dit à l'autre : « C'est écœurant de voir des officiers de l'état-major français vendre leur pays de la sorte. » L'autre répondit : « Que veux-tu, mon ami ! pour nous, c'est un bien. Tu sais que nous attendons le plan de mobilisation de Dreyfus. » (*Murmures.*)

La conversation dura quelques instants, lorsque l'entrée d'un voyageur y mit brusquement un terme.

Je demanderai à monsieur le président, puisque je suis devant la foi du serment... (*Sic.*)

LE PRÉSIDENT. — Non, vous êtes cité d'office et vous n'avez pas eu à prêter serment.

M. VILLON. — ... à dire les paroles que j'ai entendues à ce moment et que je n'ai pas répétées dans mon écrit. J'ai dit que la conversation dura quelques instants ; cela m'était pénible. Je ne l'ai pas écrite, parce que j'ai cru que, comme Français, je ne devais pas le dire.

Un de ces officiers dit : « C'est bien de l'armée française ; aussitôt qu'ils ont un étranger dans leurs rangs, ils lui donnent un poste d'honneur au bureau de la guerre et à l'état-major. » (*Rumeurs.*) Messieurs, c'est tout ce que j'ai à dire. J'affirme, sur l'honneur, l'absolue vérité et des faits et des paroles que j'ai entendues à l'Hôtel Central, à Berlin.

LE PRÉSIDENT. — Monsieur le commissaire du gouvernement, vous n'avez aucune observation à faire?

LE COMMISSAIRE DU GOUVERNEMENT. — Non, monsieur le président.

Le président. — Maître Demange, avez-vous des questions à poser?

Me Demange. — Je n'ai pas très bien compris; je vous prierai, monsieur le président, de demander au témoin quelle était la disposition de la salle.

Le président. — Voulez-vous dire comment était disposée la salle dans laquelle s'est passée la scène que vous venez de raconter?

M. Villon. — L'Hôtel Central a une salle dans le bas où il y a la caisse et le bureau. On monte des escaliers. J'étais dans la petite salle à droite; et la grande salle, — il se trouve d'autres petites salles à côté, — se trouve en face de la salle du théâtre. Il y a une terrasse où le voyageur qui est à l'hôtel entre gratuitement.

Me Demange. — Je voudrais savoir si les deux officiers allemands étaient dans une autre salle que le témoin.

Le président. — Etaient-ils dans une autre salle?

M. Villon. — Je l'ai expliqué, ils étaient dans la grande salle.

Me Demange. — Comment la grande salle est-elle séparée de la petite salle?

M. Villon. — Par... un briquetage... et par une porte comme ce serait ici, mais moins large, avec une espèce de tenture par côté, et lorsque je me suis levé, alors j'ai reconnu que c'étaient bien deux officiers.

Me Demange. — A quoi a-t-il reconnu que c'étaient des officiers supérieurs ou généraux?

Le président. — Connaissiez-vous suffisamment les signes distinctifs des grades pour reconnaître que c'étaient des officiers supérieurs?

M. Villon. — Naturellement, on connaît bien moins les officiers allemands que les officiers français; mais ce qui m'a fait remarquer que c'étaient des officiers supérieurs, c'est qu'ils étaient d'un âge de 50 à 60 ans. L'un de ces officiers avait son épée pendue à la patère contre le mur. Il y avait une ceinture; aussi j'ai cru ne pas me tromper en pensant que ce devait être un officier d'état-major.

Me Demange. — Une dernière question. Pourquoi en 1894, au moment du procès Dreyfus, le témoin qui s'est révélé aujourd'hui et qui a cru devoir écrire à M. le président n'a-t-il pas pensé à avertir la justice militaire?

Le président. — Pourquoi n'avez-vous pas prévenu le rapporteur du procès de 1894 des faits que vous connaissiez?

M. VILLON. — Monsieur le président, en 1894, même avant que Dreyfus soit arrêté, je l'ai dit dans des établissements de commerce, dans des cafés : en outre je n'ai pas cru, étant dans le commerce, devoir m'entraver parmi les officiers de l'armée, du moment que Dreyfus a été arrêté et condamné.

Au moment où Dreyfus a été arrêté et lorsqu'il a été condamné j'ai dit cela dans un établissement. J'ai dit que Dreyfus était loyalement condamné, qu'il était coupable, mais qu'il n'était pas seul ; c'est ma conviction.

Mᵉ DEMANGE. — L'Hôtel Central, à Berlin, est-il fréquenté par les Français ?

LE PRÉSIDENT, *au témoin.* — Les Français forment-ils la principale partie de la clientèle de l'Hôtel Central ?

M. VILLON. — Il y a beaucoup d'officiers ; des Français et des voyageurs naturellement.

Mᵉ DEMANGE. — Monsieur le président, voulez-vous demander au témoin s'il connaît un M. Ricard de Carcassonne ?

M. VILLON. — Je ne le connais pas, je n'en ai aucune souvenance.

Mᵉ DEMANGE. — C'est ce que je voulais savoir.

Le témoin remet au président une pièce qu'il dit être le témoignage de son passage à Berlin, à l'Hôtel Central.

LE PRÉSIDENT, *au greffier.* — Voulez-vous en donner lecture ?

LE GREFFIER COUPOIS. — Mais c'est une pièce écrite en allemand et datée du 10 mai 1899.

LE TÉMOIN. — Elle est traduite en français au verso.

LE COMMANDANT CARRIÈRE, *au témoin.* — Voulez-vous lire vous-même la pièce que vous déposez ?

LE PRÉSIDENT, *au témoin.* — Connaissez-vous bien l'allemand ?

M. VILLON. — Non, monsieur le président, je ne connais pas l'allemand.

LE PRÉSIDENT. — La conversation a eu lieu entièrement en français ?

M. VILLON. Oui, monsieur le président.

Le greffier donne lecture de la pièce déposée par le témoin :

Une feuille de rapport n'existe pas en ce qui concerne le dit monsieur, pour que nous puissions trouver un commerçant, Denis Villon, de Lyon, occupant comme étranger une chambre à l'hôtel Frédérickstrasse, 143-149. Il est pourtant impossible de tracer où il est parti de Berlin, puisque le levé des étrangers de 1894 n'existe plus.

M. Villon prie le greffier de lire également la traduction qui se trouve de l'autre côté de la feuille.

LE GREFFIER, *lisant.* — C'est de l'allemand. (*Rires.*)

M. VILLON. — Il y a la traduction.

LE GREFFIER, *lisant :*

Fin mars ou commencement Avril 1894, dans l'Hôtel Central Berlin, le commerçant Denis Villon de Lyon, France, a pris logement, et n'est pas retourné à Lyon depuis. Paraît être perdu. Nous vous prions de nous indiquer sur les rapports au Bureau de Paris à quelle ville il a continué son voyage. L'hôtel Central ne peut pas donner une information, parce que le propriétaire a changé depuis, et ses livres n'existent plus.

Eh bien alors ? (*Rires.*)

LE PRÉSIDENT. — C'est bien de l'accusé ici présent que vous avez entendu parler ?

M. VILLON. — Oui, mon président.

LE PRÉSIDENT, *à l'accusé.* — Avez-vous une observation à faire ?

LE CAPITAINE DREYFUS. — Aucune, mon colonel.

M. VILLON. — Je demanderais à pouvoir me retirer.

LE PRÉSIDENT. — Je vous autorise à vous retirer en laissant votre adresse au greffe.

QUATRE-VINGT-ONZIÈME TÉMOIN

M. FISCHER, *Commissaire spécial.*

M. Fischer (Louis), 42 ans, commissaire spécial à la gare d'Avricourt.

LE PRÉSIDENT. — Vous avez été cité par la défense pour déposer sur certains faits que je ne connais pas et que vous devez connaître. Veuillez faire votre déposition.

Mᵉ DEMANGE. — Le Conseil a déjà entendu parler des faits d'indiscrétion et même d'espionnage qui auraient été commis à Bourges en 1887. M. Fischer était alors commissaire de police à Bourges et pourrait nous renseigner rapidement.

M. FISCHER. — Monsieur le président, j'ai été envoyé à Bourges en 1887, en mission spéciale. Je ne tardai pas à acquérir la certitude qu'un nommé Thomas, ex-artificier à l'école de pyrotechnie, avait livré à une puissance étrangère certains documents intéressant la défense nationale. Ce Thomas avait été condamné au mois de décembre 1886 pour vol et tentative d'assassinat sur la personne du colonel-directeur, à la peine de mort. Cette condamnation avait été commuée en celle de travaux forcés à perpétuité. L'instruction avait révélé d'assez fortes présomptions d'espionnage. Thomas avait opposé des dénégations très vives à la sincérité desquelles on avait cru devoir ajouter foi. L'accusation d'espionnage avait été abandonnée.

Je demandai à mes supérieurs la permission d'aller interroger ce condamné, à Avignon, où il attendait son transfert dans une colonie pour la déportation. J'arrivai à Avignon.

M. LE COMMISSAIRE DU GOUVERNEMENT. — Plus haut ! on n'entend rien !

M. FISCHER. — J'arrivai à Avignon et je fis comparaître Thomas dans le bureau de M. le directeur de la prison. Il avoua alors, après quelques hésitations, qu'il avait livré à l'agent en question deux documents : le profil de l'obus de 80 millimètres de batteries à cheval, et le profil de l'obus 120 de siège, pour lesquels il avait reçu la somme de 1,000 francs. (*Mouvement.*) Je le pressai de questions, mais il persista à déclarer qu'il n'avait rien livré d'autre. Voilà ce que j'ai à dire.

LE PRÉSIDENT. — A quelle époque ?

M. FISCHER. — Il a déclaré être entré en relations avec cet agent à la fin de l'année 1884, il a été arrêté dans le courant de l'année 1886 pour vol et tentative d'assassinat ; par conséquent, après cette époque, il n'a pas pu pratiquer l'espionnage.

LE PRÉSIDENT. — Monsieur le commissaire du gouvernement, avez-vous une observation à présenter ?

LE COMMISSAIRE DU GOUVERNEMENT. — Aucune.

LE PRÉSIDENT. — Accusé, avez-vous une observation à présenter ?

LE CAPITAINE DREYFUS. — Aucune, mon colonel.

LE COMMISSAIRE DU GOUVERNEMENT. — Le témoin est appelé par son service dans l'Est ; il demande à se retirer.

LE PRÉSIDENT. — La défense ne s'oppose pas à ce que le témoin se retire ? (*Mᵉ Demange fait signe que non.*)

LE PRÉSIDENT. — Vous êtes autorisé à vous retirer en laissant votre adresse au greffe.

QUATRE-VINGT-DOUZIÈME TÉMOIN

M. LE LIEUTENANT BERNHEIM

On introduit le lieutenant Bernheim (Fernand-Lucien), 31 ans, lieutenant au 25ᵉ d'artillerie.

LE PRÉSIDENT. — Vous avez été cité par la défense. Connaissez-vous les faits sur lesquels vous devez déposer?

LE LIEUTENANT BERNHEIM. — Oui.

LE PRÉSIDENT. — Veuillez les faire connaître.

LE LIEUTENANT BERNHEIM. — Etant en permission à Rouen...

LE PRÉSIDENT. — A quelle époque?

LE LIEUTENANT BERNHEIM. — En 1894. Je fus invité par un ami de ma famille, M. le médecin-major de première classe Magdelaine, à prendre le café le soir, avec lui; cela se passait un mois après la mutation de M. le médecin major de première classe Magdelaine, qui passait du 28e au 74e, mutation qui eut lieu le 13 juillet 1894; et le départ de ce régiment pour les grandes manœuvres à la suite desquelles il devait changer de garnison. Au café, je trouvai à la même table que M. le médecin-major Magdelaine plusieurs officiers supérieurs, parmi lesquels le commandant Esterhazy; je leur fus présenté. Au cours de la conversation, le commandant Esterhazy me parla de l'intérêt qu'il portait au tir de l'infanterie et au tir de l'artillerie, et qu'il serait très heureux d'avoir un livre sur le tir. Je lui répondis que je ne pourrais pas lui envoyer le manuel de tir parce que je m'en considérais comme personnellement responsable et que je ne voulais pas risquer de le perdre par la poste. Il me dit aussi qu'il avait vu aux écoles à feu des réglettes de correspondance entre les mains des chefs de sections. Il me demanda si je pourrais lui en procurer. Je lui répondis que je n'en avais pas de réglementaires, mais que mon capitaine en avait fait construire de non réglementaires, en bois, et que si mon capitaine voulait bien me donner l'autorisation nécessaire, je lui en adresserais une. Aussitôt rentré au Mans, où j'étais en garnison, je demandai à mon capitaine l'autorisation d'envoyer cette réglette; je l'obtins et je l'envoyai au commandant Esterhazy, ainsi que le règlement sur le service des bouches à feu de siège et place, deuxième partie, qui contient des renseignements spéciaux aux officiers et sous-officiers seulement, dans lequel on trouve également beaucoup de questions de tir. Si vous me le permettez, je vous remettrai la lettre de mon capitaine-commandant qui confirme ce que je viens de dire.

M. le greffier Coupois donne lecture de la lettre suivante:

Le Mans, 24 août 1899.

Mon cher ami,

Vous me demandez dans votre lettre en date du 23 de ce mois de vous confirmer l'autorisation que je vous ai accordée autrefois de confier la réglette de correspondance non réglementaire à un officier supérieur d'infanterie. Je le fais volontiers. J'ajouterai encore que je vous ai mainte fois exprimé ma surprise de n'avoir jamais pu rentrer en possession de cette réglette, malgré les nombreuses démarches que vous avez faites auprès de l'officier à qui vous l'avez adressée.

Tout à vous.

Signé : GRAVETEAU.

LE PRÉSIDENT. — La lettre restera au dossier.

LE LIEUTENANT BERNHEIM. — Au bout de trois ou quatre mois, ne recevant plus les objets que j'avais prêtés, j'écrivis une lettre au commandant Esterhazy; cette lettre est restée sans réponse. Je me décidai alors à faire une démarche moi-même à Paris. Je passai à la caserne de la Pépinière, puis au domicile personnel du commandant Esterhazy, rue de la Bienfaisance : je ne trouvai personne. Enfin, le soir même, je profitai de la rencontre du médecin-major Magdelaine pour le prier d'en parler lui-même au commandant Esterhazy. Je n'obtins aucune réponse.

Deux ou trois mois après, mon capitaine me demanda si j'avais des nouvelles de cette réglette. Je lui répondis négativement. Je lui rendis compte des démarches que j'avais faites et il me demanda si je voulais le laisser écrire lui-même une lettre à cheval au commandant. Je lui répondis que je ne voulais pas le placer dans cette position vis-à-vis d'un officier supérieur, mais que, devant aller en permission quatre jours après, je ferais les mêmes démarches auprès du commandant Esterhazy.

Par hasard, en passant sur le quai de Versailles, je vis le médecin de première classe Magdelaine; je lui rappelai encore cette réglette, en le priant de vouloir bien en parler. Il m'exprima d'ailleurs son très grand étonnement que ces objets ne fussent pas encore rendus, mais je ne reçus rien du tout; à tel point que lorsque j'ai permuté pour passer du 31e au 25e, me considérant toujours comme débiteur de cette réglette vis-à-vis de mon capitaine-commandant, je fis encore quelques démarches, et, en allant à Rouen, je vis encore le médecin-major Magdelaine qui m'apprit alors que le commandant était en non activité pour infirmités temporaires. Je le priai de vouloir bien lui en parler s'il le voyait.

LE PRÉSIDENT. — Lorsque le commandant Esterhazy vous a demandé communication de cette réglette, quelle impression cela vous a-t-il fait?

LE LIEUTENANT BERNHEIM. — J'ai considéré que c'était un officier déjà instruit qui cherchait à s'instruire davantage. C'est toute l'impression que j'ai eue.

LE LIEUTENANT-COLONEL BRONGNIART. — Il vous a demandé une réglette de correspondance que vous avez prêtée. Il ne vous a pas demandé le manuel de tir?

LE LIEUTENANT BERNHEIM. — Je ne sais pas, je ne me rappelle pas. Je sais que le mot manuel, manuel de tir, a été prononcé dans la conversation; je ne pourrais dire si c'est lui ou moi qui l'ai prononcé, mais le mot a été prononcé.

LE LIEUTENANT-COLONEL BRONGNIART. — En tout cas, avez-vous fourni un renseignement quelconque sur le tir?

LE LIEUTENANT BERNHEIM. — Non, simplement la réglette de correspondance, fondée sur les principes de la méthode du projet de manuel de 1894.

LE COMMANDANT PROFILLET. — Quel était le règlement dont vous parlez?

LE LIEUTENANT BERNHEIM. — C'était le règlement : « Siège et place, deuxième partie. »

LE COMMANDANT PROFILLET. — Combien de temps l'a-t-il gardé?

LE LIEUTENANT BERNHEIM. — Il ne m'a jamais rendu ni la réglette ni le règlement.

LE PRÉSIDENT. — C'est un règlement qui est dans le commerce?

LE LIEUTENANT BERNHEIM. — Parfaitement, mon colonel.

Me DEMANGE. — Voulez-vous, monsieur le président, demander à M. le lieutenant Bernheim s'il a été appelé à déposer devant le Conseil de guerre qui a jugé le commandant Esterhazy?

LE PRÉSIDENT. — Avez-vous été entendu par le Conseil de guerre de 1897?

LE LIEUTENANT BERNHEIM. — J'ai été appelé, mais d'un commun accord la défense et l'accusation ont jugé que mon témoignage n'avait pas d'intérêt dans la question et M. le président m'a prié de me retirer. Mais cela s'explique, parce qu'à ce moment on attribuait au bordereau la date d'avril et que les faits que je rapportais étaient du mois d'août. (*Mouvement.*)

LE PRÉSIDENT, *à l'accusé.* — Accusé, avez-vous des observations à faire?

LE CAPITAINE DREYFUS. — Aucune.

LE PRÉSIDENT. — Faites entrer le témoin suivant.

QUATRE-VINGT-TREIZIÈME TÉMOIN

M. BRUYERRE, *auteur dramatique.*

LE PRÉSIDENT. — Quels sont vos nom, prénoms, âge et qualité?

LE TÉMOIN. — Bruyerre (Louis-Joseph), trente-cinq ans, auteur dramatique, demeurant à Paris, 74, boulevard Montparnasse.

LE PRÉSIDENT. — Vous avez déposé avoir vu au camp de Châlons la pièce de 120 court. Voulez-vous dire ce que vous en savez?

M. BRUYERRE. — En 1894, j'étais sous-lieutenant de réserve au 29e régiment d'artillerie. En cette qualité, j'ai assisté aux écoles à feu du régiment qui ont eu lieu au camp de Châlons du 30 avril au 24 mai. J'appartenais à une batterie de 90, la 8e, commandée par le capitaine Fraenkel. Une batterie de 120 court mise à la disposition du régiment a pris part aux écoles à feu en même temps que les batteries de 80 et 90.

Je me propose de montrer que les officiers ont toujours eu les plus grandes facilités, d'une part pour examiner les pièces de la batterie de 120 court alors qu'elle était au parc, d'autre part pour assister aux écoles à feu de cette batterie.

Je parlerai d'abord des facilités d'accès au parc. Au moment de notre arrivée au camp, plusieurs de mes camarades et moi désirions voir de près la nouvelle pièce. Nous nous sommes adressés aux officiers de réserve de la batterie de 120 court. Après une manœuvre d'artillerie, nous sommes allés au parc. Le parc était commun aux pièces de 80, de 90 et de 120 court. A la vérité, ce parc était placé sous la surveillance d'un factionnaire, comme toujours, mais le factionnaire n'avait aucune consigne particulière au 120 court.

Nous sommes donc entrés au parc; une pièce fut décrochée de son avant-train et chacun put faire fonctionner à tour de rôle les différents appareils de pointage et de visée. La pièce fut examinée dans tous ses détails et des renseignements aussi complets que possible furent fournis sur le frein hydro-pneumatique, règlement en main. Il nous eût été facile de prendre tous les croquis et toutes les notes qui auraient pu nous convenir et aucune recommandation contraire ne nous avait été faite.

Je vais parler maintenant de ce qui s'est passé aux écoles à feu. Je parlerai particulièrement de deux d'entre elles. La première séance de ti de 120 court à laquelle j'ai assisté a eu lieu le

12 mai 1894, vers 9 heures du matin, ainsi qu'en fait foi la décision du 11 mai qui se trouve au dossier du Conseil de guerre. Les pièces de 120 court étaient en batterie sur la crête des Perches, la droite très rapprochée de la voie romaine. On tirait à 1,200 mètres sur des objectifs placés en face des bois 46 et 47. On commença par disposer les appareils d'amarrage élastiques, on enfonça les piquets en avant des pièces et on mit en place les ressorts à boudin latéraux.

Dès l'ouverture du feu, il s'est produit des incidents ; les pièces, qui auraient dû rester sensiblement en place, exécutaient au départ de chaque coup des bonds très considérables. Au bout d'une dizaine de coups, on a dû renoncer à se servir des appareils d'amarrage élastiques. Certaines pièces avaient reculé de près de deux mètres en arrière de leur position primitive ; on avait dû faire de très nombreux mouvements à bras en avant et déplacer les crosses pour le pointage. En outre, une des pièces avait cessé de tirer, le frein ne fonctionnait plus. Ces incidents de tir ont rendu le tir extrêmement lent ; on avait beaucoup de peine à extraire les projectiles des coffres ; je me rappelle qu'à un moment, le capitaine directeur du parc, le capitaine Belin, fut forcé de venir lui-même, armé d'une pince, retirer de sa case un obus que personne ne pouvait en retirer.

Au moment où cet incident s'est produit, il y avait derrière les caissons un groupe nombreux d'officiers de toutes armes, occupés à démonter les gargousses.

Parmi ces officiers, je remarquai tout spécialement six officiers supérieurs d'infanterie et un colonel de cavalerie ; ces officiers formaient la première partie des deux séries des officiers supérieurs étrangers à l'artillerie qui, en mai 1894, ont été spécialement convoqués pour assister au tir de la 2e brigade.

Ils ont assisté au tir du 120 court dans les mêmes conditions qu'aux tirs de 80 et 90. Le commandant Denoyel et le capitaine Chastel, tous deux du 29e d'artillerie, étaient chargés aux termes de la décision du 8 mai, qui figure au dossier du Conseil de guerre, « d'accompagner et de diriger les officiers supérieurs ci-dessus mentionnés sur le champ de tir, et de leur fournir des explications sur le matériel ».

Une deuxième séance de tir a eu lieu le 19 mai ; tous les officiers du régiment avaient reçu l'ordre d'y assister. Le point de rassemblement se trouvait tout près des batteries de siège. Comme ce point était rapproché des baraquements, de très nombreux officiers d'infanterie sont venus à l'école à feu et aucune défense ne leur a été faite de rester près des pièces.

Parmi les officiers présents, se trouvait la seconde série des officiers supérieurs d'infanterie mentionnée à la décision du 8 mai.

De ce que j'ai dit, il résulte que : 1° aucune mesure de précaution n'a été prise pour interdire l'approche du 120 court au parc ; 2° non seulement on n'a pas éloigné les officiers d'artillerie étrangers au personnel des batteries du 120 court, mais encore on leur a prescrit d'y assister ; 3° il en a été de même pour les officiers d'infanterie et tout spécialement pour les officiers supérieurs du 2e corps, qui ont été spécialement convoqués au tir.

Je rappelle que tout ce qui précède se rapporte au 29e d'artillerie, c'est-à-dire au même régiment qui, en août 1894, a fourni les deux batteries du 120 court aux manœuvres de masses du camp de Châlons.

J'arrive maintenant à la question du manuel de tir et je vais citer des faits qui prouvent qu'en mai 1894, le manuel de tir n'était pas considéré comme un document confidentiel, au 29e d'artillerie. Au moment de leur arrivée au camp, les sous-lieutenants de réserve ont été avertis qu'il ne fallait plus tenir compte du manuel qu'ils avaient entre les mains, parce que des modifications empruntées au manuel de tir allemand venaient d'y être introduites. Je prie le Conseil de remarquer que, quand je parle de ces modifications, je ne donne pas une appréciation personnelle : je me contente de répéter à peu près ce qui a été dit à cet égard par le capitaine instructeur.

Mais le nouveau Manuel ne put pas être distribué à tous les officiers, parce que le régiment n'en possédait qu'un petit nombre, environ un par batterie. Aussi, pour préparer les officiers et les cadres à leur nouveau rôle, les capitaines durent faire des conférences sur le nouveau Manuel et sur l'emploi de la réglette de correspondance. Mais on s'aperçut vite que ce procédé ne donnerait pas de bons résultats. L'ordre fut alors donné de reproduire, à la presse régimentaire, le Manuel de tir. Ce travail fut exécuté très rapidement, et des copies furent distribuées à tous ceux, officiers, sous-officiers et soldats, qui en exprimèrent le désir. L'exemplaire que j'ai versé au dossier provient de ce tirage. Il m'a été remis contre la somme de 20 centimes par un employé de la presse régimentaire. Comme je faisais observer à cet homme que le tirage était très défectueux, — ainsi que le Conseil pourra s'en assurer, — il me répondit qu'il avait cependant corrigé à la plume quelques mots illisibles, mais que, si je le désirais, il pourrait m'apporter tous les exemplaires restant en trop, et qu'alors je n'aurais qu'à faire mon choix.

J'aurais donc pu, à l'insu de tout le monde, m'en procurer plusieurs exemplaires. Il est certain que seuls n'en ont pas reçu ceux qui n'en ont pas voulu. D'ailleurs, ce fait n'est pas particulier au 29e régiment d'artillerie. Dans plusieurs régiments, les facilités s'étendaient jusqu'aux simples canonniers. Ceci résulte d'une lettre que je crois utile de verser au dossier. Elle est de M. Louis Paraf, ingénieur à Paris. Les faits qu'il mentionne pourront être facilement vérifiés par le Conseil, puisqu'ils se sont passés à Rennes même, au 10e d'artillerie, en avril 1894.

M. LE GREFFIER COUPOIS *donne lecture de la pièce suivante :*

Trouville, 27 août 1899.

Cher monsieur,

En revenant d'accomplir une période de vingt-huit jours, je trouve un mot de M. Jullien, me parlant de vous donner des renseignements au sujet du manuel de tir pour votre déposition au Conseil de guerre de Rennes. J'ai accompli un an de service comme deuxième canonnier au 10e régiment d'artillerie, à Rennes, en 1893-94. Je suis ancien élève de l'Ecole centrale. A la sortie de l'Ecole, on subit un examen militaire, et on est partagé en différentes catégories : les uns font leur année de service comme officiers de réserve ; d'autres, au bout de trois mois comme simples soldats, passent un nouvel examen et sont nommés officiers pour le reste de leur temps. (Ceux-ci furent, jusqu'au mois de janvier, affectés à un régiment dans le Midi, à Nîmes ou à Montpellier, je crois.) D'autres, enfin, doivent faire toute leur année sans aucun grade (j'étais de ceux-là) et se trouvaient en garnison au 10e. Avec eux se trouvaient également des camarades qui, pour raison de santé ou pour toute autre cause, n'avaient pas encore terminé leurs études à l'Ecole. Enfin, au 7e régiment, également à Rennes, se trouvaient les fruits secs, c'est-à-dire ceux qui n'avaient pas réussi à leur sortie de l'Ecole et qui n'avaient pu obtenir ni diplôme, ni certificat.

Au 10e, nous étions de quinze à vingt camarades ; nous formions un peloton spécial d'élèves-officiers (nous devions passer à la fin de notre année) ; mais, chose utile à mentionner, il y avait également quelques engagés volontaires qui nous furent adjoints.

Ceci dit, dans le courant d'avril, ayant comme officier instructeur M. le lieutenant Prœschel, actuellement capitaine-élève à l'Ecole de guerre, on nous a remis, en même temps qu'aux officiers, le Manuel de tir. Il vous serait facile, puisque vous vous trouvez à Rennes, de rechercher, dans le livre des décisions de cette époque, la date exacte où ce projet de Manuel nous fut remis, et vous y verrez également qu'aucune recommandation spéciale ne nous fut faite. Du reste, vous n'ignorez pas qu'étant simple soldat, il est absolument impossible d'enfermer quoi que ce soit : notre manuel de tir se trouvait, avec nos autres théories, auprès de notre paquetage et à la disposition de tous.

Il aurait été très facile de nous le voler, et il eût été difficile de nous en rendre responsables. C'est notre peloton qui fut le premier dressé pour le réglage du tir par la nouvelle méthode. Les sous-officiers n'eurent pas entre les mains ce manuel. On nous donna comme explication que le nombre d'exemplaires était limité ; mais jamais il ne nous fut dit qu'il était confidentiel ; c'était, du reste, comme principe, la méthode allemande qu'on employait.

C'est tout ce que j'avais à vous dire à ce sujet.

Je vous autorise à citer mon nom si vous le jugez convenable.

Recevez, monsieur, l'assurance de ma profonde sympathie.

LOUIS PARAF,
15, avenue Victor-Hugo, Paris.

Je vais dire maintenant au Conseil ce que je sais au sujet des facilités qu'auraient eues des officiers supérieurs d'infanterie pour se procurer le manuel de tir. Lors de la séance de tir du 18 mai 1894, un des officiers supérieurs d'infanterie convoqués au tir, me voyant lire un document, me demanda si ce n'était pas le nouveau manuel. Sur ma réponse affirmative, il exprima le désir d'en prendre connaissance, et je le lui remis ; quelques instants après, comme cet officier s'éloignait, je le suivis, et au moment où il allait arriver près du colonel, je réclamai mon manuel. Il me posa alors cette question : « Ne pouvez-vous pas me le laisser aujourd'hui ? » Comme je répondais non, le capitaine Chastel, chargé, ainsi qu'on vous l'a dit, de donner aux officiers d'infanterie des explications, s'approcha, et, mis au courant de la question, dit à l'officier d'infanterie : « Je vous en donnerai un ce soir. »

Je dois faire observer que si j'ai réclamé mon manuel sur-le-champ, ce n'était nullement dans la pensée que je commettais une irrégularité en en donnant connaissance à un officier d'infanterie. La raison de mon refus était celle-ci : j'étais loin d'avoir une connaissance approfondie du manuel, et je désirais l'étudier. Sans cette nécessité, je ne me serais pas occupé de mon exemplaire, attendu, comme je l'ai dit, qu'on ne nous avait donné aucune indication qui nous permît de croire que nous avions devant nous un document confidentiel. Le Conseil sait en effet que, depuis 1890, les manuels de tir sont envoyés par la poste à tous les officiers de la réserve et de l'armée territoriale sans mention particulière. Plusieurs milliers d'exemplaires sont ainsi répandus hors de l'Armée, sans aucune espèce de contrôle possible; et rien ne peut faire supposer, dans ces conditions, qu'il s'agit d'un document confidentiel.

De plus, un extrait du projet de manuel, édité aux frais de la Société de tir au canon de Paris, a été distribué aux membres de cette Société. Il faut remarquer que la Société de tir au canon de Paris se compose exclusivement d'officiers et d'hommes de troupes appartenant à la réserve et à l'armée territoriale, c'est-à-dire d'artilleurs civils. L'extrait du projet de manuel dont je viens de parler fait d'ailleurs honneur à celui qui l'a rédigé; car l'auteur s'est attaché à ne donner que les renseignements utiles du manuel, c'est-à-dire les nouvelles méthodes de réglage et les exemples de tir. Ce fait est matériellement établi par l'existence de l'exemplaire que j'ai entre les mains et que je mets sous les yeux du Conseil.

C'est une brochure autographiée de huit pages, portant comme en-tête le nom et l'adresse de la Société de tir au canon de Paris.

M. le général Deloye a dit, il est vrai, que M. le général Tricoche avait démenti le fait.

Le général Tricoche s'est borné à démontrer que la distribution de l'extrait dont il s'agit n'a pas été faite à l'époque que le Conseil de guerre de 1894 admettait pour être celle du bordereau, c'est-à-dire avril 1894.

C'est parfaitement exact. L'extrait du manuel de tir a été distribué pendant les exercices de juillet 1894.

Certains officiers instructeurs de la Société avaient appliqué le nouveau manuel pendant un stage aux écoles à feu, et ce sont eux qui ont donné aux membres de la Société de tir au canon de Paris les premières explications concernant les nouvelles méthodes de réglage.

L'extrait du manuel de tir a été distribué à bureau ouvert aux membres de ladite Société par M. Mullois, sous-lieutenant d'artillerie territoriale, secrétaire de la Société.

Pour me résumer :

En ce qui concerne le manuel de tir :

1° En mai 1894, le 29e d'artillerie a fait exécuter des copies régimentaires du projet;

2° Un officier de réserve aurait pu se procurer plusieurs exemplaires du manuel;

3° Il était admis à cette époque que les officiers d'infanterie pouvaient en recevoir communication.

4° Beaucoup d'officiers de réserve et de territoriale ont eu à leur disposition, en plus des autographies régimentaires, des extraits importants du projet de manuel publiés par la Société de tir au canon de Paris, qui, comme je l'ai dit, est une Société civile.

LE PRÉSIDENT. — Parmi les officiers étrangers à l'artillerie que vous avez vus au camp de Châlons, avez-vous vu le commandant Esterhazy?

M. BRUYERRE. — Non, monsieur le président.

LE LIEUTENANT-COLONEL BRONGNIART. — Vous venez de dire que des milliers d'exemplaires de ces manuels étaient envoyés par la poste en dehors de l'armée. Vous n'avez pas voulu dire cela, sans doute.

M. BRUYERRE. — Pardon je n'ai pas dit que la poste envoyait des exemplaires à n'importe qui ; j'ai dit que ces manuels étaient envoyés par la poste aux officiers de réserve et de territoriale, c'est-à-dire en dehors de l'armée active et hors de toute espèce de contrôle, attendu que personne ne peut s'assurer de ce qu'ils font chez eux.

LE LIEUTENANT-COLONEL BRONGNIART. — Mais ils ont une responsabilité.

M. BRUYERRE. — Oui, mais ils peuvent perdre ce manuel. On peut le leur voler.

LE CAPITAINE LEROND. — Je demande la parole.

LE PRÉSIDENT. — Oui, mais dites-nous sur quoi vous voulez parler.

LE CAPITAINE LEROND. — Sur la question de savoir si, pendant les manœuvres de mars, des officiers étrangers à l'artillerie ont pu s'approcher des batteries.

LE PRÉSIDENT. — C'est vous qui étiez chargé de conduire les officiers au camp de Châlons pendant les écoles à feu?

LE CAPITAINE LEROND. — Oui, mon colonel.

Il a été dit dans la déposition précédente qu'au mois de mai, aux écoles à feu du 29° d'artillerie, des officiers étrangers à l'arme avaient pu s'approcher des batteries de 120 court. Il a été dit également qu'aucune précaution d'aucune espèce n'avait été prise. Ce sont des faits qui ne sont pas à ma connaissance. Ce que j'affirme, ce que je répète, c'est qu'aucune pièce de 120 court ne se trouvait au camp de Châlons du 6 au 9 août, seule date intéressante ; que, de plus, pendant les manœuvres de masses qui ont eu lieu du

11 au 22 août, les batteries de 120 n'ont paru à la manœuvre que le 16, et qu'aucun officier, pas plus de l'artillerie que d'une arme étrangère, — il n'y avait pas d'officiers d'arme étrangère — n'a pu s'approcher des batteries, et ceci, par ordre de mon chef le général Thiou, qui commandait l'artillerie à ces manœuvres.

LE PRÉSIDENT. — Etiez-vous au camp de Châlons le 22 mai ?

LE CAPITAINE LEROND. — Non, j'étais à Versailles, à mon régiment.

M. BRUYERRE. — Le capitaine vient de dire que j'ai fait des insinuations. Je n'en ai fait aucune. Je n'ai pas parlé de ce qui s'est passé en août ; j'ai parlé de ce qui s'est passé en mai et j'ai fait remarquer que les batteries qui ont pris part aux manœuvres de masse sont les mêmes que j'ai vues tirer en mai 1894. Je ne vois pas en quoi le mot insinuations peut s'appliquer à moi.

LE CAPITAINE LEROND. — Pardon, mon témoignage est indiscutable ; il est appuyé sur des documents authentiques. Je dis simplement qu'il a été rappelé que les batteries de 120 court qui n'avaient pu être approchées quand on avait voulu au mois de mai, au camp de Châlons, avaient participé aux manœuvres de masses au mois d'août. Il y aurait pu avoir un doute dans l'esprit du Conseil ; c'est ce doute que je désire éclaircir.

LE GÉNÉRAL ROGET. — Je demande la parole. (Rumeurs.)

LE PRÉSIDENT. — Tout à l'heure.

Me DEMANGE. — Le témoin a dit qu'à propos du 120 court et du Manuel de tir, aucune recommandation de secret n'avait été faite ; est-ce qu'il est dans les habitudes de faire des recommandations de secret aux officiers ?

LE PRÉSIDENT. — Le témoin est je crois peu qualifié pour nous dire cela.

Me DEMANGE. — Je veux dire aux officiers de réserve ; je vous demande pardon.

M. BRUYERRE. — Monsieur le président, j'ai eu un point de comparaison extrêmement sûr précisément au mois de mai 1894. J'ai en effet assisté à deux conférences sur le chargement des obus à mélinite. La première a eu lieu dans l'amphithéâtre de l'Ecole normale de tir. Elle a été faite à tous les officiers de régiment par le commandant Denoyel, qui a exécuté au tableau des dessins à grande échelle ; la seconde a été faite spécialement pour les officiers de réserve par M. le capitaine de Carmejane. Nous prenions tous des notes à ce moment, nous avions le détonateur entre les mains et le capitaine de Carmejane, voyant cela, nous dit à peu près ceci : j'aime mieux que vous ne preniez pas de notes, le détonateur ne peut être considéré comme secret, mais vous pourriez perdre vos papiers et on pourrait croire à des intentions coupables. C'est la seule recommandation qui nous ait été faite.

LE PRÉSIDENT. — Accusé, avez-vous une observation à faire ?

LE CAPITAINE DREYFUS. — Aucune, mon colonel.

LE GÉNÉRAL ROGET. — Voulez-vous avoir la bonté de demander au témoin si ce n'est pas lui qui a écrit à M. Cavaignac, ministre de la guerre, une lettre de quatre pages pour donner sa démission d'officier de réserve ?

M. BRUYERRE. — Oui, monsieur le président.

LE GÉNÉRAL ROGET. — Eh bien ! monsieur le président, je tenais simplement à dire que c'est une lettre d'une violence extrême dans laquelle le témoin disait que c'était une honte de servir dans l'armée française ! (Rumeurs.)

M. BRUYERRE. — Monsieur le président, je proteste absolument contre les paroles qui viennent d'être prononcées par M. le général Roget. J'ai motivé ma démission.

LE PRÉSIDENT. — On ne doit pas la motiver, il y a une formule pour la donner.

LE GÉNÉRAL ROGET. — C'est une lettre de quatre pages d'une violence extrême. Elle est au ministère.

M. BRUYERRE. — J'ai donné ma démission sans aucune espèce de motif, le 12 juillet, et c'est sur l'ordre formel signé par mon colonel que j'ai donné les motifs. J'ai cru devoir fournir ceux qui étaient les motifs réels. Ils n'ont pas convenu. Je n'ai rien à dire.

LE PRÉSIDENT. — Avez-vous affirmé cela dans cette lettre ?

LE GÉNÉRAL ROGET. — C'est le sens.

LE PRÉSIDENT. — L'avez-vous ?

M. BRUYERRE. — Je pourrais la produire.

LE GÉNÉRAL ROGET. — Elle existe au ministère, mais c'est bien le sens général de la lettre.

M. BRUYERRE. — Ah ! mais, pardon monsieur.

LE PRÉSIDENT, à M. Bruyerre. — Je vous défends tout colloque, vous me parlerez à moi.

LE GÉNÉRAL ROGET. — C'est le sens général de la lettre, monsieur le président, je maintiens ceci ; je n'ai pas vu la lettre depuis quinze mois, je ne puis pas dire quels en sont les termes exacts, mais je dis que voilà le sens, que la lettre est de quatre pages, qu'elle est d'une violence inouïe et que son sens est bien celui-là. (Rumeurs.)

M. BRUYERRE. — Je maintiens que le sens n'est pas celui-là. En

outre, ma lettre n'est écrite que depuis douze mois. J'ai fait allusion à certaines personnalités et non pas à l'armée tout entière, ce
qui serait absurde, ai-je besoin de le dire, attendu que l'armée
française, ce sont tous les citoyens français âgés de plus de
vingt ans.

LE PRÉSIDENT. — Cette lettre existe-elle au ministère de la
guerre?

LE GÉNÉRAL ROGET. — Elle y existe certainement.

LE PRÉSIDENT. — Nous pourrons la demander.

LE GÉNÉRAL ROGET. — M. le général Deloye doit la connaître
puisqu'elle lui a été adressée. Il était directeur de l'artillerie.

LE GÉNÉRAL DELOYE. — Lorsque la lettre de M. le lieutenant de
réserve Bruyerre est arrivée, le ministre qui l'avait reçue me l'a
montrée, et m'a demandé ce que j'en pensais. Je lui ai dit que je
la trouvais absolument inconvenante. M. le ministre m'a donné
ensuite des instructions en exécution desquelles j'ai présenté un
rapport à la suite duquel M. le Président de la République a révoqué M. le lieutenant Bruyerre de ses fonctions d'officier de réserve.

LE PRÉSIDENT. — L'incident est clos.

Me LABORI. — Il est absolument essentiel que la lettre de
M. Bruyerre soit connue du Conseil de guerre.

LE PRÉSIDENT. — Je la demanderai, et si le ministre veut bien la
donner, elle sera lue en audience publique.

M. BRUYERRE. — J'en ai une copie à la disposition du conseil.

LE PRÉSIDENT. — Je préfère la demander au ministre de la
guerre comme document officiel et en avoir le texte authentique.

QUATRE-VINGT-QUATORZIÈME TÉMOIN

M. LE CAPITAINE CARVALLO

Carvallo Julien), 33 ans, capitaine d'artillerie, à la direction
de Toul, inspecteur d'armes du 20e corps.

LE PRÉSIDENT. — Veuillez nous faire connaître les faits sur lesquels la défense désire que vous soyez entendu.

LE CAPITAINE CARVALLO. — En 1894, j'étais lieutenant au 33e d'artillerie. Vers le commencement de cette année, les deux batteries de dé-
doublement, formées par la 3e et la 6e batteries, ont été armées du
canon de 120 court. J'étais affecté à l'une de ces batteries; à ce
titre j'ai eu à m'occuper du carnet de mobilisation. Dans ce carnet
se trouvait naturellement l'effectif de la batterie; cet effectif n'avait

rien de secret, et est d'ailleurs identique à l'effectif de toute batterie de 90.

Je ne comprends pas d'ailleurs l'intérêt qu'il peut y avoir à connaître l'effectif d'une batterie. En effet, si dans une troupe d'infanterie cet intérêt existe, parce que là chaque homme représente un fusil, dans l'artillerie, au contraire, il n'y a qu'un renseignement intéressant : c'est le nombre de pièces qu'on peut mettre en ligne.

Donc, quand le matériel est arrivé, il a été mis en service, non pas pour des expériences en grand, comme on l'a dit à tort, mais simplement comme faisant partie du matériel de mobilisation. Il était, en effet, absolument indispensable que nous connussions entièrement et que nous apprissions à nos hommes la manœuvre de la pièce que nous devions emmener en campagne.

Les pièces qui nous ont été livrées pour les manœuvres ont été placées dans la cour du quartier, à côté des pièces de 90, et aucune précaution spéciale n'a été prise pour les tenir secrètes. Ainsi, je citerai deux faits : 1° les lieutenants d'infanterie venaient souvent au quartier pour leurs séances de manège ; eh bien, toutes les fois qu'ils descendaient de cheval, ils venaient nous regarder manœuvrer, et nous leur avons donné toutes les explications qu'ils demandaient ; 2° quand nous avons fait les écoles à feu, beaucoup d'officiers sont venus voir tirer la pièce et ils ont pénétré dans l'intérieur même des batteries pendant le tir, chose que je n'avais jamais vu faire avec le matériel de 90.

Naturellement, pour faire l'instruction de nos hommes, il nous fallait des théories. Des règlements nous ont été distribués. Chaque officier et chaque sous-officier a reçu un exemplaire de ces théories dans lesquelles se trouvait la description complète du frein hydro-pneumatique, à part le détail des joints qui n'avaient aucun intérêt pour un officier de troupe.

Je me rappelle même qu'un jour un sous-officier a perdu sa théorie. J'ai rendu compte du fait qui était gênant pour mon instruction et aucune suite n'a été donnée à cet incident.

J'ai dit qu'on nous avait donné des règlements ; il eût été plus exact de dire qu'on nous avait distribué des projets de règlement. En effet, les théories que nous avions n'étaient pas approuvées par le ministre ; on avait voulu, avant de rendre le règlement définitif, connaître les modifications de détail qui seraient apportées par la pratique. Aussi, ce n'est qu'après la remise de nos rapports en octobre que l'instruction fut remaniée, et approuvée par le ministre le 28 mai 1895.

C'est cette date qui a trompé beaucoup de ceux qui ont étudié la question ; ils ont cru que le règlement portant la date de 1895 n'existait pas en 1894. Il existait, seulement il n'était pas approuvé par le ministre ; et voilà tout.

D'ailleurs, M. le général Deloye a reconnu lui-même l'existence de ce projet de règlement et a dit, dans sa note à la Cour de cassation, que 300 exemplaires de ce projet de règlement ont été distribués aux corps de troupes le 7 avril 1894.

Je passe maintenant à la deuxième partie de ma déposition : la question des rapports fournis par les régiments, en 1894, et les renseignements que pouvaient contenir ces rapports.

Je citerai d'abord le rapport annuel sur les écoles à feu. Ce rapport est fourni à la fin des manœuvres, et la date d'arrivée au ministère le met hors de cause pour la question du bordereau.

En dehors de ce rapport, deux commissions ont été formées en 1894. J'ai été nommé rapporteur de ces deux commissions, et à ce titre c'est moi qui ait fait les deux rapports.

Le premier a été fourni après les écoles à feu. C'était un rapport sur les appareils d'amarrage élastique, au sujet desquels je vais donner des explications.

LE PRÉSIDENT. — Soyez bref. (*Rumeurs.*)

LE CAPITAINE CARVALLO. — Ce rapport est un rapport sur des appareils d'amarrage qui ont été reconnus peu pratiques et qui ont été abandonnés depuis ; mais ce n'est pas un rapport sur la façon dont la pièce s'est comportée pendant le tir dans les conditions normales de son emploi. D'ailleurs ce rapport a été signé par les membres de la commission le 29 août ; il est parti à la section technique en suivant la voie hiérarchique : il est donc arrivé après le 1er septembre.

La deuxième commission avait à étudier les modifications à apporter au règlement des manœuvres. J'ai donc corrigé phrase par phrase ce règlement et je puis vous assurer que la description du frein hydro-pneumatique était la même dans le règlement de 1894 que dans le règlement de 1895 actuellement en vigueur.

Je me résume : je viens affirmer ici les six faits suivants :

1° Ce n'est pas pour des expériences en grand que le 120 court a été mis en service dans les régiments, mais à titre définitif et comme faisant partie de l'armement de mobilisation ;

2° L'effectif des batteries de 120 n'était nullement secret et est le même d'ailleurs que celui des batteries de 90 ;

3° Aucune précaution d'aucune sorte n'a été prise pour tenir secret soit le matériel, soit les théories ;

4° A partir du 7 avril 1894, nous avons eu entre les mains la description complète du frein hydro-pneumatique, à part le détail des joints qui n'avaient pas d'intérêt pour les officiers de troupes ;

5° Les rapports fournis par les régiments sont les trois rapports que je viens de citer, mais ne sont pas des rapports sur la façon dont la pièce s'est comportée pendant le tir dans les conditions normales de son emploi ;

6° Les rapports envoyés par les régiments sont tous arrivés à la section technique après le 1er septembre.

C'est tout ce que j'avais à dire.

Me DEMANGE. — Monsieur le président, voulez-vous demander à M. le capitaine Carvallo où il était quand le 120 court est arrivé ?

LE CAPITAINE CARVALLO. — J'étais au 33e d'artillerie, à Poitiers.

Me DEMANGE. — Les indications que vient de donner M. le capitaine Carvallo sont en contradiction avec les renseignements que nous a fournis M. le capitaine Le Rond sur ce qui s'est passé au camp de Châlons. Il y a là quelque chose qui me surprend un peu. Le capitaine Carvallo peut-il donner des renseignements sur ces contradictions ? Comment se fait-il qu'on ait pris de telles mesures de précaution en août et qu'on n'en ait pas pris en mai ?

LE COMMISSAIRE DU GOUVERNEMENT. — M. Carvallo parle de ce qui s'est passé chez lui ; il ne sait pas ce qui s'est passé chez les autres.

Me DEMANGE. — Bien entendu.

LE COMMISSAIRE DU GOUVERNEMENT. — Ce qu'il dit prouve que l'on servait mal chez lui.

LE PRÉSIDENT. — Je vais poser la question au témoin, bien qu'il me semble difficile qu'il y réponde. Comment expliquez-vous qu'on ait pris de si grandes précautions à Châlons, et qu'on n'en ait pas pris à Poitiers ? (à Me Demange.) C'est bien là votre question ?

Me Demange fait un signe d'assentiment.

LE CAPITAINE CARVALLO. — Mon colonel, j'aurais quelques observations à présenter au sujet de la déposition du capitaine Le Rond.

M. le capitaine Le Rond a commencé par vous dire qu'il n'a jamais vu le canon de 120 que du haut de son cheval ; je crois que, dans des circonstances aussi défavorables, il a pu se tromper sur la valeur des précautions prises. Il vous dit ensuite qu'en dehors de la manœuvre, les pièces étaient gardées par des factionnaires ; mais je ne suppose pas que le capitaine Le Rond ait jamais vu un parc d'artillerie sans factionnaires.

M. le capitaine Le Rond a dit, dans sa déposition devant la Cour de cassation, que même à l'état-major du général il n'y avait pas de document sur la construction du frein ; cela, je le crois bien volontiers, car si on envoie des officiers aux manœuvres de masses, ce n'est pas pour y construire des freins. M. le capitaine Le Rond nous dit ensuite qu'il ne connaît pas le fonctionnement intérieur du frein. Si M. Le Rond entend par fonctionnement intérieur ce qui est indiqué dans la théorie du 120, il a simplement péché par ignorance, car tous les officiers, tous les sous-officiers, tous les brigadiers des batteries du 120 auraient pu lui donner le renseignement avec facilité.

Enfin, M. le capitaine Le Rond dit qu'il a été au galop de son cheval pour éloigner trois colonels. Mais j'ai vu très souvent à des écoles à feu le directeur de la manœuvre dire à des officiers étrangers : « Messieurs, je vous en prie, allez causer un peu plus loin ! Vous gênez le service de la batterie. » Si les officiers sont un peu loin, on envoie un trompette. Mais il me semble que le capitaine Le Rond a exagéré un peu l'importance d'une pareille mission.

Mᵉ DEMANGE. — Est-ce que le manuel de tir dont n'a pas parlé le témoin était considéré comme ayant un caractère confidentiel en 1894 ?

LE PRÉSIDENT. — Est-ce que le manuel de tir d'artillerie de campagne était considéré comme confidentiel dans votre régiment ?

LE CAPITAINE CARVALLO. — Vous savez tous aussi bien que moi que le mot confidentiel n'était pas écrit sur le manuel de tir d'artillerie de campagne, mais que néanmoins on ne pouvait pas se procurer ce document dans le commerce. Il n'en est d'ailleurs pas de même en Allemagne.

J'ai ici le manuel de tir de l'armée allemande ; on peut se le procurer très facilement. Il a été édité par la librairie Mittler et fils, à Berlin, et il n'y a qu'à le demander à une librairie de Paris pour l'avoir ; j'ai un exemplaire qui vient de la librairie H. Lesoudier, à Paris : vous pouvez voir l'étiquette qui est sur le livre. En même temps que ce manuel de 1893, on vend la feuille rectificative que les Allemands ont fait paraître lorsqu'ils ont adopté leur matériel de 1896.

J'ai donné ces détails pour montrer que si en France on prend quelques précautions pour le manuel de tir, les Allemands, eux au contraire, n'attachent aucune importance à la divulgation de ce manuel. Je dépose ce manuel pour qu'on puisse en prendre connaissance.

Le capitaine Lerond. — Je n'ai qu'un mot à dire : M. le capitaine Carvallo semble beaucoup mieux informé que moi de ce qui s'est passé au camp de Châlons pendant qu'il était à Poitiers; quant à moi, j'étais attaché à M. le général Piou, dont je possédais toute la confiance. Tous les officiers qui nous ont connus à Versailles ne l'ignorent pas. J'ai été chargé d'exécuter ses ordres. Et ces ordres étaient formels. Aucun officier ne devait s'approcher des batteries de 120 qui étaient placées sous ses ordres et qui obéissaient à ses ordres exclusifs.

Quant à toutes les autres questions qui m'ont été posées, j'estime que je n'ai pas à y répondre.

Le capitaine Carvallo. — Je n'ai pas dit que je voulais savoir ce qui s'est passé au camp de Châlons; j'ai discuté les raisons techniques données par le capitaine.

Le président. — L'incident est clos.

Me Labori. — Je désirerais éclaircir un point au sujet du manuel de tir et je vous prie, monsieur le président, de demander à M. le lieutenant-colonel Picquart si, pendant qu'il était chef du service des renseignements, le manuel de tir de 1894 n'a pas été copié chez l'agent B. et s'il n'en résulte pas, par conséquent, la preuve que non seulement la puissance à laquelle appartenait l'agent B. n'a pu avoir ce manuel en 1894, mais encore que des fuites se produisaient après l'incarcération de Dreyfus.

Le président. — Mais, en 1895, le manuel était public.

Me Labori. — Mais il y a eu un manuel nouveau en 1895, si je ne me trompe.

Le général Deloye. — Il a été mis dans le commerce.

Me Labori. — A quelle date?

Le général Deloye. — Je vais le rechercher.

Me Labori. — Je dis cela parce que j'ai reçu des lettres qui peuvent avoir une certaine importance.

Le président. — Des lettres au sujet de quoi? Je vous ferai observer que vous changez de sujet en ce moment.

Me Labori. — Cela se réfère toujours à la question du manuel de tir. A propos du manuel de tir de 1895, j'ai reçu hier une lettre d'un ancien agent des renseignements, M. Corninge.

Le président. — Ceci est étranger à la question.

Mᵉ Labori. — Je vous demande pardon, ce renseignement est relatif à une divulgation faite à l'agent B. du manuel de tir dont il a été question dans la déposition de M. Carvallo. Cependant, si monsieur le président croit que pour mettre de l'ordre dans la discussion il soit utile que je ne donne ce renseignement que plus tard, je suis prêt à m'incliner et je me mets à sa disposition pour choisir le moment opportun.

Le président. — Quel est le renseignement que vous avez à nous communiquer?

Mᵉ Labori. — Je voulais vous communiquer des renseignements qui me paraissent très importants, relatifs à la copie faite chez l'agent B. du manuel de tir. Étant donné que cette question vient de faire l'objet de l'observation du témoin que vous venez d'entendre, j'ai pensé que le moment était venu.

Le président. — Alors, vous considérez la déposition comme terminée et, entre deux témoignages, vous demandez à placer une observation sur une autre question. De quoi voulez-vous nous parler?

Mᵉ Labori. — Je voudrais vous demander la permission de vous donner connaissance d'une lettre que j'ai reçue hier d'un nommé Corninge. Cette lettre, que je ne veux pas garder pour moi, me donne également communication des lettres qui ont été adressées par son auteur à M. le ministre de la guerre, le 6 mai et le 25 août 1899. Je vois que cet agent a entendu sans doute exercer certaine pression sur le ministère de la guerre pour en obtenir une remise de fonds; que, cette pression n'ayant pas réussi, cet agent a cru devoir me donner ses renseignements. Je n'ai pas à apprécier quelle est la valeur morale de cet agent et des conditions dans lesquelles il m'a fourni ces documents. Je voudrais seulement savoir si ces renseignements sont exacts.

Le président. — Passez au fait, arrivez au fait.

Mᵉ Labori. — Voici la lettre.

Kremlin-Bicêtre, le 20 août 1897.

Monsieur,

Sous ce pli, vous trouverez la copie de deux lettres adressées à divers ministres de la guerre qui tous font la sourde oreille à de justes récriminations.

En face du cynisme déployé par l'état-major général tant à mon égard que dans le procès actuel, je crois de mon devoir de vous dire ce qui suit : le fameux manuel de tir faisant partie du soi-disant bordereau reproché en 1894 à votre client, a pourtant été copié par moi-même en décembre 1896, dans la salle à manger de B. (le nom est en toutes lettres) dont j'étais à ce moment et depuis plus de deux ans le pseudo-courtier en espionnage. De plus, c'est bien A. (encore le nom) que je connais de longue date et que j'ai aperçu par l'entre-bâillement de la porte de communication de l'antichambre à la salle à manger de l'appartement du 62 de la rue du Colisée, venant chercher ce document prêté par lui à B.

Une tierce personne, qu'à ce moment je mis dans la confidence, est à même d'affirmer ce qui précède, comme d'ailleurs la lettre Gribelin.

Enfin, je ne m'explique pas que votre client, ayant soi-disant fourni en 1894 ce document à nos ennemis, ceux-ci en eussent encore besoin en décembre 1896!...

Je me tiens à votre disposition pour prouver péremptoirement ce qui précède.

Agréez, monsieur, l'assurance de mes meilleurs sentiments.

Signé : CORNINGE.

Lettre non lue à l'audience, communiquée par Me Labori.

6 mai 1899.

Monsieur le ministre,

Je suis entré au service du ministère de la Guerre le 26 novembre 1891, en qualité d'agent secret du bureau des renseignements.

J'ai été engagé au nom et pour le compte du dit bureau par MM. les capitaines d'État-major Rollin et Burckhardt. En ce moment j'étais depuis dix années employé à la Cie d'assurances « Urbaine-Vie », 8, rue Le Peletier, à Paris. Mes appointements étaient de 2,800 francs avec droit à une retraite après vingt-cinq ans d'exercice. J'ai quitté cette situation avec avenir bien assuré, parce qu'il avait été fait appel à mon patriotisme. Je donnai ma démission le 26 novembre à neuf heures du matin et, le jour même, je prenais possession de mon nouvel emploi, et je partais pour Genève où m'appelaient les ordres du bureau militaire. MM. les capitaines Rollin et Burckhardt me firent entrevoir un avenir alléchant qui d'ailleurs me fut confirmé par les colonels Sandherr et Cordier, ce dernier alors commandant.

Pour ce qui est des services que j'ai été appelé à rendre à monsieur le ministre, je vous prie de vouloir bien vous reporter aux volumineux dossiers qui existent à mon nom dans les archives du deuxième bureau.

J'ai loyalement et fidèlement exécuté toutes les missions dont j'ai été chargé, je n'ai marchandé ni sur le temps ni sur les dangers à courir. On ne trouvera dans le dossier, s'il est conservé bien complet, en fait de réclamations de ma part que des demandes incessantes d'être employé à un travail suivi. J'ai été en rapport pour le compte du deuxième bureau avec divers agents étrangers de tout ordre, et en dernier lieu avec l'attaché militaire italien. Si mes dossiers sont détruits au ministère je pense encore le prouver par les notes et lettres que j'ai conservées. Par suite de circonstances indépendantes de ma volonté la nature des services que je peux rendre a pu changer; on m'a laissé pendant de longs mois dans une inactivité contre laquelle j'ai tout le premier réclamé à mes chefs ; mais mes appointements m'ont toujours été servis. Au mois de janvier, sans explication, on m'a diminué la quotité de l'allocation mensuelle et fin avril dernier, sans aucun avis préalable, il m'a été signifié que je ne recevrais plus rien. Je proteste contre cette façon de congédier contraire à tous les usages. On m'a dit que le deuxième bureau était en liquidation et que je me trouvais victime d'un cas de force majeure. Pour moi j'ai fait partie d'un service public, le service peut disparaître mais l'État n'en reste pas moins lié envers les agents. Si l'État ne peut plus m'employer, je demande qu'il me soit accordé une indemnité pour rupture du contrat de louage de service.

Je demande que cette indemnité soit en proportion de la qualité du contractant, qui se délie en raison de la nature particulièrement difficile et délicate de l'emploi supprimé. Je demande qu'il soit tenu compte de mon âge que l'on m'oppose et qui m'empêche de retrouver la situation abandonnée pour entrer au ministère de la guerre.

Et j'ose espérer, monsieur le ministre, que faisant état de toutes ces considérations, vous estimerez que je n'exagère pas du tout en demandant une allocation de 15,000 francs.

Veuillez agréer, etc...

Signé : CORNINGE.

Lettre non lue à l'audience, communiquée par M° Labori.

Le Kremlin-Bicêtre, 25 août 1899.

Monsieur le ministre,

J'ai l'honneur de porter à votre connaissance les faits suivants que j'ai déjà exposés le 6 mai dernier à M. de Freycinet, votre prédécesseur au département de la guerre.

En 1891, j'étais depuis dix ans employé à la Compagnie d'assurances sur la vie l'Urbaine, 8 rue le Peletier, à Paris. Mes appointements étaient de 2,800 francs avec droit à une retraite au bout de vingt-cinq ans; j'étais déjà marié et avais un enfant.

Les capitaines Rollin et Burckhardt, de l'État-Major général, faisant appel à mon patriotisme, me faisant entrevoir un avenir alléchant, qui, d'ailleurs, me fut confirmé par les colonels Sandherr et Cordier (ce dernier, alors commandant), me décidèrent à quitter cette position d'un avenir sûr pour entrer en qualité d'agent secret au service du ministère de la guerre.

J'ai été ainsi engagé, le 26 novembre 1891, par les capitaines Rollin et Burckhardt au nom et pour le compte du deuxième bureau.

11

Je donnai le jour même ma démission à l'Urbaine et partis immédiatement pour Genève où m'appelaient les ordres du ministère.

Ce que j'ai fait, monsieur le ministre, les nombreux services que j'ai rendus, tout cela est relaté dans les volumineux dossiers qui doivent exister à mon nom dans les archives du deuxième bureau.

J'ai loyalement et fidèlement exécuté toutes les missions dont j'ai été chargé. Je n'ai reculé ni devant la fatigue, ni devant les dangers.

On ne trouverait dans le dossier, s'il a été conservé complet, en fait de réclamations de ma part que des demandes répétées d'être employé à un service suivi. S'il ne reste aucune trace de mes états de service, je suis à même de les prouver, néanmoins, au moyen de toute ma correspondance que j'ai soigneusement conservée.

Par suite de circonstances indépendantes de ma volonté, dans lesquelles même je ne suis pour rien, on m'a laissé dans une inactivité contre laquelle je n'ai cessé de protester, demandant toujours un emploi, fût-ce aux colonies.

Néanmoins, mes mensualités m'étaient régulièrement versées, lorsqu'au mois de janvier dernier on m'en diminua le chiffre et fin avril on me déclara que je ne recevrais plus rien.

Je proteste de toute mon énergie contre ce procédé contraire à tous les usages.

On m'a dit que le deuxième bureau était en liquidation et que je me trouvais être victime d'un cas de force majeure. Cette considération ne saurait exister ici.

J'ai fait partie d'un service public. Ce service a disparu, soit, mais l'État n'en reste pas moins lié à ses agents, surtout ceux qui, comme moi, n'ont été engagés qu'au moyen de promesses que rien ne pouvait leur faire supposer devoir être fallacieuses.

Si l'État ne veut plus m'employer, qu'il m'alloue une indemnité. Il me la doit car il y a rupture de contrat de louage de services, et de plus, par cette rupture de contrat, un dommage énorme m'est causé, car partout où je me présente pour trouver un emploi, on m'objecte mon âge, et malheureusement cet obstacle invincible ne peut que croître.

Devant ces considérations, et en ajoutant la nature particulièrement délicate de l'emploi supprimé ainsi que les difficultés et les dangers qu'il comportait, je ne crois pas exagérer en demandant une somme de 15,000 francs.

Voilà, monsieur le ministre, ce que j'écrivais le 6 mai dernier à M. de Freycinet, ministre de la guerre.

Je n'ai reçu aucune réponse.

Est-ce ainsi que la République française reconnaît le dévouement de ses serviteurs?

Quoi ! on m'a fait quitter une situation sûre et aujourd'hui on me jette sur le pavé avec ma femme et mon enfant; moi qui mainte et mainte fois ai risqué ma liberté, ma vie même au service de la France ! Lorsque j'aurais pu, au lieu de cela, rester tranquille dans les bureaux de l' « Urbaine » en conservant mes droits à ma retraite que j'y avais acquis !

Je ne pense pas, monsieur le ministre, que tel puisse être votre avis, dans ces circonstances, et je me permets de renouveler ma requête près de vous.

J'ai été, pendant deux ans, le courtier en contre-espionnage du major Panizzardi qui prétend si bien aujourd'hui n'avoir jamais fait d'espionnage. J'ai reçu de lui deux questionnaires écrits de sa main et touchant deux de nos principales places fortes du sud-est.

Ces questionnaires, comme l'atteste d'ailleurs ma correspondance avec le deuxième bureau, me furent confiés par lui avec rémunération de ses propres deniers, le premier à la cascade du Bois de Boulogne, le second sous la Tour Eiffel.

En décembre 1896, rue du Colysée, chez M. le major Panizzardi, je copiai le fameux manuel de tir dont on reproche la communication à Dreyfus, et je voyais le lieutenant-colonel de Schwartzkoppen venir en prendre connaissance. A ce sujet, j'ai encore une lettre du bureau des renseignements qui m'alloua cinquante francs pour le zèle et la prudence que je sus déployer en cette affaire.

Cette lettre est écrite en entier de la main de M. l'archiviste Gribelin.

Je possède, en outre, de nombreuses correspondances écrites entièrement par le colonel Sandherr, les commandants Cordier, Gendron, Lauth ; les capitaines Rollin et Burckhardt, l'archiviste Gribelin, etc., etc.

Pensez-vous, monsieur le ministre, que la défense de Dreyfus ne pourrait pas tirer un certain parti de tout cela ?

Veuillez faire faire des recherches au deuxième bureau, et vous pourrez vous convaincre de l'exactitude de ces faits. Monsieur le ministre, je suis absolument décidé à remettre à Me Labori tout ce dossier que l'on a oublié de me soustraire comme on a soustrait celui de mon ex-collègue Lajoux, suivant ce que m'ont raconté ceux-là mêmes qui ont ordonné et ordonnancé le coup.

Si le gouvernement de la République se moque de moi jusqu'au bout, le jour même où commencera le rôle de Mes Demange et Labori, je porterai le tout à Rennes.

Confiant dans l'équité du gouvernement de la République, j'ai l'honneur d'être, monsieur le ministre, son très dévoué et obéissant serviteur.

Signé: CORNINGE.

LE PRÉSIDENT. — Vous auriez pu citer ce témoin.

LE LIEUTENANT-COLONEL GENDRON, se levant. — Je suis à même de fournir des renseignements sur Corninge.

Me LABORI, répondant au président. — J'ai reçu la lettre hier soir ; il était un peu tard pour citer le témoin. J'ai cru devoir porter le fait à votre connaissance. Comme vous avez le devoir, en vertu de votre pouvoir discrétionnaire, de faire appeler tous les témoins que vous croyez utiles à la manifestation de la vérité — il y en a déjà eu de cités dans ces conditions, — vous estimerez sans doute, si l'incident prend de l'importance, qu'il y a lieu de citer le témoin Corninge.

LE PRÉSIDENT. — Ce n'est pas à moi, c'est à vous de le citer.

Mᵉ LABORI. — Ce n'est pas à nous. Vous cherchez certainement la vérité et la lumière comme nous ; je suis convaincu que vous n'avez pas d'autre préoccupation.

LE PRÉSIDENT. — Je n'ai rien reçu, moi ; s'il m'avait adressé quelque chose à moi, j'aurais pu le citer. (*Mouvement.*) Du moment qu'il s'adresse à vous, c'est à vous de le citer.

Mᵉ LABORI. — Je tenais à porter le fait à votre connaissance.

Maintenant, monsieur le président, je désirerais que vous voulussiez bien donner suite à ma demande d'interroger M. le colonel Picquart sur ce point très intéressant, de savoir d'abord si le fait est vrai, ensuite si c'est le manuel de 1894 ou celui de 1895 qui a été copié. Si c'est celui de 1894, on se demandera pourquoi il aurait été copié en 1896, s'il avait déjà été communiqué en 1894 ; et si c'est celui de 1895, on se demandera de quelle façon des fuites relatives au manuel de tir pouvaient encore se produire en 1896. J'insiste pour que le colonel Picquart soit entendu.

M. le président appelle le lieutenant-colonel Picquart qui se présente à la barre.

LE PRÉSIDENT. — Est-il à votre connaissance que le manuel de tir de l'artillerie de campagne de 1894 ait été copié chez l'agent A?

Mᵉ LABORI, *rectifiant.* — Chez l'agent B, en présence de l'agent A.

LE LIEUTENANT-COLONEL PICQUART. — Il s'agit, et la chose pourra être confirmée, je crois, très facilement par les officiers qui se trouvent ici, du manuel de tir de 1895. En effet, dans le courant de l'été 1896, j'ai su qu'un manuel de tir, que je crois être celui de 1895, était copié chez l'agent B par l'individu qui a écrit à M. Labori. (*Mouvement.*) Il est exact également que l'agent A se soit trouvé chez l'agent B à cette occasion. De plus, un autre agent diplomatique, que je désignerai sous le nom de E, si vous voulez, se trouvait également chez l'agent B. Ces trois personnes ont eu des conciliabules, ont fait copier ce manuel.

Lorsque j'ai été informé de cela, j'ai tâché de savoir quel était le nom ou la marque qu'il y avait sur le manuel. Je crois que c'est le commandant Lauth qui a dû avoir connaissance d'un nom, d'un chiffre quelconque qui était là-dessus. Il était trop vague pour pouvoir permettre de désigner une personnalité quelconque. J'ai alors fait demander à M. le général Deloye de faire rentrer les manuels de tir des régiments de la garnison de Versailles, si je ne me trompe.

Le général Deloye. — Parfaitement.

Le lieutenant-colonel Picquart. — Et M. le général Deloye doit se souvenir très probablement qu'on a fait rentrer tous les manuels de tir pour voir ceux qui manquaient. Voici ce que j'avais à dire. Je crois, en me résumant, qu'il est établi :

1° Qu'un manuel de tir, que je crois être celui de 1895, a été copié chez l'agent B ;

2° Que l'agent A a pris part aux conciliabules qui ont accompagné cette copie.

Le commandant Lauth. — Je demande la parole.

Le président. — A quelle époque a été retiré le manuel de 1895 ?.

Le général Deloye. — Je vous demande pardon, j'ai fait une confusion, tout à l'heure ; (Bruit.) j'ai cru à ce moment-là qu'il s'agissait de la théorie du 120 court. Le manuel en question a été mis plus tard dans le commerce. Pour l'autre manuel, je ne puis répondre. Je crois que c'est beaucoup plus tard, mais je ne veux rien affirmer au Conseil. Il porte la date du 7 mai 1895. Mais je suis hors d'état de dire si le manuel dont il est question dans les explications que vient de vous donner M. le colonel Picquart est le manuel de 1894 ou celui de 1895.

Je me rappelle très bien les faits auxquels il vient d'être fait allusion. Je sais que le manuel qui a été en litige avait été marqué par l'agent ; et nous avons fait revenir les manuels, mais il n'a pas été possible de retrouver la marque. Voilà ce que je sais à ce sujet.

Le président. — Y avait-il un intérêt à faire copier ce manuel en 1895 ?

Le général Deloye. — Je ne sais.

Le président. — Etait-il dans le commerce à ce moment-là ?

Le général Deloye. — Oui, ou à peu de jours près.

Le lieutenant-colonel Picquart. — Il était encore confidentiel à ce moment-là.

Le lieutenant-colonel Brongniart. — Etait-ce donc le manuel de 1894 qu'on avait fait revenir ? Ce n'était donc pas celui de 1895 ?

Le général Deloye. — Non.

On a fait revenir les manuels de 1894 par mesure générale,

quand on a distribué les manuels de 1895 ; ceci est très ordinaire. J'ai même sur moi la lettre ministérielle qui prescrivait de faire rentrer les manuels de 1894. Mais en dehors de cela, quand l'incident dont vient de parler le colonel Picquart s'est produit, on a fait revenir le manuel du 3e corps d'armée seulement ; c'était une mesure spéciale. On a pris un prétexte quelconque, que je ne me rappelle plus.

Cela se fait d'ailleurs souvent : nous rappelons les pièces plus ou moins confidentielles, nous en faisons l'appel, quand nous voulons savoir où elles en sont. C'est ce qui est arrivé à ce moment-là.

Mais nous n'avons pu retrouver la marque, qui nous avait été cependant bien indiquée, sur les manuels que nous avons fait rentrer.

LE PRÉSIDENT. — Les manuels étaient au complet ?

LE GÉNÉRAL DELOYE. — Il y en a eu pourtant quelques-uns qui sont arrivés plus tardivement ; ils n'ont pas été au complet du premier jour : certains officiers étaient en permission, par exemple.

Il y a même un ou deux de ces manuels qui ne sont rentrés, je crois, que très longtemps après.

LE PRÉSIDENT. — Mais ils sont tous finalement revenus ?

LE GÉNÉRAL DELOYE. — Je n'oserais pas l'affirmer. (*Mouvement prolongé.*)

LE COMMANDANT LAUTH. — Je demande la parole.

LE PRÉSIDENT. — Sur cette question-ci ?

LE COMMANDANT LAUTH. — Oui, mon colonel.

LE PRÉSIDENT. — Venez à la barre.

LE COMMANDANT LAUTH. — Je tiens à faire remarquer au Conseil une chose : c'est que le colonel Picquart est si peu sûr de ses souvenirs qu'il me met en relations avec Corninge, alors que c'était le capitaine Valdant. Il ne sait même plus quel était l'officier qui s'occupait de cet agent. Au surplus, il n'y a qu'une chose à faire : c'est de convoquer le capitaine Valdant, chargé de tout cela, et qui pourrait donner des explications au Conseil.

En ce qui concerne Corninge, c'est un homme qui avait été recruté au bureau, qui a été fourni par le nommé Lajoux ; Lajoux était chef de file. Quand Lajoux a été liquidé et que plus tard Corninge a été liquidé aussi, ils ont eu certainement des relations ; il est évident que quand, il y a quelque temps, on a trouvé moyen de rendre des mensualités (*Rumeurs.*), je ne sais pas sous quel prétexte, Corninge a certainement éprouvé la nécessité d'écrire au ministre de la guerre pour tâcher de prendre part à la curée, et c'est ce qui a motivé la lettre du 20 août. (*Bruit.*)

Le président. — Avez-vous des observations à faire?

Me Labori. — Oui, monsieur le président, j'aurais une ou deux questions à poser avant à M. le commandant Lauth. Il suffit qu'on nomme ici un agent qui apporte une déclaration favorable à Dreyfus pour que l'on conteste sa moralité. Alors, sans prononcer aucune espèce de nom nouveau, voulez-vous demander à M. le commandant Lauth quel est celui des agents d'espionnage nommé au cours des débats dont il garantit la moralité?

Le président. — Je ne poserai pas la question. (Mouvement.)

Le commandant Lauth. — Mais aucun.

Le président. — Témoin, je vous interdis de répondre.

Me Labori. — Alors, je demande au témoin qu'est-ce qu'il veut dire au sujet des mensualités accordées à Lajoux?

Le commandant Lauth. — Cela été expliqué tout au long; c'est le commandant Rollin qui est venu ici en disant que c'était par souvenir, parce que ce Lajoux avait été à son service et qu'il avait estimé qu'il n'avait pas été suffisamment indemnisé, et qu'il avait cru devoir lui rendre pendant quelque temps certaines indemnités.

Me Labori. — Le commandant Lauth a dit que Corninge avait le désir de participer lui aussi à la curée. Qu'est-ce qu'il veut dire par là? A-t-il entendu dire que Corninge vise un chantage? Le commandant Lauth peut-il expliquer ces paroles?

M. le commandant Lauth prononce quelques mots, aussitôt coupés par le président, qui dit :

Le président. — Ne répondez pas, je vous interdis de répondre. Je supprime cette question-là! Je la supprime! L'incident est clos pour tout le monde. (Bruit prolongé.)

Me Labori. — C'est entendu, monsieur le président, vous supprimez toutes les questions gênantes.

Le commissaire du gouvernement. — Monsieur le président, je demande...

Le président, l'interrompant. — L'incident est clos pour tout le monde. En voilà assez!

Me Labori. — Pardon, j'aurais encore une question à poser. Est-il bien entendu que Corninge a été au service des renseignements?

Le commandant Lauth. — Oui, mon colonel.

Me Labori. — Voulez-vous demander au colonel Picquart à quelle époque la copie du manuel de tir a été effectuée?

Le président, au colonel Picquart. — A quelle date la copie du manuel de tir a-t-elle été faite?

LE COLONEL PICQUART. — Dans l'été de 1896 ; il sera très facile de retrouver cette date, en retrouvant à la 3ᵉ direction la date à laquelle on a fait rentrer tous les manuels de tir de la 3ᵉ brigade.

LE PRÉSIDENT, à Mᵉ Labori. — Sont-ce toutes les questions que vous avez à poser ?

Mᵉ LABORI. — Ce sont toutes les questions pour le moment.

LE COMMISSAIRE DU GOUVERNEMENT. — Je constate que la défense parle tout le temps et que quand le commissaire du gouvernement demande la parole, on la lui refuse ! (Rires.)

LE PRÉSIDENT. — Monsieur le commissaire du gouvernement vous demandez la parole au moment où tout le monde parle.

QUATRE-VINGT-QUINZIÈME TÉMOIN

M. LE GÉNÉRAL SEBERT

On introduit le général Sebert, 60 ans, général de brigade en retraite, membre de l'Institut.

LE PRÉSIDENT. — Connaissiez-vous l'accusé avant les faits qui lui sont reprochés ?

LE GÉNÉRAL SEBERT. — Je ne le connais pas.

LE PRÉSIDENT. — Vous n'êtes ni son parent ni son allié ; il n'est pas à votre service et vous n'êtes pas au sien ?

LE GÉNÉRAL SEBERT. — Non.

LE PRÉSIDENT. — Veuillez nous faire connaître les faits pour lesquels la défense vous a cité ?

LE GÉNÉRAL SEBERT. — Je vous demanderai la permission de me servir de quelques notes comme jalons.

LE PRÉSIDENT. — Oui ; mais vous ne pouvez pas lire de déposition, n'est-ce pas ?

LE GÉNÉRAL SEBERT. — Au début de ma déposition, que je chercherai à rendre aussi brève que possible en allant au-devant des questions qui pourraient m'être posées, je crois utile de donner quelques explications sur les circonstances par suite desquelles je suis appelé à déposer ici.

J'ai été longtemps, comme lieutenant-colonel et colonel, à la tête d'un établissement technique important : le Laboratoire central de la marine, établi à Paris, et dont dépendait le champ de tir d'expériences de Sevran-Livry où s'exécutèrent des expériences sur le nouveau matériel d'artillerie de la flotte. J'ai été aussi, pendant quelque temps, comme général, membre du comité technique de l'artillerie, et j'ai eu l'occasion d'assister à la discussion des rapports tendant à l'adoption du matériel du 120 court, ou 120 léger de campagne.

C'est pour ces motifs, je pense, joints à mon titre de membre de l'Institut et à ma situation indépendante, puisque j'avais pris volontairement ma retraite depuis près de dix ans, que la Cour de cassation a cru devoir m'appeler pour me demander un avis technique relatif à la rédaction de la pièce dite du bordereau.

Je n'ai pas cru devoir refuser à la magistrature suprême de mon pays un témoignage qui pouvait contribuer à la réparation d'une effroyable erreur judiciaire. (*Sensation prolongée.*)

C'est ce témoignage que je viens renouveler devant vous, en le complétant, sur certains points, à la lumière des faits nouveaux qui se sont dévoilés depuis six mois. Je suivrai seulement un ordre différent dans cette exposition, l'ordre même du bordereau, précisément afin d'abréger le plus possible.

Mais tout d'abord je dois résumer ici la portée et le sens de mes déclarations.

Si l'on rapproche, d'une part, la première phrase du bordereau, dans laquelle l'auteur rappelle à son correspondant qu'il le laisse sans nouvelles, si on la rapproche, dis-je, de l'énumération des pièces envoyées, énumération qui montre par le nombre même et la diversité de ces pièces, et par le vague aussi de leur désignation, qu'aucune d'elles ne doit être une pièce importante;

Si l'on relève d'autre part les incorrections de langage et les tournures de phrases tout à fait particulières, et surtout les impropriétés de termes et les preuves d'ignorance professionnelle que laisse échapper l'auteur du bordereau, on est conduit à cette conclusion que l'on doit avoir probablement affaire à un homme de bas étage, qui est en relations directes avec son correspondant et qui n'hésite pas à se rendre à ses ordres.

On a le sentiment qu'il s'agit d'un homme probablement besogneux, qui se contente de peu pour les documents qu'il apporte, peut-être même de mensualités. (*Mouvement.*)

Si, cependant, on croit devoir porter les soupçons plus haut et aller jusqu'à un officier d'artillerie, on reconnaît que ce ne peut pas être un élève de l'École polytechnique et on est porté plutôt à croire que c'est un officier de troupe qui, par ses relations, peut avoir des renseignements sur ce qui se passe, peut faire causer des gens, et rédiger lui-même les notes qu'il envoie, à moins qu'il n'ait pu quelquefois se procurer des copies de documents mal gardés.

Aucun renseignement précis n'ayant été obtenu jusqu'ici sur les notes qui ont été livrées par l'auteur de ce bordereau — (car j'ai oublié de faire remarquer, comme déduction, que le rédacteur du bordereau était en même temps celui qui livrait les documents) — comme on n'a aucun renseignement précis sur les documents qui ont été livrés, il est impossible de démontrer d'une manière rigoureuse et précise les conclusions que je viens de formuler.

Mais vous verrez qu'en parcourant le bordereau, on recueille une telle accumulation de présomptions que l'on arrive à une véritable certitude.

Je prendrai donc maintenant, si vous le voulez bien, le bordereau.

Première phrase : *Sans nouvelles de vous m'indiquant que vous désiriez me voir, je vous adresse cependant quelques renseignements intéressants.*

A la lecture, on sent déjà dans cette phrase une tournure d'origine étrangère, une tournure spéciale et particulière; on y voi, que le rédacteur est en relations suivies avec son correspondant, on y sent le reproche discret de le laisser sans nouvelles et probablement sans envoi de fonds.

Et c'est pour cela sans doute qu'il s'excuse en envoyant une série de documents qu'il qualifie lui-même d'intéressants :

1° *Une note sur le frein hydraulique du 120 et la manière dont s'est conduite cette pièce.*

Sur ce premier point, une question se présente. S'agit-il du canon de 120 de siège dans le tir duquel on emploie un véritable frein hydraulique? Ou bien s'agit-il du nouveau matériel de 120 ou 120 léger dit 120 court, qui emploie, vous le savez, un frein à réservoir d'air, un frein hydropneumatique?

Lorsque j'ai déposé devant la Cour de cassation, sous l'impression que le rédacteur du bordereau avait certainement envoyé des documents d'actualité, des documents intéressants, j'avais, comme tout le monde alors, admis qu'il s'agissait du matériel de 120 court. J'avais fait remarquer que, dans ce cas, la rédaction ne paraissait pas être d'un officier d'artillerie au courant des détails du matériel d'artillerie, attendu que cet officier, pour faire valoir l'envoi même qu'il faisait, n'aurait pas manqué de préciser et de dire qu'il s'agissait du nouveau matériel d'artillerie récemment adopté dans l'armée française.

Par conséquent, il aurait dit qu'il s'agissait du canon de 120 de campagne, du canon de 120 léger ou du canon de 120 court comme on l'appelait, et un officier d'artillerie n'aurait pas fait la faute de ne point préciser et de ne pas dire qu'il envoyait des renseignements sur le frein à réservoir d'air comprimé, sur le frein hydropneumatique.

Si, au contraire, comme je le crois aujourd'hui, il s'agit du canon de 120 de siège, qui avait été tiré à ce moment au camp de Châlons...

Et ici, messieurs, je me permets de réparer un oubli que j'ai fait tout à l'heure dans mon résumé; j'ai oublié de dire encore que de différents indices il me semblait résulter que les renseignements envoyés avaient été recueillis surtout au camp de Châlons ou aux alentours du camp de Châlons. Ceci m'est rappelé ici par cette remarque qu'on avait tiré le canon de 120 de siège au camp de Châlons, que le rédacteur du bordereau pouvait l'avoir vu tirer ou avoir eu connaissance de ses tirs, et alors, ignorant le matériel d'artillerie, ne sachant pas que ce canon de 120 était déjà ancien, puisqu'il remontait, si je ne me trompe, à 1883, pour le frein, ignorant qu'il avait été décrit dans toutes les revues spéciales, il envoyait une note sur le tir de cette pièce à ses correspondants comme une note intéressante.

Et, dans cette note, il disait comment la pièce s'était conduite dans le tir. (*Mouvement.*)

Ici encore, je vous signale ce mot qui n'indique pas un officier d'une éducation élevée, un officier français ayant passé par l'École polytechnique. Je dis qu'un officier ayant passé par l'École polytechnique et qu'un artilleur ne dit pas régulièrement « la façon dont une pièce s'est conduite »; il dira : « la façon dont une pièce s'est comportée ».

Je sais que, depuis le moment où cette observation a été faite par d'autres que par moi, et même depuis le moment où on a signalé l'impropriété des termes *frein hydraulique, canon de 120*, sans autre désignation, on a pu remarquer dans un certain nombre de documents ou de dépositions une affectation à employer ces termes.

On a cherché, même dans des documents, la preuve que les artilleurs, dans le langage courant, pouvaient employer l'expression de 120 sans autre désignation et l'expression de frein hydraulique au lieu de frein hydropneumatique.

Il est certain que l'on peut dire par abréviation canon de 120. On peut dire aussi frein hydraulique pour frein hydropneumatique, le frein hydropneumatique étant de la famille des freins hydrauliques ; mais je dis que, dans une lettre où on envoie des documents que l'on veut faire valoir, on n'emploie pas ces expressions ; on cherche à châtier son style quand on en est capable, et on ne dit pas « la façon dont la pièce s'est conduite ».

On trouve d'abord une preuve directe de ce fait que le mot *comporte* est le mot juste dans la dictée que M. du Paty de Clam a faite au capitaine Dreyfus ; il a, de lui-même, substitué le mot *comportée* au mot *conduite*. (*Mouvement.*)

Je reviendrai plus tard sur la question de l'importance qui peut être attachée au secret pour le canon de 120. Ceci se rattache à un ordre d'idées que je traiterai plus tard.

Je prends le deuxième envoi : *Une note sur les troupes de couverture : « Quelques modifications seront apportées dans les nouveaux plans ».*

Devant la Cour de cassation, j'ai déclaré n'avoir aucune remarque à faire sur ce point qui n'était pas de ma compétence. J'ai aujourd'hui quelque chose à ajouter.

Je croyais à ce moment-là qu'il y avait dans le bordereau : « Quelques modifications sont apportées... » J'avais été trompé par une reproduction mal faite du bordereau qui m'était passée sous les yeux. Je n'avais pas entendu la phrase dans la bouche du président de la Chambre criminelle, et j'étais convaincu que l'auteur du bordereau envoyait des détails sur des modifications apportées déjà.

Maintenant que je connais le véritable terme employé, je n'ai plus cette impression ; je crois qu'il a signalé simplement à son correspondant que des modifications allaient être apportées, sans rien lui donner de précis, et qu'il s'est contenté de transmettre les nouvelles qu'il avait eues, soit par des renseignements confidentiels, soit par la lecture des journaux militaires.

3° « *Une note sur une modification aux formations de l'artillerie* ». J'avais dit devant la Cour de cassation que je n'étais pas bien sûr de ce que cela pouvait vouloir dire, à moins que cela ne s'appliquât aux modifications apportées à l'organisation de l'artillerie par le passage au génie des compagnies de pontonniers.

Même, j'avais ajouté que cette nouvelle organisation ayant donné lieu déjà à de longs débats parlementaires, il me paraissait bien étonnant que les gouvernements étrangers ne fussent pas au courant. Cette explication ne me satisfaisait pas ; je l'avais improvisée devant la Cour de cassation, car je dois dire que j'ai été appelé devant elle sans avoir été prévenu des questions qu'on allait me poser.

Je n'étais donc pas satisfait de la réponse que j'avais faite. J'ai rappelé mes souvenirs depuis.

Ils se sont trouvés confirmés par mes lectures, et je me suis rappelé qu'à cette époque on avait expérimenté, au camp de Châlons, des formations nouvelles de combat, et des formations de manœuvres pour l'artillerie; qu'on avait fait des manœuvres de masses et que la presse s'était beaucoup occupée de ces expériences auxquelles étaient allés assister plusieurs généraux.

Eh bien, j'ai l'impression aujourd'hui que cet officier, qui n'était pas un officier d'artillerie, a simplement voulu parler ici des formations de combat et de manœuvres, des nouvelles formations d'artillerie. (*Mouvement prolongé.*)

4° *Une note relative à Madagascar.* Sur la note relative à Madagascar, j'avais fait remarquer que je ne voyais pas bien quel intérêt cela pouvait avoir pour le gouvernement que tout le monde avait en vue, et cela ne me paraissait intéresser qu'un gouvernement étranger, l'Angleterre. Mais ici c'est bien le cas de rappeler et de faire ressortir ce que je disais au début : le vague laissé par l'auteur du bordereau sur le contenu des notes qu'il envoie.

A quel sujet peut bien se rapporter une note relative à Madagascar? Est-ce à la géographie de l'île, à sa situation politique? Est-ce à son climat? Est-ce à l'expédition projetée?

Cela est plutôt probable; mais alors, n'a-t-on pas le droit de remarquer ici que cette expédition était projetée depuis plusieurs années, que le plan de campagne avait été préparé de longue date au ministère de la marine par le général Borgnis-Desbordes, qui croyait obtenir le commandement de l'expédition; et lorsqu'il a été décidé que ce serait le ministère de la guerre qui ferait l'expédition de Madagascar, une Commission a été nommée et réunie au ministère des affaires étrangères.

Elle était composée de délégués nombreux, car elle intéressait le ministère de la guerre, le ministère de la marine, le ministère des colonies et le ministère des affaires étrangères. Cette commission a beaucoup travaillé, elle a beaucoup produit; nous savons aussi que des notes sur Madagascar ont été copiées dans les corridors du ministère de la guerre par de simples brigadiers.

Il n'est pas étonnant, dans ces conditions-là, que l'auteur du bordereau ait pu se procurer une note de ce genre, mais cela m'étonnerait beaucoup que cette note fût une note importante.

5° Le projet de Manuel de tir de l'artillerie de campagne du 4 mars 1894.

« Ce dernier document est relativement difficile à se procurer et je ne puis l'avoir à ma disposition que peu de jours. Le ministère de la guerre en a envoyé un nombre fixe dans les corps et ces corps en sont responsables : chaque officier détenteur doit remettre le sien après les manœuvres. »

Tout d'abord, il y a une petite erreur dans le titre. Le titre n'est pas : « Projet de Manuel de tir de l'artillerie de campagne », cela ne se dit pas, mais « d'artillerie de campagne ». Un officier d'artillerie ne pouvait écrire « le manuel de tir de l'artillerie » que par un lapsus, ce qui est possible du reste.

Mais, dans le reste du document, nous trouvons encore des tournures de phrase bien particulières. « Ce dernier document est extrêmement difficile à se procurer. » Cela ne se dit pas en bon français.

Je sais bien que cela peut se dire dans le langage courant, négligé de certaines professions. Mais ce que je crois pouvoir dire aussi, c'est que si un élève de l'Ecole polytechnique avait conservé à l'Ecole une telle habitude d'élocution — si j'en juge par mes souvenirs, et je crois que cela s'est continué depuis ce temps — ses camarades lui auraient fait perdre cette mauvaise habitude.

En tout cas, si cela se dit dans le langage courant, cela ne se dit pas dans le langage écrit et dans une lettre de ce genre.

Je trouve encore un exemple : « Le ministre de la guerre en a envoyé un nombre fixe dans les corps. « Eh bien ! je mets en fait qu'un officier d'artillerie, qu'un ancien élève de l'Ecole polytechnique, qu'un mathématicien quelconque ne dira jamais : « Un nombre fixe. » Il dira : « Un nombre déterminé dans les corps. » Cette phrase indique bien aussi qu'on avait envoyé des Manuels dans les corps et que c'est par les corps de troupe que cet officier l'a eu. On voit bien qu'il en était détenteur et qu'il devait le rendre.

Et ce n'est pas encore un officier d'artillerie qui aurait dit : « Que l'officier détenteur doit remettre le sien après les manœuvres »; c'est « après les écoles à feu », qu'il aurait dit. (Sensation.)

Je prends maintenant la fin de la phrase : « Si donc vous voulez y prendre ce qui vous intéresse et le tenir à ma disposition après, j'irai le prendre. A moins que vous ne vouliez que je le fasse copier in extenso et ne vous en adresse la copie. »

Ici, nous voyons bien qu'il s'agit d'un personnage qui est en relations faciles avec son correspondant, qui ne craint pas d'aller chez lui, puisqu'il lui propose d'aller lui reprendre lui-même le Manuel.

Le personnage a les moyens faciles de copier, puisqu'il propose de faire copier *in extenso* un document.

Mais il y a une remarque beaucoup plus importante à faire ici, une remarque qui prouve péremptoirement que ce n'est pas un officier d'artillerie qui a écrit le bordereau, car un officier d'artillerie aurait su ce qu'il y avait d'intéressant dans ce Manuel.

S'adressant à un colonel d'infanterie, il n'aurait pas manqué de lui signaler que ce Manuel précisément introduisait dans l'armée française le réglage du tir à la hausse, en renonçant au réglage du tir à la manivelle, que nous avions conservé si longtemps.

Il n'aurait pas manqué aussi de lui signaler que ce Manuel introduisait un instrument spécial, la réglette de correspondance. Si donc il dit à son interlocuteur, officier d'infanterie : « Voyez ce qui vous intéresse dans ce Manuel », c'est qu'il ne sait pas le premier mot d'artillerie. (*Nouveau mouvement.*)

Vient ensuite la phrase : « Je vais partir en manœuvres. » Je n'en dis rien, si ce n'est que l'on ne dit pas *partir en manœuvres*, en bon langage.

Il me reste à parler de l'importance du secret du canon de 120. Je ne sais pas s'il est bien utile d'entrer aujourd'hui dans ces détails, car je suis convaincu, quant à moi, qu'il ne s'agissait pas du canon de 120 court, mais bien du canon de siège.

Mais comme des opinions contraires subsistent, je voudrais répéter ce que j'ai dit devant la Cour de cassation.

J'ai dit qu'en 1894 il ne me paraissait plus y avoir de secret important concernant le matériel de 120 court à faire connaître aux gouvernements étrangers.

J'avais fait remarquer qu'en ce qui concerne le frein hydropneumatique, mes souvenirs personnels, remontant à un voyage que j'avais fait à Bourges et où je l'avais vu, me permettaient d'affirmer que le frein hydropneumatique fonctionnait vers l'année 1888 et même avant, et je mettais en fait que, depuis ce temps, les Allemands, ou les étrangers, s'ils avaient voulu avoir des renseignements précis sur ce frein, avaient bien eu le temps de les obtenir, parce que c'est pendant la période de création d'un matériel, c'est par les ateliers, où ce matériel se fabrique, que les étrangers connaissent nos secrets comme nous connaissons les leurs.

Pour le canon de 120 court, j'avais rappelé qu'il était loin d'être nouveau en 1894, et là mes souvenirs étaient très précis, puisqu'au commencement de 1890 j'avais assisté, au Comité d'artillerie, à la lecture du rapport fait par M. le général Mercier, tendant à l'adoption du matériel de 120 court.

Et je me rappelle que ce rapport avait été présenté après des expériences faites dans les Commissions et dans les écoles d'artillerie, et qui remontaient au moins à deux ans. Eh bien ! certainement, les gouvernements étrangers avaient eu le temps d'avoir des renseignements sur ce matériel.

Ce que je disais alors, et qui n'était que des présomptions résultant de souvenirs personnels, a été depuis confirmé par les dépositions que j'ai lues : la déposition du commandant Hartmann, le rapport même du général Deloye, et d'autres dépositions, mais surtout la déposition du commandant Cuignet, que je demande la permission de lire textuellement :

Déposition du commandant Cuignet du 26 janvier 1899, à savoir :

En février 1892, l'attaché militaire allemand avait pu communiquer à son gouvernement deux rapports, l'un du 17 janvier 1890, concernant la nouvelle pièce française de 120, l'autre en date du 14 mars 1890 sur le même canon et ses munitions, avec onze dessins et une photographie.

Je crois qu'il est inutile, par suite, pour moi, d'insister davantage sur ce point.

Je dirai seulement un mot de la question du secret du frein hydropneumatique, parce qu'on m'a opposé cette objection qu'en 1894 même, ce frein restait absolument confidentiel, puisqu'il y a une prescription formelle qui dit qu'en cas d'accident au frein, il est défendu de le démonter, sinon dans l'arsenal.

On en concluait que c'était afin que l'intérieur du frein ne pût être vu que par des personnes en qui on pût avoir une confiance absolue.

Je ne connaissais pas cette prescription, mais j'ai répondu qu'elle ne me paraissait pas du tout avoir la portée qu'on indiquait, car, dans tous les cas où l'on met entre les mains des troupes un matériel délicat, on insère la recommandation qu'en cas d'accident ce matériel devra n'être démonté pour être réparé que par des ouvriers spéciaux, qui seuls peuvent le faire.

Je ne vous citerai pas ici des exemples de ce cas. Il y en a dans le règlement sur les canons de campagne avec obturateur de Bange, il y en a dans le règlement sur le fusil Lebel et dans bien d'autres encore.

J'ai vu depuis dans des dépositions et dans des rapports qu'on avait parlé d'un motif qui avait pu faire imposer ce secret. On a parlé du commandant Locard, inventeur de ce frein, qui aurait spécialement recommandé de n'en montrer les détails à personne. On en concluait que le frein était un organe tellement important qu'il fallait le conserver tout à fait sous le secret, ne le laisser voir à personne, pour éviter des indiscrétions qui pourraient arriver jusqu'aux gouvernements étrangers.

Eh bien ! avec la connaissance que j'ai des inventeurs et des constructeurs, je me permets de dire que ce n'est pas là le motif qu'avait le commandant Locard. Il voulait tout simplement réserver la propriété du frein pour le gouvernement français, afin que l'industrie privée ne prît pas son frein. (*Mouvement.*)

Il savait que le gouvernement français ne peut pas faire breveter ses inventions, et qu'il n'y a qu'un moyen d'empêcher que d'autres ne les fassent breveter : c'est de les garder absolument secrètes. Dans l'espèce, d'ailleurs, si un gouvernement étranger avait voulu employer un frein hydropneumatique dans son matériel d'artillerie, même à cette époque-là il n'aurait eu que l'embarras du choix.

Il y a beaucoup de systèmes de freins hydropneumatiques, et il y en avait plusieurs en service à cette même époque, sans parler du premier système où ait été résolue la principale difficulté que présentait le problème, système dû au colonel du génie Bussière — qui est mort, malheureusement, l'année dernière — et qui était un grand inventeur.

Le colonel Bussière a, à ma connaissance, proposé, en effet, le premier, le diaphragme mobile qui a rendu pratique l'emploi des freins hydropneumatiques, car, sans l'emploi de ce diaphragme, dans les mouvements rapides du frein dans lequel une surface liquide se trouve directement en contact avec l'air comprimé, il se produit ce qu'on appelle une émulsion et on a un liquide mélangé d'air qui ne peut plus jouer le rôle voulu.

C'est cet écueil qui a empêché longtemps la réussite du frein hydropneumatique.

Mais, du jour où l'on a eu l'idée de mettre un diaphragme, les solutions ont été nombreuses.

Pendant que le commandant Locart poursuivait le perfectionnement du sien, il y avait — à ma connaissance — quatre ou cinq freins analogues employés, soit dans les usines de l'industrie française, soit chez les étrangers, et si le gouvernement allemand, je le répète, avait voulu employer un frein hydropneumatique, il pouvait en prendre un qui n'aurait pas été le frein du commandant Locart, mais qui aurait valu à peu près autant:

Je crois, messieurs, avoir exposé à peu près toutes les remarques qui résultaient pour moi de la lecture du bordereau. Et il en ressort cette conclusion formelle que je vous ai dite au début.

Le bordereau ne peut pas avoir été écrit par un officier d'artillerie; il ne peut pas avoir été écrit même par un officier d'une arme spéciale ayant passé à l'Ecole polytechnique. (*Mouvement.*)

Je me serais reproché de m'arrêter à ces conclusions si, à côté de moi, elles s'étaient trouvées infirmées par les recherches qui se poursuivaient sur les détails matériels de l'exécution du bordereau, dont je ne me suis nullement occupé, c'est-à-dire sur les caractères graphiques de l'écriture et sur la nature du papier.

Heureusement, les expertises faites par les experts les plus autorisés et les plus compétents — par ceux auxquels il est réellement possible d'avoir confiance — m'ont tout à fait rassuré! — Il me serait resté cependant une préoccupation devant les assertions formelles de M. Bertillon qui prétendait que par des procédés scientifiques il était arrivé à une démonstration précise et rigoureuse d'une origine différente pour le bordereau.

Mais dans l'examen que j'en ai fait, j'ai facilement acquis la preuve de l'inanité de cette démonstration.

Il m'est pénible de formuler un jugement aussi sévère sur un homme dont le nom reste attaché à l'application d'une remarquable méthode anthropométrique que nous devons au génie de son père, pour un nom qui est encore si dignement porté par ses deux frères (*Mouvement.*); mais la science ne transige pas sur les principes, et je dois à ma situation de déclarer ici que la science française ne peut pas couvrir de son autorité des élucubrations fantaisistes comme celles que M. Bertillon a apportées ici sous le couvert de théories scientifiques.

Dans cette situation, je me crois, comme je disais tout à l'heure, autorisé à conclure de la manière la plus absolue que le bordereau n'a pas été rédigé par un officier d'artillerie; et même qu'il n'a pas été rédigé par un officier d'une arme spéciale sortant de l'Ecole polytechnique.

J'ai été soutenu dans ma déposition par l'absolue conviction de la complète innocence du capitaine Dreyfus, et je suis heureux d'avoir eu la force d'apporter jusqu'ici ma pierre à l'œuvre de réparation que vous édifiez avec tant de soins et tant de conscience, en vous tenant à l'abri des passions du dehors.

J'espère que cette œuvre de concorde et de paix ramènera l'union dans notre malheureux pays. (*Sensation prolongée.*)

Le président. — Nous allons suspendre la séance. Nous reprendrons votre déposition à la reprise de la séance pour le reste des questions.

Le capitaine Lemonnier. — J'ai une demande à faire, monsieur le président. Le prévenu, tout à l'heure, est revenu sur ses dépositions antérieures. Il a reconnu sa présence aux manœuvres de Mulhouse. Je crois que ma présence ici est inutile aux débats.

Le président. — Vous pouvez vous retirer.

Le capitaine Dreyfus. — Mais, pardon ! Le témoin vient de dire quelque chose que je n'ai pas dit du tout !

Le président. — Vous opposez-vous à ce que le témoin se retire ?

Le capitaine Dreyfus. — Du tout ! mais il vient de prononcer des paroles contre lesquelles je proteste.

Le président. — C'est en dehors de sa déposition.

Le capitaine Dreyfus. — Bien, mon colonel.

Le capitaine Lemonnier. — Je maintiens, je maintiens ! (*Rumeurs.*)

Le président. — Vous pourrez vous retirer en laissant votre adresse au greffe.

La séance est suspendue pendant vingt minutes.

La séance est reprise à dix heures dix.

Le lieutenant-colonel Brongniart, *au témoin, M. le général Sebert.* — Mon général, vous avez dit, je crois, qu'en 1894, le canon de 120 était en effet, depuis deux ans dans les Ecoles d'artillerie. Vous avez sans doute voulu dire : « Dans les Commissions d'expériences ».

Le général Sebert. — C'est en 1890 que j'ai assisté au Comité d'artillerie à la discussion du rapport sur le matériel de 120 léger, les essais ont donc dû avoir lieu entre 1888 et 1890.

Le lieutenant-colonel Brongniart. — Entre 1888 et 1890 ?

Le général Sebert. — Entre 1888 et 1890.

Le lieutenant-colonel Brongniart. — Ce ne peut être que dans les commissions d'expériences.

Le général Sebert. — Mes souvenirs remontant à dix ans, je ne puis affirmer que ces essais aient eu lieu dans les écoles d'artillerie. Du reste, je n'ai pas eu entre les mains les rapports, qui ont été seulement entre les mains du rapporteur.

Me Labori. — M. le général Sebert nous a parlé du système de

M. Bertillon. A-t-il examiné également le système du capitaine Valério, et, dans ce cas, voudriez-vous être assez bon pour lui demander ce qu'il en pense?

Le Président. — Que pensez-vous du système du capitaine Valério?

Le général Sebert. — Je puis dire un mot à ce sujet et réparer en même temps une petite omission que j'ai faite à propos du système de M. Bertillon.

J'ai omis de dire ceci : C'est que si la démonstration n'en avait pas été si bien faite par M. Bernard, j'aurais cherché à expliquer en quelques mots et à justifier la condamnation que j'ai prononcée tout à l'heure contre le système de réticulage qui vous a été exposé par M. Bertillon.

Je vous aurais montré aussi le point faible de l'application qu'il en a faite devant vous.

J'aurais fait ressortir enfin le côté enfantin des expériences photographiques qu'il a fait passer sous vos yeux.

Mais je n'ai pas jugé utile de le faire, m'adressant à des officiers qui ont la connaissance du calcul des probabilités, et qui savent très bien discuter les erreurs d'observation.

J'ai évidemment, dans cet ordre d'idées, eu le regret de voir que M. le capitaine Valério, qui appartient à l'artillerie, donnait son appui à la théorie de M. Bertillon. Il a eu surtout le mérite de l'exposer d'une façon plus claire, ou tout au moins beaucoup moins obscure. On peut à peu près comprendre avec lui ce que M. Bertillon a voulu dire; mais, malgré son talent, M. Valério n'a pas pu faire qu'une théorie fausse fût une théorie exacte, et par conséquent tout ce qu'il a dit reste inexact.

J'ai eu à me demander comment il pouvait se faire qu'un officier d'artillerie défendît de pareilles erreurs. J'en ai trouvé une explication qui est probable : c'est que, à l'Ecole de Versailles, M. Valério n'a pas eu occasion de pousser assez loin ses études sur les calculs de probabilités.

Du reste, ceux qui m'écoutent savent quel danger il peut y avoir souvent dans une mauvaise application de ces calculs, comme, du reste, dans une mauvaise application de toutes les formules mathématiques, quand on se laisse obséder par une idée préconçue et qu'on néglige souvent des éléments essentiels du problème.

Mes camarades de promotion, de l'Ecole polytechnique, se rappellent les exemples que nous citait un de nos professeurs, M. Joseph Bertrand, en nous montrant comment certains mathématiciens, très forts cependant, avaient été conduits à des résultats absurdes dans la solution de problèmes parce qu'ils avaient négligé des éléments de calcul.

C'est quelque chose d'analogue qui est arrivé ici.

LE CAPITAINE PARFAIT. — Comment peut-on expliquer que la photographie composite des mots puisse donner l'impression d'un mot au lieu de donner un brouillard noir?

LE GÉNÉRAL SEBERT. — Je crois que cela dépend de l'habileté de l'opérateur. Quand on voit, par exemple, un escamoteur faire un tour, souvent on ne comprend pas comment cela a été réussi; c'est que l'opérateur a été habile.

M. Bertillon est très habile.

M. BERTILLON. — Je demande la parole.

LE GÉNÉRAL SEBERT. —Par la photographie composite, on fait à peu près ce qu'on veut. Quand on dispose bien des éléments que l'on a, on peut arriver à produire des apparences bizarres dans lesquelles du reste le hasard joue un très grand rôle.

En reproduisant par superposition la photographie d'un très grand nombre de mots, on doit pouvoir, dans le tas, en trouver quelques-uns qui sont lisibles.

Voilà l'idée que je m'en suis faite; et je ne crois pas que la photographie composite puisse rendre un service dans un cas analogue.

LE PRÉSIDENT. — Accusé, levez-vous. Avez-vous des observations à faire à la déposition du témoin?

LE CAPITAINE DREYFUS. — Aucune.

LE PRÉSIDENT. — Je vous remercie, vous pouvez vous retirer, mon général.

Faites entrer le témoin suivant.

QUATRE-VINGT-SEIZIÈME TÉMOIN

M. LE COMMANDANT DUCROS

M. le commandant Ducros prête serment et, sur l'invitation de M. le président, décline ses noms, prénoms et situation militaire: Ducros (Joseph-Jules), quarante-six ans, chef d'escadron au 29e régiment d'artillerie.

LE PRÉSIDENT. — Connaissiez-vous l'accusé avant les faits qui lui sont reprochés?

LE COMMANDANT DUCROS. — Oui.

LE PRÉSIDENT. — Comment le connaissiez-vous?

LE COMMANDANT DUCROS. — Dreyfus m'a été présenté en 1886, alors qu'il était lieutenant aux batteries de l'Ecole militaire.

LE PRÉSIDENT. — Vous l'avez connu comme militaire?

LE COMMANDANT DUCROS. — Je n'ai jamais eu de relations avec lui; je n'étais porté vers lui, ni par sa religion, ni par son origine, ni par aucune sympathie; mais j'ai eu l'occasion de le rencontrer un certain nombre de fois; en effet, en 1886...

LE PRÉSIDENT. — Vous n'êtes ni son parent ni son allié?

LE COMMANDANT DUCROS. — Non.

LE PRÉSIDENT. — Vous avez été cité par la défense pour faire connaître certains détails. Vous savez ce que l'on attend de vous; faites votre déposition.

LE COMMANDANT DUCROS. — Comme je le disais, Dreyfus m'a été présenté en 1886, alors qu'il était lieutenant aux batteries de l'Ecole militaire. Depuis cette époque jusqu'à sa condamnation, il n'a quitté Paris que pendant un an. Pendant toute cette période j'ai travaillé à l'atelier de construction de Puteaux, et même, lorsque je commandais une batterie à l'Ecole militaire, je continuais à travailler à cet atelier.

J'ai donc eu occasion de rencontrer Dreyfus un certain nombre de fois à l'atelier de construction de Puteaux, où je m'occupais d'études de matériel d'artillerie de campagne.

A partir de 1892 même, ces études ont eu des points communs avec celles du matériel du colonel Deport.

Beaucoup d'officiers savaient quelle était ma situation et me demandaient des renseignements, soit en vue de conférences, soit en vue de leurs études personnelles. J'ai toujours répondu très largement à leur désir, non seulement en ce qui me concernait personnellement, mais encore en ce qui touchait les points communs à mon matériel et à celui du colonel Deport.

Je recommandais naturellement le secret et il a dû être bien gardé, puisque aucun des points que j'ai pu communiquer de cette façon ne figure dans le matériel C. 97.

Je viens aux relations que j'ai eues avec Dreyfus.

En 1891, je rencontrai le capitaine Dreyfus qui me dit qu'on venait de faire, à l'Ecole de Guerre, des leçons sur le matériel que j'avais proposé à ce moment-là. Je m'aperçus que ce qu'on avait dit était basé sur des renseignements que le professeur avait recueillis près de moi, depuis assez longtemps, et que je pouvais lui donner des renseignements plus récents.

Je lui proposai donc de venir à l'atelier de Puteaux, où je lui donnerais des renseignements nouveaux, et pour faciliter cette visite je l'invitai à déjeuner.

C'était l'heure où j'étais le plus libre.

Je me proposais de lui donner des renseignements qui lui permettraient de passer une colle brillante, attendu qu'il devait en passer une bientôt sur le cours en question ; mon but était de faire passer mes idées à l'Ecole de Guerre où elles seraient discutées et d'où elles se répandraient de tous les côtés.

Le capitaine Dreyfus ne vint pas à l'atelier de Puteaux et ne me demanda, du reste, aucune espèce de renseignement.

Je passai ensuite un certain nombre d'années pendant lesquelles je ne me rappelle pas l'avoir rencontré. Peut-être l'ai-je rencontré sans me souvenir.

J'arrive à 1894.

Dreyfus me rencontra à cheval au bois de Boulogne. Il était occupé, à cette époque, à la traduction de l'ouvrage tout récent du Général Wille, intitulé : « le Canon de l'avenir ».

C'était à ce moment-là une nouveauté, et il me proposa obligeamment de me confier sa traduction.

J'acceptai; à cette occasion, je lui renouvelai l'offre que je lui avais déjà faite de venir à l'atelier de Puteaux et je l'invitai à déjeuner.

J'ai eu ses cahiers entre les mains. J'en ai même gardé un ou deux qui sont entièrement de son écriture.

Très peu de temps avant sa condamnation, je rencontrai encore le capitaine Dreyfus ; je lui demandai ce qu'il faisait à ce moment ; il me dit qu'il était à l'état-major et venait de faire au 2e bureau une comparaison entre l'artillerie française et l'artillerie allemande, et qu'à ce propos il avait pu reconstituer le projectile allemand.

Il m'en donna alors une description. Je ne sais pas si elle vous intéresse.

LE PRÉSIDENT. — Attachez-vous seulement aux faits qui ont rapport à l'affaire Dreyfus.

LE COMMANDANT DUCROS. — Il m'est resté de là — c'est pour moi une impression très nette — d'abord que le capitaine Dreyfus n'est pas allé à l'atelier de Puteaux (ceci est un fait) et ensuite qu'il ne m'a jamais posé aucune question avec insistance.

J'en ai conclu qu'il ne s'occupait pas des questions d'artillerie de campagne.

Je me serais borné à ces quelques mots que j'ai dits devant la Cour de cassation, si ma déposition n'avait pas été discutée ici même, et je m'aperçois que cette première déposition est incomplète puisqu'on a pu la transformer en une preuve de la culpabilité de Dreyfus.

Je regrette d'avoir à prendre encore l'attention du Conseil pendant quelques instants, mais je le crois nécessaire.

J'entrerai donc dans quelques détails.

J'admets que le capitaine Dreyfus était parfaitement au courant de tout ce qui se faisait. J'admets qu'il savait parfaitement que le canon Deport avait été préféré au mien.

D'abord, je ferai observer que ceci ne peut avoir trait qu'à 1894, attendu que le ministère du général Mercier date de la fin de l'année 1893.

Pour toute la période antérieure, c'est-à-dire 1892 et 1893, le canon Deport, qui se construisait à Puteaux sous mes yeux et dont je voyais les tirs, m'était connu. On pouvait donc me demander des renseignements à son égard.

Le 29 décembre 1893, par une dépêche portant le n° 51,915, le ministre de la guerre me donnait ordre de me transporter à Bourges, à la fonderie et à la Pyrotechnie, pour prendre connaissance de tout ce que les officiers de la Fonderie avaient déjà fait comme matériel de campagne.

M. le général Mercier — qui avait déjà assisté à une séance de tir entre mon matériel et le matériel Deport — désirait que les officiers qui s'occupaient de matériel travaillassent en commun pour échanger leurs idées.

J'allai donc à Bourges et je remis un rapport.

De même les capitaines Baquet et Sainte-Claire-Deville se rendirent à Puteaux.

Le colonel Deport démonta devant eux son frein, qui constituait une partie délicate et importante de son matériel. J'assistai à ce démontage.

Par conséquent, à cette époque, au commencement du mois de janvier, j'étais un des quatre officiers qui connaissaient le matériel Deport dans tous ses détails.

A partir de cette époque, j'ai eu l'occasion de rencontrer deux fois le capitaine Dreyfus. Une de ces fois, je lui ai offert de venir à l'atelier de construction de Puteaux.

Je dois dire qu'il n'y est pas venu.

S'il avait voulu être au courant, c'était une occasion parfaite pour lui de me faire causer sur cette question. (Mouvement.)

En ce qui concerne l'importance des renseignements que je pouvais communiquer sur mon matériel et sur le matériel Deport, je m'en rapporte à la haute autorité des chefs qui ont bien voulu m'honorer de leur bienveillance. Je citerai MM. les généraux Billot, Zurlinden, de Boisdeffre, Deloye.

M. le général Deloye, du reste, vous a dit ce qu'il faut penser de l'intérêt des renseignements que je pouvais avoir à communiquer à ce moment-là à celui qui aurait réussi à me tirer les vers du nez.

Le capitaine Beauvais. — Vous dites qu'il y a eu en plus de vous à Puteaux trois officiers; ce sont les quatre devant lesquels on a démonté le frein. Lequel était encore présent avec vous?

Le commandant Ducros. — Je puis dire seulement qu'il y avait avec moi ou le capitaine Sainte-Claire-Deville ou le capitaine Baquet. Je ne me rappelle plus lequel.

Le capitaine Beauvais. — Savez-vous si cette circonstance a pu être connue de certains officiers?

Le commandant Ducros. — Elle a pu être connue de beaucoup d'officiers. La dépêche ministérielle, dont j'ai donné le numéro, n'avait rien de confidentiel.

Le capitaine Beauvais. — Vous n'avez pas parlé de ce cas particulier au capitaine Dreyfus?

Le commandant Ducros. — Non, je n'en ai pas parlé.

Me Demange. — Je désirerais préciser un point.

M. le général Mercier, dans la déposition qu'il a faite devant le Conseil, s'est exprimé ainsi :

Je cite tous ces faits pour bien constater que Dreyfus était au courant de tout et que quand il se retranche derrière son ignorance, c'est un mensonge. J'ajoute qu'un seul témoignage est en contradiction, c'est celui du commandant Ducros disant, dans sa déposition devant la Chambre criminelle, que Dreyfus n'était pas si porté que cela à se mettre au courant des nouveautés, puisqu'il avait refusé de venir voir son canon.

Pour moi, c'est un témoignage de plus à l'appui de ce que j'affirme.

Dreyfus était au courant de tout. Il savait parfaitement qu'à ce moment-là le canon Ducros venait d'être rejeté par moi.

Eh bien! Monsieur le président, je vous prie de vouloir bien faire préciser en demandant au commandant Ducros à quelle date il a proposé pour la première fois à M. le capitaine Dreyfus d'aller à Puteaux, pour y voir tout ce qu'il pouvait lui montrer d'intéressant.

Le président. — A quelle date exacte avez-vous proposé au capitaine Dreyfus d'aller faire cette visite à Puteaux?

LE COMMANDANT DUCROS. — En 1891, à la suite du cours d'artillerie des conférences faites par le capitaine — ou le commandant Ruffey.

LE PRÉSIDENT. — C'est donc au courant de 1891, mais vous ne pouvez pas préciser la date ?

Mᵉ DEMANGE. — Et alors, d'autre part, je ne sais pas exactement la date à laquelle M. le général Mercier a pris possession du ministère. Je crois que c'est en décembre 1893.

LE GÉNÉRAL MERCIER. — Oui.

Mᵉ DEMANGE. — Par conséquent, le Conseil fera le rapprochement de dates.

LE GÉNÉRAL MERCIER. — Je demande la parole.

LE PRÉSIDENT, s'adressant au commandant Ducros. — C'est bien de l'accusé ici présent que vous avez entendu parler ?

LE COMMANDANT DUCROS. — Oui, mon colonel.

LE PRÉSIDENT, s'adressant à l'accusé. — Accusé, levez-vous. Avez-vous des observations à faire ?

LE CAPITAINE DREYFUS. — Aucune, mon colonel.

LE GÉNÉRAL MERCIER. — Je demande à dire un mot.

LE PRÉSIDENT. — Vous avez la parole.

LE GÉNÉRAL MERCIER, s'avançant a la barre. — Naturellement, je ne puis pas parler de ce qui s'est passé en 1891 ; je prierai M. le commandant Ducros de tâcher de préciser ses souvenirs pour ce qui s'est passé en 1894.

A quelle époque de 1894 a-t-il fait au capitaine Dreyfus des propositions pour aller à Puteaux ?

LE COMMANDANT DUCROS. — Mon général, j'ai eu l'honneur de le dire : c'est au moment où le capitaine Dreyfus venait de traduire l'ouvrage du général Wille. Cette traduction a servi à faire des articles qui ont paru dans la *Revue d'artillerie* et dans la *Revue militaire de l'étranger*. Je crois qu'il est facile, avec cela, de retrouver la date exacte, à quelques jours près.

LE CAPITAINE DREYFUS. — C'était pendant le premier semestre de 1894.

LE PRÉSIDENT. — Pendant que vous étiez au ministère ?

LE CAPITAINE DREYFUS. — Oui, mon colonel.

LE GÉNÉRAL MERCIER. — Eh bien ! au mois d'avril 1894, ma conviction était faite sur la valeur relative des deux canons proposés par le colonel Deport et par le commandant Ducros, et j'avais décidé d'adopter le canon du colonel Deport.

LE CAPITAINE DREYFUS. — Pardon, au mois d'avril 1894, mon

travail était terminé. Ce travail s'est fait au deuxième bureau pendant les mois de février et mars 1894.

Mᵉ Demange. — M. le général Mercier vient de dire : « Ma conviction était faite et j'avais résolu d'écarter le canon du commandant Ducros. » M. le général Mercier sait-il qu'à ce moment-là sa conviction à lui ait pu être connue du capitaine Dreyfus?

Le président. — Savez-vous si, à ce moment-là, votre décision était connue ou pouvait être connue du capitaine Dreyfus?

Le général Mercier. — Je ne puis pas le savoir, monsieur le président. Ce que je sais, c'est qu'elle était connue du commandant Ducros.

Le commandant Ducros. — Parfaitement. Le 28 décembre, le général Mercier avait eu une attitude qui montrait qu'il n'était pas partisan de mon canon, je le reconnais.

Mᵉ Demange. — Il ne s'agit pas du commandant Ducros ; je demande si l'intention du général Mercier était connue du public.

Le président, au général Mercier. — Votre intention d'accepter le canon Duport était-elle connue du public?

Le général Mercier. — Du public, c'est beaucoup dire. Mais elle était connue au ministère.

Mᵉ Demange. — Où était-elle connue? Dans les bureaux de l'Etat-Major ou à la direction technique d'artillerie?

Le président pose la question.

Le général Mercier. — Surtout dans les bureaux de la direction de l'artillerie.

Le président. — Faites entrer le témoin suivant.

QUATRE-VINGT-DIX-SEPTIÈME TÉMOIN

M. LE COMMANDANT HARTMANN

Hartmann (Louis), quarante-huit ans, chef d'escadron au 22ᵉ régiment d'artillerie à Versailles, ne connaissait pas l'accusé avant les faits qui lui sont reprochés.

Le président. — Veuillez faire votre déposition sur les faits qui vous sont connus.

Le commandant Hartmann. — Avant de commencer ma déposition, j'aurais une demande à vous soumettre. A la suite du huis clos de la séance d'hier matin, M. le général Chamoin a bien voulu m'autoriser à examiner au greffe les pièces du dossier secret d'artillerie.

Or, j'ai fait une constatation des plus importantes et que je considère comme décisive au sujet du schrapnel C/1891, du schrapnel C/1896 et de l'obus Robin.

Je viens vous demander, dès maintenant, si je pourrai faire état, en séance publique, de l'intégralité des pièces relatives à ces trois projectiles.

LE PRÉSIDENT, *au général Deloye*. — Pensez-vous qu'on puisse en parler directement?

LE GÉNÉRAL DELOYE. — Je ne crois pas qu'on puisse tout dire en mettant sur la table du Conseil, et versant au débat la totalité de tout (*sic*). Il y aura donc un moment où on dira : « Le loup, s'il y en a un, est dans le reste, et le reste, vous ne le verrez pas. » Voilà ce qu'on sera obligé de dire, à moins qu'on ne dise qu'on pourra voir tout.

Ce ne sont pas les instructions du ministre. Que voulez-vous que je fasse? Je pense qu'il y a un endroit où il faudra forcément arrêter le commandant Hartmann. (*Murmures.*)

LE COMMANDANT HARTMANN. — Dans ces conditions, je prie le Conseil de vouloir bien m'entendre quelques instants, à huis clos, dans les mêmes conditions qu'hier, et par exemple, demain matin avant l'audience publique.

LE PRÉSIDENT. — Il faut qu'il y ait un jugement. Monsieur le commissaire du gouvernement a-t-il une observation à faire?

LE COMMISSAIRE DU GOUVERNEMENT. — Le Conseil pourra, je pense, délibérer à ce sujet après l'audition du commandant Hartmann.

LE PRÉSIDENT. — Immédiatement après la déposition,

LE COMMISSAIRE DU GOUVERNEMENT. — S'il y a lieu de faire une déposition complémentaire à huis clos, le Conseil décidera tout à l'heure.

LE PRÉSIDENT. — Tâchez de nous faire connaître les choses sans entrer dans des détails compromettants. (*Rumeurs.*)

LE COMMANDANT HARTMANN. — J'estime que c'est impossible, car si les dessins ne sont pas placés sous les yeux du Conseil, je ne pourrai pas faire la démonstration que j'ai en vue.

Me LABORI. — Si c'est nécessaire, il est bien entendu que la défense prendra telles conclusions utiles pour que le huis-clos soit ordonné. Faites toujours votre déposition.

LE COMMANDANT HARTMANN. — Je vais parler des paragraphes du bordereau qui se rapportent à l'artillerie, en commençant par celui d'entre eux qui annonce l'envoi d'une note « sur le frein hydraulique du 120 et la manière dont s'est conduite cette pièce ».

Si l'on s'en tenait strictement aux termes du bordereau, on devrait penser qu'il s'agit du frein hydraulique modèle 1883 du canon de 120 modèle 1878, car il n'y a pas d'autre canon de 120 qui ait un frein simplement hydraulique, et ce canon, en outre, portait bien, en 1894, dans nos règlements, le nom de canon de 120, sans autre désignation.

Je mets en fait que si l'on avait demandé, en 1894, à un artilleur quelconque de parler du frein hydraulique du canon de 120, il n'aurait songé, à cette époque, qu'au frein modèle 83 du 120 de siège et place.

Il est bien clair que, s'il en était ainsi et s'il s'agissait réellement du canon de 120 de siège et place dans le bordereau, ce document serait sans valeur au point de vue de l'artillerie, puisqu'il y serait question d'un frein connu depuis onze ans et tombé dans le domaine public dès 1889.

Le bordereau ne pourrait donc pas être attribué, dans ces conditions, à un officier d'artillerie.

La même impossibilité n'existerait pas pour les officiers des autres armes, qui ne sont pas toujours au courant de notre matériel de siège et place, et qui sont exposés à considérer comme ayant de l'actualité des modèles déjà anciens, quand ils viennent dans nos polygones pour assister accidentellement à des tirs de siège.

Aussi, ai-je été frappé de la révélation récente de ce fait que le canon de 120 long a été tiré au camp de Châlons devant les officiers supérieurs du 3ᵉ corps, qui ont assisté du 6 au 9 août aux écoles à feu de la 3ᵉ brigade d'artillerie.

S'il était démontré que le bordereau est l'œuvre de l'un de ces officiers supérieurs, je dirais qu'il y a presque certitude pour que le canon en cause soit le canon de 120 de siège de place.

Mais une autre opinion a été émise, et la plupart des témoins qui sont venus précédemment vous parler de la Note du bordereau sur le frein ont admis comme évident, *à priori*, qu'il s'agissait du frein hydropneumatique du canon de 120 court. C'est donc une hypothèse qu'il importe d'examiner, et je vais rechercher quels sont les officiers qui, au mois d'août 1894, pouvaient être à même d'établir une Note sur le frein du 120 court et sur la manière dont cette pièce s'est comportée.

De deux choses l'une : ou la Note du bordereau donne seulement des renseignements généraux portant, par exemple, sur le principe, les dispositions d'ensemble, le fonctionnement du frein du 120 court, ou elle donne également des renseignements détaillés allant jusqu'aux tracés, jusqu'à l'organisation des joints, jusqu'aux rapports des Commissions d'expériences.

De deux choses l'une, encore : ou cette Note a été écrite avec des renseignements recueillis au moment même de son envoi, ou elle a été écrite avec des renseignements de date ancienne, utilisés seulement lors de son envoi.

Comme je ne me reconnais pas le droit d'adopter une hypothèse plutôt qu'une autre pour le contenu d'un document que je n'ai pas vu, j'envisagerai tous les cas que je viens d'énumérer.

Je vais donc rechercher quels sont les officiers qui, en août 1894, pouvaient avoir des renseignements détaillés sur le frein du 120 court et quels sont ceux qui pouvaient avoir seulement des renseignements généraux ; quels sont les officiers qui, en août 1894, pouvaient avoir, sur le frein du 120 court, des renseignements du moment, et quels sont ceux qui n'avaient encore à cette date que des renseignements anciens.

C'est ce que je ferai, en passant en revue rapidement l'historique des différentes périodes du 120 court : période des essais, période de la fabrication, période de la mise en service; et en déterminant pour chacune de ces périodes la nature des renseignements que les officiers ont pu avoir d'après leur arme et d'après leur situation.

Je m'appuierai à cet effet sur les déclarations contenues dans la Note que M. le général Deloye a fournie à la Cour de cassation, étant donné que cette note a confirmé, quant au fond, tout ce que j'ai dit dans ma déposition, et que, s'il paraît à première vue en être autrement sur quelques points, c'est que M. le général Deloye s'est borné à l'hypothèse des renseignements détaillés, tandis que, de mon côté, j'avais envisagé plutôt l'hypothèse des renseignements généraux.

Je rappellerai d'abord que le frein hydropneumatique du 120 court n'est en somme qu'un spécimen du frein imaginé par M. le commandant Locard à la fonderie de Bourges avant 1881.

Il présente, en effet, la même disposition générale avec des joints organisés, construits de la même manière, et il n'en diffère que par sa forme et par ses dimensions.

Plusieurs freins de ce système ont été confectionnés — la note de

M. le général Deloye l'indique — de 1881 à 1886 à la Fonderie de Bourges.

En 1886, les seules personnes au courant du frein, de ses détails de construction, de l'organisation de ses joints, étaient M. le commandant Locard, le capitaine Baquet, quelques dessinateurs, un contremaître et deux ouvriers qui faisaient le montage du frein.

En dehors de cela, la Fonderie n'avait consenti à donner que des renseignements généraux sur le fonctionnement du système.

Ainsi, en 1886, des officiers étrangers à la fonderie auraient pu avoir des renseignements généraux sur le frein Locard dont dérive le frein du 120 court, mais ils n'auraient pu obtenir aucune indication sur les détails intérieurs du frein.

J'arrive à la période des essais du canon de 120 court, ou, ce qui revient au même, du canon de 120 léger, première dénomination de cette bouche à feu.

En 1887, sur l'avis du Comité d'artillerie, le ministre de la guerre a prescrit à la Fonderie de Bourges d'étudier un matériel de 120 léger, destiné à entrer dans les équipages de campagne comme pièce à tir courbe contre les troupes abritées derrière des retranchements.

Le projet proposé par le capitaine Baquet, adjoint de la Fonderie, a été mis en construction. Son organe essentiel était le frein hydropneumatique du commandant Locard.

Le premier spécimen construit par M. le capitaine Baquet a été d'abord soumis à différentes épreuves à la Fonderie de Bourges, que vous avez entendu confondre ici, à ce sujet, avec l'Ecole de pyrotechnie, établissement distinct, cependant, qui n'a jamais eu à s'occuper du canon de 120 court.

Puis, ce spécimen a été expérimenté successivement par les Commissions de Bourges et de Calais, jusqu'en 1890, date de la fin des essais techniques du frein de 120 court.

Des rapports et des procès-verbaux ont été établis par les deux Commissions ; ces documents ne contenaient, d'après M. le général Deloye, que des renseignements généraux sur le frein hydropneumatique, tout en étant, bien entendu, complets en ce qui concernait les essais.

Ces rapports ont tous été envoyés à la troisième Direction et à la Section technique dont les Archives possédaient donc — c'est un point à noter — beaucoup de documents sur le 120 court dès 1890, et cela pour les deux Commissions de Bourges et de Calais.

A la suite de ces essais et après discussion d'un rapport de M. le général Mercier, le Comité a émis l'avis, en 1890, qu'il y avait lieu de faire construire par la Fonderie deux batteries de 120 léger de 6 pièces et de 9 caissons destinées à des essais en grand.

Le canon de 120 court, loin de constituer une innovation en 1894, comme on l'a dit à plusieurs reprises, était donc arrêté, en tant que système d'artillerie, à quelques détails près, en 1890.

Les pièces mises en commande à la Fonderie se trouvant terminées au printemps de 1891, la 5e et la 6e batterie du 37e régiment à Bourges en ont été armées. Ces batteries ont fait d'abord des écoles à feu dans le polygone de Bourges, puis elles ont pris part, pour les essais en grand prescrits par le ministre, aux manœuvres de corps d'armée de l'Est, en 1891.

L'objet de ces essais en grand, défini par la note ministérielle du 15 avril 1891, était non pas d'expérimenter les bouches à feu dont, je le répète, le modèle était définitivement arrêté; mais de vérifier si les batteries de 120 court étaient susceptibles de constituer un matériel de campagne.

J'appelle tout particulièrement l'attention du Conseil sur cette note du 15 avril 1891, que voici, parce qu'il en résulte que le canon de 120 court formait déjà des batteries à cette époque, qu'il figurait déjà dans des manœuvres suivies officiellement par des officiers étrangers, et qu'il était, par suite, bien loin d'être inexistant, suivant l'expression qui a été employée récemment devant vous.

A l'issue des manœuvres, l'emploi des deux batteries du 37e a fait l'objet d'un rapport qui a été soumis au Conseil supérieur et, d'après l'avis émis par celui-ci, l'adjonction à l'artillerie de campagne de quelques batteries de 120 court par armée a été décidée à la fin de 1891.

Cela posé, quels sont les officiers qui, durant cette période des essais, ont pu avoir, soit des renseignements détaillés, soit des renseignements généraux sur le frein et la manière dont la pièce s'est comportée?

Pour les renseignements détaillés sur le frein, sur son tracé, sur ses joints, le général Deloye déclare dans sa note que la Fonderie a constamment conservé à l'étude du frein hydropneumatique un caractère confidentiel, et qu'en 1894 personne, en dehors du personnel très restreint dont j'ai fait l'énumération tout à l'heure, ne pouvait avoir connaissance des dessins de cet engin.

D'après lui, d'après le paragraphe 13 de sa note, les précautions prises par la Fonderie étaient telles que, certainement, un agent de l'étranger n'a pas pu se procurer avant 1894 des renseignements sur le frein de 120 court.

Quelle que soit la vraie raison de ces précautions, c'est là une constatation des plus importantes, puisqu'il en résulte qu'un officier étranger à la Fonderie, même résidant à Bourges de 1887 à 1891, même employé dans un autre établissement, comme l'Ecole de pyrotechnie, ne pouvait pas avoir à sa disposition les Tables de dimensions du frein par une voie normale et régulière, puisqu'il est démontré aussi que ce n'est pas par de simples conversations qu'il aurait pu être initié aux détails du frein et aux secrets de la fabrication.

Il n'aurait pu avoir ces renseignements qu'en s'adressant à l'un des rares agents qui les détenaient à la Fonderie, à titre confidentiel, et la moindre enquête suffirait, même encore aujourd'hui, étant donné le petit nombre des agents en cause, pour savoir si le fait a eu lieu pour un officier donné.

J'en dirai autant pour les rapports des Commissions d'expériences qui n'ont pas été non plus divulgués et qui sont restés, pour ainsi dire, le monopole de quelques officiers de la Fonderie, des Commissions de la Section technique et de la 3e Direction.

Si les renseignements détaillés sont ainsi restés renfermés dans un cercle restreint d'officiers appartenant à des catégories nettement définies, il a été bien loin d'en être de même pour les renseignements généraux, pendant cette période des essais, et on peut dire que tous les officiers d'artillerie ont eu la possibilité de se procurer des renseignements de ce genre, non seulement à Bourges, en raison du voisinage de la Fonderie, mais encore dans toutes les brigades d'artillerie.

Ces renseignements se trouvaient notamment dans le *Bulletin confidentiel des questions à l'étude* que la Section technique avait reçu l'ordre de rédiger pour mettre les officiers d'artillerie au courant des études entreprises dans leur arme.

Les numéros 9 et 10, distribués en 1889, le numéro 11, du 1er mai 1890, donnent en particulier la description du matériel du 120 léger, celle du frein hydropneumatique, et, de plus, un résumé assez détaillé des expériences exécutées, soit à Bourges, soit à Calais.

Vous savez que le *Bulletin* était envoyé dans chaque brigade à raison d'un exemplaire et qu'ordre avait été donné de laisser cet exemplaire à la disposition de tous les officiers.

J'ai dit, d'autre part, que les grandes manœuvres de 1891 avaient été faites avec le concours de deux batteries de 120 court, d'après la note ministérielle du 15 avril 1891. Or, à cette note est annexé un document intitulé : « Résumé relatif au matériel de 120 léger de campagne », et ce document donne la description du frein ainsi que le résumé sommaire des expériences antérieures.

Je tiens ce document à la disposition du Conseil.

Ce document n'était pas confidentiel et beaucoup d'officiers en ont pris connaissance.

Ce qui prouve que ces renseignements généraux avaient pénétré partout, c'est qu'un grand nombre d'officiers d'artillerie ont traité la question du 120 léger dans leurs travaux d'hiver en 1890 et 1891. Je citerai notamment un mémoire remis le 21 mai 1891 par une Commission de la 3ᵉ brigade sur le sujet suivant : « Des obusiers et des mortiers de campagne en France et à l'étranger. Introduction de ces bouches à feu dans les équipages de l'artillerie ; leur emploi dans la guerre de campagne ».

Ce mémoire consacre tout un chapitre à la description du canon de 120 léger et de son frein. Les expériences de Bourges et de Calais y sont l'objet d'un compte rendu complet.

Un fait intéressant, c'est que ce mémoire reproduit également un Avis du Comité technique de l'artillerie au sujet de la constitution et de l'emploi tactique des batteries de 120 court, et que cet Avis avait été émis par une Commission spéciale de la Section technique présidée par M. le général Mercier, au printemps de 1890.

Ainsi, dans la période des essais du canon de 120 court, de 1887 à 1891, essais du premier spécimen d'abord, expériences en grand en batteries ensuite :

1° Quelques officiers d'artillerie de la Fonderie seuls ont eu à leur disposition des renseignements détaillés sur le frein, sur son tracé et sur ses joints.

Quelques officiers d'artillerie des Commissions, de la Fonderie, de la Section technique et de la 3ᵉ Direction ont été seuls à avoir entre les mains les rapports sur les essais du frein, c'est-à-dire

qu'ils ont eu seuls des renseignements détaillés sur la manière
dont cette pièce se comportait.

2° Les autres officiers d'artillerie avaient bien des renseignements généraux, mais, pour obtenir des renseignements détaillés,
ils auraient dû s'adresser à l'un des officiers des catégories préci-
tées, et il est bien facile de savoir si une démarche de ce genre,
facile à connaître, facile à prouver, a été faite par un officier
donné.

J'ajoute que, durant cette période des essais, pendant au moins
une année, de 1889 jusqu'à la fin de 1890, l'employé civil Boutonnet
a livré à une puissance étrangère les archives du Comité d'artillerie, et que cette puissance a eu dès lors à sa disposition, dès cette
époque, non seulement des renseignements généraux étendus sur
le frein, mais encore les renseignements détaillés les plus complets
que l'on ait jamais donnés, il faut le remarquer, sur la manière
dont la pièce se comporte.

Le président. — Insistez un peu moins sur les détails techniques,
qui n'ont rien à voir dans le débat actuel. (*Rumeurs.*)

Le commandant Hartmann. — J'arrive à la période de fabrication
du 120 court.

Après l'adoption du 120 court, comme pièce de campagne à tir
courbe, le ministre l'a mis en commande dans les établissements,
et toutes les Ecoles d'artillerie ont reçu les renseignements détaillés suivants qui portent sur tout le matériel, à l'exception du frein
et du canon :

1° En 1892-1893, les tables de construction de l'affût modèle
1890 ; les tables de construction de l'obus à charge arrière,
modèle 91.

Le président. — Nous n'avons pas besoin de tous ces détails-là.
(*Bruit.*)

Le commandant Hartmann. — Je suis dans le vif de la question,
attendu que je dois montrer quels sont les officiers qui ont pu se
procurer des renseignements détaillés sur le 120 court, avant 1894.

Le président. — Passez les détails techniques ; parlez du frein et
du canon, mais vous n'avez pas besoin de parler du matériel, des
munitions, des caissons.

Le commandant Hartmann. — Je demande la permission d'insister, attendu que la période de fabrication m'a paru ignorée jusqu'alors dans les débats, et qu'il est important d'indiquer quels sont
les officiers qui ont pu être renseignés dans cette période.

LE PRÉSIDENT. — Indiquez, mais sans entrer dans des détails sur le matériel.

LE COMMANDANT HARTMANN. — Je ne fais qu'énumérer, mon colonel.

LE PRÉSIDENT. — Tâchez d'être plus concis. (*Murmures.*)

LE COMMANDANT HARTMANN. — Je me proposais de parler des documents contenant des renseignements détaillés, qui ont pu être mis à la disposition des établissements, pendant la période de fabrication. J'en aurais fait l'énumération complète, mais je me vois forcé de la passer sous silence.

LE PRÉSIDENT. — Oui, oui.

LE COMMANDANT HARTMANN. — Je donnerai cependant une indication essentielle, qui touche une des questions soulevées par le procès : parmi ces documents, se trouvait le tableau de composition de la batterie de campagne de 120 court, avec le tableau du chargement de l'affût et du caisson.

En outre, il y avait également le tableau de la composition de la section de munitions spéciale au 120 court.

M. le général Deloye nous a appris dans sa note qu'une partie de ces renseignements détaillés — et c'est pour cela que j'en donnais l'énumération, parce que, comme je l'indiquais, c'est un des points importants du procès — M. le général Deloye nous indique, dis-je, dans sa note, qu'un certain nombre de ces renseignements détaillés ont été fournis également en octobre 1893, au 4e bureau de l'Etat-Major de l'armée, chargé de la préparation du transport du matériel.

On lui a communiqué notamment les tables de construction de l'affût — c'est pour cela que j'en parlais, — ainsi qu'une partie des indications qui sont contenues dans les tableaux de composition des unités de 120 court, alors en préparation, et sur le point d'être terminés.

Ces renseignements détaillés n'étaient nullement confidentiels, et ils se trouvaient dans les documents envoyés aux écoles d'artillerie sans précautions particulières et dans les mêmes conditions que les tables de dimensions du 80 et du 90.

Un fait particulier, c'est que, néanmoins, ces renseignements ont été signalés comme confidentiels au 4e bureau de l'Etat-Major de l'armée, alors qu'ils étaient presque en même temps envoyés dans toutes les écoles d'artillerie, donc à tous les officiers de l'arme, sans recommandations spéciales.

Parmi ces renseignements soi-disant confidentiels se trouvait

l'effectif en hommes et en chevaux des unités du 120 court, alors
que cet effectif pouvait se déduire par un calcul des plus simples
de la composition en matériel, qui, je le répète, était connue ;
alors que cet effectif allait être rendu public deux mois plus tard
par la publication du projet de règlement sur les manœuvres des
batteries attelées.

Mais si des renseignements détaillés ont été ainsi donnés sur
l'affût et sur les voitures du 120 court, il n'en a pas été de même
pour le canon et pour le frein, dont les Tables de dimensions n'ont
pas été envoyées dans les établissements.

*Ici le président fait un geste dont la signification ne peut être
précisée.*

LE COMMANDANT HARTMANN. — Est-ce pour une raison de secret,
est-ce parce que la Fonderie en avait seule besoin, peu importe ;
ce que je constate, et ce qui est très important dans la cause, c'est
que ces documents n'étaient pas sortis de la Fonderie avant la fin
de 1893.

Par suite, un officier étranger à cet Établissement n'aurait pu,
durant la période de fabrication, se procurer ces documents qu'en
s'adressant à ceux qui en étaient chargés, moyennant une demande
anormale qui le dénoncerait encore à l'heure actuelle ; d'ailleurs,
je rappellerai la déclaration de M. le général Deloye, à savoir
qu'un agent de l'étranger n'a certainement pas pu se procurer,
avant 1894, les tracés du matériel.

Quant aux renseignements généraux, ils ont été répandus un peu
partout, et non seulement par le *Bulletin des questions à l'étude*
jusqu'à la cessation de cette publication en 1892, mais encore par
divers documents, comme les *Cours des Ecoles militaires.*

Je citerai le cours fait à l'Ecole d'application de l'artillerie et du
génie en 1892 et 1893 sur l'organisation des affûts. Il s'étend longuement sur les dispositions adoptées pour le récupérateur, le
frein, les soupapes chargées, le diaphragme, l'affût plate-forme
et, en outre, il donne, dans des descriptions d'ensemble accompa-
gnées de croquis, les dispositions relatives des divers éléments.

De même, dans une conférence faite à l'Ecole de Saint-Cyr en
1892, le lieutenant-colonel Orcel a donné la description générale
du frein hydropneumatique Locard, sans cependant l'appliquer à
un canon déterminé, et il s'est trouvé ainsi que cette description
était utilisable, non seulement pour le 120, mais pour le 5 2, pour

le 57, etc., tous les freins hydropneumatiques de ces différents matériels étant identiques comme organisation et comme fonctionnement.

Comme autre source d'informations, je citerai l'identité entre le 120 court et le 155 court sur affût plate-forme, et, en particulier, entre les freins hydropneumatiques de ces deux matériels.

Un officier intéressé à connaître le 120 court et à donner des renseignements sur lui, pourrait le faire, en se servant du 155 court. Or, le 155 court a été adopté, lui aussi, en 1890, et, de plus, son règlement a été approuvé par le ministre le 16 mars 1891.

Bien plus, le 155 court a été tiré publiquement dans les polygones d'artillerie, bien avant 1894, et, notamment en 1893, le bataillon d'artillerie à pied de Belfort l'a tiré dans le champ de tir de Pontarlier.

Ce qui est intéressant, c'est que ce tir a eu lieu devant les officiers du 7ᵉ et du 8ᵉ territorial ; l'un d'eux se rappelle même encore aujourd'hui les explications qui ont été données sur le frein et la bêche de crosse, et il a fait connaître qu'il s'était fait une idée assez nette de la manière dont la pièce se comportait.

Je dois signaler que cette séance de tir de 1893 — pendant laquelle le frein hydropneumatique a été employé devant des officiers territoriaux — a eu lieu en présence de M. le général Deloye, commandant à ce moment la 7ᵉ brigade d'artillerie.

Ainsi, la période de fabrication, de 1891 jusqu'à la fin de 1893, donne lieu aux mêmes conclusions que la période des essais, c'est-à-dire que : 1° quelques officiers seuls de la Fonderie, de la Section technique, de la troisième Direction, des Commissions d'expériences, ont pu avoir des renseignements détaillés sur le frein du 120 court et sur la manière dont la pièce se comportait ; 2° les officiers d'artillerie, étrangers à ces divers établissements ou services, n'étaient en possession que de renseignements généraux et ils n'auraient pu avoir des renseignements détaillés qu'en s'adressant aux officiers précédents, et cela, moyennant une démarche facile à connaître, même encore aujourd'hui, pour un officier donné.

Il me reste à parler de la période la plus importante : celle de la mise en service du canon de 120 court en 1894.

. La plus grande partie du matériel se trouvant terminée à la fin de 1893, un certain nombre de batteries ont été constituées à cette époque et au commencement de 1894. Comme il s'agit d'une pièce de campagne et non — comme on l'a dit assez souvent — d'une pièce d'artillerie lourde d'armée, on a réparti ces batteries dans huit régiments d'artillerie de campagne et elles ont exécuté leurs écoles à feu en même temps que les batteries de 80 et 90, dans les mêmes conditions qu'elles, d'ailleurs, et pas le moins du monde à titre d'essais en grand, comme on l'a dit, les expériences en grand ayant été effectuées, je le répète, en 1891.

J'ajoute que des mesures ont été prises pour la mobilisation de ces batteries de 120 court et pour leur répartition dans les armées, non seulement en ce qui concernait le plan 12, mais encore pour le plan 13, alors en préparation pour 1895.

En réalité, cette répartition n'a pu être faite que successivement dans les différentes armées, au fur et à mesure de l'achèvement du matériel, et un fait à noter, c'est que la 9ᵉ armée n'a reçu ses batteries de 120 court qu'en 1895.

Quels sont les officiers qui ont eu des renseignements, soit détaillés, soit généraux, sur le matériel du 120 court, durant cette période de la mise en service?

En ce qui concerne les renseignements détaillés sur le frein, les Tables de construction de cet engin, sortant enfin de la Fonderie, ont été envoyées au Président du Comité technique de l'artillerie, en juin 1894, par l'intermédiaire de la troisième Direction, mais elles n'ont été communiquées ni aux batteries de 120 court, ni aux Ecoles d'artillerie, ni aux autres Etablissements.

Ces documents n'ont donc pu être connus normalement d'aucun officier, en dehors des officiers de la Section technique, de la 3ᵉ Direction et de la Fonderie.

Il importe d'ailleurs de préciser à ce sujet un point essentiel : c'est que ces documents n'ont pas été connus non plus des officiers de l'Etat-Major général de l'armée. Comme vous le savez, les bureaux de l'Etat-Major de l'armée sont entièrement distincts de ceux de la 3ᵉ Direction et de la Section technique, non seulement comme attributions, ce qui est évident, mais encore comme locaux ; et les documents, notes ou rapports concernant le matériel de l'artillerie ne leur sont pas remis, quand ils arrivent au ministère.

Ils sont alors répartis entre les bureaux de la Section technique et de la 3ᵉ Direction, ce qui ne signifie d'ailleurs pas que les notes de la 3ᵉ Direction ne vont jamais à l'Etat-Major de l'armée. Ce qu'il y a de certain, c'est qu'un officier étranger à la Section technique et à la 3ᵉ Direction, même appartenant à l'Etat-Major de l'armée, ne pouvait avoir dans son service les Tables provenant de la Fonderie, et, que, pour les consulter, il aurait dû s'adresser à ceux qui les possédaient.

Dans ce cas encore, l'enquête la plus simple suffirait pour montrer si le fait a eu lieu pour un officier déterminé.

En second lieu, quels sont les rapports sur le frein qui ont été établis en 1894, et quels sont les officiers qui ont pu en avoir connaissance ?

Il résulte d'un certain nombre de déclarations faites ici, et devant la Cour de cassation, que le 120 court a été l'objet d'un assez grand nombre d'essais en 1894.

1° M. le géneral Deloye signale des expériences faites par la Commission d'études pratiques du tir, en vue de déterminer les dispositions spéciales à prendre pour le tir du 120 court. Mais vous savez, par les indications qui vous ont été données à huis clos, que ces dispositions concernaient la réglette de section, les modifications du projet de règlement sur le service du 120 court, et enfin les modifications à apporter au projet du Manuel de tir pour le 120 court.

Il s'agit là d'expériences dans lesquelles le frein a été, non pas essayé, mais seulement employé, comme il l'est forcément toujours dans un tir quelconque des pièces de 120 court. Les rapports sur ces expériences ne se rapportent donc pas au frein.

2° D'après M. le général Mercier, des renseignements ont été apportés à la Section technique, au fur et à mesure de l'exécution des écoles à feu, notamment à partir du 20 avril, sur la façon dont la pièce s'est comportée.

Vous savez également, par ce que vous avez appris en séance à huis clos, que ces renseignements ne sont que des renseignements oraux pouvant provenir de chefs de corps ou de généraux de passage à Paris pendant les Ecoles à feu de 1894.

Il ne s'agit donc pas de notes ou de documents, et il ne pouvait en être autrement, car il n'y avait pas lieu, en 1894, de faire d'expériences spéciales sur la manière dont la pièce se comportait, un matériel d'artillerie n'étant évidemment mis en service que lorsque l'on s'est assuré au préalable qu'il fonctionne dans des conditions satisfaisantes, et les expériences exécutées par les Commissions de

Bourges et de Calais n'ayant pas eu d'autre but, de 1887 à 1890.

3° Des essais ont eu lieu sur les appareils d'amarrage élastique que le fonctionnement défectueux du matériel de 120 court avait rendus nécessaires, mais il ne s'agit ni du frein, ni de la manière dont la pièce se comportait : car les appareils d'amarrage élastique sont entièrement indépendants du frein ; et, d'autre part, ils ont été expérimentés dans des conditions spéciales, tout à fait différentes de l'emploi du matériel : par exemple sous l'angle de 0 degré avec la charge maxima.

Aucun de ces rapports n'est donc relatif aux essais du frein. Si, malgré cela, on insistait pour les mettre en cause au sujet du bordereau, je ferais remarquer que, seuls, les officiers des Commissions, de la Section technique, de la 3ᵉ Direction ont pu les avoir et que, par suite, on ne pourrait incriminer un autre officier qu'en démontrant au préalable qu'il s'est arrangé pour se les procurer auprès d'un des officiers des catégories précédentes.

J'ajoute qu'il faut exclure de ces catégories les officiers du Service des forges, service du ministère logé, il est vrai, dans les bâtiments de la Section technique, mais ne dépendant en aucune façon d'elle.

Le Service des forges était dirigé en 1894 par M. le colonel Naquet, qui n'était nullement employé à la Section technique, comme l'a dit M. le général Mercier. Ce service est chargé uniquement de l'achat et de la réception des matières premières de l'artillerie, et les documents concernant les tirs exécutés aux Écoles à feu et dans les Commissions ne lui sont envoyés que très exceptionnellement.

A l'inverse des renseignements détaillés qui sont restés ainsi limités à quelques officiers, des renseignements généraux ont circulé partout, dès le commencement de 1894, même dans les régiments d'artillerie qui n'avaient pas de batteries de 120 court.

Ainsi, en février 1894, le 26ᵉ régiment, en garnison au Mans, qui se trouvait dans ce cas, a fait tirer à la presse régimentaire une Instruction sur la batterie de campagne de 120 court. Cette Instruction donne la composition de la batterie, la description du canon, de l'affût, du frein hydropneumatique et enfin des projectiles.

Mais c'est surtout dans les batteries armées du 120 court que des renseignements ont été obtenus facilement, soit dans les garnisons, soit dans les polygones où les écoles à feu ont été exécutées devant des officiers de toutes armes.

D'abord chacune de ces batteries a reçu un Règlement provisoire sur le 120 court, et cela, dès avril 1894 ; les exemplaires de ce règlement ne portaient aucune mention indiquant qu'ils étaient confidentiels.

Ils ont été imprimés, d'ailleurs, à l'Imprimerie Nationale, ce qui ne se fait, dans l'artillerie, que pour les documents qu'on ne craint pas de voir divulguer. Ces règlements n'étaient pas numérotés ; ils ont été remis, dans chaque batterie, aux parties prenantes, officiers et sous-officiers, sans recommandation d'aucune sorte et comme les théories ordinaires.

Il a bien été dit que le Règlement définitif de 1895 avait été indiqué comme confidentiel. C'est une indication rétrospective, qui ne s'étend pas au règlement de 1894, pour lequel il faudrait invoquer des prescriptions ministérielles contemporaines de l'emploi même du règlement.

Il résulte de ce que je viens de dire que tous les officiers intéressés à connaître le règlement du 120 court pouvaient se le procurer sans difficulté particulière, et on n'aurait certainement pas songé à en refuser communication à un officier d'une autre arme, étant donné surtout que, d'après les ordres ministériels, les sous-officiers des batteries armées du 120 court l'avaient à leur disposition.

Aux écoles à feu, aucune précaution spéciale n'a été prise pour écarter soit les officiers d'artillerie, soit les officiers des autres armes, du tir des batteries de 120 court. Cela se comprend, car, si l'on convoque des officiers dans les champs de tir, c'est apparemment pour leur montrer notre matériel et pour les renseigner sur son tir et sur ses effets.

M. le général Deloye n'a d'ailleurs présenté aucune observation à ce sujet.

D'ailleurs le fait a été démontré par plusieurs témoignages devant la Cour de cassation, et il est bien établi aujourd'hui qu'à Châlons, pendant les tirs du mois d'avril du 29e d'artillerie, les officiers de toutes armes et en particulier les officiers d'infanterie présents au camp ont été admis à assister aux tirs de la batterie de 120 court.

Les batteries de 120 court n'ont pas reçu non plus de prescriptions particulières ayant pour objet l'organisation d'une surveillance exceptionnelle autour des pièces, en dehors du tir.

Il résulte de témoignages produits à ce sujet que les officiers ont pu pénétrer dans l'intérieur des batteries à tous moments, et qu'ils auraient même pu, s'ils l'avaient voulu, relever les dimensions extérieures des pièces.

On leur a donné, en outre, toutes les explications qu'ils pouvaient désirer. Des conférences ont même été organisées, notamment au camp d'Auvours, par le 31e régiment, en présence de tous les officiers présents au camp, officiers de toutes armes, d'ailleurs.

Il en a été de même aux manœuvres de masses d'artillerie du camp de Châlons, en août 1894. Les troupes qui ont pris part à ces manœuvres comprenaient deux artilleries divisionnaires, une artillerie de corps et une réserve d'artillerie. Cette réserve d'artillerie était formée par un groupe de deux batteries de 120 court, du 29e régiment, et ces batteries sont arrivées au camp de Châlons le matin du 9 août 1894, comme en fait foi la décision du régiment. L'une des artilleries divisionnaires était formée par la 3e brigade d'artillerie dont les écoles à feu venaient de prendre fin, après avoir été suivies, du 6 au 9 août inclus, par les officiers supérieurs du 3e corps, qui, quoi qu'on ait dit à ce sujet, se sont donc trouvés au camp de Châlons en même temps que des batteries de 120 court.

Vous me permettrez d'appeler tout particulièrement l'attention du Conseil sur ce point, qui est capital.

Des officiers de toutes armes et de tout grade ont été envoyés pour assister à ces manœuvres de masses, qui, bien que les batteries soient arrivées le 9, n'ont commencé que le 11 pour se terminer le 22.

J'ajoute que n'importe quel officier aurait pu les suivre sans y être officiellement autorisé. Personne n'eût songé à le mettre en demeure de justifier sa présence, soit à Mourmelon, soit sur le terrain des exercices.

C'est un point qu'il est aisé de déterminer pour un officier donné, et notamment il est facile de savoir si l'un des officiers supérieurs du 3e corps présents au camp de Châlons le 9 du mois d'août, dernier jour de leur stage à la 3e brigade, et jour de l'arrivée des batteries de 120 court, n'y est pas demeuré ensuite pour assister au commencement des manœuvres.

Un officier qui aurait désiré recueillir des renseignements sur le 120 court aurait pu le faire dès le matin du 9 août. Il n'aurait pas vu tirer le 120 court, mais, il faut le remarquer, c'est surtout en dehors des tirs, dans des conversations avec des officiers ou des sous-officiers ayant tiré eux-mêmes cette bouche à feu — c'était le cas du 29e régiment — qu'un officier étranger à l'artillerie aurait pu obtenir le plus de renseignements.

Il aurait été mis d'un seul coup au courant de tous les tirs exécutés jusqu'alors, et il aurait été initié à la manière dont la pièce se comportait, bien mieux que s'il l'avait vue fonctionner lui-même.

Vous savez d'ailleurs, par une déposition faite à la Cour de cassation par le sous-lieutenant de réserve Bruyerre, qu'au 29e régiment, en avril 1894, tous les officiers ont été admis à pénétrer dans les batteries de 120 court, quand elles étaient au parc.

Il est très probable qu'il en a été de même aux manœuvres de masses d'artillerie du mois d'août, étant donné que les deux batteries de 120 court qui y ont pris part appartenaient à ce même régiment.

En définitive, les officiers qui ont assisté aux écoles à feu du 120 court en 1894 et ceux qui se sont trouvés au camp de Châlons au mois d'août, pendant le séjour des deux batteries du 29e, ont eu toutes facilités pour avoir des renseignements généraux sur le frein hydropneumatique et sur la manière dans la pièce se comportait.

Les officiers étrangers à l'artillerie devaient être tout particulièrement intéressés par notre matériel de campagne à tir courbe, à cause de ses dispositions caractéristiques tout à fait nouvelles pour eux, et aussi parce qu'il s'agissait d'une bouche à feu destinée à agir surtout contre l'infanterie.

Ils pouvaient, pour ces raisons, lui attribuer même plus d'importance qu'il n'en avait réellement, sans toutefois aller jusqu'à le considérer comme tout ce qu'il y a de plus capital et de plus essentiel en 1894, ainsi qu'on l'a dit devant vous.

Quant aux officiers d'artillerie, ceux qui étaient tant soit peu au courant des questions techniques savaient mieux à quoi s'en tenir ; en ce qui concernait l'application du frein hydropneumatique à un matériel de campagne, il était à leur connaissance qu'une solution meilleure avait déjà été adoptée et que des essais étaient en cours précisément au camp de Châlons avec le calibre de 75 ; pour eux, d'autre part, le canon de 120 court n'était qu'un canon auxiliaire, ne fournissant que quelques batteries à chaque armée, réservé à des circonstances exceptionnelles du champ de bataille et n'apportant — quoi qu'on en ait dit à ce sujet, — aucun changement appréciable ni à l'ensemble de l'organisation du temps de guerre, ni à la tactique de l'artillerie.

Ainsi, pendant la période de la mise en service, en 1894 :

1° Les Tables de dimensions du frein n'ont pu être connues que des officiers de la Fonderie, jusqu'en juin 1894, et des officiers de la Section technique et de la 3e Direction, à partir de cette époque; d'autre part, en admettant même que des rapports aient été établis en 1894 sur des essais du frein et sur la manière dont la pièce se comportait, ces rapports n'auraient été connus que des officiers de la 3e Direction, de la Section technique et des Commissions d'expériences.

2° Les officiers de toutes armes qui ont assisté aux écoles à feu en 1894, et ceux qui ont séjourné au camp de Châlons pendant les manœuvres de masses, ne serait-ce qu'au début, ont pu librement examiner par eux-mêmes le matériel, et se faire donner des renseignements sur son fonctionnement. Ils étaient donc à même de faire une Note personnelle sur ces deux points.

3° Les officiers d'artillerie qui n'ont assisté ni aux écoles à feu de 1894 ni aux manœuvres de masses, ne pouvaient avoir par eux-mêmes que les renseignements généraux de date ancienne qu'ils possédaient déjà, et pour avoir soit des renseignements détaillés, soit des renseignements relatifs à 1894, ils auraient été obligés de s'adresser aux officiers des catégories que j'ai indiquées tout à l'heure.

Or, un officier n'aurait pu faire une démarche de ce genre en 1894 sans qu'elle puisse être prouvée aujourd'hui.

En résumé, en supposant que le 120 court soit en cause dans le bordereau, celui-ci annonce sur le frein, et sur la manière dont la pièce se comporte, soit des renseignements détaillés, soit des renseignements généraux.

S'il s'agit de renseignements détaillés, les rares officiers qui pouvaient les avoir régulièrement en 1894 étaient :

1° Les officiers d'artillerie ayant appartenu à la Fonderie depuis 1881 jusqu'à 1894 et ayant participé à l'invention, à la construction et à la réparation du frein ;

2° Les officiers des Commissions d'expériences, de la Section technique et de la 3e Direction qui ont eu à s'occuper des rapports sur les essais du frein ;

3° Les officiers d'artillerie de la Section technique et de la 3e Direction qui ont eu, entre les mains, à partir de juin 1894, les Tables de dimensions envoyées par la Fonderie.

Aucun autre officier d'artillerie, même présent à Bourges, à une époque quelconque, même ayant appartenu à l'Ecole de pyrotechnie, même ayant fait partie de l'Etat-Major de l'armée, n'aurait pu avoir ces renseignements détaillés qu'en s'adressant aux officiers dont je viens de faire l'énumération, et il est bien facile de savoir si le fait s'est produit par un officier donné, quand et comment.

S'il s'agit de renseignements généraux, bien des officiers pouvaient les avoir en 1894, soit avec des renseignements anciens, soit avec des renseignements du moment.

1° Avec des renseignements anciens, n'importe quel officier intéressé à connaître le 120 court, avec cette particularité que les renseignements les plus importants étaient antérieurs à 1890, que, dès cette année 1890, ils avaient été livrés à une puissance étrangère, avec cette particularité encore que l'auteur du bordereau aurait fourni en 1894 une Note qu'il pouvait établir depuis longtemps;

2° Avec des renseignements du moment, les officiers de toutes armes, d'infanterie, de cavalerie comme d'artillerie, qui se sont trouvés auprès de batteries de 120 court en 1894, ne serait-ce qu'un jour, comme cela s'est produit pour les officiers supérieurs du 3e corps, au mois d'août, au camp de Châlons.

. Voilà, mon colonel, ce que j'avais à dire sur le 120 court.

Le PRÉSIDENT. — Avez-vous quelque chose à ajouter ?

Le COMMANDANT HARTMANN. — Je voudrais parler des formations de l'artillerie.

Le PRÉSIDENT. — Ce sera pour demain.

Le COMMISSAIRE DU GOUVERNEMENT. — J'ai reçu de M. le ministre de la guerre une dépêche répondant à une question posée par les défenseurs, Me Demange et Me Labori, au sujet d'un projet de remaniement d'un fusil modèle 1886 avec chargeur.

Je dépose ce document entre les mains du Conseil.

La séance est suspendue à onze heures quarante et la suite des débats renvoyée au lendemain matin six heures et demie.

DIX-NEUVIÈME AUDIENCE

Samedi 2 septembre.

La séance est ouverte à 6 h. 30 du matin.

M. le commandant Hartmann, dont la déposition n'a pu être terminée à la séance de la veille, revient à la barre.

LE PRÉSIDENT, *au témoin*. — Veuillez continuer votre déposition.

LE COMMANDANT HARTMANN. — Je vais maintenant parler du troisième paragraphe du bordereau, c'est-à-dire de celui qui vise « une note sur une modification aux formations de l'artillerie ».

Le mot *formations* s'applique, dans l'artillerie, aux formations du temps de paix, aux formations de campagne, et aux formations de manœuvre. Il vous a été signalé aussi comme voulant dire « répartition des unités de l'arme dans les divisions et dans les corps d'armée au moment de la mobilisation ».

Ce sens serait, paraît-il, le sens d'usage courant à l'Etat-Major de l'armée.

De laquelle de ces formations peut-il être question dans la note du bordereau?

Je ne m'occuperai pas de l'hypothèse qu'il s'agirait de l'organisation du temps de paix, étant donné qu'elle figure dans des documents publics ; un officier de l'Etat-Major n'aurait pu fournir un renseignement aussi banal.

Il vous a été déclaré, d'autre part, qu'il ne pouvait être question dans cette note que de la répartition de l'artillerie en cas de mobilisation et, cela étant, la dépêche ministérielle du 4 juillet 1894, relative à l'organisation de l'artillerie dans le plan de 1895, vous a été signalée comme contenant les renseignements livrés.

Si cette dépêche a été ainsi mise en cause, c'est que le mot *formations* y serait appliqué dans le sens de « formations de campagne de l'artillerie », et que ce mot servirait ainsi de trait-d'union entre la dépêche et le bordereau.

Si vous voulez bien vous reporter au texte de cette dépêche, vous constaterez que le mot *formations* n'y a nullement la signification de « formations de campagne de l'artillerie », ni celle de « répartition des unités de l'arme dans les divisions et dans les corps d'armée ».

Bien mieux, le mot « formations » n'y est même pas appliqué à l'artillerie.

Quoi qu'il en soit, j'admettrai l'hypothèse d'une note sur l'organisation du temps de guerre de l'artillerie ; je ferai seulement remarquer que l'on n'a pas le droit de se borner à cette hypothèse et que, du moment qu'on ne connaît pas la teneur de la note du bordereau, on doit admettre tout aussi bien pour le mot *formations* le sens de « formations de manœuvres ».

C'est pourquoi je vais rechercher quels sont les officiers qui, au mois d'août 1894, étaient à même d'établir une note sur les formations de l'artillerie, dans l'une et l'autre de ces hypothèses.

Je prendrai d'abord le cas d'une note sur l'organisation du temps de guerre de l'artillerie.

Vous savez qu'à la suite d'un certain nombre de lois ou de décisions ministérielles, en particulier de la loi faisant passer les pontonniers au génie, on a transformé d'une façon radicale l'organisation de l'artillerie dans le plan de 1895.

Il résulte de tout ce qui a été dit à ce sujet que les questions soulevées par cette transformation ont été traitées entre le 1er bureau de l'Etat-Major de l'armée et la 3e direction, et que le résultat des travaux du 1er bureau a été notifié aux commandants de corps d'armée précisément par la dépêche ministérielle du 4 juillet 1894, dont il vient d'être question.

Il y a dès lors deux périodes à distinguer : l'une antérieure, l'autre postérieure à la dépêche du 4 juillet 1894.

Avant le 4 juillet, quelques officiers seulement du 1er Bureau de l'Etat-Major de l'armée et de la 3e Direction ont été chargés au ministère de la guerre de s'occuper de l'organisation de l'artillerie pour le plan de 1895, et les notes ou tous autres documents concernant cette question ne sont pas allés dans d'autres bureaux que les leurs.

Un autre officier de l'Etat-Major de l'armée aurait sans doute pu avoir des renseignements généraux sur les mesures étudiées, comme ceux que l'on recueille dans des conversations, mais il n'aurait pu se procurer des données précises et positives qu'en consultant les dossiers et en s'adressant pour cela, soit à l'un des officiers du 1er Bureau, soit à l'un des officiers de la 3e Direction. Et il est évidemment facile de savoir si un officier s'est trouvé dans ce cas.

Après le 4 juillet, les bases de l'organisation de l'artillerie pour le plan de 1895 ont été communiquées aux divers Bureaux de l'Etat-Major de l'armée, mais en même temps aux Corps d'armée.

Dans les Corps d'armée, on a fait des autographies de la dépêche du 4 juillet et ces autographies ont été remises, avec les tableaux annexes, à tous les corps de troupes de l'artillerie, et à de nombreux services, y compris les directions de l'intendance et les sous-intendances.

Ces services, à leur tour, ont fait des autographies pour leur personnel, et il se trouve ainsi que la dépêche fondamentale du 4 juillet a été répandue à de nombreux exemplaires et a passé par beaucoup de mains.

Ainsi, à partir du 4 juillet, des renseignements auraient pu être obtenus dans les Corps d'armée aussi bien et je dirai même plus facilement qu'à l'Etat-Major de l'armée.

J'arrive à la deuxième hypothèse, c'est-à-dire à celle qui concerne une note sur les formations de manœuvres d'artillerie.

En 1894, vous savez que la 3e brigade d'artillerie de Versailles a été chargée d'expérimenter un Projet de règlement sur les manœuvres des batteries attelées, comportant des modifications importantes aux formations en usage jusqu'alors.

Ces modifications se trouvaient adoptées d'ores et déjà, en principe ; mais, avant de les mettre en vigueur, on avait jugé nécessaire, comme cela a lieu en pareil cas, de faire préciser par les corps de troupes quelques points de détail ; c'est ce qui a été fait dans la 3e brigade, d'abord à Versailles, puis au camp de Châlons, durant les écoles à feu et les manœuvres de masses, au mois d'août 1894.

On a dit qu'il n'y avait rien d'important à livrer dans ces modifications, et qu'une autre puissance ne pouvait désirer les connaître qu'après qu'elles auraient été définitivement adoptées.

Il est à remarquer que les agents étrangers en ont jugé autrement, puisque nous savons, par M. le général Deloye, qu'une note est arrivée à la 3e Direction, le 27 septembre 1894, note dans laquelle un agent étranger demande précisément le Projet de règlement sur les manœuvres des batteries attelées.

Les officiers de toutes armes, appartenant au 3e corps, qui ont assisté, du 6 au 9 du mois d'août, aux écoles à feu de la 3e brigade, ont vu manœuvrer les batteries et les groupes d'après les méthodes nouvelles de ce Règlement, et ils ont pu se rendre compte des innovations introduites dans nos formations.

J'ajoute que ces modifications ne concernaient nullement l'Etat-Major de l'armée qui ne les avait pas déterminées et qui ne devait pas avoir à se prononcer sur elles.

Je dirai enfin que l'expression « une modification aux formations de l'artillerie » est très juste dans cette hypothèse et qu'elle s'y adapte parfaitement.

En résumé, s'il s'agit, dans la note du bordereau, de l'organisation du temps de guerre de l'artillerie :

1° Avant le 4 juillet 1894, les officiers du 1er Bureau de l'Etat-Major et de la 3e Direction étaient seuls à la connaître ; il n'en aurait été de même pour un autre officier que moyennant une démarche qui l'aurait signalé.

2° Après le 4 juillet, cette organisation se trouvait connue, non seulement des Bureaux de l'Etat-Major, mais encore de beaucoup d'officiers et même d'agents subalternes dans les Corps d'armée ; il eût été relativement facile à n'importe quel officier de se procurer des renseignements à ce sujet.

S'il s'agit des formations de manœuvres de l'artillerie, il ne saurait être question d'un officier de l'Etat-Major de l'armée, et on ne peut songer qu'aux officiers, qui ont été au courant de l'essai des nouvelles formations de l'artillerie, y compris les officiers supérieurs du 3e corps qui ont assisté aux écoles à feu de la 3e brigade au mois d'août, au camp de Châlons.

Je vais passer maintenant au dernier paragraphe du bordereau, c'est-à-dire à celui qui est relatif au projet de Manuel du 14 mars 1894.

Il résulte des commentaires qui suivent ce paragraphe :

1° Que l'auteur du bordereau a pu avoir un exemplaire du manuel à sa disposition ;

2° Qu'il l'a eu avec difficulté ;

Et 3° qu'il n'a pu le garder que très peu de temps.

Je vais examiner quels sont les officiers pour qui il pu en être a ainsi, au mois d'août 1894, soit dans l'artillerie soit en dehors de l'artillerie.

Je m'occuperai d'abord des officiers d'artillerie.

Le projet de Manuel de 1894, qui a remplacé le réglage à la manivelle par le réglage en distances, usité en Allemagne, a été autographié à la Section technique à plus de trois mille exemplaires en deux tirages.

Aucune mention de caractère confidentiel n'a été apposée sur les projets, qui n'ont même pas été numérotés.

Les bordereaux du premier envoi, expédiés aux commandants de corps d'armée le 16 mars 1894, portaient seuls la mention « Confidentiel ». Dans la 3e brigade, cette indication n'a pas été reproduite dans la transmission du corps d'armée à la brigade, de la brigade aux corps de troupes et, finalement, les exemplaires sont arrivés dans les régiments sans recommandation spéciale.

La responsabilité des chefs de corps ne s'est donc pas trouvée engagée, et la distribution des Manuels s'est faite comme pour les théories ordinaires. Les officiers n'ont pas eu à donner un reçu de leur exemplaire et, à aucun moment, ils n'ont été prévenus qu'ils auraient à le rendre.

Nous savons par M. le général Deloye que les projets de Manuel ont été redemandés lors de la distribution de l'édition de 1895, mais je fais remarquer que cela n'a pas eu lieu partout, car voici des exemplaires qui proviennent du 22e régiment et qui appartiennent à des officiers qui n'ont reçu aucune instruction à ce sujet.

Le témoin fait passer deux de ces exemplaires au Conseil.

Ces exemplaires proviennent d'un seul groupe du 22e.

Dans quelques régiments, le nombre des exemplaires ayant paru insuffisant, on a fait des tirages à la presse régimentaire, ce que l'on n'aurait pas fait d'ailleurs pour un document confidentiel, et ces copies ont été distribuées à qui voulait en avoir.

Je mets sous les yeux du Conseil un exemplaire de cette nature provenant du 12e régiment d'artillerie.

Le témoin fait passer au Conseil un de ces exemplaires.

D'après M. le général Roget, on a fourni, sur les champs de tir, des Manuels aux officiers de réserve, et de l'armée territoriale. M. le général Deloye a contesté ce fait, mais seulement pour les exemplaires de la Section technique et nullement pour les copies régimentaires.

Je ferai remarquer que l'exemplaire que je mets sous les yeux du Conseil appartient à un officier de réserve.

Il résulte de ce qui précède que les officiers d'artillerie se trouvant dans les batteries en 1894 avaient un projet de Manuel à leur disposition, que cet exemplaire était, pour ainsi dire, leur propriété et que, par suite, ils auraient pu en disposer comme ils l'auraient voulu. Les commentaires du bordereau ne sont donc pas applicables aux officiers d'artillerie en service dans les troupes en 1894.

J'arrive aux officiers d'artillerie employés dans les états-majors et dans les établissements.

Nous savons par M. le général Deloye qu'aucun de ces officiers n'a reçu de projet de Manuel, mais il est bien certain qu'ils pouvaient tous s'en procurer, dans des conditions différentes, d'ailleurs, suivant le service auquel ils appartenaient.

1° Dans les services qui, disposant normalement d'un certain nombre de projets, ne les considéraient pas comme confidentiels et ne prenaient aucune précaution particulière pour leur conservation, il n'y avait aucune difficulté, soit pour avoir, soit pour conserver le Manuel.

M. le colonel Picquart vous a fait connaître que tel était le cas du 3ᵉ bureau de l'état-major de l'armée.

Il est bien clair que les commentaires du bordereau ne sont pas applicables aux officiers employés dans les services de cette catégorie.

2° Dans d'autres services, qui disposaient également du projet de Manuel, les exemplaires étaient détenus par les chefs de service qui s'en considéraient comme responsables, et auxquels les officiers devaient s'adresser pour les avoir.

C'est ainsi que cela s'est passé au deuxième bureau de l'Etat-major de l'armée, d'après M. le lieutenant-colonel Jeannel.

On se trouve alors dans les conditions du bordereau, avec cette particularité fort importante qu'on peut savoir alors exactement quand le fait a eu lieu pour un officier déterminé, combien de temps l'exemplaire emprunté a été conservé. On est donc à même d'avoir un élément d'appréciation des plus sérieux dans la date de l'emprunt et dans sa durée. Ainsi, un emprunt fait en juillet, pour deux jours seulement, devrait être considéré comme n'ayant aucun rapport avec l'envoi annoncé par le bordereau au mois d'août et dans des conditions indiquant une plus longue possession du document.

Enfin, 3° dans les services qui ne disposaient pas de projets de Manuel, ou qui en avaient un nombre insuffisant, les officiers pouvaient s'adresser à des camarades de régiment, détenteurs à titre normal d'un projet de Manuel; mais cela, moyennant certaines difficultés, puisqu'il fallait invoquer des motifs, et l'exemplaire prêté n'aurait pu être gardé que peu de temps.

Ainsi, pour les officiers d'artillerie employés dans les états-majors ou dans les établissements, le bordereau ne s'applique pas aux officiers qui étaient dans des services laissant, comme le 3ᵉ bureau, les exemplaires à la libre disposition des officiers. Mais on doit admettre comme possible, dans les deux autres cas, l'hypothèse d'un officier d'artillerie de cette catégorie, comme emprunteur d'abord, puis comme expéditeur du projet de Manuel. Voilà pour les officiers d'artillerie.

Pour les officiers des autres armes, il y a ceci : c'est que le projet de Manuel de tir a été à la disposition de tous ceux qui ont assisté aux écoles à feu de 1894, comme c'est le cas des officiers supérieurs du 3ᵉ corps, qui ont suivi les tirs de la 3ᵉ brigade d'artillerie du 6 au 9 août au camp de Châlons. Car on donne à ces officiers toutes les facilités pour suivre l'exécution des tirs et, en plus, on leur prête les règlements qu'ils demandent, et notamment le projet de Manuel.

C'est ce qui m'est arrivé en 1896 au camp d'Auvours, précisément pendant le séjour des officiers supérieurs du 3ᵉ corps suivant, cette année-là, les tirs de mon régiment. Un colonel d'infanterie m'ayant demandé mon projet de Manuel, je n'ai pas eu un seul instant la pensée de le lui refuser. Bien mieux, ayant à ma disposition deux exemplaires, je lui en ai donné un en toute propriété. Je n'avais cependant pas de rapports particuliers avec ces officiers supérieurs, n'ayant pas été chargé de les accompagner.

Mais, si les officiers des autres armes pouvaient ainsi se procurer un projet de Manuel, c'était, néanmoins, moyennant des difficultés, parce que, s'il leur était assez facile de les avoir entre deux tirs, il n'était pas aussi aisé de demander à conserver pendant quelque temps un règlement ne concernant pas leur arme.

Ainsi, des officiers supérieurs des autres armes, assistant aux écoles à feu, en 1894, auraient pu emprunter le projet de Manuel de tir à un officier d'un régiment d'artillerie, sur place, et ils auraient pu en annoncer l'envoi dans les termes du bordereau.

Je fais remarquer que cette manière de se procurer le Manuel est la seule compatible avec les termes du bordereau, car l'auteur parle des corps, c'est-à-dire des corps d'artillerie; il parle ensuite des officiers détenteurs.

L'exemplaire dont il dispose provient donc d'un officier détenteur dans un corps d'artillerie, c'est-à-dire d'un officier d'un régiment d'artillerie.

Il y a donc deux catégories d'officiers qui auraient pu emprunter un projet de Manuel de tir et l'envoyer dans les conditions indiquées dans le bordereau :

1° Les officiers d'artillerie employés dans les états-majors ou les établissements, à une exception près que j'ai dite ;

2° Les officiers supérieurs des autres armes ayant assisté aux écoles à feu de 1894.

Existe-t-il une raison qui permette de se prononcer entre ces deux catégories d'officiers ?

Tout d'abord, je dirai, mais sans insister le moins du monde sur ce point, que l'examen technique des termes du bordereau porterait à penser qu'il s'agit plutôt d'un officier d'une autre arme que d'un officier d'artillerie.

Entre autres choses, l'auteur du bordereau invite son correspondant à prendre dans le Manuel ce qui l'intéresse ; il se déclare ainsi, dans une certaine mesure, incompétent en matière de tir ; un officier d'artillerie, forcément au courant des différences si caractéristiques du projet de Manuel de 1894 avec le Manuel de 1889, sachant que les méthodes nouvelles se rapprochent beaucoup de celles de la puissance qu'il renseigne, sachant aussi que son correspondant est un officier d'infanterie, un officier d'artillerie, dis-je, aurait fait lui-même les extraits utiles ; mais il n'en aurait pas été évidemment de même d'un officier d'une autre arme.

Mais c'est là une appréciation qui ne peut entraîner de certitude. Il est un fait capital qui peut, qui doit donner la solution de la question.

En 1894, le ministre a mis à la disposition des corps de troupes d'artillerie une réglette de correspondance, pour leur faciliter l'application des méthodes insérées dans le projet de Manuel de tir d'artillerie de campagne du 14 mars 1894.

Cette réglette a été mise en essai en même temps que le projet de Manuel dont elle est solidaire, et, en particulier, la troisième brigade s'en est servie aux écoles à feu du camp de Châlons qu'elle a exécutées devant les officiers supérieurs du 3e corps, du 5 et 9 août.

La connexité de la réglette de correspondance et du projet de Manuel était d'ailleurs bien connue dès cette époque.

Ainsi, l'un des questionnaires étrangers, cités par M. le général Deloye dans sa note, celui qui est arrivé le 23 septembre à la troisième direction, énumère les deux demandes suivantes : projet de Manuel de l'artillerie de campagne, réglette de correspondance.

Le projet de Manuel de tir se comprend sans réglette de correspondance, mais la réglette de correspondance ne se conçoit pas sans Manuel.

Si donc il était démontré qu'un officier d'une des catégories en cause s'est procuré en 1894 une réglette de correspondance, on devrait en conclure que certainement il a eu à sa disposition la même année un projet de Manuel.

En résumé, un projet de Manuel de 1894 aurait pu être emprunté, au mois d'août, dans les conditions figurant au bordereau, aussi bien par un officier d'artillerie détaché des corps de troupes (à une exception près) que par un officier d'une autre arme ayant suivi les écoles à feu, précisément en août 1894.

Mais les commentaires du bordereau paraissent devoir être attribués plutôt à un officier d'une autre arme qu'à un officier d'artillerie, et enfin, s'il existe un officier ayant emprunté une réglette de correspondance en 1894, il a aussi emprunté, certainement, un projet de Manuel

J'ai terminé, mon colonel, en ce qui concerne le bordereau.

J'ai maintenant l'honneur de rappeler au Conseil ce que j'ai dit hier au sujet du schrapnel C. 91 et de l'obus Robin.

Je précise.

Je suis en mesure de démontrer que non seulement ces deux projectiles n'ont aucune analogie sérieuse, mais encore qu'ils diffèrent profondément comme principe, comme fonctionnement, comme mode de construction. Mais je ne puis faire cette démonstration qu'en me servant des documents du dossier secret d'artillerie.

Or, M. le général Deloye ne m'a pas autorisé à en faire état en audience publique ; il n'y a donc que la solution du huis-clos.

Ce que j'ai à dire ne demande que dix minutes au plus, et si le huis-clos avait lieu à la fin de l'audience, la durée des débats n'en serait nullement allongée.

LE PRÉSIDENT. — Monsieur le commissaire du gouvernement ?

LE COMMISSAIRE DU GOUVERNEMENT. — Je m'en rapporte au Conseil.

LE PRÉSIDENT. — La défense considère-t-elle comme nécessaire d'entendre sur ce point le commandant Hartmann en séance de huis-clos?

Mᵉ DEMANGE. — L'obus Robin a été introduit dans la discussion par le général Mercier. Je considère qu'il y a lieu à huis-clos.

LE PRÉSIDENT. — A la fin de la séance, je consulterai le Conseil sur l'opportunité du huis-clos et, s'il y a lieu de le faire, il aura lieu au commencement de la séance de lundi matin. Messieurs du Conseil, avez-vous des questions à poser au témoin?

LE LIEUTENANT-COLONEL BRONGNIART. — Vous avez dit, à propos des formations de l'artillerie, que la dépêche ministérielle de juillet 1894 donnait des renseignements complets sur l'organisation de l'artillerie préparée pour le plan de 1895. Comment expliquez-vous que la 3ᵉ direction ait eu besoin, au mois d'août 1894, d'adresser à l'Etat-Major de l'armée une note très complète résumant les dispositions prises pour les formations de l'artillerie?

Avant que le témoin ait pu répondre, le général Deloye demande la parole :

LE GÉNÉRAL DELOYE. — Il y a une erreur probable dans l'impression. J'ai vérifié dans les journaux, dans le *Figaro*, dans le *Temps*, la transcription de ma déposition. Il y a le mois d'août. Je crois qu'il faut lire avril.

Je sais qu'il y a une note d'avril du 23, si je ne me trompe, et en entendant qu'on faisait de ceci l'objet d'une question, j'ai pensé qu'il était utile d'appeler l'attention sur ce fait qu'il y a probablement erreur de copie.

LE LIEUTENANT-COLONEL BRONGNIART. — S'il en est ainsi, ma question disparaît et n'a pas de raison d'être.

LE GÉNÉRAL DELOYE. — Dans tous les cas, ce que je puis affirmer de mémoire, c'est qu'il y a une note très complète du 23 avril, si je ne me trompe ; du mois d'août, je ne crois pas.

LE GÉNÉRAL ROGET, *de sa place*. — Je ne crois pas que ce puisse être d'avril.

LE GÉNÉRAL DELOYE. — Je l'ai signalé dans un but d'impartialité.

LE LIEUTENANT-COLONEL BRONGNIART. — Dans ces conditions, je laisse cette question de côté.

Il a été fait en 1894, c'est bien reconnu, des copies et des extraits du Manuel de tir ; mais ce qui est offert par le bordereau, c'est le document lui-même, le document authentique et complet. Puisqu'il est question de le prendre, c'est qu'on ne l'a pas sous la main. Une copie, on l'aurait sous la main. Il n'est pas question de se le faire envoyer, mais de le prendre.

Comment expliquez-vous que le commandant Esterhazy aurait été à même de prendre ainsi à volonté un document authentique et complet?

LE COMMANDANT HARTMANN. — Voulez-vous bien me rappeler le texte du bordereau? Je ne l'ai pas suffisamment présent à la mémoire.

L'huissier remet au commandant Hartmann le texte du bordereau.

Il y a ceci : « Ce dernier document est extrêmement difficile à se procurer et je ne puis l'avoir à ma disposition que très peu de jours... Si donc vous voulez y prendre ce qui vous intéresse et le tenir à ma disposition après, je le prendrai. »

Je crois que *prendre* s'applique aux renseignements que le correspondant pourrait prendre dans le Manuel.

LE LIEUTENANT-COLONEL BRONGNIART. — Non. Ma question est relative aux mots *je le prendrai.*

LE COMMANDANT HARTMANN. — J'ai compris que l'auteur du bordereau disait à son correspondant qu'il lui envoyait effectivement le Manuel et qu'il le reprendrait chez lui, après que celui-ci y aurait pris ce qui l'intéresserait.

LE LIEUTENANT-COLONEL BRONGNIART. — Non. Il n'y a pas : « Je le reprendrai! » Il y a : « Je le prendrai. » C'est-à-dire : « Je le prendrai pour vous l'envoyer. »

LE COMMANDANT HARTMANN. — Je n'ai jamais compris de cette façon.

LE LIEUTENANT-COLONEL BRONGNIART. — L'auteur du bordereau ne l'envoie pas et il dit : « Si vous voulez bien, je vous en enverrai une copie, ou bien je le prendrai pour vous l'envoyer. »

LE COMMANDANT HARTMANN. — Je me permettrai de n'être pas de cet avis. Je comprends : « Si vous voulez le tenir à ma disposition après, je le prendrai chez vous. »

LE LIEUTENANT-COLONEL BRONGNIART. — De plus, il n'est pas question dans le bordereau de la réglette de correspondance. Si on l'envoyait, on le dirait.

LE COMMANDANT HARTMANN. — Je crois que la réglette de correspondance a été empruntée après.

LE LIEUTENANT-COLONEL BRONGNIART. — Le bordereau n'en parle pas. Par conséquent, le fait pour Esterhazy d'avoir eu entre les mains une réglette de correspondance ne s'applique pas.

LE COMMANDANT HARTMANN. — Il me semble que la charge contre Esterhazy réside dans ceci : c'est qu'une réglette de correspondance n'a peut-être été demandée qu'une fois, dans l'armée française, par un officier d'infanterie, et que cet officier venait des écoles à feu où il avait vu employer la réglette concurremment avec le Manuel.

LE LIEUTENANT-COLONEL BRONGNIART. — Je constate qu'il n'en est pas question dans le bordereau, qu'il n'est question que du Manuel de tir seulement.

LE COMMANDANT HARTMANN. — Mais il n'y a pas eu qu'un bordereau ! Il ne faut pas s'attacher à un bordereau unique. De même que les questionnaires sont assez nombreux...

LE LIEUTENANT-COLONEL BRONGNIART. — C'est une hypothèse.

LE COMMANDANT HARTMANN. — Nous sommes en ce moment dans le domaine des hypothèses. Les questionnaires dont parle le général Deloye dans sa note sont très nombreux ; l'un d'eux porte : « Projet de Manuel et réglette de correspondance » ; mais un autre a pu porter : « Projet de Manuel » tout seul.

LE COMMANDANT PROFILLET. — Sur quoi vous appuyez-vous pour dire que le Manuel de tir est arrivé dans les corps de troupes sans la mention *confidentiel* ?

LE COMMANDANT HARTMANN. — Sur les exemplaires que j'ai remis au Conseil. Si la mention « confidentiel » avait existé dans les bordereaux d'envoi aux corps de troupes, je ne doute pas que les chefs de corps l'auraient fait reproduire sur les exemplaires : j'ai toujours vu la chose s'opérer ainsi. On assure l'exécution stricte des ordres qui sont donnés.

Du moment que le Manuel ne porte pas l'indication « confidentiel », c'est qu'aucune prescription n'a été transmise aux chefs de corps à ce sujet.

LE COMMANDANT PROFILLET. — Il se peut que la mention « confidentiel » ait été indiquée aux corps d'armée, mais qu'elle n'ait pas été reproduite jusqu'aux corps de troupe ?

LE COMMANDANT HARTMANN. — Le Conseil peut s'éclairer, à Rennes, d'une façon très simple : les bordereaux d'envoi doivent exister encore.

LE CAPITAINE BEAUVAIS. — Vous avez dit dans votre déposition qu'un rapport des plus importants, celui qui rappelle les expériences de la commission de Calais, avait été livré en 1890 par le sieur Boutonnet. Et vous avez dit que ce rapport était excessivement détaillé et que, par conséquent, la puissance étrangère aurait

pu être renseignée à fond sur tout ce qui concernait le matériel de
120 court.

Or, je vois dans la note du général Deloye que les documents
renfermés dans ce rapport étaient rédigés à un point de vue théorique et ne donnaient que peu de renseignements sur le tracé et la
construction du matériel.

Le commandant Hartmann. — Je suis tout à fait d'accord avec
M. le général Deloye à ce sujet. J'ai dit dans ma déposition, de
même que le général Deloye dans sa note, que ce document renfer-
mait des renseignements généraux sur le frein hydropneumatique,
mais qu'il était aussi complet que possible en ce qui concernait
les essais dont le matériel avait été l'objet.

J'ai distingué la description du matériel des essais auxquels il
avait été soumis.

Le capitaine Beauvais. — Il reste de ceci que sur le matériel les
renseignements sont vagues.

Le commandant Hartmann. — Il y a dans ce rapport les mêmes
renseignements que dans le règlement sur le service du canon de
120 court et aussi dans le *Bulletin* que le Conseil a à sa disposition.

Le capitaine Beauvais. — Mon commandant, vous avez dit aussi
que, par suite des cours faits à l'Ecole d'application de l'artillerie
et du génie en 1892-1893, et par suite aussi d'une conférence faite
à Saint-Cyr en 1892, on avait donné une description complète du
frein hydropneumatique avec des dessins faisant bien comprendre
la disposition du frein.

Or, je vois dans une note du général Deloye que ces renseignements, tant de l'Ecole d'application que de la conférence, étaient
des renseignements généraux, et que le profil schématique inter-
calé dans le texte se bornait à indiquer les positions relatives du
canon, du cylindre, du frein et du récupérateur, sans qu'aucune
description soit faite du frein hydropneumatique.

Le commandant Hartmann. — J'ai dit, dans ma déposition, que
la conférence faite à Saint-Cyr et le cours de l'Ecole d'application
donnaient des renseignements généraux sur le frein hydropneumatique. Par conséquent, je suis complètement d'accord avec la note
de M. le général Deloye qui vise également les mêmes renseignements généraux.

Le capitaine Beauvais. — La note du général Deloye ajoute
que ces renseignements sommaires et généraux s'appliquaient non
seulement au matériel de 120 court, mais encore à des freins

d'autres bouches à feu, et particulièrement de bouches à feu de petits calibres.

LE COMMANDANT HARTMANN. — C'est une description générale sans application spéciale à un calibre déterminé. J'ai fait remarquer qu'elle était utilisable aussi bien pour le 120 court que pour le 52, le 57 ou pour le 75. Ce sont des renseignements généraux sur le frein hydropneumatique Locard. Je l'ai indiqué très nettement hier dans ma déposition.

LE CAPITAINE BEAUVAIS. — Le projet de Manuel de 1894 était particulièrement intéressant parce qu'il avait pour caractéristique l'abandon de notre méthode française et la mise à l'essai d'une méthode que l'on a appelée la méthode allemande. Ce Manuel a été envoyé aux différents corps d'armée dans un bordereau portant la mention *confidentiel*.

LE COMMANDANT HARTMANN. — Aux corps d'armée ?

LE CAPITAINE BEAUVAIS. — Oui. Je ne parle pas de ceux envoyés dans les corps de troupes, et, pour un instant, je m'arrête sur ce fait que c'est sur la demande officieuse faite par le deuxième bureau de l'Etat-Major de l'armée qu'on a envoyé à ce bureau dix exemplaires.

Voilà donc dix exemplaires du projet de Manuel de tir qui arrivent à ce deuxième bureau et qui portaient la mention « confidentiel ».

LE COMMANDANT HARTMANN. — C'est le bordereau qui portait cette mention. Il resterait à savoir si cette mention a été transmise aux bureaux de l'Etat-Major de l'armée.

LE CAPITAINE BEAUVAIS. — Je voudrais savoir si ces dix projets envoyés au 2e bureau et portant la mention « confidentiel », devaient être des projets de Manuel difficiles à se procurer ?

LE GÉNÉRAL DELOYE *se lève et dit*. — Je pourrais répondre à cela.

LE PRÉSIDENT. — Je vous donnerai la parole tout à l'heure et vous direz en une fois tout ce que vous avez à dire.

LE CAPITAINE BEAUVAIS, *au témoin*. — Vous venez de dire que vous pensiez que le Manuel avait été envoyé par l'auteur du bordereau à son destinataire, puisque vous avez compris : « Je le reprendrai ».

LE COMMANDANT HARTMANN. — Oui, mais sur cette question on ne peut faire que des hypothèses, et j'ai considéré toujours ce point comme assez peu important. C'est pourquoi je n'en ai pas parlé dans ma déposition. Il faut remarquer que, dans le bordereau, le « à moins que » de la dernière phrase comporte une alternative qui peut porter soit sur l'envoi du Manuel, soit sur le fait d'y prendre des renseignements. Il y a deux interprétations possibles.

Ou bien : « Je vous envoie le projet de Manuel ; vous y prendrez des renseignements, à moins que vous ne vouliez que je le fasse copier », ou bien : « Je vous envoie le projet de Manuel, à moins que vous ne préfériez que je le garde pour vous le faire copier ».

Mais je n'ai attaché à ce point aucune importance, je le répète, et je n'en ai pas parlé aujourd'hui dans ma déposition.

LE CAPITAINE BEAUVAIS. — A la Cour de cassation, vous étiez d'une opinion différente, et vous en avez parlé.

LE COMMANDANT HARTMANN. — Oui, mais j'ai jugé que ce n'étaient que des hypothèses et que je n'avais pas à en parler au Conseil, et que je devais rester ici sur le terrain technique dans lequel je me suis renfermé.

UN JUGE SUPPLÉANT. — Le témoin a dit hier que le service des forges n'était pas à la section technique. Se rappelle-t-il qu'une dépêche ministérielle très précise ait ordonné de fournir tous les documents, même les plus confidentiels, au service des forges pour le cas où il les demanderait, sans ordre particulier du ministre ?

LE COMMANDANT HARTMANN. — Le service des forges peut être tenu au courant des expériences qui le concernent.

Mais je ne crois pas que le fait s'applique aux essais d'un matériel confectionné. En ce qui concerne les documents communiqués sur le 120 court en 1894, et c'est le fait intéressant ici, il conviendrait de prendre des renseignements à la section technique elle-même, et au service des forges. Je raisonne d'après l'organisation que je connais de la section technique, et je n'ai pas d'archives à ma disposition.

LE COMMANDANT LUCAS. — Une autre question. Le témoin croit-il que les exemplaires du Manuel sont bien les exemplaires autographiés à la section technique ?

LE COMMANDANT HARTMANN. — Dans mon régiment, ces exemplaires ont été considérés comme venant de la Section technique. Il y a eu deux tirages, l'un avec couverture jaune, l'autre avec couverture bleue, différant l'un de l'autre par un errata.

Le premier est celui que j'ai présenté au Conseil, et le deuxième comporte alors l'errata dans le texte. Mais ces deux éditions ont été envoyées à quelques jours d'intervalle.

LE COMMANDANT LUCAS. — L'édition première est bleue ?

Le commandant Hartmann. — Le premier tirage a été envoyé aux commandants de corps d'armée avec le bordereau du 16 mars. C'est un point de fait sur lequel il est encore facile d'être éclairé.

Me Demange. — Voulez-vous demander à M. le commandant Hartmann si la réglette de correspondance peut avoir une utilité, ou quelle utilité elle peut avoir dans les mains d'une personne qui n'a pas le Manuel ?

Le président répète la question.

Le commandant Hartmann. — J'ai dit tout à l'heure que la réglette de correspondance ne pouvait avoir une utilité quelconque sans le projet de Manuel, puisqu'elle est destinée à l'application des règles insérées dans le projet de Manuel.

Me Demange. — Quelqu'un qui veut utiliser la réglette de correspondance a-t-il besoin d'avoir un Manuel ?

Le commandant Hartmann. — Certainement.

Me Demange. — Je voudrais que nous fussions bien d'accord, maintenant, sur les termes de la phrase du bordereau :

« Si vous voulez y prendre ce qui vous intéresse et le tenir à ma disposition après, je le prendrai; à moins que vous ne vouliez que je le fasse copier *in extenso* et vous en adresse une copie. »

M. le commandant Hartmann a-t-il compris que le Manuel ne pourrait pas rester entre les mains du destinataire, qu'il faudrait qu'il fût renvoyé ?

Le président. — Avez-vous pensé que le Manuel, en tout cas, ne devait pas rester entre les mains du destinataire ?

Le commandant Hartmann. — Cela m'a paru toujours évident.

Me Labori. — Monsieur le président, devant la Cour de cassation, M. le commandant Hartmann a donné des renseignements sur la possibilité qu'aurait eue M. le commandant Esterhazy de se procurer des renseignements au camp de Châlons. Notamment, il a parlé des renseignements qu'il aurait pu y recueillir pour fournir une note sur les troupes de couverture, et une note sur Madagascar.

Voulez-vous demander au témoin de fournir au Conseil les explications qu'il peut lui donner sur ce point ?

Le président. — Voulez-vous nous expliquer comment le commandant Esterhazy aurait pu, au camp de Châlons, obtenir des renseignements sur les troupes de couverture et sur l'expédition de Madagascar ?

Le commandant Hartmann. — Je n'ai pas à traiter cette question devant le Conseil, attendu que cela n'est pas de ma compétence, puisque je suis officier d'artillerie, et que je n'ai pas passé par l'état-major.

Je n'ai donné d'ailleurs devant la Cour de cassation qu'une opinion personnelle, sans m'appuyer sur des documents et des faits, comme je l'ai fait devant le Conseil pour les questions d'artillerie. Mais, en fait, je persiste à penser qu'un officier quelconque se trouvant au camp de Châlons, au milieu de l'agglomération qui s'y rencontre pendant les manœuvres de masses, pouvait avoir des renseignements sur l'emplacement d'un grand nombre d'éléments de la couverture.

Je ne dis pas du tout qu'il pouvait avoir à sa disposition les documents secrets, mais en ce qui concerne le dispositif de couverture, il était à même d'avoir quelques indications sur les éléments déjà placés.

Quant aux transports, on en cause dans les corps de troupe ; il pouvait donc introduire dans sa note des comptes rendus de conversations à ce sujet. Mais je n'ai pas précisé à la Cour de cassation, et je n'ai rien dit ici, précisément à cause de mon incompétence sur ce point.

Mᵉ LABORI. — Voulez-vous avoir la bonté, monsieur le président, de demander en outre à M. le commandant Hartmann s'il ne serait pas en mesure de fournir au Conseil des renseignements intéressants sur les trahisons Boutonnet et Greiner ?

LE PRÉSIDENT. — Êtes-vous en mesure de donner au Conseil des renseignements utiles sur les trahisons Boutonnet et Greiner ?

LE COMMANDANT HARTMANN. — Je puis en donner sur la trahison Boutonnet.

Boutonnet était archiviste à la Section technique de l'artillerie, et j'avais signalé au colonel directeur en 1889 que ses agissements étaient louches. Il n'a pas été tenu compte de mon observation ; Boutonnet a été arrêté seulement à la fin de 1890, au mois d'août, et condamné pour espionnage.

Comme il était le seul employé civil aux archives, que ces archives contiennent tous les documents confidentiels de l'artillerie, il s'est donc ainsi trouvé qu'il a eu à sa discrétion, pendant une année au moins, nos secrets d'artillerie.

Je sais d'autre part qu'il avait chez lui une machine à écrire. Je sais qu'il était très habile dessinateur. Je sais qu'il sortait de la Section technique avec des documents cachés sous ses vêtements.

Dans ces conditions, je crois qu'il a pu fournir à la puissance étrangère, pour laquelle il opérait, beaucoup de nos documents secrets d'artillerie.

D'ailleurs, le Conseil pourrait être éclairé pleinement à ce sujet en se faisant communiquer le dossier de l'affaire Boutonnet, dans lequel on pourrait peut-être trouver des indications se rapportant au procès. En particulier, en ce qui concerne l'instruction sur le chargement des obus à mélinite, l'obus Robin et les bulletins des questions à l'étude.

Mᵉ LABORI. — Voulez-vous demander à M. le commandant Hartmann si, en admettant que dans le bordereau il s'agisse du 120 court, un officier d'artillerie aurait employé les expressions « frein hydraulique du 120 »?

LE PRÉSIDENT. — Un officier d'artillerie aurait-il employé l'expression « frein hydraulique du 120 »?

LE COMMANDANT HARTMANN. — Je considère cela comme tout à fait inadmissible. Je parle, bien entendu, non d'un officier d'artillerie quelconque, mais d'un officier d'artillerie suffisamment bien informé pour envoyer à un agent étranger une note sur le frein hydropneumatique du 120 court.

Car s'il jugeait à propos de donner des renseignements, c'est qu'il connaissait la différence qui existait entre ce frein et le frein simplement hydraulique. C'est qu'il aurait su la propriété particulière du frein du 120 court, qui est précisément le récupérateur pneumatique qui sert à ramener la pièce en batterie.

De là, l'invraisemblance qu'il se serait servi seulement d'une dénomination incomplète pour désigner ce frein.

D'autre part, on a dit que le frein hydropneumatique était désigné par l'expression « frein hydraulique » dans le cours spécial des sous-officiers (complément du 5 avril 1897); il n'en est rien ; d'après ce cours spécial, le frein hydropneumatique est un frein hydraulique contenant un réservoir d'air comprimé. L'ensemble même de cette phrase, dont on n'a pas le droit d'isoler le premier membre, montre bien qu'il s'agit d'un frein, hydraulique d'une part et pneumatique de l'autre, soit en tout hydropneumatique.

LE PRÉSIDENT. — Au fond, l'expression de frein hydraulique y est?

LE COMMANDANT HARTMANN. — Oui, mais de même que dans l'expression sergent-major, le mot sergent y est, on ne peut pas cependant dire qu'un sergent-major soit un sergent. (Rires.) C'est une identification absolue.

Mᵉ LABORI. — Est-ce que le commandant Hartmann pourrait nous dire si la question du frein hydropneumatique a été étudiée ailleurs qu'en France, et si l'on peut penser que le frein Locard a été appliqué à des matériels étrangers?

Le président. — Savez-vous si le frein hydropneumatique a été appliqué par des puissances étrangères dans leur matériel?

Le commandant Hartmann. — Je répondrai affirmativement à cette question. Je me rappelle en particulier un affût hydropneumatique adopté et mis en service par l'artillerie italienne en 1888. Je n'en connais pas les détails, mais je sais qu'il est hydropneumatique, et c'est son nom officiel.

D'autre part, les Allemands ont étudié pendant longtemps l'emploi du frein hydropneumatique pour le matériel de campagne. Il y a un document très intéressant à consulter à ce sujet.

C'est le rapport n° 89 des expériences de Krupp.

On y voit qu'après des expériences prolongées, les Allemands se sont décidés à rejeter le principe de l'emploi du frein hydropneumatique dans leur matériel, et cela à la fin de 1893, c'est-à-dire précisément au moment où nous mettions cet engin en service. Depuis cette époque, ils ne sont pas revenus sur leur décision, puisque vous savez que leur nouveau matériel est semi-rigide, sans frein hydropneumatique.

D'ailleurs, de deux choses l'une : ou bien cela provient de ce que les Allemands n'ont pas résolu la question des diaphragmes et des joints, et alors cela montrerait qu'aucun renseignement ne leur aurait été livré sur cette question, et l'on pourrait en déduire que, dans la note du bordereau, il n'y a eu que des renseignements généraux; ou bien cela provient de ce que, ayant eu connaissance de notre matériel de 120 court, ils n'ont pas voulu l'employer, ne lui attribuant pas l'importance que nous lui avons donnée nous-mêmes.

Me Labori. — M. le commandant Hartmann estime-t-il que les renseignements généraux qu'un officier aurait pu obtenir à Châlons sur le 120 court pourraient fournir matière à une note intéressante?

Le président. — Croyez-vous qu'un officier étranger à l'artillerie assistant au tir du camp de Châlons ait pu fournir une note intéressante sur le 120 court?

Le commandant Hartmann. — J'ai répondu par avance à cette question dans ma déposition, en faisant remarquer que ce n'est pas seulement en voyant tirer le 120 court que l'on peut avoir des renseignements susceptibles d'intéresser une puissance étrangère. C'est également en le voyant au parc et en causant de cette pièce

III.

15

avec ceux qui l'ont tirée, avec des officiers d'artillerie connaissant très bien son fonctionnement et pouvant donner des indications sur les résultats obtenus.

D'ailleurs, une puissance étrangère doit toujours désirer avoir une note contenant des renseignements généraux sur le matériel de ses voisins, étant donné qu'il ne peut être question pour elle de copier exactement ce matériel et que ce qu'il lui importe surtout d'avoir, c'est la raison d'être, le principe, les dispositions caractéristiques et la valeur pratique de ce matériel.

Quant aux renseignements détaillés sur le frein, qui sont en cause ici, ils sont peut-être moins essentiels; car vous savez tous qu'un frein ne peut pas être transporté d'un matériel à un autre, d'une bouche à feu à une autre, sans une transformation radicale; et que quelque bon que soit un système de joints, il est toujours facile d'en trouver un autre aussi perfectionné.

Nous en avons une preuve dans l'industrie française, par exemple dans l'usine du Creusot qui, elle aussi, construit un matériel avec frein hydropneumatique.

Mᵉ Labori. — Il a été question, dans les débats, d'une instruction sur le chargement des obus à mélinite. Est-ce que M. le commandant Hartmann sait quelque chose à cet égard?

Le commandant Hartmann. — J'en ai parlé tout à l'heure à propos de Boutonnet, en indiquant que l'instruction sur le chargement des obus à mélinite se trouvait en 1890 dans les archives de la section technique que Boutonnet a livrées. J'ai dit qu'il me paraissait vraisemblable que c'était à lui plutôt qu'à un autre que l'on devait attribuer la livraison de ce document.

Mᵉ Labori. — Par conséquent, il résulte bien de la déposition de M. le commandant Hartmann qu'il n'y a aucune impossibilité à ce que le commentaire que j'appellerai, pour la clarté du débat, le commentaire du Paty, ait parlé du chargement des obus à la mélinite.

Le président. — Je ne comprends pas bien pourquoi vous voulez poser cette question. Veuillez la préciser.

Mᵉ Labori. — Je vais la préciser. M. le général Roget et M. le général Mercier ont objecté à M. le capitaine Freystœtter qu'il était impossible que l'on ait pu parler de fuite à l'Ecole de pyrotechnie en 1894, qu'on en ait pu parler en audience secrète au Conseil de guerre de 1894. Je prie M. le commandant Hartmann de répondre d'un mot à ma question : Ne résulte-t-il pas des renseignements qu'il vient de nous fournir que, dès 1890, il pouvait être question de fuites relatives à des obus ou au chargement des obus et qu'il pouvait en être question dans le commentaire de M. du Paty?

Le président. — Pouvait-il être question dans ce commentaire de fuites relatives à des obus?

Le commandant Hartmann. — Certainement, mon colonel; les documents relatifs au chargement des obus à mélinite se trouvaient dans les archives de la section technique, qui ont été livrées en 1890 par Boutonnet.

Me Labori. — Le témoin a dit qu'il avait appartenu à la section technique : y a-t-il jamais vu le capitaine Dreyfus?

Le commandant Hartmann. — J'ai appartenu neuf ans à la section technique, de 1886 à 1895 ; j'ai passé par le service du matériel, et par celui des études sur les bouches à feu ; j'ai dirigé l'atelier de précision. Dans ces services, j'ai eu à ma disposition tous les documents confidentiels, soit aux archives, soit au secrétariat ; beaucoup d'officiers sont venus me demander des renseignements, mais jamais je n'ai vu le capitaine Dreyfus. Je dirai plus : jamais je n'ai entendu parler de lui.

Le président, au capitaine Dreyfus. — Avez-vous des observations à faire?

Le capitaine Dreyfus. — Aucune.

Le général Mercier. — Je demande la parole.

Le président. — Monsieur le général Deloye, avez-vous des observations à faire?

Le général Deloye. — Oui, monsieur le président.

Le capitaine Beauvais, au commandant Hartmann. — A propos du Manuel de tir, vous disiez qu'il comportait nécessairement la connaissance de la réglette de correspondance.

Le commandant Hartmann. — D'après le Manuel lui-même, les chefs de section ont à la main une réglette de correspondance.

Le président. — Monsieur le général Deloye, voulez-vous venir à la barre et présenter vos observations?

Le général Deloye. — J'avais dit tout à l'heure, lorsqu'il était question du bordereau d'envoi du Manuel de tir à l'état-major de l'armée, qu'il avait été demandé par un officier du deuxième bureau et qu'il était question de savoir si ce bordereau avait été employé confidentiellement. Je voulais ajouter que je puis vous donner l'original de ce bordereau, que j'ai ici dans cette serviette. Je voulais élucider la question de suite.

Voici l'original. Il porte la mention : « Confidentiel ». Voulez-vous que je vous le lise?

LE PRÉSIDENT. — Veuillez simplement le faire passer sous les yeux du Conseil.

M. le général Deloye fait passer ce document au Conseil.

LE PRÉSIDENT. — Vous n'avez pas d'autres observations à faire ?

LE GÉNÉRAL DELOYE. — Oh ! si j'en ai.

LE PRÉSIDENT. — Voulez-vous nous les communiquer ?

LE GÉNÉRAL DELOYE. — Maintenant ?

LE PRÉSIDENT. — Oui, comme confrontation avec le témoin.

LE GÉNÉRAL DELOYE. — Après avoir entendu la déposition du commandant Hartmann, je suis obligé en conscience de répéter ce que j'avais dit au Conseil la première fois, lors de sa première déposition devant la Cour de cassation : c'est que, avec des faits qui contiennent de très nombreuses exactitudes, sa déposition ne donne pas une impression conforme à la réalité des faits.

Ceci est mon opinion. Ce n'est qu'une opinion, mais je vais tâcher de la faire partager au Conseil ; en tout cas, c'est ma conviction.

Dans sa déposition d'hier, M. le commandant Hartmann a fondé toute sa démonstration sur deux distinctions : à savoir, la distinction entre les documents tout à fait secrets du frein hydraulique, tout à fait confidentiels, que quatre ou cinq personnes seulement connaissaient, et puis d'autres renseignements généraux qui avaient été distribués à peu près partout.

Eh bien ! dans la réalité, on ne trouve pas « tout ou rien ». Il y a des intermédiaires entre les deux. Tenez, le commandant Hartmann, tout à l'heure, il y a un instant, vous disait, en parlant du camp de Châlons, qu'un officier aurait pu se procurer dans la conversation près des officiers d'artillerie qui étaient là, et en examinant les pièces au parc, des renseignements utiles.

LE COMMANDANT HARTMANN. — Généraux.

LE GÉNÉRAL DELOYE. — Généraux utiles.

En définitive, qu'est-ce qu'il s'agit d'avoir pour une puissance étrangère, que demande-t-elle ?

Elle demande, si vous avez un engin neuf, — si elle en a été informée, — quels avantages il vous donne, et, d'autre part, quelles servitudes il vous occasionne, comment allez-vous pouvoir faire la guerre dans des conditions nouvelles.

Vous serez tenus peut-être d'avoir beaucoup de rechange, les convois s'allongeront par là même. Vous aurez peut-être des machines qui, sur le champ de bataille, auront des « rats » ; enfin, il y a une balance à faire entre les avantages et les inconvénients, balance qui ne peut être faite que par celui qui a une connaissance complète de l'objet, ou tout au moins qui a pu confesser — c'est le vrai mot — sans qu'il s'en doute, un des auteurs, l'un sur une question, l'autre sur une autre et qui a pu en tirer des documents dont il fait l'assemblage pour répondre aux questions de son correspondant.

Eh bien ! tout à l'heure, M. le commandant Hartmann vous a indiqué comment, au camp de Châlons, on aurait pu avoir cela ; il l'a dit lui-même.

Si je me reporte à une autre déposition d'hier — celle d'un homme très compétent aussi, M. le commandant Ducros — vous avez vu, comme moi, qu'il n'aurait pas fallu le pousser beaucoup pour qu'il donne des renseignements.

Oh ! certainement, si vous venez de Paris pour demander un renseignement à quelqu'un qui est à Bourges, bien sûr, entre deux trains, vous ne l'aurez pas ; si vous lui écrivez, vous ne l'aurez pas davantage, il ne répondra même pas.

Mais dans tous les cas de demandes, comme cela, on pourra en trouver la trace et la preuve, comme disait le commandant Hartmann.

Mais, si vous êtes avec lui à la pension, si vous causez avec lui au café, si vous vous montrez préoccupé de certaines solutions qui sont difficiles, car enfin, nous qui nous trouvons en face de ces problèmes, qui savons quand ils sont résolus que cela paraît tout simple au public mais nous en savons aussi les difficultés. Eh bien ! on a un camarade, on se lâche et on peut bien dire, après avoir entendu le commandant Ducros hier, qu'il aurait communiqué à peu près tout, certainement pas plus loin que sa conscience ne le lui aurait permis si elle eût été en éveil.

Mais, s'il m'avait consulté, moi, je lui aurais dit : « Ecoutez, mon cher ami, il y a une raison pour ne pas le faire ; c'est une raison indépendante de toute question de méfiance. C'est que le ministre l'a défendu, et je vous demande pardon, j'en fais la principale raison, parce que les ministres, en général, donnent des ordres qu'ils croient bons et ont pour cela toute expérience, parce qu'il y a très longtemps qu'il y a des ministres qui s'occupent des affaires du pays. »

Donc, le commandant Ducros ne l'eût pas fait sur mon conseil ; mais je crois que de son propre mouvement il l'eût fait. Je me demande donc s'il faut s'en rapporter au commandant Hartmann lorsqu'il dit : « Tout ou rien ; ils étaient à cinq qui avaient tout, les autres n'avaient rien et on n'a pas pu traire un de ces cinq-là. »

Je crois que si ! Maintenant il y a une autre distinction dans la démonstration du commandant Hartmann : c'est la distinction entre les documents anciens et les documents récents, et il a pris cette distinction pour établir que réellement il était impossible que l'accusé ici présent fût coupable, pût les avoir, puisque, ou bien les documents étaient anciens et Boutonnet les avait livrés, ou bien les documents étaient récents, et alors, cela ne s'assemblait plus.

Je dis que cette démonstration n'est pas complète ; en plus des documents anciens, il faut considérer les documents très anciens.

Voyez ce que c'est que Boutonnet. Je demande au Conseil la permission de rappeler un passage de ma déposition de l'autre jour. En somme, Boutonnet était un pauvre diable d'employé aux archives. Les archives de l'artillerie, c'est à peu près grand comme ici. (*Le général Deloye se retourne et, d'un grand geste, indique toute la salle d'audience.*) Il y a des papiers, beaucoup ! Il y a parfois sur ces papiers le mot « confidentiel », souvent le mot « secret ».

C'est vrai, cela a de l'avantage, mais comme tous les couteaux de ce monde, cela coupe. Quand vous mettez « confidentiel » sur une chose, il faut être bien certain de la bonne volonté, du bon vouloir, de la conscience de ceux qui auront à observer la consigne ; autrement vous avez un espion, et tant pis pour vous.

J'en donnerai une preuve et qui s'applique à l'affaire, en faisant cette remarque que parmi les bulletins des questions à l'étude dont on a parlé — ce sont des bulletins qui étaient destinés autrefois à renseigner les officiers d'artillerie — les quatorze premiers n'ont pas été marqués : « confidentiel » ; c'étaient de simples bulletins envoyés tous à de braves gens. On s'est aperçu que cela offrait des ennuis ou des difficultés, et par ces temps de fuite on a dit : « Les bulletins seront confidentiels. »

On les a marqués, cela ne leur a pas porté bonheur. Le n° 15 a été volé illico ; c'était après Boutonnet. Il n'a pas été volé par Boutonnet, il l'a été par un autre, non pas au département de la guerre qui avait fermé ses portes, mais dans un autre département.

Donc, je reviens à mon affaire et je vous demande de vous reporter à la déposition de cet employé aux archives, qui est dans la situation suivante :

C'est comme un cabinet de lecture, les archives : on lui demande des documents récents, les documents des affaires qui sont sur le feu. Ah ! c'est dangereux à donner.

On vous donnera bien des documents anciens, comme actuellement on vous donnera un roman d'Alexandre Dumas dans un cabinet de lecture ; on le trouve ; mais le document récent, la dernière publication, le dernier bouquin, c'est difficile à donner.

Et, il y a le choix entre les documents « confidentiels » et les non « confidentiels ». Le fait que Boutonnet était là à un moment donné, et que le document était aussi aux archives, n'est pas du tout une preuve péremptoire que le document ait été donné par Boutonnet.

En réalité, et il y a ici un de vos juges suppléants qui avait alors dans ses attributions ce service, il vous dira que bien des fois le ministre a donné des coups de sonde, qu'il a dit : « Monsieur le directeur, rappelez-moi dans la journée les exemplaires de tel document », et toujours on les a trouvés au complet.

Eh bien ! venir dire dans ces conditions : « Le document a été en même temps que Boutonnet à la section technique », pour moi, ce n'est pas un argument.

On a apporté ici beaucoup de faits. C'est compliqué. C'est ardu. Mais il ne faudrait pas que de l'ensemble de tous ces faits accumulés il ressortît une impression qui n'est pas la vraie.

Je demande pardon de le dire au Conseil, mais pour moi, dans mon esprit, je suis plutôt un expert qu'un témoin. Je me considère comme étant ici pour vous renseigner sur certaines choses ; il se trouve par fortune que je ne suis pas témoin ; n'ayant pas été mêlé à l'affaire, je n'ai pas d'indication à donner sur la culpabilité ou la non culpabilité de l'accusé, puisque je ne connais que de seconde main les faits qui pourraient avoir rapport à cela et qui pourraient influer sur votre opinion.

Seulement, je suis en état, je crois, en situation, et ma conscience me permet de vous le dire, de vous donner des renseignements sur les possibilités ou les impossibilités qu'on a alléguées.

Eh bien ! à ce point de vue, je puis vous dire qu'ayant eu la bonne fortune de ne me trouver mêlé en rien à cette affaire, je sens ma conscience tout à fait à l'aise pour vous donner mon opinion en toute franchise. Puisqu'on m'a fait venir ici pour que je dise ce qu'il fallait penser de certaines impossibilités qu'on a alléguées, impossibilités pour l'accusé de se trouver dans telles ou telles circonstances, de commettre telles ou telles choses, je crois pouvoir vous dire en toute franchise que ces impossibilités n'existent pas. Je ne peux pas vous dire autre chose.

Des faits de culpabilité de l'accusé, je n'en connais pas. (*Mouvement.*) Je ne vous parle que de ce que je connais.

Voilà ce que j'avais à dire au sujet de la déposition de M. le commandant Hartmann. Maintenant...

LE PRÉSIDENT. — Est-ce sur ce sujet encore que vous allez parler ?

LE GÉNÉRAL DELOYE. — Non. C'est sur un autre sujet.

LE PRÉSIDENT. — Eh bien ! nous allons demander au commandant Hartmann s'il a des observations à faire. Commandant, avez-vous des observations à faire ?

LE COMMANDANT HARTMANN. — Oui, mon colonel. Ma première observation, c'est que M. le général Deloye a reconnu que les faits que j'ai énoncés devant le Conseil étaient exacts dans tous leurs détails ; je ne comprends pas, dès lors, comment leur ensemble peut être inexact. Ma seconde observation...

LE PRÉSIDENT. — Nous allons les prendre une par une.

LE GÉNÉRAL DELOYE. — Je n'ai pas dit que tous les faits étaient inexacts. J'ai dit que, sans que l'inexactitude en fût palpable, la déposition vous donnait l'impression d'une impossibilité matérielle, quant aux faits reprochés à l'accusé.

A ce qu'il y a dans l'accusation, par exemple, ce fait que l'accusé a essayé de se procurer des renseignements. Un tel est venu déposer ceci ; un tel a déposé cela... Moi, je ne sais rien de tout cela ; je sais seulement que les impossibilités alléguées au point de vue technique ne me paraissent pas exister, j'en suis convaincu.

LE COMMANDANT HARTMANN. — Ma deuxième observation est celle-ci : c'est que je n'ai fait dans ma déposition aucune hypothèse personnelle. J'ai indiqué que la note pouvait contenir soit des renseignements généraux, soit des renseignements détaillés, en indiquant, dans chaque cas, les catégories d'officiers qui pouvaient se procurer des renseignements.

M. le général Deloye a introduit une troisième hypothèse : c'est l'hypothèse des renseignements mixtes, moitié généraux, moitié détaillés.

Mais il n'en subsiste pas moins qu'il y aura dans cette troisième hypothèse des renseignements détaillés, avec des documents qu'il a fallu se procurer dans un endroit déterminé, en s'adressant à un officier déterminé.

Il faut nécessairement, étant donné le retentissement de cette affaire, que le fait ne se soit pas produit. Car autrement l'officier auquel le capitaine Dreyfus aurait demandé un renseignement de cette nature serait venu vous le dire à cette barre.

Le général Deloye. — Croyez-vous que si l'on avait demandé à M. le commandant Ducros, si par hasard on s'était adressé à lui pour des renseignements, croyez-vous qu'il se fût reconnu dans la déposition du commandant Hartmann tout à l'heure?

Il se serait posé la question, se serait répondu : « Non. On ne m'a pas demandé de renseignements. J'ai seulement exposé au coupable présumé mon système d'artillerie, et je lui ai fait comprendre les avantages qu'il avait. »

Je vous demande un peu si l'on peut être certain que des renseignements n'ont pas été donnés par le fait que quelqu'un ne s'est pas aperçu qu'il les donnait? Mais ce sont les vrais ceux-là, ce sont ceux qui impliquent confiance ; les autres sont des renseignements donnés quelquefois, comme on veut les donner, mais ceux qu'on vous soutire, ce n'est pas pareil.

Le commandant Hartmann. — Un certain nombre des dépositions antérieures montrent qu'il suffit seulement d'avoir été en contact avec le capitaine Dreyfus pour venir dire ici tous ses propos.

Je répète que, si un officier d'artillerie avait donné un renseignement important, il serait venu le dire au Conseil ; c'eût été pour lui un devoir de conscience de le révéler.

Enfin, troisième observation.

M. le colonel Méert, de mon régiment, m'a dit, un jour, qu'il y avait eu à la troisième direction de l'artillerie une enquête sur les faits reprochés au capitaine Dreyfus. Puisque le général Deloye est à la barre, il pourrait nous donner des explications sur ce point.

Le président. — Y a-t-il eu une enquête faite à la troisième direction sur les fuites?

Le général Deloye. — Oh ! il y a eu beaucoup d'enquêtes sur beaucoup de fuites ; mais jamais, jamais, jamais, en dehors de ce que j'ai déclaré au Conseil dans ma déposition de l'autre jour, la troisième direction n'a eu à s'occuper de l'affaire Dreyfus, absolument pas! (Mouvement.) Il n'y a pas eu d'enquête à ce sujet. Il a été demandé des renseignements sur certains points, spécialement sur l'obus Robin, et tout cela, à quelle époque a-t-il commencé les dessins, d'où datent-ils. Quelquefois j'ai demandé ces renseignements dans une lettre de mon initiative, alors que son existence n'était même pas soupçonnée ; j'ai offert au Conseil de lire tout cela en séance à huis clos l'autre jour. Ce sont donc des renseignements de cet ordre-là qui ont été recueillis, mais d'enquête nous n'en avons pas été chargés et nous ne faisons que les choses dont on nous charge.

Le président. — Y a-t-il eu des fuites constatées après l'arrestation de Boutonnet, en ce qui concerne la troisième direction?

LE GÉNÉRAL DELOYE. — Je ne connais pas de fuites constatées. Il y a eu un seul fait qui a été invoqué hier comme réel par M. le colonel Picquart, et qui est réel: c'est ce fait du manuel de tir de 1895 qui aurait été vu par un agent entre les mains d'un agent diplomatique étranger. Je sais qu'à ce moment-là on nous a signalé qu'un manuel de tir de 1895 avait découché (Rires.) et qu'il avait été, au passage, marqué par l'agent du service des renseignements de façon qu'on pût le retrouver. Comme je l'ai indiqué au Conseil hier, on avait rappelé toute la catégorie du document dont il s'agit, mais on n'avait pas retrouvé le document marqué. (Mouvement.) Sous la réserve de la réalité de cette fuite, je ne connais pas d'autres faits de fuite en ce qui concerne l'artillerie.

LE PRÉSIDENT. — Après l'arrestation du capitaine Dréyfus, il n'en a pas été constaté davantage?

LE GÉNÉRAL DELOYE. — Non.

LE PRÉSIDENT. — Est-ce que les manuels de tir du 14 mars ont été complètement retirés?

LE GÉNÉRAL DELOYE. — Oh! ils ne sont pas tous rentrés; ils ont été retirés. La lettre du ministre disait qu'il envoyait les documents de 1895 et qu'on devait faire rentrer ceux de 1894.

LE PRÉSIDENT. — Ils sont rentrés au ministère ou ont été détruits dans les corps?

LE GÉNÉRAL DELOYE. — Non; ils sont rentrés au ministère. Détruits dans les corps? Là encore je n'ai pas confiance.

LE PRÉSIDENT. — C'est bien ce manuel du 14 mars émanant du ministère. (Il montre au général Deloye la pièce déposée par le commandant Hartmann.)

LE GÉNÉRAL DELOYE. — Il y a eu deux éditions: la première qui a été tirée, si je ne me trompe, à quelques exemplaires près, à 300, pour les premiers besoins, tout à fait au commencement; et puis, au fur et à mesure qu'on a eu un peu plus de temps, on a fait une seconde édition.

LE PRÉSIDENT. — Celui-ci est de la seconde édition.

LE GÉNÉRAL DELOYE. — Il est de la seconde. C'est la même chose que la première; si le conseil veut le nombre d'exemplaires, je le lui dirai.

LE COMMANDANT HARTMANN. — Je dois faire une constatation qui rentre dans le cadre de ma déposition: c'est que, d'après ce que vient de dire M. le général Deloye, un officier est accusé du crime de trahison, le crime le plus abominable; cet officier est accusé d'avoir pris des documents à la fonderie de Bourges et dans d'autres établissements, et aucune enquête n'a été ouverte pour vérifier si ce fait était vrai !

LE GÉNÉRAL DELOYE. — Comment, aucune enquête n'a été faite ! Permettez, je n'ai pas dit qu'aucune enquête n'a été faite ; j'ai dit : aucune enquête n'a été faite par les soins de la 3ᵉ direction.

Mᵉ DEMANGE. — Avant que le commandant Hartmann s'en allât, je désirerais poser à M. le général Deloye une question dans le même ordre d'idées. M. le général Deloye vient précisément de dire, en terminant, qu'aucune enquête n'avait été faite par la 3ᵉ direction, mais il avait dit précédemment qu'il avait pris des renseignements individuels, et notamment qu'il avait interrogé M. Robin, le contremaître de la manufacture.

LE GÉNÉRAL DELOYE. — J'ai reçu des renseignements directement.

Mᵉ DEMANGE. — Eh bien, je voudrais prier M. le général Deloye de vouloir bien dire ici à l'audience ce qu'il peut dire de la réponse de M. Robin en ce qui concerne Dreyfus.

LE PRÉSIDENT. — Nous l'avons vue, la réponse de M. Robin.

Mᵉ DEMANGE. — Oui, mais je tiens à ce que cela soit constaté ici.

LE PRÉSIDENT, à M. le général Deloye. — Avez-vous reçu une lettre de Robin?

LE GÉNÉRAL DELOYE. — Pas moi personnellement, mais voici ce que je peux dire au Conseil. Je connaissais les dates officielles de mise en essai, de mise en service ; seulement, je désirais être bien certain pour ma conscience que, antérieurement à ces dates, dans la période d'incubation, il n'y avait pas eu une communication ici ou là ; j'ai chargé alors quelqu'un, un officier supérieur, qui connaissait bien M. Robin, de lui demander de quelle date étaient ses premiers croquis. Les explications, je les ai données au Conseil moi-même spontanément. Comprenant sans doute aux questions qui lui étaient posées, et par les préoccupations de l'époque présente étant renseigné sur ce que probablement on désirait savoir de lui, M. Robin a de lui-même répondu à la question qu'il supposait être derrière : « Le capitaine Dreyfus ne m'a jamais rien demandé de ces affaires, rien, rien, rien, encore rien. Le seul renseignement qu'il m'ait demandé une fois, c'est quel moyen on pourrait employer pour faire tourner un peu plus vite des broches de filature. Voilà tout. »

Mᵉ DEMANGE. — Ma seconde question est celle-ci et a trait à ce que vient de dire tout à l'heure le général Deloye. M. le général

Deloye a dit : « Je n'apporte aucun fait sur l'affaire Dreyfus, je ne les connais pas ; je viens simplement exprimer mon opinion, émettre des possibilités ». M. le général Deloye a dit aussi : « Je ne crois pas qu'on puisse tirer argument contre Boutonnet de la présence sous le même toit d'un document confidentiel et secret et de Boutonnet. » Eh bien ! la question que j'ai à lui poser est celle-ci : Etant donné le raisonnement qu'il vient de faire, étant donné d'ailleurs que Boutonnet a été condamné pour espionnage, M. le général Deloye, se trouvant devant la Cour de justice où nous sommes et où il faut une preuve de la culpabilité, car c'est là ce que nous cherchons, estime-t-il que les possibilités énoncées par lui que, dans un café ou dans une pension, on ait pu parler en termes généraux d'une invention dont une personne présente aurait pu extraire la substance et la moelle (c'est son expression), M. le général Deloye estime-t-il que quand on n'établirait aucun fait de conversation ou d'entretien, soit dans une pension, soit dans un café, de la part de Dreyfus avec des officiers, cela puisse être un argument tiré contre Dreyfus ?

Le président. — Avez-vous entendu la question ?

Le général Deloye. — J'ai entendu la question. Je crois bien la comprendre.

Je voulais dire au Conseil que je ne me considérais, sauf les questions qu'il pourrait me poser, s'il en a d'autres, que comme un expert technique venant dire ce que je pensais, en toute conscience, des impossibilités qu'on avait alléguées pour que l'accusé fût coupable. Dans mon âme et conscience je pense que ces impossibilités n'existent pas : j'en ai donné les raisons que le Conseil appréciera.

Quant à des preuves de culpabilité ou de non culpabilité de l'accusé, il se trouve que par le fait des circonstances je n'en ai aucune de première main ; par conséquent, je me sens absolument hors d'état et sans qualité pour en parler au Conseil. Si j'en avais, assurément je les donnerais, mais je n'en ai pas. (*Mouvement.*)

Me Labori. — Voulez-vous avoir l'obligeance alors de demander à M. le général Deloye s'il ose en son âme et conscience prendre la responsabilité devant le Conseil d'un raisonnement rigoureux sur les documents du bordereau ?

Le président. — Je ne comprends pas bien la question.

Me Labori. — Je m'explique. Nous avons un bordereau dont les expressions sont des plus vagues. J'y relève au commencement les mots : « quelques renseignements intéressants »; ensuite : « une note sur le frein hydraulique du 120 » que l'on traduit par « frein hydropneumatique du 120 court », etc., etc.

Je rappelle encore pour mémoire les raisonnements de M. Cavaignac, de MM. les généraux Roget et Mercier, l'interprétation donnée aux mots : « quelques modifications seront apportées par le nouveau plan » ; et je dis : M. le général Mercier a fait sur ce document une sorte de raisonnement rigoureux et mathématique... et j'en reviens à ma question qui sera, j'espère, peut-être comprise. Je dis :

En sa qualité d'expert technique, M. le général Deloye prend-il devant le Conseil de guerre la responsabilité de ce raisonnement rigoureux sur les expressions du bordereau et sur les documents qui y sont énumérés ?

Le général Deloye. — J'ai compris la question. Telle qu'elle est, elle n'est pas simple, et elle ne me paraît pas de ma compétence. Ce qu'on me demande de faire, c'est je crois ce que le Conseil doit faire ; moi, non. Si j'étais à sa place, je ferais ce que ma conscience me dirait de faire, et je suis sûr que ce sera comme cela. Mais quant à dire que je vais, devant le Conseil de guerre, parce qu'il m'écoute ou parce qu'il me demande mon opinion sur les questions que j'ai étudiées, me faire juge de la déposition de M. Cavaignac, de raisonnement mathématique, écoutez, non ! Je crois que nous sommes dans le domaine concret, il faut y rester.

Des raisonnements plus ou moins scientifiques, on en a beaucoup parlé hier ! mais des mathématiques, des raisonnements mathématiques, alors que la culpabilité de l'accusé peut en dépendre, jamais ! (Sensation.) C'est le Conseil, cela ; c'est à lui de décider. (Mouvement prolongé.)

Mᵉ Labori. — Je remercie M. le général Deloye de sa réponse. Son silence me satisfait amplement, et je continue.

Je prie M. le président de vouloir bien demander à M. le général Deloye s'il n'a pas reconnu dans sa note à la Cour de cassation que tout ce qu'on disait sur le mot « formations » du bordereau ne pouvait être que des hypothèses ?

Le général Deloye. — Je n'ai pas dit cela. Je me souviens bien de ce que j'ai dit. J'ai dit que pour répondre d'une manière certaine il faudrait avoir la note elle-même. Mais que diriez-vous de moi si par hasard je disais autre chose, si je disais avoir vu une chose : cette chose est bien celle-là, sûrement ?

Mᵉ Labori. — A la bonne heure ! Très bien, mon général !

LE GÉNÉRAL DELOYE. — Je dis seulement que lesi mpossibilités qui ont été alléguées n'existent pas. Cela, je le dis.

Mᵉ LABORI. — Ainsi donc, nous n'en sommes déjà plus aux possibilités, nous en sommes aux impossibilités. Je vous remercie, mon général, et je vous assure, M. le président me permettra de vous adresser cette parole respectueuse, que si je vous pose des questions de ce genre qui sont les plus délicates du débat, c'est que j'ai confiance absolue dans la loyauté de vos réponses.

M. le général Deloye n'a-t-il pas reconnu que le plus souvent les espions communiquaient à l'étranger des choses sans importance?

LE GÉNÉRAL DELOYE. — Je crois me souvenir du passage de ma déposition auquel Mᵉ Labori fait allusion. J'ai dit à la Cour que l'on pouvait classer les espions, comme tous ceux qui donnent des renseignements, en trois catégories : ceux qui donnent des renseignements et qui n'en savent pas le premier mot, et qui nous révèlent la gâchette d'un fusil, — et je crois que ceux-là sont très nombreux; — ceux qui sont attachés à la personne de ceux qui peuvent connaître. Ils ont le désir de donner quelque chose pour en tirer leur profit; mais souvent, si le hasard ne les sert pas, cela n'aurait pas grand dommage; voilà ce que j'ai dit.

Mᵉ LABORI. — M. le général Deloye ne reconnaît-il pas alors que lorsqu'il s'agit d'un fait d'espionnage, si l'espion reste dans le vague, c'est un raisonnement arbitraire que de partir de ce point de départ que le document est nécessairement important?

LE GÉNÉRAL DELOYE. — Oh! n'insistez pas, n'insistez pas! (Mouvement.) Voyez-vous, il y a dans ce bordereau des choses qui marquent que c'est un maître, un seigneur. (Rires.) Comment! vous y voyez quelqu'un qui a un document! Permettez-moi de revenir à la distinction que je faisais tout à l'heure entre les trois sortes d'espions : 1° le petit malheureux; 2° celui qui a un document confidentiel qui peut être un domestique, un planton, un scribe, et 3° enfin celui qui sait qui se trouve à la source. Or, le bordereau porte la preuve que celui qui a écrit le bordereau, qui l'a fait était à la source; il avait un document officiel : c'était le règlement provisoire sur le service du 120 court.

On vous a dit tout à l'heure qu'il en avait été distribué : c'est vrai, plus qu'on aurait dû, même, puisqu'il y a des colonels qui en ont fait faire des tirages, malgré les ordres. Enfin, c'est bon, cela ne donnait pas grand'chose, je le reconnais, mais c'était un document officiel, cela avait la saveur du document officiel, pour qui sait lire ; mais l'auteur du bordereau ne le donne pas, ce n'est pas la peine, il préfère donner sa prose ; et comme des billets de banque, elle est prise pour or pur, il le sait, et il parle comme quelqu'un qui le sait... Je demande pardon au Conseil du décousu de mes explications, mais je vais m'expliquer par une comparaison : je suppose qu'un marchand veuille nous vendre du vin ; il va nous écrire : « Monsieur, nous avons l'honneur de vous informer que notre maison vient de se porter acquéreur de la récolte des hospices de Beaune... etc. »

En somme, le marchand vous explique bien comment il va pouvoir vous bien servir.

Au contraire, vous avez dans une maison amie goûté du vin ; il est bon, vous le trouvez tel et vous voudriez bien savoir comment vous en procurer, à un moment donné... Le propriétaire qui est là vous dit : « C'est du vin de ma cave, je vous en procurerai quand vous voudrez. » Vous sortez, vous n'y pensez plus et, à un moment donné, vous recevez la lettre suivante : « Sans nouvelles m'indiquant que vous désirez toujours de mon vin, je me permets cependant, monsieur, de vous adresser quelques échantillons... » Cela, c'est un homme de votre monde, ce n'est pas le marchand, c'est quelqu'un qui sait que vous avez trouvé le vin bon et qui se rappelle à votre souvenir ; j'ai toujours remarqué cette tournure de phrase : « Je vous envoie cependant, monsieur... » ; c'est un égal qui écrit à un égal, c'est un gros seigneur, je vous dis. (Rires).

Me LABORI. — Est-ce que le mot « Sans nouvelles » n'indique pas cependant que le destinataire ne paraît pas très pressé d'avoir des renseignements nouveaux ?...

LE GÉNÉRAL DELOYE. — Au contraire, quand je l'ai lu, j'ai été effrayé et j'ai dit : « Nous avons quelqu'un ici » ; et j'ai regardé tout le monde autour de moi !

Me LABORI. — C'est dans le mot « Sans nouvelles » que M. le général Deloye trouve la gravité du document ?...

LE GÉNÉRAL DELOYE. — C'est dans tout le texte.

Me LABORI. — Puisqu'il s'agit de pièces si précieuses, comment M. le général Deloye explique-t-il ces mots « quelques renseignements intéressants », comme s'il s'agissait un peu d'une broutille ?

LE GÉNÉRAL DELOYE. — Des renseignements intéressants ! Oh ! Dieu, oui, puisqu'il s'agit de renseignements sur la couverture, intéressants au premier chef ; ce sont ceux dont M. de Freycinet a déclaré qu'ils étaient particulièrement confidentiels... « Quelques renseignements intéressants et des changements seront introduits dans le nouveau plan... » Qui est-ce qui peut donner cela? c'est un gros seigneur...

M⁰ LABORI. — Puisque nous sommes dans le centre même de la déposition de M. le commandant Hartmann, voudriez-vous, monsieur le président, lui demander s'il partage, sur cette interprétation du bordereau, le sentiment de M. le général Deloye?

LE COMMANDANT HARTMANN. — Je ferai une observation, mon colonel, qui est la suivante : Si l'auteur du bordereau est un gros seigneur, c'est un gros seigneur ignorant des choses de l'artillerie; (Rires.) car s'il a parlé du frein hydraulique du 120, il a livré des choses connues depuis longtemps, et s'il a parlé du frein hydropneumatique du 120 court, il l'a désigné par un nom impropre et convenant à un autre matériel. Dans les deux hypothèses, ce n'est pas un gros seigneur appartenant à l'artillerie.

M⁰ DEMANGE. — Le général Deloye vient de dire que la première mention du bordereau l'avait singulièrement frappé, parce que l'auteur du bordereau devait avoir entre les mains le règlement provisoire du 120, dont il avait extrait la substance...

LE GÉNÉRAL DELOYE. — J'ai dit qu'il y avait un document officiel qu'il aurait pu se borner à envoyer, s'il avait été un petit, un espion sans importance; et il eût été bien accueilli, car tous les documents officiels sont toujours les bienvenus. Mais il a préféré envoyer sa prose. Il a donné au lieu de l'or des billets de Banque.

M⁰ DEMANGE. — L'auteur du bordereau a extrait de ce règlement ce qui pouvait être utile pour son correspondant, qui pouvait le comprendre, parce que c'était un homme compétent?

LE GÉNÉRAL DELOYE. — Je le pense!

M⁰ DEMANGE. — Eh bien, voulez-vous demander à M. le général Deloye comment, l'auteur du bordereau ayant à sa disposition le manuel de tir, M. le général Deloye comprend que cet auteur compétent du bordereau écrive à son correspondant en lui disant : « Si vous voulez prendre ce qui vous intéresse, je vous l'enverrai, ou je vous le ferai copier tout entier »?

Comment M. le général Deloye explique-t-il que la même personne, tout à fait compétente pour renseigner au sujet du règlement provisoire du 120 son correspondant, ne sache pas, pour le manuel, extraire ce qui peut être utile à ce correspondant?

LE GÉNÉRAL DELOYE. — Voici comment je le comprends.

Le manuel de tir, comme tous les documents d'instruction, est surtout utile à une puissance étrangère pour jauger, pour étalonner le point de l'instruction de la puissance que l'on considère.

Eh bien ! il y a deux manières de considérer le manuel :

On peut d'abord faire en gros une donnée générale et dire, par exemple : « Le manuel de tir est changé et, cette fois-ci, au lieu de marcher au tour des manivelles, on procède d'une autre façon. »

Mais il y a d'autres points ; si l'officier étranger désire être renseigné spécialement sur certains détails de l'instruction sur le tir, sur certains points spéciaux, il peut chercher à savoir par exemple quel est le degré de l'exactitude avec laquelle la puissance en question prétend régler son tir, quel est le temps nécessaire pour cette opération. Cela peut l'intéresser, car il saura de la sorte si son artillerie ne sera pas détruite complètement avant d'avoir pu se régler. Il y a une foule de renseignements, et des points de vue très différents. Et alors l'auteur du bordereau dit à son correspondant : « Voulez-vous que je vous fasse copier les passages... » Non pardon, ce n'est pas cela ; je cite mal : « Je vous ferai copier *in extenso* le manuel, mais voulez-vous le voir et y prendre ce qui peut vous intéresser ? Quand vous en aurez pris la notion générale, cela vous suffira ; il suffira que vous vous soyez fait une idée de l'instruction du tir dans l'armée française pour que vous ayez atteint votre *desideratum*. Mais si vous le voulez, je vous le donnerai tout de même. »

UN JUGE SUPPLÉANT. — Sur ce manuel il y a des passages, qui ont été intitulés : exemple de tir, qui vont de la page 40 à la page 70. Il y a là des détails qui ne peuvent intéresser une puissance étrangère.

LE GÉNÉRAL DELOYE. — Il y avait naturellement des détails qui étaient oiseux sur le point de vue auquel devait se placer l'agent de la puissance étrangère qui dans le manuel ne voit qu'une chose : « Quelle est l'instruction que l'on donne actuellement aux troupes françaises ? et qu'est-ce que nous pouvons augurer de cette instruction quand nous rencontrerons ces troupes ? »

Mᵉ DEMANGE. — Mais ma question est celle-ci :

Comment l'homme compétent qui envoie le bordereau ne signale-t-il pas précisément les choses intéressantes à prendre dans ce manuel ? Comme l'a dit M. le général Deloye, il est compétent pour la question du 120 et la première partie du bordereau ; comment, à propos du manuel, cet homme compétent ne l'est-il plus et ne procède-t-il pas de la même manière ?

LE GÉNÉRAL DELOYE. — Parce que son point de vue peut ne pas être le même ; ils peuvent ne pas avoir besoin du même renseignement ; ils peuvent ne pas avoir la même manière de comprendre la question.

Pour le canon de 120, il n'y avait qu'une manière de la prendre,
la question : « Qu'est-ce qu'était la pièce, qu'est-ce qu'était le
nouvel engin ? » Quels étaient ses avantages ? et par quelles servitudes fallait-il payer ses avantages ?

Mais, il n'en était pas de même pour le Manuel.

Mᵉ DEMANGE. — Enfin, nous sommes toujours dans le domaine
des hypothèses.

LE LIEUTENANT-COLONEL BRONGNIART. — A quel moment les formations d'artillerie. telles qu'elles devaient être adoptées dans le
plan de 1895 ont-elles été connues et distribuées dans les états-
majors de corps d'armée ?

LE GÉNÉRAL DELOYE. — Les formations de l'artillerie, telles
qu'elles sont définies dans le plan de 1895 à l'Etat-Major ?

Je crois qu'on n'a pas dû, sur ce point (l'Etat-major vous rensei-
gnera mieux que moi), donner dans les corps d'armée des extraits ;
c'est une chose qui me semble tout au moins probable ; maintenant, c'est en juillet ou août, je crois, que la question a été sinon
définitivement tranchée dans tous ses détails, tout au moins résolue
dans ses grandes lignes pour nous. Quant aux renseignements
donnés aux commandants de corps d'armée par l'Etat-Major, je ne
pourrais pas, moi, fixer la date.

LE COMMANDANT HARTMANN. — Le Conseil pourrait se renseigner
à Rennes même, dans les bureaux des majors du corps d'armée et
de la division et il verra que la dépêche ministérielle du 4 juillet
1894, fixant les bases sur lesquelles étaient préparées l'organisation et la mobilisation de l'artillerie, pour le plan de 1895, est
arrivée vers le milieu de juillet, que d'ailleurs cette dépêche contenait tous les tableaux annexes, tableaux faisant connaître la
composition de l'artillerie des formations de campagne, dans les
corps d'armée, donnant la destination de l'artillerie territoriale, etc., etc... C'est la réponse à la question qui vient d'être
posée.

LE GÉNÉRAL DELOYE. — Je n'ai plus rien à dire.

LE GÉNÉRAL MERCIER. — J'ai demandé la parole.

LE PRÉSIDENT. — Vous l'aurez tout à l'heure. (A l'accusé.) Avez-
vous quelques observations à présenter ?

LE CAPITAINE DREYFUS. — Sur le bordereau que vient de remettre M. le général Deloye, je lis, dans la colonne observations,
qu'on a envoyé des manuels destinés à être mis à la disposition des
officiers stagiaires à l'Etat-Major devant se rendre dans les champs
de tir pour suivre les écoles à feu. Il y a là une observation d'une

inexactitude matérielle. Car les stagiaires d'Etat-Major de l'armée n'ont jamais assisté pendant leur stage aux écoles à feu. Je vois également, au crayon, le nom d'officier titulaire.

Le général Deloye, *au capitaine Dreyfus.* — Pardon, voulez-vous me remettre la pièce?

Voici quelle est l'origine de ce bordereau, il y a ici une mention au crayon qui est ainsi écrite : « Demande officieuse faite par le 2ᵉ bureau d'Etat-Major de l'armée. » Cette demande officieuse, il n'y a pas de trace écrite par qui elle a été faite, l'officier qui était chargé de faire l'envoi de ce bordereau, interrogé depuis, a pensé se rappeler qu'il s'agissait du commandant Jeannel qui était venu dire : « Vous ne nous avez envoyé que très peu de manuels du tir, il y a nos stagiaires qui en ont besoin. Donnez-nous-en. » Alors, on m'avait apporté à signer la copie de ce bordereau et je voyais sur la minute cette demande officieuse. J'ai signé, les manuels ont été envoyés. Il en a été envoyé dix exemplaires, si je ne me trompe, pour vingt stagiaires; vous voyez qu'on n'était pas très généreux, on pensait que cela suffirait. Voilà les explications que j'ai à donner au Conseil.

Le capitaine Dreyfus. — Mon colonel, je voulais simplement faire observer une erreur matérielle qui existe sur le bordereau.

Le général Deloye. — Ce n'est pas que le texte ait été altéré depuis.

Le capitaine Dreyfus. — Non, bien entendu.

Le général Deloye. — S'il y a une erreur, ce que je ne sais pas, mais ce que je ne crois pas, elle aura été faite dans la demande et non dans la réponse.

Le président. — Vous avez fini?

Le général Deloye. — Je voulais parler ici, au Conseil, d'un point de la déposition de M. le général Sebert. Ce n'est pas que ce point ait trait aux mêmes questions techniques, cependant il a trait à une question de service qui me paraît très importante, et je demande au Conseil la permission de lui lire le passage dont je parle. Le général Sebert apprécie la déposition du capitaine Valério, et dit : « Le capitaine Valério n'a pu que faire qu'une théorie fausse ou même des théories fausses; par conséquent, tout ce qu'il a dit reste inexact. J'ai eu à me demander comment il pouvait se faire qu'un officier d'artillerie défendît de pareilles erreurs. J'en ai trouvé une explication, qui est probable : c'est que, à l'Ecole de Versailles, M. Valério n'a pas eu l'occasion de pousser assez loin ses études sur le calcul des probabilités. »

Eh bien ! je demande au Conseil la permission de dire que, dans une armée qui, pour se présenter à l'ennemi, a besoin de cohésion, et par conséquent besoin qu'en temps de paix tous ses enfants marchent comme des frères la main dans la main, je ne crois pas bon qu'on dise que des officiers sortis du rang doivent s'arrêter à une certaine barre, que, plus haut, leurs assertions, leurs études personnelles, leurs capacités individuelles, tout cela n'est rien, qu'il y a une barre après laquelle on ne passe plus, cela n'est pas bon ! Et quand c'est un officier général qui vient le dire, non, non, non, cela n'est pas bon !

Maintenant d'autant plus que c'est inexact. M. le capitaine Valério, dont on a parlé, en est lui-même un exemple, il n'est pas même allé à l'Ecole de Versailles, il est du commencement, alors que l'Ecole de Versailles n'existait pas, il s'est fait lui-même, il est arrivé à la position d'officier, et il en a si bien rempli les conditions qu'il a été admis à l'Ecole d'application de Fontainebleau sur la proposition de son inspecteur général, qu'il en a suivi les cours à la satisfaction de ses chefs, et que, pour laisser de côté les autres parties du service, au point de vue scientifique, il a mérité il n'y a pas trois mois, sur des questions scientifiques, une lettre d'éloges du ministre de la guerre.

Il n'est pas le seul : il y a une masse d'officiers qui sont sortis du rang, qui sont arrivés à l'Ecole de guerre, et qui ont bien tenu leur place dans nos états-majors et nos corps de troupe. Je demande alors au Conseil la permission, me trouvant ici à raison de mes fonctions de directeur de l'artillerie pouvant dire que je suis chargé de la direction générale de l'école de Versailles, de dire à nos camarades du rang qu'ils ne tiennent pas compte de cette parole et que ces opinions ne sont pas les nôtres ! Et cela je crois qu'il fallait le dire !

Le Président. — C'est tout ce que vous avez à dire au Conseil ?

Le général Deloye. — Oui, monsieur le président.

Le Président. — Monsieur le général Mercier, vous avez demandé la parole ?

Le Général Mercier. — Oui, monsieur le président. Puisqu'on a parlé dans les dépositions du commandant Hartmann de la réglette de correspondance, je voudrais demander à M. le lieutenant Bernheim, qui a déposé hier, une date dont je ne me souviens pas : quelle est la date à laquelle il a envoyé la réglette de correspondance au commandant Esterhazy.

Le lieutenant Bernheim, *de sa place.* — Avant mon départ aux manœuvres.

Le président. — Approchez ici !

Le lieutenant Bernheim. — La date exacte de l'envoi de la réglette, je ne m'en souviens pas, mais ce doit être avant les grandes manœuvres de 1894.

Le président. — Avant le mois d'août 1894 ?

Le lieutenant Bernheim. — Avant la fin du mois d'août ou le commencement de septembre.

Le général Mercier. — Eh bien, je ne sais pas si le Conseil se rappelle exactement ce qu'était cette réglette de correspondance, mais j'en ai un exemplaire chez moi. — Je ne m'attendais pas à ce que la question fût rappelée ce matin, et je vous demande la permission de la déposer à la reprise de la séance entre les mains du Conseil pour qu'il puisse constater que cette réglette, mise entre les mains d'un officier qui a assisté aux écoles à feu, peut avoir son intérêt et être utilisée par lui sans avoir besoin du Manuel de tir : il n'y a pas corrélation indispensable entre la réglette et le Manuel de tir.

Je voudrais maintenant demander à M. le commandant Hartmann qui a constaté tout à l'heure, pendant sa déposition, qu'une puissance étrangère avait fait des études sur le frein hydropneumatique avant 1890, je crois, quelle est la date exacte. Vous avez cité la date de 1889 ?

Le commandant Hartmann. — Mon colonel, je n'ai pas cité la date de 1889 ; j'ai dit que si le Conseil voulait être éclairé sur les expériences faites par les Allemands, il lui suffirait de se reporter au rapport n° 89 des expériences faites chez Krupp.

Le général Mercier. — Eh bien, M. le commandant Hartmann peut-il préciser la date à laquelle ont été faites ces expériences ?

Le président. — Pouvez-vous préciser la date à laquelle on a fait ces expériences ?

Le commandant Hartmann. — Les expériences se sont terminées vers la fin de 1893 par la décision prise en Allemagne de ne pas employer le frein hydropneumatique pour le matériel de campagne ; ces expériences avaient été commencées je ne sais à quelle date.

Le président. — Elles ont été terminées à la fin de 1893.

Le commandant Hartmann. — Oui.

Le général Mercier. — Eh bien, je demanderai au commandant Hartmann si, dans ce document, le frein reste désigné sous la dénomination de frein hydropneumatique.

Le commandant Hartmann. — Je ne peux pas répondre à cette question. Je sais qu'il y a un récupérateur à air et qu'il y a un réservoir conservant un liquide.

Le président. — Vous ne vous rappelez pas quel est le nom qui lui était donné?

Le commandant Hartmann. — C'est un nom allemand et je ne me le rappelle pas.

Le général Mercier. — Je vais répondre à la question de M. le président : les Allemands lui ont donné le nom de *frein hydraulique*. J'ai fait faire des recherches par le 2e bureau sur cette expression-là et il a été constaté, par une note dont je n'avais pas parlé (mais puisque la discussion revient là-dessus, je la déposerai tout à l'heure entre les mains du Conseil) il a été constaté au 2e bureau, où on fait toutes les traductions d'ouvrages militaires, de revues militaires, de journaux militaires que jusqu'en 1896, en Allemagne, c'est toujours l'expression de *frein hydraulique* qui a été employée et que l'expression de frein hydropneumatique n'a commencé à paraître qu'en 1896. Je n'attache pas une grande importance à cela, mais puisque la défense paraît attacher une grande importance à cette expression hydraulique, il est bon de savoir qu'un officier qui correspondait avec une puissance étrangère pouvait tout naturellement employer le terme qui était employé chez cette même puissance étrangère. C'est tout ce que j'ai à dire.

Le commandant Hartmann. — Je fais remarquer, mon colonel, que les expériences allemandes étaient abandonnées au moment où le bordereau a été envoyé.

QUATRE-VINGT-DIX-HUITIÈME TÉMOIN

M. HAVET, *membre de l'Institut.*

M. Havet (Pierre-Antoine-Louis), 50 ans, membre de l'Institut, professeur au Collège de France et à la Sorbonne.

Le témoin prête le serment d'usage.

Me Demange. — M. le général Mercier, lorsqu'il a passé en revue la terminologie du bordereau, a émis une opinion au sujet de laquelle il serait en contradiction avec celle de M. Havet. Je prierais le Conseil de vouloir bien demander à M. Havet de nous renseigner au point de vue de cette terminologie.

Le président, *au témoin.* — Vous avez entendu la question, veuillez répondre.

M. HAVET. — Il s'agit de points qui touchent à des questions grammaticales et j'aurai besoin de quelques citations textuelles. Je demanderai au Conseil, tout à l'heure, la permission de me servir d'un mémento, afin de pouvoir donner exactement les phrases dont j'ai à parler.

LE PRÉSIDENT. — Ne lisez pas votre déposition.

M. HAVET. — Je ne lirai pas ma déposition, je lirai simplement des textes.

M. le général Mercier a en effet visé, dans sa déposition, celle que j'avais faite en février 1898 devant la Cour d'assises, lors du procès Zola. J'avais tiré du vocabulaire et de la syntaxe du bordereau des conclusions qui indiquaient que ce document émanait non pas du capitaine Dreyfus, mais du commandant Esterhazy ; M. le général Mercier a repris le même ordre d'arguments, mais pour en tirer des conclusions contraires. Je voudrais d'abord, en deux mots, repousser les deux ou trois exemples allégués par M. le général Mercier et montrer qu'on doit en tirer une conclusion absolument inverse de celle qu'il en a tirée, ou, du moins, qu'un de ses arguments est sans valeur et qu'un autre, qui plus est, se retourne contre Esterhazy.

L'un des exemples cités par le général Mercier est celui-ci :

Dans le bordereau, il y a une phrase qui contient la particule « ne » : « A moins que vous NE vouliez que je le fasse copier *in extenso* et NE vous en adresse la copie ». Le second « ne » est inutile. Et le général Mercier a cité ces phrases du capitaine Dreyfus : « Mais ce dont je ne saurais douter, ce dont je n'ai pas le droit de douter, c'est que tous les concours NE nous soient donnés... » Et il a dit que dans cette phrase il y a aussi un « ne » qui est inutile, et que ce doit être le même écrivain, qui a mis un « ne » de trop dans la lettre, et qui en a mis un également de trop dans le bordereau.

Cette conclusion est fragile, pour deux motifs. Premier motif : Il n'y a aucune ressemblance entre la faute du bordereau, qui est une simple étourderie d'un écrivain qui, venant d'écrire « ne », le répète par distraction, et le « ne » du capitaine Dreyfus dans sa lettre ; les deux faits ne se ressemblent pas le moins du monde.

Mais la seconde raison pour laquelle le rapprochement est fragile, c'est que la phrase du capitaine Dreyfus est absolument correcte, tout ce qu'il y a de plus régulier comme français. C'est l'usage le plus ordinaire, et la règle classique, de mettre un « ne » après le verbe « douter », dans les phrases négatives comme celle-là : *Mais ce dont je ne saurais douter, ce dont je n'ai pas le droit de douter, c'est que tous les concours ne me soient donnés.*

Pour citer un exemple récent : Dans l'enquête de la Cour de cassation, j'ai noté une phrase du général Roget, qui dit : *Il n'est pas douteux, en effet, qu'un officier d'artillerie NE se laisse aller à lui donner des renseignements.* Il y a là un « ne » dans les mêmes conditions.

Je sais bien que dans une brochure que, sans doute, le général Mercier a connue, on a critiqué la phrase du capitaine Dreyfus à un point de vue plus étroit, en disant : « Le verbe « douter » exclut le « ne » lorsqu'il est précédé d'un verbe auxiliaire. »

Cela n'est pas vrai le moins du monde ; dans Bossuet, par exemple, je trouve : « Je ne crois pas qu'on puisse douter que... ne... » Par conséquent, l'exemple ne peut rien prouver contre Dreyfus, puisque Dreyfus a fait une phrase excellente et tout à fait classique, tandis que dans le bordereau il y a une faute.

Cette petite question grammaticale a fait l'objet, l'année dernière, d'une discussion dans la presse. On a réuni des exemples innombrables ; je ne les rapporterai pas au Conseil. Je me contente d'affirmer, à l'appui des exemples cités, que le « ne » est tout ce qu'il y a de plus régulier. Donc il ne prouve rien, absolument, sur la provenance du bordereau.

L'autre exemple cité par M. le général Mercier est celui-ci : « Sans nouvelles m'indiquant que vous désirez me voir, je vous adresse cependant monsieur quelques renseignements intéressants ». Pour prouver que cette phrase doit venir du capitaine Dreyfus, le général Mercier a fait allusion à la phrase suivante, qui se trouve dans une lettre du capitaine Dreyfus, du 27 mai 1895 : « Quoique sans nouvelles depuis mon départ de France — toutes les lettres reçues étant antérieures à notre dernière entrevue — j'espère cependant qu'au moment où tu recevras cette lettre, le dénouement de notre tragique histoire sera proche ». Il y a, en effet, certaines ressemblances entre les deux phrases ; elles commencent toutes deux par une objection, elles continuent par la réponse avec la particule « cependant » ; toutes deux disent également : « sans nouvelles ». Il y a donc une ressemblance de mots, qui provient d'une ressemblance de faits. Dans les deux cas, l'écrivain est sans nouvelles, et il dit que, quoique sans nouvelles, il fait ou attend quelque chose. Mais ce n'est pas au point de vue du fait qu'il faut se placer pour établir l'identité ou la différence des personnes ; c'est au point de vue de la forme grammaticale, et c'est à ce point de vue que M. le général Mercier a rapproché ces deux passages.

Ces deux passages sont absolument différents au point de vue grammatical, et voici ce que j'avais fait remarquer au procès Zola, où j'ai parlé de la phrase du bordereau seule. Remarquez qu'à ce moment-là, je n'avais pas présente à la mémoire la phrase du capitaine Dreyfus. Je vais vous répéter ce que j'avais dit de la phrase du bordereau, et nous verrons ensuite ce qu'il y a à dire de la phrase du capitaine Dreyfus.

J'avais dit que la phrase du bordereau contient deux incorrections. D'abord : « Sans nouvelles m'indiquant que vous désirez me voir, je vous adresse CEPENDANT, monsieur... » L'objection est énoncée dans la seconde partie de la phrase seulement, au moyen de la particule « cependant ». C'est là une tournure très fréquente dans la syntaxe allemande, où l'on emploie une première phrase, qui contient implicitement une objection, sans annoncer l'objection; puis, quand vient la seconde phrase, on vise l'objection et on met la particule *doch*, cependant. C'est une tournure tout à fait germanique, et il y en a beaucoup dans le bordereau. Un Français possédant bien sa langue, et écrivant comme un Français doit écrire, aurait employé la tournure suivante : « QUOIQUE je sois sans nouvelles m'indiquant que vous désirez me voir, je vous adresse cependant... »; ou bien il aurait encore pu couper: « Je suis sans nouvelles, MAIS je vous adresse néanmoins quelques renseignements. » Telles sont les deux tournures naturelles qui auraient pu venir sous la plume d'un bon écrivain français.

L'autre incorrection, que j'ai signalée au procès Zola, était celle-ci : le mot « nouvelles » est employé dans une acception qui n'est pas française. On ne dit pas, en français, des nouvelles *indiquant* que quelqu'un désire voir une autre personne ; on dit un avis : « Je n'ai pas reçu d'avis m'indiquant que vous désirez me voir, je n'ai pas été informé de ce désir. » Jamais un Français écrivant bien sa langue n'aurait pu dire : « Je n'ai pas reçu de nouvelles *indiquant* que vous voulez me voir. » Ainsi employé, ce mot est une tournure germanique. Le mot *Nachrichten* devait flotter d'une façon vague dans l'imagination de l'écrivain et lui a suggéré cette expression incorrecte.

Il y a donc deux incorrections dans cette phrase. J'ai fait remarquer qu'au procès Zola je n'avais pas présente à la mémoire la phrase du capitaine Dreyfus que le général Mercier a citée, pour prouver que Dreyfus était l'auteur du bordereau, par la raison que les mots dont il se sert dans sa lettre sont les mêmes que ceux employés dans le bordereau. Or, au contraire, la phrase de Dreyfus montre qu'il écrit très bien le français et qu'il ne commet pas les fautes que je viens de vous signaler. Voici sa phrase : « Quoique sans nouvelles depuis mon départ de France, toutes les lettres reçues étant antérieures à notre dernière entrevue, j'espère cependant que... » Vous voyez que Dreyfus, ce que j'ignorais au moment où j'ai déposé à la cour d'assises, avait construit sa phrase avec *quoique*, comme je voulais qu'une phrase fût construite quand je discutais au procès Zola, sans savoir qu'il avait, en quelque sorte, d'avance satisfait à mon observation. Dans la phrase du capitaine Dreyfus, on trouve le mot « nouvelles » : « Quoique sans nouvelles depuis mon départ de France ». Mais c'est dans son acception exacte ; il voudrait avoir des nouvelles d'une personne, non des nouvelles *indiquant* quelque chose. Par conséquent, cette seconde observation de M. le général Mercier se retourne exactement contre sa thèse, et elle me semble donner une preuve démonstrative des plus sérieuses, pour quelqu'un qui a l'habitude de faire attention aux choses de la grammaire, que Dreyfus ne pourrait pas être l'auteur du bordereau, quand bien même il y aurait des vraisemblances d'un autre ordre.

Je ne parlerai pas du troisième argument du général Mercier, au sujet de la phrase : « Ce document est difficile à se procurer », phrase qui est incorrecte.

Il a dit que cette phrase devait être imputée à Dreyfus plutôt qu'à une autre personne, parce que Dreyfus était d'une famille industrielle. (*Rires.*) Je ne crois pas avoir à réfuter cet argument.

Je désire maintenant vous soumettre quelques observations, qui viennent corroborer celles que je viens de faire, et donner, je crois, la notion bien claire que le bordereau n'est pas écrit en français ordinaire. Il importe ici de compter les exemples. Chacun de nous, en effet, peut laisser échapper une incorrection ; tel est incorrect sur un point, bien que correct sur un autre. Personne n'écrit d'une façon impeccable. Mais si plusieurs incorrections s'accumulent, si, de plus, ces incorrections ont quelque chose de commun, un air de famille, si elles sentent l'influence d'une langue étrangère, elles peuvent constituer un indice, qui permet d'identifier leur auteur, ou du moins de l'enfermer dans un certain cercle, et qui permet, encore bien mieux, d'exclure de l'hypothèse les personnes dont la langue est en général plus correcte.

Dans le bordereau, nous trouvons plusieurs phrases incorrectes.

D'abord, celle indiquée par le général Mercier : « Ce document est difficile à se procurer. » Ensuite, nous trouvons : « Le ministère de la guerre en a envoyé un nombre FIXE dans les corps. » Cela n'est pas du bon français. Qu'a voulu dire l'auteur? Que le manuel de tir a été envoyé dans les corps de telle façon que l'on a compté les exemplaires distribués, pour les faire rentrer ensuite? Probablement; mais nous n'aurions pas dit, dans ce cas « un nombre fixe ». Ce n'est pas ce que le mot de *fixe* indiquerait, un nombre fixe semble être un nombre toujours le même, ce qu'on appelle « un nombre invariable, un nombre constant ». Par exemple, on aurait pu envoyer dans les corps cinquante exemplaires pour que tous les corps en eussent le même nombre.

Je ne vois pas d'autre sens possible pour ces mots; mais ce n'est certes pas là ce que l'auteur du bordereau a voulu dire; il n'a pas voulu dire que dans les corps, sans tenir compte du nombre d'officiers qui s'y trouvent, on a envoyé le même nombre de manuels, mais bien un nombre précis, un nombre déterminé, *bestimmt*. L'influence d'une langue étrangère, qui se mêle dans l'emploi de la langue française, est très caractéristique.

Voici maintenant un petit détail qui m'avait échappé au procès Zola, et qui, cependant, doit être retenu : « CHAQUE officier détenteur doit remettre le sien après les manœuvres. »

Ce « chaque » n'est pas du bon français. On pourrait dire en français : « Il y a vingt officiers détenteurs ; chaque officier détenteur devra remettre le sien. » Mais comme il n'y a pas, avant, quelque chose qui détermine le cercle dans lequel on prend « chaque », chaque est incorrect; on doit dire « tout » : Tout officier détenteur doit remettre le sien après les manœuvres. » La nuance est très fine, mais elle existe. Il se trouve que le mot « chaque » substitué à « tout » représente exactement la confusion que fait quelqu'un qui pense en allemand, parce que, en allemand, dans ce sens, tout et chaque se disent de la même façon, *jeder*. Voilà donc une incorrection qui est encore un germanisme, une tournure allemande qui se glisse dans l'imagination de l'écrivain.

« ... Si vous voulez y prendre ce qui vous intéresse et le tenir à ma disposition après, je le prendrai. »

Il m'est arrivé bien des fois d'aller chercher chez un ami un livre que je lui ai prêté; il m'est arrivé souvent qu'on m'a tenu un langage semblable; jamais je n'ai entendu ni employé cette locution : « Je le prendrai »; j'ai toujours entendu dire ou j'ai dit : « J'irai le prendre «, ou « J'irai le chercher ».

Ici, c'est le verbe allemand *holen* qui était présent à l'esprit de l'écrivain; il exerçait une influence qui vient de ce que cet écrivain, quel qu'il soit, n'est pas simplement un homme qui parle français, comme les gens élevés exclusivement en France.

Il y a le fameux « Je vais partir en manœuvres ». Cette tournure n'est pas allemande; je crois qu'elle n'est pas française non plus; mais c'est une tournure familière à Esterhazy.

Il y a également la phrase sur le frein hydraulique du 120 et la manière dont s'est « conduite » cette pièce, qui a été l'objet d'un assez grand nombre de discussions. Je ne suis pas compétent pour apprécier le verbe conduire ou le verbe comporter au point de vue spécial de l'artillerie, mais j'ai le sentiment très net de la valeur de ces deux mots dans la langue française. Toutes les fois que j'aurai à parler d'une personne, je dirai : « Elle s'est bien conduite »; toutes les fois que j'aurai à parler d'une chose matérielle, outil, instrument, par conséquent, d'une pièce de canon, je dirai que cet objet matériel s'est bien « comporté ».

Je sais qu'il y a là-dessus des discussions. M. le général Deloye, par exemple, a dit qu'on pouvait employer indifféremment l'un et l'autre. Je m'inclinerais bien volontiers devant l'autorité d'un artilleur, si je ne voyais qu'il est en désaccord avec d'autres artilleurs. On peut se reporter aux dépositions imprimées de la Cour de cassation, à celle du général Sebert, du capitaine Moch, du commandant Ducros, sans parler peut-être d'autres qui m'auraient échappé, pour voir qu'aux yeux de ces messieurs, au point de vue spécial de l'artillerie, le verbe *conduire* a quelque chose qui leur paraît insolite. Je ne puis pas avoir un avis définitif sur la question; mais je crois devoir soumettre ce point à l'attention de MM. les membres du Conseil qui, justement, sont compétents pour l'apprécier directement, et leur montrer combien il y a de présomptions qu'ici ce soit encore une faute de français, analogue, dans sa nature, à celles que je viens d'énumérer. L'allemand *verhalten* a les deux sens.

Vous voyez que dans le bordereau, qui est un texte en somme bien court, il y a un nombre remarquable d'incorrections, et que plusieurs de ces incorrections sentent nettement l'influence germanique. Cette simple observation, quand on connaît les lettres du capitaine Dreyfus, suffirait pour interdire absolument de lui attribuer la rédaction du bordereau. Je dis : absolument; je n'ai pas d'hésitation à employer cet adverbe, de sens un peu grave. (*Mouvement.*) Je sais bien qu'on n'est pas habitué à tirer grand parti des éléments de jugement qui viennent de la grammaire et de la langue.

Tout le monde est familier avec l'emploi qu'on peut tirer des formes de l'écriture, dans les expertises, pour juger si un document émane d'une personne ou d'une autre. Eh bien, la langue, dans certains cas du moins, peut fournir des indications — différentes quant à leur objet, analogues quant aux principes de méthode — qui présentent les mêmes degrés de certitude ou d'incertitude; c'est-à-dire que quand les exemples sont nombreux et quand ils sont maniés par un esprit prudent, ils donnent des conclusions utiles; quand ils sont mal maniés, naturellement, comme les indications d'écriture, ils donnent des conclusions fausses. Il y a un grand profit à tirer de ces indications de grammaire; elles ont, au point de vue de la méthode, une valeur tout à fait analogue à celle des indications d'écriture; c'est ce que je vais faire comprendre.

Quand on raisonne sur le fond des choses, il y a chance pour qu'on tourne dans un cercle vicieux parce qu'on raisonne à la fois sur deux questions; je vais prendre un exemple pour être bien compris. Je prends la phrase où il est question du frein hydraulique du 120. Il s'agit, première question, de savoir si l'auteur du bordereau est le capitaine Dreyfus ou le commandant Esterhazy; il s'agit, deuxième question, qui a été amplement discutée et qui le sera peut-être encore, de savoir s'il s'agit du frein hydraulique du 120 long ou du frein hydropneumatique du 120 court, question pour laquelle je ne suis pas compétent.

Voilà deux questions qu'on est obligé de trancher; quand on discute sur la personne, on discute aussi sur la chose, et, si on discute sur la chose, on discutera forcément sur la personne; il y a donc certaines chances de cercle vicieux.

Au contraire, quand il est question d'écriture, il y a danger d'erreur, mais pas de cercle vicieux, parce que la forme des jambages, la ressemblance des écritures, sont tout à fait indépendantes des circonstances qui accompagnent le crime; que tel homme soit ou non un traître, soit à même de se procurer tel document, son écriture n'en sera pas modifiée. Il en est de même en matière de langue : pour moi, le bordereau est d'Esterhazy; la langue qui y est parlée est d'Esterhazy; mais la trahison, celle que j'attribue à Esterhazy sans hésitation, est indépendante des fautes de grammaire qu'il a commises. Au point de vue de la méthode, le renseignement tiré de la langue donne des informations indépendantes du fond. Elles ont une grande valeur, parce que, si l'on a commis une erreur quelconque dans le raisonnement touchant le fond, il y a chance que cette erreur soit corrigée par des renseignements puisés en dehors, qui sont totalement indépendants, qui ne peuvent pas être faussés par l'erreur initiale commise.

Je disais que la langue du bordereau suffirait pour empêcher absolument d'attribuer la rédaction du bordereau au capitaine Dreyfus. En effet, le capitaine Dreyfus écrit une langue étonnante de netteté, de précision et de correction grammaticale. J'ai lu et relu ses lettres avec grand soin à ce point de vue grammatical. Jamais je n'y ai trouvé de fautes proprement dites, qui sentent à un degré quelconque une influence germanique, qui ressemblent à celles du bordereau ; il écrit une langue excellente. Et j'ai relu ces lettres non pas seulement au point de vue de la langue, mais je les ai relues aussi à un autre point de vue. Je les ai lues bien des fois pendant la longue lutte que les partisans de l'innocence du capitaine Dreyfus ont soutenue contre les partisans de l'opinion contraire. Je les ai lues bien des fois, parce qu'elles m'intéressaient en elles-mêmes et qu'elles me faisaient du bien à lire. Je les lisais alors avec un sentiment instinctif, l'attention du grammairien étant endormie à ce moment.

Je les lisais dans des moments où il semblait que la cause était perdue, ou, du moins, que son triomphe était ajourné à très longtemps ; dans des moments, par conséquent, où j'étais extrêmement affligé, dans des moments très noirs. Je souffrais de voir renaître les obstacles, non pas seulement par un sentiment d'humanité et de pitié pour une personne que je n'avais pas encore vue, mais par le sentiment du déshonneur et de tous les malheurs qu'une condamnation injuste, maintenue opiniâtrément par la France, pouvait attirer et sur l'armée et sur le pays tout entier. (*Mouvement.*) Dans l'hypothèse, en effet, où une telle condamnation est injuste, c'est un malheur épouvantable pour le pays. Et il me semblait que la France, s'il y avait une guerre, serait dans une situation inférieure, parce que l'ennemi verrait une souillure sur le drapeau tricolore.

Eh bien, c'est dans ces moments où j'ai été parfois dans un désespoir sombre, qu'il m'est arrivé de lire ces lettres et de les relire, pour y chercher une leçon de courage, parce qu'elles sont pleines de phrases courageuses, de phrases optimistes, suggérant l'énergie d'agir et l'énergie d'attendre, et suggérant aussi la confiance imperturbable dans la justice et dans la vérité.

Je les ai donc lues bien des fois à un tout autre point de vue que celui du puriste et du grammairien. Et chaque fois que je les ai relues, j'ai été saisi par la netteté, la justesse parfaite et l'élégance mathématique et nerveuse du style.

Non seulement il n'y a pas de faute de grammaire, mais le capitaine Dreyfus est un excellent écrivain. Il a écrit des phrases qui sont des modèles au point de vue du style.

Je cite une phrase que j'ai déjà citée au procès Zola : « J'ai légué à ceux qui m'ont fait condamner un devoir » ; cette phrase est la perfection au point de vue du style et au point de vue de la langue. Elle est d'une justesse étonnante, absolument géométrique.

J'ai légué... On pourrait croire, au premier abord, que c'est une expression mise là par à peu près.

Or, voilà un homme qui est condamné, et qui, après sa condamtion, lègue un devoir à ceux qui l'ont fait condamner. Il avait légué, en exprimant ses dernières volontés, un devoir à ceux qui l'avaient fait condamner.

Il avait écrit au général Mercier : « Moi parti, qu'on cherche encore. » Il avait demandé au commandant du Paty de Clam de faire faire des recherches.

Par conséquent il avait légué, bel et bien « légué », comme quelqu'un qui fait son testament, qui exprime ses dernières volontés, à ceux qui l'avaient fait condamner, un devoir.

Cette phrase est la perfection même de la langue ; je n'insiste pas, il y en a beaucoup d'autres ; les lettres contiennent de véritables modèles au point de vue du style et au point de vue de la langue. En les relisant ainsi, sous le coup de l'émotion profonde et poignante qu'elles me donnaient, j'aurais été choqué, si j'avais rencontré quelque tournure grammaticale désagréable, de ces choses qui sentent l'influence exotique. Eh bien, pas plus quand je cherchais les petites difficultés de langue que quand je ne les cherchais pas, que quand je me laissais aller à l'émotion instinctive et inconsciente, jamais je n'ai rencontré quelque chose qui ressemble à ces fautes du bordereau. Comment se ferait-il qu'un même homme ait accumulé les fautes dont je vous ai donné la longue liste, et que, dans un nombre considérable de lettres — car j'en ai lu et relu un très grand nombre, — jamais une faute ne se soit glissée ? Par conséquent, cette seule considération est à mon point de vue décisive. Il est, je le répète, absolument impossible que la rédaction du bordereau émane du capitaine Dreyfus.

Maintenant, le problème est-il entièrement résolu par cette conclusion négative ? Si je me bornais à dire : « Le bordereau n'a pas été rédigé par le capitaine Dreyfus », on pourrait m'objecter : « Qui en est l'auteur ? Vous ne le dites pas ; il y a encore là un problème, il y a quelque chose d'obscur, la question est incomplètement traitée, et tout en tenant compte de votre objection, il faut chercher si elle n'est pas résolue par un mystère que nous ne connaissons pas. »

Eh bien ! la réponse est bien simple. Pour compléter l'exposé de la question, il faut rechercher, d'après les mêmes indices, qui est l'auteur de la rédaction du bordereau, et ici, la solution est facile : l'auteur de la rédaction du bordereau, aussi bien que de l'écriture du bordereau, c'est l'homme qui écrivait sur le papier du bordereau, c'est-à-dire Esterhazy. En effet, le style d'Esterhazy est taché à chaque instant exactement par les mêmes fautes que celles reconnues dans le bordereau. Je ne dis pas par les mêmes fautes en détail, les mêmes mots employés de la même façon. Je n'ai pas assez de lettres d'Esterhazy pour retrouver les mêmes fautes sur les mêmes mots ; mais j'entends des fautes de même nature. En prenant les fautes du bordereau et les fautes d'Esterhazy ; en les mettant pêle mêle, sans dire la provenance, il serait impossible à un grammairien exercé de trier les deux ordres de fautes. C'est ainsi que, si on met pêle-mêle des lignes de l'écriture du bordereau et des lignes de l'écriture d'Esterhazy, il est impossible de dire la provenance de chacune. (*Mouvement.*)

Voici quelques échantillons de ces fautes d'Esterhazy :

Dans la fameuse lettre du uhlan : « J'ai fait TOUTES tentatives pour retourner en Algérie. » Cet emploi de « toutes » sans article ou sans possessif devant « tentatives » est une tournure germanique.

C'est une faute dont j'ai plusieurs exemples dans Esterhazy. Dans un fac-similé qui a été imprimé à la fin du procès Zola, on trouve ceci : « Ils ont dû trouver toutes traces de cette affaire. » Ailleurs, dans une lettre à M. Jules Roche, il écrit « atroce à tous points de vue », et non pas à tous les points de vue.

Dans la même lettre du uhlan : « Il n'y a pour moi qu'une qualité humaine ; elle manque complètement aux gens de ce pays, et si ce soir on venait me dire que je serai tué demain comme capitaine de uhlans en sabrant des Français, je serais certainement parfaitement heureux. » Cette phrase qui est si peu française, qui est si digne du véritable auteur du bordereau, contient plusieurs fautes de français : « Il n'y a pour moi qu'une qualité humaine. » Qu'est-ce que cela voudrait dire en français ? Ce serait une qualité qui touche à l'humanité, c'est-à-dire un sentiment de compassion pour nos semblables.

Ce n'est pas cela qu'Esterhazy entend ; il parle ici non pas même du courage militaire, mais de l'ardeur brutale à sabrer ; il voudrait, étant uhlan, sabrer des Français; c'est la qualité qui fait qu'on sabre bien qui est pour lui la seule qualité humaine.

« Si l'on venait me dire que je serai tué demain COMME capitaine de uhlans. » Ceci est l'allemand *als*. En bon français, « comme » s'emploie quand il y a une relation logique entre les deux expressions jointes par « comme. » On pourra dire, par exemple : « Un tel a donné cet ordre comme capitaine », c'est-à-dire parce qu'il est capitaine. Mais on n'est pas tué parce qu'on est capitaine.

C'est là une incorrection qui, si elle était seule, n'attirerait pas beaucoup les yeux, parce que « comme », dans le langage, commence aujourd'hui a être employé d'une façon assez élastique. Mais il y a d'autres incorrections sur lesquelles j'aurai encore à appeler votre attention.

Il est à remarquer que le colonel Picquart a trouvé précisément un autre exemple du mot « comme » employé dans le sens de l'allemand « als » dans le second article « DIXI », l'article du 17 novembre : » Dès que Souffrain vit qu'il s'était montré comme un novice. » Je n'ai pas à ma disposition l'article DIXI ; j'emprunte cette citation à l'extrait qui a été donné par le colonel Picquart dans l'enquête Bertulus.

Je n'ai pas fini avec la phrase que je viens de citer où il y a : » Une seule qualité humaine », c'est-à-dire une qualité qui caractérise l'homme.

« Je serais certainemeut parfaitement heureux. » Il n'y a rien de plus contraire à l'usage français que de mettre de suite deux longs adverbes en *ment*. Mettez la phrase en allemand, cela ira tout seul ; les adverbes seront des mots courts. (*Mouvement.*)

Dans les lettres écrites à madame de Boulancy, il y a plusieurs fautes du même genre :

« Les Allemands mettront tous ces gens-là à leur vraie place. » On dit en allemand « mettre », *in den richtigen Platz setzen*. Mais en français on ne dit pas mettre, on dit remettre : « Les Allemands remettront ces gens-là à leur place. »

« Voilà, dit Esterhazy, la belle armée de France. » Il veut dire l'armée française. Pour dire l'armée française, il y a deux locutions vraiment françaises ; c'est : « l'armée française » ou « l'armée *de la* France ». L'armée *de* France aurait un autre sens. Quand on dit que Bonaparte commandait l'armée d'Italie, cela ne veut pas dire l'armée de l'Italie, mais l'armée qui opérait en Italie ; par conséquent la belle armée *de* France voudrait dire une armée qui opérerait en France.

Je veux citer d'autres exemples dans d'autres lettres.

Lettres reproduites dans la brochure de M. Leyret :

« Je ne puis rester votre locataire… Reste à ma place madame Pays qui demeure dans le lieu avec un mobilier entier. » Dans le lieu, pour dire sur place, dans l'appartement, me paraît une locution bien bizarre.

Lettre à M. Grenier, que M. Grenier a lue au Conseil et qui a été imprimée dans le *Figaro* il y a quelques jours : « J'avoue qu'il est hors de mes forces de supporter ce traitement. » On dit bien : « au-dessus des forces ; hors du pouvoir » de quelqu'un, mais pas « hors des forces ».

Voilà encore une de ces confusions analogues à celles que commettent des gens qui mettent des réminiscences d'autres langues en français.

Dans la lettre à M. Jules Roche, il y a également des phrases assez bizarres. Par exemple : « L'assurance que vous voulez bien me donner de le voir et de lui parler. » On ne donne pas à quelqu'un l'assurance de voir, mais l'assurance qu'on verra une autre personne.

« Tous les pauvres miens », c'est-à-dire tous les gens de ma famille ; « si vous le jugez bien » pour « jugez bon », etc.

J'abrège, parce que j'aurais vraiment trop d'exemples à citer.

Je crois que ces exemples, ceux que j'ai cités et ceux que je supprime pour être court, démontrent amplement que le commandant Esterhazy est bien l'écrivain capable, au point de vue de la langue, d'avoir rédigé le bordereau. Ce sont des fautes de même nature, des impropriétés, des tournures exotiques, qui viennent de la même disposition d'esprit, du même état des connaissances. Par conséquent, non seulement j'affirme qu'il n'est pas possible, pour quelqu'un sachant faire attention aux fautes de langue, d'attribuer le bordereau au capitaine Dreyfus, mais qu'au contraire il est naturel de l'attribuer au commandant Esterhazy, comme, d'ailleurs, l'indiquent l'écriture et d'autres raisons.

Je dois dire que cet argument de la langue, que je sais qu'on emploie rarement et trop rarement (car si par exemple M. Cavaignac, lorsqu'il a lu le faux Henry à la Chambre, avait fait attention au charabia dans lequel ce faux est rédigé, s'il avait fait attention à la langue, il aurait vu qu'on ne pouvait l'attribuer à la personne à qui il était attribué), je dois dire que cet argument amène à une conclusion à mon avis certaine, pourvu bien entendu que l'on soit compétent et qu'on ait procédé avec méthode. C'est cet argument qui a entraîné ma conviction première, il y a longtemps, depuis le mois de janvier 1898. A cette époque, je ne connaissais rien de l'affaire, je n'avais aucun motif de croire que la trahison émanait plutôt de Dreyfus ou plutôt d'Esterhazy ; je savais que certains de mes amis défendaient Dreyfus, mais je n'avais encore aucune ombre d'opinion personnelle. Je lisais dans le *Temps* tous les jours, à ce moment, ce qui se passait à propos des préliminaires du procès, à propos des démarches de M. Mathieu Dreyfus et de M. Scheurer-Kestner ; je voyais que pour protéger Esterhazy, on employait des manœuvres louches ; l'histoire de la dame voilée et d'autres du même genre m'ont montré que des fraudes étaient employées à couvrir Esterhazy. De cette première constatation, qu'Esterhazy était couvert par des gens qui employaient la fraude, j'ai tiré la conclusion que voici : puisque d'une part M. Mathieu Dreyfus, M. Scheurer-Kestner et d'autres déclarent que l'écriture est d'Esterhazy, puisque d'autre part d'autres personnes couvrent précisément Esterhazy par des moyens frauduleux... c'est qu'il y a accord entre les deux doctrines, c'est-à-dire que ceux qui emploient ces moyens frauduleux savent ou croient aussi que le bordereau est d'Esterhazy ; d'où j'ai conclu — c'était une simple déduction, ce n'était pas encore une opinion personnelle — que le bordereau devait être de l'écriture d'Esterhazy, tirant cette conclusion à la fois de l'affirmation directe de M. Mathieu Dreyfus (et de ceux qui soutenaient la même doctrine) et d'autre part des moyens extraordinaires, inexplicables si on l'avait cru innocent, employés en faveur d'Esterhazy. Je suis donc arrivé à considérer comme une chose qui était évidente, quoique je ne l'eusse pas encore vérifiée personnellement, que l'écriture était celle d'Esterhazy. Mais comme je ne connaissais encore rien de l'affaire, je ne pouvais aller plus loin ; cela n'innocentait pas du tout à mes yeux le capitaine Dreyfus.

Alors j'imaginai plusieurs hypothèses ; je ne voyais clair, du moins provisoirement, que pour l'écriture ; provisoirement, c'est-à-dire en réservant ma vérification ultérieure. Je me disais : « Mais il n'est pas impossible qu'un crime ait été commis en commun par deux personnes ; le capitaine Dreyfus pourrait être impliqué dans la trahison, bien que le document soit écrit de la main d'un autre. De plus, il pourrait avoir employé un moyen quelconque de calque ou d'imitation de l'écriture d'Esterhazy. » Il y avait encore bien d'autres hypothèses, comme celles dont les journaux, et quelquefois d'autres encore que les journaux, nous rebattent les oreilles tous les jours, inventant des moyens abracadabrants pour mettre le bordereau à la charge du capitaine Dreyfus, en disant par exemple que c'est une écriture artificielle composée d'une façon très savante, ou qu'Esterhazy a fait une copie du bordereau sur l'ordre du colonel Sandherr. Je laisse la foule des hypothèses plus ou moins extravagantes qu'on pouvait faire à ce sujet.

A cette date donc je ne voyais qu'une chose : l'écriture est d'Esterhazy ; mais rien ne me disait que la rédaction n'était pas du capitaine Dreyfus ; c'est au mois de janvier 1898 que j'ai vu signaler dans un article de journal les arguments que je viens d'exposer devant vous. Ces arguments n'étaient pas tous exactement les mêmes ; l'auteur de l'article citait des exemples que j'ai éliminés comme n'étant pas sûrs ; il n'en citait pas d'autres que j'ai ajoutés parce qu'ils m'ont paru topiques, mais le raisonnement était le même. C'est cet article qui a fait ma conviction définitive : « Le bordereau est évidemment d'Esterhazy et le capitaine Dreyfus n'est pour rien dans la rédaction ; par conséquent, non seulement l'exécution matérielle est d'Esterhazy, mais la rédaction, par consé quent la responsabilité de ce qu'implique cette rédaction, est d'Esterhazy. »

Plus tard j'ai vérifié par moi-même les écritures, j'ai fait de même la contre-épreuve sur la langue ; je n'avais pas encore lu à ce moment les lettres dont je vous ai parlé tout à l'heure. J'ai fait la vérification et j'ai constaté que les arguments, que les faits relatés par l'article qui m'avait convaincu n'étaient pas des faits inexacts ; et de là vint le noyau de ma conviction première, parce que pour moi, habitué à faire attention aux choses de langue, cette démonstration est péremptoire ; il est de toute impossibilité qu'un homme qui écrit aussi correctement que le capitaine Dreyfus soit l'auteur du bordereau, et quand même on me prouverait par d'autres raisons qu'il est coupable, je dirais : « Le bordereau est de la main d'Esterhazy, comme l'écriture le prouve, et a été rédigé par Esterhazy, comme la langue le prouve. » Pour d'autres motifs, aujourd'hui, je ne puis croire un instant qu'on puisse attribuer le bordereau à un officier d'Etat-Major ou à un officier d'artillerie quelconque. Ces motifs, je les ignorais ; je jugeais uniquement d'après la langue, et, si je vous raconte l'origine de ma conviction, c'est pour vous faire comprendre que ceci n'est pas un argument accessoire : c'est un argument de premier plan, qui a une valeur très grande. Il est très clair qu'un homme n'a pas écrit un document qui n'est pas de son écriture ; eh bien ! il est également certain que Dreyfus n'a pas pu rédiger le bordereau. Voilà ce que j'avais à dire.

LE CAPITAINE BEAUVAIS. — Dans le bordereau, il y a la phrase :
« Si vous voulez y prendre ce qui vous intéresse et le tenir à ma
disposition après, je le prendrai ». Vous avez traduit par *holen*, ce
n'est pas le sens de « holen », c'est le sens de « porter » ?

M. HAVET. — Alors ce serait plus incorrect ; je le comprenais
dans le sens d'aller chercher. On a discuté si Esterhazy, auteur du
bordereau, avait réellement envoyé le Manuel de tir à son correspondant, ou s'il lui offrait seulement de le lui porter. Je sais que
les deux thèses ont été soutenues, et la thèse d'après laquelle il
n'aurait pas livré le Manuel, mais seulement promis de le livrer, a
été soutenue par des partisans des deux opinions. Je sais que le
colonel Picquart et le commandant Hartmann ont, à un moment,
expliqué la phrase dans ce sens, et je crois savoir que l'un de ces
messieurs est revenu sur cette opinion. Pour moi, la phrase indique que l'écrivain a bien envoyé le Manuel à son correspondant,
et qu'il lui offre ou d'extraire lui-même ce que le correspondant
voudra, ou de le le retourner à l'envoyeur pour le faire copier.
J'avais compris que cela voulait dire : « Je passerai le prendre. »
Jusqu'à ce que j'aie pu revoir ce passage à loisir, je croirai que
« je le prendrai » veut dire : « J'irai le chercher ».

LE COMMISSAIRE DU GOUVERNEMENT. — Monsieur le président, voulez-vous demander au témoin, s'il vous plaît, s'il est vrai qu'il a
assisté à des séances antérieures dans des places non réservées aux
témoins ?

Le président répète la question.

M. HAVET. — C'est absolument exact.

LE COMMISSAIRE DU GOUVERNEMENT. — C'est une incorrection, je
n'en tire pas d'autre conclusion, c'est une incorrection qui ne
répond pas tout à fait à l'idée de la situation du témoin, qui aurait
dû savoir que la discipline judiciaire ne permet pas ces choses.

LE PRÉSIDENT. — Est-ce que vous êtes entré dans la salle depuis
que la défense vous a cité ?

M. HAVET. — Non, monsieur le président. J'ai eu l'honneur de
vous écrire il y a quelque temps pour vous demander une place,
et........

LE PRÉSIDENT. — Êtes-vous entré dans la salle depuis que vous
avez reçu votre cédule ?

M. HAVET. — Non, monsieur le président.

LE PRÉSIDENT. — Très bien. (*A l'accusé.*) Avez-vous des observations à présenter ?

LE CAPITAINE DREYFUS. — Aucune, mon colonel.

Le président. — La séance est suspendue pendant un quart d'heure.

La séance est reprise à 9 heures 45.

Me Labori. — Avant de faire entrer le témoin suivant, j'ai l'honneur de vous demander la lecture des lettres de M. le général Gonse ; cela se réfère à la question que je posais à une audience antérieure relativement aux aveux.

Le président, *au greffier.* — Vous avez ces lettres ?

Le greffier Coupois. — Oui, mon colonel.

Le président. — Veuillez en donner lecture.

Le greffier Coupois, *lisant.* — Lettre de M. le colonel Picquart.

Paris, le 5 septembre 1896.

Mon général,

J'ai de nouveaux points de comparaison qui sont aussi probants que les autres ; il y paraît notamment la *double lettre* que l'on disait si rare.

Ce n'est pas une *ressemblance* qui existe avec le terme de comparaison, c'est une *identité.* Dans ces conditions, il me paraît nécessaire d'avoir la sanction d'un homme de l'art, et je vous prierai instamment de vouloir bien m'y autoriser.

J'ai déjà celle de ce fou de Bertillon, mais elle ne vaut pas grand'chose. En voyant le débris (anonyme, bien entendu) que je lui ai montré il s'est écrié, se méprenant complètement : « Quelle admirable imitation ! Ils n'ont pu arriver à ce résultat qu'en calquant ; je vais faire des recherches dans ce sens. »

Le malheureux croit à une machination.

Veuillez agréer, mon général, l'assurance de mes sentiments respectueux et bien dévoués.

Signé : G. Picquart.

Lettre de M. le général Gonse du 7 septembre 1896 :

Cormeilles-en-Parisis (Seine-et-Oise),
7 septembre 1896.

Mon cher Picquart,

J'ai reçu votre lettre du 5 courant ; après avoir bien réfléchi à tout ce que vous me dites, je m'empresse de vous faire connaître qu'il me paraît utile de marcher dans toute cette affaire avec une grande prudence, en se méfiant des premières impressions.

Il serait nécessaire, maintenant, d'être fixé sur la nature des documents.

Comment ces documents ont-ils pu être pu être copiés ? Quelles ont été les demandes de renseignements faites auprès d'officiers, notamment d'officiers d'artillerie, etc. ?

On peut répondre que, dans cet ordre d'idées, il est assez difficile d'arriver à un résultat sans faire quelque bruit. Je le reconnais ; mais à mon avis, c'est le seul moyen de marcher sûrement.

La continuation de l'enquête au point de vue des écritures a le grave inconvénient d'obliger à prendre de nouveaux confidents peu sûrs, attendre (sic) encore que l'on soit mieux fixé, pour continuer dans cette voie assez délicate.

Je rentre le 15 septembre et c'est verbalement que l'on peut le mieux s'entendre dans une affaire de cette nature. Mon sentiment est qu'il est nécessaire de marcher avec une extrême prudence.

Je vous serre la main, mon cher Picquart, bien affectueusement.

Votre tout dévoué,

Signé : A. GONSE.

Lettre du colonel Picquart, du 8 septembre :

Paris, 8 septembre 1896.

Mon général,

J'ai lu attentivement votre lettre et j'en suivrai scrupuleusement les instructions.

Mais je crois devoir vous dire ceci :

De nombreux indices et un *fait grave*, dont je vous parlerai à votre retour, me montrent que le moment est proche où des gens qui ont la conviction qu'on s'est trompé à leur égard vont tout tenter et faire un gros scandale.

Je crois avoir fait le nécessaire pour que l'initiative vienne de nous.

Si l'on perd trop de temps, l'initiative viendra d'ailleurs, ce qui, faisant abstraction de considérations plus élevées, ne nous donnera pas le beau rôle.

Je dois déclarer que ces gens-là ne me paraissent pas informés comme nous, et que leur tentative me paraît devoir aboutir à un gâchis, un scandale, un gros bruit qui n'amènera pourtant pas la clarté.

Ce sera une crise fâcheuse, inutile, et que l'on pourrait éviter en faisant justice à temps.

Veuillez agréer, etc.

Signé : G. PICQUART.

Lettre de M. le général Gonse, du 10 septembre :

Cormeilles-en-Parisis (Seine-et-Oise).
10 septembre 1896.

Mon cher Picquart,

Je vous accuse réception de votre lettre du 8. Après y avoir réfléchi, malgré ce qu'elle contient d'inquiétant, je persiste dans mon premier sentiment.

Je crois qu'il est nécessaire d'agir avec une extrême circonspection.

Au point où vous en êtes de votre enquête, il ne s'agit pas, bien entendu, d'éviter la lumière, mais il faut savoir comment *on doit s'y prendre pour arriver à la manifestation de la vérité.*

Ceci dit, il faut éviter toute fausse manœuvre et surtout se garder de démarches irréparables.

Le nécessaire est, il me semble, d'arriver en silence, dans l'ordre d'idées que je vous ai indiqué, *à une certitude aussi complète que possible, avant de rien compromettre.*

Je sais bien que le problème à résoudre est difficile, qu'il peut être plein d'imprévu ; mais c'est précisément pour cette raison qu'il faut marcher avec prudence. *Cette vertu ne vous manque pas ; je suis donc tranquille.*

Songez donc que les difficultés sont grandes et qu'une bonne tactique, pesant à l'avance toutes les éventualités, est indispensable.

J'ai l'occasion d'écrire au général ; je lui en touche deux mots dans le sens de la présente lettre.

Prudence ! prudence !

Je serai à Paris, à mon bureau, le 15 septembre. Venez, de bonne heure, après avoir vu votre courrier.

Bien à vous,

Signé : A. GONSE.

Lettre du colonel Picquart, du 14 septembre :

Paris, 14 septembre 1896.

Mon général,

Le 7 septembre, j'avais l'honneur d'attirer votre attention sur le scandale que certaines gens menaçaient de faire éclater sous peu, et je me permettais de vous dire qu'à mon avis, si nous ne prenions pas l'initiative, nous aurions sur les bras de grands ennuis.

L'article que vous trouverez ci-joint me confirme malheureusement dans mon opinion. Je vais rechercher avec soin qui a pu préparer habilement la bombe.

Mais je crois devoir affirmer encore une fois qu'à mon humble avis, il y aurait lieu d'agir sans retard. Si nous attendons encore, nous serons débordés, enfermés dans une situation inextricable, et nous n'aurons plus les moyens de nous défendre, ni « d'établir la vérité vraie. »

G. PICQUART.

P. S. — Les papiers que je vous ai montrés à Cormeilles sont dans une serviette qui est scellée.

Si vous en avez besoin, Lauth vous donnera la serviette. *Ni lui, ni personne* ne sait, du reste, l'affaire.

LE PRÉSIDENT, à Me *Labori.* — Voilà les lettres dont vous aviez réclamé la lecture ; avez-vous des observations à faire ?

Me LABORI. — Ce que je veux seulement faire remarquer au Conseil, c'est la conclusion logique qui se dégage de ces lettres ; la phrase de la lettre du 10 septembre de M. le général Gonse : « Au point où vous en êtes de votre enquête, etc... » est topique. Je rappelle au Conseil qu'à ce moment-là il s'agissait du bordereau, que par conséquent on pouvait se préoccuper de l'auteur nouveau auquel on allait arriver ; et qu'à ce moment-là, M. le général Gonse ne dit pas un mot des aveux du capitaine Dreyfus.

LE GÉNÉRAL GONSE. — Je demande la parole. Puisque je suis en cause, je suis amené à donner mes explications.

Les lettres qu'on vient de lire consistent d'abord en une première lettre du colonel Picquart et ces lettres sont la suite d'une conversation que j'avais eue avec lui le 3 septembre. Le 3 septembre il est venu m'exposer son dossier, m'a montré les charges qu'il prétendait avoir réunies contre Esterhazy et en même temps me demandait de substituer Esterhazy à Dreyfus. Je lui ai dit à ce moment qu'il fallait séparer les deux affaires, qu'il fallait laisser Dreyfus de côté et s'occuper d'Esterhazy si réellement Esterhazy était coupable. Voilà le point de départ de notre conversation.

Par conséquent, les lettres ne sont que la suite d'une conversation. Je les ai écrites ou plutôt elles ont été provoquées par le colonel Picquart ; il a commencé dans sa première lettre à m'expliquer ce qu'il avait fait au point de vue de l'écriture ; je ne l'ai pas suivi sur ce terrain, et j'ai bien fait, car j'ai su depuis que les affirmations qu'il avait données dans cette première lettre étaient absolument contraires ou du moins n'étaient pas exactes. Il s'agit de M. Bertillon dans cette lettre ; il avait communiqué des fragments de l'écriture d'Esterhazy à M. Bertillon et la conclusion de M. Bertillon n'était pas du tout celle que le colonel Picquart me donnait. Je tiens à faire constater cela, pour prouver que le colonel Picquart voulait m'entraîner dans une voie absolument contraire à celle où j'étais.

Je lui ai répondu dans l'ordre d'idées que je lui avais indiqué dans ma conversation ; puisque le commandant Esterhazy vous parait douteux, suivez-le, voyez quelles sont les charges qui peuvent peser sur lui et apportez-nous ces charges.

Par conséquent, ma deuxième lettre explique bien ce que j'avais l'intention de dire. Il est vrai que je l'avais rédigée en termes couverts, mais cela était absolument naturel, attendu que je ne voulais mettre aucun nom propre dans la lettre ; cette lettre pouvait s'égarer, tomber entre les mains d'une autre personne, et je ne voulais pas que les termes fussent assez positifs pour mettre d'autres personnes dans la confidence, attendu que nous étions dans la période des soupçons. Je lui disais donc de continuer son enquête dans l'ordre d'idées que je lui avais indiqué, et cela n'avait rien d'extraordinaire, puisqu'il disait (le Conseil le sait, par conséquent je passerai rapidement là-dessus) que l'officier en question cherchait à avoir des renseignements sur les champs de tir, avait interrogé les officiers et leur avait posé des questions compromettantes pour lui, en même temps qu'il avait fait copier, par des secrétaires, des renseignements ou des documents secrets et confidentiels.

Je lui disais donc qu'il fallait séparer les deux questions, disjoindre les deux affaires d'Esterhazy et de Dreyfus. Et c'est tellement vrai, qu'au procès Zola le colonel Picquart a parfaitement reconnu l'exactitude de ces faits. Il a même dit : « Le général Gonse m'a dit de séparer les deux affaires », et il a ajouté : « Je n'ai pas bien compris cette disjonction ». C'est encore là une allégation qu'il a insinuée, je ne sais pas pourquoi.

Mais il avait parfaitement compris, puisqu'il a fait des enquêtes près du capitaine Le Rond et du sergent Mulot, qui a été secrétaire d'Esterhazy. Ces enquêtes, il n'a jamais jugé à propos de m'en rendre compte. Le capitaine Le Rond vous a expliqué cela au long, je n'y reviens pas. On vous a expliqué que j'avais dû être au courant de cet entretien, parce que le colonel Picquart avait laissé une note dans ses papiers, et qu'il paraît que sur cette note il y avait le nom du capitaine Le Rond et deux ou trois mots. Eh bien, je demande au Conseil si, lorsque j'avais dit à cet officier de faire des enquêtes et de me rendre compte, je demande si c'est une manière de me rendre compte que de laisser dans ses papiers une note informe, tandis que le compte rendu devait être clair, net et formel, et il ne l'a pas été.

Il en est de même pour le sergent Mulot. Il ne m'en a pas rendu compte non plus.

C'est un point sur lequel je passe.

Mais je lui avais dit de laisser de côté le bordereau. En effet, Dreyfus était condamné ; le bordereau lui avait été attribué, par conséquent nous n'avions pas à y revenir, et j'estimais que l'expertise de l'écriture d'Esterhazy, par rapport au bordereau, n'avait pas de raison d'être dans la question. S'il m'avait apporté des preuves de la culpabilité d'Esterhazy, nous aurions vu quelles étaient les propositions qu'il fallait faire au ministre pour savoir si réellement Esterhazy s'était procuré les documents énumérés au bordereau, ou des documents secrets autres, attendu qu'à ce moment-là il pouvait y avoir connivence entre les deux, il pouvait y avoir complicité, ou deux traîtres juxtaposés l'un à l'autre. Eh bien, jusque-là, jamais le lieutenant-colonel Picquart ne m'avait montré aucun de ces cas là. Par conséquent j'estimai qu'il fallait laisser le bordereau de côté.

C'est ce que j'ai indiqué dans mes lettres, comme suite à notre conversation qui avait duré longtemps, et dans laquelle le lieutenant-colonel Picquart m'avait montré tous les documents ou renseignements qu'il avait réunis contre le commandant Esterhazy.

Par conséquent, je ne ferai pas de commentaires de mes lettres ; on y a cherché autre chose que ce que j'ai dit... Il est certain que quand on prend l'écriture d'un homme, on peut le faire pendre, ce n'est pas douteux ; mais, si on est loyal, il faut commencer par demander à cet homme ce qu'il a voulu dire, car, je le répète, mes lettres, je les ai rédigées en termes couverts parce qu'elles s'adressaient à quelqu'un avec qui j'avais eu une conversation et qui pouvait les comprendre.

Maintenant, j'ajouterai ceci : c'est que mes lettres ont été remises à M. Scheurer-Kestner en dehors de moi, en dehors de mon autorisation ; c'était des lettres que j'écrivais à mon subordonné, il n'avait pas le droit d'en disposer. Je le déclare de la façon la plus formelle au Conseil, je l'ai déjà dit, mais je le répète, puisque j'y suis amené. C'est tellement vrai, qu'après le mois de juillet 1897, mes lettres ont couru de tous les côtés, elles ont été l'argument sur lequel on a voulu s'appuyer, elles ont été jusqu'aux oreilles du ministre qui, un jour, m'a demandé : « Mais qu'est-ce donc que vous avez écrit dans vos lettres ?... » Est-ce M. Scheurer-Kestner qui en a parlé ? je n'en sais rien ; est-ce un autre ? je n'en sais rien non plus ; mais je sais qu'elles ont circulé entre les mains de M. Scheurer-Kestner, de M. Trarieux, etc. J'ai montré mes brouillons au ministre ; il m'a répondu qu'il ne voyait rien à y reprendre.

Maintenant, je m'étonne qu'aujourd'hui on vienne en faire un argument contre moi, d'autant plus que si on voulait arguer de mes lettres, il fallait me demander des explications.

Mais enfin, à ce moment-là, puisque nous faisions une disjonction entre l'affaire Esterhazy et l'affaire Dreyfus, je n'avais pas du tout à parler au colonel Picquart des charges qui pouvaient peser sur Dreyfus, et par conséquent, tout naturellement je ne lui ai pas parlé des aveux. Je n'avais pas à lui en parler ; nous marchions sur Esterhazy, il m'avait montré un traître dans Esterhazy, il n'avait qu'à m'en apporter des preuves.

J'ajoute encore qu'après avoir communiqué mes lettres à l'extérieur, il a commis vis-à-vis de moi un abus de confiance. Je ne m'en suis pas plaint, mais enfin je le livre à l'appréciation du Conseil ; pendant qu'il était en mission, le colonel Picquart a reçu de moi d'autres lettres. C'est vrai, je lui ai écrit une quinzaine de lettres ; j'avais l'ordre du ministre de lui écrire pour sa mission, pour des questions de service, pour lui indiquer ce qu'il avait à faire; c'étaient également des lettres du supérieur à l'inférieur. Ces lettres ont été publiées dans un ouvrage qui court les librairies, et qui est intitulé : « Gonse-Pilate ». Je n'en dis pas plus au Conseil.

M⁰ Labori. — Monsieur le président, j'aurais une question à poser à M. le général Gonse. Est-ce que le bordereau n'était pas avec le *petit bleu* la base de l'opinion du colonel Picquart en ce qui concerne Esterhazy, et est-ce que le bordereau n'a pas fait, avec le *petit bleu*, la base de la conversation qui a eu lieu avant la correspondance entre le général Gonse et le colonel Picquart ?

Le président. — Est-ce que le bordereau n'était pas la base de l'opinion du colonel Picquart ?

Le général Gonse. — Il m'a parlé évidemment du bordereau, puisqu'il m'a parlé de similitude d'écritures, mais je lui ai dit : « Laissons les écritures de côté pour le moment. » C'est bien clair, bien net, je l'ai dit au Conseil.

M⁰ Labori. — Comment aurait-on pu alors, monsieur le président, séparer l'affaire Dreyfus de l'affaire Esterhazy, puisque précisément c'était une pièce commune qui était le point de départ des préoccupations du colonel Picquart ?

Le général Gonse. — J'estimais qu'il fallait séparer les deux affaires, parce que, comme je l'ai dit tout à l'heure au Conseil, Dreyfus étant condamné, il n'y avait pas à revenir sur la culpabilité de Dreyfus. Il pouvait y avoir un autre traître, il pouvait y avoir un complice ou un traître absolument différent de Dreyfus. Par conséquent je disais au colonel Picquart : « Cherchez les preuves de cette culpabilité, apportez-les moi ; nous verrons ce qu'il y a à faire. »

M⁰ Labori. — Voulez-vous, monsieur le président, demander à M. le général Gonse pourquoi il n'y avait pas à revenir sur la culpabilité de Dreyfus, si on constatait qu'on s'était trompé, et qu'on lui avait attribué un bordereau qui était d'un autre ?

Le président. — Pourquoi ne pouvait-on pas revenir sur la culpabilité de Dreyfus ?

Le général Gonse. — Parce que le bordereau était attribué à Dreyfus et que rien ne prouvait qu'il devait être attribué à Esterhazy.

Le président. — L'autorité de la chose jugée.

Le général Gonse. — Et c'était ma conviction.

M⁰ Labori. — L'autorité de la chose jugée, monsieur le président, évidemment, mais soumise à la revision : nous en avons aujourd'hui la preuve.

Le président. — Il n'en était pas question alors.

M⁰ Labori. — C'en était le point de départ.

Voulez-vous demander à M. le général Gonse comment il explique cette phrase : « Il ne s'agit pas, bien entendu, au point où vous en êtes de votre enquête, d'éviter la lumière, mais il faut savoir comment s'y prendre pour arriver à la manifestation de la vérité »?

Le général Gonse. — Il s'agissait d'Esterhazy ; il fallait faire la lumière sur Esterhazy, et cette lumière n'était pas faite.

M⁰ Labori. — Un dernier mot, monsieur le président. Qu'est-ce que le colonel Picquart aurait dit d'inexact au sujet des conclusions de M. Bertillon?

Le président. — Qu'est-ce qu'il aurait dit d'inexact au sujet des conclusions de M. Bertillon, à qui il avait confié, je crois, de l'écriture d'Esterhazy?

Le général Gonse. — Il a fortement exagéré ces conclusions. Je n'ai pas connu ces conclusions, je ne les ai pas eues entre les mains ; je sais que M. Bertillon en a parlé dans ses dépositions, et qu'elles n'étaient pas aussi complètes et aussi décisives que le dit le colonel Picquart dans sa lettre du 5 septembre.

Le président. — Vous n'avez pas le texte des déclarations de M. Bertillon ?

Le général Gonse. — Non, je n'ai eu que les lettres du colonel Picquart.

Le président. — Comment avez-vous connu l'avis de M. Bertillon?

Le général Gonse. — Il l'a dit dans sa déposition.

M⁰ Labori. — Voulez-vous, monsieur le président, demander à M. le colonel Picquart ce qu'il a rapporté au général Gonse, au sujet des expertises de M. Bertillon, et quelle est la conversation qui a eu lieu entre eux à ce moment-là?

Le lieutenant-colonel Picquart. — Dans la lettre assez courte que j'ai écrite le 5 septembre à M. le général Gonse au sujet de cette question, je n'ai mis qu'une faible partie de ce que m'avait dit M. Bertillon. M. Bertillon avait été beaucoup plus explicite lorsqu'il m'a donné son avis verbalement. Non seulement il avait parlé de l'hypothèse d'un calquage, mais, quand je lui eus dit que l'écriture était récente, il m'a répondu qu'alors les Juifs faisaient exercer quelqu'un depuis un an au moins pour arriver à produire cette écriture. La preuve que je ne cherchais pas à exagérer les conclusions de M. Bertillon, mais au contraire à avoir de nouveaux points de comparaison, c'est que vous voyez dans cette lettre du 5 septembre que je demandais à M. le général Gonse de faire procéder à de nouvelles expertises. Dans ma pensée, il s'agissait simplement de redemander aux divers experts de 1894, en leur montrant de l'écriture anonyme d'Esterhazy, s'ils pensaient qu'en face de cette ressemblance frappante, de cette identité, ils pouvaient maintenir leurs conclusions, en ce qui concernait Dreyfus. Ce moyen d'investigation aurait évité toute indiscrétion. C'est pourquoi je me suis trouvé très perplexe lorsque M. le général Gonse m'a prié d'abandonner ce moyen qui me permettait de ne pas nommer Esterhazy, puisque je pouvais montrer de son écriture sans dire qu'elle était de lui ; quand il m'a prescrit au contraire, pour agir avec plus de prudence et de discrétion, de questionner pour savoir comment des documents avaient été copiés et quelles avaient été les questions faites à des officiers. En suivant ces instructions, j'étais forcé de nommer Esterhazy, de porter les soupçons sur lui, et cela m'a rendu, je le répète, très perplexe. C'est pour cela qu'ayant interrogé le nommé Mulot en tâchant d'écarter autant que possible l'idée de trahison, ayant interrogé le capitaine Le Rond, j'ai vu que je ne pouvais pas pousser plus dans cette voie sans accuser carrément Esterhazy de trahison. Voilà pourquoi je me suis abstenu d'interroger le nommé Ecalle, que vous entendrez, je crois, et qui a dit avoir copié des documents pour Esterhazy. Si j'avais donc été si âpre à rechercher les preuves contre Esterhazy, j'aurais interrogé Ecalle, qui faisait à ce moment-là le calque d'un fusil pour le compte du commandant Esterhazy.

Maintenant... je vais être extrêmement bref, mon colonel.

LE PRÉSIDENT. — Avant de passer à autre chose, je désire vous poser une question :

M. Bertillon vous a-t-il communiqué son avis par écrit ou verbalement ?

LE LIEUTENANT-COLONEL PICQUART. — Verbalement.

LE PRÉSIDENT. — Pas par écrit ?

LE LIEUTENANT-COLONEL PICQUART. — Non, monsieur le président.

En ce qui concerne l'interrogatoire de Mulot, il était écrit d'une façon très détaillée, au crayon c'est vrai.

Pour le capitaine Le Rond, c'était écrit d'une façon plus sommaire, mais il y avait à l'appui, je crois, une lettre ou la photographie d'une lettre qu'Esterhazy avait adressée au capitaine Le Rond.

J'ai remis tout le dossier Esterhazy, avec toutes ces pièces, au général Gonse ; et je n'ai plus, naturellement, dans la mémoire les termes dans lesquels je lui ai signalé ce commencement d'enquête que je n'ai pas continué, mais en tout cas je lui en ai certainement dit un mot.

Et de toute façon je lui ai remis le résultat de cette enquête.

Enfin, dernier point, celui des lettres.

J'ai remis ces lettres, que M. le général Gonse dit avoir été montrées à M. Scheurer-Kestner et au ministre de la guerre, ce dont il se plaint, je les ai remises entre les mains d'un avocat pour servir à ma défense, le jour où j'ai acquis la certitude absolue qu'on s'était livré contre moi à d'abominables machinations, et que j'étais exposé aux pires choses.

Le point de départ de mes soupçons a été la lettre de menaces que le colonel Henry m'a écrite, à moi, son ancien chef, son supérieur hiérarchique, qu'il m'a adressée lorsque j'étais en Tunisie, avec l'assentiment du général Gonse et du général de Boisdeffre.

Le général Gonse. — Non.

Le lieutenant-colonel Picquart. — J'avais compris, et je jugeai nécessaire de prendre des mesures.

Enfin, pour les lettres relatives à ma mission, que le général Gonse dit avoir été publiées, je dois dire que ces lettres ont été saisies chez moi et ont figuré à l'instruction Fabre ; que, ayant été mis en état d'arrestation dès le début de cette enquête Fabre, je n'étais pas possesseur de ces documents ; que par conséquent, si ces lettres ont été publiées ensuite, je ne puis pas en être rendu responsable.

Voilà tout ce que j'avais à dire.

Le général Gonse. — Je répondrai ceci :

Le colonel Picquart m'a écrit cette lettre du 5 septembre au sujet des écritures ; je lui ai répondu qu'il ne fallait pas marcher sur les écritures, parce qu'il fallait distinguer l'affaire Dreyfus de l'affaire Esterhazy.

Il l'a d'ailleurs reconnu à l'époque du procès Zola, et je n'y reviens pas.

Je lui ai répondu donc, et il m'a écrit encore une fois, à la date du 8 septembre, une lettre commençant ainsi :

« J'ai lu attentivement votre lettre ; je suivrai scrupuleusement vos instructions. » Il ne faisait pas d'observations sur les enquêtes et sur les renseignements qu'il devait prendre. Donc c'est bien simple.

Quant à ses comptes rendus, je me demande si, quand on fait des enquêtes, le compte rendu ne doit pas être fait immédiatement dans une affaire aussi grave, et si ce compte-rendu doit consister en des morceaux de papier laissés par l'officier à son départ.

Je n'apprécie pas davantage ; je laisse cela à l'appréciation du Conseil.

Maintenant, quant à mes lettres, elles n'avaient aucune espèce de rapport avec la lettre que le commandant Henry lui a écrite, attendu que la lettre d'Henry était une lettre en réponse à une lettre insolente du colonel Picquart. Le commandant Henry, alors, a eu tort d'écrire cette lettre. Il me l'a montrée ; je lui ai dit : « Vous avez tort d'écrire cela ; je ne puis vous en donner l'autorisation ; si vous l'écrivez, c'est à vos risques » ; et j'ai ajouté : « De deux choses l'une, ou bien Picquart va vous répondre par une punition, ou bien il va se plaindre ; par conséquent, dans un cas comme dans l'autre, vous serez l'objet d'une mesure disciplinaire. Maintenant, si vous voulez écrire cette lettre, c'est votre affaire, je ne m'en occupe pas. »

Picquart est parti de là pour dire qu'il y avait des machinations contre lui : il voit des machinations partout ; et même, quand il a été envoyé faire une tournée sur les frontières de la Tripolitaine, il a prétendu que nous l'avions envoyé là pour le faire tuer, quand ce pays est constamment sillonné par nos officiers qui y sont toujours accompagnés seulement d'un spahi. Il a prétendu qu'on l'avait envoyé là pour le faire tuer.

Je n'entre pas dans les détails ; c'est simplement pour vous montrer quelle est la situation.

Quant à mes autres lettres imprimées dans cette brochure, je suis au-dessus de cela, cela m'est égal ; mais, puisque je suis attaqué, j'ai bien le droit de me défendre. Il prétend que ces lettres ont été saisies et mises à l'instruction de M. le juge Fabre ; alors c'est le juge même qui a fait l'indiscrétion !

C'est tout ce que j'avais à dire.

Le lieutenant-colonel Picquart. — Je voulais simplement dire ceci : c'est que dans mon entrevue avec M. le général Gonse, en septembre 1896, j'avais apporté au général Gonse non seulement le bordereau, mais encore le dossier secret et que, à la suite de la démonstration que je lui avais faite sur le dossier secret, M. le général Gonse n'a pas pu penser un seul instant que je n'étais pas persuadé de l'innocence de Dreyfus ; ayant le bordereau de l'écriture d'Esterhazy et d'autre part le dossier secret qui ne contenait absolument rien contre Dreyfus, ma conviction était faite, et le général Gonse savait parfaitement quelle était ma conviction (*Mouvement*).

Me LABORI. — Monsieur le président, voudriez-vous être assez bon pour demander à M. le général Gonse s'il conteste qu'une série très longue de machinations aient été dirigées contre le colonel Picquart ?

LE PRÉSIDENT, *au général Gonse*. — Contestez-vous que des machinations aient été dirigées contre le colonel Picquart ?

LE GÉNÉRAL GONSE. — Je ne sais pas du tout ce que veulent dire ces machinations ; il faudrait les énumérer et cela nous mènerait probablement très loin (*Bruit*).

Me LABORI. — C'est très intéressant, au contraire, monsieur le président, et je vais vous demander la permission d'en énumérer quelques-unes. Tout d'abord le général Gonse sait-il qu'une lettre adressée au colonel Picquart par le sieur Ducasse, au mois de novembre 1896, a été ouverte au service des renseignements ?

LE PRÉSIDENT, *au général Gonse*. — Avez-vous connaissance qu'une lettre adressée au colonel Picquart par le sieur Ducasse ait été ouverte au service des renseignements ?

LE GÉNÉRAL GONSE. — Parfaitement. On me l'a montrée.

Me LABORI. — Voulez-vous demander au général Gonse qui l'a ouverte ?

LE PRÉSIDENT, *au général Gonse*. — Qui l'a ouverte ?

LE GÉNÉRAL GONSE. — Elle a été ouverte au service des renseignements. (*Bruit*.)

Me LABORI. — Il est intéressant de savoir par qui !

LE GÉNÉRAL GONSE. — Je vais répondre tout de suite pour ces lettres-là, parce que cela abrégera le temps. Quand le colonel Picquart est parti, il y avait beaucoup d'opérations, beaucoup de choses qu'il avait faites au service des renseignements et dont il ne m'avait pas rendu compte.

J'ignorais absolument bien des agissements du colonel Picquart, attendu qu'il ne me rendait pas compte de tout ce qu'il faisait ; j'en ai dit un mot au Conseil et je recommencerai : il avait notamment disposé dans un appartement voisin... (*Rumeur prolongée*).

LE PRÉSIDENT. — Vous en avez déjà déposé. Oui, ce sont des appareils acoustiques disposés dans la cheminée.

LE GÉNÉRAL GONSE. — Oui, j'ai dû les faire retirer. Eh bien, il avait fait tout cela. Il employait à ce service-là un agent que je ne connais pas. Eh bien, à ce moment-là, je voulais savoir les agents

qu'il employait et les lettres suspectes, ou qui paraissaient singulières, qu'il pouvait recevoir. Il y a eu à cette date cette lettre-là
et une seconde dans le commencement de décembre qui était
adressée au chef du Service des renseignements. J'ai dit au commandant Henry : « Vous me montrerez tout ce qui arrivera, de
façon que je sache bien, pour pouvoir en rendre compte au ministre,
jusqu'à quel point le colonel Picquart avait poussé ses investigations imprudentes. « Cela, c'était pour me renseigner comme chef
du Service des renseignements, ayant pris la direction du service
et en assumant la responsabilité. J'avais le droit et le devoir de
savoir exactement jusqu'où nous avions marché dans cet ordre
d'idées, et je ne l'ai pas laissé ignorer à mes chefs.

M⁰ LABORI. — Nous allons continuer, monsieur le président. Il
reste donc bien entendu qu'une lettre adressée à M. le colonel
Picquart, au mois de novembre 1896, a été ouverte au Service des
renseignements.

LE PRÉSIDENT. — Etait-elle adressée au colonel Picquart ou au
chef du Service des renseignements ?

LE GÉNÉRAL GONSE. — Ma foi, je n'en sais plus rien.

M⁰ LABORI. — Demandez cela au colonel Picquart.

LE COLONEL PICQUART. — A moi, personnellement.

LE COMMANDANT LAUTH. — Je demande la parole, mon colonel.

M⁰ LABORI. — Le général Gonse sait-il qu'il a été pris copie de
cette lettre au bureau des renseignements ?

LE GÉNÉRAL GONSE. — Oui. Elle était en espagnol ou en italien.

M⁰ LABORI. — Est-ce qu'il n'y a pas dans cette lettre une phrase
ainsi conçue : « Le Demi-Dieu demande tous les jours à la comtesse
quand il pourra voir le Bon Dieu » ?

LE GÉNÉRAL GONSE. — Je ne me rappelle pas exactement les
termes, mais c'est quelque chose comme cela.

M⁰ LABORI. — N'a-t-on pas cru, au service des renseignements,
que ce style de convention dénotait des manœuvres illicites ?

LE GÉNÉRAL GONSE. — Cela paraissait très singulier.

M⁰ LABORI. — M. le général Gonse sait-il que ces mots : Bon Dieu
et Demi-Dieu, ont ensuite servi, en novembre 1897, quand il s'est
agi de détruire la valeur du témoignage du colonel Picquart, à
faire une fausse dépêche qui a été depuis imputée au commandant
Esterhazy de complicité avec d'autres ?

LE GÉNÉRAL GONSE. — Oui, parce que la dépêche nous a été envoyée par le service de la Sûreté générale.

Mᵉ Lᴀʙᴏʀɪ. — Le général Gonse sait-il aujourd'hui que le Bon Dieu désignait le colonel Picquart, le Demi-Dieu le capitaine de Lallemand, la comtesse mademoiselle de Comminges ; que ces expressions étaient parfaitement banales et faisaient allusion à des relations tout à fait licites ?

Lᴇ ɢᴇ́ɴᴇ́ʀᴀʟ Gᴏɴꜱᴇ. — Je n'en sais rien. (*Nouvelles rumeurs.*)

Mᵉ Lᴀʙᴏʀɪ. — Le fait a été reconnu par le capitaine de Lallemand et il est indéniable.

Après que cette lettre a été ouverte et copiée au service des renseignements, n'a-t-elle pas été adressée au colonel Picquart ?

Lᴇ ɢᴇ́ɴᴇ́ʀᴀʟ Gᴏɴꜱᴇ. — Je n'en sais rien.

Mᵉ Lᴀʙᴏʀɪ. — Voulez-vous demander au colonel Picquart s'il a reçu la lettre, monsieur le président ?

Lᴇ ᴄᴏʟᴏɴᴇʟ PɪᴄQᴜᴀʀᴛ. — Oui, et elle ne portait aucune trace d'ouverture.

Mᵉ Lᴀʙᴏʀɪ. — Voulez-vous demander à M. le général Gonse tout d'abord pourquoi on se permettait de faire au service des renseignements, à l'égard du colonel Picquart, ce qu'on lui a reproché si amèrement d'avoir fait à l'égard du commandant Esterhazy, c'est-à-dire d'ouvrir son courrier ?

Lᴇ ɢᴇ́ɴᴇ́ʀᴀʟ Gᴏɴꜱᴇ. — Je répète encore qu'on n'a pas ouvert son courrier. On a conservé ces deux lettres, attendu qu'elles paraissaient tout à fait être du service.

Mᵉ Lᴀʙᴏʀɪ. — A quoi M. le général Gonse reconnaît-il les lettres suspectes ?

Lᴇ ɢᴇ́ɴᴇ́ʀᴀʟ Gᴏɴꜱᴇ. — Parce qu'elles avaient une adresse particulière : elles étaient adressées au colonel Picquart, chef du service.

Lᴇ ᴘʀᴇ́ꜱɪᴅᴇɴᴛ. — Les mots « Chef du service des renseignements » étaient sur l'adresse ?

Lᴇ ɢᴇ́ɴᴇ́ʀᴀʟ Gᴏɴꜱᴇ. — Autant que je m'en souviens.

Mᵉ Lᴀʙᴏʀɪ. — Est-ce que M. le colonel Picquart n'a pas reçu d'autres lettres adressées de la même manière qui n'ont pas été ouvertes ?

Lᴇ ᴘʀᴇ́ꜱɪᴅᴇɴᴛ, *au témoin*. — Parmi celles qui n'ont pas été ouvertes, y en avait-il portant la même suscription ?

Lᴇ ɢᴇ́ɴᴇ́ʀᴀʟ Gᴏɴꜱᴇ. — Son courrier, je le répète, n'était pas ouvert. Je ne voyais pas les lettres. J'avais donné l'ordre qu'on me renseignât exactement sur les agissements du colonel Picquart ; deux lettres ont paru suspectes, on les a ouvertes, on me les a apportées, je les ai lues. Quant aux autres lettres, on ne les a jamais ouvertes ; le colonel Picquart a toujours reçu son courrier.

Mᵉ Labori. — Voulez-vous d'abord demander à M. le colonel Picquart s'il n'a pas constaté que son courrier était fréquemment ouvert.

Le colonel Picquart. — Je ne l'ai pas constaté à ce moment-là, mais je l'ai constaté un an après.

Mᵉ Labori. — J'arrive à une seconde lettre. Est-il à la connaissance du général Gonse qu'une lettre signée *Speranza* (nous verrons plus tard cette fausse signature revenir sous la plume du commandant Esterhazy et de ses amis complaisants comme le colonel du Paty de Clam) a été ouverte à la date du 15 décembre dans les mêmes conditions?

Le général Gonse. — Parfaitement. C'était une lettre qui était adressée également au service des renseignements, qui ne portait pas l'indication du colonel Picquart, qui portait une indication, je ne me rappelle pas laquelle, mais rappelant beaucoup les lettres que nous recevions au service des renseignements de nos agents et de différentes personnes accréditées auprès du service des renseignements. C'est pour cette raison que cette lettre a été conservée par le service des renseignements et m'a été montrée. Comme elle paraissait suspecte, nous l'avons gardée.

Mᵉ Labori. — Voulez-vous avoir l'obligeance, monsieur le président, de demander à M. le général Gonse, puisque cette lettre n'avait pas été adressée à M. le colonel Picquart, pourquoi le général de Pellieux la lui a présentée au commencement de son information, en 1897, et lui a demandé des explications sur cette lettre dont il lui imputait la responsabilité?

Le général Gonse. — Parce que cette lettre était conservée au dossier quand le général de Pellieux est venu le voir et qu'il a constaté que parmi les pièces du dossier, il pouvait y en avoir d'intéressantes pour son instruction.

Mᵉ Labori. — Le général de Pellieux a-t-il essayé d'imputer cette lettre au colonel Picquart en disant qu'elle était à son adresse?

Le général Gonse. — Je n'ai pas été chargé de suivre l'enquête du général de Pellieux, et je ne sais pas ce qu'il y a fait.

Mᵉ Labori. — Je prie M. le Président de poser la question à M. le colonel Picquart.

Le président. — Le général de Pellieux vous a-t-il imputé cette lettre?

Le lieutenant-colonel Picquart. — A la fin de novembre 1897, le général de Pellieux m'a montré cette lettre que je voyais pour la première fois et me l'a imputée. Cette lettre avait été ouverte par les procédés du cabinet noir, c'est-à-dire de façon qu'elle puisse être refermée sans que l'on voie de traces d'ouverture. Jamais on ne m'en avait parlé et jamais elle ne m'était parvenue. Elle était restée pendant un an au service des renseignements ; de sorte qu'il y avait une lettre que l'on considérait comme une charge contre moi, à laquelle on n'avait jamais fait allusion, dont on ne m'avait jamais parlé : c'était une espèce de pièce secrète qui existait contre moi.

M⁰ LABORI. — Voulez-vous, monsieur le président, avoir l'obligeance de demander à M. le général Gonse si, puisque la lettre Ducasse était envoyée à M. Picquart et la lettre *Speranza* conservée au bureau des renseignements, si, dis-je, on ne conservait pas la lettre *Speranza* parce qu'elle était un faux ?

LE GÉNÉRAL GONSE. — En aucune façon.

M⁰ LABORI. — Le Conseil appréciera. Je signale que deux lettres sont adressées à M. le colonel Picquart, l'une par quelqu'un qu'il connaît et qui peut en confirmer l'envoi, l'autre qui émane d'un faussaire : la première est envoyée, l'autre est conservée. (*Mouvement prolongé.*)

LE PRÉSIDENT. — Vous entrez dans la discussion.

M⁰ LABORI. — Non. Je me contente, en vertu de l'article 319, de dire sur la déposition d'un témoin des choses qui sont essentielles pour la faire apprécier au Conseil.

Voilà, monsieur le président, pour la première constatation. Je continue.

LE GÉNÉRAL GONSE. — Je rappelle au Conseil que les agissements du colonel Picquart nous avaient paru suspects ; il ne me rendait pas compte de ce qu'il faisait, nous ne connaissions pas les noms de ses agents, et il était indispensable de savoir jusqu'où il avait été dans cette voie. Il y avait un certain agent que M. le colonel Picquart avait employé sous le nom de Durand, qui s'appelait Germain Ducasse, qui lui faisait des rapports presque journaliers ; nous ne les avons jamais retrouvés, et cet individu nous ne le connaissions pas. Il était indispensable, en somme, de savoir jusqu'où avaient été ces agissements, qui pouvaient être compromettants pour le ministère de la guerre et pour le pays.

M⁰ LABORI. — Voulez-vous, monsieur le président, demander au général Gonse si à cette époque où il prétend que le colonel Picquart lui paraissait suspect, il n'a pas continué avec lui pendant plusieurs mois, jusqu'à la fin de mars 1897, une correspondance plus qu'aimable et plus que bienveillante ?

LE PRÉSIDENT. — Après que le colonel Picquart est devenu suspect à vos yeux, avez-vous continué à correspondre avec lui ?

LE GÉNÉRAL GONSE. — Parfaitement oui, monsieur le président, je lui ai écrit cette lettre, pendant sa mission, lettre qu'il a fait publier. Quant aux mots « plus qu'aimables », c'est une insinuation.

Me LABORI. — Si le Conseil et le général Gonse ont un doute au sujet des lettres dont je parle, je demanderai que ces lettres soient lues, et je demanderai à M. le président de vouloir bien poser à M. le général Gonse la question de savoir si des lettres pareilles, correspondant à des menées qualifiées de suspectes, sont dignes de la loyauté militaire ! (Mouvement.)

LE PRÉSIDENT. · Je ne poserai pas cette question.

Me LABORI. — Bien, monsieur le président. Voulez-vous alors demander à M. le général Gonse ce qu'il pense du faux Henry, s'il n'estime pas que c'est une machination dirigée contre le colonel Picquart ?

LE PRÉSIDENT. — Pensez-vous que le faux Henry soit une machination dirigée contre le colonel Picquart ?

LE GÉNÉRAL GONSE. — Je ne crois pas qu'il ait été dirigé contre le colonel Picquart. Comme on l'a dit très souvent, c'est un événement très malheureux, très mauvais. (Vives rumeurs.)

LE PRÉSIDENT. — Monsieur le capitaine de gendarmerie, veuillez veiller au maintien de l'ordre.

LE GÉNÉRAL GONSE. — C'est une action criminelle et si je m'en étais douté, si je l'avais soupçonnée, je l'aurais certainement empêchée de toutes mes forces.

Me LABORI. — Voulez-vous, monsieur le président, demander à M. le général Gonse, dans le cas où le faux Henry ne serait pas une machination contre le colonel Picquart, comment il l'explique, quel était son but ?

LE PRÉSIDENT. — Est-ce que ce faux était une machination contre le colonel Picquart ?

LE GÉNÉRAL GONSE. — Je ne vois pas en quoi, monsieur le président, ce faux était dirigé contre le colonel Picquart.

LE PRÉSIDENT. — Dans l'hypothèse où il ne l'était pas, quel était son but ?

LE GÉNÉRAL GONSE. — Le but du colonel Henry, je ne l'ai pas connu, il ne me l'a pas dit. Quand il a été arrêté, je ne l'ai plus revu. Mais ce qu'il voulait faire, c'était évidemment chercher encore une nouvelle preuve contre Dreyfus.(Nouvelles rumeurs). C'est très malheureux, parce qu'il n'avait pas besoin de cela. Son idée a

été de mettre le nom de Dreyfus dans une pièce diplomatique.
Eh bien, il y avait d'autres pièces diplomatiques — vous les avez
vues dans le dossier secret, je n'y reviens pas — où le nom de Dreyfus était tout au long. Par conséquent, c'était une pièce absolument inutile.

Me LABORI. — Pardon! monsieur le président, y a-t-il dans aucune pièce diplomatique du dossier secret le nom de Dreyfus de
telle manière que sa culpabilité en ressorte; si elle existe, quelle
est cette pièce, que M. le général Gonse la désigne par son numéro?

LE PRÉSIDENT. — Ceci est une affaire d'appréciation.

Me LABORI. — Comment! j'entendrai comparer le faux Henry à
une pièce quelconque du dossier diplomatique, et je n'aurai pas le
droit de protester! Il n'y a pas une seule pièce de cette sorte
ou bien que M. le général Gonse la nomme. Veuillez demander,
monsieur le président, au général Gonse, qu'il la nomme.

LE PRÉSIDENT. — Je ne poserai pas cette question. Posez-en une
autre.

Me LABORI — C'est ma question!

LE PRÉSIDENT. — Je refuse de la poser, je vous prie d'en poser
une autre.

Me LABORI. — Vous refusez de poser cette question, monsieur le
président? Alors, je me réserve, le moment opportun venu, de
poser des conclusions à cet effet, car la question me paraît indispensable. (*Sensation.*)

LE PRÉSIDENT. — Posez des conclusions!

Me LABORI. — Je continue: M. le général Gonse appelle fabriquer un faux: « chercher une nouvelle preuve ». Puisqu'il prétend justement que le colonel n'avait aucun besoin de ce faux,
pourquoi l'a-t-il fait? On ne commet pas un crime dont on n'a pas
besoin.

(*M. le général Gonse fait un signe.*)

LE PRÉSIDENT. — Vous ne le savez pas, n'est-ce pas? il ne vous l'a
pas dit?

LE GÉNÉRAL GONSE. — Je n'ai pas vu le colonel Henry après son
arrestation. Par conséquent, je n'ai pas pu l'interroger sur ce
point.

Me LABORI. — On a parlé de faux patriotique. M. le général
Gonse pourrait-il nous dire si le faux a été fait pour le public ou
bien pour les chefs?

LE PRÉSIDENT. — Ce faux a-t-il été fait dans l'intention de tromper le public ou dans celle de tromper ses chefs?

Le général Gonse. — C'était une pièce secrète, ce n'était donc pas pour le public. (*Mouvement prolongé.*)

M⁰ Labori. — Pourquoi alors le colonel Henry a-t-il estimé bon de faire une pièce pour tromper ses chefs?

Le président. — Le savez-vous?

Le général Gonse. — Je n'en sais rien. Je répète que je n'ai pas interrogé Henry après son aveu, je ne sais pas quel était le secret de ses pensées.

M⁰ Labori. — Je continue dans l'ordre des machinations contre le colonel Picquart et je les énonce au fur et à mesure que ma mémoire me les rappelle. Voulez-vous demander à M. le général Gonse s'il sait qu'on ait exercé au service des renseignements une tentative de pression sur M. le commissaire de police Tomps pour l'amener à déclarer que le fac-similé du bordereau paru dans le *Matin* était dû à une communication illicite du colonel Picquart.

Le général Gonse. — Je ne sais pas cela du tout, attendu que les relations de ces messieurs avec M. Tomps m'échappaient complètement. C'était une chose tout à fait secondaire.

M⁰ Labori. — Nous poserons alors la question tout à l'heure à M. Tomps.

Le général Gonse reconnaît-il que le grattage du *petit bleu* ait été une machination contre Picquart?

Le président. — Reconnaissez-vous d'abord qu'il y ait eu un grattage du *petit bleu* et ensuite que ce grattage aurait été une machination contre le colonel Picquart?

Le général Gonse. — J'ai vu ce *petit bleu* pour la première fois le 3 septembre 1896. Je n'ai pas constaté de grattage à ce moment; je n'en ai pas constaté davantage plus tard, ou pour mieux dire, mon attention n'a pas été appelée sur ce point; et si la pièce a été grattée, elle l'était certainement avant que je ne l'aie vue le 3 septembre, attendu qu'après le 3 septembre, quand je l'ai revue, je n'ai trouvé aucune différence entre l'état de la pièce au 3 septembre 1896 et l'état subséquent. D'autant plus que ce *bleu* était froissé, avait été assez mâchuré, et par conséquent le *bleu* avait un peu disparu. Aussi était-il difficile de reconnaître exactement la situation. Maintenant, on peut se rendre compte peut-être de l'époque à laquelle ce *petit bleu* a été gratté, en comparant les photographies, les toutes premières photographies, des suivantes ; parce qu'enfin, si on a gratté dans l'intervalle, on trouvera certainement les différences en mesurant la hauteur et la largeur des lettres ; on verrait tout de suite des différences, et je crois que cela n'a jamais été constaté.

Mᵉ LABORI. — Voulez-vous demander à M. le général Gonse s'il ignore donc que précisément cette opération a été faite ?

LE PRÉSIDENT. — Vous ignorez qu'il y a eu grattage ?

Mᵉ LABORI. — Non, monsieur le président, ce n'est pas cela. — Si M. le général Gonse ignore qu'on a précisément comparé les clichés du *petit bleu* pris à l'époque où M. le colonel Picquart était chef du service des renseignements, avec les clichés pris depuis, et que cette opération a démontré que le grattage était postérieur à l'époque où M. le colonel Picquart s'était occupé du *petit bleu* ?

LE PRÉSIDENT. — Est-il à votre connaissance qu'on ait comparé les clichés des deux époques, et qu'il en soit ressorti l'évidence d'un grattage ?

LE GÉNÉRAL GONSE. — Je n'ai pas participé à l'instruction ; par conséquent, je ne sais pas du tout ce qui a été fait à l'instruction.

Mᵉ LABORI. — Je crois qu il est indispensable que le Conseil soit édifié sur se point. Permettez-moi de faire une très courte observation. A un moment donné, en 1898, quand M. le général Roget s'est occupé de faire une étude approfondie sur l'affaire Dreyfus, il a découvert ou cru découvrir un grattage sur le *petit bleu*. Cela a été pour lui le point de départ d'une plainte en faux introduite plus tard sur les instigations du général Roget, qui ne s'en cache pas, par le général Zurlinden contre le colonel Picquart.

LE GÉNÉRAL ROGET. — Je demande la parole.

Mᵉ LABORI. — Or, à l'instruction on a fait une expertise complète, une expertise chimique ; et il a été démontré que le *petit bleu* n'a pas été gratté à l'époque où M. Picquart en avait fait faire la photographie. Je crois, monsieur le président, que c'est là un point essentiel dans le débat. J'ai l'honneur de vous prier de vouloir bien ordonner la lecture des expertises.

LE GÉNÉRAL GONSE. — Je n'ai pas suivi l'instruction, je ne puis donc pas donner des renseignements au Conseil. J'ai été appelé simplement comme témoin.

LE PRÉSIDENT. — Le général Roget va pouvoir nous donner peut-être quelques indications à ce sujet.

LE GÉNÉRAL ROGET. — Je viens d'être mis en cause par le défenseur. C'est une question personnelle, je demande à y répondre.

Au mois de mai 1898, faisant une enquête dans les conditions que le Conseil connaît, j'ai demandé à voir le *petit bleu* que je n'avais jamais vu.

J'ai écrit un mot au général Gonse, le général Gonse m'a envoyé le *petit bleu* par le commandant Cuignet qui travaillait à ce moment-là dans son bureau.

Nous avons examiné l'un et l'autre le *petit bleu* que nous n'avions jamais regardé.

D'abord, nous avons pu nous apercevoir, surtout en le regardant par transparence, que le papier était aminci sous le mot Esterhazy.

Ce qu'il y avait de certain, c'est que les lettres de ce mot sont empâtées et baveuses. C'est la même chose pour le chiffre 7 du numéro 27 de la rue de la Bienfaisance.

Après avoir fait cette observation le commandant Cuignet a rapporté le *petit bleu* au général Gonse, et lui a rendu compte je crois. J'ai dit que je lui en avais rendu compte, mais il est probable que c'est par le commandant Cuignet.

Le lieutenant-colonel Picquart avait été mis en réforme à ce moment; on ne cherchait que l'apaisement au ministère de la guerre, et on n'a certainement pas cherché à cette époque à tirer parti de cette question.

Plus tard, M. Cavaignac est devenu ministre de la guerre, et il a cru devoir poursuivre M. le lieutenant-colonel Picquart pour communication de dossiers secrets à M. Leblois.

M. Cavaignac n'avait pas lu le dossier de l'affaire Esterhazy, il ne connaissait pas le *petit bleu* et il n'a pas poursuivi du tout M. Picquart pour cette lettre. Et je ne lui en ai rien dit.

Quand M. le général Zurlinden a pris le ministère, c'était dans les conditions suivantes :

Il était disposé à faire la revision, mais à la condition qu'il se ferait une opinion personnelle de l'affaire. —

Il s'est fait en effet une opinion personnelle; il a lu lui-même le dossier judiciaire de l'affaire Dreyfus, le dossier de l'affaire Esterhazy et le dossier secret.

Quand le général Zurlinden a vu le *petit bleu* il a remarqué comme moi la trace de grattages; et il a cru devoir poursuivre M. Picquart, il l'a fait.

Moi, je prends la responsabilité de mes actes, mais je ne prends la responsabilité que pour les miens. (*Mouvement.*)

Me LABORI. — Monsieur le président, voulez-vous me permettre de dire un mot au général Roget qui va lui prouver tout de suite que nous sommes d'accord?

Je n'ai aucunement l'intention ici de rechercher les responsabilités.

LE GÉNÉRAL ROGET. — C'est à moi que vous vous êtes directement adressé.

LE PRÉSIDENT. — Monsieur le général Roget, ne parlez pas directement au défenseur.

Mᵉ LABORI. — Je suis convaincu que le général Roget ne contestera pas que c'est lui qui a découvert le grattage.

LE GÉNÉRAL ROGET. — Je ne le conteste pas, je l'ai dit.

Mᵉ LABORI. — C'est tout ce qui m'importe. Je n'ai qu'une préoccupation : c'est de démontrer qu'il s'agit d'une machination. Eh bien, monsieur le président, voulez-vous demander à M. le général Roget si, au moment où il a découvert le grattage, il n'y a pas vu l'élément d'un crime de faux imputable au colonel Picquart.

LE GÉNÉRAL ROGET. — Usage de faux, oui, monsieur le président.

Mᵉ LABORI. — Bien, et je le répète, c'est là le point de départ des poursuites entamées plus tard, et je crois que M. le général Roget ne me contredira pas.

LE GÉNÉRAL ROGET. — Non.

Mᵉ LABORI. — Ce que je veux établir, c'est que ce point de départ n'était pas imputable au colonel Picquart.

LE PRÉSIDENT. — Vous entrez dans la discussion. C'est absolument de la discussion !

Mᵉ LABORI. — Je vous demande, monsieur le président, d'ordonner la lecture des expertises faites sur ce point.

LE GÉNÉRAL ROGET. — J'ai déjà répondu à cette question quand Mᵉ Demange me l'a posée. J'ai répondu ceci : c'est que les clichés de l'époque donnent exactement la physionomie du mot Esterhazy tel qu'il existe actuellement, que le colonel Picquart a reconnu le *petit bleu* du premier coup ; il a ensuite eu une petite hésitation, mais il l'a d'abord reconnu ; et que les clichés du moment donnent la physionomie exacte du mot Esterhazy tel qu'il est. Il n'y a qu'une différence, c'est le réglage ; mais j'ai expliqué que le réglage pouvait avoir été rétabli maladroitement par les gens qui ont fait des retouches sur le *petit bleu* par ordre du colonel Picquart.

Mᵉ LABORI. — J'insiste pour que lecture soit donnée des expertises, et tout particulièrement de l'expertise à laquelle a procédé M. l'expert chimiste Lhote et de laquelle, par suite de la comparaison des encres, ressort manifestement la date du grattage.

LE PRÉSIDENT. — C'est dans l'enquête ?...

Mᵉ LABORI. — Dans l'enquête Tavernier.

Le greffier. — Nous n'avons pas le dossier là.

Me Labori. — Il serait utile d'avoir ici tous les dossiers. Je regrette que le dossier ne soit jamais là ; je demande qu'il soit recherché.

Me Demange. — Voulez-vous me permettre, monsieur le président, de poser une question. Si j'ai bien entendu la déposition de M. le général Gonse et celle de M. le général Roget, le *petit bleu* paraît aujourd'hui une pièce suspecte ; j'ai bien compris aussi que M. le colonel Picquart avait proposé, à un moment donné, à M. le ministre de la guerre, d'envoyer à M. Esterhazy une lettre signée de la signature du *petit bleu*, faisant allusion au contenu du *petit bleu*, c'est-à-dire un piège tendu à Esterhazy, et cette idée a été repoussée par le ministre de la guerre.

Le général Roget. — Parfaitement.

Me Demange. — Voulez-vous demander à M. le général Gonse ou à M. le général Roget, comment il concilie dans son esprit la pensée d'une fraude, la pensée d'une fabrication frauduleuse du *petit bleu*, avec le piège tendu à Esterhazy, et comment Esterhazy aurait pu tomber dans le piège s'il n'était pas le destinataire du *petit bleu*, s'il ne connaissait ni la signature C, ni la signature R dont il est question dans le petit bleu.

Le général Gonse. — Ceci se passait, monsieur le président, en 1896, au mois d'octobre. Eh bien, à ce moment-là, le *petit bleu* était, il est vrai, suspect, ou du moins, il ne me paraissait pas très vrai, mais je l'acceptais cependant dans une certaine mesure. (*Mouvement.*) Je ne connaissais pas à ce moment-là les démarches qu'avait faites le colonel Picquart auprès de ses inférieurs pour faire timbrer à la poste, pour faire faire des photographies sans trace de déchirures, pour certifier que le *petit bleu* venait d'un personnage déterminé. Je ne connaissais pas tout cela. Par conséquent, le *petit bleu* pouvait venir de l'origine ou de la source qu'avait indiquée le colonel Picquart, et, par conséquent, les démarches qu'il faisait pour faire arrêter Esterhazy avec un télégramme venant de cette même source n'avaient rien d'extraordinaire. Mais je dois dire que je n'ai pas voulu, ou que je n'ai pas proposé la chose avec avis favorable au ministre, pour faire arrêter le commandant Esterhazy.

Me Demange. — Je crois que M. le général Gonse n'a pas compris ma question ; je l'aurai probablement mal formulée. Comment le colonel Picquart pouvait-il avoir l'idée de tendre un piège dans lequel Esterhazy ne pouvait pas tomber si le *petit bleu* n'était pas réellement adressé à Esterhazy ?

Le GÉNÉRAL Gonse. — Cela, c'est l'affaire du colonel Picquart, ce n'est pas la mienne. Pour moi, le *petit bleu* m'avait été remis ; je pouvais le considérer et je le considérais comme suspect ; mais cependant il pouvait être vraisemblable. Le colonel Picquart me proposa de faire arrêter Esterhazy ; c'était une solution comme une autre, mais une solution que je n'ai pas acceptée ; je ne voulus pas en prendre la responsabilité.

Me DEMANGE. — Je ne voudrais pas mettre en cause la responsabilité de M. le général Gonse. Je voudrais une explication au sujet de ce *petit bleu* qu'on nous présente aujourd'hui comme suspect, et je demande ceci : si Esterhazy n'était pas le destinataire, comment le colonel Picquart aurait-il proposé de tendre un piège à Esterhazy, lequel n'aurait rien compris à la lettre qu'il aurait reçue ?

Le PRÉSIDENT. — Le général Gonse n'a pas à l'expliquer ; ce serait plutôt le colonel Picquart.

Le GÉNÉRAL Gonse. — Je crois qu'à ce moment il avait fait deux hypothèses : ou Esterhazy est en relations avec le personnage et sait ce que c'est la signature C, et il viendra ; ou il ne l'est pas, et alors il ne viendra pas. Voilà les deux hypothèses qu'avait faites le colonel Picquart. Eh bien, je n'ai pas voulu entrer ni dans l'une ni dans l'autre.

Me DEMANGE. — Je comprends cela ; mais alors je demande à M. le général Roget, qui pourra peut-être nous répondre, comment le colonel Picquart aurait proposé cela au général Gonse si le *petit bleu* n'avait pas eu une origine authentique ?

Le PRÉSIDENT, *au général Roget*. — Pouvez-vous répondre à cela, mon général ?

Le GÉNÉRAL Roget. — Je n'ai pas très bien compris la portée de la question.

Le PRÉSIDENT, *au général Roget*. — Il s'agit de savoir comment vous expliquez que le colonel Picquart savait que le *petit bleu* n'était pas destiné à Esterhazy, et voulait cependant lui envoyer un télégramme pour le faire tomber dans un piège.

Le GÉNÉRAL Roget. — Au moment où l'on a envoyé ce télégramme à Esterhazy, j'ai expliqué qu'Esterhazy rentrait de manœuvres à Rouen, qu'il allait venir à Paris, il serait venu même sans avoir reçu de télégramme et le tour aurait été fait.

Me LABORI. — Comment était-ce possible alors que le colonel Picquart proposait qu'on allât l'attendre à la gare en indiquant le train ?

LE GÉNÉRAL ROGET. — Il n'y a pas de train indiqué ; on dit : « Vous ferai attendre gare. » Voilà quel était le télégramme. Mais il n'y avait pas de train indiqué, et on proposait d'apposer des agents dans la gare Saint-Lazare pour le pincer quand il arriverait par un train quelconque.

Me LABORI. — M. le colonel Picquart désire ajouter un mot, monsieur le président.

LE LIEUTENANT-COLONEL PICQUART. — J'avais mis les mots que vous trouverez au bas du projet, c'est-à-dire : « Il faudrait que la chose fût faite avant le 18. » Or, le 18 est le jour où cessaient les manœuvres. Donc, j'avais prévu qu'Esterhazy pouvait revenir de lui-même et qu'il fallait faire la chose avant. C'est écrit, cela.

LE GÉNÉRAL ROGET. — L'explication est donnée par M. Picquart lui-même dans la note qu'il a faite : Etant donné que, par les indiscrétions de l'Éclair, Esterhazy et son correspondant habituel vont savoir qu'Esterhazy a livré la pièce, la surveillance est illusoire ; mais, étant donné qu'ils ne peuvent pas communiquer entre eux dans un délai de deux jours, on pourrait faire telle ou telle chose. Et alors, comme explication, il ajoute : « Il faudrait faire cela avant le 18. »

LE LIEUTENANT-COLONEL PICQUART. — Parce que le 18, il aurait pu rentrer de lui-même.

QUATRE-VINGT-DIX-NEUVIÈME TÉMOIN

M. DE FONDS LAMOTHE, *ingénieur*.

De Fonds Lamothe (François-Prosper), 42 ans, ingénieur, ancien capitaine d'artillerie breveté de l'Etat-Major.

Me DEMANGE. — Voici les deux questions, M. le président, que je vous prie de vouloir bien poser au témoin : 1° M. de Fonds Lamothe, qui était à l'Etat-Major en même temps que Dreyfus, a-t-il demandé un manuel de tir et a-t-il eu de la difficulté à l'obtenir ?

LE PRÉSIDENT, *au témoin*. — Dites ce que vous savez au sujet des manuels de tir mis à la disposition des stagiaires.

M. DE FONDS LAMOTHE. — Dans le courant du mois de mai, j'ai appris par des camarades de l'artillerie qu'on venait d'adopter un nouveau manuel de tir réglementant la méthode en vigueur à ce moment-là au cours pratique de Poitiers, c'est-à-dire la méthode des tirs en distance, méthode analogue à la méthode allemande.

Je m'étais toujours occupé de la question du tir, et c'est moi qui ai demandé au colonel du 3e bureau, le colonel Bardol, auquel j'étais attaché pour des travaux techniques, à aller à la 3e direction demander des manuels pour les stagiaires. Je me suis adressé à mon camarade de promotion, le capitaine Lebreton ; il a envoyé ces manuels qui ont été reçus par la 3e bureau. Le colonel Picquart m'en a donné un, je l'ai gardé tout le temps que j'ai voulu. Un peu plus tard, j'ai été de service au cabinet du chef d'Etat-Major, il y avait là deux manuels ; j'ai même étudié la question du tir sur but mobile, qui était nouvelle. A ce moment-là, on disposait, comme on voulait, du manuel de tir assimilé aux théories.

Quant à l'application du pointage à la manivelle avec la nouvelle méthode, je l'ai expérimentée à Bourges en 1896, avec l'autorisation de mon colonel.

C'est donc moi qui ai fait demander le manuel à la 3e direction.

LE PRÉSIDENT. — Pour le 3e bureau ?

M. DE FONDS LAMOTHE. — Pour tout l'Etat-Major. On a apporté une dizaine d'exemplaires et le colonel Picquart les avait placés à côté de lui. Il n'y avait pas de mention confidentielle.

Je ferai même observer que les officiers titulaires qui allaient aux manœuvres de masses au mois d'août en emportaient. Ils les remettaient en place à leur retour. Les officiers de l'Ecole de guerre qui ont fait un stage dans les régiments en emportaient également.

C'était un document qu'on pouvait se procurer sans aucune difficulté.

En tout cas, il y avait à l'Etat-Major de l'armée, au bureau du capitaine de service, deux manuels en permanence à la disposition de l'officier ; ils doivent y être encore.

LE PRÉSIDENT. — Ceci se passait en 1894 ?

M. DE FONDS LAMOTHE. — Ceci se passait en 1894.

Me DEMANGE. — Deuxième question : M. de Fonds Lamothe a-t-il cru qu'il irait aux manœuvres ?

M. DE FONDS LAMOTHE. — Je demande à ce propos à voir la circulaire du 17 mai 1894 que Dreyfus avait demandée en 1894 au Conseil de guerre de Paris. Cette circulaire a été ignorée de tous les ministres ; j'estime qu'elle est capitale dans le procès, et si j'ai accepté de venir ici, c'est un acte de conscience que j'accompli parce que j'ai la certitude qu'aucun stagiaire de 2e année n'a pu écrire le bordereau et la conviction que les ministres, tout en étant d'une parfaite bonne foi, n'ont pas connu ce document essentiel. (*Mouvement prolongé.*) J'en demande la lecture parce qu'il y a là un point important qu'il faut saisir pour bien comprendre la question posée.

En attendant, j'ai à vous dire l'impression que j'ai éprouvée lorsque j'ai eu connaissance du dossier de la Cour de cassation. J'ai été fort surpris en voyant que le bordereau avait changé de date et j'ai eu une impression très vive, qui m'a bouleversé : C'est que si en 1894, on avait antidaté le bordereau, pour le placer avant la circulaire, devant la Cour de cassation, quand les ministres les plus intelligents ont demandé à placer le bordereau fin août, on avait post-daté la circulaire. Il est en effet nécessaire que le bordereau soit postérieur aux documents qui y sont mentionnés et antérieur à la circulaire du 17 mai.

Je me suis dit qu'on renouvelait la manœuvre qui avait été faite en 1894. Voilà pourquoi je suis ici, et voilà pourquoi je demande cette circulaire. Il en existait quatre exemplaires, un par bureau, on y trouvait un tableau de répartition des stagiaires pendant quatre ans, dont l'application devait continuer dans l'avenir.

Le PRÉSIDENT, *au greffier.* — Lisez cette pièce.

Le GREFFIER COUPOIS *donne lecture de la circutaire de 15 mai 1894 :*

Paris, 15 mai 1894.

Note pour le Général de Division, Chef d'Etat-Major général de l'armée.

Actuellement, les officiers détachés comme stagiaires à l'Etat-Major général de l'armée ne font chaque année qu'un séjour d'un mois dans les troupes à l'époque des grandes manœuvres. Le général chef de l'Etat-Major général de l'armée a manifesté l'intention de rentrer, à l'égard de ces officiers, dans la règle commune et de leur appliquer désormais les prescriptions de l'article 13 du décret du 3 janvier 1891, aux termes duquel les officiers stagiaires sont astreints à accomplir deux périodes de service régimentaire, d'une durée de trois mois chacune. Une de ces périodes doit être effectuée pendant les manœuvres. A cet effet, la section du personnel a l'honneur de proposer d'apporter les modifications suivantes en ce qui concerne la répartition du temps pendant lequel ces officiers resteraient détachés dans les bureaux. Comme par le passé, les officiers seraient divisés en deux groupes affectés pendant six mois au premier et au quatrième bureaux. Le temps à passer dans les deuxième et troisième bureaux serait réduit à trois mois, ce qui permettrait de dépasser le temps légal pendant lequel les officiers doivent accomplir leur période régimentaire, dont une pendant les manœuvres d'automne. Cette disposition entrerait en vigueur cette année. Pour en faciliter l'application, il y aurait lieu de prendre des mesures transitoires consistant à faire prendre un service de troupes aux officiers qui ne font un service de stagiaires que pendant le dernier trimestre de 1894.

Le tableau ci-joint indique jusqu'à la fin de 1891 la répartition successive des officiers dans les différents bureaux, avec l'indication du temps de service dans les troupes, cette répartition étant faite d'après les principes exposés ci-dessus.

Le président. — Jugez-vous utile qu'on lise toute la circulaire ?

M. de Fonds Lamothe. — Je voudrais voir l'état de répartition.

Me Demange. — Voulez-vous me permettre de signaler à l'attention de M. le greffier que ce qu'il vient de lire est un projet de circulaire ? Or, il y a une minute datée du 18 mai, minute de note écrite pour le 2e bureau de l'Etat-Major.

M. de Fonds Lamothe. — J'appelle votre attention sur cette lettre collective à chacun des quatre bureaux.

Le greffier Coupois *donne lecture de la circulaire du 17 mai 1894.*

Minute de la lettre écrite pour le premier bureau d'Etat-Major.

1°
2°
3°
4°

Paris, le 17 mai 1894.

Analyse au sujet des périodes de service de troupes que doivent effectuer les stagiaires de l'Etat-Major de l'armée.

Actuellement, les officiers détachés comme stagiaires à l'Etat-Major général de l'armée ne font chaque année qu'un séjour d'un mois dans les troupes à l'époque des grandes manœuvres.

Le général chef d'Etat-Major de l'armée a décidé de rentrer, à l'égard de ces officiers, dans les règles communes, de leur appliquer désormais les prescriptions de l'article 13, décret du 13 septembre 1893, aux termes duquel les officiers stagiaires sont astreints à accomplir deux périodes de service régimentaire, d'une durée de trois mois chacune. Une de ces périodes doit être faite pendant les manœuvres; à cet effet, les modifications suivantes ont été apportées. En ce qui concerne la répartition du temps pendant lequel ces officiers resteront détachés dans les bureaux, comme par le passé, les officiers continueront à être divisés en deux groupes, et affectés pendant six mois aux 1er et 3e bureaux. Le

séjour dans les 2e et 3e bureaux sera réduit à trois mois, ce qui permettra
de disposer du temps légal pendant lequel les officiers devront accomplir
leur période régimentaire, dont une pendant les manœuvres d'automne.
Ces dispositions entreront en vigueur cette année et, pour faciliter leur
application, il a été pris une mesure transitoire consistant à faire accomplir un service de troupes aux officiers qui font actuellement leur
deuxième stage pendant le deuxième trimestre de 1894. Le tableau ci-joint
indique jusqu'à fin 1897 la répartition successive des officiers dans
les différents bureaux, et les époques auxquelles ils effectuent les services
dans les troupes. Cette répartition, qui est faite d'après les prescriptions
énoncées ci-dessus, devra être continuée dans l'avenir.

M. le Colonel, chef du bureau de l'Etat-Major de l'armée, est prié de
vouloir bien prendre les mesures nécessaires pour assurer l'exécution de
ces dispositions et notamment faire connaître à la section du personnel,
un mois avant les époques fixées pour l'accomplissement des périodes
de service de troupes, les préférences exprimées par les officiers stagiaires
en vue de leur affectation régimentaire.

Le Colonel,

Signé : Gonse.

Le sous-chef de l'Etat-Major général de l'armée.

27 avril 1899.

Pour copie conforme :

Le Général chef d'Etat-Major de l'armée.

M. de Fonds Lamothe. — Cela suffit. Je vais vous expliquer en
deux mots le fonctionnement de cette circulaire. Avant cette époque,
chaque année, les stagiaires allaient aux manœuvres, en vertu
d'une décision ministérielle élaborée par le général de Miribel, du
20 août en principe au 20 septembre. Il a toujours été admis à
l'Etat-Major de l'armée que les stagiaires peuvent exercer leur
préférence sur tous les régiments ; on les prévient un mois à
l'avance, on fait passer une liste, sur laquelle chaque officier inscrit son régiment préféré, le chef de bureau la transmet à la section
du personnel, le régiment demandé vous est généralement accordé.
Ainsi moi, l'armée précédente, j'avais accompli mon stage d'infanterie à Perpignan. Vers le 18 juillet également, on demande aux
titulaires quelles sont leurs préférences, pour aller aux grandes
manœuvres, soit dans les corps de troupes soit au titre des états-
majors. Et en plus, quelque temps après, on indique la composition des états-majors, constitués en dehors des corps d'armée,
comme cette année-là, l'état-major du général de Galliffet et le

détachement des officiers qui accompagnent les officiers étrangers.

Voilà la situation telle qu'elle était avant 1894. Le 17 mai on décida que nous rentrerions dans la règle commune, et on nous appliqua le décret du 3 janvier 1891 qui prescrivait que les stagiaires iraient dorénavant trois mois dans les corps de troupe, la première année pendant les manœuvres, et l'année suivante en dehors des manœuvres pendant le 4e trimestre.

Je vous ferai observer que le décret du 3 janvier est extrêmement important ; c'est lui qui règle les stages régimentaires des stagiaires d'Etat-major ; il est signé par le général de Miribel et nulle part il n'est stipulé que pendant leur stage les stagiaires auront à assister aux manœuvres au titre d'état-major.

On ne l'a jamais fait au ministère, ni pendant cette époque ni à d'autres époques (*mouvement*), aucune demande écrite, aucune autorisation, aucun précédent n'existent.

En même temps, on a décidé pour les stagiaires de deuxième année que pour avoir les trois mois légaux, leur emploi du temps serait désormais le suivant :

Ils feraient six mois dans le premier bureau et six mois dans le quatrième bureau, c'est-à-dire pendant le premier semestre de leur arrivée, et le dernier semestre qui précède leur départ.

Le stage dans les deuxième et troisième bureaux devait rester réduit, j'insiste sur ce mot, réduit à trois mois.

Voilà donc quelle était la situation le 17 mai 1894.

Il était donc entendu qu'au 1er juillet nous devions rentrer aux deuxième et troisième bureaux. Comme nous étions en voyage d'état-major jusqu'au 5, nous n'avons fait notre rentrée au troisième bureau que le 8. Par conséquent, nous avions perdu sept jours avant d'entrer dans les deuxième et troisième bureaux.

Je vous ferai observer que les stagiaires affectés au troisième bureau ont été versés immédiatement dans les sections en raison des travaux du plan qui étaient très importants, et très actifs. Ce n'est donc pas le 29 août qu'on décida de les employer à ce travail. Les tableaux D avaient été demandés aux corps d'armée pour le 1er août au plus tard.

Il n'a jamais été question de nous envoyer aux manœuvres à un titre quelconque : Je vais vous expliquer pourquoi mes souvenirs sont très précis sur ce point : avant de choisir son corps de troupes, on va à la section des manœuvres étudier les manœuvres qu'on désire suivre, cela un mois ou deux avant ; on étudie l'itinéraire que suivront ces manœuvres, les cantonnements désignés par les corps d'armée; on se procure des cartes. En somme on choisit son corps à l'avance, après renseignements ainsi recueillis.

Je déclare nettement que je n'ai jamais été à la section des manœuvres au mois d'août ni au mois de juillet, pour déterminer les manœuvres auxquelles je désirais aller. Je me rappelle très bien que dès le 1er juin, je savais quelles étaient les préférences de mes camarades stagiaires de première année et à partir du 1er juillet je n'ai jamais eu la pensée d'aller en manœuvres.

Je vais même plus loin : j'ai demandé une permission le samedi après l'Assomption qui me fut accordée par le colonel chef de bureau. Mon chef me dit : « Vous partirez quand vous aurez fini l'exercice du jeu de la guerre que vous faites pour une division de cavalerie. Vous partirez à la fin du mois. » Dans aucun cas je n'ai jamais eu l'ombre d'un doute pour savoir si j'irais aux manœuvres dans un état-major, la question n'a pas été soulevée et tous les stagiaires étaient dans le même cas. Par contre, depuis la fin de juillet, plusieurs titulaires étaient désignés pour aller aux manœuvres; je puis en citer un, le capitaine Kappés, qui est allé suivre les manœuvres des Alpes. Il a été remplacé dans son service par le capitaine de Pouydraguin, stagiaire avec moi. Par conséquent, jamais à ma connaissance aucun stagiaire de deuxième année n'a été désigné pour partir aux manœuvres.

A la fin du mois d'août, avant de partir en permission, — je cite ce fait parce qu'il en a été question, — le commissaire militaire du réseau de l'Etat, le commandant Bruzon, me fit demander s'il me serait agréable d'aller à la dislocation des troupes du 11e corps après les manœuvres; l'embarquement des troupes à la gare de Courtalin devait être exécuté dans la nuit du 20 au 21 septembre. Je fis observer que je m'en allais en permission, mais que deux de mes camarades, Jeannin et de Pouydraguin (lequel était déjà attaché à la section italienne) seraient enchantés d'aller se promener, et on les désigna à ma place.

Je suis parti le 1er septembre et ce n'est que vers le 25 août que ces messieurs ont été désignés pour aller à l'embarquement, à Courtalin, pour le 20 septembre, soit vingt jours à l'avance; ainsi ils n'ont pas pu avoir de feuilles de route au titre des manœuvres. Vous n'avez qu'à demander les feuilles de route et vous verrez qu'ils ne sont partis que vers le 15 septembre à titre de mission de chemins de fer.

J'insiste sur ce point, parce que, pour moi, je suis certain qu'aucun des stagiaires ne pouvait aller aux manœuvres au titre d'état-major. Je pourrais vous donner la composition des détachements qui conduisaient les officiers étrangers. Il n'y a que des titulaires ; ainsi le colonel de Sancy conduisait les attachés militaires étrangers. Il y avait encore le capitaine Liotet, le capitaine Dantant, le capitaine Poisson, le capitaine Tempé.

A l'état-major du général de Galliffet, il n'y avait également que des titulaires, pas de stagiaires, on ne peut donc pas affirmer que Dreyfus avait l'espoir, la possibilité, fin août, d'aller aux manœuvres. Cela me représente absolument la possibilité, pour un officier de la garnison de Rennes, disant aujourd'hui : « J'ai la possibilité d'aller aux manœuvres du général Giovanninelli. » C'est inadmissible.

En vertu de la circulaire du 17 mai, il est donc nécessaire, pour que l'accusation tienne debout, que les quatre documents attribués à Dreyfus soient antérieurs au 17 mai ; si l'un d'eux, comme le Manuel de tir, arrive le 28 mai à l'Etat-major de l'armée, il est impossible qu'il ait écrit le bordereau. En effet, avant le 17 mai, Dreyfus ignorait le manuel de tir qui n'était pas arrivé, après le 17 mai, il ne pouvait écrire en vertu de la circulaire « je vais partir aux manœuvres », donc, jamais il n'a pu écrire *à la fois :* je vais aux manœuvres, et proposer le manuel de tir. Il n'y a pas de jour, pas d'heure, où un stagiaire ait pu écrire le bordereau. C'est matériellement, mathématiquement impossible. Depuis cinq ans on cherche une date applicable à un stagiaire et on n'en trouvera pas, parce qu'il n'y en a pas.

La date actuellement attribuée au bordereau est la pire.

Dans l'hypothèse de 1894, on avait mis les documents vers le 14 mars ; ils étaient ainsi antérieurs à la circulaire, et on avait placé la date du bordereau entre les deux ; mais actuellement, les cinq documents sont du mois d'août, or depuis le 17 mai, il est impossible qu'un de nous ait écrit : « Je pars aux manœuvres », et avant le 17 mai, nous ne connaissions aucun des documents. L'accusation est donc ruinée complètement par la circulaire ; j'insiste parce que c'est ma conviction intime, inébranlable.

Le président. — Avez-vous encore quelque chose à dire ?

M. de Fonds Lamothe. — Oui, mon colonel. J'ai à vous parler des troupes de couverture.

Les quatre premiers documents qui sont dans le bordereau sont absolument vagues, imprécis. On a pu en trouver pour le printemps, on en trouve au mois d'août, on peut en trouver tout le temps pour amuser la galerie. Je vous assure qu'en ce qui concerne les modifications aux troupes de couverture, elles sont fréquentes : j'ai fait le plan 12 ; eh bien, deux mois après, j'allais changer dans deux corps d'armée certaines dépositions.

Je dis qu'un officier d'infanterie, un major, peut faire une note sur les troupes de couverture, et je réponds à l'hypothèse de l'accusation par une autre hypothèse. En 1894, il y a eu en septembre des changements dans toutes les divisions de cavalerie. Je prends les troupes composant la couverture. On est au camp de Châlons et on lit dans les journaux : « L'Etat-major de la 7ᵉ division de cavalerie s'est transportée de Melun à Meaux ; l'Etat-Major de la 5ᵉ division de cavalerie s'est transporté de Meaux à Reims. La 2ᵉ brigade de cuirassiers s'est transportée de Senlis à Noyon ; la 2ᵉ brigade de dragons s'est transportée de Fontainebleau à Meaux. » Une autre brigade s'est transportée autre part. Il y a ainsi cinq états-majors et six régiments qui changent de garnison; ajoutez à cela 40 batteries d'artillerie qui se déplacent. La nouvelle composition des troupes de couverture a entraîné de très nombreux mouvements. Ces mouvements devaient être terminés vers le 1ᵉʳ octobre. En même temps le génie s'est emparé des équipages de ponts des corps d'armée de l'Est. En ramassant tous ces renseignements, on peut faire ainsi un état des troupes de couverture.

Maintenant, il y a dans le bordereau « quelques modifications qui ont été apportées aux troupes de couverture ». Eh bien, permettez-moi de vous dire que si un espion étranger venait me dire à moi que quelques modifications ont été apportées aux troupes de couverture, je lui répondrais : « Vous n'êtes qu'un farceur ».

Le Président. — Ce ne sont pas les termes du bordereau.

M. de Fonds Lamothe. — Pardon, il y a : « Quelques modifications ont été apportées... »

Le Président. — Non, la phrase est : « Quelques modifications seront apportées par le nouveau plan ».

M. de Fonds Lamothe. — Je n'ai pas le bordereau présent à mon esprit. Eh bien, je dis, pour le nouveau plan, qu'un major pouvait le connaître; il y a une circulaire, portant la date du 20 juin, en vue de l'établissement du plan 13, qui, dans ses deux premiers alinéas, parle du nouveau plan; on demande aux corps d'armée l'établissement des situations A, B, C, D. Si vous voulez prendre la circulaire, premier paragraphe, vous y verrez les mots : « Nouveau plan ».

Maintenant, je prends les mots : « Quelques modifications seront apportées par le nouveau plan. » Permettez-moi de vous dire qu'il résulte absolument de l'état des mouvements de troupes que je viens d'indiquer que n'importe qui peut dire : « Quelques modifications vont être apportées par le nouveau plan ».

On vous a fait observer qu'au 15 octobre on avait envoyé aux corps d'armée une note dans laquelle cette phrase aurait été répétée. Eh bien, messieurs, il y a une chose qui m'a frappé. Qui est-ce qui a fait cette note aux commandants de corps d'armée ? C'est la section du plan (3e bureau), qui a pour chef M. du Paty de Clam, lequel M. du Paty a depuis vingt jours le bordereau entre les mains, lequel M. du Paty a pu recopier textuellement — j'insiste là-dessus — la phrase du bordereau, et on en conclut par un cercle vicieux que, puisque c'était dans cette note, il était impossible que ce fût un autre qu'un officier du ministère qui ait indiqué cela six semaines avant. Cela doit vous frapper ; je dis que n'importe quel major peut organiser une note sur les troupes de couverture, surtout s'il a séjourné en août au camp de Châlons.

Le président. — Avez-vous terminé ?

M. de Fonds Lamothe. — J'ai fini.

Le lieutenant-colonel Brongniart. — Un stagiaire de la section des manœuvres ne pouvait-il pas supposer qu'il serait envoyé aux manœuvres avec l'État-Major ?

M. de Fonds Lamothe. — Non, mon colonel ; c'est une chose précise dans mon esprit : à ce moment-là, la section des manœuvres était très occupée ; on préparait des manœuvres exceptionnelles en Algérie au mois d'octobre. Tous les jours, on a eu des lettres d'officiers demandant à aller aux manœuvres ; je ne crois pas que le colonel Boucher, chef du 3e bureau, aurait donné à un officier de cette section l'autorisation d'aller aux manœuvres.

Le lieutenant-colonel Brongniart, membre du Conseil. — Je n'ai pas bien compris comment, des changements de garnison, vous pouvez conclure à l'organisation de la couverture.

M. de Fonds Lamothe. — La couverture comprend trois choses : des troupes qui ont un effectif renforcé, les divisions de cavalerie, des batteries qui sont dans le 6e corps...

Le lieutenant-colonel Brongniart. — Il y en avait d'autres ?

M. de Fonds Lamothe. — Mais la note est extrêmement vague, et d'ailleurs elle peut indiquer les troupes qui font partie de la couverture, ou le transport de ces troupes, ou les groupements. J'ai là un travail qui a été fait en 1894, qui s'appelle : « Sixième corps et les troupes de couverture » ; vous verrez qu'un major quelconque peut écrire une note quelconque sur les troupes de couverture, car il a paru dans la revue des sciences militaires au printemps de 1894.

Le lieutenant-colonel Brongniart. — Vous dites que les manuels de tir au 3e bureau étaient sur une table et qu'on pouvait les prendre ?

M. de Fonds Lamothe. — Il y en avait deux exemplaires au bureau du capitaine de service de l'Etat-Major ; moi, j'en ai eu à ma disposition tout le temps que j'ai voulu.

Le lieutenant-colonel Brongniart. — Comment expliquez-vous qu'étant au 3e bureau, où l'on pouvait avoir ce manuel, l'accusé soit allé le demander au commandant Jeannel ?

M. de Fonds Lamothe. — Je ne sais pas s'il l'a demandé.

Le lieutenant-colonel Brongniart. — Dans tous les cas, quand on avait emprunté un manuel, il fallait le rendre quelques jours après ?

M. de Fonds Lamothe. — Oui, il fallait le rendre, mais je suis convaincu que les stagiaires de première année qui allaient trois mois dans le régiment ont dû pouvoir le prendre, et le rendre ensuite.

Le commandant Profillet, *membre du Conseil.* — Vous avez dit qu'un major qui était au courant du nouveau plan pouvait fournir des renseignements sur une troupe de couverture ?

M. de Fonds Lamothe. — Parfaitement.

Le commandant Profillet. — Cela ne peut pas s'appliquer au commandant Esterhazy. Il était au 3e corps d'armée; il n'y avait pas de troupes de couverture au 3e corps.

M. de Fonds Lamothe. — Parfaitement, mais étant au camp de Châlons, et étant donné le changement de la 5e division et que l'article avait paru...

Le commandant Profillet. — Enfin, ce n'était pas un renseignement qu'il avait pu connaître comme major ?

M. de Fonds Lamothe. — Comme major, il n'a pu connaître que l'expression « nouveau plan ».

Le capitaine Beauvais, *membre du Conseil.* — En causant avec vos camarades, le capitaine Junck, le capitaine Pouydraguin, vous ne les avez jamais entendu dire qu'ils s'attendaient à partir aux manœuvres ?

M. de Fonds Lamothe. — A ce moment-là, Junck était attaché au bureau des renseignements pour la traduction de l'allemand. Il y a remplacé le capitaine Lemonnier. Quant au capitaine de Pouydraguin, je ne l'ai jamais entendu dire cela, car il était attaché comme titulaire à la section italienne, dès le 25 août environ.

LE CAPITAINE BEAUVAIS. — Junck non plus ?

M. DE FONDS LAMOTHE. — Il était au 3e bureau, il n'en a jamais parlé.

LE PRÉSIDENT. — C'est bien de l'accusé ici présent que vous entendez parler ?

M. DE FONDS LAMOTHE. — Oui.

LE GÉNÉRAL DE BOISDEFFRE. — Je demande la parole.

LE PRÉSIDENT. — Veuillez avancer à la barre.

LE GÉNÉRAL DE BOISDEFFRE. — Je n'ai qu'un mot à dire ; cette observation pourra peut-être intéresser le Conseil au point de vue de la possibilité pour les stagiaires d'espérer qu'ils iraient aux manœuvres. On vous a dit que M. le général de Miribel avait, en effet, décidé que par une mesure exceptionnelle, les stagiaires ne feraient qu'un mois dans les corps de troupe.

Quand j'ai remplacé le général de Miribel, j'ai pensé qu'il serait préférable de faire faire le stage réglementaire prévu par la loi en attendant qu'on fit subir une modification à la loi ; et j'ai soumis au ministre un projet pour revenir à l'état de choses ancien.

Par conséquent, il est exact que les stagiaires ne devaient plus faire leur service dans les corps de troupes que du mois d'octobre à la fin de l'année, mais les stagiaires n'ont pas perdu pour cela l'espoir de pouvoir aller aux grandes manœuvres. (*Rumeurs.*)

J'ai toujours eu le plus grand désir comme chef d'état-major de l'armée de voir les officiers de cet état-major participer autant que possible à tous les exercices extérieurs et, en particulier, aux grandes manœuvres ; par conséquent, j'ai toujours facilité de tout mon pouvoir les absences dans ce but.

Les stagiaires avaient si peu perdu l'espoir de faire ces manœuvres dans un état-major ou autrement, au moment des grandes manœuvres si le service des bureaux le permettait, que le capitaine Monet, le plus ancien des stagiaires quand la mesure a été prise, est venu me transmettre, au nom de ses camarades, leur demande d'être envoyés aux grandes manœuvres et de ne pas être privés de prendre part à un exercice aussi instructif pour eux. J'ai répondu au capitaine Monet que je ferais tout mon possible pour leur donner satisfaction, suivant les nécessités du service.

Comme vérification de la possibilité qu'ils pouvaient y aller, j'ai une lettre du capitaine Jeannin. Le capitaine Jeannin, comme le disait le capitaine de Fonds Lamothe, est allé aux manœuvres d'embarquement de Courtalin.

Jeannin m'écrivait dans cette lettre : « J'avais tellement la pen-

sée d'aller aux grandes manœuvres de..... J'en suis tellement sûr
que, quand le commandant B..... On m'a proposé d'aller à Courtalin assister à des exercices d'embarquement; j'ai commencé par
refuser en disant que j'espérais aller aux grandes manœuvres. » Je
ne cite que le commandant Jeannin, bien qu'il y ait beaucoup
d'autres stagiaires qui se soient trouvés dans le même cas, parce
que je tiens de sa bouche même qu'il comptait aller aux manœuvres
et qu'il n'a été fixé que le 28 août, qu'il n'irait pas. M. le général
Gonse, qui était chargé du personnel, connaît sans doute des noms
mieux que moi.

Le général Gonse. — Il y avait le capitaine Grossety.

M. de Fonds Lamothe. — Pour élucider cette question, il n'y a
qu'à demander la correspondance entre la section du personnel et
le 3e bureau, et vous verrez s'il y a eu des demandes et des dési-
gnations. On signale le capitaine Grossety. Mes souvenirs sont très
précis à ce sujet. Le capitaine Grossety avait commencé son stage
le 1er décembre 1892, un mois avant nous. Il a donc fini son séjour
à l'Etat-Major de l'armée le 1er septembre 1894, un mois avant
nous. Il a dû faire, par conséquent, son temps de troupe à cette
époque et rejoindre le général Giovanninelli à qui il était attaché.
Il constitue donc une exception.

Le général Deloye. — Il me semble avoir entendu dans la
déposition du témoin qu'il tirait argument de ce fait qu'il avait
demandé des exemplaires du manuel de tir et qu'on les lui avait
donnés, que c'était au mois d'août.

M. de Fonds Lamothe. — Je vous demande pardon; ce n'est pas
au mois d'août, c'est quand ils sont arrivés à la fin de mai ou au
commencement de juin. C'est à mon camarade de promotion,
M. Lebreton, que je les ai demandés.

Le général Deloye. — J'avais mal compris le témoin. Je passe à
une autre question. Ces dix exemplaires qui ont été envoyés
comme supplément ont bien été envoyés à la fin du mois de mai.
C'est conforme avec mes papiers. Mais des exemplaires ont été
envoyés en masse à l'Etat-Major de l'armée; du reste, dans la
déposition du capitaine de Fonds Lamothe devant la Cour de cassation, c'était bien plus grave que cela.

M. de Fonds Lamothe. — Voici ce que je puis dire. J'en ai vu au
mois d'août au bureau où j'étais de service.

Le général Deloye. — Oui, et ils ont été envoyés le premier au
chef d'Etat-Major général, un au sous-chef... Je ne vois pas très
bien, c'est au crayon, c'est un peu fin, je n'ai pas mon lorgnon; il

y en a eu un au 2e bureau, un au 3e, un au 4e, un au service géographique, en tout cinq pour l'Etat-Major de l'armée. Il y en avait peu, mais il y en avait.

LE PRÉSIDENT. — Vous avez fini votre déposition?

M. DE FONDS LAMOTHE, *faisant le salut militaire.* — Oui, mon colonel.

LE PRÉSIDENT. — Le général Mercier a demandé la parole.

LE GÉNÉRAL MERCIER, *s'avançant à la barre.* — Monsieur le président, si j'ai bien compris la déposition du témoin en ce qui concerne les troupes de couverture, M. de Fonds Lamothe a dit qu'il était possible, par les changements de garnison annoncés par les journaux, de présumer que quelques modifications seraient apportées au nouveau plan. C'est bien là le sens de votre déposition?

M. DE FONDS LAMOTHE. — Etant donné que c'était un major, qui connaissait l'expression « nouveau plan » en vertu de la circulaire du 20 juin 1894, il pouvait conclure de tous ces changements de garnison, de batteries à cheval, de divisions de cavalerie sur toute la surface du 6e corps, qu'au prochain plan il y aurait des modifications; mais je fais observer ceci : c'est qu'il est bizarre que cette phrase se trouve dans la circulaire du 15 octobre.

LE GÉNÉRAL MERCIER. — Par conséquent, le témoin affirme que cette phrase : « Quelques modifications seront apportées par le nouveau plan » devait être motivée par les changements de garnison qui ont eu lieu au mois de septembre, à la fin des manœuvres. Or, au mois d'octobre, au 15 octobre, on a établi un plan provisoire de couverture qui tenait compte de ces modifications, de ces changements de garnison; par conséquent, c'est en envoyant précisément le 15 octobre aux différents commandants de corps d'armée ce dispositif provisoire de couverture qui tenait compte des changements déjà accomplis, c'est en envoyant cela qu'on a prévu que quelques modifications seraient apportées par le nouveau plan. Il est donc bien évident que cette phrase ne pouvait être aucunement motivée par les changements de garnison annoncés par les journaux et déjà effectués

M. DE FONDS LAMOTHE. — Je n'ai pas à savoir si un major a pu être au courant de cela; toujours est-il que les changements de garnison ont pu lui indiquer qu'il y aurait des modifications. Pour moi, je vous assure que je trouve que cette phrase : « Quelques modifications aux troupes de couverture » n'indique rien. Cela ne veut rien dire, cela n'a aucun sens. Un espion étranger viendrait me dire cela, je dirais : « Cela ne n'émane pas de l'Etat-Major.

Autrement, il viendrait me donner quelques renseignements précis, détaillés, il me dirait : « Six compagnies de chasseurs de réserve vont être en couverture, tel régiment du génie va être déplacé, telle division d'infanterie, dont l'effectif a été renforcé, va être remplacée par une autre division, parce que tel commandant de corps d'armée le demande »; mais il ne dira pas une phrase vague : « quelques modifications vont être apportées aux troupes de couverture? »

Je voudrais savoir si, dans les douze plans précédents, où il y avait des modifications à la couverture à chaque instant, on trouve dans les notes et les circulaires une phrase analogue, j'en doute fort. J'ai le sentiment que le colonel du Paty de Clam, qui avait le bordereau depuis vingt jours, a rédigé lui-même la lettre du 15 octobre, puisqu'elle émane du bureau dont il était le chef, il a recopié cette phrase du bordereau avec intention.

LE GÉNÉRAL MERCIER. — Mon observation subsiste entièrement et le témoin ne l'a aucunement réfutée. (*Rumeurs.*)

Me DEMANGE. — Je m'en chargerai.

LE GÉNÉRAL MERCIER. — Pendant que je suis ici, je demande la permission de déposer cette réglette de tir, et en même temps l'extrait de la note dont je vous ai parlé tout à l'heure, relative à la revue allemande, avec des indications sur le frein hydraulique jusqu'en 1896, et hydropneumatique à partir de 1896.

LE PRÉSIDENT. — Monsieur le général Roget, veuillez venir à la barre.

LE GÉNÉRAL ROGET. — Si j'ai bien compris les explications qui ont été données par le témoin tout à l'heure, il résulterait que la lettre en question du 15 octobre parle de quelques modifications qui seront apportées sur le nouveau plan, sans spécifier quelles modifications.

M. DE FONDS LAMOTHE. — Sans spécifier.

LE GÉNÉRAL ROGET. — Eh bien, alors, vous ne la connaissez pas, la lettre du 15 octobre. Le Conseil l'a entre les mains; il y a énuméré les divisions, les bataillons de chasseurs et la compagnie du génie auxquels ces modifications se rapportent.

M. DE FONDS LAMOTHE. — Mais qu'est-ce que cela fait pour l'auteur du bordereau? Il n'y a pas d'indication de modification, il y a seulement « quelques modifications seront apportées ». On ne peut rien en conclure.

LE GÉNÉRAL ROGET. — Mais elles sont indiquées dans la lettre du 15 octobre.

M. DE FONDS LAMOTHE. — Si la phrase y. est...

LE GÉNÉRAL ROGET. — La phrase n'y est pas.

M. DE FONDS LAMOTHE. — Puisque j'ai répondu aux désirs de M. le général Roget, je vous prie maintenant, monsieur le président, de vouloir bien demander à M. le général Roget s'il veut répondre à mes questions.

LE GÉNÉRAL ROGET. — Avec plaisir.

M. DE FONDS LAMOTHE. — Je demande à M. le général Roget s'il se rappelle qu'en juin 1894 il est arrivé au 4ᵉ bureau par le service des renseignements un papier qui venait de celui qu'on appelle l'attaché militaire A, papier qui était relatif à une reconnaissance du quadruplement de la voie ferrée entre Blesmes et Revigny. Il a été remis au commissaire militaire du réseau de l'Est, et je sais, nous savions tous qu'on prenait déjà au mois de juin, dans la corbeille à papier, des papiers par cette voie-là. M. le général Roget se rappelle-t-il ce qu'on a fait de ce papier?

LE GÉNÉRAL ROGET. — Je n'en disconviens pas. J'en ai entendu parler, mais il ne m'a pas passé par les mains.

Je crois me rappeler l'emploi qu'en a fait le commissaire de l'Est, mais je ne pourrais l'affirmer, et le colonel Bertin qui est ici pourrait répondre sur ce fait mieux que moi qui ne suis pas au courant.

M. DE FONDS LAMOTHE. — Moi, je me rappelle d'une façon certaine que j'appris en allant faire un voyage d'état-major, par un de mes camarades qui l'avait vu (c'était trois jours après la mort du président Carnot), que ce document était arrivé par cette voie-là, qu'il était de l'écriture de l'agent étranger A..., et je sais que beaucoup de stagiaires avaient eu connaissance de ce fait. (*Mouvement.*)

(*Le capitaine Dreyfus demande la parole.*)

M. DE FONDS LAMOTHE. — J'en conclus qu'il était extrêmement dangereux pour un stagiaire de deuxième année, ayant au bureau des renseignements les capitaines Lemonnier et Junck stagiaires (fin août) et le capitaine Lauth, d'envoyer à l'agent en question, deux mois après, par n'importe quelle voie, un bordereau de son écriture, c'eût été un acte de folie de la part de Dreyfus.

LE GÉNÉRAL ROGET. — Je crois qu'il y a confusion complète chez le témoin au sujet de ce fait-là. Il ne s'agissait pas du tout de documents qui parvenaient, il s'agissait d'un questionnaire remis par un faux agent et auquel on répondait. Il n'y a aucun rapport entre cela et la voie ordinaire, aucun rapport.

M. DE FONDS LAMOTHE. — Passons à une autre question. M. le

général Roget, qui a été chef d'Etat-Major de deux ministres,
M. Cavaignac et M. le général Zurlinden, a déposé devant la Cour
de cassation que les stagiaires s'attendaient à ne pas aller aux
manœuvres, qu'au dernier moment on les a prévenus que pour les
besoins du plan ils ne partiraient pas. Les ministres n'ont pas dû
avoir connaissance de cela. Je demande à M. le général Roget, qui
a été leur chef d'Etat-Major, si ces ministres ont eu connaissance
de cette mesure.

Il y a à ce sujet une note à laquelle le général Zurlinden a attribué la date du 27 août. Je voudrais la voir et savoir si M. le général
Roget l'a vue.

LE GÉNÉRAL ROGET. — Les deux ministres ont eu parfaitement
connaissance de la circulaire. La note *du 28 août* dont on parle
est une note envoyée par M. le général Zurlinden à M. le général
Saussier pour faire connaître les régiments auxquels les stagiaires
seraient affectés pour leur part... Il y a encore là confusion dans
l'esprit du témoin.

M. DE FONDS LAMOTHE. — Permettez, il n'y a pas de confusion.
Cette note du 29 août est une note qu'on établit un mois à l'avance,
le 1ᵉʳ septembre, par laquelle, nous, stagiaires de deuxième
année, sachant que nous devions faire notre période imposée
dans les régiments, en octobre, novembre, décembre nous indi-
quions nos préférences. Cette note n'avait aucun rapport avec des
manœuvres dans les états-majors. Je vous demande de la faire
produire.

LE GÉNÉRAL ROGET. — Je ne sais pas ce que cela veut dire, je ne
comprends pas.

M. DE FONDS LAMOTHE. — Les officiers stagiaires qui allaient aux
manœuvres dans les régiments exerçaient leurs préférences avant
le 1ᵉʳ septembre, cela est dit dans le dernier alinéa de la circulaire
du 17 mai.

LE GÉNÉRAL ROGET. — Pour le 1ᵉʳ octobre...

M. DE FONDS LAMOTHE. — Eh bien, ils l'ont fournie à la fin d'août,
c'est très naturel. Cette circulaire du *29 août* n'a eu aucun rapport
avec les manœuvres. Pourtant, M. le ministre Cavaignac, M. Zurlinden, ont indiqué la date du 27 *août*. Vous, mon général, vous
n'avez rien indiqué ; le capitaine Cuignet a dit : « Je crois que
c'est le 23 août. Eh bien, cette note je voudrais que vous la voyiez ;
elle n'a aucun rapport avec les manœuvres, elle est relative aux
stages dans les régiments à partir du 1ᵉʳ octobre ; mais nulle part elle
ne nous informe que nous n'assisterons pas aux grandes manœuvres.

LE GÉNÉRAL ROGET. — J'ai une question à poser à M. de Fonds Lamothe. Je voudrais lui demander de quand datent ses convictions.

M. DE FONDS LAMOTHE. — Elles datent du jour où j'ai lu l'enquête de la Cour de cassation. J'attendais la preuve de la culpabilité de mon camarade, je vivais sous l'impression qu'il avait été condamné pour une pièce prise au printemps, qu'on l'avait surveillé depuis, qu'on était archi-sûr de sa culpabilité et que le bordereau n'était qu'une parcelle de l'accusation. J'ai lu l'enquête et quand j'ai lu les dépositions des quatre témoins principaux où je m'attendais à trouver cette preuve, j'ai été foudroyé. Je n'ai pu accepter pour le bordereau la date du 29 août, étant donné que j'avais la circulaire présente à l'esprit. Les documents étant postérieur au mois de juillet, je me suis dit : « L'accusation ne tient pas debout, puisque, depuis le 17 mai, Dreyfus n'a pas pu écrire le bordereau comprenant cette phrase : « Je vais partir en manœuvres », et avant cette date il ne connaissait aucun des cinq documents dont il est parlé ! Il n'y a pas de jour, pas d'heure où Dreyfus ait pu écrire cela.

Voilà ce qui m'a renversé ; je me suis rendu compte qu'on avait fixé la date du bordereau entre septembre et le précédent envoi parvenu par la voie ordinaire. On a alors échafaudé une nouvelle accusation en cherchant des documents différents de ceux de 1894. On a accepté le rapport secret sur Madagascar, quant aux autres documents on a l'embarras du choix, il en existe un certain nombre chaque mois. La circulaire qui rendait la chose impossible, on n'en a pas parlé à la Cour de cassation ; on a indiqué que les stagiaires croyaient jusqu'au dernier moment qu'ils iraient aux manœuvres, mais que ce n'était que le 29 août qu'ils avaient été détrompés ! Cela a déterminé ma conviction.

Je ne m'en suis pas caché, j'ai dit à tout le monde que j'étais désormais certain que Dreyfus n'avait pas écrit le bordereau.

LE GÉNÉRAL ROGET. — Je répondrai qu'il y a d'autres témoignages que celui de M. de Fonds Lamothe, comme ceux du capitaine Junck, du capitaine Grossety, etc., etc. On est venu apporter à la Cour des témoignages. La Cour n'a pas demandé les noms des témoins, j'étais prêt à les lui fournir. Quant aux manœuvres d'état-major, personne n'y est allé ; la seule question à établir, c'est de savoir si les stagiaires pensaient qu'ils iraient.

M. DE FONDS LAMOTHE. — La circulaire ne dit rien de cela.

LE PRÉSIDENT. — Je vous prie de ne pas parler entre vous, je ne veux pas qu'il y ait des colloques entre témoins.

LE GÉNÉRAL ROGET. — Je demande si M. de Fonds Lamothe n'a pas parlé avec beaucoup de chaleur de sa conviction de la culpabilité de Dreyfus ? Lorsqu'on avait annoncé cette culpabilité tout le monde s'était écrié et lui tout le premier : « Cela ne m'étonne pas, ce ne pouvait être que lui ». Il l'a raconté le 15 octobre devant les capitaines Jaufret et Allard ; j'ai ici une lettre qui l'atteste ; elle est signée du capitaine Romanet.

M. DE FONDS LAMOTHE. — Je vivais sous l'impression que cet homme était coupable, puisque j'avais dans l'esprit que le bordereau était du printemps.

LE GÉNÉRAL ROGET. — Quand il a été appelé chez le chef d'Etat-Major, saviez-vous s'il était du printemps ?

M. DE FONDS LAMOTHE. — Je n'ai pas émis d'opinion le 15 octobre.

LE GÉNÉRAL ROGET. — Pardon ! vous avez dit « cela ne m'étonne pas, ce ne pouvait être que lui ».

M. DE FONDS LAMOTHE. — Je n'ai jamais dit cela, puisque l'arrestation avait été secrète ; je l'ai apprise par les journaux.

LE GÉNÉRAL ROGET. — Alors, c'est ce jour-là que vous n'avez pas dit la vérité. (Rumeurs.)

LE PRÉSIDENT. — Je prie MM. les témoins, tous les deux, de parler avec calme.

M. DE FONDS LAMOTHE. — Comment voulez-vous que j'aie émis une opinion sur la culpabilité de Dreyfus le 15 octobre, puisque c'est le 1er novembre qu'on a appris son arrestation. Le capitaine Romanet fait une erreur complète.

LE CAPITAINE DREYFUS. — Pour préciser la question des manœuvres, je rappellerai qu'au procès de 1894, tellement j'étais fixé sur ce point, quand j'ai vu que le commandant du Paty de Clam, à l'audience, voulait à un moment donné reporter la date du bordereau au mois d'août j'ai immédiatement prouvé l'impossibilité d'avoir pu écrire : « je vais partir en manœuvres » à cause de la circulaire du 17 mai. Vous devez posséder dans le dossier la note que j'ai remise à Me Demange aussitôt après l'audience. Au procès de 1894, on plaçait la date du bordereau au printemps ; dès qu'on a voulu changer cette date, j'ai apporté cette affirmation que ces mots : « je vais partir en manœuvres » n'avaient pu être écrits par un stagiaire de deuxième année, puisqu'à ce moment on savait que les stagiaires de première année iraient dans les corps de troupe en juillet, août et septembre, et les stagiaires de deuxième année, en octobre, novembre et décembre.

Je répète que cette note que j'ai écrite en 1894 à Me Demange et qui doit être dans le dossier, n'a pas été faite pour les besoins de la cause.

Quant à la note du 27 août elle est complémentaire de cette circulaire théorique du 17 mai. Cette note du 27 août est celle qu'on a faite pour nous demander à tous quel était le régiment dans lequel nous voulions faire un stage ; dès que nous avions fait cette demande, le numéro du régiment était indiqué et la circulaire n'avait aucune valeur au point de vue théorique. Au point de vue de la date de nos manœuvres, c'est la circulaire du 17 mai qui nous a été seulement envoyée et qui nous avait absolument fixés.

Quant aux deux exemples qu'on a cités tout à l'heure, des deux capitaines Jeannin et Pouydraguin, il faut, comme je l'ai dit tout à l'heure, ne pas jouer sur les mots ; ils n'ont pas été aux grandes manœuvres, mais ils ont été pendant vingt-quatre ou quarante-huit heures à des gares pour la dislocation des troupes. En tout cas, quant à moi, je n'ai jamais fait de demande pour aller aux grandes manœuvres ; j'étais convaincu par cette circulaire que je ne devais pas y aller et que par conséquent rien n'était applicable à moi. (*Mouvement prolongé.*)

Mᵉ DEMANGE. — Les dernières explications du capitaine Dreyfus m'amènent à vous demander de poser une question au général Roget. Le capitaine Dreyfus vient d'expliquer qu'au conseil de guerre de 1894 il avait invoqué la circulaire du 17 mai 1894. Eh bien, le fait est exact et je l'ai établi devant les chambres réunies de la Cour de cassation, par l'intervention de Mᵉ Mornard, en versant à la Cour de cassation la note même que j'avais de cette époque du capitaine Dreyfus, et comme le capitaine Dreyfus était encore à l'île du Diable il n'y avait pas de doute sur l'authenticité de la note. Le rapporteur, M. Ballot-Beaupré, a fait état de la communication en demandant au ministère de la guerre la communication de la circulaire du 17 mai. Eh bien, je vous prie, monsieur le président, de demander à M. le général Roget comment cette circulaire n'avait pas été communiquée plus tôt à la Cour de cassation et comment le ministre de la guerre, M. Cavaignac, dans sa déposition, avait pu mettre ceci : « Les stagiaires de l'Etat-Major demandaient à faire leurs trois mois de troupe, et en 1894, à la dernière heure, la veille même des manœuvres, on modifia les règles suivies jusqu'alors ? » Je me demande par suite, puisque le général Roget n'était pas au ministère à cette époque comment à la Cour de cassation on n'avait pas communiqué cette circulaire du 17 mai, à temps, et comment elle n'a été versée que lorsque moi j'ai eu fait communiquer par l'intermédiaire de Me Mornard la note datant de 1894 et établissant que la circulaire est du 17.

LE GÉNÉRAL ROGET. — L'explication est bien facile, je vais vous la donner ; c'est très simple. La circulaire du 17 mai 1894 n'a jamais eu pour effet d'empêcher les stagiaires d'aller aux manœuvres avec un état-major, tout le monde vous l'a expliqué ici. Par conséquent, sur quoi on se fondait, c'est ceci : c'est que les stagiaires croyaient — et le général de Boisdeffre vous l'a expliqué tout à l'heure — qu'ils pouvaient aller aux manœuvres avec les Etats-majors. Par conséquent, le raisonnement est celui-ci : les stagiaires croyaient qu'ils allaient aux manœuvres et il y a des témoins, le capitaine Junck, le capitaine Jeannin, qui vous disent : J'ai cru jusqu'au dernier moment aller aux manœuvres. Et je ne parle pas de manœuvres d'embarquement, mais de grandes manœuvres, et le général Boisdeffre vient encore de vous citer le cas du capitaine Jeannin qui a refusé d'aller aux manœuvres d'embarquement parce qu'il croyait aller aux grandes manœuvres.

M. DE FONDS LAMOTHE. — Je vous demande pardon, le capitaine Jeannin est allé à l'embarquement avec le capitaine de Pouydraguin.

LE GÉNÉRAL ROGET. — Parfaitement, mais il a refusé d'abord, et ce n'est que quand il a su qu'il n'allait pas aux manœuvres qu'il est allé à l'embarquement.

M. DE FONDS LAMOTHE. — J'ai à répondre ceci : notre stage a été réduit à trois mois, nous avions perdu huit jours puisque nous sommes rentrés dans les bureaux le 8 juillet, si nous avions été aux manœuvres, nous aurions encore perdu vingt jours. Le décret du 3 janvier 1891 est absolument précis : nulle part il n'est écrit qu'on va aux manœuvres dans les états-majors ; demandez toutes les feuilles de route et toute la correspondance entre le deuxième et le troisième bureau, et vous verrez s'il y a trace de stagiaires allant aux manœuvres. Les titulaires allant aux manœuvres étaient prévenus bien avant le 28 août, le capitaine Kappès était parti bien avant pour les manœuvres des Alpes. Je me rappelle parfaitement que les titulaires étaient prévenus depuis vingt jours ; il est bien certain que ce n'est pas à la dernière heure qu'on les prévenait qu'ils allaient en manœuvres. Aucun des stagiaires n'a été prévenu.

LE GÉNÉRAL ROGET. — Le décret dont parle M. de Fonds Lamothe

spécifie au contraire très nettement qu'une des périodes d'instruction doit se faire pendant la période des manœuvres.

M. de Fonds Lamothe. — Dans les corps de troupes ?

Le général Roget. — L'autre ne doit pas se faire dans les corps
de troupes. Il a été entendu pour tous les stagiaires qu'ils croyaient
aller cette année-là aux manœuvres...

M. de Fonds Lamothe. — Non, mon général.

Le président. — Je vous interdis de parler sans me demander
la parole. Je ne veux pas de colloque. Qu'est-ce que vous avez à
dire ?

M. de Fonds Lamothe. — Mon colonel, je réponds à cela que la
circulaire dit : « Les stagiaires dans tous les corps d'armée feront
une période de trois mois chaque année dans les corps de troupes. »
Moi, j'ai fait une période de trois mois dans l'infanterie et une de
trois mois dans la cavalerie. Une de ces périodes se fait dans la période des manœuvres, mais nulle part il n'est écrit qu'on peut aller
dans les états-majors.

Le général Roget. — Voici un stagiaire : il fait deux ans ; si on
lui fait faire ses trois mois de stage pendant la période des manœuvres dans les corps de troupes, il n'aura jamais l'occasion
d'aller aux manœuvres pour faire un service d'état-major. Le décret
spécifie précisément qu'une seule des périodes d'instruction se fait
pendant la période des manœuvres avec son état-major, ce qui ne
l'empêche pas de faire ses trois mois de stage dans un corps de
troupes.

M. de Fonds Lamothe. — Voulez-vous me permettre de répondre ? Actuellement, au ministère, les stagiaires ont une année
où ils n'assistent pas aux manœuvres.

Le général Roget. — J'ai encore un mot à ajouter. En 1895 et
en 1896 les stagiaires sont allés aux manœuvres.

Me Demange. — N'était-ce pas sur la demande des stagiaires ?

Le général Roget. — Non. Les stagiaires demandent seulement
l'état-major dans lequel ils veulent être employés.

Me Demange. — Y a-t-il une demande quelconque du capitaine
Dreyfus en 1894 à ce sujet ?

Le général Roget. — Cela, je ne le sais pas. On n'en a pas
trouvé trace. (Mouvement.)

Les demandes se faisaient verbalement pour les stagiaires du
troisième bureau. Par conséquent, Dreyfus étant au troisième bureau on ne peut trouver trace d'une demande écrite.

Me Demange. — M. le général Roget, qui a fait une étude approfondie de la question, a-t-il recherché s'il y avait une demande verbale de Dreyfus?

LE GÉNÉRAL ROGET. — On ne peut pas trouver la trace d'une demande verbale.

Mᵉ DEMANGE. — Oui, mais on peut faire des enquêtes en demandant par exemple au chef du bureau si une sollicitation quelconque a été faite par Dreyfus.

Le capitaine Lemonnier, interpellé par les juges, a déclaré que quant à lui il ne croyait pas devoir aller aux manœuvres.

LE GÉNÉRAL ROGET. — Parfaitement, c'est exact pour lui. Mais il y en avait d'autres.

LE PRÉSIDENT. — L'incident est clos.

Le Conseil va se retirer pour délibérer sur la demande de huis-clos qui lui a été faite.

M. le commissaire du gouvernement a-t-il des observations à faire à ce sujet?

LE COMMANDANT CARRIÈRE. — Non, mon colonel.

Mᵉ DEMANGE. — J'ignore absolument le fait. Mais comme M. le commandant Hartmann déclare qu'il y a là une indication qui doit être précieuse pour la solution des débats, je ne peux que m'associer à cette demande.

La séance est suspendue à onze heures quarante-cinq. Elle est reprise à onze heures cinquante-cinq et M. le président donne lecture du jugement suivant ordonnant que le Conseil de guerre se réunira le lundi matin, à huis clos, pour entendre M. le commandant Hartmann en présence de M. le général Deloye :

Au nom du Peuple Français,

Ce jourd'hui, 2 septembre 1899,

Le Conseil de guerre de la 10ᵉ région de corps d'armée, statuant sur la réquisition du commissaire du gouvernement, ouï le défenseur, le président a posé la question suivante : « Y a-t-il lieu d'ordonner le huis-clos, pour entendre la fin de la déposition du témoin Hartmann » ? Les voix recueillies séparément en commençant par le grade inférieur, le président ayant émis son opinion le dernier : le Conseil, considérant que les développements que le commandant Hartmann compte donner à sa déposition, étant basés sur des pièces secrètes, la publicité des débats serait dangereuse pour la sûreté de l'État, déclare à la majorité de cinq voix contre deux qu'il y a lieu d'ordonner le huis-clos, par application de l'article 113 du Code de justice militaire, ainsi conçu : « Les séances sont publiques, à peine de nullité; néanmoins si cette publicité paraît dangereuse pour l'ordre ou pour les mœurs, le Conseil ordonne que les débats aient lieu à huis clos. Dans tous les cas, le jugement est prononcé publiquement. »

Me LABORI. — Monsieur le président, est-ce que M. le commandant Ducros pourra assister à la séance du huis clos?

LE PRÉSIDENT. — Il n'y a pas de raisons pour qu'il y assiste.

La séance est levée à midi dix.

VINGTIÈME AUDIENCE

Lundi 4 septembre 1899.

La séance est ouverte à sept heures (1).

LE PRÉSIDENT. — Je donne la parole à M. le commandant Carrière.

LE COMMANDANT CARRIÈRE. — J'ai une communication à faire au Conseil. J'ai reçu hier la dépêche suivante de M. le ministre de la guerre :

En ma qualité de chef de la justice militaire, j'ordonne au commissaire du gouvernement de demander là parole au début de l'audience de demain pour déclarer, au nom du gouvernement, que les mensualités auxquelles le commandant Lauth a fait allusion dans sa déposition du 1er septembre, ont été accordées par décision ministérielle du milieu de mars 1899. Le capitaine François, de l'État-Major de l'armée, s'est rendu à Gênes le 17 mars pour rencontrer Lajoux et lui faire part de cette décision.

Voilà qui fixe un point qui paraissait litigieux.

LE PRÉSIDENT. — Avant de procéder à l'audition des témoins, je vais faire donner lecture de la lettre qui fut adressée par le témoin Bruyerre en donnant sa démission de lieutenant de réserve. L'original sera mis dans le dossier :

A M. le colonel Le Vavasseur, commandant le 17e régiment d'artillerie.

Mon colonel,

J'ignorais qu'on fût tenu de déclarer les motifs d'une démission et j'aurais préféré n'avoir pas à fournir les miens. Mais je répondrai en toute franchise à votre demande d'explications.

(1) Le huis-clos décidé à la fin de l'audience du samedi 2 septembre est prononcé au début de la séance de ce jour, à six heures et demie ; il a été de courte durée. Le commandant Hartmann a expliqué, avec pièces à l'appui, que le frein du canon allemand était antérieur au frein du canon français et que, par conséquent, il ne pouvait y avoir trahison d'aucun officier français sur ce point.

Après une suspension d'audience d'un quart d'heure, la séance publique a été ouverte.

J'avais toujours cru que, dans l'état actuel de la civilisation en France, le mot « armée » désignait l'ensemble des citoyens français en état de défense contre une agression étrangère. Et comme tout effort collectif rend indispensable une division du travail, la série des grades me semblait indiquer simplement le classement de chacun suivant ses aptitudes particulières.

Ainsi ma nomination au grade de lieutenant me fit croire qu'on me jugeait propre à un emploi déterminé, mais ne me donna aucune émotion vaniteuse.

Pour moi, « l'honneur de l'armée » se confondait (ainsi que tous les honneurs professionnels) avec l'honneur de la nation et l'intérêt de l'une ne me paraissait plus pouvoir être opposé à l'intérêt de l'autre depuis que l'idée de la patrie a pris naissance dans le monde moderne.

C'est pourquoi lorsque, au mois de février dernier, je vis avec stupeur un officier de très haut grade faire devant la justice des déclarations solennelles, dont deux à ma connaissance particulière constituent d'audacieuses contre-vérités sciemment émises sous la foi du serment, l'honneur professionnel de ceux qui étudient l'art militaire ne me parut pas entaché.

Il serait, en effet, insensé d'imputer à toute une société la défaillance d'un de ses membres, à moins que la société ne se rende complice du crime en le couvrant. Telles étaient mes idées il y a cinq mois encore ; les événements m'ont prouvé que je me trompais. J'ai entendu déclarer par des ministres que le vocable « armée » désigne uniquement le corps d'officiers et d'une manière plus spéciale quelques membres de l'Etat-Major. On nous a appris que cette armée possède des intérêts et surtout des droits particuliers qui doivent primer ceux de la patrie.

L'infaillibilité des hauts fonctionnaires de cette caste devient un dogme devant lequel tout ce qui constitue la dignité humaine, c'est-à-dire la conscience de la justice, doit s'effacer.

Si les hommes qui ont une conscience et « s'en servent » refusent de le faire, la victoire dans les rues, remportée sur des citoyens sans armes, redevient la mission sainte de l'armée.

L'accomplissement de cette besogne infâme, peut, nous a-t-on dit, étancher la soif de revanche de l'armée, chargée de poursuivre ceux qu'on qualifie d'ennemis du dedans, plutôt que de vaincre l'ennemi du dehors. Ces idées, qui ont conduit la France à l'effondrement et aux hontes inoubliables d'il y a trente ans, je les croyais à jamais abolies.

Or, de hautes autorités les ont naguère couvertes de leur approbation en affirmant ainsi la volonté de les faire prévaloir. Et, comme quelquefois de grands crimes débutent par de ridicules infamies, on a vu le fait suivant, postérieur à l'envoi de ma démission, mais qui montre comment j'avais raison de me retirer.

Il y a six mois, un sous-lieutenant « de réserve », libre par conséquent de penser et de dire ce qu'il croit juste, avait signé une protestation. Il s'agissait d'accorder à tout condamné la faveur de connaître la cause de sa condamnation. On vient de destituer cet officier! Il aurait été non pas juste, mais naturel de m'appliquer le même traitement, attendu que j'ai donné aussi ma signature. On ne l'a pas fait, j'ignore pourquoi. Malgré cet oubli, je ne crois pas devoir continuer à faire partie d'un corps dont tous les principes vont être opposés aux miens. Redevenu homme de troupe, je cesse apparemment de faire partie de « l'armée », suivant la formule restaurée. On ne peut m'infliger aucune responsabilité ; je reste simplement soumis à toute réquisition lors du vrai danger, quand sonne l'heure des capitulations. Officier, j'aurai à accepter dans l'accomplissement d'actes faciles à prévoir une solidarité que je repousse hautement.

Tels sont, mon colonel, les motifs de ma démission que je vous demande de vouloir bien transmettre à M. le ministre de la guerre.

30 juillet 1898.

Louis BRUYERRE.

LE PRÉSIDENT. — A la suite de cette lettre, l'auteur a été cité devant un Conseil d'enquête et a été révoqué.

Me LABORI. — Monsieur le greffier a-t-il reçu les expertises au sujet du *petit bleu* qui se trouvent dans l'instance Tavernier?

LE GREFFIER COUPOIS. — Nous les avons.

LE PRÉSIDENT. — J'en ferai donner lecture tout à l'heure. J'ai fait appeler un témoin.

CENTIÈME TÉMOIN

M. CERNUSZKY (EUGÈNE), trente-et-un ans,

Officier de cavalerie démissionnaire de l'armée autrichienne.

LE PRÉSIDENT. — Vous m'avez écrit pour me faire savoir que vous aviez des faits graves à faire connaître au Conseil de guerre. Nous vous entendrons à titre de renseignement, sans prestation de serment.

M. CERNUSZKY. — Comme je suis étranger et que je parle difficilement le français, je vous prierai, mon colonel, de vouloir bien faire donner lecture de ma déposition (1).

(1) *Voici le texte du télégramme qui a été adressé par le ministre de la guerre au commandant Carrière, commissaire du gouvernement près le Conseil de guerre de Rennes, au sujet de la déposition Cernuszky :*

« En ce qui concerne la déposition de M. de Cernuszky, mettant en cause le témoignage de personnalités étrangères, le commissaire du gouvernement,

LE PRÉSIDENT. — Je vais faire lire la lettre que vous m'avez adressée. Greffier, veuillez en donner lecture.

LE GREFFIER COUPOIS *donne lecture de la lettre suivante :*

Moi..., Z...

J'affirme de la façon la plus absolue l'exactitude des faits rappelés ci-dessous :

1° J'ai quitté l'Autriche en 1894 à la suite d'événements politiques auxquels j'avais été mêlé comme descendant d'ancienne dynastie serbe.

Je suis venu en France en juillet 1894, puis y ai séjourné de septembre 1894 à février 1895 ; et enfin de 1895 à ce jour comme réfugié politique.

Craignant que je ne sois inquiété en France, un de mes amis, alors chef de section au ministère des affaires étrangères d'une puissance de l'Europe centrale, et que je demande au conseil la permission de ne pas nommer, m'indiqua, en août 1894, d'une façon précise les noms de quatre personnes aux gages de différentes nations étrangères en France, qui auraient pu, sur les instigations d'une de ces nations, devenir dangereuses pour ma sécurité en lançant contre moi une dénonciation calomnieuse quelconque.

Le premier et le plus important de ces quatre noms était celui du capitaine Dreyfus.

2° Pendant mon service militaire en Autriche comme lieutenant de cavalerie, je fis la connaissance, en 1894, d'un officier supérieur du grand Etat-Major d'une autre puissance de l'Europe centrale, attaché à la personne du souverain de ce pays.

Je suis resté depuis en relations d'intimité avec cet officier. En 1894, au commencement de septembre, je le rencontrai à Genève et, dans un de nos entretiens, il me confirma les noms des quatre agents de l'étranger de France qui m'avaient déjà été indiqués. Il en ajouta même deux autres, et, en les classant par ordre d'importance, il commença par celui du capitaine Dreyfus qu'il me signala comme son informateur au bureau de l'Etat-Major général de l'armée française.

Troisièmement, dans la deuxième quinzaine de septembre ou les premiers jours d'octobre 1894, j'ai retrouvé à Paris ce même officier d'Etat-Major étranger.

À la suite d'une invitation qu'il me fit, je me rendis un jour vers trois heures à l'hôtel qu'il habitait, « le Nouvel Hôtel », rue Lafayette, 49 ; il rentrait au moment même où j'arrivais ; je montai dans sa chambre et il retira devant moi des poches de son par dessus deux enveloppes volumineuses ; l'officier les ouvrit et examina les papiers qu'elles contenaient.

Ayant aperçu des cartes militaires, je lui demandai ce qu'il avait entre les mains ; il hésita un instant à me répondre, puis avec une certaine forfanterie, il me tendit les papiers en me disant : « Comme vous n'êtes pas Français, mon camarade, je ne vois pas d'inconvénient à vous montrer ces documents ; vous verrez du reste ce dont je suis capable. »

Bien qu'il feignît de voyager pour des affaires commerciales, je n'ignorais pas, à la suite de nos entretiens de Genève, le but réel de ses déplacements.

dans l'intérêt de la manifestation publique de la vérité, devra demander que le huis-clos soit limité à la désignation des noms de ces personnalités étrangères. »

» Il voyageait d'ailleurs toujours sous des noms d'emprunt. J'examinai tous les papiers en question, et je reconnus des documents militaires français de première importance. Je me souviens parfaitement qu'il y avait :

» A. — Une vingtaine de feuilles de cartes, que j'appellerai, d'après les termes employés dans l'armée autrichienne, cartes routières d'État-Major de mobilisation contenant, par signes conventionnels et par chiffres, les renseignements de réquisitions, cantonnements, viabilité des routes au point de vue des transports militaires, etc... J'ai remarqué spécialement la feuille de Dijon.

» B. — Les graphiques de l'exploitation des chemins de fer de l'Est et du P.-L.-M. en vue de la mobilisation, avec en marge des annotations remarquables sur les quais d'embarquement et des renseignements contenant les environs de ces stations au point de vue des ressources militaires.

» Etait jointe à ces graphiques une note explicative du système employé pour le fonctionnement des transports en cas de mobilisation.

» C. — Diverses feuilles contenant des renseignements sur la réorganisation des différents corps de troupe et l'approvisionnement en avant des munitions pendant le combat et la marche.

» — Mais, lui dis-je alors, comment vous est-il possible d'obtenir de pareils documents ?

» — Souvenez-vous d'une chose, mon camarade, me répondit-il ; en France, on peut tout avoir en y mettant le prix, et puis, à quoi bon avoir des Juifs, si on ne s'en servait pas ? »

» Je n'eus pas à demander l'officier étranger qui lui procurait ces pièces, puisqu'il m'avait déjà dit que son informateur au bureau de l'État-Major général était le capitaine Dreyfus.

» Deux jours après cette entrevue, l'officier étranger quittait précipitamment Paris ; son départ avait l'apparence d'une fuite.

» A quelque temps de là, les journaux annoncèrent l'arrestation du capitaine Dreyfus.

» 4° Vers la fin de mai 1896, je reçus la visite d'un agent envoyé par le ministère de la guerre, auquel je fis le récit ci-dessus. Ce récit donna lieu à la rédaction d'un procès-verbal signé de cet agent et de moi, dans lequel je citai les noms des personnes aux gages des puissances étrangères et en particulier de Dreyfus. Ce document doit exister au ministère de la guerre. Je prie M. le président de vouloir bien le faire rechercher. »

LE PRÉSIDENT, *au témoin.* — C'est là ce que vous vouliez nous faire connaître ? Vous affirmez l'exactitude de ces faits ?

M. CERNUSZKY. — J'affirme l'exactitude de la lettre.

LE PRÉSIDENT. — Avez-vous autre chose à faire connaître au Conseil ?

M. CERNUSZKY. — Non.

LE PRÉSIDENT. — M. le commissaire du gouvernement, avez-vous des observations à faire ?

LE COMMISSAIRE DU GOUVERNEMENT. — La question est peut-être un peu délicate. Evidemment M. Cernuszky n'a pas voulu, par une discrétion parfaitement justifiée, dire tout ce qu'il sait. Si le Conseil jugeait à propos de lui demander des renseignements plus précis qui ne peuvent pas être publiés, je prierais le Conseil de lui donner une audience particulière en séance de huis-clos, car cela touche aux questions internationales.

Le président, *au témoin.* — Avez-vous d'autres renseignements à donner au Conseil ?

M. Cernuszky. — Oui, mon colonel, mais pas ici.

Le président. — Alors, vous demanderiez une séance de huis-clos ?

Le commissaire du gouvernement. — Si le Conseil le juge à propos.

Mᵉ Demange. — Voudriez-vous demander à M. Cernuszky la raison de son arrivée tardive et instantanée dans l'affaire ?

Le commissaire du gouvernement. — Je dois déclarer que j'ai déjà reçu des offres de déposition auxquelles je n'avais pas donné suite.

Mᵉ Demange. — Du témoin ?

Le commissaire du gouvernement. — Du témoin.

Mᵉ Demange. — A quelle époque le témoin s'est-il révélé au commissaire du gouvernement ?

Le commissaire du gouvernement. — J'ai reçu tant de lettres que je ne pourrais pas exactement vous le dire. Peut-être le témoin pourrait il vous renseigner.

Mᵉ Demange. — M. le commissaire du gouvernement a-t-il pris des renseignements sur le témoin avant son intervention, puisqu'il avait reçu des lettres de lui ?

Le président. — Avez-vous pris des renseignements sur le témoin, monsieur le commissaire du gouvernement ?

Le commissaire du gouvernement. — J'ai reçu d'énormes quantités de propositions de déposition ; lorsque j'en reçois une, je la regarde sommairement ; lorsque cela me paraît particulièrement intéressant, je l'étudie et si j'en ai le temps je fais contrôler le témoin par voie de commission rogatoire. Dans l'espèce, comme je n'avais pas lu très attentivement, j'avais retenu simplement ceci qu'il s'agissait d'un étranger réfugié politique ; je me suis dit : « Ce n'est peut-être pas très solide, abstenons-nous. » (*Bruit.*)

Le président. — Faites silence.

Le commissaire du gouvernement. — J'ai traité la question peut-être un peu légèrement, parce que j'en avais beaucoup à traiter. Eh bien, c'est par esprit de discrétion, pour ne pas pousser trop loin les investigations de la justice, ne pas faire la confusion où nous voulions faire la lumière, que j'ai restreint le champ de nos investigations.

M⁰ DEMANGE. — M. le président veut-il bien demander au témoin si c'est lui qui a rédigé en français la lettre qu'on vient de lire ?

LE PRÉSIDENT. — Est-ce vous seul qui avez rédigé la lettre ?

M. CERNUSZKY. — La lettre a été rédigée par moi avec ma femme qui est Française de naissance.

LE PRÉSIDENT. — Est-ce vous qui l'avez écrite ?

M. CERNUSZKY. — C'est moi qui l'ai écrite.

Mᵉ DEMANGE. — C'est votre écriture ?

M. CERNUSZKY. — Oui.

Mᵉ DEMANGE. — Le Conseil appréciera.

Mᵉ LABORI. — Je me permettrai d'abord de faire toutes réserves sur le témoignage de M. Cernuszky ; et j'ajoute, puisque de l'autre côté de la barre on n'a pas hésité pour la première fois à faire appel au témoignage d'un étranger, dans cette affaire où pour notre part nous nous en sommes toujours abstenus. (*Mouvement prolongé.*) Eh bien ! j'ajoute que je me propose moi-même — après avoir mûrement réfléchi, mais je le dis dès à présent — de déposer des conclusions sur la barre du Conseil pour que, par voie diplomatique, par l'intermédiaire du ministère des affaires étrangères, on fasse près de qui de droit toutes démarches utiles pour savoir si les documents énumérés au bordereau ont été livrés, à qui ils l'ont été et pour que, par voie diplomatique, ils soient versés entre les mains du Conseil. (*Sensation.*) Mais je ne puis poser des conclusions en ce moment ; je suis trop surpris, trop ému par un témoignage qui se présente dans des conditions pareilles.

Maintenant, je me permets de demander à M. le président, si c'est à la requête du commissaire du gouvernement ou par la volonté de M. le président que ce témoin a été appelé.

LE PRÉSIDENT. — C'est d'office et en vertu de mon pouvoir discrétionnaire.

Mᵉ LABORI. — C'est à vous-même, monsieur le président, que le témoin a écrit, ou à M. le commissaire du gouvernement ?

LE PRÉSIDENT. — La lettre porte : « Monsieur le président du Conseil de guerre. »

Mᵉ LABORI. — Voulez-vous être assez bon, monsieur le président, pour lui demander à quelle nationalité appartient la personnalité étrangère mentionnée dans sa lettre.

M. Cernuszky. — Je ne le dirai pas en séance publique, je dirai la nationalité en huis clos.

Me Labori. — Je ne vois pas, monsieur le président, pourquoi sans donner de nom, dans une affaire où d'ailleurs tout le monde sait de qui on parle, monsieur ne pourrait pas donner la nationalité des personnes dont il s'agit. J'ai l'honneur, monsieur le président, de vous prier de vouloir bien, dans les conditions assez graves où cet incident se présente, insister auprès du témoin.

Le président. — Nous verrons cela à huis-clos.

Le commissaire du gouvernement. — Je crois qu'il serait plus prudent d'attendre le huis-clos pour faire des révélations de cette nature.

Me Labori. — J'ajoute autre chose. Je prie le Conseil, s'il décide qu'une audience à huis-clos sera accordée à M. Cernuszky, de vouloir bien décider qu'elle n'aura lieu que demain. Mon intention est personnellement, — je crois que c'est juridique, je n'ai pas encore pu vérifier complètement le point, mais je le vérifierai — de notifier à M. le commissaire du gouvernement le nom de M. Cernuzki, car j'entends qu'il dépose sous la foi du serment, afin que nous avons ayons contre lui, le cas échéant, tous les moyens de droit et de recours que la loi assure aux parties contre lesquelles on vient témoigner. (Mouvement.)

Le président, s'adressant au témoin. — C'est tout ce que vous aviez à faire connaître ?

(Le témoin fait signe que oui.)

Le président. — Vous pouvez vous retirer.

Faites entrer le témoin André.

CENT-UNIÈME TÉMOIN

M. ANDRÉ (François-Dominique), 39 ans,
commis greffier près le Tribunal de la Seine.

M. André. — Monsieur le Président, avant de faire ma déposition, je tiens à protester de la façon la plus énergique contre un article paru dans un journal contre moi jeudi dernier.

Le président. — Nous n'avons pas à nous occuper de ce qui paraît dans les journaux ; cela ne nous regarde pas et nous ne le connaissons pas.

Voulez-vous, messieurs les défenseurs, indiquer quel est l'objet de la déposition de M. André et quelles sont les questions que vous désirez lui voir poser?

Mᵉ DEMANGE. — M. André est le greffier de M. Bertulus. M. Bertulus a manifesté le désir de le voir entendre au sujet de ce qu'il a dit lorsque le commandant Henry a quitté M. Bertulus.

LE PRÉSIDENT. — Vous avez assisté dans une pièce voisine, paraît-il, à l'entrevue entre le commandant Henry et M. Bertulus. Voulez-vous dire ce qui s'est passé?

M. ANDRÉ. — Le 18 juillet, j'étais présent dans le cabinet de M. Bertulus lorsque, vers une heure de l'après-midi, on a annoncé le colonel Henry. M. Bertulus a donné l'ordre de le faire introduire immédiatement. Le commandant Henry a été introduit dans son arrière-cabinet.

Pendant un certain temps, la conversation qui a eu lieu entre M. Bertulus et le commandant Henry n'est parvenue à mon oreille que d'une façon indistincte; je ne puis pas me rappeler ce qui a été dit; c'est matériellement impossible. Cependant, à un moment donné, M. Bertulus a ouvert la porte de son arrière-cabinet, il est revenu ensuite à sa table, a repris sur son bureau les scellés de l'affaire Esterhazy et est rentré dans l'arrière-cabinet. Son mouvement pour fermer la porte a été très rapide, tellement rapide que le pène de la serrure n'a pas pénétré dans la gâchette et que la porte est restée entr'ouverte. M. Bertulus ne s'est pas aperçu de cela, parce qu'il y a une portière à cette porte et que la portière était retombée.

J'ai repris mon travail et n'ai pas prêté attention à ce qui se disait. Cependant, au bout d'un certain temps, les paroles de M. Bertulus étant devenues plus nerveuses, plus vibrantes, cela a attiré mon attention et j'ai écouté.

J'ai entendu qu'il s'agissait des scellés, de l'importance de quelques-uns d'entre eux, et alors le commandant Henry a répondu; sa voix à ce moment-là est devenue un peu entrecoupée, je dirai même comme suppliante, hachée par les hoquets, et j'ai entendu très distinctement à ce moment-là ce qu'il disait à M. Bertulus : « Je vous en prie, n'insistez pas; l'honneur de l'armée, il faut sauver l'honneur de l'armée. »

Je ne savais pas ce que cela pouvait signifier. J'étais très ému et j'ai écouté avec une plus grande attention. M. Bertulus a répondu quelque chose que je ne puis pas rapporter parce qu'il a la parole un peu sourde et que je n'ai pas entendu distinctement. Il m'a semblé cependant qu'il protestait de son respect pour l'armée et surtout qu'il espérait que l'armée sortirait absolument à son honneur de cette aventure. Je lui ai entendu également dire à un moment donné : « Qu'on me laisse le commandant Esterhazy, que du Paty se fasse sauter la cervelle, c'est tout ce que je demande. »

Quelques instants après le colonel Henry est sorti de l'arrière-cabinet et je l'ai d'autant plus remarqué qu'Henry était très aimable avec moi. Quand il venait il me serrait toujours la main et me demandait de mes nouvelles. A sa sortie, j'allai vers lui pour lui présenter mes respects. J'ai remarqué qu'il avait la figure congestionnée. J'en ai été très étonné et je n'ai pas osé lui parler. Henry s'est avancé jusqu'à la porte de notre cabinet, puis il a fait demi-tour et il est revenu vers M. Bertulus qu'il a pris par le bras en lui disant : « Accompagnez-moi jusqu'à la porte du couloir, parce que je voudrais que l'on vît que nous ne sommes pas mal ensemble et que vous ne m'arrêtez pas. »

M. Bertulus est sorti avec lui et quelques minutes après il est rentré dans son cabinet. J'étais très surpris et je lui demandai ce qui s'était passé.

M. Bertulus me répondit : « Je ne peux pas vous le dire ; il vient de se passer quelque chose de très grave ; je vous le dirai peut-être un jour. Mais avant tout il faut que je me débarbouille ; j'ai la figure encore couverte des larmes du commandant Henry et je ne veux pas garder plus longtemps sur mon visage des traces de ces larmes. » Il rentra dans son cabinet et fit sa toilette.

En revenant, il m'a dit qu'il était très content de sa journée, qu'il avait pris barre sur Henry et qu'avec un peu d'adresse il arriverait à connaître toute la vérité. Il se remit à sa besogne et il ne se leva pour sortir que vers sept heures moins le quart. Or, je le répète, M. Bertulus a l'habitude de sortir vers six heures. Je fus très étonné de le voir sortir si tard. Avant de partir, il me dit : « Attendez un peu ; il se pourrait que l'on vienne me demander. » J'ai attendu et je n'ai vu personne. C'est tout ce que j'avais à dire.

CENT DEUXIÈME TÉMOIN

M. WEILL (Anselme), *57 ans, docteur en médecine.*

Le Président. — Vous n'êtes ni son parent ni son allié ?

Le Docteur Weill. — Ma femme est parente de la sienne.

Le Président. — A quel degré ?

Le Docteur Weill. — Cousine au troisième degré.

Le président. — Veuillez nous faire connaître les faits sur lesquels vous voulez déposer?

Mᵉ Demange. — Lorsque M. le président a dépouillé devant le Conseil de huis-clos le dossier secret, il a été donné connaissance d'un rapport de l'agent Guénée qui avait été fait après la condamnation du capitaine Dreyfus; il date de 1895, lorsque le colonel Picquart avait pris de nouveaux renseignements à la suite des instructions du général de Boisdeffre en ce qui concernait la vie du capitaine Dreyfus, au sujet du jeu ou des femmes.

Dans ce rapport se trouve le passage suivant :

« M. le docteur Weill, interrogé adroitement par M. Prosper Lunel, administrateur du Temple de la rue Buffault, aurait dit ceci : qu'il croyait à la culpabilité du capitaine Dreyfus; qu'il était en froid avec la famille Hadamard, parce qu'il savait que la défense avait été mal présentée; qu'on avait essayé de faire passer Dreyfus comme innocent, mais qu'on l'avait représenté aussi comme un époux modèle; que rien n'était plus faux; que Dreyfus avait menti à tout le monde, car alors qu'il découchait il disait chez lui qu'il avait été dans l'obligation de faire des travaux à son bureau, au ministère; que c'était un caractère renfermé, sensible à la perte, rapace, et sachant admirablement dissimuler ses émotions les plus secrètes, au point que la majeure partie de sa famille le croyait innocent. »

Voulez-vous demander à M. le docteur Weill s'il a jamais dit ce que je viens de lire à M. Prosper Lunel, administrateur du Temple israélite de la rue Buffault, à Paris.

Le président. — Vous venez d'entendre la question de Mᵉ Demange, et je vous prie de répondre à sa question.

Le docteur Weill. — Ces propos que l'on m'attribue sont faux, complètement, absolument. Je ne les ai jamais tenus, jamais !

Je ne pouvais pas les tenir par la simple raison que, comme toute la famille, j'ai cru toujours, et un des premiers, à l'innocence du capitaine Dreyfus, pour lequel j'ai toujours eu la plus grande affection et la plus profonde estime.

J'affirme, et les rapports très fréquents, presque journaliers que j'ai eus avec lui comme parent, comme médecin et comme ami, me permettent de le faire, j'affirme que Dreyfus a toujours été un mari parfait, et que jamais je ne l'ai connu joueur, ni libertin.

Or, c'est juste le contraire que l'on me fait dire, et je proteste contre ces allégations.

Je n'ai rien autre chose à ajouter.

LE PRÉSIDENT. — Savez-vous quelles sont les circonstances qui ont pu donner lieu à ces paroles ?

LE DOCTEUR WEILL. — Pas du tout.

LE PRÉSIDENT. — Avez-vous eu une conversation avec ce M. Prosper Lunel ?

LE DOCTEUR WEILL. — Je ne le connais pas.

LE PRÉSIDENT. — Vous ne lui avez jamais parlé ?

LE DOCTEUR WEILL. — Jamais.

LE PRÉSIDENT. — Vous n'avez pas d'autres questions à poser, maître Demange ?

Me DEMANGE. — Si, monsieur le président.

Est-ce que le docteur Weill est parent d'une personne qui s'appelle le commandant Weill, très connu à Paris, et qui a été très longtemps employé à l'état-major du général Saussier ?

LE PRÉSIDENT, *au témoin.* — Vous avez entendu la question ; êtes-vous parent du commandant de territoriale Weill, qui a été longtemps à l'état-major du général Saussier ?

LE DOCTEUR WEILL. — Nullement, je ne le connais même pas.

D'ailleurs, nos noms ne s'écrivent pas de la même façon ; le mien s'écrit avec deux « l » et le sien avec une seule « l ».

LE CAPITAINE BEAUVAIS, *au témoin.* — Quelle est la personne qui vous a prêté ces propos ?

LE DOCTEUR WEILL. — J'entends à l'instant son nom, M. Prosper Lunel (1).

Me DEMANGE. — Prosper Lunel, c'était dans le rapport.

LE CAPITAINE BEAUVAIS. — Sa profession ?

Me DEMANGE. — Administrateur du Temple de la rue Buffault.

LE PRÉSIDENT, *au témoin.* — Vous n'avez plus rien à ajouter ?

---

(1) Le *Figaro* du 5 septembre contenait la lettre que voici :

« Paris, 4 septembre 1899.

» Monsieur le Rédacteur en chef,

» En réponse au compte-rendu de l'audience de ce jour du Conseil de guerre de Rennes, publié dans le *Figaro*, j'ai l'honneur de vous communiquer le télégramme que j'adresse au président du Conseil de guerre :

« Je ne connais pas M. le docteur Weill. Je ne l'ai jamais vu. Il n'a donc » pu m'entretenir de la culpabilité ou de l'innocence du capitaine Dreyfus. De » mon côté, je ne suis jamais intervenu directement ou indirectement dans » cette affaire. »

» Je vous prie de vouloir bien insérer.

» Recevez, monsieur le Rédacteur en chef, l'assurance de ma parfaite considération.

» PROSPER LUNEL,
» 9, rue Nouvelle, 9. »

M. le commissaire du gouvernement n'a pas d'observation à faire ? Ni la défense ?

C'est bien de l'accusé ici présent que vous avez entendu parler ?

LE DOCTEUR WEILL. — Oui, monsieur le président.

Me DEMANGE. — Monsieur le président, avant d'entendre un autre témoin, et dans le même ordre d'idées, je voudrais dire ceci : dans un rapport de l'agent Guénée, antérieur à l'arrestation de Dreyfus, il avait cité un propos que M. le grand-rabbin Dreyfus, ou plutôt que madame Hadamard aurait tenu à M. le grand-rabbin Dreyfus.

M. le grand-rabbin Dreyfus avait été cité à la requête de la défense. Il me fait savoir qu'en raison des fêtes religieuses, il ne pouvait quitter Paris, mais qu'il avait adressé une lettre au président donnant sa déposition.

LE PRÉSIDENT. — N'avez-vous pas la lettre ?

Me DEMANGE. — Il m'en a donné la copie.

LE PRÉSIDENT. — Veuillez la lire, ou bien voulez-vous la donner au greffier pour qu'il la lise ?

Me DEMANGE. — Oh ! je puis la lire.

Voici la copie de la lettre :

J'ai été cité à la requête de la défense pour venir déposer dans l'affaire Dreyfus. Retenu impérieusement à Paris par les obligations de mon ministère, les lundi, mardi et mercredi, 4, 5 et 6 septembre, jours de grande solennité religieuse, sans compter le samedi, et ne voulant pas, d'autre part, retarder le cours de la procédure, je vous adresse ma déposition par écrit. Un rapport de police, à propos duquel j'ai protesté en 1894, énonce textuellement ce qui suit :

Alors, il cite ce rapport. Ce rapport est annexé.

Je ne suis pas le gendre de M. Zadoc-Khan, grand-rabbin au consistoire central, je ne suis ni le parent ni l'allié de la famille Hadamard, ni de Dreyfus. J'ai vu, pour la première fois, Dreyfus à l'audience du conseil de guerre de 1894, je n'avais jamais été, au moment où j'ai témoigné, chez M. et madame Hadamard, par conséquent, ni le samedi 10 novembre 1894, date indiquée par le rapport précédent, ni à aucun autre moment, je n'ai jamais entendu la phrase du rapport de police rapportée ci-dessus.

La phrase rapportée, c'était un propos tenu par madame Hadamard au grand rabbin ; où elle disait : « Ma fille voulait divorcer ; nous avons assez payé de dettes pour notre gendre. » Voilà la phrase que M. le grand-rabbin déclare n'avoir jamais été dite.

LE PRÉSIDENT. — Appelez le témoin suivant, M. Roques.

CENT TROISIÈME TÉMOIN

M. ROQUES

Roques (Antoine), 26 ans, valet de chambre, demeurant à Paris, 12, place de Laborde.

M. ROQUES. — Il a été dit que M. Savignaud était ordonnance du colonel Picquart. Je suis ici pour dire que c'est une grosse erreur, car c'était moi qui étais son ordonnance. Je suis entré à son service en octobre 1895. J'en suis sorti en octobre 1897. Dans cet intervalle de temps, qui a duré deux ans, je ne me suis jamais absenté une minute ; donc M. Savignaud n'a pu être son ordonnance.

LE PRÉSIDENT. — S'il n'a pas été son ordonnance, n'a-t-il pas été planton chez lui ?

M. ROQUES. — J'en suis pas sûr.

LE PRÉSIDENT. — N'a-t-il pas été comme planton porter des lettres à la poste ?

M. ROQUES. — J'en sais rien.

LE PRÉSIDENT. — Est-ce vous qui les portiez ?

M. ROQUES. — En général, c'était moi. Les plantons, c'était pour le service du régiment.

LE PRÉSIDENT. — Ils ne portaient pas de lettres à la poste ?

M. ROQUES. — Ça, j'en sais rien.

LE PRÉSIDENT. — Avez-vous connu Savignaud comme planton ?

M. ROQUES. — Je l'ai connu de vue, mais pas de nom.

LE PRÉSIDENT. — L'avez-vous vu servir de planton ?

M. ROQUES. — Je l'ai pas vu, je ne m'en rappelle pas.

LE PRÉSIDENT. — C'est tout ce que vous avez à faire connaître ?

(Le témoin ne répond pas.)

Me LABORI. — Est-ce que pendant que M. Roques était en Tunisie comme ordonnance du colonel Picquart, il a jamais porté à la poste des lettres à l'adresse de M. Scheurer-Kestner ?

LE PRÉSIDENT. — Pendant que vous étiez en Tunisie, comme ordonnance du colonel Picquart, avez-vous porté des lettres à la poste à l'adresse de M. Scheurer-Kestner ?

M. ROQUES. — Jamais, monsieur le président. Je n'ai connu le nom de M. Scheurer-Kestner qu'en janvier ou février.

LE PRÉSIDENT. — C'est bien de l'accusé ici présent que vous avez entendu parler ?

M. ROQUES. — Oui, monsieur le président.

Le président. — Accusé, levez-vous. Avez-vous une observation à présenter.

Le capitaine Dreyfus. — Aucune, mon colonel.

M. Roques. — J'ai à dire aussi que j'ai vu Savignàud plusieurs fois au peloton de punitions ; cela, c'est possible, parce que je l'ai vu au quartier des prisonniers pendant deux ou trois reprises différentes.

M. Savignaud. — Je demande la parole. Quant à être planton, je regrette que l'ordonnance ne s'en souvienne pas, mais, en tout cas, il y en a forcément des traces au régiment. Maintenant, monsieur le président, me permettrez-vous de dire quelques paroles au sujet de ce que Me Labori a dit l'autre jour...

Le président. — Non, il n'y a pas à revenir sur cette question-là. Avez-vous quelque chose à dire sur cette déposition ?

M. Savignaud. — Je n'ai jamais dit que j'étais ordonnance.

Le président. — Vous avez dit que vous étiez planton ; c'est ce que j'avais également dans mon souvenir.

M. Savignaud. — Voulez-vous me permettre de me retirer ?

Le président. — Monsieur le commissaire du gouvernement, voyez-vous un inconvénient à ce que le témoin se retire.

Le commissaire du gouvernement. — Aucun.

Le colonel Picquart. — Avant que Savignaud ne parte, je demanderai la permission de dire deux mots seulement.

Le président. — Est-ce relatif à la déposition du témoin précédent ?

Le colonel Picquart. — Parfaitement. Le témoin précédent a dit qu'il ne savait pas si Savignaud avait été planton ou non. Savignaud a été planton chez moi pendant les quinze jours que nous avons passés à Sidi-el-Ardj, mais il n'a pas été planton tous les jours ; il y avait quatre plantons, qui roulaient entre eux ; Savignaud a donc été planton quatre fois. Il a peut-être porté une fois des lettres à la poste, mais jamais, au grand jamais, il n'a porté de lettres adressées à M. Scheurer-Kestner, vu que je ne lui ai jamais écrit.

Le président. — Vous revenez sur la première déposition que vous avez faite.

Le colonel Picquart. — Il a peut-être porté une lettre une fois ou deux, mais certainement il n'a jamais porté de lettres à l'adresse de M. Scheurer-Kestner, vu que je n'ai jamais écrit à M. Scheurer-Kestner tant que j'ai été dans l'armée.

Me Labori. — Je crois que M. Savignaud ferait mieux de rester pendant vingt-quatre ou quarante-huit heures encore, car j'aurai à son sujet quelques questions à poser à M. Trarieux qui a eu, à propos de l'incident Savignaud, une entrevue avec M. le ministre de la guerre.

LE PRÉSIDENT. — Peu importe, il restera.

Au témoin : La défense désire que vous restiez. Vous resterez jusqu'à ce que la défense déclare ne plus avoir besoin de vous.

CENT QUATRIÈME TÉMOIN

M. HADAMARD, *maître de conférences à la Sorbonne.*

M. Hadamard (Jacques-Salomon), 34 ans, maître de conférences à la Sorbonne, professeur suppléant au Collège de France, 32 *bis*, rue de Paris, à Bièvres (Seine-et-Oise).

Le témoin prête serment et à la question « Connaissiez-vous l'accusé avant les faits qui lui sont reprochés »,il répond :

Je ne sais pas si cela doit s'appeler ainsi : j'ai vu le capitaine Dreyfus au moment de son mariage et je lui ai adressé les félicitations d'usage ; à cette exception près, je n'ai jamais été en rapport avec le capitaine Dreyfus. Je suis petit-cousin de madame Dreyfus.

LE PRÉSIDENT. — Quels sont les faits sur lesquels vous avez à déposer ?

M. HADAMARD. — Les faits sur lesquels j'ai à déposer sont la conversation que j'ai eue avec M. Painlevé.

Mᵉ DEMANGE. — Le témoin a déposé à la Cour de cassation; sa déposition est à la page 127.

M. HADAMARD. — La conversation en question se place au printemps de 1897, après les débats relatifs à l'interpellation Castelin, mais longtemps avant qu'il fût question de l'intervention de M. Scheurer-Kestner. A cette époque, je suis venu à Paris ; il était question pour moi d'une candidature, d'un poste de répétiteur à l'Ecole polytechnique ; M. Painlevé s'était préoccupé des chances que je pouvais avoir à cet égard : il m'a déclaré qu'il était dans la douloureuse nécessité de me dire que je devais renoncer à cette candidature à cause de ma parenté avec le capitaine Dreyfus. J'en ai ressenti une indignation très vive et c'est sous le coup de cette indignation que j'ai fait ce que je n'avais jamais fait depuis la condamnation, sauf avec mes proches, c'est-à-dire que j'ai fait part à M. Painlevé de la conviction que j'avais que Dreyfus était innocent.

A cette époque, d'après ce que j'ai déjà dit, il y avait à mon avis des preuves publiques et irréfutables de deux choses : à savoir que les preuves présentées au procès en 1894 n'étaient pas suffisantes, ensuite qu'il y avait eu violation de la loi par communication de pièces secrètes.

C'est ce que j'ai expliqué à M. Painlevé avec une grande force et une grande insistance. J'ai insisté précisément sur ce caractère que ces faits étaient publics, qu'il étaient portés à la connaissance de chacun, que lui Painlevé pouvait les vérifier et se rendre compte aussi bien que moi de leur valeur. Malgré l'insistance que j'ai mise à développer ce dernier point, j'ai senti immédiatement dans mon interlocuteur une résistance, une hostilité qu'il m'a été impossible de vaincre. Evidemment M. Painlevé se disait : « M. Hadamard est aveuglé par l'esprit de famille. » Il n'en était rien et c'est ce que j'ai dit à mon interlocuteur ; je lui ai dit : « On peut croire que c'est l'esprit de famille qui me pousse ; il n'en est absolument rien : je ne connais pas le capitaine Dreyfus. Ainsi, moi-même, je sais qu'il court partout des bruits sur sa vie privée qui lui sont défavorables à cet égard, mais je n'ai absolument rien à dire, je n'ai pas à répondre plus de sa vie privée que de celle de toute autre personne qui me serait totalement inconnue.

» Ce que je sais positivement, ce que l'on peut savoir comme moi, c'est qu'il a été condamné sans preuves suffisantes et par une violation de la loi. »

Voilà la conversation que j'ai eue avec M. Painlevé.

Le capitaine Beauvais. — Dans votre conversation avec M. Painlevé que vous venez de rappeler, vous auriez parlé avec une grande force de votre conviction de l'innocence du capitaine Dreyfus.

M. Hadamard. — J'ai commencé par dire que je ne pouvais pas affirmer positivement que Dreyfus était innocent, que j'en avais seulement la conviction ; ce que je pouvais affirmer positivement, ce sont les deux faits dont j'ai parlé et qui me donnaient la conviction que le capitaine Dreyfus était innocent.

Le capitaine Beauvais. — Devant la Cour de cassation, vous dites que vous avez bondi en entendant le propos de M. Painlevé et que vous avez dit que Dreyfus « après tout était probablement innocent ». Ce sont les termes de votre déposition.

M. Hadamard. — Je ne saurais garantir si cette nuance était plutôt celle de la Cour de cassation ou une autre ; ce que j'ai dit, c'est que j'avais la conviction que le capitaine Dreyfus était innocent, mais que je ne pouvais affirmer positivement que les deux faits dont j'ai parlé.

Le capitaine Beauvais. — Vous avez dit aussi qu'il courait des bruits sur sa vie privée.

M. Hadamard. — Parfaitement, c'est ce que je viens de dire.

Me Demange. — A l'égard des bruits qui couraient sur sa vie privée, où ces bruits couraient-ils et d'où venaient-ils ?

M. Hadamard. — C'était uniquement des bruits de journaux, c'était des histoires qui ont couru dans tous les journaux sur la vie privée du capitaine Dreyfus.

Me Demange. — Seconde question : Le témoin a-t-il jamais dit à qui que ce soit, qu'on ait eu connaissance dans la famille Dreyfus de certaines circonstances se rattachant à la conduite du capitaine et qui faisaient que les membres de la famille Dreyfus ne pouvaient répondre de lui.

Le président. — Avez-vous bien compris la question ?

M. Hadamard. — Oui, monsieur le président.

Le président. — Eh bien ! répondez.

M. Hadamard. — Je n'ai jamais pu dire une chose pareille, c'est absolument absurde ; je n'ai jamais pu dire que je ne pouvais répondre de lui et j'aurais encore moins pu dire que les membres de la famille ne pouvaient pas répondre de lui, attendu que j'ignorais absolument les sentiments des membres de la famille Dreyfus, sauf ceci, à savoir qu'ils n'avaient pas douté de lui au moment de la condamnation. Depuis ce temps, je n'ai jamais rien su des idées qu'avait la famille Dreyfus sur la marche de l'affaire et les faits concernant le capitaine.

Le président. — Faites entrer le témoin suivant, M. Painlevé.

CENT CINQUIÈME TÉMOIN

M. PAINLEVÉ

M. Painlevé (Paul), 35 ans, répétiteur et examinateur de passage à l'Ecole polytechnique, maître de conférences à l'Ecole normale supérieure.

Le président. — Veuillez nous faire connaître votre impression sur les faits pour lesquels vous êtes appelé à déposer et notamment votre conversation avec M. Hadamard.

Me Demange. — J'ai indiqué un point sur lequel le témoin a à déposer. Mais je crois que le témoin s'est occupé du système de M. Bertillon avec M. le professeur Poincaré.

Je voudrais d'abord qu'il donnât, en quelques mots bien entendu, le résultat de ses travaux à ce sujet.

LE PRÉSIDENT. — Veuillez nous faire connaître le résultat de vos travaux sur le système de M. Bertillon.

M. PAINLEVÉ. — En tant que mathématicien, je me suis intéressé au système de M. Bertillon. Dès la première lecture, j'ai été frappé naturellement des erreurs de toutes sortes qui faussent ce système de fond en comble.

J'ai été frappé aussi du ton d'assurance absolue de M. Bertillon et de sa prétention d'introduire la certitude mathématique dans des questions qui ne sauraient la comporter à aucun degré.

En voyant cela, j'ai eu quelque peu d'inquiétude à la pensée que ce système, grâce à sa complication pseudo-scientifique, grâce à son ingéniosité apparente, grâce aussi au ton d'affirmation absolue, imperturbable de M. Bertillon, que ce système, dis-je, pourrait, quoique tout à fait erroné, influer d'une façon quelconque sur l'esprit du Conseil.

Je crois donc utile de montrer très brièvement, mais d'une façon éclatante, quelques-unes des erreurs essentielles de M. Bertillon.

Mais au lieu de faire moi-même cette démonstration, je crois préférable de communiquer au Conseil l'opinion de M. Poincaré, devant lequel je n'ai qu'à m'effacer.

LE PRÉSIDENT. — J'aimerais mieux que vous fassiez connaître votre opinion personnelle, plutôt que de donner celle de M. Poincaré.

M. PAINLEVÉ. — Mon opinion personnelle, je viens de l'indiquer : elle coïncide exactement avec celle de M. Poincaré.

LE PRÉSIDENT. — Vous adoptez les opinions de M. Poincaré et vous les faites vôtres ?

M. PAINLEVÉ. — Nous sommes absolument d'accord, comme le sont tous les mathématiciens.

LE PRÉSIDENT. — Vous avez parlé en votre nom et maintenant vous allez donner l'avis de M. Poincaré?

M. PAINLEVÉ. — Je vais donner l'avis de M. Poincaré si le Conseil le permet.

LE PRÉSIDENT. — C'est une déposition indirecte, mais enfin, lisez-la.

M. PAINLEVÉ. — Comme le nom de M. Poincaré peut prêter à confusion, je spécifie : il est question de M. Henri Poincaré, membre de l'Académie des sciences.

Tous les membres du Conseil connaissent le nom de M. Poincaré, une des gloires de l'Ecole polytechnique. M. Poincaré est le plus illustre des mathématiciens contemporains. Il n'y a pas un pays civilisé où les savants ne soient prêts à s'incliner avec admiration et respect devant l'autorité de M. Poincaré.

J'ajoute que M. Poincaré, dont l'activité et la compétence ont embrassé tout le champ des sciences rationnelles, a été pendant plus de dix ans professeur de calcul des probabilités à la Sorbonne.

M. Poincaré, à qui j'avais demandé son opinion sur le système Bertillon pour voir si cette opinion coïncidait rigoureusement avec la mienne, m'a fait l'honneur de m'écrire cette lettre que je demande à M. le président la permission de verser aux débats.

Le président. — Elle sera versée au dossier.

M. Painlevé. — Bien entendu, elle sera versée au dossier. Comme la lettre est très brève et que l'écriture de M. Poincaré m'est familière, je demande à M. le président l'autorisation d'en donner lecture moi-même.

Le président. — Lisez-la.

M. Painlevé, lisant :

> Mon cher ami,
>
> Vous me demandez mon opinion sur le système Bertillon. Sur le fond de l'affaire, bien entendu, je me récuse. Je n'ai pas de lumières et je ne puis que m'en rapporter à ceux qui en ont plus que moi. Je ne suis pas pas non plus graphologue, et je n'ai pas le temps de vérifier les mesures.
>
> Maintenant, si vous voulez seulement savoir si, dans les raisonnements où M. Bertillon applique le calcul des probabilités, cette application est correcte, je puis vous donner mon avis.
>
> Prenons le premier de ces raisonnements, le plus compréhensible de tous. (*Figaro* du 25 août, page 5, colonne 1, lignes 57 à 112.)
>
> Sur 13 mots redoublés correspondant à 26 coïncidences possibles, l'auteur constate 4 coïncidences réalisées. Evaluant à 0,2 la probabilité d'une coïncidence isolée, il conclut que celle de la réunion de 4 coïncidences est de 0,0016.
>
> C'est faux.
>
> 0,0016, c'est la probabilité pour qu'il y ait 4 coïncidences sur 4. Celle pour qu'il y en ait 4 sur 26 est 400 fois plus grande, soit 0,7.
>
> Cette erreur colossale rend suspect tout ce qui suit.
>
> Ne pouvant d'ailleurs examiner tous les détails, je me bornerai à envisager l'ensemble du système.
>
> Outre les quatre coïncidences précitées, on en signale un grand nombre de nature différente, mettons dix mille ; mais il faudrait comparer ce nombre à celui des coïncidences *possibles*, c'est-à-dire de celles que l'auteur aurait comptées à son actif s'il les avait constatées. S'il y a

1,000 lettres dans le bordereau, cela fait 999,000 nombres, en comptant les différences des abcisses et celles des ordonnées. La probabilité pour que sur 999,000 nombres il y en ait 10,000 qui aient pu paraître « remarquables » à un chercheur aussi attentif que M. Bertillon, c'est presque la certitude.

Le capitaine Valério sait mieux ce que c'est que le calcul des probabilités. Lui aussi se trompe cependant. Il trouve respectivement 17, 15, 40, 20, 39, 10 lettres localisées sur les lettres, i, n, t, et, r, $é$, t, du gabarit et, d'après lui, les nombres probables seraient 7, 7, 26, 9, 19, 6. En réalité, tous ces derniers nombres devraient être doublés, puisqu'il y a deux chaînes et que le calcul a été fait comme s'il n'y en avait qu'une.

Reste l'espacement régulier des jambages. Si cette régularité est réelle, rien de plus facile à expliquer. Le rythme de l'écriture naturelle ne peut être qu'imparfait. Mais il faut tenir compte de l'influence régulatrice du quadrillage.

Il est vrai que le côté du quadrillage n'est pas un multiple de $1^{mm}25$, mais ces deux longueurs sont commensurables et tous les 16 kutschs on retombe sur un trait de quadrillage.

Tout se passe donc comme pour une pendule mauvaise, sans doute, mais qu'on remettrait à l'heure toutes les 16 secondes.

Ces coïncidences, quoique fortuites, peuvent néanmoins, une fois constatées, servir de moyen mnémonique. Quoi d'étonnant à ce que, après cinq ans d'apprentissage, elles puissent permettre de reconstituer le bordereau ? (*Mouvement prolongé.*) Un peintre peut faire de mémoire le portrait d'un homme sans que cet homme soit truqué.

Sur la photographie composite que vous m'envoyez, voici ce que je remarque :

A première vue, je dois distinguer ce qui se rapporte à l'emplacement des lettres et ce qui se rapporte à leur forme :

En ce qui concerne l'emplacement, on doit s'attendre à trouver, sur les photographies 2 et 3, des pâtés équidistants, puisque le triage des mots de la chaîne rouge et de ceux de la chaîne verte a été fait justement de façon à se rapprocher le plus possible de cette équidistance.

Si ces pâtés étaient nets, on devrait conclure à la régularité d'espacement, qui serait facile à expliquer comme nous l'avons vu. Mais, comme ils sont très vaguement indiqués, cela veut dire simplement que cette régularité n'existe pas.

Ce qui concerne la forme serait plus intéressant.

A ce point de vue, sur la photographie 3, je ne vois absolument rien; sur la photographie 2, je n'ai d'abord rien vu non plus. Après, j'ai cru lire *ère*; j'ai cru voir ensuite intérêt, par autosuggestion probablement, parce que je ne le retrouve pas du tout.

Finalement, voici les parties que je vois ressortir en noir.

M. PAINLEVÉ. — Suivent, messieurs, cinq hiéroglyphes que le Conseil pourra voir.

D'ailleurs, ces cinq hiéroglyphes paraissent dus — les deux premiers qui n'ont aucune forme déterminée, à de véritables superpositions de jambages ; — le troisième, à la superposition d'un *a* et d'un *e*, probablement plus noirs dans l'original, l'*a* plus noir que l'*e*; — les deux derniers sont des lettres plus noires dans l'original.

Rien donc à tirer de là.

En résumé, les calculs de M. Bernard sont exacts ; ceux de M. Bertillon ne le sont pas. (*Mouvement.*)

Le seraient-ils qu'aucune conclusion ne serait pour cela légitime, parce que l'application du calcul des probabilités aux sciences morales est, comme l'a dit je ne sais plus qui, le scandale des mathématiques, parce que Laplace et Condorcet, qui calculaient bien, eux, sont arrivés à des résultats dénués de sens commun !

Rien de tout cela n'a de caractère scientifique, et je ne puis comprendre vos inquiétudes. Je ne sais si l'accusé sera condamné, mais s'il l'est, ce sera sur d'autres preuves. Il est impossible qu'une pareille argumentation fasse quelque impression sur des hommes sans parti pris et qui ont reçu une éducation scientifique solide. (*Mouvement prolongé.*)

Votre bien dévoué,

H. POINCARÉ.

M. PAINLEVÉ. — Je crois n'avoir rien à ajouter à cette lettre.

LE PRÉSIDENT. — Voulez-vous vous expliquer sur la conversation que vous avez eue avec M. Hadamard au sujet de Dreyfus ?

M. PAINLEVÉ. — Monsieur le président, je suis étonné tout le premier de l'importance qu'a prise la conversation que j'ai eue avec M. Jacques Hadamard, conversation qui fait l'objet de la pièce 96 du dossier secret.

Cette pièce a été rédigée à mon insu, il ne m'en a jamais été donné connaissance.

Lors même de ma déposition devant la Chambre criminelle, on ne m'en a pas donné lecture.

J'ignore donc encore aujourd'hui le texte précis et intégral des propos qui m'y sont attribués.

Ce que je puis dire au Conseil, ce sont les faits qui ont donné naissance à cette pièce du dossier secret.

Je le ferai aussi brièvement que possible.

M. Jacques Hadamard, professeur suppléant au Collège de France, petit-cousin par alliance du capitaine Dreyfus, a été mon camarade au lycée Louis-le-Grand et à l'Ecole normale supérieure. Vers le mois de mai ou de juin 1897, j'ai eu une mission pénible à remplir auprès de lui. J'ai dû l'avertir que sa candidature éventuelle à une place de répétiteur à l'Ecole polytechnique rencontrait de graves difficultés, de par sa parenté avec le capitaine Dreyfus.

Dès les premiers mots que je lui touchai à ce sujet, M. Hadamard s'est indigné et m'a dit :

. « C'est d'autant plus injuste que Dreyfus est innocent. »

Cette phrase m'a fait sursauter. J'ai répondu que, cela, il ne me le ferait jamais croire. Il m'a répondu que ce que du moins il pourrait me faire croire et me démontrer, c'est que Dreyfus avait été condamné sans preuves.

Il entama une très longue démonstration de l'absence totale de ces preuves, démonstration basée sur le bordereau, dont j'entendais parler pour la première fois, sur les contradictions des experts, sur l'incertitude de tous les résultats d'experts, sur les irrégularités commises au procès, sur l'illégalité de la condamnation.

Cette démonstration dura à peu près une demi-heure.

Je l'écoutai de la façon la plus indifférente, parce que mon siège était fait. Je ne pus cependant m'empêcher de manifester un peu d'impatience.

Alors M. Hadamard, voulant faire un suprême effort pour me convaincre et bien me montrer la valeur absolue de ses arguments, me dit... Je cherche à me rappeler de la façon la plus précise les paroles qu'il a prononcées... M. Hadamard me dit qu'il n'apportait dans la question aucune sentimentalité, aucune passion, aucun esprit de famille; qu'il ne voulait même pas se faire garant *a priori* de l'innocence de Dreyfus, comme il le ferait d'un ami qu'il aurait connu à fond; que Dreyfus était pour lui un étranger; qu'il l'avait vu juste une fois dans sa vie, le jour de son mariage; qu'il ne lui avait guère été sympathique ; qu'on lui avait même rapporté certains faits de sa vie privée qui ne lui plaisaient pas.

« Mais, ajouta-t-il, c'est un fait que j'affirme, quand j'affirme que sa culpabilité ne repose sur rien. »

Sur cette phrase, je rompis immédiatement l'entretien et je ne reparlai plus avec M. Hadamard de l'affaire Dreyfus.

Cette conversation, dont je m'étais trouvé amené à parler incidemment avec quelques amis au moment de la dénonciation de M. Mathieu Dreyfus, chemina, paraît-il, en se déformant. J'en fus averti assez longtemps après, au cours du procès Zola, de la manière suivante :

Je fus un jour interviewé par un journaliste de l'*Eclair* qui vint me dire qu'un membre très honorable du cercle de la rue Boissy-d'Anglas avait déclaré publiquement, dans un salon de ce cercle, que M. Painlevé, professeur à la Sorbonne, avait reçu des confidences d'un de ses collègues, cousin de Dreyfus, lequel lui aurait affirmé que la famille Dreyfus avait entre les mains les preuves de la trahison de Dreyfus.

Le journaliste me demanda si la chose était vraie.

Je répondis que j'avais eu, en effet, une conversation très longue avec un cousin de Dreyfus, mon collègue à la Sorbonne, au sujet de l'innocence de Dreyfus ; qu'il n'avait cessé, malgré ma résistance, d'essayer de me convaincre de cette innocence ; que si ces propos, ainsi rectifiés, pouvaient intéresser son journal, je le laissais libre de les publier.

Le journaliste me répondit que, dans ces conditions, ces propos n'avaient plus aucun intérêt pour ses lecteurs, et nous en restâmes là.

Quelques jours après, mon collègue de l'Ecole polytechnique, M. Maurice d'Ocagne, m'avertit que la conversation que j'avais eue avec M. Hadamard était arrivée aux oreilles de M. le général Gonse, mais sous la forme absolument inexacte que je viens d'indiquer.

On me faisait dire que la famille Dreyfus avait avoué, par la bouche de M. Hadamard, qu'elle possédait des preuves de la culpabilité de Dreyfus.

M. d'Ocagne ajouta qu'il avait remis les choses au point auprès de M. le général Gonse, et que je pouvais être tranquille là-dessus.

Mais quelque temps après — c'était, je crois, le 28 février de l'année dernière — M. d'Ocagne vint me trouver de la part de M. le général Gonse. Il me dit que le général Gonse lui avait demandé de lui rapporter d'une façon très précise ma conversation avec M. Hadamard, et que, dans ces conditions, lui, M. d'Ocagne, avait proposé de venir me chercher, afin que je rapportasse moi-même cette conversation.

Je répondis à M. d'Ocagne que je ne voyais aucun inconvénient à l'accompagner chez M. le général Gonse, au contraire ; que, puisque cette histoire était parvenue, ainsi déformée, jusqu'au général Gonse, je serais plutôt désireux de le voir, pour couper court, d'une manière définitive, à toute légende.

J'ajoutai même que si, une fois les propos rectifiés, le général Gonse persistait, contre toute vraisemblance, à y attacher la moindre importance, j'étais prêt à laisser par écrit une narration de ma conversation avec M. Hadamard.

M. d'Ocagne m'emmena immédiatement chez M. le général Gonse. Après quelques minutes d'attente dans le bureau du capitaine Hély d'Oissel, je fus introduit chez le général Gonse.

Le général me remercia d'être venu et me demanda immédiatement de lui raconter en détail ce que je savais.

Je le fis aussi minutieusement que je l'ai fait tout à l'heure devant MM. les membres du Conseil.

Comme j'avais été prévenu de la modification extraordinaire qu'avaient subie mes propos, j'insistai, avec une grande énergie, sur ce fait que M. Hadamard n'avait cessé de m'affirmer l'innocence de Dreyfus et d'essayer de m'en convaincre; je fis observer que sa phrase relative à la vie privée de Dreyfus, il me l'avait dite précisément pour bien me démontrer qu'il n'apportait dans l'affaire aucune sentimentalité, pour bien établir la valeur intrinsèque de ses arguments.

J'employai même le mot de valeur intrinsèque à deux reprises différentes, dans ma conversation; ceci est un souvenir précis.

M. le général Gonse, quand j'eus fini mon récit, qu'il avait écouté avec la plus grande attention, sans m'interrompre et sans prendre de notes, m'interrogea avec insistance à plusieurs reprises sur les faits auxquels M. Hadamard avait voulu faire allusion quand il avait parlé de faits de la vie privée de Dreyfus qui ne lui plaisaient pas.

Je répondis à M. le général Gonse que je lui avais répété tout ce que m'avait dit M. Hadamard et que je ne savais rien de plus.

M. le général Gonse insista beaucoup sur cette question, ce qui ne fut pas sans me surprendre, car on m'avait dit que la filature exercée contre Dreyfus avait donné quant à sa vie privée, des résultats précis et accablants pour l'accusé.

Je crois que le général s'aperçut de mon étonnement, car il me dit :

— D'ailleurs, vous ne nous auriez rien appris sur ce point; nous sommes fixés. Mais ce qu'il nous importait de savoir, c'est ce que connaît la famille.

Je répondis que tout ce que je savais, je l'avais dit. Alors M. le général Gonse, comme pour bien s'assurer que je n'oubliais rien me posa une dernière question; il me dit :

— En somme, voici tout ce que vous savez. M. Hadamard défend l'innocence de Dreyfus, mais il ne se porte pas garant *a priori* de cette innocence, parce qu'il ne connaît pas Dreyfus, et qu'on lui a rapporté certaines histoires fâcheuses sur sa vie privée. Vous ne savez rien de plus?

Je répondis qu'en effet je ne savais rien de plus.

M. le général Gonse m'a dit que dans ces conditions mon témoignage ne lui apprenait rien de nouveau et n'avait plus d'intérêt pour lui. Il me remercia d'être venu et je pris congé de lui.

Voilà exactement, photographiée pour ainsi dire, mon entrevue avec le général Gonse.

LE GÉNÉRAL GONSE, *de sa place*. — Je demande la parole.

M. PAINLEVÉ. — Je sortis du bureau absolument certain qu'on ne garderait aucune espèce de trace de ma conversation avec M. Hadamard et que l'affaire était purement et simplement enterrée. Je dois dire que j'en éprouvai un véritable soulagement.

Voici pourquoi.

A cette époque, quoique fort troublé par certains incidents du procès Zola, je persistais à croire qu'il existait à l'Etat-Major des preuves secrètes et accablantes contre Dreyfus. J'avais donc ressenti une inquiétude indéfinissable en voyant un homme considérable, comme M. le général Gonse, à l'affût de racontars de cette nature. Ma première impression que je me permettrai de traduire d'une façon un peu familière, avait été : « Mais on n'a donc pas de preuves à l'Etat-Major? » Quand je vis qu'une fois la chose remise au point, M. le général Gonse n'en tenait plus aucun compte, je fus un peu rassuré et j'éprouvai un véritable soulagement.

Si M. le général Gonse m'avait demandé à ce moment de lui rédiger ma conversation avec M. Hadamard, je l'aurais fait, comme je l'avais déclaré à M. d'Ocagne; seulement, je serais sorti du bureau du général Gonse revisionniste, car la pensée que des faits de cette nature pouvaient apporter une force quelconque au dossier de l'Etat-Major m'aurait montré l'inanité de ce dossier.

Je sortis donc du ministère de la guerre, certain qu'il ne restait aucune trace de ma conversation avec M. Hadamard. C'est près d'un an plus tard, au mois de décembre ou de janvier suivant, que j'ai appris qu'il existait au dossier Dreyfus une pièce me concernant.

J'en fus averti au cours de l'enquête de la chambre criminelle par M. d'Ocagne qui tenait la chose du général de Boisdeffre et de M. Cavaignac.

Cette indication me causa beaucoup d'inquiétude; la pensée qu'un propos que je ne connaissais pas et qui m'était attribué pouvait peser, si peu que ce fût, sur l'esprit d'un des juges, m'était insupportable.

Après une longue hésitation, quand les journaux annoncèrent que la Chambre criminelle allait clore son enquête, je me décidai à écrire à M. le président Lœw ; je lui demandai, dans le cas où une pièce me concernant figurerait au dossier, à être appelé à m'expliquer sur cette pièce.

Le lendemain, je reçus une citation de la Cour, citation qui, je crois, s'était croisée avec ma lettre.

J'étais cité devant M. Josse, juge d'instruction, en vertu d'une délégation de la Chambre criminelle, transmise par M. Athalin à M. Josse.

M. Josse, après m'avoir fait prêter serment, me lut une pièce d'où il résultait qu'avant d'avoir écrit ma lettre au président, j'étais déjà cité à la requête de la défense.

Il ajouta qu'il existait au dossier une pièce me concernant et que cette pièce disait que, d'après une conversation recueillie de ma bouche par M. le général Gonse, certains membres de la famille Dreyfus seraient enclins à admettre la culpabilité de Dreyfus. Il me demanda si j'avais quelque chose à ajouter pour la manifestation de la vérité.

Je répondis affirmativement et je lui fis le récit que vient d'entendre le Conseil.

MM. d'Ocagne et Hadamard déposèrent après moi ; M. le juge d'instruction, après nous avoir entendus, décida qu'il n'y avait pas lieu à confrontation, et ce fut l'avis de la Chambre criminelle, car nous ne reçûmes pas de convocation ultérieure ; par conséquent, la Chambre avait jugé que nos récits étaient assez concordants pour ne pas donner lieu à confrontation.

Je vous demanderai de lire quelques lignes de la déposition de M. d'Ocagne devant la Chambre criminelle. Les sentiments de M. d'Ocagne sont connus du Conseil ; c'est lui qui a soulevé la déposition de M. Lonquéty ; je crois donc que sa déposition n'est pas suspecte de partialité en faveur du capitaine Dreyfus.

Voici la déposition :

Au début de l'affaire Dreyfus, à l'époque de l'intervention de M. Scheurer-Kestner, M. Painlevé me dit qu'il avait eu quelque temps auparavant une conversation avec M. Hadamard, qui avait essayé de lui persuader que la culpabilité de Dreyfus n'était pas établie.

M. Painlevé lui ayant répondu qu'il s'en tenait au jugement du Conseil de guerre, M. Hadamard aurait répliqué qu'il se fondait, pour parler de la sorte, sur des raisons de fait et non de sentiment, car, depuis la condamnation de Dreyfus, il avait eu sur le compte de ce dernier tels renseignements qui faisaient qu'il considérait Dreyfus comme n'étant pas de ces hommes dont on pouvait répondre *a priori*, mais que, cependant, il persistait à considérer Dreyfus comme innocent, la seule preuve qu'on eût pu donner de sa culpabilité ne lui paraissant pas sérieuse.

Je dois ajouter encore une remarque au sujet de cette déposition. Il y a un fait matériel sur lequel, M. d'Ocagne et moi, nous sommes en contradiction.

M. d'Ocagne dit plus loin dans sa déposition que le capitaine officier d'ordonnance du général Gonse, soit M. Hirschauer, soit M. Hély d'Oissel, nous a introduits chez le général Gonse et a assisté à notre entretien avec lui. Il ajoute qu'il ne peut se rappeler si le capitaine qui a assisté à notre entretien a pris des notes.

Je tiens à informer le Conseil que M. d'Ocagne m'a écrit une lettre dans laquelle il reconnaît s'être trompé sur ce point. Il reconnaît, après une conversation avec M. Hély d'Oissel que c'est M. Hély d'Oissel (et non M. Hirschauer), qui nous a introduits chez le général Gonse, que M. Hély d'Oissel s'est retiré aussitôt dans son cabinet, et que M. d'Ocagne a assisté seul à mon entrevue avec le général Gonse.

J'ai maintenant deux mots à ajouter au sujet de cette même pièce 96 du dossier secret.

Quand l'enquête de la Chambre criminelle fut publiée, en lisant la déposition de M. le général Roget j'ai éprouvé une violente surprise.

Une déposition du général Roget, celle du 28 janvier 1898, se termine en effet par la phrase suivante : « Il a été établi au moment du procès, ou peu après, que M. Hadamard avait eu à payer des dettes pour son gendre, ce dont il était peu satisfait ; il aurait même tenu à ce propos à M. Painlevé un propos significatif. »

Je n'ai jamais vu de ma vie M. Hadamard, beau-père du capitaine Dreyfus ; je ne le connais pas, je n'ai jamais eu aucune relation directe ou indirecte avec lui. (*Mouvement.*)

Dès que j'ai eu connaissance de la déposition du général Roget, j'ai écrit à M. le premier président de la Cour de cassation pour opposer un démenti formel à l'allégation formulée devant la Chambre criminelle par M. le général Roget.

J'avoue qu'il y a là un point qui est demeuré pour moi inexplicable.

Comment M. le général Roget — ayant eu en main la pièce n° 96, qui spécifie nettement qu'il s'agit de M. Jacques Hadamard, professeur au Collège de France, et cousin de Dreyfus — a-t-il pu lui substituer le beau-père de Dreyfus et me prêter une conversation avec lui, signifiant qu'il avait payé les dettes de son gendre ? Je le répète, il y a là quelque chose qui est demeuré pour moi absolument incompréhensible.

Plus tard, quand les débats de la Cour de cassation furent publiés, j'ai trouvé, dans la plaidoirie de M⁰ Mornard, une phrase textuelle de la pièce n° 96, pièce dont, je le répète, il ne m'avait pas été donné lecture.

Cette phrase est la suivante ; d'après une conversation recueillie de ma bouche par M. le général Gonse, M. Hadamard aurait tenu le propos suivant :

« Je n'ai pas voulu vous dire que je croyais Dreyfus innocent ; d'ailleurs, depuis son arrestation, nous avons eu, dans sa famille, connaissance de certains faits de sa conduite qui font que nous ne pouvons pas répondre de lui. »

Eh bien ! Monsieur le Président, sous la foi du serment que j'ai prêté, j'affirme que cette phrase, je ne l'ai jamais dite ; cette phrase est fabriquée ! (*Mouvement prolongé.*) Jamais je n'ai fait dire à M. Hadamard: « Nous avons eu dans sa famille... ». Jamais je n'ai employé ce *nous*, alors que M. Hadamard m'avait dit n'avoir aucune relation avec la famille Dreyfus. Jamais l'opinion que peut-être la vie privée de Dreyfus n'était pas irréprochable, jamais je ne l'ai attribuée à la famille Dreyfus. Jamais je n'ai dit que cette opinion, personnelle à M. J. Hadamard, se basait sur des faits connus de la famille Dreyfus.

Mais le point contre lequel je veux surtout protester, c'est contre les premières paroles attribuées à M. Hadamard ; il m'aurait dit :

— Je n'ai pas voulu vous dire que je croyais Dreyfus innocent.

Cette phrase est monstrueuse ! C'est le contraire même de la vérité ! (*Mouvement.*) Je ne comprends pas que cette phrase se trouve dans la pièce n° 96, alors que, dans ma conversation avec M. le général Gonse, j'ai dit et répété que M. Hadamard n'avait cessé de m'affirmer l'innocence de Dreyfus et d'essayer de m'en convaincre.

S'il pouvait m'être donné lecture intégrale de cette pièce me concernant, j'aurais peut-être d'autres observations à présenter. J'ajoute que pour faire la lumière complète sur cette pièce n° 96, je serais desireux d'être confronté avec l'auteur de cette pièce ou avec celui qui en prend la responsabilité.

M⁰ LABORI. — Avant que M. le général Gonse, qui a demandé la parole, ne vienne à la barre, voulez-vous, monsieur le président, avoir la bonté de demander à M. le général Chamoin si cette pièce n° 96 n'est pas une de celles dont la lecture peut être faite en audience publique sans le moindre inconvénient?

LE GÉNÉRAL CHAMOIN. — Je crois que oui ; cette pièce a été mise à la disposition du Conseil de façon à pouvoir être consultée.

M° LABORI. — Alors, voulez-vous être assez bon, monsieur le président, pour en donner la lecture, en vertu de votre pouvoir discrétionnaire ?

LE GREFFIER COUPOIS *donne lecture de la note suivante.*

Dans le courant de l'année 1897, M. Painlevé, professeur à l'Ecole normale supérieure, a déclaré à M. d'Ocagne, professeur à l'Ecole des ponts et chaussées, qu'il était prêt à affirmer le fait suivant :

Quelque temps après le départ de Dreyfus pour les îles du Salut, M. Hadamard, cousin de Dreyfus, faisait part à M. Painlevé, son collègue à la Sorbonne ou au Collège de France, de ses doutes sur la régularité du jugement.

En présence de l'attitude de M. Painlevé, qui coupa court à la conversation sur ce sujet en affirmant sa conviction dans l'exactitude du jugement rendu, M. Hadamard, craignant d'être allé trop loin, a ajouté textuellement :

« Je n'ai pas voulu vous dire que je croyais Dreyfus innocent ; d'ailleurs, depuis son arrestation, nous avons eu dans sa famille connaissance de certains faits de sa conduite qui font que nous ne pouvons pas répondre de lui. »

M. Painlevé, dans les premiers jours de mars 1898, a confirmé, en présence du général Gonse et de M. d'Ocagne, la présente déclaration.

Paris, le 8 mars 1898.

Le général,
sous-chef d'état-major général,
Signé : GONSE.

LE PRÉSIDENT, *au témoin.* — Avez-vous quelque chose à ajouter ?

M. PAINLEVÉ. — Je n'ai rien à ajouter, j'ai montré les inexactitudes qui fourmillent dans cette pièce.

M° LABORI. — Avant le départ du témoin, je crois que M. le général Gonse a demandé la parole.

(*M. le général Gonse revient à la barre.*)

LE GÉNÉRAL GONSE. — Je tiens à déclarer au Conseil qu'on a donné à cet incident une importance beaucoup plus grande que celle qui s'y attachait tout d'abord, attendu qu'il ne s'agissait pas, dans la circonstance, de colliger un témoignage, mais simplement de recevoir des renseignements.

Voici dans quelles circonstances j'ai réuni ces renseignements. Le ministre de la guerre m'avait donné l'ordre de chercher tous les renseignements qui pouvaient concerner l'affaire Dreyfus (cela se passait en 1898). On a réuni le dossier secret, on a réuni différentes pièces. Je n'insiste pas là-dessus.

C'est sur ces entrefaites que M. d'Ocagne, ingénieur des ponts et chaussées, qui était lié avec le capitaine Hély-d'Oissel, a rencontré celui-ci et lui a dit : « J'ai des choses très importantes à vous dire sur l'affaire Dreyfus » ; et il lui a rapporté les propos qui sont indiqués dans la note qu'on vient de vous lire.

Il a revu le capitaine Hély-d'Oissel une autre fois et il a ajouté : « M. Painlevé, maintenant, revient un peu sur ses premiers renseignements. »

M. PAINLEVÉ. — Jamais M. d'Ocagne n'a dit cela.

LE GÉNÉRAL GONSE. — J'ai dit au capitaine Hély-d'Oissel : Il serait beaucoup plus simple de faire venir M. Painlevé et de lui faire dire exactement ce qu'il a l'intention de dire réellement.

En effet, à quelque temps de là, M. Painlevé me fut amené par M. d'Ocagne et nous eûmes la conversation que j'ai rapportée dans ma note.

Je n'ai pas fait faire de déclaration à M. Painlevé parce que je ne faisais pas d'instruction judiciaire ; d'un autre côté, c'étaient de simples renseignements de moralité que je réunissais, par conséquent c'était un point qui avait surtout de l'intérêt pour moi.

A quelques jours de là, je rendis compte de la conversation que j'avais eue avec M. Painlevé. Conversation très courte, plus courte qu'il ne vient de le dire au Conseil.

Le ministre me dit alors qu'il serait intéressant de conserver trace de ces renseignements. J'en ai conservé trace en faisant la note qui vient de vous être lue. Mais, bien entendu, dans ma pensée, il n'était pas question de faire un témoignage, (*Murmures.*) une pièce de justice.

C'était un simple renseignement pour le ministre, mais à faire confirmer ou compléter par le témoignage des intéressés eux-mêmes...

Voilà ce que j'avais à dire, mais c'était la seconde phrase, la seconde partie qui avait été dite par M. Painlevé, la reproduction de la phrase de M. Hadamard: «Dans la famille, nous avons des choses qui font que nous ne pouvons nous porter garants de lui *a priori*. »

M. d'Ocagne, du reste, l'a répété à la Cour de cassation.

M. Painlevé. — Les souvenirs de M. le général Gonse sont inexacts sur tous les points.

La conversation a duré aussi longtemps que je l'ai dit.

J'ai dit au général Gonse exactement ce que j'ai rapporté devant la Chambre criminelle et devant le Conseil de guerre. J'ai même insisté plus longuement sur ce fait que M. Hadamard affirmait l'innocence de Dreyfus.

Je n'ai omis aucun détail, les difficultés relatives à l'entrée de M. Hadamard comme répétiteur à l'Ecole polytechnique, etc.

Précisons un peu : n'y a-t-il pas dans le texte de la note qui vient d'être lue : « M. Hadamard a dit textuellement la phrase suivante ?... » N'y a-t-il pas le mot « textuellement ? » Je ne crois pas que mes oreilles m'aient trompé. Or, comment M. le général Gonse, qui a rédigé la note huit jours après notre entrevue, a-t-il pu écrire que la phrase qu'il rapportait, il la rapportait *textuellement ?*

Le président. — Voici la phrase :

M. Hadamard, craignant d'être allé trop loin, a ajouté textuellement : « Je n'ai pas voulu vous dire que je croyais Dreyfus innocent. D'ailleurs, depuis son arrestation, nous avons eu dans sa famille connaissance de certains faits de sa conduite qui font que nous ne pouvons pas répondre de lui. »

M. Painlevé. — Donc, il y a le mot « textuellement ».

Le général Gonse. — Je répète que ce n'est pas une feuille de justice que j'ai faite. C'est une feuille de renseignements que j'ai écrite d'après des ordres reçus (*Bruit.*) quelques jours après la conversation.

Maintenant, pour cette partie, je m'en réfère très bien à la déposition de M. Painlevé qui dépose sous la foi du serment. Je n'ai pas l'intention de dire une chose inexacte. Mais je répète que, pour moi, la seconde partie avait de l'importance, parce que nous cherchions à ce moment des renseignements de moralité.

Je répète encore que ce n'était pas une instruction que je faisais. C'étaient des renseignements que je réunissais. J'en ai eu plusieurs comme cela. Je ne sais pas ce que le ministre en a fait ; cette pièce était au nombre des renseignements que j'ai réunis à ce moment.

M. Painlevé. — Je n'ai jamais dit que la famille Dreyfus connaissait des faits tels qu'elle ne pût répondre de l'accusé, jamais, jamais, jamais !...

Le président. — Veuillez dire alors les paroles que vous avez prononcées, en comparaison de celles-là.

M. Painlevé. — Voici le texte exact des paroles, telles que je les ai rapportées au général Gonse : « M. Hadamard après m'avoir affirmé l'innocence de Dreyfus me dit qu'il n'apportait dans la question aucune sentimentalité, aucun esprit de famille ; que Dreyfus n'était pas pour lui un ami dont il se fît le garant *a priori*, mais bien un étranger; qu'il l'avait vu une fois dans sa vie, le jour de son mariage ; qu'il ne lui avait pas été sympathique ; qu'on lui avait même rapporté, depuis sa condamnation, certains faits privés qui lui déplaisaient. »

Il ajoutait, et cette dernière phrase je l'ai répétée à M. le général Gonse, textuellement, parce que j'en étais sûr : « Mais c'est un fait que j'affirme, quand j'affirme que sa culpabilité ne repose sur rien. »

Donc les phrases que j'ai dites à M. le général Gonse ont été encadrées entre les deux affirmations formelles de l'innocence de Dreyfus formulées par M. Hadamard ; de plus, il n'a jamais parlé qu'en son nom personnel, et sous une forme vague, de faits qui pouvaient lui déplaire dans la vie privée du capitaine Dreyfus.

Jamais il n'a dit que cette opinion fût celle de la famille.

Il a commencé par dire, et je l'ai répété au général Gonse, que la famille Dreyfus était pour lui une famille d'étrangers, que les relations étaient pour ainsi dire nulles entre elle et lui.

Le général Gonse. — Il y a une chose bien simple : qu'on lise la déposition de M. d'Ocagne à la Cour de cassation.

M. Painlevé. — J'en ai donné lecture tout à l'heure, monsieur le président ; qu'on la relise. On pourra comparer.

Le président. — Monsieur le greffier, veuillez lire cette déposition.

Le greffier Coupois, *lisant :* — *Déposition d'Ocagne :*

Au début de l'affaire Dreyfus, à l'époque de l'intervention de M. Scheurer-Kestner, M. Painlevé me dit qu'il avait eu quelque temps auparavant une conversation avec M. Hadamard, qui avait essayé de lui persuader que la culpabilité de Dreyfus n'était pas établie. M. Painlevé lui avait répondu qu'il s'en tenait au jugement du Conseil de guerre. M. Hadamard aurait répliqué qu'il se fondait, pour parler de la sorte, sur des raisons de fait et non de sentiment, car depuis la condamnation de Dreyfus, il avait eu sur le compte de ce dernier tels renseignements qui faisaient qu'il considérait Dreyfus comme n'étant pas de ces hommes dont on pouvait répondre *a priori*, mais que cependant il persistait à considérer Dreyfus comme innocent, la seule preuve qu'on ait pu donner de sa culpabilité ne lui paraissant pas sérieuse. M. Painlevé ajouta que je pouvais raconter ce qu'il venait de me dire à qui bon me semblerait et en citant son nom.

Le général Gonse. — La phrase qui est dans ma note existe dans la déposition de M. d'Ocagne.

M. Painlevé. — Le Conseil jugera si les phrases sont les mêmes chez M. le général Gonse et chez M. d'Ocagne.

Le général Gonse. — Maintenant, aujourd'hui, M. Painlevé atténue beaucoup la conversation que nous avons eue ensemble.

M. Painlevé. — Je n'ai rien atténué.

Le général Gonse. — Comme en définitive c'étaient des renseignements qu'il me donnait, je ne peux dire qu'une chose, c'est que je m'en rapporte à sa déposition pour la première partie. Mais la seconde partie étant reproduite dans la déposition d'Ocagne, j'en maintiens les termes absolument certains et positifs.

M. Painlevé. — Monsieur le président, j'ai un mot seulement à ajouter.

Me Labori se lève à demi, prêt à parler.

Le président. — Maître Labori, c'est moi qui dirige les débats.

M. Painlevé. — J'ai oublié d'attirer l'attention sur un petit détail mais significatif. Le voici :

D'après M. le général Gonse, M. Hadamard m'aurait dit textuellement :

« Je n'ai pas voulu vous dire que je croyais Dreyfus innocent. » Or, M. Hadamard me tutoie. Quand on met « textuellement », c'est, d'ordinaire, qu'on a pris le texte exact.

Maintenant, je voudrais demander si M. le général Roget maintient que j'ai eu une conversation avec M. Hadamard, beau-père de Dreyfus ?

Le général Roget, *se levant*. — Je n'ai pas parlé d'une conversation entre messieurs Painlevé et Hadamard.

Le président. — Veuillez approcher.

Le général Roget, *s'avançant à la barre :*

— Dans une phrase de ma déposition devant la Cour de cassation, dont on a fait une seule phrase, j'ai dit ceci, je voulais dire ceci : « Que des rapports de police avaient fait connaître — je ne me suis pas exprimé dans ces termes-là, mais c'est le sens de ma déposition — que des rapports de police avaient fait connaître que M. Hadamard avait payé des dettes pour son gendre. »

J'ai dit ensuite que M. Hadamard — j'ai répété M. Hadamard

— avait tenu un propos significatif au sujet de la vie privée du capitaine Dreyfus...

Maintenant, qu'il y ait eu confusion dans la rédaction de ce passage de ma déposition, c'est possible. Je n'ai jamais entendu dire que M. Painlevé ait eu une conversation avec M. Hadamard, beau-père de Dreyfus.

M. Painlevé, *se tournant vers le général Roget.* — Je n'ai pas dit que M. le général Roget eût jamais entendu quelqu'un parler d'une conversation que j'aurais eue avec M. Hadamard, beau-père de Dreyfus.

Le Président. — Tournez-vous du côté du Conseil.

M. Painlevé. — J'ai dit que M. le général Roget avait allégué que j'avais eu une conversation avec M. Hadamard, beau-père de Dreyfus. J'ai lu tout à l'heure le texte de sa déposition dictée, signée par lui, faite sous la foi du serment. Voici ce qu'il a dit :

Il a été établi au moment du procès, ou peu après, que M. Hadamard, beau-père de Dreyfus, avait eu à payer des dettes pour son gendre, ce dont il était très peu satisfait. Il aurait même tenu à ce propos à M. Painlevé un propos significatif.

Cette déposition, je le répète, est signée de M. le général Roget. (*Mouvement.*)

Le Général Roget. — C'est un M. Hadamard, un autre, alors. (*Violentes rumeurs.*)

M. Painlevé. — Eh bien ! alors, on parle de M. Hadamard une fois, et puis, dans la phrase suivante, c'est d'un autre qu'il s'agit !

Le Président. — Vous faisiez allusion, mon général, à la pièce 96.

Le Général Roget. — Monsieur le président, je faisais allusion, comme vous le dites très bien, à la pièce 96.

M. Painlevé. — Je constate que M. le général Roget reconnaît que le beau-père de Dreyfus ne m'a tenu aucun propos. Quant à la pièce 96, dont on m'a donné lecture, je demande s'il y a dans cette pièce la moindre ambiguïté quant à la personnalité de mon interlocuteur.

Le Président. — Il y a eu confusion.

Le Général Roget. — Je ferai observer simplement à M. Painlevé que j'ai déposé pendant quarante-sept heures devant la Cour de cassation. Il peut arriver, quand on relit une déposition de cette importance, qu'on laisse passer un « il » pour un « on ». Si c'est ce qui m'est reproché, je l'avoue.

M. Painlevé. — Oui, mais on peut rectifier.

Le général Roget. — Je n'attachais pas d'importance à ce propos-là. (Murmures.)

Le président. — Vous ne parliez pas du même M. Hadamard.

Le général Roget. — J'ai parlé des deux, mais je n'ai attaché aucune importance à ce fait. Je sais l'usage qu'on en a fait ; cependant on en a fait l'objet d'un rapport à M. le général Billot dans les renseignements de moralité, mais on n'en a jamais fait une charge prouvant la culpabilité de Dreyfus.

M. Painlevé. — Je demande la parole. On a fait de la pièce 96 une charge contre Dreyfus.

M. Cavaignac, après sa démission, parlant dans les couloirs de la Chambre, s'est servi de la pièce 96 pour démontrer la culpabilité de Dreyfus. Sa démonstration reposait sur les aveux, et, aux objections qu'on lui faisait, il répondait que ces objections seraient admissibles si les aveux étaient isolés, mais qu'ils étaient confirmés par la pièce 96, c'est-à-dire par un témoignage de M. Painlevé.

Par conséquent, la pièce 96 n'était pas une charge sans importance, puisque M. Cavaignac s'en est servi dans sa démonstration de la culpabilité de Dreyfus.

Le général Roget. — Je ne l'ai jamais eue entre les mains : voilà l'importance qu'elle avait !

M. Painlevé. — Ce n'est pas moi qui lui en ai donné, de l'importance.

Le général Roget. — Ni moi. (Bruit.)

M. Painlevé. — C'est moi, sans doute, qui l'ai mise au dossier secret.

Me Labori. — Je voudrais poser une question à M. le général Gonse sur un point qui se rapporte à la déposition de M. Painlevé.

Le général Gonse se présente à la barre.

Me Labori. — Les explications fournies par le général Gonse consistent à dire que lorsqu'il faisait la rédaction de la note relative aux propos attribués à M. Painlevé, il ne s'agissait pour lui que de renseignements. Eh bien ! même s'il s'agissait de renseignements, voulez-vous lui demander, monsieur le président, pourquoi il se croyait autorisé à les consigner inexacts ?

Le président. — Je ne poserai pas la question sous cette forme.

Me Labori. — Bien, monsieur le président, mais je crois que ma question, même non posée, se suffit à elle-même ! (Mouvement.)

Le président. — Maître Labori, je vous prie de conserver de la modération.

Me LABORI. — Monsieur le président, j'ai la plus grande modération et la façon même dont je m'incline devant votre refus en est la preuve manifeste !

LE PRÉSIDENT. — Je n'ai pas refusé de poser la question, j'ai dit que je ne poserais pas la question dans les termes où vous l'avez présentée.

Me LABORI. — Je ne peux pas qualifier autrement que je ne l'ai fait l'attitude de M. le général Gonse.

LE PRÉSIDENT. — Je vous rappelle encore à la modération.

Me LABORI. — J'ai la plus grande modération. Je vous demande quelle est l'expression que j'ai eu le tort d'employer.

LE PRÉSIDENT. — Général, pourquoi avez-vous employé les expressions qui se trouvent dans la note confidentielle que vous faisiez pour le ministre ?

LE GÉNÉRAL GONSE. — Je recueillais des renseignements. Si j'avais pu supposer que cet incident, qui pour moi n'avait aucune importance ou une importance très secondaire, pourrait prendre l'importance qu'on lui donne aujourd'hui, il est certain que j'aurais demandé à M. Painlevé une déclaration écrite. Ce n'est pas douteux ; j'étais de bonne foi, et M. le défenseur n'a pas plus le droit de douter de ma bonne foi que je ne doute de la sienne.

Me LABORI. — Je conserve mes sentiments et nous verrons à la fin de cette affaire tout ce qui en sortira. Pour le moment, j'accomplis ma mission de défense respectueusement, mais jusqu'au bout !

LE PRÉSIDENT. — Maître Labori, ne me couvrez pas la voix. Je vous prie d'accomplir cette mission dans toute son étendue, mais d'une manière modérée.

Me LABORI. — Je m'incline, mais je mets qui que ce soit au défi, étant donné le respect que je professe pour votre personne et pour vos fonctions, monsieur le président, de relever dans les paroles que je prononce depuis quelques semaines un mot que j'aie à retirer ! Je suis obligé de maintenir toute mon appréciation sur l'attitude de M. le général Gonse.

LE PRÉSIDENT. — Continuez votre mission, mais l'article 121 vous fait une obligation de l'accomplir avec modération.

Me LABORI. — Je ne puis pas aborder de questions sur des faits aussi graves autrement qu'avec la forme que la vérité m'impose.

LE PRÉSIDENT. — Le ton dans tous les cas n'est pas modéré.

Me LABORI. — Je continue : voulez-vous être assez bon, monsieur le président, pour demander au général Gonse comment il peut dire qu'une pièce qui relève des faits contre le capitaine Dreyfus à une heure où on se préoccupe de la revision n'a pas d'importance, quand cette note est versée au dossier secret?

LE PRÉSIDENT. — Comment expliquez-vous que, considérant cette pièce sans importance, vous l'ayez cependant mise au dossier secret?

LE GÉNÉRAL GONSE. — Je répète que je faisais simplement une note pour le ministre, que je réunissais des renseignements, sans me préoccuper de l'usage qui devait en être fait. Ce n'était pas un acte de justice attendu que, si j'avais fait un acte de justice, je ne pouvais pas me substituer au témoin, et les renseignements que je donnais ne devaient être valables que s'ils étaient confirmés par les témoins eux-mêmes. C'est une question de bon sens, une question de bonne foi.

Me LABORI. — Je demande à M. le président de vouloir bien demander à M. le général Gonse qui a composé le dossier secret.

LE GÉNÉRAL GONSE. — J'en ai composé un que j'ai remis à M. le ministre de la guerre ou que M. le ministre de la guerre m'a fait reprendre quand j'ai quitté mon service au mois de juillet 1898. Dans ce dossier secret, il y avait des pièces diplomatiques, et comme annexes tous les renseignements que j'avais recueillis. Mais ces renseignements ne faisaient pas partie du dossier secret à proprement parler. C'étaient des renseignements qui pouvaient être placés ailleurs. Ils étaient placés, non pas dans la même chemise, mais dans le même portefeuille, parce que je n'en avais pas d'autre.

Me LABORI. — M. le général Gonse reconnait-il que la pièce en question se trouvait au dossier secret qui a été communiqué au ministre pour former son opinion et à la Cour de cassation?

LE PRÉSIDENT. — Reconnaissez-vous cela?

LE GÉNÉRAL GONSE. — Je répète qu'elle n'était pas dans le dossier secret; elle était avec les pièces de renseignements, avec les documents annexes que j'avais remis à M. le ministre avec cette réserve de les faire contrôler par les intéressés eux-mêmes. Il y avait des rapports de police; ils devaient être complétés et confirmés, de même que les renseignements devaient être confirmés par les intéressés eux-mêmes ou par d'autres renseignements. Ce n'était que des indications.

Me LABORI. — Je laisse au Conseil le soin d'apprécier la valeur de la distinction faite par M. le général Gonse. Et, comme suite à son observation, je demande à lui poser une nouvelle question. Comment peut-il dire qu'il s'agissait de renseignements suscep-

tibles d'être confirmés par les intéressés alors qu'il s'agissait de
pièces secrètes qui ne devaient pas venir à la connaissance des
intéressés et qui en effet n'y sont venues que parce que les ministres successifs ont basé leur opinion défavorable à la revision sur
ces renseignements inexacts ?

LE PRÉSIDENT. — Veuillez préciser votre question.

Mᵉ LABORI. — Comment M. le général Gonse peut-il dire que ces
renseignements n'avaient pas de valeur tant qu'ils n'étaient pas
confirmés par les intéressés, alors qu'il s'agissait de pièces secrètes
que les intéressés ne devaient pas connaître?

LE GÉNÉRAL GONSE. — Ce n'est pas sur ces documents annexes
que les ministres de la guerre se sont formé leur conviction. Leur
conviction était faite sur d'autres pièces, sur d'autres documents.
Ceux-là n'étaient que des renseignements complémentaires que le
ministre d'alors m'avait chargé de réunir.

Il y a là des confusions que l'on fait, je né dirai pas à plaisir,
mais qu'on fait incontestablement. On exagère les incidents d'une
façon singulière.

Mᵉ LABORI. — C'est l'appréciation de M. le général Gonse. Il me
permettra de ne pas la partager.

LE PRÉSIDENT. — Il est libre de ses appréciations comme vous
êtes libre des vôtres.

Mᵉ LABORI. — Comme je suis libre des miennes ; parfaitement!
En attendant, je prie M. le président de solliciter de M. le général Gonse une réponse précise à cette question : « Qui a composé
le dossier secret? »

LE COMMANDANT CUIGNET, de sa place. — C'est moi.

LE GÉNÉRAL GONSE. — J'en ai constitué trois ou quatre, peut-
être même cinq ou six, depuis 1896 jusqu'à 1898. (Murmures.) Le
dossier secret a été ainsi complété, amélioré, modifié, et il est
arrivé de trois ou quatre pièces dont il se composait en 1896, à
en posséder une centaine. Par conséquent ce dossier a été complété d'une façon successive et, après 1898, quand je l'ai remis à
M. le ministre de la guerre, il a été encore également complété.

Mᵉ LABORI. — A quelle date M. le général Gonse a-t-il remis le
dossier à M. le ministre?

LE GÉNÉRAL GONSE. — Je l'ai laissé à mon successeur, M. le général Delarme, lorsque j'ai quitté le ministère d'une façon effec-
tive, puisque j'ai été obligé de prendre une convalescence à la
fin de juillet 1898.

Je lui ai laissé les clés de ce dossier et c'est postérieurement qu'il a été remis au ministre de la guerre.

M⁰ LABORI. — M. le général Gonse reconnaît-il qu'il résulte de sa réponse, qu'il prend la responsabilité du dossier secret jusqu'au mois de juillet 1898?

LE GÉNÉRAL GONSE. — Oui, puisque j'en avais la garde.

M⁰ LABORI. — Monsieur le président, voulez-vous prier M. le général Gonse de nous expliquer pourquoi une dépêche d'un de nos agents à l'étranger, dépêche qui pourra être lue en audience publique, puisqu'elle ne fait pas partie du dossier communiqué à huis clos par M. Paléologue, dépêche qui faisait connaître que le ministre avait appris qu'Esterhazy avait reçu deux cent mille francs d'un attaché militaire étranger, et que le dernier paiement remontait à quelques jours, pourquoi cette dépêche, datée du 12 avril 1898, et dont copie a été envoyée par M. le ministre des affaires étrangères à M. le ministre de la guerre, ne figure pas au dossier secret?

LE PRÉSIDENT. — Vous avez entendu la question?

LE GÉNÉRAL GONSE. — Mais, monsieur le président, il y en a bien d'autres, des renseignements, qui ont été donnés par le ministère des affaires étrangères et qui n'y figurent pas.

LE COMMANDANT CUIGNET, *de sa place.* — Je demande la parole.

LE GÉNÉRAL GONSE. — Il n'y avait pas intérêt à mettre dans le dossier tous ces renseignements qui arrivaient.

En tous cas, ces pièces existaient à la statistique, et le ministre en avait connaissance.

Si on ne les a pas mises dans le dossier, c'est que le ministre de l'époque n'a pas jugé utile de les y faire mettre.

M⁰ LABORI. — Alors M. le général Gonse estime, monsieur le président, qu'un document officiel venant de notre ambassadeur à Rome n'a pas la valeur de la note contenant les renseignements attribués à M. Painlevé contre Dreyfus.

LE PRÉSIDENT. — Je ne poserai pas cette question.

M⁰ LABORI. — Et alors, monsieur le président, M. le général Gonse n'estime-t-il pas que des renseignements contre Dreyfus sont toujours bons tandis que ceux contre Esterhazy ne le sont jamais.

LE PRÉSIDENT. — Je ne la poserai pas davantage. Général, ne répondez pas; je ne poserai pas cette question. Que M. le commandant Cuignet vienne à la barre. (*Au commandant Cuignet.*) C'est bien sur cet incident que vous désirez prendre la parole?

LE COMMANDANT CUIGNET. — Oui, mon colonel.

J'ai été chargé par le ministre de constituer un dossier secret à partir de juillet 1898.

Postérieurement, avant la présentation du dossier secret devant la chambre criminelle, j'ai été chargé de procéder à une nouvelle classification des pièces du dossier, c'est la classification du dossier qui existe actuellement.

La pièce dont parle la déclaration de M. Painlevé a été placée dans une partie du dossier qui ne constitue pas des charges pour Dreyfus, mais dans une partie qui contient les renseignements de moralité.

J'ajoute que, quant à moi, je n'ai pas bien compris la discussion qui vient de s'établir devant le Conseil, attendu qu'il ressort des termes même de la déposition que vient de faire M. Painlevé que cette déclaration est absolument exacte.

En ce qui concerne la pièce à laquelle la défense vient de faire allusion, une dépêche d'un de nos ambassadeurs à Rome, je l'ai vue, cette pièce, avec beaucoup d'autres. Elle a été soumise aux différents ministres. Cette dépêche contient le compte rendu de conversations; ce n'est pas une preuve. Les ministres n'ont pas cru devoir insérer cette pièce au dossier secret, de même qu'ils n'ont pas inséré d'autres documents qui doivent figurer au dossier diplomatique, et qui sont non pas des charges contre Esterhazy, mais des charges contre Dreyfus.

Nous avons retiré du dossier secret tout ce qui était le témoignage des étrangers, intéressés à nous tromper.

Il y avait une pièce à laquelle je fais allusion; je veux parler de la dépêche du 16 novembre 1897 qui a été transmise par un attaché militaire au ministre des affaires étrangères et que certainement vous avez dû voir.

Cette dépêche a été communiquée au ministère de la guerre par les soins du ministère des affaires étrangères à la date du 17 novembre 1897.

Cet attaché militaire rend compte télégraphiquement d'une conversation qu'il a eue avec le souverain d'un pays limitrophe dont on a beaucoup parlé et directement engagé dans la question.

Et ce souverain a dit à cet attaché militaire, à propos de l'affaire Dreyfus, que cette affaire et l'agitation qu'elle faisait en France était la preuve de la puissance des juifs.

On ne pouvait interpréter cette phrase que dans le sens de la culpabilité de Dreyfus. (Murmures.)

Eh bien, nous ne nous sommes pas servis de cette dépêche, pas

plus que des autres dépêches auxquelles on a fait allusion.
Voilà ce que j'avais à dire, mon colonel.

Me DEMANGE. — Quelle est la date de cette dépêche ?

LE COMMANDANT CUIGNET. — Le 16 novembre 1897, et communiquée au ministre de la guerre par lettre du directeur du cabinet du ministre des affaires étrangères en date du 17 novembre 1897.

Me DEMANGE. — J'ai entre les mains une pièce qui se trouve dans le dossier diplomatique, intitulée : « Bordereau des documents du dossier secret qui ont été communiqués par écrit au ministère de la guerre », et je n'y trouve pas cette dépêche. Je vois bien une dépêche du 20 janvier 1898 de l'ambassadeur de France à Rome, indiquant l'impression produite dans ce pays par l'affaire Dreyfus, mais je ne vois pas de dépêches qui ont été communiquées par le ministère des affaires étrangères au ministère de la guerre à cette date.

M. PALÉOLOGUE. — Le télégramme a été adressé par l'attaché militaire au ministère de la guerre et non au ministère des affaires étrangères ; c'est ainsi qu'il a été envoyé directement au ministère de la guerre ; lorsque les attachés militaires ont à télégraphier, ils se servent du chiffre diplomatique ; la dépêche n'est adressée effectivement qu'au ministère des affaires étrangères.

LE COMMANDANT CUIGNET. — L'original de la dépêche en question, qui est une charge contre Dreyfus, est au ministère des affaires étrangères, et le ministère des affaires étrangères n'a envoyé à la guerre qu'un décalque de la dépêche. Elle n'est adressée ni au ministère des affaires étrangères ni au ministère de la guerre : elle est adressée au gouvernement. Le ministère des affaires étrangères a conservé l'original.

M. PALÉOLOGUE. — Naturellement.

M. CUIGNET. — Eh bien, c'est une charge contre Dreyfus et je me figurais qu'elle était au dossier des pièces diplomatiques.

M. PALÉOLOGUE. — Nous ne pouvions la mettre au dossier. Ce télégramme a été adressé au ministère des affaires étrangères ; il a été transmis au ministère de la guerre. Le bureau du chiffre garde dans ses registres trace de tous les télégrammes envoyés.

Me LABORI. — Est-ce que cette dépêche figure au dossier du général Chamoin ?

LE GÉNÉRAL CHAMOIN. — Vous en avez pris connaissance.

Me LABORI. — On n'a donc pas apporté toutes les pièces qui sont au ministère ? Je voudrais que pour une fois on apporte toutes les pièces.

LE GÉNÉRAL CHAMOIN. — Le dossier du ministère de la guerre,

qu'on appelle le dossier secret, contient évidemment des pièces diplomatiques, et, comme j'ai eu l'honneur de l'expliquer en séance du Conseil, à huis clos, il contient aussi une foule de pièces autres. Ce dossier était entre les mains de la Cour de cassation ; une partie du dossier avait été conservée au ministère de la guerre, et tous les autres documents étaient déjà entre les mains de la Cour ; quand la revision a été décidée, on a reconstitué le dossier secret, en prenant à la Cour tous les documents remis ; j'ai reconstitué dans son intégralité le dossier secret tel qu'il avait été constitué par le commandant Cuignet, et nous avons rapporté à la Cour de cassation, toutes chambres réunies, tous les deux le même dossier, le dossier exactement complet, sans une pièce de moins, sans une pièce de plus, que j'ai eu l'honneur d'apporter ici de la part du ministère de la guerre. A part cela, il m'est impossible à moi de parler d'autres documents et d'autres pièces que des documents et pièces qui sont dans le dossier secret que j'ai apporté ici au Conseil de guerre.

LE PRÉSIDENT. — Nous parlons ici de beaucoup de choses qui ne se rapportent pas aux paroles prononcées par nos témoins.

Mᵉ LABORI. — Je veux bien ajourner l'incident.

LE PRÉSIDENT. — Oh ! maintenant, vidons-le.

Mᵉ LABORI. — M. le commandant Cuignet fait allusion et a déjà fait allusion à d'autres pièces que celles que vous connaissez, et qui seraient au ministère de la guerre.

LE PRÉSIDENT. — Y a-t-il d'autres pièces au ministère de la guerre?

LE COMMANDANT CUIGNET. — Oui, mon colonel, et je crois qu'il serait utile pour le conseil de les voir. J'ai cité un dossier relatif à l'espionnage, et j'ai cité un dossier relatif à des personnages ayant occupé des situations importantes de l'Etat, et à un ambassadeur.

Je crois que ces dossiers, le second surtout, seraient utiles à consulter pour le Conseil.

LE GÉNÉRAL CHAMOIN. — Les pièces auxquelles le commandant Cuignet vient de faire allusion existaient à la section de statistique ; ces pièces n'ont pas été montrées encore à qui que ce soit. En prévision de l'allusion qu'a faite le commandant Cuignet à ce petit dossier, je me le suis procuré et je le tiens à la disposition du Conseil pour le montrer en séance à huis clos si le Conseil le désire. Il est composé de douze à quatorze pièces qui font allusion à des conversations entre un ambassadeur et des personnages ayant occupé une haute situation dans l'Etat.

LE PRÉSIDENT. — Nous pourrions réunir les deux incidents et faire la chose en même temps.

Mᵉ LABORI. — En ce qui me concerne, j'ai l'honneur d'insister avec la plus grande énergie pour que le Conseil ordonne le huis-clos sur l'incident Cernuszky et sur l'incident actuel, de façon que toutes les charges qu'on entend relever contre Dreyfus soient connues une bonne fois et que tout soit dit. L'audience ayant lieu à huis clos, aucun ennui ne peut en résulter pour personne ; mais il faut que la question soit vidée une bonne fois.

LE GÉNÉRAL BILLOT. — Je demande à dire un mot. Puisqu'il est question du dossier secret, je suis bien aise de déclarer au Conseil devant M. le commissaire du gouvernement et devant la défense que, faisant allusion à des dépêches échangées entre un de mes successeurs, M. de Freycinet, et M. le député Viviani, il a été insinué que le ministre de la guerre, général Billot, aurait pu emporter par devers lui, comme sa propriété privée, un rapport qu'on a appelé le rapport Wattines et qui n'est que le résumé d'un rapport fait sous la direction de M. le général de Boisdeffre par le général Gonse et signé par eux, avec la collaboration d'officiers de valeur choisis parmi les plus capables et qui étaient le commandant Guignet et M. Wattines, lieutenant de réserve. Ce travail a été remis par moi en mains propres à M. Cavaignac, en mon cabinet, le jour où je lui ai remis le pouvoir. C'est la seule déclaration que j'aie à faire et dont le général Chamoin, délégué du ministre, pourrait témoigner.

Mᵉ LABORI. — Comme suite à cet incident, je vous prierais, monsieur le Président, de demander à M. Cavaignac, s'il est présent, de venir à la barre, et de l'interroger sur ce qu'est devenue cette pièce.

LE PRÉSIDENT. — Il n'est pas là.

Mᵉ LABORI. — Je crois qu'il viendra à la suspension ; il était là avant-hier.

LE PRÉSIDENT. — L'incident est clos. Appelez le témoin suivant.

CENT-SIXIÈME TÉMOIN

M. MAYET

On introduit M. Charles Mayet, 40 ans, rédacteur au *Temps*.

LE PRÉSIDENT. — Veuillez, monsieur le défenseur, indiquer l'objet de la déposition de M. Mayet.

Mᵉ DEMANGE. — Monsieur le président, vous avez pu voir dans le dossier de la Cour de cassation que la défense avait sollicité de la Cour de cassation l'audition de M. Mayet pour donner des renseignements sur M. Guénée ; la Cour de cassation n'a pas jugé à propos de l'entendre, mais nous avons pensé qu'il serait utile que M. Mayet vînt dire devant le Conseil ce qu'il sait de M. Guénée et ce qu'il pense de lui.

LE PRÉSIDENT. — Voulez-vous nous dire ce que vous savez de M. Guénée et ce que vous pensez de lui ?

M. MAYET. — Voici très exactement les circonstances qui m'ont amené à m'entretenir de l'affaire Dreyfus avec M. Guénée. A une certaine époque, j'étais absolument convaincu de la culpabilité de Dreyfus. Jusqu'au moment où fut publié l'acte d'accusation de 1894, je n'avais pas eu le moindre doute. Mais, à la lecture de l'acte d'accusation je trouvais que les charges n'étaient pas suffisantes et une chose appelait mon attention particulièrement : le reproche d'être un joueur qui était fait au capitaine Dreyfus. Cela m'avait un peu étonné et j'ai cherché le moyen d'être éclairé d'une façon complète sur ce point. Je fis alors appel à M. Guénée et je vais vous dire pourquoi.

Un romancier célèbre de ce temps avait publié dans notre journal un roman dans lequel il mettait en scène diverses catégories de joueurs, de tricheurs et de grecs des tripots de Paris. Un jour, ce romancier vint au secrétariat de la rédaction du *Temps*. Nous le félicitâmes et il nous répondit : « J'ai été documenté d'une manière un peu précise notamment par un agent de la préfecture de police qui est attaché au service des jeux ; un garçon très intelligent, très gentil, très éveillé, qui m'a donné sur les joueurs des renseignements vraiment curieux. » Il nous parla de l'agent Guénée et il nous dit : « Je crois que Guénée possède, sur différents types de grecs, qu'il a observés dans sa vie de policier, des renseignements qui pourraient être de nature à intéresser les lecteurs de votre journal ; si vous le voulez bien, il vous les apportera. » Je lui répondis que, venant de sa part, Guénée serait reçu et son travail examiné. En effet, Guénée vint au journal. C'est ainsi que j'entrai en relations avec lui et c'est à moi que furent remis ces renseignements, en ma qualité de chef du service d'informations. Il m'apporta une trentaine de notices sur les différentes façons de tricher au jeu. Je les ai lues et relues, mais d'après la façon dont la chose était présentée, il fut décidé que nous n'insérerions pas. Puis j'ai perdu de vue l'agent Guénée ; je l'ai rencontré plus tard, un jour, sur la plage de Dieppe, et il m'apprit qu'il était chargé de la surveillance des jeux au Casino.

Lorsque, dans l'acte d'accusation, j'ai lu que M. d'Ormescheville accusait le capitaine Dreyfus d'être joueur et de fréquenter les cercles de Paris, j'ai cherché comment me renseigner et c'est alors que j'ai songé à Guénée ; je fis faire quelques démarches pour trouver son adresse, je lui envoyai un de nos collaborateurs qui le découvrit et qui me dit : « M. Guénée ne veut pas parler du tout ; il viendra vous voir et, s'il a quelque chose à dire, c'est à vous qu'il le dira. »

Guénée vint en effet le même jour, vers trois ou quatre heures de l'après-midi ; je le fis entrer dans un bureau voisin du mien et là je lui fis part de mes scrupules et des doutes que j'avais.

Je lui dis : « Vous êtes peut-être en situation de nous renseigner ; vous avez vu que les présidents des grands cercles de Paris ont déclaré publiquement, par une lettre qu'ils ont signée, que Dreyfus n'avait jamais fréquenté leur cercle ; qu'il n'était pas inscrit sur les listes des membres en faisant partie. Or, vous qui êtes chargé de la surveillance des cercles, peut-être êtes-vous en situation de me dire d'une façon précise si vous avez remarqué que Dreyfus y fréquentait clandestinement. »

Il me répondit : « Je suis embarrassé pour vous répondre. Je ne fais plus partie depuis cinq ou six ans du service des jeux à la Préfecture de police ; je suis attaché au service des renseignements au ministère de la guerre. » Là-dessus, je l'arrêtai :

— S'il en est ainsi, lui fis-je remarquer, vous allez lever tous nos scrupules.

— C'est une chose très délicate.

— Pouvez-vous me dire s'il y a des preuves réelles de culpabilité ?

— Il y en a. Dreyfus est cent fois coupable, je vous l'affirme ; je vous en donne ma parole, vous pouvez me croire.

Je lui dis :

— Cent fois, c'est beaucoup ; une fois suffirait et, si vous pouviez m'aider à le savoir, je vous en serais très reconnaissant.

Le secrétaire de la rédaction du *Temps* était entré ; il assistait à la conversation. Vous pouvez, messieurs, si vous le jugez utile, avoir par lui la confirmation de mes déclarations. Je pressai beaucoup Guénée ; je lui montrai l'intérêt qu'il y avait pour nous à être fixés, de façon à ne pas faire de faux pas.

Après que je l'eus beaucoup pressé de questions et qu'il eût longtemps refusé d'y répondre, il finit par me dire :

— Il est très délicat pour moi de vous parler de ce sujet ; promettez-moi que ce que je vais vous dire ne paraîtra pas dans le journal et que vous n'en ferez pas état.

Je le lui promis, et j'ai tenu ma parole.

Il ajouta :

— Nous avons des preuves, nous en avons plusieurs.

— Une seule suffirait, lui fis-je observer, pourvu qu'elle fût réelle, authentique, décisive.

Il se décida alors à me faire cette confidence : « Nous possédons au ministère une photographie instantanée représentant le capitaine Dreyfus en conversation avec un attaché militaire étranger de Bruxelles. » (Il l'a nommé et ce n'est ni l'agent A, ni l'agent B.)

— Guénée, lui fis-je remarquer, si vraiment cette pièce existe, c'est une preuve décisive ! Comment se fait-il qu'au Conseil de guerre de 1894, ayant une preuve de cette nature, alors que le capitaine Dreyfus protestait d'avoir eu des relations de cette sorte, vous ne lui ayez pas placé sous les yeux cette photographie ?

— A cette époque, nous ne l'avions pas.

— Comment ! une photographie instantanée, vous ne l'aviez pas ?

— C'est très malheureux, mais c'est comme cela. Non, nous ne l'avons eue que très longtemps après...

Je le poussai pour savoir de quelle façon le ministère se l'était procurée.

— C'est un de nos agents subalternes qui était à Bruxelles, qui l'avait faite, me dit-il, et c'est moi qui suis allé la chercher.

Voilà la déclaration que m'a faite l'agent Guénée et que je vous rapporte aujourd'hui.

Le président, *à la défense.* — C'est tout ce que vous vouliez demander au témoin sur ce point-là ?

M⁰ Demange. — Monsieur le président, voulez-vous maintenant demander à M. Mayet s'il n'a pas insisté auprès de l'agent Guénée pour obtenir d'autres explications ?

M. Mayet. — Je l'ai revu une autre fois, d'une façon fortuite. Le journal était terminé, il était entre quatre et cinq heures de l'après-midi ; je sortais du journal ; je vis Guénée arrêté boulevard des Italiens, devant le *Temps*, sur le trottoir... Ceci alors se passa tout à fait entre nous, ce n'est pas comme pour les autres faits, dont vous pouvez avoir la confirmation par le secrétaire de la rédaction.

C'était au cours du premier procès Zola, à Paris. Au cours de ce procès, une chose m'avait beaucoup troublé, c'est que l'authenticité de certaines pièces venait d'être mise en doute. Je crois, si ma mémoire me sert bien, que M. le général de Pellieux avait fait allusion à un document et que M. le lieutenant-colonel Picquart avait infirmé l'authenticité de ce document, ou avait laissé peser un soupçon sur son authenticité.

Je dis à Guénée :

— Comment! voilà qu'on parle maintenant de pièces qui ne seraient pas authentiques! Il y aurait des documents faux dans les dossiers: j'en tombe des nues!

Et Guénée, comme surpris de mon propre étonnement, répliqua :

— Que voulez-vous, les affaires d'espionnage sont d'un maniement extrêmement délicat, et quelquefois on est conduit à faire certaines choses...

Et comme j'en manifestai de la surprise, il ajouta:

— Imaginez, par exemple, que je sois chargé de surveiller une personne que l'on soupçonne d'entretenir des relations avec l'étranger; je la suis, je prends des renseignements sur elle, je m'informe; je ne trouve pas grand'chose de positif à lui reprocher; mais, un beau jour, dans un endroit public, dans la rue, sur le boulevard, je la rencontre en compagnie d'un attaché militaire étranger (il me parlait d'une façon tout à fait générale); je vais droit à elle, je lui donne un grand coup de chapeau (ce sont ses propres paroles); j'attire ainsi son attention; ses regards se portent sur moi; elle m'a vu; comme elle me connaît, elle sait désormais qu'elle est perdue.

Il n'est pas douteux pour moi qu'elle trahit, ajouta Guénée. mais comment le démontrer? Il faut bien en fournir des preuves. Dans ce cas là on est bien obligé, me dit-il encore, de lui faire un dossier.

Comme j'en témoignai plus que de l'étonnement, Guénée m'interrompit:

— On voit bien que vous n'êtes pas initié, me dit-il, mais cela se fait toujours.

Je lui fis observer que, à mes yeux, l'accomplissement d'une semblable besogne me paraissait grosse de difficultés.

— Fabriquer un dossier, imiter une écriture, lui dis-je, en saisir non seulement la physionomie extérieure, mais l'esprit me semble devoir nécessiter un entraînement, un apprentissage spécial?

— Moi, me répondit-il, je ne l'ai jamais fait, je suis incapable de le faire, je suis trop vieux pour me permettre de faire des choses comme celles-là. Mais je connais une personne... (Je vous demande, messieurs, de ne pas dire son nom, cela pourrait lui créer un préjudice, peut-être immérité en cette occasion.) Je connais, dit-il, une personne qui imite très bien les écritures, et si vous voulez en faire l'expérience, donnez-moi quatre lignes de votre écriture, demain je vous rapporterai une lettre de quatre pages et vous aurez de la peine à reconnaître que cette lettre n'est pas de vous.

Là-dessus je l'ai quitté et je ne l'ai plus revu.

LE PRÉSIDENT. — Vous a-t-il remis cette lettre ?

M. MAYET. — L'expérience n'a pas été faite, monsieur le président.

LE PRÉSIDENT. — Cela n'a pas de portée si l'expérience n'a pas été faite. (Rumeurs.)

M. MAYET. — Il ne m'est pas venu à l'idée de me prêter à une expérience de cette sorte. Je n'ai jamais vu la personne dont m'a parlé Guénée.

LE PRÉSIDENT. — Nous allons suspendre les débats pour vingt minutes.

La séance est suspendue à neuf heures et demie.

La séance est reprise à dix heures moins cinq minutes.

Me LABORI. — Si le Conseil n'y voit pas d'inconvénient, je demanderai qu'on intervertisse l'ordre des témoins et qu'on entende d'abord M. le docteur Peyrot.

LE PRÉSIDENT. — Je ne vois pas son nom sur la liste.

LE GREFFIER COUPOIS. — Si, si.

Me LABORI. — Il désire être entendu tout de suite, en tout cas à l'audience de ce matin.

LE PRÉSIDENT. — Nous allons commencer par lui.

(*MM. le général Deloye, le commandant Dervieu et Mayet demandent à se retirer.*)

LE COMMISSAIRE DU GOUVERNEMENT. — Je n'y vois pas d'inconvénient.

LE PRÉSIDENT. — Et la défense ?

Me DEMANGE. — Quel est le dernier, s'il vous plaît, monsieur le président?

LE PRÉSIDENT. — M. Mayet.

Me DEMANGE. — Bon, je n'y vois pas d'inconvénient.

LE PRÉSIDENT. — Ces messieurs sont autorisés à se retirer dans les conditions ordinaires.

Faites entrer le docteur Peyrot.

Le témoin a-t-il été dénoncé vingt-quatre heures à l'avance ?

LE GREFFIER COUPOIS. — Oui, mon colonel.

CENT-SEPTIÈME TÉMOIN

M. le Docteur PEYROT

M. Peyrot (Jean-Joseph), 53 ans, domicilié à Paris, 33, rue La-fayette, chirurgien des hôpitaux, membre de l'Académie de méde-cine, prête serment.

LE PRÉSIDENT. — Je vous prie de vouloir bien déposer des faits sur lesquels la défense désire vous entendre, si vous les connaissez. Sinon je prierai messieurs les défenseurs de vous poser les ques-tions eux-mêmes.

Me DEMANGE. — M. le docteur Peyrot, messieurs, est le témoin que M. Bertulus a indiqué dans sa déposition comme ayant reçu entre l'arrestation d'Henry et la mort du colonel Henry, les confi-dences de M. Bertulus sur les scènes qui se sont passées dans son cabinet.

Voulez-vous demander à M. Peyrot si M. Bertulus lui a fait le récit qu'il a rapporté ici, devant le Conseil de guerre entre la date de l'arrestation et la date de la mort du colonel Henry ?

LE PRÉSIDENT. — Vous avez entendu la question ?

M. LE DOCTEUR PEYROT. — Parfaitement, monsieur le président, je me trouvais en effet à Dieppe avec M. Bertulus au moment où a été annoncée l'arrestation du colonel Henry. Je dois dire que M. Bertulus a témoigné une joie très vive de cette arrestation. Il m'a dit : « Je suis sûr que si nous tenons le colonel Henry, nous saurons tout. Il n'est pas homme à se défendre ; par lui nous ap-prendrons la vérité. »

Il m'a dit à ce moment — c'était immédiatement après la nouvelle de l'arrestation d'Henry : « Je l'ai tenu dans mon cabinet de telle façon qu'il sera entre mes mains désormais complètement. Il a pleuré.

Il s'est jeté dans mes bras. J'ai eu les joues inondées de ses larmes. »

Telles ont été les propres paroles de M. Bertulus. Le len-demain, quand nous avons appris le suicide du colonel Henry, j'ai eu une nouvelle conversation avec M. Bertulus. Je lui ai demandé des détails sur la scène et les événements dont il avait été témoin. Je désirais en garder le souvenir, et M. Bertulus me donna ces détails très copieusement.

Donc, la veille du jour où nous avons appris l'arrestation d'Henry, M. Bertulus avait témoigné devant moi une joie très vive de cette arrestation et de la certitude qu'il avait que par Henry on saurait tous les faits encore ignorés.

Il m'a raconté cette scène le lendemain, d'une manière encore plus étendue, scène dans laquelle Henry se serait jeté dans ses bras et l'aurait inondé de ses larmes.

Je n'ai pas autre chose à dire.

CENT-HUITIÈME TÉMOIN

M. TOMPS

M. Tomps (Louis-Thomas), commissaire spécial à Dunkerque.
Le témoin prête serment.

LE PRÉSIDENT. — Veuillez nous faire connaître les faits sur lesquels vous avez à déposer. Si vous ne les connaissez pas bien, la défense vous les indiquera.

Mᵉ DEMANGE. — M. Tomps n'a qu'à reproduire la déposition qu'il a faite devant la Cour de cassation.

M. TOMPS. — En 1894, j'étais employé au ministère de la guerre au service de statistique.

J'avais été chargé par le colonel Sandherr de photographier un document qui n'était autre que le bordereau.

Mon attention fut attirée sur cette pièce par toutes les recommandations que me fit alors le colonel Sandherr.

Il me demanda de lui rendre le cliché avec les épreuves. Or d'habitude je ne rendais pas les clichés.

Je ne puis rappeler à quelle date j'ai fait cette photographie. J'étais allé cette année-là en congé à Pornic à partir du 15 août, et c'est à mon retour de congé, c'est-à-dire dans le courant de septembre que j'ai photographié le bordereau.

J'ai restitué cliché et épreuves au colonel Sandherr, et je n'ai plus entendu parler de rien.

J'ai compris par la suite, lors de la condamnation de Dreyfus, qu'il avait été condamné pour le document que j'avais photographié.

Une quinzaine de jours après avoir photographié le bordereau, je dis quinze jours approximativement, je ne puis préciser le nombre de jours exact, le colonel Cordier m'apporta une autre pièce à photographier. Je crois que c'était une pièce relative à la même affaire, mais je ne pourrais pas l'affirmer. Quelle était cette pièce ?

Je crois que c'était le document : *Ce canaille de D.*

Depuis, je n'ai plus été mêlé à l'affaire, ni à l'instruction, ni au jugement.

Me LABORI. — A la Cour de cassation, le témoin a déposé sur beaucoup d'autres faits.

M. TOMPS. — J'ai été chargé par le colonel Picquart d'aller à Moscou pour surveiller M. Hecquet-d'Orval.

M. d'Orval a été signalé en avril 1895 à la Sûreté par le colonel Henry. La note était du colonel Henry, mais le colonel Sandherr était alors chef des renseignements, et le colonel Henry chargé en sous-ordre des affaires de contre-espionnage.

En 1896, le colonel Picquart étant alors chef de service, j'étais commissaire spécial du service de la Sûreté, le colonel Picquart me chargea d'aller à Moscou pour surveiller M. Hecquet-d'Orval que l'on croyait suspect d'espionnage.

Je suis allé à Moscou, et dans ma surveillance je n'ai rien remarqué qui permît de confirmer les soupçons. J'ai remis mes rapports à M. Pauffin de Saint-Morel, pour qu'il les rapportât en France à son retour. Je voyais parfois M. Pauffin de Saint-Morel à Moscou.

Dans une déposition faite, M. le général Roget a dit que l'agent envoyé en Russie pour surveiller M. Hecquet-d'Orval avait coûté de cinq à six mille francs. M. le général Roget a été mal renseigné, car le total de mes dépenses, comme on pourra le voir par un reçu qui est à la section de statistique, s'est élevé à 1,795 francs. Mais ces frais n'ont pas été employés uniquement pour la surveillance de M. Hecquet-d'Orval ; il y a, dans ces frais, ceux d'une autre mission, mission dans laquelle j'ai jeté les bases d'une affaire essentiellement militaire. C'était une affaire très importante ; M. le colonel Picquart m'a dit, à cette époque, que c'était entre autres sur elle qu'il se basait pour demander un crédit supplémentaire de 100,000 francs. M. le général Billot, alors ministre de la guerre, m'adressa une lettre de félicitations pour cette affaire.

LE PRÉSIDENT. — Vous avez traité les deux affaires dans le même voyage ?

M. TOMPS. — Oui, mon colonel.

Au mois d'août de la même année 1896, j'ai été chargé par M. le colonel Picquart d'accompagner le commandant Henry et le capitaine Lauth à Bâle. J'ai emmené avec moi l'inspecteur Vuillecard, actuellement commissaire de police à Vassy.

Vuillecard était chargé d'attendre R. C. devant la cathédrale de Bâle à neuf heures du matin, et de l'amener auprès du commandant Henry et du capitaine Lauth. Le capitaine Lauth a dit que l'inspecteur chargé d'attendre R. C. devait savoir quelques mots d'allemand, mais pas assez pour soutenir une conversation. Je n'ai jamais entendu dire cela, mais je sais que Vuillecard ne parle pas un mot d'allemand, et il est certain que R.-C. parle le français; je vais vous donner un détail qui vous le prouvera.

R. C. lui dit : « Est-ce vous qui êtes M. Lescure ? »

Vuillecard répondit : « Non, je ne suis pas Lescure ; mais je suis chargé de vous conduire auprès de lui. »

R. C. lui dit : « Je connais cela, Lescure, c'est le nom d'un concierge de la rue Saint-Dominique, mort depuis dix ans. »

Villecard conduisit R.-C. auprès d'Henry et de Lauth et il revint me trouver. Ils restèrent ensemble, puis, à trois heures, Henry se retira et alla du côté de la gare.

J'allai avec Vuillecard rejoindre le commandant Henry qui me dit :

— Oh! il n'y a rien à tirer de ce bonhomme-là ; j'ai fait le grand chef, je me suis fâché et je suis parti. Je l'ai laissé avec le capitaine Lauth qui va essayer encore.

Je dis alors au commandant Henry :

— Vous savez que R. C. aime pas mal l'absinthe, qu'il aime boire, il aurait peut-être été préférable de le faire boire au lieu de le chambrer ; si le capitaine Lauth ne peut pas réussir, voulez-vous que je tente l'affaire ?

Le commandant Henry me répondit : « Non, non, ce n'est pas la peine. »

A six heures, lorsque le capitaine Lauth quitta à son tour R. C., je renouvelai cette offre au commandant Henry qui me répondit encore : « Non, c'est inutile. »

Dans sa déposition, le capitaine Lauth a dit que j'avais prétendu que si j'avais tenté l'affaire, j'aurais réussi. Je n'ai jamais dit cela ; j'ai dit simplement que j'avais offert au commandant Henry de tenter l'affaire et qu'il n'avait pas voulu. Je ne sais pas pour quelles raisons, cela ne me regarde pas.

Maintenant je crois pouvoir dire qu'à mon avis — c'est là un avis absolument personnel — R. C. n'était pas un agent provocateur, et voici pourquoi : J'ai suivi R. C. à son arrivée et il en fut de même à son départ ; lorsque R. C. eut quitté le capitaine Lauth, il se rendit directement à la gare badoise et y prit le train sans être suivi. C'est Vuillecard qui fit la surveillance au retour. Or, généralement, lorsqu'un agent vient en provocateur, il a derrière lui d'autres personnes qui voient les gens avec qui il cause et au besoin les photographie. C'est là un avis absolument personnel.

J'ai vu aussi qu'on avait dit que le colonel Picquart avait été absent de Paris le 31 octobre et le 1er novembre. Je crois qu'il y a là une erreur. Le colonel Picquart m'a envoyé en mission le 29 octobre 1896 à Bâle. J'y suis allé avec les inspecteurs Vuillecard et Geiger ; j'ai accompli la mission qui m'a été confiée, et j'ai eu ensuite, seul, c'est-à-dire sans aucun de ces deux inspecteurs, dans une ville voisine, une entrevue avec un de mes agents ; je suis rentré le 31 octobre 1896 à Paris, et sur le cahier où j'inscrivais les dépenses, j'ai porté comme reçue pour deux de mes agents une somme de cinq cents francs. Or, à cette époque-là, lorsque je touchais de l'argent à la section de statistique, le colonel Picquart disait :

— Donnez tant à Tomps.

Donc le colonel Picquart était là le 31 octobre.

Maintenant, je crois, je suis sûr, que le colonel Picquart était à Paris le 1er novembre ; j'ai gardé à la mémoire que j'ai eu une entrevue dans le bureau du colonel Picquart avec le capitaine Maréchal qui est actuellement à la section de statistique. Le capitaine Maréchal, je m'en souviens, vint un matin, un jour où le bureau était fermé ; en recherchant, j'ai trouvé que le 1er novembre était le lendemain du jour où j'avais touché de l'argent et que c'était un jour férié, la Toussaint. En quittant le colonel Picquart, je suis allé, avec le capitaine Maréchal, prendre un bock à la Taverne Royale, et le capitaine Maréchal me dit qu'il était arrivé le matin. Il sera facile de vérifier, puisque, d'un côté le capitaine Maréchal a dû écrire à la section de statistique pour aviser qu'il arriverait le 1er novembre et que, d'un autre côté, il pourrait en témoigner.

Enfin, j'ai trouvé une feuille d'une lettre du 31 octobre, sur laquelle j'ai mis au crayon bleu : « Remis le 1er novembre 1896. » C'était un jour de fête, jour où le bureau était fermé.

Lorsque le journal Le Matin donna le fac-similé du bordereau, cela produisit une émotion à la section de statistique ; le colonel Picquart me chargea de voir si je ne pourrais pas trouver d'où provenait cette indiscrétion. A la même époque, le commandant Henry, qui était sous les ordres du colonel Picquart, m'appela un jour et me fit sortir par la porte de la rue Saint-Dominique ; il me dit : « C'est embêtant toutes ces fuites ! je ne sais pas d'où cela vient. C'est fort embêtant pour nous ! » Il ajouta : Je suis allé au Ministère des colonies où j'ai vu M... — un nom qui ne m'est pas resté dans la mémoire... — et je suis sûr que ce n'est pas de là que provient l'indiscrétion, c'est-à-dire que ce n'est pas du Ministère des colonies que le bordereau a été communiqué. Il ajouta que cette indiscrétion ne pouvait avoir été commise que par quelqu'un du service. Or, dit-il, au service il n'y a que M. le capitaine Lauth, M. Gribelin, moi et le chef de service qui connaissions la chose, et je suis sûr que l'indiscrétion ne vient ni de Lauth, de Gribelin ou de moi : cherchez ! »

Sur ces entrefaites, M. le colonel Picquart partit et ce fut M. le commandant Henry qui prit la direction du service. Je lui présentai, peu après, un rapport dans lequel il était dit, en somme, que le bordereau avait été pris à une personne qui le détenait de par ses fonctions.

Le commandant Henry me dit : « C'est très bien, cela concorde; vous devriez continuer votre enquête et tâcher d'avoir un résultat le plus tôt possible. » Je dis à mon correspondant d'activer son enquête, mais peu de jours après, deux ou trois jours, le commandant Henry me reprocha de ne pas apporter la fin de mon rapport. De son côté M. Gribelin me dit : « Vous étiez dans la bonne voie. Vous allez vous égarer et nous dire que c'est un expert » En effet mon indicateur ne tarda pas non plus à me donner la version que le bordereau avait été pris à un expert.

Je fis un rapport que j'apportai à la section de statistique. Le commandant Henry, lorsqu'on le lui présenta, dit: « Je n'ai pas besoin de le lire, je sais ce qu'il contient. »

M. Gribelin de son côté me dit : Vous avez fait fausse route, ce n'est pas cela du tout. »

J'appris aussi dans cette même époque que la section de statistique avait envoyé quelqu'un près de mon correspondant et qu'on lui avait dit: « M. Tomps ne donne pas tous les renseignements qu'il possède, il subit peut-être une influence.

» Il était dans la bonne voie lorsqu'il disait que c'était une personne qui détenait le bordereau de par ses fonctions, qui l'a communiqué au *Matin*, mais son deuxième rapport est faux. »

Enfin, mon correspondant fut invité à envoyer directement ses rapport à la section de statistique. M. Gribelin lui dit d'adresser ses plis au nom de Lescure.

Je fis un rapport à la section de statistique pour signaler ce fait; j'y fus alors convoqué par une lettre et y fus reçu par le commandant Lauth. A l'entretien assistaient M. Gribelin et le capitaine Junck.

On me dit encore une fois que ma première version était la

bonne, que je subissais une influence, on m'en fit reproche. Enfin, on me menaça de me remettre à la disposition de la Sûreté générale.

Ce fut à ce moment que j'écrivis à M. Gribelin la lettre qui est dans ma déposition à la Cour de cassation et qui donne la physiodnomie de la situation à ce moment-là ; cette lettre est du 6 décembre 1896.

M. Gribelin me répondit par une autre lettre dans laquelle il me disait de passer chez lui et me reprochait de ne pas avoir suivi tous ses conseils, qui étaient bons et basés. Je ne sais si je dois verser la lettre au dossier.

J'eus ensuite une explication avec M. Gribelin, qui me dit de reprendre mon service, et qui me répéta que ma première version était la bonne, qu'on avait le renseignement, qu'on était absolument certain.

Je repris mon service à la section de statistique. J'ai appris, par la suite, que le renseignement que j'avais donné, d'après lequel le bordereau avait été fourni par un expert, était absolument exact, et j'ai appris aussi que cet expert était M. Teyssonnières. Je n'ai donc jamais compris pourquoi on avait agi de la sorte à mon égard à la section de statistique, car j'avais donné un renseignement qui était en somme exact ; dans tous les cas, on savait que j'étais de bonne foi, puisque j'avais donné les originaux des rapports de mon agent, et le nom de mon correspondant lui-même Je pouvais donner une version inexacte, je pouvais avoir été trompé, mais on ne pouvait pas suspecter, dans tous les cas, ma bonne foi, ce qui avait pourtant eu lieu à ce moment-là, il était facile de le comprendre.

Je n'ai plus qu'un mot à dire, c'est au sujet des dépositions de M. le commandant Lauth et de M. Gribelin.

Le commandant Lauth a dit d'une façon générale que j'avais cherché à circonvenir un agent de la section de statistique. M. Gribelin a présenté la chose d'une façon plus lumineuse et a précisé.

Je dois dire d'abord que je connaissais très bien ce qu'on appelle la « voie ordinaire » et les relations qui existaient entre Pierre Dupont et elle. Par conséquent, étant donné que Pierre Dupont ignorait ou devait à mon avis, ignorer, que la « voie ordinaire » fournissait directement, ce n'est donc pas lui qui aurait pu me donner des renseignements, c'est moi qui aurais pu, au contraire, l'éclairer.

J'ai en effet été trouvé Pierre Dupont le 26 juillet dernier. Je connais Pierre Dupont depuis de longues années et depuis que j'ai quitté mon service à la section de statistique, en février 1898, sur ma demande d'ailleurs, je l'ai rencontré plusieurs fois. Il raconte volontiers des histoires : il a toujours quelque chose à raconter.

Depuis longtemps il me demandait : « N'auriez-vous pas l'occasion de me faciliter un voyage à la frontière d'Alsace Lorraine ; je voudrais aller voir mon père qui habite en Alsace Lorraine. »

Cette occasion s'étant présentée à la fin de juillet dernier, je suis alors allé voir Pierre Dupont et lui ai dit : « J'ai une occasion pour vous faciliter votre voyage ; êtes-vous libre?..... Je ne sais si j'irai à Nancy ou à Belfort. » Il me répondit : « Si vous allez à Nancy, je ne pourrai pas en profiter, mais si vous allez à Belfort, j'en profiterai, parce que je dois aller en Suisse pour le compte du service. »

Nous causâmes de différentes choses. Je lui dis de m'apporter un sifflet. Comme j'étais seul (je suis commissaire spécial à Dunkerque), je lui dis : « Voulez-vous venir dîner avec moi, ce soir? » Il me répondit : « Non, mais nous nous rencontrerons à l'apéritif, si vous voulez. » Et il me donna rendez-vous au café Mollard, près de la gare Saint-Lazare.

Il m'apporta le sifflet. Je lui dis que si j'avais besoin d'un sifflet, ce n'était pas pour manifester mais pour appeler mon chien Tartempion ; enfin, nous échangeâmes une foule de plaisanteries.

Mais il n'a pas été échangé entre nous un seul mot sur l'affaire, le soir. Le matin, je crois qu'il a été question de l'affaire. Voici à peu près tout ce que Pierre Dupont m'a dit à ce sujet : « Je ne suis pas cité, je suis rudement content. » Je lui dis : « Maintenant, on demande un tas de détails ; ainsi on m'a demandé à l'enquête Tavernier si je reconnaîtrais la pièce : « Ce canaille de D... » que j'ai photographiée. J'ai répondu : « Je n'en sais rien. » Je ne pourrais de même pas répondre si le bordereau, lorsque je l'ai photographié, était déchiré ou en une pièce, je ne me le rappelle pas. Je l'ai vu, mais en 1894 je ne pensais pas que cette pièce prendrait une telle importance plus tard. »

C'est tout ce qui a été dit entre nous de l'affaire. M. Gribelin vous a dit que dès que j'eus vu Pierre Dupont, celui-ci alla en rendre compte au service, qu'on lui dit de venir me trouver mais de refuser de dîner avec moi. Or, je vous ai dit que je l'avais invité à dîner le matin ; l'après-midi il est venu. je ne lui ai pas demandé du tout d'explications sur la provenance du bordereau, et cela parce que je connaissais mieux que lui ce que c'était que la voie ordinaire, et il n'a donc pas eu à me répondre : «Je vais en Suisse», puisqu'il me l'avait déjà dit dès le premier moment, le matin. D'ailleurs Pierre Dupont m'écrit, à la date du 29, une lettre dont je voudrais bien, monsieur le président, que vous fassiez donner lecture.

Le président. — Est-elle bien lisible ?

M. Tomps. — Elle est assez lisible. (*La pièce est remise au greffier.*)

Le greffier Coupois, *lisant :*

Paris, 29 juillet 1899.

Monsieur Tomps,

Je vous remercie des bonnes attentions que vous avez pour moi. Malheureusement je ne puis partir maintenant, par ordre. Donc ne donnez pas suite à vos démarches. Encore une fois je vous remercie. J'ai eu un savon ; je crois que j'ai été surpris avec vous. Il a été fait une enquête sur moi, ma femme et une autre personne. Cela est monstrueux et antipatriotique. J'ignore pour quelle raison cette enquête, mais je le saurai.

On me dit aussi de me surveiller et de prendre garde pour ne pas tomber dans un piège ; c'est du latin pour moi ; et en tous cas tout cela est possible aujourd'hui. Je compte un peu sur vous ; si vous appreniez quelque chose en ce qui me concerne, vous voudrez bien me l'écrire. Veuillez agréer... etc.

M. Tomps. — M. Gribelin a dit que j'avais cherché à circonvenir M. Pierre Dupont. Vous voyez par cette lettre que M. Pierre Dupont ne fait pas allusion à une tentative de ce genre de ma part. J'avais l'habitude de voir M. Pierre Dupont. Il m'avait demandé depuis longtemps de lui faciliter un voyage et j'étais allé d'ailleurs chez lui d'autres fois, un jour, notamment, pour lui demander de me procurer une nourrice pour un de mes amis. Cela ne parut pas suspect à ce moment. Et aujourd'hui, il n'en est plus de même.

Le président. — Ces détails n'ont aucun rapport avec l'affaire elle-même.

M. Tomps. — J'ai été très attaqué à ce sujet et je désirerais bien répondre.

Le président. — Vos préoccupations personnelles ne peuvent pas être apportées ici. Avez-vous encore quelque chose à dire au sujet de l'affaire qui nous occupe ?

M. Tomps. — Je n'ai plus rien à dire.

LE CAPITAINE BEAUVAIS. — Je crois que vous avez commis un lapsus en disant tout à l'heure que le bordereau avait été communiqué au *Matin* par M. Bertillon.

M. TOMPS. — C'est en effet une confusion. J'ai voulu dire M. Teyssonnières.

LE CAPITAINE BEAUVAIS. — Vous avez dit à la Cour de cassation qu'il ne vous était pas possible de vous expliquer sur les moyens par lesquels vous avez acquis cette certitude. Pouvez-vous nous l'expliquer ?

M. TOMPS. — J'ai acquis cette certitude de différentes façons et il m'est difficile d'entrer à ce sujet dans de longs détails. J'ai entendu M. Bertillon dans le cabinet de M. Cavard, contrôleur général, me raconter qu'il savait que c'était M. Teyssonnières qui avait communiqué le bordereau, car lorsque lui, Bertillon, avait fourni des photographies du bordereau aux experts de 1894, il avait marqué chacune de ces photographies d'un petit signe. Or, il reconnaissait, sur le fac-similé du *Matin*, le signe qui caractérisait la photographie confiée à M. Teyssonnières. J'ai en outre recueilli des renseignements de différents côtés ; il était connu en général dans la presse, que cette communication avait été faite par M. Teyssonnières.

Mᵉ LABORI. — Voulez-vous demander, monsieur le président, à quelle date exacte on a commencé à surveiller M. d'Orval ?

M. TOMPS. — Je n'ai surveillé M. d'Orval, personnellement, qu'au printemps de 1896, lorsque je suis allé à Moscou. Mais, comme je l'ai dit, M. d'Orval a été désigné à la Direction de la Sûreté pour être surveillé dès avril 1895, et cela sur l'ordre du ministère de la guerre.

Mᵉ LABORI. — A cette époque, M. Picquart n'était pas chef du service des renseignements.

Il n'a donc fait que continuer. Quand M. Picquart a continué la surveillance sur d'Orval, a-t-il donné à M. Tomps quelques indications de nature à lui faire croire qu'il s'agissait de le faire surveiller en vue de l'affaire Dreyfus ?

LE PRÉSIDENT. — Les instructions que vous avez reçues de M. le colonel Picquart faisaient allusion à l'affaire Dreyfus?

M. TOMPS. — Non, mon colonel. Je n'ai jamais entendu parler ni d'Esterhazy ni d'un autre par le colonel Picquart et, lorsqu'il m'envoya en Russie pour surveiller M. Hecquet-d'Orval il me donna comme indications générales que M. Hecquet-d'Orval chercherait à se faufiler auprès des officiers qui composaient la mission du général de Boisdeffre, et à avoir des renseignements par ce moyen.

Me LABORI. — Puisqu'il en est ainsi, seriez-vous assez bon, monsieur le président, pour demander, si toutefois cela est dans vos convenances, à M. le général Roget, sur quoi il se fonde pour dire dans sa déposition que M. d'Orval a été surveillé pour l'affaire Dreyfus et cela parce que M. Picquart avait l'intention de le substituer à Dreyfus?

LE PRÉSIDENT. — Monsieur le général Roget, je vous prie de vouloir bien venir à la barre.

LE GÉNÉRAL ROGET. — J'ai expliqué d'une manière très nette dans ma déposition que tous les rapports fournis sur M. d'Orval étaient tendancieux au point de vue de l'affaire Dreyfus, que toutes les phrases qui se rapportaient à cette affaire au nom de Dreyfus étaient soulignées en bleu avec des points d'exclamation dans la marge. C'est là-dessus que je me suis fondé, et je l'ai dit dans ces termes.

Me LABORI. — Monsieur le président, je vous prie, puisqu'il en est ainsi, de vouloir bien demander à M. le colonel Picquart si c'est exact.

M. LE GÉNÉRAL ROGET. — Il n'y a qu'à faire venir le dossier de la surveillance d'Orval. Il n'y a qu'à le faire venir, il est au ministère de la guerre.

LE PRÉSIDENT. — Maître Labori, attachez-vous une telle importance à ce fait?

Me LABORI. — Mon Dieu, monsieur le président, je n'attache à ce fait que l'importance que M. le général Roget y attache lui-même.

Vous savez quelle est à cet égard notre impression.

Il est certain que les témoins prétendent diminuer la portée des allégations contre Esterhazy en disant que l'attitude prise par le colonel Picquart contre Esterhazy avait été prise à l'avance pour des raisons tendancieuses.

Nous, nous prétendons que non; que c'était d'ailleurs parfaitement inutile, attendu que l'on surveillait déjà M. d'Orval puisque cette surveillance a commencé avant la nomination au poste de chef de service des renseignements de M. Picquart.

M. LE GÉNÉRAL ROGET. — Je l'ai dit.

Me LABORI. — Parfaitement, mon général, vous l'avez dit.

Nous établissons ensuite, monsieur le président, que M. Tomps, qui a été surveiller d'Orval, n'a nullement dépensé dans ce voyage six mille francs, et il est établi aussi qu'il n'a jamais reçu du colonel Picquart aucune explication tendancieuse.

Si l'on considère l'incident comme vidé, et si M. le général Roget n'insiste pas, je considérerai moi-même le fait comme acquis.

Mais, s'il en est autrement, je prierai M. le président de vouloir bien faire venir toutes les pièces relatives à cette affaire.

LE GÉNÉRAL ROGET. — J'ai expliqué, monsieur le président, d'une façon très nette, dans ma déposition, que la plupart des rapports qui sont au dossier étaient tendancieux.

Il n'y a qu'un moyen de se rendre compte de la véracité de mon dire, c'est de faire venir le dossier.

Moi, je tiens à ce qu'il vienne.

Me LABORI. — Voulez-vous demander à M. Tomps s'il a bien compris, quand le commandant Henry lui parlait de l'affaire, s'il a bien compris qu'on lui désignait le colonel Picquart ?

LE PRÉSIDENT. — Selon vous, le commandant Henry avait-il l'intention de désigner le colonel Picquart ?

M. TOMPS. — Je vous ai répété que je croyais que le service avait des renseignements plus précis que ceux que je possédais moi-même, et qu'il savait que c'était le colonel Picquart. Je ne puis que vous dire cela, car ce sont les paroles textuelles du commandant Henry.

Et je le dis sous la foi du serment ; le commandant m'a dit : « L'indiscrétion ne peut venir que du service. Au service, seuls Lauth, moi, Gribelin et le chef du service pouvons l'avoir commise. Or je suis certain que ce n'est ni Lauth, ni Gribelin, ni moi. Cherchez. »

Ce fut la seule fois qu'il m'en parla, sans d'ailleurs prononcer le nom ; j'avais évidemment compris tout de suite que c'était du colonel Picquart qu'il s'agissait.

Me LABORI. — Et quand M. Tomps a désigné l'expert Teyssonnières, on lui a manifesté une véritable mauvaise humeur chez MM. Lauth et Gribelin.

LE PRÉSIDENT. — Lorsque vous avez désigné M. Teyssonnières, comme pouvant avoir commis l'indiscrétion, est-il vrai qu'on vous a manifesté une véritable mauvaise humeur ?

M. TOMPS. — Mon colonel, je ne me rappelle pas si dans mon rapport j'ai désigné moi-même M. Teyssonnières ; j'ai désigné un expert, mais c'est peut-être mon correspondant qui a prononcé son nom.

Lorsque j'ai désigné un expert comme pouvant avoir commis l'indiscrétion, on me dit que je m'étais laissé rouler ; et que j'étais tout d'abord dans la bonne voie lorsque je disais que la personne qui avait livré le document le détenait de par ses fonctions.

Par la suite, notamment vers le 6 décembre, ce fut moi qu'on accusa de subir l'influence de quelqu'un, etc... C'était moi qui alors étais l'accusé.

Je me suis défendu à ce moment-là avec tous les arguments, je me suis défendu contre les imputations qu'on portait contre moi à l'époque.

Mᵉ LABORI. — Voulez-vous demander à M. Tomps s'il sait si, postérieurement à la condamnation du capitaine Dreyfus en 1894, des fuites nouvelles se sont produites dans les bureaux de l'État-Major ?

LE PRÉSIDENT. — Savez-vous si, postérieurement à la condamnation du capitaine Dreyfus, on a signalé de nouvelles fuites à l'État-Major ?

M. TOMPS. — Cela, je l'ignore, monsieur le président ; il peut très bien y en avoir eu, je ne sais pas.

Mᵉ LABORI. — M. Tomps, au cours des investigations sur le commandant Esterhazy, plus tard, a-t-il jamais découvert ou connu un fait quelconque qui soit de nature à établir qu'Esterhazy eût des rapports quelconques avec la famille Dreyfus ?

LE PRÉSIDENT. — Avez-vous découvert un fait quelconque de nature à établir que le commandant Esterhazy ait eu des rapports avec la famille Dreyfus ?

M. TOMPS. — Non, mon colonel. J'en ai déposé devant la Cour de cassation et j'ai dit que tout ce que j'avais fait au sujet du commandant Esterhazy : c'est simplement de vérifier une adresse, avenue de Wagram ? je crois, près de l'Arc de Triomphe, dans tous les cas. On disait que le commandant Esterhazy avait été en relations avec un agent étranger et que la maison où habitait cet agent avait deux issues ; j'ai été voir si la personne était bien un ancien valet de chambre d'un agent étranger et si la maison avait deux issues ; j'ai reconnu que ces faits étaient exacts, mais je n'ai pas entendu parler d'autre chose.

Mᵉ LABORI. — Il est bien entendu que M. Tomps a fait suivre le commandant Esterhazy pendant plusieurs mois ?

M. TOMPS. — Non, non !

Mᵉ LABORI. — Alors vous avez fait des démarches ?

M. TOMPS. — J'ai fait des démarches à la suite d'un rapport parvenu à la Sûreté générale.

LE PRÉSIDENT. — Sur un fait précis et déterminé ?

M. TOMPS. — C'est un valet de chambre d'un agent étranger qui avait écrit qu'il avait vu le commandant Esterhazy chez cet agent étranger.

LE PRÉSIDENT. — Vous n'étiez pas chargé d'exercer une surveillance ?

M. TOMPS. — Du tout. J'ai été vérifier si la personne qui avait donné cette indication avait bien été valet de chambre chez cet agent étranger et si la maison avait deux issues, pas autre chose.

Mᵉ LABORI. — Alors c'est que c'est M. Desvernines qui a fait la surveillance.

LE PRÉSIDENT. — Vous avez confondu les deux agents.

Mᵉ LABORI. — Est-ce que M. Tomps connaît quelque chose relativement à un certain Paulmier ?

M. TOMPS. — Non, mon colonel.

LE PRÉSIDENT. — Vous n'en avez aucun. Il s'agit d'un ancien agent ?

Mᵉ LABORI. — Je crois qu'il y a une inexactitude dans les renseignements dont a parlé M. Gribelin dans sa déposition.

M. TOMPS. — Je ne me suis pas occupé de Paulmier.

Mᵉ LABORI. — Est-ce que M. Tomps pense que c'est M. Hennion qui s'en est occupé ?

M. TOMPS. — Je ne m'en suis pas occupé.

Mᵉ LABORI. — On pourrait peut-être demander à M. Hennion.

LE PRÉSIDENT. — M. Hennion est là ; nous allons l'interroger.

CENT-NEUVIÈME TÉMOIN

M. HENNION

M. Hennion, commissaire spécial à la Sûreté générale, ministère de l'intérieur, se présente à la barre.

LE PRÉSIDENT, à M. Hennion. — Voulez-vous dire si vous avez été chargé d'une surveillance au sujet d'un nommé Paulmier, qui se disait ancien ordonnance d'un attaché militaire.

M. HENNION. — J'ai été chargé, en décembre 1897, de rechercher un nommé Paulmier, qui était signalé comme ayant tenu des propos au sujet du capitaine Dreyfus à Nancy. Paulmier avait dit à un de ses voisins d'hôpital de Nancy ou à un infirmier qu'étant ordonnance d'un officier allemand attaché à la légation allemande de Bruxelles, il avait vu sur la table de cet officier des plans directeurs signés Dreyfus. Un procès-verbal fut dressé par la police de Nancy et envoyé à la Sûreté générale ; le directeur de la Sûreté générale me confia le soin de rechercher Paulmier, dont l'adresse était indiquée au procès-verbal. J'ai envoyé un de mes inspecteurs à l'adresse indiquée ; Paulmier y fut trouvé et déclara qu'il avait été en effet l'ordonnance de l'officier allemand, mais que jamais il n'avait vu de plan signé « Dreyfus » et que jamais il n'avait tenu ce propos-là. (*Mouvement*.)

C'est tout ce que j'ai à dire.

M Labori. — Voulez-vous me permettre de demander à M. Hennion ce qu'il pense de deux passages des dépositions de M. Cuignet à la Cour de cassation et de M. Gribelin ici ? Devant la Cour de cassation, M. Cuignet a dit :

Dans ces conditions, je déclare ne pas comprendre, quant à moi, le rapport officiel adressé au mois de décembre 1897 par la Sûreté, dans lequel on déclarait que Paulmier avait abandonné son domicile sans laisser d'adresse, et que les recherches faites pour le retrouver étaient restées infructueuses.

Puis, dans la déposition de M. Gribelin, que j'emprunte au *Figaro*, il est dit :

Ce qu'il y a de grave, c'est que la Préfecture de police avait dit qu'elle n'avait pas pu trouver Paulmier, et qu'il a été avéré qu'elle l'a trouvé et interrogé. Je me demande, en outre, pourquoi si Paulmier ne sait rien, comme on l'a prétendu, la Préfecture de police n'a pas réuni les renseignements qu'on lui avait demandés.

Est-il exact qu'à un moment donné la Sûreté générale, en décembre 1897, ait déclaré qu'elle n'avait pas trouvé Paulmier ?

M. Hennion. — J'affirme avoir fait un rapport disant que Paulmier avait déclaré n'avoir jamais vu de pièce signée Dreyfus.

Le président. — Vous l'avez trouvé à l'adresse indiquée ?

M. Hennion. — Je l'ai trouvé à l'adresse indiquée, et j'affirme que le rapport a été fait.

Mᵉ Labori. — Vous le voyez, nous sommes, là encore, en présence de renseignements de ces messieurs à propos desquels ils s'étaient trompés !

M. Hennion. — Il y a là une erreur très certainement.

Le commmandant Cuignet. — Paulmier avait été désigné au ministre de la guerre, M. Cavaignac, je crois, par la division de Nancy. Les renseignements faisaient connaître que Paulmier aurait tenu certains propos à un infirmier nommé Scherer, ancien ordonnance d'un officier attaché à l'ambassade d'Allemagne à Bruxelles. Il aurait vu sur une table des pièces intéressant la défense signées par Dreyfus. On fit rechercher Paulmier. Est-ce la Sûreté ou la Préfecture de police? je n'en sais rien ; je ne suis pas très fixé sur les attributions des deux services. Toujours est-il que le service chargé de cette surveillance rendit compte qu'on s'était présenté au domicile indiqué comme étant le domicile de Paulmier, 34, avenue Daumesnil, et que Paulmier avait abandonné son domicile sans laisser d'adresse. A la suite de ce rapport on fit quelques recherches pour tâcher de retrouver Paulmier, recherches qui restèrent infructueuses, et l'affaire fut enterrée. L'année suivante, à la fin de 1898 ou au commencement de 1899, sur de nouvelles instances de la division de Nancy, le ministère de la guerre décida de faire de nouvelles recherches pour tâcher de trouver Paulmier. On ne s'adressa plus cette fois à la Sûreté générale, mais à l'agent qui depuis quelques semaines était mis à la disposition officielle du ministère de la guerre, M. Desvernine. M. Desvernine s'adressa au 34, avenue Daumesnil, pour essayer d'avoir quelques traces, et quel ne fut pas son étonnement en se présentant, de trouver Paulmier qui n'avait jamais abandonné son domicile! M. Desvernine lui demanda s'il avait précédemment tenu à Scherer les propos rapportés au ministère de la guerre. Paulmier les nia et constata d'ailleurs, j'ai déjà dit la même chose, il y a cinq ou six mois à un monsieur qui est venu me trouver et qui appartient à la police.....

M. HENNION. — Je n'ai pas eu le temps de consulter mes notes.

LE COMMANDANT CUIGNET. — Le rapport est parvenu, disant que Paulmier avait disparu.

M. HENNION. — J'ai transmis mon rapport.

LE PRÉSIDENT. — Était-ce à la direction de la Sûreté générale ou à la Préfecture de police?

LE COMMANDANT CUIGNET. — Je n'en sais rien, mon colonel.

M. HENNION. — On a peut-être demandé aux deux à la fois.

LE COMMANDANT CUIGNET. — Ce rapport a été lu par M. le général Roget.

M. HENNION. — Comment était-il écrit, ce rapport? Le mien était écrit à la machine à écrire. J'ai la pelure. On n'a qu'à la demander à la Sûreté générale.

LE PRÉSIDENT. — Comment était-il écrit?

LE COMMANDANT CUIGNET. — D'une écriture assez fine.

M. HENNION. — Le mien était à la machine à écrire. J'ai les pelures que j'ai conservées.

Me LABORI. — Où est le rapport de la Sûreté qui disait qu'on n'avait pas trouvé Paulmier ?

LE COMMANDANT CUIGNET. — Il ne devait pas se perdre ; il était en janvier 1899 au ministère de la guerre ; mais lorsque la Cour de cassation demanda le dossier, le rapport n'a pas été retrouvé.

Me LABORI. — Monsieur le Président, vous apprécierez. Sur tous les points délicats, on ne peut pas aller au fond, parce que quand on veut les pièces on ne les trouve pas.

LE CAPITAINE JUNCK. — Je demande la parole.

M. HENNION. — Paulmier déclarait simplement qu'il avait été en effet ordonnance d'un attaché militaire allemand à Bruxelles, mais que jamais il n'avait tenu le propos qu'on lui attribuait. Il en était même très ennuyé : « Mes parents habitent encore l'Alsace, disait-il ; cela va leur faire des histoires. » Il soutenait n'avoir jamais dit avoir vu des plans signés Dreyfus sur une table.

LE COMMANDANT CUIGNET. — Je ne crois pas avoir lu cela.

M. HENNION. — Si, dans le rapport.

LE PRÉSIDENT. — Monsieur le capitaine Junck, vous avez demandé la parole ; approchez.

LE CAPITAINE JUNCK. — Quand on a reçu le rapport du service des renseignements à la division de Nancy, on a demandé à la Préfecture de police, qui seule était toujours chargée par nous de prendre des renseignements, parce que seule elle a qualité pour prendre des renseignements à Paris, la Sûreté générale étant chargée de prendre des renseignements sur les étrangers en dehors de Paris ; mais chaque fois qu'au service des renseignements, nous avons eu à faire faire une enquête sur une personne habitant Paris, nous nous sommes adressés à la Préfecture de police. La Préfecture nous a répondu quelques jours après par un rapport que j'ai vu et que j'ai fait voir à M. Desvernine. Ce rapport était bref et disait simplement qu'on n'avait pas pu trouver à l'adresse indiquée le sieur Paulmier.

LE PRÉSIDENT. — Ce rapport était-il écrit à la main ?

LE CAPITAINE JUNCK. — A la main, avec en-tête de la Préfecture de police.

Quand en 1898, au mois de septembre, j'étais chargé de prendre la direction du service des renseignements, à ce moment, M. Desvernine avait été détaché de la Sûreté générale pour être mis à la disposition du service des renseignements. Pour occuper M. Desvernine pendant quelques jours, je lui donnai le dossier Paulmier, en lui disant : « Étudiez cette affaire et voyez si on ne pourrait pas retrouver enfin cet individu. »

M. Desvernines étudia le dossier et quelque temps après il se rendit à Nancy ; il vit lui-même la personne qui avait donné l'indication au service des renseignements, de la division de Nancy. A son retour, il fit une enquête et finit par trouver Paulmier ; il le trouva dans les conditions indiquées par le commandant Cuignet.

Le président, *à M. Hennion.* — Vous n'étiez pas à la Préfecture ?

M. Hennion. — Je n'ai jamais appartenu qu'à la Sûreté générale.

Le capitaine Junck. — On pourrait demander le dossier Paulmier, qui existe au service des renseignements, et on y verra toutes les correspondances, tous les renseignements, transmis soit par nos agents à nous, soit par des agents appartenant à d'autres services ou à d'autres administrations.

Me Labori. — Ce qui reste — et c'est là le point qui me préoccupe — c'est qu'il ne peut pas y avoir eu de manœuvres pour étouffer l'incident Paulmier ; je vais montrer pourquoi : c'est qu'à supposer qu'il y ait eu un rapport de la Préfecture, celui que M. Hennion ne connaît pas, il y en a un autre dont parle M. Hennion qui montre que Paulmier a répondu la même chose en 1898 qu'en 1897 ; il pourrait en résulter tout au plus qu'il y a un agent de la Préfecture qui a fait un rapport inexact, mais il ne peut rien en rester au point de vue du fond de l'affaire.

Me Demange. — Il y a une question que je vous prie, monsieur le président, de poser à M. Hennion et que voici : M. Paulmier a déclaré que, comme Alsacien-Lorrain, il avait servi dans l'armée allemande et avait été ordonnance d'un officier allemand, attaché militaire dans une résidence voisine.

Voulez-vous demander à M. Hennion si M. Paulmier a indiqué la date de la durée de son service militaire, le commencement et la fin ?

Le président. — Vous a-t-il indiqué à quelle époque il a fait son service militaire, quand il est entré au service et quand il a été libéré ?

M. Hennion. — Oui, mon colonel. Je me rappelle que Paulmier m'a indiqué qu'il avait été libéré — je ne puis pas préciser exactement — vers 1891 ou 1892.....

Me Demange. — Qu'il avait quitté le service de cet officier allemand en 1891 ou 1892..... et il s'agissait de plans directeurs de 1894 !

LE COMMANDANT LAUTH. — Je demande la parole.

LE PRÉSIDENT. — Avancez à la barre.

LE COMMANDANT LAUTH. — Dans sa déposition de tout à l'heure, M. Tomps a raconté qu'après avoir été envoyé en mission à Moscou, à la suite de M. d'Orval, il avait fait certaines dépenses et que ces dépenses avaient été également employées à une autre mission qui avait rapporté de gros résultats. Je ferai observer une chose, c'est que c'est pendant qu'il était à Moscou que M. Tomps a proposé au chef du service de passer par une autre ville étrangère en revenant parce que c'était son chemin direct, et de s'y occuper d'une autre affaire. Il n'y est donc pas allé exprès pour cela.

A la suite de cela, il a été donné par le ministre de la guerre une lettre de félicitations à M. Tomps. M. Tomps a oublié de dire que c'est lui qui a demandé cette lettre de félicitations, qu'il a même insisté pour l'avoir, et qu'on ne la lui a pas offerte directement.

Il y a ensuite la question de la recherche des indiscrétions commises dans l'*Éclair* et le *Matin*. Il faut à ce sujet indiquer qu'à ce moment personne ne songeait d'une façon spéciale à vouloir accuser le colonel Picquart d'avoir fait une indiscrétion à l'*Éclair* ou au *Matin*. Il est très difficile d'arriver à un résultat, on le voit par ce qui se passe à l'heure actuelle. On n'arrive pas encore à savoir dégager la responsabilité de ceux qui ont communiqué les pièces qui sont incriminées, notamment la pièce : « Ce canaille de D... » ; on ne sait pas encore où cela remonte. Au commencement de 1896, lorsque M. Cavaignac est devenu ministre de la guerre, il a été averti qu'il y avait parmi le personnel civil du ministère de la guerre beaucoup d'employés qui écrivaient dans les journaux. Il prescrivit dans les différents bureaux de faire faire une enquête et de lui signaler d'une façon très exacte quels étaient les employés civils qui pouvaient être correspondants de journaux. A la section de statistique, il y avait un employé qu'il est inutile de nommer, M. X..., qu'on savait pertinemment être correspondant d'un journal ; on fut obligé de le signaler comme tous les autres, et le colonel Picquart fit faire un projet de rapport ; je ne crois pas qu'il ait donné les éléments pour le faire, mais il fit faire un projet de rapport pour pouvoir le soumettre au ministre de la guerre. Dans ce projet de rapport, il était dit que X..., employé à la section de statistique, était correspondant d'un journal, qu'on n'avait absolument aucun reproche à lui faire, que jamais au grand jamais on n'avait eu la moindre preuve ou le moindre doute au sujet d'une indiscrétion commise dans un journal, mais que l'on jugeait cependant comme un peu délicat, que cela semblait un peu jouer avec le feu de garder à la section de statistique un employé qui était correspondant d'un journal et qui, à un moment donné, pourrait être au courant de certaines choses et un jour ou l'autre se laisser entraîner à les communiquer. En outre, M. Cavaignac avait également demandé si certains employés recevaient des suppléments d'appointements. On ajouta à la fin du rapport que X..., comme d'autres de ses collègues, recevait en plus de ses émoluments réguliers une certaine indemnité mensuelle à titre de travail supplémentaire. Cette somme était payée sur les fonds secrets du service des renseignements.

Ce rapport fut remis au commencement de l'année 1896 au colonel Picquart et il n'en fut plus question. Lorsque, au mois de novembre 1897, le colonel Picquart quitta le bureau, parmi les papiers qu'il laissait et qui nous furent répartis aux uns et aux autres, suivant nos services, on trouva deux rapports : un, le rapport original, et un autre fait de la main même du colonel Picquart, et qui concluait dans un sens absolument opposé. C'était son droit, je le reconnais ; il pouvait présenter au ministre la question comme il l'entendait.

M. Picquart, dans ce rapport, insistait beaucoup pour garder l'employé au lieu de le faire sortir, justement pour éviter toute indiscrétion et parce qu'il croyait aussi qu'il était nécessaire d'avoir au bureau un employé correspondant avec les journaux.

M. Cavaignac, avait mis, en travers de ce rapport, une note disant qu'il voulait bien que l'on gardât cet employé, mais il donnait l'ordre formel qu'il ne toucherait plus rien sur les fonds secrets. Cela se passait au mois de mars ou d'avril. Jusqu'au mois de novembre, il n'a jamais été question de ce rapport, l'ordre de M. Cavaignac n'a jamais été exécuté, et l'employé a continué à toucher sur les fonds secrets.

Le président. — Et les autres ?

Le commandant Lauth. — Les autres aussi.

Lorsque, au mois d'octobre ou novembre, il s'est commis des indiscrétions, on crut d'abord que ce devait être le fait de cet employé. M. Picquart l'interrogea et lui fit donner sa parole d'honneur que ce n'était pas lui. Mais on ne l'a pas su d'une façon exacte à ce moment-là, au bureau, en sorte qu'il restait sur cet employé une petite suspicion ; et comme M. Tomps était intimement lié avec lui, lorsqu'il arrivait avec des renseignements successifs qui un jour avaient l'air très nets et le lendemain disaient le contraire, on

s'est dit au bureau que M. Tomps subissait l'influence de son cama·
rade, qui aurait commis l'indiscrétion et qui cherchait à le détourner
dans ses investigations et à le faire rester dans le vague.

Cela et un autre point dont je parlerai tout à l'heure avaient indisposé le commandant Henry contre M. Tomps, et il avait décidé
de le renvoyer à la disposition de la Sûreté générale. C'est moi qui
allai trouver le commandant Henry, et qui lui dis : « M. Tomps
nous a rendu de grands services, indéniables, à certaines époques.
Quand il est chargé de certaines choses qui lui plaisent, il fait très
bien, je vous demande de patienter encore et de le garder. Du
reste, je vais lui faire des observations bien senties, et j'espère que
dans quelque temps tout ira bien. »

Une autre chose qui avait indisposé le commandant Henry, c'est
qu'au mois de juillet 1896, M. Picquart avait fait une proposition
pour la Légion d'honneur en faveur d'un agent de la Sûreté générale. Cette décoration ne lui a été donnée qu'en janvier 1897. Cela
avait beaucoup indisposé M. Tomps, qui, en automne 1896, était
venu réclamer d'une façon très instante pour que le commandant
Henry le fît également décorer. Le commandant Henry avait trouvé
très déplacé qu'il fît cette réclamation, lui qui n'avait que dix ans
de services au bureau et trois ou quatre ans de service militaire.

C'est tout ce que j'avais à dire.

M. TOMPS. — M. le commandant Lauth vient de mettre en cause
une personne étrangère employée au bureau.

LE PRÉSIDENT. — Je vous prie de faire votre observation aussi
brièvement que possible.

M. TOMPS. — Je ferai remarquer que j'ai remis mon rapport au
sujet de l'indiscrétion du *Matin* aussitôt que possible, et j'ai dit le
premier que la pièce avait été communiquée par une personne qui
la détenait de par ses fonctions ; quant aux rapports qui ont fait
suite, j'ai montré les originaux, c'est-à-dire les rapports de mon
indicateur.

Par conséquent il ne pouvait venir à l'esprit de personne qu'il y
avait un employé du ministère qui pouvait m'influencer, moi. Le
commandant Henry connaissait très bien la source à laquelle je
puisais mes renseignements ; la preuve qu'il la connaissait, c'est
qu'il s'est adressé directement au correspondant qui d'ailleurs lui
a dit la même chose que moi.

LE PRÉSIDENT. — C'est bien de l'accusé ici présent que vous avez
entendu parler ?

M. TOMPS. — Oui, monsieur le président.

LE PRÉSIDENT. — Accusé, levez-vous. Avez-vous des observations à présenter sur cette déposition ?

LE CAPITAINE DREYFUS. — Aucune, mon colonel.

LE PRÉSIDENT. — Le Conseil va se retirer pour délibérer sur la question du huis-clos.

LE COMMISSAIRE DU GOUVERNEMENT. — Je demande que le commandant Cuignet soit autorisé à assister à ce huis-clos, parce que c'est lui qui a constitué ce dossier.

LE PRÉSIDENT. — Il est inutile d'en délibérer, je puis l'y autoriser.

La séance est suspendue à 11 heures.

La séance est reprise à onze heures trois minutes.

M. le Président lit le jugement suivant que vient de rendre le Conseil de Guerre :

AU NOM DU PEUPLE FRANÇAIS

Ce jourd'hui, 4 septembre 1899, etc.

Le président a posé la question suivante :

Y a-t-il lieu d'ordonner le huis-clos pour entendre la déposition du témoin de Cernuszky et pour recevoir communication de pièces secrètes présentées par M. le général Chamoin ?

Les voix recueillies séparément, etc...

Le Conseil, considérant que par leur caractère international les renseignements que M. de Cernuszky compte donner au Conseil et par leur nature secrète les documents présentés par M. le général Chamoin constitueraient, s'ils étaient publiés, un danger pour la sécurité de l'Etat ;

Déclare à l'unanimité qu'il y a lieu d'ordonner le huis-clos par application de l'article 113 du Code de justice militaire ainsi conçu, etc...

En conséquence, le président ordonne que les assistants évacueront la salle d'audience et que les précautions nécessaires seront prises pour les empêcher d'entendre ce qui va être dit.

LE PRÉSIDENT. — La séance à huis clos aura lieu demain matin, à six heures et demie.

Nous allons continuer par le témoin suivant, M. Serge Basset.

Mᵉ LABORI. — La déposition du témoin elle-même n'est pas longue, mais j'aurais quelques questions à lui poser.

LE PRÉSIDENT. — Alors, la séance est suspendue jusqu'à demain matin, six heures et demie.

La séance est levée à 11 heures 5.

VINGT ET UNIÈME AUDIENCE

Mercredi 5 septembre 1899.

La séance que le Conseil de guerre a tenue à huis-clos a duré de six heures et demie à sept heures trois quarts.
La séance publique est ouverte à huit heures.

Le président. — Appelez le témoin Serge Basset.

Mᵉ Labori. — Je demande la parole pour déposer des conclusions sur le bureau du Conseil de guerre.

Le président. — Vous avez la parole.

Mᵉ Labori. — Ainsi que je l'ai annoncé hier, j'ai l'honneur de déposer sur le bureau du Conseil de guerre les conclusions suivantes :

CONCLUSIONS DE Mᵉ LABORI

Plaise au Conseil,

Attendu qu'à l'audience du lundi 4 septembre M. le président du Conseil de guerre a, en vertu de son pouvoir discrétionnaire, fait entendre le sieur Eugène de Cernuszky, ancien lieutenant (14ᵉ régiment de dragons) de l'armée autrichienne, demeurant à Paris, 37, rue Cambon;

Lequel prétend notamment que le capitaine Dreyfus lui aurait été désigné, tant par un chef de section au ministère des affaires étrangères d'une puissance de l'Europe centrale que par un officier supérieur d'un grand Etat-Major d'une autre puissance de l'Europe centrale, comme un informateur aux gages de différentes nations étrangères;

Attendu que, dans de telles conditions, cette intervention d'un témoin étranger, ancien officier, contre un officier français, oblige la défense à sortir de la réserve qu'elle s'est imposée jusqu'à présent, et à provoquer auprès des puissances intéressées les démarches nécessaires pour obtenir par la voie diplomatique la remise des documents mentionnés à la pièce dite « bordereau », et dont la communication au Conseil serait de nature à établir d'une manière éclatante l'innocence du concluant ;

Que les allégations mensongères apportées à la dernière heure par un étranger ne peuvent être en effet entièrement et immédiatement détruites que par la production de témoignages ou de documents officiels fournis par les correspondants mêmes de l'auteur du bordereau ;

Par ces motifs,

Dire et ordonner que M. le commissaire du gouvernement sera invité à prier le Gouvernement de demander à la puissance ou aux puissances intéressées et par la voie diplomatique la remise des documents énumérés à la pièce dite « bordereau ».

Mᵉ LABORI. — Monsieur le président, voulez-vous être assez bon pour me donner la parole deux minutes afin de me permettre d'expliquer mes conclusions ?

LE PRÉSIDENT. — Ce ne sera pas long ?

Mᵉ LABORI. — Au contraire, j'entends dire au Conseil, loin de garder longtemps la parole, que je n'ai pas à développer mes conclusions qui se suffisent à elles-mêmes. Je me rends fort bien compte que nous sommes ici en présence d'une situation nouvelle et particulièrement délicate, et comme je ne suis pas maître des décisions du Conseil, tout en posant les conclusions que je viens d'avoir l'honneur de poser et qui, à mon sentiment, à notre sentiment commun, s'imposent à la défense, j'ai l'honneur d'avertir le Conseil que ce matin même j'ai fait notifier à M. le commissaire du gouvernement MM. le colonel de Schwarzkoppen et le général de Panizzardi comme témoins parce que je crois nécessaire, s'ils veulent bien s'y rendre, de les appeler devant le Conseil de guerre de Rennes et de les faire déposer devant lui.

Je fais remarquer, monsieur le président, que c'est seulement aujourd'hui, à la dernière heure, et à raison des circonstances tout à fait exceptionnelles qu'a créées l'incident d'hier, que nous nous sommes décidés à provoquer ici des témoignages officiels étrangers.

J'ajoute qu'étant données les circonstances actuelles, cela n'a rien qui puisse troubler personne ; que c'est d'ailleurs conforme aux précédents, et, dans ces conditions, je suis sûr que nous touchons enfin au moment d'avoir une lumière complète sur la situation qui est créée au malheureux capitaine Dreyfus, dont à coup sûr l'innocence sortira éclatante des dépositions que nous sollicitons.

LE COMMANDANT CARRIÈRE. — Nous n'avons pas à préjuger de l'issue du procès.

Dans les conclusions déposées par Mᵉ Labori, il y a un point qui m'apparaît fort délicat.

Ces conclusions tendent à prier le Conseil de charger le commissaire du gouvernement de demander au gouvernement français de transmettre par la voie diplomatique une requête à un gouvernement étranger, tendant à obtenir la livraison de pièces d'un ordre singulièrement peu diplomatique, d'un ordre très peu officiel ; et alors, cette mission donnée au Gouvernement farnçais est d'ordre tellement délicat que je ne sais pas si le commissaire du gouvernement aurait qualité pour la remplir.

A coup sûr, au point de vue diplomatique, j'aperçois une impossibilité matérielle et morale à en amener la résolution. On ne peut pas concevoir un gouvernement adressant à un autre gouvernement une demande de cette nature. Je crois que le but qu'on poursuit en ce moment ne peut pas être atteint, absolument pas. La défense, qui a des moyens d'action puissants, pourrait peut-être officieusement obtenir la livraison de ces documents, s'ils existent. Mais je ne crois pas, j'ai quelque raison de penser ainsi, que le gouvernement puisse se charger d'une mission semblable. Je fais donc toutes mes réserves à cet égard. Quant à la notification qui a été faite à MM. Schwarzkoppen et Panizzardi, je ne vois aucun inconvénient à ce que ces messieurs soient entendus par le Conseil s'ils veulent bien venir.

Le Conseil appréciera sur la suite qu'il convient de donner à la requête présentée par la défense au sujet des pièces à faire venir de l'étranger. Cela me paraît sortir de notre compétence. Le Conseil appréciera, et je le prie de rentrer dans sa salle des délibérations pour prononcer une décision à cet égard-là.

Le PRÉSIDENT. — Monsieur Paléologue, vous êtes en mesure de nous donner quelques indications ; je vous prierai de venir nous les donner.

M. PALÉOLOGUE. — Messieurs, je comprends fort bien l'importance que les défenseurs attachent à ce que les pièces énumérées sur le bordereau soient versées à la procédure, puisque ces pièces constituent le fond même du débat.

Mais si la requête de l'accusé semble fondée en logique et en justice, elle semble inadmissible au point de vue diplomatique. Des considérations de l'ordre le plus élevé s'opposent en effet à ce que le gouvernement français prenne à l'égard d'une puissance étrangère l'initiative qu'on sollicite de lui.

Si le Conseil croyait devoir demander d'autres explications à ces égards, je le prierais de les recevoir à huis clos.

Le PRÉSIDENT. — Le Conseil délibérera ultérieurement sur cette question.

Nous allons reprendre l'audition des témoins en commençant par M. Serge Basset.

CENT-DIXIÈME TÉMOIN

M. SERGE BASSET

M. Serge Basset, dit Paul Ribon, 33 ans, rédacteur au *Matin*.

LE PRÉSIDENT. — J'ignore sur quels faits vous avez été cité.

Mᵉ DEMANGE. — En ce qui concerne M. Serge Basset, j'ai trouvé dans le dossier l'exécution d'une commission rogatoire de M. le Président ; c'est sur les faits...

LE PRÉSIDENT. — Ah ! c'est pour la saisie du *Matin*. Veuillez nous faire connaître ce que vous savez.

M. SERGE BASSET. — Monsieur le Président, à diverses reprises, cinq fois exactement, j'ai été envoyé par mon journal, le journal *le Matin*, à Londres, pour interviewer Esterhazy. A chaque fois, le commandant m'a fourni d'intéressants renseignements sur son rôle à l'Etat-Major et pendant l'affaire Dreyfus. C'est ainsi que j'ai pu obtenir de lui des réponses aux dépositions faites devant la Cour de cassation, mais jamais, jusqu'au mois de mai dernier, il ne m'avait dit qu'il était l'auteur du bordereau, et j'avoue que, peu au courant des complexités de l'affaire, je ne le croyais pas.

Je savais bien que des expertises avaient été faites, je savais que des cryptographes et graphologues et autres inventeurs de systèmes extraordinaires s'étaient acharnés sur cette pièce, mais je ne les avais suivis ni dans leurs développements ni dans leurs conclusions. J'éprouvais la plus grande défiance à l'égard des expertises et, permettez-moi de le déclarer puisque je suis ici pour dire toute la vérité, je crois qu'il faut être absolument insensé pour condamner quelqu'un sur une simple expertise.

LE PRÉSIDENT. — Ceci est une appréciation.

M. SERGE BASSET. — C'est une appréciation purement personnelle, cela va sans dire.

LE PRÉSIDENT. — C'est une appréciation tout à fait personnelle.

M. SERGE BASSET. — Je ne pensais donc pas qu'Esterhazy fût l'auteur du bordereau. Je me souviens même que, quelque temps avant de recueillir de la bouche d'Esterhazy cette déclaration, je rencontrai mon confrère M. Philippe Dubois, de l'*Aurore*, et qu'à celui-ci, qui essayait de me prouver par toutes sortes de raisons qu'Esterhazy avait écrit le bordereau, je dis : « Je n'en crois rien ; laissez-moi tranquille. »

Je retournai à Londres, le 23 mai dernier. Le hasard voulut que

j'apportasse au commandant Esterhazy les plus fâcheuses nouvelles : M. Ballot-Beaupré venait de déclarer en pleine Cour de
cassation qu'en son âme et conscience il croyait qu'Esterhazy était
l'auteur du bordereau ; la Cour de cassation semblait devoir se
rendre à cet avis ; de plus, madame la comtesse Esterhazy, probablement à l'instigation de sa famille — sans que je puisse l'affirmer
— venait d'introduire une instance en divorce. Le commandant
Esterhazy, atterré en apprenant cette nouvelle, se mit à se lamenter
et à déplorer le sort de ses enfants, disant : « Je suis perdu, tout
est fini pour moi ; ma femme veut divorcer, mes enfants vont être
élevés dans la haine et l'horreur de leur père, et voici que, pour
dernier coup, les généraux pour qui j'ai tout fait, tout sacrifié,
m'abandonnent indignement : c'est à se tuer, c'est à se loger une
balle dans la tête. »

Je vous assure qu'en entendant parler ainsi cet homme et quoi
qu'on eût pu me dire de lui, je fus très réellement touché, et tout
naïvement, sans aucune préoccupation de métier, je lui dis : « Si
les généraux, après avoir imposé à votre dévoûment les missions,
dites-vous, les plus difficiles, les plus dangereuses, vous abandonnent, ce sont de grands coupables, et vous avez le devoir, pour
vos enfants, de vous dégager de toute compromission avec eux ; il
faut dire la vérité tout entière : vous assurerez ainsi votre tranquillité personnelle (j'insistai sur ce point), et vous vous préparerez
un moyen de défense contre des accusations dont le flot peut re-
jaillir sur vos enfants. »

J'avais parlé en toute sincérité ; le commandant le comprit. Il
réfléchit pendant quelques instants, et il me dit tout d'un coup
(je me rappelle l'endroit ; c'était dans le quartier français, en
plein Piccadilly, devant le *Criterion*) : Ecoutez, Ribon, je crois que
vous avez raison ; je vais dire la vérité. Eh bien, je vais vous dire
quelque chose que peu de personnes ont su jusqu'à présent : c'est
moi qui ai fait le bordereau !

A cette déclaration inopinée, je restai interloqué. « Comment !
c'est vous ! » Il me dit : « Oui, c'est moi qui, en 1894, ai écrit le
bordereau à la prière du colonel Sandherr, mon supérieur. Il y
avait à l'Etat-Major un officier qui trahissait ; cet officier s'appelait
Dreyfus. Il fallait le pincer : voilà comment j'ai écrit le bordereau ;
quant à dire pourquoi, je le dirai plus tard. »

Il l'a dit en effet plus tard.

Je vous avoue que j'étais tout interloqué, et qu'il me sembla
qu'un frisson passait sur moi. Quand je fus un peu remis, je lui dis :

« Comment avez-vous pu porter le poids de ce secret pendant quatre ans ? » — Il me répondit : « Si vous saviez toutes les sollicitations dont j'ai été l'objet de la part de tout le monde, de la part des dreyfusards, de la part de mes parents, de la part de mes amis, de la part de mes proches, de la part des généraux, de la part de l'Etat-Major!... Il y a six mois, j'ai voulu faire cette déclaration : l'Etat-Major m'a impérieusement ordonné de me taire ; il y avait à cette époque-là une centaine de gens qui s'accrochaient à mes basques, me suppliant de ne pas parler, de rester le soldat dévoué que j'avais été, de rester le dernier rejeton de toute une lignée de généraux illustres. »

Voilà, monsieur le président, non seulement le sens, mais à quelques expressions près les termes de la déclaration du commandant Esterhazy. Vous pensez que quand on a entendu des choses semblables, on ne les oublie pas.

Après avoir entendu ceci, je rentrai chez moi bien agité, très ému. Le lendemain, après quelques heures de sommeil, j'écrivis d'un jet cette conversation et la portai au commandant Esterhazy. Je lui dis : « Voulez-vous m'autoriser à envoyer ceci à mon journal ? » Il prit le papier, le lut, et me dit : « Laissez-moi au moins le temps de la réflexion ! Vous pensez bien que des choses comme cela ne se traitent pas en un jour. »

Il est bien évident que pour nous, journalistes, il y a une obligation de conscience à ne pas faire parler les gens malgré eux. Je lui laissai mon papier et ce jour-là ne lui en parlai plus.

Le lendemain, ce fut lui qui vint à mon hôtel. Il me dit : « Tout compte fait, je vous autorise à publier ma déclaration... Je vous jure que je ne suis pas un traître, que j'ai fait le bordereau à la prière du colonel Sandherr, que je suis une victime de l'obéissance passive. J'espère que quand j'aurai fait cette déclaration on me laissera tranquille... Mettez-vous à cette table ; nous allons ensemble refaire la déclaration, afin de la rendre encore plus proche de la vérité. »

Nous nous assîmes à une table et, la plume à la main, nous discutâmes tous les termes de la déclaration. Avec beaucoup d'empressement, le commandant Esterhazy authentiqua de sa signature mon manuscrit, et même, quelques jours après, à ma prière, me remit une note signée et datée de sa main, où il affirmait la rigoureuse exactitude des propos que je mettais dans sa bouche. Cette note a été saisie au *Matin* et doit être entre les mains du Conseil de guerre.

Voilà, messieurs, pour ce qui concerne le bordereau.

Voulez-vous me permettre d'ajouter un mot ?

Contrairement aux assertions de certaines feuilles, animées par l'esprit de passion, je n'ai jamais été auprès du commandant Esterhazy l'agent d'un syndicat quelconque qui m'aurait chargé de lui acheter cette déclaration ; j'affirme solennellement, d'autre part, que le commandant a fait cette déclaration sans la moindre pensée de lucre. Je n'avais pas de grosses sommes à lui offrir et je ne lui en ai pas offert. Je suis même persuadé que s'il n'avait pas appris, par la publication de l'enquête de la Cour de cassation, en quels termes les officiers supérieurs et généraux le traitaient, après l'avoir, suivant ses propres expressions et comme il me l'a dit lui-même, couvert, choyé, caressé pendant une année, je suis persuadé que le commandant n'aurait jamais dit un mot.

Maintenant, on a dit que de grosses sommes auraient été offertes à Londres au commandant pour cette déclaration et contre la remise de ses papiers. On a parlé de sommes énormes s'élevant à près d'un million. Je crois savoir que dans leur ensemble ces faits-là sont exacts ; il est venu quelques propositions de France ; mais le plus grand nombre de propositions est venu de l'étranger, surtout de Londres. A un moment donné, tous les journaux anglais faisaient queue à la porte d'Esterhazy, mais il ne voulait rien dire ; il pensait toujours que les généraux le tireraient de peine ; je me souviens même qu'un jour son solicitor, M⁰ Arthur Newton, après lui avoir fait des instances très pressantes, instances auxquelles le commandant s'était refusé à céder, le quitta furieux en lui disant : « *You are a very stupid boy.* » — Vous êtes un très stupide garçon, — vous êtes un imbécile et vous verrez que les généraux, vos bons amis, vous laisseront mourir de faim. » Il y a donc eu véritablement auprès de cet homme des instances, des propositions très pressantes ; mais ni aux unes ni aux autres, je le jure, je n'ai été mêlé ; ce rôle ne me convenait pas, je ne l'aurais pas accepté.

Si cependant le commandant m'a fait à moi ces déclarations, à moi inconnu, à moi petit reporter, c'est qu'il était outré de l'abandon où le laissaient ses généraux ; il pensait à assurer sa tranquillité personnelle, et c'est enfin, je crois, qu'il vient, lorsque nous détenons la vérité, un moment où notre conscience nous force de la dire et nous empêche de nous enfoncer dans le mensonge ; c'est à ce moment psychologique que je me suis trouvé là ; un autre s'y fût trouvé qui eût inspiré confiance au commandant, il eût recueilli les mêmes déclarations, cela va sans dire, en des termes identiques. Aussi, pour ma part, lorsqu'après cette déclaration, faite si spontanément, je vois les experts s'acharner encore sur le bordereau et dire qu'il est de Dreyfus, alors qu'Esterhazy crie de tous les côtés qu'il est de lui, franchement je me prends à douter de la raison humaine. (*Mouvement prolongé.*) Voilà, monsieur le président, tout ce que j'avais à dire.

(*Le président fait passer au témoin la déclaration autographe d'Esterhazy.*)

LE PRÉSIDENT. — Le témoin reconnaît-il la note qui lui a été remise par Esterhazy ?

M. SERGE BASSET. — Oui, monsieur le président ; voici la note qu'il m'a remise après avoir fait sa déclaration relative au bordereau. Quant à ce manuscrit, c'est le manuscrit d'un second article qui n'a pas été complètement inséré dans le *Matin*, étant données les exigences de la mise en page, mais qui a paru en grande partie sous le titre « Boisdeffre démasqué » ou quelque chose dans ce genre.

LE LIEUTENANT-COLONEL BRONGNIART. — En même temps qu'Esterhazy vous disait être l'auteur du bordereau, ne vous disait-il pas que l'accusé était cependant coupable ?

M. SERGE BASSET. — Oui, mon colonel.

LE LIEUTENANT COLONEL BRONGNIART. — Vous a-t-il donné quelques détails à ce sujet ?

M. SERGE BASSET. — Non, mon colonel.

LE LIEUTENANT-COLONEL BRONGNIART. — Vous ne lui en avez pas demandé ?

M. SERGE BASSET. — Non, mon colonel.

LE PRÉSIDENT. — Il y a pourtant une contradiction apparente entre ces deux déclarations. Comment pouvez-vous les concilier ?

M. SERGE BASSET. — Il est possible qu'il y ait une contradiction dans ses déclarations, mais je ne suis pas chargé de les relever. Je suis simplement un écho.

LE COMMANDANT MERLE. — Esterhazy ne vous a-t-il pas dit qu'il avait écrit les pièces du bordereau ?

M. SERGE BASSET. — Non, jamais il ne m'a dit cela. Ce n'est pas d'ailleurs que je n'aie pas essayé de le lui demander, mais il m'a répondu : « Je crois vous en avoir dit assez pour l'instant. En ce moment je termine un gros livre où l'on trouvera tous ces renseignements. » Voilà la réponse qu'il m'a faite.

LE COMMANDANT CARRIÈRE. — J'aurais beaucoup à dire, mais j'aime mieux me taire, parce que j'ai pris l'habitude de ne pas répondre aux témoins. J'aime donc mieux me taire. (Rires.)

Mᵉ Labori. — Tout à l'heure, un des membres du Conseil disait à M. Ribon qu'il y avait une contradiction dans les paroles du commandant Esterhazy : alors qu'il se disait l'auteur du bordereau et qu'en même temps il accusait le capitaine Dreyfus.

J'ai bien entendu, n'est-ce pas, M. Ribon quand il a dit qu'Esterhazy avait déclaré avoir fait le bordereau par ordre?...

Le président. — Voulez-vous spécifier ce point? Il vous a bien dit que c'était par ordre du colonel Sandherr?

M. Serge Basset. — Il n'a pas employé le mot « par ordre », mais : « sur l'indication pressante et sur l'initiative du colonel Sandherr, mon chef et mon ami ».

Le commandant Carrière. — Au nom de la mémoire vénérée du colonel Sandherr, je proteste contre une insinuation de cette nature, qui est indigne de la mémoire de cet homme qui est vénéré par tous : le colonel Sandherr.

Mᵉ Labori. — Je pense que M. le commissaire du Gouvernement proteste contre les paroles du commandant Esterhazy, et qu'il ne croit pas que la défense entend s'approprier cette ridicule prétention.

Le commandant Carrière. — Je ne m'adresse pas à la défense.

M. Serge Basset. — Ni au témoin ?

Mᵉ Labori. — Il s'agit de savoir exactement ce qu'a dit le commandant Esterhazy à M. Ribon et ce qu'il faudra en retenir.

Le président. — Que vous a-t-il dit exactement ? Que c'était sur l'invitation ?...

M. Serge Basset. — Il m'a dit que c'était sur l'invitation pressante et sur l'initiative du colonel Sandherr, son chef et son ami. Voilà la formule qu'il a employée maintes et maintes fois.

Mᵉ Labori. — Est-ce que le commandant Esterhazy n'a pas expliqué pourquoi il aurait fait le bordereau ?

Le président. — Vous a-t-il dit pourquoi il aurait fait le bordereau ?

M. Serge Basset. — Il m'a dit qu'il y avait un officier qui trahissait, que c'était le capitaine Dreyfus, qu'il fallait le pincer et qu'alors on avait imaginé cet expédient.

Mᵉ Labori. — De sorte qu'il s'agissait, d'après le commandant Esterhazy, de remplacer les preuves absentes contre le capitaine Dreyfus par celles qu'on lui faisait fabriquer ?

Le président. — Comment cela pouvait-il être une preuve contre le capitaine Dreyfus? Savait-il que son écriture avait une ressemblance quelconque avec celle du capitaine Dreyfus? Il ne vous a pas parlé de cela? S'il n'y avait pas eu cette similitude, cela n'aurait rien signifié. Ne vous a-t-il donné aucune explication à cet égard?

M. SERGE BASSET. — Non, mon colonel.

Mᵉ LABORI. — On a parlé de propositions importantes d'argent faites au commandant Esterhazy. Je voudrais que le témoin précisât : s'agissait-il de propositions faites par des journaux pour avoir des articles?

M. SERGE BASSET. — Oui, évidemment.

LE PRÉSIDENT. — Qu'entendez-vous par des propositions d'argent faites au commandant Esterhazy?

M. SERGE BASSET. — Il est bien évident que dans mon esprit, il ne s'agissait que de propositions faites par des directeurs de journaux, qui voyaient là...

LE PRÉSIDENT. — ... Qui voyaient là des articles sensationnels à faire paraître !...

M. SERGE BASSET. — Qui voyaient là des informations sensationnelles.

Mᵉ LABORI. — Le témoin peut-il dire dans quelle situation d'argent lui a paru être le commandant Esterhazy?

LE PRÉSIDENT. — Dans quelle situation pécuniaire vous a-t-il paru être?

M. SERGE BASSET. — La première fois que je l'ai vu, il m'a paru être dans une situation, sinon luxueuse, au moins assez large. La seconde fois, il m'a paru être dans une situation voisine de la gêne.

Mᵉ LABORI. — Est-ce que M. Ribon est resté depuis en correspondance avec le commandant Esterhazy?

LE PRÉSIDENT. — Voulez-vous répéter votre question?

Mᵉ LABORI. — Je voudrais savoir si le commandant Esterhazy, depuis les faits dont M. Ribon vient de nous faire le récit, a correspondu, soit avec celui-ci, soit avec le journal, à sa connaissance?

LE PRÉSIDENT. — Avez-vous continué à être en relations de correspondance avec le commandant Esterhazy depuis cette entrevue?

M. SERGE BASSET. — Oui, mon colonel; mais pour les affaires importantes il s'est adressé au journal, puisque je n'étais pas là.

Mᵉ LABORI. — Est-ce que notamment le commandant Esterhazy n'a pas écrit soit à M. Ribon, soit au journal le *Matin* pour dire qu'il écrivait à Rennes à M. le général Roget?

LE PRÉSIDENT, *au témoin.* — Le commandant Esterhazy vous a-t-il fait connaître qu'il avait écrit au général Roget?

M. Serge Basset. — Il m'a dit que son intention était d'écrire au général Roget et il m'a demandé son adresse à Rennes.

Je lui ai répondu que je l'ignorais, ce qui d'ailleurs était la vérité.

Mᵉ Labori. — J'avais lu dans certains journaux, dans le *Petit Bleu* et, je croyais aussi, le *Matin*, que le commandant...

Mais voici, monsieur le Président, le général Roget qui veut bien venir à la barre.

Le général Roget. — Monsieur le Président, j'ai reçu en effet, dans le mois d'août, une première lettre du commandant Esterhazy.

J'en ai pris copie, et j'ai eu l'honneur de vous l'adresser par la lettre suivante :

Monsieur le Président,

M. le commandant en réforme Esterhazy m'a adressé de Londres la lettre ci-jointe, portant la date du 19 août courant, arrivée à Rennes hier soir, et dont j'ai pris connaissance ce matin.

Je n'ai jamais eu de relations avec le commandant, et n'ai pas envie d'en avoir. C'est vous dire que je ne veux pas demander à la poste le pli volumineux qu'il dit m'avoir adressé et qu'il me prie de réclamer.

D'un autre côté, je ne crois pas devoir passer sous silence la lettre que j'ai reçue de lui.

J'ai, en conséquence, l'honneur de vous la transmettre sous ce pli à toutes fins utiles.

J'ai, depuis, reçu un très grand nombre de lettres du commandant Esterhazy que j'ai eu l'honneur d'adresser au président du Conseil sans même les ouvrir, quand j'ai été sûr que c'était de son écriture.

Mᵉ Labori. — Voulez-vous me permettre, monsieur le président, de vous demander, en vertu de votre pouvoir discrétionnaire, de vouloir bien ordonner que les lettres transmises par le général Roget soient versées au débat?

Le Président. — Je l'aurais déjà fait, si elles avaient été intéressantes. Mais il n'y a, dans toutes ces lettres, que des récriminations personnelles contre les uns et les autres qui ne peuvent nous apporter aucune espèce de lumière.

Je les ai donc conservées sans les verser au dossier.

Mᵉ Labori. — Voulez-vous me permettre, monsieur le Président, de vous faire une observation respectueuse?

Le commandant Esterhazy se trouve en cette affaire, bien qu'acquitté juridiquement en 1898, dans une situation extrêmement particulière.

Le Conseil sait, et nous n'avons pas dissimulé notre impression dans ce débat, que notre opinion est que le commandant Esterhazy est l'auteur des faits imputés au capitaine Dreyfus.

M. le commandant Esterhazy, auquel on a cependant accordé un sauf-conduit pour venir en France, se dérobe à toutes dépositions, à tous témoignages.

Il est cependant dans l'affaire, avec un ou deux autres qui sont également absents pour des raisons diverses, le témoin véritablement nécessaire.

Dans ces conditions, monsieur le président, j'estime que rien de ce qu'écrit le commandant Esterhazy n'est indifférent, et je me permets d'insister. Et, dans le cas où vous ne croiriez pas devoir verser ces lettres au dossier, je serais obligé de déposer des conclusions, ce qui m'est très pénible, je serais dans l'obligation de conclure pour obtenir la mise des pièces au dossier.

D'autant plus que ces pièces me paraissent vous avoir été remises en votre qualité de président.

LE PRÉSIDENT. — Ces pièces m'ont été remises à toutes fins utiles, pour en faire ce que je voudrais.

LE GÉNÉRAL ROGET. — Les pièces ont été remises pour que le commandant Esterhazy ne me compromette pas comme il a l'air de vouloir le faire.

Mᵉ LABORI. — Je voudrais voir verser ces pièces au dossier.

LE PRÉSIDENT. — Si je ne l'ai pas fait, c'est qu'elles ne contenaient absolument rien qui puisse nous éclairer. Enfin, si vous y attachez une importance quelconque ?...

Mᵉ LABORI. — Permettez-moi de vous dire que dans une affaire aussi grave, sans suspecter d'une façon quelconque la rectitude de votre appréciation, la défense a le droit de demander à être rendue juge de la valeur de documents qui émanent du commandant Esterhazy.

LE PRÉSIDENT. — Ces documents appartiennent au général Roget qui me les a communiqués. Si l'on veut qu'on les verse au débat, je suis prêt à le faire.

LE GÉNÉRAL ROGET. — Moi, je ne les connais même pas, je ne puis rien dire.

Mᵉ LABORI. — M. le général Roget ne me les a pas remis à moi, il vous les a remis à vous ; j'estime que, par le fait que vous les avez reçus, vous n'avez pu les recevoir que comme président et qu'ils appartiennent aux débats.

Le président. — C'est une appréciation.

M⁰ Labori. — C'est entendu, mais je me permets d'insister...

Le président. — Si vous voulez, je les verserai aux débats. Si je ne l'ai pas fait, c'est qu'elles ne contiennent rien, et je l'ai fait en m'en rapportant à l'article 270 du Code d'instruction criminelle, en écartant des débats ce qui tend à les allonger, sans avoir l'espoir d'éclairer la question.

M⁰ Labori. — Permettez-moi de vous répéter encore une fois qu'il s'agit là du commandant Esterhazy.

Le président. — Si vous y tenez, je vais les verser, mais je vous dis qu'elles ne contiennent absolument rien que des injures, que des récriminations personnelles.

M⁰ Labori. — Nous sommes tellement désireux d'arriver à la vérité !

Le général Roget. — J'ai la première lettre ; celle-là, je ne savais pas de qui elle était. Je l'ai ouverte, je l'ai copiée ; je puis en donner lecture.

Le président. — Lisez-la ; ces lettres, c'est entendu, seront versées au dossier.

Le général Roget, *lisant :*

Mon Général,

J'ai l'honneur de vous informer que je vous adresse ce jour, par pli recommandé, une volumineuse lettre que je vous prie de bien vouloir faire réclamer à la poste. Elle établit victorieusement, je crois, l'existence du Syndicat. Elle prouve aussi que je ne suis pas le misérable capable de tout pour de l'argent ; mais ceci est, au point où en sont les choses, une question fort secondaire. J'ai télégraphié hier au rédacteur du *Matin*, la seule personne que je connaisse à Rennes, pour avoir votre adresse exacte ; il ne m'a pas répondu. Je n'en suis pas autrement surpris.

M. Serge Basset. — Oh, mon général ! C'est que ma réponse ne lui était pas encore arrivée.

Le général Roget. — Je ne prends pas pour moi ce que dit Esterhazy.

M. Serge Basset. — Je le comprends.

Le général Roget, *continuant la lecture :*

Les journaux anglais ne dissimulent pas la surprise où ils sont de l'acquittement de Dreyfus et de la complicité de certains des juges. Le *Star* d'aujourd'hui dit dans sa troisième page... C'est en anglais.

Je ne comprends pas très bien l'anglais, mais je crois que cela veut dire :

« Il est évident que le Président de la Cour martiale est décidé à acquitter ou quelque chose comme cela. Les autres journaux écrivent : « Désastre de la glorieuse armée, les généraux faussaires, etc, etc... »

Les démentis Schwarzkoppen et Panizzardi étaient connus d'avance et annoncés depuis plus de quinze jours. J'ai fourni à cet égard tous les renseignements ; avec l'imbécillité toujours suivie à mon égard, on n'en a pas tenu compte. J'ai déjà écrit depuis longtemps que le Conseil serait celui de Bourges ou de Rennes. J'ai fourni tous ces renseignements qui courent les rues. »

Voilà l'importance de la lettre.

M⁰ LABORI. — Il annonce une volumineuse correspondance.

LE GÉNÉRAL ROGET. — Celle-là, j'y ai jeté un coup d'œil ; elle contient des renseignements de toute nature, mais à partir de ce moment-là je n'y ai plus fait attention. Je regrette beaucoup, autant que la défense, qu'Esterhazy ne soit pas là, parce que je prierais M. le président de lui poser un certain nombre de questions au sujet de la manière par laquelle il a écrit le bordereau par ordre du colonel Sandherr, questions qui le mettraient probablement en fort mauvaise posture.

M⁰ LABORI. — J'aurai probablement encore d'autres questions à poser, monsieur le président.

LE COMMISSAIRE DU GOUVERNEMENT. — Toujours dans cet ordre d'idées, pour compléter la question des lettres, je dois avouer au Conseil que moi aussi j'ai reçu des lettres d'Esterhazy et que je ne les ai pas lues. Je priais mon collègue et ami de vouloir bien les parcourir pour me dire si par hasard il y avait quelque chose dedans, il me répondait non, et on mettait cela au panier. Voilà l'importance des lettres d'Esterhazy à mon avis !

LE PRÉSIDENT. — Avez-vous, maître Labori, d'autres questions à poser au témoin ?

M⁰ LABORI. — Non, monsieur le président, mais j'aurais d'autres questions à poser à M. le général Roget.

LE PRÉSIDENT. — Est-ce relatif à la déposition de M. Serge Basset ?

M⁰ LABORI. — Oui. Voici ma première question : Le général Roget, qui somme toute s'est occupé tout particulièrement de l'affaire Dreyfus, et qui nous apporte ici comme à la Cour de cassation le résultat de ses enquêtes personnelles, ordonnées et autorisées d'ailleurs par le ministre, accepte-t-il pour bons les aveux d'Esterhazy.

LE GÉNÉRAL ROGET. — Non pas.

Mᵉ LABORI. — Bien. Pourquoi?

LE GÉNÉRAL ROGET. — Parce que toutes les versions qu'a données Esterhazy sont inexactes, matériellement fausses.

Mᵉ LABORI. — Mais cependant...

LE GÉNÉRAL ROGET. — Je l'ai dit dans ma déposition devant le conseil de guerre ; il n'y a qu'à s'y reporter.

Mᵉ LABORI. — Pardon, monsieur le président, est-ce que le général Roget croit qu'un homme s'accuse d'avoir écrit une pièce aussi grave uniquement pour l'art?

LE GÉNÉRAL ROGET. — Ah! je ne sais pas pourquoi Esterhazy s'accuse de cela, je n'ai pas à le rechercher.

Mᵉ LABORI. — Alors, précisons : Le général Roget a dit ailleurs et a insinué...

LE GÉNÉRAL ROGET. — Je n'insinue jamais rien !

Mᵉ LABORI. — ... enfin a fait entendre ou a déclaré qu'Esterhazy en somme était payé par un syndicat pour avouer avoir écrit le bordereau. Est-ce que le général Roget maintient cette prétention?

LE GÉNÉRAL ROGET. — J'ai dit devant la Cour de cassation, j'ai répété devant le Conseil de guerre qu'Esterhazy, dans le conseil d'enquête devant lequel il a comparu, avait dit qu'on lui avait offert 600,000 francs pour se déclarer l'auteur du bordereau. Je ne m'approprie en aucune façon la déclaration d'Esterhazy.

LE PRÉSIDENT. — Le général Roget a eu déjà l'occasion de faire cette déclaration.

Mᵉ LABORI. — Eh bien, est-ce que le général Roget prétend qu'Esterhazy est un homme de paille?

LE GÉNÉRAL ROGET. — Oh! je n'ai pas fait cette recherche, je ne peux pas me prononcer. Je l'ai dit plusieurs fois, je n'y comprends rien ; c'est un simulateur tel que je ne peux rien tirer de ce qu'il dit.

Mᵉ LABORI. — Par conséquent le général Roget n'affirme pas et ne déclare pas qu'Esterhazy est un homme de paille qui se substituerait ou qui aurait intérêt à se substituer à Dreyfus.

LE GÉNÉRAL ROGET. — J'ai une tendance à le croire, mais je n'en ai pas de preuve.

Mᵉ LABORI. — Monsieur le président, si le général Roget veut bien se prêter à la continuation de ce petit questionnaire, nous

allons examiner cette hypothèse : M. le général Roget a une tendance à croire...

Le Président. — Permettez, monsieur le défenseur, nous entrons dans la discussion ; demandez des renseignements au général
Roget, mais ne discutez pas.

Me Labori. — Le général Roget s'est fait ici, avec quelques
autres, un accusateur : nous avons donc le droit de discuter.

Le Président. — Vous en avez le droit, mais pas dans ce
moment-ci à la barre.

Me Labori. — Comment pourrais-je plaider si je n'ai pas la
version exacte ?

Le Président. — Faites des questions, ne discutez pas.

Me Labori. — Eh bien, le général Roget a donc une tendance à
croire qu'Esterhazy est un homme de paille ?

Le Président. — Avez-vous cette tendance ?

Le Général Roget. — Oui, mais je n'en ai aucune preuve.

Le Président, à Me Labori. — Posez une simple question pour
ne pas perdre notre temps.

Me Labori. — J'espère que ce sera la dernière fois que j'en
poserai. Eh bien, est-ce qu'alors M. le général Roget a une tendance à croire qu'Esterhazy était un homme de paille dès 1894 ?

Le Général Roget. — Non, je ne le crois pas.

Me Labori. — Voulez-vous être assez bon pour demander au
général Roget quand il croit qu'Esterhazy est devenu un homme
de paille ?

Le Général Roget. — Je n'ai pas fait de recherches à ce sujet.

Me Labori. — Alors, sur quoi se fonde la croyance du général
Roget ?

Le Général Roget. — Je me fonde sur le rôle général d'Esterhazy et sur ce qu'il a cherché à compromettre l'Etat-Major dans
diverses circonstances. Or, je sais pertinemment que les généraux de
l'Etat-Major n'ont pas eu de relations avec lui. Il a laissé traîner
des papiers dans les potiches, et il a fait certaines autres manœuvres qui sont exposées tout au long dans ma déposition
devant la Cour de cassation et sur lesquelles je me suis fondé ; je
n'ai pas à y revenir.

Me Labori. — Le général Roget dit qu'il est à sa connaissance
que les généraux n'ont pas eu de relations avec Esterhazy.

Le Président. — Nous sommes bien loin de la déposition de
M. Serge Basset en ce moment-ci.

Me Labori. — Je suis tout prêt à attendre le moment où il vous plaira de poser ces questions... Voulez-vous demander au général Roget s'il connaît les relations du colonel Henry et du colonel du Paty de Clam avec Esterhazy en 1897 ?

Le président. — Cette question a déjà été posée bien des fois.

Le général Roget. — Je reconnais que M. du Paty de Clam a eu des relations avec Esterhazy. J'en suis moins sûr pour Henry ; sauf l'entrevue de Montsouris à laquelle il a assisté en voiture et de loin, je n'ai pas connaissance que Henry ait eu d'autres entrevues avec Esterhazy.

Me Labori. — Est-ce par sympathie pour Dreyfus que le colonel Henry et le colonel du Paty de Clam se sont mis au service d'Esterhazy ?

Le général Roget. — J'ai répondu plusieurs fois sur ce point.

Me Labori. — Voulez-vous demander à M. le général Roget si, en 1896, on trouve un fait quelconque qui montre Esterhazy en rapport avec Dreyfus et sa famille ?

Le général Roget. — Pas à ma connaissance.

Me Labori. — Voulez-vous demander à M. le général Roget s'il sait pourquoi on n'a pas dit un mot du prétendu homme de paille Esterhazy au procès de 1898 ?

Le général Roget. — Je n'assistais pas au procès de 1898, je ne sais pas ce qui s'y est passé.

Me Labori. — Peut-être M. le général Gonse pourrait-il nous renseigner sur ce point.

Le président. — Nous sommes beaucoup trop loin de la déposition de M. Serge Basset, vous réinterrogerez les témoins ; si vous continuez je serai obligé de prendre une mesure radicale.

Me Labori. — Monsieur le Président, vous me retirerez la parole, c'est votre droit, et je m'inclinerai respectueusement.

Le président. — Faites des questions relatives à la déposition du témoin.

Me Labori. — N'oubliez pas que j'ai été absent des débats pendant huit jours, et que je n'ai pas pu interroger les témoins.

Le président. — Vous avez déjà interrogé trois ou quatre fois le général Roget !

Me Labori. — Oh ! bien brièvement.

Le général Roget. — Alors je demanderai moi aussi à compléter ma déposition. Je vais recommencer !

Le président. — J'aime mieux cela que de faire comparaître les témoins à chaque instant pour reposer des questions qui ont été déjà élucidées et qui reparaissent indéfiniment. Voulez-vous, maître Labori, que je renvoie M. Serge Basset et que je prie le général Roget de faire une déposition définitive pour vous ?

Me LABORI. — Je suis à vos ordres. Toutefois si la déposition de M. le général Roget pouvait se poursuivre sous forme de questionnaire libre, je serais toujours heureux de l'entendre.

LE PRÉSIDENT, à M. Serge Basset. — C'est bien de l'accusé ici présent que vous avez entendu parler ?

M. SERGE BASSET. — Oui, monsieur le président.

LE PRÉSIDENT, à l'accusé. — Avez-vous des observations à présenter sur la déposition du témoin ?

LE CAPITAINE DREYFUS. — Aucune.

LE PRÉSIDENT. — Général Roget, voulez-vous compléter votre déposition. (A Me Labori.) Et maintenant, c'est la dernière fois que vous reviendrez sur cette question. Je ne veux plus que, sous prétexte d'interroger les témoins, vous les fassiez revenir constamment sur des points sur lesquels ils ont déjà déposé.

Et maintenant, veuillez dire quels sont les points sur lesquels vous désirez que le général Roget donne un complément à sa déposition.

Me LABORI. — J'ai déjà posé quelques questions, je continue. Puisqu'il a examiné l'ensemble de l'affaire et qu'il se fonde sur le rôle général d'Esterhazy pour dire que c'est un homme de paille, voulez-vous demander au général Roget pourquoi il n'en a pas dit un mot en 1898 ?

LE GÉNÉRAL ROGET. — J'ai répondu déjà que je n'en sais rien. Je n'ai pas assisté au procès de 1898, je ne sais pas ce qui s'est passé et je n'ai dirigé personne dans cette affaire ; j'ai fait une enquête pour mon compte, je n'ai rien eu à diriger.

Me LABORI. — Le général Roget maintient une opinion ; sur quoi se fonde-t-il ? Il dit que c'est sur le rôle général du commandant Esterhazy, et quand j'arrive à des questions précises, il ne répond plus.

LE GÉNÉRAL ROGET. — Je vous demande pardon.

Me LABORI. — Si le commandant Esterhazy est un homme de paille, pourquoi n'a-t-il pas avoué en 1898 ?

LE GÉNÉRAL ROGET. — Je n'en sais rien.

Me LABORI. — Mais vous avez dit que...

LE PRÉSIDENT, interrompant Me Labori. — Vous donnez trop de développement à vos questions ; on ne peut pas en saisir le sens précis.

Me LABORI. — J'ai cependant le droit de les faire comprendre.

LE PRÉSIDENT. — Si vous désirez que nous comprenions, je vous engage à être plus bref.

Mᵉ LABORI. — Si le commandant Esterhazy a été un homme de paille, il a dû servir Dreyfus. Je demande comment, dans le système du général Roget, on explique que le commandant Esterhazy n'ait pas avoué en 1898.

LE GÉNÉRAL ROGET. — Le commandant Esterhazy joue un rôle très habile; il rend, il reprend. C'est ainsi qu'il a consenti à jouer ce rôle. Voilà comment je me l'explique.

Mᵉ LABORI. — Alors, comment le général Roget explique-t-il que le commandant n'ait pas davantage avoué au procès Zola? A ce moment, il était acquitté définitivement.

(*Le général Roget fait un geste d'ignorance.*)

LE PRÉSIDENT. — Vous voulez dire, mon général, que vous n'étiez pas dans la peau du commandant Esterhazy... (*A Mᵉ Labori.*) Vous demandez au témoin des choses qu'il ne peut pas dire. Il est ici pour dire ce qu'il a vu, su et entendu, mais non pour donner son appréciation sur les faits, sa pensée sur les gens.

Mᵉ LABORI. — Je fais remarquer que le général Roget n'est pas allé devant la Cour de cassation et n'est pas venu devant le Conseil de guerre pour déposer des faits qu'il a vus et connus. Il est venu apporter devant vous le résultat d'une enquête à laquelle il s'est livré, et on peut dire qu'il a présenté ici plutôt un réquisitoire qu'un témoignage, et je suis sûr que vous penserez et que le Conseil pensera comme moi.

Dans ces conditions, j'estime avoir le droit de demander compte au général Roget d'opinions qui constituent des charges.

Alors, je lui demande sur quoi il se fonde pour dire que le commandant Esterhazy est un homme de paille. Il me répond que c'est sur son rôle général, et quand j'arrive à examiner ce rôle général et à poser des questions précises, il refuse de répondre.

LE PRÉSIDENT. — Vous êtes ici, mon général, pour déposer sur les faits que vous connaissez. On n'a pas le droit de vous demander votre pensée et votre appréciation.

Vous répondrez, par conséquent, si vous voulez.

LE GÉNÉRAL ROGET. — Parfaitement, monsieur le président.

Mᵉ LABORI. — Je crois que j'ai suffisamment montré quelle était ma pensée en posant des questions précises à M. le général Roget. Je vais les résumer dans une question générale que j'ai déjà posée à M. le général Roget, et à laquelle il n'a pas répondu : « Sur quoi fonde-t-il son opinion qu'Esterhazy est un homme de paille? »

Le président. — Il l'a déjà dit deux ou trois fois.

Le général Roget. — Je la fonde sur ceci, c'est que, quand on a fait des perquisitions chez lui, il avait laissé en évidence et placé à exprès des lettres compromettantes pour les généraux.

Le président. — Voilà trois ou quatre fois que le général Roget a répondu là-dessus.

Le général Roget. — J'ai dit qu'en outre, à propos de je ne sais plus quel procès, il avait envoyé à son avocat une dépêche en clair extrêmement compromettante pour les généraux et faite à dessein. J'ai cité, devant la Cour de cassation, d'autres motifs dont je ne me souviens pas en ce moment.

Mᵉ Labori. — Je ferai remarquer que tout cela est antérieur en date au Conseil d'enquête devant lequel a comparu Esterhazy. Or, à ce conseil d'enquête, il n'a pas été dit un mot de cette hypothèse, et après ce Conseil le général Zurlinden a transmis au ministre la décision du Conseil dans une lettre plutôt indulgente.

Je demande qu'il soit donné lecture du procès-verbal du Conseil d'enquête d'Esterhazy, du rapport Kerdrain qui le précède et de la lettre de M. le général Zurlinden. Je demanderai ensuite si c'est ainsi qu'on parle d'un homme de paille, alors que tous les faits étaient connus à ce moment-là.

Le général Zurlinden. — Je demande la parole.

Le président. — Greffier, veuillez donner lecture des documents dont il est question.

Le greffier Coupois *donne lecture des pièces suivantes :*

DOSSIER DU CONSEIL D'ENQUÊTE ESTERHAZY

Le général Zurlinden, gouverneur militaire de Paris, à Monsieur le ministre de la guerre (Cabinet).

Paris, le 28 août 1898.

Monsieur le ministre,

J'ai l'honneur de vous transmettre ci-joint le procès-verbal, ainsi que le dossier du Conseil d'enquête devant lequel a été envoyé, par votre ordre, M. le chef de bataillon en non activité Walsin-Esterhazy.

Le procès-verbal mentionne des révélations graves sur le rôle de certains officiers de l'état-major de l'armée dans la première affaire Esterhazy.

Ces révélations ont fortement impressionné le Conseil d'enquête et ont eu une grande influence sur le résultat de ses votes.

Le résultat est négatif pour deux questions et affirmatif — mais seulement à la majorité de 3 contre 2 — pour la question de « l'inconduite habituelle ».

En se rapportant aux usages de l'armée, il y aurait donc lieu d'user d'indulgence à l'égard du commandant Esterhazy, ou de se contenter d'une punition disciplinaire : la non-activité par retrait d'emploi.

Dans le cas où vous voudriez, néanmoins, prononcer la réforme de cet officier supérieur, je me permets d'émettre l'avis que le rapport accompagnant le décret de réforme devrait spécifier loyalement que la réforme est prononcée pour inconduite habituelle, le Conseil d'enquête ayant repoussé les questions de faute contre la discipline ou contre l'honneur.

Signé : Général ZURLINDEN.

GOUVERNEMENT MILITAIRE DE PARIS. — CONSEIL D'ENQUÊTE DE RÉGION.

Rapport du colonel Kerdrain sur les faits reprochés à M. le commandant Walsin-Esterhazy, actuellement en non-activité pour infirmités temporaires et traduit devant un Conseil d'enquête.

Paris, le 22 août 1898.

Avant de relater les faits qui amènent devant le Conseil d'enquête M. le commandant Walsin-Esterhazy, nous croyons devoir rappeler brièvement les services de cet officier supérieur.

Entré au service en 1870, comme sous-lieutenant au titre étranger, provenant de la légion romaine, M. Esterhazy assiste à divers combats livrés par l'armée de la Loire et s'y fait remarquer par son entrain, sa bravoure. Lieutenant le 21 février 1874, il est promu capitaine au choix le 16 septembre 1880. Il est mis hors cadres au titre des affaires indigènes de la Tunisie, par décision ministérielle du 17 février 1882, et reste dans ce service jusqu'au 29 février 1884, date à laquelle il est affecté au 7e bataillon de chasseurs à pied, puis au 18e en garnison à Courbevoie.

Promu major au choix au 110e de ligne, le 10 juillet 1892, cet officier passe avec son nouveau grade au 74e de ligne. Son stage terminé, il est maintenu dans son corps comme chef de bataillon du cadre complémentaire...

Me LABORI. — Je n'insiste pas pour que l'on achève cette lecture, monsieur le Président. Mais soyez persuadé que je considère les questions que je pose comme indispensables. Cependant, je ne tiens pas à allonger inutilement le débat.

LE PRÉSIDENT. — Cette lecture me paraît inutile ; les membres du Conseil en ont connaissance et elle prolongerait pendant des heures inutilement le débat.

Me LABORI. — M. le général Zurlinden a demandé la parole. Je n'apprécie pas ce qu'il a fait; il est libre de ses actes, mais je demande si c'est un homme de paille pour lequel on exprime l'opinion que M. le général Zurlinden a exprimée dans sa lettre.

LE PRÉSIDENT. — Vous avez demandé la parole à ce sujet; voulez-vous nous fournir des explications?

LE GÉNÉRAL ZURLINDEN. — Il vient d'être parlé du Conseil d'enquête, qui a eu à donner son avis au sujet de la réforme du commandant Esterhazy.

J'étais à ce moment gouverneur militaire de Paris et je puis donner au Conseil des renseignements sur les mobiles qui ont poussé le Conseil d'enquête à émettre un avis tel qu'il figure au dossier qui est en ce moment entre les mains du Conseil.

Le Conseil d'enquête comme toute espèce de Conseil d'enquête, n'a eu à donner son avis que sur des questions qui ont été posées par le Ministre. Quand un officier paraît devant un Conseil d'enquête, c'est le ministre de la guerre qui fait le dossier; le dossier arrive entièrement constitué et le Conseil d'enquête n'a pas à s'écarter des questions que le ministre lui pose.

Parmi les questions qui ont été posées pour le commandant Esterhazy, il y avait une question qui était très grave : le ministre accusait ou tout au moins donnait des documents qui accusaient le commandant Esterhazy d'avoir écrit une lettre au Président de la République dans laquelle il faisait intervenir des souverains étrangers. Pendant le Conseil d'enquête, au moment où on a examiné cette question, le commandant Esterhazy a mis au pied du mur le lieutenant-colonel Du Paty de Clam et l'a forcé d'avouer que c'était lui qui lui avait dicté cette lettre au Président de la République.

Il est bien certain que cette circonstance a dû produire un très gros effet sur l'esprit des membres du Conseil.

Le deuxième chef d'accusation était très grave : on prétendait que le commandant Esterhazy s'était associé ou avait voulu s'associer avec la tenancière d'un établissement de mauvais aloi. Le renseignement qui avait été envoyé par le ministre sur cette question consistait exclusivement dans un rapport de police et même ce n'était pas un rapport de police, c'était un simple renseignement de police non signé et dans lequel on se bornait à relater les propos de la tenancière.

Quand on a lu le document devant le Conseil, le commandant Esterhazy a protesté vivement et les membres du Conseil ont cru — je partage leur opinion — qu'ils ne devaient pas toucher à l'honneur d'un officier uniquement sur un simple renseignement de police non signé et non contrôlé.

En somme, la décision du Conseil a été prise uniquement sur la vie privée du commandant Esterhazy. Tous les autres chefs d'accusation sont tombés devant lui. Dans ces conditions-là, le Conseil a pu croire encore à ce moment que le commandant Esterhazy était ce qu'on a appelé le « condottieri ». Ce sont ces sentiments que j'ai exprimés dans la lettre qu'on vient de vous lire. J'ai cru qu'il était de mon devoir, moi qui étais le dernier défenseur du commandant Esterhazy, quelle que fût mon opinion personnelle sur sa situation absolument troublée à ce moment-là, de dire au ministre quelles étaient les conséquences qu'au point de vue des traditions de l'armée on devait invoquer en faveur du commandant Esterhazy.

Depuis, je dois affirmer que le commandant Esterhazy s'est conduit de telle façon, qu'il a montré qu'il était un besogneux, à court de toute espèce de ressources, au bout de tous ses moyens, et qu'en ce moment-ci il serait impossible de croire en quoi que ce soit à aucune allégation de cet officier. Je n'ai rien autre à dire.

LE PRÉSIDENT. — Je vous remercie.

M⁰ LABORI. — Personnellement je remercie M. le général Zurlinden et je prie simplement le Conseil de retenir ce qu'il pense des renseignements de police. Je crois qu'il y a là, au point de vue de la défense du capitaine Dreyfus, une observation d'un intérêt capital.

LE PRÉSIDENT. — L'incident est clos. Nous allons suivre les dépositions des témoins.

M⁰ LABORI. — Je n'ai plus qu'un mot... Voulez-vous me permettre une autre question ? Je la crois indispensable.

LE PRÉSIDENT. — Non, non, non.

M⁰ LABORI. — C'est au général Billot ; je voudrais lui demander pourquoi...

LE PRÉSIDENT. — Je ne veux pas recommencer les dépositions. En voilà assez !

M⁰ LABORI. — Pourquoi le ministre a reçu le document libérateur d'Esterhazy ?

LE PRÉSIDENT. — Maître Labori, vous abusez.

LE GÉNÉRAL ROGET. — Je répondrais très bien à l'affaire Corninge, si on voulait, et au « je vais partir en manœuvres ».

LE PRÉSIDENT. — Vous avez des renseignements utiles relatifs à l'affaire, mon général ? Veuillez nous les donner. S'ils sont relatifs à l'affaire Dreyfus, je ne demande pas mieux que de les entendre.

Seulement les questions à côté, je suis absolument résolu à les écarter.

Mᵉ DEMANGE. — Voulez-vous me permettre, monsieur le Président, avant que le général Roget n'aborde un nouvel ordre d'idées, de relever ce qu'il a dit tout à l'heure en réponse à une question posée, parce que j'ai été très frappé par ses paroles. M. le général Roget a dit : « J'ai considéré qu'Esterhazy pouvait être un homme de paille, parce qu'il a cherché à compromettre l'état-major. »

Voulez-vous demander à M. le général Roget comment il comprend que l'intérêt de la défense de Dreyfus sur le terrain judiciaire, le seul dont nous ayons à nous préoccuper, soit de compromettre l'Etat-Major. Voilà ma question.

Le Président répète la question à M. le général Roget.

LE GÉNÉRAL ROGET. — Mais je parle pour Esterhazy ; c'est Esterhazy qui fait cela, je ne parle pas de la défense.

Mᵉ DEMANGE. — Mais pourquoi M. le général Roget dit-il qu'Esterhazy est un homme de paille ? Il ne peut y avoir un homme de paille que dans l'intérêt de Dreyfus.

Or, les intérêts de Dreyfus ce sont ceux que nous défendons ici, et je demandais à M. le général Roget comment il pouvait concilier cette pensée de défendre Dreyfus et de compromettre l'Etat-Major.

Mais remarquez donc bien que ce qu'il y a de plus malheureux pour nous dans cette affaire, c'est précisément qu'on a posé la question entre Dreyfus innocent, et l'honneur de l'armée attaqué.

LE GÉNÉRAL ROGET. — Il y a aussi l'aveu fait par Esterhazy qu'il est l'auteur du bordereau.

Cela me paraît tout à fait inadmissible.

Si Esterhazy venait nous dire qu'il est l'auteur du bordereau en nous apportant, non pas des preuves, — je ne lui en demande pas, mais des présomptions qui se tiennent un peu seulement, — je dirais que c'est peut-être vrai, je changerais peut-être d'opinion ; mais il vient déclarer qu'il est l'auteur du bordereau et il n'en fournit que des versions ridicules.

Mᵉ DEMANGE. — Pourquoi M. Esterhazy dirait-il qu'il est l'auteur du bordereau, ou plutôt comment M. le général Roget comprend-il qu'Esterhazy puisse avoir un intérêt quelconque à ne pas avouer qu'il est l'auteur du bordereau ?

LE GÉNÉRAL ROGET. — Si vous voulez mon opinion sur Esterhazy, je vous dirai que pour moi il est absolument étranger à la trahison.

Le président, *au général Roget*. — Veuillez maintenant nous donner les renseignements au sujet de Corninge que vous avez dit tout à l'heure pouvoir nous donner.

Le général Roget. — Il y a eu dans une dernière audience une discussion du mot « partir en manœuvres » du bordereau.

J'ai été amené à la barre à prendre la parole, mais, à la suite des diverses circonstances, je crois que je ne me suis pas bien fait comprendre, et je demande à y revenir.

Les officiers qui sortent de l'Ecole de guerre et qui vont faire un stage de deux ans dans un état-major sont tenus, au cours de ce stage, d'accomplir chaque année une période dans un corps de troupe d'une arme différente de la leur.

L'une de ces périodes doit s'accomplir obligatoirement à l'époque des grandes manœuvres, l'une d'elles seulement ; ce sont les termes du décret de 1891. Pourquoi ? Parce qu'il faut qu'une année sur deux ces stagiaires soient disponibles pour participer aux grandes manœuvres de leur état-major.

C'est ce qui se passe déjà à l'Ecole supérieure de guerre. A l'Ecole supérieure de guerre, les élèves vont, en première année, faire les grandes manœuvres avec un corps de troupes, et, dans leur seconde année, avec un état-major. *A fortiori* les officiers qui font un stage de deux ans dans les états-majors, doivent-ils au moins une fois prendre part aux grandes manœuvres avec cet état-major, puisque c'est là qu'ils vont apprendre le service en campagne.

Voilà ce qui s'est passé et ce qui se passe actuellement pour tous les stagiaires.

Avant l'année 1894, les stagiaires étaient soumis à un régime différent ; au lieu de faire deux périodes, une période chaque année de trois mois, ils faisaient une période d'un mois, et cette période-là ils la faisaient deux fois dans un corps de troupes, les deux fois pendant les grandes manœuvres. En voici la raison :

Le mois de septembre est habituellement (pas en 1894, parce qu'on faisait le travail de la couverture), à l'Etat-Major, une période de chômage, parce que la plupart des officiers titulaires sont dispersés dans les différents états-majors pour suivre les grandes manœuvres ; il en résulte donc que les stagiaires faisaient leur période d'un mois dans les corps de troupes à l'époque des grande manœuvres, et il en résultait qu'ils n'allaient jamais aux grandes manœuvres avec les états-majors. En 1894, on a voulu les faire rentrer dans la règle commune, c'est-à-dire leur appliquer le décret d'octobre 1891, et c'est pour cela et uniquement pour cela qu'a été faite la circulaire du 17 mai 1894. Si j'applique dans son esprit cette circulaire aux stagiaires de deuxième année, je vois que ces stagiaires avaient fait l'année précédente une période d'un mois dans un corps de troupes à l'époque des grandes manœuvres ; ils avaient ainsi accompli déjà la prescription du décret de 1891 en ce qui concerne la période à faire par les stagiaires. Alors, que fait-on pour ces stagiaires de deuxième année ? On leur fait faire leur période de trois mois en dehors des grandes manœuvres, et c'est ainsi qu'on fixe la période du 1er octobre au 31 décembre. Cela signifie-t-il qu'ils n'auront pas à aller aux grandes manœuvres avec l'état-major ? En aucune façon. L'esprit de la circulaire de 1894 est tout le contraire : on les laissait disponibles à l'époque des grandes manœuvres pour qu'ils pussent y aller avec les états-majors, et ce qui prouve qu'ils ont bien tous compris comme cela, c'est premièrement la démarche du capitaine Momet auprès du chef d'État-Major, deuxièmement le témoignage très précis de tous ceux qui ont des souvenirs de cette époque. Le capitaine Lemonnier lui-même, sur une question qui lui a été posée par M. le capitaine Beauvais, a répondu : Je savais que je ne ferais pas les manœuvres avec un corps de troupe, mais je voyais la possibilité de les faire avec un état-major.

Voilà quel était l'état d'esprit des stagiaires, et la circulaire du 17 mai 1894, leur donnait parfaitement le droit d'être dans cet état d'esprit. Alors, il s'est produit ceci : les chefs de bureau ont fait le raisonnement que nous apportent actuellement M. Picquart, M. de Fonds Lamothe et l'accusé lui-même. Ils ont dit : « Voilà des stagiaires qui vont être absents déjà pendant trois mois ; si on les envoie encore aux manœuvres, ils ne resteront plus que deux mois présents au bureau. Comme il y avait des travaux exceptionnels très importants à faire à cette époque à l'État-Major de l'armée, ils ont demandé au sous-chef d'État-Major général et au chef, de ne pas envoyer les stagiaires aux manœuvres ; ceci s'est passé au mois d'août sur des demandes verbales faites par les chefs de bureau à M. le général Gonse, alors sous-chef d'État-Major. M. le général Gonse doit s'en souvenir. Il résulte de ceci, que la circulaire du 17 mai 1894 n'a jamais entendu interdire aux stagiaires d'aller aux grandes manœuvres avec un état-major. Au contraire, l'esprit de cette circulaire était qu'ils devaient y aller, comme cela était aussi l'esprit du décret de 1891. S'ils n'y sont pas allés, c'est en raison des travaux qui ont été faits cette année-là à l'État-

Major de l'armée. Voilà ce que je voulais dire à ce sujet.

On a parlé d'un agent nommé Corninge. Cet agent était un individu recruté par Lajoux ; c'était un des pires agents qu'il y ait eu au ministère de la guerre, et nous l'avons exécuté d'assez bonne heure.

C'était un paresseux, d'une moralité plus que douteuse, et il a cessé de faire partie du service du contre-espionnage à l'égard d'une certaine puissance de l'Europe centrale. Il a demandé alors lui-même à se mettre en relations avec un attaché militaire appartenant à une autre puissance. On l'a laissé faire. Il y est entré, en effet, en 1892 ou 1893 ; je ne sais pas exactement la date. Ce manège a duré un certain temps. Cet attaché militaire, qui ne fait pas d'espionnage, est entré en relations avec Corninge, d'abord indirectement, puis très directement, et il en a reçu quelques confidences, et Corninge, de son côté, a rapporté quelques indications au service des renseignements. Mais le manège ne fut pas continué, et non seulement on mit Corninge à la porte, mais encore on déposa contre lui une plainte à la Préfecture de police pour s'en débarrasser.

Et c'est un an après qu'on avait déposé cette plainte que Corninge est venu raconter à l'Etat-Major général de l'armée, qu'il était rentré en grâce auprès de cet attaché militaire, et, qu'il avait vu copier chez lui le manuel de tir de 1895 ; et, pour donner quelque poids à ces racontars, il a dit qu'il avait fait une maculature à une page du manuel de 1895. Comme on vous l'a expliqué, on a fait rentrer tous les manuels, et la maculature ne s'y trouvait pas.

C'était pour prouver que les fuites avaient continué et que le témoignage de Corninge ne prouve absolument rien pour les raisons que je viens de vous donner.

M⁰ DEMANGE. — Je veux simplement faire une réserve sur un point : M. le général Roget a donné tout à l'heure les raisons qui lui permettent d'affirmer que les mots : « Je vais partir en manœuvres », peuvent avoir été écrits par Dreyfus, et il a donné, sur l'esprit de la circulaire, des explications au Conseil.

Je demande que le Conseil veuille bien réserver son appréciation et me faire crédit jusqu'à ce qu'à mon tour j'aie pu donner mon sentiment là-dessus, parce que c'est de la discussion et que je ne veux pas répondre.

LE PRÉSIDENT. — Vous aurez le droit de discuter cette question dans la plaidoirie.

Mᵉ LABORI. — En ce qui concerne Corninge, à quelle date a-t-il été renvoyé par le service des renseignements?

LE GÉNÉRAL ROGET. — Je ne puis pas vous dire. Je vous apporterai le renseignement demain. Il a commencé par être renvoyé du service des renseignements dans le service de contre-espionnage en ce qui concerne une puissance autre que celle à laquelle nous faisions allusion. On a commencé à l'exécuter; c'est alors que lui-même a demandé à essayer à se mettre en rapports avec un attaché militaire.

Mᵉ LABORI. — Alors les faits racontés par le sieur Corninge se sont bien passés comme il le dit.

LE GÉNÉRAL ROGET. — Il avait été renvoyé une première fois par le service des renseignements, puis s'était mis en relations avec un attaché militaire. Et cet attaché l'avait renvoyé lui-même et avait même déposé, m'a-t-on dit, une plainte à la Préfecture pour se débarrasser du chantage que Corninge voulait exercer contre lui.

Mᵉ LABORI. — Je ne connais pas Corninge et n'ai pas la prétention de me porter garant de son honorabilité. Il est certain que le fait a été porté à la connaissance du chef du service des renseignements en 1896, et on a fait...

LE GÉNÉRAL ROGET. — Il en est résulté qu'on a fait rentrer les manuels de tir et qu'on n'a pas trouvé de maculature.

Mᵉ LABORI. — J'avais encore deux ou trois questions à poser, mais je ne veux pas allonger encore les débats, et j'y renonce.

LE CAPITAINE DREYFUS. — J'aurais un mot à dire, c'est sur la période des manœuvres. Le Conseil a à sa disposition la circulaire du 17 mai qui est claire et nette. Je rappellerai qu'en août 1894, on a demandé aux stagiaires le régiment dans lequel ils désiraient faire leur époque de stage. Cette désignation a été la conséquence de cette circulaire du 19 août. On a envoyé au gouverneur militaire de Paris la liste des régiments que nous avions demandés. Notre situation était très nette.

Par conséquent notre situation était très nette. Quant au voyage d'Etat-Major, nous avions participé tous à un voyage d'Etat-Major de fin juin aux premiers jours de juillet, voyage qui avait duré une quinzaine de jours. Je ne sais pas si dans l'esprit de certains officiers il y a pu y avoir des doutes, si certains officiers ont demandé à aller aux grandes manœuvres; moi je ne l'ai pas demandé. Je fais remarquer que dans le bordereau il y a : « Je vais partir en manœuvres », ce qui exprime une idée positive; or, non seulement je n'ai pas été aux manœuvres, mais jamais je n'ai demandé à y aller.

CENT-ONZIÈME TÉMOIN

M. CHARLES DEFFÈS

On introduit le témoin suivant, M. Deffès (Charles), 37 ans, journaliste.

LE PRÉSIDENT. — Voulez-vous faire connaître au Conseil les faits dont vous avez à déposer.

Mᵉ DEMANGE. — Monsieur le président, je crois que M. Deffès avait fait pour le journal le *Temps*, une démarche analogue à celle que M. Ribon avait faite pour le journal le *Matin*. A-t-il vu le commandant Esterhazy, et qu'est-ce que le commandant Esterhazy lui a dit ?

LE PRÉSIDENT. — Vous avez entendu la question de M. le défenseur, voulez-vous y répondre ?

M. DEFFÈS. — Mon colonel, le soir du jour où parut la déclaration du commandant Esterhazy dans le *Matin*, je partis pour Londres. Je vis le commandant Esterhazy le matin même de mon arrivée, à neuf heures et demie. Le commandant m'attendait. La conversation s'engagea immédiatement sur ses déclarations parues dans le *Matin*.

Le commandant me dit que cet article était la traduction très fidèle des déclarations qu'il avait faites l'avant-veille. Il répéta spontanément qu'il était l'auteur du bordereau, et que ce bordereau il l'avait écrit sur les indications de son vieil ami le colonel Sandherr avec lequel il avait entretenu de longues relations d'amitié.

LE LIEUTENANT-COLONEL BRONGNIART. — Vous n'avez pas eu l'idée à ce moment-là de profiter de l'occasion pour lui demander, puisqu'il était l'auteur du bordereau, qui est-ce qui avait livré les pièces énumérées à ce bordereau ?

M. DEFFÈS. — Non, mon colonel.

LE LIEUTENANT-COLONEL BRONGNIART. — C'était pourtant bien l'occasion de le faire !

M. DEFFÈS. — Je venais, en effet, pour chercher d'autres renseignements que ceux qu'avait eus mon confrère la veille. Je lui posai d'autres et nombreuses questions, mais il n'y répondit pas.

Mᵉ DEMANGE. — Est-ce qu'il n'a pas parlé des lettres à madame de Boulancy ?

M. Deffès. — Si. A un moment donné, au cours de la conversation, il fit allusion à ces lettres qui avaient été remises par madame de Boulancy ; il ajouta qu'on lui avait reproché de les avoir écrites, il fit notamment allusion à celle qu'on a appelée la lettre du uhlan. Il ajouta à propos de cette lettre qu'il ne lui faudrait peut-être pas un régiment comme il l'avait écrit, mais qu'un peloton lui suffirait pour charger dans Paris.

Me Demange. — Reconnaissait-il ainsi la lettre du uhlan ?

M. Deffès. — Il ne me dit pas : « Je suis l'auteur de la lettre » ; il me dit : « On m'a reproché toutes ces lettres remises par madame de Boulancy », et, parlant de la lettre du uhlan, il me dit, à propos d'un passage de cette lettre, je le répète : « Qu'il ne lui serait pas nécessaire d'avoir un régiment, qu'il lui suffirait d'avoir un peloton. »

Me Demange. — M. Deffès a-t-il conclu de cette réflexion que cette lettre était du commandant Esterhazy ?

M. Deffès. — J'ai conclu implicitement que la lettre était de lui.

Le capitaine Beauvais. — Le témoin était-il en correspondance écrite avec le commandant Esterhazy ?

M. Deffès. — Je l'ai vu à Londres et lui ai parlé pour la première fois. Je l'avais vu à Paris, au Palais, pendant le procès Zola.

Me Labori. — Depuis, avez-vous reçu des lettres de lui ?

M. Deffès. — Oui, j'ai trouvé à mon retour de Londres une lettre de lui. Voici ce qui s'était passé.

L'ami qui m'avait fait obtenir une entrevue du commandant m'avait dit qu'il était dans une situation pénible, qu'il n'avait pas d'argent, qu'il était presque sans ressources et il m'avait donné à entendre qu'il serait bon, si le commandant me donnait des renseignements, de reconnaître ces renseignements par une remise d'argent.

Quand j'eus vu le commandant, je songeai à m'acquitter, mais je songeai aussi à avoir par devers moi une pièce qui justifiât, vis-à-vis de mon journal, de la remise de la somme que je lui destinais.

Je ne pus arriver, à Londres, à me faire comprendre ; je revins à Paris et le lendemain je lui envoyai un mandat télégraphique.

Ma dépêche et sa lettre se croisèrent. Dans cette lettre, il me disait en substance : « Je compte bien que vous tiendrez compte de ma situation ». La somme que je lui envoyai était d'ailleurs insignifiante : cent cinquante francs.

CENT-DOUZIÈME TÉMOIN

M. TRARIEUX, *sénateur.*

M. Trarieux (Jacques-Ludovic), cinquante-huit ans, sénateur, ancien garde des sceaux.

LE PRÉSIDENT. — Connaissiez-vous l'accusé avant les faits qui lui sont reprochés ?

M. TRARIEUX, *après avoir longuement considéré le capitaine Dreyfus.* — C'est la première fois que je le vois.

LE PRÉSIDENT, *à M⁰ Demange.* — Sur quel point désirez-vous que le témoin dépose ?

M⁰ DEMANGE. — Sur ce qu'il a dit devant la Cour de cassation.

M. TRARIEUX. — Messieurs, je tiens à ce que ma déposition soit l'explication la plus complète de ma ligne de conduite dans cette affaire.

Je prends les choses à leur début.

Lorsque la condamnation de 1894 fut prononcée, j'ai, comme tout le monde, cru à la culpabilité du capitaine Dreyfus.

Cependant les polémiques violentes qui s'étaient déchaînées autour de son nom, et à l'occasion de sa qualité d'israélite, n'étaient pas sans m'avoir laissé quelque inquiétude. Je m'étais demandé si, à l'insu des juges eux-mêmes, l'atmosphère dans laquelle s'était instruite et jugée cette affaire ne lui avait pas fait perdre du calme et de la sérénité que nécessite toute œuvre judiciaire.

C'est sans doute le motif pour lequel, étant arrivé au ministère de la justice au mois de janvier 1895, c'est-à-dire peu de semaines après cette condamnation, je crus devoir m'adresser à mon collègue des affaires étrangères, M. Hanotaux, qui avait fait partie du précédent cabinet, pour lui demander s'il ne pourrait pas me fournir quelques renseignements sur les conditions dans lesquelles la condamnation avait été prononcée.

Mon collègue voulut bien me dire qu'il avait regretté le procès, qu'il avait fait tout son possible pour l'empêcher, qu'il croyait que ce procès avait été engagé sur des preuves assez légères.

Cependant il ajouta que M. le général Mercier lui avait communiqué une pièce sur laquelle l'initiale du nom de Dreyfus, la lettre alphabétique D, devait permettre de penser que Dreyfus avait entretenu des relations coupables avec un agent d'une puissance étrangère.

Je m'empresse de dire que mon collègue ne m'ajouta point que cette pièce eût été communiquée secrètement au Conseil de guerre, et il ne m'en parla que pour me rassurer.

Il y réussit dans une certaine mesure; mais j'oubliai bien vite l'affaire Dreyfus, absorbé que je fus par les affaires dont j'avais la charge, et pendant la durée de mon ministère je n'ai pas eu à m'occuper de Dreyfus.

Ce n'est qu'au courant de l'année 1896 que mon attention, messieurs, est revenue sur son affaire et voici comment.

Tout d'abord, des rumeurs qui venaient du Palais de Justice m'apprirent avec une complète certitude que la pièce dont il m'avait été donné connaissance par M. Hanotaux avait été sûrement communiquée au huis-clos du délibéré du Conseil de guerre; que, par suite, ni Dreyfus, ni sa défense n'en avaient eu connaissance.

A quelque temps de là, la publication, dans l'*Eclair*, de cette même pièce, mais travestie, dénaturée puisqu'on avait substitué à l'initiale D le nom de Dreyfus en toutes lettres, vint me confirmer ce premier renseignement.

Mon attention était éveillée, et, lorsque des brochures furent répandues dans le public, j'en pris connaissance. Je vis alors le caractère tout à fait conjectural, dubitatif, des incriminations sur lesquelles Dreyfus avait été condamné, en dehors de pièces occultes qui avaient pu être communiquées.

Je me sentis, messieurs, sincèrement troublé, surtout en ce qui concernait la communication des pièces secrètes.

Je ne pouvais m'empêcher de voir là une violation des plus graves et des plus regrettables des principes les plus essentiels du Droit.

Je n'avais pas la pensée d'en faire un crime à ceux qui avaient commis cette illégalité, si ces communications n'avaient pas été faites dans une pensée de mauvaise foi et si elles pouvaient être simplement attribuées à l'ignorance. Mais quels qu'eussent été les motifs de communications pareilles, elles étaient un oubli des droits de la défense, des règles fondamentales de notre droit pénal et rien, même la raison d'Etat, ne pouvait, à mon sens, les excuser.

Je me trouvai donc, messieurs, engrené dans cette affaire, et, malgré moi, ce souvenir ne put, un seul instant, me quitter.

Je me demandais : « Est-il possible qu'un justiciable ait été condamné sur la production de documents qu'il aurait ignorés, et

que, peut-être, s'il les avait connus, il aurait pu détruire? »
Vous comprenez comment j'eus l'oreille aux écoutes et cherchai
à me renseigner davantage.

Une circonstance voisine des faits que je rappelle me permit
bientôt d'en savoir plus long. J'avais, messieurs, au courant de
mon ministère, eu l'occasion de rendre un service dont il paraissait
alors très reconnaissant à l'un des experts du procès de 1894,
M. Teyssonnières. Lorsque j'eus quitté le ministère, M. Teyssonnières eut occasion, à diverses reprises, de venir à mon domicile
privé m'exprimer sa gratitude et, dans les visites qu'il me fit, je
pus m'entretenir avec lui du procès.

Je lui montrai mes préoccupations, mes inquiétudes. Il en paraissait extrêmement troublé. Il était pénétré d'une conviction contraire. Il me disait : « Mais Dreyfus est coupable. Il n'est pas possible que vous conserviez ces arrière-pensées. »

Un jour, messieurs, je reçus de lui une lettre qui porte la date du
2 janvier 1897, dans laquelle il me marquait visiblement le désir de
m'en faire connaître davantage.

M. Trarieux donne lecture de cette lettre :

Paris, le 2 janvier 1897.

Monsieur le sénateur,

... Les vœux et souhaits de bonne année que je forme pour vous et les
vôtres sont l'expression d'un cœur plein d'affection et de la plus profonde reconnaissance.

Les expressions sont bien faibles pour vous dire toute la gratitude
que je ressens pour l'homme qui a sauvé plus que ma vie, puisqu'il m'a
rendu l'honneur que d'infâmes calomnies avaient voulu ternir.

Il m'a semblé que vous n'étiez pas entièrement convaincu de la culpabilité du traître qui m'a occasionné tant d'amertumes. Je serais vraiment
désolé s'il vous restait le moindre doute sur la culpabilité du misérable
qui a été condamné à l'unanimité.

Votre situation d'ancien ministre de la justice vous permet de chercher
la vérité, surtout et alors que des démarches ont été faites pour démontrer l'innocence du condamné.

Les défenseurs ont tout divulgué : il n'y a plus de huis-clos, il n'y a
plus de secret sur les documents incriminés; les expertises ont été mises
au jour et on s'en est servi pour jeter le trouble et le doute sur la culpabilité du traître.

Ils ont prononcé le nom de quatre experts sur cinq. Le mien seul n'y
figure que sous la rubrique d'expert disqualifié.

C'est que mes démonstrations étaient indiscutables, inattaquables, péremptoires, et qu'en y touchant, ils auraient touché au fer rouge qui leur aurait calciné la main.

Voilà la vérité, dite par celui qui vous doit que son honneur est resté intact.

Veuillez agréer, etc.

Signé : Teyssonnières.

Je ne lis cette lettre que pour vous expliquer la suite. Elle traduisait chez M. Teyssonnières le vif désir de me convaincre. A quelque temps de là, M. Teyssonnières s'étant de nouveau présenté à mon domicile, nous reprîmes notre conversation et je lui dis que, puisqu'il désirait m'éclairer, j'étais tout disposé à l'écouter, surtout s'il était en mesure de placer sous mes yeux des documents vraiment irrésistibles et capables de me faire partager sa conviction.

Nous prîmes rendez-vous et M. Teyssonnières vint, à quelques jours de là, sans d'ailleurs que je puisse preciser la date, m'apporter le dossier dans lequel se trouvait son expertise.

Pour la première fois, je vis les écritures, celle du bordereau et les pièces de comparaison de l'écriture de Dreyfus.

M. Teyssonnières me fit ses démonstrations, les mêmes sans doute qu'il vous a soumises dans les dernières audiences. Il me montra ses calques sur gélatine, ses adaptations de lettres similaires, et il en inférait que Dreyfus devait être l'auteur du bordereau.

Ce n'était pas la première fois, messieurs, tant s'en faut, c'était peut-être la centième que je me livrais sur des documents de cette nature à de pareilles investigations, et j'avoue que je ne fus pas frappé par la valeur probante de la démonstration de M. Teyssonnières.

Il y a, en effet, des rencontres de hasard dans les écritures, et il n'est pas suffisant de trouver entre l'écriture d'une personne et une autre écriture quelques rencontres de lettres similaires pour en inférer que c'est la même main qui a tracé les écrits qu'on veut comparér.

Mais en même temps que ces démonstrations m'étaient faites, une impression frappa mon œil et une conviction presque définitive se fit dans ma pensée.

Je fus frappé des dissemblances qui existaient entre les caractères de l'écriture de Dreyfus et les caractères de l'écriture du bordereau.

L'écriture de Dreyfus m'apparaissait comme une écriture ferme et hardie, l'écriture du bordereau était une écriture fatiguée et vieillie.

Nous avons tous, messieurs, la loi de notre écriture : il y a comme une sorte d'équation individuelle de l'écriture, c'est son rythme, c'est sa personnalité. La forme régulière des lettres n'existe chez aucun de nous, mais la physionomie générale de l'écriture, la ressemblance d'aspect, elle existe pour tous.

Eh bien, cette ressemblance d'aspect, je ne la trouvai pas dans la comparaison à laquelle je me livrai. Sans doute, je trouvai des similitudes apparentes ; ces deux écritures me paraissaient être du même genre, de la même famille ; elles étaient d'une parenté collatérale, mais elles ne sortaient certainement pas du même moule : ce n'étaient pas des écritures sœurs.

J'en fis alors l'observation à M. Teyssonnières. Je lui dis :

— Vous me relevez quelques ressemblances, mais les dissemblances si saisissantes, si frappantes, pouvez-vous les expliquer ?

Et alors M. Teyssonnières — je ne sais pas s'il a réédité cette explication devant vous — me déclara que ces dissemblances paraissaient explicables par la preoccupation que devait avoir eue le traître, au moment où il traçait cet écrit, si compromettant pour lui, du bordereau, de se livrer et de se perdre si son écriture était trop exactement celle qui lui était coutumière.

— Il y a eu là, évidemment, me dit-il, un calcul de simulation, il a contrefait, dans une certaine mesure, son écriture. L'écriture du bordereau n'est pas tout à fait celle qui lui est habituelle, parce qu'il l'a voulu ; mais il reste suffisamment de ressemblance pour que nous reconnaissions cependant que le bordereau est bien son œuvre.

En me donnant cette explication, M. Teyssonnières faisait autre chose qu'une expertise de graphologie : il posait un problème moral pour la solution duquel je crus pouvoir, avec une égale autorité, discuter avec lui. Et sur ce problème moral, sa solution me parut d'une hardiesse inquiétante.

Non, l'explication donnée par M. Teyssonnières n'a jamais pu entrer dans mon esprit.

Si nous étions en présence d'un illettré, d'un campagnard, d'une personne qui n'a pas l'art d'écrire, qui a fait une lettre anonyme et qui a maladroitement contrefait son écriture, y laissant des apparences suffisantes pour le dénoncer, je le comprendrais encore.

Mais nous sommes en face, ici, d'un homme dont l'éducation est raffinée, d'un mathématicien, d'un ancien élève de l'Ecole polytechnique, versé dans les calculs de probabilités, et qui ne doit rien laisser au hasard.

Il ne pouvait être plausible que cet homme écrivant un pareil document, aussi compromettant pour lui, aussi abominablement criminel, et concevant, d'ailleurs, la crainte que son écriture pourrait le livrer un jour, eût laissé cependant dans cette écriture des ressemblances suffisantes pour le dénoncer à la première occasion.

Il y avait là une impossibilité morale, tout au moins une improbabilité des plus graves.

Il n'était pas possible, s'il avait songé à un déguisement, qu'il se fût borné à mettre un voile transparent sur sa figure. Il se serait masqué. (*Mouvement.*)

S'il avait eu ces craintes, que de moyens pour lui d'y échapper !

D'abord, je me demande s'il était nécessaire d'écrire un bordereau.

Je n'en vois point la nécessité. Une carte de visite accompagnant ces documents eût bien suffi sans doute.

Mais, à supposer qu'il eût cru utile d'écrire le bordereau, raisonnons : S'il veut dissimuler son écriture, d'abord il pourrait user de la machine à écrire ; il pourrait, s'il n'a pas de machine à écrire et si son écriture est de l'anglaise, écrire en ronde ou en bâtarde, il pourrait se servir de lettres alphabétiques.

Messieurs, ce raisonnement s'imposa à mon esprit et je ne laissai pas ignorer à M. Teyssonières que, loin de m'avoir convaincu, il m'avait, au contraire, fait faire un pas nouveau dans le doute et l'inquiétude.

Loin que les ressemblances constatées avec lui et qui n'étaient que des ressemblances de physionomie générale me parussent absolument accusatrices, je trouvai, au contraire, que les dissemblances relevées écartaient le soupçon, ne permettraient pas moralement de supposer que Dreyfus fût l'auteur du bordereau.

Ce n'étaient pas sans doute des preuves suffisantes d'innocence. Il pouvait y avoir, à côté du bordereau, d'autres éléments de conviction. Cependant, c'était pour moi une raison nouvelle de m'intéresser encore davantage à l'affaire et de chercher à l'approfondir.

Aussi lorsqu'à quelque temps de là, la nouvelle se répandit que mon collègue M. Scheurer-Kestner, membre comme moi du Sénat, avait fait une grande découverte et était en état de montrer qu'une erreur avait été réellement commise et que cette erreur avait eu pour cause la substitution du capitaine Dreyfus, innocent, à un autre officier qui aurait été le véritable coupable, je m'empressai d'aller le voir et le priai de me communiquer les éléments de la conviction qu'il pouvait s'être formée à cet égard.

A cette première démarche, mon collègue ne put me donner satisfaction.

Il me répondit, en effet, je tiens à le rappeler, qu'il avait averti M. le président du Conseil des ministres, M. le ministre de la guerre, et que ces deux membres du Cabinet lui avaient promis qu'une enquête allait être ouverte, enquête durant laquelle il s'était engagé, en ce qui le concernait, à garder le silence.

Il entendait tenir sa parole, il la tenait en refusant de me répondre.

Cependant, je dois dire qu'à ce moment même, c'était dans le courant du mois d'octobre, avaient lieu ces entrevues du parc de Montsouris, du cimetière Montmartre, ces entrevues masquées que vous connaissez aujourd'hui et qui préparaient la défense d'Esterhazy contre l'action imminente de la justice.

M. Scheurer-Kestner n'a pas pu alors m'éclairer, mais, à quelque temps de là, il faisait une interpellation au Sénat, le 7 ou le 8 décembre, si je ne me trompe, à laquelle je prenais part à ses côtés, non que je fusse en état d'apporter des renseignements utiles, mais parce que mon cœur, mes convictions me disaient que je devais à mon collègue de le soutenir devant l'opinion publique.

S'il se trompait, ses intentions étaient loyales. C'était un sentiment de générosité et de devoir qui le faisait agir.

Pas plus que moi il ne connaissait cet homme (*il montre Dreyfus*); mais, comme moi, il s'était senti troublé dans le fond de sa conscience.

Il avait, disait-il, des nuits sans sommeil, en pensant que ce malheureux innocent pouvait verser des larmes de sang dans ses fers de l'île du Diable. (*Mouvement prolongé.*)

Je m'étais porté de l'avant, j'étais monté à l'assaut comme on fait lorsqu'on sent que l'on marche vers la vérité.

Le lendemain, j'avais le droit d'aborder de nouveau mon collègue.

J'allai chez lui et je lui dis ; « Après avoir été à côté de vous à la bataille, vous me devez des communications ; ces communications, il me les faut. » Il voulut bien, enfin, s'exécuter.

J'appris alors, comment, en 1896, les premières inquiétudes étaient nées au bureau même des renseignements de l'état-major dans l'esprit d'un officier supérieur, le lieutenant-colonel Picquart.

J'appris l'histoire du commandant Esterhazy. — Je fus surpris du long silence qui avait suivi ces découvertes.

Je demandai à mon collègue : « Mais comment se fait-il que le lieutenant-colonel Picquart n'ait pas entraîné autour de lui tous ses chefs, heureux de s'associer à son acte et d'arriver à réhabiliter un innocent ! »

Il me dit :

« Mais ma conviction est que ses chefs ont, dans une certaine mesure, partagé son sentiment et n'ont pas cherché à arrêter ses investigations. J'en ai la preuve en main. »

Et alors, messieurs, il me fit connaître toute une correspondance qui s'était échangée entre le lieutenant-colonel Picquart et M. le général Gonse.

Peut-être, messieurs, une telle communication pouvait-elle, dans une certaine mesure, au point de vue professionnel, paraître incorrecte ? Quant à moi, cette correspondance tombée sous mes yeux, je la lisais avec avidité, heureux de me renseigner sur la vérité des faits.

Or, dans cette correspondance, qu'est-ce que je vis ? Cinq lettres des 5, 7, 8, 10 et 14 septembre 1896. Qu'y avait-il dans ces lettres ? Dans celles du lieutenant-colonel Picquart la question est nettement posée.

Dès la première lettre du 5 septembre, il demandait l'autorisation de faire faire une expertise. Une expertise de quoi ? De l'écriture d'Esterhazy, sans but de comparaison avec une autre écriture ? Cela n'aurait eu aucun bon sens : une expertise n'intéressait que si elle avait pour but de comparer l'écriture du bordereau et l'écriture d'Esterhazy.

Cela était dit, du reste, à peu près, en propres termes. Le lieutenant-colonel Picquart, dans cette première lettre, indiquait que son premier soin avait été de mettre l'écriture d'Esterhazy sous les yeux de M. Bertillon, expert au procès de 1894.

Il rappelait quelle avait été l'impression de M. Bertillon : « Oh! les misérables ! ils sont arrivés à une imitation complète, cette imitation est telle qu'il faut que cette écriture ait été calquée ! » M. Bertillon avait ajouté : « Donnez-moi cela. Je le verrai dans mon cabinet... »

Dans une autre lettre, M. le lieutenant-colonel Picquart disait : « Je sais qu'une famille qui se croit trompée est à la veille de saisir le pays de sa plainte, mais cette famille en sait moins long que nous. Prenons les devants. Si nous la laissons agir avant nous, indépendamment de ce que nous n'aurons pas l'honneur d'avoir pris l'initiative, nous exposerons le pays à un grand trouble. Ce sera peut-être le gâchis sans que la clarté puisse sortir des discussions qui s'engageront. »

C'était bien encore la question Dreyfus qui se posait.

Car quelle était donc la famille qui se prétendait victime ?

Quel était donc le scandale qui pouvait se préparer, s'il ne s'agissait pas de la plainte de cette famille ?

Je regrette de me trouver ici en contradiction avec le général Gonse qui depuis a dit à diverses reprises : « Mais il ne s'agissait dans ma pensée ni de Dreyfus ni du bordereau, je croyais qu'il ne s'agissait que d'Esterhazy. »

L'ancien sous chef de l'Etat-major est naturellement influencé par les péripéties de ce procès et se croit peut-être, le devoir de lutter jusqu'à la dernière heure, pour écarter la possibilité d'une revision. Mais peu importent ses raisons. Mon devoir est de dire que je ne peux pas accepter ses dénégations, parce que c'est l'évidence elle-même qui, entre lui et moi, fait la lumière. (*Mouvement.*) L'évidence est qu'on lui a parlé du bordereau, de la plainte de la famille Dreyfus, qui était imminente qu'on l'a supplié d'aller au devant, de rechercher la lumière ; et c'est son honneur que, à cette époque, son cœur ne soit pas resté insensible aux préoccupations du colonel Picquart, et que, au lieu de lui dire : « Arrêtez-vous! », il lui ait dit, le 10, si je ne me trompe dans une de ses lettres :

« Il ne s'agit pas, bien entendu, au point où en est arrivée votre enquête, de l'arrêter, mais il s'agit de savoir dans quelles conditions pourra se manifester la vérité. »

Ce langage, n'est-il pas clair ? Il ne me laissa aucun doute.

Il est évident que toutes les démarches tentées par le lieutenant-colonel Picquart, il les avait poursuivies sous l'œil de ses chefs, d'accord avec eux, confiant dans leur assentiment formel.

Ceci, je n'en puis pas douter. Toutes les protestations peuvent s'élever, la raison est plus forte qu'elles.

Seulement, je me demandai comment alors on n'avait pas été jusqu'au bout. Comment expliquer le départ du bureau des renseignements de ce lieutenant-colonel à la fin de 1896 ? Comment, lorsque le général Gonse avait tenu ce langage si significatif en septembre, se séparait-il en novembre du colonel Picquart ?

Sur ce point encore des explications me furent données qui éclairèrent mon esprit.

Si le lieutenant-colonel Picquart a été écarté du bureau des renseignements en novembre 1896, ce ne fut point l'effet d'une disgrâce, ce fut par une considération de pure politique.

Il y avait eu, dans cette période, des manœuvres souterraines dont il était à ce moment là peut-être difficile de connaître l'auteur ou les auteurs, mais dont il était facile tout au moins de deviner le lieu de provenance.

Il y avait entre les grands chefs et le lieutenant-colonel Picquart quelques personnes qui ne voulaient pas de la revision et qui faisaient tout leur possible pour l'écarter.

Ces manœuvres, messieurs, par quels faits s'étaient-elles traduites ? La première devait se voir dans la lettre qu'avait publiée l'*Eclair*, le 15 septembre 1896, cette lettre criminelle qui contient un faux, puisque celui qui l'a livrée à la publicité a substitué le nom de Dreyfus à la lettre hypothétique de D... alors que, aujourd'hui, le ministère reconnaît qu'elle ne s'applique point à Dreyfus.

Pourquoi ce premier acte ?

La conséquence qu'il avait eue le disait assez. Dès que cette lettre avait été publiée, une polémique s'était engagée dans les journaux, les passions s'étaient réveillées, et on commençait à dire au gouvernement :

« Prenez garde, tout cela indique une effervescence autour de Dreyfus ! Il faut faire bonne garde à l'Ile du Diable, car peut-être prépare-t-on un projet d'évasion. »

Un autre faux suivait bientôt.

Arrivait quelque temps après, en effet, au bureau des renseignements, une lettre étrange entre les lignes de laquelle se trouvaient, à l'encre sympathique, des mots énigmatiques et inquiétants qui pouvaient faire croire à une correspondance déguisée entre quelque complice du capitaine Dreyfus et ce dernier.

C'est la lettre Weyler.

Le lieutenant-colonel Picquart avait bien immédiatement flairé le faux et en avait fait l'observation, d'accord, je crois, dans le diagnostic qu'il portait avec la Préfecture de police.

Néanmoins la pièce était entrée au dossier secret.

Cette pièce commençait cette série de documents apocryphes qui plus tard devaient se chiffrer par centaines, et venaient à point pour passer sous les yeux des ministres et les aider à faire leur conviction.

Après le faux Weyler, une troisième manœuvre suivait.

On publiait, dans un autre journal, le *Matin*, le bordereau qui,

Esterhazy n'étant point alors dans les préoccupations de l'opinion publique, ne voyait le jour que pour servir à affermir la conviction de culpabilité contre Dreyfus et qui, en effet, excitait autour de ce malheureux des polémiques nouvelles.

Enfin, messieurs, un dernier acte, et celui-là de beaucoup le plus important.

Dans les premiers jours de novembre, arrivait au bureau des renseignements, cette pièce si profondément lamentable, ce faux cynique qui devait, à une année de là, provoquer le drame sanglant du Mont-Valérien et amener le suicide du colonel Henry !

Cette succession de faits, messieurs, avait produit au ministère une impression profonde : le lieutenant-colonel Picquart, plus avisé que son entourage, avait voulu protester, mais il n'était suivi ni par ses chefs ni par le ministre.

Je n'accuse ni les uns ni les autres, je tiens à le dire, de mauvaise foi à cette date ; je ne prétends pas que, partageant la conviction du colonel Picquart, ils aient agi contre leur conscience. Seulement, ce dernier fut plus pénétrant ; il fut celui qui apporta dans l'examen des faits le plus exact esprit de critique.

Les chefs ayant ainsi fait un pas en arrière, la rupture avec le lieutenant-colonel Picquart s'en était suivie.

C'est ainsi que le lieutenant-colonel Picquart avait été écarté des bureaux de la guerre dans les premières semaines du mois de novembre, mais non pas écarté sur un acte de défaveur ; car si vous avez toute la collection des lettres au dossier, vous verrez que plusieurs mois après son départ il continua à entretenir avec le général Gonse, une correspondance qui, de la part de ce dernier, est empreinte des sentiments de la plus affectueuse estime.

Il y avait eu un désaccord sur un point déterminé après que, pendant longtemps, les pensées semblaient s'être rencontrées, et voilà tout !

Alors, messieurs, je me disais : mais tout ceci est la lumière ! Ce fut bien autre chose encore quand je vis combien l'écriture du bordereau ressemblait à l'écriture d'Esterhazy. Cette écriture m'ayant été montrée, en effet, et, en ayant fait l'examen, comme j'avais pu le faire pour celle de Dreyfus, ce n'étaient plus des dissemblances qui arrêtaient mon œil, c'était l'identité même.

Non seulement il y avait adaptation des lettres, c'était la physionomie exacte, la normale, le personnalité de l'écriture d'Esterhazy qui m'apparaissait.

Voyant d'un côté l'écriture d'Esterhazy, constatant de l'autre les renseignements qui avaient été fournis au lieutenant-colonel Picquart pendant le cours de l'année 1896 sur la moralité déplorable de cet officier dont les antécédents s'adaptaient si bien avec l'idée du crime dont il était soupçonné, ayant tout cela sous les yeux, et, d'autre part, constatant que le général Gonse, lui, pendant près de deux ou trois mois, avait adhéré à l'idée de revision qui avait traversé l'esprit du lieutenant-colonel Picquart, je ne pouvais me dispenser de conclure : Il faut bien qu'au ministère de la guerre il n'y ait rien autre chose à la charge de Dreyfus.

Y aurait-il eu, par exemple, des aveux, des pièces de conviction sérieuses ? Mais si cela eût existé, le général Gonse n'eût pas manqué de dire à son subordonné : « Vous êtes fou ! Arrêtez-vous là ! Comment ! vous prétendez faire faire des expertises, vous voulez me lancer dans cette aventure, mais vous voyez bien que Dreyfus est indéfendable ! Nous avons en main la preuve de sa culpabilité certaine. »

Il résultait donc pour moi tout à la fois de la correspondance que non seulement le général Gonse avait partagé les sentiments du lieutenant-colonel Picquart, mais qu'encore il était matériellement impossible qu'à cette époque au moins, 1896, il existât au ministère de la guerre rien qui pût mettre obstacle aux recherches du lieutenant-colonel Picquart, ou qui dût l'engager à réfléchir lui-même.

Car enfin, cet officier d'honneur, un des plus distingués de son arme, n'eût pas porté, sans doute, l'entêtement et la sottise jusqu'à vouloir, contre l'évidence, marcher de l'avant.

Messieurs, je sortis des démonstrations que m'avait faites mon collègue, non plus inquiet, non plus troublé, mais certain, convaincu désormais qu'une erreur avait été commise.

Je fus convaincu qu'il ne pouvait y avoir au ministère aucun document portant la certitude de la culpabilité de Dreyfus.

Je fus convaincu que le bordereau était l'œuvre d'Esterhazy, et que, par conséquent, la condamnation de 1894 ne pouvait être que le résultat d'une confusion lamentable. (Sensation.)

Cette conviction faite, quel était notre devoir, à mon collègue et à moi, vous me permettrez d'en parler, car cela m'amènera à dire un mot de l'entraînement des polémiques ?

Je me suis entendu dire quelquefois : « Pourquoi vous en êtes-êtes vous occupé ? Pourquoi cela vous intéressait-il, et que ne laissiez-vous faire la justice toute seule ? »

Je m'y intéressais, messieurs, parce que je suis citoyen, parce que je dois à la chose publique de défendre les intérêts de la justice, toutes les fois que je les vois compromis, parce que ce devoir existe, plus impérieux chez moi encore qui représente mon pays dans une haute assemblée publique, et qui ai eu l'honneur d'être ministre de la justice.

Oh! certes, si je n'avais consulté que mon intérêt, j'eusse bien fait de rester à l'écart des luttes. Je me fusse épargné bien des insultes, bien des misérables injures, mais je n'ai aucun regret de m'y être exposé, parce qu'en définitive, j'ai la conscience d'avoir rempli mon devoir. Me serais-je trompé? Voilà la question.

Je ne me suis pas trompé, et tout ce que j'ai à dire encore vient en effet confirmer davantage une conviction qui, dès cette époque, était déjà bien assise. Voici en effet ce qui advint après les révélations de mon ami.

On s'émut autour de nous.

Des esprits distingués, en assez grand nombre, ayant étudié à leur tour, partagèrent nos sentiments, se lancèrent ardemment dans la mêlée, cherchèrent à exercer une pression sur les décisions du gouvernement, pression légitime du reste, puisqu'elle n'usait que d'armes licites : la voie de la presse, les réunions, qui sont des droits inscrits dans notre Constitution elle-même. Peu à peu une partie du pays se mit à la tâche et alors, par la force des choses, le mouvement de l'opinion publique nous conduisit à la revision.

C'est ainsi que j'eus à apporter devant la justice les communications auxquelles faisait tout à l'heure allusion l'honorable avocat Me Demange, mais avant de les renouveler ici je tenais tout d'abord à vous expliquer comment et pourquoi j'avais été amené à les produire devant la Cour de cassation.

Ayant eu, messieurs, les sentiments que j'indiquais tout à l'heure dès la fin de l'année 1897, je n'avais conservé qu'une préoccupation qui pût laisser dans mon esprit une ombre d'incertitude : c'était qu'il existât des documents secrets dont on disait le gouvernement armé, et qui pouvaient être, pour ceux qui s'enhardiraient à demander la revision, le fameux coup de massue.

Je ne croyais point à l'existence de ces documents. Cependant, je pouvais peut-être ignorer certaines choses. Les demander au gouvernement m'était difficile. J'avais multiplié les démarches auprès de mes amis du ministère sans parvenir à obtenir d'eux aucun éclaircissement.

La pensée me vint de m'adresser à un homme avec lequel, au cours de mon ministère, j'avais eu l'occasion de traiter de gros intérêts d'Etat, que je croyais digne de ma confiance et qui ne devait rien ignorer de ce que je désirais savoir. Je veux parler du représentant à Paris d'une grande puissance amie de la France.

J'ai donc fait, dans le courant de l'année 1898, plusieurs visites à l'ambassadeur dont vous avez le nom. Je ne peux pas en fixer les dates. Je crois avoir fait peut-être trois ou quatre visites depuis le mois de janvier jusqu'au mois de mars ou avril, mais, je le répète, je ne peux pas assigner une date certaine à la dernière dans laquelle je reçus les explications qui m'ont été fournies.

M'adressant à l'ambassadeur dont je parle, je lui posai ainsi la question sur laquelle je le priai de me renseigner confidentiellement, s'il croyait pouvoir le faire.

« — Ma responsabilité est gravement engagée, je me suis occupé de cette affaire, et jusqu'ici je lui ai donné tout mon dévouement. Dois-je aller plus avant? Ne commettrai-je pas une imprudence? Y a-t-il quelque chose de caché que j'ignore et qui doive m'arrêter? Je vous demande, en homme d'honneur, de me dire si vous pouvez m'éclairer. Si vous ne le pouvez pas, j'aurai à interpréter votre silence. »

A cette question, posée dans ces termes, l'honorable ambassadeur ne mit aucune hésitation à répondre.

J'ai dit dans ma déposition à la Cour de cassation et je rappelle ici de nouveau, que je fus frappé du ton sérieux et plein d'émotion avec lequel il se mit à ma disposition pour fournir les renseignements que je pouvais désirer. Il me dit :

« — Non, vous ne vous trompez pas. C'est votre gouvernement qui a commis une erreur, nous le lui avons fait savoir. Nous avons attesté que Dreyfus était pour nous un inconnu, qu'il n'était pas coupable du crime qu'on lui imputait. Non seulement aucun de nos agents militaires à Paris n'a entretenu de relations avec lui, mais chez nous, aucun officier, dans aucune arme, n'a été en contact avec lui. »

Je lui répondis : « En êtes-vous sûr? Pouvez-vous me le garantir? N'est-ce qu'un renseignement qui vous a été donné par votre attaché militaire, ou bien est-ce votre conviction personnelle, absolue, et que vous puissiez justifier? »

Il m'a dit : « C'est ma conviction personnelle entière et absolue, et en voici la preuve. » Alors il me rappela qu'aussitôt après l'arrestation de Dreyfus, dans les premiers jours du mois de novembre 1894, une enquête s'était ouverte en Italie sur le point de savoir si, en dehors de Paris, on aurait connu Dreyfus. »

Cette enquête s'était ouverte dans tous les corps de troupe. Elle avait, par conséquent, duré longtemps. Elle n'était pas encore achevée lorsqu'il avait pris possession de l'ambassade en février 1895, car c'était sous son prédécesseur, en novembre, qu'elle avait été ordonnée.

Les résultats en étaient arrivés dans ses propres mains. C'était lui qui avait eu à la dépouiller et, dans le dépouillement qu'il en avait fait, il avait constaté de la façon la plus certaine que non seulement ses résultats étaient négatifs, mais que de toutes parts on affirmait avec la plus grande force qu'on ne connaissait pas Dreyfus, que jamais Dreyfus n'avait entretenu de relations d'espionnage avec qui que ce fût dans toute l'étendue du pays qu'il avait l'honneur de représenter sur notre territoire.

Il ajouta, messieurs, une anecdote qui lui permettait de fortifier cette première démonstration. Il me dit avoir vu et lu dans les premiers mois de 1898 aux mains de son agent militaire à Paris l'agent B, (Panizzardi) une lettre de son correspondant, l'agent A, (Schwartzkoppen) dans laquelle ce dernier s'expliquait d'une façon complète sur toute cette affaire, que l'agent B ne connaissait pas aussi bien que lui.

Il lui expliquait tout ce qui s'était passé et qui prouvait l'erreur commise en France. Il lui faisait savoir que l'officier coupable dans cette affaire, c'était le commandant Esterhazy ; qu'il avait entretenu avec le commandant Esterhazy, pendant une longue période de temps, des relations qui lui avaient permis de recevoir des mains de cet officier supérieur des documents intéressant notre défense nationale en très grand nombre ; ajoutant du reste que la marchandise qui lui était fournie était souvent une marchandise de peu de valeur, Dieu merci pour nous !

Dans cette lettre, l'agent A ajoutait qu'au mois d'octobre 1897, au moment où M. Scheurer-Kestner annonçait ses révélations, le commandant Esterhazy avait été pris d'une terreur folle et qu'un jour, dans les environs du 20 octobre, le dit commandant s'était présenté chez lui, à son cabinet, pour le supplier d'intervenir et de le sauver.

La démarche qu'il lui proposait de faire consistait à se rendre auprès de madame Dreyfus ou tout au moins à lui envoyer un émissaire pour lui dire que vainement la famille Dreyfus chercherait à ouvrir une campagne de revision en faveur du capitaine ; que Dreyfus ne trouverait ni à l'une ni à l'autre des ambassades personne pour le défendre, parce qu'un point d'interrogation devait être dressé sur sa culpabilité.

L'agent A, protestant alors contre une proposition de cette nature, Esterhazy aurait tiré un pistolet, aurait fait une scène de menaces et de violence, aurait parlé de se suicider et ç'aurait été à grand'peine qu'on se serait débarrassé de lui. (*Mouvement.*)

Du reste, le lendemain, si je ne me trompe, peut-être dans la soirée même, Esterhazy était revenu chez l'agent A, cette fois complètement rassuré, et lui avait dit qu'il allait être soutenu par l'intervention de hautes influences qui lui avaient promis leur patronage, ce qui le mettait désormais, à l'abri de toute crainte.

Tel est le récit complet de cette entrevue.

Cependant, je dois ajouter que je posai une question à mon ambassadeur, relative à la pièce secrète dont je connaissais l'existence et je lui demandai :

Mais ne savez-vous pas les soupçons qu'on a « induits d'une certaine pièce dans laquelle l'initiale D. est relevée. Pouvez-vous me donner quelques renseignements à ce sujet ? »

Il me répondit : « Oui, je sais que cette pièce existe. On nous l'a fait connaître. »

Il ne visait pas par là notre gouvernement. Il faisait allusion à d'autres interventions ; il l'avait sans doute connue par les révélations de la presse.

Il ajouta : « L'agent B ne se rappelle aucunement avoir reçu cette pièce ; quant à l'agent A, il peut l'avoir écrite sans en avoir gardé le souvenir. De deux choses l'une, ou cette pièce est fausse, ou elle est vraie. Si elle est fausse, elle doit être l'œuvre d'un certain Lemercier-Picard que nous savions très expert dans l'imitation des écritures et qui, notamment, en maintes circonstances, a su imiter l'écriture de l'agent A. Si, au contraire, cette pièce est vraie, si elle a été écrite vraiment de la main de l'agent A, qui peut très bien ne plus s'en souvenir, l'épithète *Ce canaille de D...* ne peut s'appliquer qu'à un personnage qui avait des relations avec les attachés militaires pour leur procurer non pas, à proprement parler, des éléments d'espionnage, caractérisant la haute trahison, mais des plans et des cartes topographiques qu'on ne pouvait trouver dans le commerce. Ce personnage se nommait Dubois. »

Voici, messieurs, ce que tout à l'heure l'honorable avocat, Me Demange me demandait de vous rapporter.

J'ai gardé pour moi, longtemps, ces explications. Elles m'étaient en effet toutes personnelles. Données, je le rappelle, dans les premiers mois de 1898, j'en parlai pour la première fois devant la

Cour de cassation dans le courant de décembre de la même
année.

Mais, pour les porter à la Cour de cassation, il fallait que ces révélations sortissent du caractère confidentiel qu'elles avaient eu à
l'origine. Il fallait que j'obtinsse de l'ambassadeur de la puissance
amie dont j'ai parlé qu'il m'autorisât à les livrer à la justice.

Je tentai auprès de lui une nouvelle démarche et je tiens à préciser dans quelles conditions cette démarche fut faite.

Je me rendis à l'ambassade, je ne rencontrai pas l'ambassadeur
mais je laissai ma carte sur laquelle je marquai le regret de ne pas
l'avoir trouvé présent à son cabinet.

Le lendemain, il vint lui-même chez moi et voici la lettre qu'il y
laissa, ne m'ayant pas rencontré lui-même.

Cette lettre a été écrite sur un papier emprunté à la papeterie de
mon bureau ; c'est du papier du Sénat :

> Mon cher monsieur,
>
> On m'a dit que vous auriez plaisir à me voir de nouveau et je suis
> venu.
>
> Ne vous ayant pas trouvé, veuillez me faire savoir où je pourrais être
> à votre disposition. Je serai chez moi ce soir, de huit heures un quart à
> neuf heures un quart, ou demain de deux à trois heures et demie de
> relevée. Croyez-moi votre tout dévoué.

J'allai à un de ces deux rendez-vous, le soir ou le lendemain.
Je posai ma question, et l'ambassadeur me répondit qu'il ne voyait
aucun inconvénient a ce que je portasse devant la justice ce qu'il
m'avait dit, il ajouta :

— Il y a d'autant moins d'inconvénient pour moi, que la plupart des choses que je vous ai dites, je les ai dites au gouvernement il y a longtemps ; je les ai affirmées véridiques. »

Il me révéla même alors un fait grave, sur lequel il ne m'avait
pas, à notre première rencontre, renseigné.

A ce moment (décembre 1898), on avait eu connaissance du faux
Henry, et ce malheureux officier avait expié de sa mort cet abominable crime.

Nous parlâmes de ce faux et voici ce qu'il m'en dit :

« Ce faux, il y avait longtemps que nous le savions dans les
mains du gouvernement, et il y a longtemps aussi que, pour ma
part, je le lui avais fait connaître. J'ai averti le gouvernement dès
le mois de novembre 1897, il y a déjà plus d'un an ; je lui ai dit :

« Méfiez-vous ; on parle de pièces que vous avez en mains et où se
» trouverait en entier le nom de Dreyfus, ce qui exclurait dans
» votre pensée toute incertitude sur la culpabilité du capitaine. »
C'est une imposture et un faux. »

« Je fais observer, m'ajouta l'ambassadeur, que je ne connaissais
pas le document ; mais si j'engageais ma parole avec cette hardiesse c'est que ce document était forcément un faux, puisque
j'avais la certitude, la preuve en mains, que Dreyfus n'avait jamais
été en relations avec les puissances A ou B au profit desquelles on
voulait qu'il eût fait des actes d'espionnage ».

C'était un élément de plus qui s'ajoutait aux faits antérieurs
pour certifier, pour avérer l'exactitude des renseignements qui
m'étaient fournis.

Je les ai livrés à la Cour de Cassation ; on me demande de vous
les apporter de nouveau, je vous les donne tels quels.

Je crois savoir que, dans le cours du débat, quelqu'un aurait
paru émettre un doute sur la véracité de ce que je dis. Je ne pense
pas que ce doute soit maintenu. S'il l'était, j'écouterais ce qu'on
m'objecterait ; mais ce dont je suis sûr, c'est qu'aucun des hommes
d'honneur qui sont ici ne suspecte la loyauté, la sincérité de mon
langage et sa véracité absolue. (*Mouvement prolongé.*)

La question n'est pas là. Elle pourrait être posée sur un autre
point.

Plusieurs témoins entendus à votre audience avant moi, messieurs, se sont préoccupés de l'effet que de pareilles révélations
pourraient produire sur des esprits sincères comme les vôtres.
D'autres ont été au-devant d'elles, ont cherché à les détruire, à les
saper à l'origine, à la source dont elles découlent.

De ce nombre sont M. Cavaignac, le général Mercier, le général
Roget et M. le commandant Cuignet.

Ils se sont placés à des points de vue un peu différents. Voulez-
vous permettre qu'en quelques mots j'examine ce qu'ils ont pu
dire ?

M. Cavaignac, en première ligne, avec une certaine hauteur, a
exprimé la pensée que sans doute on ne viendrait pas apporter
dans ce débat le témoignage de l'étranger. Eh bien ! c'est l'opinion
de M. Cavaignac ; je ne chercherai point à la combattre. Je ne par-
viendrais pas ou difficilement à le convaincre. Mais il m'est permis
de lui répondre.

L'appréciation de M. Cavaignac n'est fondée ni en droit ni en fait.
Elle n'est pas fondée en droit, d'abord, parce qu'il y a entre

nous et au-dessus de nous la loi qui nous domine. La loi écarte-t-elle donc le témoignage des étrangers ? Oui, elle écarte certains témoignages, des témoignages frappés par elle d'une suspicion légitime. Mais parmi ceux qu'elle frappe de suspicion ne figurent pas les étrangers. Les étrangers sont admis à témoigner dans toute cause de justice en France.

La loi est sage en en décidant ainsi; la loi veut avant tout que la justice se rende, non pas sur des hypothèses, sur des probabilités, mais sur des certitudes. La loi ne limite pas le champ des investigations dans lequel le juge doit rechercher toutes les preuves qui sont capables d'affermir et d'éclairer sa conscience dans l'exercice de ce devoir grave : rendre justice !

La loi dit au juge : Vois, cherche, éclaire-toi et demande partout la lumière !

Il n'est donc pas vrai que le témoignage de l'étranger soit repoussé du prétoire. (*Mouvement.*)

Ce n'est pas vrai en fait non plus, car en fait je citerais de très nombreux exemples de témoignages étrangers recueillis dans des causes qui ont, mon Dieu ! une certaine analogie avec celle qui est aujourd'hui portée à cette barre.

Tenez, messieurs, j'en citerai un exemple assez récent, il est de 1893 et bien topique, car il met en cause un des personnages qui jouent dans cette affaire un rôle important.

En 1893, s'est déroulée devant le Tribunal de Marseille une affaire Chapus. Il s'agissait d'une question d'escroquerie. Le gouvernement français a appelé en témoignage dans cette affaire le colonel Panizzardi. Le colonel Panizzardi est venu dans ce débat certifier que le sieur Chapus lui avait fait des demandes d'argent en lui offrant de lui divulguer des renseignements sur la défense de nos côtes de Corse et d'autres secrets intéressant la défense nationale.

Ce n'est pas — *proprio motu* — à la requête d'un accusé qui se défend comme il peut; c'est sur la demande même du gouvernement que ce témoignage a été recueilli devant la justice. (*Long mouvement.*)

Qu'on ne vienne donc pas dire, égarant l'opinion, trompant ce pays assez hardi et assez fier pour n'avoir pas peur de rechercher partout où il le peut la lumière, qu'on ne vienne pas dire :
« Arrière l'étranger, son témoignage ne sera pas reçu en justice ! »

Mais, messieurs, si je cherche des exemples dans la cause

même, n'en trouverai-je pas un bien caractéristique qui prouve que les étrangers ne doivent pas être systématiquement écartés.

Est-ce qu'à l'audience d'hier il ne s'en est pas produit un — celui-là peut-être assez inattendu, j'oserai dire étrange ; n'avons-nous pas vu venir ici un témoin de nationalité serbe, ancien officier révoqué, dit-on, de l'armée autrichienne, apportant devant votre justice un témoignage recueilli, prétend-il, de la bouche de diplomates étrangers ?

Et je manquerais de patriotisme, je ferais acte de cosmopolitisme en apportant devant vous, après cela, les conversations que j'ai pu avoir avec l'homme loyal, le galant homme qui n'ayant aucun intérêt à me tromper, m'a un jour enseigné quel pouvait être mon devoir, et m'a montré ma voie. Non, messieurs !

D'autres exemples plus imposants peut-être encore se trouvent dans ce procès.

Serais-je donc le seul à vous avoir apporté l'écho de conversations avec des représentants de l'étranger?

Il en est un autre, au moins, et je voudrais qu'on ne rît pas lorsque je cite son nom.

C'est celui du chef même de l'armée, de ce vaillant soldat, illustre entre tous, de M. le général de Galliffet. Vous avez son témoignage, messieurs, si vous connaissez l'enquête de la Cour de cassation.

Et qu'a donc dit le général de Galliffet? A-t-il craint de porter devant la justice le témoignage de l'étranger ?

J'emprunte à sa déposition ce passage :

Au mois de mai 1898, le général anglais Talbot, qui avait été, comme colonel, attaché militaire en France pendant six ans, et avec qui j'étais en relation depuis de longues années, est venu me voir à son retour d'Egypte et m'a dit : « Mon général, je ne sais rien de l'affaire Dreyfus ; pendant tout le temps que j'ai été employé en France, je ne l'ai jamais connu ; mais je suis étonné de voir le commandant Esterhazy en liberté, parce que nous tous, attachés militaires en France, nous savions qu'avec un ou deux billets de mille francs le commandant Esterhazy nous procurerait les renseignements que nous ne pourrions nous procurer directement au ministère. »

Je n'insisterai pas davantage, il y aurait presque inconvenance. Mais je ne pense pas que l'on vienne me reprocher encore d'oser rappeler les conversations qu'il m'a été possible d'avoir avec l'étranger.

Je voudrais ajouter que M. Cavaignac pourrait se rappeler, s'il l'a lue, s'il a daigné la lire, une lettre que j'avais l'honneur de lui écrire au mois d'août 1898, peu de temps après son retentissant discours affiché dans les 36.000 communes de France, et quelque temps avant le suicide du colonel Henry.

Je lui disais, dans cette lettre, pourquoi je croyais que le document dont il avait affirmé l'authenticité et la véracité à la tribune devait être un faux, et je lui ajoutais :

« Mais songez donc aux responsabilités que vous encourez. »

Je ne le disais pas dans une pensée ennemie et hostile, je le disais plutôt avec le souvenir d'une ancienne amitié.

Je lui disais : « Vous pouvez, membre du gouvernement, être éclairé. Allez donc aux sources, ouvrez les oreilles, il vous est facile de savoir la vérité. Ceux qui ne la veulent pas savoir peuvent s'exposer un jour aux plus cruelles déceptions, aux remords les plus terribles. »

Je lui ai rappelé en effet, messieurs, une grande leçon de l'histoire, non pas de notre histoire nationale, mais de l'histoire anglaise.

A la fin du siècle dernier, l'amiral Byng est accusé par son pays d'avoir trahi l'Angleterre dans la bataille navale qui nous avait livré Majorque.

Le maréchal de Richelieu, avec ce sentiment bien français que je ne voudrais pas voir s'altérer dans le cœur de mes compatriotes, se porta de l'avant et dit :

— Non, non, vous vous trompez, l'amiral Byng n'a pas trahi son pays !

Mais un sentiment aveugle de jingoïsme empêcha que sa voix fût entendue. Byng fut jugé, Byng fut condamné, Byng fut exécuté ! Et, quelques années, après, l'innocence de Byng devait être reconnue ! C'est une tache de sang dans les annales de l'Angleterre ! (*Mouvement.*)

Faudra-t-il donc qu'il y ait aussi une tache dans l'histoire de ce pays ?

Un premier Conseil de guerre, un second Conseil de guerre auront pu être trompés ! Ce n'est pas la loyauté des juges que j'accuserai jamais, c'est la loyauté des documents qui ont passé sous leurs yeux ! Ils n'ont pas su, ils ont ignoré, ils ont été trompés !

Mais voici que la clarté se fait enfin, que la vérité éclate. Ne devons-nous pas nous réveiller, et malgré l'insistance des chefs, n'est-il pas temps d'ouvrir les yeux à la lumière ?

Voilà ce que je disais à M. Cavaignac, et je le répète encore à cette barre.

Non ! non ! je n'ai pas honte de venir rappeler ici un des éléments de la conviction que je me suis faite.

Serait-il donc possible qu'à la place de l'ambassadeur d'Italie j'eusse trompé l'ami qui fût venu me demander les renseignements que je rapporte !

Non seulement je m'en sentirais incapable, mais il faudrait avoir une âme de boue, il faudrait être un misérable, un criminel, pour commettre la félonie dont avec tant d'irréflexion on accuse un honorable ambassadeur de s'être rendu coupable. (*Mouvement.*)

J'arrive au général Mercier.

Le général Mercier se place sur un autre terrain, quoique très contigu : le général Mercier est très sceptique.

Il dit : « Mais toutes les fois que nous sommes en présence d'une parole de diplomate, prenons garde ! Elles sont sujettes à caution les paroles de diplomates ! Les diplomates savent mentir, il ne faut pas facilement les croire !

Mon Dieu ! dans une certaine mesure, je confesse qu'il faudra y mettre quelque prudence ; mais il me semble, en même temps, que la suspicion de mensonge — presque érigée en principe par M. le général Mercier — est non seulement une grave injustice, mais est encore quelque chose qui lui est très particulier et que peu de personnes accepteront avec lui.

Je me permets de dire que, du reste, il me paraît, à cet égard, dans un état d'esprit qui ne peut pas être du tout le mien. Il y en a un détail caractéristique dans l'affaire : quand, par exemple, M. le général Mercier vient expliquer pourquoi il n'a pas versé au dossier Dreyfus une dépêche authentique — la traduction vraie de la dépêche du 2 novembre 1894 — que dit-il ? Il dit avec calme que s'il n'a pas mis cette dépêche au dossier c'est parce qu'il a cru que son collègue des affaires étrangères, M. Hanotaux, avait peut-être voulu le tromper.

Voici exactement l'extrait de sa déposition :

« La seconde traduction me parvint. Je me dis : « Ou bien que
» la première était réellement inexacte, comme le ministre des
» affaires étrangères me l'affirmait, ou bien que le ministre des
» affaires étrangères avait des raisons puissantes de désirer que
» cette dépêche ne fût pas connue du public et des gouvernements
» étrangers. » Dans les deux cas, je jugeai que je n'avais qu'une
chose à faire : ne pas tenir compte de la dépêche. »

Qu'est-ce que cela veut dire en bon français ?

Il avait pensé que la seconde dépêche pouvait être un artifice de son collègue, disons un faux, puisque c'était une traduction qui aurait été mensongère, dans le but d'empêcher qu'il donnât suite à ses projets de poursuite contre Dreyfus.

C'est là un état d'esprit, je le répète, qui n'est certes pas le mien. Jamais il ne me serait venu, dans mes relations ministérielles, la pensée qu'un de mes collègues pût user à mon égard d'un pareil stratagème.

Je crois donc que les préoccupations de l'honorable général sont excessives et je ne m'y arrête pas.

J'arrive ainsi à M. le général Roget et à M. le commandant Cuignet.

Ici, je suis en face d'objections qui me semblent plus solides et qui permettent avec eux la discussion.

L'un et l'autre disent : « Ce sont des témoignages auxquels on ne peut, *a priori*, donner toute sa confiance. Il faut les examiner de près, il faut qu'ils cadrent avec les vraisemblances ; il ne faudra pas les accepter, par exemple, s'ils sont démentis par d'autres faits de la cause. »

Voilà la prémisse.

Eh bien ! je suis pleinement d'accord avec eux, je ne prétends pas que des renseignements de cette nature s'imposent *a priori* à votre confiance. Notre devoir est de les examiner de près et de rechercher si, par quelque côté, ils ne seraient pas tenus en échec par d'autres éléments de conviction qui pourraient leur être contraires.

Eh bien ! recherchons. En existe-t-il ?

M. le général Roget et le commandant Cuignet ont prétendu qu'il en existait, et ils ont opposé au récit que j'ai fait deux rapports adressés à son ambassadeur par l'attaché militaire B, sous les dates des 2 et 8 novembre 1894. Ils ont dit l'un et l'autre, dans les termes les plus exprès, que, dans ces deux rapports, on trouvait la preuve que l'attaché B avait dénoncé l'attaché A comme ayant entretenu des relations avec Dreyfus. Voici la déposition du général Roget :

« Dans son rapport, il est dit de la façon la plus formelle que
» Dreyfus a été en relation avec A. Il dit à l'ambassadeur : ce n'est
» pas pour moi que Dreyfus travaillait, c'est pour A ; et il dit à
» son gouvernement : ce n'est ni pour A ni pour B. »

Ainsi, d'après le général Roget, l'attaché militaire B aurait joué un double jeu.

A son gouvernement, il aurait dit : Ni mon collègue A ni moi n'avons eu de relations avec Dreyfus ; et à son ambassadeur : Moi, je n'ai pas eu de relations avec Dreyfus, mais Dreyfus a eu des relations avec mon collègue A.

Quant à M. le commandant Cuignet, il n'est pas moins explicite; il dit : « Dans les conditions de cette entente si étroite, que devient l'affirmation de B? Dans ce rapport auquel le général Roget a fait allusion, B dégage sa responsabilité, déclare qu'il n'a jamais eu aucune relation avec Dreyfus; et non seulement le laisse entendre, mais déclare que l'agent A a eu des relations avec lui. »

Donc, d'après ces deux honorables officiers, l'agent B aurait, de la façon la plus formelle, dénoncé son collègue A comme ayant eu des relations avec Dreyfus.

Si cela était, ce serait presque le jugement de l'affaire.

Mais cela n'est pas.

Je me demande où l'honorable général et le commandant Cuignet ont pris leur citation. Ils ont livré les documents à la publicité de ces débats, et il m'a été permis de me renseigner sur leurs termes.

Il n'y a rien dans les deux documents visés qui autorise l'interprétation qui en a été faite à cette barre, rien du tout !

Nous sommes en présence d'une pure allégation à laquelle j'oppose — je ne puis trouver d'autre expression — un démenti formel. (*Mouvement.*)

Il n'y a dans les rapports rien de pareil à ce qu'on leur fait dire. On y trouve ceci, ou à peu près, dans le premier, car je n'ai pas eu la faveur, comme ces deux témoins, d'avoir eu en mains le dossier secret :

« Les journaux de ce soir continuent à mettre le pays de l'agent A sur le tapis. D'un autre côté, le *Temps* dit que le ministre de la guerre a refusé de dire le nom de la puissance à laquelle Dreyfus donnait des documents. Ce seul fait suffit pour démontrer sans aucune espèce de doutes que la puissance en question est l'Allemagne, car si c'était notre puissance à nous, étant donnée l'affaire R, le ministre de la guerre se serait fait un plaisir de nous nommer. »

Dans le rapport du 8, ce sont des indications pareilles.

Dans aucun de ces rapports l'agent B ne parle de l'agent A. L'agent B parle de la puissance, mais non pas de son agent à Paris. L'agent B ne dit pas que les relations avec cette puissance soient certaines, il parle d'un bruit public. Il dit :

« On ne veut pas renseigner le public : mais il est évident qu'il ne s'agit pas de nous, car s'il s'agissait de nous en raison de l'affaire R, on ne manquerait pas de le dire. Alors il s'agit de l'autre pays. »

En tenant ce langage, l'agent B accuse ne rien savoir du capitaine Dreyfus. Il dit quel est le bruit public en France, mais il ne porte point un jugement sur des choses qu'il ignore. Il ne sait rien de ce qui a pu se passer entre l'étranger et Dreyfus, pas plus qu'il ne savait d'ailleurs ce qui aurait pu se passer entre son propre pays et Dreyfus.

Car, remarquez bien, messieurs, que les choses s'adaptent et sont adéquates dans tout ce qu'a dit l'agent B.

Le matin même, cet agent B avait lancé à son gouvernement la dépêche longtemps contestée et dont vous avez maintenant le texte authentique.

Qu'était-il dit dans cette dépêche ? Il y était dit que si la puissance à laquelle il appartenait n'avait pas eu de relations avec Dreyfus, il croyait qu'il fallait donner un démenti, afin de faire cesser tous les commentaires de la presse.

Qu'était-ce donc à dire ? L'agent B, tout en affirmant qu'il n'avait rien fait lui-même, ignorait si, de son côté, son gouvernement n'avait pas eu, par quelque autre agent, des accointances et des relations avec Dreyfus, et il disait :

« En ce qui me concerne, j'ignore ; en ce qui vous concerne, j'interroge. Mais si, de votre côté comme du mien, il n'a existé aucuns rapports avec Dreyfus, je vous engage à donner un démenti. »

Ce qu'il faisait le matin même vis-à-vis de son pays, le soir, dans son rapport à son ambassadeur, il le fait pour l'autre puissance voisine ; il ignore, pour cette puissance, ce qu'il ignorait pour sa puissance même.

Je le répète, quand le général Roget et quand le commandant Cuignet sont venus dire que, dans ces deux documents, il y avait l'indication formelle que l'agent A avait dénoncé l'agent B comme ayant entretenu des relations avec Dreyfus, l'un et l'autre ont mal vu, ont mal lu, mal cité.

Le général Roget. — Je demande la parole.

M. Trarieux. — Car il n'y a pas, il me semble, en présence d'un texte aussi positif, d'interprétation possible. Il n'y aurait de possible qu'un désaccord sur les textes, mais, en ce cas, le Conseil a toute facilité de se renseigner.

Il n'a qu'à se faire apporter les pièces.

Voilà donc, messieurs, sur ce premier point, me semble-t-il, tout à fait en échec le système de critique des deux témoins qui ont essayé, par anticipation, de combattre mon témoignage.

Ils se sont mépris. L'entrainement de l'accusation, l'ardeur de la bataille, peuvent quelquefois produire de ces confusions, faire commettre de ces erreurs.

Je ne les qualifie pas, je ne reproche pas l'intention ; il me suffit de constater, et alors, que reste-t-il ?

On me dit : « Il faut, au moins, pour qu'elles soient admises, que les déclarations de votre ambassadeur cadrent avec les circonstances de la cause.

Mais les révélations qu'il m'a faites ne sont-elles donc pas en adaptation formelle, sur tous les points, avec toutes les autres circonstances qui sont déjà acquises à ce débat ? Est-ce que si vous voulez, messieurs, par un travail rapide d'analyse, comparer les récits de cet ambassadeur avec les faits connus de vous à cette heure, vous ne trouverez pas dans la série de ces faits la justification, la confirmation du langage que je vous ai rapporté ?

Examinons ! L'ambassadeur m'a dit : « C'est Esterhazy qui a écrit le bordereau. » La Cour de cassation a jugé que c'était, en effet, Esterhazy qui avait écrit le bordereau, si bien qu'il est étrange qu'à cette barre, contrairement à l'autorité souveraine de la chose jugée, on vienne remettre en question ce que personne n'a plus le droit de contester.

Mais ce n'est pas simplement la Cour de cassation qui le déclare, ce sont nos yeux qui le disent.

Placez ce document en présence des écrits d'Esterhazy ; c'est éclatant comme la lumière !

Veut-on une évidence plus complète ? L'intéressé lui-même s'est déclaré l'auteur du bordereau.

Faut-il enfin plus de lumière ? Oubliera-t-on ce papier pelure qui, au moment même où le bordereau était fabriqué, se trouvait dans les mains d'Esterhazy, et était employé par lui pour sa correspondance journalière ?

N'y a-t-il pas, dans cette coïncidence du papier pelure du bordereau et du même papier pelure dans les mains d'Esterhazy, n'y a-t-il pas, dis-je, dans cette coïncidence, le trait de vérité qui ne permet plus de rester dans le doute et de résister à la clarté des preuves ?

Esterhazy le sentait bien lorsque, devant ses juges de 1898, en janvier, alors qu'on ignorait encore les lettres, plus tard retrouvées, sur papier pelure, datant de 1894, il avait l'audace de dire à la face de ses juges :

— La preuve que je ne suis pas l'auteur du bordereau, c'est que je n'ai jamais écrit sur du papier pelure. »

Vous trouvez cela, messieurs, dans les débats de 1898. Ce cynique alors se faisait un argument de ce qui, plus tard, devait le perdre.

On dira : « Mais ce papier, il n'est pas introuvable s'il est d'une extrême rareté. »

C'est vrai, on n'en trouve plus dans le commerce, ont dit les experts ; mais peut-être était-il plus répandu en 1894 ?

Seulement, quelle triste défaite pour des hommes habitués aux calculs des probabilités ! Ne voyez-vous donc pas que celui qui détient ce papier, qui écrit ces lettres au moment même où le bordereau se fabrique, que celui-là est, sur 100,000 chances, 99,999 fois le présumé coupable ?

Je ne crois pas que ce soit l'expertise Teyssonnières ; je ne crois pas que ce soit l'expertise Couard, Belhomme et Varinard ; je ne crois pas non plus que ce soit l'expertise de M. Bertillon, surtout après les consultations savantes et si topiques de M. Paul Meyer, de MM. Bernard et Poincaré ; je ne crois pas que ce soient les souvenirs de cette défense acharnée de l'erreur contre la vérité qui puissent obscurcir une aussi éclatante lumière.

Mais que m'a ajouté l'ambassadeur d'Italie ? « Esterhazy, m'a-t-il dit, a livré de nombreux documents. » En est-il donc incapable ?

Veut-on tracer le portrait imaginaire de l'espion et du traître ? mais le voilà. Cet homme est perdu de dettes ; c'est un dissipateur, un joueur constamment dans des embarras d'argent ; cet homme, aujourd'hui nous le savons, c'est un escroc, traduit par une ordonnance du juge d'instruction devant le Tribunal de police correctionnelle et qui sera condamné demain.

Lisez ses correspondances avec son neveu Christian Esterhazy ; vous verrez par ce que l'instruction a révélé ce dont il est capable.

Cet homme, c'est celui qui a écrit les lettres à madame de Boulancy. Il n'a pas l'âme d'un Français, il a injurié ses chefs, il a bavé sur l'armée française.

C'est pourtant celui qu'on tient en comparaison avec un jeune capitaine vis-à-vis duquel on n'aura eu à opposer que les accusations misérables d'un Guénée, que les insinuations bien imprudentes et bien légères d'amis de jeunesse, qui n'ont pas craint de venir, devant l'auguste majesté de ce Tribunal, trahir la confiance des épanchements intimes. (*Sensation.*)

Mon ambassadeur ajoutait : « Le 20 octobre, Esterhazy est allé à l'ambassade d'Allemagne, il y a fait la scène que je vous ai racontée ».

Le fait était-il vrai? Le général Roget, dans sa déposition, l'a mis en doute, mais un témoin irrécusable nous a dit de quel côté était la vérité.

L'agent Desvernines a raconté que, le 20 octobre, précisément la date que nia l'ambassadeur, et il ne pouvait pas prévoir cela, en me parlant ; que, le 20 octobre, Esterhazy était entré chez l'attaché A, à l'ambassade de l'attaché A, et qu'il y était resté plus d'une heure.

Un autre point encore : l'ambassadeur m'a dit qu'il existait un agent louche de la police, expert en écritures frauduleuses, et qui se nommait Lemercier-Picard. M'a-t-il trompé?

Vous avez aujourd'hui dans le dossier du bureau des renseignements une lettre infâme attribuée au lieutenant-colonel Cordier, une lettre qui voulait laisser croire que cet officier supérieur avait pu offrir la servilité de son témoignage à Dreyfus moyennant finance. Cette lettre sortait de la fabrique Lemercier-Picard!

A cette audience, le général Roget a fait à ce sujet des réserves : « Mais enfin, on n'a pas bien prouvé que l'écriture fût de Lemercier Picard, » a-t-il dit.

Ah ! j'aurais voulu autre chose de cet ancien camarade d'école, j'aurais voulu qu'il s'associât à mon indignation. Ce qu'il aurait dû dire, c'est combien il est triste qu'on ait fait entrer dans le dossier secret une lettre aussi criminelle, et qu'on ait jeté le soupçon sur un officier supérieur qui devait en être à l'abri.

On accuse les autres d'injurier l'armée. Mais enfin, messieurs, injurier cet officier supérieur en de pareils termes, n'est-ce pas ce qu'il y a de plus cruel ? (*Mouvement.*)

Mais le général Roget n'a pas le droit de rester évasif. Il existe une ordonnance de juge d'instruction, l'ordonnance de M. le juge Boucard, qui a aujourd'hui autorité de chose jugée. Cette ordonnance a été rendue à la fin du mois de juillet dernier. Elle constate que la lettre dont je parle est bien l'œuvre de Lemercier-Picard et que, par conséquent, Lemercier-Picard est bien le faussaire dont m'avait parlé l'honorable ambassadeur.

Sur un autre point encore, l'ambassadeur m'avait dit que si la lettre *Cette canaille de D...* était une lettre authentique, ces termes de *Canaille de D...* pouvaient s'appliquer à un espion du nom de Dubois.

Me trompait-il? Eh bien ! nous savons par le témoignage même des honorables officiers généraux qui ont déposé dans cette enceinte qu'il existait en effet dans les alentours du ministère un personnage nommé Dubois qui exerce cette jolie petite industrie de livrer aux attachés militaires étrangers des cartes et des plans topographiques.

Mais on dit : C'est un misérable ! c'est un chétif ! de même que le général Deloye disait de l'autre : C'est un gros seigneur !

Je veux bien que ce soit un chétif, mais aussi cette expression de canaille pouvait-elle s'adresser à un autre qu'un chétif, un misérable?

Et maintenant, si vous vouliez appliquer le même système de critique en ce qui concerne Dreyfus, n'arriveriez-vous pas aux mêmes concordances sur tous les points?

Je ne veux, messieurs, en examiner que deux seuls.

Je ne parlerai pas du 120 court. Je ne parlerai pas des troupes de couverture. Je ne parlerai pas non plus des formations d'artillerie. J'aurais sur ces matières une trop grande incompétence pour m'expliquer devant des juges comme vous.

Mais les deux points sur lesquels je puis raisonner avec mon bon sens, et raisonner même avec des gens versés dans les questions techniques, c'est la question du Manuel de tir et ce sont les mots : « Je pars en manœuvres. »

Sur le Manuel de tir, est-il possible d'hésiter entre les deux hypothèses : est-ce Dreyfus, est-ce Esterhazy qui a pu communiquer ce document?

Le Manuel de tir, messieurs, ne peut pas avoir été pris dans les bureaux de l'Etat-Major. Les énonciations mêmes du bordereau impliquent l'interprétation contraire.

Qu'est-il dit, en effet, dans le bordereau? Il est dit que ce Manuel de tir a été envoyé en petit nombre dans les corps de troupe, que les officiers qui en possèdent, n'en disposent que pour peu de temps et que ces officiers auront à le remettre.

Le Manuel qu'on propose d'envoyer est donc un Manuel qu'on empruntera dans les corps de troupe, à quelque officier appartenant aux corps de troupe.

Ce n'est donc pas un Manuel qui aura été pris dans les bureaux du ministère de la guerre.

Et qui a pu emprunter ce Manuel dans un corps de troupe? Ce n'est évidemment pas Dreyfus, car s'il avait voulu ce Manuel, nous savons qu'il avait toute facilité de se le procurer dans les bureaux du ministère de la guerre ; ses camarades sont venus ici vous le déclarer : il ne pouvait pas avoir la pensée de l'emprunter dans un corps de troupe.

Au contraire, pour Esterhazy, nous savons comment il procédait. Vous en avez dans la cause un fait minime en apparence, décisif suivant moi : c'est le fait de la réglette.

Comment ? Esterhazy rencontre un jour, par hasard, dans un café, un officier d'une autre arme, de l'artillerie, le lieutenant Bernheim : il profite immédiatement de l'aubaine. Il lui parle exercices de tir. Il lui demande des ouvrages sur le tir d'artillerie. Il lui demande une réglette ! Cette réglette lui est prêtée, puis elle lui est réclamée plus tard, deux fois, dix fois, et n'est pas restituée. Cette réglette a été volée. Elle est sans doute aujourd'hui à Berlin ! N'éclaire-t-elle pas l'histoire du manuel ?

Quant aux mots « Je pars en manœuvres », à qui fera-t-on admettre qu'ils aient pu sortir de la plume de Dreyfus en août 1894, quand, ainsi que l'a victorieusement établi M. de Fonds Lamothe, il savait depuis le 17 mai qu'il n'irait pas aux manœuvres ? Au contraire, Esterhazy a assisté aux manœuvres de Vaucours. Quoi de plus concluant ? Le récit que j'ai apporté ne cadre-t-il pas avec tous les faits qui peuvent servir de contrôle ?

Je sais que ce langage pourra déchaîner contre moi de nouveaux orages. Peu m'importe ! Je crois remplir un devoir en le tenant, et si ma conscience est en repos, mon esprit le sera aussi.

Ce n'est pas mon intérêt personnel qui est en cause. Nous ne sommes pas à l'heure des faux-fuyants, des faiblesses et des complaisances. Nous sommes à l'heure où, la main sur la conscience, il faut enfin dire la vérité, rien que la vérité. Nous sommes à l'heure où chacun doit parler sans haine, sans peur, sans la crainte d'aucun reproche.

Il y a quelques jours, mon éminent ami, M. de Freycinet, disait : « C'est l'heure où il faut préparer la réconciliation nationale, assurer le prestige du drapeau, maintenir la discipline si utile dans l'armée. »

Oui, certes, je suis bien d'accord avec lui, et c'est mon vœu autant que le sien.

Mais au premier rang, et avant tout, c'est l'heure de faire la justice, de la faire sans souci d'aucune autre considération, de la faire pour elle-même, pour elle seule, suivant cette belle définition du droit Romain : « Accorder au plus petit comme au plus grand, sans distinction d'origine, de sexe ou de personne, son droit à chacun : *Jus suum cuique.* »

LE PRÉSIDENT, *à la défense.* — Avez-vous beaucoup de questions à poser au témoin ? Vous savez que nous avons deux jugements à rendre.

Mᵉ LABORI. — J'ai trois ou quatre questions à poser. Mais il serait à craindre que M. Trarieux restât un certain temps.

LE PRÉSIDENT. — Si vous n'avez pas de nombreuses questions, nous allons tâcher de finir cette déposition. (*Aux membres du Conseil.*) Avez-vous des questions à poser au témoin ?

LE LIEUTENANT-COLONEL BRONGNIART, *au témoin.* — A quelle époque, suivant vous, l'agent A a-t-il révélé à l'agent B Esterhazy comme ayant livré les documents ?

M. TRARIEUX. — Voici ce qui m'a été dit :

Pendant l'année qui a suivi le procès, il y avait une grande incertitude, parce que, l'affaire ayant été jugée à huis clos, la lumière n'avait pas été complètement faite.

Lorsque le bordereau a été publié dans le journal *le Matin*, l'écriture du commandant Esterhazy a été reconnue. C'est alors que l'agent A, ayant, pour son compte personnel, reçu la conviction qu'une confusion avait été commise, a dû s'en ouvrir à l'agent B.

LE LIEUTENANT-COLONEL BRONGNIART. — Vous n'ignorez pas que des relations existaient depuis longtemps entre l'agent A et l'agent B ? L'agent B, par conséquent, devait savoir depuis longtemps à quoi s'en tenir au sujet de la culpabilité du commandant Esterhazy, par exemple ?

M. TRARIEUX. — L'agent B, en effet, à partir du moment où l'agent A lui a parlé du commandant Esterhazy, a dû croire, lui aussi, à la confusion qui avait été faite. C'est la conséquence naturelle de la conversation qui s'était tenue entre les deux attachés.

LE LIEUTENANT-COLONEL BRONGNIART. — En 1896, au moment où l'agent A paraît entrer dans la voie des aveux, en dénonçant le commandant Esterhazy, ne vous a-t-il pas paru qu'il y aurait intérêt alors pour lui, agent A, à savoir, en le faisant demander à l'agent B, quelle était la teneur des documents ?

M. TRARIEUX. — Il pouvait y avoir, en effet, un intérêt.

LE PRÉSIDENT. — Vous ne l'avez pas fait ?

M. TRARIEUX. — Je ne le pouvais pas. Mais j'ai trouvé une parole de témoin, dans ce débat, que je suis heureux de relever parce qu'elle est la parole d'un homme dont j'ai été le collègue au ministère, le général Zurlinden.

Le général Zurlinden a apporté cette parole de bonne foi dans ce procès : « Si on voulait savoir dans tous ses détails la vérité, il faudrait connaître ce qu'il y a sous chacune des notes du bordereau. » A côté de lui, je dirai aussi : « Si, enfin, on veut éclairer davantage ce qui pour moi l'est déjà suffisamment, il serait bon de savoir quels sont les documents communiqués. »

Mais vous savez bien que le gouvernement, depuis deux ans, par les représentants des ambassades, et non seulement le gouvernement, mais d'autres hommes politiques (je ne peux pas citer des noms) ont reçu des confidences. Il n'est personne au Parlement, parmi ceux qui peuvent s'éclairer, qui ne sache que les attachés militaires étrangers disent souffrir dans leur âme de soldat de ce que leur parole soit mise en doute.

Car, enfin, bien qu'ennemis sur le champ de bataille, ils connaissent les mêmes sentiments d'honneur, les mêmes devoirs de correction et de probité que vous pratiquez.

Eh bien ! je ne demanderais pas mieux, pour ma part, qu'on eût les documents ; mais je n'ai aucun pouvoir pour les procurer, et, vous sentez bien, si je le tentais, quel orage j'attirerais sur ma tête.

Mais, d'autres peuvent les avoir peut-être, et si le Conseil les désire, je suis convaincu qu'il n'a qu'à exprimer sa volonté dans l'exercice de son pouvoir judiciaire pour qu'il lui soit donné satisfaction.

LE CAPITAINE BEAUVAIS. — Pourriez-vous nous dire à quelle époque vous avez entendu parler pour la première fois d'Esterhazy ?

M. TRARIEUX. — J'ai entendu parler d'Esterhazy, mon capitaine, à l'époque où mon ami M. Scheurer-Kestner me fit ses révélations, c'est-à-dire à la fin de l'année 1897.

LE CAPITAINE BEAUVAIS. — Pas par d'autres personnes ?

M. TRARIEUX. — Je ne connaissais pas Esterhazy, pas plus que Dreyfus ; c'est vers la fin de 1897 que j'en ai entendu parler, mais je ne peux pas fixer les dates.

LE CAPITAINE BEAUVAIS. — Vous n'avez jamais entendu prononcer le nom du lieutenant-colonel Picquart ?

M. TRARIEUX. — Je n'ai pas entendu prononcer ce nom avant la fin de 1897. Quand j'ai causé pour la première fois avec M. Scheurer-Kestner, j'ignorais la plupart des faits dont il était à ce moment l'unique dépositaire.

LE CAPITAINE BEAUVAIS. — Savez-vous si un attaché d'ambassade de la puissance B avait avec le gouvernement d'autres relations que celles qui ont lieu par le bureau des renseignements?

LE PRÉSIDENT. — Par des intermédiaires.

M. TRARIEUX. — J'ignore si, entre l'agent B et le gouvernement, il existait des intermédiaires. Je n'ai aucun renseignement à apporter sur les secrets des attachés militaires.

Ce que je peux dire, c'est ceci, en ce qui concerne l'agent B : l'agent B a fourni son témoignage, sous une forme bien plus instructive qu'il ne l'eût fait s'il avait comparu directement devant vous, car vous avez ce témoignage dans des dépêches à son gouvernement, que nous avons arrêtées au passage, et il n'avait là aucun intérêt à ne pas dire la vérité.

Or, dans ces dépêches à son gouvernement, que dit-il?

Dans la dépêche du 1er novembre 1894, il dit en termes formels qu'il ne peut pas s'agir, qu'il ne s'agit pas de son collègue l'agent A et qu'il ne s'agit pas davantage de lui.

Je voudrais retrouver cette pièce que je dois avoir ici, mais que dans tous les cas vous avez lue. La voici : c'est la pièce du 1er novembre.

Il s'adresse dans cette pièce à son gouvernement et il dit : « L'arrestation du capitaine Dreyfus a produit, comme il était possible de le supposer, une grande émotion. Je m'empresse de vous assurer que cet individu n'a jamais rien eu à faire avec moi.

« Les journaux d'aujourd'hui disent, en général, que Dreyfus avait des rapports avec l'Italie. Trois seulement, d'autre part, disent qu'il était aux gages de...

» Aucun journal ne fait allusion aux attachés militaires.

» Mon collègue allemand n'en sait rien, de même que moi. J'ignore si Dreyfus avait des relations avec le commandant de l'État-Major. »

C'est cette fin de phrase qui explique sa dépêche du lendemain, dans laquelle, s'adressant à l'Etat-Major italien, il dit que lui n'a eu aucune relation avec Dreyfus et que, si l'Etat-Major n'en a pas eu davantage, il faut démentir les bruits de la presse.

LE CAPITAINE BEAUVAIS. — Une dernière question, au sujet du rendez-vous que vous avez donné à M. l'expert Teyssonnières. Il vous a indiqué qu'il y avait des présomptions morales, à défaut de présomptions matérielles, et vous lui avez opposé les vôtres. Il vous a dit, à ce moment-là, que l'auteur du bordereau, en écrivant ce bordereau, devait nécessairement s'attacher à déguiser son écriture.

M. Trarieux. — C'est M. Teyssonnières qui disait cela. Il me le disait pour expliquer les dissemblances d'écriture qui étaient, d'après lui, calculées et volontaires de la part de Dreyfus.

A quoi je lui répondais : « C'est un raisonnement absurde ! Si le capitaine Dreyfus avait voulu écarter les soupçons en dissimulant son écriture, il l'eût mieux dissimulée, d'une façon moins maladroite et moins imparfaite. »

Le capitaine Beauvais. — Il l'eût mieux dissimulée, parfaitement... Mais vous n'avez pas entrevu l'hypothèse suivante qui consisterait à admettre que l'auteur du bordereau fût un homme habitué à écrire des bordereaux ou des documents semblables et que, par conséquent, ayant l'habitude d'écrire ainsi, il arriverait à avoir une écriture plus courante et moins déguisée?

M. Trarieux. — Plus courante et moins déguisée que son écriture habituelle?... Mais, mon capitaine, écrire des bordereaux ou écrire d'autres documents, c'est toujours écrire !

Je ne vois pas comment en écrivant des bordereaux il aurait pris une habitude d'écriture différente de son écriture ordinaire.

Le capitaine Beauvais. — Pardon ! Dans votre esprit, vous ne voyiez que le bordereau seul?

M. Trarieux. — Je n'avais que le bordereau sous les yeux.

Le capitaine Beauvais. — Vous n'avez vu que le bordereau seul. Vous n'avez pas supposé à ce moment que d'autres pièces aient été écrites.

M. Trarieux. — Je n'ai eu que l'expertise Teyssonnières sous les yeux. Je n'ai discuté qu'avec M. Teyssonnières.

Si d'autres hypothèses sont faites, je n'ai pas eu à m'en occuper.

Le capitaine Beauvais. — Vous n'avez eu que le bordereau et vous n'avez pas songé que cet homme eût copié cela avec une écriture à laquelle il aurait été habitué à l'avance?

M. Trarieux. — Je n'ai songé qu'à la question posée : « Est-ce que Dreyfus a écrit ce bordereau ? »

Il m'apparaissait que l'écriture de Dreyfus avait une physionomie de famille avec celle du bordereau, mais était parfaitement dissemblable.

Le commissaire du gouvernement.— Je voudrais appeler l'attention de monsieur Trarieux sur un point qui a été agité tout à l'heure, hors de sa présence, et dont il vient de nouveau d'être question.

Me Labori a posé des conclusions tendant à ce que le Conseil demande, par mon intermédiaire, au gouvernement, de faire venir de l'étranger les documents énumérés au bordereau.

J'ai exposé au Conseil que cette démarche me paraissait absolument contraire à la pratique diplomatique, que le gouvernement ne pouvait pas officiellement entreprendre des démarches de cette nature, et j'ai conclu dans ce sens.

M. Paléologue, représentant du ministère des affaires étrangères, est venu confirmer mon opinion.

Mais j'estime que si ces documents existent, il serait du plus grand intérêt pour la justice de les avoir. Je suis absolument, à ce point de vue, de l'avis de Mᵉ Labori. Je suis aussi désireux que lui de les voir venir si c'est possible.

Mais la marche indiquée par Mᵉ Labori ne me paraît pas pratique; c'est pour cela que j'ai émis un avis contraire.

Je poserai la question dans un autre ordre d'idées : Ne serait-il pas possible de trouver une autre marche? Par exemple, en vertu d'influences qui me sont étrangères, et dans lesquelles moi, représentant du gouvernement, je ne peux pas entrer; mais si, par l'influence de personnes autorisées, ayant accès auprès du gouvernement par des voies latérales, on pouvait arriver à la production de ces documents, j'en serais très heureux.

M. Trarieux. — Les paroles de M. le commissaire du gouvernement peuvent-elles être interprétées comme une question qui me serait posée, ou bien comme de simples observations ?

Si c'était une question qui m'était adressée, j'y répondrais avec la prudence qui m'est commandée.

Le commissaire du gouvernement. — C'est une invitation à user de votre influence.

M. Trarieux. — J'y mettrai toutes la prudence que vous y avez mise vous-même, monsieur le commissaire du gouvernement.

Dans ces matières je ne crois pas qu'il faille chercher entre nous des contradictions; il faut au contraire chercher, autant que possible, à nous rencontrer.

Vous avez trouvé la question extrêmement délicate. A combien plus forte raison l'est-elle pour moi !

Par conséquent, je suis dans la nécessité de décliner une pareille ouverture, si c'est bien une ouverture qui m'est adressée.

Enfin, les questions sont posées, et c'est déjà quelque chose; mais je crois qu'après tout, c'est à celui qui doit faire la preuve à apporter la lumière.

J'ajoute que si la difficulté signalée ne se tranche pas à l'audience, elle peut être l'objet d'observations. Ce qui ne semblait pas possible hier. peut devenir possible demain.

On peut l'espérer si le gouvernement s'y prête, mais moi je n'y puis rien. Je serais un officieux et un officieux très imprudent et très indiscret si je m'occupais d'une négociation aussi grave.

LE COMMISSAIRE DU GOUVERNEMENT. — Pourtant, je ne connais point l'existence de ces documents. C'est la défense qui les a signalés.

M. TRARIEUX. — Je ne dis pas le contraire. Vous m'en parlez; c'est pour cela que je réponds. Je n'en ai pas parlé, moi non plus, des documents, monsieur le commissaire du gouvernement; j'ai rapporté une conversation topique, formelle, sur les points essentiels de la cause. C'est tout ce que je pouvais faire.

LE PRÉSIDENT. — La défense a-t-elle des observations à faire?

Me LABORI. — Voulez-vous demander à M. Trarieux s'il peut donner au Conseil quelques renseignements sur la question même qui a fait l'objet principal de la déposition de M. Freycinet, je veux dire la question de savoir si l'argent étranger a joué un rôle quelconque dans la revision de l'affaire Dreyfus?

LE PRÉSIDENT. — Avez-vous des renseignements à donner au Conseil sur la question de savoir si l'argent étranger a joué un rôle dans l'agitation faite autour de la question Dreyfus ?

M. TRARIEUX. — J'ai été extrêmement ému lorsque j'ai vu apporter à la barre du Conseil l'assertion du général Mercier, venant dire que mon honorable ami M. de Freycinet avait pu raconter que 35 millions étaient venus des frontières étrangères, principalement d'Allemagne et d'Angleterre, pour alimenter en France la campagne de revision.

On sent bien ce que cela voulait dire.

Si le fait était vrai, il y avait au bout le syndicat de trahison, s'il y avait au bout le syndicat de trahison, c'était la confirmation en quelque sorte de tous ces mensonges et de toutes ces calomnies qui ont été adressés à tous ceux qui, dans la meilleure foi du monde, se sont occupés de cette affaire, voire aux éminents magistrats de la Cour de cassation, qui ont tous été suspectés d'émarger au syndicat de trahison.

Je me suis donc ému, messieurs, et j'ai pris mes renseignements. Je me suis adressé à M. le président du conseil et je lui ai demandé formellement s'il existait au ministère de l'intérieur un indice quelconque pouvant autoriser les dires du général Mercier.

Voici ce que, sous la date du 23 août dernier, m'a adressé M. le président du conseil :

Paris, 23 août 1899.

Monsieur le sénateur et cher collègue,

En réponse à votre lettre du 18 courant, j'ai l'honneur de vous faire connaître que, malgré toutes les recherches faites dans mes bureaux, dans ceux des préfectures du Nord, de Meurthe-et-Moselle et des Alpes-Maritimes, il n'a été trouvé trace d'aucun document établissant que des fonds venant de l'étranger auraient été envoyés en France dans le but de soutenir la revision du procès Dreyfus.

M. Laurenceau, préfet du Nord, personnellement mis en cause à ce sujet, soit à la tribune de la Chambre, soit dans la presse, a déclaré formellement à la direction de la Sûreté générale qu'il n'avait jamais appris ni signalé aucun fait de cette nature.

Agréez, monsieur le sénateur et cher collègue, l'assurance de ma haute considération.

Le Président du Conseil, ministre de l'Intérieur
et des Cultes,
Signé : WALDECK-ROUSSEAU.

Je ne me suis pas borné là, messieurs, j'ai voulu consulter les souvenirs de M. Barthou, ministre de l'intérieur du ministère Méline, c'est-à-dire à une période de l'agitation du procès Dreyfus où ce bruit avait particulièrement couru dans le pays, et voici ce que M. Barthou m'écrivait le 30 août dernier.

Ce 30 août 1899,
Le Vésinet (Seine-et-Oise).

Mon cher sénateur et ami,

Votre lettre adressée à Paris m'a été retournée ici et je ne l'ai trouvée qu'en rentrant d'un nouveau voyage : c'est mon excuse de n'avoir pas répondu plus tôt.

Je n'éprouve aucun embarras à vous déclarer, dans l'intérêt de la vérité, que pendant mes deux ans de ministère je n'ai jamais été avisé ni directement ni indirectement que « des fonds fussent venus de l'étranger pour aider à soutenir la revision du procès Dreyfus ».

La direction de la Sûreté générale et la Préfecture de police ne m'ont jamais fait à cet égard la moindre communication, soit écrite soit orale.

M. Lasies, député du Gers, a, il est vrai, affirmé à la tribune de la Chambre que j'avais été saisi par les rapports d'un préfet de la frontière, plus tard frappé par M. Brisson, de l'envoi de fonds secrets venant de l'étranger. Certains journaux hostiles à la revision précisèrent en désignant M. Laurenceau, ancien préfet du Nord.

Cette allégation est tout à fait inexacte, qu'elle vise M. Laurenceau ou qu'elle s'applique à un autre des fonctionnaires qui furent sous mes ordres, préfets ou commissaires de police.

M. Charles Dupuy a fait, pendant son ministère, à l'occasion de ces bruits qui prirent une consistance nouvelle après la mort de M. Laurenceau, une enquête décisive.

Il en est résulté qu'*aucun* fonctionnaire n'a, à *aucun* moment, adressé au ministère de l'intérieur *aucun* rapport signalant l'envoi de fonds provenant de l'étranger en vue de la campagne revisionniste.

Je tiens cette déclaration catégorique de M. Charles Dupuy lui-même. Croyez, etc.

Signé : Louis BARTHOU.

Et quant à M. Charles Dupuy, messieurs, j'ai voulu savoir, en ce qui le concernait, ce qui s'était passé sous son ministère ; si, en effet, il avait eu à fournir des renseignements comme me l'indiquait M. Barthou.

Eh bien ! en effet, il y a eu un renseignement donné, sous ce ministère, par la voie de l'*Agence Havas*.

Voici, messieurs, la dépêche que le 16 mars 1899, sous la présidence de M. Charles Dupuy, publiait cette agence :

« Le président du Conseil a fait part à ses collègues de l'entrevue qu'il a eue hier, à la Chambre, avec les membres du groupe de la défense nationale. Les membres de ce groupe ont demandé à M. Charles Dupuy de les renseigner sur l'existence de rapports préfectoraux qui auraient signalé, antérieurement au ministère actuel, des entrées d'argent venant de l'étranger, se rapportant à l'affaire Dreyfus.

» Sur les envois d'argent, le président du Conseil a répondu que les préfets de l'époque, MM. Laurenceau, Stéhelin et Grenier, interrogés par lui, ont déclaré n'avoir aucun souvenir d'avoir signalé des envois de cette nature, et que, d'autre part, il est résulté des recherches minutieuses faites dans les bureaux du ministère de l'intérieur, qu'aucun document ou rapport relatif à ces envois ne se trouvait place Beauvau. »

Voici donc, depuis l'origine, étouffée, je puis le dire, dans sa coque, cette calomnie, je ne dis pas du général Mercier, mais cette calomnie d'une certaine presse, à laquelle le général Mercier a eu le tort d'ajouter foi.

Il n'y a pas un mot de vrai dans cette histoire !

LE GÉNÉRAL MERCIER. — Je demande la parole.

M. TRARIEUX. — L'honorable M. de Freycinet a bien voulu le reconnaître lui-même ; car, s'il a allégué que des conversations avec des personnes — dont le nom n'a pas, du reste, été désigné — avaient pu faire supposer qu'à l'étranger des sacrifices avaient été faits, il a signalé que rien ne lui permettait de l'affirmer et par conséquent d'y croire.

Je pourrais ajouter ceci : non seulement il n'est pas venu d'argent de l'étranger en France, mais j'ai voulu savoir quels étaient les gens avec lesquels j'étais en relation. Ils devaient avoir les mains propres.

J'ai regardé avec vigilance. Aucun fait, à ma connaissance, ne m'a permis de supposer que l'argent ait joué un rôle, dans la campagne de revision à laquelle ont été associés les noms les plus honorables.

Je tiens à le dire. Je mets au défi qui que ce soit d'apporter l'indication d'un fait quelconque qui puisse plus longtemps prêter crédit à une calomnie.

M. de Freycinet a été plus juste, quand il a su attribuer à des sentiments de générosité le fait que tous ceux qui croyaient à l'injustice se sont portés vers sa défense.

LE PRÉSIDENT. — Voulez-vous remettre la lettre que vous avez lue, comme il n'en a pas été question ?

M. TRARIEUX. — Voulez-vous des originaux ?

LE PRÉSIDENT. — Des copies. Cela m'est égal. Vous avez également une lettre du 2 décembre 1894, que vous avez lue, qui n'est pas au dossier : la lettre à l'ambassade d'Allemagne.

M. TRARIEUX. — Ce n'est pas une traduction, et vous avez la pièce originale.

Me DEMANGE. — Ce n'est pas la même chose, il y a confusion.

LE PRÉSIDENT. — Dans tous les cas, il vaut mieux les verser au dossier.

Me DEMANGE. — Il ne s'agit pas de la carte... Ah ! bon.

LE PRÉSIDENT. — La lettre du 2 décembre 1894.

LE LIEUTENANT-COLONEL BRONGNIART. — Il y a, au dossier secret, une lettre du 2 novembre 1894, adressée par B à son ambassadeur. Vous en avez donné lecture tout à l'heure ; je crois qu'elle doit être versée au dossier public.

M. TRARIEUX. — J'ai expliqué ceci : le rapport du 2 novembre 1894 est cité dans la déposition du commandant Guignet.

LE PRÉSIDENT. — Elle n'est pas citée aussi complète que vous l'avez donnée.

M. TRARIEUX. — Je ne sais pas. Mais je le crois, voici ce que dit le commandant Cuignet.

Mᵉ LABORI. — Le général Chamoin nous fait savoir que le ministère ne fait pas d'objection à la publication de ces lettres.

LE GÉNÉRAL CHAMOIN. — Il a été dit qu'on ne s'opposait pas en audience publique à la publication du dossier secret, à la condition de ne citer aucun nom.

La seconde question est ceci : le paragraphe A, dit-il, ne sera lu ni copié, ni extrait desdits documents ; ces documents ont été lus, on a pu venir en prendre connaissance au greffe du Conseil de guerre aussi souvent qu'on a voulu ; ces documents sont courts; ils ne contiennent que quelques phrases.

J'ai cru reconnaître dans la lecture de M. Trarieux, un texte à peu près complet ; j'ai pu reconnaître exactement une phrase dudit document.

LE PRÉSIDENT. — Le document ne peut pas être versé aux débats au même titre que les autres.

M. TRARIEUX. — Je suis prêt à déférer au désir du Conseil. Mais je tiens à dire que ce n'est pas du tout une copie d'un document.

LE PRÉSIDENT. — C'est un document que vous avez lu ?

M. TRARIEUX. — C'est une reproduction faite de mémoire, mais j'estime que c'est la reproduction de mémoire d'un document sur la réalité duquel j'avais intérêt à me renseigner. Ce document avait été cité textuellement. Mais je voudrais, sur ce point, que ma parole ne fût pas mise en doute.

LE PRÉSIDENT. — Il ne s'agit pas de cela. Il s'agit d'un document qui n'existe pas au dossier.

M. TRARIEUX. — M. le lieutenant-colonel Brongniart paraît mettre en doute que la citation que j'ai faite ait été faite. Je voudrais écarter toute hésitation de sa part.

Voici ce que dit M. Cuignet: « Que dit, en effet, l'un des rapports, autant que je puis le citer de mémoire ? Ce rapport, daté » du 2 novembre 1894, contient ceci :

» Les journaux continuent à mettre notre pays sur le tapis à l'occasion de l'affaire Dreyfus. Le *Temps* déclare que le ministre a refusé de donner le nom de la puissance de A. Si Dreyfus était en relation avec B, on se serait empressé de nous citer, etc... »

Je n'ai fait que rectifier cette citation.

Mᵉ DEMANGE. — Nous avons adressé une demande au ministère des affaires étrangères pour que le texte des deux rapports dont parle M. l'attaché B, qui sont dans le dossier diplomatique, soit versé au dossier. J'ai reçu ce matin, mais non pas directement, la réponse qu'en effet nous pouvions prendre copie de ces pièces.

Voulez-vous demander à M. Paléologue si je ne me suis pas trompé ?

M. PALÉOLOGUE. — Ces pièces ont été communiquées dans le dossier de l'enquête de la Chambre criminelle.

M. TRARIEUX. — Les rapports n'ont pas été publiés. Il n'y a que la dépêche du 1er novembre.

M. PALÉOLOGUE. — Les deux pièces qui vous ont été communiquées par l'ambassadeur d'Italie ont été versées au dossier.

M. TRARIEUX. — Les deux rapports.

M. PALÉOLOGUE. — Les deux rapports.

Me DEMANGE. — On n'en a imprimé qu'un.

M. PALÉOLOGUE. — Il y a eu une erreur de mise en pages.

LE COMMISSAIRE DU GOUVERNEMENT. — Le témoin Desvernines demande à être autorisé à se retirer.

LE PRÉSIDENT. — Il peut le faire ; la défense ne s'y oppose pas ? (*La défense fait un signe affirmatif.*)

M. SERGE BASSET. — Je demande si je peux me retirer également.

Me LABORI. — Je préfère que M. Basset reste.

LE PRÉSIDENT, *à M. Serge Basset.* — La défense préfère que vous restiez. Vous devez rester.

Le Conseil va se retirer pour délibérer.

La séance est suspendue à onze heures trente-cinq minutes.

A la reprise, le président donne lecture des jugements suivants :

Le Conseil, statuant sur le réquisitoire du commissaire du gouvernement :

Ouï le défenseur,

Le président ayant posé la question suivante :

« Y a-t-il lieu d'ordonner le huis-clos pour entendre la déposition du témoin Cernuszky ? »

Le Conseil :

Considérant que par leur caractère les renseignements que M. de Cernuszky compte donner au Conseil constitueraient, s'ils étaient publiés, un danger pour la sûreté de l'Etat ;

Déclare qu'il y a lieu d'ordonner le huis-clos par application du Code de justice militaire.

En conséquence :

Le Conseil ordonne que les assistants évacueront la salle d'audience et que les précautions nécessaires seront prises pour les empêcher d'entendre ce qui va être dit.

LE PRÉSIDENT. — Ce huis-clos aura lieu demain matin.

Second jugement :

Le Conseil :

Statuant sur les conclusions de la défense tendant à ce que le Conseil ordonne au commissaire du gouvernement de demander à la puissance ou aux puissances intéressées, et par voie diplomatique, la remise des documents énumérés à la pièce dite *bordereau;*
Ouï le commissaire du gouvernement,
Le président m'ayant posé la question suivante :
— Y a-t-il lieu de faire droit aux conclusions de la défense ?
Les voix recueillies conformément à la loi,

Le Conseil,

Considérant qu'il n'est pas compétent pour provoquer par voie de jugement auprès du gouvernement des démarches nécessitant une action diplomatique :
Déclare à l'unanimité qu'il n'y a pas lieu de faire droit aux conclusions de la défense,
Et sans s'arrêter, passe outre aux débats sur le fond conformément à l'article 123 du code de justice militaire, ainsi conçu :
« ART. 123. — Si l'accusé a des moyens d'incompétence à faire valoir, il ne peut les proposer devant le Conseil de guerre qu'avant l'audition des témoins. — Cette exception est jugée sur-le-champ. — Si l'exception est rejetée, le Conseil passe au jugement de l'affaire, sauf à l'accusé à se pourvoir contre le jugement de la compétence, en même temps que contre la décision rendue sur le fond. Il en est de même pour le jugement de toute autre exception ou de tout autre incident soulevé dans le cours des débats. »

La séance est levée à onze heures cinquante-cinq, pour être reprise le lendemain matin à six heures et demie.

VINGT-DEUXIÈME AUDIENCE

Mercredi 6 septembre 1899.

Le Conseil de guerre a siégé en audience secrète jusqu'à huit heures et demie du matin.

Il a entendu pendant quelques minutes M. de Cernuszky, puis il a longuement examiné à nouveau certaines pièces du dossier secret.

Le commandant Cuignet assistait à cette séance de huis-clos, ainsi que la défense, l'accusé, le général Chamoin et M. Paléologue.

La séance publique est ouverte à huit heures cinquante.

Le président. — Faites entrer l'accusé.

Le capitaine Dreyfus est introduit.

Le président. — Faites entrer M. le sénateur Trarieux.

Mᵉ Demange. — Avant que M. Trarieux n'entre, je voudrais, monsieur le président, vous adresser une requête, si vous voulez bien me donner la parole.

A l'occasion de la discussion qui s'est engagée sur les mots : *Je pars en manœuvres*, le général Roget a fait allusion à une instruction ou une note ministérielle du mois d'août. Je ne sais pas si elle a été versée au dossier. Je désirerais qu'elle y fût versée, afin que nous puissions en prendre connaissance.

Le président. — Monsieur le général Roget, avez-vous connaissance de cette note du mois d'août 1894 ?

Le général Roget. — Je n'y ai fait aucune allusion.

Le président. — Vous ne connaissez pas cela ?

Le général Roget. — Je n'ai pas fait allusion à une note du mois d'août 1894.

Mᵉ Demange. — Il n'y a pas de note du 27 août 1894 ?

Le général Roget. — Dans les dépositions, il a été dit que les stagiaires avaient eu connaissance à cette date du fait qu'ils n'iraient pas aux manœuvres. Je n'ai parlé ni devant la Cour de cassation ni ici d'une note du mois d'août 1894.

Mᵉ DEMANGE. — Dans l'interrogatoire, monsieur le président, je vous avais entendu parler de cette date.

LE PRÉSIDENT. — J'ai peut-être parlé de cette date, mais je n'ai pas parlé d'une note portant cette date.

Mᵉ DEMANGE. — Je crois seulement que le général Roget en avait parlé. Du moment qu'elle n'existe pas...

LE GÉNÉRAL ROGET. — Je n'ai pas dit qu'elle n'existait pas. J'ai dit que je n'en avais pas parlé dans ma déposition. Je crois qu'il s'agit d'une note du gouvernement militaire de Paris pour faire connaître les régiments dans lesquels les stagiaires iraient faire une période.

Mᵉ DEMANGE. — Elle est au dossier, celle-là ?

LE GÉNÉRAL ROGET. — Je ne sais pas.

M. le président demande au greffier et à M. le commissaire du gouvernement si cette pièce se trouve au dossier.

LE PRÉSIDENT. — On cherchera si elle existe, et on vous la donnera, maître Demange.

LE COMMISSAIRE DU GOUVERNEMENT. — Je crois que c'est un ordre verbal (*Rires.*) qui a été donné à la requête des chefs de bureau, le 28 août 1894.

LE PRÉSIDENT. — Faites entrer M. le sénateur Trarieux.

DÉPOSITION DE M. TRARIEUX (*suite*)

LE PRÉSIDENT. — Nous avons interrompu hier la séance pendant que la défense était en train de poser des questions au témoin.

La parole est à Mᵉ Labori.

Je le prie de vouloir bien continuer la série de ses questions.

Mᵉ LABORI. — Je voulais demander ensuite à M. Trarieux, monsieur le président, s'il a des renseignements à fournir sur le sieur Savignaud.

M. TRARIEUX. — Messieurs, au mois de mars dernier, j'appris qu'il avait été fourni, dans des conditions qui pouvaient paraître singulières, des renseignements sur le sieur Savignaud, et je crus devoir adresser à M. le ministre de la guerre une lettre dans laquelle je le priais de me renseigner sur l'origine de ces renseignements.

Je crois qu'il est bon de vous lire cette lettre pour que vous soyez exactement au courant des conditions dans lesquelles je dus m'occuper de cet incident :

Paris, le 20 mars 1899.

Monsieur le ministre et cher collègue,

Je me permets de soumettre à votre attention un incident qui a déjà fait l'objet de polémiques graves dans la presse et sur lequel il importe, à mon avis, que la pleine lumière soit faite au plus tôt.

Il s'agit de la réponse donnée par vos bureaux à une demande de renseignements concernant l'ex-soldat Savignaud, le témoin qui, dans l'instruction du procès Picquart, a été pris en flagrant délit de faux témoignage par notre collègue Scheurer-Kestner.

Désireux de connaître les antécédents de ce témoin, M. l'avocat Labori vous pria de les lui communiquer et vous lui répondîtes, le 16 décembre dernier, par lettre adressée à M. le gouverneur de Paris, que, d'après les indications qui vous étaient fournies, il y avait eu deux hommes du nom de Savignaud présents simultanément au 4e tirailleurs en 1897 ; l'un, ex-musicien, qui ne paraissait pas être visé par la demande, l'autre, ancien ordonnance du colonel Picquart, au sujet duquel le général Déchizelle, commandant la subdivision de Batna, fournissait d'excellents renseignements résumés dans une notice dont vous donniez copie.

Immédiatement, dès le 18, il vous fut signalé par Me Labori que vous aviez commis une erreur qui ne pouvait s'expliquer; que l'ordonnance du lieutenant-colonel Picquart portait le nom de Roques, et non pas celui de Savignaud le témoin Savignaud et que sur lequel il désirait être renseigné était précisément celui que vous aviez indiqué comme ayant appartenu à la musique militaire et que vous aviez mis hors de cause.

Après plus d'un mois d'attente, ne recevant aucune réponse, Me Labori vous écrivit une lettre de rappel qui porte la date du 16 janvier, et, enfin, le 21, vous lui fîtes savoir qu'il n'avait qu'à se présenter au greffe du Conseil de guerre pour y prendre les renseignements complémentaires qui l'intéressaient. Vous ajoutiez, toutefois, que, ces renseignements étant défavorables à l'intéressé, il ne vous était pas possible, suivant avis de M. le garde des sceaux, d'en remettre une copie.

La communication faite en conséquence de cet ordre a consisté en une lettre de service du général Déchizelle, qui porte la date du 6 décembre précédant.

Cette lettre ne visait qu'un seul soldat du nom de Savignaud, l'ex-musicien militaire qu'elle représentait comme très peu digne de confiance, et elle rappelait que déjà, dès le 25 août, la subdivision de Batna vous avait renseigné sur la moralité dudit Savignaud.

De cette lettre il résulte :

1º Que, lorsque, le 16 décembre dernier, vous écriviez qu'il existait deux hommes nommés Savignaud, au 4e tirailleurs, il y avait depuis dix jours au ministère une lettre du général Déchizelle qui ne mentionnait qu'un seul soldat de ce nom ;

2º Que, dès le 25 août, le général Déchizelle vous avait renseigné sur le compte dudit Savignaud ;

3º Qu'il n'apparaît pas qu'aucune autre note de service de la subdivision de Batna ait pu se référer à un autre Savignaud représenté par votre lettre du 16 décembre comme ayant été l'ordonnance du lieutenant-colonel Picquart ;

4º Que, d'ailleurs, il n'a jamais pu être question de donner le nom de Savignaud à l'ordonnance du lieutenant-colonel, car cet ordonnance portait le nom de Roques.

De tous ces faits se dégage une présomption sérieuse que, lorsqu'on a présenté à votre signature la lettre du 16 décembre, on a dû dénaturer les renseignements reçus du général Déchizelle et qu'on n'a supposé l'existence d'un second Savignaud, faussement présenté comme ayant été l'ordonnance du lieutenant-colonel Picquart, que pour pouvoir dissimuler les mauvaises notes afférentes au véritable Savignaud.

Si de pareils calculs ont réellement présidé aux renseignements inexacts qui vous ont, par surprise, été suggérés, ils constituent une manœuvre des plus condamnables contre le libre cours de la justice, et ils ne sauraient plus longtemps rester couverts par votre signature ; une enquête doit être ouverte pour en rechercher l'auteur.

Cette enquête serait encore nécessaire, d'ailleurs, ne dût-elle aboutir qu'à dissiper des soupçons qui auraient pu naître de faits inexactement rapportés.

J'espère que vous voudrez bien me faire connaître le plus tôt possible le résultat de vos recherches, qui n'exigent, me semble-t-il, qu'une simple consultation du dossier. Je suis tout disposé à me rendre auprès de vous, si vous le désirez, pour en prendre communication.

Veuillez agréer, monsieur le ministre et cher collègue, l'assurance de ma haute considération et de mes sentiments très distingués.

L. TRARIEUX.

P.-S. — Je crois devoir ajouter à cette lettre un renseignement dont l'exactitude m'est garantie mais qui voudrait être aussi vérifié.

On m'assure que le sieur Savignaud, avant d'être appelé en témoignage au procès du lieutenant-colonel Picquart, avait reçu la visite, en Poitou, où il demeure, d'un commandant et d'un capitaine d'État-major qui étaient venus l'interroger. Ces deux officiers seraient, eux-mêmes, deux des témoins qui ont joué dans ce procès un rôle de première importance.

Y aurait-il eu là une mission commandée et par qui ? Ne se serait-il agi que d'un simple excès de zèle ? La coïncidence ne serait pas moins fâcheuse dans les deux cas.

Le ministre de la guerre a bien voulu répondre à ma demande.

Il m'a envoyé un de ses secrétaires qui m'a soumis les pièces du dossier ; et voici ce qu'il m'a été expliqué.

Le 6 décembre, en effet, le général Déchizelle, répondant à la demande de renseignements qui lui avait été adressée, répondait que le sieur Savignaud, auquel cette demande s'appliquait, était un mauvais soldat qui lui paraissait peu digne de confiance.

Mais il y avait une dépêche du lendemain dans laquelle le général Déchizelle disait au ministre : « Je réfléchis que, peut-être, j'ai pu me tromper en vous répondant comme je l'ai fait dans ma lettre d'hier au sujet du renseignement que vous vouliez avoir sur le sieur Savignaud, et je vous communique les notes de l'ordonnance du colonel Picquart. »

Il ne disait pas que cette ordonnance s'appelait Savignaud. Il ne donnait pas son nom. Il disait seulement que c'était un militaire d'élite. Les notes de ce soldat étaient donc excellentes, et alors, me dit le secrétaire de M. le ministre de la guerre, en présence de cette lettre et de cette dépêche qui semblaient contradictoires, on a cru pouvoir conclure, ce qui était évidemment un peu léger, (Rires.) qu'il devait y avoir deux Savignaud, et on s'est dit : « S'il y a deux Savignaud, ce qui intéresse la défense, ce doit être les renseignements du Savignaud qui était l'ordonnance. »

Et alors on a donné le renseignement applicable à cette ordonnance qui était très favorable, et on n'a pas eu à faire connaître le renseignement déplorable de l'autre Savignaud, qu'on croyait devoir mettre hors de cause.

Tout cela, m'a-t-il été affirmé au nom du ministre, n'est que le résultat d'une confusion dans les bureaux. Le ministre ne pensait pas qu'il y eût eu mauvaise intention de la part des officiers de son cabinet qui l'avaient faite.

Je n'ai pas insisté, car, si telle était l'appréciation du ministre, je ne pouvais guère opposer la mienne.

Voilà l'incident.

Il n'en résulte pas moins avec certitude que le sieur Savignaud, ancien planton du lieutenant-colonel Picquart, appelé comme témoin dans ce procès, est le soldat auquel le général Déchizelle a appliqué les notes mauvaises comprises dans sa lettre du 6 décembre.

Quant à la seconde question que j'avais posée, relative aux démarches qui avaient pu être faites auprès de ce Savignaud avant qu'il ne soit venu apporter son témoignage, M. le ministre de la guerre m'a fait savoir qu'en effet Savignaud avait, dans le Poitou, son pays d'origine, reçu la visite de deux officiers qui étaient venus l'interroger.

Ces deux officiers, m'était-il dit, étaient un commandant, si je ne me trompe, du nom de Lavit, étranger à cette affaire, et un capitaine que vous connaissez, le capitaine Junck.

Il me fut dit par le ministre de la guerre que ces deux officiers étaient couverts, à son égard, dans les démarches qu'ils avaient faites, par l'ordre qu'ils avaient reçu de M. Cavaignac d'aller interroger M. Savignaud avant de l'introduire dans cette affaire. (Mouvement.)

Je veux expliquer au conseil de guerre pourquoi je suis intervenu dans cet incident.

Je ne l'ai pas fait comme un officieux qui s'occupe de ce qui ne le regarde pas. Je l'ai fait parce que j'étais indigné à la pensée que mon collègue et ami, M. Scheurer-Kestner, malade, et qui ne pouvait lui-même se défendre, pouvait être au ministère de la guerre un seul instant tenu en échec par le faux témoin qu'on allait lui opposer.

Quand M. Scheurer-Kestner dit qu'il n'a connu le nom du lieutenant-colonel Picquart qu'après le mois de juillet 1897, qu'il n'a connu sa personne qu'après le conseil de guerre de 1898, cette affirmation ne peut être contredite ni démentie par personne.

Si M. Savignaud est venu dire qu'en janvier 1897 il aurait eu en mains des lettres adressées de Tunisie par M. le lieutenant-colonel Picquart à M. Scheurer-Kestner, c'est-à-dire à un homme que le lieutenant-colonel Picquart ne connaissait pas lui-même, M. Savignaud est venu apporter devant la justice un faux témoignage.

C'est pour ces motifs que, me portant fort pour mon ami et m'intéressant à la défense de son honneur, j'ai voulu prendre les renseignements que j'apporte.

Si j'éprouve une surprise et une douleur véritables, c'est d'avoir vu jusqu'au bout, jusqu'à cette audience, maintenir le témoignage de ce témoin imposteur. (Mouvement prolongé.)

LE PRÉSIDENT. — Monsieur Savignaud, venez ici. Maintenez-vous avoir porté à la poste des lettres de M. Picquart à l'adresse de M. Scheurer-Kestner ?

M. SAVIGNAUD. — Oui, monsieur le président, je le maintiens. Je vous prie de vouloir bien demander à M. le sénateur Trarieux quelle est la nature des renseignements dont il a parlé et sur quoi ils portent exactement.

LE PRÉSIDENT. — Quelle est la nature des renseignements défavorables que vous avez recueillis sur le témoin ?

M. TRARIEUX. — Je réponds au témoin que s'il désire avoir ses notes militaires, il n'a qu'à s'adresser à ses chefs. Je n'ai pas à le renseigner ici. J'ai donné les renseignements que je tenais du ministre de la guerre.

M. SAVIGNAUD. — A la suite d'une polémique de presse au sujet des renseignements qui étaient fournis sur mon compte, je me suis adressé au ministère de la guerre pour en prendre connaissance moi-même.

J'ai reçu tout d'abord une lettre de M. le ministre de la guerre, me disant de m'adresser au greffe du 2e conseil de guerre pour en prendre connaissance dans les mêmes conditions que M. l'avocat défenseur de M. le colonel Picquart.

J'ai vu ces renseignements et, ma foi, je n'y ai pas trouvé ce qui pouvait tant m'incriminer. Les renseignements étaient évidemment de nature défavorable, mais il ne faut pas jouer sur les mots.

Voici ces renseignements tels qu'ils sont indiqués dans la lettre adressée par le ministre de la guerre au gouverneur de Paris et qui a été communiquée à M. l'avocat défenseur du colonel Picquart. J'y relève ces mots que je prends sur le compte rendu sténographique du *Figaro* auquel se réfère souvent l'avocat défenseur :

« M. Savignaud n'était pas très bien noté par le chef de musique qui le trouvait très faible instrumentiste. »

Je me demande si ces renseignements ont rapport à la moralité ?

« Il semblait également animé d'un mauvais esprit. »

On dit : il semblait, et il est à remarquer que ces notes étaient fournies en réponse à une réclamation que j'avais adressée au ministère de la guerre contre mon colonel après mon départ.

LE LIEUTENANT-COLONEL PICQUART, *de sa place*. — Je demande à être entendu.

LE PRÉSIDENT. — Sur quels faits ?

LE LIEUTENANT-COLONEL PICQUART. — Sur les faits Savignaud.

LE PRÉSIDENT. — Sur les faits Savignaud exclusivement.

LE LIEUTENANT-COLONEL PICQUART. — Oui, exclusivement.

LE PRÉSIDENT. — Je vous donne la parole, mais seulement pour parler de l'affaire Savignaud. Point de digression.

LE LIEUTENANT-COLONEL PICQUART. — Le nommé Savignaud est arrivé au 4e tirailleurs au mois de février 1897, en qualité de musicien commissionné; son mauvais esprit a fait qu'il a été cassé de ses fonctions de musicien commissionné et qu'il a été puni de prison, après cette cassation, pour des faits qui se rapportaient justement aux démarches qu'il avait faites à propos de cette cassation.

Le colonel Déchizelle a demandé au général Leclerc, et a obtenu, qu'au lieu d'être renvoyé en France pour augmenter sa punition, le nommé Savignaud continuerait à faire son service comme soldat de 2e classe au 4e tirailleurs ; et c'est dans ces conditions que Savignaud, que j'avais pris en pitié, parce qu'étant musicien de son métier les fonctions de soldat de 2e classe lui étaient pénibles, c'est dans ces conditions que je l'ai eu pendant deux ou trois jours comme planton au camp de Sidi-el-Hadj.

M. SAVIGNAUD. — Je demande la parole sur la question de ma cassation. En effet, je suis arrivé comme musicien commissionné au 4e régiment de tirailleurs, j'ai remis ma démission ; cette démission n'étant pas transmise, je me suis vu dans l'obligation d'adresser une réclamation au général de division, et c'est pour ces faits que j'ai attrapé huit jours de prison militaire, mais non pour une faute contraire à la discipline.

A la suite de ma démission, j'ai donc accompli mon temps jusqu'à mon renvoi dans mes foyers, mais je n'ai été puni pour aucune chose et, pour mieux montrer mon esprit militaire, j'ai passé cinq mois au 4e tirailleurs, et comme je me trouvais avec le chef de fanfare et le colonel, et que je n'ai pas eu un seul jour de consigne, si j'avais été animé d'un mauvais esprit, j'aurais obtenu des punitions.

LE PRÉSIDENT. — C'est tout ce que vous avez à dire ?

M. SAVIGNAUD. — Oui, mon colonel. Est-ce que je puis me retirer ?

LE PRÉSIDENT. — Oui, vous pouvez vous retirer.

Me LABORI. — Le témoin demande s'il peut s'en aller, parce que c'était à ma demande qu'il était resté.

LE PRÉSIDENT. — Vous pouvez vous retirer définitivement. Avez-vous d'autres questions à poser, maître Labori ?

Me LABORI. — Voulez-vous demander à M. Trarieux s'il a eu à s'occuper du *petit bleu* et ce qu'il a constaté relativement à ce document?

M. TRARIEUX. — Messieurs, je me suis préoccupé du document qu'on appelle le *petit bleu ;* si je ne m'en étais pas préoccupé, j'aurais été d'une légèreté bien coupable, car ce document a fait peser pendant assez longtemps sur le colonel Picquart des soupçons qui incriminaient son honneur, et on se serait difficilement expliqué que, dans des conditions pareilles, je lui eusse un jour offert ma maison comme asile, le jour même où il allait être incarcéré.

Oui, je m'étais fait une opinion à cette heure sur le *petit bleu*, et cette opinion elle est absolue. J'en donnerai les courtes et rapides raisons au conseil, qui déjà peut-être doit être fixé.

Tout d'abord, messieurs, lorsque j'assistai aux contradictions qui s'élevaient entre M. le commandant Lauth et M. Gribelin avec le lieutenant-colonel Picquart sur certains faits relatifs à ce *petit bleu*, notamment sur la question de savoir dans quelles conditions en avait été reproduite la photographie, dans quelles conditions en outre des explications s'étaient échangées sur l'utilité qu'il pouvait y avoir à apposer un timbre de la poste ; examinant ces faits, deux circonstances me frappèrent.

La première, d'abord, c'est que le commandant Lauth, qui attribuait à ces faits un caractère louche et lui permettant d'accuser le lieutenant-colonel Picquart, ne leur avait certainement pas trouvé le même caractère au moment où ces faits avaient été constatés par lui.

C'est en effet au mois de mai de l'année 1896 que les conversations rapportées par le commandant Lauth s'étaient échangées entre lui et le lieutenant-colonel Picquart.

Si, à ce moment, elles avaient fait naître dans son esprit la pensée que le document dont je parle fût un document mensonger introduit au bureau des renseignements par son chef même le lieutenant-colonel Picquart, dès ce jour ce chef devenait à ses yeux un homme indigne ; sans doute il lui devait l'obéissance militaire, mais il n'était pas obligé à continuer avec lui des relations d'amitié.

Or, le commandant Lauth a reconnu qu'au mois d'octobre, plus de six mois après, il l'avait reçu à sa table !

LE COMMANDANT LAUTH. — Je demande la parole.

M. TRARIEUX. — Et il n'avait pas compris encore la portée et le caractère des faits sur lesquels, six mois plus tard, seulement, la lumière se serait faite dans son esprit !

Je reproduis exactement, j'en suis sûr, le langage de M. Lauth et je ne peux pas sur ce point recevoir sa contradiction.

Du reste, ce que je rappelle ici n'est point fait pour incriminer l'honneur de cet officier, mais pour expliquer simplement la genèse des soupçons qui se sont introduits dans son esprit.

Au mois de mai 1896 et pendant les six mois qui suivirent, il a continué à entretenir avec son chef les mêmes relations, et il n'a eu cette conception, cette idée que le *petit bleu* pouvait être un document fabriqué, que précisément à la date où tous les faits que je rappelais à l'audience d'hier commençaient à se produire au bureau des renseignements et jetaient autour d'eux le doute, l'incertitude, l'inquiétude dans les esprits, détournaient le ministre de la guerre, détournaient le général de Boisdeffre, détournaient le général Gonse, de la confiance qu'ils avaient jusque-là accordée au lieutenant-colonel Picquart, et du consentement qu'ils avaient semblé donner à l'enquête ouverte par ce dernier.

Je ne crois pas que le commandant Lauth fût alors de mauvaise foi, mais je crois que le commandant Lauth, comme tous les autres, a cédé à ce moment-là à l'influence profondément regrettable des machinations dont je vous ai parlé et dont il a été une des premières dupes.

Voilà le premier fait.

A ce premier fait s'en ajoute un second.

Je me demande comment il est possible d'attacher la moindre importance à ces récits obscurs qu'était venu faire devant la justice M. le commandant Lauth.

Quelle conclusion en tirait-on ? Quelle signification avaient-ils ?

En admettant que le lieutenant-colonel Picquart eût eu l'idée de faire apposer le timbre de la poste (fait qui du reste est loin d'être certain, qui a été contesté par lui), en supposant que ce fait fût vrai, qu'en résulterait-il ? La preuve que le colonel Picquart aurait voulu sophistiquer cette pièce ?

Eh bien ! je fais cette simple réponse :

Si le colonel Picquart avait voulu sophistiquer cette pièce, il n'avait pas besoin de se créer tous ces embarras. Il n'avait qu'à faire un *petit bleu*, le faire timbrer, le faire mettre à la poste et le faire arrêter par le procédé du cabinet noir.

Cette seule réflexion suffit pour défendre le colonel Picquart contre des soupçons qui ne paraissaient pas tenir debout. (*Mouvement.*)

Mais, messieurs, il y avait un argument bien plus fort encore que celui-là. C'est que l'authenticité du *petit bleu* est prouvée par l'usage même qu'en a fait le colonel Picquart.

En effet, vous vous rappelez le reproche qu'on fait au colonel Picquart (reproche singulièrement tardif aujourd'hui) d'avoir — à la date du 11 septembre 1896 — proposé d'appeler le commandant Esterhazy dans une sorte de piège, de lui adresser une lettre, de lui donner un rendez-vous, avec la pensée, s'il répondait à cette lettre et s'il allait à ce rendez-vous, de le faire arrêter.

Entre parenthèses, je me permets de dire que je trouve assez étrange, aujourd'hui, que les chefs du lieutenant-colonel Picquart viennent qualifier d'une façon aussi sévère cette pensée qu'avait eue l'officier de sûreté du ministère, d'adopter ce système policier pour savoir si le commandant Esterhazy était ou n'était pas en relation avec l'agent de la puissance A.

Cela m'étonne, car, sur le moment même, quelqu'un a-t-il fait une observation? A-t-on dit : « Abstenez-vous, c'est un procédé coupable! » A-t-il reçu un blâme? A-t-il été mis en disgrâce? Non, tout le monde a trouvé alors sa conduite naturelle.

Mais j'arrive au point important. Il s'agit de ce qu'il fait et du sens qu'il faut attribuer à ses actes.

Il avait soumis à ses chefs le projet de lettre qu'il prétendait adresser au commandant Esterhazy.

En quels termes était conçu ce projet de lettre? Il y disait ceci : « Affaire importante et urgente concernant maison R...; venez immédiatement Paris. Vous ferai attendre à la gare. Signé : C... »

C'est-à-dire qu'il introduisait dans cette lettre les termes mêmes du *petit bleu*. Vous vous rappelez, en effet, comment avait été conçu le *petit bleu*. Le *petit bleu* disait :

« J'attends, avant tout, une explication plus détaillée que celle que vous m'avez donnée l'autre jour sur la question en suspens. En conséquence, je vous prie de me la donner par écrit, pour pouvoir juger si je puis continuer mes relations avec la maison R..., ou non. — *Signé : C... »*

C'étaient les termes mêmes du *petit bleu* qui étaient reproduits dans cette lettre, que le lieutenant-colonel Picquart a eu la pensée d'adresser au commandant Esterhazy, pour vérifier précisément si le commandant Esterhazy connaissait bien le langage de convention de l'attaché militaire A, pour vérifier s'il savait ce que voulait dire *la maison R...*, et de qui venait la signature.

Il se proposait de lui adresser cette lettre en usant du vocabulaire dont la maison A se servait avec ses espions et il se disait :

» Si le commandant Esterhazy comprend, c'est qu'il connaît le vocabulaire. S'il sait ce que veut dire « la maison R... », s'il connaît la signature C..., c'est que c'est bien à lui qu'on avait destiné le *petit bleu.* »

De sorte que, pour agir ainsi, il fallait que le lieutenant-colonel Picquart eût lui-même la foi la plus absolue dans l'authenticité du *petit bleu;* car, autrement, sa conduite eût été incompréhensible; la lettre qu'il eût écrite eût été un logogriphe : le commandant Esterhazy n'eût pu rien y comprendre.

Si le commandant Esterhazy ne savait pas ce qu'était « la maison R... », s'il ne savait pas ce qu'était la signature C..., la lettre qui lui était adressée ne pouvait l'amener au rendez-vous proposé.

Ainsi la conduite du lieutenant-colonel Picquart dans cette circonstance implique avec évidence (c'est non plus une probabilité, une possibilité, c'est la certitude même) que lui-même croyait le *petit bleu* authentique, et sa conduite en était vis-à-vis de ses chefs la preuve indubitable.

Ceci exclut toute autre argumentation.

Si le lieutenant-colonel Picquart, dans cet acte use du *petit bleu* comme d'un document authentique, c'est que, forcément, il ne l'a pas fabriqué.

Voilà ce que je sais pour cette première partie.

Du jour où ces actes, ces raisonnements ont précisé dans mon esprit ce qu'était le *petit bleu* en cette affaire, je n'ai eu aucun doute : le lieutenant-colonel Picquart était victime, si l'on ne me permet pas de dire de calomnies, au moins de soupçons légers, d'accusations irréfléchies.

Le lieutenant-colonel Picquart était resté honnête homme, et les accusations portées contre lui ne l'atteignaient pas. (*Mouvement.*)

Ceci dit, quand le lieutenant-colonel Picquart a été traduit devant une juridiction militaire sous l'accusation de faux pour ce *petit bleu,* je me suis préoccupé de cette accusation, j'en ai parlé à M. le ministre de la guerre, j'ai eu des explications avec lui, et j'ai su pour quel motif réel cette accusation était portée.

Le lieutenant-colonel Picquart a été poursuivi, non plus sur le fait pour lequel à l'origine il avait été incriminé, mais il a été poursuivi pour un fait nouveau, découvert postérieurement, si je ne me trompe, au ministère Billot, ou tout au moins rendu public après ce ministère, — je veux parler de l'altération de l'adresse du *petit bleu.*

LE GÉNÉRAL ZURLINDEN. — Je demande la parole.

M. TRARIEUX. — Mes souvenirs peuvent ne pas être tout à fait exacts sur les détails.

LE PRÉSIDENT. — N'interrompez pas le témoin.

M. TRARIEUX. — ... Mais je crois bien qu'il me fut expliqué dans une période antérieure ou à l'arrivée de M. Cavaignac, ou à l'arrivée de M. Zurlinden au ministère de la guerre, qu'il n'avait pas été question de cette altération d'écriture.

Quoi qu'il en soit, peu importe la date. C'était pour cette altération d'écriture surtout que les poursuites devaient avoir lieu.

Or, messieurs, j'ai lu plus tard le rapport de M. Tavernier ; il m'a été soumis, j'en connais les termes et je sais les résultats de la procédure.

Cette altération d'écriture ne peut pas être imputable au lieutenant-colonel Picquart.

Oui, l'adresse a été grattée, mais heureusement il existait au dossier une photographie (on peut bien la dire providentielle, celle-là !) qui indiquait la physionomie exacte du *petit bleu* à son entrée au bureau des renseignements, lorsqu'il était tombé pour la première fois entre les mains du lieutenant-colonel Picquart.

Et à cette date le grattage n'existait pas. (*Mouvement.*)

Le grattage est donc postérieur, et alors ce grattage, non seulement ne pouvait pas être imputable au lieutenant-colonel Picquart, mais il était un nouvel artifice ; c'était, disons-le, un nouveau faux ; c'était une nouvelle manœuvre dirigée contre le lieutenant-colonel Picquart pour lui porter un nouveau coup, pour le perdre.

Ce n'était pas la première, ce ne devait pas être la dernière. Vous vous rappelez bien que lorsqu'il était revenu en France, ce qu'on lui demanda, tout d'abord, ce furent des explications sur la lettre *Speranza* du 15 décembre 1896, lettre fausse ; ce furent des explications sur la dépêche *Speranza*, du 10 novembre 1897, dépêche fausse ; ce furent des explications sur la dépêche *Blanche*, du 11 novembre 1897, dépêche fausse.

Les documents faux, ils se multiplient dans ce procès : trois contre le lieutenant-colonel Picquart !

Nous en savons un autre contre le lieutenant-colonel Cordier !

Quand un témoin embarrasse et menace, c'est la lettre anonyme qui l'atteint, ce sont les dépêches frauduleuses et mensongères !

Sont-ils nombreux, ceux qui ont fait cela ? Je ne peux pas le croire, mais enfin il eût suffi d'un seul et il y en a bien un au moins que son suicide a fait connaître.

LE PRÉSIDENT. — Monsieur le commandant Lauth, vous avez demandé la parole.

Le commandant Lauth s'avance à la barre.

LE PRÉSIDENT. — Faites uniquement vos observations sur la déposition de M. le sénateur Trarieux.

30

LE COMMANDANT LAUTH. — Dans la déposition qu'il vient de faire, M. le sénateur Trarieux a donné comme argument qu'au moment où la conversation relative au *petit bleu* à l'effacement des traces de déchirure, avait eu lieu entre le lieutenant-colonel Picquart et moi, je n'avais pas fait d'observations et que je n'avais fait aucune réclamation contre mon chef.

M. Trarieux fait un signe de dénégation.

LE PRÉSIDENT. — Vous répondrez après.

LE COMMANDANT LAUTH. — La chose est bien simple. Le colonel Picquart m'avait demandé d'effacer les traces de déchirure ; je lui avais demandé des explications, il m'avait répondu, et l'incident avait été considéré comme clos.

C'est bien certain qu'à ce moment je n'ai rendu compte à personne de ce qui s'est passé, sauf à mes camarades, pour une raison bien simple : lorsqu'au chevet d'un malade on voit mettre une cuillerée de poudre blanche, qui peut être du sucre pilé, dans une potion, et que, huit jours après, le malade est sur pied et se porte très bien, personne ne songe à se rappeler cet incident.

Si, quelque temps après, au contraire, le malade était mort et qu'il fût prouvé qu'il avait été empoisonné, certainement tous les témoins qui auraient assisté à cette scène se seraient rappelé le fait.

Lorsque plus tard, un certain nombre de mois après, on a vu l'usage que voulait faire le lieutenant-colonel Picquart du *petit bleu*, les enquêtes qu'il faisait, l'insistance qu'il mettait malgré ses chefs à agir ainsi, lorsque tout cela est venu se coordonner, je me suis rappelé ce qui s'est passé ; la chose est bien simple. (*Rumeurs.*)

M. le sénateur Trarieux a ajouté que j'étais resté avec le lieutenant-colonel Picquart dans des termes très étroits.

J'étais dans son bureau, sous ses ordres, l'incident me paraissait comme clos ; je n'avais pas à élever de réclamations qui auraient pu paraître exagérées ou extraordinaires à ce moment, et je suis resté avec lui dans des termes d'inférieur à supérieur.

On a ajouté qu'à un moment donné, je l'avais reçu à ma table et invité à déjeuner. C'est très ennuyeux d'entrer dans des explications d'ordre privé, mais il le faut pour expliquer la chose.

Un de mes camarades, le capitaine Valdant, était désigné pour aller à Madagascar comme officier d'ordonnance de M. Laroche.

Jusqu'à cette époque-là, alors que le lieutenant-colonel Picquart était notre chef depuis dix-huit mois, nous n'avions jamais été reçus par lui d'une façon quelconque.

Je n'ai pas voulu, me trouvant dans d'excellents termes avec le capitaine Valdant, qu'il quittât le ministère et la France sans avoir réuni un certain nombre d'officiers du bureau, et j'ai décidé de donner chez moi, puisque le chef n'avait rien fait jusque-là, de donner un dîner en l'honneur du capitaine Valdant.

Tous les officiers du bureau devaient y venir, mais il s'est trouvé que le commandant Henry n'est pas venu, que le capitaine Junck était en voyage, et la chose se réduisit au colonel Picquart et à M. Valdant, à deux autres personnes qui sont venues également.

J'en ai été très mal récompensé : le surlendemain, le Tsar arrivait à Paris ; par ordre du ministre, on avait affecté à chacun des bureaux une pièce pour pouvoir assister à l'entrée du Tsar.

Une pièce avait été donnée à la section de statistique, où nous avions le droit de venir nous-mêmes, si nous n'étions pas de service, avec notre ménage.

Le colonel Picquart, montrant par là le mépris qu'il professait pour tous les officiers de son bureau et leurs ménages, a amené là une personne dont ce n'était certainement pas la place, en face de madame Henry, de ma femme et de madame de Pouydraguin. (*Rumeurs.*)

Le lieutenant-colonel Picquart. — Je proteste absolument.

Le commandant Lauth. — On a su, après un procès qui a eu lieu récemment, ce qu'il en était. (*Huées unanimes.*)

Le président. — C'est tout ce que vous avez à dire ?

Le commandant Lauth. — Oui, monsieur le président.

M. Trarieux. — Le commandant Lauth vient de dire que je m'étonnais tout à l'heure qu'il ne se fût pas plaint auprès de ses chefs.

Je fais appel aux souvenirs du conseil. Aucune observation de ce genre n'est sortie de ma bouche ; elle eût été de ma part incompréhensible.

Je comprends très bien qu'un inférieur, pour un incident de cette nature, ne pouvait se permettre de porter plainte contre son supérieur ; ce n'est pas ce que j'ai dit.

J'ai simplement dit : « Au mois de mai 1896, M. Lauth ne portait pas, sur les faits, l'appréciation qu'il n'a songé à porter sur eux que six ou sept mois après. » C'est la seule chose que j'aie dite.

Le commandant Lauth, pour expliquer la lenteur de son jugement, s'est livré à des comparaisons pharmaceutiques que je n'ai pas trop comprises. Il a parlé d'arsenic, de morceaux de sucre qui peuvent empoisonner ou laisser survivre un malade ! Je ne sais pas trop ce qu'il a voulu dire.

Mais il est d'accord avec moi, en ce qu'il reconnaît qu'il a invité son chef à dîner sans être tenu de le faire en octobre 1896. D'où il ressort qu'il ne le jugeait pas indigne à ce moment.

Quant à la suite de la déposition de M. le commandant Lauth, ai-je à l'apprécier ?

LE PRÉSIDENT. — Elle ne vous est pas personnelle. Par conséquent vous n'avez pas à exprimer votre sentiment là-dessus.

La parole est à M. le général Zurlinden, qui l'a demandée.

LE GÉNÉRAL ZURLINDEN. — Je viens d'entendre dans la déposition de mon honorable ancien collègue, M. Trarieux, qu'il attribuait au grattage du *petit bleu* une grosse influence sur la décision qui a été prise quand il s'est agi de traduire le lieutenant-colonel Picquart devant la justice militaire.

Je puis donner à cet égard au Conseil les renseignements les plus précis, car j'ai joué, tant comme ministre que comme gouverneur de Paris, un grand rôle dans cette affaire.

J'ai déjà appelé l'attention du Conseil, à propos de l'enquête de M. le lieutenant-colonel Du Paty et de l'enquête Esterhazy, sur le grand trouble que j'avais éprouvé quand nous avons découvert les agissements du lieutenant-colonel Du Paty dans l'affaire Esterhazy.

Quand j'ai accepté cette lourde tâche de prendre le ministère de la guerre en septembre 1898, j'étais préoccupé non seulement de voir si la revision était justifiée légalement, et, dans ce cas, de la réclamer énergiquement, mais encore de voir clair dans les agissements du lieutenant-colonel Du Paty et également dans ceux qui avaient motivé le faux Henry.

Je me suis donc immédiatement appliqué à voir clair dans ces affaires.

J'ai mis le lieutenant-colonel Du Paty entre les mains du chef d'Etat-Major de l'armée, afin de faire une enquête approfondie sur cette affaire.

A la suite de cette enquête, j'ai été amené à mettre le lieutenant-colonel Du Paty en non-activité par retrait d'emploi.

En même temps, je me suis préoccupé personnellement de voir exactement ce qui s'était passé. J'ai vu presque sans tarder que les agissements du lieutenant-colonel Du Paty, comme le faux Henry, paraissaient avoir été provoqués par les agissements du lieutenant-colonel Picquart, quand il était chef du service des renseignements et quand il voulait substituer à Dreyfus le commandant Esterhazy.

J'ai fait venir le commandant Lauth, l'archiviste Gribelin, le général Gonse.

J'ai pris toute espèce de renseignements, et je me suis convaincu que ces officiers maintenaient intégralement les accusations qu'ils avaient portées solennellement contre le lieutenant-colonel Picquart, d'abord pendant le procès Zola, ensuite dans une enquête judiciaire qui était en cours à ce moment, et qui se poursuivait devant la justice civile.

Il m'a semblé à ce moment-là qu'il était impossible de tolérer, au point de vue le plus élevé de la discipline de l'armée, qu'un ancien officier portant encore le titre de lieutenant-colonel pût être accusé de faux publiquement, solennellement, dans de pareilles conditions, sans qu'on cherchât à voir clair dans ce qui s'était passé exactement.

Il m'a semblé qu'il était indispensable d'ouvrir une enquête judiciaire à l'égard du colonel Picquart.

J'ai pris toutes mes précautions. J'ai commencé par écrire le 14 septembre 1898 une lettre à M. le garde des sceaux, pour lui dire de vouloir bien faire interroger le colonel Picquart qui, à ce moment, était entre les mains de la justice civile.

Le garde des sceaux a répondu par une lettre du 16 septembre, par une lettre dont voici la copie, dont je ne demanderai pas la lecture, mais dans laquelle il me dit qu'il est absolument impossible à la justice civile de s'occuper du colonel Picquart au sujet de cette question du *petit bleu*.

Le jour même, le vendredi 16 septembre, la veille du samedi où se place le Conseil des ministres dans lequel la revision a été décidée, j'ai écrit au garde des sceaux une lettre qui, du reste, figure au dossier de l'enquête criminelle, dans le deuxième volume.

Dans cette lettre, je donne tous les motifs qui me poussent — après le refus que m'a opposé le garde des sceaux de faire interroger le colonel Picquart par les magistrats civils — qui me poussent à traduire le colonel Picquart devant la justice militaire, et en conséquence à donner des ordres en ce sens au gouvernement militaire de Paris.

Cet ordre n'a pas été envoyé par mes soins au gouverneur militaire de Paris, parce que le lendemain du jour où j'ai envoyé cette lettre au garde des sceaux, le samedi, a eu lieu le Conseil des ministres qui décida la revision, et dans lequel j'ai été amené à donner ma démission, ainsi qu'un de mes collègues, M. le sénateur Tillaye.

Dans cette lettre du 16 septembre au garde des sceaux, lettre définitive dans laquelle j'engage la question Picquart, de même que dans la lettre que j'avais écrite le 14 septembre au garde des sceaux pour lui dire de faire interroger cet officier, il n'est pas question de grattage.

Les motifs que j'invoque, ce sont les motifs que l'on connaît, les accusations portées par le commandant Lauth. (*Mouvement.*) Le grattage n'y est pas indiqué.

Par conséquent, dans mon esprit, à ce moment-là comme avant, le grattage jouait un rôle insignifiant, puisque je n'avais pas cru devoir l'indiquer dans les motifs que j'invoquais pour faire poursuivre le colonel Picquart.

Immédiatement après ma démission de ministre de la guerre, j'ai été amené, en remettant le service à mon successeur, le général Chanoine, à lui indiquer la gravité de cette affaire Picquart, et en même temps j'ai eu soin de lui dire que, bien entendu, cette affaire avait déjà été soumise au Conseil des ministres, et que par conséquent ce serait une des premières choses dont il aurait à parler dans le Conseil.

J'ai eu soin d'appeler son attention sur ces faits.

Trois jours après, sans que je l'aie vu à ce moment, le général Chanoine envoyait au gouverneur militaire de Paris le dossier du lieutenant-colonel Picquart, en donnant l'ordre de le faire arrêter immédiatement à partir du moment où la justice civile le relâcherait.

Je dis que, dans cette lettre que le général Chanoine a écrite au gouverneur de Paris, il est également question des motifs qui font poursuivre le colonel Picquart, et il n'est pas question du grattage. Je sais bien que dans l'esprit du général Roget, peut-être dans l'esprit du rapporteur Tavernier, le grattage joue un rôle important et qu'il devait jouer, car il était indispensable de savoir si ce grattage devait être imputé au colonel Picquart et s'il fallait en tenir compte pour l'accusation, mais dans l'esprit de celui qui a engagé cette affaire, le grattage a joué un petit rôle.

M. Trarieux. — Si M. le général Zurlinden...

Le général Zurlinden. — Voulez-vous me permettre, monsieur le président, de déposer ces pièces? Il y en a une qui est à l'enquête.

Le président. — Versez-les.

M. Trarieux. — Si M. le général Zurlinden voulait rester une minute, je lui ferais une observation. Il semble résulter des explications fournies par M. le général Zurlinden, qu'étant ministre de la guerre, lorsque des poursuites ont été engagées contre le colonel Picquart, il n'avait pas, en ce qui le concerne, visé le grattage comme cause de ces poursuites.

Le général Zurlinden. — Non.

M. Trarieux. — Dès que le général Zurlinden explique ainsi les faits, je n'y contredis pas ; mais je tiens à établir, en ce qui me concerne, que la conversation que j'ai eue avec M. de Freycinet a bien été tenue, et que je l'ai rapportée exactement.

Il se peut qu'elle se place à une date plus ou moins reculée. M. le général Zurlinden, ayant quitté le ministère de la guerre, est remplacé par le général Chanoine qui, lui-même, est remplacé par M. de Freycinet. C'est pendant que M. le général Zurlinden était gouverneur de Paris et procureur général de la poursuite, que j'ai eu à demander à M. de Freycinet les explications dont je parlais tout à l'heure, et ces explications ont abouti à une lettre que j'ai en mains et qui prouve que je ne me suis pas trompé dans mon récit.

Le temps avait marché. Nous n'étions plus au mois de septembre, date initiale de la poursuite ; nous étions en novembre. Je crois que je puis lire cette lettre ?

Le président. — A la seule condition de la verser au dossier.

M. Trarieux. — Il vaudrait peut-être mieux l'analyser.

Le président. — Toute lettre lue doit être versée au dossier.

M. Trarieux. — C'était en ma qualité de sénateur, de membre du Parlement, que je parlais au ministre de la guerre et que je lui demandais des explications.

Eh bien ! ces explications m'ont été données très amicalement par le ministre de la guerre, car ce qui me préoccupait surtout, je dois le dire, c'était de voir le colonel Picquart, poursuivi simultanément, à la fois sur un faux au sujet du *petit bleu* et sur d'autres actes qui constituaient, au dire de l'accusation, des faits d'espionnage, sur la communication du dossier Boulot, sur la communication du dossier des pigeons voyageurs.

Ces faits en eux-mêmes, tout d'abord, me semblaient dérisoires, ne constituaient pas, à mes yeux, l'espionnage ; mais surtout, je ne comprenais pas, en application de la règle *non bis in idem*, qu'on voulût traduire le lieutenant-colonel Picquart devant la justice militaire pour des faits qui avaient déjà fait l'objet d'une condamnation disciplinaire devant le Conseil d'enquête.

C'étaient ces mêmes faits qui avaient amené sa mise en réforme.

Je ne pouvais pas admettre qu'il en fût une seconde fois question devant le conseil de guerre.

C'était sur ce point que portait ma conversation avec M. de Freycinet.

M. de Freycinet me dit qu'il était vrai que le général Zurlinden, à l'origine, n'avait eu l'intention de poursuivre que sur la question de faux ; mais que, plus tard, il avait retenu les autres faits comme des éléments de moralité, à l'appui de la poursuite principale.

Et puis, cherchant à me tranquilliser, mon ami me disait :

« Il n'y a pas là de quoi s'indigner, le général Zurlinden est un galant homme : il peut se tromper comme nous tous, mais il est de bonne foi. Vous savez comme moi qu'il ne faut pas mettre en suspicion l'équité et l'impartialité des conseils de guerre. »

Il ajoutait : « C'est avec de pareilles dispositions, que tout le monde malheureusement n'a pas, comme vous, la prudence de garder secrètes, qu'on arrive à constituer entre l'armée et l'élément civil des discussions et des dissentiments regrettables. »

Voilà ce que me disait mon éminent ami.

Si bien que cela me met d'accord avec M. le général Zurlinden, mon ancien collègue : lorsque vous quittiez le ministère de la guerre, vous ordonniez les poursuites ; plus tard, comme gouverneur de Paris, ces poursuites ont été amplifiées.

Aujourd'hui, toutefois, elles sont achevées ; il y a eu dix mois de prison préventive inutile, il y a une ordonnance de non-lieu définitive. Je voudrais bien savoir comment mon excellent ancien collègue apprécie cette conclusion.

Le général Zurlinden. — J'ai simplement à dire et à nettement préciser que, lorsqu'il s'est agi d'engager les poursuites contre le colonel Picquart, ce sont des considérations très élevées qui ont motivé la mesure qui a été prise, et que le grattage n'a joué dans cette décision qu'un rôle insignifiant.

M. Trarieux. — Donc, le grattage...

Le président. — L'incident est clos.

Me Labori. — Je voudrais cependant poser quelques questions à M. le général Zurlinden sur ce point.

Le président. — Est-ce sur la déposition de M. Trarieux ?

Me Labori. — Oui, c'est sur le *petit bleu*.

Le président. — Je ne peux pas, sous prétexte de poser des questions, faire renouveler toutes les dépositions.

Mᵉ LABORI. — C'est sur la déposition de M. Trarieux sur le *petit bleu*.

LE PRÉSIDENT. — Je ne poserai pas la question.

Mᵉ LABORI. — Vous ne connaissez pas la question !

LE PRÉSIDENT. — Je vous ai demandé si c'était sur la déposition de M. Trarieux que vous vouliez poser des questions.

Mᵉ LABORI. — Vous avez mal compris ma question. J'ai simplement dit ceci :

C'est que, tout de même, cela se réfère à la question du grattage du *petit bleu*, question que j'ai le droit d'élucider.

LE PRÉSIDENT. — N'oubliez pas que nous jugeons l'affaire Dreyfus et non l'affaire Picquart.

Mᵉ LABORI. — Permettez ! On prétend que le *petit bleu* est une machination employée par le colonel Picquart contre Esterhazy, et je prétends que c'est la preuve de la trahison d'Esterhazy.

LE PRÉSIDENT. — Formulez votre question, je verrai si je dois la poser.

Mᵉ LABORI. — Je voudrais vous prier de vouloir bien demander à M. le général Zurlinden s'il a une objection à ce que la lettre du garde des sceaux soit lue, et, dans la négative, je vous demanderai de la faire lire.

LE PRÉSIDENT. — La lettre au garde des sceaux ?

Mᵉ LABORI. — Non ; je crois que le général Zurlinden dit que le garde des sceaux lui a écrit ?

LE GÉNÉRAL ZURLINDEN. — Cette lettre est du 16 septembre. Je viens de la déposer entre les mains du Conseil ; je ne vois aucun inconvénient à ce qu'il en soit donné lecture.

Le greffier COUPOIS *donne lecture de la lettre suivante :*

Paris, le 16 septembre 1898.

Monsieur le ministre et cher collègue,

Par une lettre en date du   septembre 1898 (sans indication de jour), à laquelle était jointe une note envoyée par vous et qui m'est parvenue le 14 de ce mois, vers six heures du soir, vous m'avez fait l'honneur de me demander de faire procéder à une enquête préliminaire sur l'origine de la carte-télégramme communément désignée sous le nom de *petit bleu*, dont la découverte aurait été le point de départ de l'enquête dirigée par le lieutenant-colonel Picquart contre le commandant Esterhazy, ainsi que les procédés mis en œuvre par ledit sieur Picquart, pour faire aboutir cette enquête dans le sens désiré par lui.

Vous me demandez, en outre, de vous tenir au courant des résultats de cette enquête préliminaire, afin de vous permettre, après entente avec moi, de poursuivre devant la juridiction compétente la répression des actes criminels ou délictueux qui auraient été relevés à la charge de M. Picquart.

Permettez-moi de vous faire observer, monsieur le ministre et cher collègue, que M. Picquart étant en activité de service au moment où il aurait commis les faits auxquels vous faites allusion, et aucune circonstance ne me permettant de supposer qu'il ait eu un complice civil, l'autorité judiciaire de droit commun est radicalement incompétente pour procéder à toute information, même officieuse, relativement à ces faits.

Je ne puis donc que vous laisser le soin de faire donner à cette affaire, par l'autorité militaire compétente, la suite que vous jugerez convenable.

Veuillez agréer, etc.

Signé : Sarrien.

Me Labori. — Monsieur le président, je ne puis en aucune manière contredire les renseignements que vient de me donner le général Zurlinden sur les raisons qui l'ont guidé au moment où il a demandé des poursuites.

Cependant, je vous demande la permission de signaler à M. Zurlinden lui-même que dans la note du ministre de la guerre ainsi intitulée « Manœuvres employées par M. Picquart, alors qu'il était chef du service des renseignements, à l'effet de substituer à Dreyfus un autre coupable » (*note en date du 14 septembre 1898*), on lit ceci :

« Il convient de faire remarquer que ce document (le *petit bleu*) a toutes les apparences d'un faux. Il est d'une écriture déguisée. L'endroit où est tracé le nom d'Esterhazy est visiblement gratté. »

Que ce soit là une considération accessoire ou principale, il n'est pas moins vrai que la question du grattage a pris dans l'esprit du général Zurlinden une certaine importance.

Le général Zurlinden. — La meilleure preuve que je n'y attachais pas d'importance, c'est que je ne l'ai visé dans aucune des lettres que j'ai écrites.

Me Labori. — Cependant, à ce moment, l'attention du général Zurlinden a dû être attirée sur le grattage.

Le général Zurlinden. — Incontestablement, c'est moi-même qui ai découvert ce grattage en examinant le *petit bleu*. J'en ai parlé plus tard au général Roget, qui m'a dit qu'il avait aussi constaté ce grattage. Mais c'est moi, en examinant le *petit bleu* avec soin, qui l'ai découvert.

Seulement, je dois déclarer (et ceci pour répondre à une question qui me sera sans doute posée par M⁰ Labori) que j'avais des doutes sur la cause qui avait pu motiver ce grattage. Je ne le comprenais pas.

Il est, en effet, très difficile à comprendre que, soit le colonel Picquart, soit d'autres personnes aient fait un grattage dans des conditions aussi extraordinaires que celle-là, attendu que le mot a été gratté et reproduit exactement sur le tracé du grattage.

Je crois que la solution la plus logique, la plus conforme au bon sens, c'est que, peut-être, dans les manipulations très nombreuses auxquelles le *petit bleu* a été soumis, il s'est produit une tache et qu'on a voulu gratter cette tache.

Dans tous les cas, je ne puis qu'insister sur ceci : c'est que le grattage n'avait produit sur mon esprit qu'une impression sans portée.

M⁰ LABORI. — Monsieur le président, voulez-vous demander à M. le général Zurlinden s'il ne sait pas aujourd'hui que les derniers clichés faits par le commandant Lauth, ou par d'autres, au moment où le colonel Picquart était chef du service des renseignements, ne portent pas la moindre trace de ce grattage ?

LE PRÉSIDENT. — Les premiers clichés ?

M⁰ LABORI. — Non, monsieur le président. M. le commandant Lauth, au moment où il a fait cette opération, a tiré une série de clichés. Les premiers n'existent plus. Le commandant Lauth a, si je ne me trompe, expliqué qu'il les avait détruits. Puis vient une série de clichés postérieurs qui sont les seconds, puis les suivants, puis les derniers de M. Lauth, et ceux-là ne portent pas la trace du grattage.

Par conséquent, à ce moment-là, le grattage n'existait pas.

Et alors, monsieur le président, je vous prie de demander à M. le général Zurlinden si, dans ces conditions, il ne croit pas qu'en réalité ce grattage que, somme toute, on a remarqué plus tard, à propos duquel on a instruit contre le colonel Picquart, n'a pu être fait que postérieurement, en dehors de lui, et par conséquent constituer une manœuvre ?

LE PRÉSIDENT. — Vous donnez à votre question un développement tel que je ne puis la poser sous cette forme ; veuillez résumer la question.

M⁰ LABORI. — Je demande si M. le général Zurlinden ne se rend pas compte aujourd'hui que le grattage est postérieur aux opérations du commandant Lauth et, par conséquent, à la présence du lieutenant-colonel Picquart au bureau des renseignements, et s'il n'en résulte pas que c'est une manœuvre ?

Le président. — Le grattage est-il postérieur au cliché ?

Le général Zurlinden. — Je devrais éviter de répondre à de pareilles questions, vu que c'est moi qui ai donné l'ordre de mise en jugement du lieutenant-colonel Picquart et que, par conséquent, sur ces questions, mon opinion ne devait être faite qu'une fois le jugement rendu.

Mais je vais répondre à la question, parce que ma réponse sera d'ailleurs favorable au lieutenant-colonel Picquart.

Je crois qu'en effet il a été constaté à l'instruction Tavernier que le grattage n'existait pas au moment où le *petit bleu* est arrivé au ministère de la guerre et que, par conséquent, il ne peut être attribué au lieutenant-colonel Picquart. (*Mouvement.*)

Mais je ne crois pas qu'il y ait eu manœuvre.

Me Labori. — J'ai une dernière grâce à vous demander, monsieur le président : ce serait de prier M. Paléologue de vouloir bien donner lecture de la pièce relative au *petit bleu*, pièce en date du 15 avril 1899, qui, pour moi, établit d'une façon définitive son authenticité.

Le président. — Monsieur Paléologue, cette pièce est-elle de celles dont on peut donner lecture ?

M. Paléologue. — Je ne me rappelle pas la pièce à laquelle Me Labori fait allusion.

Me Labori. — Je vais la résumer.

Il s'agit d'une note du 15 avril 1899, relatant un entretien de M. de Münster avec M. Delcassé, dans lequel l'ambassadeur dit que M. de Schwarzkoppen reconnaît avoir écrit au commandant Esterhazy plusieurs petits bleus, etc.

Le président. — N'avez-vous pas le numéro de la pièce ?

Me Labori. — Ces pièces ne sont pas numérotées. C'est la première pièce de la cote.

M. Paléologue. — Je ne puis que confirmer ce que vient de dire Me Labori, c'est-à-dire qu'il existe une note constatant un entretien du ministre des affaires étrangères, M. Delcassé, avec l'ambassadeur d'Allemagne, dans lequel entretien l'ambassadeur est venu affirmer que le colonel de Schwarzkoppen reconnaissait avoir adressé au commandant Esterhazy un certain nombre de télégrammes, dits petits bleus ; qu'en ce qui concernait le *petit bleu* dont il est question, il ne pouvait affirmer l'avoir écrit lui-même, parce qu'il ne l'avait pas vu, mais que, toutefois, il était probable qu'il l'eût écrit. (*Mouvement prolongé.*)

Mᵉ LABORI. — J'ai encore une ou deux questions à poser à
M. Trarieux. Voulez-vous être assez bon, monsieur le président,
pour demander au témoin s'il a eu à s'occuper d'une photographie
qui aurait représenté le lieutenant-colonel Picquart, bras dessus,
bras dessous, avec un attaché militaire ou un officier étranger ?

LE PRÉSIDENT. — Avez-vous eu connaissance d'une photographie représentant le lieutenant-colonel Picquart en compagnie
d'un officier étranger ?

M. TRARIEUX. — Mon Dieu, oui, messieurs. Je me suis trouvé
mêlé à un grand nombre d'incidents, et celui-ci avait provoqué de
ma part une demande d'explications à M. le président du Conseil.
Il avait paru dans plusieurs journaux, d'abord dans le journal le
Soir, si je ne me trompe, ensuite dans le journal le *Gaulois* et dix
autres après, des articles d'une extrême violence, non pas seulement contre le lieutenant-colonel Picquart, mais contre le ministre
de la guerre.

On disait, dans ces articles, qu'il y avait au ministère de la
guerre une photographie représentant le lieutenant-colonel Picquart et l'attaché militaire d'Allemagne bras dessus, bras dessous,
et on disait que cette photographie avait été faite à Carlsruhe.

On se plaignait avec amertume que le ministre de la guerre ne
voulût engager aucune poursuite contre le nouveau traître à l'égard
duquel on avait acquis ces preuves certaines de trahison, et on disait que si le ministre ne se décidait pas à agir, l'Etat-Major ne
souffrirait pas cette inaction inexplicable du chef de l'armée et ne
demandait qu'à agir à sa place.

C'étaient des articles d'une extrême gravité, non pas seulement
pour le lieutenant-colonel Picquart, mais pour l'honneur de l'armée
et pour sa bonne discipline.

Ces polémiques de presse tendaient à représenter l'Etat-Major
comme sur le point de se mettre en insurrection contre le ministre
de la guerre qu'on accusait d'inertie, s'il ne se décidait pas à faire
usage de ce nouveau document contre le lieutenant-colonel Picquart.

J'ai demandé au président du Conseil des explications à la tribune et ces explications allaient être données, lorsque M. le lieutenant-colonel Picquart se décida à porter une plainte contre les
auteurs du faux évident qu'on était sur le point de mettre, disait-
on, en circulation.

Ainsi, pendant une dizaine de jours, ces articles avaient pu impu-
nément circuler sans recevoir d'aucun côté un démenti dans les ré-

gions gouvernementales, quelque graves qu'ils fussent. Et ce qui est plus grave, c'est qu'il m'a été donné l'assurance que la photographie avait existé. (*Sensation.*)

LE PRÉSIDENT. — L'avez-vous vue?

M. TRARIEUX. — Pardon, monsieur le président, je ne l'ai pas vue. Son existence m'a été affirmée.

LE PRÉSIDENT. — Je tenais à savoir si vous l'aviez vue, ou si son existence vous a été affirmée.

M. TRARIEUX. — Je ne l'ai pas vue, et il m'eût été assez difficile de la voir, parce que, si elle a existé, elle était dans des mains qui certainement se seraient fermées, au cas où j'aurais eu l'indiscrétion d'en demander communication.

Mais enfin, à partir du jour où ma demande d'interpellation fut connue, et surtout de celui où la plainte fut déposée, ces bruits se dissipèrent et M. le juge d'instruction commença les recherches auxquelles il avait à procéder.

On entendit les auteurs des articles de journaux qui se retranchèrent derrière le secret professionnel, ne voulurent pas parler, et on fut dans l'impossibilité de connaître l'origine première de ces rumeurs qui avaient été, et pour le colonel Picquart et pour le ministre de la guerre lui-même, si fâcheuses et si graves.

Me LABORI. — Sur ce point, je crois que M. Bertulus pourrait d'ailleurs donner des renseignements intéressants.

M. Trarieux n'a pas vu les photographies, mais le *Jour* en a parlé.

M. le colonel Picquart a déposé une plainte entre les mains de M. Bertulus.

LE PRÉSIDENT. — N'entrons pas dans cette voie. Le témoin n'a pas vu cette photographie. Il n'en parle que par ouï-dire.

Me LABORI. — Je signale le fait, qui d'ailleurs est connu.

LE PRÉSIDENT. — Il n'est pas besoin de faire ces recherches; c'est complètement inutile à la manifestation de la vérité.

Me LABORI. — Bon. C'est entendu, monsieur le président. Le témoin n'a-t-il pas eu à intervenir dans les poursuites exercées contre le commandant Esterhazy, ou à s'en occuper d'une manière quelconque; et, dans ce cas, qu'a-t-il à dire de ces poursuites?

LE PRÉSIDENT. — Avez-vous eu à vous occuper des poursuites contre le commandant Esterhazy? Qu'auriez-vous à nous faire connaître à ce sujet?

M. TRARIEUX. — Oui, sur ce point, je suis, en effet, intervenu auprès du ministre de la guerre, au moment où les poursuites s'exerçaient contre le commandant Esterhazy.

Voici ce que je puis dire à cet égard :

Après avoir reçu de mon collègue, M. Scheurer-Kestner, les confidences que j'ai rappelées à l'audience d'hier, je partageai un moment avec lui son sentiment de confiance.

On lui avait promis au Sénat d'intenter contre le commandant Esterhazy des poursuites sérieuses, qui devaient conduire à la manifestation de la vérité, et nous espérions que ces poursuites auraient en effet ce caractère.

Mais bientôt, messieurs, nous dûmes perdre nos illusions. (Mouvement.)

A peine ces poursuites étaient-elles engagées que le bruit se répandait qu'il y avait un complot organisé pour substituer Esterhazy innocent à Dreyfus coupable, et qu'il y avait toute une machination à cet égard ourdie entre M. Scheurer-Kestner, ses amis et le lieutenant-colonel Picquart.

La révélation de ce complot avait été faite à Esterhazy par une femme providentielle, qui lui avait, un jour, donné un rendez-vous et, s'étant présentée à lui sous un voile, lui avait appris qu'elle était de l'intimité galante, ou de M. Scheurer-Kestner, ou de M. le lieutenant-colonel Picquart. Elle avait su, par ses relations avec ces messieurs, le coup qui se préparait contre le commandant Esterhazy, et, indignée de ces manœuvres, elle avait cru de son devoir de l'avertir.

Puis, on apprenait que ce personnage mystérieux donnait chaque jour des rendez-vous nouveaux au commandant Esterhazy, et le tenait au courant de toutes les intrigues qui le menaçaient.

Nous apprenions ensuite que le commandant Esterhazy était en état de détruire avec certitude l'apparence de similitude du bordereau avec son écriture, à l'aide de laquelle on prétendait l'incriminer; qu'en effet, il avait en mains la preuve qu'on avait calqué ce bordereau sur son écriture.

Il induisait cette preuve d'un document qu'il aurait, à l'époque, envoyé à un capitaine Brault — c'était un mémoire sur Eupatoria que ce capitaine Brault, qui n'avait été que l'homme de paille du capitaine Dreyfus, lui avait demandé pour se procurer de son écriture sur laquelle le capitaine Dreyfus avait pu procéder à un décalque. Et en même temps que ces bruits se répandaient dans la presse, le témoin principal, le lieutenant-colonel Picquart, était rappelé de Tunisie pour fournir des renseignements; mais lorsqu'il mettait le pied sur le sol de France, au lieu d'être accueilli comme un témoin, il était reçu comme un accusé. Les rôles se renversaient.

Ce n'était plus Esterhazy qui allait être l'accusé, c'était le colonel Picquart.

On allait l'accuser de toutes espèces d'intrigues.

Notamment, on lui reprochait les dépêches *Blanche* et *Speranza*, faux préparés et machinés contre lui, mais qui, disait-on, étaient des avertissements donnés par ses amis; on perquisitionnait chez lui, le discrédit se faisait autour de sa personne.

Je fus affligé, messieurs; je disais : « Comment, ces contes à dormir debout vont être le fond de cette affaire! C'est sur une instruction qui acceptera de pareils mensonges évidents (*a priori* pour moi); c'est sur de pareilles informations que le Conseil de guerre serait appelé à faire justice! »

Alors, messieurs, je crus devoir intervenir auprès de mon collègue du Sénat, M. Milliard, ministre de la justice, auprès de M. le président du conseil, M. Méline, pour leur faire part de mes alarmes, leur demander une enquête.

Mes deux collègues me dirent que ce n'était pas leur affaire et m'engagèrent à m'adresser au ministre de la guerre — spécialement chargé de la conduite du procès.

Je me décidai donc à écrire, le 6 janvier, à M. le ministre de la guerre une lettre dans laquelle — si vous voulez me permettre cette courte citation — je lui disais :

Je crois être sûr que vous ne me reprocherez pas la franchise de mes questions.

Est-il vrai qu'au cours de l'année 1896, le lieutenant-colonel Picquart, chef du bureau des renseignements, ait été appelé à étudier contre un officier supérieur aujourd'hui en cause, une affaire d'espionnage ?

Est-il vrai que, frappé de la ressemblance de l'écriture avec le bordereau attribué en 1894 à Dreyfus, il ait conçu la pensée qu'une erreur ait pu être commise au préjudice de ce dernier ?

Est-il vrai qu'il en ait parlé à ses chefs, et que le sous-chef d'Etat-Major, le général Gonse, ne l'ait pas ignoré, et que vous l'ayez su vousmême ?

Est-il vrai que, loin de lui dire alors qu'il avait mieux à faire qu'à employer son zèle en faveur d'un traître avéré, il ait été encouragé à poursuivre ses recherches dans lesquelles la vérité pourrait se faire jour ?

Est-il vrai qu'il n'ait interrompu ces recherches que parce qu'au moment de l'interpellation Castelin, il a été éloigné de Paris et de son poste par une mission sur les frontières de l'Est, bientôt suivie d'une mission en Tunisie?

Est-il vrai que tous ces détails sont d'autant plus significatifs que le lieutenant-colonel Picquart avait représenté le ministre de la guerre devant le conseil qui jugea Dreyfus, et que, par conséquent, il n'ignorait rien de ce qui s'y était passé, et, si tous ces faits sont vrais, comment n'en pas conclure qu'aucun de ceux qui possédaient, en 1896, le dossier Dreyfus n'y a vu ces preuves de culpabilité certaine, dont l'allégation a aujourd'hui tous les caractères d'une légende?

Me trompai-je, cependant, et la légende serait-elle de l'histoire?

Il faut alors que la pleine lumière se fasse et malheureusement, je me demande si tout a bien mis été mis en œuvre pour la préparer.

Nous voici à la veille de nouveaux débats, auxquels nous avons à la demander, et je m'inquiète de l'état de l'instruction qui va leur servir.

S'il faut s'en rapporter à cette partie privilégiée de la presse qui semble recevoir ses renseignements de source officieuse, tout paraît avoir été fait pour faciliter la défense de l'accusé, et rendre suspect le rôle de ceux qui l'accusent :

Des pièces, ont été volées, assure le commandant Esterhazy lui-même, au dossier Dreyfus. Rien n'a été fait pour rechercher les auteurs de ce vol.

De fausses dépêches dont le but était de déshonorer le colonel Picquart ont été expédiées. On a négligé de rechercher les mains criminelles qui les avaient écrites.

Des pièges monstrueux ont été tendus à la famille Dreyfus. On a laissé gloser les journaux, sans se demander qui les avait préparés.

De tous ces faits, pourtant, pouvait ressortir la trame d'un complot ourdi pour étouffer la voix de la vérité.

De complot il n'en a été question que pour le prétendu syndicat Dreyfus, et on a vu un portefeuille de député égaré par mégarde, donner lieu à l'audition de nombreux employés de chemins de fer entre les mains desquels il était tombé.

Est-ce tout, et parlerai-je encore des expertises en écriture qui eussent dû nécessiter tant de soins et de prudence?

On avait dit d'abord qu'on s'adresserait à des experts étrangers au milieu parisien, afin d'éviter tout contact avec ceux de 1894, et l'un au moins des experts avait déjà pris parti, s'il faut en croire l'histoire non démentie de M. Varinard, racontée par la *Lanterne*.

Comment, monsieur le ministre, ne pas craindre que, dans de telles conditions, la vérité promise ne coure bien des dangers?

Le dossier dont va être saisi le conseil de guerre est plein de lacunes qui ne lui permettront pas d'aller au fond des choses, et que serait-ce si tout se passait à huis clos, sur un réquisitoire de pure forme et sans contradiction sérieuse?

Vous ne voudrez pas, j'en conserve l'espoir, qu'il en soit ainsi, et c'est ce qui m'a décidé à en appeler à vous.

Permettez-moi de préciser quelles seraient à mon sens les mesures urgentes à prendre.

Je souhaiterais d'abord que tous les points laissés dans l'ombre et que je viens de signaler à votre haute attention, soient élucidés avant que le conseil de guerre ait à se prononcer; ils peuvent être pour sa décision de la plus haute importance.

Je voudrais qu'une nouvelle expertise en écritures fût faite; s'il est exact, comme on l'a raconté, que M. Varinard eût déjà communiqué son opinion à un journal avant d'avoir accepté le mandat que lui a confié la justice.

En ce cas, il me semblerait bien utile de commettre à cet effet non pas seulement des professeurs d'écriture, mais des paléographes de profession, dont on pourrait demander la désignation à l'Ecole des Chartes ou à l'un de ces corps de savants.

Je demanderais que le conseil de guerre ne siégeât à huis clos que pour les explications d'audience qu'il pourrait y avoir un inconvénient réel à rendre publiques.

Une publicité aussi large que possible me paraîtrait le seul moyen de donner à l'arrêt qui sera rendu une pleine autorité.

Je trouverais désirable, enfin, si la démarche en est faite, que la partie plaignante puisse être assistée à l'audience par son défenseur.

Il n'y aurait pas, sans cela, de débats vraiment contradictoires.

Vous apaiseriez chez un grand nombre de nos concitoyens, comme chez moi, monsieur le ministre et cher collègue, bien des inquiétudes, si vous aviez égard à ma supplique.

Quoi qu'il advienne cependant, j'aurai rempli, en vous la présentant, mon devoir, et si vous êtes en désaccord avec moi, je ne douterai pas — tout en restant sans comprendre — que vous n'ayez cru aussi accomplir le vôtre.

Veuillez agréer, monsieur le ministre et cher collègue, l'assurance de ma haute considération et de mes sentiments dévoués.

Signé : TRARIEUX.

C'est le 6 janvier 1898 que j'écrivis cette lettre ; on était à la veille des débats du conseil de guerre qui allait juger Esterhazy.

LE PRÉSIDENT. — Je vous prie de verser ces lettres au dossier.

M. TRARIEUX. — En dénonçant tous ces faits, je pouvais avoir l'espérance que l'enquête jugée nécessaire par moi pour faire la lumière sur tous ces mensonges serait ordonnée.

Mais M. le général Billot n'interpréta pas comme moi les faits que je lui dénonçais et il ne me fut donné aucune réponse.

Aucune enquête ne fut ordonnée et l'affaire se présenta dans les conditions que je relatais tout à l'heure, le 10 janvier 1898, devant le conseil de guerre qui a jugé Esterhazy.

J'ai assisté à l'audience : là j'ai trouvé des magistrats, certes préoccupés comme vous de remplir avec honneur leur devoir militaire et leurs fonctions de juges, je n'en ai aucun doute, mais j'ai trouvé des juges qui allaient être trompés, car, si on apporte à la justice une instruction mensongère, son jugement ne peut être que mensonge.

Il n'y a que la vérité qui engendre la vérité. (*Mouvement prolongé.*)

LE PRÉSIDENT. — Je vous ferai observer que vous dépassez les limites d'un témoignage. Ce que vous faites est un véritable plaidoyer.

M. TRARIEUX. — Veuillez me laisser poursuivre. J'ai entendu dire que c'était une femme voilée qui avait apporté le document libérateur à Esterhazy : cette assertion n'a rencontré aucune objection et elle a même été portée devant la justice par le commissaire du gouvernement.

On a dit que l'écriture du bordereau avait été calquée sur un document relatif à l'affaire d'*Eupatoria* envoyé par le commandant Esterhazy au capitaine Brault; on a accepté cette légende, l'affaire Brault est passée comme une lettre à la poste.

Esterhazy, sur tous les points, a réussi à faire accepter ses mensonges.

Aujourd'hui la justice est renseignée, on sait qui était la dame voilée, on sait qui avait inspiré ces manœuvres et comment la justice a été trompée. Esterhazy a été acquitté, il n'a pas été jugé.

(*Sensation profonde ; protestation au banc des témoins militaires.*)

LE PRÉSIDENT. — Je répète mon observation de tout à l'heure. Je crois que vous dépassez votre rôle de témoin. Je proteste absolument contre les appréciations que vous émettez ; vous critiquez la justice.

LE COMMISSAIRE DU GOUVERNEMENT. — Le respect de la chose jugée.

(*On rit.*)

M. TRARIEUX. — Je ne critique pas la justice, et si j'avais le sentiment que tel a été le sens de mes paroles, je serais prêt à les retirer.

LE PRÉSIDENT. — Je crois que vous feriez bien, car il est impossible que l'on puisse parler ainsi du jugement d'un tribunal.

M. Trarieux. — J'ai exposé ma pensée. Ce n'est pas le tribunal que j'accuse.

Le Président. — Ce sont les juges.

M. Trarieux. — Ce ne sont pas non plus les juges, je les ai, au contraire, mis hors de cause avec un soin jaloux, et j'espérais que le conseil avait bien compris.

Le Président. — Si vous n'aviez pas l'intention de critiquer la chose jugée, je veux bien admettre vos paroles.

M. Trarieux. — Sur ce point, je demanderai au Conseil d'accepter ma discussion.

Au-dessus de la chose jugée, il y a une loi qui ordonne la réparation de l'erreur judiciaire, et cette loi est la meilleure sanction de la justice, car, sans elle, la justice ne serait peut-être pas acceptée avec la confiance qu'elle doit inspirer.

La chose jugée n'est pas un dogme. Il faut respecter la chose jugée, mais il est permis de la critiquer. Et celle dont je parle entre d'autant plus dans le domaine de la critique qu'elle n'existe plus après l'arrêt de la Cour de cassation, qui, sur l'attribution du bordereau et sur l'écriture du bordereau s'est prononcée en sens contraire.

Le Président. — Ce n'est plus un témoignage que vous apportez ici.

M. Trarieux. — Je m'incline respectueusement devant vos observations, mais elles s'appliquent aussi à d'autres témoins.

Le Président. — Vous êtes ici pour donner connaissance des faits que vous avez vus, mais non pour donner des appréciations qui sont complètement inutiles ; vous usurpez le rôle de la défense.

Me Labori. — Nous ne nous en plaignons pas.

Le Président. — Avez-vous encore des questions à poser ?

Me Labori. — Monsieur le président, voulez-vous demander au témoin...

Le Président. — Ah ! pardon ! Monsieur le général Billot avait demandé la parole. Veuillez approcher, général.

Le Général Billot. — Monsieur le président, j'ai regretté, au commencement de la séance d'hier d'être retenu hors de cette enceinte par un devoir douloureux. Je n'ai pas entendu le commencement de la déposition de mon honorable collègue M. Trarieux, mais j'ai pu la lire ce matin dans le *Figaro*.

J'ai, de plus, entendu les observations qu'il vient de faire.

Le discours éloquent de M. Trarieux est une plaidoirie et un réquisitoire, ce n'est pas une déposition. C'est une plaidoirie en faveur de Dreyfus, en faveur de Picquart, et un réquisitoire contre les anciens ministres.

Il s'est produit en termes courtois, sauf ceux sur lesquels je ferai mes réserves concernant le conseil de guerre qui a jugé Esterhazy à Paris, et que M. le président a justement relevés.

Je ne referai pas ma déposition, je ne ferai pas de réquisitoire. Je suis ici, comme j'ai eu l'honneur de le dire, un témoin et un ancien ministre.

Comme témoin, je joins mes efforts à ceux du conseil de guerre pour découvrir et constater la vérité.

Comme ancien ministre, je suis responsable de tous mes actes. Je viens en revendiquer toute la responsabilité.

M. Trarieux a parlé du renvoi de M. Picquart du service des renseignements, et là il est entré sur un terrain administratif et politique qui n'avait pas sa place devant le conseil de guerre. Le ministre de la guerre, responsable du commandement de l'armée, de la défense du pays, de la discipline des officiers placés sous ses ordres, n'aurait pas, je crois, à rendre compte des motifs qui ont dicté ses actes. Cependant, sans refaire ma déposition, je n'ai qu'à me référer à ce que j'ai dit à la Cour de cassation, et à ce que j'ai dit devant le conseil de guerre.

M. Picquart, officier de grand mérite, en qui j'ai eu la plus grande confiance — confiance que je n'ai plus et que je regrette de ne pouvoir avoir — M. Picquart avait servi sous mes ordres et j'avais apprécié ses éminentes qualités.

Je l'ai trouvé à la tête du service des renseignements, servant très bien. Je l'ai apprécié ainsi.

Lorsque l'affaire Dreyfus s'est produite — affaire dont j'ai hérité, que je n'ai pas faite, mais que j'ai prise consciencieusement avec tout le soin et la prudence que comportait une affaire aussi grave, — j'ai dit devant le conseil ce que je pensais du passé. Je l'ai dit à mots couverts. Tout le monde m'a compris et j'ai reçu un dépôt : la chose jugée.

Le ministère Méline, dont j'avais l'honneur de faire partie, d'accord avec moi toujours, a toujours voulu faire respecter la chose jugée et la tenir en dehors des partis de la politique, en dehors de la presse, et toutes les fois que cette question lui a été soumise, il a renvoyé religieusement au garde des sceaux les pétitionnaires qui se sont toujours refusés à prendre la voie régulière. On a voulu prendre des moyens légaux, les seuls qui pussent, sans troubler le pays, amener à un résultat : déposer aux mains du garde des sceaux, M. Darlan, M. Milliard ensuite, la requête nécessaire pour que la justice fût saisie régulièrement.

C'est contre les procédés politiques, que M. Zola a appelés révolutionnaires, que nous nous sommes défendus et que nous nous défendons encore.

Après nous, la revision légale s'est introduite. Elle a abouti devant la Cour suprême, et nous sommes ici aujourd'hui.

M. Trarieux vous a parlé de son intervention dans le procès d'Esterhazy.

En effet, il vous a donné lecture d'une lettre que j'ai, que je ne relirai pas devant vous, mais je demanderai au conseil la permission de lui donner lecture de la lettre que, le lendemain, j'ai adressée à mon collègue le garde des sceaux, M. Milliard, ainsi conçue :

Monsieur le Garde des Sceaux et cher collègue,

M. le sénateur Trarieux, ancien garde des sceaux, s'est présenté hier, en mon absence, au ministère de la guerre, demandant à me remettre en mains propres des documents importants. Reçu par M. le lieutenant-colonel Thévenet, chef de mon secrétariat particulier, et conduit au général de Torcy, chef de cabinet, il a exprimé à cet officier son regret de ne pas m'avoir rencontré, attendu, a-t-il dit, qu'il aurait voulu me voir prendre connaissance en sa présence des documents précités et recueillir mes premières impressions sur ces moyens.

M. le sénateur Trarieux a ultérieurement déposé le pli dont il était porteur entre les mains d'un huissier du cabinet, et j'en ai pris connaissance dans la soirée.

J'ai l'honneur de vous adresser ci-jointe la copie de ces documents, en vous priant de vouloir bien l'examiner d'urgence.

Il importe, en effet, que le général gouverneur de Paris et le président du conseil de guerre dans l'affaire Esterhazy soient prévenus en temps utile contre toute surprise.

M. Trarieux. — Je suis heureux d'apprendre l'existence de cette lettre.

Le général Billot. — Vous trouverez sans doute comme moi que M. Trarieux tend à prendre dans ces circonstances un rôle qu'on a peine à comprendre. Je me borne pour le moment à appeler votre attention sur ce simple fait, sur la prétention de faire assister à l'audience par un défenseur la partie plaignante, alors qu'un ancien garde des sceaux ne saurait ignorer qu'aucune intervention de partie civile n'est admise devant le Conseil de guerre.

Je serais heureux qu'il vous fût possible de me fixer une heure aujourd'hui pour conférer sur cette question.

A la suite de cette lettre, une conférence eut lieu entre le ministre de la guerre et le garde des sceaux. Le président du Conseil lui-même fut saisi de la question et il fut convenu que le gouverneur de Paris serait prévenu. Lorsqu'un ministère avait l'honneur et le bonheur d'avoir pour gouverneur de Paris, chef de la justice militaire, un homme de la haute expérience, de la loyauté, de l'autorité du général Saussier, c'était le devoir du gouvernement de laisser le chef de la justice militaire, prévenu et dûment prévenu, surveiller et suivre les débats.

Agir autrement eût été faire injure au gouverneur de Paris comme je ferais injure au Conseil de guerre qui, en vertu du pouvoir discrétionnaire dont use le président (nous en avons ici de nobles exemples devant nous) pouvait compléter les instructions plus ou moins défectueuses soumises par le commissaire du gouvernement, nous aurions manqué à notre devoir si nous avions pesé sur le gouverneur après l'avoir prévenu pour le guider par la main dans les actes de procédure.

Voilà le procès Esterhazy.

Nos camarades loyaux, fidèles comme vous, dans la liberté de leurs consciences ont jugé, ont prononcé un jugement : je me garderais bien de le critiquer et je m'incline. (*Applaudissements dans une partie de l'auditoire.*)

J'ai à dire un mot du colonel Picquart.

C'est sous mon ministère que cet officier distingué, pour lequel j'avais une grande prédilection, a été mis en réforme.

Il avait communiqué à une tierce personne des documents secrets de premier ordre, les lettres du général Gonse.

Cette communication de documents concernant un service secret, publiés plus tard dans les journaux, était un des actes les plus graves qui puissent atteindre la discipline, et je dirai même mieux, qui tombait sous le coup de la justice militaire.

Bienveillant comme je l'ai été toujours et comme je le serai jusqu'à la fin de ma carrière, j'ai voulu lui éviter le Conseil de guerre en le mettant en réforme.

J'ai été blâmé de cette mesure, je dirai même que moi-même j'ai quelquefois, pendant quelque temps, regretté d'avoir été obligé de sévir pour le préserver du Conseil de guerre ; j'ai regretté qu'une mise à la retraite par retrait d'emploi n'eût pas permis de le garder dans l'armée.

Hélas ! des enquêtes successives, l'enquête de la Cour de cassation notamment, bien des faits qui se sont révélés m'ont consolé de ces regrets. Voilà tout ce que j'avais à dire. (*Très bien !*)

Me LABORI. — J'aurais, monsieur le président, si vous le permettez, une question à poser à M. le général Billot comme suite à son complément de déposition qu'il vient de faire.

LE PRÉSIDENT. — Veuillez faire savoir quelle est cette question.

Me LABORI. — Voulez-vous avoir la bonté de lui demander pourquoi, à la date du 14 novembre 1897, recevant le document libérateur des mains du commandant Esterhazy, il lui avait fait donner un reçu par le colonel de Torcy ?

LE GÉNÉRAL BILLOT. — Le ministère de la guerre reçoit 1,200 lettres par jour et 1,000 ou 1,200 réponses par jour sont faites.

Le ministre de la guerre signe de sa main les choses graves et importantes ; les choses du service courant sont signées par le chef de service.

C'est une chose qui a passé comme service courant, et à laquelle les services n'ont pas attaché d'autre importance. (*Rumeurs prolongées.*)

Me LABORI. — Alors, monsieur le président, voulez-vous me permettre, pour terminer, de vous donner lecture de la lettre par laquelle M. le général Billot avait fait donner, par le colonel de Torcy, un reçu à Esterhazy ?

LE PRÉSIDENT. — Faites.

Me LABORI. — Voici cette lettre :

Le Ministre de la Guerre à M. le commandant Walsin-Esterhazy, à Paris.

Commandant,

J'ai l'honneur de vous accuser réception de votre lettre du 14 novembre par laquelle vous me faites parvenir la photographie d'une pièce qui vous avait été remise par une femme inconnue et provenant du ministère de la guerre.

Par ordre, le chef de cabinet,
DE TORCY.

LE PRÉSIDENT. — Elle est signée : « Par ordre », c'est comme si elle était signée du ministre.

Me LABORI. — Nous allons continuer, monsieur le président, si vous voulez bien. Voulez-vous demander à M. le général Billot s'il décline la responsabilité de cette lettre ?

LE GÉNÉRAL BILLOT. — Je prends la responsabilité des mille lettres par jour qui ont été signées par mon ordre, dans mon minis-tère, au même degré, toutes ! Le service courant et les décisions graves.

Mais si vous voulez parler de l'affaire Esterhazy, j'y reviendrai.

Me LABORI. — Mon Dieu ! mon général…

LE GÉNÉRAL BILLOT. — Permettez, je ne serai pas suspect. Tout le monde connaît ce que j'ai dit d'Esterhazy, on a même forcé la note. M. Picquart a reçu des instructions pendant qu'il était chef du bureau des renseignements et quand il me disait: « Esterhazy est l'auteur du bordereau ; il est coupable et Dreyfus ne l'est pas », je lui répondais: « je ne suis pas expert en écritures et on ne pourrait faire des expertises nouvelles au moment où l'Empereur de Russie va venir en France sans agiter le pays, sans troubler profondément les consciences et renouveler l'affaire Dreyfus ; mais il y a une chose que je vous dis, c'est qu'Esterhazy fût-il coupable et je ne sais pas s'il l'est parce que le Conseil de guerre l'a acquitté, cela n'innocenterait pas Dreyfus ; les affaires d'espionnage que je con-nais par ma longue expérience de la guerre sont généralement complexes et il est rare qu'à côté du traître il n'y en ait pas un se-cond et même un troisième faisant le lien entre les deux autres. Cherchez dans telle et telle direction, cherchez si à propos de ces documents qui sont au bordereau, que vous attribuez à Esterhazy, documents qu'il ne pouvait pas avoir parce qu'il n'était pas à la source où se trouvait Dreyfus, il n'y aurait pas un lien ; votre ser-vice est bien monté, vous trouverez peut-être un lien qui pourrait vous faire voir comment des mains de Dreyfus ces documents ont passé au bordereau, écrit, dites-vous, par Esterhazy, ce que je ne sais pas, car je ne suis pas expert. »

J'ai dit que pendant deux mois M. Picquart ne m'a jamais ap-porté aucun renseignement d'aucune nature. C'est pour ce motif et d'autres que j'ai indiqués suffisamment, non pas contrairement aux instructions et propositions du chef et du sous-chef d'Etat-Major, mais sur la proposition instante et formelle qui venait du général Gonse et du chef d'Etat-Major, que j'ai consenti à l'éloigner parce que le service était en souffrance, parce qu'une seule affaire préoccupait et absorbait Picquart, parce qu'il ne suivait pas les pistes que j'indiquais, je peux bien le dire, si j'avais connu le trait de lumière apporté ici par M. Delaroche-Vernet, parce qu'il cherchait ce qui était à la charge d'Esterhazy et non pas ce qui était à la charge de Dreyfus, parce qu'il ne cherchait pas suffisamment ce qui était à la charge de ce dernier.

M⁰ LABORI. — Monsieur le président, je crois qu'il résulte des déclarations de M. le général Billot...

LE PRÉSIDENT. — Remarquez que M. le général Billot a déjà fait ces déclarations, et par vos questions vous nous les faites répéter deux fois.

M⁰ LABORI. — Du tout, on n'a jamais dit ici que Dreyfus fût le complice d'Esterhazy, et si c'est dans cette voie que l'accusation marche, il faudra qu'on en apporte la preuve.

LE CAPITAINE DREYFUS. — Je proteste contre l'assertion qu'on apporte ici.

LE PRÉSIDENT, à M⁰ Labori. — Je vous prie de vous exprimer avec modération.

M⁰ LABORI. — Je n'ai pas dit un mot qui ne fût modéré !

LE PRÉSIDENT. — Mais le ton ne l'est pas !

M⁰ LABORI. — Je ne suis pas le maître de mon ton.

LE PRÉSIDENT. — Vous devez en être le maître. Tout homme est maître de sa personne.

M⁰ LABORI. — Je suis le maître de ma personne, je ne suis pas maître de mon ton !

LE PRÉSIDENT. — Je vais vous retirer la parole.

M⁰ LABORI. — Retirez-la-moi.

LE PRÉSIDENT. — Je vous retire la parole.

M⁰ LABORI. — Je m'incline, mais je prends acte qu'on me retire la parole toutes les fois que j'avance sur un terrain où on ne peut plus me résister. (Bruit dans la salle.)

LE PRÉSIDENT. — M⁰ Labori, je vous retire la parole ! (Silence.)

LE GÉNÉRAL BILLOT. — Je n'ai pas dit que le commandant Esterhazy fût le complice de Dreyfus, j'ai dit que j'avais prescrit à différentes reprises à M. Picquart de chercher (j'exécutais un ordre de la Chambre) si autour de Dreyfus il n'y aurait pas eu des intermédiaires qui auraient pu, tout en laissant Dreyfus coupable, déterminer une culpabilité à la charge d'Esterhazy. Voilà tout ce que j'ai dit.

LE PRÉSIDENT, à M⁰ Labori. — Avez-vous une autre question à poser ?

M⁰ LABORI. — Je n'ai plus de questions à poser, puisque (et je parle respectueusement) il m'est impossible de suivre avec tranquillité l'ordre des questions que je crois devoir poser et qui sont dans le centre de la discussion.

LE PRÉSIDENT. — Vous renoncez à la parole?

Me LABORI. — Je me réserve de prendre telle attitude que les soucis de ma responsabilité et des droits de la défense vont m'obliger à prendre.

LE PRÉSIDENT. — Asseyez-vous.

Me LABORI. — Je m'assieds, monsieur le président, mais pas par ordre.

M. VARINARD, de sa place. — Je demande la parole.

LE PRÉSIDENT. — Je ne vous l'accorde pas.

CENT-TREIZIÈME TÉMOIN

LE COMMANDANT GALOPIN

M. Galopin Alfred, 47 ans, chef de bataillon du génie, commandant de l'Ecole des chemins de fer.

Après prestation de serment, le témoin ajoute:

J'ai connu l'accusé lorsque j'étais à la première section du génie et pendant qu'il était employé au ministère. Un ami commun nous a présentés l'un à l'autre.

LE PRÉSIDENT. — Veuillez nous faire connaître les faits sur lesquels vous avez à déposer.

Me DEMANGE. — M. le commandant Galopin a dit qu'il avait connu le capitaine Dreyfus. Je crois que M. Galopin est un inventeur...

LE PRÉSIDENT. — De choses intéressantes en effet, très utiles à la défense du pays.

Me DEMANGE. — Voulez-vous lui demander, monsieur le président, si le capitaine Dreyfus a cherché à avoir de lui des renseignements sur ses inventions?

LE PRÉSIDENT. — Vous avez eu des relations avec le capitaine Dreyfus pendant que vous étiez au ministère, a-t-il tenté d'avoir de vous certains renseignements sur vos inventions?

LE COMMANDANT GALOPIN. — J'ai fait plusieurs fois avec le capitaine Dreyfus le voyage du ministère à la place de l'Alma. Jamais le capitaine Dreyfus, à mon souvenir, ne m'a demandé de renseignements sur mes découvertes, sur mes tourelles.

LE PRÉSIDENT. — Ne vous en a-t-il pas demandé sur autre chose?

LE COMMANDANT GALOPIN. — Je n'en ai pas souvenir, mon colonel.

LE PRÉSIDENT. — Il n'a fait près de vous aucune tentative pour avoir des renseignements sur des choses secrètes ?

LE COMMANDANT GALOPIN. — Je n'en ai pas souvenir.

LE PRÉSIDENT. — Pas d'autre question ?

Mᵉ DEMANGE. — Non monsieur le président.

LE COMMANDANT GALOPIN. — Voulez-vous me permettre, pour compléter ma déposition, de vous rapporter le fait suivant :

Pendant un des voyages que j'ai faits avec le capitaine Dreyfus du ministère à la place de l'Alma, un jour le capitaine Dreyfus avait sous les bras des papiers ; je lui dis en manière de plaisanterie : « Les heures de bureau ne sont donc pas assez longues que vous emportez du travail chez vous ? »

Il me répondit : « Ce n'est pas du travail que j'emporte chez moi, ce sont des papiers secrets qui concernent la mobilisation et que je dois aller porter au service géographique pour en faire le tirage et faire détruire ensuite les pierres. » Je n'ai pas apporté d'autre attention à ces paroles ; je les rapporte parce que je dois dire ce que je sais. Mais plus tard, quand j'ai su que le capitaine Dreyfus était arrêté, j'ai eu l'occasion de parler de ce fait et j'ai dit alors : « Il est heureux qu'il ne m'ait pas demandé de renseignements sur mes tourelles, parce que je les lui aurais probablement donnés. »

LE PRÉSIDENT. — Accusé, levez-vous. Avez-vous des observations à faire sur la déposition du témoin ?

LE CAPITAINE DREYFUS. — Aucune, mon colonel. Les faits que cite le commandant concernant les voyages que nous avons faits ensemble sont exacts.

Quant à ce qui concerne les documents dont il parle, c'étaient des documents d'approvisionnement, que j'allais faire imprimer au service géographique.

LE PRÉSIDENT. — Vous les avez donc emportés chez vous ?... Vous les aviez dans votre serviette, vous les emportiez chez vous ?

LE CAPITAINE DREYFUS. — Je ne crois pas, mon colonel... Il est impossible que je les aie emportés, ces documents autographiques, chez moi, attendu que les documents que je portais au service géographique (les officiers qui sont là peuvent le dire) je les remettais immédiatement, à six heures du soir, quand je revenais du service géographique, au chef de service. Le commandant a pu me rencontrer en dehors du ministère portant ces documents, puisque le service géographique est situé en dehors du ministère.

LE PRÉSIDENT, *au témoin*. — Où avez-vous rencontré l'accusé ?

LE COMMANDANT GALOPIN. — Je ne puis affirmer si c'était à la sortie du bureau, le matin où le soir; je suis porté à penser que c'était le matin à onze heures et demie. En effet, j'ai rencontré le capitaine Dreyfus devant la porte du ministère, boulevard Saint-Germain; nous avons fait route ensemble jusqu'au pont de l'Alma, puisque je demeurais rue Freycinet et lui à côté de la place de l'Alma.

LE PRÉSIDENT. — Il ne se dirigeait pas sur le service géographique?

LE COMMANDANT GALOPIN. — Pas du tout. Il ne s'est pas dirigé du côté du service géographique, il m'a accompagné jusqu'au pont de l'Alma.

LE CAPITAINE BEAUVAIS. — Connaissiez-vous le domicile du capitaine Dreyfus?

LE COMMANDANT GALOPIN. — Je ne connaissais pas le numéro, mais je sais qu'il demeurait avenue de l'Alma, tout près de la place.

LE CAPITAINE BEAUVAIS. — Vous avez dû vous séparer à un moment donné; quand vous vous êtes séparés, dans quelle direction avez-vous marché?

LE COMMANDANT GALOPIN. — Je me suis dirigé vers la rue Freycinet où je demeurais; quant au capitaine Dreyfus, il a pris sur la droite pour aller chez lui.

LE CAPITAINE BEAUVAIS. — Vous avez fait route ensemble?

LE COMMANDANT GALOPIN. — Nous avons fait le voyage ensemble; j'ai accompagné le capitaine Dreyfus dans ces conditions; je le rencontrais devant la porte du ministère et nous allions ensemble jusqu'à la place de l'Alma, où nous tournions l'un d'un côté, l'autre de l'autre.

LE PRÉSIDENT. — C'est tout ce que vous avez à faire connaître?

LE CAPITAINE DREYFUS. — Monsieur le président, une simple observation à faire. L'impression du service géographique avait lieu l'après-midi.

LE PRÉSIDENT. — Vous emportiez peut-être les documents chez vous pour les faire imprimer le soir?

LE CAPITAINE DREYFUS. — Je ne vois pas comment. Il doit y avoir une confusion. Le document à autographier est écrit, je m'en souviens, sur une espèce de papier jaune avec une encre spéciale.

LE PRÉSIDENT. — De l'encre autographique.

LE CAPITAINE DREYFUS. — Comme vous le savez, mon colonel, mieux que moi. C'est ce document qu'on porte, c'est un tableau qu'on porte au service géographique. On le tire dans l'après-midi; le soir on revient vers cinq heures et demie six heures, quand le tirage est fini, avec l'ensemble des documents autographiés.

LE PRÉSIDENT. — Vous avez emporté la feuille de papier autographique chez vous?

LE CAPITAINE DREYFUS. — Dame, mon colonel, je ne m'en souviens pas; mais des documents imprimés, je ne les ai jamais emportés chez moi.

LE PRÉSIDENT. — Il s'agit de savoir si vous avez emporté la feuille autographique.

LE CAPITAINE DREYFUS. — Je n'en sais rien. On nous remettait toujours l'autographie dans l'après-midi.

LE PRÉSIDENT, au témoin. — C'est tout ce que vous avez à faire connaître?

LE COMMANDANT GALOPIN. — Oui, mon colonel.

LE PRÉSIDENT. — Je vous remercie. (Le commandant Galopin demande l'autorisation de se retirer. Il y est autorisé dans la forme ordinaire.)

LE PRÉSIDENT. — Faites entrer le témoin suivant, M. le commandant Hirschauer.

LE COMMISSAIRE DU GOUVERNEMENT. — Le témoin Hirschauer fera la même demande. Il a intérêt à s'en aller.

LE PRÉSIDENT. — Nous verrons cela après sa déposition.

CENT QUATORZIÈME TÉMOIN

LE COMMANDANT HIRSCHAUER

Le commandant Hirschauer est introduit.

LE PRÉSIDENT. — Vous êtes appelé en vertu du pouvoir discrétionnaire du président. Vous n'avez pas à prêter serment.

M. Hirschauer (Auguste-Edouard), 42 ans, chef de bataillon du génie, attaché à l'établissement d'aérostation militaire de Chalais, déclare avoir connu l'accusé à l'Ecole polytechnique.

LE PRÉSIDENT. — Vous l'avez connu comme camarade d'école?

LE COMMANDANT HIRSCHAUER. — Oui, mon colonel, j'étais son ancien.

LE PRÉSIDENT. — Vous n'êtes ni son parent, ni son allié, vous n'êtes pas à son service et il n'est pas au vôtre?

LE COMMANDANT HIRSCHAUER. — Non, mon colonel.

LE PRÉSIDENT. — Vous m'avez écrit, disant que vous étiez à même de donner au Conseil des renseignements au sujet de la question du stage, de la participation aux manœuvres des stagiaires du ministère. Dites ce que vous savez à ce sujet.

LE COMMANDANT HIRSCHAUER. — Mon colonel, je me trouvais, en 1894, à la section des manœuvres. J'y ai passé deux ans depuis le 1er janvier 1894. Le capitaine Dreyfus y fut attaché pendant les mois de juillet, août et septembre. Je crois me rappeler, mon colonel, que comme camarade d'école nous n'étions que trois officiers à la section : le chef de section, commandant Mercier-Milon, moi, qui étais titulaire, et Dreyfus comme officier stagiaire ; par conséquent, nous étions dans la même pièce en très grande intimité entre nous ; et je me souviens très bien avoir entendu à plusieurs reprises l'accusé témoigner son désir, d'ailleurs fort naturel de la part d'un officier d'état-major, d'assister aux manœuvres. A quel moment précis a-t-il su qu'il n'irait pas aux manœuvres dans les corps de troupes, c'est-à-dire que son stage dans un corps de troupes était reporté aux trois derniers mois de l'année, je ne m'en souviens pas, à une telle distance, je ne pourrais pas le dire. Mais ce dont je me souviens très bien, c'est que mes camarades stagiaires à ce moment-là qui venaient de passer deux ans à l'Ecole de guerre, avaient témoigné un vif mécontentement de cette mesure prise à leur égard ; comme toute mesure transitoire, cette mesure en effet était gênante pour eux en ce sens qu'elle les mettait dans les corps de troupes à un moment — les trois derniers mois de l'année — où il n'y avait pas grand'chose à faire, la classe à renvoyer, l'instruction des recrues, par conséquent, au point de vue de l'instruction, pas grand'chose à faire.

D'un autre côté je suis absolument certain de ce désir que nous avions d'aller aux manœuvres dans les états-majors, je me rappelle parfaitement que le capitaine Maumet, qui était le plus ancien des officiers stagiaires, fit même d'assez nombreuses démarches pour obtenir cet envoi dans les états-majors. En ce qui concerne plus spécialement le capitaine Dreyfus, voici exactement l'état de la question d'après mes souvenirs qui sont très nets. Un jour nous avons eu une conversation assez longue sur un petit fait extrêmement simple. Il me parlait de la location d'une maison de campagne à Houlgate. Cette maison lui avait coûté très cher ; mais il espérait rentrer dans une certaine partie de ses débours en mettant son appartement de Paris à louer. Comme je me trouvais dans les mêmes conditions, j'avais trouvé le procédé original. Dans la même conversation, Dreyfus me dit : « C'est ennuyeux de ne pas aller aux manœuvres, de rester collé ici jusqu'à la fin de septembre; je vais faire une démarche pour mon compte, pour tâcher d'aller aux manœuvres. Ce serait juste, car enfin depuis que je suis ici, je ne m'occupe que de manœuvres. » Je trouvais cette réclamation très juste et la situation pour lui était tout à fait pardonnable. Les officiers du 3e bureau étaient tous, sauf la section des manœuvres, occupés aux travaux très importants du plan et les stagiaires ont dû rester dans les bureaux. Mais, en ce qui concerne la section des manœuvres, il n'en était pas ainsi. Je devais, au mois de septembre, aller aux manœuvres du 11e corps. Le commandant Mercier-Milon, chef de la section, avait obtenu d'aller faire les manœuvres en Algérie, qui devaient avoir lieu dans le courant d'octobre. Il restait au bureau pendant le mois de septembre et par conséquent la continuité du service était assurée, absolument en dehors de nous, par la présence du chef de section. Je dois dire que le service de la section des manœuvres était extrêmement chargé jusqu'au moment où les manœuvres commencent, où tout était prévu, mais qu'il était réduit à sa plus simple expression pendant les manœuvres elles-mêmes. Il suffisait alors qu'un officier fût là pour pouvoir donner un ordre de mouvement en cas d'épidémie ou dans un cas analogue.

Quoi qu'il en soit, le capitaine Dreyfus, après la conversation que nous avions eue, alla trouver le chef ou le sous-chef de bureau. Quand il revint, je lui demandai le résultat de sa démarche. Il me répondit : « Eh bien, je crois que ça marche. » Je ne peux pas préciser la date exacte à laquelle cela s'est passé, mais je puis donner des approximations, et voici comment j'opère. J'étais allé aux manœuvres au mois de septembre, mais avant de partir, comme je me trouvais très fatigué, j'avais demandé l'autorisation de me reposer quelques jours et une permission de huit jours, traditionnelle d'ailleurs, me fut accordée. Je dus, avant de partir en manœuvres, vers le commencement de septembre, époque à laquelle se forment les grands états-majors, repasser, je m'en souviens très bien, trois ou quatre jours avant la fin du mois d'août au bureau, pour me mettre absolument au courant des modifications qui avaient pu survenir, prendre mes cartes d'Etat-Major, mes papiers et surtout être au courant de l'organisation des manœuvres d'Etat-Major.

Etant de la section des manœuvres, s'il y avait eu quelque chose qui clochait, c'est à moi qu'on se serait adressé. J'ai donc été prendre mes notes sur l'organisation des manœuvres, voulant être sûr de mon affaire et ne pas mécontenter les chefs auprès desquel j'allais servir. C'était trois ou quatre jours, mettez fin août, je ne peux pas préciser davantage, puis avant ceci ma permission de huit jours, quelque chose entre le 15 et le 20 août. Je ne peux pas préciser davantage. C'est dans ce très court séjour que je trouvai Dreyfus. Je n'avais pas beaucoup à m'intéresser à cette question, mais je trouvais très naturel que les stagiaires, pendant les derniers mois de l'année, demandassent à aller dans un état-major où on apprend beaucoup et où on manœuvre. Il y a là une question physique qui s'explique; quand on a passé dans les bureaux des Etats-Majors pendant toute l'année, on a dix mois de travail derrière soi et on a besoin de prendre l'air.

C'est pendant ce très court séjour au ministère que j'ai demandé le résultat de la démarche des stagiaires et de Dreyfus. Il m'a été répondu : « Le patron (c'était le chef d'Etat-Major général dont il s'agissait) n'a rien voulu entendre, tout le monde reste. » Voilà ce que je sais sur la question.

M. DE FONDS LAMOTHE, *de sa place.* — Je demande la parole !

LE PRÉSIDENT. — Je ne vous la donne pas !

LE COMMANDANT DE BRÉON, *au témoin.* — Qui est-ce qui vous a répondu cela ?

LE COMMANDANT HIRSCHAUER. — Je ne le sais pas ; je sais seulement que la question fut ainsi résolue.

Me DEMANGE. — Je voudrais vous prier, monsieur le président, de demander au témoin si, antérieurement, les officiers stagiaires allaient aux manœuvres au titre d'Etat-Major.

LE PRÉSIDENT. — Avant 1894, les stagiaires allaient-ils en manœuvre au titre d'Etat-Major ?

LE COMMANDANT HIRSCHAUER. — Puisque la question se présente, il faut expliquer une situation qui a été un peu délicate. Les stagiaires au ministère de la guerre ne se sont trouvés qu'à l'état tout à fait isolé avant le 1er janvier 1891.

Au 1er janvier 1891, entra au ministère de la guerre une promotion de douze stagiaires sortant de l'Ecole de Guerre, et pour lesquels un régime tout à fait nouveau avait été créé. Le régime de stage à l'Etat-Major général était un régime comportant un passage dans les quatre bureaux, etc. Cette règle eut lieu spécialement pour eux ; c'est-à-dire pour la promotion qui entra au ministère le 1er janvier 1893 et celle qui y entra le 1er janvier 1892, à laquelle j'appartenais, c'est-à-dire deux ans. Pendant ces deux ans, on leur fit un régime spécial d'une façon un peu illégale, en ce sens qu'on ne leur appliquait pas d'une façon ferme les décisions prises antérieurement, communes aux stagiaires de toute l'année, lesquels passaient trois mois dans un corps de troupes. On jugea au ministère que le fait de ne passer que neuf mois par an dans les bureaux avec les congés obligatoires qu'on réduisait dans la plus stricte mesure étaient insuffisants pour faire passer dans tous les bureaux et dans toutes les sections. Dans le 1er bureau, par exemple, on changeait quatre fois de service dans l'espace de six mois. On ne voulait pas réduire ce stage et on déclara que les officiers stagiaires qui appartenaient à l'Etat-Major général de l'armée n'iraient qu'un mois par an dans un corps de troupes, mais que ce mois serait toujours celui des manœuvres. C'est ce qui fut appliqué à la promotion qui arriva à l'Etat-Major en 1891 et à celle qui y arriva en 1892.

Celle qui arriva l'année suivante subit un changement de régime; je crois même que pour sa première année elle fût régie également par le même système ; mais en 1894 le chef d'Etat-Major changea, et le nouveau chef voulut que la promotion de stagiaires qui rentrait, de même que tous les stagiaires à venir, suivît la même règle que les stagiaires qui se trouvaient dans tous les états-majors de France ; il voulait donc qu'on appliquât à tous les stagiaires la règle des trois mois de corps de troupes dont une fois au moment des manœuvres, et une autre fois dans un autre moment.

Cette règle a été appliquée, mais elle a été prise assez tardivement, et à ce moment-là il a fallu faire une disposition transitoire qui a amené à envoyer cette année-là les officiers de cette année-là dans les corps de troupes au moment où, vraiment, c'était le moins intéressant.

Me DEMANGE. — Je repose ma question. Est-ce que les officiers stagiaires avaient été antérieurement envoyés aux manœuvres d'état-major?

LE COMMANDANT HIRSCHAUER. — Comment eussent-ils pu être envoyés au titre d'état-major aux manœuvres, puisqu'ils étaient à ce moment-là dans les corps de troupes aux manœuvres?

Me DEMANGE. — C'est ce que je voulais savoir.

LE PRÉSIDENT. — Maître Labori, avez-vous d'autres questions à poser?

Me LABORI. — J'en ai, mais provisoirement je ne les pose pas.

LE PRÉSIDENT. — Bien.

LE CAPITAINE DREYFUS. — Il y a plusieurs inexactitudes dans les souvenirs du témoin :

Il vient de dire qu'à la section des manœuvres nous n'étions que trois ; or, nous étions quatre ; le capitaine Souriau était stagiaire avec moi.

Ensuite, le témoin a dit que j'avais exprimé mon regret de n'avoir pas été aux manœuvres.

C'est fort possible, nous devions tous le regretter ; mais ce qu'il y a de certain, c'est que nous savions que nous ne devions pas aller aux manœuvres.

Dans le courant du mois d'août, à la section des manœuvres, on nous a fait demander à tous quel était le régiment dans lequel nous devions aller pour faire notre stage en octobre, novembre et décembre.

Si nous pouvions en notre âme et conscience exprimer le regret de n'y pouvoir aller, ce qu'il y a de certain c'est que nous ne devions pas y aller, et jamais je n'ai fait de demande pour y aller.

Mᵉ DEMANGE. — Monsieur le président, j'entendais tout à l'heure M. de Fonds Lamothe demander la parole ; si c'est sur ce point qu'il veut donner des explications, cela pourrait peut-être éclairer la discussion.

LE PRÉSIDENT. — Monsieur de Fonds Lamothe, venez à la barre. Sur quel point voulez-vous parler ?

M. DE FONDS LAMOTHE. — Sur la question d'aller aux manœuvres.

LE PRÉSIDENT. — Eh bien, vous avez déposé à ce sujet d'une manière suffisante ; je ne vous donne pas la parole.

LE CAPITAINE DREYFUS. — Un autre point, mon colonel. Le commandant Hirschauer a dit tout à l'heure qu'il y avait trois stagiaires au bureau ; moi, je dis qu'il y en avait quatre et je le maintiens.

LE COMMANDANT HIRSCHAUER. — La question n'a d'ailleurs pas d'importance ; le service était assuré d'une façon complète par le commandant Mercier-Milon pendant tout le mois de septembre, et le fait d'être quatre stagiaires au lieu de trois ne fait au contraire qu'augmenter la force de ce que je viens de dire tout à l'heure.

Maintenant, il me semble que le capitaine Souriau n'a fait qu'un passage très court à la section des manœuvres, il a dû venir probablement pour nous aider, mais je le répète, le point important est celui-ci, sur lequel j'insiste :

C'est qu'on a maintenu dans les bureaux à ce moment-là les stagiaires dans les différentes sections pour garder la maison ou faire les travaux pendant que les titulaires seraient aux manœuvres ; il y en avait beaucoup à ce moment, surtout au troisième bureau ; mais en ce qui concerne la section des manœuvres, le fait de continuer le travail était inutile, d'abord parce qu'il n'y avait pas grand'chose à faire, et ensuite parce que le service était assuré par M. Mercier-Milon. Il aimait mieux aller suivre les manœuvres, mais il avait été désigné pour celles d'Algérie, et il est resté au ministère pendant tout le mois de septembre. Voilà ce que je puis dire.

LE CAPITAINE DREYFUS. — Je maintiens simplement l'inexactitude des souvenirs de M. Hirschauer. Il y avait le capitaine Souriau qui était désigné comme stagiaire avec moi pendant les trois mois de corps de troupes.

Je maintiens ce que j'ai dit au sujet de la circulaire du 17 mai 1894, qui nous informait que nous ferions notre temps de troupes en octobre, novembre et décembre ; en août on nous a demandé dans quel régiment nous voulions faire notre temps de troupes, et la note du 27 août adressée au gouverneur de Paris était la note complémentaire de la circulaire du 17 mai 1894.

Mᵉ DEMANGE. — A qui devait s'adresser le capitaine Dreyfus pour obtenir d'aller aux manœuvres ?

LE COMMANDANT HIRSCHAUER. — A son chef ou à son sous-chef de bureau.

Mᵉ DEMANGE. — Quel était son chef ?

LE COMMANDANT HIRSCHAUER.— Le chef de bureau était le colonel Boucher ; le sous-chef était le commandant Picquart.

Mᵉ DEMANGE. — On pourrait d'abord demander au colonel Picquart, qui était sous-chef au troisième bureau, si le capitaine Dreyfus lui a adressé une demande quelconque pour aller aux manœuvres.

LE PRÉSIDENT. — M. le colonel Picquart, vous souvient-il qu'en 1894, pendant que vous étiez sous-chef au troisième bureau, le capitaine Dreyfus vous ait adressé une demande pour aller aux manœuvres ?

LE COLONEL PICQUART. — Jamais, mon colonel. Il y a quelqu'un qui aurait pu donner des renseignements détaillés, et je m'étonne fort qu'il n'ait pas été convoqué : c'est le chef de bureau, le commandant Mercier-Milon, qui a eu Dreyfus sous ses ordres pendant trois mois, et qui aurait pu donner des renseignements très détaillés.

Le capitaine Beauvais. — Le témoin dit qu'il dépendait de Dreyfus d'aller aux manœuvres.

Le commandant Hirschauer. — C'est une simple conversation que nous avons eue.

Le capitaine Beauvais. — Quand il a su qu'il n'y allait pas, vous a-t-il exprimé son regret ?

Le commandant Hirschauer. — Oui, il a exprimé son regret. Maintenant, j'ai voulu rassembler mes souvenirs, mais pour des souvenirs qui datent de cinq ans, il est assez difficile de mettre des points sur les i. Je ne sais pas si c'est au moment où je suis rentré des manœuvres que nous avons parlé de manœuvres, et qu'il m'a exprimé le regret de ne pas y avoir été. C'est un regret très naturel de la part d'officiers d'Etat-Major, qui sont très heureux d'aller aux manœuvres. Mais ma mémoire n'est pas assez précise à ce point de vue pour fixer la date.

Le président. — Vous avez demandé, je crois, à vous retirer ?

Le commandant Hirschauer. — Oui, mon colonel.

Le président. — Vous pouvez vous retirer.

Je prie monsieur le greffier de vouloir bien lire la lettre que j'ai reçue du colonel Andry.

Le greffier Coupois *donne lecture de la lettre suivante.*

Bellac, 2 septembre 1899.

Le colonel Andry, commandant le 138e régiment d'infanterie,
A M. le colonel Jouaust,
président du Conseil de guerre, à Rennes.

Mon cher camarade,

J'ai l'honneur de porter à votre connaissance un fait qui peut déterminer une date pour le bordereau, et démontrer que les pièces qu'il comprend n'ont pu être livrées par un officier de régiment. Il s'agit de la date à laquelle a été rédigée la note sur Madagascar. Le 13 juillet 1894, M. Hanotaux réunissait dans son cabinet quatre personnes : M. Ranchot, ministre plénipotentiaire, aujourd'hui décédé ; M. de Beylié, aujourd'hui colonel d'infanterie de marine, représentant le ministre de la marine, le commandant du Paty de Clam, alors au troisième bureau, représentant le ministre de la guerre, et moi-même, alors chef de bureau à la direction de la défense au ministère des colonies. Le ministre des affaires étrangères nous demandait, au nom du gouvernement, d'étudier la question de Madagascar, et de déterminer à quels sacrifices il faudrait s'attendre en hommes et en argent, si nous étions obligés d'entreprendre cette campagne. Le ministre nous recommandait le plus grand secret. Nous nous sommes mis au travail, et le 4 août, nous signions une note qui était un véritable projet d'expédition très complet. Le colonel de Beylié fit faire, autant que mes souvenirs, depuis cinq ans, sont exacts, treize copies de cette note dans les bureaux de la marine, au polycopie, à la gélatine, pour les différents ministères intéressés. Ces copies ont dû arriver aux ministères le 6 août. J'en ai une seule que j'ai remise en mains propres à M. Delcassé, ministre des colonies, après l'avoir lue à mon chef, le général Bourdiaux. Donc, si c'est bien la note dont il est parlé dans le bordereau, celui-là est du mois d'août au plus tôt. Tout me porte à croire que c'est bien la note dont je parle dont il est question, car nous avons eu tous les renseignements recueillis à la date du 14 juillet 1894; et le ministère de la guerre ne nous a communiqué qu'un travail fait au commencement de 1894, sur son initiative personnelle, par un officier supérieur aujourd'hui général; la note dont je parle était, pour ainsi dire, le premier acte gouvernemental au sujet de Madagascar. Il n'y en a pas eu d'autres au ministère de la guerre postérieurement, car, dès la remise de notre note, M. Félix Faure remit le commandement de l'expédition au général Borgnis-Desbordes, et le dossier ne revint au ministère de la guerre que le 12 novembre 1894, quand le Conseil des ministres décida que la direction de l'expédition serait confiée au ministère de la guerre. Etant donné le mystère dont nous nous sommes entourés, cette note ne pouvait être connue en août de personne autre que des officiers du bureau, à l'exclusion de tous officiers de corps de troupes. Les exemplaires destinés au ministère de la guerre ont dû être remis à l'Etat-Major général (3e bureau) par le commandant du Paty de Clam; l'indiscrétion n'a pu être commise que par une personne ayant accès dans le bureau. On a regardé cette note comme peu importante; on en jugera autrement si on se reporte à l'année 1894. Cette note intéressait l'Allemagne. La principale colonie allemande est celle de la côte orientale d'Afrique. Cette puissance avait intérêt à savoir si nous étions décidés à faire un effort ou si nous baisserions pavillon devant l'Angleterre. En resumé, la note sur Madagascar, dont il est question au bordereau, ne peut être que celle qui a été signée le 4 août 1884 par M. Ranchot, le colonel de Beylié, le lieutenant-colonel du Paty et le colonel Andry. Donc le bordereau est postérieur au 6 août; la note n'a pu être communiquée par un officier de troupes, elle ne pouvait matériellement être connue en août que par des officiers ayant accès dans les bureaux.

Signé : Andry.

Le président. — Cette pièce est versée au dossier.

Monsieur le greffier, veuillez nous donner connaissance de la déposition rogatoire du colonel du Paty de Clam.

Mᵉ Demange. — Après la lecture de la déposition de M. du Paty de Clam, j'aurai à faire revenir M. Cochefert.

Le président. — C'est entendu.

Le greffier Coupois *donne lecture de la pièce suivante :*

Ce jourd'hui, 29 août 1899, à deux heures cinquante de relevée, nous, Tavernier, rapporteur près le 2ᵉ Conseil de guerre du gouvernement militaire de Paris, agissant en vertu de la commission rogatoire en date du 28 août courant à nous adressée par M. le colonel Jouaust, directeur du génie à Rennes, président du Conseil de guerre de Rennes, appelé à juger le capitaine Dreyfus (Alfred), assisté du sieur Gayard, commis-greffier près le 2ᵉ Conseil de guerre de Paris, nous sommes transporté, 17, avenue Bosquet, domicile du lieutenant-colonel du Paty de Clam, qui nous a fait connaître par lettre jointe au présent procès-verbal que son état de santé ne lui permettait pas de répondre à la citation que nous lui avions adressée ce jour. Nous avons trouvé le lieutenant-colonel du Paty de Clam alité, et celui-ci, hors la présence de tout autre témoin, après avoir entendu la lecture de la commission rogatoire relative au capitaine Dreyfus (Alfred) et interrogé sur ses nom, prénoms, âge, profession et demeure, s'il est domestique, parent ou allié de l'inculpé et à quel degré, a prêté le serment de dire toute la vérité, rien que la vérité, et a répondu comme suit :

« Mercier du Paty de Clam, Auguste-Charles-Ferdinand-Marie, 46 ans, lieutenant-colonel breveté, en non activité, demeurant à Paris, 17, avenue Bosquet, a déclaré n'être ni domestique, parent ou allié de l'inculpé, dépose :

» Avant de déposer sur les faits se rapportant directement à l'affaire Dreyfus, je crois devoir répondre très brièvement aux accusations formulées contre moi et recueillies dans une déposition devant la Cour de cassation et qui a été lue devant le Conseil de guerre de Rennes à la requête de la défense. Dans cette déposition, on attaque en moi le soldat et l'homme. Comme soldat, je répondrai ceci : J'ai des états de service et des notes ; on peut les consulter. Comme homme, je répondrai ceci : On a invoqué contre moi une affaire d'ordre privé, absolument étrangère à la cause, dans laquelle la vérité a été audacieusement travestie. Cette affaire est actuellement élucidée. Une personne qui m'est notoirement hostile a déposé en 1896, devant M. Bertulus, en disant que M. le général Davout d'Auerstaedt, connaissait les détails de cette affaire ;

» M. le général d'Auerstaedt m'a adressé à propos de cette affaire une lettre qu'il m'a autorisé à publier et dont copie a été jointe à l'instruction ouverte contre moi. Pour atteindre l'officier de police judiciaire du procès de 1894, on a accumulé contre moi des calomnies ; M. le commandant Cuignet les a recueillies pour dresser contre moi une sorte d'acte d'accusation, s'engageant à fournir des preuves matérielles de ses assertions ; une instruction judiciaire a été ouverte et M. le commandant Cuignet n'a apporté aucune preuve matérielle. Je rappelle que l'ordre d'informer portait sur les points suivants :

»1° Fabrication d'une lettre signée Speranza, de deux télégrammes signés Blanche et Speranza. D'une lettre signée Weiler, et du faux Henry ; 2° divulgation ou remise de documents secrets. Les témoignages recueillis aussi bien que les expertises faites, tant en 1898, par M. Couderc, que plus récemment, par trois experts désignés sur la proposition de M. le directeur de l'École des Chartes, ont montré que les documents argués de faux ne pouvaient m'être attribués, ce qui ne pourrait étonner, si l'on considère que l'un des principaux arguments invoqués par mes accusateurs était que j'aurais utilisé, pour fabriquer les télégrammes, une correspondance du colonel Picquart saisie avenue de la Grande-Armée. Cette saisie est postérieure de plusieurs jours à l'envoi des télégrammes.

» Je rappelle à ce propos que déjà, en 1898, j'avais été impliqué dans l'affaire des télégrammes par une plainte adressée à M. le juge d'instruction Bertulus. J'appelle l'attention du Conseil sur ce que j'ai dit à ce sujet devant la Cour de cassation, toutes chambres réunies, à la demande d'un conseiller.

» En ce qui concerne le faux Henry, le commandant Cuignet m'a accusé d'être l'auteur ou l'inspirateur de ce document, en se basant sur un clignement d'yeux du colonel Henry, clignement d'yeux qui n'a d'ailleurs pas été remarqué par les généraux Gonse et de Boisdeffre.

» Il s'est basé aussi sur des relations d'intimité que j'aurais eues avec le colonel Henry. Je ne les renierais pas si elles avaient existé ; elles n'ont pas existé, madame Henry peut en témoigner.

» En ce qui concerne la divulgation à l'*Éclair*, l'auteur de l'article s'est fait connaître et a déclaré que j'y étais étranger.

» Quant à la remise du document dit libérateur au commandant Esterhazy, j'ai toujours affirmé et affirme que j'y suis étranger, et aucune preuve contraire n'a pu être fournie contre moi.

» Que reste-t-il ? Que j'ai eu des relations avec le commandant Esterhazy. J'ai exposé dans quelles circonstances j'ai eu ces relations à la Cour de cassation, chambre criminelle et chambres réunies ; on peut se reporter à ma déposition dont je maintiens tous les termes. Devant la Cour de cassation, j'ai parlé de considérations d'ordre supérieur qui ont motivé les efforts poursuivis à l'automne de 1897 par un certain nombre d'officiers dont je faisais partie. J'ai rappelé sans insister qu'à cette époque on pouvait craindre certaines complications extérieures et que nous nous trouvions être en quelque sorte à cheval sur deux plans. On sait également que notre matériel d'artillerie était en pleine transformation.

» Du reste, il n'y a pas à se défendre d'avoir été au secours du commandant Esterhazy, du moment où, comme M. le général Gonse me l'a affirmé à plusieurs reprises, on avait de nouvelles preuves de la culpabilité du capitaine Dreyfus et où on était convaincu de l'innocence du commandant Esterhazy au point de vue de la trahison. Mais j'ajoute que je ne connaissais pas le commandant Esterhazy et qu'il a été acquitté à l'unanimité du chef de trahison par le conseil de guerre.

» J'ai omis de dire, à propos du faux Henry, que le général Gonse, devant M. le rapporteur et le 2e conseil de guerre de Paris, a dû reconnaître que je n'avais pas montré d'enthousiasme quand il m'avait présenté ce document et que ce fait l'avait étonné.

» En résumé, on a cherché à faire de moi l'auteur unique ou tout au moins l'auteur principal d'une campagne défensive à laquelle ont participé tous ceux qui avaient été mis au courant de la situation et qui ont apporté à cette affaire le concours désintéressé de leur dévouement dans un but supérieur. Cet échafaudage monté contre moi s'écroule devant la réalité des faits, comme se sont écroulées les accusations de M. le commandant Cuignet, le jour où, au lieu d'une enquête hative menée sous la pression d'événements politiques ou d'animosités personnelles, on a procédé à une instruction judiciaire menée méthodiquement et qui a abouti à une ordonnance de non-lieu rendue par M. le général Brugère, gouverneur militaire de Paris.

» J'aborde maintenant les faits relatifs au procès de 1894.

» Je ne suis intervenu dans l'affaire Dreyfus qu'à son deuxième acte ; je n'ai été mêlé en rien ni à la découverte du bordereau ni aux recherches faites dans les différents bureaux et qui se sont terminées par les constatations des colonels Fabre et d'Aboville au 4e bureau.

» Je crois utile de rappeler que je n'ai jamais recherché les fonctions d'officier de police judiciaire, qu'elles m'ont été imposées ; le général de Boisdeffre en a déposé.

» A la suite de ces fonctions, j'ai établi un rapport qui figure au dossier du procès de 1894. D'une façon générale, on peut s'y reporter.

» J'ajouterai les observations suivantes sur les derniers points particuliers :

» 1o Examen du bordereau par moi le 6 octobre 1894. Le général Gonse me fit appeler et me présenta deux pièces : 1o le bordereau ; 2o une pièce de l'écriture du capitaine Dreyfus, écriture que je ne connaissais pas. Il me demanda si je croyais qu'elles émanaient de la même personne. Après examen, je répondis qu'elles me paraissaient en effet émaner de la même personne.

» Le général Gonse me révéla alors qu'il s'agissait d'une trahison et qu'une enquête faite dans les bureaux avait fait porter les soupçons sur le capitaine Dreyfus. Devant un fait aussi grave je demandai à reprendre mon examen d'une façon plus approfondie.

Le lendemain dimanche, 7 octobre, je remis à M. le général Gonse une note dont les conclusions étaient les suivantes : « En résumé, malgré certaines dissemblances, il y a entre les deux écritures une ressemblance suffisante pour justifier une expertise légale ». Rien de plus. Cette note établissait ma bonne foi. Elle a disparu des archives de la section de statistique. Elle a été vue par MM. les généraux de Boisdeffre et Gonse, et par M. Gribelin, qui peuvent en témoigner.

J'ai rassemblé les documents pour la première expertise et parmi eux figurait non pas une feuille signalétique comme l'a dit M. l'expert Gobert, mais une feuille de papier blanc sur laquelle j'avais collé des mots et des fragments de mots écrits par le capitaine Dreyfus et découpés par moi dans une feuille de notes qui resta au ministère. Cette feuille de papier blanc sur laquelle j'avais collé les découpures, doit exister au dossier des expertises du procès de 1894; on peut s'y reporter.

A ce moment, le témoin déclare qu'il est trop fatigué pour continuer à déposer, etc.

Et ce jourd'hui, 30 août, nous nous sommes de nouveau transportés près du colonel du Paty de Clam qui a déposé ainsi qu'il suit :

J'aborde aujourd'hui ce qui a trait à mes fonctions de police judiciaire dans le procès de 1894.

Arrestation du capitaine Dreyfus. — Les détails de l'arrestation du capitaine Dreyfus furent décidés dans une réunion qui eut lieu chez le général Mercier, ministre de la guerre, dans son cabinet, le 14 octobre 1894, à six heures du soir. M. le général de Boisdeffre, M. le colonel Sandherr, M. Cochefert, et, je crois, M. le général Gonse, assistaient à cette réunion.

M. le général Mercier me prescrivit d'arrêter le capitaine Dreyfus le lendemain matin, après avoir procédé à l'épreuve de la dictée. L'ordre d'arrestation était donné ferme, indépendamment de l'épreuve de la dictée.

Le général Mercier me prescrivit aussi de procéder à un interrogatoire du capitaine Dreyfus, de le remettre ensuite entre les mains du commandant Henry et de faire avec M. Cochefert une perquisition au domicile du capitaine Dreyfus.

Il me prescrivit également d'inviter madame Dreyfus à ne pas ébruiter l'arrestation de son mari et de ne pas révéler à cette dernière dans quel local le capitaine Dreyfus était retenu.

Le 15 octobre, à neuf heures du matin, je me trouvais dans le cabinet du général de Boisdeffre avec M. Cochefert, M. Gribelin et le secrétaire de M. Cochefert. Ces messieurs étaient assis à une table centrale et tournaient le dos à la porte d'entrée. Le capitaine Dreyfus fut introduit. Je lui dis que le général de Boisdeffre n'était pas encore arrivé et que je le priais, en attendant, de remplir la partie signalétique de sa feuille de notes d'inspection, qui se trouvait sur une petite table disposée entre la table centrale et une des fenêtres, de façon à permettre aux assistants d'observer le capitaine Dreyfus.

Tandis que le capitaine Dreyfus remplissait la feuille de notes, je m'entretenais avec les assistants de questions du service d'étapes. La feuille de notes remplie par le capitaine Dreyfus doit figurer, soit au dossier du procès de 1894, soit au dossier d'inspection générale des stagiaires en 1894. Il serait peut-être utile de l'examiner pour constater que l'écriture en est normale.

Quand le capitaine Dreyfus eut terminé, je lui demandai d'avoir l'obligeance d'écrire une lettre à présenter à la signature du général de Boisdeffre. Le capitaine Dreyfus accepta et je commençai la dictée à mi-voix.

Au cours de la dictée, le capitaine Dreyfus manifesta un trouble dont on peut discuter la cause, mais non l'existence, puisqu'il a été remarqué par les assistants et que le capitaine Dreyfus s'en est excusé en disant qu'il avait froid aux doigts. Le trouble s'est traduit à mes yeux par une série de mouvements nerveux de la mâchoire. Ce trouble a été également remarqué par M. Cochefert, qui, avec sa grande expérience, y a vu un indice que le capitaine Dreyfus pouvait être coupable.

Enfin, l'écriture de la lettre a cessé d'être régulière au cours de la dictée, ce dont on peut s'assurer en plaçant une règle au-dessous de chaque ligne. Il est facile de constater que l'ondulation de la ligne au-dessus de la règle est beaucoup plus marquée dans le corps de la lettre qu'au commencement.

J'ai tenu à entrer dans ces détails afin de compléter ce que j'ai dit à ce sujet dans mon rapport, la question étant de celles qu'on paraît vouloir élucider à fond. Pour le reste des détails relatifs à l'arrestation, on peut se reporter à mon rapport de 1894.

J'ajouterai encore que le capitaine Dreyfus s'est de nouveau excusé de son trouble incidemment au cours de mon information, et plus tard à l'audience du Conseil de guerre.

Perquisitions. — Dans mon rapport de 1894, j'ai déclaré que les perquisitions chez le capitaine Dreyfus n'avaient donné aucun résultat. J'ignorais à cette époque l'importance qui a été attribuée ultérieurement à une lettre de M. Mathieu Dreyfus trouvée et saisie par moi dans le buvard du capitaine Dreyfus.

Quant aux lettres de fiançailles du capitaine Dreyfus, j'avais pris sur moi de les distraire de la saisie et de les remettre à madame Dreyfus. Mais celle-ci a demandé ultérieurement à les verser au dossier ; elles font l'objet d'un procès-verbal de remise volontaire annexé à ma procédure de 1894.

Interrogatoires. — Les interrogatoires du capitaine Dreyfus ont fait l'objet de procès-verbaux signés de lui, de moi et de M. Gribelin. On peut s'y reporter. Ils n'ont donné lieu à aucune observation de la part du capitaine Dreyfus.

La saisie du bordereau faite par moi entre les mains de M. le général Gonse, a donné lieu à l'établissement d'un procès-verbal. Je laissai néanmoins ce document momentanément entre les mains du général Gonse, le ministre ayant décidé que les expertises nécessaires seraient faites, non pas par mes soins, mais par ceux de M. le préfet de police.

Il m'a donc été impossible de montrer le document original au capitaine Dreyfus; je ne lui en ai montré qu'une photographie et cela après le laps de temps nécessaire pour faire cette photographie, en faisant disparaître sur l'épreuve toutes traces de déchirures et de recollage.

Cette manière de faire fut adoptée sur l'avis du colonel Sandherr, qui voulait éviter de donner au capitaine Dreyfus aucun indice sur la façon dont le bordereau était parvenu au ministère.

Ce fut le même motif qui fit décider que je dirais au capitaine Dreyfus que ce document provenait d'un portefeuille photographique.

En résumé, je n'ai eu le bordereau en ma possession qu'après la clôture de mon instruction, au moment où je préparais le dossier que le ministre allait envoyer au gouverneur de Paris.

A ce moment, le témoin déclare qu'il est fatigué et qu'il ne peut continuer à déposer.

Nous nous sommes retirés et nous sommes revenus le 31 août, à trois heures de relevée, au domicile de M. du Paty, qui a déposé ainsi qu'il suit :

Avant de continuer ma déposition, je crois utile de revenir sur l'incident de la dictée pour citer un fait que j'ai oublié hier. Quand j'ai dicté au capitaine Dreyfus la dixième ligne, je lui dis à haute voix, et sur un ton un peu vif, de faire attention et de mieux écrire, puisque la lettre était destinée à être admise à la signature de M. le général de Boisdeffre. Cette observation était motivée par l'écriture irrégulière des dernières lignes qu'il venait d'écrire.

Je reprends la question de l'interrogatoire.

La première fois que j'ai été autorisé à me rendre au Cherche-Midi pour continuer l'interrogatoire du capitaine Dreyfus, le général de Boisdeffre, le général Gonse et le colonel Sandherr me prescrivirent d'être extrêmement réservé vis-à-vis du commandant Forzinetti, commandant de la prison (1).

(1) A la suite de la lecture de la commission rogatoire du lieutenant-colonel du Paty de Clam, plusieurs journaux ont publié la lettre suivante, que le commandant Forzinetti a adressée à M. du Paty de Clam sous pli recommandé :

« Rennes, ce 7 septembre.

» Colonel,

» Dans votre déposition recueillie par M. le capitaine Tavernier, déposition

Je n'abuserai pas des instants du Conseil en répondant aux légendes de la lanterne sourde, de la lampe à réflecteur et de mes prétendues visites nocturnes au capitaine Dreyfus ; je ne parlerai pas non plus des légendes par lesquelles on a essayé de me faire passer pour le tortion-

lue devant le conseil de guerre au cours de la séance d'hier, je relève le passage suivant :

« La première fois que j'ai été autorisé à me rendre au Cherche-Midi pour continuer l'interrogatoire du capitaine Dreyfus, le général de Boisdeffre, le général Gonse et le colonel Sandherr me prescrivent d'être extrêmement réservé vis-à-vis du commandant Forzinetti, commandant la prison. Je n'abuserai pas des instants du conseil en répondant aux légendes de la lanterne sourde, de la lampe à réflecteur et de mes prétendues visites nocturnes au capitaine Dreyfus. »

» Je ne puis laisser passer de telles allégations, qui tendent à infirmer mon témoignage et à me présenter comme un officier sur lequel des suspicions injustifiables auraient pesé en 1894. Je n'ai jamais été sous les ordres du général de Boisdeffre, non plus sous ceux du général Gonse, moins encore sous ceux du colonel Sandherr. Je n'ai eu avec ces deux derniers que des rapports de convenance.

» Quant au général de Boisdeffre, mes rapports avec lui ont toujours été des plus cordiaux, il m'a témoigné toujours la plus entière confiance et j'avais pour lui une respectueuse affection. Non seulement il m'a marqué cette confiance antérieurement à 1894 et pendant cette période, mais il est même intervenu, ainsi que le général Saussier, pour me faire maintenir, bien qu'ayant atteint la limite d'âge en 1895, dans mes fonctions que j'ai occupées jusqu'en novembre 1897.

» Cela suffit pour faire justice de votre inqualifiable insinuation.

» En ce qui concerne vos visites à la prison du Cherche-Midi, je n'ai jamais dit ou écrit que vous aviez fait au capitaine Dreyfus des visites nocturnes. J'ai dit et écrit que, le 18 octobre 1894, vous étiez venu à la prison du Cherche-Midi, que vous m'aviez prié de vous faire ouvrir la porte de la chambre du prisonnier aussi doucement que possible, que vous m'aviez demandé si je n'avais pas une lampe à projection assez forte pour jeter un flot de lumière sur la figure de Dreyfus, afin de le surprendre et de le démonter. Ceci, je l'ai dit, je le maintiens de la façon la plus catégorique.

» D'ailleurs, je l'ai déjà affirmé en novembre 1897, dans mon récit qu'a publié le *Figaro*, récit qui fit quelque bruit à ce moment-là : vous ne l'avez pas ignoré, vous ne l'avez pas démenti.

» Vous n'avez pas non plus protesté devant la Cour de cassation.

» Je ne vous permettrai pas d'essayer une réhabilitation tardive, tentée au lendemain du jour où vous n'avez pas osé venir devant le conseil de guerre de Rennes revendiquer la responsabilité de vos actes en face de celui qui en avait été la victime et que vous avez injurié dans sa prison, oubliant ainsi votre dignité d'officier, comme vous l'avez oublié depuis en participant aux plus louches manœuvres pour empêcher l'œuvre de vérité et de justice de s'accomplir.

» Commandant FORZINETTI. »

naire du capitaine Dreyfus et de sa famille. Je rappellerai simplement que je me suis chargé des messages intimes du capitaine Dreyfus pour madame Dreyfus et réciproquement, que M. Gribelin et moi nous avons été remerciés par la famille Dreyfus de notre courtoisie le 31 octobre 1894 et que j'ai toujours traité le capitaine Dreyfus avec égards et sa famille avec la plus grande considération.

Après la clôture de mon enquête, j'ai reçu des visites des membres de la famille Dreyfus et j'ai une correspondance postérieure à la clôture de cette enquête dans laquelle on me demande des nouvelles du prisonnier et on me prie de passer immédiatement chez madame Dreyfus qui a des conseils à me demander.

On a lu devant le Conseil une lettre que le capitaine Dreyfus m'a adressée des îles du Salut et dont on a pu apprécier les termes. Ce ne sont pas là des rapports de victime à bourreau.

Enquêtes policières. — Je n'ai fait procéder à aucune enquête policière, ayant reçu de mes chefs une mission strictement limitée à l'interrogatoire de l'inculpé et aux perquisitions. Lorsque le capitaine Dreyfus eut avoué de lui-même certaines liaisons, notamment avec madame *** qu'il qualifiait d'espionne, j'en rendis compte à M. le général Gonse qui prescrivit au service des renseignements de faire une enquête sur les femmes que le capitaine Dreyfus m'avait nommées.

Personnellement je n'ai reçu qu'un seul rapport de police qui m'a été adressé, j'ignore pourquoi. Il concernait la femme ***.

Comme je n'avais pas mission de contrôler ce rapport, je n'en ai pas fait état. Ce rapport n'était pas favorable au capitaine Dreyfus. Quant à madame Bodson, c'est M. Mathieu Dreyfus qui m'en a parlé le premier en déplorant que son frère ait fréquenté cette personne.

Date du bordereau. — Lors de mon enquête, le colonel Sandherr inclinait à penser que le bordereau était du mois de juin. N'ayant aucun moyen de contrôler cette opinion, je m'y rangeai tout d'abord.

Mais, après la clôture de mon enquête, lorsque j'ai pu parler librement du cas du capitaine Dreyfus, j'appris par le capitaine de Pouydraguin, je crois, ou peut-être par le commandant Deprez, que, jusqu'aux derniers jours du mois d'août, les stagiaires avaient pu croire qu'ils iraient aux manœuvres d'automne. Ce fait a appelé mon attention sur la date du bordereau et, en examinant la question de plus près, il me parut plus logique d'attribuer au bordereau une date allant du 15 au 30 août 1894. J'ai soutenu cette opinion devant le Conseil de guerre de 1894.

J'arrive aux faits postérieurs à ma mission d'officier de police judiciaire.

Rapports avec le commandant d'Ormescheville. — J'ai été chargé de donner au commandant d'Ormescheville, rapporteur près le premier Conseil de guerre de Paris, certains renseignements d'ordre technique sur le fonctionnement des bureaux de l'état-major de l'armée et sur certains documents énumérés dans le bordereau. Là se sont bornés nos rapports et je ne me suis permis de m'immiscer en rien dans la procédure du commandant d'Ormescheville.

Télégramme chiffré de l'agent B. — Au commencement de décembre 1894, le colonel Sandherr m'a montré : 1° un télégramme chiffré ; 2° deux versions de ce télégramme. Le texte chiffré que j'ai vu présentait cette particularité que deux des groupes de chiffres étaient semblables. On pouvait en tirer certaines conclusions ; mais il était nécessaire avant tout de vérifier si le texte chiffré reconnu pour authentique présentait la même particularité. Je n'avais pas les moyens de faire la vérification. Aussi je m'adressai à qui pouvait se procurer ces moyens. Pour cela je fis une note dont le texte prouve bien qu'il était à mon avis indispensable de procéder à cette vérification, avant d'en tirer aucune conclusion. On peut se reporter à cette note dont le Conseil a eu connaissance. Or on a fait usage de cette note au cours des débats avant d'avoir procédé à la vérification. Donc je décline toute responsabilité. Je sais d'ailleurs que le Conseil a décidé de ne point faire état de cette note. Je ne crois donc pas devoir insister davantage ; mais je déclare que je n'ai jamais vu ni dit à personne que j'avais vu une version du télégramme chiffré dans laquelle 1° le mot « Preuve » et le mot « relations » fussent attribués à deux groupes de chiffres différents ; 2° figurassent les mots « Précautions prises » ou « heureusement précautions » ; 3° fût donné pour ferme le membre de phrase « émissaire prévenu ».

J'ai toujours déclaré verbalement et par écrit que ce dernier membre de phrase était porté comme douteux dans l'une des versions que j'ai vues et ne figurait pas dans l'autre version.

A ce moment, le témoin ayant déclaré qu'il était dans l'impossibilité de continuer sa déposition, la déposition a été suspendue et il a été décidé de reprendre le lendemain.

Aujourd'hui 1er septembre, à deux heures, nous rapporteur susdésigné, assisté du même greffier, avons été entendre de nouveau le lieutenant-colonel du Paty de Clam, qui a déposé ainsi qu'il suit :

Commentaire secret. — Ainsi que je l'ai dit devant la Cour de cassation j'ai été chargé d'établir au mois de décembre 1894, en présence du colone, Sandherr et avec sa collaboration, un commentaire sur certaines pièces secrètes que le colonel Sandherr a mises sous mes yeux. Ces pièces étaient les suivantes : 1° la pièce « Doute Preuve ». Cette pièce était accompagnée d'une traduction du colonel Sandherr qui savait l'allemand mieux que moi. 2° la lettre dite Davignon ; 3° la pièce « Ce canaille de D. » Le colonel Sandherr nous dit que c'était une lettre de l'agent B à l'agent A. Je n'avais ni qualité ni moyens pour contrôler l'opinion du colonel Sandherr, opinion qui fut d'ailleurs partagée jusqu'à l'année dernière par ceux qui connaissaient la lettre; il paraît que cette lettre est de l'agent A, à l'agent B.; 4º une déclaration du colonel Henry dont je ne me rappelle plus les termes relativement aux propos que lui aurait tenus une personne honorable; 5º des pièces dont je ne me rappelle plus la teneur ni l'objet, mais qui se rapportaient toutes à des faits contemporains du séjour du capitaine Dreyfus à l'État-Major de l'armée. Aucune de ces pièces n'avait trait au télégramme chiffré de l'agent B., ni à la fabrication d'un obus.

S'il a été fait un commentaire sur ces deux sujets, j'y suis absolument étranger. Je n'ai collaboré à aucune notice biographique sur le capitaine Dreyfus. Il n'est pas impossible que le commentaire que j'avais établi avec le colonel Sandherr ait servi d'élément à un travail plus étendu, se rapportant à diverses phases de la vie militaire du capitaine Dreyfus. Mais si ce travail a été fait, ce que j'ignore absolument, j'y suis tout à fait étranger.

Quant au commentaire que j'ai établi sous la direction du colonel Sandherr il avait pour but d'établir la corrélation entre les pièces énumérées sous les paragraphes 1 à 5, ci-dessus; de montrer qu'il y avait un traître à l'État-Major de l'armée, que ce traître était un officier, qu'il appartenait ou qu'il avait appartenu au 2e bureau, et que ce pouvait être le capitaine Dreyfus.

Ainsi que je l'ai dit devant la Cour de cassation, une fois le commentaire terminé, le colonel Sandherr l'a pris et je ne sais ce qu'il en a fait.

» *Communication de pièces secrètes au Conseil de guerre.* — Dans la communication de pièces secrètes au Conseil de guerre de 1894, mon rôle s'est strictement limité à celui d'un agent de transmission du colonel Sandherr, au Conseil de guerre.

» J'ai reçu du colonel Sandherr un pli fermé et scellé; je n'avais participé en rien à la confection du pli et j'ignorais son contenu.

» J'ai été chargé de faire tenir ce pli au colonel Maurel et d'appeler l'attention du destinataire sur une mention qu'on me dit figurer sur une enveloppe intérieure. J'ai exécuté cette consigne et je ne sais rien de plus.

» Si je n'ai pas parlé de cette communication devant la Cour de cassation, c'est parce qu'on ne m'a pas interrogé là-dessus, que cette question n'était pas soulevée devant la Cour de cassation et que, dans ces conditions, je pensais qu'il appartenait à ceux qui avaient donné des ordres, de prendre la responsabilité de parler du fait, s'ils le jugeaient utile.

» *Entrevue avec le capitaine Dreyfus, le 31 décembre 1894.* — Le 31 décembre 1894, j'eus avec le capitaine Dreyfus, à la prison du Cherche-Midi, sur l'ordre du ministre, une entrevue qui dura environ une heure.

» Ma mission était de tâcher d'obtenir du capitaine Dreyfus, sur la promesse de certains adoucissements de sa peine, des aveux sur la nature exacte de tous les documents livrés spécialement en matière de couverture, et sur des complicités possibles.

» Cette mission a fait de ma part l'objet d'une lettre adressée au ministre et qui a été lue devant le Conseil par M. le général Mercier, et d'un compte rendu détaillé également adressé au ministre, transmis par lui à la section de statistique et qui n'a plus été retrouvé dans les archives de cette section. C'est dans ce compte rendu détaillé que figurait l'épisode relatif aux attachés militaires de la Triple-Alliance dont le général Mercier a entretenu le Conseil. J'ai dit devant la Cour de cassation et je maintiens qu'il serait téméraire de ma part de prétendre reproduire au bout de cinq ans tous les termes de ma conversation avec le capitaine Dreyfus ; mais, si on peut avoir des hésitations sur les termes exacts de ce qui a été dit, on ne saurait en avoir pour préciser ce qui n'a pas été dit. Or, je déclare de la façon la plus formelle que je n'ai dit ni pu dire au capitaine Dreyfus que le ministre savait qu'il était innocent. Une pareille assertion ne se discute pas. Je déclare également que je n'ai pas dit un seul mot d'amorçage, que le capitaine Dreyfus ne parle pas non plus d'amorçage dans la lettre qu'il a adressée au ministre le soir même de notre entrevue. J'ai dit au capitaine Dreyfus qu'il effacerait bien des choses s'il indiquait dans quelles conditions les faits s'étaient passés, parce qu'on pourrait prendre les précautions nécessaires. Je lui demandai à ce propos s'il n'aurait pas commis chez cette madame Dery, qu'il qualifiait lui-même d'espionne, quelques indiscrétions à la suite desquelles il aurait été tenu et forcé de marcher. Le capitaine Dreyfus se leva, se promena quelques instants silencieusement, puis revenant vers moi, il me dit à peu près textuellement : « Non, non, mon commandant, je ne » veux pas plaider les circonstances atténuantes. Mon avocat m'a promis » que dans trois ans... » ; puis, après une hésitation : « Peut-être dans » cinq ou six, mon innocence sera reconnue. » A un autre moment, il me dit ceci : « Mon commandant, je connais votre conviction, je ne la discute » pas ; je sais que vous êtes honnête homme ; je vous assure qu'on vous a » trompé. Cherchez ceux que vous appelez des complices et moi les vrais » coupables, et vous trouverez. » Je lui répondis que, s'il avait des complices, il pouvait être sûr qu'on ferait tout pour les découvrir. C'était une simple opinion personnelle. A un autre moment, je demandai au capitaine Dreyfus comment il expliquait que certains mots de la lettre de M. Mathieu Dreyfus, trouvée dans son bureau, et certains mots figurant dans des minutes écrites de sa main au ministère, eussent tant de ressemblance avec certains mots du bordereau. Le capitaine Dreyfus me répondit que c'était recommencer le procès, et il changea de sujet. Au moment où je le quittai, ses derniers mots furent : « Cherchez. »

Quelques jours après, j'apprenais par le général Gonse et par le colonel Sandherr que le capitaine Dreyfus avait fait des aveux avant la dégradation et qu'en parlant de notre entretien il en avait dénaturé les termes aussi bien que l'objet. Dès lors, je considérai cette affaire comme absolument terminée.

» D. — Avez-vous quelque chose à ajouter ?

» R. — J'ai terminé tout ce que j'avais à dire, toutes les explications que j'avais à fournir au sujet de l'affaire Dreyfus proprement dite. Je ne crois pas utile de revenir sur les affaires connexes, et dans le cas où le Conseil jugerait utile de revenir sur ces affaires, je le prierais de se reporter à mes précédentes dépositions dont je maintiens les termes aussi bien qu'à mes interrogatoires devant M. le rapporteur du 2ᵉ Conseil de guerre de Paris que je confirme aujourd'hui sous la foi du serment.

» Pour déférer à la réquisition qui figure dans la commission rogatoire, je dépose entre vos mains une note qui m'a été transmise par le colonel Boucher et dans laquelle M. le général de Boisdeffre me fait connaître que le ministre est disposé à recevoir le capitaine Dreyfus s'il veut faire des aveux. Cette note n'est pas datée, mais elle doit se placer vers le 25 octobre 1894, époque à laquelle le capitaine Dreyfus nous affirme avoir manifesté le désir d'avoir une audience du ministre.

» C'est là tout ce que j'ai conservé en fait de documents relatifs à l'affaire Dreyfus. »

A ce moment, le témoin remet entre nos mains le document en question écrit au crayon sur une feuille de papier à lettre portant l'en-tête du ministère de la guerre, cabinet du chef d'Etat-Major de l'armée, et nous signons la dite pièce *ne varietur* avec le témoin et le greffier.

Le témoin dit alors : « Je crois utile d'ajouter que je possède des lettres de madame Dreyfus et une du capitaine Dreyfus qui sont de nature à établir, comme je l'ai dit précédemment, que nos rapports ont toujours été courtois. Ces lettres sont ma propriété personnelle et je ne pense pas que le Conseil veuille les considérer comme des documents ayant trait directement à l'affaire Dreyfus. Dans ces conditions, je vous demande à ne livrer que les copies de ces lettres à titre de renseignement et, dans le cas où les auteurs de ces lettres en contesteraient la teneur, comme dans tout autre cas où le Conseil le jugerait utile, je tiendrais les originaux à sa disposition. »

Nous demandons alors au témoin s'il a actuellement les originaux en sa possession ; il dit : « Ils sont bien en ma possession, mais je ne les ai pas ici ; je les ferai venir si c'est nécessaire. »

Le témoin remet alors entre mes mains deux feuilles de papier dont l'une contient une copie de trois communications de madame Dreyfus et l'autre une copie d'une lettre du capitaine Dreyfus.

Nous signons *ne varietur* avec le témoin et le greffier les deux feuilles de copie sus-indiquées. Lecture faite, le témoin persiste et signe avec nous.

Le président. — L'heure est trop avancée pour continuer. Nous reprendrons les choses où elles en sont. Vous poserez alors, maître Demange, les questions que vous jugerez utiles. L'audience est levée, elle sera reprise demain matin à six heures et demie.

L'audience est levée à onze heures trois quarts.

VINGT-TROISIÈME AUDIENCE

Jeudi 7 septembre 1899.

La séance est ouverte à 6 h. 30.

Le PRÉSIDENT. — Introduisez l'accusé. (*Le capitaine Dreyfus est introduit.*)

Le COMMISSAIRE DU GOUVERNEMENT. — Je demande la parole. J'ai reçu hier la lettre suivante :

Monsieur le commissaire du gouvernement près le Conseil de guerre de Rennes.

Mon commandant, malade, alité, je suis dans l'impossibilité absolue de me rendre au Conseil de guerre, mais je me tiendrai à la disposition du Conseil à mon hôtel.

De CERNUSZKY.

Le PRÉSIDENT. — Monsieur le greffier, veuillez donner lecture de la lettre que je vous fais remettre par Vergeret, audiencier.

Le GREFFIER COUPOIS *donne lecture de la lettre suivante :*

Le témoin Savignaud, Flamien-Ubald, a l'honneur de prier le Conseil de guerre de vouloir bien lui donner acte de ce que, dans sa déposition en date du 6 septembre, devant le Conseil de guerre, le témoin Trarieux l'a traité d'imposteur et de faux témoin, propos prononcés à haute et intelligible voix, qui ont été entendus non seulement du Conseil, du commissaire du gouvernement et de la défense, mais encore des témoins et du nombreux public remplissant la salle.

Fait à Rennes, le 6 septembre 1899.

M. TRARIEUX. — Je demande la parole.

Le PRÉSIDENT. — Monsieur le commissaire du gouvernement, avez-vous des observations à faire?

Le COMMISSAIRE DU GOUVERNEMENT. — Le Conseil n'a pas à intervenir dans le débat : c'est la constatation d'un fait; j'estime que le Conseil n'a pas autre chose à faire que de donner acte au sieur Savignaud de sa réclamation; il n'a qu'à faire la constatation du fait.

M. Trarieux. — Je maintiens ce que j'ai dit. Il existe entre Savignaud, M. Scheurer-Kestner, le lieutenant-colonel Picquart et le témoin Roques une contradiction formelle qui implique nécessairement que des faux témoins existent d'un côté ou de l'autre. Ce n'est pas M. Scheurer-Kestner qui est dans cette cause un faux témoin ; ce n'est pas le lieutenant-colonel Picquart ; ce ne peut être Roques ; ce que j'ai dit, je l'ai dit en mon âme et conscience, je le maintiens.

S'il pouvait exister des lois qui me fussent applicables, il en existe aussi contre les faux témoins.

M. Savignaud. — Je maintiens absolument ce que j'ai dit.

Le président. — Le Conseil donne acte au sieur Savignaud que, dans sa déposition, le témoin Trarieux l'a traité d'imposteur et de faux témoin.

Mention en sera consignée au procès-verbal.

Dans la séance d'hier, on a donné lecture de la commission rogatoire du lieutenant-colonel du Paty de Clam. Est-ce que Messieurs les membres du Conseil ont des observations à présenter, avant de poursuivre les observations concernant la commission rogatoire de M. le lieutenant-colonel du Paty de Clam

Me Labori. — Voulez-vous, monsieur le président, me permettre de vous demander la parole auparavant pour une communication d'une certaine urgence

Monsieur le président, j'ai été averti officieusement que pour des raisons d'ordre public, M. le colonel de Schwarzkoppen et M. le général de Panizzardi ne pourraient venir en personne déposer devant le Conseil de guerre de Rennes, et par la même source, je suis avisé qu'ils répondraient à une commission rogatoire qui leur serait envoyée soit par M. le président du Conseil de guerre, soit par le Conseil de guerre lui-même.

J'ai donc l'honneur, monsieur le président, de vous prier de vouloir bien ordonner que, comme le lieutenant-colonel du Paty de Clam, MM. Panizzardi et Schwarzkoppen seront entendus par voie de commission rogatoire.

Le Conseil comprendra certainement que la défense s'incline devant les nécessités de l'ordre public, qui sont à coup sûr comprises de la même manière par le gouvernement de la République. Je vous serais même reconnaissant, monsieur le président, de vouloir bien demander à M. Paléologue s'il n'en est pas ainsi, et si par conséquent le procédé de la commission rogatoire ne s'impose pas.

Je crois qu'il serait extrêmement rapide de procéder par cette voie parce qu'on pourrait le faire par télégraphe, étant donné l'urgence, et je suis convaincu que M. le président du Conseil de guerre, ou au besoin le Conseil de guerre lui-même, si M. le président croit que je dois le saisir par des conclusions, ne voudront pas refuser à la défense ce moyen décisif de faire éclater la vérité.

LE PRÉSIDENT. — Je prie M. le délégué du ministère des affaires étrangères de vouloir bien donner des explications à ce sujet.

M. Paléologue vient à la barre.

M. PALÉOLOGUE. — Monsieur le président, il est certain que des considérations d'ordre public s'opposent à ce que des attachés militaires étrangers comparaissent devant une juridiction française pour déposer au sujet des faits dont ils ont pu connaître en raison de leurs fonctions diplomatiques.

M. le général Panizzardi et M. le colonel de Schwarzkoppen ne viendront donc pas comparaître devant le Conseil de guerre de Rennes.

Quant à l'envoi d'une commission rogatoire, je pense que M. le ministre des affaires étrangères ne se refusera pas à la transmettre. Je fais cependant toutes mes réserves quant à l'emploi de la voie télégraphique. Je ne sais pas au point de vue de la procédure si cette voie est permise.

Me LABORI. — Dans tous les cas, je crois que, par courrier spécial, on pourrait aller extrêmement vite.

LE PRÉSIDENT. — En vertu de mon pouvoir discrétionnaire, je ne crois pas devoir donner suite à la demande de la défense. Si vous voulez déposer des conclusions sur ce point, le Conseil les examinera à la fin de la séance et statuera.

Me LABORI. — Alors j'aurai l'honneur de déposer des conclusions dans quelques instants.

LE COMMISSAIRE DU GOUVERNEMENT. — Je ne m'oppose pas à l'admission de la procédure qui est demandée. La voie de la commission rogatoire qui est essentiellement du domaine de M. le président, me paraît acceptable.

Rien ne s'oppose à ce qu'elle soit admise en droit à une condition, c'est que nous respecterons la loi et l'article 129 du Code de justice militaire qui ne permet pas d'interrompre les débats. Par conséquent, il faudrait que cette procédure n'entravât pas la marche des débats et qu'ainsi elle fût nécessairement rapide.

Me LABORI. — Je crois qu'il sera possible de rendre très rapide la procédure que j'ai l'honneur de vous demander d'engager. Cependant l'article du Code de justice militaire que M. le commis-

saire du gouvernement vient de citer, prévoit au besoin une suspension de 48 heures.

Si d'autre part la nécessité s'en faisait sentir, le Conseil pourrait
ne pas faire une séance tout à fait aussi longue que les autres
de manière à gagner ainsi un délai de 24 heures. Je suis convaincu
que dans ces conditions, tout ce que pourrait désirer M. le commissaire du gouvernement lui serait accordé.

Quoi qu'il en soit, déférant à l'invitation de M. le président, je vais
avoir l'honneur de déposer des conclusions sur le bureau du Conseil.

LE PRÉSIDENT, *aux membres du Conseil.* — Avez-vous, messieurs, des éclaircissements à demander sur la déposition du colonel
du Paty de Clam?

LE CAPITAINE BEAUVAIS. — J'ai constaté, à la suite de la déposition du colonel du Paty de Clam lue hier, que plusieurs pièces qu'il
signalait ne figuraient pas dans le dossier, du moins avaient dû
disparaître du service des renseignements. Par exemple la note
qu'il a remise le 7 octobre 1894, note dans laquelle il faisait remarquer qu'il y avait assez de ressemblance entre le bordereau et
l'écriture du capitaine Dreyfus pour justifier une expertise légale.
« Cette note, dit le colonel du Paty de Clam, a disparu des archives; mais je puis certifier que les généraux de Boisdeffre et Gonse et
que l'archiviste Gribelin ont vu cette note. »

Une autre pièce qui ne figure pas également dans le dossier,
c'est la feuille signalétique; du moins M. Gobert nous a dit qu'il
avait reçu, pour faire son expertise, la feuille signalétique du capitaine Dreyfus. Or, le colonel du Paty de Clam dit que ce n'était pas
une feuille signalétique, mais simplement que c'était une feuille de
papier blanc sur laquelle il avait collé des mots et des fragments
de mots. Cette feuille, je ne l'ai pas vue dans le dossier.

Il manque également la feuille de notes remplie par le capitaine
Dreyfus, au premier moment, lorsqu'il était dans le cabinet du général de Boisdeffre, la feuille de notes remplie pour l'inspection
générale; enfin le compte rendu détaillé fourni le 31 décembre 1894
par le colonel du Paty de Clam, et donnant un compte exact de
tout ce qui s'est passé au Cherche-Midi, a disparu également des
archives du bureau de la section de statistique.

LE PRÉSIDENT. — Vous n'avez pas d'autres observations à présenter?

LE CAPITAINE BEAUVAIS. — Je fais ces constatations.

LE PRÉSIDENT. — C'est tout? vous ne demandez pas qu'on cherche
les pièces?

Le capitaine Beauvais. — Pardon, si, monsieur le président.

Le président, *au greffier*. — Vous verrez au dossier.

Le commissaire du gouvernement. — Ces pièces n'existaient pas au dossier.

Mᵉ Demange. — Voulez-vous me permettre, sur un des points signalés par un de messieurs les juges, de donner une indication pour la vérification. Je me rappelle, qu'aux débats de 1894, la pièce soumise à M. Gobert, celle sur laquelle il y a eu un incident, était dans les scellés, et non pas dans le dossier. On pourrait peut-être la rechercher, mais dans les scellés.

Le capitaine Beauvais. — J'ai cherché dans les scellés, je ne l'ai pas trouvée.

Le greffier. — Voilà les scellés.

Le capitaine Beauvais. — Oh! je connais bien les scellés : la pièce n'y est pas.

Le président. — Monsieur le commissaire du gouvernement, avez-vous des éclaircissements à demander au sujet de la déposition du témoin ?

Le commissaire du gouvernement. — Non, monsieur le président.

Le président. — Et la défense ?

Mᵉ Demange. — Monsieur le président, je désirerais que vous voulussiez bien faire appeler M. Cochefert.

Le président. — Qu'est-ce que vous désirez lui demander ?

Mᵉ Demange. — Je voudrais que vous demandiez à M. Cochefert des explications sur les incidents de la scène à laquelle il a assisté.

Le président. — C'est pour l'interroger sur les détails de l'arrestation. M. Cochefert est présent dans la salle ?...

Monsieur Cochefert, veuillez venir à la barre, et vous, Mᵉ Demange, veuillez préciser votre question.

Mᵉ Demange. — Ma première question est celle-ci :

M. Cochefert a constaté dans sa déposition qu'il avait remarqué, comme M. du Paty de Clam, un certain trouble dans la physionomie de l'accusé.

Je voudrais vous prier, monsieur le président, de demander à M. Cochefert si, quand il a saisi des traces de trouble, cette manifestation des troubles avait été spontanée ou si, au contraire, elle avait suivi les interpellations de M. du Paty de Clam.

Le président. — Vous avez bien saisi la question ? Voulez-vous que je la répète ?

M. Cochefert. — Je l'ai très bien comprise, monsieur le président. Je vous ai dit dans ma déposition première que l'endroit où j'étais placé en observation se trouvait distant du capitaine Dreyfus de cinq ou six mètres.

Il m'était absolument impossible à cette distance, pour ne pas éveiller l'attention du capitaine Dreyfus, d'observer les troubles qui pouvaient se produire en lui.

S'ils ont été spontanés, le commandant du Paty a pu les observer de près ; mais quant à moi, ils m'ont paru se manifester seulement après la première interpellation du commandant du Paty de Clam, qui s'est avancé vers le capitaine Dreyfus et lui a demandé : « Mais capitaine, pourquoi tremblez-vous, ou pourquoi tremblez-vous ainsi ».

Je n'ai pas pu voir s'il avait tremblé ou s'il était troublé.

Je ne l'ai vu qu'ensuite. J'ai vu alors que véritablement le capitaine était visiblement troublé ; mais ce n'est qu'après cette première interpellation du commandant du Paty que j'ai été à même de faire cette observation.

Mᵉ DEMANGE. — Ma seconde question est celle-ci :

J'ai entendu, dans la première déposition de M. Cochefert, faire allusion à un revolver. Je voudrais bien que M. Cochefert voulût nous préciser s'il y a quelque chose qui se rattache, dans la présence de ce revolver, à la scène même de la dictée.

LE PRÉSIDENT. — Monsieur Cochefert, vous avez entendu parler d'un revolver qui aurait joué un rôle dans cette affaire ; pouvez-vous nous donner quelques explications à ce sujet ?

M. COCHEFERT. — J'en ai parlé aussi dans ma première déposition.

Si je ne me suis pas étendu sur ce point, dans la première déclaration que j'ai faite, c'est que j'estimais qu'il appartenait à M. du Paty de Clam d'en parler lui-même et de le relever dans la déposition secrète qu'il a faite.

En effet, il avait été convenu entre les chefs qui faisaient partie de la réunion qui avait eu lieu la veille ou l'avant-veille dans le cabinet du ministre de la guerre, qu'on placerait un revolver d'ordonnance, chargé d'une balle, à proximité du capitaine Dreyfus afin que, quand il aurait fait des aveux complets, qu'il était raisonnable de prévoir à ce moment, il pût se faire justice lui-même.

Je ne vous cache pas, mon colonel, que si incorrect que ce procédé parût, il m'a semblé d'accord avec les traditions d'honneur que je connais, que je sais devoir encore subsister dans l'armée.

J'ai fait partie de l'armée pendant sept ans, pendant une époque troublée, et c'est ainsi qu'on opérait.

J'ai donc laissé poser le revolver ; le revolver était couvert d'un dossier. A un moment donné, après le premier interrogatoire, le commandant du Paty de Clam a répondu à certaines questions du capitaine Dreyfus, qui disait : « Tuez-moi, mais logez-moi une balle dans la tête » ; il a répondu : « Il ne nous appartient pas de vous tuer. » A ce moment, le revolver s'est trouvé découvert, je ne sais par quel moyen. Le capitaine Dreyfus l'a vu et a dit : « Je ne veux pas me tuer, parce que je veux vivre pour établir mon innocence. »

Je le dis moi-même, ce propos, parce qu'il me paraît manquer dans le rapport ; mais je l'ai dit le lendemain au général Mercier et au général de Boisdeffre, qui doivent parfaitement se le rappeler.

Voilà, monsieur le président, la déposition complémentaire que je voulais vous faire sur ces deux points.

Le président. — Je vous remercie. La défense n'a pas d'autres points à signaler ?

Me Demange. — Je désirerais poser une autre question sur la déposition de M. le lieutenant-colonel du Paty de Clam.

Le président. — En général ?

Me Demange. — En général, je voudrais vous prier de poser à M. le lieutenant Bernheim une question. Je voudrais savoir si la réglette que M. le lieutenant Bernheim a remise à Esterhazy est identique à celle que M. le général Mercier a déposée.

M. le président fait venir le lieutenant Bernheim et répète la question.

Le lieutenant Bernheim, *après avoir examiné la réglette.* — Non, mon colonel. La réglette que j'ai remise à Esterhazy était une réglette plus élémentaire qui était fondée sur la méthode de 1894 et non sur celle de 1899. La réglette que j'ai remise à Esterhazy avait été construite au régiment précisément au moment où les projets de Manuels de tir de 1894 sont arrivés ; ces projets de manuel ont été donnés sans réglette ; seulement il était dit que d'après l'avis du comité d'artillerie de mars 1894, on devait mettre en essai ces réglettes, et ces réglettes, nous n'en n'avons pas eu pour les exercices d'artillerie, de sorte qu'au régiment on s'est mis à en créer absolument sur le même principe que celle réglementaire dans le règlement de manœuvres de 1890.

Le lieutenant-colonel Brongniart. — Il résulte de ce que vous dites que c'est une réglette improvisée que vous avez remise.

Le lieutenant Bernheim. — Pas improvisée; dans le régiment il y a quelqu'un, un lieutenant qui a proposé aux capitaines de faire construire des réglettes; et chaque capitaine — je crois même tous les capitaines de régiment — en a fait construire trois, une pour chaque chef de section.

Le lieutenant-colonel Brongniart. — Donc c'est bien une réglette improvisée, par conséquent, ce n'est pas une réglette réglementaire.

Le lieutenant Bernheim. — J'ai dit dans ma déposition que c'était une réglette non réglementaire; je le répète, mais c'était le même principe que la réglette réglementaire.

Le lieutenant-colonel Brongniart. — Mais, il n'y avait pas de modèle!

Le lieutenant Bernheim. — Non, mais étant donné les bases prises, il s'agissait, n'est-ce pas, de pouvoir en avoir.

Le lieutenant-colonel Brongniart. — C'était d'avoir des correspondances des distances.

Le lieutenant Bernheim. — Oui, eh bien! le principe était très simple, et un lieutenant a proposé un modèle qui a été accepté par les capitaines et on en a construit. D'ailleurs, il en existe encore, et si le Conseil désire en faire venir, il peut le faire.

Le lieutenant-colonel Brongniart. — Enfin, cette réglette n'avait pas d'autre but que de donner la correspondance des angles aux évents; on n'avait par conséquent qu'à prendre une table de tir pour avoir le renseignement voulu, une table de tir quelconque.

Le lieutenant Bernheim. — Comme le dit le règlement de 1880, c'est la réglette de correspondance des hausses aux évents. C'est toujours au surplus l'application des méthodes de tir insérées dans le Manuel de 1894.

Le lieutenant-colonel Brongniart. — Je veux dire qu'on pouvait fabriquer cette réglette à volonté.

Le lieutenant Bernheim. — Encore fallait-il savoir à peu près comment s'y prendre. Tout le monde ne peut pas en construire. Cette réglette avait été imaginée par un lieutenant.

Le lieutenant-colonel Brongniart. — On en a construit dans tous les régiments à cette époque. C'est tout ce qu'il y a de plus simple; il suffit de faire glisser un coulisseau devant une règle, la règle portant les distances, le coulisseau portant les évents; c'est extrêmement simple.

LE LIEUTENANT BERNHEIM. — Ce n'était pas tout à fait aussi simple ; il y avait deux coulisseaux, un pour les angles et un pour les évents, et la hausse au milieu, c'est en somme la réglette réglementaire, le principe est le même.

LE GÉNÉRAL MERCIER. — Je demande la parole.

LE PRÉSIDENT. — Veuillez attendre un instant.

LE CAPITAINE BEAUVAIS. — Est-ce qu'il n'y avait pas dans l'intérieur même du Manuel de tir de 1894, une instruction spéciale pour l'emploi de la réglette de correspondance ?

LE LIEUTENANT BERNHEIM. — Je ne m'en souviens pas, je ne crois pas.

LE CAPITAINE BEAUVAIS. — Absolument rien. J'ai lu le Manuel d'un bout à l'autre. Il y a à la première page un mot qui dit Réglette de correspondance, mais c'est la seule fois que ce nom est prononcé dans le Manuel. Par conséquent, étant donné le Manuel de tir, on n'a aucune espèce de notion ou d'idée sur ce que peut être la réglette de correspondance. Savez-vous si vous aviez une instruction spéciale pour l'emploi de cette réglette ?

LE LIEUTENANT BERNHEIM. — Non, c'est simplement en se basant sur la méthode de tir qu'on l'a imaginée ; comment ? Je ne puis pas me rappeler.

LE CAPITAINE BEAUVAIS. — Alors c'était la réglette qui se suffisait à elle-même. Dans le Manuel de tir on prononce le mot Réglette de correspondance à la première page sans en rien dire de plus, dans le courant du Manuel on n'en dit plus un mot ; d'autre part vous ne connaissez pas d'instruction spéciale sur l'emploi de la réglette de correspondance ?

LE LIEUTENANT BERNHEIM. — Je n'en connais absolument pas.

LE GÉNÉRAL MERCIER. — Je veux simplement dire que cette réglette m'a été apportée du Mans par un officier de la garnison du Mans de la part du commandant Graveteau. Le commandant Graveteau était précisément le capitaine qui commandait la batterie dont faisait partie le lieutenant Bernheim, et c'est le commandant Graveteau qui m'a fait apporter ici cette réglette en me chargeant de la présenter au Conseil de guerre.

On a lu une lettre du commandant Graveteau, que M. Bernheim a versée aux débats, dans laquelle il constate qu'il a autorisé M. Bernheim à prêter cette réglette non réglementaire.

LE LIEUTENANT BERNHEIM. — Je suis allé avant-hier au Mans, pour voir justement le commandant Graveteau, pour savoir comment était exactement cette réglette. Je n'ai vu que le capitaine

Varvan qui m'a dit que l'on ne se rappelait pas s'il y avait inscrit le mot «manivelle» sur la réglette, étant donné qu'elle était fondée sur la méthode de 1894; j'en conclus que ce n'était pas celle qu'on m'a présentée ici hier.

Ln général Mercier. — Je répète que c'est le commandant Gravetau qui m'a fait apporter ici cette réglette pour que je la présente au Conseil de guerre.

Le lieutenant-colonel Brongniart. — J'ai dit que l'indication manivelle n'avait aucune importance. Autant que je m'en souviens on n'a pas appliqué la réglette de correspondance avant 1894. Par conséquent la manivelle n'avait plus aucun intérêt. C'est un renseignement qu'on a ajouté à tort sur cette réglette-ci.

Le président, à la défense. — C'est tout ce que vous désirez savoir?

Mᵉ Demange. — Pour moi, oui.

Le commissaire du gouvernement. — Je n'ai pas à apporter ici le témoignage d'Esterhazy, mais j'ai trouvé par hasard dans une des lettres qui ont été versées ces jours-ci au dossier, une indication qui a trait au point en question. Dans cette lettre qui m'est adressée, Esterhazy dit ceci : « Monsieur le commissaire du gouvernement, si vous voulez faire faire une perquisition à tel endroit, tel hôtel, au sujet du lieutenant Bernheim, vous trouverez la réglette que je lui ai adressée à telle destination et à telle époque. »

Cette déclaration vaut ce qu'elle vaut, je n'attache pas plus que cela d'importance aux déclarations d'Esterhazy, mais enfin, il semble qu'il y ait là une certaine concordance avec les faits en cause.

Le lieutenant Bernheim. — J'ai simplement dit que j'avais prêté une réglette de correspondance à Esterhazy, et elle n'est jamais revenue en cause.

Le président, au témoin. — Elle se serait perdue, elle se serait égarée...

Le lieutenant Bernheim. — Je n'en sais rien.

Le président. — Cela suffit. (A Mᵉ Labori.) Avez-vous d'autres questions à poser ?

Mᵉ Labori. — J'aurais quelques très courtes questions complémentaires à poser. Auparavant, je vais demander au Conseil de déposer les conclusions que j'ai eu l'honneur de lui annoncer.

Mᵉ Labori lit les conclusions suivantes :

CONCLUSIONS POUR LE CAPITAINE ALFRED DREYFUS

Plaise au Conseil :

Attendu que M. le colonel de Schwarzkoppen et M. le général Panizzardi ont été cités comme témoins devant le Conseil de guerre de Rennes, à la requête du capitaine Dreyfus ;

Mais, attendu que des raisons d'ordre public ne permettent pas leur comparution en personne ;

Qu'il y a lieu, dans ces conditions et dans l'intérêt de la manifestation de la vérité, de les entendre par voie de commission rogatoire ;

Par ces motifs :

Dire et ordonner qu'une commission rogatoire sera envoyée par la voie la plus rapide à :

1° M. le colonel de Schwarzkoppen, ancien attaché militaire italien à Paris ;

2° A M. le général Panizzardi, ancien attaché militaire italien à Paris ;

Afin que ces deux témoins puissent déclarer, sous la foi du serment, tout ce qu'ils peuvent savoir se rapportant à l'affaire Dreyfus et qui soit de nature à servir à la manifestation de la vérité ;

Dire et ordonner notamment que les questions suivantes seront posées à M. le colonel de Schwarzkoppen :

1° A quelle date avez-vous reçu les documents mentionnés au bordereau ?

2° Etaient-ils de la même écriture que le bordereau dont vous connaissez le fac-similé ?

3° Que contenaient ces documents ?

4° Avez-vous reçu, et quand, le Manuel de tir ? en original ou en copie ?

5° Avez-vous reçu la réglette de tir, et quand ?

6° Depuis quand et jusques à quand fûtes-vous en rapport avec l'expéditeur de ces documents ?

7° Est-ce au même fournisseur que vous avez adressé notamment le *petit bleu* mentionné dans la déclaration de M. de Münster du 15 avril 1899 ?

8° Avez-vous écrit ou dicté ce dernier document ?

Et enfin, 9° Avez-vous jamais eu des rapport directs ou indirects avec l'accusé Dreyfus ?

Rennes, le 7 septembre 1899.

A. DREYFUS.

LE PRÉSIDENT. — Veuillez communiquer vos conclusions à M. le commissaire du Gouvernement, qui étudiera la question, et il prendra ses réquisitions.

Mᵉ LABORI. — Moi-même je m'excuse d'avoir déposé les conclusions qui sont très imparfaitement rédigées au point de vue de la forme.

En ce qui concerne les différentes questions que je vais avoir à poser, j'indique au Conseil que ce sont des questions nouvelles, sauf sur un ou deux points extrêmement simples qui se rattachent à la communication complémentaire qui nous a été faite hier par le commandant Cuignet.

LE PRÉSIDENT. — Monsieur le greffier, veuillez donner lecture de cette lettre qui m'a été remise par M. le général Gonse, venant du commandant Linder, et qui sera versée au dossier.

LE GREFFIER COUPOIS *donne lecture des lettres suivantes :*

Rennes, le 6 septembre 1899.

Le général Gonse, en disponibilité, à M. le colonel Jouaust, président du Conseil de guerre, à Rennes.

J'ai reçu, il y a quelques jours, une lettre du capitaine Linder, chef du génie à Mézières, qui donne certains détails inédits sur le capitaine Dreyfus pendant son séjour à l'Etat-Major de l'armée. D'un autre côté, elle complète et confirme, dans sa deuxième partie, la déposition faite devant le Conseil de guerre, ce matin, par M. le commandant Galopin.

J'ai en conséquence l'honneur de vous adresser la dite lettre, en vous priant de la faire lire en séance.

Le capitaine Linder était, en 1894, titulaire au quatrième bureau, service des chemins de fer.

Fouilly (Meuse), le mercredi 30 août 1899.

Mon général,

La lecture de la déposition de M. Jules Roche m'a conduit à penser que la défense l'avait fait citer uniquement pour se baser sur les démarches faites par Esterhazy en vue d'entrer au service des renseignements.

Si on a tiré un argument contre le commandant Esterhazy, on doit faire de même vis-à-vis du capitaine Dreyfus. Car j'ai le souvenir absolument précis que Dreyfus s'est plaint à moi-même à plusieurs reprises, de ce qu'on n'avait pas voulu l'accepter dans le service. Je me rappelle notamment, à cause de la virulence d'expressions employée par Dreyfus, une conversation que nous avons eue, lui et moi, à ce sujet, près de la fontaine située près de la petite cour des archives, à côté de la porte menant au vestibule qui conduit au boulevard Saint-Germain et pendant laquelle Hirschauer était venu nous rejoindre.

J'ai écrit à Hirschauer pour lui demander si, à sa connaissance, Dreyfus n'avait pas voulu entrer au service des renseignements, sans d'ailleurs lui dire autre chose. Il me répond par la lettre ci-jointe qui fait une allusion à une conversation avec Dreyfus, qui doit être la même que celle dont je parle en tête de ma lettre, et à laquelle je n'avais fait aucune allusion à Hirschauer.

Les souvenirs de Hirschauer sont identiques aux miens, avec une simple petite différence, c'est que Hirschauer dit dans sa lettre que Dreyfus aurait prononcé les mots suivants : « Sandherr ne veut évidemment pas (ou n'a pas voulu) de moi. » J'ai comme souvenir précis : « Sandherr ne veut pas de moi. »

J'ajouterai encore que Dreyfus m'avait parlé antérieurement, quand il était au 4e bureau, de son désir d'entrer à la statistique, et cela dans les circonstances suivantes :

J'avais été chargé de procéder à des expériences pour un appareil offert à la statistique, expériences connues seulement du chef et du sous-chef d'État-Major, du colonel Sandherr (et peut-être de Gribelin), du général Fabre comme chef de bureau, d'un officier du génie dont je vous donnerai le nom, si vous voulez, et de l'inventeur. Le plus grand secret était recommandé. C'est au point que, ces expériences finies suivant les ordres reçus, tous les papiers qui ont servi à faire le rapport et la consigne concernant le mode d'emploi ont été brûlés, et qu'aucune minute n'a été conservée au bureau. J'ai remis moi-même le dossier à la statistique ; la seule trace au bureau est un bordereau qui a été fait uniquement pour en constater la remise.

Je rédigeais donc ces documents, un jour, au ministère, entre midi et deux heures, pour être sûr de ne pas être dérangé et que personne ne pût voir ce que je faisais, quand, vers une heure ou midi trois quarts, Dreyfus est venu causer dans mon bureau. Étant données les précautions que je prenais, j'en étais fort ennuyé, quoique ne me méfiant pas de lui. J'ai recouvert mes papiers et mes dessins, en lui disant : « Mille excuses, je fais un travail secret pour la statistique, et personne ne doit le voir, parce qu'on ne sait pas ce que cela peut donner. »

C'est alors qu'il m'a exprimé pour la première fois le désir qu'il avait d'entrer à la statistique, faisant valoir sa connaissance approfondie de la langue allemande, et la situation avantageuse que lui faisait la présence de sa famille à Mulhouse, d'où résultait pour lui une foule de connaissances en Alsace. Il m'a même demandé si je ne pourrais pas en parler au colonel Sandherr, démarche que je lui ai répondu ne pas pouvoir faire.

Un an après, ou plutôt l'année suivante dans l'été, rencontrant Dreyfus dans la cour, comme je le disais plus haut et sachant qu'on avait vu des stagiaires à la statistique, pour aider à des travaux de traduction abondants : « Eh bien ! tu n'as donc pas persisté dans ton idée d'aller à la statistique? » C'est alors qu'il m'a répondu : « Mais si, je ne demandais que cela, mais le colonel Sandherr n'a pas voulu. » Nous en causions encore quand Hirschauer est arrivé.

J'en conclus donc : 1° Que Dreyfus voulait entrer à la statistique ; 2° Qu'il avait demandé la chose au colonel Sandherr, qui l'avait envoyé promener sous un prétexte quelconque. Je terminerai cette lettre par le fait suivant d'où je ne tire pour ma part aucune conséquence, sinon une grande légèreté dans l'exécution du service.

Un matin, à neuf heures un quart, rentrant du bois à cheval, au moment de quitter la place de l'Alma pour m'engager sur le Cours-la-Reine, j'ai dû m'arrêter brusquement pour ne pas heurter un monsieur qui traversait l'allée cavalière. C'était pendant l'été (juillet ou août). Ce monsieur était Dreyfus, qui portait des papiers sous le bras. (*Vive rumeur.*) Je l'ai interpellé au vol. « Tiens c'est toi! Où vas-tu comme cela? — Je vais faire imprimer des documents au service géographique. — Et tu emportes cela chez toi, la nuit? C'est rudement imprudent. »

Je vous répéterai, comme tout à l'heure, que je n'avais aucun sentiment de méfiance en parlant ainsi; mais, ayant manipulé suffisamment de choses secrètes, j'aurais préféré passer une nuit au ministère (comme par exemple lorsqu'on a préparé la garde des voies ferrées pour le Tsar) plutôt que d'emporter quelque chose chez moi.

J'avais donc été frappé de ce fait, sans lui attacher plus d'importance qu'une incorrection professionnelle. J'ignore d'ailleurs totalement quels étaient les documents dont Dreyfus me parlait. Je termine, mon général, en vous affirmant la stricte exactitude de ce que je vous ai écrit dans ces pages, et en vous jurant de n'avoir écrit que la pure vérité.

Vous pouvez, d'ailleurs, faire de ce que je vous dis l'emploi que vous jugerez convenable.

Veuillez agréer, etc...

Signé : LINDER,
Capitaine, chef du génie à Mézières,
en permission à la Vignette, par Pouilly (Meuse).

P.-S. — Les détails minutieux que je donne, qui pourraient paraître oiseux, ont uniquement pour but de montrer l'exactitude de mes souvenirs par la précision des faits accessoires.

Lettre de M. Hirschauer :

Toul, 29 août 1899.

Mon cher ami,

Ta lettre me parvient, après un fort détour, à Toul où je suis encore pour quelques jours.

J'avais un certain nombre de souvenirs au sujet de D..., en particulier, en ce qui concerne le « Je pars en manœuvres ». Je les ai transmis au général Gonse.

Pour l'affaire dont tu m'entretiens, j'ai un souvenir très net d'une conversation avec Dreyfus, dans laquelle il se plaignit vivement qu'on ait choisi, pour faire des travaux spéciaux à la statistique, deux stagiaires sachant l'allemand moins bien que lui; c'était, si je ne me trompe, Junck et Lemonnier. Il ajouta : « Sandherr ne veut évidemment (ou n'a pas voulu) de moi, parce que je suis un sale juif. »

Cette même idée revint dans une autre conversation qui eut lieu un matin dans mon bureau (fin septembre, ou mieux, premiers jours d'octobre), D... entre superbement habillé et me dit devoir passer l'inspection générale; (j'ai même cru que c'était le jour même de son arrestation). « Que vas-tu demander? — Je demanderai à rester ici; j'ai des aptitudes pour la S. S., pour le 2e bureau, mais je suis sûr de mon affaire. On me dira qu'on ne peut me conserver, car on prend par rang de classement et je ne suis que le 9e. C'est à cause de ma religion. » Et il me raconta avec amertume l'histoire de la cote d'amour de l'Ecole de guerre, histoire que j'ignorais.

Voilà tout ce que je sais à ce sujet.

Amitiés bien cordiales.

Signé : Hirschauer.

Le président. — Avez-vous une observation à faire, messieurs les défenseurs?

Me Demange. — Non, monsieur le président.

Le capitaine Dreyfus. — Les souvenirs de M. le capitaine Lender sur quelques points sont exacts et souvent très flottants chez lui. Je vais vous le prouver.

D'abord, pendant les stages à l'Etat-Major de l'armée, jamais aucun de nous n'a pu faire une période de stage au bureau des renseignements.

A un moment donné, pendant, je crois, mon séjour au 2e bureau, on a demandé des officiers susceptibles d'aider pendant une période déterminée au bureau des renseignements. J'ai appris qu'on avait proposé tout à la fois deux officiers du 2e bureau, le capitaine Junck et moi. Le capitaine Junck a été désigné : je travaillais à ce moment-là à la même salle et à la même table que le capitaine Junck qui est ici présent. Je lui demande, je fais appel ici à sa loyauté, si je lui ai jamais fait une réflexion, si je lui ai jamais fait une observation à ce sujet.

En un mot, jamais nous n'avons entendu aller pendant notre stage d'une manière permanente faire un séjour quelconque au

34

bureau des renseignements. Il ne pouvait être question, pour un officier, d'aller au bureau des renseignements que comme titulaire.

En ce qui concerne la rencontre à cheval dont parle le capitaine Linder, je vais vous prouver encore l'inexactitude de ses souvenirs. Il place cette rencontre à 9 heures un quart du matin. Cela est fort possible, mais en tout cas il ne pouvait pas être question, à neuf heures du matin, pour moi d'aller au service géographique. Je vous ai rappelé que l'impression des travaux d'approvisionnement dont j'ai été chargé cinq ou six fois, se faisait dans l'après-midi.

Puisque en ce moment nous ne parlons que de souvenirs, je serais très heureux que vous vouliez bien faire ce que j'avais l'honneur de vous demander dès le début de l'interrogatoire, c'est-à-dire de faire venir ici tous les tableaux d'approvisionnement du plan 13. Vous vous rendriez d'abord compte de la valeur intrinsèque de ces tableaux d'approvisionnement. D'autre part, vous vous rendriez compte, puisque vous avez officiellement les séances exactes dont j'ai été chargé personnellement de surveiller l'autographie, vous vous rendriez compte de ma part dans ce travail. Mais il est certain, comme je l'ai déjà dit dès le début, que les cinq ou six tableaux dont j'ai été chargé de surveiller, dans l'après-midi, au service géographique, l'impression, je les connaissais. Je ne me souviens plus si c'était à onze heures du matin que l'on nous donnait ces tableaux à autographier en sortant au bureau ces tableaux; nous devions aller, dans l'après-midi, directement au service géographique pour les faire autographier, mais à cinq ans de distance, je ne puis pas préciser exactement ce point. Il me semble que la séance du service géographique commençait à une heure ou une heure et demie. Il serait facile de le vérifier.

Mais le point sur lequel j'insiste surtout, car il faut tout préciser, c'est qu'il serait nécessaire de faire venir tous les tableaux d'approvisionnement des troupes de couverture du plan 13 pour se rendre compte de la valeur intrinsèque des renseignements contenus dans ce tableau et pour se rendre compte également du nombre de tableaux dont j'ai été chargé de surveiller l'impression.

Le PRÉSIDENT. — C'est tout ce que vous avez à dire?

Le CAPITAINE DREYFUS. — Oui, mon colonel.

Le PRÉSIDENT. — Vous avez dit que les stagiaires n'étaient pas admis à faire un stage au bureau des renseignements. Mais au bout de deux ans de séjour au ministère de la guerre, les stagiaires avaient à faire une demande d'emploi. Avez-vous fait, au colonel Sandherr, une demande tendant à être attaché au service des renseignements.

LE CAPITAINE DREYFUS. — Non, mon colonel.

LE PRÉSIDENT. — N'avez-vous pas fait une démarche dans ce sens auprès du colonel Sandherr?

LE CAPITAINE DREYFUS. — Non, mon colonel.

LE PRÉSIDENT. — Dans tous les cas, sans faire de demande officielle, n'avez-vous pas manifesté à un de vos camarades le désir de rester comme titulaire et non comme stagiaire au service de la statistique?

LE CAPITAINE DREYFUS. — Non, mon colonel. Je rappellerai seulement qu'au moment où on a demandé un officier du 2ᵉ bureau pour aller faire un travail de traduction, on en a parlé, je ne puis à cinq ans de distance me rappeler en quels termes. Il est certain que quand on a proposé de prendre un officier pour faire ce travail de traduction, on en a parlé dans le bureau.

LE PRÉSIDENT. — Mais à un moment donné, n'avez-vous pas songé à faire partie comme titulaire du service des renseignements?

LE CAPITAINE DREYFUS. — Je ne m'en souviens pas. Dans tous les cas, je n'ai jamais fait de démarche officielle.

LE PRÉSIDENT. — Mais, sans faire de démarche officielle, n'avez-vous pas fait une démarche officieuse auprès du colonel Sandherr?

LE CAPITAINE DREYFUS. — Je ne suis jamais allé trouver le colonel Sandherr ; cela je puis l'affirmer.

LE PRÉSIDENT. — En ce qui concerne le capitaine Linder, lui avez-vous fait part d'un désir de cette nature?

LE CAPITAINE DREYFUS. — Je crois que sur ce point les souvenirs du capitaine Linder sont tout à fait inexacts. Je me rappelle très bien être allé dans le bureau du capitaine Linder et je l'ai vu couvrir avec des papiers un travail qu'il faisait. Mais je n'ai prêté aucune attention à ce détail. Je lui ai parlé et je crois qu'il a été parlé de cela au procès de 1894 et qu'il a été question d'une demande que j'avais faite pour être commissaire régulateur sur les chemins de fer de l'Est. J'ai pu demander à M. le capitaine Linder d'intercéder auprès du colonel chef du 4ᵉ bureau pour qu'il me désigne comme commissaire régulateur. J'ai fait cette demande à Linder en 1893.

LE PRÉSIDENT. — C'est tout ce que vous avez à dire?

LE CAPITAINE DREYFUS. — Oui, mon colonel.

LE PRÉSIDENT. — Maître Labori, avez-vous des questions à poser?

Mᵉ LABORI. — Je rédige mes conclusions.

LE GÉNÉRAL MERCIER. — Je demanderais la parole, mon colonel, sur la déposition du colonel du Paty de Clam.

LE PRÉSIDENT. — Veuillez approcher, monsieur le général.

LE GÉNÉRAL MERCIER. — Je demande pardon d'abuser encore quelques instants de l'attention du Conseil, mais je crois absolument nécessaire de revenir ici, à propos de la déposition du colonel du Paty de Clam, sur l'incident créé par la déposition du capitaine Freystætter. Ce n'est pas que cet incident fasse partie de la question qui vous est soumise. Il se rapporte à de prétendus faits qui se seraient passés lors du procès de 1894. Or, pour vous, le procès de 1894 n'est plus, puisque, comme j'ai déjà eu l'honneur de le dire à cette barre, l'arrêt de la Cour de cassation qui a cassé et annulé le jugement de 1894 a fait table rase devant vous, et que, par conséquent, vous pourriez ne tenir aucun compte de ce qui a été fait à cette époque.

Mais il y a une autre considération : c'est qu'on me fait l'honneur de me considérer comme un des principaux témoins du procès de 1899. Or, il est incontestable que ce qu'a dit ici M. le capitaine Freystætter est de nature à exercer une influence sur la façon dont vous pourrez apprécier mes dépositions. Il est certain, par exemple, que toute la presse qui soutient la cause du capitaine Dreyfus, à la suite de la déposition du capitaine Freystætter a fait des articles violents dans lesquels j'étais traité de faussaire, accusé d'usage de faux ; qu'on a réédité aussi une autre accusation qui avait déjà fait long feu, celle relative au faux et usage de faux pour la pièce dite : « Cette canaille de D... » Je crois qu'il est indispensable de liquider cette question devant vous, et, à ce sujet, je me féliciterai de l'heureux hasard qui a fait que la déposition du capitaine Freystætter, qui devait être ici, d'après l'ordre assigné aux témoins, la dernière entendue, ait été intervertie par suite de circonstances indépendantes de ma volonté ; car si sa déposition s'était produite au dernier instant, le temps m'aurait manqué pour opposer à cette déposition autre chose que ma simple affirmation et celle du colonel Maurel, et par conséquent il aurait pu rester des doutes dans les esprits.

Aujourd'hui, grâce à cette interversion des tours des dépositions, j'ai eu du temps devant moi pour me procurer et pour vous apporter des renseignements qui vont, je l'espère, complètement éclairer cette question.

J'ai dit que j'avais donné l'ordre en 1894, de ne tenir aucun compte des deux traductions successives de la dépêche Panizzardi qui m'avaient été présentées comme venant du ministère des affaires étrangères. A ce sujet, mon témoignage peut être confirmé par celui du général de Boisdeffre ici présent et qui a reçu cet ordre. Quant à l'exécution de cet ordre, lorsqu'il s'est agi de réunir le commentaire et les pièces qui accompagnaient le commentaire pour les envoyer au colonel président du Conseil de guerre, il y a un autre témoignage qui peut être apporté devant vous, c'est celui de M. l'archiviste Gribelin. (*Murmures ironiques.*)

L'archiviste Gribelin a été chargé, au moment où on réunissait ces pièces au bureau des renseignements, de faire le bordereau de ces pièces, afin qu'on conservât trace au bureau des renseignements de ce qu'elles étaient transmises au ministre de la guerre. M. Gribelin peut vous affirmer que la dépêche Panizzardi ne faisait aucunement partie de ces pièces. Le pli cacheté qui contenait le commentaire de ces pièces a été fait en ma présence, en la présence du général de Boisdeffre, dans mon cabinet, par le colonel Sandherr, après que chacune de ces pièces et le commentaire ont été mis sous mes yeux ; ce pli cacheté a été remis au commandant du Paty de Clam pour être apporté au président du Conseil de guerre.

Je rappellerai que, contrairement à mes ordres, lorsque ces pièces me sont revenues et que j'ai détruit le commentaire en présence du colonel Sandherr, en lui remettant les pièces secrètes et en lui donnant l'ordre de réintégrer ces pièces dans le dossier, je rappellerai que contrairement à mes ordres et qu'à mon insu, à ce moment-là, on avait conservé une copie de ce commentaire.

Eh bien, cette copie, elle a été retrouvée en 1896. Le général Gonse l'a eue entre les mains et peut vous affirmer qu'il n'était aucunement question de la dépêche Panizzardi.

Mais ce n'est pas seulement le général Gonse qui l'a eue entre les mains, le colonel Picquart l'a eue aussi entre les mains.

Il s'en est même servi pour faire, dans trois documents successifs, l'énumération des pièces qui composaient ce dossier secret et qui étaient discutées dans le commentaire ; ces trois documents successifs dans lesquels le colonel Picquart a fait cette énumération sont : sa lettre au garde des sceaux, sa déposition devant la Cour de cassation et sa déposition ici devant le Conseil de guerre.

Eh bien, le colonel Picquart n'a jamais dit que la dépêche Panizzardi fît partie de ce commentaire et eût fait partie du dossier secret qu'il a eu entre les mains.

J'ajoute que, maintenant que vous avez reçu la déposition du colonel du Paty de Clam, ce dernier vous affirme que lui, qui a écrit le commentaire sous l'inspiration du colonel Sandherr, n'y avait aucunement compris la dépêche Panizzardi. Par conséquent, tous ces témoignages sont absolument concordants.

Le colonel du Paty repousse du reste, avec indignation, l'idée qu'il aurait pu ouvrir le pli secret qui lui aurait été confié et y introduire des pièces qui n'y auraient pas été mises par moi.

Malgré tout, comme il pouvait subsister un certain doute, j'ai tenu à me renseigner directement auprès des membres du Conseil de guerre de 1894.

J'ai consulté successivement le capitaine Roche, le commandant Gallet, le colonel Eichmann et le commandant Platty.

Le capitaine Roche m'a répondu par la lettre que voici :

LE PRÉSIDENT. — Vous la verserez au débat ?

LE GÉNÉRAL MERCIER. — Oui, monsieur le président.

Mon général, j'ai l'honneur de vous rendre compte des souvenirs qui me sont restés et qui ont rapport à la communication du dossier secret au Conseil de guerre de 1894.

Je me souviens très nettement avoir vu la pièce désignée sous ce titre : « Ce canaille de D...». Cette pièce était accompagnée de deux, trois ou quatre autres.

La première m'a frappé à cause de l'initiale qui correspondait à celle du nom de Dreyfus. Il est probable que si une autre pièce contenant le nom entier m'avait été montrée, j'en aurais conservé le souvenir *a fortiori*; mais je ne puis vous affirmer ni l'avoir vue, ni ne pas l'avoir vue.

Cette déclaration est la déposition à peu près littérale que j'aurais faite devant le Conseil de guerre si j'avais été convoqué.

Je verse, messieurs, cette lettre au dossier.

Les déclarations que m'ont faites le commandant Gallet et le colonel Eichmann, et que j'ai envoyé recueillir par deux officiers: le colonel d'Aboville ici présent pour ce qui concerne le colonel Eichmann, et le commandant de Mitry pour ce qui concerne le commandant Gallet, sont absolument identiques.

Elles se résument en ceci : « Nous n'avons aucun souvenir d'avoir vu une traduction de la dépêche Panizzardi dans les pièces qui ont été communiquées, mais nous ne pourrions pas l'affirmer sous la foi du serment, (*Mouvement prolongé.*) parce que notre attention s'est presque exclusivement portée sur la pièce : « Ce canaille de D...» et que nous n'avons conservé qu'un souvenir très vague des autres pièces qui accompagnaient celle-là. »

Eh bien, messieurs, ces trois déclarations suffisent déjà à constituer une preuve à elles seules.

Et en effet, pourquoi l'attention de ces juges du Conseil de guerre ne s'est-elle portée que sur la pièce; « Ce canaille de D...»? C'est parce qu'il y avait dans cette pièce quelque chose qui leur semblait s'appliquer directement à la personnalité du capitaine Dreyfus à cause de l'initiale D; mais si on leur avait montré une pièce comme la traduction que nous a donnée le capitaine Freystætter dans laquelle le nom de Dreyfus était en toutes lettres, et qui aurait constitué une charge accablante pour Dreyfus, il est incontestable que le souvenir de cette pièce serait nettement resté dans leur esprit. J'ajoute que le commandant Platty m'a écrit la lettre suivante : c'est le quatrième des juges qui restent du Conseil du guerre de 1894, le cinquième étant décédé :

Mon général,

J'ai lu dans les journaux la déposition du capitaine Freystætter relative à des pièces secrètes qui auraient été communiquées aux juges du Conseil de guerre en 1894. Je certifie que la dépêche chiffrée de l'attaché militaire italien à son gouvernement, connue sous le nom d' « émissaire prévenu », n'a pas été communiquée, et qu'à ma connaissance cette pièce n'a jamais fait partie du dossier secret.

Je verse également cette pièce au dossier.

Ainsi, messieurs, le témoignage du capitaine Freystætter se dresse seul, absolument isolé, devant vous, en contradiction avec tous les faits constatés, en opposition ou en contradiction avec tous les témoins. (*Rumeurs.*)

Mais ce n'est pas tout. J'affirme que le témoignage du capitaine Freystætter le met en contradiction avec lui-même, et à ce sujet je vais vous donner lecture d'une lettre écrite par le capitaine Freystætter et que je vais verser au débat. Voici la lettre :

Mon colonel, elle est d'une écriture assez difficile ; je vais en lire, si vous le permettez, une copie pour en faciliter la lecture :

Mon cher ami, vos bonnes et longues lettres ont provoqué un véritable étonnement chez moi. Vous êtes surpris de voir Rochefort défendre l'armée, d'être obligé de constater que beaucoup de protestants émettent des doutes sur la culpabilité de Dreyfus, etc... Pour moi, juge de Dreyfus, je n'ai pas un doute sur sa culpabilité si les témoignages produits l'ont été par des honnêtes gens, mais je comprends que le public puisse en avoir à la suite des récits faits par divers journaux. Ce que je puis vous dire, c'est que ma conviction était faite avant d'entrer dans la salle des délibérations.

Suivent alors des considérations de moindre importance :

Rochefort défend l'armée pour vendre son journal, et peut-être pour d'autres choses, que la visite du colonel Pauffin de Saint-Morel prouve. Des protestants et des universitaires veulent le jour sur une affaire au nom de la liberté et de la raison, les catholiques hurlent pour amener de la cohésion dans un parti qui ne peut plus prendre le pape et Rome comme mot d'ordre, les juifs sont attaqués parce qu'ils ont une large part de la fortune de la France; on ne parle pas des d'Orléans qui détiennent un milliard, certainement pas le produit de leur travail manuel ou intellectuel, unique source de la fortune. Les royalistes ou impérialistes s'unissent pour faire du tapage et veulent montrer que notre gouvernement est incapable de faire respecter les lois et veulent faire croire à la pourriture d'une société éprouvée par la faute du régime qu'ils veulent rétablir. Les collectivistes signalent les fautes des capitalistes, des chefs militaires, pour continuer leur œuvre de destruction de la société actuelle. Voilà, mon cher ami, les mobiles de la plupart des meneurs qui ont des milliers d'individus à leurs trousses. Je me rends à Tananarive, etc...

Eh bien, cela vous indique un état d'esprit sur lequel je reviendrai tout à l'heure. Mais vous voyez que cette lettre est datée du 1er mars 1898, et vous voyez là que le capitaine Freystætter constate qu'il avait son opinion faite avant d'entrer dans la salle des délibérations. Je crois du reste... je dis je crois parce que je ne connais pas la déposition du capitaine Freystætter devant la Cour de cassation, je ne la connais que par des extraits qui peuvent être inexacts et je ne connais pas non plus la déposition de M. Laroche... Il me semble me rappeler que M. Laroche, quand il a déposé devant la Cour de cassation, a simplement dit qu'il avait su par des officiers attachés à sa personne, que le capitaine Freystætter, à Madagascar, avait raconté que Dreyfus avait livré à l'Allemagne des plans directeurs de Nice. Il n'a jamais parlé, à ce moment-là, de la dépêche Panizzardi. Enfin, dans la déposition du capitaine Freystætter devant la Cour de cassation, il a déclaré que sa conviction était faite avant d'entrer dans la chambre des délibérations, et il n'a même pas parlé de la communication de pièces secrètes. On ne lui a pas posé la question, c'est vrai, mais il aurait pu, tout comme il l'a fait ici où la question ne lui a pas été posée non plus, dire ce qu'il croyait avoir à dire; et si à ce moment-là des doutes s'étaient élevés dans sa conscience, il semblait bien que c'était devant la Cour de cassation que ces doutes devaient se produire et entraîner son témoignage complet, puisque la Cour de cassation était chargée de statuer sur la revision, tandis qu'ici le capitaine Freystætter est venu servir une déposition qui n'avait plus directement rapport à la question.

Eh bien, à quoi attribuer ce fait, que le capitaine Freystætter, qui n'avait jamais parlé jusqu'à ce moment de la dépêche Panizzardi, soit venu en parler ici avec une précision surprenante? Car le capitaine Freystætter vous a donné la traduction de cette dépêche dans les termes textuels où j'ai déclaré à la Cour de cassation que mes souvenirs me la rappelaient, c'est-à-dire : « Le capitaine Dreyfus arrêté, précautions prises, émissaire prévenu. » Voilà messieurs, une précision bien étonnante, quand jusqu'alors il n'avait pas été question de cette dépêche dans tous les entretiens, dans toutes les conversations, dans tous les témoignages du capitaine Freystætter.

A quoi attribuer ce fait? Eh bien, on vous a parlé dernièrement de ce qu'on a appelé un effet de superposition de mémoire. Le capitaine Freystætter, en rentrant de Madagascar, est tombé dans toutes ces polémiques de presse et autres; il a lu quantité de choses, et il est très possible que ses lectures soient venues se superposer à ses souvenirs, se soient plus ou moins mélangées avec eux et se soient même, sur certains points, complètement substituées à eux. Cela indique naturellement un certain trouble d'esprit, et cela m'impose le devoir de rechercher s'il n'y a pas, dans la manière dont le capitaine Freystætter s'est comporté dans ces dernières années, d'autres indices de ce trouble d'esprit. (*Nouvelles rumeurs.*)

J'avais prié M. le commissaire du gouvernement de vouloir bien faire demander au ministre de la marine communication du dossier du capitaine Freystætter. Je ne crois pas que ce dossier ait été envoyé.

LE COMMISSAIRE DU GOUVERNEMENT. — J'ai transmis la demande de M. le général Mercier.

LE GÉNÉRAL MERCIER. — Et le dossier n'est pas arrivé. Eh bien, je suis alors obligé d'y suppléer.

Je citerai trois faits : le premier est celui-ci : c'est une lettre de l'amiral de Cuverville qui m'a été adressée le 31 août dernier.

Mon cher général, voulez-vous communiquer au général Mercier les renseignements suivants? L'officier dont il est question a été puni de trente jours d'arrêts de rigueur en avril 1892 pour le motif suivant : Au cours d'une opération combinée, dirigée par un capitaine plus ancien que lui, il n'a pas obéi aux ordres de ce dernier, sous prétexte qu'ils étaient confus et ne se prêtaient pas à une exécution immédiate et a, de sa propre initiative, quitté le théâtre des opérations pour rentrer dans son poste sans avoir rien fait pour exécuter les ordres du commandant de la colonne. (Ordre du général Reiss, commandant en chef en Indo-Chine.)

Il appartient au Conseil de guerre, siégeant actuellement à Rennes, de contrôler l'exactitude de cette affirmation.

Je cite ce fait, messieurs, parce qu'il est incontestable.

Je suis le premier à déclarer, ici, que le capitaine Freystætter est un brave soldat qui a, dans des circonstances antérieures, très bravement payé de sa personne. Par conséquent, s'il a encouru une punition pour un motif aussi grave que celui-là, c'est certainement à un trouble d'esprit momentané qu'il faut l'attribuer. (*Agitation.*)

Je demande au Conseil la permission de lire une autre lettre que j'ai reçue du colonel Marmier, actuellement au 5e génie et qui commanda le génie pendant l'expédition de Madagascar :

Mon cher général, j'ai l'honneur de vous adresser sur M. le capitaine d'infanterie de marine Freystætter, que j'ai connu à Madagascar, les renseignements suivants, que je vous autorise à communiquer au Conseil de guerre de Rennes.

Ayant invité cet officier à déjeuner chez moi à Tananarive, en avril ou mai 1896, et ayant appris qu'il avait siégé au Conseil de guerre de 1894, je lui demandai quelques renseignements sur cette affaire qui s'était déroulée au moment où j'étais entièrement absorbé par les préparatifs de l'expédition de Madagascar. Je lui dis que je ne lui demandais pas de violer, en ma faveur, le secret des délibérations en chambre du Conseil, mais que je serais néamoins désireux de savoir si la culpabilité de Dreyfus avait été manifestement établie et si sa trahison avait une grande importance.

A ces questions, le capitaine répondit que la culpabilité ne faisait pas l'ombre d'un doute et que les divulgations faites par le capitaine Dreyfus étaient telles que l'Etat-Major avait dù remanier profondément les dispositions prises pour le début des opérations.

Je lui dis que je saisissais sur quoi avait pu porter la trahison.

Je pensais à part moi que j'avais pu jadis déduire, des renseignements obtenus sur les mouvements des trois premiers jours, toute la concentration allemande, et que la justesse de mes déductions avait été plus tard prouvée par des recoupements, et je songeais à cette phrase du maréchal de Moltke : « Toute erreur commise dans le rassemblement initial des armées est presque irréparable dans le cours d'une campagne. »

Le capitaine Freystætter me raconta ensuite qu'il avait eu au moment du procès la visite d'un grand banquier juif de Paris — il me le nomma mais je ne fis pas attention au nom — avec lequel il avait été à l'école en Alsace, mais qu'il avait complètement perdu de vue. « Je lui demandai, me dit-il : Que viens-tu faire ici ? — car c'est mon habitude en Alsace de tutoyer tous les Juifs. — Il fut un peu interloqué, mais cependant il me formula son invitation à dîner. A quoi je répondis : Pour qui me prends-tu donc ? crois-tu que je ne suis pas homme à voter toujours suivant ma conscience. » (Rumeurs.)

Ce discours me fit craindre que le capitaine Freystætter n'eût été, au Conseil de guerre, influencé par la passion antisémite qui l'animait. Je compris que la démarche de ce banquier avait dû être faite avant le prononcé du jugement, car après elle eût été, pour moi, inexplicable, comme elle l'eût été à ce moment pour tout autre qui n'aurait pas été dans le secret de la délibération du Conseil.

La conversation que j'avais eue à Tananarive avec le capitaine Freystætter m'avait laissé de tels souvenirs qu'avant le retour en France de cet officier, en lisant dans les journaux certaine note le concernant, j'avais cru devoir le défendre auprès de différentes personnes. Je citai en particulier cette conversation à M. le général Zurlinden.

Et quant au mois de mai dernier, le capitaine Freystætter vint à mon bureau m'inviter à assister à son mariage, bien que j'eusse dès lors perdu toutes mes illusions sur lui, je lui reparlai aussitôt de cette conversation. Il fut tout de suite gêné, il me dit seulement : « C'était après le jugement, il voulait savoir ce qui s'était passé en chambre du Conseil. » (Nouvelles rumeurs.) Je préférai changer de conversation, et lui demandai quels étaient ses projets d'avenir : il me répondit qu'il était décidé à quitter l'armée.

J'ignorais à ce moment que le capitaine Freystætter eût écrit au président du Conseil de guerre de 1894, pour lui faire part de ses angoisses, je lui aurais rappelé le souvenir de ces trente ou trente-cinq indigènes qu'à l'instigation du nommé Cernaud, créole sans nationalité et sans moralité, il fit fusiller par ses Haoussas et ce sans ordre, sans jugement et sans enquête, après leur avoir fait rendre leurs sagaies. Si ce souvenir de janvier 1896, ne vient pas troubler son sommeil, comment son âme pourrait-elle être affectée par le souvenir de ce qui s'est passé en janvier 1894 au Conseil de guerre dans lequel il siégeait ?

Je vous prie, mon général, de vouloir bien agréer l'expression de mon profond respect et de mes sentiments dévoués.

Signé : MARMIER.

Voilà un second fait : le massacre de trente ou trente-cinq prisonniers qui (1) s'étaient rendus, qui, évidemment ne peut être attribué qu'à un trouble d'esprit. (*Vive agitation.*) J'ajouterai que le capitaine Freystætter parlait dans cette lettre de son intention de quitter l'armée, mais je sais qu'il y a une autre lettre qui a été envoyée à M. le commissaire du Gouvernement. Si M. le commissaire du gouvernement ne l'a pas entre les mains, le général Roget en a une expédition et je le prierai de la lire pour éclairer complètement le Conseil sur les intentions du capitaine Freystætter.

LE COMMISSAIRE DU GOUVERNEMENT. — J'ai en effet reçu une lettre de cette nature, mais je n'en ai pas fait état.

LE PRÉSIDENT. — Il est inutile d'insister davantage sur cet incident. (*Mouvement.*)

LE GÉNÉRAL MERCIER. — Il résulte de tout cela, messieurs, qu'une

---

(1) A la suite de cette audience, M. H. Laroche, ancien résident de France à Madagascar, qui suivait le procès à l'audience même, a fait tenir à M. le colonel Jouaust la lettre qui suit :

7 septembre.

A M. le colonel président du Conseil de guerre de Rennes.

Monsieur le président,

En ma qualité d'ancien résident général de France à Madagascar en 1896, je me crois obligé de rectifier une erreur apportée à la barre du Conseil de guerre et qui serait de nature à nuire à la considération de M. le capitaine d'infanterie de marine Freystætter.

Cet officier n'a jamais fait fusiller une colonne de prisonniers.

L'épisode dont on a voulu parler est celui-ci :

En janvier 1896, une petite troupe de brigands épouvantait le littoral de Madagascar, entre Vatoumandre et Tamatave, assassinant les Houves, incendiant les villages. La compagnie Freystætter a surpris ces forcenés, le 20 janvier, en flagrant délit, dans un lieu où ils opéraient, les a attaqués et, « en action de combat », tués à la baïonnette. Le fait n'avait rien d'insolite ; les militaires les plus modérés agissaient de même. Ce qui, cette fois, caractérisa la rigueur déployée, c'est qu'elle s'exerçait non contre des patriotes insurgés ou suspects, mais contre une bande de criminels de droit commun saisis sur le fait. J'ai regretté qu'une partie de la bande n'eût pas été épargnée et envoyée aux travaux publics, pour lesquels nous manquions de main-d'œuvre, mais le capitaine Freystætter a pu attester la légitimité de l'exécution et l'indignité des victimes. Je répète qu'il s'agit de gens tués dans le combat et nullement d'un convoi de prisonniers qu'on aurait fusillés ou massacrés après coup.

Veuillez agréer, monsieur le président, les assurances de ma haute considération.

HIPPOLYTE LAROCHE.

des deux dépositions, ou celle de M. Freystætter ou la mienne doit sortir disqualifiée de ce débat : je ne parle pas des personnes, je parle des dépositions. J'espère que les raisons que je viens de vous exposer vous paraîtront décisives pour que ce ne soit pas la mienne et je vous demande de vouloir bien conserver à toutes les dépositions que j'ai eu l'honneur d'apporter à cette barre le degré de confiance et l'autorité morale que vous auriez bien voulu leur attribuer si l'incident Freystætter ne s'était pas produit.

J'ai terminé, messieurs. (*Violentes rumeurs, agitation prolongée.*)

M⁰ DEMANGE. — Sur la déposition que vous venez d'entendre, je veux faire une observation.

M. le général Mercier vous a dit que l'incident Freystætter ne visait pas l'affaire Dreyfus. Je suis d'accord avec lui et il est certain que si la déposition de M. Freystætter sur ce qui s'est passé en 1894 devait avoir une action sur la solution que vous avez à donner au procès de 1899, j'insisterais naturellement pour que M. le capitaine Freystætter puisse fournir ses explications après M. le général Mercier.

Mais M. le général Mercier a fait allusion à des polémiques de presse, des polémiques qui se sont engagées sur le terrain politique et auxquelles il a été mêlé. Ce n'est pas notre affaire.

En conséquence, je n'insisterai pas le moins du monde pour entendre à nouveau les explications de M. le capitaine Freystætter, je suis convaincu que je me trouve ainsi en communion parfaite d'idées avec vous. Je ne veux surtout pas que la question puisse se poser entre le général Mercier et le capitaine Dreyfus. (*Sensation.*) Grâce à Dieu, je suis ici dans une enceinte de justice. C'est la question de culpabilité de Dreyfus seule qui se pose devant d'honnêtes gens et de loyaux soldats ; c'est la seule que je discuterai et je vous demande, messieurs, d'oublier ces regrettables incidents. (*Mouvement. Applaudissements.*)

LE PRÉSIDENT. — La défense a-t-elle encore quelques explications à demander ?

M⁰ LABORI. — Je prie le Conseil de vouloir bien statuer sur mes conclusions.

LE PRÉSIDENT. — Monsieur le commissaire du gouvernement, êtes-vous en mesure de donner vos réquisitions ?

LE COMMISSAIRE DU GOUVERNEMENT. — Oui, mon colonel.

LE PRÉSIDENT. — Veuillez les donner.

LE COMMISSAIRE DU GOUVERNEMENT. — Comme je vous le disais

tout à l'heure, je ne vois aucun inconvénient à ce qu'il soit donné satisfaction à la requête de l'accusé présentée par Me Labori, mais sous les réserves de droit que nous respecterons les dispositions essentielles de l'article 129 du Code de justice militaire ainsi conçu :

L'examen et les débats sont continués sans interruption et le président ne peut les suspendre que pendant les intervalles nécessaires pour le repos des juges, des témoins et des accusés.

Il est vrai que ce même article 129 ajoute :

Les débats peuvent encore être suspendus si un témoin dont la déposition est essentielle ne s'est pas présenté ou si la déclaration d'un témoin ayant paru fausse, etc., etc...

Je prends cette partie du texte : « Les débats peuvent être suspendus si un témoin dont la déposition est essentielle ne s'est pas présenté. » Sommes-nous dans ce cas-là ? Je ne le crois pas. (Rumeurs.) Ce que nous appelons un témoin dont la déposition est essentielle, c'est un témoin qui a été cité en temps opportun et qui pour un motif ou pour un autre ne s'est pas présenté. Dans ce cas le Conseil délibère pour savoir si la déposition est essentielle à la clarté des débats. Si oui, les débats sont renvoyés à une époque ultérieure. Entendez-vous bien ? Il ne peut être donné suite aux débats, ceux-ci sont suspendus, arrêtés, et tout ce qui s'est passé est annulé de plano.

Sommes-nous dans des conditions semblables ? Pouvons-nous entrer dans cette procédure ? Je dis : non, non, non. Il est d'ordre public, il est évident à l'heure actuelle que les débats dont nous sommes saisis doivent être suivis rigoureusement dans l'ordre qu'indique la loi dans son sens net et clair. Par conséquent s'il est possible de recueillir les témoignages que réclame Me Labori, j'en serai enchanté, mais à condition que nous respecterons la loi. C'est pour cela que j'ai rédigé les conclusions suivantes :

Me Labori a présenté au nom de l'accusé des conclusions tendant à faire recueillir les témoignages de deux officiers étrangers, agents diplomatiques, par voie de commission rogatoire. M. le Président a qualité pour donner satisfaction à cette demande et le commissaire du gouvernement ne s'y oppose pas sous les réserves de droit que les dispositions du premier paragraphe de l'article 129 du code de justice militaire seront respectées.

Me LABORI. — Monsieur le président, un mot seulement. Je crois qu'il est impossible de contester le caractère d'importance des témoignages que je voudrais produire devant le Conseil. M. le commissaire du gouvernement, qui sur ce point est d'accord avec moi, disait tout à l'heure que ces témoins doivent être cités en temps opportun pour que, en cas de besoin, l'ajournement des débats pendant un certain temps puisse se produire. Le Conseil sait dans quelles circonstances ces témoins ont été cités. Je n'aurais pas pris sur moi, je le répète, de les appeler à la barre et de les inviter à déposer par voie de commission rogatoire si l'intervention de M. de Cernuszky ne s'était produite il y a quarante-huit heures, en vertu du pouvoir discrétionnaire de M. le président.

Le commissaire du gouvernement, d'autre part, messieurs, vous représente que, dans le cas où les débats devraient être suspendus à cause de l'absence d'un témoin, cette suspension entraînerait l'ajournement définitif des débats et leur renvoi à une date indéterminée. Je me permets de faire observer que l'article 129 s'exprime ainsi : « Le Conseil prononce sur la suspension des débats à la majorité des voix et, dans le cas où la suspension dure plus de quarante-huit heures, les débats sont recommencés en entier. » Par conséquent, il en résulte déjà qu'une suspension de quarante-huit heures pourrait être ordonnée, sans que les débats fussent à recommencer. Nous sommes, je crois, bien d'accord sur ce point avec M. le commissaire du gouvernement. Je ne crois pas qu'en aucun cas une suspension de plus de quarante-huit heures soit indispensable; mais je vais plus loin, je crois qu'actuellement la question ne se pose pas; le Conseil est appelé à statuer en principe sur une demande que je lui soumets. Quand le Conseil aura adopté — j'espère qu'il le fera, puisque M. le commissaire du gouvernement veut bien s'associer à moi, — quand il aura adopté les conclusions que j'ai l'honneur de déposer, nous verrons, avec le concours de messieurs les délégués du ministre des affaires étrangères et du ministre de la guerre qui, j'en suis sûr, ne nous ménageront pas leur appui pour aller aussi vite que possible, dans quelles conditions il pourra être répondu à ces commissions rogatoires. Je suis persuadé que cela pourra être fait dans le délai nécessaire pour permettre au Conseil de ne statuer qu'en pleine connaissance de cause après avoir reçu la réponse que je considère comme indispensable aux questions que je voudrais voir poser à MM. les colonels de Schwarzkoppen et Panizzardi.

Le président. — Le Conseil va se retirer pour délibérer.

L'audience est reprise à neuf heures et demie.

LE PRÉSIDENT *donne lecture du jugement suivant, rendu par le conseil :*

JUGEMENT

Ce jourd'hui sept septembre mil huit cent quatre-vingt-dix-neuf, le Conseil de guerre permanent de la 10e Région de Corps d'armée, composé comme il a été dit déjà, s'est réuni de nouveau à six heures et demie du matin, en audience publique, en la salle des fêtes du Lycée, à Rennes. Toutes choses étant remises en l'état où elles avaient été placées la veille, M. le Président a déclaré la séance reprise et a ordonné d'amener l'accusé, qui a été introduit libre et sans fers, accompagné de ses défenseurs.

M. le commissaire du Gouvernement, ayant lu une lettre à lui adressée par le prince de Cernuszky, qui est malade et hors d'état de se présenter à l'audience de ce jour, Me Labori, l'un des défenseurs de l'accusé, a demandé la parole et a déposé sur le bureau du Conseil divers télégrammes relatifs au dit témoin de Cernuszky; puis, il a déposé sur le bureau du Conseil des conclusions écrites qu'il a développées, tendant à ce qu'il soit ordonné qu'une commission rogatoire serait adressée au colonel Schwartzkoppen et au général Panizzardi;

Ouï le commissaire du Gouvernement en ses réquisitions déclarant que le Président a qualité pour donner satisfaction à cette demande;

Le Président a déclaré à haute voix que le Conseil se retirait dans la chambre des délibérations pour délibérer.

Le Conseil délibérant à huis clos :

Statuant sur les conclusions de la défense tendant à ce que des commissions rogatoires soient adressées :

1o A M. le colonel Schwartzkoppen, ancien attaché militaire à l'ambassade d'Allemagne à Paris ;

2o A M. le général Panizzardi, ancien attaché militaire à l'ambassade d'Italie à Paris ;

Ouï le commissaire du Gouvernement en ses réquisitions déclarant que le Président a qualité pour donner satisfaction à cette demande;

Le Président a posé la question suivante :

Y a-t-il lieu de donner suite aux conclusions de la défense?

Les voix recueillies séparément, en commençant par le grade inférieur, et le plus jeune dans le grade, le Président ayant émis son opinion le dernier;

Le Conseil,

Attendu qu'il ressort de l'article 125 du Code de justice militaire que le Président du Conseil de guerre a seul qualité pour, au cours des débats, ordonner la comparution de toute personne dont l'audition lui paraît nécessaire à la manifestation de la vérité;

Qu'une commission rogatoire a pour objet la provocation d'un témoignage en dehors de la présence du Conseil ;

A l'unanimité se déclare incompétent sur les conclusions de la défense, en vertu de l'article 125 du Code de justice militaire.

Le Conseil est rentré en séance publique, le Président a lu les motifs qui précèdent et le dispositif qui suit ;

En conséquence, le Conseil sans s'arrêter aux conclusions de la défense passe outre au jugement sur le fond, conformément à l'article 123 du Code de justice militaire.

Les articles sus-visés sont ainsi conçus :

Article 125 — « Le président est investi d'un pouvoir discrétionnaire pour la direction des débats et la découverte de la vérité. Il peut dans le cours des débats, appeler, même par mandat de comparution et d'amener, toute personne dont l'audition lui paraît nécessaire ; il peut aussi faire apporter toute pièce qui lui paraîtrait utile à la manifestation de la vérité ».

Les personnes ainsi appelées ne prêtent pas serment, et leurs déclarations ne sont considérées que comme renseignements.

Article 123 — « Si l'accusé a des moyens d'incompétence à faire valoir, il ne peut les proposer devant le Conseil de guerre qu'avant l'audition des témoins ».

Cette exception est jugée sur le champ.

Si l'exception est rejetée, le Conseil passe au jugement de l'affaire, sauf à l'accusé à se pourvoir contre le jugement sur la compétence en même temps que contre la décision rendue sur le fond.

Il en est de même pour le jugement de toute autre exception ou de tou autre incident soulevé dans le cours des débats.

Le commissaire du Gouvernement,

Signé : CARRIÈRE.

Pour copie conforme,

Signé, le greffier :

PAPILLON.

M⁰ LABORI. — Monsieur le président, il résulte du jugement qui vient d'être rendu par le Conseil que seul vous avez qualité pour ordonner une commission rogatoire.

Sur ce point, vous maintenez votre décision antérieure ?

LE PRÉSIDENT. — Oui, je maintiens ma décision. (*Agitation prolongée.*)

M⁰ DEMANGE. — Monsieur le président, j'ai l'honneur de vous demander, en vertu de votre pouvoir discrétionnaire, de vouloir bien ordonner la lecture des expertises faites tant à Paris devant la Cour de cassation que de celle faite en vertu d'une commission rogatoire de vous sur le papier pelure.

Le greffier Coupois, *lisant* :

RAPPORT D'EXPERTS : PUTOIS, CHOQUET ET MARION.

Monsieur le conseiller Laurent Atthalin,

Par ordonnance en date du 16 novembre 1898, vous avez bien voulu nous désigner comme experts afin de procéder à l'examen technique du papier pelure quadrillé sur lequel sont écrites deux lettres signées Esterhazy, datées, l'une du 17 avril 1892, l'autre, de Rouen, du 17 août 1894, saisies le 7 novembre et le 2 novembre 1898, l'une chez le sieur Schmidt, l'autre chez le sieur Callé, et de comparer le papier desdites lettres avec celui sur lequel est tracée l'écriture de la pièce dite *bordereau*, figurant à la procédure suivie en 1894 contre Alfred Dreyfus, pièce dont ont été détachés deux fragments également annexés à ladite procédure au cours de l'information suivie par la justice militaire.

Après cet examen, de dresser un rapport aux fins de droit.

Ledit jour, 16 novembre 1898, à neuf heures du matin, nous nous sommes rendus en la chambre du conseil de la chambre criminelle de la Cour de cassation. M. Laurent Atthalin, conseiller à la Cour, et M. Coutant, greffier, étant présents, nous experts soussignés avons procédé au premier examen technique des pièces indiquées dans l'ordonnance.

Examen à l'œil nu et au toucher :

1° La pièce dite *du bordereau*.

Cette pièce est composée de plusieurs morceaux dont ont été détachés deux fragments qui nous ont été présentés. Nous avons commencé par rapprocher les deux parties détachées pour nous rendre compte si elles appartenaient bien à la partie principale.

Nous avons reconnu les endroits d'où les morceaux avaient été coupés avec des ciseaux. Un des fragments a une tache provenant, nous dit-on, d'un acide dont on s'est servi pour enlever un mot.

L'autre fragment est indemne de tache et d'écriture.

Sur la grande partie, à la première page, le recto est couvert d'écriture ainsi qu'une partie du verso. Cette partie, recollée avec des bandes de papier gommé, constitue une page entière; la seconde page, dont ont été détachés les deux fragments ci-dessus, n'est pas complète malgré le rapprochement des deux morceaux.

A la transparence, ce papier n'a aucune marque de fabrique, ses mesures en hauteur sont de 206 millimètres et en largeur, la feuille pliée, de 133 millimètres. Ce sont les dimensions de l'in-octavo coquille façonnée. Ce papier est de la sorte appelé *demi-pelure* et nous semble d'origine française ; nous le croyons collé à la colle végétale.

Il est filigrané, après fabrication, de rayures en quadrillage.

Ce quadrillage est de 4 millimètres sur chaque sens, mesures usuelles en France.

2° Examen d'une lettre datée de Rouen, du 17 août 1894. Cette pièce n'est que d'une feuille simple de papier dit *demi-pelure*. Les mesures sont : en hauteur, de 206 millimètres, et, en largeur, de 133 millimètres. Elle est couverte d'écriture sur un seul côté. En transparence, nous n'avons trouvé aucune marque de fabrique. Ce papier nous semble d'origine française et être collé à la colle végétale.

Il est filigrané au canevas, après fabrication, de rayures de quadrillage.

Le quadrillage est de 4 millimètres dans chaque sens, mesures usuelles en France.

3° Examen d'une lettre datée de Courbevoie du 17 avril 1892. La feuille est complète ; c'est également du papier dit *demi-pelure* ; ses mesures sont : en hauteur, de 206 millimètres, et, en largeur, la feuille pliée, de 133 millimètres. Elle est couverte d'écriture sur la première page et au verso de quelques lignes.

Ce papier nous semble d'origine française et être collé à la colle végétale.

Il est filigrané au canevas, après fabrication, de rayures en quadrillage.

Le quadrillage est de 4 millimètres sur chaque sens, mesures usuelles en France.

Après examen séparé de chacune de ces pièces, nous les avons rapprochées pour établir des comparaisons.

1° Mesures extérieures, les mêmes, représentant les feuilles pliées de l'in-octavo coquille, du format français façonné ;

2° Les mesures du quadrillage sont les mêmes et dites *de 4 millimètres*, mesures usuelles en France ;

3° La nuance du papier, dit du bordereau, est d'un ton jaunâtre ; le satinage, par suite de la manipulation dans les diverses expertises, est amoindri.

La nuance du papier de la lettre du 17 août 1894 est également jaunâtre, mais le papier est légèrement plus satiné.

A l'œil, nous ne percevons aucune différence entre ces deux pièces.

Au toucher, nous ne percevons pas non plus de différence entre les deux pièces.

La nuance de la lettre de Courbevoie, du 17 avril 1892, est d'un ton jaunâtre.

En comparaison avec la pièce dite du bordereau et la lettre de Rouen, du 17 août 1894, nous avons constaté une nuance légèrement plus blanche.

Ces premiers points fixés, nous avons pensé qu'il y avait lieu de procéder à une analyse plus complète portant principalement sur le poids et la nature des matières employées dans la fabrication de ces papiers. Nous avons demandé s'il était possible de nous délivrer un morceau de chacun de ses documents, dont nous aurions la liberté de disposer jusqu'à l'annulation. Un procès-verbal de détachement des pièces suivantes a été immédiatement dressé par M. le conseiller Atthalin, assisté de M. Coutant, greffier :

1° Détachement d'un fragment mesurant 3 centimètres sur 4 du morceau détaché de la pièce dite du bordereau, suivant procès-verbal du commissaire de police, chef de la Sûreté, en date du 17 octobre 1894 ;

2° Détachement d'un fragment mesurant 10 centimètres sur 6 de la lettre de Courbevoie du 17 avril 1892 ;

3° Détachement d'un fragment mesurant 7 centimètres sur 3 de la lettre de Rouen, du 17 août 1894, et remise nous en a été faite avec les spécifications permettant d'en assurer l'origine et l'individualité.

Notre second examen a été forcément limité, vu l'exiguïté des morceaux, à un nombre restreint d'essais desquels nous avons dû forcément exclure la résistance dynamométrique et l'incinération.

Il résulte de cet examen :

1° Au point de vue des caractères physiques, ces papiers offrent entre eux des ressemblances frappantes. Tous trois ont la même transparence et portent un filigrane dont les carrés ont 4 millimètres de côté ;

2° Ils accusent à l'instrument dit *palmer* une épaisseur identique qui ne varie sur le même échantillon que de 2 centièmes à 2 centièmes un quart de millimètre ;

3° Malgré l'exiguïté des morceaux, nous avons essayé de déterminer le poids au centième carré par des mesures et pesées très minutieuses.

Nous avons trouvé pour le papier dit du bordereau 3 milligrammes 1, pour les deux lettres 2 milligrammes 9, soit une différence de deux dizièmes de milligramme.

Il convient de remarquer que le papier du bordereau était sali par suite des manipulations ; nous y remarquons des empreintes de doigts ; cette circonstance suffirait à expliquer la différence constatée, surtout si l'on tient compte en même temps des irrégularités qui peuvent se produire au cours d'une fabrication ;

4° Passant à des essais d'ordre chimique, nous avons recherché la nature des produits qui avaient servi à encoller les papiers.

Nous avons constaté dans le papier du bordereau la présence de matière amylacée (fécule) et de résine et l'absence de gélatine.

Les essais sur le papier à lettres ont fourni le même résultat ;

5° Après une courte immersion dans l'éther à froid, les trois papiers perdent leur transparence et, vus par réflexion, paraissent d'un blanc mat ;

6° Enfin, nous avons déterminé par des observations au microscope la nature des fibres qui étaient entrées dans la composition de la pâte. Cet examen a démontré que les trois papiers avaient été fabriqués avec de la cellulose de bois (bois chimique). On y rencontre seulement quelques fibres de chiffons.

Autres recherches.

Nous avons cherché, d'autre part, à nous éclairer sur la provenance de ces papiers, mais nous n'avons pas tardé à reconnaître l'impossibilité de déterminer avec certitude l'usine où ils avaient été fabriqués, aucune indication spéciale, telle que marques ou vestiges de marque de fabrique, ne nous en ayant fourni les moyens, aucun caractère particulier ne nous ayant mis à même de préciser cette origine. Ce que nous avons reconnu, c'est que les papiers de cette espèce avaient un certain écoulement à Paris, dans les départements et à l'étranger, il y a une dizaine d'années, et que, depuis cette époque, cet écoulement s'était progressivement amoindri, sans cependant en être arrivé à disparaître, car il existe à Paris et vraisemblablement dans d'autres villes des maisons qui possèdent encore cet article dans leurs magasins et le vendent assez régulièrement.

Conclusions.

Les divers examens, expériences et recherches qui précèdent nous ont amenés à formuler les conclusions suivantes :

1º Les mesures extérieures des trois documents examinés sont les mêmes, représentant la feuille pliée in-octavo coquille du format français façonné;

2º Les mesures du quadrillage sont les mêmes et dites *de 4 millimètres*, mesures usuelles en France, faites au canevas ;

3º La nuance du papier du bordereau et celle de la lettre de Rouen du 17 août 1884 sont identiques;

4º La nuance du papier de la lettre de Courbevoie du 17 avril 1892 est d'une nuance légèrement plus blanche ;

5º Au toucher, nous n'avons pas trouvé de différence appréciable;

6º Ces papiers ont la même transparence;

7º L'épaisseur ne varie sur chaque échantillon que de deux centièmes à deux centièmes un quart de millimètre et est la même pour les trois;

8º Le poids peut être considéré comme identique;

9º Le collage est le même;

10º Les matières premières employées à la fabrication sont composées, dans les trois pièces, de cellulose de bois chimique avec un très faible mélange de chiffons ;

11º Quant à la provenance, il ne nous est pas possible de la préciser exactement; toutefois, nous la supposons française.

En résumé, la pièce dite du bordereau, la lettre du 17 août 1894 et la lettre du 17 avril 1892 nous présentent les caractères de la plus grande similitude.

Nous, arbitres soussignés, avons dressé le présent rapport en toute bonne foi et équité, à Paris, le 26 novembre 1898.

Signé : Putois, Choquet et Marion.

Me DEMANGE. — Il y a le rapport fait en vertu de la commission rogatoire de M. le président.

LE GREFFIER COUPOIS, *lisant :*

MM. : Marion (Auguste-Léon), marchand de papiers, demeurant à Paris, 14, cité Bergère ;

Choquart (Edouard), président honoraire de la Chambre syndicale du papier et des industries qui le transforment, demeurant à Paris, 13, rue Seine ;

Putois (Georges-Louis-Victor), président de la Chambre syndicale du papier et des industries qui le transforment, demeurant à Paris, 3, rue Turbigo ;

Levée (François), président de la Chambre des marchands et fabricants de papier de France, demeurant à Paris, rue des Peupliers ;

Chauvin (René-Henry), vice-président de l'Union des papiers de France, demeurant à Poncé (Sarthe) ;

Désignés en vertu de commissions rogatoires à eux adressées les 20 et 26 juillet 1899, à la requête du colonel Jouaust, président du Conseil de guerre de Rennes.

Après avoir prêté le serment exigé par la loi, se sont réunis pour délibérer, sous la présidence de M. Marion, doyen d'âge, et ont rédigé à la suite le présent rapport, qu'ils ont l'honneur de déposer entre les mains de M. le substitut du deuxième Conseil de guerre de Paris, pour valoir ce que de droit...

Les pièces soumises à l'examen des experts ont été les suivantes :

1° Deux fragments du papier pelure de la pièce dite *bordereau* placés sous enveloppe avec suscription indicatrice, et accompagnés de la copie de l'ordonnance délivrée au greffe de la Chambre criminelle de la Cour de cassation et signée du greffier en chef Coutant ;

2° Une lettre écrite sur papier pelure datée du 17 août 1894 et signée Esterhazy ;

3° Quatre échantillons de papier pelure collé, satiné, soumis, sur sa demande, à M. le capitaine Tavernier par M. Levée.

Avant toute discussion, MM. Marion, Choquet et Putois, experts précédemment désignés par la Cour de cassation, donnent communication à leurs nouveaux collègues, MM. Levée et Chauvin, du rapport qu'ils ont adressé à la Cour suprême à la date du 26 novembre 1898.

D'un commun accord et conformément aux déclarations faites à l'autorité militaire par MM. Marion, Choquet et Putois, il a été décidé par les cinq experts qu'il ne saurait être procédé à une nouvelle expertise complète des papiers, mais qu'il sera fait une comparaison minutieuse entre les caractères extérieurs présentés par les différents types de papiers énoncés ci-dessus.

M. Levée déclare qu'en raison du mauvais état de conservation des fragments du bordereau qui, réunis, ne mesurent que 30 millimètres sur 26 millimètres, ces morceaux de papier étant salis par de nombreuses manipulations, il ne peut les apprécier d'une manière quelconque.

M. Chauvin s'associe aux conclusions de M. Levée, en ce qui concerne la nuance et l'aspect extérieur du papier du bordereau, mais il estime qu'au point de vue du quadrillage et de l'épaisseur, ces papiers se rapprochent beaucoup du papier pelure sur lequel est écrite la lettre d'Esterhazy du 17 août 1894.

MM. Marion, Choquet et Putois, tout en constatant que les deux petits morceaux détachés du bordereau ont été maculés depuis leur premier examen, les reconnaissent bien comme ayant été retranchés de la partie qu'ils ont analysée, et, confirmant leur première appréciation, déclarent leur complète identité avec le papier employé par Esterhazy dans la lettre du 17 août 1894.

Les experts procèdent ensuite à l'examen de quatre feuilles pelure remises par M. Levée à M. le capitaine Tavernier et font les constatations suivantes :

Le premier échantillon a été fourni par M. Bénard, 16, rue de Vaugirard; le second par M. Delanoy, 115, rue Réaumur; le troisième par M. Legrand, 1 bis, rue de l'Eden; le quatrième par M. Orlandi, demeurant à Paris, rue Saint-Denis.

Ces échantillons ont tous les mêmes dimensions : 33 millimètres sur 106 millimètres, qui sont celles de l'in-octavo plié.

Ils sont tous de la sorte désignés dans le commerce sous le nom de demi-pelure. Ils sont collés à la colle végétale et paraissent être de la fabrication française.

Le quadrillage présente exactement les mêmes dimensions courantes de 4 millimètres sur 4 millimètres. Ce quadrillage a été fait par filigranage postérieurement à la fabrication, par des procédés différents.

Ainsi, les feuilles fournies par les maisons Bénard et Bellamy ont été reconnues comme étant quadrillées au canevas.

La feuille sortant de la maison Legrand a été quadrillée à la pâte.

Quant à la feuille prise chez Orlandi, la régularité du quadrillage a fait longtemps hésiter les experts qui, en dernier ressort, ont déclaré à la majorité qu'il avait été quadrillé au canevas.

Les différents types bien étudiés et bien définis ont été rapprochés des fragments du bordereau et de la lettre d'Esterhazy. Et les experts, dès le premier examen, ont reconnu qu'il n'existe aucune ressemblance comme nuance, comme ensemble de fabrication entre le papier du bordereau et la lettre du 17 août 1894, d'une part, et ceux provenant des maisons Bénard, Bellamy et Legrand, d'autre part.

Le dernier échantillon pelure fourni par M. Orlandi et sortant, d'après sa déclaration, de la maison Marion et Cie, a été reconnu comme présentant, au point de vue de la nuance, quelque similitude avec le papier de la lettre d'Esterhazy et comme ayant le même quadrillage.

Mais les experts n'ont pu le déclarer semblable, leur étant impossible de comparer dans tous leurs éléments deux types fabriqués selon toute apparence à plusieurs années de distance, dont l'un a subi les ravages du temps et l'autre est complètement immaculé.

Dans ces conditions, les experts estiment avoir terminé la mission qui leur a été confiée et signent le présent rapport.

Fait à Paris, le 1er août 1899.

LE PRÉSIDENT, *à Me Demange.* — Avez-vous des observations à présenter?

Me DEMANGE. — Je n'ai rien, quant à moi, à vous demander.

LE PRÉSIDENT, *à M. le greffier Coupois.* — Veuillez donner lecture de cette lettre que j'ai reçue à la suite de l'incident d'hier.

LE GREFFIER COUPOIS, *lisant :*

Le chef de bataillon du génie Hirschauer, à M. le président du Conseil de guerre de Rennes.

Mon colonel,

J'ai affirmé ce matin qu'en 1894, dans la période précédant les manœuvres, la section des manœuvres comportait trois officiers. Ce détail a été contesté. Il a été objecté que M. le capitaine Souriau avait été également affecté comme stagiaire à la section des manœuvres et que le nombre des officiers était de quatre.

Le capitaine Souriau s'est marié dans le courant de juillet, puis il est parti en permission de trente jours. Il était donc bien absent au moment dont il s'agit, et le chiffre de trois que j'avais indiqué est donc bien exact.

Signé : HIRSCHAUER.

LE CAPITAINE DREYFUS. — Je n'ai qu'une seule observation à faire, c'est que le capitaine Souriau était affecté comme moi nominativement à la section des manœuvres. Maintenant a-t-il été absent pour son mariage? C'était alors une permission. Dans tous les cas, il n'était pas là pour faire le service.

LE PRÉSIDENT *à Me Labori.* — Avez-vous des observations à présenter?

Me LABORI. — Je n'ai que quelques observations qui seront d'ailleurs très courtes.

J'ai d'abord à dire un mot sur le témoignage de M. Cernuszky et sur son absence ce matin. Le Conseil sait que nous aurions pu penser hier à faire rechercher et appeler deux ou trois personnes qui ont été désignées par M. Cernuszky ; je dois dire qu'en ce qui me concerne, la maladie de M. Cernuszki qui doit donner au Conseil la valeur de son témoignage, me détermine à ne plus rechercher ces témoins qui n'ont plus aucune espèce d'intérêt. Cependant il serait utile, je crois, de tout faire pour que M. Cernuszki vînt à la barre. Il y a un point sur lequel je veux l'interroger, et je ne violerai certainement pas le huis-clos en le signalant, puisque ce que je constaterai sur ce point, c'est qu'il n'a été rien dit : hier, quand on a demandé à M. Cernuszki s'il avait, en dehors des points dont il avait parlé en audience publique, des renseignements à fournir, il a déclaré qu'il n'avait rien à dire parce qu'il s'était trompé sur la personnalité du capitaine Dreyfus...

Le président. — Sur un point.

Me Labori. — Oui, sur un point ; sur le reste il a maintenu sa déclaration. Mais je constate un fait certain, c'est qu'il a dit qu'il n'avait aucun fait nouveau à faire connaître. Il avait cru, sur une photographie, — je ne parle pas des renseignements ni des noms qu'il a donnés, je n'en ai pas le droit, — reconnaître Dreyfus !

Ce qui est certain, c'est qu'il a dit : « J'avais cru, sur une photographie, reconnaître Dreyfus pour une personne avec qui j'avais déjeuné en Suisse ; je ne le reconnais plus. »

Comment se fait-il qu'il ait demandé le huis-clos pour compléter sa déposition sur des faits nouveaux, alors qu'il a vu ici pendant la première partie de sa déposition le capitaine Dreyfus ?

Vous savez que nous devions l'interroger en audience publique ; qu'un petit vocabulaire avait été convenu pour qu'on puisse l'interroger. Peut-être y aurait-il lieu d'insister pour qu'il vînt ici, et de s'assurer si son état de santé lui permettrait de venir. Je voudrais verser au dossier un certain nombre de dépêches et de lettres que j'ai reçues et qui concernent son témoignage. Voulez-vous me permettre d'en lire trois ou quatre, pas davantage ? Je déposerai toutes les autres.

De Zurich :

Cernuszky, Lazarovitch, alors demeurant ici, fut mon client en 1893 ; a été mis sous tutelle pour aliénation mentale. — *Signé :* M..., avocat.

De Vienne :

... Il est archi-connu au ministère de la guerre de Vienne ; il est atteint d'aliénation mentale.

Signe particulier : a eu la petite vérole.

Sur ce point, étant donnée l'urgence, j'ai fait prier M. Paléologue de demander des renseignements à l'ambassade d'Autriche.

Une autre de Caen, et celle-ci est assez importante parce qu'elle est signée de noms de personnes honorables qui prennent la responsabilité de leurs affirmations :

Lettre renseignements Cernuszky, assez importante pour retarder audition témoin.

Signalons abandon deux jumeaux recueillis par marquise de J.

Fait dupes partout.

A conservé et retourné nombreux plans et cartes saisis.

Cernuszky habitait à Neuilly, rue Malherbe. Faites citer son propriétaire, M..., et son ancien domestique actuellement dragon à Lunéville.

Etc...

Signé : Goldschmidt.

J'ai encore un nombre important d'autres télégrammes. Je ne veux pas les lire tous.

Le président. — Versez-les au dossier.

Me Labori. — Je les verserai au dossier.

Un dernier mot. Si l'on s'adressait au ministère de la justice, on y reconnaîtrait l'exactitude des renseignements suivants : qu'une demande d'extradition au sujet de Cernuszky a été rejetée ; que sa position de fortune était de 60,000 francs ; qu'il payait un loyer de 380 francs ; qu'il a quitté l'hôtel d'Harcourt en laissant des dettes ; qu'il n'habite pas la France ; qu'il s'est donné comme persécuté politique ; que, se trouvant à Prague en 1894, il n'a dû qu'à la fuite de ne pas être enfermé dans une maison de santé.

J'en ai fini avec Cernuszky.

Le président. — Versez tout cela au dossier.

Me Labori. — Maintenant, j'aurai l'honneur de vous demander si vous n'avez pas reçu de M. Grenier, qui a déposé ici, une lettre du commandant Esterhazy dont on m'a adressé en extrait la copie et qui me paraît de la plus haute importance. S'il en est ainsi, je vous demanderai de vouloir bien la verser aux débats.

Il y a une lettre adressée à M. le commandant Carrière et une autre à M. le président.

Le président. — J'en ai tellement reçu que je ne peux pas vous répondre.... J'en reçois cent à cent cinquante par jour.

Me Labori. — C'est que la lettre a une réelle importance.

Le président. — Je ne crois pas avoir reçu celle-là.

LE COMMISSAIRE DU GOUVERNEMENT. — J'ai un vague souvenir que j'ai reçu quelque chose de ce genre-là. Mais j'ai déjà reçu beaucoup de lettres de M. Grenier.

LE PRÉSIDENT. — J'ai versé au dossier tout ce que j'avais du commandant Esterhazy, soit directement, soit indirectement.

Me LABORI. — Ce n'est pas du commandant Esterhazy, c'est de M. Grenier.

LE PRÉSIDENT. — Mais c'est relatif, dites-vous, à M. le commandant Esterhazy.

Me LABORI. — Je crois être sûr de la source par laquelle me vient l'indication. Mon confrère Hild est allé au Conseil de guerre, a demandé communication de la pièce, et M. le greffier lui a dit qu'il ne l'avait pas.

LE COMMANDANT CARRIÈRE. — Il se peut que je l'aie, mais je n'y ai pas ajouté la moindre importance.

Me LABORI. — Elle a pourtant la plus grande importance.

LE COMMANDANT CARRIÈRE. — Question d'appréciation. Si cela m'avait paru intéressant, j'en aurais fait état.

Me LABORI. — Sous réserve d'une vérification ultérieure, voulez-vous me permettre, monsieur le président, de vous en lire la copie ?

LE PRÉSIDENT. — Oui ; je verrai si je retrouve ensuite l'original.

Me Labori donne lecture de la lettre adressée par M. Grenier à M. le président :

Monsieur le Président,

Vous m'avez, à l'audience du 22 août, posé la question suivante : « Croyez-vous que M. Esterhazy avait des renseignements sur l'organisation générale de l'armée et l'administration suffisants pour guider M. Jules Roche dans une pareille tâche? »

Pour compléter ma réponse, j'ai l'honneur de vous faire tenir la lettre ci-jointe du commandant Esterhazy en vous priant de faire donner lecture des passages marqués au crayon bleu et de la déposer sur le bureau du Conseil.

Bien que n'ayant pas de rapports directs avec l'affaire Dreyfus, ce document, eu égard à sa date (mars 1894), me paraît utile à verser aux débats.

Revenu à Mézières auprès de ma fille malade et dont l'état ne s'est pas amélioré, il me sera impossible de revenir devant le Conseil.

Je vous prie d'agréer pour vous-même, monsieur le président, avec mes excuses pour ma communication écrite, l'assurance, etc...

Me LABORI. — Une lettre analogue aurait été écrite en même temps à M. le commandant Carrière.

LE COMMANDANT CARRIÈRE. — C'est bien possible.

Me LABORI. — Voici l'extrait de la lettre du commandant Esterhazy :

Extrait d'une lettre du commandant Walsin-Esterhazy, du 2 mars 1894.

Merci mille fois pour Jules Roche, mais d'abord je n'ai rien fait qui mérite qu'il s'occupe de moi et ensuite ce ne serait pas le moment. Si en le voyant il vous témoigne quelque bienveillance à mon égard, vous serez seulement bien aimable de tâter le terrain et de voir si à un moment prochain, quand je serai près d'avoir mes deux ans je pourrai espérer un peu en lui alors, je vous écrirai.

J'ai des documents qui établissent que le ministre s'est foutu d'eux l'autre jour à la commission de l'armée en disant que les effectifs dans l'Est répondaient à ceux des Allemands, et ils ne sont pas discutables, ce sont des situations de prise d'arme de troupes du 6e corps, où je vois des effectifs dérisoires, une compagnie entre autres où il y a vingt-et-un hommes bons pour prendre les armes, une autre où il y en a soixante-cinq, et cela je le répète, au 6e corps.

Quant aux effectifs des autres corps d'armée, c'est funambulesque, c'est absolument comme la blague qu'il leur a foutue avec ses hommes qu'il fera rentrer, comme si ces hommes-là ne comptaient pas à l'effectif des présents et si cela pouvait augmenter d'un chat le chiffre des présents le jour de la mobilisation. Il n'est pas permis de se moquer des gens de la sorte. Il va frapper la terre du pied encore une fois !

Si M. Roche veut mes situations, je les lui enverrai pour l'édifier simplement sur la bonne foi des renseignements qu'on donne.

Demandez-le-lui, si plus tard il veut m'être utile, je serai fort aise, mais je ne voudrais pour rien au monde qu'il crût que ces pauvres tuyaux puissent à mes yeux être un marché. Ces gens du gouvernement, je parle des ministres et des généraux, consciemment ou inconsciemment ont assassiné l'armée française, et ils mentent tous comme un fourrier pris en faute pour tromper le pays; ce sont des criminels et malheureusement ils seront impunis.

Je viens de faire pour une conférence *une étude des plus sérieuses* de la mobilisation russe et je n'ai eu en mains que des documents officiels en admettant que ces canailles slaves ne les roulent pas, ce qui est loin de m'être démontré ; leur mobilisation, malgré le système de leurs troupes-cadres, est absolument défectueuse, presque impossible même, dans certains cas sur le papier (33 jours). Jugez de ce que ce serait dans la réalité. Mais ce qui surtout est terrible chez nous, c'est la faiblesse de notre infanterie, faiblesse numérique et faiblesse morale. Le service militaire obligatoire sans le recrutement régional et une carte militaire, est une épouvantable duperie, qui ne peut pas ne pas provoquer un désastre.

Le système de recrutement des hommes de trois ans qui ne reviennent pas comme réservistes dans leurs ports d'origine est la négation forcée du peu d'esprit de discipline, du peu d'esprit militaire qui pourrait encore exister dans notre pays.

C'est égal, mettez les situations de prises d'armes et d'effectif à la disposition de M. Roche, elles le fixeront sur ce qu'il doit croire des propos ministériels.

. . . .

(Extrait d'une lettre du commandant Walsin-Esterhazy écrite de Rouen et timbrée à l'arrivée à Paris en date du 3 mars 1894. L'original a été envoyé au président du Conseil de guerre à Rennes.)

Le président. — Si j'avais reçu cette lettre, je l'aurais mise de côté, parce j'aurais trouvé qu'elle n'avait aucun rapport avec l'affaire Dreyfus.

Me Labori. — Je vais alors, monsieur le président, tâcher d'expliquer l'impression qu'elle m'a produite, et je vous serai bien reconnaissant de bien vouloir rechercher l'original, car vous allez voir que cette pièce va prendre de l'importance. Quand je l'ai reçue, j'ai eu d'abord la pensée qu'elle pouvait avoir un intérêt, parce qu'elle montrait qu'Esterhazy s'occupait de questions qui ne rentraient pas dans ses fonctions habituelles, qu'il était très documenté sur les effectifs français et sur la mobilisation russe, qu'il possédait des documents officiels, et qu'il était un officier véritablement intéressant à consulter. Mais la séance d'hier, dans laquelle à huis clos M. le général Chamoin, en présence de M. le commandant Cuignet, nous a présenté quelques pièces complémentaires du dossier dit secret, m'a révélé que cette lettre avait une importance considérable, et je vous demanderai la permission d'appeler l'attention du Conseil sur une pièce du dossier secret dont, conformément aux engagements que nous avons pris, j'ai le droit de m'emparer, à condition bien entendu de ne citer aucun nom. Hier, on a fait passer sous nos yeux une lettre qui est venue par la voie ordinaire, qui porte la mention officielle de l'ambassade de l'agent A, attaché militaire. Je ne me souviens plus de son numéro, mais elle est datée en tête de Paris — je prie le Conseil de vouloir bien constater les dates — 29 octobre 1894, de cette façon : 29/10/1894. Par conséquent, elle est écrite quinze jours après l'incarcération du capitaine Dreyfus. J'ajoute que cette pièce n'a pas été mise à la charge de celui-ci en 1894, nous en sommes sûrs actuellement, et qu'il n'en a été question ni aux débats ni en audience secrète. Voici la teneur de cette lettre, dont je n'ai pas le texte, mais dont je citerai les termes d'aussi près que possible. Je puis, en tous cas, en garantir le sens à un mot près :

« J'ai l'honneur de transmettre ci-joint à M. le ministre de la guerre les renseignements suivants qui proviennent d'une bonne source :

1° Les tableaux d'effectif réel de l'armée française,

2° Les manœuvres de forteresse de Paris,

3° Les manœuvres de forteresse de Toul.

» J'ai l'honneur de vous prier de vouloir bien transmettre aussi ces documents au grand État-Major général.

Si quelqu'un de ces messieurs qui sont ici a des explications à fournir à ce sujet, je le prierai de vouloir bien nous les donner. Cette lettre est pour moi un trait de lumière, elle montre que, quinze jours après l'incarcération de Dreyfus, je puis même dire un mois après que Dreyfus avait pu avoir des documents en main, puisqu'il a quitté l'État-Major dès le 1er octobre, un informateur qui n'aurait pas attendu quinze jours pour transmettre ces renseignements, a fourni des pièces parmi lesquelles se trouvent les manœuvres de forteresse de Paris. (Sensation.) Rapprochez cela du : Je pars en manœuvres qui peut s'appliquer, comme nous l'avons toujours prétendu, à un voyage presque en amateur aux manœuvres de Vaujours et surtout des tableaux de l'effectif réel de l'armée française.

Le Président. — Je vous ferai remarquer que vous entrez dans la discussion. Établissez simplement que vous avez ce document et vous en tirerez ensuite les conclusions que vous jugerez utiles.

Me Labori. — J'ai fini, je vous prierai, monsieur le président, de vouloir bien demander à quelqu'un de ces messieurs du service des renseignements s'il a une contradiction quelconque à opposer aux observations que je viens de présenter.

Le général Roget. — Un mot seulement à propos de la mobilisation de l'armée russe; il a paru un article extrêmement complet, dans la Revue bleue, je crois, grâce à des indiscrétions d'un officier et d'une personne que je n'ai pas à désigner, car je ne veux pas la compromettre ici.

Le commandant Cuignet. — Je désirerais dire également un mot sur ce sujet. — J'étais en 1891 capitaine dans un régiment d'infanterie à Limoges, et j'ai fait à ce moment, comme officier de troupe, un travail sur la mobilisation de l'armée russe avec ce qu'on peut appeler des documents officiels. Ce travail a été considéré comme ayant assez de valeur pour être adressé à M. le ministre de la guerre. C'étaient des documents officiels, et ces documents, c'est la *Revue militaire de l'Étranger*, dans laquelle a paru en 1890 et en 1891 une étude très complète sur la mobilisation de l'armée russe.

En ce qui concerne la pièce dont la défense vient de parler, Me Labori a fait remarquer qu'elle datait du 29 octobre 1894; il ne résulte pas du tout, à mon avis du moins, de cette date que les documents en question n'aient pas pu être fournis par Dreyfus. (*Violents murmures.*)

Je ne dis pas qu'ils aient été fournis par lui. Mais du fait que ces documents sont adressés au grand État-Major allemand, quatorze jours après son arrestation, il ne résulte pas qu'ils n'aient pas pu être fournis par lui.

Nous savons, en effet, par les documents du dossier secret, que les renseignements recueillis par l'agent A ou par l'agent B étaient conservés par eux, huit, dix, douze, quinze jours avant qu'ils ne les expédient. Nous avons des lettres dans lesquelles ils disent :

« Je viens de recevoir des choses très intéressantes; il faut se dépêcher de les copier, parce que nous avons devant nous dix ou quinze jours de temps. »

Rien ne me dit que ces documents, s'ils ont été fournis par Dreyfus, ce que j'ignore totalement, n'aient pas été conservés dix ou quinze jours pour être copiés, ou pour être confiés par l'agent A à l'agent B. Cette supposition est parfaitement permise. (*Rumeurs.*)

J'ajoute encore ceci : Rien ne prouve non plus que les renseignements, que les documents confidentiels énumérés dans cette note du 29 octobre 1894 émanent de ministère de la guerre.

Les tableaux d'effectifs réels de l'armée française, d'effectifs de guerre, se trouvent dans les corps d'armée; il s'en trouve des extraits dans les divisions, dans les brigades, dans les régiments d'infanterie. Cela ne sort pas nécessairement de l'État-Major de l'armée.

De même un rapport sur les fortifications de Toul; cela ne sort pas nécessairement du ministère de la guerre.

De même un rapport sur les manœuvres de forteresse; cela ne sort pas nécessairement du ministère de la guerre.

Voilà tout ce que je voulais dire, monsieur le président.

LE GÉNÉRAL MERCIER. — Je demande à dire un mot.

LE PRÉSIDENT. — Veuillez vous avancer à la barre.

LE GÉNÉRAL MERCIER. — Dans sa lettre, le commandant Ester-hazy accuse le ministre de la guerre de mentir sur des effectifs. Un seul mot va vous prouver le cas qu'il faut faire de la lettre du commandant Esterhazy.

LE PRÉSIDENT. — Cette question est un peu en dehors de celle que nous avons à juger. Je vous demanderai d'être très bref et de ne donner qu'une indication.

LE GÉNÉRAL MERCIER. — C'est une simple indication, monsieur le président. Esterhazy prétend constater que, dans le 6e corps, certaines compagnies d'infanterie comptaient 25 hommes ; or, dans le 6e corps, les compagnies d'infanterie étaient à l'effectif renforcé de 175 hommes au mois de mars 1894. On peut juger par cet exemple de la valeur des renseignements que pouvait fournir le commandant Esterhazy.

Me LABORI. — En tout cas, le Conseil appréciera.

LE COLONEL PICQUART. — Je demande la parole.

LE PRÉSIDENT. — A quel sujet ?

LE LIEUTENANT-COLONEL PICQUART. — Au sujet de la question qui vient d'être soulevée, la question des effectifs et la question de la mobilisation.

LE PRÉSIDENT. — Eh bien, venez et soyez bref, n'est-ce pas ? Le moment n'est plus aux longues dépositions. Donnez quelques éclaircissements en deux mots.

LE LIEUTENANT-COLONEL PICQUART. — Il est vrai, comme l'a dit le général Roget, que des indiscrétions ont été commises à la fin de 1893 au sujet de la mobilisation russe. L'officier qui a commis cette indiscrétion, je tiens à le dire, faisait partie du 2e bureau ; il a abusé de ce qu'il avait sous les yeux des documents officiels pour les communiquer à une personne que je ne nommerai pas plus que je ne nommerai l'officier. Cet officier a été éloigné de l'Etat-Major général. Il y avait donc, à la fin de 1893, des fuites sérieuses au 2e bureau.

Je prends maintenant la question des effectifs. D'abord il m'a semblé entendre dans les lettres du commandant Esterhazy qu'il ne s'agissait pas d'une compagnie ayant 21 hommes à l'effectif, mais ayant 21 hommes à mettre sous les armes, ce qui est différent. Ensuite, pour la note qui a été communiquée par l'agent A à son gouvernement, il dit qu'il envoie les renseignements sur les effectifs réels de l'armée française. Il est évident qu'à cette époque,

29 octobre, il devait s'agir des effectifs postérieurs au renvoi de la classe ; les effectifs antérieurs au renvoi de la classe n'avaient évidemment aucun intérêt à ce moment pour le gouvernement de A et c'est ceci qui écarte toute idée de communication de ces renseignements par Dreyfus.

LE GÉNÉRAL ROGET. — Je demande la parole.

LE PRÉSIDENT. — Pourquoi?

LE GÉNÉRAL ROGET. — C'est à propos du mot fuites que vient d'employer le colonel Picquart. Je demanderai au Conseil si l'on peut appeler fuites l'indiscrétion commise par un officier français à l'égard d'un homme qui a occupé une grande situation dans le pays et qui a été ministre. Si cela s'appelle une fuite!

Me LABORI. — En ce qui me concerne, l'incident est clos. Je prierai simplement le Conseil de vouloir bien rapprocher l'extrait de la lettre du commandant Esterhazy, après en avoir retrouvé l'original, de la pièce du 29 octobre 1894 qui a passé sous ses yeux. Je demanderai encore à M. le président la permission de faire lire ou de lire moi-même pour éviter des recherches, quelques lignes d'une lettre adressée au premier président de la Cour de cassation, le 13 janvier 1899, par le commandant Esterhazy, et qui établit très nettement qu'Esterhazy reconnaît non seulement avoir écrit le bordereau, mais avoir fourni des documents à l'agent A.

Voici la phrase en question :

Ces réserves exprimées, je déclare formuler comme témoin et sous la foi du serment les déclarations suivantes dont j'aurais apporté les *preuves écrites*, si on me l'avait permis.

1o J'ai eu, avec un agent étranger, pendant dix-huit mois environ, de 1894 à 1895, à la demande du colonel Sandherr, chef du service des renseignements, que j'avais connu en Tunisie, des rapports que j'aurais précisés devant vous si j'avais été relevé du secret professionnel.

Grâce à ces rapports connus de mes chefs et d'eux autorisé, ainsi que l'a démontré l'information suivie contre M. Picquart, j'ai pu fournir au colonel Sandherr des renseignements du plus haut intérêt et combattre utilement des agissements dont l'auteur était bien connu, mais contre lesquels on n'osait pas réagir ouvertement. Des fuites existaient depuis 1893.

Il faut d'ailleurs, monsieur le président — j'irai vite pour ne pas perdre les instants du Conseil, — il faut rapprocher cette lettre d'une brochure publiée par le commandant Esterhazy.

LE PRÉSIDENT. — Vous allez rentrer dans la discussion.

Mᵉ LABORI. — Vous allez voir où je veux en venir ; dans cette brochure, on dit :

Je lui signalerai notamment les pseudo-circulaires relatives à la mobilisation des trois corps d'armée.

Il serait bien aimable d'y joindre la série que je lui porterai pour son excellent ami P... et qui avait trait à une invraisemblable et fantastique mobilisation sur les Alpes, et l'histoire des quatorze armées mobilisées avec pièces à l'appui, désignation des généraux, composition des armées, leur formation, etc., « et la description du nouveau fameux fusil qui n'a jamais existé que dans mon imagination, etc. »

A propos de cela, vous allez voir pourquoi je vous demandais la permission de lire ces lignes. Je vous serais très reconnaissant — nous allons aller très vite, — d'ordonner encore la lecture de la déposition d'un témoin qui n'est pas venu à l'audience ; je crois par conséquent, que ma requête est justifiée : je veux dire de la déposition de M. Ecalle. Car il est très intéressant de voir le commandant Esterhazy parer toujours d'avance les coups qu'il redoute. Il annonce qu'il a livré un fusil et on établit plus tard qu'il a fait dessiner un fusil par le sieur Ecalle.

LE GREFFIER COUPOIS *donne lecture de la déposition de M. Ecalle fils (dessinateur en bijouterie), devant la Cour de Cassation :*

CENT-QUINZIÈME TÉMOIN
M. ÉCALLE FILS

(Du 29 décembre 1898.)

Ecalle (Georges-Charles), vingt-trois ans, dessinateur en bijouterie, domicilié à Paris, 8, rue de l'Arcade, demeurant actuellement à Condy.

Sur interpellation.

En qualité d'ouvrier d'art, ayant satisfait aux examens, je n'ai fait qu'un an de service militaire.

J'ai fait ce service au 74ᵉ de ligne, en garnison à la caserne de la Pépinière, à Paris, du mois de novembre 1895 au mois de septembre 1896, date de ma libération. Je faisais partie du 2ᵉ bataillon, dont le chef était le commandant Allard ; le commandant Esterhazy n'était plus alors, je crois, le major du régiment. Il me paraissait « être à la suite » et ce n'est qu'accidentellement qu'il remplissait les fonctions de major.

Le bureau de la compagnie m'avait employé à divers travaux d'ornementation de peu d'importance; il s'agissait d'encadrer des tableaux de service, tels que : états de tir, états de gymnastique, états de présents et d'absents à la compagnie, etc.

Cette circonstance, parvenue à la connaissance du commandant Allard, détermina cet officier supérieur, au mois de janvier 1896, à me demander des leçons de dessin pour sa fille, ce que j'acceptai, et dont je m'acquittai jusqu'à la fin de mon année de service.

En février ou mars, le commandant Esterhazy, renseigné sur mes aptitudes par le service de semaine du régiment, me fit appeler dans la cour de la caserne, et après avoir obtenu de moi la réponse que j'étais dessinateur, il m'invita à aller le même jour, à midi, à son domicile, rue de la Bienfaisance, 27, où il désirait me commander un travail ; je me rendis rue de la Bienfaisance : le commandant me montra deux planches où se trouvaient représentées les diverses pièces d'un fusil, et, en réduction, la figure du fusil lui-même ; ces diverses figures paraissaient avoir été fixées au moyen d'un procédé mécanique (sans pouvoir préciser si c'était de la lithographie ou de la photogravure.)

Chacune des feuilles avait environ 60 centimètres de large sur 50 de haut. Le commandant me fit connaître que les dessins de ces planches représentaient un fusil autrichien, auquel il avait apporté une amélioration, et il s'est dit très pressé, craignant une chute prochaine du cabinet, de soumettre son travail à M. Cavaignac, ministre de la guerre.

Le commandant m'ayant demandé de reproduire ces deux planches ; je lui ai présenté quelques objections en lui faisant valoir qu'il s'agissait là de dessin linéaire et que je ne connaissais guère que le dessin d'ornement. Il me demanda alors si parmi mes anciens camarades de l'Ecole des Arts décoratifs ou parmi mes amis du régiment, ou autres, il ne s'en trouverait pas un qui pourrait se charger de la partie du travail qui n'était pas dans mes propres aptitudes.

A cette question, j'ai répondu affirmativement, et le commandant me confia les deux planches, que je portai à mon ami, M. Georges Bousquet actuellement élève à l'Ecole centrale et demeurant rue de la Bienfaisance, 4. M. Bousquet et moi, nous nous sommes mis à l'œuvre, et en trois ou quatre séances nous avons terminé notre travail ; j'ai rapporté aussitôt au commandant les planches et la reproduction que nous en avions faite.

D. — Savez-vous si le fusil représenté sur ces tableaux était un fusil étranger ou un fusil Lebel?

R. — J'avoue que je ne puis pas être très affirmatif sur ce point. J'étais jeune soldat, et bien que connaissant le mécanisme du fusil Lebel, je n'en avais cependant pas assez étudié les éléments pour savoir si les pièces démontées, qui m'étaient représentées, étaient celles du fusil Lebel ou de toute autre arme. Ce que je puis dire cependant, c'est que l'aspect du dessin, représentant sur la planche le fusil reconstitué, donnait l'idée du fusil Lebel, avec cette différence que le magasin à cartouches avait, dans ce modèle nouveau, reçu une grande transformation : les cartouches, au lieu d'être, comme dans le fusil Lebel, placées à la suite les unes des autres, paraissaient au contraire être réunies près de la détente.

D. — N'avez-vous pas fait d'autre travail pour le commandant Esterhazy, et notamment n'avez-vous pas fait de copies de brochures ou de manuscrits ?

R. — Je n'ai jamais eu à copier de manuscrits pour le commandant, et jusqu'à la fin de mon service il ne m'a plus confié qu'un seul travail : celui de reproduire, sur le tableau noir de la salle des conférences, des figures représentant la trajectoire de balles ou autres projectiles, et que j'étais chargé de dessiner d'après les figures d'une petite brochure imprimée qu'il m'a remise et dont j'ignore le titre. Ce travail était destiné à servir à une conférence que le commandant devait faire aux officiers du régiment ; et, de fait, aussitôt que mon travail a été terminé, j'ai porté le tableau noir dans la salle des conférences, où j'ai trouvé le colonel et les autres officiers du régiment déjà réunis.

D. — Savez-vous si votre ami, M. Bousquet, pourrait me renseigner plus exactement que vous sur la nature du fusil que représentaient les tableaux ?

R. — Je ne sais pas. Cependant il peut se faire que, s'étant chargé du dessin linéaire, il ait pu se rendre plus exactement compte que moi-même de la nature des pièces qu'il a reproduites.

Lecture faite, etc.

ECALLE, DUMAS, COUTANT.

Me LABORI. — Comme je suis très préoccupé d'abréger, je voudrais dire simplement que la déposition de M. Bousquet (*Enquête de la Cour de Cassation*, tome Ier, page 805) confirme la déposition de M. Ecalle fils. En voici le seul point intéressant, que je me permettrai de lire. Il n'y a que quatre lignes.

A cette époque, je n'avais pas encore fait mon service militaire et je ne connaissais pas les armes de guerre.

Aujourd'hui, par un souvenir rétrospectif, je puis dire que le fusil dont il s'agit avait l'apparence du fusil Lebel.

D'ailleurs, lorsque nous sommes allés, mon ami et moi, chez le commandant Esterhazy, cet officier supérieur nous a dit que ces dessins étaient le résultat d'une étude portant sur une modification qu'il se proposait d'apporter au fusil.

Enfin, monsieur le président, j'ai seulement deux ou trois petites lectures à vous demander :

C'est d'abord la lecture d'une pièce nouvelle qui, à notre demande, a été versée au dossier.

C'est la déclaration reçue du sieur Galanti, à Londres, si je ne me trompe.

Si vous ne l'avez pas tout de suite, voici la copie officielle que vous m'en avez faite.

Le commandant Carrière, *au président*. — C'est la copie qui a été faite au greffe.

Le greffier Coupois, *lisant la déclaration :*

Le général Roget a fait à mon égard, devant le Conseil de guerre de Rennes, des déclarations inexactes.

Je suis entré en relations avec le service des renseignements français en décembre 1894.

J'étais au service d'un entrepreneur à Strasbourg, quand celui-ci m'a demandé d'aller à Pont-Saint-Vincent, Toul, Vesoul, pour prendre des renseignements sur les fortifications françaises. J'ai refusé.

J'ai quitté ma place et ai écrit à M. Cavaignac, alors ministre de la guerre, une lettre datée de Zurich lui racontant le fait.

M. Cavaignac m'a aussitôt écrit de venir à Paris.

Je suis descendu à l'hôtel de Strasbourg, où est venu me trouver un homme se faisant appeler Angelo Baldi.

Le général Roget a dit, au Conseil de Rennes, que Baldi et Picquart ne faisaient qu'une même personne; j'affirme que non. Baldi était de petite taille, avec de la barbe noire, et parlait très bien l'italien.

Je n'ai jamais eu de rapports qu'avec Baldi et un ami de Baldi, que j'ai vu deux fois à Belfort, et qui devait me donner un appareil photographique, que d'ailleurs il ne m'a pas donné.

Je suis resté en rapport jusqu'en 1897, avec l'office des renseignements français, et toujours par Baldi.

Je suis retourné à Strasbourg d'après les indications qu'il m'a données. Je suis retourné pour travailler chez M. Trentin, entrepreneur pour qui je travaillais, et j'ai feint d'accepter de servir l'office des renseignements allemands.

Il m'a envoyé plusieurs fois à la frontière, ce que j'ai toujours raconté dans mes rapports à Angelo Baldi.

J'ai signalé plusieurs agents employés au service de l'Allemagne, comme moi, par M. Trentin, et que Caïnelli était l'un d'entre eux.

La police de Belfort ne savait pas si j'étais ou non au service de l'Allemagne ou si j'étais au service de la France, mais l'office des renseignements français le savait très bien.

J'ai rempli d'autres commissions, et j'ai toujours été remercié par le service des renseignements français. Je n'ai jamais su que le lieutenant-colonel Picquart y était, sinon par le récit des journaux.

Durant mon séjour à Strasbourg, travaillant chez Trentin, je suis venu à savoir qu'un officier français, très exigeant, demandait toujours de l'argent et envoyait toutes les semaines ou tous les quinze jours des brochures à l'adresse de M. Carlo Trentani. J'ai su que cet officier avait été envoyé à Luxembourg prendre 10.000 marks pour le compte de Zani. Trentani se faisait garder par deux ouvriers : Dada et Ponbolfi.

J'ai su que cet officier s'appelait Esterhazy.

Je l'ai su par Trentani. J'ai vu deux photographies de cet officier prises par un agent allemand : l'une prise à Luxembourg, où l'officier l'a prise devant la porte de l'hôtel de Paris, avec Trentani ; l'autre, sur l'embarcardère, à Ostende. J'ai vu ces clichés chez Zani. J'ai écrit trois fois à Angelo Baldi et je n'ai jamais eu de réponse.

C'était en septembre 1897.

Je n'ai plus jamais rien reçu de lui.

En novembre 1897, j'ai été expulsé de Strasbourg, à la suite d'une dénonciation faite contre moi que j'étais au service de la France. On m'a menacé de poursuites. J'ai répondu que je dirais tout, et on m'a expulsé seulement comme anarchiste dangereux.

J'ai écrit de Bâle et envoyé deux télégrammes, après mon expulsion, à Angelo Baldi, 30, rue Cler, à Paris. Je n'ai pas reçu de réponse et n'ai pas été payé pour les trois mois de septembre, octobre et novembre 1897.

Après mon expulsion, j'ai publié une brochure, en Suisse, pour me défendre d'être anarchiste, à Pericoloso. Une correspondance de Belfort au *Petit Journal* a voulu faire croire que cette brochure a été inspirée par Picquart pour substituer Esterhazy à Dreyfus.

Je n'ai jamais connu Picquart et ai écrit la brochure surtout par colère.

Après la déposition de M. le général Roget, j'ai écrit au président du Conseil de guerre de Rennes, pour demander à être entendu, et n'ai pas reçu de réponse.

Lecture faite, le soussigné déclare exacte la déclaration ci-dessus.

LE PRÉSIDENT. — Avez-vous quelque chose à ajouter? Ah ! la pendule est arrêtée.

Mᵉ LABORI. — Il est neuf heures trente-cinq.

LE PRÉSIDENT. — Si vous n'en avez que pour quelques instants...

Mᵉ LABORI. — Ce sera très court, si vous le permettez.

LE PRÉSIDENT. — Combien de temps ?

Mᵉ LABORI. — Environ dix minutes.

LE PRÉSIDENT. — Faites.

Mᵉ LABORI. — Vous allez voir combien je suis préoccupé d'abréger. Dans les nombreux paquets de lettres remises sur le bureau et adressées à M. le général Roget par le commandant Esterhazy, j'en ai choisi une. Je n'ai encore pu les lire toutes. Je vous serais reconnaissant de vouloir bien la faire lire. C'est une lettre du 29 août.

LE PRÉSIDENT, *au greffier*. — Voulez-vous la lire ?

LE GREFFIER COUPOIS, *lisant* :

Londres, 29 août.

Mon général,

J'ignore si vous recevez mes lettres, car je ne vois point que vous vous serviez des choses utiles et vues que je me permets de vous indiquer.

Je n'ai, vous avez pu le constater, rien répondu à ce Bertillon, fou misérable dont la place est à Bicêtre ou au bagne, et qu'en dix lignes je clouerais sans réplique, tant que pour les discours idiots du juif Paraf-Javal. Mais ce qui est plus infâme que tout...

LE PRÉSIDENT, *à M⁰ Labori*. — Je vous avais prévenu. C'est comme cela d'un bout à l'autre.

LE GREFFIER COUPOIS, *lisant* :

Mais ce qui est plus infâme que tout et ce qui fait que tôt ou tard j'exécuterai ce Bertillon, à qui je me propose de faire un procès dès que j'aurai été muni de quelque argent nécessaire pour cela, c'est son accusation d'homme de paille !

Et de qui, malheureux insensé? Des juifs? Des dreyfusards que je voudrais fusiller jusqu'au dernier ?

Eh! si cela était, mes enfants que j'adore ne seraient point dans la détresse et moi je ne serais pas dans la misère !

Je suis malade et n'ai pas même de quoi me faire soigner. Je suis sans argent et n'ai pour vivre et faire vivre les miens que ce que me rapportent les petits articles que j'écris, et je suis dans une telle gêne que je ne fais qu'un repas par jour dans le plus modeste restaurant du Strand.

Les agents de la police française qui me surveillent peuvent l'attester : M. La Fay, que m'a envoyé M. Quesnay de Beaurepaire (*Mouvement*), M. Cabou, qui est venu me voir ; cette pauvre mademoiselle Pays, qui est une fille, qui cause avec une grossièreté qu'on ne trouverait certes pas en Angleterre, je le lui dis toujours, et qui a fait preuve d'un dévouement et d'un courage admirables et qui est venue deux fois ici, — mes amis peuvent attester dans quelle pauvreté je suis ici.

Cette lettre de novembre 1897, de ce misérable insensé de général de Boisdeffre, est une folie pure. Si j'attaquais Picquart, c'est parce que j'en recevais avis de du Paty et d'Henry, ainsi que l'attestent leurs lettres.

Du reste, non seulement ce Bertillon est un dément, mais les journaux nationalistes semblent s'être donné la tâche de m'exaspérer et de me faire dire ce que je ne veux pas dire. L'*Echo de Paris*, ce journal de sales juifs que l'année dernière je présentais à leur prière au général de Pellieux, me charge à faux et répète les insanités à la Bertillon.

C'est fou ! Ces gens-là me font voir rouge.

Je suis dans un état d'énervement et de colère indicible ; je ne vois, ne parle qu'à des Anglais, qui trouvent cette façon de me traiter abominable, et il faut toute ma volonté pour ne pas tout jeter à bas.

Ça a été une bien grande faute de m'abandonner, mon général, c'en est une plus grande encore que de me charger aussi lâchement, aussi stupidement qu'on le fait. Il fallait me garder au moins. Il fallait employer pour votre défense tout le dévouement dont je suis capable.

Mais vos gueux, dites-leur donc de se taire. Ils vont me faire faire, un jour où j'aurai trop la fièvre, quelque irréparable chose !

Ce sera la troisième fois que cette bande stupide des Rochefort, des Simon, des Sabatier en aura été la cause.

Ce sont eux qui m'ont fait parler à la Chambre criminelle. Ce sont eux qui m'ont fait faire les deux déclarations que j'ai faites.

Ah ! les brutes, les brutes et les lâches !

Je vous envoie deux articles de moi. Vous verrez comment je parle aux Anglais de l'affaire et c'est ma pensée entière.

L'*Aurore* fait grand état de six cents lettres de moi que les dreyfusards auraient achetées. Ces lettres doivent être la correspondance avec la maison de coulisse où je jouais à la Bourse et que ces drôles auront vendues. Mais les déductions qu'ils en tirent sont stupides. Ils en concluent que le bordereau est du 22 juillet et que c'est pour cela qu'il y est dit : « Je vais partir en manœuvres. »

Mais les plus vulgaires raisonnements font sombrer cette conclusion.

Si j'étais l'auteur du bordereau, je n'aurais pu me procurer, au cas où j'aurais pu les avoir, les renseignements sur l'artillerie au camp de Châlons. Car je suis arrivé au camp de Châlons le 3 août et ne pouvais envoyer le 27 juillet des renseignements que je n'aurais pu recueillir que postérieurement au 3 août.

Le camp de Châlons a été leur grand cheval de bataille contre moi. Il faudrait alors trouver d'autres coïncidences avec l'artillerie.

Il est désolant de ne pas avoir voulu dire la vérité et le rôle de Sandherr, qui expliquait tout !

Que je sois odieux et stupide, comme dit cet invraisemblable Gendron ; que Sandherr ait cédé à un moment de folie ; que, moi, j'aie cédé jusqu'à y consentir, tout cela est possible, et cela est.

Je n'insiste pas là-dessus, puisque les circonstances sont telles qu'il faut défendre la thèse du misérable Bertillon. Mais qu'il cesse en ce qui me concerne ses infamies, car il les payera cher.

Le commandant Gallet est très travaillé, c'est évident, quant aux juges...

Me LABORI. — On peut arrêter là la lecture, si vous le désirez.

LE COMMISSAIRE DU GOUVERNEMENT. — Je demande que l'on continue. C'est très intéressant.

Me LABORI. — Moi, je demanderais alors, si cela vous intéresse tant, qu'on les lise toutes, elles sont toutes intéressantes.

LE COMMISSAIRE DU GOUVERNEMENT. — Elles sont très intéressantes au même degré. C'est absolument de la folie pure, c'est pour cela que je les mettais au panier en les recevant.

LE PRÉSIDENT, *à M. le greffier.* — Lisez tout, les juges, les présidents, « Quant aux juges... »

LE GREFFIER COUPOIS, *lisant :*

... Quant aux juges, je ne puis que répéter ce dont je suis sûr, parce que celui que je crois être Trarieux le dit et le répète. Le colonel Jouaust, gérant de Waldeck, est acquis dès la première heure. Toutes ces menées ne prouvent rien. C'était la minorité de faveur. Aujourd'hui, c'est la majorité et je suis de l'avis de Romani qui disait : « Les géné-
» raux témoins n'avaient qu'une chose à faire, dire : « Nous sommes
» sûrs de la culpabilité de Dreyfus ; ce qu'on veut, c'est la mort de l'ar-
» mée. Vous êtes soldats, lui ou nous, choisissez. »

C'était crâne, c'était net et c'était la seule attitude à prendre.

Il faut opposer ce témoignage à André qui va venir appuyer son chef.

En présence de la lâcheté de Tézenas, je ne vois que Boisandré. Je lui ai écrit dix fois de demander à témoigner. Mais il est comme les autres. Brisson est destiné à démolir Cavaignac.

Permettez-moi, mon général, une observation à propos de la pièce secrète. Dans votre déposition, vous dites que le ministre sortit brusquement la pièce et la montra à Tézenas qui déclara ne l'avoir jamais vue.

Comment Tézenas aurait-il pu avoir eu cette pièce que j'ai remise au ministre le 15 novembre, alors que je n'ai vu Tézenas pour la première fois de ma vie que le 20 novembre, soit cinq jours après ?

Ce que j'ai montré à Tézenas est tout autre chose.

Il n'est pas possible, mon général, que vous ne sentiez pas la justesse de tout ce que je vous dis. Je ne ferai rien, je ne dirai rien pour augmenter les périls de la situation.

Je suis au désespoir que personne n'ait rien compris ; qu'on m'ait laissé seul, sans appui, sans direction ; qu'on se soit contenté contre moi d'une lutte folle où on pouvait me tuer certainement ; mais on devait bien penser que je n'étais pas homme à me laisser tuer sans essayer de rendre les coups.

J'ai été dénoncé, je reste comme un chien fidèle, et je suis tombé sous les coups de Picquart et de Bertillon; et mes chefs, stupidement comme le général Billot, dont le rôle est le plus coupable; lâchement comme le général de Boisdeffre et le général Gonse, m'ont sacrifié.

Faites cesser ce jeu, mon général; il est absurde, et il n'en peut résulter que des blessures.

Je crains que du Paty de Clam, emporté comme moi par la colère, ne fasse, lui aussi, quelque chose de funeste. Le lâchage, c'est la perte de cette affaire horrible. Respectueux.

Signé : Esterhazy.

M⁰ Labori. — J'aurai, monsieur le président, si vous permettez, deux courtes questions à poser à M. le commandant Hartmann pour terminer les débats.

Il s'agit de la note que M. le général Mercier a déposée sur le bureau du Conseil, dans laquelle il est exposé qu'en 1894, les Allemands appelaient frein hydraulique le frein hydropneumatique. Voulez-vous demander à M. le commandant Hartmann s'il n'a pas d'observation à faire à ce sujet?

Le président. — Que M. le commandant Hartmann vienne à la barre, mais je lui recommande d'être excessivement bref et de ne parler que de cette question-là.

Le commandant Hartmann se présente à la barre.

Le général Roget. — Il est inutile, n'est-ce pas, monsieur le président, que je réponde au factum du nommé Galanti, cet agent interlope que je méprise absolument?

Le président. — C'est inutile.

Le général Roget. — J'ai lu la brochure qu'il a publiée sur ses entrevues avec Angelo Baldi; je les connaissais. Je maintiens tout ce que j'ai dit dans ma déposition : c'est le lieutenant-colonel Picquart qui a donné les ordres au capitaine Maréchal.

Le commandant Hartmann. — Vous voulez bien me demander si les Allemands appelaient frein hydraulique le frein hydropneumatique.

En se référant à des documents, qui, d'après M. le général Mercier, proviendraient du 2⁰ bureau...

Le président. — Cela vient de la *Revue militaire allemande.* C'est extrait de cette revue.

Le commandant Hartmann. — Oui, mon colonel, mais j'ai fait observer que j'ai fait ici et que j'ai fait faire des recherches pour voir si les Allemands réellement appelaient frein hydraulique le frein hydropneumatique. Je n'ai rien trouvé à cet égard.

Je vois dans la note de M. le général Mercier que la *Revue mili-*

taire allemande de Lovell qui paraît chaque année en janvier et février, contiendrait en 1895, cette phrase : « Le mouvement de recul des canons est limité par un frein hydraulique. Le tube est ramené en avant par l'air comprimé. »

Donc, la première phrase s'applique à la partie hydraulique du frein et non pas à l'ensemble du frein. C'est la même distinction que dans le complément du cours spécial du 5 avril 1897. Il en résulte que le frein hydraulique s'appelle frein hydraulique pneumatique ; hydro est l'abréviation d'hydraulique dans la revue en question.

Le président. — Nous sommes fixés sur ce point.

Le commandant Hartmann. — Je le répète, le frein hydropneumatique ne s'appelle pas frein hydraulique dans la revue en question, je le maintiens. Comme artilleur, c'est une affaire technique.

Le président. — Si ce n'est que cela que vous avez à dire, vous pouvez supprimer cette première partie.

Le commandant Hartmann. — Mon colonel, je maintiens absolument qu'il y a deux membres de phrases.

Le président. — Le Conseil appréciera, cela suffit.

Mᵉ Labori. — Est-ce que M. le commandant Hartmann n'aurait pas des observations complémentaires à présenter au Conseil au sujet de la note indiquée au bordereau sur Madagascar ?

Le président, *au commandant Hartmann.* — Nous voulons bien vous entendre, mais à la condition que vous soyez excessivement bref, attendu que vous avez pu dire tout ce que vous aviez à dire.

Le commandant Hartmann. — Bien, mon colonel. Je n'ai, du reste, qu'à confirmer ce que j'ai dit à la Cour de cassation, à savoir qu'il a été réuni une commission au ministère des affaires étrangères, et non pas au ministère de la guerre, pour étudier la question de l'expédition de Madagascar. D'après les dépositions faites devant le Conseil, le travail de cette commission a été arrêté seulement le 22 août. Or, hier il a été lu une lettre de laquelle il résulterait que ce travail a été terminé dès le 4 août. Je me demande s'il n'y a pas de confusion entre les travaux du général Borgnis-Desbordes, qui a dû à un moment donné être chargé de la direction de l'expédition, et les travaux de la commission réunie au ministère des affaires étrangères, en août 1894.

C'est un point sur lequel j'appelle l'attention du Conseil.

Le président. — La personne qui a donné ces renseignements était bien placée pour le savoir. Le colonel Andry faisait partie de la commission qui a été réunie.

Le commandant Hartmann. — Il a été déclaré dans toutes les dépositions produites à la Cour de cassation que le travail n'avait été terminé que le 23 août et qu'il n'a été déposé que le 29, comme le rapport officiel de M. le général Duchesne en fait foi.

Le président. — C'est tout ce que vous avez à dire?

Le commandant Hartmann. — Oui, mon colonel.

Me Labori. — Un dernier mot, monsieur le président. Ce n'est pas pour M. le commandant Hartmann. Je désirerais demander à M. de Fonds Lamothe s'il a été mis au courant de la déposition complémentaire faite en son absence par M. le général Roget au sujet de la question sur laquelle il a été interrogé, et si dans ce cas il n'a pas d'observations à formuler.

M. le président fait un signe négatif.

Le commandant Hartmann remet à M. le président quelques brochures.

Le président. — La séance est suspendue.

La séance est reprise à dix heures dix.

Le président. — Il est bien entendu, messieurs, que vous n'avez pas de questions à poser?

Me Demange. — Non, monsieur le président.

Le président. — Eh bien! alors, la parole est à M. le commissaire du gouvernement. Je recommande le silence le plus complet pour que l'on puisse entendre les plaidoiries.

Les témoins militaires quittent la salle d'audience.

RÉQUISITOIRE
DE M. LE COMMANDANT CARRIÈRE

Le commandant Carrière, *commissaire du gouvernement.* — Mon colonel, messieurs du Conseil, par arrêt de la Cour de Cassation du 3 juin dernier, le Conseil de guerre a été saisi de l'affaire Dreyfus.

J'ai fait donner lecture de cet arrêt au début des débats. Je rappelle au Conseil le dispositif de cet arrêt :

... Casse et annule le jugement de condamnation rendu le 22 décembre 1894 contre Alfred Dreyfus par le 1er Conseil de guerre du gouvernement militaire de Paris.

Et renvoie l'accusé devant le Conseil de guerre de Rennes à ce désigné par délibération spéciale prise en Chambre du Conseil pour être jugé sur la question suivante :

Dreyfus est-il coupable d'avoir, en 1894, pratiqué des machinations ou entretenu des intelligences avec une puissance étrangère ou un de ses agents, pour l'engager à commettre des hostilités ou à entreprendre la guerre contre la France, ou pour lui en procurer les moyens, en lui livrant les notes et documents mentionnés dans le bordereau susénoncé?

Voilà la mission du Conseil, qui n'est autre que la mission du Conseil de guerre de 1894. Nous avons donc recommencé en 1899 la procédure sur une forme plus large, plus ample, plus solennelle qu'en 1894.

En 1894, les débats ont eu lieu à huis clos. Vous avez voulu, messieurs, que les débats qui ont précédé votre jugement eussent lieu publiquement, avec une ampleur aussi complète que possible.

Nous avons appelé devant vous tous les témoins qui nous ont paru utiles à la manifestation de la vérité, pour répondre à un besoin de l'opinion publique.

Le débat qui s'agite devant vous est à la fois un débat de justice et un débat d'intérêt public. Moi, qui suis l'organe du ministère public, j'ai un devoir particulier : c'est de me présenter devant vous avec toute la prudence, tout le calme, toute la modération que comporte ma mission, qui est une mission exclusivement de justice.

Je n'ai pas, moi, de client à défendre ; je suis le représentant de la société, je représente l'intérêt de la collectivité sans distinction de parti, sans distinction d'opinion.

Je n'ai pas le droit d'avoir une opinion propre ; j'ai le devoir de chercher, dans les études ardues auxquelles je me suis livré, les documents qui ont été soumis à notre examen, de chercher dans l'audition scrupuleuse des témoignages qui sont venus devant vous, d'y chercher, indépendamment de toute idée personnelle et préconçue, la manifestation de la vérité et de vous présenter mon impression ainsi établie d'une façon impersonnelle, sans haine, sans passion, sans crainte.

Je parle au nom d'une entité qui n'a pas de passions. La société dans sa collectivité ne peut désirer qu'une chose : c'est la justice absolue, nette, sans entraînement.

Je viens de vous lire le dispositif de l'arrêt de la Cour de cassation. Je suis appelé, en présence de ce document, à examiner une question de doctrine, une question de jurisprudence qui a été posée et controversée.

Elle a été posée devant vous, messieurs, par un témoin important, un ancien garde des sceaux, dans un sens limitatif pour moi.

Les motifs de l'arrêt sont-ils de nature à limiter les débats devant la juridiction désignée? Les motifs de l'arrêt doivent-ils être considérés comme représentant, comme ayant la valeur de la chose jugée? Sont-ils intangibles?

Des autorités plus hautes que la mienne ont traité la question de façon contradictoire. Il y a un recueil de jurisprudence qui l'a traité dans un sens autre que le témoin dont je parlais tout à l'heure, recueil de jurisprudence qui est représenté ici par son directeur.

Je ne discute pas, je n'ai point d'opinion propre. Mais comme je suis l'organe du ministère public, que je dois donner l'exemple de la discipline judiciaire, je m'incline sans restriction et dans toute son ampleur devant l'arrêt de la Cour de cassation.

Il est donc deux points de la discussion qui ont été traités ici indépendamment de moi et que je n'aborderai pas dans l'examen le plus rapide que je pourrai faire des faits de la cause.

Je voudrais dire un mot d'un point qui a produit quelque émotion. C'est l'histoire du huis-clos, quand tout le monde voulait la pleine lumière, en plein jour.

Nous étions absolument de cet avis, et on s'est quelque peu étonné qu'on demandât le huis-clos pour la communication de certains documents secrets qui ne pouvaient pas être produits en séance publique.

C'était parfaitement simple. C'était une condition essentielle du gouvernement pour la communication de ces documents, et il eût été parfaitement imprudent, quoi qu'on pense de la valeur de ces documents, il y a là des noms, il y a là des indications particulières qu'il n'était pas permis absolument de produire publiquement.

On a donc pris la sage mesure de communiquer les pièces en huis-clos, et on ne peut pas se plaindre que cela ait fait obstruction à la lumière, qui devait être projetée publiquement, car le fond de ces documents a été produit au courant des discussions particulières, au courant de certaines dépositions très largement et même au delà des choses prévues.

Nous avons protesté au nom du gouvernement, à diverses reprises, à cause des imprudences commises au sujet de ces documents par des révélations qui pouvaient être de nature à gêner nos communications avec l'étranger.

Nous avons fait toutes nos réserves.

C'était indépendant de nous. Nous nous sommes couvert.

Je vais maintenant parcourir rapidement, et en évitant autant que possible les discussions qui se sont produites d'une façon surabondante sur les points principaux, je vais parcourir l'historique des faits, évitant les personnalités autant qu'il me sera possible de le faire, apportant dans cet examen toute absence de passion personnelle, avec tout le calme dont je suis capable.

Vous savez, messieurs, que vers 1890, 1891, 1892 et années suivantes, le ministère de la guerre était soumis à des investigations, à des actes d'espionnage s'étalant au grand jour. On y travaillait comme à une œuvre courante, d'ordre régulier, pour ainsi dire.

Le gouvernement, dans un intérêt de défense, de sécurité publique, dut se prémunir contre les indiscrétions, contre les fuites qui se produisaient, et alors eurent lieu certaines affaires Boutonnet, Greiner et d'autres, dont je ne veux pas dire les noms ici. Au cours de ces évolutions, il y avait de l'inquiétude dans les bureaux de la guerre; on était prévenu que d'autres fuites, d'autres indiscrétions se commettaient couramment, que des agents étrangers faisaient commerce courant constamment, deux en particulier, qui travaillaient en commun, étroitement liés.

Ils se communiquaient le résultat de leurs opérations. Ils se communiquaient leurs dossiers, les dossiers qu'ils obtenaient par des moyens illicites que nous avons le droit de critiquer comme ils peuvent critiquer les moyens que nous employons, comme investigation, à leur égard.

Mais le travail de surveillance qui se produisit au ministère de la guerre, à partir du moment où l'épuration avait été faite vis-à-vis des hommes trop compromis qui s'étaient engagés dans ces travaux-là, devenait plus travesti, plus habile, et la source des fuites n'apparaissait pas.

Un autre agent étranger, ami de la France, appelait, par un intermédiaire, l'attention du bureau des renseignements : « Vous cherchez mal, vous cherchez des agents d'ordre inférieur; vous vous trompez; cherchez plus haut, cherchez dans les bureaux de l'Etat-Major même. Cherchez parmi les officiers et à une époque caractéristique, c'est-à-dire dans le premier semestre de 1894. L'auteur, je ne le connais pas, mais il est du deuxième bureau. Cherchez bien, Guénée, et vous trouverez. Prévenez ces messieurs. »

Oui, on était là sous l'impression de préoccupations très vives que vous devez bien concevoir. On était très anxieux, très inquiet lorsque le bordereau est apparu.

On cherche. On fait des photographies. On cherche à l'artillerie, puisqu'il était question d'artillerie là-dedans; on cherche dans les quatre bureaux de l'Etat-Major de la guerre; et enfin, après quelques tâtonnements; on trouve que l'écriture de Dreyfus paraît conforme à celle du bordereau.

Dire qu'on a été satisfait de cette découverte, je ne le crois pas. Je crois qu'on en a été très vivement contrarié.

Vous savez, messieurs, avec quel soin scrupuleux dans notre armée on se montre jaloux de l'honneur du corps des officiers. Vous devez comprendre combien a dû être poignante l'émotion des officiers supérieurs de l'Etat-Major quand ils ont trouvé dans leur milieu un homme qui apparaissait comme le traître à la patrie, le traître que l'on cherchait. On s'en émut grandement et on en fut plus affligé.

Je vous fais grâce de l'historique de tout ce qui a suivi. On a appelé Dreyfus, on lui a fait faire une dictée. On l'a interrogé. On a ouvert une enquête, une instruction préliminaire, puis l'instruction officielle a suivi, et enfin a eu lieu le jugement.

Tout cela, c'est de notoriété publique. Il y n'y a pas grand intérêt à s'appesantir là-dessus, à chercher à épiloguer sur les points de détail.

On a opéré là-dedans comme on opère dans tous nos procès militaires, suivant les traditions courantes.

On était en face d'un fait qui paraissait parfaitement avéré. Il y avait des indications contingentes. On ne les a peut-être pas fouillées très profondément : je veux parler des questions de moralité de l'accusé.

Il y avait à ce moment-là la question femmes et la question qui a été traitée par Guénée et n'a pas été mise très au clair, à cette époque surtout. Elle a revécu ici un peu dans certaines dépositions, dans certains détails des débats; mais il est certain que, si on n'avait pas considéré à ce moment la question comme suffisamment élucidée, on aurait agi autrement. On en pourrait dire autant dans la plupart des procès. Il ne faut pas faire le procès de nos devanciers, il ne faut pas dire que le procès a été mal conduit; il a été conduit avec la bonne foi avec laquelle on conduit tous nos procès militaires, bonne foi où la parfaite habileté manque quelquefois, parce que nous ne sommes pas des gens habiles ; nous sommes des gens droits, simples, cherchant le but à atteindre, le but que notre devoir nous indique ; nous y allons tout droit, avec une entière franchise ; et si les moyens que nous employons ne sont pas toujours marqués au coin de l'habileté, ils sont toujours marqués au coin de la bonne foi et de la sincérité.

La base d'accusation, la preuve essentielle du jugement de 1894 a été le bordereau.

Le bordereau a été la preuve essentielle. Ce n'est pas le corps du délit. Entendons-nous bien. C'est un élément de preuves essentielles.

Il a été examiné par quatre ou cinq experts. A l'origine, la majorité des experts s'est prononcée pour la concordance des écritures. Il est bien difficile de mettre des experts toujours d'accord avec eux-mêmes. La chose a été jugée et on n'a point examiné le bordereau autrement qu'au point de vue de sa contexture matérielle.

Plus tard, lorsque les controverses se sont établies, lorsque des experts nouveaux sont arrivés, émettant des idées nouvelles, contradictoires, on n'a plus été d'accord exactement sur la conformité des écritures. Et alors chacun a expliqué sa manière, son opinion.

Je me garderai bien d'entrer dans les détails de ces discussions. Les experts ne peuvent pas se mettre d'accord entre eux. Je ne me mettrai par conséquent pas d'accord avec eux, puisqu'il n'y en a pas beaucoup qui ensemble puissent parler de la même façon. Je ne suis ni un graphologue ni un cryptographe.

Par conséquent je n'ai aucune autorité en la matière. Vous avez entendu les dépositions diverses, il appartient au Conseil d'apprécier quelle est la valeur et la portée de chacune de ces dépositions et d'en faire un bloc dans un sens ou dans un autre.

Mais j'examine très rapidement pour m'arrêter sur un ou deux points seulement le bordereau au point de vue technique. Au point de vue technique, « frein hydraulique du 120, manière dont cette pièce s'est conduite ou s'est comportée », cela a été discuté largement, je n'ai pas à y revenir ; vous êtes, vous, messieurs, beaucoup plus compétents que moi pour apprécier la valeur des discussions qui ont été apportées par les témoins techniques, sur ce point-là.

« Les troupes de couverture. Quelques modifications seront apportées par le nouveau plan. »

C'est un point qui me paraît avoir une gravité particulière, qui a été assez discuté, mais au sujet auquel il m'apparaît qu'il convient d'appeler un instant votre attention.

Vous vous rappellerez qu'au printemps de 1894 on avait décidé qu'un nouveau plan serait préparé et mis à exécution ; au printemps de 1895, à la suite de cette décision prise, on allait commencer les travaux préparatoires et on avait voulu même, en préparant les plans de transport, des voies de communication, mettre en harmonie une disposition nouvelle qui était relative aux troupes de couverture. On avait changé l'économie des troupes de couverture en prévision de nouveaux plans. Ce projet-là, combiné avec les moyens de transport, ne put pas être résolu d'une façon définitive dès ce moment-là.

Après quelques tâtonnements (on vous a expliqué cela ; je ne suis qu'un répertoire en ce moment-ci, un aide-mémoire), après quelques tâtonnements relatifs à des difficultés qu'on n'avait pu résoudre d'une façon complète, on avait décidé, au mois de juillet ou d'août : les choses seraient réservées, et, «nous apporterons dans le nouveau plan des modifications aux troupes de couverture», cela a été dit ainsi et cela se trouve reproduit dans le bordereau.

Voilà un point qui me paraît très significatif.

« Modifications aux formations de l'artillerie. » On a encore discuté là-dessus ; c'est pourtant fort simple. Tout le monde savait, et l'indication n'avait aucune valeur pour l'étranger, qu'à la suite de la loi du 21 mai qui faisait passer les pontonniers de l'artillerie au génie, deux régiments devenaient disponibles et que par conséquent il y avait lieu d'utiliser ces régiments au point de vue des nouvelles formations ; mais les nouvelles formations de guerre, nouvelle répartition des batteries devenues disponibles pour les formations de guerre : c'est là qu'était l'intérêt de cette indication.

Or, ces dispositifs, où pouvait-on les trouver ? A l'État-Major, pas ailleurs. Ce n'était pas une indication d'ordre public, c'était une indication d'ordre purement privé appartenant aux bureaux de la guerre.

Madagascar !!! Vous savez, messieurs, qu'une note, qu'une première note a été faite par M. le commandant Mollard fin décembre ou commencement de janvier, note purement géographique, d'intérêt militaire à peu près nul, et c'est cette note qui aurait été copiée en 1894. Voilà l'histoire. Les confusions sont nées d'interprétations erronées de la première erreur ; car on avait attribué au bordereau la date du mois d'avril ou du mois de mai ; c'était évidemment une erreur, et alors on avait été amené, par une induction qui paraissait naturelle, à faire attribuer à cette indication de note de Madagascar la signification relative à la note du commandant Mollard. Il n'en était rien évidemment, puisque cette note n'avait aucune valeur militaire ; cela n'avait aucun intérêt. Mais on vous rappelait encore tout à l'heure qu'un travail important a été fait au ministère de la marine, entre quatre délégués, travail important qui avait pour objet de régler, de délimiter les dispositifs de l'expédition de Madagascar. Ah ! cela avait une autre importance, une importance militaire considérable. C'était le document d'ordre essentiellement secret, document intéressant particulièrement l'Allemagne qui allait devenir notre voisine à Madagascar par la côte orientale d'Afrique. Eh bien, ce document-là, ce rapport de la commission mixte du ministère de la marine, a été rédigé, clôturé le 4 août ; des expéditions en nombre limité en ont été tirées, envoyées aux autorités compétentes, et l'une est allée où ? au troisième bureau de l'État-Major de l'armée. Voilà certainement la source, le point de départ de cette note sur Madagascar. Ce n'était pas une quantité négligeable.

Le « manuel », ça ne vaut pas la peine qu'on s'y arrête, ç'a été largement discuté. Le fait est simple. Cependant il y a un témoin, un ancien officier de réserve d'artillerie, je crois, qui vous a démontré péremptoirement que dans les corps de troupes tout le monde pouvait en avoir. Nous savons qu'à la guerre il n'en était pas de même, qu'on avait distribué ces manuels en petit nombre, en nombre insuffisant, et que pour en avoir un, il fallait qu'on le demande au chef de section. Ce témoin-là, qui a dit probablement ce qu'il ne voulait point dire, nous prouve par son raisonnement que s'il était si facile de se procurer des documents dans les corps de troupes en dehors, c'est Esterhazy qui a pu s'en procurer ; mais alors Esterhazy ne pouvait pas dire : « Il est très difficile d'en avoir. »

Tandis que cette expression : « Il est difficile de s'en procurer », cela s'applique très bien à Dreyfus, puisqu'il a eu du mal à en avoir un. Il a fallu qu'il en réclame par l'intermédiaire du commandant Jeannel, et lorsque la distribution précaire a été faite, il a demandé la communication de ce document. Il l'a gardé pendant quarante-huit heures et l'a rendu à son chef.

Au sujet de « Je vais partir en manœuvres » de la fin du bordereau, grosse discussion ; il y a eu des flots d'encre et des flots de mots.

Le bordereau, nous disons, est de la fin d'août ; cela a été établi d'un accord commun, tout le monde convient que le bordereau date de la fin août. Eh bien, s'il date de la fin août, qui est-ce qui pouvait aller en manœuvres à cette époque-là ?

Ce n'est pas Esterhazy, major au 74e régiment d'infanterie à Rouen, qui venait d'assister à des écoles à feu au camp de Châlons du 3 au 9 août et qui était rentré à son régiment, et qui savait bien qu'en qualité de major il n'irait à aucune manœuvre.

Tandis qu'il y a eu de nombreux témoignages — pas tous concordants, il y a des témoignages contradictoires, mais ils sont la minorité — il y a eu des témoignages nombreux qui vous ont dit que les stagiaires s'attendaient à aller aux manœuvres.

Eh bien, oui, ils s'attendaient à aller en manœuvres, parce qu'à la suite de la circulaire ministérielle du 17 mai 1894 qui prescrivait que les stagiaires rentreraient dans le droit commun du décret qui règle la matière, et feraient leur stage dans un corps de troupes pendant trois mois, pendant le quatrième trimestre de l'année, du 1er octobre au 31 décembre, on en avait conclu tout d'abord que les stagiaires ne feraient pas les manœuvres de septembre, comme c'était l'usage autrefois, où ils les faisaient dans un corps de troupe ou dans les États-Majors. On a fait observer que les stagiaires d'État-Major qui faisaient un stage au ministère de la guerre étaient là pour apprendre leur service d'État-Major et que ce n'était pas répondre au but de leur institution et de leur instruction que de les priver de cet exercice qui les intéressait particulièrement et qui leur était utile.

Il avait été convenu — on n'a rien écrit-là-dessus, cela s'est passé en paroles — eh ! mon Dieu, oui ! il n'y a pas eu de circulaire spéciale pour cela ; nous sommes à l'Etat-Major, il s'agit d'un petit nombre de personnes : il a été convenu, au mois d'août, que les stagiaires qui demanderaient à faire les manœuvres y seraient autorisés, et on était dans cet état d'esprit jusqu'à la fin d'août.

A ce moment-là, en raison des travaux du nouveau plan et en raison du détachement d'un certain nombre d'officiers des cadres, ces travaux préparatoires du nouveau plan pouvaient être mis en péril ; les chefs de bureau se sont émus ; ils ont fait une démarche auprès du chef d'Etat-Major, et ils lui ont dit : « Si vous nous renvoyez encore les stagiaires faire des manœuvres dans les états-majors pendant le mois de septembre, alors nous ne pouvons pas les utiliser. » On s'est rendu à cette observation, et à la date du 28 août il a été notifié verbalement aux stagiaires qu'ils n'iraient pas aux manœuvres. Voilà pourquoi le capitaine Junck, qui avait fait sa cantine pour aller aux manœuvres, tant il était certain d'y aller, a été obligé de défaire sa cantine et de rester à son bureau, contrairement à ses prévisions. D'autres témoins se sont trouvés dans le même cas.

Voilà, je crois, à peu près tout ce que je crois devoir dire comme *memento* au sujet de la discussion technique du bordereau.

Pour l'écriture, je n'ai pas de compétence. Mais il y a quelque chose qui a appelé mon attention. L'écriture de Dreyfus ressemble à celle du bordereau. Pour le vulgaire, cela a frappé l'œil. L'écriture d'Esterhazy ressemble à celle du bordereau d'une façon peu différente. Si on compare l'écriture du bordereau et celle de M. Mathieu Dreyfus, encore des ressemblances ! Voilà des écritures sœurs. Dreyfus n'est certainement pas un simpliste ; Dreyfus est un homme très intelligent ; il ne fait rien sans réflexion. Je suis convaincu qu'en écrivant le bordereau, il ne l'a pas écrit comme on écrit un vulgaire papier, une lettre vulgaire qu'on adresse à un ami ; il y a peut-être bien mis quelques précautions, et ces précautions tendant à des similitudes d'écriture ont bien pu faire tomber sa facture dans la facture de son frère ou dans la facture d'Esterhazy, qui sont des écritures qui ont des points de ressemblance, et c'est peut-être bien le hasard qui a fait ces similitudes. Du reste, il y a quelque chose qui m'a frappé quand nous avons reçu les volumineux paquets d'écriture qui venaient de l'Ile du Diable. Nous avons trouvé là des lettres et des brouillons de lettres de Dreyfus. Voilà un homme qui écrit à sa femme une lettre quelconque, des pensées d'ordre général, ne portant sur rien de spécial, n'ayant aucun caractère de particularité ; et cette lettre de dix lignes, écrites sur un cahier de brouillon, on la bâtonne, on la recommence, toujours à la même date, à peu près dans les mêmes termes, sans une idée nouvelle, rien, rien. Deuxième expédition du brouillon de la même lettre, puis troisième, puis

Dépêche 22, télégramme en clair du gouvernement à A.

Affaire « aucun signe d'État-Major. »

quatrième, jusqu'à trente ! Si nous avions affaire à une nature inculte, à un homme d'une portée intellectuelle infime, nous dirions : « C'est un travail mécanique qui s'est fait sans aucune préoccupation de l'esprit, sans but appréciable. » Cela pourrait prendre. Mais de la part de Dreyfus, nous ne pouvons pas accepter cette version-là.

Et alors je m'étais dit, cherchant l'explication de cette bizarrerie : « Il y a peut-être là un secret de cryptographie, un secret de correspondance. » Tout prisonnier qui est au secret, qui est privé de relations libres avec les siens, avec ses amis, a toujours un grand intérêt à pouvoir correspondre avec sa famille.

Cela est de règle commune et se conçoit parfaitement.

Et je me demandais si ces répétitions multiples (il y en a une quantité considérable), si ces répétitions ne répondaient pas à une idée de ce genre, si l'arrangement de certains mots ne correspondait pas à une convention antérieure.

Incapable de vérifier par moi-même, j'ai provoqué un examen cryptographique. Il n'y avait rien. (*Mouvement.*)

L'examen cryptographique n'a absolument rien donné.

Mais si cela n'a rien donné, c'est qu'il y avait autre chose. (*Rumeurs.*)

Cette autre chose, c'était un exercice de graphologie apparent.

L'écriture de Dreyfus de cette époque n'est plus l'écriture de Dreyfus d'autrefois.

Pourquoi cette simulation ? Pourquoi ces transformations d'écriture, alors qu'il est à l'Ile du Diable ? Je n'y comprends rien.

Vous interpréterez cela comme vous voudrez ; pour moi, cela a une signification.

Voilà, messieurs, à mon avis, quelle est la physionomie du bordereau dans son texte et dans son esprit.

Si nous examinons les indications qui peuvent se trouver dans le dossier secret, là nous en trouvons certainement de considérables, de probantes.

Je vous cite cette dépêche-là ; c'est un brouillon de correspondance, la réponse qui est faite à cette indication.

« Aucun signe d'État-Major », question posée par un chef hiérarchique.

Et alors l'agent, un agent sérieux, écrit sur brouillon :

« Doutes preuves. » Lettre de service, situation dangereuse pour moi avec un officier français ; ne peut conduire personnellement de négociations, apporter ce qu'il a, etc., bureau de renseignements.

Tout cela a été traduit en français.

« Aucune relation corps de troupe. Importance seulement sortant du ministère. » Voilà la partie qui m'intéresse.

Quelque subtilité qu'on puisse apporter dans l'interprétation de ce document, il me paraît bien difficile, à moi, dans mon gros bon sens naturel, d'y trouver autre chose que ce qui est écrit.

« Aucune relation corps de troupe, importance seulement sortant du ministère. »

Je passe à la dépêche suivante, nº 40. Celle-là n'est pas très importante ; c'est la dépêche Davignon.

Je viens encore écrire au colonel Davignon. Si vous avez occasion — elle est très connue — faites-le particulièrement de façon à ce que Davignon ne vienne pas à le savoir. Du reste, il ne répondrait pas, car il ne faut pas que les attachés aient l'air de s'unir dans leurs travaux (1).

Voilà l'idée. Il ne faut pas que les attachés aient l'air de s'unir dans leurs travaux. Cela n'a pas grande importance, seulement il y a un petit point qui pousse à la personnalité : c'est la date de janvier 1894, premier semestre, et c'est adressé au 2ᵉ bureau ; et, au 2ᵉ bureau, qui est-ce qui était employé parmi ceux qui pouvaient être les amis du compère ? Eh bien ! parmi ceux-là, il y avait Dreyfus, comme par hasard.

Mars 1894 (371). Cette dépêche a été mise de côté parce qu'il y

(1) La dépêche Davignon, telle que la cite M. le commissaire du Gouvernement, n'est pas conforme au texte original de ce document. Voici, en effet, la teneur authentique de la pièce dite *Lettre Davignon* :

Lettre Davignon, janvier 1894. — « Je viens encore d'écrire au colonel Davignon ; si vous avez occasion de parler de la question avec votre ami, faites-le particulièrement, en façon que Davignon ne vient pas à le savoir. Du reste, il ne répondrait pas ; car il faut jamais faire voir qu'un agent s'occupe de l'autre. »　　　　　　　　　　　　　(NOTE DE L'ÉDITEUR.)

a une surcharge sur une initiale. Le corps de la dépêche est authentique, est reconnu, est admis comme authentique.

J'ai fini par faire appeler le médecin qui m'a défendu de sortir; ne pouvant aller chez vous demain, je vous prie de venir chez moi dans la matinée, car D...

C'est ceci qui a été gratté et qui paraît avoir été superposé à un autre D initial; cela a été barbouillé, et c'est en raison de ce barbouillage de la lettre initiale; supprimons la lettre initiale qui du reste n'a jamais grande valeur, quand le nom n'y est pas en entier; il faut faire abstraction de la lettre initiale qui peut ne rien vouloir dire du tout; D — mettons X si vous voulez,

... M'a apporté beaucoup de choses intéressantes et il faut partager le travail, ayant seulement dix jours de temps.

Eh bien, cette dépêche-là présente ce point important, ce point particulier, grave par rapport à la thèse que nous soutenons ici, les défenseurs et moi; j'ai un accusé en ce moment, c'est Dreyfus; ces messieurs ont un accusé qui est Esterhazy. Voilà la question posée très nettement et très simplement. Il y a deux accusés en jeu, n'est-ce pas? Dreyfus accusé officiellement et Esterhazy accusé officieusement par les défenseurs de Dreyfus.

(Me Demange fait signe que non et dit à mi-voix : « Jamais de la vie. »)

Et voyez l'importance qu'il y a là-dedans : « M'a apporté beaucoup de choses intéressantes et il faut partager le travail, ayant seulement dix jours de temps. » Eh bien, tout à l'heure, on parlait de l'importance des documents que pouvait fournir Esterhazy; Esterhazy fournit des documents intéressants; où pouvait-il les prendre? On a cité la déposition de M. Jules Roche tout à l'heure. J'ai l'habitude de ne pas intervenir dans les dépositions des témoins. Mais M. Jules Roche, interpellé sur l'importance des documents, de la documentation qui pouvait lui être fournie par Esterhazy alors que, rapporteur du budget de la guerre, il avait voulu s'entourer d'éléments d'information, vous a dit qu'il avait pris des officiers dans toutes les armes, dans tous les services, pour se documenter, et qu'il s'était adressé à M. Grenier, je crois, pour savoir qui pourrait le renseigner sur l'infanterie. Alors on lui avait indiqué Esterhazy. Esterhazy, en effet, major au 74e de ligne, pouvait lui donner des indications sur les effectifs de son régiment, à coup sûr, puisqu'il avait la tenue des contrôles : c'était son métier ; mais pouvait-il fournir des renseignements sur les effectifs de mobilisation, sur les tableaux généraux de mobilisation que l'on garde jalousement dans les bureaux de l'État-Major du ministère de la guerre ? Je n'en crois rien et jusqu'à preuve du contraire je n'en croirai pas un mot. Esterhazy était un individu un peu brouillon, un agité, un individu qui cherchait à se faire valoir, ambitieux certainement, ayant des états de service brillants, brillant officier, paraît-il, d'ailleurs, mais brillant officier comme officier de corps de troupes. Entendons-nous : un homme qui n'avait point de connaissances techniques, qui parlait de tout à tort et à travers, qui parlait canon pour dire des bêtises comme celle qu'il a écrite au capitaine le Rond, de ce canon qui dispersait des projectiles sur une surface de 800 mètres ; voilà l'informateur à tout faire, celui qui pouvait donner des indications utiles à un personnage comme M. A. Allons donc ! Ah ! ce n'est pas un naïf, M. A. ; c'est un homme de grande valeur, un homme qui a des connaissances techniques très étendues, qui a une haute situation militaire ; et vous voulez que ce soit Esterhazy qui le documente sur les questions techniques ! C'est enfantin, cela ne supporte pas l'examen. Tandis que Dreyfus, c'est un homme autrement documenté, et puis, il est à la source où l'on peut puiser et il y puise.

Avril 1894. (N° 26.) B. à A... Il lui annonce qu'il va recevoir l'organisation des chemins de fer français au point de vue technique militaire, bien entendu ; ce n'est pas le journal des chemins de fer courant. Eh bien, où peut-on prendre cela ? Si on me demandait cela à moi, où irais-je le prendre ? Je n'en sais rien ; je ne le prendrais nulle part, à coup sûr. Si on le demandait aux juges qui siègent ici, qui sont des techniciens dans leur partie, si on leur demandait des renseignements comme ceux-là, croyez-vous qu'ils les fourniraient ? Non, ils ne pourraient pas les fournir parce qu'ils ne les ont pas. Esterhazy était-il plus capable qu'eux ? Non. S'il a servi d'intermédiaire à Dreyfus, je le veux bien ; mais celui-là seul peut fournir un document qui peut l'avoir sous la main, qui peut se le procurer à sa source, là où il est : ce ne sont pas des documents de commerce, cela.

(N°s 33 et 34.) C'est une petite histoire. Un agent d'une puissance étrangère s'en va clandestinement en Suisse — c'est un agent diplomatique. On s'émeut : comment, il va en Suisse, celui-là, sans rien dire, sans être accrédité ! Mais qu'est-ce qu'il va donc faire là-dedans ? Attention. On prévient au 2e bureau ; quelle est la conséquence ? c'est que le lendemain l'agent en question est accrédité par voie télégraphique. Il y a eu une indiscrétion commise au 2e bureau ; qui est-ce qui était au 2e bureau ? Dreyfus.

Messieurs, nous avions, dans le monde diplomatique, à cette époque, un ami bienveillant, qui était en relations avec MM. A. et B. ; en relations mondaines, quelque peu officielles ; il nous avertissait, c'était notre ami, il nous faisait avertir (j'en parlerai tout à l'heure), et comme on ne suivait pas exactement ses indications, il y revenait sans cesse chercher Guénée. Il s'adressait à Guénée : « 2e bureau : officiers, pas des gens subalternes, vous vous trompez. »

Eh bien, cet agent-là est un homme sérieux, un homme important. Il y a un témoin qui a voulu le discréditer dans l'esprit du Conseil, et pour cela il a dit : « Cet homme-là est un rastat ; je lui ai donné douze cents francs. »

Oui, ce n'est pas douze cents francs qu'il lui a donnés ; il lui a donné quinze cents francs, il lui en a donné bien d'autres, lui et d'autres, mais pourquoi ? Ah ! la vérité peut quelquefois n'être pas vraisemblable. Voici le cas très simple : Ce personnage, le bienveillant ami de la France qui s'entremettait pour nous rendre service, lorsqu'il engageait des frais pour nous procurer des renseignements, si les renseignements coûtaient douze cents francs, il disait qu'ils lui en coûtaient douze cents, et on lui payait tout ce qu'il avait déboursé.

Etait-ce un homme à gages ? Non. D'abord on vous a dit ici et on vous a répété de source certaine et autorisée que les agents sont payés par mensualités ; on ne leur donne pas une somme pour telle ou telle mission. Ils sont payés par mensualités ; s'ils ont des frais pour telle ou telle chose, on les indemnise des frais qu'ils ont faits en dehors des mensualités qu'ils reçoivent. C'était le cas de M. V. ; M. V. était un parfait honnête homme, qui est officier de la Légion d'Honneur. et ses services vis-à-vis de la France n'ont peut-être pas été récompensés comme ils le méritaient.

N° 44, télégramme du 2 novembre. Passons ; tout le monde est d'accord là-dessus, nous sommes fixés. Cela indique simplement une préoccupation d'esprit très vive, du 2 novembre, le lendemain du jour où a été connue l'arrestation de Dreyfus. Je n'insiste pas, cela a un caractère particulier.

Nos 57 et 58 (je vais aussi vite que je le peux.) Ce sont deux numéros qui appartiennent à B. L'agent B. à son gouvernement. Il veut dégager sa responsabilité personnelle, et il déclare que si Dreyfus a trahi, c'est au profit de A.

Or, nous savons bien quelles sont les relations intimes de A. et B., et s'il pose là un point d'interrogation, il est bien gratuit. Il dit que si Dreyfus a trahi, c'est avec A. ; A. et B. travaillaient en commun, par conséquent quand B. parle, c'est comme si A. parlait. Nous sommes fixés là-dessus, il n'y a pas d'hésitation.

Il s'en rapporte d'ailleurs à ce que dit le *Temps*; un autre journal dit d'ailleurs la même chose.

Voilà l'opinion de B....

N° 46. — C'est un fonctionnaire étranger qui écrit à A.... C'est tellement délicat que j'hésite... Mais retenons ceci : « Pour tout ce qui concerne Dreyfus, on est tranquillisé ici. » Vous savez de qui je parle et vous savez d'où c'est écrit... « Pour tout ce qui concerne Dreyfus on est tranquillisé ici ». Et puis alors le reste que vous savez.

Je passe sur le 14 : « Dreyfus bois ». Cela m'est égal.

Il y a ensuite une pièce qui a été reproduite et qui n'existe pas au dossier, vous savez pourquoi ; c'est la lettre C. C. C.

Cette lettre-là, je vous rappelle qu'elle est arrivée au ministère des affaires étrangères apportée par un agent, que M. Delaroche-Vernet l'a remise en mains propres à M. Picquart qui venait de prendre le service des renseignements le 2 juillet. C'est cette lettre qui dit ceci : « La vérité est que le major Z... va deux fois par année à Toulon, Brest et Le Havre, et qu'il est ami, depuis quatre ans, de l'ex-capitaine Dreyfus. Voilà la pure vérité. »

Il y a chez lui, C. C. C., deux lettres de Dreyfus écrites à l'adresse du major avec la date 22 décembre 1892.

On a parlé de choses intéressantes à élucider. Certes, voilà deux lettres qu'il fallait acheter; on ne l'a pas fait, on a eu grand tort et la lettre a disparu... Enfin !

Il y a ensuite une pièce 66 sur laquelle je passerai très légèrement parce qu'elle est très délicate. Vous l'avez vue tout entière : c'est un brouillon, ce que vous voudrez, mais c'est un factum important. J'en ai le texte tout entier.

Eh bien, là·dedans, je ne veux pas en dire grand'chose, mais pour l'auteur de ce document, qui était bien placé pour le savoir, son sentiment est que Dreyfus a eu des relations avec la puissance de l'agent A....

Voilà les charges qui pèsent sur Dreyfus.

Voyons un peu quelles sont celles qui pèsent sur Esterhazy, puisque c'est le deuxième coupable, le deuxième accusé, celui qui doit être substitué à Dreyfus pour faire la réhabilitation du condamné de 1894.

J'avoue que cela me paraît assez fantastique.

Si nous prenons les débuts de l'affaire Esterhazy, que voyons-nous? M. le colonel Picquart prend la direction du service de la S. S. (section de statistique) le 1ᵉʳ juillet 1895.

Puis les premiers mois de l'année se passent d'une façon quelconque, sauf le fait que je viens de signaler, cette lettre C. C. C. qui disparaît entre ses mains. Nous arrivons au printemps. M. Picquart est extrêmement occupé d'une chose : il cherche l'auteur du bordereau, le coupable du crime de 1894. On vous a dit qu'il avait fait espionner M. d'Orval en Russie, qu'il avait fait espionner un autre officier qui d'ailleurs était véreux et qui a été mis en réforme ou en disponibilité, je ne sais pas au juste.

Mais fin mars ou commencement d'avril, apparaît un document singulier, ce qu'on a appelé le *petit bleu*. Le *petit bleu* est une pièce à sa seule lecture de nature à compromettre Esterhazy, à l'assommer. Ce document est arrivé à la section de statistique on ne sait pas comment, on ne sait pas par l'intermédiaire de qui, mais il se trouvait dans un paquet comme par hasard.

On le fait photographier avec un grand soin, on le recolle, maladroitement d'ailleurs, et alors M. Picquart apporte à cette affaire un soin tout particulier, il veut faire photographier le *petit bleu* de manière qu'on ne voie pas les joints du raccommodage.

C'était impossible. Les officiers Lauth et Junck s'attellent à cette besogne, sans succès, péniblement. Le chef de la section insistait ; il leur dit : « Ce n'est pas bien. Recommencez. — Enfin à quoi cela peut-il servir de faire disparaître sur la photographie les traces de recollage ? — Oh ! c'est parce que j'ai dit là-haut que je ne recevais plus de documents de cette espèce, et je ne veux pas qu'on voie les traces. » Les documents de cette espèce, c'est les morceaux de papier ramassés dans les paniers et déchirés généralement.

C'est ainsi qu'on parle de faire mettre un timbre de la poste pour l'authentiquer. Mais cela ne signifie rien, ce document, et d'où vient-il? On ne sait pas. Bref, cela n'a aboutit à rien ; cela a jeté l'incertitude dans les esprits. Quelle signification avait le *petit bleu?* Chacun peut avoir son idée à part soi, mais on n'a pas le droit d'en tirer des déductions ; on serait en contradiction avec d'autres déductions qui seraient tout aussi justifiées. Donc n'en parlons plus.

Ce que je retiens là-dedans, ce sont des agissements qui ont un caractère clandestin : on se procure de l'écriture d'Esterhazy, on fait comparaître des témoins, on intercepte des lettres à la poste et à domicile ; procédés d'investigation qu'un officier de police judiciaire autorisé ne se permettrait pas, opérations d'un caractère évidemment des plus répréhensibles ; et on prend la responsabilité de ces actes sans en référer à des chefs avec lesquels on est en contact tous les jours?...

L'officier en question était sous les ordres du général Gonse directement et journellement. Il était sous les ordres du chef d'État-Major, il était en relations avec le ministre. Comment! il a cru trouver dans Esterhazy un homme coupable de haute trahison, et il n'en dit rien à personne, et il le sait depuis le mois de mars ou il le soupçonne ; depuis le mois de mars, il cherche, il tourne, il retourne... Et puis ce n'est que le 15 août qu'il se décide à rendre compte, à aviser le chef d'État-Major qui est à la campagne qu'il a une communication à lui faire.

Le général de Boisdeffre rentre, trouve à la gare de Lyon M. Picquart qui l'accompagne et qui lui raconte confidentiellement ce qu'il soupçonne. Il dit : « Je crois que je tiens un autre traître... » Ah ! étrange !... Le général Gonse, lui, n'a su cela que dans les premiers jours de septembre... Que signifie cela?...

A la suite de ces manœuvres, les officiers de l'État-Major (c'est ce qu'il y a eu là de néfaste dans cette affaire), les officiers qui avaient été mêlés au procès de 1894, le colonel du Paty et le commandant Henry, très émus de ce qui se tramait là sous leurs yeux ont eu l'imprudence, la suprême imprudence de vouloir mettre en garde l'homme qu'on voulait accuser, l'homme qu'on voulait substituer au condamné de 1894... Et alors ils l'ont prévenu et ils l'ont prévenu dans des formes fantastiques : l'histoire de la dame voilée, ces rendez-vous clandestins, ces lunettes bleues, c'est absolument singulier, c'est grotesque ! Cela ne signifie rien ; cela montre que M. du Paty a joué le rôle d'un homme d'une imagination extraordinaire, qui n'a pas le sens très droit, c'est incontestable.

Esterhazy, mis en cause, lancé par ces messieurs, — oh ! il a donné en plein là-dedans, avec cet esprit déréglé qui le caractérise ; il s'est cru un personnage, — le colonel du Paty lui dit : « Moi, je suis de l'État-Major. » Il lui a raconté des histoires, il s'est peut-être bien présenté comme un agent, comme autorisé, comme ayant une mission. De là ces propos singuliers d'Esterhazy qui croyait qu'il avait une protection tutélaire qui planait sur lui, lui qui est assez véreux, entendons-nous bien, qui a par devers lui, dans son existence, des choses parfaitement irrégulières.

Cet homme-là a causé beaucoup, il a raconté des choses de l'autre monde comme celles qu'on vous a lues tout à l'heure, des choses extraordinaires. Quand on a voulu le mettre au Conseil d'enquête, il a parlé de ses hautes protections, il a dit qu'il était l'homme de l'État-Major. Ce n'était pas vrai, il n'y a rien de vrai, et la preuve qu'il n'était pas l'homme de l'État-Major et qu'on n'avait à craindre aucune compromission avec lui, c'est qu'on l'a poussé l'épée dans les reins. On a commencé par le mettre devant un conseil d'enquête qui l'a réformé, mais cela ne suffisait pas. Il y avait la plainte de M. Mathieu Dreyfus. En vertu de cette plainte, on l'a traduit devant un Conseil de guerre pour crime de haute trahison. C'était très régulier. On a instruit son affaire ; mais cela ne tenait pas debout, il n'y avait rien, rien. Malgré toute l'habileté de M. Picquart, on ne pouvait pas arriver à échafauder quelque chose sur rien, de sorte que le rapporteur du Conseil de guerre et le commissaire du Gouvernement ont conclu à une ordonnance de non-lieu. Pour qui connaît les allures de la justice militaire, pour qui sait avec quelles précautions, avec quelle prudence on agit quand on demande une ordonnance de non-lieu, c'est qu'on est bien certain qu'une condamnation ne pourrait pas suivre la mise en jugement. Cependant, malgré ces deux avis et contrairement à une tradition courante, constante, sur la demande d'Esterhazy, le gouverneur militaire de Paris a donné l'ordre de mise en jugement. C'était assez étonnant. Pourquoi? Parce qu'Esterhazy, qui sentait bien qu'il n'avait rien à craindre, a demandé à être jugé. Le gouverneur militaire de Paris préférait lui aussi sans doute substituer à sa décision personnelle et arbitraire — j'appelle arbitraire son jugement propre, — il a voulu pour se couvrir, pour que la question ne pût pas être discutée après, il a voulu substituer à son jugement le jugement du Conseil de guerre. Le Conseil de guerre a prononcé. Voilà l'affaire Esterhazy. Oh! qu'Esterhazy soit un homme très répréhensible à beaucoup d'égards et aujourd'hui plus que jamais, c'est un dévoyé, je ne le nierai pas. Mais à ce sujet, permettez-moi de faire un petit retour en arrière. On a voulu trouver des documents écrits. On a fouillé dans sa vie privée; c'était de toute justice, on a bien fait, mais il y avait une préoccupation toute particulière : on cherchait l'argent qui venait de la trahison. Si Esterhazy avait vendu des documents à l'étranger, il devait y avoir de l'argent. Esterhazy n'avait pas le sou. Si, si, il avait bien quelque chose, puisqu'il a vendu une propriété de sa femme pour 150.000 francs, et qu'il a fait le remploi de cette somme, remploi obligé, rigoureux, en achetant de mauvais immeubles pour le prix de 100.000 francs, ce qui lui a permis de garder une disponibilité de 50.000 francs. C'était parfaitement illicite, parfaitement répréhensible. Mais où sont passés ces 50.000 francs? Ah! j'ai suivi cette enquête faite chez les banquiers, chez les agents de change, pour chercher la trace de l'argent ; j'ai vu les liquidations de fin de mois. Il faisait des opérations comme en font les petits bourgeois, pour augmenter son revenu. Il avait cette illusion qu'ont beaucoup de gens qu'en achetant et revendant de la Rente française on fait des différences et on fait rapporter à son argent des revenus considérables.

Généralement, il n'en est rien. Il est arrivé pour lui ce qui arrive à beaucoup d'autres ; il fournissait des couvertures successives, les couvertures disparaissaient, et les 50.000 francs de la propriété de sa femme, plus les 30.000 francs de son cousin ou neveu à la mode de Bretagne, ont disparu de cette façon-là.

Mais de trace de fonds provenant de l'espionnage, non, il n'y en a pas. Il n'y a rien, rien du tout. Je n'ai absolument rien trouvé dans tous les papiers que j'ai fouillés.

Voilà, je crois, quelle est la situation d'Esterhazy. Vous discuterez sur son écriture si vous voulez ; mais, sur les faits, dire qu'Esterhazy a pu trouver, a pu se procurer des documents d'une valeur quelconque pouvant intéresser soit M. A..., soit M. B..., je le dénie absolument, je n'en crois pas un traître mot. C'est absolument impossible, parce qu'Esterhazy ne sait rien par lui-même et qu'il n'avait pas les moyens de se procurer des documents ayant quelque valeur.

Je n'en dirai pas plus.

J'ai abordé l'étude de cette affaire, entièrement libre. Je ne lis pas les journaux, non parce que je les dédaigne, mais parce que je n'ai pas le temps de les lire. Je n'étais pas au courant de cette affaire et de toutes ces histoires fantastiques qui se sont greffées sur l'affaire principale.

Lorsque j'ai commencé à étudier le dossier, je n'avais aucune opinion faite, et je ne voulais surtout pas en avoir.

J'ai attaqué la question, le taureau par les cornes, comme on dit. Je me suis dit : « C'est le colonel Picquart qui a fait la revision, étudions le colonel Picquart; il va nous expliquer probablement les raisons concluantes qui ont pu déterminer le procès. »

J'ai trouvé que c'était très intéressant. C'était un document parfaitement construit, avec beaucoup de talent, beaucoup de lucidité, et j'ai eu l'espoir un moment que nous allions arriver à démontrer l'innocence de Dreyfus. Je dis « l'espoir » parce que cela me souriait grandement. D'abord, il est toujours agréable de donner satisfaction à l'innocence méconnue, de faire réhabiliter la victime d'une erreur judiciaire.

J'en aurais été très heureux, je vous le dis dans la sincérité de ma conscience. Il y avait tout bénéfice, et il n'y avait aucun inconvénient.

Personne n'a suspecté la bonne foi des juges en 1894. En détruisant leur jugement, en nous prononçant contre eux, contre leur appréciation, contre leur décision, nous ne portions pas atteinte à leur honorabilité, que personne n'a suspectée.

Donc, pas d'erreur; c'était très simple, et en mettant en lumière cette erreur judiciaire, en réhabilitant l'accusé injustement condamné, nous faisions l'apaisement dans les esprits. Forcément, on se serait incliné; c'était très séduisant. J'en aurais été très heureux; mais, pour arriver à ce résultat, il fallait apporter des preuves. Or, j'ai poursuivi mon étude; quand j'ai lu les autres documents, que j'ai comparé, que j'ai vu des noms en relations directes, je me suis aperçu que ce bel édifice construit par le colonel Picquart péchait par la base : il y avait là des fissures qui en compromettaient gravement la solidité; quand on fouillait un peu profondément, tout s'écroulait, il ne restait plus rien.

Ma conviction, qui semblait s'être faite dans le sens de l'innocence, au début, s'est transformée petit à petit, par voie de comparaison, à l'audition des témoins, de cette masse de témoins qui sont venus ici nous donner des renseignements et des opinions personnelles.

Ma conviction s'est fortifiée dans le sens de la culpabilité, et aujourd'hui, en mon âme et conscience, je vous le déclare, Dreyfus est coupable, et je vous demande l'application de l'article 76 du Code pénal (1).

LE PRÉSIDENT. — L'audience sera reprise demain à 6 heures et demie.

La séance est levée à 11 heures 50.

---

(1) Voici le texte de l'article 76 visé par le commandant Carrière :

« Art. 76. — Quiconque aura pratiqué des machinations ou entretenu des intelligences avec les puissances étrangères ou leurs agents, pour les engager à commettre des hostilités ou à entreprendre la guerre contre la France, ou pour leur en procurer les moyens, sera puni de mort.

» Cette disposition aura lieu dans le cas même où lesdites machinations ou intelligences n'auraient pas été suivies d'hostilités. »

Ce texte a été modifié par la Constitution de 1848 qui, par son article 5, a supprimé la peine de mort dans les cas visés par l'article 76.

La loi de juin 1850 a décidé que la peine de mort, supprimée en pareil cas, serait remplacée par la déportation dans une enceinte fortifiée, hors du territoire continental de la République.

En cas de circonstances atténuantes, « les juges appliqueront la peine de » la déportation simple ou celle de la détention ».

VINGT-QUATRIÈME AUDIENCE

Vendredi 8 septembre 1899.

La séance est ouverte à 6 h. 35.

LE PRÉSIDENT. — La parole est à Mᵉ Demange.

PLAIDOIRIE DE Mᵉ DEMANGE

Mᵉ DEMANGE. — Messieurs, si solennel que soit ce débat, il me sera pardonné de n'avoir point souci de l'ordonnance classique du discours. Je ne veux pas vous faire d'exorde, parce que je veux tout de suite pénétrer au cœur même de la question. Cependant, je tiens à protester de toute mon âme contre une parole qui est tombée des lèvres d'un témoin, qui n'a pas craint de dire que quiconque marchait pour la revision, c'est-à-dire quiconque avait foi dans l'innocence de Dreyfus, marchait contre l'armée et contre la patrie.

Je lui atteste qu'il ne me connaît pas, qu'il ne connaît pas Labori ; que ni Labori ni moi nous ne serions ici, si cette parole était vraie ; et laissez-moi vous dire tout simplement, messieurs, que le jour où le choc des passions politiques en fureur a déchaîné sur notre pays ce vent de folie qui soufflait en tempête, quand j'ai cru un moment que peut-être allait être mis en péril ce que dès mon enfance j'ai appris, moi, à respecter, à honorer, à aimer, moi Français, moi fils de soldat, eh bien ! oui, j'ai souffert de vos souffrances, et mon cœur a battu à l'unisson avec les vôtres ! (*Émotion.*)

Mais laissez-moi aussi ajouter que, comme j'avais toujours les yeux tournés vers l'île du Diable, là où était enseveli vivant celui que, dans la foi de mon âme, j'affirme être un martyr, j'ai senti l'épouvante en moi.

Je me suis demandé, messieurs, si la justice divine abandonnait la justice humaine, (*Mouvement prolongé.*) si j'allais voir sombrer toutes mes espérances ; et puis je me suis ressaisi, j'ai écouté la voix de ma conscience : elle m'a dit de marcher droit mon chemin.

Ce chemin, je l'ai parcouru, messieurs, sans partager ni les colères ni les haines, sans souci non plus ni des injures ni des menaces. J'ai été droit vers mon but, ce but qui est le vôtre, qui est celui de tous les hommes de cœur et d'honneur, celui du triomphe du droit et de la justice.

Pour accomplir l'œuvre que je poursuis devant vous, il me faut d'abord bien poser le débat.

J'ai entendu hier M. le commissaire du gouvernement vous donner lecture de l'arrêt de la Cour de cassation et vous dire ensuite : « Tirez-en les conséquences », sans qu'il vous les ait indiquées. Quant à moi, il n'entre nullement dans ma pensée, messieurs, de limiter le champ de vos appréciations ; je le regrette un peu pour vous, parce que, nécessairement, je serai beaucoup plus long que M. le commissaire du gouvernement. Mais il importe pourtant de déterminer la condition juridique de l'accusé devant vous.

Lorsque le procès en revision s'est engagé devant la Cour de cassation, Dreyfus était un condamné. L'autorité de la chose jugée protégeait la décision de 1894 ; devant la Cour de cassation, des doutes sur la culpabilité de l'accusé ne pouvaient pas suffire pour faire tomber l'arrêt, pour faire tomber le jugement de 1894. Il fallait plus que cela, messieurs ; il fallait, aux termes de la loi, des présomptions graves d'innocence.

La Cour de cassation, toutes Chambres réunies — cette première juridiction du pays — a déclaré qu'il en existait et a brisé l'arrêt.

Alors, j'en tombe d'accord avec M. le commissaire du gouvernement : la situation du capitaine Dreyfus est celle qu'il avait en 1894, c'est-à-dire qu'il apparaît devant vous comme il apparaissait devant les juges de 1894, avec l'obligation impérieuse pour le ministère public de faire la preuve de sa culpabilité.

Vous voyez que les situations sont renversées.

Devant la Cour de cassation, c'était au demandeur, sinon à prouver l'innocence puisque la loi ne va pas jusque-là, du moins à établir des présomptions suffisantes d'innocence.

Aujourd'hui, au contraire, devant vous, c'est au ministère public à prouver qu'il est coupable. C'est à lui de démontrer, dans des conditions telles qu'il ne puisse pas rester un seul doute dans vos consciences (Mouvement.), que le capitaine Dreyfus est bien le traître qui a communiqué à l'ennemi des documents qui pouvaient compromettre la sécurité de la défense nationale.

Alors, messieurs, vous voyez de suite quelle va être la marche de la discussion.

Je parle à des juges qui doivent prononcer dans leur âme et conscience, mais il faut que leur conscience leur dise qu'il n'y a pas l'ombre d'un doute.

Nous n'aurons pas, monsieur le commissaire du gouvernement, à établir une comparaison entre Dreyfus et Esterhazy. Je dirai d'Esterhazy tout ce que je pense — je ne dissimule jamais rien et j'use toujours de la politesse qui convient. Mais ce n'est pas le débat que les juges ont aujourd'hui à apprécier. Ils n'ont pas à choisir entre Dreyfus et Esterhazy. Le sort juridique d'Esterhazy est réglé.

Ce que les juges ont à faire, c'est de juger Dreyfus et, je le répéterai bien des fois parce que c'est la dominante de ce débat au point de vue juridique, il faut que la culpabilité de Dreyfus apparaisse entière, éclatante, sans l'ombre d'un doute, pour qu'une condamnation puisse être prononcée.

Ah! ils étaient loyaux, les juges de 1894, loyaux comme vous, messieurs; mais Dieu a permis que la lumière qui leur était voilée vous apparût à vous.

Si, en 1894, ils avaient eu en face d'eux, à côté de l'écriture de Dreyfus, l'écriture d'Esterhazy, croyez-vous qu'une condamnation fût intervenue?

Vous rappelez-vous ce mot de M. Cochefert disant, quand il est allé trouver le ministre de la guerre : « Oui, je crois que cet homme est un coupable; » puis, ajoutant : « Mais si on avait vu l'écriture d'Esterhazy, ce n'était pas le procès Dreyfus qu'on aurait fait. »

Eh bien! en 1894, nous le savons par le président, l'honorable colonel Maurel; nous le savons aussi par le capitaine Freystætter, avant d'entrer dans la chambre des délibérations, la conviction des juges était faite.

Sur quoi était-elle faite?

Sur l'écriture du bordereau.

Et j'entends encore l'honorable commandant Brisset, que j'avais pour contradicteur à la barre du ministère public en 1894, disant : « Les preuves morales ont disparu, mais il reste quelque chose. » Et il allait prendre sur le bureau du président ce fameux bordereau. Il me le montrait, presque menaçant, disant : « Il est de Dreyfus. Alors, s'il a écrit cela, il est coupable. »

S'il avait eu à ce moment l'écriture du commandant Ester-hazy, il n'aurait pas parlé ainsi, et les juges n'auraient pas suivi le commandant Brisset. (*Mouvement.*)

Aborder les preuves, les saisir, les discuter, les détruire, c'est ce que je veux faire devant vous, sans avoir la prétention de gravir les sommets de l'éloquence que je ne saurais atteindre, mais par une démonstration qui fera pénétrer dans vos esprits ma conviction, ma foi. Y serais-je impuissant, je suis sûr que le doute au moins assaillira vos consciences et le doute suffît pour que vous acquittiez Dreyfus.

Ayant établi la situation juridique de l'accusé, permettez-moi de procéder comme en matière criminelle.

Première question. — Quand on juge un accusé, il faut le connaître.

Le général Mercier l'avait bien senti, car dans sa déposition, qui a été remarquable d'ordonnance et qui est en somme une accusation complète, le général Mercier avait d'abord indiqué au Conseil qu'il fallait interroger la conscience de l'accusé, pénétrer dans son âme, analyser ses sentiments, y trouver ou un appui pour l'accusation ou un secours pour la défense.

Vous vous rappelez que le général Mercier a signalé à votre attention un propos qui aurait été tenu à M. le colonel Bertin-Mourot. Un jour, dans une conversation, M. Bertin-Mourot, qui venait de faire un voyage sur la frontière des Vosges, était fort ému, et le capitaine Dreyfus aurait dit : « Notre Dieu est toujours avec nous ! »

Je ne sais pas si les souvenirs de M. le colonel Bertin-Mourot sont bien précis, mais, en tout cas, la phrase en elle-même peut s'appliquer aussi bien aux chrétiens qu'aux sémites : « Notre Dieu est toujours avec nous ! » Il est difficile d'en conclure que Dreyfus n'avait pas le culte de la patrie.

Ce qui m'a aussi frappé, c'est ce que le général Mercier vous disait des notes données par le général Lebelin de Dionne, et, à cet égard, je crois que l'explication, nous l'avons eue à cette audience tout à fait satisfaisante pour Dreyfus.

Le général Lebelin de Dionne, lorsqu'il a déposé à la Cour de cassation, ou plutôt lorsqu'il a envoyé une note, avait évidemment mal exprimé sa pensée, car il avait mis dans cette note que « la conduite de l'accusé n'était pas bonne, puisque, jeune marié, il ne craignait pas de se montrer avec des filles ». Il ajoutait : « J'ai eu des reproches à lui faire à ce sujet. »

Nous avons entendu l'honorable général. Nous savons qu'il n'a jamais fait appeler Dreyfus, qu'il ne lui avait jamais fait de reproches directement, qu'il lui avait donné la note que vous savez : « conduite bonne, tenue bonne », et que c'est seulement sur des propos qui auraient été répétés par des camarades, propos auxquels il avait prêté l'oreille, mais que cependant il n'avait pas voulu retenir ni consigner dans ses notes en 1892, c'est lui-même qui l'a dit, parce qu'il craignait que cela n'eût un point de départ antisémite ; c'est, dis-je, ces bruits dont le général Lebelin de Dionne s'est fait l'écho en 1898, après les avoir répudiés six ans plus tôt.

Il n'y a rien à retenir de cela. Il suffit de comparer cette appréciation de 1898 à la note donnée au moment où Dreyfus est sorti de l'École de guerre.

Ce n'est pas avec cela qu'on pourra juger l'âme de Dreyfus. Grâce à Dieu, messieurs, nous avons, pour le connaître, d'autres renseignements plus sûrs et plus précieux. Ce sont ceux que nous trouvons dans l'étude même de son âme avant la condamnation de 1894, et au lendemain de ce jugement qui l'a si cruellement frappé, avant son séjour à l'île du Diable ; je dis « avant ».

Rappelez-vous ce que disait hier M. Cochefert au moment même de la scène de la dictée ; quand M. Du Paty de Clam a découvert ce revolver qui était mis à la portée de Dreyfus pour qu'il se fît justice lui-même, quel a été son premier cri ?

« Je ne me tue pas, parce que je suis innocent. »

Et pendant les quinze ou les trente jours qui ont précédé sa comparution devant le Conseil de guerre, vous savez par le général de Boisdeffre, par le commandant Forzinetti, ce qu'étaient ses nuits troublées par une agitation perpétuelle, ses protestations entrecoupées de sanglots. Il était tout seul. On rôdait autour de lui. On n'entendait qu'un cri : « Je suis innocent ! »

Il est condamné.

Le lendemain de sa condamnation, il voit sa femme qui lui arrache la promesse de vivre pour l'honneur de ses enfants. Et puis, quand il est arrivé là-bas, à l'île du Diable — je ne veux pas abuser des lectures, mais, enfin, il faut bien que vous connaissiez ses pensées — ce qu'il a écrit à ce moment-là, personne ne devait le savoir ; son journal, qui sera commencé au mois d'avril 1895, c'est pour ainsi dire son cœur qui s'épanche.

Nul ne devait, messieurs, connaître les lignes que voici, et qui vont vous faire connaître l'homme que vous avez à juger. C'est bien son sentiment intime qui va se révéler :

Le 14 avril 1895. Je commence aujourd'hui le journal de ma triste et épouvantable vie.

C'est en effet à partir d'aujourd'hui seulement que j'ai du papier à ma disposition, papier numéroté et paraphé, d'ailleurs, pour que je ne puisse pas en distraire. Je suis responsable de son emploi. D'ailleurs, à quoi pourrait-il me servir ? A qui en donnerais-je ? Qu'ai-je de secret à confier au papier ? Autant de questions, autant d'énigmes !

J'avais jusqu'à présent le culte de la raison. Je croyais à la logique des choses et des événements.

Je croyais, enfin, à la justice humaine.

Tout ce qui était bizarre et extravagant avait de la peine à entrer dans ma cervelle. Hélas ! quel effondrement dans mes croyances !

Hélas ! quel effondrement de toutes mes croyances, de toute ma saine raison ! Quels horribles mois je viens de passer ! combien de tristes mois m'attendent encore.

J'étais décidé à me tuer après mon inique condamnation : être condamné pour le crime le plus infâme qu'un homme puisse commettre sur la foi d'un papier suspect dont l'écriture était imitée ou ressemblait à la mienne, il y avait certes là de quoi désespérer un homme qui place l'honneur au-dessus de tout.

Ma chère femme si dévouée, si courageuse m'a fait comprendre dans cette déroute de tout mon être que cependant je n'avais pas le droit de l'abandonner.

Je me suis dit qu'elle avait raison, que là était mon devoir. Mais, d'autre part, j'avais peur ; oui, peur des horribles souffrances morales que j'aurais à endurer. Physiquement, je me sentais fort, ma conscience nette et pure me donnait des forces surhumaines ; mais les tortures morales et physiques ont été plus terribles que ce que j'attendais même et aujourd'hui je suis brisé de corps et d'âme.

J'ai cependant cédé aux instances de ma femme, j'ai eu le courage de vivre. J'ai subi d'abord le plus effroyable supplice qu'on puisse infliger à un soldat, supplice pire que toutes les morts.

J'ai suivi pas à pas cet horrible chemin qui m'a mené jusqu'ici en passant par les prisons du Cherche-Midi et de la Santé et le Dépôt de l'île de Ré, supportant sans fléchir insultes et cris, mais laissant un lambeau de mon cœur à chaque détour du chemin.

Est-ce que c'était fait pour l'audience d'aujourd'hui, cela ?

Est-ce que ce cri de son cœur, ces pages couvertes de ces larmes, devaient jamais voir le jour?

Elles ont été prises par le ministère des colonies, ou plutôt par les employés du pénitencier, et elles étaient enfouies dans les cartons du ministère.

C'est seulement grâce au ministre d'aujourd'hui qu'il nous a été donné de les lire.

Mais voilà bien l'accent de son âme : il est sincère, il est vrai !

Seul dans son tombeau, il ne parle qu'à lui-même; c'est bien le cri de sa conscience que vous venez d'entendre.

Les premières lignes que je viens de lire révèlent qu'il avait l'espoir, oui, l'espoir de voir un jour la lumière éclater, mais que bien des mois s'écouleront encore; et ceci me fait penser à une échéance dont il a été beaucoup question, l'échéance de la vérité qui devait être mise en lumière trois ans après sa condamnation.

Quand j'ai entendu dire cela, car cela a été aussi imprimé, j'ai eu bien peur d'être l'auteur de cette légende : vous allez comprendre pourquoi. (*Mouvement.*)

Au lendemain de sa condamnation, je considérais mon œuvre comme terminée; mais l'œuvre d'un avocat n'est pas toujours une œuvre de combat, elle est aussi une œuvre de consolation.

Il avait demandé au ministre de chercher la vérité; il nous l'avait demandé à nous, et je le lui avais promis.

Seulement, vous entendez bien qu'à cette heure, je n'avais pas d'espérance ni d'illusion, et je croyais bien que tout était fini.

Mais je lui disais cependant: « Oui, on cherchera, votre famille fera des sacrifices; il y a des fonctionnaires retirés de la police qui font des recherches; votre famille fera donc faire des recherches en même temps que le ministre, puisque M. du Paty vous a promis que le ministre chercherait; mais c'est long, il faudra bien du temps, deux ans, trois ans! »

Je me suis dit: « N'est-ce pas moi qui lui ai donné l'idée de cette échéance? »

Hier, quand j'ai entendu la lecture de la déposition de M. du Paty, j'en ai eu la certitude.

M. du Paty vous a dit que, dans l'entrevue qu'il a eue avec lui, Dreyfus lui a dit que dans deux ou trois ans la vérité apparaîtrait : il répétait un propos qu'il tenait de moi, et c'est ainsi que la légende s'est créée! (*Mouvement.*)

Eh bien! messieurs, ce qui le soutenait donc, c'était précisément d'avoir cet espoir que la vérité apparaîtrait un jour, et cet espoir, je le vois se répéter à toutes les pages de son journal.

Dès le 14 avril, il avait écrit les lignes que je citais tout à l'heure. En voici d'autres :

Cette nuit est une nuit sans sommeil. Je retrouve toujours la même pensée : « Où sont mes beaux rêves de jeunesse, mes aspirations de l'âge mûr? »

Rien ne vit plus en moi ; mon cerveau s'éteint sous l'effort de la pensée et les mystères de cet horrible drame.

Aujourd'hui encore, je ne comprends rien à tout ce qui s'est passé : être condamné sans preuves tangibles, sur la foi d'un seul document!

Quelles que soient l'âme et la conscience d'un homme, n'y a-t-il pas là plus qu'il n'en faut pour le démoraliser?

La sensibilité de mes nerfs est devenue, après cette horrible torture, tellement aiguë que toute impression nouvelle, même extérieure, produit sur moi l'effet d'une profonde blessure, etc.

Tous les jours la même pensée renaît, messieurs, presque dans la même forme. C'est toujours ce cri de détresse :

— Mais pourquoi m'a-t-on frappé? qu'on me le dise? qu'on cherche, qu'on cherche la vérité!

Et, quelques mois après :

Je me retrouve, toujours en tête-à-tête avec mon cerveau, sans nouvelles des miens.

Il faut que je vive avec toutes mes douleurs, il faut que je supporte dignement mes souffrances, en inspirant du courage à ma femme, à ma famille qui doit souffrir autant que moi.

Plus de faiblesses donc. Espérons encore, il le faut pour mes enfants.

Encore quelques mots :

Un traître! A ce mot seul, mon sang afflue au cerveau ; tout en moi travaille de colère et d'indignation ; quoi! le dernier des gredins! Non! il faut que je vive ; que je vive mes souffrances pour voir un jour mon innocence pleinement reconnue.

Et puis, toujours rien! Le coupable n'est pas découvert.

Ah! le misérable! Je subis les tortures de ma famille comme les miennes propres.

Je ne parle pas des misères de chaque jour qui sont autant de blessures à mon cœur.

J'insuffle de l'énergie à ma chère femme ; je veux l'honneur de ma famille, de mon nom, de mes enfants.

Et puis, les vexations de tout genre recommencent de plus belle :

Je ne puis plus me promener autour de ma case. Je ne puis plus me promener devant la mer : mis au régime des soldats, c'est-à-dire plus de café, plus de sucre.

Et puis, le soir n'est point, paraît-il, le repos des forçats, c'est une ration spéciale : enfin, cela ne compte pas ; la suppression des vivres, peu importe : tout cela c'est mon cerveau, c'est mon cœur qui souffrent.

Et, le 14 Juillet, messieurs, écoutez ces pensées qui ne sont pas faites pour la lumière du jour.

Il est là, seul, n'ayant le droit de parler à personne ; il n'ouvrait pas la bouche, il ne parlait qu'avec lui-même :

J'ai vu flotter partout le drapeau tricolore, ce drapeau que j'ai servi avec honneur, avec loyauté.

Ma douleur est telle que la plume me tombe des mains !

Voilà l'âme du soldat, vous l'entendez, du soldat exilé, du soldat devenu forçat, du soldat seul à seul avec lui-même, les yeux tournés vers le ciel, celui que vous appelez un traître ; il n'a dans le cœur qu'une pensée : le culte de la patrie ! (*Emotion.*)

Nous arrivons à décembre : l'horrible nuit qu'il vient de passer !

Il faut que je lutte toujours et encore.

J'ai parfois des envies de sangloter, tant ma douleur est immense ; mais il faut que je ravale mes pleurs, car j'ai honte de ma faiblesse devant les surveillants qui me gardent nuit et jour.

Ces secousses m'épuisent, et cependant je vais écrire à ma chère femme, lui cacher mes douleurs : il faut que mes enfants entrent dans la vie la tête haute, quoi qu'il advienne de moi.

Oh ! je vous en prie, jugez-le sur cette âme mise à nu dans le silence, dans l'ombre ! sur cette âme qui ne devait pas vous apparaître ! En cet homme qui se fait violence pour contenir ses larmes, cet homme qui, devant vous, au lieu de laisser couler

ses sanglots comme il le faisait à l'île du Diable, veut se maî-
triser comme il le faisait devant ses gardiens !

Ah ! il est bien sincère.

Je vous assure que, pour un avocat, il est souvent plus facile
de défendre des comédiens habiles ; ils trompent les juges...
Les honnêtes gens, quelquefois, se font mal juger.

Une année s'écoule, et il dira :

Il y a bien longtemps que je n'ai rien mis à mon journal. A quoi
bon !

Je lutte pour vivre, si horrible que soit ma situation, car je voudrais me voir au milieu des miens, le jour où l'honneur me sera
enfin rendu. Mon cœur est bien malade.

Hier, j'ai eu une syncope ; je me sentais partir sans souffrir : je
n'ai pu me rendre compte moi-même.

J'attends mon courrier.

Puis il va bientôt cesser d'écrire :

Ah ! cette justice que je demande ! il me la faut pour mes enfants
et pour les miens. Je resterai debout jusqu'à mon dernier souffle.

Mais quelle horrible vie pour un homme qui ne place l'honneur
de personne au-dessus du sien !

La mort serait un bienfait. Je n'ai même pas le droit d'y penser.

Une année encore s'écoule, messieurs, et il écrira :

Quelle horrible vie ! Voilà bien longtemps que je n'ai rien ajouté
à ce journal. Mes pensées, mes sentiments, ma tristesse, sont toujours les mêmes, ma volonté est toujours aussi forte si la faiblesse
physique et cérébrale ne s'accentuaient chaque jour.

Et enfin :

Je suis tellement las, tellement perdu de corps et d'âme, que
j'arrête aujourd'hui ce journal sans prévoir le jour où mon cerveau
éclatera sous le poids de mes tortures.

Vous les lirez, messieurs, ces lettres-là. Elles vous le mon-
treront et vous le feront connaître. Ne voulant pas fatiguer votre
attention, j'en ai seulement extrait quelques lignes, m'excusant
même de ces lectures un peu longues ; mais il fallait que vous
sachiez quel homme vous avez à juger.

Vous le saurez et vous le saurez par quelques lectures encore,
les dernières, mais qui sont nécessaires, et vous comprendrez

quel est son état d'âme lorsque vous aurez entendu ces lignes, que vous connaissez déjà, car elles ont été lues dans une séance à huis clos par M. le général Chamoin, avec une émotion soutenue qui vous a pénétrés.

Ce sont les lettres qu'il adressait à ses chefs.

Il ignorait, n'est-ce pas? là-bas, tout ce qui se passait dans notre pays, et le bruit de nos orages n'arrivait pas jusqu'à lui.

C'est vers ses chefs qu'il tournait ses regards; c'est en eux qu'il a mis toute sa confiance.

Au lendemain de sa condamnation, il leur écrivait; d'abord au ministre de la guerre, le général Mercier :

J'ai été condamné pour le crime le plus infâme qu'un soldat puisse commettre. Je suis innocent. Après ma condamnation, j'ai songé à me tuer. Ma famille m'en a détourné. Ma plume est impuissante à retracer le martyre que j'endure : votre cœur de Français vous le fera sentir mieux que je ne saurais le faire.

Vous connaissez la lettre-missive qui a constitué l'accusation formulée contre moi.

Cette lettre, ce n'est pas moi qui l'ai écrite. Elle est apocryphe. A qui a-t-elle été adressée avec les documents qui y sont énumérés? A-t-on imité mon écriture en vue de me viser spécialement? Faut-il y voir une similitude fatale d'écritures?

Autant de questions auxquelles mon cerveau est impuissant à répondre.

Au nom de mon honneur de soldat, qu'on m'a arraché, au nom de ma malheureuse femme, je viens vous supplier de poursuivre vos recherches afin de découvrir le vrai coupable !

Le capitaine Dreyfus éclate en sanglots. (*Émotion prolongée.*)
C'est en 1895 qu'il écrit cela, messieurs.

J'arrive à 1897. Le 1er juillet il écrira ces lignes au général de Boisdeffre :

Mon général,

Le cœur perdu, le cerveau en lambeaux, c'est vers vous que je vais encore jeter un cri de détresse, un cri d'appel plus poignant, plus déchirant que jamais...

C'est avec tout mon cœur qui s'élance vers vous dans une épouvantable agonie, que je vous écris ces lignes, sûr que vous me comprendrez.

Trois jours après, il écrit au général de Boisdeffre.

On a parlé de syndicat! Ah! voilà un nom heureusement trouvé dans la polémique! Un syndicat qui achètera des consciences pour trouver un homme qu'on substituera à Dreyfus !

Eh bien! écoutez ce qu'il écrivait, lui, à M. le général de Boisdeffre, ce qu'il écrivait à son frère, M. Mathieu Dreyfus, le 5 juillet 1897. Cette lettre, M. Mathieu Dreyfus ne l'a pas eue. C'est nous qui l'avons. M. de Boisdeffre l'a gardée, elle était dans le dossier secret militaire.

Voyez quels étaient ses rêves alors caressés. Vous allez sentir comment il voulait arracher la vérité au cœur même de nos adversaires :

Mon général,

Je me suis déjà permis de vous écrire hier pour vous demander encore, avec toutes les forces de mon âme, pour ma femme, pour mes enfants, pour tous les miens, une aide ardente, généreuse, qui, j'en suis certain, ne leur a jamais fait défaut et leur restera pleinement acquise.

Mais, d'autre part, ces recherches, déjà si longues de part et d'autre, n'aboutissent pas. La mort me serait un bienfait, mais alors cette solution, qui n'en serait une que pour moi, n'apporterait qu'un chagrin nouveau à ma pauvre femme déjà si éprouvée, si abominablement malheureuse.

Il est épouvantable de penser, et, certes, vous le penserez avec moi, qu'un être humain gémisse dans une situation misérable, pendant qu'un ou plusieurs misérables se promènent librement après avoir commis cet abominable forfait.

Donc, je me demande si par des moyens énergiques, car mon sang de soldat se révolte dans mes veines devant toutes ces souffrances imméritées, je me demande s'il ne serait pas possible à une volonté humaine énergique d'abréger cet effroyable martyre, de mettre un terme à tant de maux.

C'est pourquoi, mon général, je vous communique une lettre destinée à mon frère, vous laissant juge d'apprécier si elle peut lui être transmise.

LETTRE A M. MATHIEU DREYFUS

Mon cher Mathieu, je viens t'écrire, en homme qui écrit à un autre homme ayant non moins de sens et de cœur.

La situation horriblement tragique dans laquelle nous sommes depuis si longtemps menace de s'éterniser ; pour moi, je ne la supporte plus que par une lutte de tous les instants.

Si je disparaissais, ce serait une solution pour moi ; elle n'en serait une, ni pour Lucie, ni pour mes enfants, ni pour nous tous.

Se sacrifier pour une noble cause est très beau, agoniser pour le crime d'un autre est atroce !

Les moyens d'investigation directe, tu le sais aussi bien que moi, nous sont interdits : le gouvernement seul aurait le droit de les employer.

Il ne le peut pas, donc nous n'avons qu'à nous incliner et à respecter sa décision, comme je l'ai dit il y a longtemps.

J'ai une égale confiance dans les efforts du ministère et dans les vôtres; mais voilà bientôt trois ans que dure cette situation épouvantable, sans apercevoir ni pour les uns ni pour les autres un terme à tant d'épouvantables tortures.

Gémir, récriminer, tout cela ne sert à rien; lever aussi les yeux au ciel, en attendant qu'un hasard heureux vous mette sur la piste du coupable, n'est pas non plus une solution.

Mais si les moyens d'investigation directe sont interdits, si les complices, les misérables auteurs de ce crime infâme sont insaisissables de par la loi, il n'en est pas de même de la volonté énergique, qui veut à tout prix sortir d'une situation intolérable.

Il y a beau temps que j'eusse attiré dans un guet-apens, sur un territoire neutre, probablement au moyen d'une femme, le misérable auteur du crime infâme, et une fois que je l'eusse eu entre mes mains, Dieu seul eût été mon juge, et il aurait bien fallu qu'il me livre le nom des misérables et le secret de leurs viles machinations pour notre pays!

Pour me résumer, il faut chercher à me sortir enfin d'une situation intolérable, qui a duré trop longtemps, par des moyens décisifs et énergiques.

Une pareille mission n'est pas au-dessus de ton courage et de ton énergie.

A toi de réfléchir, de trouver la solution du problème en évitant toute difficulté au gouvernement; puis, tu iras trouver M. le général de Boisdeffre, tu lui livreras les coupables : à lui alors de faire la lumière. En un mot, j'appelle toute ta volonté et toute ton énergie en travaillant pour la France et avec la France.

Tu le comprends bien, mon cher Mathieu, ce n'est pas une plainte vaine et inutile que je veux jeter sur le papier; c'est le cri d'un soldat, d'un époux, d'un père qui a du sang dans les veines, qui voit tous les siens éprouvés avec tant de torture, et qui estime que le droit, plus que le droit, le devoir et la volonté humaine, est de rechercher la vérité par tous les moyens énergiques, décisifs, tout en travaillant pour la France, avec elle, et en ménageant ses intérêts.

Gémir, se lamenter, tout cela n'est pas une solution ; ce n'est même pas un palliatif pour aucun de nous.

Je fais un appel plus énergique que jamais à ta volonté, à ton dévouement pour chercher à mettre enfin un terme à tant de supplices, à tant de douleurs.

A toi de trouver, résolu et implacable, la solution du problème dont je te donne les termes.

Aboutis enfin par un moyen décisif, tout en ménageant les intérêts du pays.

Je t'embrasse de tout mon cœur, ainsi que Jeanne et tes chers enfants.

C'est le général de Boisdeffre qui a reçu la lettre. Il ne l'a pas transmise. Il a bien fait.

Mais vous entendez celui qui parle. Quoi! ce n'est pas là l'innocent, celui qui a conçu dans sa cellule de pouvoir saisir sur un territoire neutre l'homme qui possède les secrets! Il veut que son frère lui arrache le nom du misérable!

Voyons, une simple réflexion de bon sens : c'est un coupable qui écrirait ainsi au général de Boisdeffre? (*Mouvement.*)

Messieurs, je m'en rapporte à vous. Il ne faut pas être un grand psychologue; l'âme de cet homme, elle nous apparaît toute nue, je vous le disais, tout entière. Vous avez lu dans son cœur!

Dites-moi si les quelques lignes que je viens d'avoir l'honneur de faire passer sous vos yeux ne vous l'ont pas fait connaître tel qu'il est. Dites-moi si ces lignes servent l'accusation, si elles ne sont pas, au contraire, le pivot moral de la défense que je viens présenter devant vous?

Prenons maintenant l'accusation.

Qu'est-ce qui en fait donc la gravité? L'autorité de ceux qui la soutiennent.

Cinq ministres de la guerre avaient publiquement, soit à la tribune, soit dans des discours prononcés en dehors du Parlement, affirmé la culpabilité de Dreyfus. J'en avais été moi-même vivement impressionné. J'avais une foi absolue ; on me disait :

« Il y a là, au ministère de la guerre, un dossier secret; on ne peut l'ouvrir sans compromettre les intérêts du pays. Si on savait ce qu'il y a dedans, peut-être la guerre se déchaînerait-elle sur notre malheureuse France. »

J'étais profondément troublé et je n'ai été rassuré que lorsque nous avons vu ensemble le dossier secret, mais enfin je me disais : « Il y a là cinq ministres qui affirment et attestent en leur âme et conscience que Dreyfus était un coupable! »

Et, après les cinq ministres, des hommes considérables de l'armée : le général de Boisdeffre, le général Gonse, le général Roget qui a fait une étude spéciale de l'affaire et, après lui, ce très distingué officier supérieur qui, lui aussi, à la dernière heure, venait attester devant vous que le doute n'était pas possible, que le coupable c'était lui.

Tout cela m'impressionnait. Heureusement, devant vous les ministres ont donné les raisons de leur opinion. Le général

Roget, le commandant Cuignet ont développé les considérations sur lesquelles ils se fondent pour baser l'affirmation qu'ils ont produite ici et, en les écoutant, je me disais ceci : « Je comprenais tout cela devant la Cour de cassation, il fallait qu'il y eût une présomption assez grave d'innocence, presque une preuve d'innocence. »

Mais ici, ce que j'attendais, c'était une preuve.

Oh! je sais bien que le général Mercier a terminé en disant, comme le général Roget d'ailleurs : il y a une preuve, une preuve matérielle, c'est le bordereau.

Je ne suis pas de ceux qui dédaignent l'œuvre de M. Bertillon, mais le bordereau c'était la seule preuve, et jusque-là ce n'étaient donc que des présomptions, et les présomptions ne constituent pas des preuves.

Ceci me remet en mémoire un mot, qui a été célèbre, d'un grand magistrat de France, qui avait été autrefois un grand avocat et qui répondait un jour à un procureur général, lequel avait accumulé contre lui une quantité de petits faits qui n'étaient que des présomptions :

— Avec tous vos petits lapins blancs, vous ne ferez jamais un cheval blanc.

Avec vos possibilités, vous ne ferez jamais une preuve, et la preuve matérielle, nous la discuterons.

Et puis, j'avais dans l'esprit une pensée que j'aurais dite à ces messieurs si la discussion avait été libre entre nous. Je leur aurais dit : « Êtes-vous bien sûrs que votre opinion, si loyale soit-elle, puisse être acceptée sans réserve par des juges impartiaux ? »

Mais à quel moment se sont-ils fait cette opinion ? A quel moment ont-ils étudié l'affaire ? A quel moment le général Roget est-il entré en scène ? Et le commandant Cuignet et M. Cavaignac, et le général Zurlinden, et le général Billot, à quel moment ont-ils étudié l'affaire ?

N'oubliez donc pas que c'est à cette heure à laquelle je faisais allusion tout à l'heure, lorsque l'aberration des esprits voulait poser le débat entre Dreyfus et l'honneur de l'armée.

Quoi! voilà de loyaux officiers, de vieux guerriers qui ont versé leur sang pour le pays ; voilà des hommes qui se croient aujourd'hui atteints dans leur honneur, qui se voient traînés sur la claie, et vous voulez qu'il n'y ait pas dans leur cœur une de ces émotions patriotiques, une de ces indignations qui troublent, à ce moment, la tranquillité des cerveaux, et qui mettent dans leur esprit ce que d'Aguesseau appelait le pire ennemi du magistrat, c'est-à-dire la prévention.

Comment! Ils voulaient trouver, ils l'ont dit, et certainement je ne peux pas mettre en doute leur intention, ils voulaient trouver la preuve de l'innocence.

Ils ne pouvaient pas la trouver! Parce que, quand ils la cherchaient, ils entendaient autour d'eux ces clameurs qui leur disaient : « L'armée est déshonorée en vous et par vous. »

Je dis qu'il n'est pas possible que des hommes, dans un état d'esprit pareil, aient une opinion libre, affranchie de préventions, et que leur opinion puisse être acceptée par des juges.

Heureusement, le cas ne se présentera pas ; et aujourd'hui, si je m'incline devant vous, si je rends hommage à la loyauté de tous ces officiers qui sont passés tout à l'heure devant vous, en même temps cependant j'aborde la discussion avec confiance, parce que je me dis que je peux aborder leurs démonstrations : elle fera apparaître des doutes, des possibilités ; elle fera, si vous le voulez même, apparaître des présomptions, elle n'apportera pas la preuve que la conscience de juges comme vous exige absolument pour prononcer une condamnation.

Je vous ai dit, messieurs que je ne voulais pas limiter le champ de vos investigations, je ne ferai pas comme M. le commissaire du gouvernement, je veux vous dire très nettement l'ordre que je veux suivre devant vous.

Tout d'abord, je vais parler des aveux.

Vous les avez passés sous silence, monsieur le commissaire du gouvernement, parce que vous estimez que la Cour de cassation a jugé souverainement ; c'est vrai.

Je ne discuterai pas en droit, mais il y a eu des témoins qui ont déposé sur les aveux.

L'honorable président du Conseil de guerre a fait appeler des témoins qui ont déposé sur les aveux : je dois vous entretenir de ces aveux.

Et puis, ensuite, j'examinerai le dossier secret.

Quand j'aurai examiné le dossier secret, je parlerai des témoignages moraux, des présomptions morales, dont vous n'avez pas dit un mot, monsieur le commissaire du gouvernement ; mais pourtant il faudra bien que je les passe en revue.

Puis, la valeur technique du bordereau, et puis enfin la valeur matérielle.

39

Quand j'aurai fait cela, mon œuvre sera accomplie.

Malheureusement, mon œuvre sera un peu longue, parce que, je le répète, ce sont des infiniment petits, les détails dans lesquels je dois pénétrer, parce que je ne veux rien laisser sans réponse.

L'attention peut en souffrir ; mais la vérité y gagnera.

Je vais tout d'abord parler des aveux.

Comment M. Cavaignac, le premier, a-t-il pu dire, et après lui M. le commandant Cuignet : « Il n'y a pas de doute, Dreyfus a avoué ? »

Messieurs, quand M. Cavaignac a tenu ce langage, quelle était la phrase qui lui avait été rapportée ?

Ici je vous demande la permission de bien préciser, et je vais préciser dans des conditions telles que je défie toute contradiction.

M. Cavaignac avait sous les yeux, d'une part, les paroles qui avaient été rapportées par le capitaine Lebrun-Renault, le 20 octobre 1897. Retenez cette date, c'est le 20 octobre 1897 que M. le capitaine Lebrun-Renault avait, en présence de M. le général Gonse, et de M. le lieutenant-colonel Henry, écrit une attestation que vous trouverez, messieurs, dans le dossier des aveux, à la pièce, je crois, 254, si on a laissé le numérotage qui existait devant la Cour de cassation.

Voici quelle est cette déclaration :

Le capitaine Lebrun-Renault, de la garde républicaine, déclare que le 5 janvier 1895, le capitaine Dreyfus, qu'il était chargé de garder dans une des pièces de l'Ecole militaire, lui a fait l'aveu suivant :

« Je suis innocent. Dans trois ans, mon innocence sera prouvée ; le ministre sait que, si j'ai livré des documents sans importance, c'était pour en obtenir de sérieux. »

Voilà les paroles consignées au mois d'octobre 1897. Je vous prie de retenir cette date : 20 octobre 1897. Vous verrez tout à l'heure qu'elle peut avoir son intérêt.

Qu'est-ce que je remarque dans cette phrase ? C'est que M. Lebrun-Renault traduit une pensée qui sera née dans l'esprit de Dreyfus, et que Dreyfus aura exprimée.

Le capitaine Dreyfus a dit : « Je suis innocent ; dans trois ans, mon innocence sera prouvée. Le ministre sait que si j'ai livré des documents sans importance, c'était pour en obtenir de sérieux. »

C'est donc Dreyfus qui parle, il n'est pas l'écho de la pensée d'un autre.

Neuf mois après, le 4 juillet 1898, M. Lebrun-Renault se rend chez le ministre Cavaignac avec une note qu'il aurait écrite sur son calepin, non pas le jour de la dégradation, mais le lendemain, c'est-à-dire après que toute l'émotion qui devait naître à la suite de la publication des aveux était déjà produite.

Après sa visite chez M. le général Risbourg, alors son colonel, il avait écrit sur son calepin (ce qui prouve bien que c'est le lendemain de la dégradation):

Hier dégradation du capitaine Dreyfus.

Chargé de le conduire de la prison militaire du Cherche-Midi à l'Ecole militaire, je suis resté avec lui de huit heures à neuf heures.

Il était très abattu, m'affirmant que dans trois ans, son innocence serait reconnue.

Vers huit heures et demie, sans que je l'interroge, il m'a dit :

« Le ministre sait bien que, si j'ai livré des documents, ils étaient sans valeur et que c'était pour m'en procurer de plus importants. »

Voilà donc encore la même phrase qui a été dictée au mois d'octobre 1897, en présence du général Gonse.

Elle est répétée à M. Cavaignac et elle était inscrite sur un calepin ; elle daterait du lendemain du jour de la dégradation.

Cette phrase, ainsi rapportée, ne met toujours en scène et ne fait apparaître que Dreyfus ; c'est lui qui a dit cela, c'est par conséquent lui qui exprime sa pensée personnelle.

Aussi, messieurs, ne faut-il pas nous étonner que, lorsque M. Lebrun-Renault répétera au lieutenant-colonel Guérin ce qu'il consignera deux ans plus tard et dans ces termes-là, lorsqu'on se reporte à la déclaration du lieutenant-colonel Guérin, ce soient les mêmes termes que l'on retrouve.

Lorsque M. le commandant d'Attel qui, lui, est entré un instant dans la pièce où était Dreyfus — mettez deux, trois ou cinq minutes si vous voulez — qui n'a entendu, lui non plus, que cette partie de la phrase, l'aura répétée ; vous comprenez comment M. le ministre Cavaignac — qui ignorait ce qui est maintenant établi devant vous — que Dreyfus ne faisait que traduire la pensée d'un autre ; vous comprenez comment il a pu prêter à ces paroles une portée qui, à ses yeux, était réelle.

Mais ce n'était pas la phrase exacte que Dreyfus avait prononcée.

La phrase exacte, nous la connaissons maintenant par la déposition de M. Lebrun-Renault devant la Cour de cassation et devant vous.

Voici en effet comment M. Lebrun-Renault a déposé devant la Cour de cassation :

> Dreyfus commença par protester de son innocence, par dire qu'avec la fortune importante dont il jouissait et le bel avenir qui lui était réservé, il ne pouvait avoir eu aucun intérêt à trahir. Il ajouta : « Je suis innocent. Dans trois ans on reconnaitra mon innocence. Le ministre le sait. Le commandant du Paty de Clam est venu me voir il y a quelques jours dans ma cellule. Il m'a dit que le ministre le savait. Que le ministre savait que si j'avais livré des documents, ils étaient sans importance et c'était pour en obtenir de plus importants ».

Vous saisissez tout de suite le contraste entre les deux phrases ainsi rapportées.

Dans celle dictée devant M. le général Gonse en 1897 et dans celle rapportée à M. Cavaignac en 1898, c'est Dreyfus qui parle et qui dit : « Si j'ai livré des documents, c'est pour en avoir d'autres ».

Devant la Cour de cassation, ce n'est plus cela. Dreyfus aurait dit : « Le ministre sait que je suis innocent. Le commandant du Paty de Clam est venu me voir il y a quelques jours et il m'a dit que le ministre le savait, qu'il savait que si j'avais livré des documents, ils étaient sans importance et c'était pour en obtenir de plus importants ».

Devant vous, M. Lebrun-Renault a été entendu, et il a répété ce qu'il avait dit devant la Cour de cassation, à une variante près, c'est-à-dire qu'au lieu de dire : le ministre savait, il a remplacé l'imparfait par le présent.

C'est donc bien M. du Paty qui est venu le voir ; et quand Dreyfus parle, il met dans la bouche de M. du Paty ce que M. Lebrun-Renault, d'après la dictée qu'il avait faite en 1897 et en 1898, mettait dans sa bouche à lui, comme venant de son cerveau, comme une pensée jaillie de son âme à lui.

C'est M. du Paty qui aurait exprimé cette pensée que le ministre savait que s'il avait livré des documents, c'était pour en obtenir de plus importants.

J'entends bien que M. du Paty, dans sa déclaration, prétend qu'il n'a pas tenu ce langage. M. du Paty affirme qu'il n'a pas parlé d'amorçage ni de documents qui auraient été livrés pour en avoir d'autres, et il en conclut que lorsque Dreyfus a parlé à M. Lebrun-Renault, le jour même de sa dégradation, Dreyfus rapportait inexactement, pour ne pas dire mensongèrement, ce que M. du Paty avait dit.

Mon Dieu ! Je parlerai de M. du Paty avec la plus grande réserve et la plus grande courtoisie. Il a été très malheureux ces temps derniers. Il est malade aujourd'hui. Par conséquent, je n'emploierai vis-à-vis de lui que des termes très polis et les critiques que je lui adresserai, je les ferai sans la moindre pensée méchante.

Seulement, il a joué dans ce procès un rôle tel que cela a montré que chez lui l'imagination a plus d'empire que de raison, et je peux affirmer cela sans le blesser.

Je vais vous le prouver.

Je vais vous prouver qu'il est impossible que M. du Paty n'ait pas parlé à Dreyfus d'amorçage.

M. du Paty déclare qu'il a fait un compte rendu le jour même.

Ce compte rendu a disparu.

Il y a bien une lettre écrite au ministre de la guerre ; mais cette lettre indique seulement qu'il a fait un compte rendu de l'entrevue. Quant au compte rendu, il a disparu du bureau de la statistique. D'ailleurs, il le constate lui-même dans sa déposition.

Dans ce procès, il y a de quoi préoccuper la conscience des juges, quand ils voient toute la série de pièces disparues et qui auraient pu être utiles.

Ainsi, je ne peux pas étayer ma démonstration par son affirmation. Mais je vais l'étayer par quelque chose ; par son document qui a été produit à la Cour de cassation et qui est à votre disposition. Vous savez à quel document je fais allusion : M. Ballot-Beaupré l'a cité dans son rapport. C'est la note que Dreyfus m'a adressée le soir même de la journée où il avait reçu la visite de M. le colonel du Paty de Clam.

C'est le lundi 31 décembre, le jour où le pourvoi en revision a été rejeté, c'est le dernier jour où j'ai pu le voir librement. On m'a autorisé, avant son départ pour l'île de Ré, à venir lui presser les mains, mais ce jour-là c'était en présence du directeur de la prison de la Santé, le dernier jour, dis-je, où j'ai pu m'entretenir avec lui, c'est le jour où le pourvoi en revision a été rejeté.

Je sors de la prison et le colonel du Paty de Clam y vient de la part du ministre, et, le soir même, je reçois cette longue lettre que vous pourrez lire.

Vous y verrez précisément une allusion à l'agent dont je parlais tout à l'heure.

Je lui avais dit, pour le consoler et le soutenir, que dans deux ou trois années on trouverait la vérité.

Mais, messieurs, écoutez le commencement de cette note ; ce n'était pas fait en prévision d'une argumentation tirée du langage de M. du Paty de Clam, cela :

Le commandant du Paty de Clam est venu aujourd'hui lundi, le 31 décembre 1894, à cinq heures et demie, après le rejet du pourvoi.

Il m'a demandé, de la part du ministre, si je n'avais pas été peut-être la victime de mon imprudence, si je n'avais pas voulu simplement amorcer les...

Il s'agit, messieurs, des agents A et B.

... puis, que je me sois trouvé entraîné dans un engrenage fatal.

Je lui ai répondu que je n'avais jamais eu de relations avec aucun agent ni attaché, que je ne m'étais livré à aucun amorçage et que j'étais innocent.

Il me dit alors que, pour sa part personnelle, sa conviction de ma culpabilité était faite.

Vous pourrez la lire tout entière, messieurs, la lettre. Elle est intéressante ; vous y verrez toutes les suppositions qu'il a faites à ce moment-là et qu'il a traduites.

Comment voulez-vous que, le 31 décembre au soir, au moment où son pourvoi vient d'être rejeté, que je viens de le quitter ; quand je lui ai fait ces adieux dans lesquels je lui exprimais toute la douleur de mon âme — parce que si, à partir de ce jour-là, messieurs, je gardai le silence absolu en face d'une décision que je respectais, que je savais rendue par d'honnêtes gens, cependant, dans le fond de mon âme et de mon cœur, je souffrais, je souffrais cruellement... Donc, j'ai dit adieu au condamné ; puis, du Paty vient, et il m'écrit ces lignes que je reçois à huit heures du soir :

Le commandant du Paty de Clam est venu me demander si je n'avais pas été victime de mon imprudence, si je n'avais pas voulu simplement amorcer, puis que je me sois trouvé entraîné dans un engrenage.

Je lui ai répondu que je n'avais eu aucune relation avec aucun agent ni attaché, que je ne m'étais livré à aucun amorçage et que j'étais innocent.

Et vous doutez, messieurs, que le commandant du Paty lui ait parlé d'amorçage ?

Expliquez-moi alors cette lettre ! C'est le bon sens que j'interroge ici. (*Mouvement.*)

Ah ! aujourd'hui, messieurs, la lettre a pris comme devant la Cour de cassation une importance considérable.

Aujourd'hui, devant vous, son authenticité ne peut pas être douteuse.

Chose curieuse, je n'avais pas lu dans les journaux l'histoire des aveux, et c'est plus tard, quand j'ai ouvert mon dossier, que je me suis dit :

« La voilà, l'explication, c'est lui qui aura répété sa conversation avec du Paty de Clam. Il en aura parlé, et la parole qu'on lui met dans la bouche, c'est le commandant du Paty qui l'a prononcée. »

Le commandant du Paty dit ne pas l'avoir tenu, ce propos... c'est qu'il l'aura oublié.

Tenez, ceci n'est qu'un épisode, mais cela s'est passé à l'audience du Conseil de guerre de 1894, et c'est pour vous montrer comme l'imagination de M. du Paty est quelquefois... je dirai quasi délirante.

Il y a eu un incident devant le Conseil de guerre de 1894, où il a voulu prouver la culpabilité de Dreyfus ; il dit qu'il avait remarqué, messieurs, que l'extrémité de son pied avait, dans certaines occurrences, un mouvement plus agité et plus accéléré.

Il l'a peut-être oublié, le commandant du Paty ! Mais ce qui prouve que le fait est vrai, c'est la pièce que j'avais à mon dossier, le certificat médical que j'ai envoyé aux juges pour prouver qu'il n'y a aucune relation entre le balancement du pied et les mouvements du cœur.

Il a oublié cela aussi, le commandant du Paty, puisqu'il a répété ce qui s'était passé à l'audience de 1894 et qu'il n'en a rien dit ! Et il a aussi oublié ce qui s'est passé le 31 décembre, ce qui est dit dans cette pièce, et elle n'est pas faite pour les besoins de la cause.

Tenez, messieurs, il écrit aussi au ministre de la guerre le jour même. Vous connaissez la lettre, je ne veux pas vous la lire, mais si ce que je viens de vous dire n'était pas vrai, si le commandant du Paty n'avait pas parlé précisément d'amorçage, et si, en 1895 — après qu'on avait eu d'abord les premières paroles rapportées par le général Gonse, qui étaient du capitaine Lebrun-Renault — si on n'avait pas eu la persuasion que ce n'étaient pas des aveux et qu'il ne fallait pas attacher d'importance à ce qui au premier moment, avait paru au capitaine Lebrun-Renault comme capital, on aurait procédé tout autrement qu'on a fait!

D'abord, ce n'est pas une conversation tenue tranquillement entre le capitaine Lebrun-Renault et Dreyfus. Nous devons bien supposer, à ce moment, quel pouvait être son état nerveux.

Il y a quelque part une déclaration, c'est la pièce contemporaine dont on a parlé. c'est la lettre du général Gonse, à laquelle j'attache le plus grand prix. Tout ce qui tombe de la bouche du général Gonse, je le retiendrai, parce que je ne trouverai que des arguments pour ma défense. On pourra discuter ce qui s'est passé à l'état-major. Ce qu'il y a de certain, c'est que c'est un honnête homme.

Eh bien! comment rapporte-t-il la conversation qu'il a eue avec le capitaine Lebrun-Renault ? Il écrit au général de Boisdeffre, il écrit :

Mon général,

Je m'empresse de vous rendre compte que j'ai conduit moi-même le capitaine Lebrun-Renault chez le ministre qui l'a renvoyé, après l'avoir entendu, chez le Président.

D'une façon générale, la conversation du capitaine Lebrun-Renault avec Dreyfus était surtout un monologue de ce dernier qui s'est coupé et repris sans cesse. Les points saillants étaient les suivants :

En somme, on n'a pas livré des documents, mais simplement des copies. Pour un individu qui déclare toujours ne rien savoir, la phrase est singulière.

Puis il a protesté de son innocence, il l'a déclaré : « Le ministre sait que je suis innocent. Si j'ai livré des documents, c'était des documents sans importance, et c'était pour en obtenir de plus sérieux. »

Le capitaine a conclu en exprimant l'avis que Dreyfus faisait des demi-aveux ou un commencement d'aveux mélangés de réticences ou de mensonges.

Quand j'ai demandé à M. Lebrun-Renault à votre audience : « Que concluez-vous aujourd'hui ? » vous savez ce qu'il a répondu : « Voilà ce que j'ai entendu, qu'on en tire les conclusions que l'on voudra ».

Pensez-vous que si le capitaine Lebrun-Renault avait tenu au général Gonse le même langage qu'ici, ce dernier n'aurait pas eu son attention éveillée ?

Dans cette affaire il y a bien des moments où je poserai des points d'interrogation sans les résoudre.

Ainsi je ne me charge pas de faire la lumière sur ce qui s'est passé chez le Président de la République. Je retiens simplement qu'on envoie le capitaine Lebrun-Renault chez le Président pour lui faire part des aveux ; je retiens ce fait qu'il n'en a pas parlé au Président : il a entendu quelqu'un dans une salle voisine qui l'injuriait et il a été « intimidé ».

Enfin, retenons le fait : il n'en a pas parlé, cela est constant.

Il y a quelqu'un à qui il aurait pu en parler, quelqu'un qui ne l'a pas injurié, tout au moins par procuration, c'est le président du conseil.

On l'a envoyé au président du conseil, devant M. Dupuy, même silence sur les aveux. Ainsi il n'a rien dit à M. Dupuy, et il n'a rien dit à M. le Président de la République! Et puis alors, ce qu'il y a de plus curieux, c'est que quand on l'a envoyé pour faire des confidences et des révélations à M. le Président de la République, ces révélations qu'il n'a pas faites, personne n'en parle plus à M. Lebrun-Renault!

Le ministre de la guerre n'en parle pas au président du conseil. Le ministre de la guerre n'en parle pas au Président de la République!

Messieurs, je crois que tout cela peut très bien se concilier. Je crois qu'au premier moment, quand on a eu les paroles rapportées telles qu'elles ont été dites par M. Lebrun-Renault, on a peut-être cru qu'il y avait quelque chose.

Quand, après cela, on a poussé la question à fond, on a examiné plus attentivement, on n'a plus retrouvé que ceci : non pas la pensée ou la parole de Dreyfus, mais la pensée de du Paty.

Je vous disais de retenir cette date d'octobre 1897. Je vais vous dire pourquoi elle a de l'intérêt. Qu'est-ce que c'est que cette date ? C'est la date à laquelle M. le général Gonse a pris avec lui M. le colonel du Paty de Clam.

Vous savez que M. Scheurer-Kestner (c'est le colonel Bertin-Mourot qui nous l'a appris) avait promis de ne rien faire avant de voir le ministre de la guerre. Le colonel Bertin-Mourot en a avisé le général Gonse. Et c'est à partir de ce moment-là que M. le général Gonse a commencé un examen de l'affaire et s'est attaché M. le colonel du Paty de Clam. C'est à partir de ce moment-là que M. du Paty de Clam, à l'insu de M. le général Gonse, a commencé, lui, ces manœuvres, je peux bien le dire, contre Dreyfus en allant au secours d'Esterhazy qui n'était pas encore dénoncé.

Je reviendrai là-dessus d'un mot, mais maintenant je vous le dis seulement pour vous signaler que, dans ce moment-là, le colonel du Paty va rentrer en scène pour jouer un rôle que je ne comprends pas, mais qui certainement, est un rôle blâmable. Le général Gonse l'a dit lui-même.

C'est à cette date-là qu'il fait venir M. Lebrun-Renault. C'est à ce moment-là que M. Lebrun-Renault écrira pour la première fois son récit d'octobre 1897, dans lequel vous voyez qu'il supprime tout à fait du Paty qui ne reparaîtra que devant la Cour de Cassation.

Eh bien ! à ce moment, quand on le fait venir devant le ministre de la guerre... c'est du Paty qui le fait venir, qui fait écrire sa lettre et qui supprime son intervention dans sa prison, intervention qui ne me paraît pas douteuse aujourd'hui !

Alors, messieurs, je me demande si, en 1895, au lendemain de la dégradation, cette vérité sur le rôle du colonel du Paty ne s'est pas déjà révélée, et si elle n'explique pas pourquoi M. le général Saussier, chef de la justice militaire, gouverneur militaire de Paris, n'a rien fait.

Voilà le général Saussier à qui on vient dire : « Dreyfus a avoué ! » et vous croyez que le général Saussier ne s'en serait pas préoccupé ?

Et il suffira de me répondre : c'était fini, Dreyfus était condamné, la dégradation venait d'avoir lieu, il n'y avait plus à s'en préoccuper ?

Comment, après les luttes qui déjà s'étaient engagées dans la presse à côté de ceux qui, avant même la condamnation de Dreyfus, parce qu'il appartenait à la religion juive, avaient pris parti contre lui, lorsque déjà il y avait de l'émotion populaire dans Paris, comment il y aurait eu des aveux ! et M. le général Saussier aurait traité cela en quantité négligeable, lui ?

Cela, vous ne me le ferez jamais croire.

Il y avait là M. le général Mercier. Comment ! il envoie — cela c'est un fait qui est bien reconnu — il envoie le 31 décembre le commandant du Paty pour savoir ce que Dreyfus aurait livré ; en échange, on lui promet des douceurs. Ce qui préoccupe M. le général Mercier, c'est une chose toute naturelle : « C'est de savoir ce qui a pu être communiqué. »

Dreyfus répond : « Je suis innocent, je n'ai rien livré ».

Et voilà que huit jours après, jour pour jour, on vient dire au général Mercier : « Il a avoué ! » et le général Mercier, — personne ne met en doute son intelligence, j'imagine — ne renverra pas du Paty pour lui dire : « Eh bien, maintenant, répétez ce que, dans un moment de défaillance, vous avez dit à l'officier qui vous gardait. Cette phrase incompréhensible pour le commun des mortels : « Je suis innocent, mais j'ai livré des documents ! » on la prend pour des aveux et on ne chercherait pas à savoir de quoi il s'agit !

M. le général Mercier veut savoir ce qu'il a livré et il ne renverra pas M. le colonel du Paty, il ne voudra pas savoir ce qui s'est passé ! Comment est-ce admissible ? Comment cela peut-il s'expliquer ?

Il n'y a qu'une explication possible, c'est que précisément, à ce moment-là, on devait se rendre compte que la phrase rapportée n'avait pas la portée d'un aveu ; et cette phrase, alors, est revenue seulement plus tard à l'esprit de ceux qui, comme M. Cavaignac, ont cru devoir en faire état dans un intérêt supérieur pour le pays. A-t-il été bien compris l'intérêt du pays ?

J'en demande bien pardon à M. le général Billot, mais en 1896, alors que personne, vous l'entendez bien, personne en France ne savait qu'on avait découvert l'écriture d'Esterhazy ; et alors qu'au ministère de la guerre on aurait pu dans l'ombre et le silence faire faire ces comparaisons d'écriture, pourquoi n'a-t-on pas fait la lumière complète, la vérité mise au jour par le chef de l'armée. C'était la justice militaire grandie par la reconnaissance de son erreur, c'était la loyauté, l'honneur militaire acclamés par tous. Je le dis respectueusement au général Billot : « Vous avez craint de troubler le pays ; à ce moment-là, vous vous êtes trompé. »

Mais, enfin, pour en revenir à l'exposition de ma pensée, à cette date, en 1896, les aveux ! personne n'en parle au ministère de la guerre, et c'est deux ans plus tard, à la tribune, que M. le ministre Cavaignac viendra affirmer sa foi dans la culpabilité de Dreyfus.

Il en fera la démonstration en invoquant, quoi ? Des aveux que lui a dits le capitaine Lebrun-Renaud, et des faits sur lesquels nous nous expliquerons plus tard.

Il ne parlera pas même du bordereau ; mais voilà donc la légende des aveux qui apparaît.

Messieurs, je dis que cette légende s'est créée sur des paroles qui, en effet, ont été prononcées ; seulement ces paroles n'étaient pas l'expression d'une pensée née dans l'esprit de Dreyfus ; Dreyfus a traduit le langage de M. du Paty de Clam, et comme il avait écrit au ministre cette lettre dans laquelle il attestait son innocence, il a pu dire : « Je suis innocent, le ministre le sait ».

Puis, il aurait fait allusion aux documents qu'il aurait, soi-disant, livrés comme amorçage, mais répétant dans son monologue haché, la pensée que M. du Paty de Clam lui avait signalée, et ne trahissant pas la sienne.

Voilà comment la Cour de cassation a fait, avec raison, justice de cette légende des aveux. J'aurais pu rester muet, comme le commissaire du gouvernement, en invoquant la chose souverainement jugée par la Cour suprême.

Mais j'ai cru devoir vous donner des explications qui, j'en suis sûr, auront satisfait votre raison, et j'aborde maintenant le dossier secret.

La discussion du dossier secret est ce que j'appellerai volontiers les preuves venant de l'étranger, venant d'au delà de la frontière ; on ne pourra pas reprocher à la défense d'invoquer elle aussi, à son tour, des raisons qu'elle empruntera au delà de la frontière, puisque l'accusation lui donne l'exemple. (*Mouvement.*)

Messieurs, je vais faire ce travail devant vous, après M. le commissaire du gouvernement, un peu plus complètement. Cela va être très pénible pour moi, car je ne connais pas de discussion plus aride que celle que j'appellerai la discussion de ces logogriphes, c'est-à-dire de ces petits morceaux de papier, qui ont été pris, apportés par la « voie ordinaire », recollés, où il manque les morceaux dont on a cherché la traduction.

La première pièce dont a parlé M. le commissaire du gouvernement, c'est, messieurs, deux pièces, dont l'une se place à la fin de l'année 1893, et l'autre au commencement de l'année 1894.

La pièce qui se place à la fin de l'année 1893 est une dépêche en clair qui aurait été adressée par le gouvernement d'un pays étranger à un agent étranger à Paris et qui disait textuellement (le télégramme est rédigé en langue étrangère et en clair) : « Chose aucun signe d'état-major ».

C'est le 27 décembre 1893 que cette dépêche a été envoyée d'une capitale voisine de Paris.

Et puis, en janvier 1894, à une date qui n'est pas absolument précisée, mais qui, cependant, d'après les indications que j'ai trouvées, serait probablement le 7, on trouve un mémento, c'est-à-dire une note informe sur laquelle l'auteur avait voulu noter les pensées que, probablement, il avait l'intention d'exprimer dans une lettre ou peut-être dans un rapport.

Après avoir reconstitué ce mémento déchiré et qu'on a recollé, on trouve les mots que voici :

Doute — preuves, lettre de service, situation dangereuse pour moi, relations avec un officier français. — Ne pas conduire personnellement les négociations. — Apporter ce qu'il a. — Absolu. — Bureau des renseignements (ces mots écrits en français). — Aucunes relations corps de troupes. — Importance seulement venant du ministère.

M. le commissaire du gouvernement, lui, n'a retenu qu'un mot : importance seulement venant du ministère ». Il a dit : Je retiens cela. Voilà ce qui prouve que le correspondant de A. est au ministère.

Messieurs, la discussion du général Mercier et celle de M. Cavaignac sont plus serrées, et c'est à celles-là que je vous demande la permission de m'attacher.

Le général Mercier avait traduit ce memento en disant :

A eu relations avec un officier français, trouve la situation dangereuse. Mais il résulte de ce mémento que celui qui écrit ou celui dont il parle n'a aucunes relations avec les corps de troupes. Par conséquent, si l'agent A n'a pas de relations avec les corps de troupes, si celui dont il parle, c'est-à-dire celui sur le compte duquel il veut se renseigner, n'a pas de relations avec les corps de troupes, j'en conclus que c'est nécessairement quelqu'un qui appartient au ministère.

M. Cavaignac, lui, avait formulé ainsi son opinion à cet égard. Il est plus réservé, plus prudent. Mais voici comment il propose l'interprétation de la pièce :

On me dit que les documents ne portent pas la marque de l'état-major (c'est ce qu'aurait dit la dépêche en clair), il y a des doutes ; il faudrait donc des preuves — je vais demander la lettre de service ; mais comme il y a danger pour moi à conduire personnellement les négociations, je prendrai un intermédiaire et je dirai à l'officier d'apporter ce qu'il a — il faut une discrétion absolue (c'est toujours M. Cavaignac qui interprète le document), parce que le bureau des renseignements nous surveille ; il n'y a lieu d'avoir aucune relation avec un officier des corps de troupes : les documents ne présentent de l'importance que lorsqu'ils viennent du ministère, et c'est pour cela que je continue les relations.

Par conséquent, vous voyez que M. Cavaignac pense comme le général Mercier, et qu'il présente une traduction de laquelle il résulterait dans la pensée de M. Cavaignac que, très certainement, il ne peut pas être question d'un officier appartenant à la troupe, et que, très certainement aussi, ce mémento est la réponse à la dépêche en clair, la réponse de l'agent A.

Eh bien, messieurs, je vais vous faire, moi, quelques observations qui sont de nature à rendre bien invraisemblables les conclusions des ministres Mercier et Cavaignac.

Je me place au point de vue de Dreyfus.

Si le mémento se rapporte à la dépêche en clair, il en résulterait que c'est le commencement des négociations entre Dreyfus et l'agent A, d'après les ministres. Comment alors expliquer que d'après les mêmes ministres de 1891 Dreyfus étant à Bourges aurait livré des documents à l'agent A.

Est-ce que l'agent A tiendrait ce langage en 1894 s'il connaissait depuis longtemps Dreyfus?

J'ajoute : « Est-il certain que le mémento soit la réponse à la dépêche en clair? Vous expliquez-vous l'attitude du gouvernement de la puissance voisine qui a reçu les documents? »

Car il faut qu'il les ait reçus, ces documents, pour qu'il mette « aucun signe état-major. »

Comment ! voilà un gouvernement qui a reçu de son attaché militaire des documents qui viennent du ministère de la guerre français, l'attaché militaire les a examinés lui-même; il a dû bien voir s'ils avaient un signe ou s'ils n'avaient pas un signe d'état-major.

C'est déjà bien singulier qu'il les ait envoyés si, à ses yeux, ils n'avaient pas un signe d'état-major.

On lui répond : « Aucun signe d'état-major », en clair; or, son gouvernement sait bien que les dépêches qui arrivent en clair sont examinées et il écrira qu'il a reçu une communication qui vient d'un officier de l'état-major général de l'armée; c'est un nouvel espion qu'on a à ses gages, et un précieux, celui-là, *un seigneur* pourrais-je dire, en employant l'expression du général Deloye, et en clair on fera allusion à cette communication; n'est-ce pas bien extraordinaire?

Et puis l'agent A reçoit cette dépêche fin décembre, et quand répond-il? sept ou huit jours après.

Le gouvernement croit devoir envoyer la dépêche en clair pour solliciter des explications de son attaché, et il attendra sept ou huit jours pour y répondre ! Voilà une chose que je ne comprends guère.

Notez bien ceci : l'accusation ne fait que des hypothèses, j'ai le droit d'en faire aussi.

Or, je suis bien tenté de penser que le mémento n'est pas le canevas d'une réponse de l'agent à son gouvernement et que c'était plutôt le mémento d'une lettre qu'il voulait répondre à celui qui lui faisait des propositions.

En tout cas, si j'analyse ce mémento, il y a un mot qui, pour ceux d'entre vous qui savent l'allemand, doit vous frapper; c'est qu'à celui qui a fait la proposition à l'agent A, à celui sur lequel on a des doutes, à celui qui doit apporter la preuve, qu'est-ce qu'on lui demande?

On lui demande — c'est indiqué dans le mémento — on lui demande : *patent*.

Qu'est-ce que cela veut dire : *patent?* Cela veut dire « brevet d'officier » et non pas lettre de service.

Si c'est Dreyfus : on demande un brevet d'officier, par conséquent cela exclut plutôt l'idée de Dreyfus, qui est à l'Etat-Major général ; cela est facile à vérifier.

M. le ministre Cavaignac a traduit la phrase : « ne pas conduire personnellement négociations, apporter ce qu'il a, absolu, bureau des renseignements (écrit en français) », par la note : « Il faut une discrétion absolue, parce que le bureau des renseignements nous surveille. »

Permettez-moi de vous faire remarquer que M. le ministre Cavaignac a supprimé quatre mots : « apporter ce qu'il a », qui se trouvent entre « négociations » et « absolu ».

Eh bien ! je demanderai, moi, pourquoi dites-vous : « Il faut une discrétion absolue parce que le bureau des renseignements nous surveille »? Où trouvez-vous le mot « discrétion » ?

Il n'y est pas, dans le mémento ; vous avez « absolu », le qualificatif, mais le substantif n'y est pas.

Supposez quelqu'un qui veut se rappeler une idée par un rapport, qui veut mettre « discrétion absolue », qu'est-ce qu'il écrira dans le memento ? Est-ce qu'il mettra le substantif ou l'adjectif? Le substantif, me semble-t-il.

M. le ministre Cavaignac a introduit le mot « discrétion », qui n'y est pas, pour mettre « discrétion absolue », et il a tiré cette conclusion des mots « bureau des renseignements, » « parce que le bureau des renseignements nous surveille. »

Eh bien ! je vous assure que si je voulais, moi, faire une traduction de cette pièce à mon tour, et si je voulais l'appliquer à M. le commandant Esterhazy, je vous proposerais une traduction qui serait tout aussi vraisemblable. Je n'en ferais pas une charge contre Esterhazy, parce que je ne veux pas en faire non plus une charge contre Dreyfus, mais je veux vous la soumettre.

Supposez que ce soit M. le commandant Esterhazy dont il s'agisse, il est inconnu de A : A a des doutes ; il veut des preuves ; il lui dira d'apporter son brevet d'officier, puis il lui dira d'apporter ce qu'il a, que c'est absolument nécessaire ; les mots : « bureau des renseignements » écrits en français, parce que, probablement, il aura indiqué que cela pouvait venir du bureau des renseignements.

Or, vous verrez, messieurs, par la suite, que j'écarte absolument de ma pensée et de mon esprit une complicité d'Henry avec Esterhazy ; mais ce que je n'écarte pas, par exemple, c'est la possibilité par Esterhazy d'avoir obtenu des renseignements plus ou moins sérieux, plus ou moins certains.

Je vous assure qu'à mes yeux Esterhazy sera toujours plutôt un escroc qu'un traître ; il aura trouvé le moyen de se procurer de l'argent à l'aide d'emplois quels qu'ils soient ; tous les moyens lui sont bons. Nous ne faisons ici que des suppositions, encore une fois, et si je ne trouve pas de preuves contre Esterhazy, je vous demande également de n'en pas trouver contre Dreyfus.

Mais alors, si nous nous occupons d'Esterhazy, nous voyons ceci : il a dit qu'il pouvait apporter des renseignements ; d'où ? du bureau des renseignements, précisément ; et alors on lui a dit : apportez ce qu'il a, absolu venant du bureau des renseignements ; il faut qu'il l'apporte pour qu'on voie que cela vient du bureau des renseignements, parce que je ne veux pas avoir de relations avec un corps de troupes... c'est entendu, parce que, moi, agent A, j'aime mieux des choses sortant du ministère.

J'admets cela, mais je vous dis que si vous voulez prendre la pièce telle qu'elle sort de la voie ordinaire, si vous voulez en faire une argumentation contre Dreyfus, je vous dis qu'il y a une chose que je vous objecte, un obstacle dont vous ne triompherez pas facilement, c'est que, ailleurs, d'après vos accusations, les relations entre A et Dreyfus étaient anciennes.

Mais je vous dirai en même temps que, si je voulais en faire une accusation contre Esterhazy, je trouverais, messieurs, dans ce document même, la preuve, ou tout au moins une présomption de ce qui a pu se passer, de cet homme qui offre ses services à cette date de 1893.

Je n'ai pas fait vérifier, mais je crois que, dans le compte du Crédit foncier, on voit à cette époque des entrées d'argent qui lui sont applicables. (*Mouvement.*)

Quoi qu'il en soit, si je raisonnais comme je viens de vous l'exposer, je dirais : « Voilà le langage qu'on a pu tenir. »

Je pourrais le faire d'autant mieux que j'y trouverais une confirmation dans la déposition d'Esterhazy devant la Cour de cassation.

Ce qu'a dit Esterhazy, je vous prie de croire que ce n'est pas là-dessus que j'appuierai mon argumentation, je sais ce que valent ses déclarations; néanmoins, il a fait des réserves devant la Cour de cassation et il déclare ceci :

— J'ai eu avec un agent étranger, pendant dix-huit mois environ, de 1894 à 1895, à la demande du colonel Sandherr, chef du service des renseignements, que j'avais connu en Tunisie, des rapports que j'aurais précisés devant vous, si j'avais été relevé du secret professionnel.

De cette déclaration, supprimons Sandherr. Mais quel intérêt avait-il à dire qu'il avait eu des rapports avec un agent étranger ? Rapprochez cela de sa démarche du mois d'octobre, quand il était tellement affolé et quand M. du Paty a cru devoir aller à son secours.

Vous voyez donc bien qu'il avoue !

Mais, ce qui m'intéresse le plus, c'est la date.

Les rapports ne sont pas douteux. Il s'agit de leur donner une date.

Esterhazy dit que ces rapports ont eu lieu de 1894 à 1895. Je trouve donc là que ces relations ont commencé au commencement de 1894.

Si je rapproche cela de la première pièce du dossier secret, je me dis que si on voulait faire une traduction de la pièce en cherchant à qui elle peut le mieux s'appliquer, d'Esterhazy ou de Dreyfus, ce serait bien plutôt à Esterhazy qu'à Dreyfus. (*Sensation.*)

Mais ne cherchons pas des preuves de culpabilité dans des éléments aussi fragiles, alors qu'il faut se livrer à des interprétations qui ressemblent à des jeux d'esprit.

Vous avez l'interprétation de M. Cavaignac, vous avez l'interprétation de M. le général Mercier, vous avez la mienne.

Où est la vérité, dans tout cela ? Je n'en sais rien.

Mais, pour une Cour de justice, étayer une condamnation et trouver une preuve de culpabilité dans un pareil document, voilà ce que ne feront certainement pas des juges de conscience comme vous.

Quoique ce soit la plus importante dont vous ait entretenu M. le commissaire du gouvernement, elle n'est pas la seule.

Il a encore retenu la deuxième pièce du dossier secret.

Pour celle-là, il n'y a pas de texte, c'est seulement un rapport de l'agent Guénée.

Voici le fait :

Je traduis textuellement ce qu'a dit M. le commissaire du gouvernement.

Un agent, qui aurait été un émissaire de A, mais qui aurait appartenu à une autre légation, va en Suisse. Le bureau des renseignements connaît le départ et il en avise le 2ᵉ bureau en disant que cet agent, qui est parti pour la Suisse, n'est pas accrédité.

Et voilà que le lendemain, celui qui avait renseigné le bureau des renseignements et qui lui avait dit : « Émissaire de A est parti », vient dire : « Il n'était pas accrédité, mais il vient de l'être aujourd'hui, par télégraphe ».

M. le commissaire du gouvernement vous a dit hier : « Le 2ᵉ bureau avait été averti par le bureau des renseignements, Dreyfus était au 2ᵉ bureau, donc Dreyfus est coupable ».

Voilà ce que j'ai entendu.

Serrons un peu de près l'argumentation.

Je veux bien que le bureau des renseignements ait su, par l'agent Guénée, que cet émissaire était parti sans être accrédité ; je veux bien que le bureau des renseignements ait prévenu ce jour-là le 2ᵉ bureau.

Je veux bien que le surlendemain, le bureau des renseignements ait appris que l'agent qui n'était pas accrédité venait de l'être et qu'il l'avait été par télégraphe.

Mais je vous le demande, où est la relation de cause à effet, entre ce fait que l'on a accrédité l'agent par télégraphe, que cela ait été connu par le bureau des renseignements et par le 2ᵉ bureau, et la culpabilité de Dreyfus ?

On dit : « Mais c'est Dreyfus qui a dû prévenir ».

Il a dû prévenir l'agent A, pour lui dire que l'agent qui était parti en Suisse n'était pas accrédité.

Mais, messieurs, est-ce qu'il n'y a pas une explication beaucoup plus naturelle : c'est que l'agent qu'on envoyait en Suisse avait besoin d'être accrédité ; il le fallait, et, probablement, comme on était très pressé, on l'a fait d'abord partir ; et on a dit : « Ne vous inquiétez pas, la lettre de crédit vous suit, on l'enverra après votre départ ».

Est-ce qu'il n'est pas aussi naturel de supposer cela, que de faire ce travail qui consiste à dire : « Dreyfus étant au 2ᵉ bureau, il a dû prévenir l'agent ».

Il y avait d'autres officiers au 2ᵉ bureau, et qui établit que Dreyfus l'ait su ? que Dreyfus qui était à sa section, qui faisait des travaux spéciaux, en ait été averti ?

Encore une fois, c'est la culpabilité de Dreyfus que vous voulez établir !

Si vous me démontriez que l'officier du bureau des renseignements qui est venu au 2ᵉ bureau a parlé à Dreyfus ; que Dreyfus a su ce secret ; que postérieurement à cette connaissance par Dreyfus, le télégramme a été adressé à l'agent qui avait été envoyé en Suisse pour l'accréditer, auprès de ceux avec qui il allait être en rapport ; j'entends très bien que vous pourriez, non pas établir la culpabilité de Dreyfus, mais établir une relation de cause à effet.

Mais votre argument se réduit à ceci.

Le bureau des renseignements ayant porté un fait à la connaissance du 2ᵉ bureau, et Dreyfus étant au 2ᵉ bureau, il en résulte que Dreyfus est coupable.

Je n'ai pas besoin d'insister.

J'arrive à la troisième pièce, « la lettre Davignon ».

Nous avons le texte intégral de cette lettre. « La lettre Davignon » est une lettre qui aurait été écrite au mois de janvier 1894, mais qui ne serait parvenue, je crois, au bureau des renseignements qu'au mois d'avril.

Voici ce qu'il y a dans cette lettre :

Je viens encore d'écrire au colonel Davignon ; si vous avez occasion de parler de la question avec votre ami, faites-le particulièrement, en façon que Davignon ne vient pas à le savoir. Du reste, il ne répondrait pas, car il faut jamais faire voir qu'un agent s'occupe de l'autre.

La conclusion, messieurs, c'est surtout M. le commandant Cuignet qui l'a mise en relief. Mais enfin, comme le commandant Cuignet et le général Roget font œuvre commune, je puis dire qu'elle est commune à tous, cette réflexion.

Le général Mercier vous l'a également signalée ; la réflexion de M. le commandant Cuignet est celle-ci :

« Il est évident que l'agent B met en garde l'agent A contre une indiscrétion possible, dans le cas où l'agent A aurait fait demander par son ami le même renseignement que B avait demandé officiellement au sous-chef du 2ᵉ bureau.

» Il me paraît résulter de cette préoccupation de l'agent B que l'ami dont il est question est au 2ᵉ bureau, sous les ordres du colonel Davignon : autrement on ne comprendrait pas comment le colonel Davignon pourrait apprendre les démarches que ferait l'ami.

» On saisit très bien, au contraire, la préoccupation de B si l'ami est au 2ᵉ bureau, parce que si Davignon apprenait qu'un autre officier s'occupe de trouver un renseignement sur une question aussi spéciale, aussi en dehors des attributions propres du 2ᵉ bureau que la question dont s'occupe B et dont il a parlé officiellement à Davignon, ce dernier en concluerait aisément que des relations existent entre B ou quelque autre agent et un officier.

Constatations plus graves d'après le fond de la lettre : B et A ont intérêt évidemment à dissimuler ces relations.

Eh bien ! messieurs, l'argumentation qui résulte de cette lettre serait donc qu'on se cacherait, parce que les relations avec l'ami du 2ᵉ bureau seraient inavouables.

En effet, au 2ᵉ bureau, c'est là où les officiers étrangers ont accès, et alors, ils se trouvent avoir des relations mondaines avec la plupart des officiers.

« Donc, pour qu'on se cache, dit M. Cuignet, c'est que les relations avec l'ami du 2ᵉ bureau sont inavouables, et précisément Dreyfus ne peut pas avoir, évidemment, en sa qualité de sémite, de relations mondaines avec l'agent A et l'agent B. »

« Et puis, ajoute-t-il, l'ami doit être au 2ᵉ bureau, pour que Davignon ne puisse s'apercevoir qu'il y a un renseignement demandé par une autre personne que celle qui s'est adressée à lui directement. »

Ce raisonnement ne me paraît pas juste. Puisque Davignon ne pouvait pas donner le renseignement sans aller lui-même se renseigner à un autre bureau, il est évident que s'il avait été au 1er bureau et que s'il y avait eu une démarche d'une autre personne demandant le renseignement, Davignon l'aurait su à ce moment, mais ce qui est intéressant, c'est de savoir pourquoi les deux agents se cachent. Mais je crois que le dossier secret nous l'a suffisamment montré. Ces messieurs s'appliquent à ne pas faire voir qu'ils travaillent l'un pour l'autre. Or, il est certain que si, sur une question qui n'était pas confidentielle, mais encore sur une question spéciale, l'agent A demandant de son côté des renseignements, l'agent B les demandant de l'autre en même temps, il est évident que cela pouvait attirer l'attention et qu'on se serait dit : « Voilà les deux agents qui s'occupent de la même question. C'est assez singulier qu'ils aient tous deux la même pensée de traiter une question qui n'a rien de confidentiel. »

Alors on comprend que B dise à A : « Il ne faut pas qu'on s'aperçoive que nous collaborons. »

Voilà, je crois, tout ce qu'il faut faire dire à cette pièce.

J'ouvrirai une parenthèse pour vous demander comment vous pouvez concilier le *Canaille de D...* en attribuant canaille à Dreyfus avec la lettre à Davignon : « Votre ami ».

Cela sera l'un ou l'autre; mais il ne l'appellera pas *canaille* le lendemain du jour où il l'a appelé *ami*.

J'ai trouvé dans le réquisitoire de M. le commissaire du gouvernement une allusion à une pièce que tous les témoins avaient abandonnée. Ni les ministres ni le général Roget ni le commandant Cuignet n'y avaient fait allusion. C'est une pièce empruntée au dossier des pièces fausses. J'avoue que je ne croyais pas que vous alliez la relever. C'est la lettre écrite par l'agent B à l'agent A, lettre dans laquelle on a fait un grattage et où on a substitué une initiale qui est l'initiale D à l'original.

Quand M. Cavaignac est monté à la tribune, il a cru à ce moment que cette initiale pouvait s'appliquer à Dreyfus et, comme dans cette lettre on indiquait que l'agent A attendait cette personne dont on a gratté le nom et à laquelle on a substitué Dreyfus, on comprend que M. Cavaignac ait été trompé et ait invoqué cette pièce.

Cela n'empêche pas que cela avait encouragé la Chambre à donner foi à l'autre pièce, le faux Henry. Ce qui montre combien il faut regarder de près quand on veut faire une démonstration.

Enfin, c'est l'affaire de M. Cavaignac. Cela ne nous regarde pas.

Mais ce que je retiens, c'est que, s'il l'a montrée, c'est qu'il croyait que c'était une pièce sérieuse.

On a reconnu depuis qu'on l'avait grattée, — M. le commandant Cuignet l'a dit, — car, encore une fois, je ne saurais trop le répéter, je suis en face d'adversaires loyaux, mais qui ont l'esprit tourné vers la culpabilité. Car M. le commandant Cuignet a dit : « Quand on marche pour la revision, on marche contre l'armée et contre la patrie. »

Mais cela, c'est une pièce fausse. Le faux est découvert. Et cependant M. le commissaire du gouvernement l'a retenue. Il vous en a parlé hier, et il vous a dit :

— Avec cette pièce-là, je vais vous démontrer qu'elle ne peut pas être attribuée à Esterhazy.

Mais moi, je n'ai jamais dit que cette pièce pouvait être attribuée à Esterhazy.

Le commissaire du gouvernememt. — Non.

Mᵉ Demange. — C'est vous qui l'avez dit hier ; vous avez dit que cette pièce ne pouvait pas être invoquée contre Esterhazy. Or, moi, comme je ne l'ai jamais invoquée contre Esterhazy, je relève le fait en constatant que l'accusation est si à bout de ressources qu'elle est obligée d'avoir recours à une pièce abandonnée par tous les témoins et qui est dans le dossier des pièces fausses. (Mouvement.)

J'arrive à une lettre de B à A et qui est relative à l'organisation des chemins de fer.

Eh bien, messieurs, voilà encore une chose assez curieuse dans une affaire de trahison. Notez bien que la lettre ne dit pas qu'on l'a reçue, elle dit qu'on va la recevoir ; par conséquent, elle ne prouve même pas que c'est un acte d'espionnage : on va recevoir l'organisation des chemins de fer.

C'est tout ce qu'on dit.

Alors, voici le raisonnement qu'on fait : Dreyfus avait été pendant le second semestre au 2ᵉ bureau. Il a dû s'occuper de l'organisation des chemins de fer. Par conséquent, c'est lui qui a dû envoyer des renseignements sur l'organisation des chemins de fer, ou qui devait en envoyer. Un officier de troupes ne pourrait pas les envoyer.

Soit, pour l'officier de troupes. Reste à savoir si on ne peut se renseigner sur l'organisation des chemins de fer ailleurs qu'au ministère de la guerre.

Qu'est-ce que vous faites donc des Compagnies?

M. le général Roget nous a expliqué dans sa déposition que précisément lorsqu'on faisait des travaux sur le transport des troupes de couverture, au mois de juin ou juillet 1894, il avait trouvé lui, comme chef du 4e bureau, une grande résistance du côté des Compagnies de chemins de fer.

Il est donc certain que ce travail, au point de vue de l'organisation des chemins de fer, est connu. Bien entendu, c'est secret, c'est confidentiel. C'est entendu. Mais enfin, il y a une source de renseignements ailleurs qu'au ministère de la guerre. Et alors, je vous dirai contre l'accusation toujours la même chose; et dussé-je finir pardonnez-moi l'expression, par paraître un radoteur, je vous dirai :

Voyons, il ne suffit pas de me dire que Dreyfus aurait pu les avoir pour dire qu'il les a envoyés. Si vous me démontriez qu'il a pu les envoyer, ce ne serait pas suffisant. Il faudrait me démontrer qu'il les a pris et qu'il les a envoyés, pour pouvoir le condamner.

Mais si vous dites qu'on vient de recevoir des renseignements de tel bureau, Dreyfus y a été l'année dernière, ce doit être lui ; je vous assure que l'Inquisition, qui employait des moyens qui étaient tout à fait cruels pour obtenir ce qu'elle croyait être la vérité, des arguments comme ceux-là, elle ne les aurait jamais retenus.

J'arrive à une pièce que je croyais abandonnée, qui l'a été par M. Cavaignac, qui l'a été par M. le commandant Cuignet; dont M. le général Roget a parlé avec une certaine négligence, la fameuse pièce *Ce canaille de D...*, en disant purement et simplement : je ne dis pas que Dreyfus ait pris des plans directeurs. Mais enfin il a pu les avoir.

Il ne s'est pas expliqué autrement sur la pièce; il n'y a que M. le général Mercier qui l'ait fait.

Je suis donc obligé de vous donner quelques explications sur la pièce *Ce canaille de D...* ; et je n'en suis pas fâché, parce que je vais avoir à cette occasion le moyen de m'expliquer avec vous, et de répondre à M. le commissaire du gouvernement, sur un point très essentiel.

LE COMMISSAIRE DU GOUVERNEMENT. — Je n'en ai pas parlé.

M⁰ Demange. — Je vais vous dire en quoi vous en avez parlé.

Vous avez fait allusion aux fuites qui existaient au ministère de la guerre.

On ne savait pas quel en était l'auteur. Un jour, il y a eu tout à coup une révélation qui a permis de penser que c'était un officier : depuis que Dreyfus a quitté le ministère de la guerre, il n'y a plus de fuites.

Il faut nous expliquer.

Ici, j'appelle toute votre attention, et vous pouvez faire dans le dossier secret la vérification de ce que je vais vous dire.

Il n'y a eu qu'un genre de fuites au ministère de la guerre, ce sont les fuites des plans directeurs.

J'ai entendu hier le colonel Picquart et le général Roget, quand ils étaient confrontés au sujet d'une fuite qui aurait eu lieu depuis le départ de Dreyfus, au sujet d'une pièce de mobilisation, le général Roget dire : « Ce n'est pas une fuite ! »

M. Picquart dire : « C'est une fuite ! »

Je glisse là-dessus, puisque Dreyfus n'y était plus.

Mais ce que je retiens, c'est ce que nous allons voir signaler en 1893, lorsque le général de Miribel était encore à la tête de son service ; c'est ce que nous allons voir signaler en 1894 par le dossier secret : ce sont les fuites des plans directeurs !

Il n'y a pas d'autres fuites — entendez-le bien ! — ce sont celles-là qui ont mis en mouvement le ministère de la guerre, et, à cet égard, je suis bien précis, puisque nous avons des documents dans notre dossier secret, qui nous ont complètement éclairés.

En effet, messieurs, nous trouvons au dossier secret (17 et 17 bis), une pièce de laquelle il résulte que, de la puissance à laquelle appartient l'agent A, on a envoyé 6.000 francs pour renouer d'anciennes relations avec les fournisseurs des plans directeurs.

Il ne peut pas être question de Dreyfus, n'est-ce-pas ? 1ᵉʳ décembre 1892.

Si vous continuez cet examen du dossier secret, vous arrivez aux pièces 20 et 20 bis, et vous voyez d'après ces pièces qu'en juin 1893 (il s'est écoulé six mois) l'agent A va renvoyer des plans directeurs, qui sont en noir, pour en avoir d'autres coloriés.

C'est donc encore des plans directeurs qu'il s'agit, et il y a sur la pièce une indication bien précise, que je signale à votre attention — elle est au crayon ou à la plume, je ne me le rappelle pas — indication de laquelle il résulte qu'il manquerait des plans à la direction du génie.

Eh bien ! on a dit, à l'occasion de ces plans directeurs :

« Dreyfus aurait pu se les procurer, il aurait fallu les chercher au 1er bureau. »

J'ai entendu une réflexion de M. le président, qui m'a frappé.

Je ne suis pas au courant de la chose, et je ne sais pas si mon argument a une portée, mais dans la pièce : *Ce canaille de D...*, on parle, je crois, de dix ou douze plans directeurs de la ville de Nice.

Or, j'ai cru comprendre que les plans qui sont au ministère de la guerre sont assemblés, c'est-à-dire qu'il y a vraisemblablement plusieurs feuilles par plan, et alors, le plan, par exemple, de Nice, serait une seule carte.

Si je me suis trompé, monsieur le commissaire du gouvernement le dira, mais enfin voilà ce que j'avais compris.

Alors, on comprend comment il y a eu une contradiction devant la Cour de cassation, entre le colonel Picquart et le général Roget, au point de vue de la disparition des plans directeurs, car si vous assemblez pour chaque place forte dix ou douze plans, vous finissez par en faire une carte, et je vous défie bien de la mettre dans votre poche.

Voilà ce que je me suis dit : Au ministère de la guerre Dreyfus n'aurait pu avoir qu'un plan d'ensemble, et dans la pièce : *Ce canaille de D...*, on parle de plans directeurs, c'est-à-dire de plusieurs plans.

Il y a une autre chose sur laquelle j'appelle votre attention et qui me paraît capitale : c'est la lettre écrite par l'agent A, à la fin de 1893 ; il est allé dans son pays, il écrit le 29 décembre à son second à Paris, il lui dit : « Au moment de partir, je reçois la réponse de S..., au sujet du nettoyage des armes. Je répondrai de... (une capitale qu'il indique) pour les journaux et les découpures de journaux.

» L'homme des fortifications de la Meuse m'a laissé complètement en plan. S'il devait venir pendant mon absence et qu'il apporte quelque chose, vous pouvez, sur sa demande, lui donner une avance de 300 francs au maximum.

» Sans cela pas un sou. Il faut qu'il apporte au moins le reste des forts de la Meuse, les deux plans de Toul, etc. »

Voyons ! croyez-vous que c'est Dreyfus à qui on va dire :
« Vous aurez trois cents francs et pas un sou de plus ? » Non.
Alors, nous sommes d'accord. Et si nous sommes d'accord, la
fuite n'a visé que les plans directeurs. Et nous avons, messieurs, par le dernier dossier que vous a apporté M. le commandant Guignet (j'appelle votre attention sur ce point), la
preuve que, en 1897, c'est-à-dire longtemps après que Dreyfus
est détenu, l'agent A envoie des plans de 1894 à son gouvernement.

— C'est vrai, a dit le commandant Guignet, « il n'en avait envoyé que deux en 1894, il envoie le reste en 1897 ». Mais, outre
les plans de 1894, il en envoie cinq autres qui sont, je crois, de
la ville de Mézières et qui ceux-là ne sont pas de 1894 et sont
bien de 1897.

Par conséquent, vous voyez bien que les fuites continuent encore, fuites de plans directeurs, c'est vrai ; mais il n'y en avait
pas d'autres avant ; de sorte que, quand j'ai fait cette démonstration, et qu'ensuite j'ai étudié de plus près la pièce : *Ce canaille de D...*, cette pièce retenue par le général Mercier, je vois,
messieurs, dans cette pièce quelque chose qui, à mon sens, est
absolument exclusif (et cette fois d'une façon définitive) de l'hypothèse de Dreyfus désigné dans la pièce.

En effet, messieurs, cette pièce se termine par ces mots :

*Je lui ai dit que vous ne vouliez plus le voir. Je regrette bien de ne pas
vous avoir vu avant mon départ ; ci-joint douze plans directeurs de Nice
que ce canaille de D... m'a donnés pour vous. Je lui ai dit que vous n'avez
pas l'intention de reprendre les relations. Il prétend qu'il y a eu un
malentendu et qu'il ferait tout son possible pour vous satisfaire, etc., etc.*

Eh bien ! je dis que cela est absolument exclusif de Dreyfus. Je comprends bien le pauvre hère, le Dubois... si ce
n'est pas Dubois, celui dont l'initiale est D, qui est le marchand
de plans, qui se les procure... où ? je n'en sais rien, mais qui les
vend à raison de dix francs pièce, qui fait son petit commerce
qui a commencé en 1892, puisque nous voyons qu'en 1892 on
envoie encore six mille francs pour se fournir des plans.

Je comprends cet homme allant fournir ces plans en 1892, les
fournissant encore en 1893 et en 1894, repoussé, je comprends
qu'on l'appelle ce pauvre hère, *Ce canaille de D...*

Mais l'homme qu'on appelle « l'ami » dans une autre lettre :
conciliez ces deux expressions.

L'ami à qui on donnerait 10 à 20 fr., à qui on dirait : « 300 fr., pas un sou de plus », l'ami avec qui on voudrait ne plus avoir de relations, ce serait Dreyfus !

Cependant, messieurs, n'oubliez pas que cela fait la conviction de M. Cavaignac. M. Cavaignac l'a citée, cette pièce.

Que voulez-vous ? Nous sommes ici dans une enceinte de justice, il faut des preuves.

Il n'en est pas moins vrai que M. Cavaignac l'a cru. Il était de bonne foi, c'est incontestable.

Si ce ministre n'était pas convaincu, il n'aurait pas fait ce qu'il a fait.

Enfin, cela vous montre qu'il faut être prudent.

Il a été très imprudent sur le terrain de la politique, et nous, ici, sur le terrain de la justice, nous devons être prudents.

Je suis content que M. le commissaire du gouvernement veuille bien me faire quelques signes desquels il résulte qu'il pense comme moi, avec M. Cuignet.

Je ne peux pas vous lire la déposition de M. Cuignet. Je voudrais ménager vos instants.

Mais vous pourrez vous y reporter et vous verrez que le commandant Cuignet exclut absolument la possibilité que cette pièce fasse allusion à Dreyfus.

Vous verrez également que M. Cavaignac, aujourd'hui, le reconnaît ; il le fait très loyalement, très franchement.

Eh bien ! écartons donc la pièce.

Vous le voyez, messieurs, nous sommes déjà à la troisième pièce du dossier secret. Qu'est-ce que cela vous a apporté comme lumière ? Quelle est la preuve qui puisse être invoquée contre Dreyfus jusqu'à présent ?

Nous trouvons maintenant une lettre que nous appellerons la « lettre C C C ».

Il a été beaucoup question de cette « lettre C C C » et je comprendrais, messieurs, que si nous avions à juger un procès qui s'appellerait le procès Picquart, on nous parle beaucoup de la « lettre C C C », puisqu'il s'agit de savoir, car c'est là-dessus qu'a porté toute la discussion de M. Delaroche-Vernet et des autres, il s'agit de savoir quand cette pièce est arrivée au ministère, si le colonel Picquart l'a vue, l'a connue, et s'il l'a mise de côté.

Ce n'est pas mon affaire à moi, ce n'est pas le procès Dreyfus.

Qu'est-ce qui intéresse le procès Dreyfus ? C'est de savoir si cette pièce a une valeur quelconque. Voilà ce qui intéresse la question Dreyfus.

Je sais bien que, par action réflexe, elle peut avoir une importance, étant donnée cette légende — il y en a tant, de légendes, dans cette affaire! — qui nous présentera le colonel Picquart, à un moment donné, comme l'agent de la famille Dreyfus.

, Le général Billot a insisté particulièrement. Quand il est remonté à cette barre, il a dit que cette pièce n'avait pas été retrouvée.

Cela l'a intrigué, cela l'a troublé, je comprends cela.

Mais moi, je suis devant des juges qui jugent Dreyfus, et je me demande si cette lettre, la lettre CCC, peut incriminer Dreyfus.

Elle l'incriminerait, s'il était vrai qu'un général italien ou napolitain reçoit des lettres de Dreyfus, c'est bien là l'analyse ; seulement, il s'agit de savoir ce que vaut la dame.

Nous avons appris que c'est une dame qui aime beaucoup les « petits frères » ; ce qu'elle appelle les « petits frères », ce sont des billets de mille francs !

On lui en a envoyé deux, mais M. le premier président de la Cour de cassation a eu une préoccupation que vous pouvez avoir ; il a fait demander à M. le garde des sceaux d'interroger le ministre des affaires étrangères sur la question de savoir quelle confiance on pouvait avoir en cette dame, et alors on a envoyé, vous trouverez cela dans le dossier de la Cour de cassation toutes Chambres réunies, la note que voici :

Vous me demandez quelle sorte de créance on peut attribuer aux informations de madame X...

Madame X..., comme je l'ai toujours dit, est une femme que son imagination, sur tous les points, a toujours emportée.

Après s'être occupée de politique à Paris, alors qu'elle était jeune et tenait un salon cosmopolite, elle partit pour l'Italie avec un ami.

Devenue besogneuse, elle a pensé depuis lors pouvoir utiliser son séjour à l'étranger et se créer des ressources en m'adressant des informations d'Italie : informations qui touchaient *très souvent* au fantastique.

C'est ainsi qu'elle a certainement cru pouvoir amorcer une campagne intéressée en prenant sur le nom de Dreyfus, une initiative personnelle.

Sur le terrain purement politique, madame X... a été parfois utile.

Mais ce que je dois reconnaître, ce sont les services rendus avec intelligence quand, dans mes séjours en Italie, je lui *précisais* ou les commissions à faire ou les renseignements à prendre.

Cette dame ne pouvait être et n'a jamais été pour moi qu'un instrument utile; mais sous la seule réserve de l'avoir en main.

Je résume en affirmant nettement *qu'aucune* créance ne saurait être accordée à ses correspondances.

3 mai 1889.

Pour copie conforme :
Le chef du cabinet du ministre des
Affaires étrangères.

Un point, c'est tout, comme disait un témoin (*Rires.*), pour cette pièce. Nous sommes fixés. Je n'ai pas à me préoccuper du passage qu'elle a suivi, de l'endroit où elle se trouve aujourd'hui. Mon procès est celui-ci. Cette pièce prouve-t-elle quelque chose contre Dreyfus ?

Il y a une femme qui a fait allusion, dans sa correspondance, à Dreyfus.

Oui, mais quelqu'un qui la connaît, qui l'emploie, vient vous dire qu'il n'y a aucune créance à accorder à sa correspondance et vous êtes des juges qui avez besoin d'accorder créance aux pièces de l'accusation.

6ᵉ pièce. — La 6ᵉ pièce, messieurs, celle à laquelle M. le commissaire du gouvernement a fait allusion, en citant un seul mot, c'est une lettre du chef à Paris de l'agent A qui est dans son pays et qui lui écrit une lettre, et cette lettre vous vous la rappellerez facilement parce que, lors du dépouillement du dossier secret, il y a eu sur l'interprétation d'un mot une petite divergence. Il s'est agi de savoir si un mot allemand voulait dire tranquillisé ou éclairé.

Voici comment M. le commandant Cuignet a traduit la pièce : « pour ce qui concerne Dreyfus, on est tranquillisé et on finit tout de même par trouver que j'ai bien agi. Nul ne sait rien ici, pas même L... C'est probablement un nigaud qui aura jasé, mais il veut tout faire par lui-même ».

M. le commissaire du gouvernement a retenu ces mots : « Pour ce qui concerne Dreyfus, on est tranquillisé. »

Alors vous en concluez, monsieur le commissaire du gouvernement, c'est bien votre pensée: Dreyfus est aux gages de la puissance de l'agent A. Eh bien ! aujourd'hui, on est tranquillisé.

Messieurs, nous avons eu une explication au dépouillement,

je crois, du dossier diplomatique qui est de nature à nous expliquer la phrase qu'on a traduite par tranquillisé ou par éclairé. Nous avons appris au dépouillement du dossier diplomatique qu'à ce moment-là, un très grand personnage politique de la puissance à laquelle je faisais allusion, qui vivait depuis un certain temps dans la retraite, mais qui avait été un grand personnage politique de ce pays, avait un journal, et ce journal critiquait d'une façon amère l'attitude qu'avait prise à Paris le chef de l'agent A.

Au sujet de l'affaire Dreyfus on s'était ému, dans les cercles politiques, de la puissance de A ; le chef de l'agent A, d'abord préoccupé, puis rassuré, écrit : « On trouve maintenant que j'ai bien agi ».

Qu'est-ce que cela veut dire ? Cela veut dire qu'à l'occasion de l'affaire Dreyfus il y a eu, et nous le savons de reste par ce qui nous a été appris ici, il y a eu des conciliabules, des conférences dont vous a parlé le général Mercier. Il y a donc eu, à Paris, une responsabilité encourue par le chef de l'agent A, il a eu une initiative personnelle, il a marché de l'avant et ensuite il a été critiqué par le journal d'un personnage politique qui était un peu abandonné de ses successeurs ; de là des explications lui ont été demandées qui ont été pleinement satisfaisantes.

En quoi cela prouve-t-il que Dreyfus est coupable ?

L'affaire Dreyfus a pu faire naître des difficultés entre une puissance et la France.

Ces difficultés sont aplanies, mais les procédés qui ont été employés par le chef de l'agent de cette puissance à Paris ont été critiqués.

Il est allé s'en expliquer. Il a été rassuré. Il a été tranquillisé. Il a été éclairé. Peu m'importe le mot.

Mais on ne peut pas nier que l'affaire Dreyfus, à un moment donné, n'ait causé des préoccupations politiques, que le chef de cet agent, qui se trouvait, lui, de l'autre côté de la frontière, écrit à son agent à Paris que maintenant il est tranquillisé, ce qui veut dire que toutes les difficultés politiques sont aplanies.

Elles sont nées, je le veux bien, à l'occasion de l'affaire Dreyfus ; mais en quoi cela démontre-t-il que Dreyfus est coupable ?

C'est un point d'interrogation qui se pose, et c'est vous qui le résoudrez.

Je passe à la septième pièce, qui est du 18 novembre 1894.

Sur cette pièce, M. le commandant Cuignet a fait un raisonnement qui, permettez-moi de le dire, m'apparaît un peu effrayant.

Il s'agit de la pièce 45. C'est une lettre qui est écrite par un ami de l'agent A à l'agent A :

En ce qui concerne la réponse de Collard, c'est un modèle. Mais je ne m'en étonne pas autrement, car c'est une imagination, ce vieux levain de haine qui existe toujours et qui n'a même fait que croître avec les années, ou bien Dreyfus joue-t-il un rôle dans cette affaire ?

A propos de cette dernière phrase, M. le commandant Cuignet s'est demandé si, dans le cas où Dreyfus serait innocent, l'ami de l'agent A ne profiterait pas de notre erreur pour nous tourner en ridicule, étant donné le ton de persiflage de cette lettre à notre égard.

Il a cru y voir un aveu de culpabilité, par prétérition d'innocence.

Je vous assure que quand j'ai lu cela pour la première fois, je me suis demandé comment un pareil raisonnement avait pu être tenu.

Je comprends trop l'émotion que l'on pouvait avoir, à l'époque où l'on a cru l'honneur de l'armée compromis, mais chercher un argument comme celui-là !

Comment, dans une correspondance où l'on ne dit pas que Dreyfus est innocent, M. Cuignet trouve une preuve de culpabilité !

N'oubliez pas que c'est lui qui a fait l'examen du dossier secret, qui l'a fait d'une façon très consciencieuse et qui a convaincu d'abord M. le général Roget, puis M. Cavaignac.

M. Cavaignac, je ne l'offenserai pas en disant que certainement, au point de vue critique, il a prouvé qu'il n'apportait peut-être pas une attention suffisante.

Mais voilà M. le commandant Cuignet qui fait le dépouillement du dossier secret, qui fait une argumentation qui a été présentée par M. le général Roget avec une merveilleuse habileté.

Car M. le général Roget a été l'avocat de l'accusation. M. le commissaire du gouvernement ne le niera pas.

Je dis que, quand on voit la genèse de la conviction dans l'esprit des ministres et des chefs, quand on voit que cette conviction a été amenée par de pareils raisonnements, que parce que l'on ne dit pas que Dreyfus est innocent, cela est une preuve de la culpabilité par prétérition d'innocence, pour des juges comme vous, cela doit vous faire trembler, et puisque vous êtes des hommes d'impartialité, vous en arriverez naturellement à l'idée de votre responsabilité.

L'apaisement, quel que soit votre jugement, se fera toujours, mais quand vous rentrerez dans votre for intérieur et quand vous vous demanderez si l'homme que vous avez à juger est coupable, vous aurez à juger la valeur des arguments que l'on vous apporte.

Vous voudriez me voir arriver à la discussion du bordereau, mais je ne veux pas y arriver encore.

Je veux répondre à tout.

M. le général Mercier a marché pas à pas; je le suis pas à pas comme je vous suis, monsieur le commissaire du gouvernement, en ce moment.

Dans le dossier militaire, il y a une pièce dont vous n'avez pas parlé ; je glisserai, très rapidement.

C'est la pièce qui est intitulée : « Dreyfus Bois ».

On a beaucoup argumenté sur cette pièce devant la Cour de cassation, à l'enquête.

Il s'agit de savoir si on y trouve la consécration de la culpabilité.

Cette pièce est contemporaine des grandes manœuvres de septembre 1895.

D'après la teneur même de cette pièce, il y a eu un toast qui a été porté par un général russe, et c'est à la suite de cette conversation qu'a été rédigé un mémento ; ce mémento est arrivé par la voie ordinaire.

J'appelle votre attention sur ce point, que M. le général Roget a établi très nettement que la pièce n'imputait pas la culpabilité à Dreyfus; qu'elle n'était versée au dossier que pour authentiquer le bordereau.

C'était à un moment où, devant la Cour de cassation (j'avoue que, pour moi, je n'avais pas eu cette idée-là), on disait que le bordereau était bien une œuvre factice.

Je ne dis pas qu'on entrait dans les idées d'Esterhazy, mais on avait eu cette pensée que le bordereau pouvait ne pas avoir existé ; qu'il avait été fabriqué.

Eh bien! moi qui suis un esprit simpliste, pour moi, le bordereau a été envoyé en même temps que les documents. Je crois donc parfaitement à son authenticité.

Mais enfin, le général Roget a déclaré que cette pièce n'avait été versée au dossier que pour authentiquer le bordereau.

Et, en effet, quand on relit la teneur de cette pièce qui est rapportée dans la déposition de M. le général Roget, on voit, d'après son texte même, qu'elle ne peut pas être une preuve contre Dreyfus.

« *Dreyfus-Bois...* » Ici un morceau de papier manque sur lequel se trouve le reste du nom. « *Je ne peux pas ici.* » Puis un autre morceau de papier qui manque sur lequel il pouvait y avoir deux mots courts. « La pièce est arrivée entre les mains de l'attaché militaire ou du grand État-Major de l'État A. Ce que je puis affirmer, verbalement, c'est qu'elle a été entre ses mains et qu'elle a fait ensuite retour au bureau des renseignements. »

Sur le mot verbalement, il y a une discussion au sujet de l'interprétation du mot allemand; peu importe, je n'y attache pas d'importance.

Ce qui me frappe, et ce qui a frappé tout le monde, c'est que si l'agent A parlait de lui-même, il n'aurait pas dit : « La pièce est arrivée entre les mains de l'attaché militaire ou du grand État-Major »; il aurait dit : « Entre mes mains. »

Cela a tellement frappé la Cour de cassation qu'on a posé cette question à M. le commandant Cuignet :

« Comment A parlerait-il de lui à la troisième personne? » Le commandant Cuignet a supposé que la pièce aurait été envoyée en Belgique à l'attaché militaire de la puissance de A, puis qu'elle serait revenue à Paris, avant de partir pour sa destination.

Cette explication, je la crois inadmissible.

Supposez Dreyfus, par hypothèse, l'auteur du bordereau et de l'envoi des documents.

S'il est à Paris, et s'il veut que les pièces arrivent entre les mains de l'agent A, il ne commencerait pas par les envoyer à Bruxelles, surtout pour qu'elles reviennent à Paris.

Si c'était pour leur faire prendre directement le chemin de la puissance à qui elles étaient destinées, je comprendrais; mais, les faire venir à Paris pour leur faire courir un risque de plus, cela n'est pas admissible.

C'est pourquoi le général Roget a très nettement écarté cette version, et M. le commissaire du gouvernement ayant éliminé cette pièce, a dit : « Il n'y a pas lieu d'insister. »

La neuvième pièce, c'est la pièce 53 du dossier secret.

C'est encore M. le commandant Cuignet qui l'a signalée spécialement à votre attention — je ne crois pas que M. le général Mercier en ait parlé — je n'en suis pas très sûr, mais enfin peu importe : M. le commandant Cuignet l'a certainement retenue.

Voici ce que dit cette pièce, la pièce 53 : « Hanotaux retors se réjouit de ce que administration dément. »

Voici comment M. le commandant Cuignet raisonne. Il imagine que l'auteur du mémento se réjouit aussi comme M. Hanotaux. C'est dans l'enquête, à la page 251, que vous trouverez sa réflexion. Y aurait-il lieu de se réjouir si un démenti ne devait pas couvrir des faits qui pourraient avoir pour lui des conséquences au moins ennuyeuses? Mais où est-il écrit dans le mémento que l'agent A se réjouit? Nulle part. Le commandant Cuignet le suppose pour en conclure que l'agent A a un intérêt personnel à se réjouir. C'est par un semblable travail de l'esprit que le commandant Cuignet veut établir la culpabilité de Dreyfus. Je laisse à votre bon sens le soin d'apprécier la valeur du raisonnement.

Il y a ensuite dans le mémento une série de noms; on peut supposer qu'à ce moment l'agent A recherchait — et il avait bien le droit de rechercher, puisqu'on mettait dans les journaux que c'était une pièce qui avait été prise dans la maison de l'agent A — il recherchait qui, dans son personnel, pouvait être suspecté.

C'était tout naturel. Et sur cette partie de la pièce l'accusation n'insiste pas.

J'arrive maintenant à une pièce dont il a été beaucoup parlé : c'est la pièce 66.

Ce n'est pas un rapport, c'est une note émanant d'un autre agent que l'agent A et que l'agent B, et dans laquelle le général Mercier prétend trouver — il a versé non pas la pièce tout entière, mais un extrait de la pièce aux débats — la preuve de la culpabilité de Dreyfus.

Dans cette pièce, moi, je trouve deux choses : D'une part, la preuve que l'agent A et l'agent B travaillaient ensemble et ne travaillaient pas avec cet agent-là; l'autre, celui que nous sommes convenus, je crois, d'appeler l'agent S, et, d'autre part — ceci est très intéressant — c'est que nous sommes en 1897, époque où ont été faites ces pièces. Cette pièce est-elle du

30 novembre ou du 17 novembre ? Quand vous vous reporterez
à la déposition du général Gonse, vous verrez qu'il a indiqué le
17 novembre, le jour où il est entré chez le colonel Henry, où
se trouvait M. Paléologue.

Il ajoute qu'il a rappelé cet entretien à M. Paléologue et il a
dit : « C'est précisément le jour où on lisait la pièce à laquelle
je fais allusion. » Cette date m'est indifférente, 17 ou 30, qu'importe? Ce qui m'intéresse, c'est ceci : vous voyez une pièce où
il est dit que, depuis un an, les attachés A et B disent que Dreyfus est innocent.

Or, si vous faites le compte, remontez à une année en arrière :
c'est la date à laquelle le bordereau a été publié en photogravure dans le journal *le Matin*, et vous savez, il vous a été dit,
que c'était à dater de ce jour que ces attachés militaires — qui
ne savaient pas quelles étaient les causes et les bases de la condamnation de Dreyfus — ont eu les yeux ouverts.

Eh bien! quoi d'étonnant que l'attaché dont il est question
ici, qui ne travaillait pas avec l'agent A ni avec l'agent B, et
qui, par conséquent, n'était pas tenu par eux au courant de ce
qu'ils faisaient, ait exprimé en 1897, en novembre, une opinion
qui soit conforme à celle qui régnait depuis la condamnation
de Dreyfus? Car enfin, messieurs, au lendemain de cette condamnation, un homme seul avait foi en l'innocence et croyait à
l'erreur, c'est moi.

Tout le monde croyait qu'il était coupable.

Pensez donc : sept officiers l'avaient condamné à l'unanimité.
Alors il n'y avait pas l'écriture d'Esterhazy; il n'y en avait
qu'une, celle de Dreyfus soumise aux juges.

Les officiers avaient prononcé dans la loyauté de leur conscience. Comment voulez-vous qu'il y eût un doute?

Ah! je comprends les émotions de ce pays quand on a pu
croire un instant qu'en mettant en doute l'autorité de ce jugement on mettait en doute la loyauté et l'honneur de ceux qui
l'avaient rendu !

Eh bien! oui, l'attaché militaire croyait comme tout le monde
à la culpabilité de Dreyfus et il persistait à y croire. Pourquoi
persistait-il à y croire? Lisez la pièce. Je vous prie de la relire.

Depuis quelques jours, le cas du capitaine Dreyfus condamné en 1894,
pour haute trahison, fait de nouveau beaucoup de bruit dans la presse.
Un des vice-présidents du Sénat, M. Scheurer-Kestner, serait sur la
trace de l'innocence du condamné. On sait une chose, c'est qu'un cer-

tain nombre de journalistes ont interpellé M. Scheurer-Ketsner, qui prétend qu'on s'est trompé dans l'appréciation de l'écriture, que la trahison a bien eu lieu, mais que le traître était un autre que Dreyfus ; on avait bien des fois émis une pareille supposition.

Et je ne serais pas revenu là-dessus si, depuis un an, je n'avais appris par des tierces personnes que les attachés militaires A et B (qui ne sont pas nommés par leur nom, mais par leur pays) avaient soutenu la même thèse dans tous les salons à droite et à gauche.

Ces indiscrétions ont-elles franchi les limites de certains cercles et constituent-elles la base de la conviction de M. Scheurer-Kestner? C'est ce que l'on verra dans la suite ; mais cette supposition n'a rien d'invraisemblable.

Je m'en tiens toujours et encore aux informations publiées autrefois au sujet de l'affaire Dreyfus, les considérant comme justes et estimant que Dreyfus a été en relations avec des bureaux confidentiels de (telle ville et telle ville) que le grand état-major (la puissance de l'agent A) cache avec un soin jaloux même à ses nationaux.

Lorsqu'en 1894 je fis ma visite d'arrivée à Bruxelles, à l'attaché militaire de la puissance de l'agent A (major), il a saisi sans aucune demande de ma part l'occasion de me déclarer que les attachés militaires de la puissance A n'avaient qu'un rôle de représentation et qu'ils n'avaient rien à faire dans les questions confidentielles.

Qu'est-ce que cela veut dire en bon français? C'est que l'attaché de la puissance de A à Bruxelles n'est pas d'accord avec celui de Paris ; il voulait laisser croire à l'attaché (de la troisième puissance) à S, que l'attaché militaire A et l'attaché militaire B ne s'occupent pas d'espionnage et ne font que de la représentation officielle.

Etonnez-vous donc que quand on prend ces précautions vis à vis de l'agent S, quand on lui laisse ignorer ce qu'on fait, étonnez-vous donc qu'il se soit fait une opinion comme tout le monde, qu'il y persiste. Il est dans l'ignorance de ce que font les autres.

Mais il y a ceci de curieux, c'est qu'il a su dans les salons que les autres disent : Dreyfus n'est pas coupable. Il ne sait pas pourquoi les autres le disent ; mais nous le savons maintenant ; c'est parce que A et B ont vu le bordereau.

Il ne sait pas pourquoi ils le disent ; alors il écrit : Je persiste dans mon opinion.

Puis il ajoute dans cette pièce qu'on se cache de lui ; on, c'est A et B qui ne font à S aucune confidence.

Cette pièce, je remercie le général Mercier de l'avoir versée aux débats.

Elle est un des moyens de ma défense, pour vous montrer que c'est bien en 1896 que la vérité a éclaté aux yeux de l'agent A et de l'agent B, quand ils ont vu le bordereau : à partir de ce moment-là, ils l'ont dit dans les salons.

Quant à S, s'il a continué à croire Dreyfus coupable, c'est parce que A et B le laissent dans l'ignorance de tout ce qu'ils font.

J'ai fini avec l'examen du dossier secret proprement dit, celui qu'invoque l'accusation ; mais il y a deux pièces encore qui ne doivent pas être négligées, puisque le commandant Cuignet a cru y trouver une présomption de culpabilité et que moi j'entends en faire jaillir une présomption d'innocence.

Il s'agit de savoir qui de nous deux a raison.

Je veux parler de deux lettres qui ont été écrites le 2 novembre et le 8 novembre par l'agent B au chef de son ambassade.

Voici comment est conçue celle du 2 novembre.

Les journaux du soir continuent à mettre l'Italie sur le tapis ; d'un autre côté, le *Temps* dit que le ministre de la guerre a refusé de dire le nom de la puissance à laquelle Dreyfus donnait des documents : ce seul fait suffit pour démontrer que la puissance en question ce n'est pas nous, attendu qu'à cause de l'affaire R... qui vient d'avoir lieu, on aurait été heureux de nous être désagréable.

Alors le commandant Cuignet (j'ai pris sa déposition exacte, je n'ai pas voulu me tromper) en a conclu que l'agent B disait : « Ce n'est pas avec moi, c'est avec l'agent A qu'il est en relation. »

Donc : « C'est l'agent B qui accuse Dreyfus. »

Mais vous venez d'entendre la lecture de la lettre ; où voyez-vous que l'agent B désigne soit la puissance de l'agent A, soit l'agent A lui-même dans la lettre du 8 novembre ?

Excellence, le journal X... confirme que Dreyfus est accusé d'avoir livré des documents. L'*Intransigeant* dit la même chose. Je crois par conséquent que la version du premier jour est exacte.

Torturez cette lettre tant qu'il vous plaira ; où apparaîtra-t-il une déclaration de B disant que A est en relations avec Dreyfus ? N'ai-je pas au contraire le droit d'affirmer que le texte de ces lettres prouve que Dreyfus était entièrement ignoré de B :

Mais bien autrement importante est la dépêche du 2 novembre, cette dépêche qui a donné lieu à tant d'explications, de commentaires, de heurts de passions.

Oublions tout cela! Elle dégage Dreyfus, n'est-ce pas? Il y avait eu une première traduction ébauchée; je ne veux pas rechercher dans quelles conditions. Encore un coup, je le répète, je ne veux pas apporter d'excitation ici. Cela ne me regarde pas, et je n'ai pas à rechercher ce qui s'est passé devant le Conseil de guerre de 1894. Je ne parle pas de cela.

Je prends la pièce et je la lis: Elle est à la décharge de Dreyfus.

Seulement, je vois bien l'objection qu'on peut me faire qui n'a pas été faite nettement, qui l'a été incidemment.

Un peu de poison enveloppé dans beaucoup de sucre.

Vous avez entendu le général Mercier vous dire dans l'oreille: « Méfiez-vous de tout ce qui vient d'au-delà de la frontière. Prenez-y garde! »

Je dirai aussi: « Prenez garde! » Mais je voudrais bien qu'on ne se servît pas alors contre Dreyfus de tout ce qu'on vient de lire, car c'est au-delà de la frontière qu'on l'a pris.

J'aborde pourtant nettement l'objection; à qui B envoie-t-il cette dépêche? au chef d'Etat-Major de l'armée à laquelle il appartient?

Eh bien! messieurs, je vais vous dire mon sentiment. Si elle était envoyée au ministre des affaires étrangères ou même à l'ambassadeur — je crois bien que les ambassadeurs ne savaient pas ce qui se passait entre leurs attachés A et B — je dirais: « Je me méfie parce qu'il ne veut pas dire toute la vérité à son ambassadeur, ni même à son ministre des affaires étrangères. »

Mais avec son chef d'Etat-Major, ce n'est pas la même chose! Il lui a envoyé ce qu'il avait, puisqu'ils travaillaient ensemble.

L'agent B ne travaillait pas seul, ne gardait pas tout cela pour lui. Où cela allait-il? A son chef d'Etat-Major.

Par conséquent, celui-là ne pouvait ignorer ce qu'il faisait quand il se livrait à un trafic ou à des manœuvres d'espionnage. Et quel intérêt pouvait avoir l'agent B à dissimuler ce qu'il sait à celui qui lui donne des instructions, à qui il fait ses communications, à qui, naturellement, quand il lui fait ses communications, pour leur donner l'autorité et la qualité nécessaires, il devait dire: « Ce que je vous donne est sûr; cela a une source sûre ».

Eh bien ! à un moment donné, il lui télégraphie en lui disant: « Si vous n'avez pas eu, vous, de relations particulières avec Dreyfus, moi je n'en ai pas. »

Quelle raison a-t-il de se cacher de lui?

Cette pièce, nous savons comment on l'a ; pour la traduction, il ne peut y avoir de doute.

Le colonel Sandherr a fait une épreuve ; nous l'avons connue cette épreuve au dépouillement du dossier secret : il me suffit pour éveiller vos souvenirs de vous rappeler le mot de « Schlis-senfurt ». Il n'y a donc pas de doute ni sur l'authenticité de la dépêche du 2 novembre, ni sur la personnalité de celui à qui elle est adressée, qui est un militaire, le chef d'Etat-Major à qui écrit son attaché, et pour qui il n'a pas de secrets.

Encore une fois, je pourrais me méfier des relations avec l'ambassadeur ou avec le ministre des affaires étrangères, parce qu'ils peuvent ignorer ce que font les attachés militaires ; mais celui-là ne l'ignore pas.

Et par conséquent, quand B a envoyé cette dépêche qui dit : « Je ne connais pas Dreyfus. Le connaissez-vous? »

Pourquoi suspecter sa parole?

Quand il écrit : « Je ne le connais pas ; vous, le connaissez-vous ? » il dit la vérité en son âme et conscience ; et alors moi, je dois m'en emparer, parce que les conditions dans lesquelles cette pièce nous arrive ne permettent pas de douter de son authenticité, et parce qu'il n'y a pas de raisons pour que l'agent B conserve le secret vis à vis de son chef, qui n'est pas un diplomate, qui est un militaire.

Et voilà pourquoi je trouve cette pièce capitale.

Et, messieurs, plus tard, quand nous saurons qu'alors les chefs diplomatiques, après avoir fait des enquêtes, viendront affirmer qu'ils ont eu la parole d'honneur engagée des attachés, je me dirai qu'alors aussi je dois leur donner foi, à ceux-là, même à ce moment, parce qu'alors ils auront fait l'enquête ; et je comprends bien que les attachés, à un moment donné, aient voulu dissimuler le rôle qu'ils jouaient en France, puisqu'ils ne devaient pas le jouer, puisque c'était contraire aux instructions officielles de leur gouvernement ; je comprends qu'ils aient voulu nier ; mais, quand on a fait l'enquête, et quand l'enquête a porté sur le point de savoir — vous l'entendez bien, nous sommes en 1898 — non pas si les attachés militaires ont manqué à leur devoir vis à vis de la patrie française en y faisant de l'espionnage, mais si l'espion, c'était Dreyfus; (voilà comment la question se pose); quand on fait l'enquête, à ce moment-là, je vous avoue que, quand les attachés militaires donnent leur parole d'honneur à leurs ambassadeurs que ce n'est pas lui, quel intérêt, je vous le demande, ont-ils à ce moment-là à le dire ?

Encore une fois, oui, je vois l'intérêt que peuvent avoir les agents diplomatiques à tromper leurs supérieurs : je veux même me méfier de ce qui viendra de l'autre côté de la frontière pour nous éclairer, parce que, là-bas, ils n'ont que leur intérêt, et ils se soucient peu du nôtre.

Mais cependant, lorsque je vois, dans la puissance de l'agent A, un ministre monter à la tribune, faire cette déclaration publique, ne l'oubliez pas : « Jamais, ni notre agent militaire, ni le gouvernement n'ont eu de relations avec Dreyfus » ;

Et quand il se contente de dire une ligne après, ou un moment après : « J'ai entendu parler d'Esterhazy pour la première fois, il y a trois semaines » ;

Je vous dis que cette déclaration-là, faite solennellement, vous entendez, en face du monde, alors qu'ils se sont renseignés, ne peut être mise en doute.

Vous croyez que les attachés militaires auraient exposé la puissance de l'agent A, auraient exposé le ministre des affaires étrangères, et, par conséquent, disons-le, le chef de l'Etat lui-même, car on ne parle là-bas qu'en son nom — ce n'est pas un gouvernement parlementaire là-bas, c'est bien le souverain qui parle à la tribune — vous croyez que l'attaché A l'aurait trompé ? qu'il lui aurait laissé faire cette déclaration-là ?

Mais voyez un peu les conséquences ! Voyez ce qui arriverait, s'il était démontré que l'agent A l'a trompé.

Vous croyez donc qu'il aurait risqué cela ? Songez un peu à son propre intérêt personnel. Vous pouvez croire cela ?

Et la puissance de l'agent B ?

Ah ! messieurs, vous avez vu des pièces, celles-là, ultra confidentielles — enfin, elles sont bien topiques.

Vous savez comment, avant de faire cette déclaration, le ministre des affaires étrangères de la puissance de l'agent B, a demandé à son représentant à Paris, au chef de l'ambassade à Paris, il lui a dit :

« Puis-je marcher ? »

L'autre s'est engagé personnellement.

Vous croyez qu'à ce moment là, l'agent B l'aurait trompé aussi?

Et vous savez, messieurs, ce qui est intéressant, que nous avons cette indication dans des conditions telles que vous ne pouvez pas douter de la réalité et de l'authenticité des faits auxquels je fais allusion; et comme je me méfie de ma parole, j'ai écrit ce que je veux vous rappeler à cet égard dans la formule que voici:

Les gouvernements de l'agent A et de l'agent B ont adressé à leurs Parlements respectifs, une déclaration pour répudier toutes relations directes ou indirectes entre leurs agents et le capitaine Dreyfus.

Le dossier secret du ministère des affaires étrangères a permis au Conseil de guerre d'apprécier la valeur de ces affirmations officielles.

Certains renseignements, dont le Conseil sait que je ne peux divulguer ni l'origine ni la nature, nous ont révélé le soin avec lequel ces affirmations ont été contrôlées avant d'être énoncées publiquement.

Pour l'une des puissances en cause, le Conseil a pu constater la grande attention que l'on a eue de ne pas prononcer le nom du commandant Esterhazy, à côté de celui du capitaine Dreyfus.

Cette omission est significative, et l'on sait, vous savez, messieurs, qu'elle a été volontaire et délibérée.

Eh bien, je dis que dans ces conditions-là, il me paraît impossible que l'agent B, pas plus que l'agent A, aient exposé leurs gouvernements à faire des déclarations — entendez-le bien — qui attenteraient à la renommée morale de ces deux pays étrangers.

Messieurs, je ne puis pas croire, quelles que soient les finesses et les mensonges de la diplomatie, que deux agents militaires eussent exposé leurs gouvernements à un pareil danger, à un pareil péril!

C'est ce qui me fait vous dire que quand l'honorable M. Trarieux, qui était allé, lui, en ami, interroger le chef de la puissance de l'agent B, à Paris, et a recueilli de celui-ci, la même protestation, c'est ce qui m'a fait dire:

« C'est vrai, il y a eu une enquête faite et, dans cette enquête-là, les agents n'ont pu tromper leurs chefs, leurs gouvernements ne l'oubliez pas! Et si, messieurs, dans la déclaration qui a été faite publiquement par la puissance de l'agent B, on a affirmé qu'on n'avait pas eu de relations avec Dreyfus, il avait été commandé de ne pas parler d'Esterhazy.

Pourquoi? Je vous le demande. Je laisse à chacun le soin d'en tirer la conclusion.

Et j'en ai fini avec ce dépouillement du dossier secret; la France entière sait maintenant ce qu'il y avait! Et c'est avec ce dossier secret, je ne peux pas l'oublier, que, pendant des mois et des mois, ce pays a été affolé !

On a cru qu'il y avait là des pièces qui pouvaient mettre aux prises la France et les puissances voisines.

Eh bien! vous les connaissez maintenant, le dossier secret est dépouillé, et je veux enfin arriver — m'excusant de ne pas l'avoir fait plus vite — à ce qui est l'affaire, aux preuves morales, aux preuves techniques et aux preuves matérielles.

Le Président. — Nous allons suspendre la séance.

La séance est suspendue à neuf heures vingt-cinq.

La séance est reprise à neuf heures cinquante.

M⁰ Demange. — Messieurs, je veux aborder maintenant l'ordre des preuves morales : celles que j'ai entendu produire en 1894, celles dont M. le commissaire du gouvernement n'a pas dit un seul mot à l'audience de 1899.

Cependant, les divers éléments de ces preuves ont été énoncés dans les dépositions que vous avez recueillies, et cela suffit pour que je réclame votre attention sur cette partie de ma discussion que je voudrais serrer autant que possible.

Il me faut remonter au jour même de l'arrestation du capitaine Dreyfus.

C'est au ministère de la guerre, en cette triste journée du 15 octobre 1894, que nous devons nous transporter pour assister à cette scène qu'on a appelée la scène de la dictée; scène qui, paraît-il, d'après ce que nous a appris M. Cochefert, ne devait pas jouer le rôle qu'on lui a prêté, puisque l'arrestation du capitaine Dreyfus était déjà décidée.

Il y a été fait allusion, par M. le colonel du Paty de Clam, dans sa déposition écrite aux débats de 1894, et je vous assure que je regrette bien sincèrement que M. du Paty de Clam n'ait pas pu se présenter devant vous.

Je n'ai pas voulu solliciter de vous une commission rogatoire sur un détail, mais je suis certain qu'en interrogeant ses souvenirs, M. du Paty aurait confirmé ce que je vais avoir l'honneur de vous dire.

Il ne faut pas oublier que M. du Paty a beaucoup insisté, en 1894, sur la scène de la dictée, dont il faisait une charge contre Dreyfus.

J'en ai retrouvé la preuve dans mes notes.

M. du Paty avait dit : « Si Dreyfus était sorti victorieux de l'épreuve, j'allais trouver le ministre, en lui disant que nous nous étions trompés ».

J'ai encore cette phrase-là dans les oreilles ; cette scène avait pris à ses yeux une importance considérable.

Il faut donc que vous soyez fixés d'une façon exacte sur les divers incidents de cette scène.

Je comprends très bien le but de cette épreuve.

Il était très naturel de faire écrire par Dreyfus ce qui était contenu dans le bordereau ; et si, se trouvant ainsi mis brusquement en présence d'un fait de trahison qu'il aurait commis, Dreyfus s'était troublé, il aurait ainsi avoué et son trouble était une preuve.

Convoqué pour un examen, le capitaine Dreyfus arrive au ministère de la guerre ; il se promène d'abord devant la porte pendant un certain temps, puis il entre.

Il paraît même qu'il a été introduit par le commandant Picquart dans le cabinet du général de Boisdeffre.

Il est certain qu'il a dû éprouver d'abord une certaine impression de surprise, parce que, venu pour passer un examen sous prétexte d'une inspection, il voit dans le cabinet de M. le général de Boisdeffre, non seulement M. du Paty de Clam qui le reçoit, mais encore deux personnes en bourgeois qu'il ne connaît pas, et qui sont assises dans les angles.

Il paraît même qu'il y avait un jeu de glaces : mais cela a pu lui échapper.

Son premier mot a dû être : « Voilà un singulier examen ».

M. du Paty le fait asseoir, lui fait écrire d'abord un feuillet signalétique, puis du Paty, qui a le pouce entouré d'un gant de soie noire, prétexte un petit mal au pouce et lui dit qu'il a une lettre à écrire de la part de M. le général de Boisdeffre et qu'il le prie de la lui écrire.

Il lui dicte alors la lettre suivante :

Ayant le plus grave intérêt, monsieur, à rentrer momentanément en possession des documents que je vous ai fait passer avant mon départ aux manœuvres, je vous prie de me les faire adresser d'urgence par le porteur de la présente, qui est une personne sûre.

M. du Paty de Clam vous dit lui-même que ces dix lignes sont d'une main ferme.

La lettre continue :

Je vous rappelle qu'il s'agit de : 1º une note sur le frein hydraulique du canon de 120 et la manière dont il s'est comporté en manœuvres.

Eh bien! messieurs, voilà ce que j'aurais demandé à M. du Paty de Clam et voilà ce que je demandais hier à M. Cochefert de vouloir bien préciser, si la manifestation qui avait décelé le trouble s'était produite spontanément ou si elle avait suivi une interpellation.

J'ai en effet des souvenirs tout à fait précis.

Lorsque M. le capitaine Dreyfus a écrit les mots « *du canon de 120 et de la manière dont*», à ce moment, le colonel du Paty lui aurait dit : « Vous tremblez, capitaine! » avec une interjection d'une voix assez forte — que l'interjection ait été adressée, cela ne paraît pas douteux — M. Cochefert vous l'a dit, ce sont les termes qu'il ne se rappelle pas. Et à ce moment-là, vous voyez, par sa déclaration, que M. du Paty prétend avoir saisi des contractions nerveuses sur le visage de Dreyfus et en même temps, il vous dit : « Vous pouvez mettre une règle sous la ligne, vous remarquez que cette ligne, au lieu d'être droite, est courbe ».

Eh bien! messieurs, c'est indiscutable évidemment, au point de vue de la ligne, mais il y a eu une explication donnée.

Dreyfus a donné tout de suite une explication et le colonel du Paty le reconnaît. Il a répondu : « Non, je tremble parce que j'ai un peu froid aux doigts, j'écris mal ».

Et la dictée a continué. C'est sur ce point, messieurs, que je veux retenir votre attention. La dictée continue par ces mots : «... s'est comporté aux manœuvres; 2º une note sur les troupes de couverture et une note sur Madagascar... »

Et alors vous retrouvez, au contraire, ici, une partie d'une parfaite rectitude de ligne dans les mots : « Une note sur les troupes de couverture, sur Madagascar », et même la première phrase : « Il s'est comporté aux manœuvres », est déjà mieux écrite que la ligne précédente.

C'est donc incontestablement l'écriture d'un homme à qui on vient en effet de faire une observation, parce qu'il n'écrit plus droit, ce dont il a donné l'explication, et qui tâche de mieux écrire.

Eh bien, messieurs, retenez bien ceci : c'est à ce moment-là, quand Dreyfus a fini les mots : *Une note sur Madagascar*, mot qui sont écrits en droite ligne, que M. le colonel du Paty de Clam lui a dit : « Au nom de la loi, je vous arrête ! »

Et le colonel du Paty nous a donné comme explication, lorsque nous lui avons fait cette objection — (qu'en effet il y avait une ligne qui n'était pas droite, mais que toutes les autres lignes l'étaient) — M. du Paty nous a dit : un homme comme Dreyfus est tellement fort, tellement maître de lui, que ce n'est pas tant pour la ligne écrite qui n'est pas droite et pour le trouble qu'il a montré, qu'il a été arrêté, mais c'est parce qu'il a repris possession de lui-même. C'est cette puissance sur lui qui a révélé qu'il était coupable. J'aurais voulu avoir des explications sur ce point et sur d'autres de M. du Paty de Clam et je n'aurais pas eu certainement de contradictions de sa part sur ce que j'avance ici ; car je reconnais que si les souvenirs de M. du Paty sur certains points sont incomplets, tout ce qu'il a dit jusqu'ici est exact à cet égard. Eh bien ! je dis, messieurs, que quand on a demandé à M. Cochefert : « Avez-vous vu un trouble chez Dreyfus ? » M. Cochefert a répondu au ministre, il a dit : « oui. »

Mais prenez donc garde, messieurs ; voyez-vous ce que c'est que de faire subir une épreuve à quelqu'un quand tous vous êtes persuadés de sa culpabilité ! Tous, M. Cochefert, M. Gribelin, M. du Paty. Pourquoi ? Parce que vous aviez une preuve en dehors, parce qu'à ce moment-là la pièce *Ce canaille de D...* était pour tous ces messieurs la signature même de la pièce anonyme.

Et, en effet, messieurs, je comprends cela. Comment, nous avons une pièce anonyme qui est adressée à l'agent A. De qui est cette écriture ? On cherche, on trouve l'écriture de Dreyfus. On dit : « Mais c'est de lui ! »

Cependant, on n'arrête pas un homme sur une pièce d'écriture ; nous l'avons bien vu pour Esterhazy.

Et alors on trouve quoi ? Une pièce *Ce canaille de D...* Elle est écrite par qui ? Par l'agent A.

La pièce anonyme est adressée à l'agent A, dans laquelle on lui dit : « Je vous envoie tel, tel, tel document, » et ce même agent A écrit à son ami B une lettre dans laquelle il lui dit : « Je viens de voir le canaille de D... qui m'apporte des plans du ministère de la guerre. »

Voyons, je vous le demande, on a dit : « C'est lui. » On ne sait pas de qui vient la lettre, c'est entendu ; mais celui qui la reçoit écrit en mettant précisément l'initiale D. — D... Dreyfus ; donc, pour eux, c'est le coupable.

On était convaincu, M. Cochefert vous l'a dit, il est arrivé là convaincu, et pourtant c'est un homme d'expérience. Alors, messieurs, quand on se dit : un homme est coupable, et qu'on est là les yeux fixés sur son visage — et surtout il paraît que les yeux du commandant du Paty étaient terribles, — quand on est là à épier le moindre mouvement de ses lèvres, oui, tout se traduira à l'appui d'une culpabilité.

Quand on fait des expériences de ce genre, il faut les faire non avec l'esprit préconçu qu'on a le coupable devant soi.

Voilà ce que je voulais dire.

Vous avez entendu M. Cochefert vous dire ici : « Si j'avais eu l'écriture d'Esterhazy, je n'aurais pas parlé comme cela. »

Il reconnaît donc qu'il a subi cette prévention née pour lui de la certitude antérieure de la culpabilité de Dreyfus. Mais souvenez-vous de ce détail que nous a rapporté M. Cochefert et que M. du Paty a oublié de rappeler dans sa déposition : on était tellement sûr de la culpabilité de Dreyfus qu'on voulait qu'il se fît justice lui-même. Au moment ou M. du Paty l'arrête, il découvre un revolver dissimulé par des pièces.

Et Dreyfus de s'écrier :

— Je suis innocent : tuez-moi, si vous voulez.

On lui répond :

— Ce n'est pas à nous à faire œuvre de justice, c'est à vous.

— Je ne le ferai pas, je suis innocent.

Est-ce que cette protestation de l'homme, quand il dit : « Je suis innocent, je vivrai malgré tout, je ne veux pas me tuer, je suis innocent »... Est-ce que cela ne vaut pas l'impression de ce qu'une ligne a été mal écrite ?

Je ne sais pas pour combien, dans l'esprit des juges de 1894, a compté la scène de la dictée, mais je puis dire aujourd'hui ceci : quand on a fait la scène de la dictée, on avait une certitude qui venait de la pièce *Ce canaille de D...*, et l'homme qu'on avait devant soi, c'était déjà un coupable, de telle sorte que tout devait être interprété dans le sens de la culpabilité.

Voilà un des éléments que j'ai rencontrés, qui, j'imagine, ne doit pas faire en vous impression contre Dreyfus. C'est la preuve nécessaire d'une culpabilité qui est maintenant obligatoire, pour la sécurité de vos consciences.

Ensuite, il y a un incident, auquel on a donné de la place.

en 1898 et 1899, qui avait été totalement négligé en 1894.

Je ne parle pas seulement de la perquisition : on n'avait rien trouvé ; mais il y avait une démarche de M. Mathieu Dreyfus et de son frère chez M. le colonel Sandherr en 1894 ; on n'en a parlé qu'en 1898, quand on a reconstitué ce dossier pour faire la preuve de la culpabilité de Dreyfus après qu'Esterhazy avait été dénoncé.

Il y a donc eu une plainte portée par le ministère de la guerre contre M. Mathieu Dreyfus ; une instruction a été ouverte et, si c'était nécessaire d'établir la loyauté du général Gonse, je vous dirais que c'est lui qui a sauvé Mathieu Dreyfus et son frère Jacques en apportant la note du colonel Sandherr que vous connaissez.

Voyez le travail qui s'est fait depuis dans les esprits. Je montre ceci : car c'est intéressant pour vous mettre en garde contre la partie de certaines dépositions faites de bonne foi, mais avec un esprit de parti qui les empêche d'être justes.

Il y a un M. Penot, qui est un homme très honorable aussi, un ami du colonel Sandherr. C'est lui qui était le principal accusateur de Mathieu Dreyfus et qui a même fixé le chiffre que Mathieu Dreyfus avait offert au colonel Sandherr, et il disait qu'il le tenait de la bouche même du colonel Sandherr.

Madame Sandherr elle-même est venue appuyer les déclarations de M. Penot.

Et si M. le général Gonse ne nous avait pas apporté le récit qu'il avait du colonel Sandherr du jour même de l'entrevue, Mathieu Dreyfus passait en justice.

M. le général Gonse est venu et a dit : « Tenez, voilà le récit du jour même, fait par le colonel Sandherr. Lisez-le. »

On vous l'a lu, messieurs, et vous avez entendu le général Mercier vous dire : « M. Mathieu Dreyfus est un très honnête homme, le colonel Sandherr est venu lui-même me le dire. »

Par conséquent, vous voyez ceci, c'est assez curieux : en 1894, le fait a été absolument écarté. Le général Mercier a eu la preuve de la bouche du colonel Sandherr que cette démarche avait été faite par de très honnêtes gens, de très bons Français, de très bons patriotes qui ont ce renom en Alsace, et qui étaient venus trouver le colonel Sandherr, présentés par un de leurs amis, officier, disant : « Notre frère est innocent ; toute notre fortune, nous l'emploierons pour découvrir le coupable. »

Cela n'a pas de rapport avec une tentative de subornation de témoin.

A un moment donné, la formule employée, a frappé le colonel Sandherr et il a dit : « Que dites-vous ? » Il y a eu une explication instantanée, et le colonel Sandherr est venu déclarer au ministre ce qui s'était passé, rapportant la conversation et disant que les frères Dreyfus étaient de très braves et très honnêtes gens.

Cela s'est passé en 1894, mais la tournure d'esprit était telle qu'en 1898 une plainte a été portée contre Mathieu Dreyfus qu'une instruction a été ouverte et que, sans M. le général Gonse que je remercie de cet acte, Mathieu Dreyfus était poursuivi.

Cela vous prouve, au point de vue des éléments moraux de l'accusation, où chacun rapporte un propos, un fait qui lui est personnel, combien il faut vous mettre en garde lorsque vous voyez que sur un fait de cette importance, voilà de très honnêtes hommes, M. Penot, l'ami du colonel Sandherr, qui, à quatre ans d'intervalle, en 1898, se rappellent les faits dans un sens absolument opposé à celui de la vérité. Car, si nous n'avions pas eu, je ne saurais trop le répéter, le récit du colonel Sandherr que M. le général Gonse nous a rapporté, ce ne serait pas seulement Alfred Dreyfus — qui serait toujours resté là-bas ! — ce serait encore son frère qui aurait été poursuivi pour tentative de subornation de témoin !

Je vous indique qu'en 1894 c'était un élément moral qui n'avait pas été soumis à l'appréciation des juges ; qu'au dossier de 1898, recomposé par M. le commandant Cuignet et M. le général Roget, ce fait avait retrouvé sa place, mais pour disparaître entièrement.

Ensuite, messieurs, voilà Dreyfus qui va comparaître devant le Conseil de guerre. Là se produit dans les dépositions la déclaration de M. le commandant Henry, que nous retrouvons du reste interprétée dans le dossier secret par la communication des rapports de l'agent Guénée renseigné par « la personne honorable ».

Vous connaissez le fait. Vous savez comment le commandant Henry, sur l'affirmation d'une personne absolument honorable, a affirmé en 1894, devant les juges, d'une façon solennelle et qui les a impressionnés, qu'il était sûr qu'un officier du 2e bureau trahissait et que, sur interpellation si c'était Dreyfus, il a dit : « Oui, le coupable est là, je l'affirme. »

Et comme on lui demandait le nom de la personne honorable, il s'y est refusé, en disant qu'on ne pouvait pas la nommer, et qu'il était impossible de la faire venir.

Aujourd'hui, nous sommes fixés.

Quant à l'agent Guénée, je ne veux pas insister beaucoup. Il me suffira de vous prier de vous reporter à sa déposition devant la Cour de cassation. Vous verrez et il le dit avec une certaine candeur, que tout ce qu'il disait sur Dreyfus, il le mettait sur le compte de Dreyfus parce que c'était la tête de Turc ; on est bien renseigné ainsi.

Mais il y a encore autre chose : c'est ce qu'a dit la personne honorable à l'agent Guénée. Il s'agit toujours des plans directeurs, c'est toujours de cette fuite-là qu'il s'agissait quand on disait : « Vous cherchez en bas, vous ne trouverez pas, cherchez plus haut. »

J'ai entendu M. le commandant Cuignet, de même que M. le général Mercier, dire : « La parole de cette personne ne peut pas être mise en doute, c'est une personne absolument honorable de la société parisienne. »

Eh bien ! je veux simplement prier le Conseil de se souvenir des indications qui lui ont été données dans sa dernière séance à huis clos, et qui lui permettent d'apprécier d'une façon exacte s'il est juste de dire que la personne honorable qui a renseigné le commandant Henry à ce moment-là est une personne dans laquelle, à raison de sa grande délicatesse, à raison de sa droiture et de sa loyauté, on puisse avoir une confiance absolue.

Mais il y a plus. En dehors de cela, nous avions su avant cette dernière audience que la personne honorable recevait pour les renseignements qu'elle donnait une indemnité.

M. le commissaire du gouvernement vous a expliqué hier que c'était pour les frais qu'elle faisait.

Permettez-moi de vous le dire, entre gens qui doivent continuer à échanger, vis-à-vis l'un de l'autre, des termes de politesse et de courtoisie, c'est une manière de procéder.

Tenez, au point de vue de la fameuse pièce C. C. C., dont on a parlé, croyez-vous que l'agent du ministère des affaires étrangères dont on a donné le nom et qui se trouve encore aujourd'hui forcément en rapport avec les fonctionnaires du ministère des affaires étrangères, croyez-vous qu'il vienne dire brutalement : « Payez-moi mes services ? »

Non, on y met des formes, et alors il est entendu que les services rendus par la personne très honorable ont été réglés sous forme de frais de voyage.

Que voulez-vous ! c'est le payement des services rendus. C'est un agent, c'est un agent au service du bureau des renseignements. Voilà la vérité.

Et alors, j'ai bien le droit de dire qu'il faut dépouiller cet agent de cette auréole qu'on avait mise autour de sa tête, uniquement pour donner à sa parole une certitude. Quand il aurait encore dit : « Prenez garde ! Cela peut être du 2ᵉ bureau ». Par qui donc est-il renseigné ?

Il serait renseigné par l'agent A et l'agent B, avec lesquels il paraît vivre en familiarité et dont il trahirait les secrets au profit du service des renseignements.

Cela me ramène à mon interprétation de la première pièce du dossier secret ; le service des renseignements était dans le 2ᵉ bureau ; et si celui qui avait offert ses services en janvier 1894 à l'agent A a fait valoir ses rapports avec le bureau des renseignements, si ses services ont été acceptés, comment s'étonner que cette personne honorable sur le compte de laquelle nous sommes fixés maintenant ait pu dire : « Il pourrait bien y avoir au 2ᵉ bureau, quelqu'un qui renseigne les attachés. » Mais il faudrait démontrer que c'est Dreyfus !

Est-ce qu'elle a jamais dit que c'était Dreyfus ? Depuis, est-ce que vous l'avez interrogée au ministère de la guerre ? Est-ce qu'elle n'est pas toujours à votre disposition ? Est-ce que vous l'avez interpellée ?

Est-ce que si elle avait pu dire que c'était Dreyfus, nous ne l'aurions pas su ?

Comment ! en 1894, elle n'a pas nommé Dreyfus. Cinq ans se sont écoulés. Vous refaites le procès. Vous combattez la revision parce que c'est l'armée atteinte !

Ce n'est pas vrai, heureusement, et cela tient à une aberration des esprits ; je comprends cela, mais ce que je ne comprends pas, c'est qu'on n'ait pas interrogé cette personne. Comment, vous savez qu'en 1894, Henry a dit qu'un homme honorable a affirmé que le coupable c'est un officier, vous le payez, c'est votre argent, et vous ne lui demandez pas si c'est Dreyfus ? Vous ne l'avez pas retrouvé, ou plutôt il a disparu pendant longtemps et on ne l'a pas interrogé ?

Croyez-vous que cela ne rende pas singulièrement suspecte la déclaration de 1894, et que dans une pareille situation on puisse faire application de cette affirmation à Dreyfus ?

Sortons donc, je vous en prie, des équivoques! De la lumière! Si c'est lui qui vous a renseigné, qu'il vienne le dire. Vous avez des témoins de la dernière heure qui surgissent spontanément, et celui-là qui est à vous, que vous payez, dont j'aurais pu mettre en doute la parole, pour les raisons que j'ai dites, vous n'avez même pas tenté de le faire venir. De sorte que j'ai le droit en 1899, de vous dire : « Voilà une affirmation dont vous ne pouvez pas tenir compte, parce que les raisons que vous aviez en 1894 de ne pas faire connaître cet agent, vous ne les avez plus maintenant, puisque nous le connaissons. »

Vous pouviez le faire venir ici et vous ne l'avez pas fait!

Par conséquent, je dis que cette preuve morale, qui a frappé les juges en 1894, n'existe plus.

J'ai senti moi-même à cette époque, j'ai vu l'impression produite sur le Conseil par cet officier entouré de prestige et de considération, en qui tout le monde avait confiance, qui avait toute l'apparence de la loyauté, de la franchise et de la sincérité, à qui le président venait dire : « Je ne demande pas le nom de la personne, mais affirmez-vous sur l'honneur que cette personne vous a dit que l'officier qui a trahi était au 2e bureau et que c'était le capitaine Dreyfus ? » Et qui répondait : « Je le jure! » Vous n'amenez pas cette personne ? »

Je l'avais demandé en 1894; vous n'avez plus aujourd'hui les mêmes raisons de la cacher et vous ne l'amenez pas ? J'ai bien le droit de dire, en 1899, que le colonel Henry s'était trompé, que l'homme honorable n'a pas désigné le capitaine Dreyfus.

Et comme il faut que vous ayiez la preuve de la culpabilité de Dreyfus, voilà une seconde preuve morale, produite en 1894, qui s'évanouit en 1899.

Après la déposition du colonel Henry, nous avons eu le défilé des témoins dont vous n'avez vu que quelques-uns. C'est ce que j'appelle les menus faits.

Dans l'ordre de ceux qui se sont présentés devant vous, j'ai rencontré d'abord le capitaine Duchatelet, et je ne saurais dire combien j'ai été frappé par le grand bon sens de cet honorable officier. Vous savez ce qu'il vous a raconté. C'est un propos qui aurait été tenu devant lui un matin par Dreyfus. Dreyfus aurait dit : « Si nous montions chez madame Une Telle, nous prendrions le chocolat ou le café; ou plutôt je ne tiens pas à y retourner, car j'y ai fait une grosse perte d'argent. »

Il y a tant de témoins qui sont venus ici dire qu'il aimait l'ostentation, qu'il cherchait à se faire valoir, qu'il parlait de ses bonnes fortunes et de ses succès, que nous sommes portés à penser que, dans un certain milieu, dire : « J'ai perdu de grosses sommes », pour se faire passer pour un snob, cela vous donne une certaine considération.

Mais Dreyfus ne se rappelle pas le propos.

Le fait est qu'il n'a jamais joué. Quand il s'agit de savoir s'il a joué, on ne rapporte que des conversations dans lesquelles il aurait dit qu'il jouait, mais personne ne l'a vu jouer.

Alors à ces dépositions je n'attache pas une grande portée. M. le capitaine Duchatelet était d'ailleurs officier d'ordonnance du général de Boisdeffre en 1894 ; et si le propos avait eu une grande importance à ses yeux, il l'aurait révélé à ce moment. Il ne l'a pas révélé, mais depuis il l'a dit et il l'a redit. Le propos a été recueilli au moment où on préparait le dossier contre la revision.

N'oubliez jamais cela, messieurs, c'est que nous avons aujourd'hui les témoins dont on a recueilli les propos tenus, dont on a répété les paroles qu'ils avaient entendues, et que tout cela a été fait dans le dossier du ministère de la guerre de 1898 pour combattre la revision devant la Cour de cassation ; et cela avait sa raison d'être parce qu'il ne faut jamais oublier cela : devant la Cour de cassation, il fallait prouver l'innocence ou la rendre présumable par des présomptions graves ; on avait le droit de les combattre.

Alors, toutes les possibilités, toutes les présomptions contre Dreyfus pouvaient avoir un certain intérêt, puisque c'était un des éléments sur lesquels devait se baser la Cour de cassation.

Mais il ne s'agit plus de cela, il ne s'agit plus de présomptions d'innocence ; il s'agit de preuves de culpabilité de Dreyfus.

Et alors, avec M. Duchatelet, vous répéterez : « C'est un propos qui n'est pas à retenir, qui ne peut pas entrer dans la balance dans une affaire aussi grave. »

Quant au général Vanson, cet incident a été expliqué. Le général Roget disait devant la Cour de cassation : « C'est la dénégation de Dreyfus qui rend suspecte sa parole, qui le fait croire coupable. Il y a eu une conférence du général Vanson, il y a assisté, il nie y avoir assisté. »

Vous avez entendu à l'audience ses explications, comment,

en effet, Dreyfus, lorsqu'on lui avait parlé d'une conférence du général Vanson, a dit : « Non, je ne connais pas. »

Alors, il s'est souvenu, quand on lui a expliqué qu'il y avait eu un voyage fictif d'état-major, que le général Vanson en faisait partie.

Dreyfus avait été quinze jours en contact avec le général Vanson qui, soit dit en passant, dans la lettre que vous savez, a chargé Dreyfus au point de vue de certains défauts, mais qui, son service fini, sa mission terminée, a déclaré à Dreyfus qu'il voudrait bien, en cas de guerre, l'avoir sous ses ordres ; ce qui prouve qu'il n'avait pas gardé un mauvais souvenir de Dreyfus ; et on fait un rapport dans lequel on accuse Dreyfus d'avoir, en public, pris des notes sur un document ou une carte que le général Vanson venait d'expliquer bien que le général Vanson ait dit : « Ne prenez pas de notes. »

Le général n'a attaché aucune importance à cela sur le moment, mais c'est en 1898, toujours à ce moment, qu'on s'est dit : « Ceci peut être grave. »

Alors on a rapporté le fait, et le fait commence à prendre des proportions.

En réalité, que s'est-il passé? On travaille en commun. Le général Vanson aura peut-être dit, je ne sais pas si Dreyfus l'a entendu : « Ne prenez pas de notes. »

Celui-ci, alors, en prend — pas mystérieusement du tout, ceci se passait en public — et, comme le général Vanson l'a déclaré lui-même, il n'a pu y attacher aucune arrière-pensée, puisque cela se faisait publiquement.

Voilà encore un fait — n'est-ce pas ? — qui doit disparaître.

Mais nous avons vu, messieurs, dans le dossier de la Cour de cassation — les témoins ne sont pas venus ici — M. le général Mercier rappeler un autre fait qui avait été retenu contre Dreyfus.

Il paraîtrait que le commandant Barbier aurait dit au capitaine Sommer que — pendant que Dreyfus était à Bourges — un jour Dreyfus aurait voulu pénétrer, ou qu'il avait trouvé Dreyfus dans son bureau, à un moment où il ne devait pas y être, et qu'il l'aurait prié de sortir, un peu brusquement.

On l'a demandé au commandant Barbier qui a dit : « Je ne me rappelle pas cela du tout. »

C'est avec des éléments comme ceux-là, avec des éléments de

cette nature qu'on veut aujourd'hui dépeindre le caractère de Dreyfus, et même si cela était établi, qu'est-ce que cela prouverait ?

Qu'il soit un indiscret : cela prouverait-il qu'il soit un espion ?

Mais c'est que les faits eux-mêmes ne sont pas établis.

Ainsi le fait de Ferret sur lequel le général Mercier a réclamé l'audition du témoin. Voilà un homme employé au ministère de la guerre, qui déclare qu'il a vu dans un bureau le capitaine Dreyfus assis avec des cartes sur sa table, et un civil qui était assis dans un fauteuil.

Nous sommes dans le bureau où vont les ingénieurs, au 4e bureau. Je crois qu'il s'agit de savoir si ce civil est un ingénieur qui pourrait venir normalement dans le bureau, ou introduit par Dreyfus ou par tout autre, car personne ne dit plus que c'est Dreyfus qui l'a introduit.

Enfin, Ferret l'a vu. A quelle heure ? Il vous dit : « A une heure. »

Qu'est-ce que dit Dreyfus ? Il dit : « C'est très possible, mais c'était aors à une heure et demie ». Et nous arrivons à une question d'une demi-heure.

C'est un bureau où vont certainement les ingénieurs. Dreyfus dit : « Je ne me rappelle pas le fait ; c'est très possible qu'à une heure et demie je me sois trouvé dans mon bureau, travaillant sur ma table avec, dans un fauteuil, un civil qui attendait mon chef de section ; c'est très possible, seulement il s'agit de savoir, à cinq ans d'intervalle, si c'était à une heure ou à une heure et demie de l'après-midi. »

Est-ce que vous pourrez trancher cela aujourd'hui ?

Surtout, messieurs, si vous rapprochez cette déclaration de Ferret de celle de Lévesque, produite dans les mêmes conditions ; il en résultait qu'à la fin de la journée on aurait vu le capitaine Dreyfus dans un autre bureau que le sien ; or, il était venu y prendre des renseignements de la part du capitaine Besse.

Il y a eu un fait expliqué et la déposition Lévesque est devenue sans importance, car la présence de Dreyfus se trouve absolument justifiée.

Quant au fait rapporté par le témoin Ferret, il s'agit d'un civil qui se serait trouvé dans le bureau de Dreyfus. Cela peut être, mais il n'avait pas été nécessairement introduit par Dreyfus. Ce pouvait être un ingénieur, puisqu'il y a des ingénieurs qui y viennent, et le témoin ne peut pas affirmer que ce ne soit pas un ingénieur.

Tout est dans la question de l'heure. Si c'est une heure et demie de l'après-midi, cela est normal. Si c'est une heure, cela est suspect.

Mais comment voulez-vous qu'à cinq ans d'intervalle, sur ce point, le témoin Ferret puisse apporter des renseignements précis, et comment en 1894 n'a-t-on pas apporté ces divers éléments? A-t-on fait une enquête? Non.

Ensuite, le commandant Linder a déclaré que Dreyfus avait voulu entrer au bureau de la statistique.

Comme on voit tout de suite le travail d'esprit qui s'est fait chez lui !

Dreyfus voulait entrer là parce qu'il pourrait y avoir des renseignements et pourrait remplir son rôle d'espion et de traître. Or, Dreyfus vous l'a dit : « A un moment donné, il s'agissait d'avoir un traducteur parmi les stagiaires ; je n'ai jamais demandé officiellement à entrer au bureau de la statistique. » Et on n'a pas pu le contredire sur ce point, mais il aurait été heureux d'y entrer.

Cette lettre du commandant Linder, vous ne l'avez pas retenue, monsieur le commissaire du gouvernement, et je le conçois.

M. le commandant Cuignet rapporte une conversation qu'il aurait eue avec Dreyfus, à l'époque, sur un dispositif de mine, et il nous a dit : « Dreyfus m'a demandé une véritable conférence. »

Qu'est-ce que cela révèle? Un officier qui désirait s'instruire, n'est-ce pas?

Si le commandant Cuignet, en 1894, avait estimé que cette question de Dreyfus pouvait être un élément de charge ou d'accusation, il me semble qu'il se serait associé à tous ses honorables collègues, MM. Besse, Boulanger et autres, et qui sont venus signaler des propos et des faits qui, rapprochés les uns des autres, pouvaient montrer chez Dreyfus un homme très désireux de s'instruire : et c'est tout !

Quand vous posez une question sur un sujet qui n'est pas celui de votre travail courant, comme vous êtes à l'Etat-Major de l'armée pour connaître tous les services, pour perfectionner votre enseignement militaire, il semble que vous devriez être loué. Méfiez-vous, car s'il arrive une affaire d'espionnage, votre curiosité — qui était une qualité à votre actif, puisqu'un officier désireux de s'instruire a un mérite aux yeux de ses chefs, c'est ainsi que l'avaient compris le commandant Cuignet, le colonel Bertin-Mourot, qui ont donné à Dreyfus toutes les indications nécessaires — mais s'il survient une accusation d'espionnage, votre curiosité, qui était toute naturelle la veille, se transforme en charge contre vous !

Voilà le travail qui s'est fait dans l'esprit de certains témoins et contre lequel j'entends vous mettre en garde.

Au sujet de ces questions d'indiscrétion, il y a eu un fait rapporté hier par le commandant Galopin et sur lequel j'appelle l'attention du Conseil parce qu'il va absolument à l'encontre des allures de l'espion.

Il s'agit d'un travail d'impression qui aurait été confié à Dreyfus ; Dreyfus aurait été vu, par le commandant Galopin et par le commandant Linder, emportant chez lui des pièces à faire imprimer. D'après les indications de M. Galopin, ce serait un matin.

Dreyfus a expliqué : « Il est possible qu'on m'ait donné le tableau d'approvisionnements et que je l'aie emporté chez moi le matin, parce que je devais le faire imprimer dans l'après-midi au service géographique qui n'est pas installé au ministère. » On relève le fait. On le retient. Il a emporté des documents secrets chez lui. Par conséquent, c'est pour les livrer à l'Allemagne.

Croyez-vous vraiment qu'un espion qui trahit son pays et qui livre à une puissance étrangère des documents secrets, sortant du ministère de la guerre, avec M. le commandant Galopin, ou rencontrant le lendemain le commandant Linder sur un pont, va lui dire : « Vous savez, j'ai des documents secrets que j'emporte chez moi ».

Mais c'est le contraire je ne dirai pas de la vérité, mais même de la vraisemblance. Comment, cela est le fait d'un espion ? (*Mouvement.*)

Mais rien dans ses allures ne révèle l'espion. L'homme qui se vante de trop savoir, de trop connaître, l'homme qui racontera qu'il peut sur un tableau noir dessiner la concentration dans ses grandes lignes que tous les stagiaires connaissaient d'ailleurs comme l'a indiqué le capitaine Pouydraguin ; l'homme qui dira : « J'ai bonne mémoire, je me rappelle les graphiques que j'ai faits », par là même qu'il dit cela à tout le monde, n'est pas un espion.

C'est le simple bon sens qui l'indique.

Comment! l'homme qui se mettra au service d'une puissance étrangère aurait un caractère rude, hautain, antipathique à l'égard de ses camarades, comme on nous l'a dit de Dreyfus!

Expliquez cela. Ne semble-t-il pas plus naturel, au contraire, que ce soit un souple, un cauteleux, qui cherchera à se mettre bien avec tout le monde, qui s'arrangera pour que, le jour où un soupçon viendra à peser sur lui, il n'y ait qu'une voix au ministère de la guerre pour dire : « Cela ne peut pas être lui »?

Au contraire, Dreyfus s'est comporté avec ses camarades de si singulière façon que, le jour où on a dit : « C'est Dreyfus », tout le monde s'est écrié : « C'est lui! »

En étudiant tous ces faits, en les éclairant à la lumière de notre raison et du bon sens, je vous démontre que tous ces menus propos ne peuvent être retenus, et que la conduite de Dreyfus a été le contraire de celle d'un homme qui trahirait son pays ou qui ferait de l'espionnage.

En ce qui concerne la déposition du commandant Ducros, je crois qu'elle a un certain intérêt.

Le commandant Ducros avait offert à Dreyfus d'aller à Puteaux pour voir son canon.

M. le général Mercier avait cru qu'il s'agissait du canon qu'il avait repoussé, et il a dit : « Dreyfus n'a pas voulu voir ce canon, parce qu'il n'avait plus d'intérêt. »

Mais à quelle époque M. le général Mercier a-t-il repoussé ce canon? C'est en 1894, et nous savons d'une façon certaine que l'offre faite par M. le commandant Ducros à Dreyfus date du moment où celui-ci était à l'École de guerre, c'est-à-dire au milieu de l'année 1892.

Par conséquent, nous sommes certains qu'à cette époque, quand M. le commandant Ducros lui a offert de lui faire voir des choses qu'il aurait intérêt à connaître pour les communiquer, il a refusé.

Il y a là un ensemble de faits, que j'appellerai des menus faits, mais qui ont cependant une certaine importance.

M. le commissaire du gouvernement les a négligés, et il a eu raison.

Quant à moi, j'ai peut-être tort d'en parler; mais je le fais parce que je ne veux pas laisser ici, dans l'esprit du Conseil, une arrière-pensée sur un seul fait.

Je tirerai de ces faits une conclusion de bon sens, en disant :
« Est-ce qu'ils révèlent l'attitude d'un espion ? »

Celui qui aurait été un espion aurait-il eu cette attitude hautaine vis-à-vis de ses amis ?

Et surtout se serait-il vanté de tout connaître, d'avoir une mémoire très sûre, et quand il portait des documents secrets chez lui, se serait-il empressé de le révéler à ses camarades ?

Je le répète, toutes les présomptions d'ordre moral qui ont été apportées ici, il ne leur a été accordé une valeur que lorsqu'on marchait contre la revision, parce qu'on s'imaginait, à ce moment-là, que la revision était une folie et que l'on répétait partout que c'était une atteinte à l'honneur de l'armée.

Je passe maintenant aux témoins civils.

Ils nous ont apporté des récits sur lesquels je vais m'expliquer très brièvement.

Nous avons d'abord le fait rapporté par M. Mertian de Muller ; je ne mets pas en doute la parfaite loyauté de cet honorable témoin.

En lui entendant faire son récit, j'ai seulement pensé, à part moi, que ce n'était peut-être pas dans la chambre de l'empereur Guillaume qu'il avait été introduit, ainsi qu'il nous l'a dit, quand il nous a raconté que, lors d'un voyage à Potsdam, il aurait vu sur une table, dans la chambre même de l'empereur, un journal sur lequel était écrit, en allemand : « Le capitaine Dreyfus est arrêté ».

D'abord, je ne vois pas très bien l'argument que l'accusation peut tirer de ce fait. Que peut-on en conclure ?

Nous savons que, les plus petites choses de ce pays, le souverain de la puissance dont nous parlons s'en occupe avec grand soin : nous l'avons appris.

Mais il y a déjà une chose très surprenante. C'est qu'en Allemagne on ne dit pas « capitaine ».

Le mot « capitaine » n'existe pas en allemand, et il paraît très étonnant que le souverain en question, qui connaît très bien sa langue, ait pu écrire « capitaine Dreyfus » ; cela ne se dit pas en allemand.

Cela laisserait supposer que le journal vu par M. Mertian de Muller, n'était pas le journal du souverain.

Maintenant, est-il bien sûr que ce fût la chambre du souverain ?

M. Mertian de Muller sort du palais, il veut voir passer l'Empereur et il n'y a pas moyen d'approcher. Mais alors, s'il était sorti un peu plus tard, l'Empereur l'aurait surpris chez lui? (*On rit.*)

Il y a là une série d'hypothèses qui se présentent à mon esprit. On peut supposer que le guide, pour se donner une importance, a dû persuader à M. Mertian de Muller qu'il l'introduisait chez l'Empereur.

En tous cas, l'argument, en soi, ne porterait pas. Que signifierait cette mention?

En effet, à cette date, tout le monde en parlait; c'est à ce moment-là précisément que les puissances se demandaient avec qui Dreyfus avait pu négocier.

Il n'y aurait donc rien d'extraordinaire à cette mention.

Mais je crois bien volontiers que le mot « capitaine » n'est pas allemand, qu'on ne visite pas si facilement la chambre de l'Empereur — croyez-vous qu'on irait visiter même en France, la chambre du Président de la République? — moi, je ne puis pas le croire et j'incline à penser que M. Mertian de Muller a visité une chambre très simple, comme celle de Napoléon Ier quand il faisait ses campagnes, et qu'il a été convaincu qu'il avait vu la chambre de l'Empereur.

Cela n'a pas d'autre portée.

Maintenant voici d'autres renseignements donnés par M. du Breuil; mais ils sont tellement lointains! ils datent de 1886.

En 1886 — je glisse sur les détails qu'on a donnés sur la vie du capitaine Dreyfus, — il est évident que, vu la situation, M. Bodson aurait parfaitement pu raconter à M. du Breuil des choses désobligeantes sur le capitaine Dreyfus.

Mais nous sommes en 1886; quand même il serait vrai que Dreyfus aurait été dans une maison où se trouvait un étranger, quelle conclusion en voulez-vous tirer?

Et plus tard M. Bodson a dit le contraire à M. Linol, qui est venu déposer devant vous.

Qu'il ait dit des choses désobligeantes sur Dreyfus, cela se conçoit; mais, en tous cas, il a dit à M. Linol, après la condamnation du capitaine Dreyfus, qu'il le croyait incapable d'un pareil fait.

Eh bien! il y a là un souvenir bien lointain, et je crois qu'il est à joindre à celui de M. Mertian de Muller.

Quant à M. Germain, j'ai regretté d'être obligé de lui rappeler tous ces souvenirs, cela m'est toujours désagréable en public, mais il faut que vous appréciez et le témoignage et la valeur morale du témoin.

M. Germain a prétendu qu'un jour il avait accompagné le capitaine Dreyfus, qui était allé à des manœuvres allemandes, qu'un officier de dragons s'était approché d'eux, avait emmené Dreyfus déjeuner avec un général allemand, tout cela en compagnie de Kullmann, et qu'en revenant il avait parlé du général allemand, du bon accueil qu'il avait reçu, et de la conversation qu'il avait eue avec lui sur le nouveau fusil français : c'était en 1886 ou 1887.

Or, nous avons entendu M. Kullmann, nous dire qu'il n'y avait pas un mot de vrai dans tout cela.

Eh bien ! messieurs, il est évident que si, en 1886 ou 1887, M. Germain avait raconté cet incident au commandant d'Infreville, en lui montrant le capitaine Dreyfus au Bois et en lui demandant quel était le nom de cet officier ; si, à ce moment-là, le commandant d'Infreville lui avait répondu en lui demandant des explications ; si Germain avait raconté alors l'incident de 1886, si le commandant d'Infreville lui avait dit alors de ne pas répéter cela pour l'honneur de l'armée, ce serait grave !

Mais cette conversation a eu lieu en 1896, c'est-à-dire depuis l'arrestation de Dreyfus, de sorte que pour ce fait, que M. Germain plaçait en 1886, et pour lequel il invoquait le témoignage du commandant d'Infreville, le témoignage n'existe plus.

La date du fait est très importante, au point de vue des révélations de M. Germain, lesquelles sont démenties par M. Kullmann.

J'entends bien que M. Lemonnier, un brave officier qui est à Nantes, croyant que le capitaine Dreyfus avait nié formellement d'avoir jamais été à ces manœuvres, a rapporté une conversation qu'il avait eue avec lui à propos d'un voyage dans les Vosges et en Alsace.

Il dit : « Oui, il m'a affirmé que c'était parce qu'il avait vu ces manœuvres allemandes », etc.

Le capitaine Dreyfus a dit : « Entendons-nous bien. J'ai été voir des manœuvres, quand je montais à cheval en 1886, si vous appelez manœuvres des exercices. J'ai été certainement voir manœuvrer des hommes. »

Mais, messieurs, eût-il même voulu tout simplement faire prévaloir son opinion en 1886 et 1887 en l'appuyant sur des connaissances qu'il aurait recueillies dans des manœuvres?

Tout cela, messieurs, ce sont toujours des propos de conversations.

Ce sont des détails qui sont sortis de son souvenir, et quant au fait d'avoir assisté à des manœuvres, et surtout d'avoir été reçu par des officiers allemands, il le nie.

Il aurait pu l'avouer, si cela était vrai; n'avons-nous pas l'exemple et ne savons-nous pas que Sandherr, lorsqu'il était capitaine, n'a pas refusé une invitation dans un cas similaire?

Eh bien! il aurait dit: « Oui, cela m'est arrivé. »

Pourquoi ne l'aurait-il pas dit? Il ne l'a pas dit parce que ce n'est pas vrai, et M. Kullmann de son côté vous le dit également.

Mais c'est comme Villon, je ne le connais pas: il est boyaudier, il fait un commerce que j'ignorais avant l'audience, il paraît qu'il fait un commerce qui le met en rapport avec des charcutiers et qu'il va constamment en Allemagne.

Il nous dit qu'il aurait été à l'hôtel Central, à Berlin, et qu'il aurait entendu une conversation entre un général et un colonel; il ne sait même pas reconnaître les grades; il en a décidé ainsi, à la couleur des cheveux: c'est lui qui nous l'apprend.

Il était à l'Hôtel Central et il entend dire ceci: « Ces canailles de Français! — naturellement toujours des choses désagréables pour nous — Dreyfus nous a fourni le frein », et l'autre répond: « Il va nous fournir le plan de mobilisation. »

A quelle date sommes-nous, quand Villon entend cela? Nous sommes en mars 1894.

Qu'est-ce que vous reprochez aujourd'hui à Dreyfus? C'est d'avoir fourni des indications au mois d'août 1894.

Car enfin, monsieur le commissaire du gouvernement, soyez précis dans votre accusation; de telle sorte que rien que pour le frein, comment voulez-vous que des officiers allemands, même si le fait était vrai, disent qu'il leur a livré le frein au mois de mars quand vous venez de dire qu'il ne l'a livré qu'en août, quand les expériences ont fini en avril?

Nous y arriverons tout à l'heure, mais enfin c'est en août; la conversation de Villon est de mars! Cela ne concorde pas.

Enfin, voyez-vous un général et un colonel... Je suppose que les généraux qui doivent être à ce service ne sont pas des généraux qui commandent des corps de troupes, eh bien! ils vous diraient: « Tout le plan de mobilisation. »

Rappelez-vous le mot de M. de Freycinet: «Avec ces mots-là, comme on remue le pays, avec ce grand mot de mobilisation! »

Eh bien! Villon a entendu cela, et il a voulu jouer son rôle au procès.

Voilà la vérité.

Il avait voyagé en Allemagne et il nous dit qu'il a écrit cette conversation à M. le président; il ne peut pas l'avoir entendue pour le frein, ni pour la mobilisation, parce qu'en effet c'est impossible; cependant ce sont des éléments comme ceux-là qui ont été apportés.

Nous avons eu le dernier témoin, qui a été entendu à la fois à l'audience publique et au huis-clos.

Il a précisé les faits à l'audience publique, dans une lettre, ne sachant pas, disait-il, bien parler en français.

A l'audience de huis clos, il a très bien parlé en français.

Il aurait pu parler à l'audience publique sans apporter cette lettre, cette longue lettre qu'il prétend avoir écrite lui-même, et où il nous conte des faits étonnants impossibles à vérifier.

Ce jeune homme aurait été officier dans l'armée autrichienne, et il a été obligé de la quitter parce qu'il a comploté en Serbie, parce qu'il aurait à ce moment rêvé de rétablir sur le trône de Serbie, en sa personne je pense, ses ancêtres, qui avaient régné en l'an mille! C'est déjà bien étrange. (Rires.)

Ensuite, il nous dit qu'une personne, au moment où il va fuir l'Autriche, lui indique les gens qu'il a à redouter? Parmi ces gens se trouve Dreyfus!

Vous ne trouvez pas que c'est tout à fait extraordinaire? Et le plus extraordinaire, c'est que, deux mois après, il se trouve ensuite avec un officier d'une autre puissance qui approche le souverain de cette puissance et qui, à ses yeux, fait de l'espionnage, puisqu'il le déclare.

Il avait cru reconnaître un jour, dans un commensal de cet officier, Dreyfus, d'après une photographie... Il nous a dit à l'audience de huis-clos qu'il s'était trompé.

Ce n'est plus Dreyfus, c'est entendu. Mais enfin, j'en retiens tout de même que l'interlocuteur de ce jeune homme était un officier qui faisait de l'espionnage, je ne cite pas le nom, mais vous vous rappelez que la consonance du nom rappelle le nom d'un autre officier de la même armée qui a été poursuivi, condamné et gracié dans des conditions toutes particulières — d'après ce qu'on m'a dit — sur l'intervention même du bureau des renseignements, parce que probablement ce monsieur, qui avait tout d'abord trahi son pays, pouvait nous rendre quelques services après.

C'est un fait que vous pourrez vérifier au ministère de la justice.

Et enfin ce jeune homme a cité les autres noms à l'audience de huis-clos. Les noms de ceux qui, comme Dreyfus, trahiraient leur pays. Comment! ce jeune homme sait tout cela avant l'arrestation de Dreyfus! Cela se passe en septembre 1894. L'affaire Dreyfus éclate. Il est en France. Il veut solliciter son domicile en France ; il veut être naturalisé Français ; il veut rendre service à notre pays ; il épousera, peut-être malgré la famille, mais enfin il épousera une jeune fille qui porte un nom respecté en France, vénéré à l'étranger ; enfin, il va rendre service à son pays, dire ce qu'il sait, il éclairera la justice, on lui ouvrira les portes du ministère de la guerre ; le général Mercier, qui était alors ministre de la guerre, l'écoutera ou le général de Boisdeffre ou quelqu'un du service des renseignements. Rien, rien...

Il se tait, il ne parle pas, cet ami de la France... Mais qui est donc ce jeune homme ?

Les années s'écoulent. Ce jeune homme vit dans des conditions particulières ; il n'est pas heureux, il nous l'a dit lui-même. Enfin, il se marie, il est plus heureux et il ne dit rien encore.

Quand Esterhazy est dénoncé, puis au moment du procès, il ne dit rien ; au procès Zola il ne parle pas, et c'est le 15 août, je crois, que pour la première fois il aurait écrit à M. le président du Conseil de guerre !

Tout cela me paraît surprenant et je crois que des juges ne peuvent pas faire état d'une déposition semblable qu'ils ne peuvent pas vérifier.

De plus, il y a des moyens de vérification que, j'en suis convaincu, le ministre compétent mettrait à votre disposition. Il y a des renseignements officieux qui vous ont été envoyés. Mon confrère Labori vous en a résumé la teneur. Je ne connais pas la source, mais il y a un document officiel que vous avez dû recevoir.

LE COMMISSAIRE DU GOUVERNEMENT. — Je l'ai communiqué au Conseil.

Mᵉ DEMANGE. — Dans ce document, il n'y a qu'un mot que je veuille retenir, c'est à la troisième page (je ne sais si vous avez la même copie que moi). Vous verrez qu'au moment du mariage le père de famille avait pris des renseignements et qu'on lui aurait répondu qu'il était un détraqué.

Eh bien! c'est le mot que je vous prie de retenir. Ce jeune homme s'est brouillé avec sa famille; il y a de mauvais renseignements sur des rapports de police, mais je ne retiens que ce mot « détraqué »! Quelle confiance lui accorderez-vous, à cet homme qui, depuis cinq ans, garde le silence sur les secrets terribles pour Dreyfus dont il est dépositaire, et qui vient se révéler à la dernière heure, qui vous apporte des faits que vous ne pouvez vérifier et qui n'a pas même eu le courage d'affronter une seconde fois l'audience publique où il aurait fallu, cette fois, parler sous serment?

J'imagine que vous penserez avec moi qu'il faut le joindre à tous les autres témoins qui ont sollicité de jouer un rôle dans ce procès, et surtout vous vous rappellerez que quand il s'est agi, le lendemain de l'audience à huis clos, de venir ici, il n'est pas venu. Il a envoyé un certificat de maladie! une maladie qui ne l'empêchait pas de se promener dans la journée!! (On rit.)

C'est un fait qui pourrait être établi.

Je crois donc que ces témoins d'ordre absolument tertiaire (je ne dis pas d'ordre secondaire), vous pourrez les grouper, mais pour les écarter, parce que vous vous direz que dans une affaire de cette nature, quand il faut une preuve, il faut la chercher là où on peut la trouver.

Eh bien! la preuve que vous apportez, c'est une pièce, c'est le bordereau.

Prenons le bordereau.

Qui est-ce qui a pu l'envoyer?

Qui est-ce qui a pu l'écrire?

Voilà les deux questions sur lesquelles je vais maintenant fixer votre attention.

La valeur technique du bordereau, je l'aborde avec la confiance d'en pouvoir faire sortir pour vous, je crois, une démonstration, la seule que je vous doive: c'est que la teneur du bordereau ne prouve pas la culpabilité. Je ne dis pas que vous aurez la lumière, parce que la lumière ne peut pas être faite, la lumière ne pourrait être faite, comme vous l'a dit M. le général Zurlinden, que si vous aviez les pièces elles-mêmes, et vous vous rappelez ce mot de M. le général Deloye: « Que diriez-vous de moi si je vous affirmais ce qu'il y a dans les pièces?

Tout ce que j'affirme, c'est qu'il n'y a pas d'impossibilité à ce que ces pièces aient été dans les mains de Dreyfus. »

Voilà où nous en sommes maintenant.

Dans une affaire criminelle, quand il s'agit de faire condamner un homme pour le crime de haute trahison, vous rencontrez cette formule dans la bouche d'un témoin des plus honorables, un de ceux qui méritent le plus notre respect à tous.

« Que diriez-vous de moi si j'affirmais ce qui se trouve dans les pièces? Mais ce que j'affirme, c'est que, pour les pièces indiquées, il n'est pas impossible qu'il les ait eues à sa dis- » position.

Et c'est avec ces mots-là que l'accusation vient nous dire :

« Pour nous, la lumière est faite, il est coupable ! »

Moi, je ne dirai pas : « Voici la lumière. » Puisque l'on a fait des hypothèses, je ferai des hypothèses — hypothèses contre hypothèses.

J'espère arriver à vous démontrer qu'il faudra encore écarter la valeur technique du bordereau, et le dernier effort que je ferai contre l'accusation, ce sera la discussion de la preuve matérielle.

Le PRÉSIDENT. — La séance est levée.

Elle sera reprise demain matin à sept heures et demie.

La séance est levée à onze heures cinq.

VINGT-CINQUIÈME AUDIENCE

Samedi 9 septembre 1899.

SUITE DE LA PLAIDOIRIE DE Mᵉ DEMANGE

La séance est ouverte à sept heures trente-cinq.

LE PRÉSIDENT. — La parole est à Mᵉ Demange (1).

Mᵉ DEMANGE. — Messieurs, lorsque l'audience d'hier s'est terminée, j'abordais un nouvel ordre de preuves que M. le commissaire du gouvernement a retenu à l'appui de l'accusation : c'est ce qu'on appelle la preuve directe de la valeur technique du bordereau.

Autrement dit, en lisant le bordereau, en prenant l'une après l'autre chacune des notes contenant des renseignements fournis par l'auteur du bordereau, l'accusation compte trouver et entend trouver dans cette énumération et dans ces notes une preuve, celle qui est nécessaire d'ailleurs : c'est que seul Dreyfus a eu et

(1) *Avant la séance, et à titre officieux, M. Paléologue, délégué du ministère des affaires étrangères près le Conseil de guerre, a communiqué aux membres du Conseil la déclaration que le* Moniteur de l'Empire *avait publiée la veille à Berlin en tête de sa partie officielle, déclaration qui est en quelque sorte la réponse de l'empereur d'Allemagne à la dépêche de* Mᵉ *Labori.*

Nous en reproduisons le texte :

« Nous sommes autorisés à renouveler les déclarations ci-dessous que, en ce qui concerne le capitaine français Dreyfus, le gouvernement impérial, tout en restant dans la réserve que commande la loyauté dans une affaire intérieure d'une puissance étrangère, mais pour sauvegarder sa dignité propre, a faites pour remplir son devoir d'humanité.

» L'ambassadeur, prince de Münster, a remis, sur l'ordre de l'Empereur, en décembre 1894 et en janvier 1895, à M. Hanotaux, ministre des affaires étrangères ; à M. Dupuy, président du Conseil, et au Président de la République, M. Casimir-Perier, des déclarations réitérées que l'ambassade allemande en France n'avait jamais entretenu de relations, ni directes ni indirectes, avec le capitaine Dreyfus.

» Le secrétaire d'Etat, M. de Bülov, a fait, le 24 janvier 1898, devant la Commission du Reichstag, la déclaration suivante :

« Je déclare de la façon la plus formelle qu'entre l'ex-capitaine français
» Dreyfus, actuellement détenu à l'île du Diable, et n'importe quels organes
» allemands, il n'a jamais existé de relations, ni de liaisons de quelque nature
» qu'elles soient. »

(*Moniteur de l'Empire.*)

(NOTE DE L'ÉDITEUR.)

a pu livrer des renseignements sur les documents qu'il aurait eus à sa disposition, les renseignements énumérés au bordereau.

C'est donc ainsi, messieurs, que la preuve doit être donnée par le ministère public : Dreyfus a eu les renseignements transmis à l'étranger et il n'y a que lui qui ait pu les avoir.

Et il faut que la question se pose ainsi, car nous sommes devant une Cour de justice.

Ce ne sont point des indices, ce ne sont point des présomptions, ce ne sont point des possibilités, ce sont des preuves que doit apporter l'accusation.

Cela étant, à tous les esprits — n'est-ce pas ? — se présente un obstacle qui se dresse contre l'accusation, obstacle quasi insurmontable : c'est que, pour savoir si Dreyfus a eu les renseignements énumérés dans les notes — et si, seul, il a pu les avoir, — il faudrait savoir quels sont ces renseignements et ce que contenaient ces notes.

Voilà une première objection à laquelle je mets au défi le ministère public de répondre.

Il ne pourrait le faire que s'il avait les notes à sa disposition, et nous ne les avons pas.

J'avais donc raison de vous dire hier que nous serions obligés de procéder par hypothèse, et je concède à merveille que, sur ce terrain, assurément, les officiers généraux du ministère de la guerre, les officiers de l'État-Major de l'armée sont les plus compétents pour apprécier, au point de vue hypothétique, ce qui pouvait être dans ces notes.

Mais, ce qui vous frappe, messieurs, c'est que, dans ce domaine de l'hypothèse, en 1894, c'étaient aussi au ministère de la guerre des officiers généraux et des officiers d'état-major tout à fait distingués et supérieurs qui s'y trouvaient.

C'était déjà M. le général de Boisdeffre, c'était déjà M. le général Gonse, c'étaient, messieurs, tous les chefs de bureau ou officiers que vous avez vu passer devant vous, comme le colonel d'Aboville, comme le général Fabre.

Ce sont eux qui, lorsque le bordereau est arrivé dans leurs mains après que l'écriture avait révélé pour eux le nom de Dreyfus, ce sont eux qui, à ce moment-là, n'ont pas pensé qu'il pouvait émaner d'un officier stagiaire de l'Etat-Major de l'armée, puisqu'il vous était dit par un témoin — le général Mercier, je crois, — que, si le colonel d'Aboville était rentré de permission trois ou quatre jours plus tard, on n'aurait pas découvert l'écriture de Dreyfus, on n'aurait pas pensé que c'était un stagiaire qui en fût l'auteur!

De telle sorte qu'à ce moment-là, le bordereau ne révélait pas comme auteur un stagiaire de l'Etat-Major de l'armée.

Mais il y a plus, au point de vue dont je m'occupe : quand on a étudié l'une après l'autre les notes du bordereau et la plus importante, la note sur les troupes de couverture, comment les a-t-on interprétées? On les a interprétées en disant que c'était une note fournie sur le commandement des troupes de couverture.

Quand on a étudié la note sur Madagascar, comment l'a-t-on interprétée? Comme une note qui aurait été rédigée, je crois, par le colonel de Torcy, et sur la minute copiée au mois de février précédent par le caporal Bernollin.

Eh bien! aujourd'hui, dans une Cour de justice, je vous ramène toujours à ce point précis : il faut qu'il soit établi qu'il n'y a eu que Dreyfus qui ait pu fournir les renseignements contenus au bordereau ; et lorsque nous entrons dans le domaine de l'hypothèse, je constate qu'à l'Etat-Major général, en 1894, quand il s'est agi de formuler des hypothèses, on a formulé des hypothèses qui ne sont plus les hypothèses d'aujourd'hui.

En 1898, en effet, le général Roget a fait une étude approfondie de l'affaire, assisté du commandant Cuignet ; et alors, à ce moment-là, M. le général Roget a formulé des hypothèses que je vais successivement examiner tout à l'heure.

Mais pour le juge qui se trouve en présence de l'hypothèse de 1894 et de l'hypothèse de 1899, j'imagine que sa conscience doit être effrayée.

Il doit se demander si c'est là une base solide pour rassurer sa conscience, cette base fragile et hypothétique qui peut varier suivant les années, alors même que nous trouvons au ministère de la guerre les mêmes interprétateurs, c'est-à-dire M. le général de Boisdeffre et M. le général Gonse.

Il doit encore se poser une question : celle de savoir si les documents du bordereau étaient réellement importants.

Là encore, je me suis dit : Comment peut-on le savoir, puisqu'on ne connaît pas ces documents?

Cependant, en 1894, il paraît qu'une opinion aurait été formulée à cet égard par M. le général Mercier. Il y a là un mystère que je n'ai pas éclairci.

M. le général Mercier aurait dit à M. le président Casimir-
Perier que ces documents n'étaient pas importants. M. Casimir-
Perier s'en souvient, M. le général Mercier ne s'en souvient pas.

Il y a encore un fait plus singulier.

Après la condamnation, M. le colonel Bertin-Mourot se serait
effrayé à la pensée que des documents sérieux auraient pu être
livrés, et il en aurait parlé à M. le Président de la République,
qui ne se souvient pas de cette visite, tandis que M. Bertin-
Mourot en a gardé une impression très nette.

C'est encore un mystère que je constate, mais que je ne puis
pas éclaircir.

Mais il y a un argument de M. le général Roget qui m'a beaucoup frappé.

Je le reproduis textuellement, tel que je le trouve dans sa
déposition à la Cour de cassation. Cet argument vous a été également présenté.

D'après M. le général Roget, les documents devaient avoir de
la valeur, parce que le destinataire des pièces n'est pas un
homme à qui on puisse envoyer des renseignements sans valeur. Il savait parfaitement ce que valaient les documents. Il
était capable de les apprécier et de les contrôler.

La phrase « sans nouvelles indiquant que vous désirez me
voir » prouve qu'il y avait des relations avec le destinataire.

Si donc des relations existaient entre lui et l'auteur du bordereau, M. le général Roget ne pourrait jamais croire que le
destinataire ait reçu des documents sans valeur, c'est-à-dire
qu'il ait continué des relations inutiles et qui auraient pu être
dangereuses pour lui.

Voilà bien l'argument. Je me place en face de lui, car je n'ai
pas l'habitude de tourner les arguments. Seulement, je me demande si le raisonnement de M. le général Roget, notamment
sur la phrase « sans nouvelles m'indiquant que vous désirez
me voir » est exact, ou bien si, au contraire, c'est mon interprétation qui est la bonne.

« Sans nouvelles », cela prouve que le destinataire avait eu
d'autres relations, mais cela prouve aussi que les relations sont
bien peu fréquentes, qu'elles ne sont pas bien suivies.

Je vous avoue que je comprends difficilement qu'un attaché
militaire comme l'agent A, en rapport avec un officier de l'Etat-
Major général de l'armée qui peut le renseigner sur les choses
les plus importantes et les plus intéressantes, ne se tienne pas

toujours en rapports constants avec lui, et que ce soit l'auteur du bordereau qui soit obligé de se rappeler au souvenir de son correspondant.

Avec mon simple bon sens, je me dis que, quand on a cette bonne fortune pour un ennemi de pouvoir se renseigner sur les choses secrètes d'un autre pays, parce qu'on a au cœur même de la place où tous les secrets sont renfermés quelqu'un qui peut les trahir, on n'a pas vis-à-vis de lui cette négligence qui fait que l'auteur du bordereau est obligé de se rappeler à lui.

Tandis que si, au contraire, l'auteur du bordereau est un homme qui tient à toucher des mensualités, qui tient à recevoir l'argent qu'on lui donne pour ses renseignements, il prendra l'initiative de renouer des relations et commencera sa lettre par ces mots : « Sans nouvelles m'indiquant que vous désirez me voir. »

Voilà une réflexion dans le domaine de l'hypothèse, et nous ne sommes que dans ce domaine.

Mais est-ce que les termes mêmes du bordereau ne prouvent pas que, non seulement l'auteur du bordereau n'était pas un homme très recherché, mais qu'au contraire les documents ne lui étaient pas demandés ?

Car le raisonnement du général Roget est celui-ci. L'agent A est au courant de tout, c'est un homme compétent, très capable. Comment aurait-il été demander des documents qui traînent dans les journaux sur des tables de café ?

Eh bien ! la réponse est bien simple : c'est qu'il n'a rien demandé du tout ; ce n'est pas lui qui a sollicité, puisque précisément on n'a pas de nouvelles de lui. C'est l'auteur du bordereau qui envoie de lui-même les documents sans qu'ils aient été demandés. (*Mouvement.*)

Et alors, au point de vue de l'importance du document, j'entends que si c'est Dreyfus, on pourrait dire : ce sont des documents très importants et très intéressants. Mais j'entends aussi que, si c'est un autre qui tient à avoir de l'argent et qui recueille ces renseignements dans les camps ou dans les garnisons, j'entends que celui-là, au contraire, fournira des renseignements qui pourront n'être pas très intéressants.

Par conséquent, nous ne pouvons tirer argument de la compétence de l'agent A, puisque ce n'est pas lui qui dit : « Envoyez-moi ceci ou cela. »

C'est l'auteur du bordereau qui envoie ce qui lui paraît intéressant et précisément, messieurs, je mets en présence de ces mots *renseignements intéressants* tout ce que M. Cavaignac suppose avoir été envoyé, tout ce que M. le général Mercier suppose avoir été envoyé.

Comment ! le général Mercier pense que les mots : *Note sur les troupes de couverture*, indiquent les nouvelles dispositions de transport des troupes de couverture, mises en application en 1894.

L'auteur du bordereau, ce sera Dreyfus, dans la pensée du général Mercier, qui peut apprécier la valeur d'un pareil document, et il mettra : *Je vous envoie quelques documents intéressants !*

Voilà l'expression dont il se servira pour annoncer à son correspondant qu'il lui fait fournir ce qu'il y a de plus secret et d'important, au sujet de la défense nationale de la France !

Messieurs, il y a encore quelque chose de plus : c'est que M. Cavaignac a dit, devant la Cour de cassation, que l'énumération des notes de ce bordereau résumait toute la vie de l'Etat-Major pendant l'année 1894. Et alors, voyez cette antithèse : la vie de l'Etat-Major communiquée par Dreyfus qui était à l'Etat-Major, et il dira : « Un renseignement intéressant ! »

Et, si vous poursuivez la lecture, vous voyez que l'auteur du bordereau annonce l'envoi d'un Manuel de tir ; et, pour l'auteur du bordereau, il semble que ce soit la chose le plus importante, puisqu'il insiste auprès de son correspondant en disant :

« J'ai eu (ou j'aurai) beaucoup de difficultés à me procurer ce document. »

Je vous assure que, dans ce domaine de l'hypothèse, quand on raisonne sur l'importance des documents, quand on fait la lecture en interrogeant le bon sens, il me semble que les réflexions que je viens de vous soumettre sont de nature à mettre en balance les affirmations du général Roget.

Le général Mercier, ensuite, a fait une étude du bordereau au point de vue de la terminologie. Je veux passer rapidement là-dessus.

J'y passe rapidement, parce que je ne crois pas que ses arguments étaient de nature à frapper beaucoup vos esprits.

Devant la Cour de cassation, à un moment donné, M. Cavaignac avait exposé que les notes étaient des notes soustraites au ministère de la guerre, des notes communiquées au ministère de la guerre par un service à un autre.

Il avait dit : « On appelle notes des indications transmises de bureau à bureau. »

Aujourd'hui, on a renoncé d'une façon absolue à cette explication, car nous avons vu au dépouillement du dossier secret que le résumé qui avait été fait pour la Cour de cassation indiquait que le mot *note* inséré dans le bordereau n'impliquait pas nécessairement l'idée de résumé, de mémento, mais qu'il s'agissait, dans le cas particulier, de note personnelle, de résumé.

Par conséquent, à ce point de vue, nous pourrions être d'accord : ce ne sont pas des notes originales, ce sont des notes personnelles.

Mais M. le général Mercier vous disait : « Il y a une expression qui ne s'emploie qu'à l'État-Major, le mot *formations* ».

Je fais simplement observer que le mot *formations* ne s'emploie pas seulement à l'État-Major. Il s'emploie également dans les corps de troupes, dans les règlements en usage, et on l'applique aux formations de l'artillerie : c'est le cas d'un des numéros du bordereau.

Nous verrons, toujours à l'état hypothétique, de quelles formations il peut s'agir.

M. le général Mercier disait ensuite que ce ne pouvait être qu'un officier d'artillerie qui aurait écrit *dans les corps*, sans ajouter : dans les corps d'artillerie. Mais M. le général Sebert dit qu'un officier d'artillerie aurait dit : *dans les régiments* et non pas : *dans les corps*.

Vous êtes plus compétents que moi, messieurs, sur ce point, et je n'insiste pas ; mais du moment qu'il s'agissait d'un Manuel de tir, il n'était pas nécessaire d'indiquer le corps, et il était naturel qu'on mît : *corps*.

M. le général Mercier s'est attaché ensuite à ce qu'il appelle les locutions vicieuses. Tout d'abord, la première qui l'a frappé, c'est la locution : *difficile à se procurer*.

M. le général Mercier a dit : « Ce n'est pas français pour un élève de l'École polytechnique, mais c'est une expression qui peut s'employer dans l'industrie et il est fils d'industriel ! »

Voyons, messieurs, je n'insiste pas.

En second lieu, M. le général Mercier a relevé le mot *ne* et il a dit : « C'est une locution vicieuse que nous retrouvons dans une lettre de Dreyfus. » On a fait remarquer que, sans être ferré sur Noël et Chapsal, on peut employer la locution *ne* lorsque la phrase entraîne une expression négative. Il en était ainsi dans la lettre de Dreyfus. Au contraire dans le bordereau, « Sans nouvelles m'indiquant que vous désirez me voir » est évidemment une mauvaise forme de langage.

Vous voyez, messieurs, avec quelle rapidité j'ai passé sur cet argument, car, j'ai hâte d'arriver à une discussion beaucoup plus importante, toujours au point de vue hypothétique, en prenant, note par note, ce qu'on peut supposer avoir été envoyé.

La première note, c'est sur la pièce hydraulique du 120 et la manière dont s'est conduite cette pièce.

Eh bien ! de quelle pièce parle l'auteur du bordereau et de quel frein parle-t-il ? Si je prends l'écrit, il parle d'une pièce de 120 et du frein hydraulique du 120. Y a-t-il une pièce de 120 qui ait un frein hydraulique de 120 ? Oui. Seulement, c'est une pièce de siège connue depuis longtemps.

Alors, le général Roget et l'accusation (je dis le général Roget parce que c'est lui qui a présenté l'argumentation la plus saisissante) de dire : « Il n'est pas possible que l'agent A ait reçu des renseignements sur une pièce qu'il devait connaître depuis longtemps ».

Je réponds que l'agent A n'a rien demandé, qu'on lui a envoyé. On suppose que c'est Dreyfus. Il y a une objection qui se présente à mon esprit.

Comment ! voilà un officier d'artillerie, de l'État-Major général, qui est en rapport avec l'agent A ; il veut lui envoyer des notes sur le 10 court et sur le frein hydropneumatique. Il est officier d'artillerie. Il est compétent. Il sait ce que valent les mots et il lui écrira : « Je vous envoie une note sur le frein du 120, sur le frein hydraulique », c'est-à-dire sur un tout autre engin que celui sur lequel il veut envoyer la note ?

Voilà un officier qui veut renseigner sur le frein du 120 un étranger et il écrira à cet étranger en se servant de locutions qui s'appliquent à une autre pièce et à un autre frein ? (*Mouvement.*)

Qu'une personne qui est ignorante des choses de l'artillerie fasse cette confusion et emploie ces expressions, je le conçois. Mais qu'un officier d'artillerie, qui veut précisément envoyer des renseignements intéressants sur un sujet donné, emploie des locutions qui font penser à une autre pièce que celle dont il entend parler, voilà ce qui ne peut entrer dans mon esprit.

Si je rapproche ensuite cette hypothèse — c'est-à-dire que c'est un homme peu au courant des choses de l'artillerie qui a écrit cela — si je la rapproche du fait qu'en 1894, aux écoles à feu du mois d'août, on a tiré la pièce de 120 long, la pièce de siège qui était assistée de son frein hydraulique, purement hydraulique, — si je me rappelle que ces pièces ont été tirées devant une personne qui peut avoir été l'auteur du bordereau et qui n'a pas de connaissances spéciales en artillerie, une personne qui s'appellera le commandant Esterhazy, alors je me demande :

— Est-ce que ce ne serait pas plutôt lui qui aurait pu fournir cette note et qui aurait pu écrire en employant un langage qui n'était pas un langage courant ?

Est-ce que les renseignements contenus dans cette note ne pouvaient pas paraître intéressants à celui qui les envoyait, parce qu'il n'avait pas la compétence voulue, et ne pas satisfaire celui qui les recevait ? En tout cas, peut-on dire qu'on est sûr que l'auteur du bordereau a fourni une note sur le frein hydro-pneumatique de la pièce de 120 court ?

Nous sommes dans l'obscurité ; ce n'est pas avec l'ombre que l'on fait de la justice, c'est avec de la lumière et de la lumière éclatante. (*Mouvement prolongé.*)

Eh bien ! là, je dis que nous ne pouvons pas savoir...

Je suppose maintenant qu'il s'agisse du 120 court, je suppose qu'il s'agisse du frein hydropneumatique.

Cela pouvait intéresser l'agent A, cela pouvait l'intéresser beaucoup, puisque nous savons, messieurs, que, déjà (j'y reviendrai une seconde fois tout à l'heure), en 1890, il avait reçu deux notes, deux rapports sur la pièce de 120 court et le frein hydro-pneumatique.

Je lis, en effet, cette question et cette réponse, faites à la Cour de cassation : la question par un conseiller, la réponse par M. le commandant Cuignet (page 259 (1) de l'enquête) :

Demande par un conseiller :

D'une pièce qui a passé tout à l'heure sous les yeux de la Cour, il résulte que l'agent A a, dès le mois de février 1892, communiqué à son gouvernement deux rapports, l'un du 17 janvier 1890 concernant la nouvelle pièce française de 120 millimètres de campagne, l'autre en date du 14 mars 1890, sur le même canon et ses munitions, et en outre onze dessins et une photographie relatifs à cette pièce et à ses munitions.

Ne s'agit-il pas de la pièce qui a plus tard été définitivement adoptée avec le frein hydro-pneumatique, et dont il serait question d'après ce qui nous a été dit dans le 1er paragraphe du bordereau ?

(1) Page 378 de notre Édition.   (NOTE DE L'ÉDITEUR.)

R. — Parfaitement. Ces deux documents qui ont provoqué les poursuites dirigées en 1892 contre le sieur Greiner, me paraissent faire mention des essais alors en cours, et qui ont précédé la fabrication en
grand du canon de 120 de campagne.

Le ministre de la guerre enverra d'ailleurs à la Cour les deux rapports
visés dans ces deux pièces du dossier secret. Il y joindra une note faite
par le service compétent du ministère, afin de fixer les dates des essais
du canon de 120 court, la date de son adoption définitive, et toutes les
questions qui peuvent se rapporter à cet ordre d'idées.

Il résulte de cela que l'agent A s'intéressait très certainement
au canon de 120 court.

M. le général Mercier, dans sa déposition, a supposé que ce
qui devait intéresser l'agent A, c'était l'organisation intérieure
du frein, qui était ignorée jusque-là de l'agent A ; et M. le général Mercier a dit dans sa déposition :

« Vous avez vu, dans la note du général Deloye, que les
détails relatifs au frein hydropneumatique de 1891 n'étaient
envoyés à la section technique de l'artillerie que le 8 juin
1894. »

A ce moment-là, il n'y avait que trois ou quatre officiers de la
fonderie de Bourges, une démi-douzaine d'officiers, dans les
stations de Bourges et de Calais, trois dessinateurs à la fonderie
de Bourges et deux ouvriers spécialistes de cette fonderie qui
connaissaient ce frein.

Il n'y avait donc que ce personnel très restreint qui fût au
courant de la fabrication et de l'organisation intérieure de ce
frein modèle de 1891.

Et alors le général Mercier fait allusion aux difficultés qu'a
rencontrées M. le colonel Lefort.

M. le général Mercier suppose donc, voici son hypothèse : que
ce serait sur l'organisation intérieure du frein que Dreyfus aurait pu fournir des renseignements, parce qu'il était à Bourges.
Mais, en même temps, M. le général Mercier nous énumère les
seules personnes qui pouvaient être à même de donner des renseignements à Dreyfus.

Vous êtes juges ; vous avez à dire si, oui ou non, Dreyfus a recueilli des renseignements suivant l'hypothèse du général Mercier, sur l'organisation intérieure du frein.

Que demanderez-vous ? Vous demanderez à celui qui tient le
langage du général Mercier de vous apporter une preuve. Vous
lui dites : « Prouvez-moi que Dreyfus a été vu interrogeant ceux

qui possédaient les secrets, c'est-à-dire les personnes que je viens d'énumérer. »

Eh bien! là-dessus, silence complet du témoin, puisque M. le général Mercier se contente de dire que Dreyfus a été à Bourges.

Mais, me dit-on, il y a là des pensions militaires, des cafés, où l'on cause. C'est entendu. Mais avec qui cause-t-on pour avoir des renseignements sur l'organisation intérieure du frein? On ne peut causer qu'avec des personnes qui peuvent vous en donner, celles qui viennent d'être énumérées.

Je suis dans le domaine de l'organisation intérieure du frein. J'arriverai tout à l'heure au côté pratique, à la manière dont la pièce s'est comportée au tir. Mais en ce moment-ci, je suis pas à pas le général Mercier. Il s'agit de l'organisation intérieure. Eh bien! est-ce que dans les cafés, dans les pensions, les personnes qui étaient au courant ont causé? Est-ce qu'elles ont pu renseigner leurs interlocuteurs, les renseigner dans des conditions telles, vous entendez bien, que l'auteur du bordereau puisse donner, lui, quelque chose de précis, d'intéressant pour l'agent A? Avez-vous l'ombre d'un indice à cet égard? Rien, rien!!

Mais le général Deloye dit : « Oh! un habile homme sait extraire la moelle, la substance. »

Entendons-nous bien : pour extraire la moelle, la substance, il faut d'abord savoir ce que contenait la moelle, la substance.

Qu'est-ce que c'était?

Nous ne le savons pas.

Et ce seraient des conversations en l'air qui auraient fourni des renseignements suffisants sur l'organisation intérieure du frein! Non, vous n'apportez rien qui établisse que lui, Dreyfus, ait pu les avoir, et c'est Dreyfus dont on vous demande de déclarer la culpabilité! (*Mouvement.*)

Je prends une autre hypothèse, messieurs, l'hypothèse relative aux résultats pratiques du tir. Je vois que l'agent A s'en est déjà préoccupé dès 1890. Il envoie un rapport en 1892. J'ai appris par la note du ministère de la guerre qui était au dossier secret, à laquelle j'ai emprunté déjà tout à l'heure une citation, que la pièce de 120 court matériel de campagne, munie du frein spécial hydropneumatique, a été tirée aux écoles à feu de la 8e brigade, à Bourges, en 1891.

A ce moment-là, Dreyfus n'y était pas.

Quant au point de vue pratique, si on se rapporte aux tirs faits à Bourges par la 8e brigade, Dreyfus n'y est pas.

Voulez-vous que nous arrivions en 1894?

Le général Deloye a dit, je crois, que c'était dans huit brigades ou dans huit écoles d'artillerie — je ne connais pas le détail de cette organisation — qu'on avait tiré la pièce.

Dreyfus n'a été à aucun de ces tirs.

Nous sommes maintenant au camp de Châlons. Je ne m'inquiète pas, messieurs, de savoir si, à ce moment-là, on avait pris toutes les dispositions nécessaires pour que le frein fût tenu secret, et que le secret aussi fût gardé sur la manière dont la pièce se comportait, ni quels sont les officiers qui pouvaient assister à ces manœuvres.

Vous avez entendu le capitaine Le Rond, qui vous a dit les difficultés que rencontraient les officiers. Vous avez entendu un autre officier, dont les déclarations contraires laissent penser qu'au printemps on n'avait pas pris les mêmes précautions.

Peu m'importe tout cela. Je n'ai pas besoin de rechercher la vérité sur ce point pour mon raisonnement.

Je suis toujours dans le domaine hypothétique. Mais je prétends que mes hypothèses valent mieux que celles de mes contradicteurs.

En 1894, on tire la pièce au printemps; on la tirera encore aux écoles à feu au mois d'août, au camp de Châlons; Dreyfus n'y est pas. Mais est-ce qu'il y a eu un rapport fait au ministère sur ce tir?

Le général Deloye a dit non, le général Mercier aussi : il n'y en a pas eu, ou plutôt il y a eu ce que le général Deloye appelle des «communications verbales» de généraux ou d'officiers qui passent par Paris, voient le directeur de l'artillerie et causent avec lui.

Ce n'est pas ces conversations qui ont pu être recueillies par Dreyfus.

Par conséquent, s'il n'y a pas de rapports auxquels l'auteur du bordereau a pu emprunter la note qu'il a donnée, j'en conclus que pas plus en 1892 à Bourges, où on a tiré la pièce, qu'en 1894, il n'y a eu de rapports transmis au ministère : Vous ne m'établissez pas que Dreyfus ait pu avoir les éléments d'une note sur la manière dont la pièce s'est conduite au point de vue du tir.

Seulement, messieurs, M. le général Mercier a persisté, et voici comment il s'est exprimé pour dire que Dreyfus avait pu fournir cette note :

— Le capitaine Dreyfus avait été à Bourges, à l'Ecole de pyrotechnie, d'octobre 1889 jusqu'au 1er novembre 1890, c'est-à-dire pendant la période où se faisaient les expériences relatives à la pièce de 120, et à son frein hydropneumatique, puisque ces expériences ont commencé en 1887.

Chercheur comme vous le connaissez, avec les connaissances qu'il avait, et dont il a fait preuve, il est incontestable, dit le général Mercier, qu'il a dû s'initier aux détails du fonctionnement et de la construction du frein du 120.

Il était, en tout cas, mieux placé que tout autre officier pouvait l'être à ce point de vue.

Voilà donc l'opinion du général Mercier.

C'est évidemment Dreyfus qui a dû renseigner l'agent A, puisqu'il a été à Bourges à une époque où on a fait des essais et à une époque où on fabriquait le frein hydropneumatique.

Mais, messieurs, si le général Mercier avait eu sous les yeux la déposition que je vous lisais tout à l'heure du commandant Cuignet, ou s'il avait connu l'affaire Greiner, il n'aurait pas tenu le langage que je viens de vous rapporter, puisqu'il résulte précisément de la condamnation de Greiner que c'est ce Greiner qui a fourni et qui a communiqué des rapports qui avaient été faits, le 17 janvier 1890 et le 14 mars 1890, sur le canon de 120, sur ses munitions, les dessins et les photographies relatifs à cette pièce et à ses munitions.

Où donc Greiner avait-il pris cela ?

A la section d'artillerie du ministère de la marine, étant donné qu'un ministère communique à l'autre.

Voici donc bien, je crois, la preuve qu'on ne peut pas dire et que M. le général Mercier ne peut pas dire ; s'il y a eu des renseignements donnés sur le 120 en 1894, sur des choses qui auraient été faites ou exécutées en 1890, c'est-à-dire quatre ans après, — cela doit être Dreyfus, parce qu'il a été à Bourges ; lorsque je vous montre, avec les faits, que ces renseignements ont été pris au ministère de la marine, à la section spéciale de l'artillerie, et que ces rapports, qui avaient été faits en 1890, ont été livrés à l'agent A.

Je crois que, dans ces conditions, cela vous permet, sur un point, de toucher tout à fait du doigt l'erreur dans laquelle sont tombés ceux qui soutiennent l'accusation, c'est-à-dire les ministres, les généraux, — soldats loyaux devant lesquels je m'incline, mais qui sont venus donner, sur le point qui nous occupe, je vous le montre par cet exemple, une opinion qui a pu se former d'une façon fragile. Alors, vous, qui êtes des juges, vous devez être en garde contre des assertions, dignes de foi c'est entendu, mais susceptibles d'erreur.

Je continue mon examen en ce qui concerne le canon de 120 court. Je viens de vous montrer qu'en 1894, au printemps, on avait tiré cette pièce. Je viens de vous démontrer que vous n'établissez pas, vous accusation, que Dreyfus ait eu à sa disposition des indications spéciales sur la manière dont la pièce a été tirée.

J'ai également entendu M. le général Deloye dire que Dreyfus avait dû avoir à sa disposition le règlement de tir de la pièce de 120 court et qu'il aurait envoyé des indications, en substituant sa prose à celle du règlement.

Mais ceci, c'est de l'hypothèse pure.

M. le général Deloye, du reste, nous a dit qu'il ne l'affirmait pas, que cela était possible ; mais il ajoute : « Certainement, celui qui a fourni cette note est un homme d'une compétence toute spéciale. »

Quand je lui ai demandé pourquoi, il m'a répondu : « C'est parce qu'il n'a pas envoyé purement et simplement le règlement. »

Or, nous avons dans le bordereau même la preuve que l'auteur du bordereau, quand il s'agissait d'envoyer le Manuel, n'extrayait pas de ce document ce qui pouvait être intéressant, mais envoyait bien le Manuel lui-même. (*Mouvement.*)

Dans tous les cas, il faudrait établir que Dreyfus a eu ce règlement dans ses mains.

Que ce règlement ait été chose secrète, je ne le sais pas. Qu'une autre personne ait pu l'avoir à sa disposition, je ne le sais pas exactement non plus, car je ne sais même pas d'une façon exacte ce qu'on appelle le règlement de tir de la pièce de 120.

Mais voici un document qui a été versé à la Cour de cassation. Vous pourrez en apprécier la valeur que je ne connais. Il a pour titre : « Batteries de campagne de 120 court. »

Il est lithographié à la presse régimentaire du 26e régiment d'artillerie et il est de février 1894.

Il a été expliqué que, précisément, le 26ᵉ d'artillerie n'avait pas cette pièce de 120 ; que c'était l'autre régiment, le 31ᵉ.

Quoi qu'il en soit, voilà un document lithographié en février 1894 et sur lequel nous trouvons toute une description du frein, des dessins et un commentaire.

Encore une fois, je ne suis pas compétent pour l'apprécier, mais voilà un document qui, en février 1894, n'était pas considéré comme un document secret.

Alors, un autre que Dreyfus ne pouvait-il pas l'avoir à sa disposition ?

Considérez maintenant qu'en 1894 les batteries qui avaient tiré au printemps la pièce de 120 court sont venues aux manœuvres de masses du camp de Châlons.

Supposez, maintenant, car j'ai le droit de faire cette hypothèse, puisqu'on a dit que Dreyfus a pu, dans des cafés ou dans des pensions, recueillir des renseignements à l'aide desquels il aurait fourni des notes ; supposez, dis-je, que pendant ces manœuvres de masses, il se soit trouvé un officier supérieur d'une autre arme qui ait causé avec ces officiers d'artillerie au sujet de ces pièces.

Il n'a pas vu lui-même tirer les pièces, c'est possible. Mais il a pu s'entretenir avec ces officiers compétents, et si cet officier est très intelligent, quoique n'ayant pas de connaissances spéciales en matière d'artillerie, j'ai le droit de supposer qu'il a pu être à même de fournir une note sur le frein.

Vous me direz : « C'est une hypothèse. » C'est entendu ; mais je fais comme mes adversaires. Ils raisonnent hypothétiquement. Je raisonne hypothétiquement. Mais avec cette différence qu'eux sont obligés de prouver ce qu'ils avancent, qu'ils n'ont pas le droit de faire des hypothèses, tandis que moi, qui suis la défense, j'ai le droit de faire des hypothèses.

Je suis devant une Cour de justice : il faut que la preuve soit faite par vous, commissaire du gouvernement. Vous n'avez pas le droit de me dire : « Il est possible » ou « il n'est pas possible », comme a dit M. le général Deloye, « que Dreyfus ait eu des renseignements. » Non, il faut la certitude, parce que la conscience d'un juge exige une preuve, et cette preuve, vous ne la faites pas pour Dreyfus.

Quant à moi, je n'ai à accuser personne. Je n'ai pas ici à faire condamner quelqu'un, mais j'ai le droit de rester dans le domaine hypothétique et, poursuivant un raisonnement, j'ai le droit de vous montrer qu'aux manœuvres de masses du camp de Châlons, entre le 11 et le 17 août 1894, il y avait un officier supérieur qui a pu se trouver en contact avec des officiers compétents et ayant tiré la pièce de 120, et qu'il a pu ainsi se procurer des renseignements intéressants.

À cet égard, j'ai entendu M. le général Mercier dire : « Mais l'officier supérieur dont il est question, le commandant Esterhazy, n'était pas aux manœuvres de masses. Il était rentré à Rouen, et cela serait facile à vérifier. »

Mais on ne l'a pas vérifié. (*Mouvement.*)

Cela ne me rassure pas du tout.

Il était le major ; nous avons vu comment il avait pu trouver le moyen de faire mettre sur son livret militaire des états de service, des citations qui n'existaient pas.

Rien n'aurait donc été plus facile pour lui que de faire constater sa présence à Rouen ; mais c'est par lui-même que je veux démontrer qu'il était aux manœuvres de masses au camp de Châlons.

Il y a, messieurs, deux lettres que je vous citerai : une que vous connaissez, l'autre que vous ne connaissez pas encore, et qui établissent qu'il s'y trouvait entre le 11 et le 17 août.

Et je vous demande à cet égard la permission de bien préciser ma pensée.

Je vais vous lire ces deux lettres.

Il y a en une dont on a beaucoup parlé, c'est la lettre du 17 août 1894. Quant à l'autre, on n'en a pas encore parlé, et vous la trouverez dans le dossier composé des pièces saisies au Crédit foncier.

M. le commandant Esterhazy avait fait un emprunt au Crédit foncier. Il avait des annuités à payer.

Au mois d'août 1894, ces annuités étaient en retard, et il y eut une réclamation.

Ecoutons donc ce qu'il répond :

> Le 11 août 1894. Ecoles à feu de la troisième brigade
> d'artillerie, camp de Châlons.

C'est bien de lui, cela, c'est de sa main, messieurs.

> J'ai reçu hier seulement votre lettre adressée à Rouen, relative aux intérêts dus sur la maison des Cascades, numéro 42 *bis*, et sur lesquels j'ai versé tout dernièrement, par l'intermédiaire de M. Vergnon, rue Laffitte, 11, la somme de 2,000 francs d'acompte.

Cette lettre me surprend fort, non seulement à cause de ce qui avait été convenu avec M. Bergeron et le Crédit Foncier, mais surtout après ce qu'on m'avait écrit, il y a quinze jours à peine, en me donnant des assurances catégoriques que lui avait données ou fait donner (je n'ai pas sa lettre ici sous les yeux) M. le gouverneur du Crédit Foncier.

Quoi qu'il en soit, je quitte le camp dans cinq jours. Il m'est impossible de partir plus tôt et je passerai de suite au Crédit Foncier, pour opérer le règlement dans cette affaire, de manière à éviter les menaces perpétuelles de cette lettre. Recevez, etc.

Ainsi donc, le 11 août, il est au camp de Châlons, il écrit du camp. Et dans cinq jours il doit le quitter, il lui est impossible de partir plus tôt.

M. le général Mercier a dit — je crois que c'est la formule qu'il a employée : «Esterhazy a menti!» Mais quel intérêt avait-il à mentir en 1894, en écrivant cette lettre ? Pourquoi mentir en disant qu'il est encore au camp pour cinq jours? Le général Mercier est fort embarrassé d'expliquer la cause de ce mensonge.

Et si je rapproche cette lettre du 11 août de la lettre de Rouen du 17 août, dont on a tant parlé et à laquelle nous reviendrons, la deuxième lettre, adressée à M. l'huissier Callet :

J'ai reçu, en revenant du camp de Châlons où j'ai été passer quinze jours, votre lettre.

Je ne comprends pas que vous me réclamiez ce qui vous était dû, puisqu'en quittant la gérance de la maison on m'avait annoncé que c'était réglé; je n'en ai jamais eu connaissance, et mes instructions à ce moment sont restées lettre morte.

Du reste, j'irai à Paris.

Il écrit cela le 17 août; eh bien! messieurs, calculez.

Il est arrivé, pour les écoles à feu, le 2 août; a partir du 11 août il est encore resté cinq jours; il est rentré le 17 ou le 18 à Rouen, le 17, puisqu'il écrit du 17.

Eh bien, il a passé les quinze jours, et les cinq derniers sont ceux qui se placent entre le 11 et le 17, c'est-à-dire quand il y a eu des manœuvres de masse.

Ce sont là des calculs arithmétiques très simples.

Pour me contredire, il a fallu dire : On pourrait établir facilement la présence d'Esterhazy à Rouen du 11 août, et jusqu'à présent on ne l'a pas tenté; quand nous verrons les pièces, justifiant l'assertion du général Mercier, nous apprécierons ce qu'elles valent. Mais jusque-là, j'ai droit de dire avec les documents de 1894 qui, certes, n'ont pas été faits pour les besoins du procès, quand il écrit du camp : « Je vais y rester cinq jours », quand il écrit, une fois rentré : « Je viens d'y passer quinze jours », avec un calcul arithmétique, j'ai le droit d'affirmer qu'il a passé au camp cinq jours pendant les manœuvres de masses

D'ailleurs, qu'on ne l'oublie pas, vous n'avez pas à choisir entre le commandant Esterhazy et le capitaine Dreyfus. Vous avez à dire si Dreyfus est coupable.

J'ai prouvé que vous n'aviez pas démontré qu'il avait eu les documents ; que tout, au contraire, établissait qu'il n'avait pas pu se procurer des renseignements ; que s'il y avait eu, en 90 et 92, des documents livrés à l'agent A, c'était précisément par Greiner ; que, par conséquent, l'agent A pouvait avoir des renseignements sur la pièce de 120.

Je vous ai démontré qu'en 1893, Dreyfus n'était pas à Bourges qu'il n'était pas aux écoles à feu au printemps de 1894.

Je vous ai démontré qu'il n'avait pas pu connaître le rapport sur les tirs, et je vous ai démontré ensuite qu'il y avait quelqu'un qui se trouvait aux manœuvres de masses, et j'ai dit que dans cet état-là, votre preuve à vous n'était pas faite.

Mais il y a encore une hypothèse nouvelle, c'est qu'il ne s'agissait pas du tir de la pièce, mais de la manière dont le frein, organe très délicat paraît-il, pouvait supporter les chocs et les heurts pendant les manœuvres. Voici en effet ce qu'on lit dans *la France militaire* des 13 et 14 août 1894 :

Le président du comité de l'artillerie a cru devoir procéder à l'addition de bouches à feu de 120 court qui vont prendre part aux manœuvres de masses, etc...

Je passe quelques lignes et je choisis ce passage :

On indique leurs avantages au point de vue des tirs ; malheureusement, elles ne pourront remplir leur rôle, aux manœuvres de cette année.

Les allocations en munitions des batteries de 120 ne contiennent que les charges maxima des obus chargés en poudre. Alors que leur approvisionnement normal comprend des charges réduites pour les tirs en bombe, les obus à balles, etc. Aussi, n'aurons-nous pas occasion de juger de l'efficacité du tir de ces bouches à feu.

Par contre, nous espérons nous rendre compte de la façon dont elles se comporteront en tant que véhicule ; on leur reproche surtout des vices de construction. On prétend que leur traction sera difficile, que leur affûts se disloqueront en passant à travers champs, qu'ils ne sont p as assez solides pour traverser des fossés et des mauvais terrains. Nous verrons bien.

Il semble *a priori* que si elles résistent aux secousses des tirs elles n'ont rien à craindre d'une succession de cahots. Mais rien ne prouve autant qu'une expérience.

On voulait donc, en 1894, précisément faire des expériences sur la solidité du frein. Eh bien ! supposez qu'un officier d'une autre arme que l'artillerie ait trouvé cela intéressant, — cela a pu ne pas intéresser un officier d'artillerie, mais il n'en est pas de même d'un officier d'infanterie — cet officier d'infanterie croira que cela peut intéresser son correspondant étranger.

C'est encore une hypothèse, je le répète, seulement mes hypothèses sont vraisemblables et je n'ai pas besoin de démontrer qu'elles sont l'expression de la vérité.

Vous n'avez pas le droit, vous l'accusation, de faire des hypothèses, à moins de démontrer qu'elles sont l'expression de la vérité.

J'arrive maintenant à la seconde note : c'est de beaucoup la plus importante.

C'est celle qui vous a surtout frappés. C'est celle sur laquelle M. le général Mercier a donné les explications les plus détaillées, en disant que c'était là, suivant lui, le côté le plus grave de la communication : *Une note sur les troupes de couverture,* quelques modifications seront apportées par le nouveau plan.

Oh ! ici, messieurs, je ne veux rien livrer au hasard et, avant de discuter l'argumentation de M. le général Mercier, je veux tout d'abord la bien poser et vous la rappeler.

Il faut bien suivre cette discussion, a dit M. le général Mercier, il faut, dès le principe, se rendre compte de la disjonction de deux ordres donnés, qui d'habitude sont connexes, de deux ordres d'opérations qui d'habitude sont connexes et qui ont été séparées spécialement en décembre 1894, par suite de circonstances exceptionnelles que je viens vous exposer, je veux parler de la confection du plan général de mobilisation et de concentration des armées, d'une part, et de la confection d'un plan spécial, concentration des troupes de couverture en général.

Les deux choses sont connexes en 1894. Vous allez voir comment on a été appelé à les séparer quand j'ai pris possession du ministère, en décembre 1894.

Nous étions sous le régime du plan de concentration générale n° 12, qui comportait un dispositif spécial de troupes de couverture. Or, ce dispositif de troupes de couverture, je me trouvais par hasard le connaître bien parce que j'avais eu l'honneur de commander pendant trois ans une division de couverture. J'avais été frappé des défauts que présentait cette disposition des troupes de couverture au point de vue de l'émiettement des forces et de l'absence d'unité dans le commandement.

Je mis donc immédiatement la question à l'étude et le 21 décembre 1893, je saisis de la question le Conseil supérieur de la guerre, qui adopta mes propositions pour faire un meilleur groupement des troupes de couverture et les placer sous une direction unique, sans cependant modifier complètement la composition de ces troupes de couverture.

Ces modifications furent mises en vigueur à partir du 1er mars 1894. Dès ce moment, il était admis qu'elles ne devaient être que provisoires pour deux raisons : d'abord parce que, le 5 février, j'avais fait adopter par le Conseil supérieur de la guerre, et le plan général de concentration et de mobilisation allait être remplacé par un nouveau plan, et que ce plan de concentration générale comportait un dispositif spécial pour ces troupes de couverture.

De plus, on avait décidé certains changements de garnison et de régiments de cavalerie surtout, qui devaient avoir lieu à l'issue des manœuvres, par conséquent à la fin de septembre. Ces changements devaient entraîner des modifications dans le transport des troupes de couverture.

Ainsi, nous nous trouvions au mois de mars 1894, au moment où on mettait en vigueur les modifications que j'avais fait adopter, nous nous trouvions en présence de cette situation d'être obligés de changer certaines choses au dispositif des troupes de couverture au 1er octobre, en raison des changements de garnison, et, d'autre part, d'être obligés de changer cette disposition des troupes de couverture qui puisse s'appliquer le 1er octobre à l'ancien plan et le 1er avril au nouveau plan, de manière à ne pas être obligé de le refaire.

Cette étude fut faite dans les bureaux de l'état-major général. Il sembla que ce travail pût être réalisé et, malgré les observations très sérieuses faites par le 3e bureau, il fut en effet réalisé.

Le travail relatif à cette confection d'un plan unique, d'un dispositif unique par les deux bureaux, fut fini le 22 mai. A cette date, le 3e bureau envoya au 4e un bordereau indiquant la nomenclature complète des troupes de couverture avec l'indication de leur zone de concentration. Communication de ce travail fut donnée au 6e corps en juin, et le 25 juin le ministre envoya aux corps le détail des troupes de couverture qu'ils auraient à fournir, mais sans leur indiquer le jour et l'heure.

J'appelle toute votre attention, dit le général Mercier, sur ce que ces deux communications ne portaient aucune mention, que des modifications devaient être faites plus tard au dispositif des troupes de couverture.

Le secret n'existait donc pas encore, mais, en juillet et août, on s'aperçut qu'on ne pouvait pas arriver à faire un dispositif et, le 13 mai, la dernière note relative à cet égard fut renvoyée au 3e bureau par le 4e.

On demandait au 4e bureau d'organiser des transports.

C'est à ce moment que la chose éclate. On ne peut pas arriver à créer un dispositif des troupes de couverture. On renonce à l'idée d'en faire un, on demande qu'on fasse faire un dispositif applicable et mis en vigueur le 1er avril, et l'instruction relative aux troupes de couverture commence le 30 août.

Des modifications sont apportées aux commandants de corps d'armée qui doivent rendre en échange les anciens documents.

C'est par conséquent le 17 octobre seulement que les commandants de corps d'armée sont informés que le nouveau plan relatif aux troupes de couverture, va être mis en vigueur le 15 octobre.

Mais quelques modifications devront être apportées au nouveau plan?

C'est seulement à cette date du 17 octobre que les commandants de corps d'armée en reçoivent avis ; or, l'Allemagne en avait reçu avis six semaines auparavant.

Je n'ai rien voulu supprimer de cette lecture, parce que je veux prendre l'argument corps à corps, et me placer en face de lui.

Qu'est-ce que nous dit le général Mercier?

Il nous a dit qu'il y a eu au ministère de la guerre, au mois de mai ou de juin, après qu'on avait déjà mis, le 1er mars, en application un dispositif sur les troupes de couverture, lequel n'avait trait qu'au commandement et au groupement, le général Mercier nous a dit qu'il y avait eu au ministère un travail qui était relatif plus spécialement au transport des troupes de couverture.

Ce travail a été fait dans les bureaux de l'état-major général, il a donné lieu à une communication aux corps d'armée en juin. « Mais, ajoute le général Mercier, on ne disait pas à ce moment-là que ce travail que nous avions fait, que ce dispositif, que nous avions préparé, qui devait être mis en application en octobre, devait recevoir quelques modifications, parce que nous n'avions pas pu réussir à faire cadrer l'application du nouveau plan avec l'ancien.

» Il fallait apporter des modifications ; mais nous ne les avons pas signalées, et ce n'est qu'en octobre que les commandants de corps d'armée ont eu connaissance de ce dispositif qui comportait quelques modifications. »

Eh bien ! dit le général Mercier, c'est ce travail que le capitaine Dreyfus a communiqué.

Messieurs, si le général Mercier établissait que c'est sur ce travail relatif précisément et spécialement au transport des troupes de couverture, et à sa mise en exécution au mois d'octobre, qu'a porté la note, je comprendrais la portée de l'argument du général Mercier.

Il faudrait encore que l'accusation me prouvât que Dreyfus en a eu connaissance et à quelle source il a pu le puiser; mais enfin l'argument du général Mercier aurait une grande force.

S'il y a eu un travail, si ce travail n'a pu être connu qu'à l'état-major, on ne prouve pas que ce soit lui qui en ait eu connaissance, mais enfin cela sort de l'état-major et nul autre qu'un officier de l'état-major de l'armée n'a pu connaître ce travail.

Seulement, tout ce raisonnement pèche par la base; pourquoi?

Parce que le général Mercier ne donne pas une bonne raison pour démontrer que c'est ce travail de juin et juillet dont il est question dans la note. M. le général Mercier, M. Cavaignac s'attachent à ces mots « quelques modifications » contenus dans le bordereau. On devait modifier le travail de juillet, c'est donc de celui-là qu'il s'agit.

Je réponds. Vous ne le prouvez pas et je vais vous opposer une objection :

Comment a-t-on raisonné en 1894, quand Dreyfus a passé devant le Conseil de guerre de Paris? Ne savait-on pas qu'il y avait eu un travail en mai et en juin pour le dispositif qui devait être appliqué en octobre?

Ne savait-on pas qu'il avait été délibéré en secret à l'Etat-Major de l'armée qu'on apporterait des modifications, qu'on n'en avait pas entretenu les commandants de corps d'armée au mois de juin, qu'on n'en a parlé qu'en octobre? Ne savait-on pas tout cela?

Eh bien, pourquoi donc, aujourd'hui, venir affirmer que c'est certainement sur ce travail spécial, fait en mai et en juin, que les renseignements sont contenus dans la note, lorsque, au contraire, en 1894, vous me disiez et on me disait (et c'est dans le rapport du commandant d'Ormescheville) que c'était précisément sur les modifications apportées par le dispositif du 1er mars au point de vue de l'unité du commandement et au point de vue du groupement que la note contenait des renseignements?

Pourquoi aujourd'hui changer?

Et qu'est-ce qui vous autorise à dire que c'est sur le travail de mai et de juin ?

Qu'est-ce qui vous permet de l'affirmer ?

Ne trouvez-vous pas, messieurs, qu'à cet égard vous êtes dans une situation qui doit vous effrayer et terriblement inquiéter vos consciences, car c'est là le point le plus important de l'affaire : la valeur technique du bordereau ?

Comment ! C'est le ministre de la guerre lui-même qui tient deux langages ! En 1894 on dit : « C'est sur le dispositif du 1er mars. » Et en 1899 : « Cela doit s'appliquer au dispositif d'octobre ! » Pourquoi ?

Il ne suffira pas de dire que c'est parce que vous changez la date du bordereau ! Je sais bien qu'en 1894 vous le supposiez envoyé avant le mois de mai ; alors, il ne pouvait s'agir de travaux du mois de juin. Mais ce n'est pas une raison, parce qu'aujourd'hui vous mettez le bordereau au mois d'août, ce n'est pas une raison pour que l'auteur du bordereau n'ait pas pu fournir, lui, s'il n'est pas Dreyfus, s'il est un autre, une note sur le dispositif des couvertures mis en application le 1er mars, c'est-à-dire qui visera le groupement, qui visera l'unité du commandement ; pour qu'il n'ait pas pu ajouter, s'il sait qu'il y a un nouveau plan, que quelques modifications seront apportées.

C'est pour cela que, tout à l'heure, dans ma lecture, lorsque je lisais le commencement de la déposition du général Mercier qui a exposé tout l'ensemble de ces travaux, j'accentuais tout particulièrement les phrases et les mots qui se rapportent à l'hypothèse qu'on avait faite en 1894 et qu'on peut faire encore aujourd'hui, le général Mercier disant : « J'ai fait faire un meilleur groupement des troupes de couverture ; je les ai placées sous une direction unique, sans cependant modifier la composition de ces troupes. » Ces modifications ont été en vigueur à partir du 1er mars. Dès ce moment il était admis qu'elles ne devaient être que provisoires et, dès l'instant où elles étaient provisoires, des modifications devaient y être apportées.

Est-il impossible à un major qui ne savait qu'une chose, c'est vrai, ce qui concernait son régiment à Rouen, c'est entendu, mais qui savait qu'il y avait un nouveau plan — cela résultait, ainsi que M. Cavaignac l'a dit dans sa déposition, de la communication aux corps d'armée au mois de juin — est-ce qu'il ne pouvait pas avoir appris, lui, au mois d'août 1894, au camp de Châlons où il se trouve, qu'il y a eu, au point de vue de l'unité de commandement et de groupement des troupes de couverture, un dispositif nouveau qui a été en vigueur au 1er mars ?

Est-ce qu'il ne peut pas avoir appris — comme l'a dit le général Mercier — qu'il y aura des changements de garnison et que ces changements de garnison apporteront des modifications ?

Est ce qu'il ne peut pas avoir écrit aussi une note sur les troupes de couverture ?

Car n'oubliez pas ceci : Il n'y a pas dans le bordereau une note sur les transports de troupes de couverture, et le dispositif d'octobre surtout s'appliquait aux transports ; il y a une note sur les troupes de couverture.

Est-ce qu'il ne peut pas, lui qui sait qu'il y aura un nouveau plan mis en vigueur en 1895, apprendre au camp de Châlons, puisque c'était connu, les dispositions qui avaient été mises en application pour les unités de commandement et de groupement de mars 1894 ?

Il y a eu, au point de vue du groupement et du commandement, des dispositions prises ; mais il devait y avoir des changements de garnison — le général Mercier l'a dit également — et, par suite, forcément, il y aura plus tard des modifications.

Est-ce qu'il ne peut pas écrire ces lignes : « Une note sur les troupes de couverture ; quelques modifications y seront apportées ? »

Voyons. Je serre de près l'argument. Je disais à l'accusation et au général Mercier : Si votre hypothèse est la vraie, c'est-à-dire si on a donné des renseignements sur les travaux du mois de juin et sur les dispositifs d'octobre, cet argument est puissant, c'est entendu, puisque vous avez le droit de demander où on a pu le savoir, sinon à l'Etat-Major de l'armée. Et encore faudrait-il prouver que Dreyfus a pu les livrer, si même il a pu les connaître.

Vous essayez de le prouver.

Le général Mercier, comme M. Cavaignac, vous avait dit qu'il avait surveillé des tableaux d'approvisionnement pendant cinq ou six jours à la fin d'août, et au commencement de septembre, cela est vrai.

Il ne l'a jamais nié, n'est-ce pas ? Il l'avait déjà dit en 1894. On ne le contestait pas.

Mais prenez bien garde. Il ne s'agit pas de travaux sur les transports de troupes de couverture, et j'avais demandé à l'un des auxiliaires les plus puissants de l'accusation, c'est-à-dire

M. le commandant Cuignet, comment il appréciait la valeur de ce document sur les troupes de couverture.

M. le commandant Cuignet a dit dans sa déposition devant la Cour de cassation :

Les publications sur les travaux d'approvisionnement ne me semblent pas comporter un intérêt bien grand.

Eh bien ! pourquoi? C'est parce que, comme l'a dit du reste le général Mercier, et il a été très net, très explicite, c'est parce que, en ce qui concerne les tableaux d'approvisionnement, cela n'indiquait que des centres où devaient se trouver les fabrications pour l'alimentation des troupes.

C'est donc, messieurs, sur le transport même des troupes de couverture, surtout, qu'a porté tout l'effort de l'accusation. Eh bien ! je dis à M. le général Mercier, je dis à l'accusation :

Oui, si vous me prouvez que c'est là-dessus que la note a porté, sur les travaux du mois de mai, du mois de juin, sur le dispositif d'octobre, votre argument est puissant. Mais vous ne le prouvez pas, vous ne pouvez pas le prouver. C'est de l'hypothèse.

Et moi je vous démontre qu'il est possible qu'en août 1894 un major ait pu écrire : « Je vous envoie des notes sur les troupes de couverture ».

Vous avez, du reste, entre les mains le mémoire remis par un des témoins, M. de Fonds Lamothe ; un major a pu écrire une note sur les troupes de couverture et a pu dire qu'il y aurait des modifications, puisqu'il résulte de la déposition du général Mercier lui-même que, forcément, quand le dispositif du 1er mars a été mis en exécution, on savait qu'il devait y avoir des modifications. (Mouvement.)

Donc il s'agit de savoir si c'est sur le dispositif d'octobre ou sur celui de mars qu'a porté la note.

Voilà la question.

Comment la trancherons-nous, comment la tranchera-t-on? Il faut être fixé sur ce point d'une façon absolue.

Comment peut-on la résoudre ?

Je le demande, messieurs, à la conscience des juges et je le demanderai à M. le général Mercier lui-même : Qu'est-ce qui vous autorise à dire que c'est plutôt ceux-là que ceux-ci, puisque vous changez la date du bordereau ?

Mais qu'importe, n'oubliez pas qu'en 1894 vous avez admis,

vous, à la Guerre, mon hypothèse comme possible : c'est celle qu'on a soutenue.

Eh bien, alors, si mon hypothèse est possible, si elle est réalisable, elle doit s'opposer à la vôtre. (*Mouvement prolongé.*)

Voilà, messieurs, ce que je prie le Conseil de vouloir bien retenir, hypothèse contre hypothèse.

Je veux maintenant faire un pas de plus et aborder un domaine où je veux marcher avec la plus grande prudence, la plus grande délicatesse : il n'y aura à cela aucune objection et aucune difficulté.

Le général Mercier vous a dit que la défense... Ce qu'il appelle la défense, ce sont probablement les polémiques des journaux de la revision, car je ne vois pas qu'il y ait eu de notre part, à la Cour de cassation ou ailleurs, indiscrétion permettant d'apprécier notre système... Quoi qu'il en soit, M. le général Mercier dit :

« La défense a tellement senti qu'elle était en péril et qu'elle ne pouvait pas soutenir que les notes ne fussent pas d'un officier de l'État-Major de l'armée, qu'elle a osé accuser le commandant Henry d'avoir fourni des notes au major Esterhazy. »

Messieurs, j'ai l'habitude de dire nettement et franchement ma pensée.

La complicité d'Henry avec Esterhazy, je n'y crois pas, je n'admettrai jamais que cet homme, qui était loyal et honnête, mît la main dans la main d'un autre homme qui aurait été un traître.

L'argument, d'ailleurs, que vous produit le général Mercier, venant attester que le bordereau était passé par les mains du commandant Henry et qu'il l'aurait supprimé, est un argument de nature à frapper la raison, qui a une valeur si Henry est un complice.

Mais s'il n'en est pas ainsi, si c'est un camarade de vingt ans, si c'est un brave, loyal et honnête homme qui a confiance dans son camarade, qui, le voyant peut-être fréquemment, a cependant oublié son écriture, parce qu'on peut se voir très fréquemment sans même connaître parfaitement l'écriture de son camarade ; si le commandant Henry a pu, en causant avec cet homme très habile, très insidieux, très insinuant, donner dans la conversation des renseignements sur les choses qui se passent à l'État-Major, celles qu'il a pu apprendre lui-même, et celles qu'il a pu apprendre par d'autres, — parce que je pense aussi qu'au service des renseignements on ne pouvait pas avoir les connaissances techniques et spéciales des officiers de chacun des bureaux ; — donc, que le commandant Esterhazy a pu les recueillir de sa bouche — parce que, ne l'oubliez pas, le commandant Esterhazy ne tient ni au drapeau, ni à la patrie, ni à l'armée, c'est à l'argent qu'il tient, — et que celui-ci ait obtenu de celui-là des renseignements dont il fera plus tard son profit, est-ce que c'est là une chose impossible ?

Je n'en veux pas dire davantage du commandant Henry, sinon qu'alors je m'explique tout.

Le commandant Henry a parlé comme un frère d'armes à un frère d'armes, en toute confiance ; et un jour est venu, le jour où l'accusation a pu se porter contre Esterhazy en 1896, où les yeux du commandant Henry se sont ouverts, où il a pu se rappeler les conversations qu'il avait eues, les confidences qu'il avait faites.

Il croyait les faire à un homme d'honneur, il a cru qu'elles devaient être ensevelies dans le secret de l'homme en qui il avait mis sa confiance : il découvre tout à coup, en 1896, que l'homme qu'il croyait être un homme d'honneur avait trahi son pays.

Et alors, messieurs, la seule explication possible, vous l'entendez bien, du crime, — car c'est un crime qu'il a commis, un crime sur lequel je ne veux pas insister, puisque ce malheureux homme s'est réfugié dans la mort et a expié, — voilà l'explication.

Ah ! M. le général Roget, à propos d'Henry et d'Esterhazy, disait : « C'est un mystère ! »

Je le dis moi aussi, mais sans vouloir l'approfondir complètement, ne peut-on pas dire qu'il y a là une aberration d'esprit inexplicable ?

Est-ce que toutes ces démarches faites pour éloigner ce Lajoux — le commandant Henry étant chef du service des renseignements — ne sont pas de nature à vous inspirer des soupçons ?

D'ailleurs, pourquoi ce malheureux homme aurait-il songé à se donner la mort ?

Car s'il avait commis ce qu'on appelle un crime, ce crime de faux, simplement dans le but de ramener à lui ses chefs, cet homme, qui était alors hautement estimé et pour qui, même après l'aveu de sa faute, l'armée a manifesté sa sympathie d'une façon si éclatante, est-ce que cet homme se serait cru obligé de se réfugier ainsi dans la mort ?

Est-ce qu'il n'y a pas eu dans son âme un frisson d'épouvante ? (*Mouvement prolongé.*)

Il a parlé de misérables : quels sont ces misérables ? Il ne les a pas nommés.

Est-ce que ce serait Esterhazy ? N'y en aurait-il pas aussi un autre ? Un autre nom a été jeté dans ce débat.

De celui-là, pas plus que d'Henry, je ne ferai un complice. Mais est-ce qu'il n'a pas pu, lui aussi, être un informateur inconscient d'Esterhazy ?

N'oubliez pas cette dépêche adressée à M. de Montebello, la veille de l'interpellation Castelin.

On va interpeller le gouvernement et lui demander s'il n'y a pas un nouveau traître qui s'appelle Esterhazy.

Ce nom que l'on a jeté dans le débat est celui du commandant Weil.

Dieu me garde, sur un pareil terrain, de prononcer un nom ! Mais ce n'est pas moi qui l'ai jeté dans le débat.

Dieu me garde aussi de dire que le commandant Weil était un complice !

Cependant, il était attaché à la personne de M. le généralissime, et il était même honoré de sa bienveillance.

Par conséquent, pour lui, vis-à-vis de tout le monde, c'était un homme en qui on devait avoir confiance.

Il avait ses entrées chez M. le généralissime.

Si l'on cause dans les cafés et dans les pensions, ne cause-t-on pas aussi dans les cabinets, dans les salons d'attente et dans les bureaux du généralissime ? Et si le commandant Esterhazy est l'ami de cet homme, est-ce qu'il n'a pas pu obtenir de lui des indications ? Est-ce que ce travail d'octobre dont vous a parlé le général Mercier était ignoré au bureau du généralissime ?

Hypothèses, me dites-vous ? Oui, hypothèses, j'en conviens.

Mais ne nous a-t-on pas dit, ou plutôt ne nous a-t-on pas laissé entendre une hypothèse de ce genre ?

L'honorable général Billot n'a prononcé aucun nom.

Mais nous avons tous compris ce qu'il voulait dire quand il a prononcé ces paroles : « Un traître ne va pas en général tout seul. Il y en a d'autres avec lui. »

Et il ne voulait pas seulement parler d'Esterhazy. Il laissait entendre qu'il pouvait y en avoir un troisième.

Si j'avais pu alors dire à M. le général Billot : « Vous qui êtes un loyal soldat, dites-moi le fond de votre pensée », certainement il aurait associé trois noms : les noms d'Esterhazy, de Weil et de Dreyfus.

Je me demande, moi, si ce n'est pas trois autres noms qu'il faut associer : les noms d'Esterhazy, d'Henry et de Weil.

Mais il y a une différence profonde dans mon hypothèse : c'est que ni Henry, ni Weil ne sont des complices, mais seulement des informateurs inconscients d'un homme qui a pu leur arracher des secrets, d'un homme qui a déjà fait mourir le commandant Henry et qui a exposé le commandant Weil à de gros dangers, le jour où la dénonciation était faite à la Chambre des députés.

— Hypothèse, dit-on encore. Oui, hypothèse !

Mais est-ce que mes hypothèses ne valent pas celles de mes contradicteurs ?

Est-ce que Dreyfus a jamais connu Esterhazy ? Jamais.

Est-ce qu'il a jamais connu le commandant Weil ? Jamais.

Pourquoi donc, dirai-je à MM. les généraux et à MM. les ministres qui ont eu la pensée de cette complicité, pourquoi n'avez-vous pas prescrit une enquête ? Qu'on la fasse, cette instruction.

Aujourd'hui, Dreyfus est accusé d'avoir livré seul des documents ; il faut que l'on prouve que Dreyfus seul a eu des documents et que seul il les a livrés.

Si l'on met en avant l'hypothèse d'une complicité, si l'on dit qu'ils étaient trois, alors je demande que l'on prouve cette complicité, que l'on fasse la lumière.

Nous ne redoutons pas la lumière. (*Mouvement.*)

Que l'on cherche à se renseigner, mais qu'on ne vienne pas dire aux juges que Dreyfus n'est pas accusé d'avoir livré seul des documents, qu'il a pu y en avoir d'autres avec lui, qu'il a pu faire passer ces documents par le canal d'Esterhazy — ce qui expliquerait l'écriture du bordereau — et qu'il ait pu se servir de l'intermédiaire du commandant Weil.

Voilà ce que l'on est impuissant à prouver, parce que Dreyfus ne les connaissait pas.

Il ne les connaît pas. Il ne les a jamais vus. Vous avez fait vos investigations pour Esterhazy. Qu'on les fasse aussi pour Weil. Mais, pour Dieu ! que l'on ne vienne pas dire — en supposant qu'il a pu connaître Weil et Esterhazy — qu'on ne vienne pas dire qu'il est coupable et qu'il a livré tout seul ces documents!

Marchez, si vous le voulez, dans cette voie! Faites de la lumière! Mais j'ai le droit de dire, puisque ces hypothèses ont été lancées, j'ai le droit de dire : « Prenez garde! Il y a trois hommes qui se sont connus en 1878 au bureau des renseignements. Ils s'appelaient : Weil, Esterhazy, Henry! »

Il en est un, vous le savez, qui a même rendu des services à l'autre. Pour la première fois peut-être de sa vie, Esterhazy a prêté de l'argent!

Mais, enfin, ils ont eu des relations. Ils ne se sont jamais perdus de vue. Ils sont restés liés de camaraderie.

Eh bien! alors, si ce que vous dites est vrai, ne serait-ce pas ainsi, surtout en ce qui concerne celui qui avait accès chez le généralissime, ne serait-ce pas ainsi que les renseignements auraient pu être donnés, qu'une note aurait pu être établie?

Voilà une hypothèse. J'ai le droit de la faire.

Mais je reviens — parce que c'est l'argument principal de ces deux raisonnements — je reviens à ceci : c'est qu'en 1894 on avait fait une hypothèse... Je la reprends aujourd'hui. J'ai le droit de la reprendre, cette hypothèse, et cette hypothèse, je l'étaye sur l'appréciation des généraux d'alors, qui estimaient que c'était sur le groupement de l'unité de commandement que la note avait été fournie, que les modifications avaient été apportées.

Vous, vous en faites une autre. Vous dites : ce sont les travaux d'octobre.

Il n'y a que la pièce qui nous départagerait.

Aussi vous, juges, qui avez besoin de certitudes, n'avez-vous pas au moins un doute? Et si vous avez un doute, messieurs, votre conscience vous commande de dire : « Cet homme-là n'est pas coupable. » (*Mouvement prolongé.*)

Voilà pour les troupes de couverture.

Maintenant, messieurs, puisque je suis pas à pas l'accusation, j'aborde : *Une note sur une modification aux formations de l'artillerie.*

En 1894, on a raisonné comme on raisonne aujourd'hui.

On a dit : « Il s'agit évidemment d'une note qui a été fournie sur les formations de l'artillerie, à la suite du passage des pontonniers de l'artillerie dans le génie. »

Seulement, en 1894, il n'y a pas eu de discussion, je vais vous dire pourquoi :

Comme ce travail a été fait au mois de juillet, et comme on soutenait que le bordereau avait été envoyé au mois d'avril, Dreyfus a dit : « Je n'ai pu avoir connaissance de cette note », et on n'a pas insisté.

Cela m'a fort étonné. Je me disais : « Comment, voilà un des éléments que vous mettez à la charge de Dreyfus et vous l'abandonnez ! » Mais aujourd'hui, messieurs, la situation n'est pas la même. On nous a dit : « C'est évidemment de ces formations-là dont il est question. »

Pourquoi ? Parce que c'est au mois de juillet que ces formations ont été résolues et que le bordereau a été envoyé au mois d'août !

Là encore nous sommes dans le domaine de l'hypothèse. A quoi fait-on allusion ? S'agit-il des formations ayant trait au passage des pontonniers dans le génie, ou ne s'agirait-il pas purement et simplement de formations de marche, en suite du nouveau règlement qui a été mis en application sur les batteries attelées au camp de Châlons ?

Savez-vous, messieurs, pourquoi je vous demande cela ? C'est que, dans le journal la France militaire du 11 août, je vois précisément :

Ce dont on va s'occuper au camp de Châlons, et ce qu'on va expérimenter aux manœuvres de masses de cette année, ce n'est rien moins que le projet de Manuel de tir et le projet de règlement sur les manœuvres de batteries attelées.

Dans le numéro que je citais tout à l'heure, qui est le numéro du 14 août, il y a des renseignements qui sont fournis précisément sur l'application de ces règlements et sur les formations de marche.

Il y a même une critique, bien entendu je vous en fais grâce, mais je veux simplement vous montrer comment, le 14 août, dans un journal, on loue certains points du règlement, on en critique d'autres ; mais ce qui résulte de ce journal, c'est qu'à ces manœuvres de masses, où on a mis en application le projet de règlement des batteries attelées, il y a eu sur les formations, sur le terrain de manœuvres et sur les formations de marche, une étude faite.

Dreyfus n'y est pas, lui ! au camp de Châlons. Mais le commandant Esterhazy s'y trouve.

L'auteur du bordereau a écrit qu'il envoyait quelques renseignements sur une modification aux formations de l'artillerie.

On vient précisément de modifier les formations de marche, et alors est-ce qu'on ne comprendrait pas que le commandant qui serait là, et qui aurait assisté, envoie une note qui peut-être n'intéresserait pas beaucoup son correspondant ?

Nous allons voir que si, cependant, elle l'intéressait, et elle l'intéressait si bien — j'y reviendrai quand je vous parlerai tout à l'heure du Manuel de tir — que le général Deloye nous a appris — ou plutôt c'est le dossier secret militaire, je crois, qui nous a fourni cette communication — qu'il y avait une note émanée du gouvernement de l'agent A parvenue à l'agent A... Ecoutez bien ceci !... au commencement ou au milieu de septembre 1894 (le 21 septembre, je crois), dans laquelle le gouvernement de l'agent A dit à son agent :

— *Envoyez-nous le règlement des batteries attelées.*

Dès lors, est-ce qu'on ne concevrait pas que l'homme étranger aux choses de l'artillerie qui envoie des notes, parce qu'il est sans nouvelles de son correspondant et qu'il veut se rappeler à son souvenir, fournisse précisément des notes sur ce projet de règlement dont on s'est occupé aux manœuvres ?

On s'explique alors qu'on demande à l'agent A de se faire envoyer ce projet de règlement lui-même.

Hypothèse, soit ; mais je crois que mon hypothèse n'est pas dénuée non plus de vraisemblance ; et comme on ne me montre pas de quelles formations il s'agit, et que le mot *formations* s'applique aussi bien aux formations de marche qu'à d'autres, comme on n'a pas dit : « nouvelles formations de l'artillerie », mais « nouvelles organisations de l'artillerie », dans les décrets que vous verrez relatifs aux pontonniers, j'estime que mon hypothèse est vraisemblable.

Voilà un homme qui s'appelle le commandant Esterhazy ; il est là, il a assisté précisément à des formations de marche dont on a parlé dans les journaux.

S'il est l'auteur du bordereau, le gouvernement de l'agent A réclamera à celui-ci le règlement complet des manœuvres sur les batteries attelées, parce que le renseignement, qui pouvait paraître intéressant à celui qui l'envoyait, était incomplet. Ma conclusion n'est-elle pas logique ?

J'arrive à la note sur Madagascar.

Messieurs, ici c'est plus curieux encore.

En 1894, on a soutenu — on a même entendu sur ce point un témoin, le caporal Bernollin — que la note dont il s'agissait était relative à un travail fait par le colonel de Torcy et copié par le caporal Bernollin.

C'est l'Etat-Major de l'armée qui le soutenait.

Je disais à ce moment, à un de ces messieurs de l'Etat-Major :

« Comment! vous m'apprenez que le caporal Bernollin est dans l'antichambre du bureau du colonel de Torcy, mais c'est un salon d'attente où viennent tous les attachés étrangers. Quelle imprudence! Il est vrai que le caporal Bernollin, interpellé à l'instruction sur les précautions qu'il prenait lorsqu'il avait à s'absenter et qu'il y avait d'autres personnes dans la pièce, répondait naïvement qu'il mettait la pièce sous son buvard.

Aujourd'hui, M. le commissaire du gouvernement me dit : « Ce n'est pas de la note du colonel de Torcy qu'il est question dans le bordereau; c'en est une autre, c'est celle qui a été rédigée au mois d'août par les délégués des quatre ministères : guerre, marine, colonies, affaires étrangères. » Cette note, dit-on, est arrivée au 3e bureau le 22 août, et elle a été expédiée à cette date. Par conséquent, à partir du 22 août, Dreyfus a dû la connaître. Comment? Où? Où l'a-t-il prise? Où l'a-t-il lue? Entre les mains de qui était-elle et qui est-ce qui était un des collaborateurs de cette note?

Je vous en prie, retenez cela : c'était M. du Paty de Clam.

Ainsi, en 1894, M. du Paty de Clam, un des rédacteurs de cette note qui est au 3e bureau, entre les mains de qui se trouve cette note, accuse Dreyfus, il est officier de police judiciaire, et lorsqu'il s'agit de la note sur Madagascar, il ne parlera pas de cette note? Il ne parlera que de la note du caporal Bernollin?

Et aujourd'hui, dans sa déposition, il n'y a pas un mot sur cette note!

Cependant, s'il y a quelqu'un qui accuse Dreyfus avec ardeur, c'est bien M. du Paty de Clam.

Qu'il y ait mis les passions, les ardeurs de son imagination, c'est possible, c'était certainement au service d'une conviction ferme, sûre, loyale, que je n'ai jamais contestée.

Mais, précisément, parce que M. du Paty de Clam était convaincu, parce pour lui Dreyfus était un coupable, est-ce que vous croyez que, s'il s'était agi de la note d'août, le colonel du Paty de Clam ne l'aurait pas dit et ne le dirait pas encore aujourd'hui?

Et il suffira à l'accusation de dire : « Du moment que la note est arrivée au ministère le 22 août, il est possible que Dreyfus...? »

Dites-moi qu'il est sûr qu'il l'a vue. Il atteste, lui, qu'il n'a jamais vu cette note sur Madagascar.

Je ne m'inquiète pas de l'intérêt de la note.

Je vous demande de me prouver qu'il l'a vue.

Or, son accusateur le plus ardent en 1894, et aujourd'hui en 1899, n'ose pas dire que ce soit cette note-là... et vous le diriez à sa place !

Cependant, le général Mercier l'a supposé, c'est ce qui vous montre comment, quand on a l'esprit tourné vers une idée fixe, on ne voit plus juste ; on a un bandeau sur les yeux.

Arrivons, maintenant, au Manuel et relisons le passage.

Projet de Manuel d'artillerie de campagne du 14 mai 1894. Ce dernier document est très difficile à se procurer et je ne puis l'avoir à ma disposition que très peu de temps. Le ministre en a envoyé un nombre fixe dans les corps et ces corps en sont responsables ; chaque officier détenteur doit remettre le sien après les manœuvres. Si donc vous voulez prendre ce qui vous intéresse et le tenir à ma disposition après, je le prendrai, à moins que vous ne vouliez que je le fasse copier *in extenso* et ne vous en adresse une copie.

Je vais partir en manœuvres !

Ici, je me trouve donc en présence d'un fait. Il a été affirmé par M. le colonel Jeannel qu'il avait remis ce Manuel à Dreyfus. En 1894, nous avions eu un incident au sujet de ce manuel : Pourquoi? Parce que l'on disait à Dreyfus : « Le commandant » Jeannel vous l'a remis. » Dreyfus répondait : « Non, que le commandant Jeannel vienne. »

Le commandandant Jeannel était, paraît-il, venu à l'instruction, mais il n'y avait pas dans le dossier trace de sa déclaration.

J'étais donc convaincu que le commandant Jeannel n'avait pas été appelé par le commandant d'Ormescheville. Ce qu'il y avait de certain, c'est qu'il n'est pas venu à l'audience et j'entends encore le commandant Brisset me disant :

« Que ce soit Jeannel ou un autre qui le lui a remis, Dreyfus a dû avoir le Manuel. »

Ce qui prouve qu'à ce moment même on ne faisait pas grand état de ce qu'avait pu dire le commandant Jeannel.

Quoiqu'il en soit, le colonel Jeannel déclare en 1899 qu'il a donné le Manuel à Dreyfus. Mais à quelle date? En juillet, au commencement de juillet ou tout à la fin de juin.

Je comprends maintenant pourquoi on n'a pas recueilli la déclaration de M. Jeannel à l'instruction, pourquoi on ne l'a pas appelé à l'audience en 1894 ; comme il fallait que le bordereau fût arrivé en avril, cela ne cadrait pas. Dreyfus n'avait pu donner en avril ce qu'il n'aurait reçu qu'en juillet. Mais aujourd'hui, cela ne cadre pas davantage, au point de vue de l'accusation.

Pourquoi cela ne cadre-t-il pas?

C'est parce que, à la fin d'août, et vous prenez cette date, l'auteur du bordereau dira :

« Ce dernier document est extrêmement difficile à se procurer, et je ne puis l'avoir à ma disposition que très peu de jours »

Voyons. Au mois de juillet, Dreyfus l'a eu ; Dreyfus, au mois de juillet déjà aux gages de l'agent A, l'a eu pendant deux jours, et, à ce moment, s'il était aux gages de l'agent A, et si le projet de Manuel de tir intéresse l'agent A, et s'il suppose qu'il a pu intéresser l'agent A — et l'auteur du bordereau l'a supposé — qu'est-ce que fera donc Dreyfus au mois de juillet?

A ce moment il le communiquera à son correspondant ; il prendra dans le Manuel ce qui peut l'intéresser, et le lui donnera ; mais à la fin d'août il ne lui écrira pas : « Il m'est très difficile de me le procurer », puisqu'il n'a qu'à le demander à son chef de section, et ensuite il n'écrira pas à la fin d'août, à l'agent A :

« Le ministère de la guerre a envoyé un nombre fixe dans les corps et ces corps en sont responsables. Chaque officier doit remettre le sien après les manœuvres. »

Il ne dira pas cela, parce qu'il ne doit pas aller aux manœuvres, lui, Dreyfus.

Il ne le dira pas sûrement, il ne parlera pas de Manuel envoyé dans les corps de troupes, si le colonel Jeannel le lui a donné, s'il a examiné ce Manuel, et s'il a pris ce qu'il pouvait y prendre.

Alors, entre l'affirmation du colonel Jeannel, dont la loyauté est absolue, et la contradiction de Dreyfus, je me demande ce qu'il y a.

Il est possible qu'à cinq ans de distance, à une distance si éloignée, il y ait une erreur. Voulez-vous que ce soit Dreyfus qui se trompe ; assurément il était de bonne foi en 1894, comme aujourd'hui, puisqu'il appelait de tous ses vœux le commandant Jeannel. Vous ne pouvez donc au nom de l'accusation tirer aucune conclusion de sa dénégation.

Mais, pour la défense je retiens ceci. Que s'il l'a eu en juillet, il ne peut pas écrire en août : « Il est très difficile de se le procurer, je ne puis l'avoir à ma disposition que très peu de jours. »

De telle sorte qu'avec la déposition du colonel Jeannel, et en prenant la date qu'il indique, il est impossible qu'à la fin du mois d'août Dreyfus soit l'auteur du bordereau.

Messieurs, l'accusation disait :

— Un officier de troupe peut facilement se procurer le Manuel, tandis que pour un officier d'état-major, c'était plus difficile.

Je viens de vous montrer que non, et, chose curieuse, c'est que Dreyfus était au 3e bureau au mois de juillet, et le colonel au deuxième.

Or vous savez que M. de Fonds Lamothe, qui était au troisième bureau, l'a demandé, et on le lui a accordé.

Pourquoi serait-il allé trouver le colonel Jeannel, au lieu de le demander à sa section ? Voilà encore une chose que je ne comprends pas.

Quant à la facilité de l'avoir, rien n'était plus simple.

Supposez maintenant, messieurs, au contraire, un officier de troupe qui assiste à des manœuvres de masses ou à des écoles à feu.

Si ce Manuel est entre les mains des officiers, ne sera-t-il pas plus difficile pour lui de le conserver et de le mettre à la disposition de son correspondant, tout le temps dont celui-ci en aura besoin ?

Mon hypothèse n'est-elle pas très vraisemblable ?

Et cet aveu d'incompétence dans la teneur même du bordereau : « Si donc vous voulez y prendre ce qui vous intéresse et le tenir à ma disposition après, je le prendrai. »

J'ai compris cette phrase de la manière suivante : « C'est qu'il n'a pas envoyé le Manuel ! »

Mais enfin, est-ce qu'un officier d'artillerie pourrait écrire à son correspondant en lui disant : « Vous y prendrez ce qui vous intéresse, à moins que vous ne vouliez que je le fasse copier *in extenso* », ce qui implique ceci : « Je ne sais pas ce qui vous intéresse ».

Un officier d'artillerie ne pourrait pas écrire cela ; un officier d'une autre arme, au contraire, peut l'écrire.

Maintenant, messieurs, il y a quelque chose qui est très frappant, c'est que le commandant dont je parle a rencontré à Rouen, à la fin d'août, un officier d'artillerie et lui a demandé un Manuel de tir.

L'officier lui a envoyé un livre sur le tir de l'artillerie de siège, je crois... Ce n'est pas le Manuel, c'est entendu, mais c'est la demande qui me préoccupe.

Ce qui me préoccupe aussi, c'est la réglette de correspondance qui est demandée.

Pourquoi cela me préoccupe-t-il tant ?

A cause de cette note qui a été versée par le général Deloye, que je vais vous lire en entier et qui est ainsi conçue :

A la date du 27 septembre 1894, la 3e direction a reçu la copie d'une note adressée par un agent du susdit gouvernement à l'un de ses agents en France (l'agent A.) Cette note est ainsi conçue :

« Quelle est la composition des batteries du régiment de corps à Châlons ? Combien de batteries de 120 ? Quels obus tirent-elles ? »

Ce qui prouve que, s'il s'agissait dans la note de renseignements sur le tir de ces pièces, ces renseignements n'étaient pas complets et n'étaient pas donnés par un homme compétent, puisqu'on réclame des indications qui n'étaient pas fournies : « Quels sont les effectifs des batteries ?

Et puis, qu'est-ce que demande encore la puissance de A à son agent ? Manuel de tir de l'artillerie de campagne. Réglette de correspondance. Mobilisation de l'artillerie, etc... Projet de règlement sur les manœuvres de batteries attelées.

On demande donc à l'agent A, de la part de son gouvernement, le Manuel de tir de l'artillerie de campagne et une réglette de correspondance ; par conséquent, le Manuel de tir, l'agent A ne l'a pas eu ; parce que, s'il l'avait eu et s'il l'avait envoyé, on ne le lui demanderait pas.

Mais il est supposable qu'il a dû dire qu'il pourrait l'avoir. Puisqu'on le prie de l'envoyer, il me semble à moi, que l'agent A, lorsqu'il a reçu cette note et l'a lue, s'est dit :

« Je vais demander à mon correspondant ce qui est réclamé.

Or, il se trouve que précisément, dans cette note, venue de

la puissance de A, on indique ce que je vous signalais tout à l'heure, c'est-à-dire le complément des éléments de la note qui aurait pu être faite par quelqu'un qui aurait assisté aux écoles à feu et aux manœuvres de masses, quelqu'un qui aurait fourni des indications sur la composition des batteries, sur le frein de 120, sur le Manuel de tir.

Il semble donc que le correspondant de l'agent A était bien au camp de Châlons ; si, d'autre part, je constate que celui qui était au camp et qui peut avoir rédigé les notes du bordereau a demandé à la fin d'août à un officier d'artillerie, la réglette de correspondance, si je vois que cette réglette de correspondance était réclamée par la puissance de l'agent A, et si enfin la réglette a été remise au commandant Esterhazy par l'officier d'artillerie Bernheim et si cette réglette n'est jamais revenue à son propriétaire, j'en conclus que le commandant Esterhazy a livré à l'agent A, la réglette complémentaire du Manuel et que c'est lui qui, auteur du bordereau, offrait le Manuel...

Cela ne vous frappe pas ? Toujours à l'état hypothétique ?

Ah ! grand Dieu ! s'il y avait toutes ces charges contre Dreyfus, comme vous seriez forts ! (*Mouvement prolongé.*)

Vos hypothèses, je vous dis qu'elles n'ont même pas la vraisemblance avec elles, tandis que toutes les miennes je les ai faites sur les pièces que vous m'avez données, sur les pièces du dossier secret militaire, sur les pièces apportées par le général Deloye.

Je vous en prie, messieurs, faites le rapprochement et demandez-vous si, au mois de septembre, l'agent A est sollicité par son gouvernement de fournir des indications sur trois des éléments de la note : et ces éléments de la note se rapportent à trois des éléments qui ont été expérimentés, c'est-à-dire la pièce de 120, le Manuel de tir, les formations d'artillerie.

Demandez-vous si tout cela ne se tient pas, si on ne pourrait presque pas dire que mes hypothèses à moi dépassent la valeur d'une présomption.

Et maintenant, messieurs, j'arrive à la dernière ligne du bordereau, c'est-à-dire : « Je vais partir en manœuvres. »

Messieurs, ici, vous allez voir combien, quand on étudie un dossier avec l'esprit troublé parce qu'on a de l'émotion dans le cœur, vous allez voir comment on peut se tromper et, par conséquent, plus tard, comme on peut de bonne foi répéter ce qu'on croit, mais ce qui n'est pas l'expression de la vérité.

Laissez-moi vous rappeler ici, c'est nécessaire, sur ces mots : « Je vais partir en manœuvres », la déposition de M. Cavaignac, celle de M. le général Zurlinden, la déposition de M. le général Roget et celle de M. le commandant Cuignet.

M. Cavaignac, c'est dans le volume, au bas de la page 23, vous dit :

Les stagiaires (ceux de l'état-major et les autres) doivent faire, pendant la durée du stage, trois mois de service dans les corps de troupe ; mais l'habitude s'était prise, jusqu'en 1894, de substituer à cette obligation, pour les stagiaires d'état-major, l'envoi aux grandes manœuvres.

Les stagiaires de l'État-Major demandaient à faire leurs trois mois de troupes, et en 1894, à la dernière heure, à la veille même des manœuvres, on modifia les règles suivies jusqu'alors, et le désir d'utiliser les stagiaires pour les travaux de plan en préparation aidant, on résolut, à la dernière heure, de ne pas les envoyer en manœuvres.

Ainsi, M. Cavaignac vous a dit qu'on modifia à la dernière heure, à la veille des manœuvres, la règle suivie.

M. le général Zurlinden (en haut de la page 30) vous dit :

En ce qui concerne la phrase finale du bordereau : « Je vais partir en manœuvres », il y a lieu de remarquer que, d'habitude, les officiers stagiaires assistaient aux manœuvres d'automne, mais qu'exceptionnellement, le 27 août 1894, on leur annonça que, cette année, ils n'iraient pas à ces manœuvres. L'auteur du bordereau, dans l'ignorance où il était encore de cette circonstance, a pu croire qu'il participerait aux manœuvres et l'écrire.

M. le général Roget :

Dreyfus a dû aller aux manœuvres ; et il a cru jusqu'à la fin d'août qu'il irait, mais il n'y est pas allé, non plus que les autres stagiaires de son groupe, précisément à cause des travaux du plan qui se faisaient à ce moment et pour lesquels on a utilisé leurs services.

Donc, suivant M. le général Roget, Dreyfus a cru jusqu'à la fin d'août qu'il irait aux manœuvres ; il devait y aller.

Enfin, que dit M. le commandant Cuignet :

Dreyfus n'a pas assisté aux manœuvres de 1894 ; mais jusqu'au dernier moment il a cru devoir y assister.

Je crois me rappeler que c'est à la date du 28 août 1894 que les stagiaires de seconde année, appartenant à l'Etat-Major de l'armée, ont été avisés que, pour la première fois, cette année, ils n'assisteraient pas aux manœuvres.

Ainsi, si je rapproche les quatre déclarations, il en résulte que ce serait le 27 août 1894 qu'il aurait été décidé que les stagiaires n'iraient pas aux manœuvres.

M. Cavaignac avait employé cette expression : A la dernière heure, à la veille des manœuvres, on modifia les règles suivies.

Messieurs, en 1894, il s'était passé un incident au Conseil de guerre.

Voilà encore une des questions que j'aurais posées au colonel du Paty de Clam s'il était venu.

A un moment donné, je serrais de près l'argumentation de M. du Paty, je lui dis :

« Comment conciliez-vous les mots : « Je vais partir en manœuvres » qu'on traduisait à ce moment-là par : voyage d'Etat-Major? On supposait que l'auteur du bordereau avait mis : « Je vais partir en manœuvres » à la place de : « Je vais partir en voyage d'Etat-Major ».

Nous soutenions, bien entendu, que c'était une locution qui n'aurait pas été employée. Mais, enfin, on le prétendait alors.

Comment, dis-je, conciliez-vous ces mots : « Je vais partir... en *voyage d'Etat-Major* », qui a eu lieu en juin, avec la note sur les pontonniers, puisque la nouvelle organisation des pontonniers est de juillet? » M. du Paty répondit : « Qui vous dit que le bordereau n'est pas du mois d'août, et qu'il ne s'agisse pas des grandes manœuvres ? »

L'audience avait pris fin sur cet incident. Le soir même, Dreyfus me faisait parvenir la note suivante que j'ai versée à la Cour de cassation pendant que Dreyfus était encore à l'Ile du Diable :

La thèse est nouvelle, la lettre maintenant date du mois d'août. Or, au mois d'août, il ne pouvait y avoir aucun doute sur l'époque de mon stage dans un régiment. Les stagiaires de première année étaient dans les régiments depuis le 19 juillet, ils devaient y rester jusqu'au 1er octobre, époque à laquelle nous devions les remplacer. La pièce officielle qui fixait la date de nos stages dans l'infanterie était sans ambiguïté aucune, il n'y a pas de doute possible. On n'a pas voulu faire venir cette note, malgré mes demandes réitérées.

A l'audience du lendemain, j'ai demandé qu'on apportât cette pièce officielle ; mais, alors, M. du Paty n'a plus insisté sur la date d'août ; il est revenu à son interprétation du mot manœuvres par voyage d'Etat-Major.

Je voulais demander des renseignements, mais l'incident a

été clos, et avec le commandant Brisset, nous avons interprété les mots : « Je pars en manœuvres » par « en voyage d'Etat-Major ».

Mais, devant la Cour de cassation, lorsque j'ai eu connaissance des dépositions que je viens de vous lire, desquelles il semblait résulter que c'était à la fin d'août qu'il y aurait eu une résolution prise, nous avons sollicité la communication de la note devant les Chambres réunies.

Je n'ai, en effet, connu les pièces que devant les Chambres réunies et non devant la Chambre criminelle.

Nous avons demandé la note. Eh bien ! il y a ceci d'intéressant :

La note nous indique la date du 17 mai.

A cette date, les stagiaires de deuxième année savaient qu'ils n'iraient pas en manœuvres dans les corps de troupes pendant leur stage de trois mois.

Pour les stagiaires de première année, si les corps de troupes vont aux manœuvres, ils iront avec eux ; mais ceux qui avaient été aux manœuvres l'année précédente, notamment Dreyfus qui avait fait son service dans un régiment de cuirassiers, ceux-là, pour l'année 1894, iraient faire leurs trois mois à partir du 1er octobre.

Par conséquent, ils étaient certains qu'ils n'iraient pas en manœuvres dans un corps de troupes : cela n'était pas douteux à partir du 17 mai.

Il y a eu certainement une confusion dans l'esprit de M. Cavaignac, dans l'esprit de M. le général Zurlinden, pour que ces messieurs aient pu dire : « C'est à la fin d'août qu'on a pris cette mesure... » Ils n'ont pas été instruits avec une suffisante clarté pour qu'ils aient pu tenir ce langage, et pour qu'ils aient pu croire qu'il y avait une décision ministérielle, car le Conseil a sous les yeux les renseignements qui lui ont été envoyés par le ministre de la guerre, et il résulte de ces renseignements, (pièce du 7 septembre 1899), qu'il n'existe pas de circulaire de la fin d'août 1894, fixant le sort des stagiaires.

Ce qui fait que je ne comprends plus du tout ce qu'a dit le général Roget, lorsqu'il a dit :

« Je ne connais pas de circulaire ministérielle, c'est entendu, mais je ne dis pas qu'elle n'existe pas. »

Non, elle n'existe pas, c'est le ministre de la guerre qui le déclare.

Qu'est-ce qui résulte de cela?

Il en résulte, ainsi que Dreyfus le disait, qu'on a confondu la circulaire du 17 mai avec la note du directeur du personnel invitant les stagiaires à choisir un régiment ett été interrogés dans le milieu d'août sur le choix du régiment, c'est le 28 août (cela résulte des pièces, vous n'avez qu'à les lire), que le chef de la 3e section, qui était M. le coloner Boucher, a dû envoyer au personnel de l'Etat-Major les indications que les officiers avaient fournies pour leur séjour dans les corps de troupes, qui devait avoir lieu dans les trois derniers mois de l'année.

Par conséquent, fin août, pas de circulaire ministérielle en ce qui concerne les stagiaires, leur disant qu'ils n'iraient pas aux manœuvres cette année.

Cela résulte des pièces.

Mais le raisonnement de mon contradicteur consiste à dire qu'ils ont cru aller aux manœuvres au titre d'Etat-Major.

Par conséquent, ce qui concerne la présence dans les troupes n'a plus d'intérêt.

Qu'est-ce que cela fait que ce soit au mois d'août qu'ils aient désigné les régiments dans lesquels ils voulaient faire leurs trois mois, puisqu'il ne s'agissait plus pour eux d'aller aux manœuvres dans les corps de troupes?

Encore une fois je ne m'explique pas, sinon par une confusion de leur esprit, comment les ministres ont pu croire et comment ils ont pu supposer, à un moment quelconque, qu'il y avait eu à la fin d'août une mesure prise visant les stagiaires et leur disant qu'ils n'iraient pas aux manœuvres.

Ils savaient qu'ils n'iraient pas aux manœuvres dans les troupes, c'est entendu, mais cela depuis le 17 mai.

Je ne sais pas pourquoi on a introduit dans la discussion cette circulaire du mois d'août qui n'existe pas, qui n'a jamais eu de vie.

Cela n'avait aucun intérêt à aucun point de vue. (Mouvement.)

Laissons donc cela de côté, et demandons-nous s'il est prouvé que les stagiaires ont pu croire qu'ils iraient aux manœuvres au titre de l'état-major.

Cela s'est-il jamais fait? Non.

Et quand j'ai posé cette question à M. de Fonds Lamothe, il m'a répondu que cela ne s'était jamais fait avant 1894, et il n'a pas été contredit par les honorables généraux qui étaient là.

Les stagiaires ne sont donc jamais allés aux manœuvres au titre d'état-major.

Que s'était-il donc produit? Contrairement à ce qui s'était passé jusque-là, depuis le décret de 1891, on a décidé que l'on ne ferait plus d'exceptions pour les stagiaires, et qu'ils seraient obligés de rester trois mois dans les régiments au lieu d'aller quinze jours aux manœuvres.

Cette mesure les avait contrariés.

M. le général de Boisdeffre, qui avait reçu la visite de M. Maumet qui était le plus ancien des stagiaires et qui était venu lui demander que la prescription officielle reçoive — comme cela se produit quelquefois officieusement — une application plus agréable pour les stagiaires, M. de Boisdeffre a répondu par de bonnes paroles. Je crois même qu'il a dit qu'il pouvait être intéressant pour ces jeunes officiers d'assister aux manœuvres.

Il n'a pas répondu négativement à la demande de M. Maumet.

Mais était-il résolu à ce moment-là à leur faciliter la présence aux manœuvres dans un état-major?

J'ignore la pensée de M. de Boisdeffre; mais ce que je retiens, c'est que M. le commissaire du gouvernement n'a pas le droit de dire : « Il a été convenu ». C'est l'expression même qu'il a employée.

Le commissaire du gouvernement *fait un signe d'affirmation.*

Me Demange. — Comment, vous le maintenez !

Vous maintenez qu'il a été convenu entre M. de Boisdeffre et M. Maumet que les officiers stagiaires iraient aux manœuvres à titre d'état-major?

Est-ce que M. de Boisdeffre a dit jamais un mot de cela? Il a parlé de démarches, il a dit qu'il avait répondu à ces jeunes gens qu'il réfléchirait. Mais il n'a pas promis d'une façon ferme.

Le commissaire du gouvernement. — Je vous demande pardon. Il a dit qu'il s'efforcerait par tous les moyens de leur donner satisfaction.

Me Demange. — Et vous appelez cela une convention ?

Le commissaire du gouvernement. — Parfaitement. (On rit.)

Me Demange. — Alors, nous ne nous entendons plus sur le sens des mots de la langue française.

Quand je dis à quelqu'un : « C'est entendu, je vous l'accorde », c'est que la chose est décidée, et que je donne satisfaction à la demande de mon interlocuteur. La chose est convenue.

Mais quand je dis : « Je vais m'efforcer de donner satisfaction », il n'y a rien de convenu, il n'y a qu'une espérance.

Quoi qu'il en soit, il s'agit de savoir ce qui a suivi cette démarche.

D'après le récit fait par un des témoins, Dreyfus, paraît-il, aurait raconté qu'il avait fait des démarches à ce sujet.

Mais, je vous en prie, amenez-moi quelqu'un qui pourra attester qu'il a fait des démarches, que cela soit pour moi établi et démontré.

Eh bien! pouvez-vous l'établir? Vous ne le pouvez pas.

En 1894, lorsqu'on a été obligé de traduire les mots : « Je vais partir en manœuvres » par les mots : « Je vais partir en voyage d'état-major », on a, vous l'avouerez, donné à ces mots : « Je vais partir en manœuvres » une singulière interprétation.

Il fallait bien les tenailler pour leur faire dire : « Je vais partir en voyage d'état-major ».

Et on l'a bien compris dans la discussion.

Qu'aurait pensé M. Cavaignac, en 1894, lui qui a déclaré à la Cour de cassation que quand on dit : « Je vais partir en manœuvres », cela ne peut s'appliquer qu'aux grandes manœuvres exclusivement! Ce que je soutenais, moi, en 1894, précisément pour prouver que Dreyfus n'y avait pas été! (*Mouvement.*)

Eh bien, si, en 1894, écoutez-moi bien, on avait pu dire sérieusement au Conseil de guerre d'alors, que les stagiaires croyaient qu'ils pourraient aller aux manœuvres, soyez persuadés qu'on serait venu le dire.

Mais aujourdhui on vient le supposer, je le répète, avec des traductions de décisions qui n'existent pas.

Vous vérifierez, messieurs, si je ne vous dis pas la vérité.

Encore une fois, ce qui a été fait au mois d'août, c'est que le chef du personnel a demandé, dans les sections les numéros des régiments dans lesquels voulaient aller les stagiaires à partir du 1er octobre.

C'est le 3e bureau, dont faisait partie Dreyfus, qui a répondu le 28 août.

C'est à cette date que Dreyfus a su le régiment dans lequel il irait le 28 août.

Mais ce n'est pas à cette date, encore un coup, qu'il a su qu'il n'irait pas en manœuvres.

Il a connu seulement le régiment de troupes dans lequel il devait aller le 1er octobre ; je le répète : il n'a pas appris du tout qu'il n'irait pas dans la troupe aux manœuvres.

Cela, il le savait depuis le 17 mai.

Mais a-t-il pu croire qu'il irait à titre d'état-major ?

Ceci, messieurs, me paraît capital.

Je voudrais séparer les deux choses et bien faire comprendre ma pensée.

Il y a eu une confusion : à partir du mois de mai 1894, il a été résolu, et résolu d'une façon définitive, que les stagiaires n'iraient pas aux manœuvres.

Et ce qui a été fait au mois d'août ne s'appliquait qu'à la répartition des stagiaires dans les régiments, à partir du 1er octobre.

Par conséquent, toute cette partie de l'argumentation n'a rien à voir à notre affaire.

Je ne sais pas pourquoi le général Roget l'y a introduite. Il n'avait pas besoin de nous parler d'une décision ministérielle d'août qui n'existe pas.

Ce qui existe, c'est la décision du mois de mai visant les stagiaires pour les corps de troupes.

Ce qui m'intéresse, c'est ceci : Est-il possible que Dreyfus, sachant qu'il n'allait pas dans la troupe, ait pu croire qu'il irait à titre d'Etat-Major ?

Eh bien ! à ce point de vue-là, j'admets bien volontiers les souvenirs du général de Boisdeffre.

Est-ce que je puis les mettre en doute, ces souvenirs ?

y a une démarche faite par Maumet ; j'admets qu'il aurait plu à ces jeunes stagiaires d'Etat-Major d'aller aux manœuvres, et que le général de Boisdeffre ait répondre qu'il s'efforcerait de leur donner satisfaction.

Mais à quel moment la placez-vous, s'il vous plaît ?

LE COMMISSAIRE DU GOUVERNEMENT. — Au mois de mai.

Me DEMANGE. — A quelle époque maintenant placez-vous le bordereau ? A la fin d'août.

Et nous savons par un commandant, celui qui, précisément, est venu nous dire qu'il avait une permission de quinze jours, et qu'il était revenu prendre ses cartes au ministère, que les officiers de l'Etat-Major de l'armée qui vont en manœuvres, au titre d'Etat-Major, sont prévenus un mois d'avance.

Mais, messieurs, il y a des pièces qu'il faut régulariser !

Est-ce que vous croyez qu'on peut envoyer à titre d'Etat-Major des officiers stagiaires dans les Etats-Majors de l'armée sans avoir pris des dispositions pour que tout soit arrangé d'une façon régulière ?

Est-ce que vous croyez qu'ils peuvent aller aux manœuvres sans avoir des titres qui passent à l'intendance, etc.?... Est-ce que vous croyez, par conséquent, qu'ils seraient restés jusqu'à la fin d'août avec l'espoir d'aller aux manœuvres au titre d'EtatMajor.

Que certains de ces messieurs l'aient espéré, c'est possible, mais jamais le capitaine Junck n'a dit que sa cantine était préparée ! Il l'espérait... Mon Dieu ! messieurs, dans les Etats-Majors... je crois que vous n'échappez pas à cette règle qui est très humaine... dans toutes les administrations, il y en a qui sont un peu favorisés. Qu'ils aient donc espéré obtenir d'aller aux manœuvres, c'est possible ; mais est-ce que Dreyfus a fait une démarche ?

Qu'il l'ait faite, c'est possible, que ce soit sorti de ses idées, c'est encore possible : mais il y a une chose où je vous arrête, c'est que vous mettez le bordereau à la fin d'août ; et alors écoutez ce qui est écrit : « Je vais partir en manœuvres » : est-ce que c'est une croyance, cela ? est-ce que ce n'est pas une certitude absolue de la part de l'auteur du bordereau ?

C'est à la fin d'août. Il faut que ce soit après le 20 août, d'après votre hypothèse, puisque ce n'est que le 20 août qu'on a connu la note sur Madagascar. Par conséquent, voilà celui qui écrit le bordereau entre le 20 et le 30 août, qui aurait écrit : « Je vais partir en manœuvres ». C'est une certitude. Il aurait dit cela d'une façon absolue. Eh bien ! je vous dis que c'est impossible. Je vous dis que vous ne pourrez pas me répondre. Je vous défie de me contredire sur ce point ! C'est donc que l'auteur du bordereau n'a pas de doute. Ce n'est pas une croyance, c'est une certitude : « Je vais partir en manœuvres. »

Ah ! j'entends bien que si vous voulez placer la question entre Dreyfus et Esterhazy, vous me répondrez : « Esterhazy n'a pas été du tout aux manœuvres. » Sur ce terrain-là, je reconnais la puissance de votre argumentation, mais c'est s'il fallait choisir entre Dreyfus et Esterhazy ; dire que c'est Esterhazy qui a envoyé le bordereau, en avoir la certitude morale. Tout cela, on peut l'avoir ; mais ce n'est pas la mission des juges qui sont ici : ils ont à juger Dreyfus et à savoir si Dreyfus est l'auteur de cette pièce.

Eh bien! moi, je vous démontre qu'il n'a pas pu à la fin d'août écrire : « Je pars en manœuvres. » Et j'ajoute, en ce qui concerne le major Esterhazy, que nous avons eu l'autre jour, au dernier dépouillement, une pièce que je vous prierai de relire : elle est intéressante. C'est celle à laquelle faisait allusion mon confrère Me Labori, mais à un autre point de vue. Moi, j'y fais allusion au point de vue des manœuvres d'août.

Eh bien! Dreyfus n'y a pas été. J'entends bien que le major Esterhazy n'y a pas été à titre régulier, mais enfin son régiment y était. Eh bien! cet homme est curieux, nous le savons tellement curieux de toutes les choses de l'armée, qu'il demandait même à aller aux écoles à feu à ses frais — c'est le commandant Curé qui nous l'a dit — et qu'il y est allé, je crois, à ses frais.

Je suis singulièrement frappé de cela. C'est une hypothèse encore, je le veux bien... Donc, il a pu avoir des renseignements sur les manœuvres de Vaujours. Le major Esterhazy n'a pas pu y être officiellement. Mais s'il n'y est pas allé officiellement, est-ce qu'il n'a pas pu, par des amis de régiment, par les officiers supérieurs avec lesquels il était en relation, obtenir des renseignements? Et est-ce qu'il ne pouvait pas dire, lui : « Je vais aller aux manœuvres » ou « Je vais partir en manœuvres »?

Enfin, ce qu'il y a de certain, et c'est comme cela que je veux clore mon argumentation, c'est que Dreyfus, s'il est l'auteur du bordereau, n'a pu dire : *Je vais partir en manœuvres.*

Il y a là une affirmation, qui se place en fin août, d'après laquelle il ne peut pas dire cela, parce qu'à la fin d'août — en admettant qu'il ait conservé l'espérance en mai, qu'il l'ait conservée en juin — il ne pouvait plus avoir de doute, puisque les officiers titulaires étaient déjà désignés, puisque leurs papiers avaient été régularisés, puisque les ordres étaient déjà donnés pour les officiers titulaires.

Si on avait voulu envoyer au titre de l'Etat-Major les stagiaires, cela aurait été fait, comme pour les titulaires, avant le 15 août; à partir du 15 août tous les titulaires qui devaient aller aux manœuvres le savaient. Eh bien! on aurait fait pour les stagiaires de même; précisément à cause des états de pièces arrêtés, il l'aurait su.

Comme vous ne pouvez pas placer le bordereau avant le 20 août, parce que c'est le 20 août que la note sur Madagascar est arrivée au ministère, il faut qu'il ait pu écrire à la suite d'une façon ferme : « Je vais partir en manœuvres. » Ce n'est pas possible, puisque, s'il avait eu une espérance, elle était évanouie. Je l'ai discuté pied à pied et j'ai montré aux témoins, à l'occasion de cette dernière note, combien leur affirmation que Dreyfus était coupable en leur âme et conscience, quand ils discutaient sur cette valeur du bordereau, était vaine ; comment leur conviction a pu se faire dans leur esprit ; comment ils ont pu être assez troublés pour dire que c'était à la fin d'août qu'on avait pris la résolution de ne pas les envoyer aux manœuvres. J'ai dit même que quand on marche ainsi contre cette accusation, quand on l'aborde de front, j'aurai presque l'orgueil de dire que je la détruis.

Je n'ai pas besoin de cela ; je dis au Conseil : « Prenez garde, il faut une certitude, et pour que vous disiez que Dreyfus est coupable, il faut qu'en votre âme et conscience vous puissiez affirmer, vous puissiez dire : « Il n'y a pas un doute ; les docu- » ments qui sont énumérés, il n'y a que lui qui les a eus ; — et » vous ne savez pas quels ils sont. » Voilà mon dernier mot sur cette partie de mon argumentation. (*Mouvement prolongé.*)

La séance est suspendue à dix heures.

L'audience est reprise à dix heures vingt.

Mᵉ DEMANGE *continue sa plaidoirie en ces termes :*

Messieurs, je suis arrivé enfin à la dernière preuve sur laquelle s'appuie l'accusation, je veux dire la preuve matérielle et l'écriture du bordereau.

Je me faisais, messieurs, une réflexion, en entendant M. le commissaire du gouvernement ; car aujourd'hui l'accusation s'est réfugiée sur ce dernier terrain, le seul où il y ait une preuve matérielle possible.

Et je songeais à ce qui s'était passé, au Parlement et au Sénat, le jour où l'honorable M. Scheurer-Kestner montrait l'écriture du commandant Esterhazy.

C'est presque sous des huées qu'il a dû descendre de la tribune.

« Vous n'avez que cela ? lui disait-on, une écriture ; c'est avec une écriture que vous entendez flétrir un homme ? »

Eh bien ! je dirai à l'accusation : « Vous n'avez plus que cela, aujourd'hui ; qu'est-ce que cela vaut ? »

Il y a, messieurs, une première réflexion que je vous soumets, sur laquelle, je crois, je trouverai tous les hommes spéciaux, tous les hommes de l'art, tous les experts entièrement d'accord.

C'est que le bordereau n'est pas de l'écriture normale et naturelle de Dreyfus.

A cet égard-là, ils sont tous unanimes.

En effet, M. Bertillon vous dit : « C'est une écriture forgée ».

M. Teyssonnières : « C'est une écriture déguisée ».

MM. Couard, Varinard et Belhomme : « C'est une écriture calquée ».

M. Pelletier, M. Gobert, et avec eux MM. Charavay, Giry, Paul Meyer, Molinier : « Ce n'est pas l'écriture de Dreyfus ».

J'en conclus donc qu'à quelque point de vue que se placent les experts, la conclusion est forcée.

Ce n'est pas l'écriture normale et naturelle de Dreyfus.

Voilà un premier point qui est à retenir.

Quand nous nous présentions en 1894, il y avait MM. Bertillon, Charavay, Gobert, Teyssonnières, Pelletier.

Les experts étaient trois contre deux, et aux juges de 1894, ils disaient, les uns : « Ce n'est pas de Dreyfus »; les autres : « C'est calqué, c'est forgé »; par conséquent, comme en 1894, j'ai le droit de dire aujourd'hui que ce n'est pas l'écriture normale et naturelle de Dreyfus.

Est-ce une écriture forgée ? C'est ici que je rencontre M. Bertillon.

Eh bien, en 1894... je le dis très simplement... mais j'aurai peut-être une excuse... je n'avais pas compris du tout le raisonnement de M. Bertillon.

Il faut vous dire qu'il n'y avait pas eu d'expertise écrite, que la démonstration a été faite à l'audience, et que ne l'ayant pas comprise, je n'ai pas pu la discuter.

Aujourd'hui, je suis plus heureux; mais ce que j'ai fait en 1894 et ce que je refais en 1899, c'est de rendre à M. Bertillon, que je connais depuis de longues années, l'hommage qui est dû à la droiture de sa conscience et à la fertilité de son labeur.

Il vous a apporté ici un travail qu'on peut qualifier de travail de Bénédictin; mais je crois pouvoir affirmer et j'espère l'établir, avec un homme de science que vous avez entendu, que le système de M. Bertillon est plus que sujet à l'erreur, qu'il est faux.

J'espère vous démontrer que M. Bertillon s'est trompé en disant que c'était une écriture forgée, et qu'on peut conclure à une écriture naturelle.

Enfin, après lui avoir rendu l'hommage qu'il mérite — M. le préfet de police l'a appelé un homme de génie ; quand il a créé l'anthropométrie, il a rendu à la société un service inoubliable — après lui avoir rendu cet hommage, il me faut discuter avec lui.

Eh bien! monsieur Bertillon, expert, je vous le dis, et je vous le dis avec la même franchise et la même sincérité, vous vous êtes trompé. Vous avez commis une erreur qui pourrait être fatale à un homme qui est innocent.

Comment M. Bertillon démontre-t-il que c'est forgé?

M. le général Mercier a résumé l'opinion de M. Bertillon en disant que l'écriture du bordereau était une écriture géométrique, que les lignes, les mots et les lettres étaient placés suivant une loi déterminée.

Pour créer le bordereau, son auteur a formé une ligne par la répétition d'un mot mis bout à bout, ce que M. Bertillon appelle un gabarit à l'aide duquel l'auteur du bordereau pouvait écrire tous les mots et toutes les phrases qu'il voulait en donnant à ces mots, aux syllabes et aux lettres une même dimension.

Voilà comment aurait procédé l'auteur du bordereau.

Pour le prouver, qu'a fait M. Bertillon? Il a pris le bordereau et il l'a réticulé : c'est-à-dire qu'il a divisé le bordereau par des lignes verticales séparées de cinq millimètres; puis, alors qu'il a eu fait ce travail, il a remarqué que les mots polysyllabiques redoublés qui se trouvaient dans le bordereau étaient frappés au même endroit par la grille formée par tous ces réticules.

M. Bertillon a conclu, en empruntant alors son appui au calcul des probabilités, qu'il était impossible, absolument, qu'avec la loi du hasard, c'est-à-dire avec l'écriture naturelle, ces mots polysyllabiques redoublés puissent être frappés au même endroit dans les conditions où ils le sont.

Voilà, messieurs, je crois, résumée aussi succinctement que possible, la preuve que M. Bertillon a trouvée de la forgerie du bordereau.

Qu'avez-vous entendu à cet égard?

Vous avez entendu un ingénieur au corps des mines, M. Bernard, dont la déposition a été confirmée, au point de vue mathématique, par M. Poincaré, dans la lettre qu'a lue M. Painlevé, maître de conférences à l'École normale supérieure.

Vous entendez bien, messieurs, que ce n'est pas moi qui, sur ce terrain, vais suivre les hommes de science. Je ne vais tirer de leurs déclarations que les conclusions que vous pouvez apprécier.

J'ai en présence, deux hommes : l'un auquel j'ai rendu tous les hommages, mais qui n'a pas fait de mathématiques spéciales ; l'autre, ingénieur des mines, ancien élève de l'École polytechnique comme vous, messieurs, et qui est un mathématicien distingué.

M. Bertillon, vous disent MM. Bernard et Poincaré, s'est trompé dans ses calculs, et il résulte pour nous, au contraire, de l'application du calcul des probabilités, que c'est une écriture naturelle, que ce n'est pas une écriture forgée.

C'est vous qui apprécierez. Quant à moi, je ne le peux pas. Je m'incline. Je pense que ceux qui ont fait des travaux spéciaux sur le calcul des probabilités doivent certainement avoir plus de chances d'être dans le vrai que M. Bertillon.

J'entends très bien que M. le capitaine Valério a donné son appui aux raisonnements de M. Bertillon, et je n'entends pas du tout discuter sa compétence non plus. Mais enfin, je ne peux pas oublier également que M. le général Sebert vous disait que le capitaine Valério, certainement, avait un raisonnement en apparence plus solide et commettait moins d'erreurs que M. Bertillon, mais que, cependant, il n'était pas, lui non plus, dans le vrai.

Vous aurez à apprécier, mais qu'il me suffise de vous dire — c'est ce que je dis presque depuis le commencement de ce débat, et vous me direz que vraiment je ressasse, que je répète toujours la même chose, mais c'est qu'il nous faut une certitude en tout — qu'il me suffise de vous dire que vraiment quand M. Bertillon, même assisté de M. Valério, vient déclarer : « C'est une écriture forgée parce que j'ai eu telle épreuve et que le calcul des probabilités m'indique, à la suite de cette épreuve, que ce que j'ai constaté ne peut pas être tracé naturellement ; que l'écriture est forgée. » Et tandis que M. Bernard vient vous dire, étant approuvé d'ailleurs par M. Poincaré : « J'ai fait le travail, je suis arrivé à cette conclusion que l'écriture est naturelle », il y a toutes chances, messieurs, sur ce domaine scientifique, pour que je puisse conclure avec MM. Bernard et Poincaré, et que vous ayez moins de chances de vous tromper avec eux, que si vous suiviez l'hypothèse de M. Bertillon.

Et voilà un premier point acquis.

Il n'est pas établi par les théories de M. Bertillon que le docu-

nent soit forgé, du moins par cette première partie de la théorie
de M. Bertillon.

Ensuite, messieurs, j'ai fait entendre devant vous, un témoin
qui est un dessinateur : ceci, c'est à un autre point de vue,
parce que vous savez que M. Bertillon a supposé deux choses.
Ce qu'il appelait l'autoforgerie mathématique et puis aussi le
décalquage. Il a tout introduit dans sa démonstration.

De ce que vous a dit le dessinateur que j'ai fait citer, je ne
veux extraire que deux points, mais deux points qui m'ont
frappé : c'est que ce fameux gabarit, que l'auteur du bordereau
aurait employé pour écrire, n'a pas pu lui servir pour certaines
lettres, et je n'en prends qu'une, c'est la première lettre du bordereau, les mots : « Sans nouvelles » la boucle de l's dépasse-
rait le gabarit : donc le gabarit n'a pas servi.

Ceci est intéressant, puisqu'enfin si c'est le gabarit exclusivement qui a dû guider l'écriture du bordereau, il est certain que
là il a fallu faire autre chose.

J'ajoute que, — de même que ce dessinateur a appelé votre
attention sur la superposition des mots — M. Bertillon vous a
dit qu'il y avait des mots qui se superposaient dans des positions identiques, ce qui, là encore, détruisait l'hypothèse de
l'écriture naturelle, et le dessinateur vous a signalé notamment
un mot, le mot *modifications* et vous a fait constater à l'œil nu
et vous a fait la démonstration évidente que la superposition ne
pouvait pas se faire.

Il y a quelque chose, messieurs, qui m'a beaucoup frappé et
qui a pu vous frapper, c'est ce que j'appellerai l'épreuve de la
photographie composite.

Je vous serais reconnaissant de reprendre la planche 40 sur
laquelle je veux appeler votre attention lorsque je vous aurai
signalé ou rappelé ceci qui est intéressant. C'est que M. Bernard
pour vous démontrer qu'une écriture naturelle frappe aux
mêmes endroits, aux mêmes réticules que ceux de M. Bertillon,
a fait passer le réticulaire sur une pièce fournie par M. le commis-greffier du Conseil de guerre, la copie d'une annexe de
M. Bertillon, et qu'en prenant en effet cette note ainsi réticulée
écrite de la main du commis-greffier, on voit que c'est bien une
écriture naturelle.

Et comme l'expérience de M. Bertillon, faite sur l'écriture du
bordereau, donne les mêmes résultats, cela permet de conclure
alors, même pour des profanes, à la certitude d'une écriture

naturelle. Je reviens à la photographie composite ; le gabarit a été composé avec un « mot-clef » ; le mot-clef qui a été choisi par l'auteur du bordereau est le mot « intérêt », c'est un mot qui se serait trouvé dans une lettre de M. Mathieu Dreyfus.

J'ai demandé à M. Bertillon s'il contestait l'authenticité de cette lettre : il a glissé là-dessus, parce que j'avais trouvé dans le dossier une autre opinion qui ne s'est pas produite à l'audience, émanant d'un honorable officier qui penche du côté de l'opinion de M. Bertillon et qui mettait en doute l'authenticité de ce qu'on appelle la lettre du buvard.

Quoi qu'il en soit, c'est dans cette lettre que l'auteur du bordereau a trouvé le mot « intérêt » et c'est avec le mot « intérêt » qu'il aura fait son gabarit.

Et M. Bertillon nous a dit : « J'ai fait une expérience, j'ai fait passer devant un appareil photographique le bordereau avec les mots qui le composent, pendant le temps nécessaire pour que ces mots puissent être reproduits par l'objectif en divisant par trentième de seconde et en ne laissant qu'un trentième de seconde chaque mot du bordereau, qui est divisé de dix kutsch en dix kutsch.

Et je suis arrivé par ce procédé, qu'on appelle le procédé de la photographie composite, au résultat que je vous apporte.

Je vois, en effet : photographie composite du bordereau entier obtenue au moyen de pulsations uniformes de 12 millimètres et demi, c'est-à-dire 10 kutsch sans distinction de la chaîne plus particulièrement suivie.

Seulement c'est une échelle en quadruple. Eh bien ! regardez cette première photographie qui est en haut de la page, et dites-moi si M. Bertillon n'a pas eu raison de convenir que cette première photographie ne donne l'idée d'aucun mot ?

Il y a quelque chose d'absolument confus, et cela, c'est le bordereau tout entier qu'on nous donne, qui passe devant l'objectif de 10 kutsch en 10 kutsch.

Voilà la première photographie ; mais il y en a une seconde... Celle-là, je ne dirai pas par autosuggestion, comme M. Poincaré, on lit le mot *intérêt*, mais certainement il y a quelque chose qui frappe l'œil plus dans la seconde que dans la troisième.

Mais qu'est-ce que cela ?

M. Bertillon nous le dit : c'est la photographie composite des mots du bordereau plus particulièrement écrit sur la chaîne

hachurée du gabarit, conformément à la superposition repré-
sentée sur la planche 15.

Qu'est-ce que cela veut dire? Ce n'est plus le bordereau tout
entier qui passe de 10 kutsch en 10 kutsch devant l'objectif,
c'est M. Bertillon qui fait un travail.

Il y a deux chaînes superposées, l'une hachurée et l'autre
pointillée : l'une deviendra la chaîne rouge, l'autre deviendra la
chaîne verte.

Qu'est-ce que fait M. Bertillon? M. Bertillon transporte sur le
gabarit, sur une des chaînes du gabarit à son choix, les mots du
bordereau ou même les syllabes du bordereau qui, par leur
écartement ou par leurs dimensions, se rapprochent le plus
vraisemblablement des lettres du gabarit : il choisit l'une ou
l'autre chaîne.

Si vous regardez de près dans son travail, vous verrez que ce
que je vous dis est exact, car vous verrez que le même mot qui,
pour une syllabe, est sur une chaîne est, pour une autre, sur
une autre chaîne.

Alors, du moment que c'est M. Bertillon lui-même qui va
choisir dans le bordereau les lettres qui, par leurs formes, leurs
dimensions rappelleront le plus certaines lettres du mot *intérêt*,
je vous demande ce qu'il y a d'extraordinaire — quand ces
chaînes passeront l'une après l'autre, ainsi composées par lui,
devant l'objectif de l'appareil — que nous y retrouvions la forme
du mot *intérêt* ?

Moi, il y a une chose qui m'étonne : c'est que ce ne soit pas
plus net que cela. Parce que, c'est M. Bertillon dans son œuvre
qui a choisi les lettres se rapprochant le plus du mot-clef, qui
les a rapprochées les unes des autres en les superposant sur le
mot-clef, avec les mêmes dimensions, le même écartement,
quasi la même forme, la même hauteur de jambages, puis qui
les fait passer, après cela, devant l'objectif.

Ah ! si j'avais retrouvé le mot *intérêt* sur la première figure,
c'est-à-dire quand M. Bertillon fait passer les lignes du bordereau séparées de 10 kutsch en 10 kutsch devant l'objectif, si cela
m'avait donné une seconde image, je vous avoue que je serais
tout troublé.

Mais ce n'est pas cela, au contraire.

Quand je regarde la première image, il n'y a rien, lui-même
en convient. Pas même l'apparence du mot *intérêt*. On peut la
voir par autosuggestion ; mais je vous assure que j'y ai vu

d'autres lettres, d'autres mots. Je n'insisterai pas ici sur ce point, mais vous pouvez faire ce travail et, à votre tour, vous trouverez aussi d'autres mots.

Par conséquent, la photographie composite ne peut pas, à mon sens, détruire les affirmations des hommes de science qui s'appellent MM. Bernard et Poincaré, affirmations qui consistent à dire que l'écriture du bordereau est une écriture naturelle et non une écriture forgée.

Jusqu'à présent, ce sont les hommes de science qui ont parlé. Permettez-moi maintenant d'invoquer le bon sens et de donner à mon tour mon appréciation personnelle.

D'après M. Bertillon, c'est un bordereau forgé. Pourquoi cette forgerie ? Pourquoi l'auteur du bordereau s'est-il donné ce mal ?

M. Bertillon nous l'explique et il explique même pourquoi il y a eu en même temps combinaison mathématique et décalque.

D'après lui, l'auteur du bordereau a prévu deux hypothèses : la première est celle où l'on trouverait le bordereau sur lui-même. Dans ce cas, il ne pouvait pas nier qu'il l'avait; mais alors, il aurait dit, puisqu'il a fait ce travail mathématique à l'aide duquel il a réalisé une combinaison géométrique dans l'écriture : cette écriture n'est pas la mienne ; c'est une écriture forgée.

C'est ce que M. Bertillon a appelé un alibi.

Dans la deuxième hypothèse, si l'on prend le bordereau une fois qu'il a servi, comme en réalité cela s'est produit, alors l'auteur du bordereau ne parlera pas de forgerie d'épure géométrique ; il dira purement et simplement : « Il y a eu un déguisement d'écriture. » Et il invoquera les différences qu'il a créées lui-même en décalquant; car, s'il n'a pas été possible de décalquer le *verso*, il y a eu certainement décalque pour le *recto*. Voilà l'hypothèse.

Je l'admettrai si vous voulez, par hypothèse, mais alors j'ai posé une question à M. le capitaine Valério, qui faisait pressentir le raisonnement que je vais vous soumettre.

Il faut nous reporter à 1894. Vous avouerez que l'auteur du bordereau, qui a fait tout cela, qui s'est donné ainsi un grand mal, se l'est donné dans le but d'assurer son salut et pour sauver sa liberté et son honneur.

J'ai demandé à M. le capitaine Valério comment il expliquait que Dreyfus n'ait pas songé à donner l'une ou l'autre de ces explications, non seulement en premier moment, mais jusqu'à la fin du procès. Vous avez entendu la réponse.

M. le capitaine Valério a dit que, peut-être, Dreyfus avait eu vent de la découverte de M. Bertillon.

C'est là une réponse arbitraire, car M. Bertillon lui-même ne peut pas répondre à mon argumentation. Il a tenté de le faire en disant que dès la première heure Dreyfus avait dit qu'on lui avait pris son écriture. Mais est-ce qu'à un moment quelconque il a jamais imaginé de donner comme moyen de défense un travail géométrique, ou est-ce qu'il a dit qu'on avait déguisé certaines parties de son écriture?

Non, et alors la question reste sans réponse, et avec le bon sens j'ai le droit de dire : « Les hommes de science vous ont démontré que M. Bertillon s'était trompé. Je démontre aussi avec mon bon sens qu'il s'est trompé, parce que si le bordereau avait été forgé dans les conditions qu'il dit, dans un but poursuivi par l'accusé, il aurait révélé ce but au cours de l'instruction. »

Il y a encore quelque chose de plus surprenant. Dans les pièces du ministère de la guerre, dans les travaux que Dreyfus faisait officiellement, M. Bertillon prétend qu'il a trouvé des mots qui ont été forgés, et dans la pensée de M. Bertillon c'était parce que Dreyfus, invoquant la forgerie quand on trouverait le bordereau sur lui, aurait invoqué ces pièces du ministère de la guerre.

Je vous avoue que je ne comprends pas très bien. Comment aurait-il pu invoquer des pièces du ministère de la guerre où il y aurait eu des mots forgés pour expliquer que le bordereau n'était pas de lui? En effet, si on avait trouvé dans ces pièces des mots forgés comme dans le bordereau, c'eût été une charge contre lui et non un moyen de défense. En sorte que je ne comprends pas Dreyfus faisant des travaux au ministère de la guerre — il y a une lettre à M. de Galliffet et un travail sur les grands parcs d'artillerie, — faisant ce travail dans des bureaux où il a des camarades, dans des salles où ils travaillent trois ou quatre ensemble, je ne le comprends pas, faisant ce travail et prenant son gabarit pour écrire un mot?

M. Bertillon a pu supposer qu'il n'avait pas besoin de son gabarit modèle, qu'il n'avait qu'à prendre un sou, parce que certaines lettres d'un sou formaient l'espace d'un kutsch.

Le voyez-vous, dis-je, tout en travaillant sous les yeux de ses camarades, forger des mots dans une lettre avec un sou?

J'avoue que je n'ai pas compris; ou plutôt, si, j'ai compris.
M. Bertillon nous dit que dans son labeur considérable il en est
arrivé à des constatations qui lui ont donné satisfaction. Sa
raison d'homme de science le lui dit. Mais comme on l'a dit très
spirituellement à la Cour de cassation, le génie a une voisine
avec laquelle il est dangereux de fréquenter.

Il ne faut pas trop de génie. (*Rires.*)

Il est certain que M. Bertillon a vu des choses qu'on ne pouvait pas voir.

J'admets tout son raisonnement discutant le bordereau ; mais
quant à vouloir établir que dans les pièces du ministère Dreyfus, travaillant sous les yeux de ses camarades, a introduit des
mots forgés à l'aide de son gabarit, je ne comprends plus.

Il y a une chose que je veux vous dire en passant, c'est à propos de la copie du Manuel de tir.

L'auteur du bordereau offre-t-il de le copier lui-même? Non,
il offre de le faire copier par quelqu'un.

Je sais bien qu'on a dit qu'un major pouvait avoir un secrétaire, alors qu'un capitaine ne pourrait en avoir un; mais, en
tout cas, celui qui aurait copié le Manuel de tir ne l'aurait pas
copié sur le gabarit. Il faut admettre que toutes les pièces ont
été copiées sur le gabarit. On a pris le bordereau, mais on aurait
pu prendre les autres pièces. Il faut alors admettre que tout cela
a été écrit sur le gabarit.

Vous avouerez que c'est invraisemblable.

Je reviens aux hommes de science qui ont dit : « Nous admettons le système de M. Bertillon, mais c'est un système erroné; il a vu une écriture forgée en invoquant le calcul des
probabilités, c'est, au contraire, une écriture naturelle. »

Mais il y a quelque chose de grave, c'est que si la forgerie a
eu lieu, qu'est-ce qu'elle a produit?

Eh bien! cette forgerie a produit entre les lettres un espacement, une inclinaison, une hauteur de lettre qui est quoi? Qui
est le rythme des lettres du commandant Esterhazy!

C'est M. Bertillon qui nous le dit.

Rappelez-vous, dans le dossier secret militaire, cette pièce numéro 8 et les conclusions de M. Bertillon, Il a comparé la photogravure du *Matin* quand a paru le bordereau, en 1896, avec
l'écriture du commandant Esterhazy, et que dit-il : « Pour rester
conforme à la méthode scientifique, nous nous bornerons à
conclure que les choses se passent comme si Esterhazy avait

appris à écrire en prenant pour modèle la photographie erronée du *Matin*. »

De telle sorte que voilà M. Bertillon lui-même qui trouve une ressemblance telle entre le bordereau et l'écriture d'Esterhazy, qu'il en conclut, pour rester fidèle à sa méthode scientifique, que les choses se sont passées comme si Esterhazy, pour l'écriture, avait pris pour modèle le bordereau lui-même.

C'est-à-dire que nous arrivons à cette conclusion que pour M. Bertillon l'écriture du bordereau et l'écriture d'Esterhazy sont tellement semblables que l'une dérive de l'autre.

Et quand j'ai demandé à M. Bertillon si, sur le bordereau lui-même, il n'avait pas fait — ou du moins si, sur l'écriture d'Esterhazy, il n'avait pas fait — la même expérience que sur le bordereau, il m'a répondu que si, qu'il a trouvé cette superposition.

Et quand je l'ai pressé, quand je lui ai demandé : « Pourquoi n'arrivez-vous pas à cette conclusion que c'est Esterhazy qui est l'auteur du bordereau ? » Il me dit :

— Esterhazy, c'est un homme de paille!

Et j'en viens à la conclusion : c'est que M. Bertillon lui-même convient qu'en prenant l'écriture d'Esterhazy, en la soumettant à l'épreuve du bordereau pour retrouver avec sa méthode scientifique, en empruntant au bordereau lui-même les mots qui sont forgés, comme ceux qui auraient été forgés par Esterhazy, vous arrivez à cette conclusion qu'Esterhazy peut être l'auteur du bordereau, avec M. Bertillon lui-même.

C'est là un des éléments que vous pourrez retenir, et je crois que je puis en avoir fini avec M. Bertillon, en ayant gardé vis-à-vis de sa personne tout le respect, toute l'affection que j'ai pour lui.

Mais vis-à-vis de son œuvre, je la repousse, non parce que c'est une œuvre de fausseté, mais comme une œuvre véritablement dangereuse pour des juges qui pourraient être entraînés sur la voie de l'erreur. Et je dis avec les hommes de bon sens, et avec M. Bertillon lui-même que, le bordereau... est d'Esterhazy.

Je passe à M. Teyssonnières. C'est le second des experts.

Il ne parle pas d'écriture forgée : il prétend que c'est l'écriture de Dreyfus. Il a fait des constatations, mais je ne puis pas entrer dans tous ces détails; il y en a qui ont été contredites. Moi, j'arrive à une chose plus simple.

C'est que M. Teyssonnières nous a dit : « Il y a des déguise-ments, c'est Dreyfus qui a déguisé certaines parties de son écriture ».

En 1894, il affirmait qu'il y avait des déguisements. Je soutenais qu'il n'y en avait pas, que l'écriture du bordereau était une écriture courante, naturelle. On me dit : « Il y a des déguisements », et je dis qu'à ce moment Teyssonnières était étayé par Charavay.

Aujourd'hui, on me dit qu'il y a des déguisements.

Il y a une chose curieuse. C'est que précisément les déguisements sont empruntés à l'écriture d'Esterhazy.

C'est un fait cela.

Tout ce qui est déguisé est signalé par Teyssonnières. Tout ce qu'avait signalé Charavay, nous le trouvons dans l'écriture d'Esterhazy : il y a, ce qui nous a le plus frappé, les doubles s.

Eh bien ! messieurs, je dis qu'il y a là quelque chose de singulièrement frappant qui, pour l'esprit d'un juge, doit bien l'inquiéter.

Voilà Dreyfus qui ne connaît pas Esterhazy — et s'il le connaissait, ce serait bien plus extraordinaire — Dreyfus qui veut déguiser son écriture par certains mots qu'il introduit à travers et au cours de son écriture naturelle, et il y met des mots de l'écriture d'Esterhazy ! Eh bien ! je crois que le calcul des probabilités n'arriverait jamais à prouver que c'est possible ; et dans tous les cas, s'il avait connu Esterhazy, il est évident qu'il n'aurait pas été prendre son écriture.

Eh bien ! admettons encore ce non-sens, et je ferai à M. Teyssonnières la même remarque que je ferai à M. Bertillon : si c'était vrai, s'il avait connu Esterhazy, s'il avait eu cette singulière idée, s'il avait voulu déguiser son écriture, aurait-il eu l'idée d'en prendre une autre qui ressemble tellement à la sienne ?

Il déguise son écriture dans de telles conditions que la première fois que ses chefs la voient ils disent : « C'est son écriture. »

Eh bien ! cet homme intelligent emprunte à Esterhazy ces déguisements.

Et le jour où on l'interroge, il va dire : « C'est l'écriture d'Esterhazy ? » Pas le moins du monde, il n'en est pas question ! Et quelle sera donc l'attitude d'Esterhazy quand l'écriture apparaîtra ? Aura-t-il ou non ce cri de terreur : « C'est une écriture qui ressemble à la mienne d'une façon effrayante ? »

Pourquoi imagine-t-on ce récit du capitaine Brault au sujet du régiment que commandait le colonel Esterhazy à Eupatoria ? Pourquoi cette histoire ?

Pourquoi cela. je le demande ? Esterhazy n'avait-il pas compris précisément lui-même que c'était son écriture ? S'il ne l'avait pas reconnue, s'il n'avait pas senti le péril qu'il courait, aurait-il invoqué la nécessité de faire croire à un décalque ?

Car c'est ainsi que nous arrivons à un décalque.

Oh ! vous avez pu apprécier le commandant Esterhazy. Par conséquent, j'écarte sa personnalité : quand il viendra vous donner un certificat ou une attestation, je le repousse.

Mais quand il sera poursuivi devant le Conseil de guerre et qu'il niera un fait qu'il a intérêt à nier, la possession du papier pelure, je retiens le fait.

Et quand on lui mettra, devant la Cour de cassation, sous les yeux un papier pelure et qu'il sera obligé de reconnaître que c'est lui qui a écrit sur le papier je le retiens aussi. Pourquoi a-t-il nié ?

Parce qu'il y avait déjà une charge contre lui.

Cette charge n'existe pas contre Dreyfus. Elle existe contre Esterhazy.

Quant à l'aveu qu'il a pu faire depuis, quoiqu'il y ait un mélange de vérité et de mensonge dans tout ce qu'il a dit, si vous prétendez que cet aveu est sans valeur, soit ! Mais il y a une chose contre laquelle je m'élève de toutes mes forces, c'est contre l'affirmation de M. Bertillon — affirmation qui a été acceptée par le général Roget, c'est contre l'affirmation de M. Bertillon qu'Esterhazy serait un homme de paille !

Je vous assure qu'avec quelques réflexions de bons sens, je vais vous ramener à mon opinion et que vous penserez comme moi que cela ne peut être.

Un homme de paille ! Qu'est-ce à dire ? qu'Esterhazy est acheté ?

Mais alors que faites-vous de vos insinuations à l'encontre du colonel Picquart ? N'a-t-on pas supposé que le colonel Picquart avait été corrompu par la famille Dreyfus, se rappelant ce qu'avait dit le colonel Sandherr : « Pour découvrir le coupable, si ce n'est pas votre frère, il faudrait être installé au ministère de la guerre ».

Le syndicat aura fait le siège du colonel Picquart, l'a gagné, et c'est lui qui a découvert Esterhazy pour le substituer à Dreyfus.

On a dit que Picquart avait fabriqué un *petit bleu* pour compromettre Esterhazy. Je vous demande à quoi cela servait, si le colonel Picquart ne poursuivait qu'un but : atteindre Esterhazy à cause de son écriture pour le substituer à Dreyfus ?

Pourquoi fabriquer le *petit bleu* ?

Il a cette pensée, M. Picquart : atteindre Esterhazy parce qu'Esterhazy a l'écriture de Dreyfus. Il est arrivé chef du bureau des renseignements, il a tout à sa disposition, les choses les plus secrètes : il veut substituer Esterhazy à Dreyfus et il fabriquera un *petit bleu* qui permettra qu'on lui dise : « Suivez sur Esterhazy en le séparant de Dreyfus. »

Comme le général de Boisdeffre lui a donné la mission de rechercher, au point de vue des mobiles du crime, si on pouvait trouver contre Dreyfus des charges, soit dans ses relations avec des femmes, soit dans ses habitudes de jeu : c'est donc bien le général de Boisdeffre qui l'a invité à se préoccuper de l'affaire Dreyfus, qui, pour lui, depuis six mois, était une affaire close...

Eh bien! s'il est l'homme qu'on suppose, il aura attendu d'abord jusqu'en 1896. Probablement ce temps était nécessaire pour le gagner.

A ce moment, qu'est-ce qu'il a à sa disposition? Il a tout ; il lui est facile de se procurer de l'écriture du commandant Esterhazy. Il va trouver ses chefs avec les deux écritures rapprochées, et dit :

— Est-ce que vous ne croyez pas, puisqu'on n'a condamné Dreyfus que sur une écriture, que voilà une écriture semblable? Est-ce que nous ne devrions pas rechercher s'il n'y a pas une erreur commise?

S'il avait dit cela, on ne pouvait pas lui répondre : « Séparez l'affaire Dreyfus de l'affaire Esterhazy. »

Il n'était pas question du *petit bleu* alors, et je me demande pourquoi il a été imaginé. Etant donné — n'est-ce pas? — qu'il est suffisamment intelligent, si c'est dans le but, uniquement, de trouver dans le *petit bleu* une charge contre Esterhazy, il aura été commettre à son tour un véritable crime, puisqu'il aura fait une pièce pour compromettre Esterhazy. Et ce n'est pas nécessaire : il n'a qu'à prendre les dossiers qu'il a à sa disposition, et à comparer les deux écritures.

Il n'avait qu'à ajouter : « Vous savez ce qu'est Esterhazy et sa vie privée. »

Puisque vous savez qu'on avait prescrit des recherches, c'était bien le cas de dire quelle était la vie de débauche du commandant Esterhazy.

A ce moment-là, si, véritablement, c'était le but à atteindre, pourquoi Picquart a-t-il fait écrire le *petit bleu ?*

D'un autre côté, si véritablement c'est lui qui a fabriqué le *petit bleu*, comment fera-t-il tomber dans un piège Esterhazy en envoyant une lettre qui avait trait aux énonciations du *petit bleu*; si Esterhazy n'était pas en relations avec l'auteur du *petit bleu*, si le *petit bleu* n'était pas vrai, Esterhazy n'aurait rien compris du tout.

Jamais je ne comprendrai comment le colonel Picquart aura tendu un piège dans lequel Esterhazy ne pouvait pas tomber.

Je vous demande pardon de cette digression sur le colonel Picquart qui n'est pas en cause ici; j'y ai été amené par la légende de l'homme de paille! Il faut pourtant que nos adversaires se mettent d'accord. Si Picquart est acheté, c'est qu'Esterhazy ne l'est pas; il n'est donc pas un homme de paille. Si, au contraire, c'est Esterhazy qui est acheté par la famille qu'est-ce qu'il va faire? Il se reconnaîtra l'auteur du bordereau, n'est-ce pas? Pas maintenant, mais en 1897. Mais au moment psychologique, celui que nous avons choisi, où M. Scheurer-Kestner porte la question à la tribune, où M. Mathieu Dreyfus fait sa dénonciation.

Nous aurons alors une déclaration, un aveu d'Esterhazy.

Qu'est-ce que nous ferons après?

Esterhazy, nous le ferons partir. Nous l'avons payé.

Et comme il n'y a pas d'extradition possible pour ces sortes de crimes, il sera à l'étranger en sécurité, et nous aurons son aveu.

Et alors, nous marchons avec la lumière, avec l'aveu d'Esterhazy : je comprends cela.

Eh bien ! au contraire, quel est le mystère en face duquel nous allons encore nous trouver?

Ce n'est pas nous qui avons Esterhazy, c'est M. du Paty qui l'a. Qu'on m'explique cela, si Esterhazy est un homme de paille, qu'on m'explique pourquoi Esterhazy a été si affolé qu'il a eu la pensée du suicide ou de la fuite?

C'est M. du Paty qui en a déposé, et après lui, M. le com

missaire Tavernier nous a dit qu'il avait été chez l'agent A...
Pourquoi cela?

Comment! il est notre homme de paille et il est affolé au point qu'il pense à se tuer, et il va le dire à l'agent A; on le voit entrer chez l'agent A et il le confesse à du Paty...

Expliquez-moi tout cela. (*Mouvement.*)

Pourquoi, s'il est notre homme de paille, ce véritable chantage exercé sur le président de la République avec le concours extraordinaire, qui ne peut être né que de l'imagination débordante, de M. du Paty de Clam. Pourquoi cela?

S'il est notre homme de paille, pourquoi Esterhazy, à ce moment-là, niera-t-il toujours être l'auteur du bordereau? Pourquoi?

Eh bien! messieurs, autant de questions qui se posent, autant de questions que je n'ai pas à résoudre parce que vous n'avez pas à juger Esterhazy, mais qui, vous l'avouerez, sont bien de nature à frapper votre attention, quand je discute ces preuves matérielles de l'écriture, alors que l'on ne peut pas établir que le bordereau est de Dreyfus, alors que les experts vous disent tous : « Ce n'est pas son écriture naturelle et normale ». alors que celui-là même qui a dit que c'est une écriture forgée en arrive à cette conclusion : « Eh bien, oui, cela pourrait être l'écriture d'Esterhazy, mais alors Esterhazy est un homme de paille » — alors que les dissemblances sont encore empruntées à l'écriture d'Esterhazy, que je trouve Esterhazy effrayé en voyant cette démonstration, alléguant qu'on a imité son écriture, inventant cette fameuse histoire du capitaine Brault et de sa relation du combat d'Eupatoria, affolé au point qu'il veut se suicider et qu'il n'est rassuré, qu'il ne commence à retrouver le calme et ne retrouve à ce moment son dédain que lorsqu'il a reçu l'assistance de du Paty de Clam! (*Sensation.*)

Quand je vois tout cela, quand je vois cet homme qui avait nié devant le Conseil de guerre avoir du papier pelure, obligé de confesser plus tard qu'il en avait, je dis que si j'avais une accusation à soutenir contre Esterhazy, je la soutiendrais plus facilement que celle que vous avez à soutenir contre Dreyfus.

Mettez donc aussi en parallèle, si vous voulez, un instant, ces deux hommes au point de vue de la vie privée? Est-ce que ce n'est pas quelque chose cela?

Vous êtes obligés d'aller ramasser dans le rapport d'un Guénée, quoi ? Des racontars de bars, des racontars de cabarets que Dreyfus n'a jamais fréquentés.

Vous êtes obligés de vous souvenir qu'un jour il a salué une dame du demi-monde au concours hippique.

Qu'un autre jour il a fait une visite à une autre dame chez laquelle se trouvait du reste un autre officier : cet officier a même témoigné une vive émotion pour avoir été mis en cause.

Ces relations étaient-elles suspectes ? Mais non, puisqu'un officier supérieur que Dreyfus honorait et respectait fréquentait également chez elle.

Ce n'était pas pour essayer de compromettre cet honorable commandant qu'il l'a dit ; cet officier s'en est ému à tort, parce qu'enfin il est bien permis à un officier supérieur de l'armée française de faire visite à une dame. Il n'y a rien de suspect en cela, au point de vue des relations avec l'extérieur.

Et, d'ailleurs, quand il a cru avoir des soupçons, de même que le capitaine Dreyfus il n'y est pas retourné. Voilà tout.

Eh bien ! prenez-moi donc celui auquel je le compare.

Il y a encore le jeu, que j'oubliais, les conversations rapportées par deux ou trois personnes où il aurait dit notamment qu'il aurait perdu de l'argent. Ces racontars au sujet de pertes au jeu ont fait l'objet, je crois, d'un démenti du Cercle du Mans ; quelqu'un est venu ajouter en 1894, je me le rappelle, qu'on avait relevé contre lui une perte au whist, qui était, je crois, de quarante francs ; on avait appris cela parce qu'il avait des écritures très bien tenues.

En outre, quelquefois il jouait avec des camarades à un jeu que je ne connais pas du tout, mais qui paraît ne pas être un jeu de hasard ; on n'y perd pas beaucoup d'argent. Il jouait, à la manille, les consommations ou le café qu'il prenait après.

Prenez donc un peu, maintenant, le commandant Esterhazy.

Encore une fois, je n'ai pas à l'accuser, mais faites donc la comparaison, voyez donc la vie qu'il a menée, cet homme, toujours à la recherche de la pièce de cent sous, toujours en relations avec des officiers d'état-major, et qui ne nie pas ses relations avec l'agent A, avec les officiers étrangers.

Si vous aviez tout cela contre Dreyfus, ah ! grand Dieu ! Mais non, la défense n'aura même pas à supporter le choc de votr démonstration décisive et éloquente.

Mais ici, quoi ?

Rien contre lui !

Tout contre l'autre !

Ah ! nous n'avons pas à le juger même moralement, seulement, messieurs, il me sera bien permis de dire que lorsque, tout à l'heure, dans la salle de vos délibérations vous aurez à vous poser cette dernière question : « Est-ce que c'est lui qui est l'auteur de cette écriture, est-ce que c'est l'écriture de Dreyfus ? » Vous vous rappellerez ce que je vous ai dit : « Tous les experts sont unanimes à dire que ce n'est pas son écriture normale, et pour ceux qui parlent de forgerie et de décalque, ils arrivent à cette conclusion qu'on trouve dans l'écriture du bordereau, dans la prétendue forgerie, l'intervention d'Esterhazy. »

Et l'on est obligé d'arriver à cette conclusion de l'homme de paille que serait Esterhazy acheté par nous !

Je vous ai démontré qu'une telle hypothèse révolte la conscience !

Tout dans cette affaire démontre la terreur d'Esterhazy, quand ce ne serait que son refus de venir ici.

Car j'aurais peut-être le droit aussi de faire cette comparaison : Voyez donc cet homme au lendemain de sa condamnation. Le voilà à l'île du Diable. Pendant cinq ans où sont tournés ses regards ?

Vers la France, vers ses chefs.

En qui met-il sa confiance ? dans le général de Boisdeffre !

A qui fait-il appel ? Au ministre de la guerre.

Est-ce qu'il y a dans son cœur, malgré sa condamnation, une protestation contre ses chefs de l'armée et contre ses camarades ? Non, il demande justice. Il veut qu'on la lui donne.

L'autre, au contraire, de loin, bave sur vous et écrit des lettres que vous avez entendues hier.

Voilà, monsieur le commissaire du gouvernement, la comparaison qu'il faudra faire.

J'en ai fini avec l'écriture ; mais, suivant le général Mercier jusqu'au bout de son argumentation, j'aurai quelques mots à vous dire d'un fait qu'il a retenu ; je veux parler de l'obus Robin.

M. le général Mercier a appelé votre attention sur l'obus Robin, sur la répartition de l'artillerie lourde des armées et sur l'obus à mélinite.

En ce qui concerne les cours de l'Ecole de guerre, dont il a été question, il n'en a plus été parlé devant vous.

On a reconnu que ces cours, retrouvés chez l'agent A, dataient d'une époque postérieure à celle où Dreyfus faisait partie de l'Ecole de guerre.

Au sujet des trois points dont je vous parlais, quelque chose m'a frappé dans la déposition de M. le général Roget devant la Cour de cassation.

En 1896, le service des renseignements a reçu des instructions relatives au chargement du schrapnell de campagne d'une puissance étrangère.

Ce document fut envoyé à la direction de l'artillerie, qui fut très surprise de remarquer que cet obus ressemblait singulièrement à un obus employé en France et qui est dit « l'obus Robin ». Je vous prie de remarquer cette argumentation de M. le général Roget.

« Ce qu'il y a de singulier dans cette rencontre, c'est que la construction de l'obus n'est pas due à des calculs de savants pouvant se rencontrer dans des pays différents, mais au tour de main d'un contremaître. »

L'obus a été adopté par cette puissance en 1891. Dreyfus a été à l'Ecole de pyrotechnie de Bourges, où se faisaient ces études, de septembre 1889 à fin 1890.

Il n'y a, jusque-là, qu'un simple rapprochement.

Ce qu'on a su depuis, c'est que Dreyfus, étant à l'Ecole de guerre, a adressé à un de ses camarades de la pyrotechnie, le capitaine Rémusat, une demande de renseignements sur les dernières expériences faites sur l'obus Robin.

Il disait, dans la lettre au capitaine Rémusat, qu'il demandait ces renseignements sur l'ordre de ses professeurs du cours d'artillerie à l'Ecole de guerre.

Le capitaine Rémusat, se fondant sur le secret que doivent conserver les expériences de pyrotechnie, refusa de répondre à Dreyfus.

Voilà ce qu'a dit le général Roget à la Cour de cassation.

Lorsque le fait a été signalé et mis à la charge de Dreyfus, de quoi se préoccupait-on ?

On s'est préoccupé de ce que le service des renseignements avait communiqué à la direction de l'artillerie un obus qui était depuis longtemps adopté en France sous le nom d'obus Robin, et qui était le schrapnell allemand.

Ce qui avait frappé, c'est, disait le général Roget, ce qu'il y avait de singulier dans cette rencontre ; et ce qui avait frappé la direction de l'artillerie, c'était le mode de chargement.

C'était cela qui avait frappé, c'était cela que Dreyfus avait pu apprendre à Bourges ; et c'était quoi ? Le tour de main du contremaître ! qu'il aurait communiqué à une autre puissance étrangère ; or, qu'avons-nous appris, à l'audience de huis-clos, par le général Deloye ?... que la description de la manière de charger l'obus précisément a été envoyée le 1er janvier 1890 à la section technique.

Le tour de main de contremaître dont on parle était donc signalé à la section technique et décrit sous la signature même du contremaître en question, qui était M. Robin. Et nous savons d'autre part qu'un sieur Boutonnet, archiviste à la section technique, a été condamné en 1891, pour avoir livré des renseignements à la puissance qui possède le schrapnell. D'où la conclusion que si cette puissance a eu des renseignements sur l'obus Robin, elle a pu les avoir par Boutonnet.

Ce qui resterait contre Dreyfus, ce serait d'avoir demandé à M. Rémusat des renseignements sur un obus.

Dreyfus vous a dit :

— Je ne me souviens pas d'avoir écrit au capitaine Rémusat.

Or, la lettre de Dreyfus au capitaine Rémusat, vous ne l'avez pas !

Qu'est-ce que nous avons ? Nous avons des lettres de M. Rémusat. Comment les faits se sont-ils passés ? M. Rémusat frère est allé trouver M. Gribelin, toujours au moment où se consommait cette œuvre qui devait être apportée à la Cour de cassation pour empêcher la revision ; et dans cet état d'esprit où on était, M. Rémusat va trouver M. Gribelin et dit :

« Dreyfus, en 1890, a dû déjà trahir son pays, car il a écrit à mon frère pour lui demander des renseignements sur un obus. »

Il est certain qu'il a pu écrire à ce moment-là, on faisait des expériences à cette époque sur l'obus Robin, et Dreyfus a pu écrire à M. Rémusat. Si on lui représentait la lettre, il pourrait fournir des explications, mais de là à conclure que, quand, en 1896, la direction de l'artillerie a appris qu'il y avait un obus d'une puissance étrangère qui ressemblait à notre obus à nous, c'est Dreyfus qui a pu faire des révélations, alors que nous savons que Boutonnet a été à même en 1890 de dire ce qu'il savait sur l'obus Robin, d'après les définitions de M. Robin lui-même, je crois que dans ces conditions-là il y a là un argument qui ne porte pas.

Quant aux autres, c'est-à-dire l'obus chargé à la mélinite,

c'était en 1890. La pièce était sur papier pelure, ce n'est pas le papier pelure du bordereau, ce n'est pas l'écriture de Dreyfus. On n'a pas insisté, je ne veux pas insister davantage.

Maintenant on a trouvé, en 1895, chez l'agent A une pièce de laquelle il résulte que l'agent A demandait à cette époque des renseignements sur la répartition de l'artillerie lourde dans un corps d'armée.

Nous sommes en 1896.

Il y a un an que Dreyfus est condamné. Il y a neuf mois qu'il est à l'île du Diable.

Vous nous avez dit, messieurs de la statistique et de l'Etat-Major, que les renseignements qui vous arrivaient par la voie ordinaire vous arrivaient un mois après, deux mois au plus, de leur arrivée chez l'agent A.

C'est si vrai que, quand on a demandé au général Roget et au commandant Cuignet : « Comment pouvez-vous supposer que cette pièce relative à l'artillerie lourde, qui est arrivée en décembre 1895, puisse émaner de Dreyfus? » l'un de ces messieurs a répondu : « L'agent l'avait peut-être oubliée au fond d'un de ses tiroirs, il l'aura retrouvée en décembre 1895. »

Ce sont des arguments comme ceux-là que devant la justice on viendra mettre à sa charge?

Pourquoi encore? C'est parce qu'il y avait eu sur cette artillerie lourde un travail fait en 1893 au 4ᵉ bureau; il avait été fait par le commandant Bayle.

Or, Dreyfus a été attaché au commandant Bayle en 1893.

Bayle était mort : on recherche si on retrouve la minute; on ne la retrouve pas.

Qu'en pouvez-vous conclure contre Dreyfus? Il résulte du dossier de 1894, du rapport de M. du Paty de Clam au ministre qu'on a vérifié dans toutes les armoires et qu'à cette date aucune minute, aucun document secret n'avaient disparu. Comment pourriez-vous avancer, quand les pièces saisies chez A arrivent un an après l'arrestation de Dreyfus, que c'est lui qui les a envoyées chez A, et que si une pièce a disparu de chez le commandant Bayle, c'est lui qui l'a enlevée?

Ce n'est pas avec des arguments comme ceux-là qu'on fera prononcer une condamnation contre cet homme!

Messieurs, quant aux notes de l'Ecole de guerre, je vous ai dit pourquoi l'on n'insistait pas. L'accusation, c'est-à-dire le général Mercier, a abandonné ce fait.

Alors, plus qu'une question.

C'est le dernier mot du général Mercier : « Quant aux mobiles, je ne m'en occupe pas. Tout cela, c'est de la psychologie, si je voulais employer des mots savants, je dirais que c'est de la critique judiciaire.

Je dirai, moi : cela c'est du bon sens.

Comment! un homme est accusé d'un crime, et le juge ne se demandera pas pourquoi il l'a commis?

Et pourquoi donc le général de Boisdeffre avait-il cette préoccupation. Il l'a dit en 1896, à Picquart :

— Cherchez, tâchez de savoir quelle était la vie de Dreyfus, quel fut son mobile. »

Est-ce que ce n'était pas la pensée d'une conscience scrupuleuse et inquiète qui se révélait ainsi?

Est-ce qu'il ne manifestait pas qu'il avait des doutes sur ce mobile, qu'il lui manquait quelque chose?

Pourquoi donc aurait-il commis un crime?

Je ne veux pas me répéter, mais tout à l'heure, je vous ai montré en face l'un de l'autre Esterhazy et Dreyfus.

Pour celui de là-bas, tous les mobiles sont apparus. Pour l'autre, voici un homme heureux, père de famille ; des petits enfants, sa gloire et son amour ; une femme, la vaillante et l'admirable épouse que vous savez ; l'honneur, la fortune, tout pour lui, et il va, quoi : tout sacrifier !

Pourquoi? Je vous le demande.

Ah! messieurs, il me tarde de finir, pour vous rendre enfin le repos auquel vous avez droit.

Voilà deux jours que je vous impose ma parole.

Vous allez entrer dans la chambre de vos délibérations, et alors là qu'allez-vous vous demander?

Si Dreyfus est innocent? Non, je l'atteste, moi, son innocence, mais vous n'avez qu'à vous demander, vous, s'il est coupable. Et quand, après avoir entendu une défense, impuissante assurément à faire la lumière complète, mais, je vous prie de le croire, partant d'un cœur honnête, d'un cœur convaincu, vous vous direz :

Nous ne savons pas! Un autre aurait pu trahir ; mais lui, non, non ; il y a des choses qu'il n'a pu commettre.

Vous vous direz encore : Cette écriture n'est pas la sienne.

Et quand vous songerez qu'il y a un homme là-bas, au delà de la Manche, qui a pu, lui, commettre le crime...

Mais nous n'avons pas à dire s'il est un traître.

A ce moment-là, je le jure, il y aura un doute dans votre pensée.

Ce doute, messieurs, me suffit. Ce doute, c'est un acquittement. Ce doute, ah! il ne permet pas à des consciences honnêtes, loyales, de dire que cet homme-là est coupable.

Messieurs, je ne demande qu'une chose : à ce moment-là encore, jetez un regard en arrière ; rappelez-vous ce qu'il a été à l'île du Diable. Souvenez-vous que pendant cinq ans cet homme a subi les souffrances les plus horribles, les tortures les plus cruelles ; il n'a pas eu une minute, entendez-vous, de solitude. Jour et nuit un gardien, jour et nuit, l'interdiction absolue de prononcer un mot !

Je ne parle pas de la torture physique, non, je parle des tortures morales qu'il a subies, et qu'il me défend bien même de vous rappeler.

Messieurs, l'homme que ces souffrances-là, que ces tortures-là n'ont pu courber, qui est resté fier et haut, je vous demande : est-il un traître ? n'est-il pas un loyal et honnête soldat ?

Je vous demande si l'homme qui n'a vécu que pour ses enfants, parce qu'il leur voulait un nom honoré, l'homme qui a à ce point ce culte de la famille, je vous demande si vous pouvez penser que celui-là ait été un infâme, un traître à la mère patrie.

Cet homme, je le proclame innocent.

Je dis que votre verdict ne sera pas, j'en suis sûr, un verdict de culpabilité, parce que vous êtes des hommes éclairés.

Ceux de 1894 ne l'étaient pas, ils n'avaient pas l'écriture d'Esterhazy : vous l'avez, vous, c'est un fil conducteur ! Dieu a permis que vous l'ayez !

Maintenant, allez !

Quant à moi, mon œuvre est accomplie, vous allez maintenant faire la vôtre.

Je prie Dieu qu'il éclaire vos consciences, qu'il rende à notre France la concorde dont elle a tant besoin. (*Se tournant vers le public.*) Quant à vous, qui que vous soyez, avec moi ou contre moi, vous êtes des Français.

M'inspirant de cette sublime pensée de Mornard, devant la Cour de cassation, je vous dirai à tous :

« Nous sommes Français, soyons unis dans une même communion : l'amour de la justice, l'amour de la patrie, l'amour de l'armée. » (*Grande sensation. Applaudissements prolongés.*)

LE PRÉSIDENT. — Maître Labori ?

Mᵉ LABORI. — Je renonce à la parole.

LE PRÉSIDENT. — Mᵉ Labori, vous renoncez à la parole ?

Mᵉ LABORI. — Je renonce à la parole.

LE PRÉSIDENT. — Monsieur le commissaire du gouvernement, aurez-vous à répliquer ?

LE COMMISSAIRE DU GOUVERNEMENT. — L'heure est avancée...

LE PRÉSIDENT. — Avez-vous l'intention de répliquer ?

LE COMMISSAIRE DU GOUVERNEMENT, *hésitant.* — Oui.

LE PRÉSIDENT. — Eh bien, nous remettons la suite de la séance à trois heures.

Au moment où le capitaine Dreyfus est emmené de la salle des séances, plusieurs personnes lui crient :

Courage !

*
* *

La séance est reprise à trois heures.

LE PRÉSIDENT. — Monsieur le commissaire du gouvernement, vous avez la parole.

LE COMMISSAIRE DU GOUVERNEMENT. — Messieurs, vous n'attendez pas de moi que je rentre dans le fond d'un débat aussi laborieux et aussi longtemps prolongé. On a fait beaucoup d'analyses. Jetons un coup d'œil synthétique sur l'affaire simplement.

Je veux soumettre au Conseil une simple observation. Vous avez entendu de très nombreux témoignages. Je vous demande d'en faire un groupement par la pensée en deux faisceaux : l'un qui vous demande l'acquittement de l'accusé, l'autre qui réclame de vous sa condamnation.

Il vous appartiendra de peser ces deux faisceaux et de donner à chacun l'importance morale que vous devez lui attribuer et vous donnerez gain de cause à celui qui fera peser en sa faveur la balance de votre justice.

Vous jugerez comme il convient à des hommes comme vous, dans l'indépendance de votre caractère, dans la sincérité de votre jugement éclairé, dans la fermeté de votre caractère de soldats.

Je voudrais appeler votre attention sur un point particulier : la question de preuves.

En matière criminelle, la preuve n'a point une forme particulière juridique.

Dans notre affaire, elle ne réside pas sur tel ou tel point. Elle est partout. Elle est dans l'ensemble, et vouloir discuter sur de petits points de détail, c'est s'exposer à faire la confusion.

Du reste, nous n'avons plus le temps d'entrer dans ces considérations. Je tiens particulièrement, pour éviter toute équivoque dans l'esprit des juges, à leur faire remarquer que le Conseil de guerre est une juridiction semblable à la Cour d'assises. Ici le juge se dédouble. Il est d'abord juré pour prononcer sur la culpabilité, et puis il est juge pour l'application de la peine.

Comme jurés, la loi vous a donné des indications très précises. Quant à l'appréciation de la valeur de ces preuves, c'est l'article 342 du Code d'instruction criminelle qui fixe les idées sur ce point-là.

Je vous demande la permission de vous en donner lecture, cette lecture qui est imposée impérativement aux jurys de jugement.

La loi ne demande pas compte aux jurés des moyens par lesquels ils se sont convaincus.

Elle ne leur prescrit point de règles desquelles ils doivent faire particulièrement dépendre la plénitude et la suffisance d'une preuve.

Elle leur prescrit de s'interroger eux-mêmes dans le silence et dans le recueillement, et de chercher dans la sincérité de leur conscience quelle impression ont faite sur leur raison les preuves rapportées contre l'accusé et les moyens de sa défense.

La loi ne leur dit point : « Vous tiendrez pour vrais tous les faits attestés par telle personne, tel ou tel nombre de témoins. »

Elle ne leur dit pas non plus : « Vous ne regarderez pas comme suffisamment établie toute preuve qui ne sera pas formée de tel procès-verbal, de telle pièce, de tant de témoins ou de tant d'indices. »

Elle ne leur fait que cette seule question, qui renferme toute la mesure de leur devoir :

Avez-vous une intime conviction ?

Voilà, messieurs, quel est l'esprit de la loi en pareille matière.

Le temps des longs discours est passé.

L'heure des résolutions suprêmes a sonné pour vous.

La France anxieuse attend votre jugement.

Quant à moi, conservant mes convictions premières, je requiers de vous l'application de l'article 76 du Code pénal et de l'article 267 du Code de justice militaire (1).

M⁰ DEMANGE. — Messieurs, M. le commissaire du gouvernement, en lisant le texte de la loi, vous a rappelé ce que nous savons tous : c'est que vous ne devez compte de votre jugement qu'à votre conscience et à Dieu.

Ce que je sais aussi, et c'est mon dernier mot dans cette affaire, c'est que des hommes d'une loyauté, d'une droiture comme celles des juges militaires, n'élèveront jamais à la hauteur d'une preuve des possibilités ou des présomptions comme celles qui ont été apportées ici.

En conséquence, mon dernier mot est celui que j'ai jeté à la face de tous.

J'ai confiance en vous, parce que vous êtes des soldats.

LE PRÉSIDENT. — Capitaine Dreyfus, avez-vous quelque chose à ajouter pour votre défense?

LE CAPITAINE DREYFUS. — Je ne dirai qu'une chose bien simple : c'est que je suis absolument sûr, j'affirme devant mon pays et devant l'armée que je suis innocent.

C'est dans l'unique but de sauver l'honneur de mon nom et de sauver l'honneur du nom que portent mes enfants, que j'ai subi pendant cinq années les plus effroyables tortures.

Ce but, je suis convaincu que je l'atteindrai aujourd'hui, grâce à votre loyauté et à votre justice.

LE PRÉSIDENT. — C'est tout ce que vous avez à dire?
LE CAPITAINE DREYFUS. — Oui, mon colonel.
LE PRÉSIDENT. — Les débats sont terminés.
Le Conseil va se retirer pour délibérer.

La séance est levée à trois heures quinze et reprise à quatre heures cinquante.

(1) Pour l'article 76, voir page 578 et pour l'article 267, lire l'arrêt page 747.

JUGEMENT DU CONSEIL DE GUERRE

À la reprise, le Président donne lecture du jugement suivant :

« Au nom du peuple français,

» Ce jourd'hui, 9 septembre 1899, le Conseil de guerre de la 10ᵉ région de corps d'armée, délibérant à huis clos,

» Le président a posé la question suivante :

« Dreyfus (Alfred), capitaine breveté au 14ᵉ régiment
» d'artillerie, stagiaire à l'Etat-Major de l'armée, est-il
» coupable d'avoir, en 1894, pratiqué des machinations
» ou entretenu des intelligences avec une puissance
» étrangère ou un de ses agents, pour l'engager à com-
» mettre des hostilités ou à entreprendre la guerre contre
» la France, ou pour lui en procurer les moyens, en lui
» livrant des notes et documents mentionnés dans le bor-
» dereau sus-énoncé? »

» Les voix recueillies séparément en commençant par le grade inférieur et le moins ancien dans chaque grade, le président ayant émis son avis le dernier,

» Le Conseil déclare sur la question, à la majorité de cinq voix contre deux : « Oui, l'accusé est coupable ».

» A la majorité, il y a des circonstances atténuantes.

» A la suite de quoi et sur les réquisitions du commissaire du gouvernement, le président a posé la question et a recueilli de nouveau les voix dans la forme indiquée ci-dessus.

» En conséquence, le Conseil condamne à la majorité de cinq voix contre deux le nommé Dreyfus (Alfred) à la peine de dix ans de détention par application des articles 76 du Code pénal, 7 de la loi du 8 octobre 1830, 5 de la Constitution du 4 novembre 1848, premier de la loi du 8 juin 1850, 463 et 20 du Code pénal, 189, 267 et 132 du Code de justice militaire, ainsi conçus :

Article 76 du Code pénal. — Quiconque aura pratiqué des machinations ou entretenu des intelligences avec des puissances étrangères ou leurs agents, pour les engager à commettre des hostilités ou à entreprendre la guerre contre la France, ou pour leur en procurer les moyens, sera puni de mort.
Cette disposition aura lieu dans le cas même où lesdites machinations ou intelligences n'auraient pas été suivies d'hostilités.

Article Iᵉʳ de la loi du 8 juin 1850 — Dans tous les cas où la peine de mort est abolie par l'article 5 de la Constitution, cette peine est remplacée par celle de la déportation dans une enceinte fortifiée désignée par la loi, hors du territoire continental de la République. — Les déportés y jouissent de toute la liberté compatible avec la nécessité d'assurer la garde de leurs personnes. — Ils seront soumis à un régime de police et de surveillance déterminé par un règlement d'administration publique.

Article 463 du Code pénal. — En cas de circonstances atténuantes... si la peine est celle de la déportation dans une enceinte fortifiée, la cour appliquera celle de la déportation simple ou celle de la détention.

Article 20 du Code pénal. — Quiconque aura été condamné à la détention sera enfermé dans l'une des forteresses situées sur le territoire continental du royaume qui auront été determinées par une ordonnance du roi rendue dans la forme des règlements d'administration publique.

La détention ne peut être prononcée pour moins de cinq ans ni pour plus de vingt ans.

Article 189 du Code de justice militaire. — Les peines de travaux forcés, de la déportation, de la détention, de la réclusion et du bannissement sont appliquées conformément aux dispositions du Code pénal ordinaire. Elles ont les effets déterminés par le Code et comportent, en outre, la dégradation militaire.

Article 267 du Code de justice militaire. — Les tribunaux militaires appliquent les peines portées par les lois pénales ordinaires à tous les crimes ou délits non prévus par le présent Code, et, dans ce cas, s'il existe des circonstances atténuantes, il est fait application aux militaires de l'article 463 du Code pénal.

Article 139 du Code de justice militaire — Le jugement qui prononce une peine contre l'accusé le condamne aux frais envers l'Etat. Il ordonne, en outre, dans les cas prévus par la loi, la confiscation des objets saisis et la restitution, soit au profit de l'Etat, soit au profit des propriétaires, de tous objets saisis ou produits au procès comme pièces de conviction (1).

» Fixe au minimum la durée de la contrainte par corps conformément à l'article 9 du 22 juillet 1867, modifiée par celle du 19 décembre 1871 ;

» Enjoint au commissaire du gouvernement de faire donner immédiatement lecture en sa présence du présent jugement au condamné devant la garde assemblée sous les armes et lui indiquer que la loi lui accorde un délai de vingt-quatre heures pour se pourvoir en revision. »

LE PRÉSIDENT. — Le Conseil reste en séance jusqu'à évacuation complète de la salle ; je prie le public de se retirer en ordre et en silence, de manière à ne donner lieu à aucune espèce de répression.

La séance est levée à cinq heures.

(1) Voici le texte de l'article 7 de la loi du 8 octobre 1830 et le texte de l'article 5 de la Constitution du 4 novembre 1848 :

ART. 7. — Sont réputés politiques les délits prévus :

« 1° Par les chapitres I et II du titre Iᵉʳ du livre III du Code pénal ;

« 2° Par les paragraphes 2 et 4 de la section III et par la section VII du chapitre III des mêmes livre et titre ;

« 3° Par l'article 9 de la loi du 25 mars 1822. »

ART. 5 — La peine de mort est abolie en matière politique.

LA GRACE

DU

CAPITAINE DREYFUS

Le jeudi 21 septembre 1899, le *Journal officiel* a publié le rapport, suivi du décret, dont voici la teneur :

MINISTERE DE LA GUERRE

RAPPORT AU PRÉSIDENT DE LA RÉPUBLIQUE FRANÇAISE

Paris, le 19 septembre 1899.

Monsieur le président,

Le 9 septembre courant, le conseil de guerre de Rennes a condamné Dreyfus, par cinq voix contre deux, à dix années de détention ; à la majorité, il lui a accordé des circonstances atténuantes.

Après s'être pourvu devant le conseil de revision, Dreyfus s'est désisté de son recours.

Le jugement est devenu définitif et, dès lors, il participe de l'autorité même de la loi devant laquelle chacun doit s'incliner. La plus haute fonction du gouvernement est de faire respecter, sans distinction et sans arrière-pensée, les décisions de la justice. Résolu à remplir ce devoir, il doit aussi se préoccuper de ce que conseillent la clémence et l'intérêt public Le verdict même du conseil de guerre, qui a admis des circonstances atténuantes, le vœu immédiatement exprimé que la sentence fût adoucie, sont autant d'indications qui devaient solliciter l'attention.

A la suite du jugement rendu en 1894, Dreyfus a subi cinq années de déportation. Ce jugement a été annulé le 3 juin 1899, et une peine inférieure, tant au point de vue de sa nature que de sa durée, lui a été appliquée. Si l'on déduit des dix années de détention les cinq années qu'il a accomplies à l'île du Diable, — et il ne peut en être autrement, — Dreyfus aura subi cinq années de déportation et il devra subir cinq années de détention. On s'est demandé s'il n'était pas possible d'assimiler la déportation à la réclusion dans une prison cellulaire et, dans ce cas, il aurait presque complètement purgé sa condamnation. La législation ne semble pas le permettre ; il suit de là que Dreyfus devrait accomplir une peine supérieure à celle à laquelle il a été effectivement condamné.

Il résulte encore des renseignements recueillis que la santé du condamné a été gravement compromise et qu'il ne supporterait pas, sans le plus grave péril, une détention prolongée.

En dehors de ces considérations, de nature à éveiller la sollicitude, d'autres encore, d'un ordre plus général, tendent à la même conclusion. Un intérêt politique supérieur, la nécessité de ressaisir toutes leurs forces ont toujours commandé aux gouvernements, après des crises difficiles, et à l'égard de certains ordres de faits, des mesures de clémence ou d'oubli. Le gouvernement répondrait mal au vœu du pays avide de pacification, si, par les actes qu'il lui appartient, soit d'accomplir de sa propre initiative, soit de proposer au Parlement, il ne s'efforçait pas d'effacer toutes les traces d'un douloureux conflit.

Il vous appartient, monsieur le Président, par un acte de haute humanité, de donner le premier gage à l'œuvre d'apaisement que l'opinion réclame et que le bien de la République commande.

C'est pourquoi j'ai l'honneur de proposer à votre signature le décret ci-joint.

Veuillez agréez, monsieur le président, l'hommage de mon respectueux dévouement.

Le ministre de la guerre,

Général Galliffet.

DÉCRET

Le Président de là République française.

Sur le rapport du ministre de la guerre,
Vu la loi du 25 février 1875;
Vu l'avis de M. le garde des Sceaux, ministre de la justice,

Décrète :

Art. 1ᵉʳ. — Il est accordé à Dreyfus (Alfred) remise du reste de la peine de dix ans de détention prononcée contre lui par arrêt du conseil de guerre de Rennes, en date du 9 septembre 1899, ainsi que de la dégradation militaire.

Art. 2. — Le ministre de la guerre est chargé de l'exécution du présent décret.

Fait à Paris, le 19 septembre 1899.

Émile LOUBET.

Par le Président de la République :

Le ministre de la guerre,

Général GALLIFFET

ANNEXE

NOTES DE PLAIDOIRIE

POUR

LE PROCÈS DE RENNES [1]

PAR

Me FERNAND LABORI

Messieurs,

Contre le capitaine Dreyfus il n'y a pas une charge : cela suffit pour qu'une condamnation soit impossible.

[1] Me Labori a fait précéder la publication de ses notes de plaidoirie, dans la *Grande Revue*, des quelques lignes suivantes :

« Dans le courant du mois de février paraîtra chez l'éditeur Stock le « Compte rendu sténographique *in extenso* du Procès Dreyfus devant le Conseil de guerre de Rennes ». La *Ligue des Droits de l'Homme*, par les soins de laquelle l'ouvrage sera publié, m'a fait l'honneur de me demander, pour l'y joindre en appendice, le texte de la plaidoirie qui devait prendre place après celle de Me Demange.

» Mon mode de travail qui consiste à préparer des notes assez complètes, que je résume pour l'audience et que j'amplifie ou dont je modifie suivant les besoins l'ordre et la forme en plaidant, m'a permis de reconstituer aisément le texte qu'on trouvera ici et que j'ai tenu à donner d'abord dans cette *Revue*. Je me suis contenté d'achever les phrases ou les développements, souvent incomplets ou esquissés seulement dans mes notes originales, dont j'ai d'ailleurs donné connaissance à ceux qui étaient autour de moi, au moment même où je les rédigeais. J'ai tenu à ne rien changer aux idées, qui toutes, même dans le détail, avaient été dès lors au moins indiquées sur le papier.

» Je n'ai pas voulu ajouter quoi que ce fût à ces notes à raison des événements accomplis ; surtout je n'ai pas voulu modifier, après avoir entendu la défense présentée par Me Demange et dont rien ne me permettait de prévoir l'esprit, un plaidoyer qui, ainsi qu'il avait été convenu, devait être le complément de la discussion sur le fond dont mon éminent confrère s'était chargé, et qu'au dernier moment, dans des conditions que j'aurai à expliquer, on m'a prié de ne pas prononcer parce qu'on a pensé qu'il ne pourrait que compromettre un acquittement certain.   F. L. »

Quels que puissent être vos sentiments personnels sur les événements de ces deux dernières années ; malgré l'effort de tant de témoins passionnés, accusateurs plus que témoins ; en dépit de l'intérêt déplorable que peuvent avoir quelques-uns à faire que, dans vos délibérations, la passion l'emporte sur la justice, vous ne pouvez pas frapper cet homme. Pour cela il vous faudrait des preuves. On ne vous en a apporté aucune, et vous avez des consciences.

Pour éclairer d'une manière décisive et complète quiconque avait loyalement suivi cette affaire, il n'était pas besoin de ces longs débats. Depuis longtemps la lumière était éclatante. Après la publication de l'enquête de la Cour de cassation, le dernier doute s'était évanoui, et, aux yeux de qui réfléchit, la loi qu'on a appelée la « loi de dessaisissement » n'était pas faite pour enlever leur autorité aux décisions ou aux travaux de la Chambre criminelle. Quelque obéissance qu'on lui doive ou quelque profit qu'on en tire, une loi, qui, dans le dessein d'asservir la justice, change le juge pendant le jugement, est un attentat aux principes imprescriptibles du droit. Contre le droit elle est sans force.

Au surplus, comme il arrive souvent, l'attentat ici s'est retourné contre ceux-là mêmes qui l'avaient provoqué ; il n'a servi qu'à donner à l'arrêt de revision, je puis dire à l'arrêt de réhabilitation, l'autorité de toutes les chambres réunies de la Cour suprême.

La Cour de cassation, sur la demande de la famille Dreyfus et par un sentiment admirable du droit qui revient à l'armée de faire elle-même noblement la réparation nécessaire, a voulu qu'un conseil de guerre fût appelé à connaître du procès ; par un arrêt, qui est pour l'armée une marque de confiance à laquelle votre sentence d'acquittement répondra comme un écho d'apaisement et de concorde, elle a renvoyé l'affaire devant vous.

Certes, et dans les limites tracées par la question que vous pose la Cour souveraine, il vous appartient de dire ici le dernier mot en toute liberté.

Mais, il faut en convenir, à moins que vos audiences n'aient apporté la révélation de quelque charge nouvelle et décisive, le rapport de M. le président Ballot-Beaupré, le solennel arrêt des chambres réunies restent debout comme un monument de vérité et de justice. Si sept officiers français, appréciant avec la même conscience, dans les mêmes conditions d'indépendance, les mêmes faits, les mêmes pièces, les mêmes témoignages que les quarante-sept magistrats de la plus haute juridiction française, ne devaient pas aboutir à la même décision, c'est que les esprits des hommes dans ce pays n'auraient plus de commune mesure, que la raison n'y aurait plus de fondement inébranlable. Et il ne faudrait voir là rien moins, j'en ai bien peur, que l'effrayant symptôme de la désorientation intellectuelle et morale d'un peuple.

Les adversaires les plus acharnés de la revision l'avaient bien compris. Personne mieux qu'eux ne savait à quel point le dossier de l'accusation était vide et, à la veille du procès, pour donner le change, on annonçait — qui sait? peut-être on attendait — des révélations. C'est le général Mercier qui devait apporter les paroles décisives. Dans la *Libre Parole* du 25 juillet 1899 notamment, M. Édouard Drumont écrivait :

Ainsi que l'a dit Déroulède, ainsi que nous l'avons dit nous-mêmes, c'est au général Mercier à prononcer la parole de vérité définitive sur l'Affaire.

Après tant de luttes, de circonvolutions et de complications, l'Affaire revient à son point d'origine. Nous sommes au mois d'octobre 1894, dans le cabinet du ministre de la guerre. Il s'agit d'arrêter un officier qui semblait exceptionnellement protégé par sa situation personnelle, par les camaraderies d'école, l'alliance avec de gros Juifs de Paris. Nous vivons à une époque où, sans être tous aussi plats que Delcassé ou que Galliffet, les ministres n'aiment pas à se faire d'affaires et laissent les espions et les traîtres opérer en paix.

Quelle preuve certaine, irrécusable, a déterminé le général Mercier à agir, par quelle voie venait cette preuve pour qu'elle parût aussi concluante?

Quelle est cette preuve qui a convaincu tous les ministres de la guerre qui ont pu la voir et qui a fait changer instantanément d'avis ceux mêmes qui étaient entrés au ministère avec des intentions revisionnistes?

... C'est le témoignage du général Mercier qui est le nœud du procès et cette conviction, j'en suis certain, est celle de ceux qui se placent uniquement sur le terrain de la loyauté, de la sincérité et de la raison.

Il est évident, en effet, qu'il a fallu une preuve bien formelle pour décider Mercier à agir.

Vous savez, messieurs, qu'en fait de preuves formelles on n'a rien apporté, que ni les anciens ministres, ni les chefs de l'État-Major, ni le général Roget, ni personne n'ont rien produit de nouveau ; et, quant au général Mercier, tout ce qu'il a osé d'inattendu, c'est de prononcer au long à l'audience publique les noms des attachés militaires A et B qui s'étalent dans tous les journaux depuis cinq ans et qu'on n'a tus à la Cour de cassation et ici même que par une convention de respect diplomatique qui prête plus à sourire qu'à trembler.

Ce fut pour beaucoup une déception. Quelques-uns, tant la crédulité est inépuisable, espéraient sans doute encore l'impossible preuve. D'autres comptaient sur plus d'invention et sur plus d'audace.

Du moins, on a tâché de faire bonne contenance. On a donné une vie nouvelle à d'anciens griefs abandonnés. On est revenu au bordereau dont M. Cavaignac, résumant les charges, n'osait plus parler il y a un an. On a fait un savant unique de M. Bertillon, que la science française désavoue à votre barre. On n'a pas craint enfin de descendre jusqu'à invoquer ces invraisemblables témoins de la dernière heure, dont M. de Cernuçky est le type accompli et qui seraient, suivant moi, le déshonneur de la justice, si le solide bon sens des juges ne les jugeait selon leurs mérites.

Tout cela en vain. Chaque jour, au cours de ces audiences, au fur et à mesure que semblait se dresser quelque apparence de charge, la lumière de la discussion contradictoire la faisait évanouir. A aucun moment, il ne vous a été possible de rien retenir d'une accusation dont Me Demange vient aujourd'hui de balayer les derniers vestiges.

Et cependant, à l'heure présente, il faut bien le reconnaître, une partie de l'opinion publique, plus exactement peut-être une partie de la presse, escompte encore sinon une condamnation — parce qu'il y a tout de même, semble-t-il, des malheurs impossibles — du moins je ne sais quel jugement qui ne serait pas unanime, qui serait peut-être rendu seulement à la minorité de faveur et qui, à l'heure où ce pays a le plus besoin du repos et du silence que seule peut lui donner une courageuse et loyale décision d'entière justice, y perpétuerait de cruelles et d'inévitables luttes.

Est-ce donc que la raison n'aurait plus pour tous les Français le même critérium? Ou est-ce qu'un si grand nombre d'hommes sont irrémédiablement des hommes de parti pris et de mauvaise foi? Non, mille fois non. Je ne puis admettre ni l'un ni l'autre et je ne crois, pour ma part, ni à tant d'inconscience ni à tant de malignité.

La vérité, c'est que pour beaucoup — qui ne regardent pas de près les choses, qui se décident d'après autrui ou qui, s'ils jugent par eux-mêmes, jugent sans examen, sans étude, en quelque sorte *a priori*, sur des impressions dénuées de contrôle, fortes le plus souvent dans la proportion même qu'elles sont fausses — il reste encore, à défaut de charge susceptible de discussion ou de raisonnement : d'une part, les déclarations des anciens ministres, des chefs nombreux qui leur font cortège; de l'autre, ces légendes de toutes sortes, invraisemblables, changeantes, contradictoires, mais toujours vivaces, ridiculement répandues sous le manteau depuis cinq ans comme des secrets d'État, mystérieusement colportées sans rire par les personnages les plus sérieux, se détruisant sans doute par elles-mêmes une à une dès lors seulement qu'on les énonce à voix haute, mais chaque fois aussi reparaissant un peu plus loin sous une forme à peine nouvelle pour garder toujours en haleine l'infatigable crédulité publique.

Ces légendes, vous les connaissez. C'est Esterhazy, agent du contre-espionnage, découvrant les preuves de la trahison ; c'est le bordereau écrit par ordre ; c'est les lettres de l'empereur d'Allemagne écrites à Dreyfus, ou parlant de lui en des termes qui le perdent ; c'est la trahison au profit non plus de l'Allemagne ou de l'Italie, mais au profit d'autres puissances dont les agents diplomatiques sont, dit-on, compromis ; c'est le bordereau annoté par l'empereur d'Allemagne ou paraphé de sa main. Que sais-je encore ? Tant d'inventions, toutes absurdes ou impossibles, à supposer qu'elles aient jamais près de vous trouvé quelque crédit, vous savez aujourd'hui ce qu'elles valent. Non seulement on n'apporte à votre barre, pour les établir ou pour les appuyer, ni l'ombre d'une raison, ni l'apparence d'un prétexte, mais encore, au cours de ces débats d'un mois, où nos adversaires ne se sont point laissé, que je sache, arrêter par les scrupules de la discrétion ou de la prudence, aucun d'eux n'a eu l'audace de les produire ni même d'y faire allusion. Je ne puis d'ailleurs admettre un instant qu'après les enseignements du passé personne soit assez hardi pour oser, au dehors de l'audience, vous dire à l'oreille ce qu'il n'apporte pas publiquement ici ou pour vous présenter, loin de la défense, quelque mensongère version des choses que nous ne serions en mesure ni de connaître ni de discuter.

Quant aux accusateurs, ils ne désarment pas. Leurs affirmations ne font voir ni moins d'audace ni plus de souci de se justifier. Il semble plutôt que, chez eux, la passion augmente à mesure que l'accusation apparaît plus misérable, et parmi tous mes étonnements l'attitude ici du général Mercier n'a pas été un des moindres. Jamais je n'oublierai l'émotion que j'ai ressentie, en le voyant, à la fin de sa déposition, qui m'avait paru à la fois si abondante et si vaine, s'arrêter un instant, puis se tourner vers le capitaine Dreyfus. J'ai eu pour M. le général Mercier comme une espérance. Ce chef, ce général de corps d'armée, cet ancien ministre, après qu'il avait développé avec tant de complaisance ce qu'il appelait des charges contre l'accusé, si humble par le grade, si grand par l'infortune, je m'attendais encore à le voir, par un retour sur lui-même, faire enfin leur part à l'erreur et à la faillibilité humaines. Je croyais qu'il allait vous dire : « Voilà ma déposition. Je vous ai déclaré ce que je me croyais obligé de vous faire connaître. Il me semble que j'eusse manqué de logique et peut-être de courage en changeant aujourd'hui d'opinion. Mais vous êtes les juges ; je ne suis qu'un témoin. J'ai pu me tromper : c'est à vous de dire si je l'ai fait, de le dire en toute indépendance. A supposer que telle soit aujourd'hui votre appréciation, ne tenez aucun compte de ma personne. La justice est au-dessus d'elle. Il n'y a point de débat entre le capitaine Dreyfus et moi ; si je ne suis pas ici sans intérêt, j'y suis du moins sans passion. » Au lieu de cela, vous vous rappelez en quelles paroles d'obstination, en quel geste de colère s'est achevé son mouvement, visiblement refoulé pourtant par la soudaine révolte de la victime :

LE GÉNÉRAL MERCIER. — Si le moindre doute avait effleuré mon esprit, messieurs, je serais le premier à le déclarer et à dire devant vous au capitaine Dreyfus : Je me suis trompé de bonne foi.....

LE CAPITAINE DREYFUS. — C'est ce que vous devriez dire.

LE GÉNÉRAL MERCIER. — Je viendrais dire au capitaine Dreyfus : Je me suis trompé de bonne foi ; je viens avec le même bonne foi le reconnaître et je ferai tout ce qui est humainement possible pour réparer une épouvantable erreur...

LE CAPITAINE DREYFUS. — C'est votre devoir.

LE GÉNÉRAL MERCIER. — Eh bien ! non, ma conviction, depuis 1894, n'a pas subi la plus légère atteinte ; elle s'est fortifiée par l'étude plus complète et plus approfondie de la cause ; elle s'est fortifiée aussi de l'inanité des résultats obtenus pour prouver l'innocence du condamné de 1894, malgré l'immensité des efforts accumulés, malgré l'énormité des millions follement dépensés.

Par là, sans doute, le général Mercier achevait d'enlever toute force à son témoignage, dont il venait de faire, oubliant qu'il avait juré de parler sans haine et sans crainte, le plus intéressé des réquisitoires. Mais, du même coup, donnant à ces débats dès le premier jour un caractère dont on essayerait en vain de faire remonter vers nous la responsabilité, il servait les desseins de ceux qui, dans un intérêt inavouable, veulent, pour perdre Dreyfus, l'opposer aux chefs de l'armée ; qui vous font l'injure d'espérer que vous mettrez la politique au-dessus de la justice ; et qui essayant d'exploiter par de lamentables sophismes cette admirable vertu militaire qu'est la discipline, croient follement vous égarer jusqu'à vous faire perdre de vue votre sublime devoir de juges.

Ce sont, je n'en doute pas, de vains calculs. Les affirmations sans preuves, d'où qu'elles partent, ne comptent pas pour vous ; les déclarations vides ne sauraient ni créer les charges ni vivifier les accusations mortes. Et pourtant nous n'avons pas le droit de les négliger. Si votre jugement doit être ce que nous voulons tous, c'est-à-dire un jugement de bonne foi, de justice et, par là, de réconciliation nationale, il faut qu'il soit rendu sans arrière-pensée. J'examinerai, pour ma part, sans fausse terreur, ce qui paraît le plus délicat dans ce procès : le rôle des accusateurs, celui de l'armée, les droits qui appartiennent à celle-ci comme les devoirs qui lui incombent, les causes véritables de la division dans le pays. Ce que je voudrais établir, ce que j'établirai, c'est que la question ne se pose pas entre les chefs et Dreyfus, à plus forte raison entre l'armée et Dreyfus ; que la division de la nation n'est qu'une apparence, qui repose sur l'ignorance et sur l'équivoque ; que l'accord universel n'est pas impossible. L'honneur de l'armée, s'il est engagé, ne l'est qu'à faire bonne justice et, au fond de tant d'agitations et d'orages, il n'y a peut-être, comme je le disais, il y a deux ans bientôt, devant la Cour d'assises de la Seine, qu'un immense malentendu auquel votre sentence d'acquittement unanime va mettre enfin le terme définitif.

Aujourd'hui, j'aborde la discussion avec une absolue con·fiance.

Certes, c'est bien injustement, bien audacieusement que, depuis deux ans, dans une presse dont, à votre tour, vous avez pu mesurer l'effronterie mensongère, on m'a représenté non pas seulement comme un adversaire, mais comme un insulteur de l'armée. Je suis assez sûr de mes sentiments pour n'avoir pas à redouter qu'à travers tant de luttes, au milieu de plaidoyers ardents, pour la plupart improvisés dans la bataille, un mot de moi puisse être relevé qui soit, je ne dis pas un manque d'égard ou de convenance, mais un manque de respect sincère vis-à-vis de l'armée.

Le jour où, après une absence qui m'a coûté beaucoup, je reparaissais à la barre, je vous disais que mon rêve est, depuis le commencement, de plaider cette affaire dans toute son ampleur devant un tribunal de soldats.

Au mois de janvier 1898, quand, plaidant pour la première fois au nom de madame Lucie Dreyfus, je demandais pour elle le droit d'intervenir devant le Conseil de guerre qui jugeait alors le commandant Esterhazy, je finissais ainsi mes courtes observations :

Sentez, messieurs, ce qu'il y a d'émotion contenue dans mon cœur d'homme, d'avocat, de citoyen, combien je voudrais que la lumière fût faite, combien je voudrais qu'il me fût possible de contribuer à la faire, combien je voudrais qu'il me fût donné, après une complète et contradictoire discussion, de plaider devant des hommes comme vous, revêtus d'une magistrature sacrée, la plus haute dans ce pays, puisqu'en elle se résume l'honneur de l'armée entière, devant des hommes en qui, je le proclame hautement, nous avons la plus absolue confiance et qui ne pourront pas être aveuglés par l'erreur... si seulement il nous est permis de leur parler.

Au plus fort de la tourmente, le 21 septembre 1898, surpris à l'audience de la 8e chambre par la nouvelle des poursuites pour faux intentées subitement contre le colonel Picquart, quelques semaines après le suicide du colonel Henry, je m'écriais :

Nous n'avons jamais cessé de réclamer des mesures légales, sans faire rien de plus et sans solidariser l'armée — toutes les fois que je me lèverai à la barre, ce sera pour le crier — avec des faussaires, avec une bande de machinateurs audacieux, dont elle devrait être honteuse, si elle n'était pas assez grande pour n'avoir à être honteuse de personne.

Pardonnez-moi ces souvenirs personnels. C'est une joie pour moi de les rappeler ici. Ils me consolent de beaucoup de calomnies et d'injures.

Ce que je disais alors, je l'ai répété bien souvent depuis, publiquement et dans les conversations particulières, — personne ne me démentira. Mes paroles d'aujourd'hui ne sont que l'écho de tant d'autres pareilles qui ne sauraient vous être suspectes, puisqu'elles ne vous étaient point destinées.

L'armée, par vous, pour la première fois, va juger en pleine connaissance de cause. Cela suffit pour que je sois sans inquiétude : vous allez tout remettre en place.

Combien cela eût été simple il y a deux ans ! Que de luttes, que d'efforts évités, que de douleurs aussi épargnées à ce grand pays, si, dès le premier moment, la lumière avait été loyalement faite ! Tout le mal du moins peut encore se changer en bien, grâce, d'abord, à l'élévation de vos âmes, grâce aussi, je le dis sans fausse honte, à la droiture de nos sentiments, grâce surtout à l'incomparable force que donnent à qui les sert la justice et la vérité.

Pour cela, il suffit, messieurs, que vous regardiez la situation bien en face afin de la juger, ainsi qu'il vous appartient, sans hypocrisie comme sans défaillance.

Sans doute, vous êtes ici des juges et vos consciences sont sans accès pour les tumultueuses passions du dehors. Mais ce n'est pas une raison pour que, vous enfermant rigoureusement entre les murs de cette enceinte, vous demeuriez obstinément étrangers à l'évolution générale de l'affaire sur laquelle vous allez vous prononcer; pour que vous prétendiez en ignorer de parti pris les sources profondes; pour que vous refusiez d'en prévoir les suites inévitables; enfin pour que vous perdiez de vue ou pour que vous méconnaissiez les immenses intérêts nationaux, sociaux, humains qu'elle enveloppe. Vous ne sauriez donner à ce procès, en pleine tranquillité d'âme, la solution qu'il exige sans l'embrasser dans sa portée la plus lointaine et la plus large, sans tenir compte de l'ensemble des événements extérieurs qui, à la vérité, lui donnent son importance exceptionnelle, mais qui en même temps l'expliquént, et d'où l'innocence du capitaine Dreyfus se dégage pour des esprits sincères et réfléchis plus éclatante encore que de l'inanité même des preuves que vient de vous étaler Mᵉ Demange.

Un problème unique se pose. Comment est-il possible que d'une simple question de justice soit sortie une agitation si profonde, si étendue, si durable et en même temps si maladroitement refoulée qu'à certains moments il lui a fallu devenir presque révolutionnaire ? Pourquoi, au début, de la part des puissances publiques, tant de résistance ? Pourquoi l'obstiné refus de reconnaître l'illégalité, d'éclairer par tous les moyens dont l'État dispose le terrible doute que jetaient, dès la fin de 1897, dans toutes les âmes impartiales, des révélations si certaines et pourtant si invraisemblables qu'elles portaient partout la stupeur ? Pourquoi tant d'obstacles sans cesse accumulés sur la route des hommes de bonne foi qui ne demandaient qu'un peu de vérité et un peu de justice ? Pourquoi tant d'efforts extraordinaires pour maintenir enchaîné dans la plus cruelle comme dans la plus silencieuse des servitudes un malheureux qu'on n'aurait jamais osé torturer de la sorte s'il y avait eu seulement quelque possibilité qu'il fût coupable ? Pourquoi tant de généraux respectés, tant de galants officiers compromis à jamais dans les plus basses démarches, dans les plus injustifiables intrigues ? Pourquoi le gouvernement, tous les pouvoirs, les plus hauts chefs de l'armée engagés dans la mêlée, ligués contre le droit ? Pourquoi aujourd'hui encore tant d'obstinations irréductibles appuyées sur les seules affirmations de cinq ministres de la guerre égarés ou inconscients ?

Deux ou trois hommes, — je les nomme : Esterhazy, Henry, du Paty ; et je dis deux ou trois, parce que, mis dans l'impossibilité d'interroger le colonel du Paty de Clam, je ne sais pas bien encore quelle est dans son œuvre la part du crime et la part de l'égarement, — deux ou trois hommes, capables, on l'a bien vu, des pires forfaits, avaient réussi, dans l'armée, — comme il peut arriver partout, car nulle collectivité n'est à l'abri des contacts impurs, pas plus qu'elle n'est responsable des fautes de ses membres lorsqu'elle a le courage de les frapper, — à se glisser au premier rang, à conquérir l'indestructible confiance des chefs et, par contre-coup, celle de l'armée et de la nation. L'un, perdu de dettes, coupable des pires vilenies, prêt à toutes les besognes, insulteur de l'armée dont il exploitait l'uniforme, escroc, faussaire, traître, — je parle d'Esterhazy, — assez heureux et assez habile pour en imposer par ses talents d'aventurier, s'est servi de ses relations, d'un titre, d'un nom illustre, l'un et l'autre usurpés plus ou moins, de la situation où son audace avait su le pousser, pour commettre la plus odieuse de ses mauvaises actions : faire expier par un innocent, dans une horrible torture, son propre crime, qui eût semblé le dernier de tous, si son auteur n'avait trouvé le moyen d'y ajouter celui-ci qui paraît peut-être plus vil encore. Les autres, — ou l'autre, — amis, associés, protecteurs du premier, n'ont reculé devant rien pour le couvrir ; soit qu'il fallût défendre à tout prix l'œuvre commencée dans l'erreur, achevée dans la haine ; soit qu'il s'agît pour eux d'assurer leur propre salut, s'ils étaient complices. Les chefs, trompés, je veux le croire, ont suivi en aveugles et, après eux, toute l'armée. Plus tard, tant de légèretés avaient été commises, tant de fautes amoncelées, tant de responsabilités follement engagées qu'il n'y avait plus pour eux de liberté de jugement. Et voilà comment, après des événements si décisifs que l'histoire ne comprendra pas par quel miracle l'erreur a pu leur survivre, après des révélations dont l'éclat paraissait capable d'ouvrir l'esprit des plus obstinés, après l'enquête de la Chambre criminelle, après les débats de la Cour de cassation, après un arrêt de revision qu'on ne saurait trop replacer sous vos yeux et dont la seule lumière fait évanouir les fantômes d'une accusation toujours la même et toujours vaine, on voit encore se dresser, pleins d'injustes colères, pour accabler l'innocent de leurs dépositions impuissantes, ceux-là mêmes dont le pays naturellement avait fait ses guides et à qui l'opinion publique, après l'armée et derrière elle, avait si généreusement accordé d'abord tant de confiance (1).

(1) On ne jugera sans doute pas inutile de trouver ici l'arrêt du 3 juin 1899, que je comptais relire à cette place devant le conseil de guerre.

« La Cour, ouï M. le président de la chambre civile dans son rapport, M. le procureur général dans ses réquisitions, Mᵉ Mornard, avocat de la dame Dreyfus ès qualités, intervenant, dans ces conclusions ;

« Vu l'article 443, § 4, du Code d'instruction criminelle, ainsi conçu :

« La revision pourra être demandée lorsque après la condamnation un fait viendra à se produire ou à se révéler, lorsque des pièces inconnues lors des débats seront représentées de nature à établir l'innocence du condamné » ;

» Vu l'article 445 modifié par la loi du 1ᵉʳ mars 1899 ;

« Vu l'arrêt du 29 octobre 1898 par lequel la chambre criminelle ordonnant

A grands traits reprenons les faits.

Au début, c'est le bordereau qui crée l'affaire. Aucune des autres prétendues charges qu'on ramasse aujourd'hui n'a éveillé le moindre soupçon. Cela est établi, reconnu, Je n'ai plus maintenant à démontrer, je constate. Bien plus, d'aucune de ces charges, deux mois après, il n'est question dans le rap-

une enquête a déclaré recevable dans la forme la demande tendant à la revision du procès d'Alfred Dreyfus condamné le 22 décembre 1894 à la peine de la déportation dans une enceinte fortifiée et à la dégradation militaire pour crime de haute trahison;

» Vu les procès-verbaux de ladite enquête et les pièces jointes;

» Sur le moyen tiré de ce que la pièce secrète : « Cette canaille de D... » aurait été communiquée au conseil de guerre :

» Attendu que cette communication est prouvée à la fois par la déposition du président Casimir-Perier et par celles des généraux Mercier et de Bois-deffre;

» Attendu d'autre part que le président Casimir-Perier a déclaré tenir du général Mercier que l'on avait mis sous les yeux du conseil de guerre la pièce contenant les mots : « Cette canaille de D... », regardée alors comme désignant Dreyfus;

» Que d'autre part les généraux Mercier et de Boisdeffre, invités à dire s'ils savaient que ladite communication avait eu lieu, ont refusé de répondre et qu'ils l'ont ainsi reconnue implicitement;

» Attendu que, par les révélations postérieures au jugement, la communication aux juges d'un document qui a pu produire sur leur esprit une impression décisive et qui est aujourd'hui considéré comme inapplicable au condamné, constitue un fait nouveau de nature à établir l'innocence de celui-ci;

» Sur le moyen tiré du bordereau :

» Attendu que le crime reproché à Dreyfus consistait dans le fait d'avoir livré à une puissance étrangère ou à ses agents des documents intéressant la défense nationale et confidentiels ou secrets, dont l'envoi était accompagné d'une lettre-missive, dite bordereau, non datée, non signée, écrite sur papier pelure filigrané au canevas;

» Attendu que cette lettre, base de l'accusation dirigée contre lui, avait été successivement soumise à cinq experts chargés de comparer l'écriture avec la sienne, et que trois d'entre eux, Charavay, Teyssonnières et Bertillon, la lui avaient attribuée; que l'on n'avait ni découvert en sa possession ni prouvé qu'il eût employé aucun papier de cette espèce et que les recherches faites pour en trouver de pareils chez un certain nombre de marchands en détail avaient été infructueuses; que cependant un échantillon semblable, bien que de format différent, avait été fourni par la maison Marion, marchand en gros, cité Bergère, où on avait déclaré que le modèle n'était plus courant dans le commerce;

» Attendu qu'en novembre 1898 l'enquête a révélé l'existence et amené la saisie de deux lettres sur papier pelure quadrillé, dont l'authenticité n'est pas douteuse, datées, l'une du 17 avril 1892, l'autre du 17 août 1894, celle-ci contemporaine de l'envoi du bordereau, toutes deux émanées d'un autre officier

port du commandant d'Ormescheville. Il n'y a que le borde-reau. C'est trop dire : il n'y a que l'*écriture* du bordereau.

L'écriture une fois attribuée à Dreyfus, Dreyfus sera le traître ; la conviction sera faite, du premier coup définitive ; il faudra désormais que tout vienne corroborer l'hypothèse, devenue d'abord une certitude. Au lieu que les fait sincère-

qui, en décembre 1897, avait expressément nié s'être jamais servi de papier calque ;

» Attendu d'une part que trois experts commis par la chambre criminelle, les professeurs de l'école des Chartes, Meyer, Giry et Molinier, ont été d'accord pour affirmer que le bordereau était écrit de la même main que les deux lettres susvisées et qu'à leurs conclusions Charavay s'est associé après examen de cette écriture qu'en 1894 il ne connaissait pas ;

» Attendu d'autre part que trois experts également commis, Putois, prési-dent, et Choquet, président honoraire de la chambre syndicale du papier et des industries qui le transforment, et Marion, marchand en gros, ont constaté que, comme mesures extérieures, comme mesure du quadrillage, comme nuance, épaisseur, transparence, poids et collage, comme matières premières employées à la fabrication, le papier du bordereau présentait les caractères de la plus grande similitude avec celui notamment de la lettre du 17 août 1894 ;

» Attendu que ces faits inconnus du conseil de guerre qui a prononcé la condamnation tendent à démontrer que le bordereau n'aurait pas été écrit par Dreyfus et qu'ils sont par suite de nature aussi à établir l'innocence du condamné ; qu'ils rentrent dès lors dans les cas prévus par le paragraphe 4 article 443, et qu'on ne peut les écarter en raison de faits également posté-rieurs au jugement, tels que les propos tenus le 5 janvier 1895 par Dreyfus devant le capitaine Lebrun-Renaud ; qu'on ne saurait en effet voir dans ces propos un aveu de culpabilité, puisque non seulement ils débutent par une protestation d'innocence, mais qu'il n'est pas possible d'en fixer le texte exact et complet par suite des différences existant entre les déclarations successives du capitaine Lebrun-Renaud et celles des autres témoins ; qu'il n'y a pas lieu de s'arrêter davantage à la déposition de l'agent Depert, contredite par celle du directeur du Dépôt, qui, le 5 janvier 1895, était auprès de lui ;

» Et attendu que, par application de l'article 445, il doit être procédé à de nouveaux débats oraux ;

» Par ces motifs, et sans qu'il soit besoin de statuer sur les autres moyens :

» Casse et annule le jugement de condamnation rendu le 22 décembre 1894 contre Alfred Dreyfus par le premier conseil de guerre du gouvernement militaire de Paris, et renvoie l'accusé devant le conseil de guerre de Rennes, à cet effet désigné, par délibération spéciale prise en chambre du conseil, pour être jugé sur la question suivante :

« Dreyfus est-il coupable d'avoir, en 1894, pratiqué des machinations ou entretenu des intelligences avec une puissance étrangère ou avec ses agents pour l'engager à commettre des hostilités ou à entreprendre la guerre contre la France après lui en avoir procuré les moyens en lui livrant les notes et documents compris dans le document dit « bordereau » ?

» Dit que le présent arrêt sera transcrit sur les registres du premier conseil de guerre du gouvernement militaire de Paris..... »

ment, prudemment enregistrés, contrôlés viennent successivement former la conviction, c'est la conviction, dès le premier moment indiscutable, qui successivement déformera les faits.

Entre mille preuves tant de fois citées, je voudrais vous en rappeler quelques-unes.

Vous n'avez pas oublié ce qui s'est passé lors de cette scène extraordinaire de la dictée, dont en elle-même il n'y a plus rien à dire. Dans l'attitude du capitaine Dreyfus, l'officier de police judiciaire cherche une charge. Dreyfus est coupable : il va trembler ; on l'a vu trembler ; il a tremblé. Plus tard, une difficulté surgit : l'écriture n'indique pas que la main ait tremblé. Soit ! S'il n'a pas tremblé, dira le colonel du Paty de Clam devant le Conseil de guerre de 1894, c'est qu'il dissimule !

Le capitaine Dreyfus est arrêté sur l'heure ; immédiatement une perquisition est faite : elle n'amène aucun résultat. C'est que le coupable était sur ses gardes ; il a pris ses mesures, tout enlevé, tout caché !

Parmi les experts, deux sont favorables : M. Gobert et M. Pelletier. L'ensemble des expertises ne peut donc pas être considéré comme concluant. Qu'à cela ne tienne ! M. Gobert deviendra suspect ; et, quant à M. Pelletier, ses conclusions seront négligeables, parce qu'il a eu le tort de ne pas s'aider des documents que devait lui remettre M. Bertillon !

« Le capitaine Dreyfus possède avec des connaissances très étendues une mémoire remarquable ; il parle plusieurs langues, notamment l'allemand qu'il sait à fond... ; il était donc tout indiqué », et ici je cite textuellement le rapport d'Ormescheville, « pour la misérable et honteuse mission qu'il avait acceptée ! »

Combien de traits de cette sorte je pourrais reprendre, si je n'étais convaincu que, relevés bien souvent ici et au dehors, ils vous sont aussi présents qu'à moi-même !

Quant à l'étude interne du bordereau, elle nous fournit le spectacle d'un dérèglement de raisonnement et d'imagination autrement effréné.

Tant que le rapprochement fortuit ou perfidement provoqué des écritures n'a pas eu livré le capitaine Dreyfus aux soupçons, la rédaction du bordereau, son style, sa composition, la réunion des documents qu'il énumère, aucun d'eux pris en lui-même, tout cela aujourd'hui si clair, à en croire l'accusation, si caractéristique, si mathématiquement expressif pour les hommes compétents, tout cela ne dit rien à personne. Quand une fois, au contraire, l'écriture a désigné Dreyfus, la pièce, semble-t-il, s'illumine d'un coup, et ici encore la conviction *a priori* décide de tous les raisonnements.

Dans le bordereau, il y a une phrase capitale : « Je vais partir en manœuvres ». Pour désigner comme susceptibles de l'avoir écrite un certain nombre d'officiers, comme pour en mettre d'autres à l'abri de toute recherche, elle est décisive. En 1894, le capitaine Dreyfus n'a assisté à aucune espèce de manœuvres. Il n'importe. Le mot de « manœuvres » s'appliquera à un voyage d'état-major auquel il a pris part au mois de juin avec un certain nombre de ses camarades.

Comment admettre que cet officier, que ses ennemis s'accordent à reconnaître intelligent, précis, cultivé, sûr de la langue qu'il parle, particulièrement de la langue de son métier, qualifie de « manœuvres » un voyage d'état-major ? L'hypothèse en soi est plus qu'audacieuse.

Eh bien ! ce n'est pas assez. Tout, dans la pièce accusatrice, devra s'y plier : non seulement les documents, très souples, susceptibles, on le verra bien plus tard, des interprétations les plus mouvantes — et cela n'a rien de surprenant, puisque, désignés d'une manière très vague, ils peuvent à volonté et suivant les besoins de la cause signifier tout ce qu'on souhaite, — mais quelque chose de bien plus certain, de bien moins flexible, la date même du bordereau. La date du bordereau est déterminée par la date de son arrivée au bureau des renseignements ; par la composition du cornet qui l'aurait apporté et qui né contenait que des documents de la fin d'août et du commencement de septembre ; par la composition des cornets antérieurs. Il ne s'est produit qu'une seule fois, vous vous le rappelez, — c'est le général Roget qui l'a dit, — qu'un document apporté dans un cornet fût d'une date antérieure aux documents arrivés par des cornets précédents, et encore est-ce par un pur raisonnement et à propos d'une pièce non datée, arrivée en 1895 et dont la date a été reportée, peut-être arbitrairement, à 1893, que le général Roget a émis cette affirmation.

Donc rien de plus facile à fixer dès l'abord et à fixer avec certitude que cette date. Cela est si vrai qu'à partir du moment où il a fallu s'expliquer contradictoirement, l'accord s'est fait entre tout le monde. Aujourd'hui, il n'y a plus de doute, plus de contestation possible : le bordereau est du mois d'août.

Mais, s'il en est ainsi, les mots : « Je vais partir en manœuvres », ne pourront plus trouver leur explication dans le voyage d'état-major du mois de juin 1894 et le capitaine Dreyfus ne pourra plus être l'auteur du bordereau. Alors la date aussi pliera, le bordereau sera d'avril ou de mai, antérieur en tous cas au voyage de juin ! Et quand plus tard tout cela est bouleversé ; quand non seulement force est bien d'avouer que le bordereau est du mois d'août ; mais quand l'accusation s'écroule ; quand les charges matérielles et morales s'effondrent ; bien mieux quand un autre vient, non par complaisance, mais par la nécessité même des choses, prendre matériellement la place de l'infortuné Dreyfus ; quand la présence d'Esterhazy au camp de Châlons au mois d'août est établie ; quand il est démontré qu'il a pu avoir tous les documents du bordereau, qu'il a pu écrire, à la date où l'on place le bordereau, « Je vais partir en manœuvres » ; quand ses lettres sur papier pelure quadrillé achèvent l'invincible démonstration ; quand en un mot, pour accabler le vrai coupable, tout ce qui, dans le système de la culpabilité de Dreyfus, était incohérent, contradictoire, impossible, devient, au contraire, clair, naturel, vraisemblable, plein de logique et d'harmonie, la conviction de la première heure est si forte que rien ne peut plus la détruire. Loin de s'évanouir à la lumière chaque jour plus éblouissante de la vérité, elle s'est en quelque sorte cristallisée, elle apparaît comme indestructible. De propos délibéré, on ferme les yeux à l'évidence, on ne veut point voir la culpabilité manifeste d'Esterhazy ; on se refuse à regarder seulement l'innocence aveuglante de Dreyfus ; et, comme le sophisme humain a des ressources infinies, on trouve encore, sinon pour tromper autrui, du moins pour se tromper soi-même, de déraisonnables raisons. Les faits les plus infimes, négligés en 1894, sans lien avec l'affaire Dreyfus, fournissent des arguments aussi vains en eux-mêmes qu'ils sont inconciliables les uns avec les autres (1). Et pour la date, on ne craint point d'imaginer et de produire, sans enquête, sans vérification, — car, pour des esprits prévenus au point d'en

(1) Pour les détails de l'argumentation à laquelle je fais ici allusion, je crois devoir renvoyer à l'excellent ouvrage de M. PAUL MARIE, *Le général Roget et Dreyfus* (Stock, éditeur, 1899), auquel je m'étais réservé d'emprunter s'il avait encore été nécessaire, la plus grande partie de sa discussion.

F. L.

perdre la faculté de juger, la force de la conviction tient lieu de contrôle, — une hypothèse encore plus audacieuse que la première. Sans doute, dit-on, le capitaine Dreyfus n'est pas allé aux manœuvres en 1894 et, si on la prend à la lettre, la phrase : « Je vais partir en manœuvres » ne peut s'appliquer à lui; mais il a *cru* jusqu'à la fin d'août qu'il irait aux manœuvres. Comme si tout d'abord, à ne regarder que le texte du bordereau et sans aller plus loin, les mots : « Je vais partir en manœuvres » se conciliaient avec l'existence d'un doute, dans l'esprit de celui qui les écrivait, sur l'éventualité de son départ! Surtout vous savez que l'hypothèse s'écroule dès qu'on la soumet à une critique loyale et qu'en présence de la circulaire du 17 mai 1894, il est indéniable, ainsi que l'a victorieusement établi Mᵉ Demange, que, dès cette date, les stagiaires savaient qu'ils n'iraient pas aux manœuvres, sans qu'on puisse justifier qu'au mois d'août aucune circulaire nouvelle soit venue modifier cette situation. Là comme partout on trouve la conviction *a priori* servant de base aux jeux les plus fallacieux de l'intelligence ou aux plus ingénieux artifices de la mauvaise foi.

Au cours de ces débats, dans l'enquête de la Chambre criminelle que vous n'avez pas manqué de lire avec soin, vous avez rencontré, n'est-il pas vrai? mille exemples de ce lamentable état d'esprit chez la plupart des témoins à charge. Je ne saurais, à l'heure où je parle, après les complètes explications que vous avez entendues, les reprendre en détail. Je veux pourtant en remettre un sous vos yeux, parce que je n'en connais pas qui illustre mieux ma démonstration : c'est celui que je tire de ce passage désormais immortel de la déposition du témoin Guénée devant la Cour de cassation :

D. — Vous avez déclaré qu'après l'arrestation de Dreyfus vous vous êtes rendu compte que certains renseignements que vous aviez été mis à même de fournir au bureau des renseignements se rapportaient à Dreyfus. Quels sont ces renseignements et quelle en était la source ?

R. — Ces renseignements **pouvaient se rapporter aussi bien à Dreyfus qu'à un autre.** *Mais comme seul Dreyfus était inculpé, tout retombait sur lui,* **c'était la tête de turc.**

Bref, en 1894, il n'y a qu'une charge : non pas, encore une fois, comme on l'a dit, le bordereau, mais l'*écriture* du bordereau.

Et l'écriture du bordereau est l'écriture naturelle et spontanée du commandant Esterhazy, l'œuvre même de sa main, de sa pensée, de sa volonté !

C'est un fait qui s'impose désormais avec la force de l'évidence. Je ne me permettrai pas de recommencer à l'heure actuelle la démonstration qui vous en a été déjà tant de fois présentée. Les preuves morales, les preuves matérielles en abondent. Pendant des audiences entières, elles se sont étalées sous vos yeux. Demange vient de les résumer. Je ne puis plus que faire appel à la loyauté de vos souvenirs et de votre jugement.

Quant aux expertises, à quoi bon les reprendre encore ? Depuis longtemps déjà, c'est d'un esprit incomplètement attentif qu'on les examine et qu'on les discute. Elles font l'effet des choses mortes. Leurs contradictions mêmes n'émeuvent plus ; car, pour tout homme sincère, mis à la fois en présence du bordereau et des écritures d'Esterhazy et de Dreyfus, il y a quelque chose de plus puissant que les raisonnements, les mesures ou les calculs des savants : c'est la force de l'intime conviction qui devient invincible quand, à l'identité de l'écriture du bordereau avec celle du commandant Esterhazy, viennent s'ajouter la découverte des lettres des 15 avril 1892 et 17 août 1894, la reconnaissance qu'Esterhazy est obligé d'en faire devant leur indéniable authenticité, partant l'aveu auquel il est réduit — en dépit d'audacieuses dénégations en 1897 et en 1898 — qu'il faisait habituellement usage, particulièrement en 1894, au mois d'août, de ce papier pelure de tout point semblable à celui du bordereau, dont non seulement l'emploi est peu ordinaire, mais dont encore il est impossible de trouver trace chez le capitaine Dreyfus ou autour de lui.

En présence d'un tel faisceau de preuves, je mets un honnête homme au défi, s'il n'est aveuglé par je ne sais quelle raison d'État, bonne tout au plus pour masquer l'intérêt personnel, de ne pas s'écrier avec M. le président Ballot-Beaupré :

Après un examen approfondi, j'ai acquis pour ma part la conviction que le bordereau a été écrit non par Dreyfus, mais par Esterhazy..... Si par hypothèse les deux lettres sur pelure quadrillée étaient signées Dreyfus, ne serait-ce pas une charge accablante contre lui ? La justice veut que ce soit en sa faveur un argument d'une force et d'une énergie égales lorsqu'elles sont signées Esterhazy..... En mon âme et conscience, il ne m'est pas possible de contester l'existence de ce fait que ne connaissaient pas les membres du Conseil de guerre, quand ils ont, le 22 décembre 1894, prononcé la condamnation.

L'évidence est si aveuglante qu'elle a imposé l'aveu à Esterhazy lui-même. Vous connaissez cet aveu. Il est au dossier. Il résulte des pièces saisies entre les mains de M. Ribon. Le même aveu a été renouvelé dans ces derniers temps à plusieurs reprises sous des formes diverses (1). Il ne fait, d'ailleurs, que

(1) Je crois devoir citer ici notamment, com me j'entendais le faire devant le conseil de guerre :

1° Le passage suivant d'un article paru dans le *Matin* du 18 juillet 1899, sous la signature du commandant Esterhazy, et qui résume exactement son aveu :

..... « J'écrivis d'abord le bordereau au crayon, sous la dictée ; je le recopiai ensuite et le mis dans une enveloppe de papier bulle.

» Schwartzkoppen était absent de Paris ; il était à Berlin, et le moment était favorable : on était sûr, en effet, que ce pli ne pouvait parvenir immédiatement entre ses mains et que, soit dans la loge du concierge où il serait remis, soit sur le bureau de Schwartzkoppen, où il serait déposé en attendant son retour, il serait aisé de le détourner, par le domestique de l'ambassade qui était à notre service.

» Ainsi fut dit, ainsi fut fait. Le bordereau fut pris dans la loge même du concierge, dans le casier du colonel Schwartzkoppen, le jour même où il fut porté. *Il ne parvint donc jamais entre les mains de l'attaché allemand, qui ne l'a jamais vu et n'a donc jamais pu le déchirer et le jeter dans son panier a papiers.* Il a, du reste, déclaré lui-même n'en avoir jamais eu connaissance, et cela par la bouche de ses deux porte-paroles ordinaires : Conybeare et Casella.

» Ce papier fut donc déposé et pris, absolument intact. Mais comme il était de toute nécessité, pour l'usage qu'on en voulait faire, qu'on pût lui attribuer une origine certaine — officielle, pour ainsi dire, — on le déchira en petits morceaux, afin de pouvoir affirmer qu'il était venu par le « cornet », ce qui authentiquerait sa source.

» Et c'est ainsi qu'il fut classé *entrant* par le colonel Henry, alors commandant, entre les mains de qui il parvint.

» Ce document a été pour ainsi dire, une lettre de change tirée sur l'ensemble des preuves morales qui établissaient d'une façon indéniable, aux yeux du colonel Sandherr et de ses chefs, la culpabilité de Dreyfus. »

2° La note autographe du commandant Esterhazy qui confirme, à la date du 4 juin, une interview analogue parue dans le *Matin* du 3 juin :

« J'affirme que l'article paru dans le *Matin* sous la signature de M. Paul Ribon et rapportant les déclarations que je lui ai faites relativement au bordereau, est rigoureusement exact et rapporte textuellement mes propres paroles.

« Londres, le 4 juin 1890,

» Cᵗ Esterhazy. »

donner un caractère officiel et public à des déclarations échappées à l'intempérance du commandant Esterhazy en ses heures de colère ou d'expansion et dont M. Chincholle avait par hasard recueilli l'écho dès l'époque du procès Zola :

J'ai entendu, dit M. Chincholle devant la Cour de cassation, deux propos qui devaient avoir pour moi d'autant plus d'importance que la situation d'Esterhazy dans les deux premières journées m'avait particulièrement intéressé.

Le premier jour, dans la salle des Pas-Perdus, tous les officiers, sans exception, semblaient le fuir, et il se promenait seul avec des amis civils ; dans la deuxième journée, au contraire, il est venu encadré de deux officiers ; avant l'audience, d'autres officiers ont causé avec lui, l'ont admis près d'eux. Pendant la suspension d'audience, au contraire, il s'est trouvé seul et a semblé fort irrité.

Le troisième jour (je crois), son abandon fut encore plus complet, son irritation plus vive. Pendant la suspension d'audience, il s'égara dans la galerie Marchande où des amis civils allèrent au-devant de lui, semblant lui dire de se calmer ; ces personnes étaient au nombre de quatre ou cinq. Passant tout près du groupe, j'entendis fort distinctement, d'abord cette phrase : « Ils m'embêtent, à la fin, avec leur bordereau. Eh bien ! oui, je l'ai écrit, mais ce n'est pas moi qui l'ai fait : je l'ai fait par ordre. »

J'allais et venais dans la galerie Marchande : quelques minutes après, je l'entendis prononcer les propos suivants : « On connaît la ladrerie de Billot : s'il ma donné 80,000 francs en une année, cela a bien été pour faire quelque chose. »

Cette déposition que tous les accusateurs de Dreyfus contredisaient à l'envi au moment où elle s'est produite, que le commandant Esterhazy se gardait bien alors de confirmer, elle prend aujourd'hui, rapprochée des déclarations de M. Ribon et des pièces signées par Esterhazy, une singulière importance.

Il n'est pas possible de négliger dans ce procès, uniquement parce qu'il émane d'Esterhazy, — car cela serait vraiment trop commode, — un fait aussi capital que son aveu recueilli dans des conditions indiscutables de spontanéité et d'authenticité. D'autant plus que cet aveu, malgré la prétendue justification qu'il renferme et par où Esterhazy espère l'anéantir en même temps qu'il le formule, doit avoir, en réalité, tout l'effet d'un aveu complet et sans réserve.

Si aujourd'hui Esterhazy avoue le bordereau, il a, dans une lettre adressée le 13 janvier 1899 à M. le premier Président Mazeau et confirmée par lui devant la Cour de cassation (1), avoué ses rapports avec l'attaché militaire A :

Je déclare formuler, écrit le commandant Esterhazy, comme témoin et sous la foi du serment, les déclarations suivantes, dont j'aurais apporté les preuves écrites si on me l'avait permis.

1° J'ai eu avec un agent étranger, pendant dix-huit mois environ, de 1894 à 1895, à la demande du colonel Sandherr, chef du service des renseignements que j'avais connu en Tunisie, des rapports que j'aurais précisés devant vous si j'avais été relevé du secret professionnel.

Grâce à ces rapports, connus de mes chefs et d'eux autorisés, ainsi que l'a démontré l'information suivie contre M. Picquart, j'ai pu fournir au colonel Sandherr des renseignements du plus haut intérêt et combattre utilement des agissements dont l'auteur était bien connu, mais contre lesquels on n'osait pas réagir ouvertement.

Des fuites existaient depuis 1893 au ministère de la guerre ; elles m'avaient été signalées par le colonel Sandherr et j'ai pu, grâce à mes relations, lui fournir sur leur provenance des indications précises qui, vérifiées, furent reconnues exactes.

Dans une brochure dont je vous ai déjà signalé un passage que je veux relire à côté de la lettre qui précède, il écrit encore, avouant la remise de documents et sans que les prétendues explications qu'il fournit puissent donner le change :

Depuis 1893, des fuites avaient été reconnues, je l'ai dit, qui partaient indubitablement de l'État-Major général. Il était très urgent dans la pensée de Sandherr de savoir quelle pouvait en être l'origine.

Bref, après de longues conversations et une infinité de pourparlers, il me proposa d'essayer de *canaliser* S..., près duquel il savait que mon nom et mes relations mondaines me donneraient un facile accès.

Après beaucoup d'hésitations, je finis par accepter.

Peu de temps après, je commençai mes opérations, et, au bout

(1) *Enquête*, édition Stock, tome I, page 593.

de quelques mois, je pus être à même de rendre au colonel Sandherr les services qu'il désirait.

Je me conformai strictement à ses instructions, qui avaient pour but :

1° De savoir le plus possible ce que faisait S..., et avec qui il était en rapports :

2° De lui inspirer le plus de confiance possible et de lui donner de fausses indications de nature à lui faire croire ce qu'on désirait qu'il crût et à le faire agir dans le sens où on voulait le diriger.

3° Enfin, de tirer de lui tous les renseignements possibles.

Je m'acquittai de mon mieux de ces différentes missions, dont je dirai seulement quelques mots pour le moment.

J'étais en effet toujours abondamment muni, lorsque j'avais une entrevue avec *Stock-Fish*, de soi-disant documents confidentiels de la plus haute importance.

C'étaient de fausses circulaires que je donnais comme très secrètes, naturellement, mais qui n'en étaient pas moins revêtues de tous les signes d'authenticité capables d'éveiller la méfiance du dernier des facteurs ruraux.

Ces pseudo-circulaires m'étaient remises par Sandherr, munies de cachets du ministère, portant les en-têtes de la direction ou des services compétents.

On n'omettait que la date.

C'était moi qui me chargeais de l'inscrire, pour avoir l'air de m'être procuré le document juste au moment où il allait être expédié à son ou à ses destinataires.

En présence de tous ces timbres, paraphes, griffes, en-têtes, etc., S... ne doutait plus de la parfaite authenticité des pièces que je lui remettais. Il les copiait avec béatitude, et le tour était joué.

Il a fait dire par les journaux du Syndicat qu'il pourrait me confondre et prouver ma trahison, rien qu'en publiant quelques-unes de ces circulaires dont il possède une abondante collection.

Qu'il ne se gêne donc pas, qu'il les publie, et on ne s'embêtera pas dans les milieux militaires.

Je lui signalerai notamment les pseudo-circulaires relatives à la mobilisation des trois corps d'armée.

Il serait bien aimable d'y joindre la série que je lui portai pour son excellent ami P... et qui avait trait à une invraisemblable et fantastique mobilisation sur les Alpes.

Et l'histoire des 14 armées mobilisées, avec pièces à l'appui,

désignation des généraux, composition des armées, leur forma-
tion, etc.

Et la description du fameux nouveau fusil, qui n'a jamais
existé que dans mon imagination? Je voudrais la lui voir pro-
duire, et surtout le voir tirer une cartouche avec ce fusil réalisé.

Ajoutez la lettre écrite le 29 octobre 1894 par l'attaché militaire A à son ministre de la guerre et qui a passé sous vos yeux lors de votre dernière audience secrète. Elle avait été, vous le savez, étrangement négligée non seulement par le ministère de la guerre lors du procès de 1894, mais par ceux-là même qui, au cours de l'instance en revision, avaient été chargés de composer le dossier secret pour la Cour suprême. Il semblait bien que cette fois, après toutes les précautions prises, toutes les pièces pouvant se rattacher de près ou de loin à l'affaire dussent avoir été versées aux débats, et pourtant vous n'avez pas oublié qu'à l'audience du 4 septembre dernier M. le commandant Cuignet a fait allusion à un dossier secret complémentaire qui, jusque-là, n'avait été montré ni à la Cour de cassation ni à vous-mêmes. Vous en avez ordonné l'apport et c'est son examen qui nous a révélé l'existence, parmi quelques documents sans intérêt, de cette lettre d'une portée si considérable et que je crois indispensable de vous relire :

Lettre de l'attaché militaire A.

29/10/94 (29 octbre 1894.)

J'ai l'honneur de transmettre ci-joint à M. le ministre de la guerre les renseignements suivants, qui proviennent d'une bonne source :

1° Les tableaux d'effectifs réels de l'armée française;
2° Les manœuvres de forteresse de Paris;
3° Les manœuvres de forteresse de Toul.

J'ai l'honneur de vous prier de vouloir bien transmettre aussi ces documents au grand État-Major général.

Comme un grand nombre des pièces du dossier secret, celle-ci provient de l'ambassade de l'attaché militaire A. Elle en est venue par la voie ordinaire. Son authenticité n'est pas discutable. Elle est bien, n'est-il pas vrai ? la preuve d'une fuite nouvelle et grave. Il s'agit de documents qui, affirme l'attaché militaire, « proviennent d'une bonne source ». La fuite n'est pas imputable au capitaine Dreyfus, puisque, depuis le 15 octobre, il est au secret; que, depuis le 1er octobre, il a quitté le ministère de la guerre, qu'à aucun titre il ne saurait avoir eu en mains les renseignements dont il est question dans la lettre. D'ailleurs, les organisateurs de l'affaire Dreyfus, le bureau des renseignements lui-même, proclament que le fait ne saurait lui être imputé, puisqu'en 1894 la pièce n'a pas été jointe au dossier. Qui donc cette fuite accuse-t-elle?

Rappelez-vous tous les documents dont Esterhazy dispose sur les *effectifs réels* et sur la mobilisation.

Laissez-moi vous relire à ce propos l'extrait d'une lettre du commandant Esterhazy en date du 8 mars 1894, qui vous a été communiquée par M. Grenier.

Merci mille fois pour Jules Roche; mais d'abord je n'ai rien fait qui mérite qu'il s'occupe de moi, et ensuite ce ne serait pas le moment.

Si, en le voyant, il vous témoigne quelque bienveillance à mon égard, vous serez seulement bien aimable de tâter le terrain et de voir si, à un moment prochain, quand je serai près d'avoir mes deux ans, je pourrai espérer un peu en lui; alors je vous écrirai.

J'ai des documents qui établissent que le ministre s'est foutu d'eux l'autre jour, à la Commission de l'Armée, en disant que les effectifs dans l'Est répondaient à ceux des Allemands, et ils ne sont pas discutables.

Ce sont des situations de prises d'armes de troupes du 6e corps où je vois des effectifs dérisoires, une compagnie entre autres où il y a 21 hommes bons pour prendre les armes, une autre où il y en a 65, et cela, je le répète, au 6e corps.

Quant aux effectifs des autres corps d'armée, c'est funambulesque!

C'est absolument comme la blague qu'il leur a foutue, avec ses hommes qu'il fera rentrer, comme si ces hommes-là ne comptaient pas à l'effectif des présents, et si cela pouvait augmenter d'un chat le chiffre des présents le jour de la mobilisation!

Il n'est pas permis de se moquer des gens de la sorte. Il va frapper la terre du pied encore une fois!

Si M. Roche veut mes situations, je les lui enverrai pour l'édifier simplement sur la bonne foi des renseignements qu'on donne. Demandez-le-lui.

Si plus tard il veut m'être utile, je serai fort aise; mais je ne voudrais pour rien au monde qu'il crût que ces pauvres tuyaux puissent à mes yeux être un marché.

Ces gens du gouvernement, je parle des ministres, généraux, consciemment ou inconsciemment, ont assassiné l'armée française, et ils mentent tous comme un fourrier pris en faute pour tromper le pays, ce sont des criminels; et malheureusement ils seront impunis.

Je viens de faire pour une conférence une étude des plus sérieuses de la mobilisation russe, et je n'ai eu en mains que des documents officiels.

En admettant que ces canailles slaves ne les roulent pas, ce qui est loin de m'être démontré, leur mobilisation, malgré le système de leurs troupes-cadre, est absolument défectueuse, presque impossible même dans certains cas sur le papier (33 jours). Jugez de ce que ce serait dans la réalité.

Mais ce qui surtout est terrible chez nous, c'est la faiblesse de notre infanterie, faiblesse numérique et faiblesse morale.

Le service obligatoire, sans le recrutement régionale une caste militaire, est une épouvantable duperie qui ne peut pas ne pas provoquer un désastre.

Ce système de recrutement des hommes de trois ans qui ne reviennent pas comme réservistes dans leurs ports d'origine est la négation forcée du peu d'esprit de discipline, du peu d'esprit militaire qui pourrait encore exister dans notre pays.

C'est égal, mettez les situations de prises d'armes et d'effectif à la disposition de M. Roche; elles le fixeront sur ce qu'il doit croire des propos ministériels.

Songez que cet informateur, ce familier de l'agent militaire A — c'est lui-même qui se donne cette qualité — a pu se rendre au moins en spectateur aux manœuvres de Paris ou plus exactement de Vaujours; que son régiment y assistait. S'il vous faut encore quelque chose de plus, n'oubliez pas que ceux qui ont composé le dossier secret pour la Cour de cassation, organisateurs obstinés de la défense d'Esterhazy, en ont, je viens de vous le rappeler, exclu cette lettre du 29 octobre 1894, sans que, cette fois, j'en puisse trouver de raison plausible.

De tout cela enfin rapprochez ce fait capital, à lui tout seul écrasant pour Esterhazy : la visite désespérée faite à l'attaché militaire A le 25 octobre 1897. Et vous reconnaîtrez que tout accuse Esterhazy, complète ses déclarations, les rend accablantes !

Quant au système qui tend à faire du bordereau une pièce écrite par ordre, du commandant Esterhazy un agent du contre-espionnage, je crois à peine utile de le discuter, et parce que tout le dément, et parce que, fût-il véritable, il serait impuissant à transformer le bordereau en une charge contre Dreyfus.

D'abord, il représente Esterhazy et ses chefs comme les auteurs d'une machination puérile. Si on voulait forger un document pour perdre le capitaine Dreyfus, pourquoi ne pas fabriquer un faux accompli, reproduire son écriture à la perfection ? Guénée ne connaît-il pas une personne qui imite à merveille les écritures ? N'a-t-il pas proposé à M. Mayet d'en faire l'expérience et de lui rapporter avec quatre lignes de son écriture une lettre de quatre pages dont la fausseté ne pourrait être reconnaissable (1) ? Lemercier-Picard n'est-il pas un incomparable faussaire ? Sans vouloir dire qu'il se fût prêté à une pareille opération, M. Bertillon n'a-t-il pas démontré ici même avec quel art on arrive à imiter les écritures presque à main courante ? Le fac-similé de la pièce qu'on a appelée le « faux Weyler » n'a-t-il pas été fait par un de ses dessinateurs avec une incroyable habileté ?

Pourquoi alors fabriquer, pour l'attribuer à Dreyfus, une pièce assez différente de l'écriture de Dreyfus pour jeter les experts dans la confusion dont ils nous donnent le spectacle, assez pareille à celle d'Esterhazy pour que celui-ci se voie contraint, dès le premier jour, d'en proclamer lui-même l'identité, alors qu'il se défend pourtant avec la dernière énergie d'être l'auteur du bordereau ?

Je sais bien que ce procès nous a habitués à voir parfois tant de sottise associée à tant de mauvaise foi que peut-être le raisonnement n'est pas décisif. Mais tous les témoins ne proclament-ils pas que jamais Esterhazy n'a été l'agent du service des renseignements ? Il faut donc choisir : ou Esterhazy ment, ou les plus hauts chefs de l'armée apportent ici de faux témoignages. Si Esterhazy eût été un agent, pourquoi d'ailleurs ne pas arrêter d'un mot, en 1896, l'enquête du colonel Picquart ? Et quels sinistres secrets cacherait donc encore ce silence du

(1) Procès de Rennes, déposition Mayet.

bureau ou des chefs à l'égard du chef de service entouré au ministère de la confiance universelle?

Enfin, si, comme le dit Esterhazy, le bordereau avait été fait par ordre, ne serait-ce pas, dans cette affaire féconde en surprises, le plus étonnant, le plus abominable des crimes? En quoi, je vous le demande, une pièce forgée, forgée sans justification, sans prétexte — puisqu'on est incapable, depuis qu'on peut tout dire, d'établir une accusation — pourrait-elle constituer une preuve? Le faux Esterhazy à la base, le faux Henry au sommet, il n'y aurait plus pour la bonne foi de personne de retraite d'aucune sorte.

Au surplus, on comprend trop bien pourquoi, contraint de confesser publiquement à la fin qu'il est l'auteur du bordereau, Esterhazy ajoute qu'il l'a écrit par ordre. Sa psychologie, depuis la dénonciation de M. Mathieu Dreyfus, est intéressante, mais peu complexe. Malgré la force irrésistible des preuves, malgré l'identité effrayante, comme il dit lui-même, de l'écriture du bordereau avec la sienne, il nie d'abord pour échapper à une condamnation. Après son acquittement et jusqu'à son départ de France, à la suite du conseil d'enquête des 24 et 27 août 1898, il nie pour résister aux coups répétés de ses adversaires, pour échapper à de nouvelles poursuites, pour rester dans l'armée, pour défendre sa situation, celle aussi des amis qui le soutiennent et qui le font vivre. Il a nié depuis par respect humain, pour faire illusion sinon à lui-même, du moins à ceux qui l'approchent, et parce que, pour quelques mains complaisantes ou pitoyables, c'est sans doute un prétexte à se tendre encore.

Son unique moyen de défense a toujours été une audacieuse affirmation de la culpabilité de Dreyfus. Son propre salut était lié indissolublement à la perte de l'infortuné. En l'accablant, il se rendait intangible; il s'assurait les protections les plus hautes; il devenait un instrument précieux et nécessaire pour les passions d'une politique abominable, en même temps que pour les plus puissants intérêts personnels coalisés. Et, comme il savait bien qu'en dernière analyse l'*écriture* était contre Dreyfus la charge unique, son intérêt à ne pas la reconnaître pour sienne était immense; tant qu'il l'a pu, il a soutenu que l'auteur du bordereau était Dreyfus.

Mais, après la découverte des deux lettres sur papier pelure, après le rapport de M. Ballot-Beaupré, après l'arrêt des Chambres réunies, il a senti qu'une pareille attitude n'était plus possible;

que la crédulité publique, dont sa cynique audace avait touché les bornes, ne pourrait plus la tolérer ; que même le petit groupe de ses protecteurs obligés serait incapable, non sans doute de l'accepter complaisamment, mais de la soutenir. Il s'est fait alors une nouvelle ligne de retraite, et, abandonnant l'écriture, il a essayé de cacher sa honte derrière la version du bordereau écrit par ordre.

Quand on a eu l'honneur d'occuper un rang dans l'armée et dans la société françaises, et quand on a des enfants qu'on aime, on n'avoue pas sans explications, quelque inacceptables qu'elles puissent paraître, qu'on n'a été qu'un espion aux gages de l'Allemagne. Cet aveu-là, Esterhazy, par un dernier effort de la pudeur morale dont il demeure quelque chose au fond des âmes les plus viles, voudrait, j'en ai la conviction, pouvoir se le refuser à lui-même. De là son expédient suprême : Il a écrit le bordereau, mais il l'a écrit par ordre !

De ce dernier moyen j'ai fait justice, et il reste que le commandant Esterhazy, démasqué, vaincu par la vérité, acculé à l'aveu, a avoué aussi complètement que le plus cynique des hommes peut avouer un crime comme le sien.

Pour les accusateurs de Dreyfus, le coup était rude, mais depuis longtemps ils s'y préparaient et ils avaient, pour le détourner, une réponse toute prête : « Que vaut l'aveu d'Esterhazy ? N'est-il pas l'homme de paille des juifs ? »

D'aucun témoin, bien entendu, nous n'apprendrons sur ce point rien de précis. L'un d'eux jette au hasard dans le débat l'invention incohérente. Elle fait sa route comme elle peut, bonne toujours à quelque chose. Chacun, tour à tour, l'invoque ou la désavoue. Tout le monde s'en sert, personne n'en est responsable, et quand je veux saisir la chimère, on me défend d'y porter la main.

Depuis quelle époque Esterhazy jouerait-il ce rôle ingénieux ? Depuis 1894 ? Pourquoi Dreyfus ne l'a-t-il pas dénoncé ? Depuis 1897 ? (1) Pourquoi ces incroyables protections qui, dès le pre-

(1) Il me paraît nécessaire de signaler ici la lettre écrite par M. Bertillon au général de Boisdeffre au mois de novembre 1897 et ainsi conçue :

« Mon général,

» Je crois de mon devoir de vous affirmer que les allégations du commandant Esterhazy sur le rôle rocambolesque qu'il s'attribue dans la confection de la lettre-missive incriminée, allégations que je peux préciser mieux que tout

mier jour, le prennent par la main, — alors qu'il doit seulement comparaître devant ses pairs, auxquels, s'il est innocent, il pourra tout dire. — qui le mènent à travers tous les obstacles, lui demeurent invariablement fidèles au milieu des plus grands périls et ne reculent pour assurer son salut ni devant les plus folles imprudences ni devant les plus criminelles manœuvres !

Homme de paille, Esterhazy serait un complice ! Pourquoi n'est-il ni arrêté, ni inquiété, ni même accusé ? Car si je demande qu'on formule seulement l'accusation, je ne puis pas obtenir de réponse et j'apparais comme un provocateur. Pourquoi succombe-t-il au contraire sous les faveurs, sous les caresses de nos plus terribles ennemis ? Pourquoi autour de lui pendant près de deux ans l'infernale machination qui, à tout prix, veut empêcher la revision, sans cela si simple ? Pourquoi, jusqu'à la dernière heure et ici même, le voyons-nous dans le parti de nos adversaires ? En un mot, où sont ses alliés, ses amis, et, s'il a des complices, où sont-ils ?

Je rougis de discuter ; je me demande comment on peut, sans vous outrager, apporter à votre barre des contes aussi ridicules. Et pourtant il en est un autre de la même espèce, qui se rattache d'ailleurs au premier, et dont il faut aussi que je dise un mot : je veux parler de cette fable du « Syndicat de trahison » créée par la perfide imagination d'ennemis diaboliques, et dont il est nécessaire de faire justice chaque fois qu'on en a l'occasion, puisque, depuis le commencement, elle a, chose incroyable, servi à pervertir tant de jugements. Est-il besoin de dire qu'elle ne s'appuie ni sur un fait ni sur une raison ?

On affirmait, il y a deux ans, que MM. Mathieu et Léon Dreyfus avaient tenté, en 1894, de corrompre le colonel

autre, me confirment de plus en plus dans l'idée qu'il est *l'homme de paille* choisi par la famille pour attirer l'affaire sur le plus mauvais terrain.
» L'air accusateur qu'il prend vis-à-vis du colonel Picquart n'a pas d'autre but que de nous abuser. »

Cette lettre a été lue par M. Bertillon à l'audience du 28 août 1899 et je me réservais de la remettre sous les yeux du conseil de guerre pour démontrer que la théorie de « l'homme de paille » avait été émise dès le début de la campagne de 1897. Cela, afin d'établir qu'on ne saurait objecter, pour concilier avec cette théorie la conduite des généraux de Boisdeffre et Gonse et de certains officiers de l'État-Major général en 1897, que le rôle d'Esterhazy « homme de paille » n'a été révélé que plus tard.

F. L.

Sandherr. L'accusation, un moment assez accréditée pour que l'ouverture d'une instruction fût jugée nécessaire, se trouva réduite à néant par la seule production des notes rédigées par le colonel Sandherr lui-même, au sortir de son entrevue avec les frères du capitaine Dreyfus. Le mensonge a reparu à votre barre et il n'a fallu rien moins pour le détruire à jamais que l'intervention de M. le général Mercier qui, d'ailleurs, eût pu parler plus tôt.

Ici, pour la première fois, on a rapporté un propos tenu par M. de Freycinet, qui aurait dit : « Le gouvernement, dont je faisais partie et que je quitte, sait que 35 millions sont venus rien que d'Allemagne et d'Angleterre pour soutenir les frais de la campagne dreyfusiste. » Puisque le plus simple bon sens n'a pas suffi à M. le général Mercier pour juger dans un sourire une pareille allégation, il nous a fallu appeler ici M. de Freycinet lui-même. Vous savez qu'il n'y a rien à retenir des paroles qu'on lui prêtait.

Enfin, comme on faisait sérieusement allusion à l'or venu de l'étranger, M. Trarieux n'a pas hésité à demander une enquête à M. Waldeck-Rousseau, président du Conseil, et à s'adresser également à M. Barthou, ancien ministre de l'intérieur. Vous connaissez les deux lettres que ces messieurs lui ont répondues (1).

(1) Voici ces deux lettres :

« Paris, 23 août 1899.

» Monsieur le sénateur et cher collègue,

« En réponse à votre lettre du 18 courant, j'ai l'honneur de vous faire connaître que, malgré toutes les recherches faites dans mes bureaux, dans ceux des préfectures du Nord, de Meurthe-et-Moselle et des Alpes-Maritimes, il n'a été trouvé trace d'aucun document établissant que des fonds venant de l'étranger auraient été envoyés en France dans le but de soutenir la revision du procès Dreyfus.

» M. Laurenceau, préfet du Nord, personnellement mis en cause à ce sujet, soit à la tribune de la Chambre, soit dans la presse, a déclaré formellement à la direction de la Sûreté générale qu'il n'avait jamais appris ni signalé aucun fait de cette nature.

» Agréez, etc.

» Signé : Waldeck-Rousseau. »

« Ce 30 août 1899.

» Le Vésinet (Seine-et-Oise).

» Mon cher sénateur et ami,

» Votre lettre, adressée à Paris, m'a été retournée ici et je ne l'ai trouvée

A défaut de faits, sur quoi donc se fonde une calomnie si audacieuse et si générale ? Les hommes publics les plus honorables, sénateurs, députés, anciens ministres, tous les membres du gouvernement, M. Manau, M. Ballot-Beaupré, derrière eux la Cour de cassation dans son ensemble, se sont prononcés en faveur de Dreyfus. Ont-ils mis leur conscience à l'encan ? Si ce n'est cela, que veut-on dire ? Et tous les savants, et tous les artistes, et tous les écrivains, et tant d'autres, illustres ou obscurs, qui, sans mandat, sans fonction, sans titre d'aucune sorte, se sont engagés d'un élan si spontané et si irrésistible ? Vendus aussi, je suppose ? Et nous-mêmes, remplissant ici un devoir sacré, sans autre force que la plus impérieuse des convictions ? Payés à poids d'or sans doute, au poids que pèse, j'imagine, une conscience d'avocat telle que la comprennent nos adversaires ? Se sentent-ils donc prêts pour de l'or à toutes les infamies qu'ils nous attribuent, ceux qui accueillent de pareils bruits ? Ou faut-il, pour mériter le soupçon d'avoir l'âme vénale, être capable de marcher, au mépris de ses intérêts les plus évidents, à l'encontre de toutes les puissances coalisées ?

qu'en rentrant d'un nouveau voyage : c'est mon excuse de n'avoir pas répondu plus tôt.

» Je n'éprouve aucun embarras à vous déclarer, dans l'intérêt de la vérité, que pendant mes deux ans de ministère je n'ai jamais été avisé ni directement ni indirectement que des fonds fussent venus de l'étranger pour aider à soutenir la revision du procès Dreyfus.

» La direction de la Sûreté générale et la Préfecture de police ne m'ont jamais fait à cet égard la moindre communication soit écrite, soit orale.

» M. Lasies, député du Gers, a, il est vrai, affirmé à la tribune de la Chambre que j'avais été saisi par les rapports d'un préfet de la frontière, plus tard frappé par M. Brisson, de l'envoi de fonds secrets venant de l'étranger. Certains journaux hostiles à la revision précisèrent en désignant M. Laurenceau, ancien préfet du Nord.

» Cette allégation est tout à fait inexacte, qu'elle vise M. Laurenceau ou qu'elle s'applique à un autre des fonctionnaires qui furent, sous ses ordres, préfets ou commissaires de police.

» M. Charles Dupuy a fait, pendant son ministère, à l'occasion de ces bruits qui prirent une consistance nouvelle après la mort de M. Laurenceau, une enquête décisive.

» Il en est résulté qu'*aucun* fonctionnaire n'a, à *aucun* moment, au ministère de l'intérieur, fait *aucun* rapport signalant l'envoi de fonds provenant de l'étranger en vue de la campagne revisionniste.

» Je tiens cette déclaration catégorique de M. Charles Dupuy lui-même.

» Croyez, etc.

» Signé : Louis Barthou. »

Débarrassons-nous donc une bonne fois de ces calomnies folles. Délivrons-nous des chimères créées à plaisir par le crime aux abois pour troubler les cerveaux des hommes naïfs ou complaisants, et jugeons ce qui est simple avec simplicité. En ce qui concerne le bordereau, dont on demande ici compte à Dreyfus, convenons qu'il est d'Esterhazy, et parce que tout le démontre et parce qu'Esterhazy s'en avoue l'auteur. Gardons-nous de négliger l'aveu, car, si on le rapproche des événements qui le provoquent, qui l'entourent ou qui le complètent, il n'y a pas dans ce procès de fait plus considérable.

Ah! Messieurs, si l'on avait eu tout cela en 1894! Que dis-je? si on avait eu seulement l'écriture d'Esterhazy! Mais on ne l'avait pas! Personne ne songeait à Esterhazy. Personne n'était sur sa trace. Un seul pouvait le découvrir : Henry. Il n'a rien dit. Pourquoi? Par quels liens mystérieux Henry était-il attaché à Esterhazy? Il était depuis longtemps son débiteur, partant son obligé. Nous le savons. Cela ne suffit pas. Quels rapports, quelles relations louches existaient entre eux? Faut-il aller jusqu'à penser qu'ils étaient complices? La vérité ici est encore obscure. Je n'ai point à résoudre la question. Je vous la livre.

A la complicité d'Henry, que cette complicité soit d'une sorte ou d'une autre, il y a une objection qui, d'abord, paraît décisive. Pourquoi, recevant le bordereau, Henry ne l'a-t-il pas détruit? Il y a peut-être une réponse aussi. Selon toute vraisemblance, un agent, assez intelligent pour apprécier la valeur du document, en savait l'existence. On a dit que le bordereau était venu par la voie ordinaire. Soit, à la condition qu'on s'entende. La voie ordinaire n'est pas toujours directe, vous le savez; elle peut faire un détour, prendre un embranchement. Parler de la voie ordinaire prête à l'équivoque. Si l'on veut dire que le bordereau a été dérobé à l'ambassade de l'attaché militaire A par l'agent habituel, illettré, incapable de se rendre compte de la nature ou de la valeur des documents qu'il recueille et si l'on veut établir par là l'authenticité de la pièce, j'y consens. Mais que le bordereau ait été remis directement à Henry par le premier agent sans l'intervention d'un second agent, c'est ce que rien n'établit.

Au sujet du fonctionnement de la voie ordinaire, le colonel Cordier a fait une déposition de la plus haute importance, dont il est nécessaire que je vous relise ces passages :

... Nous avons, je crois, fixé autant que possible la date d'arrivée du bordereau.

Qui l'a apporté ?

J'ai toujours cru et on a toujours dit que c'est la voie ordinaire.

Qu'est-ce que c'est que la voie ordinaire ?

Je commencerai par dire qu'il ressort pour moi d'une façon très claire que c'est le commandant Henry qui a remis le bordereau au colonel Sandherr.

S'il en était autrement, j'en serais stupéfait, et Sandherr m'aurait prévenu si ce n'avait pas été lui.

Or, qu'est-ce que la voie ordinaire ?

Nous avions autrefois, au service des renseignements, et depuis très longtemps, un agent qui a de très grandes qualités spéciales et qui a de petits défauts. Cet agent fréquentait volontiers les grandes maisons et, dans ces grandes maisons, il préférait la société des domestiques à celle des maîtres. C'est une affaire de goût.

Il rapportait souvent, de ces grandes maisons, des papiers. Les uns étaient entiers, les autres étaient plus ou moins déchirés. Pendant de longues années, cet agent recollait chez lui les papiers déchirés. Il en faisait le tri lui-même et apportait son butin à l'Etat-Major.

A un moment donné, ses affaires prospéraient. Il lui est arrivé souvent de n'avoir pas le temps de tout recoller avant l'heure où il devait se présenter. Alors, il est souvent venu au ministère y achever sa besogne, en présence de l'officier chargé de ce service spécial. Petit à petit, il a été aidé par cet officier.

. . . .

... J'ai dit que cet agent avait quelques petits défauts. Il y a eu des histoires de femmes, de concierges, dans lesquelles il est inutile d'entrer. Mais, à la suite de ces histoires, une dame, qu'on appelait madame Millescamps, crut bon, pour se venger, de dénoncer à une ambassade étrangère le petit trafic en question.

Nous donnons immédiatement l'ordre à l'agent de suspendre toutes relations et d'être extrêmement prudent.

. . . .

... On s'est occupé aussi de savoir comment ces messieurs, après les dénonciations, allaient prendre la chose. On apprit qu'on tendait des pièges à une bonne dame. Cette dame correspondait avec l'agent dont j'ai parlé tout à l'heure : ce dernier ne triait pas lui-même les petits papiers : il les recevait de la dame et c'est comme cela qu'il nous les apportait.

. . . .

Quand nous nous sommes aperçus que la fine mouche s'était tirée de tout, nous avons résolu de reprendre les relations.

C'est le commandant Henry qui s'est chargé de cela et qui a établi directement des relations avec cette dame.

. . . .

... Mais les relations étaient extrêmement difficiles. Cette dame avait souvent des terreurs épouvantables : je crois bien qu'on lui avait raconté (quoiqu'elle ne fût pas très forte), des histoires d'exterritorialité. Elle se figurait que, dans cette maison avec un grand jardin, on pouvait s'emparer d'elle et l'emporter dans un pays lointain qu'elle croyait peut-être la Sibérie. En tout cas, elle ne savait pas où c'était.

De sorte que, pendant bien longtemps, le commandant Henry a eu toutes les peines du monde à la maintenir dans la ligne droite, ou plus exactement dans son « service ».

Entre temps, il y avait l'autre agent auquel on avait dit de rester tranquille, et qui était fort ennuyé de la chose. On lui avait maintenu son traitement parce que cet agent avait bien d'autres cordes à son arc. La maison en question était certainement le plus beau fleuron de sa couronne, mais il avait une couronne complète. On lui avait conservé son traitement.

Seulement, son amour-propre était un peu froissé. En outre, comme il était très patriote, il voulait continuer à travailler de ce côté. Il perdait aussi un peu d'argent. Ses frais de service étaient diminués, ses gratifications éventuelles également. Or, il était forcé, parce qu'il avait une « légitime », il était, dis-je, obligé de rapporter ses mois et, comme il voulait avoir un peu d'argent de poche, il ne pouvait économiser que sur le petit casuel.

Or, une grande partie de ce casuel avait disparu.

Je suis convaincu que cet agent, qui était très habile, a dû chercher à renouer de nouvelles relations dans la maison. Il lui était arrivé deux ou trois fois dans cette année, comme il venait très souvent au ministère, — il avait ses entrées chez nous, sinon quotidiennes, du moins plusieurs fois par semaine, — de me dire des choses de ce genre :

— Ah! mon commandant! c'est bien ennuyeux !... — Laissez-moi tranquille ; on vous a dit de ne plus vous occuper de cela.

Mais il m'est resté dans l'idée ceci qu'il a dû s'en occuper.

Voilà quelle était la situation matérielle et morale de ce qu'on a appelé la voie ordinaire. Le jour où le bordereau a été apporté au ministère, qui l'a apporté? Je ne puis pas le dire. Je ne l'ai pas vu et je ne dépose que de faits dont je suis absolument certain et dont j'ai été témoin.

Rien n'est plus intéressant que le rôle de l'agent intermédiaire signalé par le colonel Cordier.

D'autre part, le bordereau n'a pu être pris dans une des corbeilles à papiers de l'ambassade. Nous savons par la déposition de M. Trarieux que, si les documents sont arrivés à destination, le bordereau n'y est pas parvenu.

Enfin il est évident que la pièce n'a pas été déchirée naturellement et par hasard, qu'elle n'a pas été trouvée en menus morceaux. Son aspect actuel, les formes des déchirures en fournissent la preuve. La prise du bordereau est donc une opération spéciale, d'une habileté exceptionnelle. Elle porte bien, semble-t-il, la marque de l'agent de choix qui, après avoir été seul pendant longtemps en rapports avec la « bonne dame de l'ambassade », la fréquente, la recherche encore, toujours en quête de quelque précieux butin. S'il en est ainsi, détruire le bordereau est impossible. Quand même, au bureau, Henry l'aurait reçu sans que personne en eût connaissance, l'agent en sait le prix; s'il n'est un complice, il est un témoin.

Ce n'est encore là, je le reconnais, qu'une hypothèse, que l'avenir seul pourra peut-être vérifier. Mais combien logique, combien vraisemblable! Sans elle, toute l'attitude du lieutenant-colonel Henry est inexplicable.

Au surplus, si le bordereau est venu directement, sans l'intervention d'un second agent, par la voie ordinaire, une autre objection non moins grave se dresse. Pourquoi Henry n'a-t-il pas dénoncé Esterhazy? Depuis longtemps ils se connaissaient; ils s'étaient rencontrés au service des renseignements; jamais ensuite ils ne s'étaient perdus de vue. La nature de leurs relations ne résulte pas seulement des déclarations de M. Grenier, d'une lettre saisie chez M. Jules Roche. Esterhazy, devant la Cour de cassation, s'exprime ainsi :

Le colonel Henry était un de mes camarades; j'avais été, avec lui, depuis près de vingt ans, au service des renseignements, très peu de temps après la création de ce service; j'y étais comme lieutenant, et Henry y était également avec le même grade et le même emploi que moi ; *je l'avais revu très fréquemment depuis* (1).

Devant les chambres réunies, le colonel du Paty de Clam a dit :

Qu'il (le commandant Cuignet) explique pourquoi il passe sous silence les relations d'Henry avec le commandant Esterhazy, relations directes et par intermédiaire (2).

L'écriture du commandant Esterhazy est une des plus caractéristiques qui soient, Henry ne peut pas ne pas la connaître ; la connaissant, ne pas la reconnaître. Par ses fonctions de police, il est habitué aux investigations, aux rapprochements entre des choses ou des faits éloignés. Pendant longtemps on a cherché à identifier l'écriture du bordereau. Pourquoi aucune recherche du côté du commandant Esterhazy ?

Sur tout cela il plane encore une obscurité sinistre. Mais un point est certain ; Henry s'est fait, depuis le commencement, l'artisan volontaire, criminel de l'affreuse erreur. Dès le premier jour, ses mensonges sont manifestes, son faux témoignage se prépare, ses manœuvres apparaissent et se multiplient.

Permettez-moi pour l'établir après tant d'autres, sans d'inutiles développements, de placer ici sous vos yeux quelques pages du mémoire déposé par Me Mornard devant la Cour de cassation :

Dès que ces recherches, limitées à un cercle restreint, eurent amené l'arrestation du malheureux capitaine Dreyfus, ce fut le commandant Henry que l'on chargea de conduire le prisonnier au Cherche-Midi, le 15 octobre 1894.

Dès le lendemain, 16 octobre, il dresse procès-verbal d'une prétendue conversation tenue entre lui et Dreyfus tandis qu'il conduisait à la prison le capitaine mis en état d'arrestation. Cette conversation n'a aucun intérêt en elle-même ; le procès-verbal dressé par Henry n'a d'autre but que de flétrir Dreyfus, en lui imputant un mensonge aussitôt après son arrestation.

Henry, dans ce procès-verbal qui figure au dossier, rapporte en ces termes la conversation de Dreyfus :

(1) *Enquête de la Cour de cassation*, tome I, page 580.
(2) *Enquête de la Cour de cassation*, tome II, page 34.

« DREYFUS. — Oui, le commandant du Paty m'a dit que j'étais accusé d'avoir livré des documents à une puissance étrangère.

» MOI. — De quels documents s'agit-il ? le savez-vous ?

» LUI. — Non, mon commandant. Le commandant du Paty m'a parlé de documents secrets confidentiels, sans m'indiquer lesquels. »

Et le lieutenant-colonel Henry déclare dans son procès-verbal :

« Je crois devoir faire ressortir que l'affirmation de M. le capitaine Dreyfus, en ce qui concerne la non-énumération des documents livrés, est absolument inexacte, attendu qu'avant de quitter le ministère, et alors que je me trouvais dans une pièce contiguë à celle dans laquelle cet officier était interrogé, j'ai parfaitement, très nettement et très distinctement entendu du Paty de Clam dire au capitaine Dreyfus : « Vous êtes accusé d'avoir livré à une puissance étrangère une note sur les troupes de couverture, une note sur Madagascar, un projet de manuel sur le tir de l'artillerie. » Donc lorsque le capitaine Dreyfus affirme que le commandant du Paty de Clam ne lui a énuméré aucun des documents en question et qu'il s'est borné à lui parler de documents secrets confidentiels, le capitaine Dreyfus voile sciemment la vérité. »

Ce procès-verbal, dressé dès le jour de l'arrestation par Henry, uniquement pour accuser Dreyfus de mensonge et rendre suspectes d'avance ses réponses aux interrogatoires, était lui-même mensonger.

Les pièces du dossier l'attestent. Non seulement du Paty de Clam n'a pas fait connaître, dès le premier jour, à Dreyfus qu'il était accusé d'avoir livré à une puissance étrangère une note sur les troupes de couverture et les divers renseignements énumérés au bordereau ; mais, poursuivant ses interrogatoires du 15 au 29 octobre 1894, il laissait toujours le malheureux prisonnier se débattre dans le vague d'une accusation indéterminée, il lui montrait des lambeaux de phrase incompréhensibles, empruntés tantôt au bordereau, tantôt à des pièces écrites par Dreyfus, et lui demandait où, dans tout cela, il reconnaissait son écriture. Le 24 octobre, Dreyfus réclame encore que l'accusation lui soit précisée.

« Aujourd'hui même, dit-il, je me crois le jouet d'un cauchemar ; rien dans ma vie, rien dans mon passé ne pouvait me faire supposer qu'on pût porter contre moi une accusation pareille. J'ai sacrifié ma situation en Alsace pour servir mon pays que j'ai toujours servi avec dévouement.

» D. — Vous savez donc de quoi vous êtes accusé, alors que vous disiez tout à l'heure ne pas le savoir?

» R. — On me dit toujours que j'ai volé des documents sans me montrer les bases de l'accusation. Je demande qu'on me montre les pièces accablantes et je comprendrai peut-être alors la trame infernale qui se noue autour de moi. »

Ce fut le 29 octobre seulement que le colonel du Paty de Clam se décida enfin à montrer à Dreyfus la base de l'accusation. Il le fit d'ailleurs en altérant lui aussi la vérité: il lui présenta, non pas le bordereau lui-même, mais une photographie, en lui disant :

« Voici la photographie d'une lettre qui vous est attribuée. Cette lettre a été prise à l'étranger au moyen d'un portefeuille photographique, et nous possédons le cliché pellicule. Reconnaissez-vous cette lettre pour être de votre écriture? »

Dreyfus, mis enfin en présence de la véritable accusation, affirma n'avoir jamais écrit cette lettre, fournit de brèves explications, et demanda à être entendu par le ministre. Le lendemain, du Paty lui déclarait que le ministre était prêt à le recevoir s'il voulait entrer dans la voie des aveux. Dreyfus répondit :

« Je vous déclare encore que je suis innocent et que je n'ai rien à avouer. Il m'est impossible, entre les quatre murs d'une prison, de m'expliquer cette énigme épouvantable. Qu'on me mette avec le chef de la Sûreté, et toute ma fortune, toute ma vie seront consacrées à débrouiller cette affaire. »

Du Paty clôtura ses interrogatoires sur cette déclaration.

Ainsi, ce point est bien dûment établi par les pièces du dossier : quand Henry, en un procès-verbal dressé par lui dans l'unique but de constater une altération consciente de la vérité de la part de Dreyfus, affirmait avoir entendu très nettement et très distinctement du Paty de Clam dire, le 15 octobre, au capitaine Dreyfus : « Vous êtes accusé d'avoir livré à une puissance étrangère tel et tel documents », Henry commettait un mensonge. Ce mensonge, il devait le transformer plus tard en faux témoignage ; car il a, comme témoin devant le rapporteur M. d'Ormescheville, le 8 novembre 1894, maintenu expressément les termes de son procès-verbal (Enquête, p. 575).

Après s'être ainsi efforcé, dès le jour de l'arrestation, d'enlever, par un mensonge qui devint un faux témoignage, tout crédit aux paroles de l'accusé, Henry a joué lui-même le rôle de témoin principal de l'accusation (1).

(1) Mémoire, p. 97, 98 et 99.

Sur l'attitude du colonel Henry devant le conseil de guerre lorsqu'il y paraît comme témoin, je ne veux, pour écarter toute contestation, retenir de l'argumentation de M⁰ Mornard que ce qu'il emprunte à une note de M. le général Gonse lui-même :

Une note de M. le général Gonse (pièce 35) expose ce que fut, d'après le lieutenant-colonel Henry et lui-même, la déposition qu'il fit au conseil de guerre au nom du ministre.

Henry, d'après cette note, aurait déclaré d'une part avoir apporté au conseil de guerre ce propos de M. de B... : « Si je connaissais le nom de cet officier (l'officier qui renseignait les attachés militaires), je ne le dirais pas. » Henry aurait reconnu, d'autre part, avoir affirmé catégoriquement au conseil de guerre que, d'après M. de B..., l'officier renseignant les attachés militaires se trouvait au 2⁰ bureau.

Or, si on se reporte aux deux pièces précédentes du même dossier, rapports de l'agent Guénée, en date des 28 mars et 6 avril 1894, sur les propos de M. de B... (pièces 33 et 34 du dossier militaire), on constate, en premier lieu, que M. de B... avait dit, non pas « si je connaissais le nom de cet officier, je ne le dirais pas », mais, au contraire, « si j'apprenais le nom de cet officier, je vous le ferais connaître. »

On constate en second lieu, sur ces mêmes pièces, que M. de B... avait déclaré « qu'il y avait un loup dans la bergerie », et que « les attachés militaires avaient, dans les bureaux de l'État-major, un officier qui les renseignait ». Nulle part, dans ces rapports du 28 mars et du 6 avril 1894, il n'est spécifié que l'officier renseignant les attachés militaires fût au 2⁰ bureau.

Où donc Henry avait-il puisé ce supplément de renseignements par lui apporté devant le Conseil de guerre, que l'officier renseignant les attachés militaires était précisément, d'après M. de B..., au 2⁰ bureau ?

M. le général Zurlinden le fait connaître dans la note qu'il adresse au ministre de la justice le 10 septembre 1898. Cette note, qui n'a pas été imprimée, mais qui figure au dossier, est intitulée : « Note sur la manière dont sont nés les premiers soupçons sur la culpabilité de Dreyfus. » Elle s'exprime en ces termes sur le point qui nous occupe :

« Enfin, deux mois plus tard, en juin 1894, *dans une conversation avec le commandant Henry*, M. de B... revint sur cette même question ; il renouvela son accusation en la précisant et en spécifiant que le correspondant de A... et de B... était un officier appartenant ou ayant appartenu récemment au 2e bureau de l'Etat-Major de l'armée. »

Ainsi donc la confiance qui peut être accordée à ce supplément de renseignement, d'une si extraordinaire importance pour Dreyfus aux débats devant le Conseil de guerre, ne peut résulter que de la foi due à la parole du faussaire Henry.

Il existe même, il faut le faire remarquer, de très graves indices qu'Henry, en affirmant avoir reçu ce supplément de renseignement de M. de B..., a menti devant le Conseil de guerre, comme il avait menti dès le jour de l'arrestation de Dreyfus dans son rapport du 16 octobre 1894.

En effet, Guénée, devant la Cour de cassation (Enquête, p. 507), a été invité à s'expliquer sur la question de savoir si M. de B... avait pu compléter ses renseignements, et il s'est alors exprimé en ces termes :

« D. — Cette personne B... a-t-elle, à cette époque ou plus tard, complété ce dire par une ou plusieurs indications s'appliquant ou pouvant s'appliquer à Dreyfus ?

« R. — Après l'arrestation de Dreyfus, je n'ai pas revu la personne que nous désignons par la lettre B..... Elle a quitté la France et est restée absente pendant environ deux ans. *Elle n'a donc pas pu compléter ce premier dire par d'autres indications.* Quand j'ai revu cette personne en 1896, elle ne m'a pas parlé de l'affaire Dreyfus(1). »

Je vous laisse apprécier, Messieurs, la conduite du lieutenant-colonel Henry. Demandez-vous quel peut en être à ce moment l'intérêt ou le mobile.

Mais il est une manœuvre, suivant moi, plus grave encore.

Le 27 octobre 1894, excepté madame Lucie Dreyfus, personne ne connaît encore l'arrestation du capitaine Dreyfus. L'information préliminaire touche à son terme, et vous savez à quel point les résultats en sont nuls. D'autre part, le procès peut soulever de sérieuses difficultés diplomatiques. M. Hanotaux y est opposé. Pour plus d'une raison, il est donc possible que le général Mercier se ravise et songe à retourner en arrière. Il faut couper les ponts. Le 28 octobre, M. Papillaud reçoit à la *Libre Parole* la lettre que voici

Mon cher ami, je vous l'avais bien dit : c'est le capitaine Dreyfus,

(1) Mémoire, p. 102, 103 et 104.

celui qui habite, 6, avenue du Trocadéro, qui a été arrêté le 15 (octobre) pour espionnage et qui est en prison au Cherche-Midi. On dit qu'il est en voyage, mais c'est un mensonge, parce qu'on veut étouffer l'affaire. Tout Israël est en mouvement.

A vous,
Signé : HENRY.

Faites compléter ma petite enquête au plus vite.

J'ai demandé que cette lettre, dont M. Papillaud lui-même a reconnu l'existence (1), fût jointe au dossier, que par voie de commission rogatoire elle fût demandée à M. Papillaud ou saisie entre ses mains. Je regrette que ce moyen de faire un peu plus de lumière m'ait été refusé. Mais, sous la réserve de l'examen de la pièce elle-même, ce que nous en savons me donne le droit jusqu'à nouvel ordre de l'attribuer au lieutenant-colonel Henry.

Tout d'abord l'attribuer à la famille Dreyfus, ou prétendre qu'elle a pour point de départ une indiscrétion venue de la famille Dreyfus est une pure folie. Madame Lucie Dreyfus avait reçu défense, sous les plus terribles menaces, de parler à qui que ce fût de l'arrestation de son mari ; elle s'y était conformée strictement. Au surplus, autour de la famille Dreyfus, à supposer que quelque ennemi aussi perfide que mystérieux, informé, si vous le voulez, par une indiscrétion impossible, eût pu écrire à la *Libre Parole*, qui eût pu songer à signer *Henry*? La lettre venait donc du ministère. M. le commandant Cuignet, qui le reconnaît, y a vu l'œuvre de du Paty :

« En ce qui concerne l'affaire Dreyfus, dit le capitaine Cuignet (Enquête, édition officielle, p. 235), depuis son origine, du Paty de Clam s'est livré à son occasion à des agissements répréhensibles ; c'est lui qui, à l'insu de ses chefs, a fait connaître à la presse l'arrestation de Dreyfus tenue cachée par le gouvernement depuis quinze jours. *Il a voulu ainsi forcer la main au gouvernement et avoir le procès.*

Le lieutenant-colonel du Paty s'en défend. Il n'y a point de raison pour douter ici de sa parole. Certes sa responsabilité est lourde. Mais elle n'est pas exclusive d'une certaine bonne foi, au début du moins. L'absence de M. du Paty de Clam à votre

(1) *Libre Parole* du 3 avril 1899.

barre crée ici une immense lacune qu'il nous est impossible de remplir. S'il n'eût dépendu que de moi, le procès ne se fût pas poursuivi dans ces conditions. Il faut pourtant, comme on peut, combler le vide. Pour cela je ne saurais faire mieux que de vous lire le portrait que M. le commandant Cuignet présentait du colonel du Paty à la Cour de cassation et l'analyse qu'il y faisait de son rôle :

Au sujet des mobiles qui ont pu guider du Paty dans ses agissements, je suis obligé de me borner à des hypothèses qui me paraissent cependant être près de la vérité : du Paty est un garçon orgueilleux, vaniteux même, dont la vanité s'est encore accrue par des succès de carrière ; il a toujours été, au dire de ceux qui le connaissent, à l'affût de toutes les circonstances susceptibles de le mettre en lumière ; il était en même temps d'un caractère souple, d'un esprit insinuant, sachant se faire bien venir de ses chefs, ce que nous appelons, en argot militaire, *un fumiste*. Il était au mieux avec le général de Boisdeffre ; et, lorsque l'affaire Dreyfus se produisit, c'est lui qui poussa à l'arrestation et qui se fit désigner comme officier de police judiciaire. Lorsque Dreyfus fut arrêté dans le bureau du général de Boisdeffre, M. Cochefert, présent à l'arrestation, dit au général : « Laissez-le-moi un temps que je ne puis fixer ; mais d'ici une heure ou vingt-quatre heures, je saurai ce qu'il a dans le ventre. » Du Paty se récria, fit remarquer que l'affaire était purement militaire ; il craignait évidemment que l'honneur de l'aveu lui échappât, et il imagina, séance tenante, la scène de la dictée, espérant par ce moyen obtenir les aveux de Dreyfus. Plus tard, quand le procès de 1894 fut attaqué dans la presse, du Paty de Clam se crut visé personnellement ; ce n'était pas un procès ordinaire qu'on attaquait ; c'était son œuvre à lui, du Paty, et il se mit à vouloir défendre cette œuvre par les moyens personnels que lui suggérait son imagination.

Si cette pyschologie, — dans une large mesure et sauf peut-être en ce qui concerne la falsification de la dépêche du 2 novembre 1894, tentée encore en quelque sorte jusque dans votre audience secrète, — peut rendre raison de la conduite de M. du Paty de Clam, il n'en saurait aller de même pour le lieutenant-colonel Henry. Dès que l'affaire Dreyfus s'engage, dès qu'Henry entre en contact avec le capitaine Dreyfus, sa mauvaise foi éclate, incompréhensible. Il n'est pas alors question pour lui de défendre à tout prix son œuvre personnelle. Rien n'est fait encore à ce moment-là ; si son but n'est point d'assurer le salut du véritable traître caché dans l'ombre qu'on épaissit autour de lui, Henry n'est point en cause et pourtant, déjà, il est pour la malheureuse victime l'ennemi féroce et déloyal. De qui donc, sinon de lui ou de quelqu'un qui écrit pour lui, qui le documente et qui le renseigne, peut être l'infâme lettre anonyme signée de son nom ? Et, s'il l'a écrite, ou s'il l'a fait écrire, pourquoi ?

Plus tard, quand l'édifice de mensonge sera menacé, Henry ira jusqu'au plus caractérisé des crimes, et alors il ne s'agira plus seulement d'accabler Dreyfus, de le frapper traîtreusement, dans le dos, pour la deuxième fois. Ouvertement, notoirement, il s'agira de défendre Esterhazy démasqué.

Toujours, je le répète, pour Esterhazy, la culpabilité de Dreyfus a paru la sauvegarde nécessaire. Au bureau des renseignements, dès que la conviction de Picquart est faite sur Esterhazy, tout de suite contre Dreyfus les fausses preuves abondent. En 1897, quand la dénonciation de M. Mathieu Dreyfus rend publique l'accusation, le moyen de défense qu'on fournit à Esterhazy, c'est la pièce où l'initiale D... désigne, comme vous le savez, un sieur Dubois, que, faussement, on dit accablante pour le capitaine Dreyfus et que, dans un langage si pittoresque, on appelle le « document libérateur ».

Aussi bien, tant que Dreyfus passe officiellement pour le coupable, Esterhazy n'a rien à craindre. La victime une fois condamnée, enterrée vivante, il doit croire son propre forfait à jamais enseveli avec elle. La croyance au crime de Dreyfus est universelle. Pour l'armée, pour le pays, le capitaine Dreyfus est plus qu'un traître : il est l'entité même de la trahison, le vivant symbole de la protection étendue sur la France par la vigilance du service des renseignements. En l'arrachant à l'armée, en le clouant au pilori de l'île du Diable, c'est le salut de la Patrie qu'on assure. En le proscrivant, on détourne d'un coup, semble-t-il, les périls de l'espionnage dans le présent et dans l'avenir. Sa culpabilité n'est pas un fait judiciaire, susceptible d'erreur, partant de réparation ; elle est un dogme devant lequel il faut faire l'acte de foi, sans quoi on insulte à la grandeur nationale. Comme un dogme, elle a ses mystères ensevelis au plus profond de ce terrible dossier secret, qu'à part quelques pontifes complaisants personne ne connaît, mais dont tous savent l'existence, temple effrayant et sacré, tabernacle d'autant plus inviolable qu'il est plus vide !

Sans inquiétude Esterhazy peut poursuivre le cours de ses louches et fructueuses opérations. Son écriture elle-même ne peut plus le livrer, puisqu'en vertu de la chose jugée le bordereau est exclu de toutes les investigations !

Sur l'œuvre commune, Henry et du Paty font une garde vigilante ; placés tous deux admirablement : près des grands chefs d'abord, en bonne posture pour rassurer la conviction parfois chancelante de ceux-ci ; à la source aussi des informations de police, à portée d'écarter, s'il le faut, ou d'altérer les renseignements, de dénaturer les pièces, d'en créer, s'il est besoin.

La preuve : ce qui se passe chaque fois qu'un peu de lumière menace de percer.

Au mois de septembre 1896, éclairé par tout ce que lui a révélé son enquête sur Esterhazy depuis qu'il a été mis en éveil par l'arrivée du « petit bleu », parvenu à la certitude par l'examen des écritures, jeté enfin en pleine évidence par la lumière qui jaillissait de l'inanité même du dossier secret, sur lequel il a porté la main, qui, sans le savoir, déchaînera les tempêtes, le colonel Picquart s'ouvre au général Gonse pour la première fois. Il avait avisé dès le 5 août le général de Boisdeffre. Il trouve, d'abord, d'un accès facile l'esprit et la conscience de ses chefs. J'ai voulu, il y a quelques jours, faire lire devant vous la correspondance échangée à cette époque entre le général Gonse et le colonel Picquart. Je ne la relirai pas tout entière. Je tiens cependant à replacer sous vos yeux ces quelques lignes de la lettre du 10 septembre 1896 tant de fois citée :

Cormeilles-en-Parisis (Seine-et-Oise),
10 septembre 1896.

Mon cher Picquart,

Je vous accuse réception de votre lettre du 8. Après y avoir réfléchi, malgré ce qu'elle contient d' « inquiétant », je persiste dans mon premier sentiment.

Je crois qu'il est nécessaire d'agir avec une extrême circonspection.

Au point où vous en êtes de votre enquête, il ne s'agit pas, bien entendu, d'éviter la lumière, mais il faut savoir comment on doit s'y prendre pour arriver à la manifestation de la vérité (1).

La portée de ces quelques mots demeure, en effet, aujourd'hui capitale encore. Ils ont, il y a longtemps, assuré notre conviction, détruisant d'un coup le dossier secret, les prétendus aveux, toutes les fables, tous les mensonges. Puisqu'on a voulu tout reprendre ici, les aveux définitivement écartés pourtant par la Cour de cassation, les pièces inapplicables à Dreyfus écartées elles aussi, les pièces fausses, les inventions les plus grossières et les plus puériles, — les lettres du général Gonse restent au débat une preuve essentielle : la preuve qu'avant le faux Henry il n'y avait pas contre Dreyfus une seule charge que la découverte d'Esterhazy ne fît évanouir; la preuve que pour le général Gonse lui-même les prétendus aveux étaient ou bien sans existence ou bien sans force; la preuve enfin qu'aucune pièce ou qu'aucun dossier plus secrets que le dossier secret ni n'accusaient Dreyfus ni ne défendaient Esterhazy. S'il en avait été autrement, on l'eût dit à Picquart, tout de suite on l'eût arrêté. Les explications ne prévaudront pas contre les faits, contre le texte. Je vais plus loin. Ces lettres, malgré tout, demeurent pour moi, en un sens, la meilleure défense du général Gonse, et, si le général de Boisdeffre a été son inspirateur, du général de Boisdeffre lui-même.

Si ces derniers sont de bonne foi, qu'est-ce donc qui les a retournés? Nous le savons maintenant : les manœuvres du lieutenant-colonel Henry et son crime.

Après l'arrivée du *petit bleu*, en mars 1896, tant que le colonel Picquart ne fait aucun pas décisif, Henry se contente lui-même de veiller et d'attendre. Au bureau, il prépare seulement par ses conversations avec ses subordonnés l'état d'esprit qui sera nécessaire pour rendre possible le succès de ses futures intrigues.

Au mois d'août, quand Richard Cuers propose de faire des révélations, Henry réussit à se faire envoyer à Bâle, avec le commandant Lauth. Vous n'ignorez pas, messieurs, le singulier rôle qu'il y joue.

A la suite de l'entrevue de Bâle, l'enquête de Picquart sur Esterhazy touche à son terme. Elle va devenir dangereuse pour Esterhazy. Picquart l'a soumise à ses chefs. Il a vu le général de Boisdeffre qui l'a renvoyé au général Gonse. Vous savez par

(1) *Procès Zola*, p. 110 et 111.

la correspondance du milieu de septembre que je rappelais tout à l'heure comment il a été accueilli. Déjà les machinations ont commencé : le 4 septembre, le « faux Weyler » ; le 14 septembre. l'article de *l'Éclair*, qui, pour la première fois, fait allusion, en la falsifiant, en affirmant qu'elle contient en toutes lettres le nom de Dreyfus, à la pièce désignée d'abord par les mots « ce canaille de D... ».

A la fin de septembre, Henry revient de permission. La situation est grave, l'heure décisive. Si Picquart reste à la tête du service, s'il garde la confiance des chefs, ce n'est pas seulement l'affaire Dreyfus qui recommence, c'est l'affaire Esterhazy qui s'engage ; c'est demain la réhabilitation de Dreyfus, peut-être, c'est immédiatement, à coup sûr, l'arrestation, la condamnation d'Esterhazy. Cela, Henry ne le permettra pas. Contre toute vérité, contre toute évidence, on répand dans les bureaux que Picquart est l'auteur des indiscrétions de *l'Éclair*. Pour ruiner son enquête contre Esterhazy, on en incrimine mensongèrement les procédés. On représente Picquart lui-même comme suspect, parce qu'il a des doutes sur la culpabilité de Dreyfus : vous savez que cela suffit. Guénée remet à Henry, en dehors du chef de service, contre lui, un rapport où celui-ci est calomnieusement accusé de s'être entretenu avec un ami de l'innocence de Dreyfus et des documents du dossier secret.

Enfin, le 31 octobre, quand toutes les précautions sont prises, Henry fabrique, présente à ses chefs, leur fait accepter cette invraisemblable pièce, ce faux extraordinaire, qui, pour la stupéfaction de l'avenir, s'est vu faire sérieusement les honneurs de la tribune française.

Vous en connaissez aujourd'hui le but. J'ai voulu interroger sur ce point devant vous M. le général Gonse. Vous n'avez pas perdu le souvenir de ses réponses. Je ne vous en relirai qu'une seule ; je l'emprunte au compte rendu sténographique de l'audience du 2 septembre 1899 :

Me LABORI. — On a parlé de faux patriotique.

M. le général Gonse pourrait-il nous dire si le faux a été fait pour le public ou bien pour les chefs ?

LE PRÉSIDENT. — Pouvez-vous nous dire si le faux Henry a été fait dans l'intention de tromper le public ou dans celle de tromper les chefs ?

LE GÉNÉRAL GONSE. — C'était une pièce secrète. Ce n'était donc pas pour le public. (*Mouvement prolongé.*)

Me Labori. — Pourquoi, alors, le colonel Henry a-t-il estimé bon de faire une pièce pour tromper ses chefs?

Le Président. — Le savez-vous ?

Le général Gonse. — Je n'en sais rien. Je répète que je n'ai pas interrogé Henry après son aveu. Je ne sais pas quel est le secret de sa pensée.

Ainsi, cela est bien entendu, il ne pouvait être question ni de mettre un terme à une agitation que rien encore ne faisait prévoir, ni de rassurer l'opinion publique, à laquelle le document n'était point destiné, ni de remplacer des pièces trop graves pour pouvoir être publiées, puisque la pièce fausse était aussi la plus grave comme la plus secrète des pièces. Devant la Cour d'assises de la Seine, au mois de février 1898, on me fermait la bouche, au nom de la défense nationale, quand je voulais interroger M. le général de Pellieux qui en avait fait mention. Au mois de juillet suivant, devant la Chambre, M. Cavaignac ne poussait point l'audace jusqu'à en donner la lecture complète. Il reculait devant les périls extérieurs que le précieux papier pouvait provoquer! Cela ferait rire si cela ne faisait pleurer.

Quand une fois cependant le crime eut été établi, reconnu, il a fallu qu'on osât, après le premier moment de stupeur, glorifier le faux, lui faire une auréole d'imposture, blasphémer pour lui le mot sacré de patriotisme. Tel était alors l'empire du mensonge que des esprits sincères ont pu, dit-on, s'y laisser tromper. Parmi tant de tristesses, je n'en connais pas, pour une âme française, de plus amère.

Vous savez maintenant ce que vaut l'infâme sophisme. A vous, messieurs, qui vivez une vie simple, au milieu de la loyauté et de l'honneur, dans l'amour silencieux de la France et de l'armée, le cœur plein d'estime pour vos camarades, de respect pour vos chefs, tout cela doit paraître un cauchemar. Comme je comprends que jusqu'au dernier moment vos âmes de soldats ont dû souhaiter contre la victime d'écrasantes révélations, d'irrécusables charges; compter, pour y découvrir la justification, l'excuse au moins du crime, sur ces dossiers secrets, militaire et diplomatique, que vous connaissez désormais et où, en dehors de ce que nous discutons publiquement, vous n'avez rien trouvé que des preuves nouvelles d'innocence, surprises — vous me comprenez, je ne puis en dire davantage —

aux plus intimes confidences des personnages les mieux renseignés! Hélas! le faux reste un crime tout nu, le plus cruel, le plus injuste des crimes. Preuve en faveur de Dreyfus plus forte que toutes les absences de charges! Preuve positive, en quelque sorte providentielle! Réponse du destin que la mort énigmatique du faussaire rend plus solennelle, aux audacieuses provocations de ceux qui, légitimement mis en demeure d'établir la culpabilité, prétendaient nous contraindre à prouver l'innocence, cette négation!

Réponse par malheur bien lente à venir, tant la vérité devait sur sa route voir se dresser d'obstacles, tant le crime allait inspirer d'aveugles confiances, rencontrer d'appuis, de complaisances, de complicités plus ou moins conscientes!

Je n'ai plus à reprendre dans le détail toutes les basses manœuvres accumulées pour achever l'œuvre abominable. Surtout après l'admirable déposition de M. Trarieux, je croirais abuser si je vous rappelais autrement que d'un mot l'éloignement, en 1896, du lieutenant-colonel Picquart; son étrange mission dans l'Est et en Tunisie; l'ouverture de sa correspondance; la machination qui commence avec la fameuse lettre Speranza gardée au bureau en 1896, pour se compléter avec les fausses dépêches Speranza et Blanche en 1897; la tentative déloyale pour imputer à l'ancien chef du service des renseignements la publication du bordereau dans le journal le Matin; les menaces d'Henry en juin 1896; le grattage du petit bleu.

Je n'insisterai pas davantage sur la coupable activité déployée pour défendre Esterhazy, quand le ministère est informé que M. Scheurer-Kestner, convaincu de l'innocence de Dreyfus, est résolu à poursuivre la revision du procès. Au premier signe, tout le monde se met en mouvement : Henry, du Paty; derrière eux, le bureau des renseignements, Gribelin, le général Gonse; derrière eux encore, manifestement, sans que la participation de chacun puisse être exactement déterminée, le chef d'état-major, le ministre lui-même. De suite, Esterhazy est averti. Le général Gonse n'hésite pas à parler de l'envoi d'une lettre anonyme; le ministre l'interdit; la lettre part pourtant; écrite, expédiée par qui? on ne sait au juste; en tout cas, le point d'origine n'est pas douteux. Esterhazy, prévenu, accourt. Vous savez alors les menées qui se multiplient, les démarches de Gribelin, les conciliabules avec du Paty, les entrevues avec Henry, les affublements grotesques, les communications de renseignements secrets, les articles *Dixi*, la remise du document libérateur, les lettres au Président de la République, le chantage inspiré, dicté par l'officier de confiance du général Gonse et du général de Boisdeffre.

Du rôle des chefs, je ne dirai qu'un mot. Je ne suis point ici pour rechercher jusqu'au bout les responsabilités. Je me garderai, sur un terrain si délicat, de dépasser les limites de mon procès. Une chose est certaine : ils sont dupes ou ils sont complices. Dans les deux cas, que vaut aujourd'hui contre le capitaine Dreyfus leur témoignage? Ne défendent-ils pas une œuvre qui, selon l'interprétation la plus indulgente, est, au moins en ce qui les concerne, une œuvre d'erreur, de légèreté et d'arbitraire? Où tendent, en effet, tant d'intrigues qu'ils ordonnent, ou qu'ils tolèrent, ou qu'ils couvrent, auxquelles indiscutablement ils sont mêlés, sinon à fausser la justice, à vicier l'instruction ouverte sur la dénonciation de M. Mathieu Dreyfus, à faire, comme on l'a dit avec trop de raison, des débats du conseil de guerre de 1898, en dépit de la loyauté des juges, une pure comédie judiciaire?

Tout cela n'est-il pas fait pour aboutir — en trompant un tribunal de soldats qui doit à tous les points de vue inspirer la plus absolue confiance — à ce lamentable acquittement, qui serait aujourd'hui impossible, qui, en 1898, était, à la suite de pareilles pratiques, en quelque sorte inévitable?

Au mois de février 1898, je disais devant la Cour d'assises de la Seine :

> Les poursuites conduites en forme d'apothéose avaient fait aux officiers qui siégeaient dans le Conseil de guerre, et dont je proclame la bonne foi, presque une nécessité de l'acquittement... Dans les conditions où se présentaient les poursuites, j'aurais sans doute acquitté moi aussi... (1).

Que de choses pourtant nous ignorions quand, péniblement, nous tentions alors de démêler le réseau mystérieux d'intrigues où s'était laissé prendre l'incontestable loyauté des juges! De combien la réalité dépasse nos imaginations timides! Acquittement par ordre, a-t-on dit : vous savez au milieu de quelles fureurs. La vérité était plus cruelle. Pour arracher un acquittement à des soldats, il avait fallu que le mensonge, la collusion

---

(1) *Procès Zola*, tome II, p. 246.

et le crime se réunissent sous le patronage aveugle ou complaisant de ceux qui abusaient de l'autorité du commandement pour tromper la confiance de la nation.

Tout le mal est venu de là ! Du jour où, par le jugement de 1898, Dreyfus eut été pour la seconde fois *illégalement* et *injustement* condamné, pour tous ceux qui avaient regardé de près, sans prévention, jugé par eux-mêmes et compris, il n'y eut plus de repos : jusqu'au jour où la réparation sera faite à la justice plus encore qu'à l'innocent lui-même, il n'est plus de sommeil paisible pour leurs nuits, non plus que pour leurs journées de travail tranquille. Pour les autres qui, au contraire, s'en remettaient au jugement d'autrui ; qui, trop absorbés ou faussement renseignés, suivaient aveuglément l'opinion de ceux en qui ils avaient mis leur confiance ; ou qui, sentant mal l'insupportable blessure faite aux droits de tous dans la personne d'un seul, prenaient pour une agitation dangereuse la révolte invincible et sacrée de la conscience humaine, il n'y eut plus de lucidité de jugement ni de tolérance.

Dans l'ensemble du pays, — je ne m'occupe que des hommes de bonne foi, — il se forma alors comme deux armées qui se trouvaient un peu dans la position de ces combattants dont parle Herbert Spencer et qui engagent une lutte interminable, parce qu'ils ne peuvent se mettre d'accord sur les apparences d'un bouclier dont les deux faces sont différentes et dont chaque troupe, dans l'ardeur de la lutte, ne voit qu'une face. Ici, l'une des deux troupes au moins, celle de nos adversaires, n'a voulu voir qu'une face. Notre troupe, qui voyait les deux et qui les jugeait inséparables, était accusée pour cela de méconnaître la seule que voulaient voir les autres et, dès lors, ne devait point attendre de merci.

A vous, messieurs, d'apaiser ces discordes. Vous êtes en dehors, au-dessus des combattants. Montez jusqu'aux hauteurs sereines, d'où seulement vous pouvez bien voir. Dites à la France que le bouclier a deux faces et qu'il est aisé de s'entendre à la condition que tout le monde veuille les regarder toutes les deux. Elles en sont également dignes : sur l'une, on distingue les figures de la Vérité et de la Justice ; sur l'autre, l'image de la Patrie armée. Proclamez que les deux faces sont indissolubles.

Restez sourds aux folles clameurs de ceux qui, vous montrant de loin quelques-uns de vos compagnons d'armes imprudemment engagés au plus fort de la bataille, voudraient vous pousser à leur suite dans les colères injustes d'un parti. Dans cette mêlée l'armée n'a rien à faire. Gardez-la pour d'autres combats. Des soldats impeccables ne sauraient mettre leur honneur à se déclarer solidaires des fautes, et, puisqu'il faut le dire, des crimes de quelques-uns.

C'était pour moi un devoir impérieux de vous exposer la vérité tout entière. Je vous ai crus dignes de l'entendre. La sincérité respectueuse des paroles hardies fait voir, selon moi, un plus juste souci de votre grandeur morale que les flatteries intéressées des courtisans pleins de mensonges. Je songe à votre renommée. Pensez à elle en délibérant et n'espérez point accomplir un devoir en compromettant l'armée dans une irréparable erreur qui moralement, cette fois, n'atteindrait qu'elle.

Quoi qu'on puisse faire aujourd'hui, quelque étroite qu'en apparence du moins M. le commissaire du Gouvernement ait voulu son accusation, ce procès ne peut plus être un procès ordinaire. La nature des questions soulevées, l'importance des principes en discussion, l'éclat de la revision, tout, jusqu'à la grandeur parfois tragique des événements, fait qu'ici en un sens, en même temps que du sort d'un homme, vous disposez de l'honneur de l'armée, du salut de la nation et, dans une certaine mesure, de l'avenir de la civilisation elle-même.

Tout le dossier s'étale au grand jour ; les éléments de votre appréciation, les faits qui vous décideront sont désormais connus de tous. C'est à la barre du monde que le procès se plaide. Votre tâche est donc solennelle et haute ; mais elle est en proportion périlleuse. C'est le patrimoine moral péniblement accumulé par ce grand pays depuis des siècles que vous avez en garde. Après deux années de cruelles angoisses, la France vous a vu remettre sans inquiétude ce dépôt sacré ; elle vous fait absolue confiance. Mais, par la force même des choses, c'est aussi une nécessité impérieuse que votre sentence soit impeccable. Dans un procès pareil, juges, vous serez jugés ; jugés, non, je le veux bien, par une opinion publique pour longtemps encore trop incertaine ; jugés par l'histoire qui, fatalement, dira la sentence dernière, le jour, prochain peut-être, où les archives diplomatiques de trois grands pays lui révéleront leurs secrets.

Ces archives, j'aurais voulu qu'elles fussent ouvertes pour vous dès à présent et ici même. Je vous ai demandé d'ordonner

que les puissances intéressées seraient invitées ou bien à vous
livrer, par la voie diplomatique les documents du bordereau, ou
bien à laisser dire pour vous, par leurs anciens attachés militaires, la vérité sans réserve. Vous ne l'avez pas voulu. C'est
qu'apparemment votre opinion est faite et que vous jugez inutile
de confirmer par des témoignages aussi éclatants l'innocence
d'un homme que vous êtes décidés à acquitter, puisque vous refusez de lui accorder les plus décisifs moyens de défense auxquels il ait le droit de faire appel (1).

Aujourd'hui, pour la première fois, il est interdit à l'armée
de se tromper. Le Conseil de guerre de 1894 a pu se tromper
sans crime, car il n'est donné à personne de ne se tromper jamais ; et si le mépris des formes légales et le mensonge de quelques-uns ont contribué à l'engager dans sa fatale erreur, il
n'en porte pas la responsabilité. Le Conseil de 1898 a pu, de
bonne foi, se tromper encore, car il a été trompé. Éclairés,
avertis, vous n'avez plus le droit de vous tromper. Ici, une
erreur ne serait plus seulement un malheur particulier : elle
serait une calamité nationale, un crime contre la France devant
la postérité.

Si vous êtes des soldats, vous êtes aussi pour une fois quelque chose de plus. Vous n'êtes pas même seulement des juges
militaires. Vous êtes, par l'effet des événements, l'expression
la plus haute, la plus générale, la plus solennelle de la justice

---

(1) Je crois devoir encore rappeler ici que, le 8 septembre 1899, le *Moniteur
de l'Empire allemand* publiait une déclaration officielle que je me proposais
de lire, en finissant, au conseil de guerre et qui est ainsi conçue :

« Nous sommes autorisés à renouveler les déclarations ci-dessous que, en
ce qui concerne le capitaine français Dreyfus, le gouvernement impérial,
tout en restant dans la réserve que commande la loyauté dans une affaire intérieure d'une puissance étrangère, mais pour sauvegarder sa dignité propre,
a faites pour remplir son devoir d'humanité.

» L'ambassadeur, prince de Münster, a remis sur l'ordre de l'Empereur, en
décembre et en janvier 1895, à M. Hanotaux, ministre des affaires étrangères,
à M. Dupuy, président du conseil, et au Président de la République, M. Casimir-Perier, des déclarations réitérées que l'ambassade allemande en France
n'avait jamais entretenu de relations, ni directes ni indirectes, avec le capitaine Dreyfus.

» Le secrétaire d'État, M. de Bülow, a fait, le 24 janvier 1898, devant la
commission du Reichstag, la déclaration suivante :

« Je déclare de la façon la plus formelle qu'entre l'ex-capitaine français Drey-
» fus, actuellement détenu à l'île du Diable, et n'importe quels organes alle-
» mands, il n'a jamais existé de relation ni de liaisons de quelque nature
» qu'elles soient. »

dans ce pays. De là pour vous la nécessité de vous élever au-dessus de l'esprit de corps ; de réunir, dans une même pensée, dans un amour commun, avec l'armée la nation entière ; de résumer en vous, par un sublime effort de la raison et du cœur, la France elle-même ; de vous montrer enfin ce que vous devez être, ce que vous êtes, la suprême émanation de la Patrie.

FERNAND LABORI.

LE BUREAU DES RENSEIGNEMENTS

DU MINISTÈRE DE LA GUERRE

A propos d'un incident qui s'est produit à la fin du procès de Rennes, M. Trarieux, sénateur, a adressé la lettre suivante au général de Galliffet, ministre de la guerre :

Lettre de M. Trarieux.

Le 12 septembre 1899.

Mon général,

Je ne puis laisser passer sous silence un incident du procès de Rennes qui n'est pas une des moindres infamies qui ont eu pour berceau le bureau de statistique.

Il paraît qu'on a fait passer sous les yeux du conseil de guerre, sur la demande de M. le commandant Cuignet, un dossier *ultra-secret*, que ce dernier est venu chercher lui-même à Paris, et dans lequel se trouvaient certaines informations de police visant ma personne : on aurait relevé, dans ce dossier, quelques visites faites par moi, en 1898, à l'ambassade d'Italie, et on les aurait rapprochées de certaines autres faites au même hôtel par MM. Scheurer-Kestner et Joseph Reinach. On aurait conclu de ce rapprochement que je n'avais pas dû reproduire dans toute leur exactitude mes entretiens avec M. le comte Tornielli et que dans les entrevues qui m'ont été accordées par ce dernier j'avais dû agir de concert avec M. Joseph Reinach. Ces commentaires qui ont circulé au Cercle militaire de Rennes avaient pour but évident d'affaiblir la portée de mon témoignage, et ils ne sont parvenus jusqu'à moi que la veille du jour où le conseil de guerre a rendu son arrêt, me laissant tout juste le temps de faire entendre une protestation qui a pu, en raison de sa tardivité, passer inaperçue.

Il est loin, certes, de ma pensée de vous attribuer la moindre responsabilité personnelle dans des faits qui ont dû échapper à votre attention, mais en vous les dénonçant j'ai la certitude que leur gravité vous frappera.

Je proteste en première ligne, avec indignation, contre la surveillance policière dont j'ai été l'objet de la part du bureau de statistique au cours de l'année 1898. Je n'admets pas que les crédits votés par le Parlement pour un service d'information intéressant notre défense nationale servent à espionner un citoyen français dans les actes de sa vie privée, ce citoyen ne fût-il pas, d'ailleurs, un ancien ministre et un membre du Sénat. Je me révolte à la pensée que des officiers du bureau des renseignements aient cru pouvoir faire exercer sur moi, pour servir leur passion, une surveillance que rien ne justifie, et je réclame contre le maintien dans un dossier secret de renseignements qui, en eux-mêmes, ne prouvent rien contre moi, mais auxquels on a pu sourdement chercher à donner une interprétation perfide.

Je m'élève aussi avec énergie contre l'abus qui a été fait, à votre insu, de vos communications dans l'entourage du conseil de guerre. De même que, en 1894, on avait cherché à porter un coup déloyal au capitaine Dreyfus en communiquant un dossier secret à ses juges ; de même, en 1899, c'est encore par la communication de pièces secrètes qu'on a tenté de faire écarter la déposition d'un de ses principaux témoins.

Il faut, mon général, pour la sincérité de l'œuvre judiciaire, pour l'honneur de l'armée, que de telles machinations soient désormais rendues impossibles. J'espère que vous serez d'accord avec moi pour les réprouver et, sans doute, croirez-vous nécessaire d'en rechercher les auteurs.

Veuillez agréer, mon général, l'assurance de ma haute considération et de mes sentiments bien dévoués.

L. TRARIEUX.

Le général de Galliffet a répondu à M. Trarieux par la lettre suivante :

Lettre du général de Galliffet.

Paris, le 13 septembre.

Monsieur le sénateur,

J'ai l'honneur de vous accuser réception de votre lettre du 12 septembre. Je regrette les faits auxquels vous faites allusion, et je suis convaincu qu'ils n'ont été ni connus de mes prédécesseurs ni autorisés par eux. J'ai pris, d'ailleurs, des mesures qui s'opposeront au retour de ces irrégularités.

Veuillez, etc.

Général de GALLIFFET.

M. Trarieux a répondu en ces termes :

Lettre de M. Trarieux.

Mon général,

Je vous remercie de la réponse que vous avez faite à ma réclamation touchant la surveillance policière dont j'ai été l'objet de la part du bureau des renseignements, mais il est un point sur lequel vous ne vous êtes pas expliqué, et vous voudrez bien me permettre de revenir à la charge.

Je vous ai formellement demandé de faire disparaître de vos dossiers secrets les deux ou trois rapports qui n'intéressent en rien la défense nationale, et que avez reconnu constituer à mon égard de regrettables « irrégularités ». Je vous prie de bien vouloir me faire savoir si je puis compter que cette satisfaction me sera donnée.

J'y tiens essentiellement pour plusieurs motifs.

C'est, d'abord, une question de principe que j'ai le devoir, dans l'intérêt général, de faire résoudre. Il ne suffit pas de condamner un acte blâmable, il faut en effacer la trace.

Je dois, en outre, pour mon compte propre, prévoir l'avenir, et je ne veux pas laisser aux mains de vos successeurs des documents sans doute insignifiants en eux-mêmes, mais dont je viens d'apprendre comment, dans un huis-clos, avec un peu d'hypocrisie et de malveillance, on peut essayer de se faire une arme contre moi.

Je ne vois pas qu'il puisse s'élever une objection contre un aussi légitime désir, et j'espère que je n'aurai pas à insister davantage pour que vous y fassiez droit.

Cette question posée, mon général, vous voudrez bien me permettre de vous donner quelques explications en réponse à des articles de presse dont vous pourriez vous être préoccupé.

Des journaux, amis du bureau des renseignements et partisans des huis-clos, se sont préoccupés de savoir d'où je pouvais tenir les faits que j'ai portés à votre connaissance et s'ils me venaient d'une indiscrétion commise par l'un des défenseurs du capitaine Dreyfus. Voici sur ce point l'exacte vérité :

Je tiens tout ce que je vous ai dénoncé des rumeurs qui ont circulé autour du cercle militaire de Rennes, écho régulier du conseil de guerre. C'est de là que sont sortis les commentaires calomnieux dont ma déposition a été l'objet. Les avocats présents au huis-clos ne sont pas seulement étrangers à la communication qui m'en a été faite ; j'ai à leur reprocher amicalement d'avoir, dans une exagération de prudence professionnelle, laissé passer sans protestation l'abus grave dont je me suis plaint. Ils eussent d'autant plus été fondés à s'élever contre le huis-clos où a été exhibé le misérable dossier, dont vous avez vous-même condamné l'origine, que, dans ce huis-clos, avait été appelé à figurer M. le commandant Cuignet, instigateur de l'incident.

Je ne pense pas que cet officier supérieur se trouvât là pour assister votre représentant M. le général Chamoin, et de quel droit alors, témoin de l'accusation, avait-il été admis à discuter en secret, sur un dossier clandestin, la déposition d'un témoin de la défense ?

C'était certes plus qu'une « irrégularité » ; n'y avait-il pas là, pour qui a le sens droit de la justice, une inégalité révoltante ?

Je m'excuse, mon général, d'insister autant sur ce qui ne paraît aujourd'hui que d'un intérêt secondaire, mais on n'a raison de l'iniquité qu'en ne cessant de s'élever contre elle.

Veuillez agréer, mon général, mes sentiments de haute considération et de dévouement sincère.

L. TRARIEUX.

M. Trarieux a reçu le 19 septembre du général de Galliffet, ministre de la Guerre, une lettre ainsi conçue :

Lettre du général de Galliffet.

Paris, le 19 septembre 1899.

Monsieur le sénateur,

Je ne puis consentir à faire disparaître du « dossier secret » les pièces que vous me signalez. Je n'en ai pas le droit.

Veuillez croire, etc.

GÉNÉRAL DE GALLIFFET.

M. Trarieux a répondu :

Lettre de M. Trarieux.

Paris, le 19 septembre 1899.

Mon Général,

Je ne veux point vous créer un ennui, et je n'insiste pas pour demander la suppression au dossier secret des pièces que je vous ai signalées, puisque vous ne vous croyez pas le droit de me donner satisfaction.

Mais il est, au moins, une précaution qui peut être prise et que vous ne me refuserez pas, je l'espère. Je désirerais que vous voulussiez bien joindre à ces pièces la correspondance que nous venons d'échanger. Elle perpétuerait mes protestations et garderait le sonvenir des regrets personnels que vous avez bien voulu m'exprimer.

Veuillez agréer, etc.

L. Trarieux.

Le général de Galliffet a répondu comme suit :

Lettre du général de Galliffet.

Paris, le 20 septembre 1899.

Monsieur le sénateur,

En réponse à votre lettre du 19 septembre, j'ai l'honneur de vous faire connaître que la correspondance récemment échangée entre nous, au sujet de certains documents du dossier secret de l'affaire Dreyfus, sera annexée à ce dossier, ainsi que vous en avez exprimé le désir.

Recevez, etc.

Le Ministre de la Guerre :
Galliffet.

M. Joseph Reinach a adressé d'autre part au sujet de cet incident, la lettre suivante à M. de Freycinet, ancien ministre de la guerre.

Lettre de M. Joseph Reinach.

Paris, le 13 septembre 1899.

Monsieur le sénateur,

La lettre que votre collègue, M. Trarieux, vient d'adresser à M. le général de Galliffet, ministre de la guerre, nous apprend que le bureau de statistique, qui employait, en 1897, les deniers de l'Etat à fabriquer des faux, s'en servait, en 1898, pour exercer des filatures contre deux sénateurs et un ancien député.

Vous étiez ministre de la guerre quand j'ai fait à M. l'ambassadeur d'Italie, à la fin de 1898, les visites qui font l'objet des rapports du bureau des renseignements, rapports qui ont été versés dans un des dossiers secrets et communiqués, à huis clos, au conseil de guerre de Rennes. C'est donc à vous que je m'adresse.

J'ignore si l'agent du 2ᵉ bureau qui était chargé de ma filature s'est contenté de me suivre dans la rue ou s'il était en mesure d'écouter aux portes de l'ambassade d'Italie.

Dans ce dernier cas, il a dû entendre M. le comte Tornielli me faire le récit que voici :

« Lorsqu'Esterhazy proposa ses services au colonel de Schwarzkoppen, l'attaché militaire allemand eut des soupçons : cet homme, qui s'offrait ainsi, appartenait-il vraiment à l'armée française ? »

(On retrouve un écho de ces perplexités de l'attaché militaire allemand dans la fameuse pièce : « Doute. — Preuve. »)

« Schwarzkoppen n'avait point à se gêner avec Esterhazy ; il lui dit nettement qu'il ne le prendrait à ses gages qu'après avoir eu la preuve qu'il était vraiment officier français, non un simple aventurier.

» Et Esterhazy, qui tenait fort à être engagé, ne se formalisa point. Il donna à Schwarzkoppen un rendez-vous où l'attaché allemand put le voir défiler à cheval, en uniforme d'officier supérieur, la croix sur la poitrine, à côté d'un général également en uniforme, avec lequel il s'entretenait familièrement.

» Schwarzkoppen fut convaincu, prit Esterhazy à son service. »

Tel est l'un des récits que me fit le comte Tornielli dans l'une de ces visites où j'ai été suivi par un agent du 2ᵉ bureau. Vous regretterez, comme moi, qu'il ne l'ait pas fait également à M. Trarieux. Votre éminent collègue l'aurait reproduit dans sa déposition, qui est à la fois une grande page d'histoire et un noble plaidoyer pour la justice.

Et, certes, monsieur le sénateur, j'ai la conviction que cette indigne filature a été engagée et s'est exercée à votre insu. Vous conviendrez, d'autre part, que je suis fondé à vous demander si elle a été portée à votre connaissance. J'aime à penser qu'il n'en a rien été ; ce ne serait alors qu'une preuve de plus de l'anarchie qui règne dans certains services.

Je vous prie de croire, monsieur le sénateur, à tous mes sentiments les plus distingués.

Joseph Reinach.

Lettre de M. de Freycinet.

Thoune, le 15 septembre 1899.

Mon cher ancien député,

Je n'ai jamais donné l'ordre d'exercer sur vous et sur mes deux honorables collègues du Sénat la filature dont vous vous plaignez par votre lettre du 13 septembre reçue aujourd'hui.

Vous n'avez été, à ma connaissance, l'objet d'aucune surveillance spéciale. Si votre nom a été relevé, ce ne peut être qu'accidentellement, comme celui des personnes en vue qui entrent dans un tel lieu sur lequel l'attention se trouve appelée.

J'ai, moi-même, étant ministre, figuré dans des rapports de cette nature et ne m'en suis point étonné.

Agréez, mon cher ancien député, l'expression de mes meilleurs sentiments.

C. DE FREYCINET.

FIN

ERRATA

TOME I, page 2, ligne 2. — Au lieu de : « *Couchard* », lire : « *Couard.* »

TOME I, page 80, ligne 4. — Au lieu de : « *commencement de mai 1894* », lire : « *commencement de 1894.* »

TOME I, page 201, 1re ligne. — Au lieu de : *Kann*, lire : *kann;* à la même ligne, séparer les mots *hier* et *nicht ;* même ligne : « *das* Schriftstück », au lieu de : « *der* Schriftstück ».

TOME I, page 202, 2e ligne. — Au lieu de : *Hande*, lire : *Haende;* même ligne : *deutschen*, et non *Deutschen;* même ligne : *Grossen* et non *Groszen.*

Deuxième paragraphe, 1re ligne. — *Aber*, au lieu de *ober.* — 2e ligne : *Haende* et non *Hande.* — 3e ligne : *zurück*, et non *zurüch.*

TOME III, page 438, au haut de la page. — Au lieu de : « *que nia l'am-bassadeur* », lire : « *qu'indiqua l'ambassadeur.* »

TABLE DES MATIÈRES

TOME PREMIER

TOME DEUXIÈME

NEUVIÈME AUDIENCE. — 22 août 1899.

ONZIÈME AUDIENCE. — 24 août 1899.

TOME TROISIÈME

ÉMILE COLIN, IMPRIMERIE DE LAGNY (S.-&-M.)

P.-V. STOCK, Libraire-Éditeur

8, 9, 10, 11, GALERIE DU THÉATRE-FRANÇAIS. PARIS.

PUBLICATIONS SUR L'AFFAIRE DREYFUS